恩施土家族苗族自治州
年鉴

2023（总第25卷）

·EN SHI TU JIA ZU MIAO ZU ZI ZHI ZHOU YEARBOOK·

《恩施土家族苗族自治州年鉴》编纂委员会　编

方志出版社
Publishing House of Local Records

图书在版编目（CIP）数据

恩施土家族苗族自治州年鉴. 2023 / 《恩施土家族苗族自治州年鉴》编纂委员会编. —北京 : 方志出版社, 2023.12

ISBN 978-7-5144-5907-4

Ⅰ. ①恩… Ⅱ. ①恩… Ⅲ. ①恩施土家族苗族自治州—2023—年鉴 Ⅳ. ①Z526.32

中国国家版本馆CIP数据核字(2024)第058883号

责任编辑：李静
责任校对：张玉霞
责任印制：梅中英
出 版 者：方志出版社
地　　址：北京市朝阳区潘家园东里9号（国家方志馆4层）
邮　　编：100021
网　　址：http://www.zgfzcb.cn
发　　行：方志出版社图书营销中心（010-67110500）
印　　刷：恩施市雨田印务有限公司
开　　本：889毫米×1194毫米　1/16
印　　张：28.35
字　　数：1182千字
版　　次：2023年12月第1版
印　　次：2023年12月第1次印刷
定　　价：300.00元

《恩施土家族苗族自治州年鉴》编纂委员会

《恩施土家族苗族自治州年鉴(2023)》编辑部

主　　编	程　飞
常务副主编	黄希俊
副 主 编	马兹河　黄　琴　李　锦 龙新松
编　　辑	梁卫民　张思楚　罗英锡

编 辑 说 明

一、《恩施土家族苗族自治州年鉴》（简称《恩施州年鉴》）是恩施土家族苗族自治州（简称恩施州)人民政府主办，由《恩施州年鉴》编纂委员会编纂，恩施州档案馆（史志研究中心）组织编写的年度资料性文献。

二、《恩施州年鉴（2023）》以马克思列宁主义、毛泽东思想、邓小平理论、“三个代表”重要思想、科学发展观、习近平新时代中国特色社会主义思想为指导，坚持辩证唯物主义和历史唯物主义的立场、观点和方法，记述2022年度全州各地、各部门的基本情况和各项事业发展现状，力求反映全州社会主义现代化建设的基本面貌和发展进程，反映全州全面推进经济建设、政治建设、文化建设、社会建设、生态文明建设所取得的进步与成效，为促进恩施州经济社会发展提供基本资料和历史借鉴。除卷首彩页和部分特载资料外，记述时限均为2022年1月1日至12月31日。

三、本年鉴采用分类编辑法，设类目、分目、条目3个层次，部分分目下设子分目，条目为收录资料信息的基本单元，条目标题加【 】表示。本卷设30个类目：特载、大事记、恩施州概览、中国共产党恩施州委员会、恩施州人民代表大会、恩施州人民政府、中国人民政治协商会议恩施州委员会、纪检监察、民主党派、群众团体、法治、军事、经济管理、农业和农村经济、乡村振兴、工业、商贸、金融、交通 邮政 通信、住房和城乡建设、生态环境、科学技术、教育、文化 体育 旅游、卫生、社会生活、县市、人物、附录、索引。

四、本卷年鉴所载资料均由各县市和州各部门撰写，并经各单位负责审定，机构负责人名录以2022年12月底在职为准，所采用图片由各撰稿单位提供。

五、本卷年鉴中省指湖北省，州、恩施州指恩施土家族苗族自治州。统计数据因来源、口径、方式、时间不同，可能存在差异。凡涉及有关国民经济和社会发展数据以恩施州统计局公布的统计资料为准。

六、本卷年鉴所用数字用法、标点符号用法分别采用国家标准《出版物上数字用法》（GB/T 15835-2011）、《标点符号用法》（GB/T 15834-2011），计量单位采用国家技术监督局1993年12月发布的《量和单位》系列国家标准。考虑到实际工作需要和方便读者实际使用，部分记叙中计量单位仍保留少量市制。

恩施土家族苗族自治州地图

中国地图出版社 恩施土家族苗族自治州档案馆 联合编制 审图号：恩施州S（2023）03号

国家AAAA级旅游景区——鹤峰县屏山旅游景区一景　　（唐雪琴 摄）

国家AAAA级旅游景区——巴东县无源洞景区一景　　（巴东县文旅局 供稿）

2022年1月16日，恩施州举行1月招商项目集中签约仪式　（州商务局 供稿）

2022年2月13日，国能长源恩施水电开发有限公司建始县管理处党员突击队为坚守在能源保供一线的基层员工送去生活物资
（国能长源恩施水电开发有限公司 供稿）

2022年3月17日，恩施市清水走廊樱花盛开
（康　林 摄）

2022年3月30日，鹤峰县走马镇李桥村80余名围鼓表演者表演《土司迎宾曲》　（燕麒兆佐 摄）

2022年4月7日，恩施海关工作人员在宣恩县伍家台开展出口茶叶基地监管工作　（刘光耀 摄）

2022年4月8日，改造升级后的恩施火车站周边环境井然有序　　（谭　华　摄）

2022年4月25日，州城恩施女儿会公园景色　　（阮文君　摄）

2022年5月1日，恩施州科技活动周启动仪式上，学生们乐享“科技大赛”
（州科技局 供稿）

2022年5月13日，州政协在宣恩县椒园镇庆阳坝村召开“主动融入恩高宣一体化 共建恩施玉露示范走廊”院坝协商座谈会 （陈绪开 摄）

2022年5月9日，《幺妹儿带你慢慢儿耍》全州职工工间操决赛在州工人文化宫广场举行
（州总工会 供稿）

2022年5月17日，位于恩施市青树林的州委党校新校区 （州委党校 供稿）

2022年6月，中国邮政太空邮局发行中国空间站神舟十四号载人飞行纪念封和明信片，“革命老区——湖北恩施到重庆万州的等级公路，被称为‘十道拐’”图片（于德海摄）入选

（州老促会 供稿）

2022年8月12日，来凤县在三胡乡开展“来凤县农民迎丰收活动”

（张 杏 摄）

2022年9月17日，恩施城市生活垃圾焚烧发电项目并网发电投入运营　（州住建局 供稿）

2022年11月10日，恩施军分区“党的二十大精神宣讲小分队”到恩施市红土乡石灰窑村开展宣讲活动　（孙宏亮 摄）

2022年，州城恩施开展“创文创卫”活动，图为恩施市金子坝街道金龙社区志愿者开展环境卫生清扫服务
（恩施市金子坝街道金龙社区居委会 供稿）

2022年11月18日，恩施市第四水厂投产　（州住建局 供稿）

2022年，恩施州推进智慧停车平台建设，恩施市七里坪公园停车场实现“无感支付”“先离后付”

（谭江弘 摄）

2022年12月24日，“土家稀奇哥”参加《星光大道》总决赛第四场分赛　（湖北省民族歌舞团 供稿）

恩施高新区产业园区一景　　（恩施高新区管委会 供稿）

2022年4月20日，立讯精密工业（恩施）有限公司
（恩施高新区管委会 供稿）

2022年4月20日，华芯科技（恩施）有限公司车间
（恩施高新区管委会 供稿）

2022年9月30日，恩施菜大师硒都产业园
（恩施高新区管委会 供稿）

2022年11月1日，恩施高新区电子信息产业园
（恩施高新区管委会 供稿）

2022年11月1日，恩施高新区达翔产业园
（恩施高新区管委会 供稿）

2022年11月18日，第七届世界硒都（恩施）硒产品博览交易会暨硒科技创新发展大会（简称“硒博会”）在州文化中心举行
（曾 伟 摄）

2022年11月19日，第七届“硒博会”招商引资签约仪式举行
（州商务局 供稿）

2022年11月，第七届“硒博会”期间，举行硒资源研究与生物应用湖北省重点实验室授牌仪式
（湖北民族大学 供稿）

2022年11月，第七届“硒博会”期间，“硒姑娘”代言硒产品 （梅 珂 摄）

2022年11月，第七届“硒博会”期间，“恩施硒土豆”线上走俏 （梅 珂 摄）

2022年11月，第七届“硒博会”期间，市民前来看“硒”奇 （梅 珂 摄）

2022年1月16日，中国电信恩施分公司的智慧工程师在恩施市新塘乡双河村为农户过一个“平安年”提供优质服务，推进“乡村振兴”信息化建设（中国电信恩施分公司 供稿）

2022年3月9日，恩施市屯堡乡花枝山茶园推行现代化管理模式，进行水肥一体化灌溉（吕启东 摄）

2022年3月9日，利川市毛坝镇兰田村开展文艺会演，宣传环境卫生整治，弘扬新时代文明新风

（州乡村振兴局 供稿）

2022年5月17日，州级乡村振兴示范村咸丰县曲江镇湾田村一景　　（梁卫民　摄）

2022年7月24日，省人社厅调研组在建始县长梁镇旋龙村“六月雪”梨园调研返乡创业示范项目经营情况
（陈黎魁 摄）

2022年9月14日，巴东县信陵镇土店子村由倾倒垃圾的天坑改造成的健身运动中心 （谭 娟 摄）

2022年10月，利川市团堡镇黄泥坡村智能蔬菜产业园 （张秋艳 摄）

2022年10月16日，州老促会帮扶的建始县红岩寺镇富硒甜柿产业喜获丰收
（吴建辉 摄）

2022年10月17日，恩施市盛家坝镇龙洞河村清洁美观的枫香河院落　　（许　磊　摄）

2022年11月1日，利川市毛坝镇沙坝社区“尖刀班”与辖区茶叶企业一起为茶叶基地农户发放肥料

（州乡村振兴局 供稿）

2022年1月19日，长江干线巴东港宝塔河港区景色　　（岑仲阳 摄）

2022年5月10日，建恩高速公路白杨坪枢纽互通段景色　　（张远明 摄）

2022年6月20日 郑渝高铁巴东段开通运营，首列火车驶出巴东站

（巴东县融媒体中心 供稿）

2022年6月30日，恩施—济南—沈阳航线开通 （恩施机场公司 供稿）

2022年11月25日，咸丰县唐崖镇至朝阳寺镇旅游公路的朝阳大桥通车 （李维君 摄）

2022年3月20日，恩施市太阳河乡金峰山村乡贤理事会在乡贤文化广场与村民共谋打造乡村振兴示范点思路　（州民政局 供稿）

2022年5月，恩施市盛家坝镇二官寨村党群服务中心　（梁卫民 摄）

2022年5月3日，利川市人民法院民一庭法官到腾龙洞旅游景区附近乡村开展巡回审判（杨　露　摄）

2022年5月25日，“八五”普法志愿者在利川市汪营镇齐跃桥村开展法律宣传（州司法局 供稿）

2022年6月，恩施州开展基层党建“大比武”知识竞赛

（杨　凯　摄）

2022年7月8日，党员干部群众参加金子坝街道红庙社区“创卫创文”志愿我先行新时代文明实践服务活动场景　（州总工会　供稿）

2022年11月，环卫工人在恩施市航空路加油站“爱心驿站”休息（中国石化恩施石油分公司　供稿）

2022年11月28日，来凤县三胡乡石桥村村民互助“转转工”队伍帮助蔬菜种植户收割蔬菜（州民政局　供稿）

2022年12月，利川市“小院说事听民声 群策群力聚民心”案例被评为2022年度湖北省城乡社区治理十佳创新案例。图为利川市建南镇中驰村开展“小院说事”场景　　（州民政局 供稿）

2022年，巴东县信陵镇土店子村被确定为省级“美好环境与幸福生活共同缔造”样板村。图为该村首届梨花节活动现场　　（顾远林 摄）

彩色景观——2022年11月3日，恩施市屯堡乡马者网红打卡点地肤草景观（陈 力 摄）

彩色走廊——2022年11月6日，恩施市三岔乡公路行车犹如穿越"黄金隧道"（陈 力 摄）

彩色公园——2022年10月24日，利川市谋道镇水杉公园秋色（黄 波 摄）

彩色岸线林——2022年11月1日，利川城西门林水相依，清江如画　　（张光陆 摄）

彩色示范林——2022年10月18日，巴东县野三关镇“红色森林”　　（徐介平 摄）

彩色示范林——2022年10月30日，恩施市板桥镇大山顶景色　　（阮文君 摄）

彩色示范林——2022年11月9日，利川市忠路镇小河村水杉种子园景色
（湖北星斗山国家级自然保护区管理局 供稿）

彩色村庄——2022年11月19日，恩施市新塘乡保水溪村层林尽染 （张远明 摄）

目　录

特　载

大事记

恩施州概览

中国共产党恩施州委员会

综　述

州委重要会议

州委办公室

组织工作

宣传工作

精神文明建设

理论信息工作

统战工作

民族宗教事务

政务服务

数字政府建设

优化营商环境

应急管理

应急管理能力建设

安全生产监督管理

防灾减灾救灾

消防救援

中国人民政治协商会议恩施州委员会

综　述

重要会议

参政议政

重要调研

纪检监察

综　　述

重要会议

监督保障

执纪执法

宣传教育

巡察工作

民主党派

中国国民党革命委员会恩施州委员会

中国民主同盟恩施州委员会

中国民主建国会恩施州委员会

检　察

法　院

司法行政

监狱管理

仲　裁

军　　事

中国人民解放军湖北省恩施军分区

中国人民武装警察部队恩施支队

人民防空

经济管理

发展和改革

市场监督管理

恩施海关

公共检验检测

农业和农村经济

综　述

茶产业

渔业渔政

畜牧业

农业科技

农村经济管理

乡村振兴

综　述

乡村建设

对口帮扶

重要调研

重要会议

老区建设促进工作

工　　业

综　述

支柱产业

行业管理

企业联合会（企业家协会）

交通　邮政　通信

房地产业

城乡建设管理

城乡燃气管理

建筑建材业与市场管理

工程质量安全监管

州城“创文创卫”工作

生态环境

自然资源管理

国土空间管理

水 文

气　　象

地质资源勘测和保护利用

水利和湖泊

硒资源保护与开发

能源工作

林　　业

自然资源保护区

湖北星斗山国家级自然保护区

湖北七姊妹山国家级自然保护区

湖北木林子国家级自然保护区

湖北巴东金丝猴国家级自然保护区

咸丰忠建河大鲵国家级自然保护区

重点院校

文化　体育　旅游

综　述

文化艺术

重点医院

社会生活

民政工作

社会保障

住房公积金

退役军人事务

老龄工作

居民生活

县　　市

恩施市

利川市

建始县

巴东县

宣恩县

咸丰县

来凤县

鹤峰县

人　物

先进人物

2022 年获二等功以上奖励退役军人名录

新闻人物

逝世人物

附　录

主要组织机构及负责人

重要文件

专　文

统计资料

索　引

Contents

Special Records

Chronicle of Events

Overview of Enshi Prefectural

CPC Enshi Prefectural Committee

Enshi Prefectural People's Congress

Enshi Prefectural People's Government

CPPCC Enshi Prefectural Committee

Discipline Inspection and Supervision

Other Political Parties

Mass Organizations

Rule of Law

Military Affairs

Economic Management

Agriculture and Rural Economy

Rural Revitalization

Industries

Commerce and Trade

Finance

Transportation, Postal Services and Telecommunication

Housing and Urban and Rural Construction

Ecological Environment

Science and Technology

Education

Culture, Sports and Tourism

Hygiene

Social Life

Cities and Counties

People

Appendices

Indexes

深入贯彻省第十二次党代会精神
加快建设“两山”实践创新示范区

——胡超文在州委八届五次全体（扩大）会议上的讲话

（2022 年 7 月 30 日）

同志们：

这次会议的主题是：坚持以习近平新时代中国特色社会主义思想为指导，深入践行习近平生态文明思想，认真贯彻习近平总书记关于湖北工作的重要讲话和指示批示精神，全面落实党的十九大、二十大精神，立足新发展阶段，完整准确全面贯彻新发展理念，积极融入新发展格局，按照省第十二次党代会、州第八次党代会部署，坚持“生态产业化、产业生态化”发展路径，抓实“立足大生态，构建大交通，发展大旅游，打造大产业”四大举措，彰显“土、硒、茶、凉、绿”五大优势，扎实推进“三个示范、三个突破”，努力建设“两山”实践创新示范区，为湖北建设全国构建新发展格局先行区作出恩施贡献。

下面，我代表州委常委会，讲四个方面的意见。

一、深刻认识“两山”实践创新示范区建设的重大意义

省第十二次党代会明确提出，支持恩施建设“两山”实践创新示范区，这是省委放眼全国大势、着眼湖北全局和立足恩施实际，为恩施发展所作的战略安排，是恩施人民共同的强烈愿望。我们务必把思想和行动统一到省委的部署要求上来，切实增强建设“两山”实践创新示范区的责任感和使命感。

这是政治要求与政治担当的行动统一。2005年8月15日，时任浙江省委书记的习近平同志，创造性提出“绿水青山就是金山银山”的科学论断。2017年，这一理念写入党的十九大报告和新党章，成为我们党治国理政的重要理念。恩施是国家重要生态功能区，是长江中上游重要生态屏障，被授予全国“两山”实践创新基地、国家生态文明建设示范州、中国气候宜居城市。王蒙徽书记在参加省党代会恩施代表团审议时指出，恩施最大的优势是自然资源和生态环境，有条件、有基础建设“两山”实践创新示范区。王忠林省长在恩施调研时强调，要认真践行“两山”理念，切实守护好绿水青山，推动经济社会发展全面绿色转型。中央有部署，省委有要求，恩施见行动，我们务必以理论滋养初心，以实干践行使命，坚决扛牢“两山”实践创新示范区建设的政治责任。

这是生态优先与绿色发展的目标统一。“两山”理念阐述的是经济发展和生态保护的辩证统一关系，“绿水青山”指良好的自然生态，“金山银山”指高质量的经济发展，两者互为依存，不可偏废。建州39年来，历届州委、州政府高度重视生态建设，从“以粮为纲、以林为主”到“生态立州、产业兴州、开放活州”，从打造“一谷、两基地、三示范区、四大产业集群”到建设“美丽湖北绿色崛起重要一极”，我们的发展思路一直在与时俱进，但始终不变的是对生态优先、绿色发展的传承与坚守。我们要一任接着一任干，一张蓝图干到底，让恩施人民在绿水青山中过上更加美好的生活。

这是放大优势与换道超越的路径统一。恩施是大自然的宠儿，享有“世界硒都”“华中药库”“鄂西林海”“天然氧吧”等美誉，森林覆盖率达70.34%。生态优势明显，生态价值较高，但是经济实力较弱，特别是作为后发地区，起步晚、基础差、底子薄，这是我们最大的现实。王蒙徽书记指出，湖北建设全国构建新发展格局先行区，老路走不通也不能走，新路走得通也必须走。建设“两山”实践创新示范区，就是在新发展理念指引下，推进恩施高质量发展的新路。我们要牢记使命、抢抓机遇，奋力在新的赛道实现换道超越、后发先至。

这是生态自觉与人民至上的价值统一。习近平总书记强调，良好的生态环境是最公平的公共产品，是最普惠的民生福祉。“两山”理念之所以萌发于浙江安吉余村，就是因为当时余村率先遇到了经济发展与生态保护的尖锐矛盾。从“盼温饱”到“盼环保”，从“求生存”到“求生态”，这是从粗放到高质量的发展转型，更是广大人民群众的生态觉醒。生态环境没有替代品，用之不觉，失之难存。共享“两山”建设成果，顺应了人民群众对美好生活的期盼，体现了生态文明建设的价值追求。我们要把人民至上理念落实到行动中，提供更多优质生态产品，不断满足人民日益增长的优美生态环境需要。

二、准确把握“两山”实践创新示范区建设的内涵要求

建设“两山”实践创新示范区，是立足新发展阶段、完整准确全面贯彻新发展理念、积极融入新发展格局的必由之路，也是恩施实现绿色崛起、高质量发展的关键之举。建设“两山”实践创新示范区，必须牢牢把握四个关键。

牢牢把握“两山”的理论逻辑。“两山”理念既是世界观，又是方法论；既是价值观，又是实践论。进入新发展阶段，守着绿水青山过穷日子，不是贯彻新发展理念的发展，只有发展和生态两条底线一起守，绿水青山和金山银山两个成果一起收，才能真正造福一方百姓。恩施的优势在生态，潜力在生态，未来也在生态。这就要求我们，必须把“两山”理念根植于心，坚定不移走生态优先、绿色发展之路，切实转变发展方式，努力走出生产发展、生活富裕、生态良好的发展新路。

*牢牢把握“实践”的具体路径。*习近平总书记强调，要构建以产业生态化和生态产业化为主体的生态经济体系。“两化”是打开“两山”转化的有效通道。恩施好山好水好生态，是生态大州，但不是经济强州，只有坚定不移走好“两山”转化之路，才能将生态优势转化为产业优势、发展优势。这就要求我们，必须积极推进“两山”转化，促进“三生”融合、实现“四化”同步，真正提升绿水青山“颜值”，做大金山银山“价值”。

*牢牢把握“创新”的内在要求。*习近平总书记强调，创新是引领发展的第一动力。唯改革者进，唯创新者强，唯改革创新者胜。推进“两山”实践创新示范区建设，没有现成的经验可以照搬，没有固定的模板可供借鉴。这就要求我们，必须把创新摆在更加突出位置，充分发挥改革的突破和先导作用，先行先试、敢闯敢试，大力推进路径创新、机制创新、模式创新，确保“两山”实践创新示范区建设取得重大成果。

*牢牢把握“示范”的目标任务。*示范就是榜样或典范。检验“两山”实践创新示范区建设成果，要坚持目标导向、结果导向，努力探索新路径、贡献新经验。示范不是喊出来的，是干出来的。这就要求我们，必须奋力闯、大胆干，在生态环境保护、绿色产业发展、建立生态产品价值实现机制上做示范，在发展数字经济、夯实基础设施、美好环境与幸福生活共同缔造上实现新突破，确保示范实至名归、名副其实。

三、抓实“两山”实践创新示范区建设的重点工作

建设“两山”实践创新示范区，是一项复杂的系统工程。这次提交全会审议的《中共恩施州委　恩施州人民政府关于加快推进“两山”实践创新示范区建设的决定》，是在深入调研、反复论证、多次修订的基础上形成的。全州上下要深入学习领会、认真抓好落实。这里我强调五个重点：

*（一）全力以赴擦亮生态底色。*绿色是高质量发展的底色，是永续发展的必要条件。王蒙徽书记强调，保护好自然资源和生态环境，是恩施最大的责任。我们要坚决扛起生态环境保护政治责任，像对待生命一样对待生态环境，守牢生态安全底线。

一是大力实施流域综合治理。恩施是长江入鄂第一站，是清江发源地，八百里清江三分之二在恩施，境内5千米以上河流多达382条。水的问题，表象在江河湖库，根子在流域。我们要坚持共抓大保护、不搞大开发，扎实开展长江高水平保护“十大攻坚”提升行动，严格落实“十年禁渔”。持续深化“河湖长制”，强化州级统筹，合理划分流域三级片区，确定流域综合治理的“底图单元”。深入实施流域综合治理，全面推进清江流域联防联控联治，加强郁江、酉水、溇水等河流的系统治理，确保一江清水向东流。

二是深入打好污染防治攻坚战。要坚持降碳、减污、扩绿、增长协同推进，以更高标准打好蓝天、碧水、净土保卫战，持续改善生态环境质量。实施大气污染防治攻坚行动，稳步推进“碳达峰十大行动”，确保8个县市城区环境空气质量稳定达到国家二级标准。统筹推进水污染治理、水生态修复、水资源保护，加强农村生活污水和黑臭水体治理，切实抓好饮用水水源地保护。持续推进农村环境综合整治，强化农业面源污染防治，完善农村生活垃圾收运处理体系，让农村亮丽宜居。

三是扎实推进生态系统保护修复。要坚持系统观念，切实加强山水林田湖草沙系统治理，以自然保护地、重要河库水岸、城市生态用地等为重点，谋划实施一批生态保护和修复重大工程。加快推进以国家公园为主体的自然保护地体系建设，推进自然保护地整合优化，恢复提升自然生态系统功能。塑造优美生态风光，科学推进国土绿化行动，加快“彩色森林”建设，强化珍稀濒危野生动植物保护，构建良好的生态廊道和生物多样性保护网络。巩固拓展生态文明示范创建成果，力争5年内实现国家级生态县全覆盖，推动湖北恩施腾龙洞·大峡谷国家地质公园创建世界地质公园。

（二）全力以赴促进“两山”转化。生态产业化、产业生态化是推进“两山”转化的重要途径。我们要加快转变发展方式，全力打通“两山”转化通道，放大绿水青山的生态效益、经济效益、社会效益。

一是大力推进生态产业化。生态产业化，就是立足生态优势，更好发挥市场作用，把“生态+”理念融入产业发展之中，切实将资源优势转变为生态产业。要做强生态文旅康养产业。聚焦建成世界级旅游目的地目标，加快恩施大峡谷、利川腾龙洞、巴东神农溪等核心景区提档升级和延伸开发，建设一批高等级景区、高品质度假区、高星级酒店，切实增强游客的体验感、舒适感和满意度。充分挖掘我州自然生态、民族文化、富硒养生、避暑气候等优势，大力发展以康养度假、生态观光、文化体验、运动休闲为主体，商务会展、教育研学、科学考察等为补充的生态文旅康养产业。大力发展演艺、露营等旅游新业态，丰富文旅消费场景。定期举办文化旅游节，打造具有全国影响力的文旅标识。要做特绿色生态农业。充分发挥绿色、有机、含硒天然优势，紧扣品牌、技术、投入、规模、效益等要素，建强“茶烟菜药果畜粮蜂”八大产业链。加快推进一、二、三产业融合发展，延伸产业链，拓展农业功能，提高农产品精深加工和流通水平，做强“恩施玉露”“利川红”“恩施硒茶”“恩施土豆”等品牌。要做优生态服务业。依托丰富的中药材资源、独特的气候优势，大力发展中医药保健、养老服务等产业，开发一批高科技含量、高附加值的延伸产品，激发消费新潜力，打造新的增长点。加快建设核心商圈和中心市场，构建州城中心商圈—县市特色商业区—乡镇综合商业网点三级商贸消费体系，打造武陵山区域性绿色消费中心。

二是大力推进产业生态化。产业生态化，就是促进产业与生态有机融合，构建绿色低碳循环发展经济体系。要擦亮“世界硒都”金字招牌。立足世界唯一探明独立硒矿床、全球最大富硒生物圈两大核心资源优势，发展硒产业，丰富硒产品，加强硒科研，建立硒标准，明确硒标识，培育引进一批硒产业龙头企业，高水平举办硒博会和硒科技创新大会，着力打造成中国富硒产业高地。要加快清洁能源开发利用。依托4.5万亿立方米页岩气资源优势，加快利川区块页岩气产能建设，加大咸丰、建始等区块勘探开发力度，打造页岩气全产业链。有序开发风、光、水、地热等清洁能源，加快推进姚家平水利枢纽工程、淋溪河水电站等重点项目建设，启动建始石家湾、巴东桃李溪、恩施大龙潭等抽水蓄能项目，大力发展分布式风电和光伏，着力打造成华中地区清洁能源基地。要大力发展生物医药产业。恩施有2258种中草药，要大力开发现代中药及其衍生健康产品，壮大生物制药、医疗器械等产业，推进生物医药与食品、日化、康养等产业融合发展，推进武汉国家生物产业基地·恩施生物产业园建设，着力打造成华中地区生物医药产业基地。要培育壮大绿色新兴产业。坚持以绿色低碳循环为导向，推动传统产业迭代升级，走好“专精特新”之路，发展电子信息、新型建材与新材料、现代烟草等绿色产业，建成一批专业实力强、特色鲜明、配套完善的绿色新兴产业园区和生产基地，着力打造成武陵山区绿色新兴产业集聚地。

三是建立生态产品价值实现机制。要加快推进河流、自然保护地确权登记及林地分等定级，开展生态产品信息普查，建立科学合理、统一可操作的GEP核算评估机制。构建生态资源资产开发经营服务平台和生态产品市场化交易平台，探索开展森林覆盖率、绿化增量、清水增量等资源权益交易。争取政策支持，深化纵向生态补偿，探索建立基于生态产品质量和价值的横向生态补偿机制以及资金补偿、产业扶持、技术援助、人才支持等多元化、市场化补偿机制。

（三）全力以赴激发开放活力。开放带来进步，合作才能共赢。要跳出恩施看恩施，放眼全局开新局，主动融入建设全国构建新发展格局先行区，推进更高水平对外开放。

一是构建全方位开放格局。恩施处于武汉都市圈和成渝地区双城经济圈重要接合部，是湖北面向西部开放的重要门户。要进一步增强开放意识，积极融入长江经济带、武汉都市圈、成渝地区双城经济圈等重大战略，主动服务全国统一大市场建设。用好中直、省直、武汉市对口帮扶及杭州市对口合作机遇，深度推进产业链互补、文化交流互鉴、科研平台共建，培育壮大一批特色产业集群。提高海关通关能力，推进航空口岸建设，发展跨境电商，深耕传统市场，开辟新兴市场，促进对外贸易转型升级。

二是畅通对外交通网络。交通仍然是制约恩施发展的最大瓶颈。要抢抓国家适度超前开展基础设施建设重大机遇，谋划实施一批交通重点项目，加快构建通江达海、内畅外联、人享其行、货畅其流的现代综合立体交通运输网络。加快建恩北、宣咸、鹤峰东、利咸高速建设，尽早启动恩施机场迁建、沪渝蓉高铁宜昌至涪陵段、巴张高速沪蓉沪渝连接段、新机场快速通道、恩高宣快速通道、恩施大峡谷生态旅游廊道等重大项目建设，推进恩黔铁路、利云高速、三峡翻坝高速西延线、来秀高速等项目，加快国省干线、“四好”农村路建设。完善集疏运体系，发展多式联运，畅通工业品下乡和农产品进城双向渠道，谋划建设武陵山区综合物流中心。

三是大力发展数字经济。王蒙徽书记表示，省里将大力支持恩施发展数字经济。上周，我州党政代表团专程赴杭州考察数字经济发展。我们要抓住机遇，对标先进，奋发作为，推进5G基站、新能源汽车充电桩等新型基础设施建设，争取湖北省政务大数据中心等项目落地，夯实“数字底座”。推动数字产业化、产业数字化，运用大数据、云计算、物联网等新技术，建设一批智慧科技产业园、智能制造产业园，大力发展农村电商、乡村直播等新兴业态，抢占数字经济发展新赛道。实施“上云、用数、赋智”行动，促进数字经济与实体经济深度融合，推动工业、服务业、农业等产业改造提升。拓展数字化应用，加快建设数字政府、数字乡村，大力发展智慧交通、智慧农业、智慧旅游、智慧医疗、智慧物流，构建数字经济发展的良好生态。

（四）全力以赴缩小城乡差距。我州区域发展不平衡，城乡差距大。必须把统筹城乡协调发展作为关键，以强县工程为抓手，缩小城乡差距，挺起县域脊梁。

一是壮大县域经济。要大力实施“强州城”战略，加快“恩高宣”一体化进程，支持恩施市冲刺全国百强县市，支持利川市奋进全国百强储备县市，支持其他县市争先进位。深入开展“比抓强争促”活动，强力招商引资，优化营商环境，狠抓工业经济发展，强化土地、金融、人才等要素供给，培育支柱产业，增强“造血”功能。以县城为主体，以高速设口、铁路设站乡镇为节点，以集镇为支撑，不断提升要素吸附力、产业支撑力、就业带动力。

二是实施强县工程。要结合山区地理特征，科学定位县城功能，全生命周期规划、建设、管理城镇，把好山好水融入城市，建设水在城中、城在山中、山在林中、人在画中的山水城镇。以提升城市能级为核心，加快推进以人为核心、以县城为重要载体、以产业为纽带的新型城镇化，实施城市更新行动，完善城市功能，提升城市品质。大力争创全国文明城市、国家卫生城市，创文宣恩要首创首成，州城要“三年创卫、十年创文”，其他县市要加快争创速度。坚持市为主体、州级支持，高起点、高标准、高水平规划建设州城小龙潭片区，大力发展总部经济、数字经济、温泉康养度假等产业，同步配套青少年宫、科技馆、文化馆，全力打造“两山”实践示范先行区和生态新城。

三是推进乡村振兴。要扎实做好巩固拓展脱贫攻坚成果同乡村振兴有效衔接各项工作，建立常态化长效化监测帮扶机制。坚持产业、就业、创业“三业并举”，不断拓展群众增收渠道，坚决守住不发生规模性返贫底线。按照党建引领、产业为基、就业为本、能人带动、重点突破、共同缔造的思路，全面实施乡村振兴战略，加快构建统筹县城、乡镇、村庄的三级服务体系，推进基础设施向农村延伸、公共服务向农村拓展、社会事业向农村覆盖。以乡村建设行动为总抓手，高起点编制村庄规划，加强特色村寨保护，强化农村建房风貌管控，推进殡葬改革，打造现代版“富春山居图”。

*（五）全力以赴共创美好生活。*树牢以人民为中心的发展思想，坚持生态惠民、绿色富民、发展为民，用心、用情、用力保障和改善民生，让人民群众既有好生态，又有好生活。

一是切实保障改善民生。要全面落实生态公益林补偿、涉农补贴等生态惠民政策，大力发展林下经济、乡村旅游等富民产业，让更多群众吃上“生态饭”。聚焦衣食住行、业教保医等民生热点难点问题，持续加大投入力度，补齐基本公共服务短板，织密民生保障网。扎实开展党员干部下基层、察民情、解民忧、暖民心实践活动，及时了解群众需求，精准解决群众急难愁盼问题，不断增强群众的获得感、幸福感、安全感。

二是守牢平安稳定底线。目前，距党的二十大召开只有两个多月时间，要严格落实“疫情要防住、经济要稳住、发展要安全”的要求，始终以“安”字在心的敬畏、“严”字当头的担当、“防”字为先的主动，高效统筹新冠疫情防控和经济社会发展，统筹发展和安全。全力防风险、保安全、护稳定，扎实做好风险处置、矛盾化解、源头防范“三篇文章”。紧盯旅游安全、交通安全、防汛安全、消防安全等重点领域，全力抓实抓细安全生产各项工作，强化防溺水、防沼气中毒、防燃气事故等宣传教育，守住不发生重特大事故的底线，建设更高水平的平安恩施。

三是推进共建共治共享。要树立大抓基层的鲜明导向，坚持重心下移、力量下沉、资源下放，构建政府、社会、村民共建共治共享的治理体系，增强基层服务群众的能力和水平。广泛开展美好环境与幸福生活共同缔造活动，发动群众决策共谋、发展共建、建设共管、效果共评、成果共享，从人居环境改善、垃圾污水处理、厕所革命等群众身边、房前屋后的实事小事做起，共同建设美好家园。探索和创新项目招投标、财政资金统筹使用、以奖代补等机制，激发群众参与热情，形成人人参与、人人尽力、人人享有的生动局面。

四、交出“两山”实践创新示范区建设的优异答卷

习近平总书记指出，看准了的事情，就要拿出政治勇气来，坚定不移干。全州上下要解放思想、抢抓机遇、主动作为，奋力推进“两山”实践创新示范区建设，交出经得起实践、人民和历史检验的优异答卷。

*一要提振精气神。*建设“两山”实践创新示范区，全州干部群众是主体、主人、主力，我们要提振精气神、当好主人翁。全州上下要增强政治意识，提升格局视野，站位全国找方位，立足全省找优势，以全局思维、前瞻眼光去思考、去谋划、去推动。要弘扬首创精神，敢想敢试，敢拼敢干，拿出勇往直前、勇争一流的闯劲，实事求是、实干笃行的拼劲，百尺竿头、百战不殆的韧劲，蹚出一条新路。

*二要增强责任心。*干事创业，责任心至关重要。干部的责任心，折射出干部的政治品格、职业操守和为民情怀。建设“两山”实践创新示范区，必须全民动员、全员参与、全域建设。各级各部门要牢固树立全州一盘棋、上下一条心的意识，聚焦主责主业，厘清思路、细化举措、狠抓落实，确保政令畅通，令行禁止。要善于抓统筹、抓协调、抓督办、抓落实，特别是各级各部门“一把手”，要坚决扛起“两山”实践创新示范区建设的主体责任，抓班子、带队伍，齐心协力推进各项具体工作落实落地。

*三要强化执行力。*建设“两山”实践创新示范区，蓝图已绘就，路径已明确，关键在落实。要在调查研究上下功夫。没有调查就没有发言权，没有调查更没有决策权。我们要把调查研究作为做好工作的基本功，特别是“一把手”要带领单位干部一起研究政策，做到情况在一线掌握、问题在一线发现、思路在一线研究、成效在一线检验。要在分析问题上下功夫。敢于向问题叫板，才能赢得群众叫好。要树立问题导向，凡事都要奔着问题去、奔着解决问题去、奔着目标和效果去。要在解决矛盾上下功夫。干部存在的价值就是解决矛盾问题，决不能让干部自身成为问题。要发扬斗争精神，面对矛盾和挑战，敢于迎难而上、攻坚克难，一步一个脚印把美好蓝图变为现实。

同志们，一江碧水东流去，“两山”宏图次第开。让我们更加紧密地团结在以习近平同志为核心的党中央周围，在省委的坚强领导下，锚定目标，昂扬斗志，苦干实干，早日把恩施建设成为“两山”实践创新示范区，以实实在在的成绩迎接党的二十大胜利召开！

（州委政研室　供稿）

政府工作报告

——夏锡璠在州九届人大二次会议上的报告

（2023年1月5日）

各位代表：

现在，我代表州人民政府向大会报告工作，请予审议，并请政协委员和列席人员提出意见。

一、2022年工作回顾

2022年是极不平凡的一年。我们坚持以习近平新时代中国特色社会主义思想为指导，深入学习贯彻党的二十大和习近平总书记考察湖北重要讲话精神，认真落实党中央、国务院决策部署，按照省委、省政府工作要求，紧紧依靠全州各族干部群众，全力推动各项事业发展，新一届政府工作实现良好开局。

过去的一年，在州委的坚强领导下，我们全面落实“疫情要防住、经济要稳住、发展要安全”，以超常努力应对超常挑战，着重抓了四件大事。

*千方百计稳住经济大盘。*认真落实中央、省稳增长一揽子政策，坚持定期调度，开展“比抓强争促”，实行重大项目、重点工作专班负责制，推行驻点招商，实施个性化考核，强化督办督查，全州经济平稳健康发展。预计地区生产总值达到1400亿元，增长4.5%；规模以上工业增加值增长6%；固定资产投资增长12%；地方一般公共预算收入增长8.7%；社会消费品零售总额增长4%；城镇、农村常住居民人均可支配收入分别增长5%、7.5%。争取中省预算内资金16.7亿元、专项债券资金107.17亿元、政策性金融工具投放基金18.98亿元。

*齐心协力抗击罕见旱灾。*面对百年不遇旱情，我们科学统筹调水送水，广泛动员找水引水，投入3.44亿元资金，解决54万人饮水困难，缓解102万亩农田旱情，全力防范处置森林火险。粮食产量143.8万吨，生猪出栏430万头，秋播面积149万亩，确保了大旱之年无大灾。

*精准施策应对新冠疫情。*坚持人民至上、生命至上，坚持科学精准防控，有效处置“恩施0907”“来凤0919”等多轮疫情。严格落实国务院联防联控机制二十条、新十条，全力保障群众就医、用药需求，最大程度保护了人民生命安全和身体健康，最大限度减少了疫情对经济社会发展的影响，没有发生疫情防控次生灾害和负面舆情。

*全力以赴守护平安稳定。*统筹发展和安全，全面排查、化解、防范各类安全风险，生产安全事故起数和死亡人数分别下降64%、56%，命案起数和死亡人数分别下降49%、56%，信访总量下降25%，群众安全感、满意度居全省第一方阵，社会大局和谐稳定。州应急管理局被党中央、国务院表彰为全国“人民满意的公务员集体”。

一年来，我们不断探索、系统谋划，“两山”实践创新示范区建设扬帆起航。紧扣省第十二次党代会赋予恩施州的使命，研究制定“两山”实践创新示范区建设的目标任务、路径举措，立起示范区建设的“四梁八柱”，生态价值通过特色农产品、食品加工和旅游康养实现转化的路径更加多样。精心编制《恩施土家族苗族自治州国土空间规划》《恩施土家族苗族自治州流域综合治理和统筹发展规划》。继续打好蓝天、碧水、净土保卫战，整治长江入河排污口598个，实施矿山生态修复754个。空气质量优良率位列全省13个国考城市首位，水环境质量全省第一。新建彩色森林3.26万亩，“恩施大峡谷—腾龙洞”进入世界地质公园候选名录，恩施州成为全省唯一、全国第六个全域“中国天然氧吧”市州。

一年来，我们立足特色、发挥优势，高质量发展迈出坚实步伐。州产业投资公司、文化旅游投资公司、数字产业公司、恩施硒茶集团、利川红产业集团等挂牌成立，《恩施土家族苗族自治州大产业发展规划》发布实施，特色产业发展进入规划引领、平台助推的新阶段。恩施州入选第三批国家农业绿色发展先行区创建名单，“恩施玉露”“恩施土豆”纳入国家农业品牌精品培育计划，“利川红”荣膺巴拿马万国博览会[1]特等金奖。成功举办中国茶业科技年会、第七届硒博会暨硒科技创新发展大会。硒资源研究与生物应用湖北省重点实验室挂牌成立，全国首家蘑菇中毒重点实验室投入使用。页岩气实现规模化开采，产气量突破6000万立方米。和诺生物、腾升香料获得电子烟用烟碱生产许可，立讯电子科技获得电子烟代加工生产许可。新增规模以上工业企业100家、高新技术企业215家、国家级专精特新“小巨人”企业6家。避暑旅游持续火爆，冰雪运动方兴未艾。巴东无源洞、鹤峰屏山成功创建国家AAAA级旅游景区。全州接待游客6800万人次，实现旅游综合收入437亿元，分别增长1.77%、3.41%。新增限上商贸单位200家、规模以上服务业企业38家。“832平台”销售额连续三年位居全国地市州第一名，“快递进村”覆盖率达80%。开工亿元以上产业项目200个，恩施高新区华新绿色建材、利川智创轻工纺织产业园、巴东中能建装配式建材、咸丰皇恩烨锂电池负极材料等10亿元以上重大产业项目相继开工。洲际食品、华芯科技、维冠视界等项目投产，恩施高新区规模以上工业总产值达到41亿元。

一年来，我们严守规划、建管并重，城乡品质不断提升。坚持规划刚性约束，构建“大城管”格局，启动“三年创卫、十年创文”，大力实施“十大行动”[2]，州城文明气质和城市品质明显提升。恩施城市生活垃圾焚烧发电站、第四水厂建成投入使用，“全城一个停车场”系统[3]上线运行，20家城市书房建成开放。各县市大力推进城市建设，解决一批征地拆迁遗留问题，改造老旧小区180个、燃气管网170千米。高坪、百福司、沙道沟等特色小镇备受游客青睐。80个乡村振兴重点村实施乡村建设行动，11个村落列入第六批中国传统村落名录。新建1654个5G宏基站。郑万高铁巴东段建成通车，利咸高速、建恩北高速开工建设，恩施机场迁建选址获批，沪渝蓉高铁恩施段完成可研审查，姚家平水利枢纽工程、巴张高速沪蓉沪渝连接段、新机场快速通道、恩高宣快速通道等重大项目前期工作取得实质性进展。

一年来，我们深化改革、优化环境，市场活力持续迸发。扩权赋能强县、农村产权制度、财政事权等改革深入推进，国有企业改革三年行动全面完成。43项改革入选全省优化营商环境改革先行区名单，5项典型经验在全省复制推广。“清减降放”成效显著，政务服务事项申请材料、办理流程、承诺时限全州统一，新推出50项“掌上办”、200项“一网通办”、170项“跨区通办”事项。建立“惠民利企一点通”平台[4]，设置营商环境曝光台，开展“新官不理旧账”专项治理，规范涉企行政执法，铁腕整治招投标乱象，荣获“全省营商环境标杆城市”称号。用真金白银为企业减负，减税降费18.15亿元，兑现各项奖励资金3.35亿元，减免租金4735万元，投放中小微企业贷款162亿元。新增市场主体7.1万户，增长8%，市场活跃度位居全省第二。进出口总额、实际利用外资分别增长89.8%、1036%。

一年来，我们携手奋进、共同缔造，民生福祉稳步改善。民生支出占财政支出比重保持在80%以上。启动66个共同缔造活动试点，探索形成“评理说事”“居民积分制”等共建共享机制，驻村“尖刀班”推进乡村治理入选全国第四批乡村治理典型案例。扎实做好巩固拓展脱贫攻坚成果同乡村振兴有效衔接工作。多措并举稳就业促创业，建成“零工驿站”[5]220个，新增城镇就业3.56万人，扶持创业1.1万人。成功举办湖北省第一届职业技能大赛茶艺决赛，保障农民工工资支付“1234”工作体系入选全国法治政府建设示范项目。城市、农村低保标准分别提高3.94、9.59个百分点。有序推动17个楼盘“保交楼”工作，解决从事基本公共服务人员住房2713套。建成16个乡镇（街道）养老服务综合体，4个社区被命名为全国示范性老年友好型社区。建成恩施殡葬服务中心和17个农村公益性公墓。新改扩建学校34所，新增学位1万个。“双减”政策全面落地，“五育并举”[6]扎实推进，在全省率先实施中小学生心理健康护航工程。高考再创佳绩，高中教育质量稳居全省第一方阵。州公共卫生临床中心、民大医院医教协同及一批县市公共卫生服务设施投入使用。恩施玉露制作技艺入选联合国教科文组织人类非物质文化遗产代表作名录。全国大众冰雪季恩施会场启动仪式等活动成功举办。恩施州、利川市成功创建第十批全国民族团结进步示范区。

一年来，我们守正创新、务实重行，政府效能明显提升。深入学习宣传贯彻党的二十大精神，深入开展“下基层察民情解民忧暖民心”实践活动。全面落实意识形态工作责任制，认真推进党风廉政建设。扎实开展“五型”政府[7]建设，制定实施政府工作运行十二条、简约政务十条、高效简约办文办会、重大行政决策程序规范等制度。开设“周末经济课堂”[8]，建立决策咨询委员会，系统提升抓经济工作能力。大力推行三个工作法[9]、四项落实制[10]，政府执行力明显增强。出台法治政府建设8条措施，自觉接受人大、政协及社会各界监督，143件人大代表建议、192件政协提案全部办结。

退役军人、国防动员、人民防空、民兵预备役、双拥工作进一步加强。外事侨务、对台事务、民族宗教、移民后扶、气象、保密、史志、档案、住房公积金管理等工作都取得了新成绩。工会、共青团、工商联、妇女儿童、科协、老龄、红十字会、慈善、残疾人等事业都呈现了新气象。

过去的一年，艰辛而充实，成绩殊为不易。这得益于习近平新时代中国特色社会主义思想的科学指导，得益于省委、省政府和州委的坚强领导，得益于州人大、州政协、各民主党派的监督支持，得益于武汉市、杭州市等对口帮扶地区、中直省直单位和社会各界的倾情帮助，得益于全州各族干部群众的共同奋斗。在此，我谨代表州人民政府，向所有关心、支持、参与恩施发展的各界人士，致以崇高的敬意和衷心的感谢！

过去的一年，我们的工作仍然存在一些突出问题，主要表现在：经济增量不多、结构不优，抵抗冲击的韧性不强；特色产业的品质、品牌文章做得不够；部分经济指标没有实现预期目标；部分县市财政运转困难，保基本民生、保工资、保运转压力加大；少数干部抓经济工作的能力不足。这些问题，我们将在今后工作中认真加以解决。

二、2023年工作安排

今后一个时期，我们将全面贯彻党的二十大精神，全面落实省委、省政府和州委工作要求，锚定建设“两山”实践创新示范区目标，加快推动以流域综合治理为基础的四化同步发展，全力推进“三个示范、三个突破”[11]，坚持在“特色、品质、品牌”上下功夫，强化优良生态支撑、基础设施支撑、现代产业支撑、城镇化支撑、发展环境支撑、科技创新支撑，着力建设世界级旅游目的地、全国硒产业高地、华中地区清洁能源基地、华中地区现代中医药产业基地、华中地区现代烟草产业基地和特色型区域中心城市，奋力谱写中国式现代化恩施篇章。

2023年是全面推进社会主义现代化建设的开局之年。我们将以习近平新时代中国特色社会主义思想为指导，深入贯彻党的二十大和中央经济工作会议精神，认真落实省委十二届三次全会暨省委经济工作会议、州委八届六次全会暨州委经济工作会议部署，大力推动信心提振、增长提速、消费提升、改革提效，在州委的坚强领导下，以昂扬的斗志、务实的作风，不畏艰险、勇往直前，全力推进经济社会高质量跨越式发展，全力推动“两山”实践创新示范区成势见效。

2023年全州经济社会发展的主要预期目标是：地区生产总值增长7%；固定资产投资增长12%；社会消

费品零售总额增长10%；规模以上工业增加值增长8%；地方一般公共预算收入增长8%；城镇、农村常住居民人均可支配收入分别增长7%、9%；安全生产、节能减排、环境质量全面完成省定目标。

我们将着重抓好9个方面的工作：

（一）坚持农业农村优先发展，加快推进农业现代化

巩固拓展脱贫攻坚成果。紧盯“三类对象”[12]，强化收支状况、“两不愁三保障”和安全饮水常态化监测，推进易地扶贫搬迁后续扶持“五基”建设[13]，坚决防止规模性返贫。强化驻村工作，持续开展产业、就业、创业帮扶。深化汉恩对口帮扶、杭恩对口合作和中直省直定点帮扶，实施合作帮扶项目100个。

稳定重要农产品供给。树立大食物观，坚决守住粮食安全底线，粮食种植面积不少于562万亩、产量不少于147万吨。提高“菜篮子”保供水平，蔬菜播种面积稳定在210万亩以上。大力推广种养结合生态循环模式，出栏生猪430万头，年屠宰能力突破220万头。大力推行茶叶、烟叶、水稻、蔬菜、肉牛等农产品保险。完成油茶新造和低改7.47万亩。建成高标准农田44.23万亩。主要农作物耕种收综合机械化率达到45%。

提高农业产业化水平。推进“茶烟菜药果畜粮蜂”八大主导产业全产业链建设，新增省级重点龙头企业10家、规模以上农产品加工企业30家。继续支持恩施硒茶、恩施玉露、利川红产业做大做强。积极创建国家农业绿色发展先行区，力争国家农产品质量安全州创建成功。新增绿色、有机、地理标志认证农产品30个。高标准办好硒博会和硒科技创新发展大会。培育壮大农产品贸易企业，加强重点城市专柜专店布局和专场推介，更大力度推动恩施产品入汉入杭入京。

实施乡村建设行动。新启动100个乡村振兴重点村乡村建设行动，推进100个村“多规合一”实用性村庄规划[14]编制。加强农村建房风貌管控，建立农房设计图、施工图审批流程。持续开展农村“蜘蛛网”、标识标牌等专项整治，建改农村户厕5400户，推进100个村生活污水治理、40个村生活垃圾分类，加快建设宜居宜业和美乡村。

深化农村改革。巩固农村集体产权制度改革成果，发展壮大新型农村集体经济。深化供销合作社综合改革，培育壮大农业社会化服务组织。全面推广农村土地经营权、林权、农业保险保单抵押贷款融资。加大新型农业经营人才、技能人才、职业农民培育力度，支持新型职业农民培训机构建设。

（二）建设现代化工业体系，加快推进新型工业化

壮大支柱工业。扩大清洁能源产能，页岩气探明储量力争达到500亿立方米、年产气量达到1.5亿立方米。做好建南—恩施页岩气输送管道建设前期工作，实现页岩气就地消纳利用。力争大龙潭抽水蓄能电站、淋溪河水电站开工，新增清洁能源装机10万千瓦。提升富硒产业层次，加快硒蛋白产业化进程，推进堇叶碎米荠产业化，支持德源科技、硒谷科技、中硒集团等企业开发硒精深加工产品。增强生物医药产业实力，支持一正、时珍堂等企业发展，推进事丰医疗、人福药业、劲牌持正堂等项目建设，加快建设中药材交易市场。壮大绿色新兴产业规模，推进“中棵烟+高油分”烟叶定制化生产，支持和诺生物、腾升香料、立讯电子科技等项目投产达效。推动皇恩烨锂电池负极材料一期项目建成投产，加快中能建装配式建材、华新绿色建材项目建设。支持立讯精密、达翔技术、恒讯科技、华芯科技等企业发展壮大。

培育龙头企业。强化工业经济运行监测和要素保障，推进“新进规、小进规”，实施“骨干企业壮大、税源企业培育”工程，新增规模以上工业企业100家、产值过亿元企业10家、税收过千万元企业8家、省级以上专精特新企业10家。实施工业技改项目200个，工业投资、工业技改投资分别增长12%、15%。力争规模以上工业总产值达到300亿元以上。

加强园区建设。加快恩施高新区电子信息产业园、月亮湾生物医药产业园、硒谷食品产业园、华新绿色建材生态产业园建设，建成25万方标准厂房，储备“标准地”1000亩，新入园企业35家、新投产10家。持续推进国家高新区创建。推动县市园区达标、升级、扩容、提质、增效，支持各县市建设各具特色的成熟园区。

（三）建设宜居韧性智慧城市，加快推进新型城镇化

优化空间布局。按照“一核一副五组团”空间格局，进一步优化全州城镇化体系。按照特色型区域中心城市定位，加快建设恩高宣一体化发展的强州城。支持利川市建设州域副中心城市。推进建始县城—高坪镇、巴东县城—野三关镇、咸丰县城—唐崖镇、来凤县城—百福司镇、鹤峰县城—走马镇5个城镇组团发展。支持白杨坪、谋道、花坪、绿葱坡、沙道沟、忠堡、大河、燕子等重点镇发展。

建设中等城市。大力提升州城辐射带动能力，推动人口和产业向州城集聚。编制高铁新区、临空经济区等控制性详细规划。全面启动青树林、小龙潭片区建设。坚持保护优先原则，实施老城区改造，建设有滋有味施州古城。加快金凤大道、龙凤大道、枫香大道、高旗大道、209国道绕城线等城市主干道建设。大力建设城市绿道。实施清江、龙洞河综合治理，实现景城一体。再建设20家城市书房，加快州文化中心文旅综合体、科技馆、青少年宫、非遗馆等建设。深入推进“三年创卫、十年创文”，继续扎实开展“十大行动”，提升市民文明素质和城市文明程度，确保通过国家卫生城市初审、成功创建省级文明城市。

提升县城品质。完善县市城市设计、控制性详细规划，因地制宜适度建设新区和新组团。加强建筑风貌管控，严格落实县城住宅“限高令”[15]。编制城市更新规划，完成城市体检评估，推进286个老旧小区改造，实施17个燃气及供水老旧管网更新改造项目。强力推进燃气经营企业整合。启动利川纳水溪、咸丰石家沟、鹤峰洞长湾等应急备用水源建设，推进利川市、来凤县生活垃圾焚烧发电项目建设。促进房地产市场平稳健康发展，加大力度引导农民进城落户。完善社区功能，推动10个社区建成完整社区[16]。

（四）发展数字经济，加快推进信息化

完善信息基础设施。加快5G和“双千兆”网络[17]布局，新建5G宏基站2000个以上，行政村5G网络覆盖率超过70%，千兆宽带用户达到20万户。推进充换电网络、物联网等新型基础设施建设。谋划硒、茶、旅

游等重点产业数据中心。

发展数字经济。制定数字经济发展实施方案和三年行动计划。打造恩施卷烟厂智慧园区、长源电力5G能源专网、一正药业智慧车间等10个产业数字化典型应用场景，建设彭家寨、蝶舞清江、恩施大峡谷等3个数字文旅示范景区。大力发展农村直播电商，培育乡特、鑫硒等电子商务示范企业。新增“上云”企业100家、省级两化融合试点示范企业8家。力争数字经济核心产业增加值达到70亿元以上。

建设“数智恩施”。推进“一网统管”，加快建设“城市大脑”[18]，建成数字政府底座[19]和运营中心，推进恩施州全域视联网[20]建设，拓展“全城一个停车场”应用。深化“一网通办”，完善“惠民利企一点通”平台，实现惠企政策免申即享。推动12345与110平台高效联动，打造政务服务总客服。完善“一网协同”，升级政务协同办公平台，提升“掌上办公”便利度。

（五）创新消费新业态新场景，加快推进服务业转型提质升级

做强生态旅游康养产业。创建世界级旅游目的地，开展特色旅游资源普查，高标准开发建设新景区。启动溇水河“山水世界”、双龙湖旅游度假区建设。推进恩施大峡谷、腾龙洞、神农溪、女儿城、坪坝营等景区提档升级，丰富沉浸式产品供给，促进观光游向体验游转型。支持彭家寨、鹿院坪、野三关森林花海景区创建国家AAAA级旅游景区，支持建始、巴东、宣恩、咸丰创建国家全域旅游示范区。扎实做好“恩施大峡谷—腾龙洞”世界地质公园创建工作。大力培育高端康养业态，发展一批甲级标准高端民宿[21]。推动体旅深度融合，促进户外运动产业和精品赛事协同发展，谋划建设一批高品质露营、天然游泳场等户外项目。精心筹办全国避暑旅游产业峰会、全省首届户外运动大会。加大恩施旅游形象策划宣传推介力度，打造恩施女儿会等节会品牌。积极推动“宜恩神”区域旅游一体化发展。全年接待游客7500万人次，实现旅游综合收入550亿元。

丰富消费业态。注重发展研发设计、文化创意、金融服务等生产性服务业，支持发展养老、育幼、护理、家政等生活性服务业。支持住房、新能源汽车和绿色智能家电消费。推进县域商业体系建设，新改建一批乡镇商贸中心。加快夜生活消费街区建设，打造恩施不夜城、巴东夜游长江等夜间消费场景。加大恩施美食文化输出力度，推动莼菜、葛仙米、高山芸豆、民族传统小吃等小规模特色产品通过餐饮渠道拓展城市消费市场。新增限上商贸单位200家、规模以上服务业企业45家。

完善流通体系。建成恩施传化物流公路港一期，支持巴东江北物流园等县市物流园区建设。加快建设农村物流体系，实现“快递进村”全覆盖，提升供销合作社物资保供、市场销售、出口创汇等能力。拓展优化国际国内航线，推动一类航空口岸正式开放。开拓东盟成员国、“一带一路”等国际市场。建成2个县市外贸综合服务中心，进出口总额增长20%以上。

（六）扩大有效投资，加快推进项目建设

项目建设跑出加速度。继续大力争取专项债券资金和中省预算内投资。加快恩施机场迁建、利云高速、三峡翻坝高速西延线等项目前期工作，加快建恩北、鹤峰东高速建设进度，建成宣咸高速。加快建设G351、G242、S462、S466等国省道。实施县乡道畅通、通村路升级、通组路补短工程，推进“四好农村路”建设。开工建设大龙潭110千伏、建成恩施东—朝阳500千伏和鹤峰220千伏、巴东黄土坡110千伏等输变电工程。推进建始高坪、巴东水流坪、来凤老峡、鹤峰走马等节水灌溉项目，加快咸丰黑山等6座水源水库建设。抢抓政策窗口期，谋划争取一批城市更新、流域治理、节水灌溉、生态环保、交通基础设施项目。

招商引资实现新突破。大力推行以资源、市场、投资换项目，加强领导带头招商、战队招商、驻点招商、以商招商。增强招商引资针对性，推行完善产业生态招商、产业链配套项目招商、以成熟规划设计方案招商、国有平台合作项目招商等，提升招商精准度和成功率。全年新签约、新开工亿元以上产业项目分别达到460个、230个以上，实现外商直接投资2000万美元。

平台企业迈上新台阶。做优做强国有平台企业，提升资本运作和投融资能力。做实做大州文旅投、产投、数产公司。完成州国投公司AA信用评级[22]，争取首期发行企业债10亿元。支持企业上市直接融资。加强与央企、大型国企及武汉市属企业对接合作。

各位代表！新的一年，我们将全力推进沪渝蓉高铁恩施段、巴张高速沪蓉沪渝连接段、利咸高速、姚家平水利枢纽工程、恩施民族体育运动中心、州中医医院、恩高宣快速通道、新机场快速通道、恩施高新区数字经济产业园、恩施龙凤职业教育产业园等十大重点项目建设，以大项目支撑大发展。

（七）坚持改革创新，加快推进一流营商环境建设

深化重点领域改革。聚焦市场主体需求和人民群众关切，争取一批省级改革事项在恩施先行先试。推进“证照分离”“一业一证”等审批改革，深化“评定分离”等公共资源交易改革，推行工程建设招投标政府采购远程异地评标，加快建设全省公共资源交易监管先行区。

强化科技创新支撑。开展高新技术企业和科技型中小企业培育攻坚行动，新增高新技术企业150家，入库科技型中小企业500家。坚持科研为生产力服务，加强主导产业科技攻关。探索基础研究“赛马制”改革[23]，持续推进“揭榜制”项目[24]。推广“知慧桥”知识产权公共服务平台[25]。大力实施“硒谷英才”计划，建成技能大师人才库，新设立10个技能大师工作室。

优化营商环境。线下实现“一窗综办”。新增“掌上办”高频事项100个、“一件事一次办”高频主题事项10个。优化涉企服务，加强纾困解难，推动用工、用地、用能、物流等要素成本下降。全面落实行政执法“三项制度”[26]，坚决防止以罚代管、执法违法。以政府诚信引领社会诚信，开展拖欠中小企业账款集中治理，全力打造“无证明地区”。新增市场主体6.2万户，组织开展第五次经济普查。

（八）巩固生态优势，加快推进“两山”转化

实施流域综合治理。细化10个三级流域片区，设立负面清单，守牢流域水安全、水环境安全、粮食安全、生态安全底线。推进长江高水平保护“十大攻坚”提升行动，加大长江入河排污口整治力度，争取实施

长江生态保护与修复世行贷款项目。开工建设清江流域腾龙洞段综合治理工程。做好郁江干流、唐崖河咸丰段、酉水来凤段、澧水鹤峰段等治理工程前期工作。

加强生态环境保护。深入打好污染防治攻坚战，切实抓好中央、省生态环境保护督察反馈问题整改。强化国土空间规划和用途管控，严守“三区三线”[27]。加强资源节约集约利用，全面推行“亩产论英雄”，着力治理过度包装，大力倡导“光盘行动”。认真落实河长制、林长制，保护好森林、水域、土壤、大气、野生动物、古树名木。开展第三次土壤普查。稳步推进碳达峰行动，加强碳汇项目谋划。城区空气质量平均优良天数比例保持在98%以上，地表水考核断面水质优良率保持在100%。

推动生态价值转化。开展生态产品信息普查和GEP[28]核算。完成县级河流统一确权登记。启动园地、草地分等定级。建立健全横向生态补偿机制。严格落实生态公益林、退耕还林、天然林停伐等生态补偿补助政策。推进彩色森林建设“六大行动”[29]，完成长岭岗、坪坝营彩色森林试点建设，启动大山顶、走马林场等彩色森林建设。支持利川、来凤创建国家生态文明建设示范区。

推进质量强州战略。出台质量强州建设实施意见。推进质量提升行动，聚焦旅游康养、农产品加工、城市建设等重点领域，争取实施一批省级质量提升示范项目。培育“恩施硒物”“恩施腊肉”“恩施山花蜜”“恩施大米”等特色产品区域公用品牌，打造“恩施硒茶”“恩施玉露”“利川红”“恩施土豆”“恩施黑猪”“恩施黄牛”等知名品牌。争创湖北精品5个，新注册商标3000件。加快标准体系建设，引导企业参与标准领跑者活动[30]。争创“楚天杯”等质量奖。

各位代表！新的一年，我们将紧扣“三个示范、三个突破”，全力实施硒产品精深加工、页岩气开发利用、新型烟草产业、中医药精深加工、畜牧产业全产业链建设、“一村一品+”、城市片区开发、高端康养、高标准露营基地、传统美食特色街区等10个示范样板，以高水平示范推动资源优势加快转化为发展优势。

（九）增进民生福祉，加快推进人民生活品质提升

发展社会事业。持续改善办学条件，建成示范性义务教育教联体20个，新改扩建学校29所，建成42个学校图书馆（室）。深化职业教育改革，提升职业教育吸引力。支持在恩高校加快发展，推动科研成果就地转化。促进优质医疗资源扩容下沉和区域均衡发展，县域内就诊率保持在90%以上。加快建设州中心医院新区二期工程。加强心理健康和精神卫生工作。落实积极生育支持政策，推进托育服务体系建设。推进武陵山区（鄂西南）土家族苗族文化生态保护实验区建设。稳步推进长征国家文化公园（恩施段）建设，做好万里茶道申遗工作。实施文化惠民工程，广泛开展“灵秀湖北·四季村晚”等文化惠民活动。推进“新全民健身示范工程”。

加强民生保障。落实落细就业优先政策，新增城镇就业3万人，开展职业技能培训3万人次。强化基本医疗保险州级统筹，推进失业保险省级统筹，社会保险参保达到312万人次，基本医疗保险参保率稳定在96%以上。积极发展商业医疗保险。精准落实社会救助政策，积极发展慈善事业，提升“三留守”人员、孤儿、残疾人等特殊群体的关爱水平。加快发展养老事业和养老产业。推行公益性节地生态殡葬。

提高治理效能。优化调整新冠疫情防控政策，开展关爱重点人群“敲门行动”，确保群众就医、用药需求。开展安全生产风险专项整治，加大自然灾害预防力度，强化森林防灭火基础工作，加强民兵应急力量建设，提高防灾减灾救灾和重大突发公共事件处置能力。加强金融风险排查和处置。推进扫黑除恶常态化。广泛开展美好环境与幸福生活共同缔造活动，扎实推进66个试点建设。完善“尖刀班”工作机制，引导社会组织、社会工作者、志愿者参与基层治理。因地制宜探索基层议事协商机制，发动和依靠群众把矛盾纠纷化解在基层，共同缔造平安和谐社会。

各位代表！新的一年，我们将坚持尽力而为、量力而行，用心用情办好解决高寒地区教室冬季取暖、低山地区教室夏季降温问题；建成500个中小学足球场；新增婴幼儿托位4000个；定向培养大学生乡村医生100名；开展出生缺陷防治、两癌筛查、心血管病高危人群筛查与干预；建成巴东、建始、来凤的县城公益性殡葬服务设施及20个农村公益性公墓；建成8个县市失能半失能人员照料中心和16个乡镇（街道）养老服务综合体；为3000名以上残疾人提供康复辅具和托养照护服务；筹集保障性房源1000套；新改建农村公路1000千米，打造美丽农村路100千米，新增20个村通双车道等十件民生实事。

各位代表！恩施401万各族人民将在今年迎来自治州40周年华诞，我们将按照“隆重、热烈、务实、节俭、平安”的原则，办好庆祝活动，充分展示全州上下感恩奋进、团结拼搏的良好形象，不断铸牢中华民族共同体意识，汇集起奋进新征程的磅礴力量！

三、加强政府自身建设

持之以恒推进“五型”政府建设，全面提升政府效能，努力建设人民满意政府。

强化政治引领。坚持以习近平新时代中国特色社会主义思想武装头脑，深入学习宣传贯彻党的二十大精神。深刻领悟“两个确立”的决定性意义，切实增强“四个意识”、坚定“四个自信”、做到“两个维护”。坚持以政治建设统领自身建设，全面履行从严治党主体责任，全面落实意识形态责任制。坚决贯彻党中央决策部署和省委、省政府工作要求，始终在州委领导下开展工作，把准政府工作政治方向。

坚持依法行政。强化法治思维，推动领导干部带头尊法学法守法用法。严守重大行政决策法定程序，充分发挥政府决策咨询委员会作用，提升科学民主依法决策水平。优化政府职责体系，落实权力清单管理，强化行政执法监督。主动接受党内监督、法律监督、行政监督、民主监督、社会监督，确保职责在监督下履行、权力在监督下运行。认真办好人大代表建议、政协提案。

锤炼过硬作风。坚持和完善政府系统理论学习机制，办好“周末经济课堂”，不断提升抓经济工作的能力。注重在实践中磨砺，增强推动高质量发展本领、服务群众本领、防范化解风险本领。驰而不息改进作风，继续推行“三个工作法”“四项落实制”，力戒形式主义、官僚主义，以自身担当作为推动干部敢为、

地方敢闯、企业敢干、群众敢首创。

守牢廉洁底线。认真落实中央八项规定及实施细则精神。认真履行“一岗双责”，加强招投标、政府采购、规划审批、工程建设等重点领域廉政风险治理，坚决惩治群众身边腐败和不正之风。严肃财经纪律，严控“三公经费”，带头过紧日子，树立清廉政府形象。

各位代表！新时代气象万千，新征程时不我待！让我们更加紧密地团结在以习近平同志为核心的党中央周围，在省委、省政府和州委的坚强领导下，踔厉奋发、勇毅前行，为建设“两山”实践创新示范区、谱写社会主义现代化建设新篇章而团结奋斗！

名词解释：

〔1〕巴拿马万国博览会：国际性博览会，1915年以来已举办107届。茅台酒、祁门红茶、张裕葡萄酒等我国著名品牌也曾获得巴拿马万国博览会奖牌。

〔2〕“十大行动”：路网建设行动、管网更新行动、景观提升行动、功能补强行动、拆迁攻坚行动、乱象整治行动、消费升级行动、城市畅通行动、老区改造行动、文明提升行动。

〔3〕“全城一个停车场”系统：应用大数据、云计算、物联网等技术，将全城停车场全部统一管理的信息系统，市民可通过该系统实现所有停车场的通停通付。

〔4〕“惠民利企一点通”平台：使用大数据技术研发的政策推送类信息化平台。将“政策标签”与“企业标签”进行数据匹配，实现“企业在线登记、系统辅助匹配、部门在线审核、资金直达拨付”的政策推动及兑付。

〔5〕“零工驿站”：灵活就业人员与雇主方进行就业供求信息沟通对接的线下实体场所，是集就业信息推介、现场招聘、技能培训、劳动维权等公共服务功能于一体的“一站式”公共就业服务平台。

〔6〕“五育并举”：德智体美劳全面发展。

〔7〕“五型”政府：学习型、创新型、法治型、实干型、廉洁型政府。

〔8〕“周末经济课堂”：为全面提升全州政府系统领导干部抓经济工作的理论素养和专业能力，每月围绕全州经济社会发展重点领域和热点问题，邀请全国具备实战经验的专家学者利用周末时间开展的专题辅导讲座。

〔9〕三个工作法：一线工作法、限时工作法、盯钉工作法。

〔10〕四项落实制：专班负责制、项目清单制、定期调度制、暗访督办制。

〔11〕“三个示范、三个突破”：在生态环境保护、绿色产业发展、建立生态产品价值实现机制上做示范；在发展数字经济、夯实基础设施、美好环境与幸福生活共同缔造上实现新突破。

〔12〕“三类对象”：脱贫不稳定户、边缘易致贫户、突发严重困难户。

〔13〕“五基”建设：发展基本产业、解决基本就业、保障基本公共服务、优化基层社区治理、强化基层组织建设。

〔14〕“多规合一”实用性村庄规划：整合村土地利用规划、村庄建设规划等乡村规划，实现土地利用规划、城乡规划等有机融合。

〔15〕县城住宅“限高令”：住建部等15部门《关于加强县城绿色低碳建设的意见》明确，县城新建住宅以6层为主，6层及以下住宅建筑面积占比应不低于70%；新建住宅最高不超过18层（54米）；确需建设18层（54米）以上的居住建筑应严格充分论证。

〔16〕完整社区：在居民适宜步行范围内有完善的基本公共服务设施、健全的便民商业服务设施、完备的市政配套基础设施、充足的公共活动空间、全覆盖的物业管理和健全的社区管理机制，且居民归属感、认同感较强的居住社区。

〔17〕“双千兆”网络：5G移动网络千兆和光纤宽带网络千兆。

〔18〕“城市大脑”：运用大数据、云计算、人工智能等技术，汇集政府、企业和社会数据，构建的城市数字化运行基础设施，为城市管理者提供强大的决策、控制和服务支撑。

〔19〕数字政府底座：数字政府信息存储、算力平台，主要包括云、数据中台、应用中台及AI中台等。

〔20〕全域视联网：利用通信铁塔和通信网络，挂载广覆盖的高点监控设备，组建能覆盖全州的视频感知网，是物联网的基础网络。

〔21〕甲级标准高端民宿：又称标杆型民宿，是全国旅游民宿等级中的最高级别。

〔22〕AA信用评级：独立第三方主体对目标对象的信用情况进行评估，目前债券市场上，主体信用等级一般被划分为三等九级：AAA、AA、A，BBB、BB、B，CCC、CC、C。AA信用评级及以上才能发行企业债。

〔23〕“赛马制”改革：指在项目部署中，针对同一个任务，经专家论证后有两个以上牵头单位获得立项的，先进行平行立项、后重点聚焦、优中选优的项目组织管理模式。

〔24〕“揭榜制”项目：企业提出项目技术攻关需求，公开征集研发团队或解决方案，把项目交给有能力的领军人才“揭榜挂帅”出征。

〔25〕“知慧桥”知识产权公共服务平台：省知识产权局搭建的知识产权“一站式”、多元化公共服务平台，主要为专利转让、许可以及专利质押融资提供供需对接。

〔26〕行政执法“三项制度”：行政执法公示制度、执法全过程记录制度、重大执法决定法制审核制度。

〔27〕“三区三线”：“三区”是指农业空间、生态空间、城镇空间三种类型的国土空间。“三线”分别对应农业空间、生态空间、城镇空间划定的永久基本农田、生态保护红线、城镇开发边界三条控制线。

〔28〕GEP：即生态系统生产总值，是一套与GDP（国内生产总值）相对应的，能够衡量生态价值的统计与核算体系。

〔29〕彩色森林建设“六大行动”：彩色景观林建设行动、彩色走廊林建设行动、彩色村庄和产业基地林建设行动、彩色公园林建设行动、彩色岸线林建设行动、彩色示范林建设行动。

〔30〕标准领跑者活动：通过高水平标准引领，增加中高端产品和服务有效供给，支撑高质量发展的鼓励性政策。

（州政府办公室　供稿）

大事记

Chronicle of Events

1月

3日 恩施州召开全州电价市场化改革工作会，州发改委解读改革工作有关文件政策，国网恩施供电公司汇报改革工作推进情况。各县市作交流发言。

4日 省妇联公布全省30个2021年湖北省家风家教实践基地名单，来凤县张富清先进事迹展馆、咸丰县严氏家风家训教育基地、恩施市小渡船中学名列其中。

5日 宣恩县人民法院李家河人民法庭被最高人民法院表彰为“全国法院先进集体”。

同日 省妇联公布29家“第三批湖北省家庭亲子阅读体验基地”入选名单，州图书馆名列其中。

5—8日 中国人民政治协商会议湖北省恩施州第九届委员会第一次会议在州府恩施召开。会议听取并通过《州政协九届一次会议建议案》《州政协九届一次会议关于八届州政协常务委员会工作报告的决议》《州政协九届一次会议提案审查委员会关于提案审查情况的报告》《州政协九届一次会议政治决议》。8日，州政协九届一次会议举行第三次全体会议，吴建清当选政协恩施州第九届委员会主席，王继刚、刘晓冰、张全榜、何义发、戴清堂、张紫阳、周辉军、万雪峰当选副主席，杨皓当选秘书长。王军等65人当选政协恩施州第九届委员会常务委员。

6—9日 恩施州第九届人民代表大会第一次会议在州府恩施召开。会议表决通过州九届人大一次会议《关于恩施州人民政府工作报告的决议》《关于恩施州2021年国民经济和社会发展计划执行情况与2022年计划的决议》《关于恩施州2021年预算执行情况和2022年预算的决议》《关于恩施州人大常委会工作报告的决议》《关于恩施州中级人民法院工作报告的决议》《关于恩施州人民检察院工作报告的决议》；表决通过关于代表联名提出的议案处理意见的报告。9日，州九届人大一次会议举行第三次全体会议，柯东海当选州九届人大常委会主任，涂元玲、邓正平、高敬佩、张在勇、邢祖训、黄敏当选副主任，杨天龙当选秘书长；夏锡璠当选州人民政府州长，张远梅、曾凡胜、宋涛、田军、杨盛僚、许强当选副州长；吕星当选州监察委员会主任；雷超当选州中级人民法院院长；王宏当选州人民检察院检察长（须报省人大常委会批准）。王兰英等33人当选州九届人大常委会委员。

7日 湖北省优化营商环境领导小组通报确定全省2021年优化营商环境改革先行市、县名单及改革内容，包括恩施市的不动产宗地分割登记模式、纳税人跨区自由迁移；利川市的中小企业融资难信用培植工程、破产债权争议诉讼收费“100”、公共法律服务资源优化整合、整村授信；建始县的惠企政策“无申请兑现”、创新中小微企业信贷服务模式、大力推进一事联办；巴东县的执行案件繁简分流；宣恩县的“拿地即开工”五证同发审批、工程项目招投标评定分离改革、大力推进一事联办；咸丰县的“一业一证”改革、企业信用修复；来凤县的政府采购工程招标投标免收投标保证金和履约保证金、构建15分钟便民利企服务圈、“房地一体”宅基地和集体建设用地地籍调查与确权登记；鹤峰县的产业项目建设工程单体竣工提前验收、农民工工资信息化监管、涉企保证最优县市。

同日 恩施州7部文艺作品获湖北省第11届屈原文艺奖，分别是音乐剧《太阳照进山窝窝》、南剧《宗规家训》、歌曲《幺妹儿带你慢慢儿耍》、民间文艺《木工技艺传承人口述史研究》、报告文学《父亲原本是英雄》、诗歌集《越过》、散文集《野阔月涌》。

10日 州中心医院等12家医院入选首批湖北省老年友善医疗机构，恩施市小渡船街道办事处社区服务中心等53家基层医疗卫生机构入选首批湖北省老年友善基层医疗机构。

同日 恩施州社保系统正式切换至湖北省企业职工社会保险信息系统，实现企业职工养老、工伤、失业保险经办业务统一办理、数据共享、服务协同。

10—12日 州人大常委会主任柯东海带队到贵州省，先后考察劲牌茅台镇酒业有限公司、贵州省仁怀市茅台镇夜郎古酒业股份有限公司、贵州匠中匠酒业有限公司体验馆，推进白酒生产项目加快落地。

11—12日 省政协党组书记孙伟到宣恩县调研了解“协商在一线”开展情况和当地立足生态民族特色、推动文旅融合发展、促进农民增收致富等情况。

12日 省绿化委员会、省林业局公布2021年度“湖北省森林城镇”和“湖北省森林乡村”名单，恩施市白杨坪镇、咸丰县唐崖镇被命名为“湖北省森林城镇”，恩施市三岔镇茅坝村、龙凤镇龙马村等24个村被命名为“湖北省森林乡村”。

同日 全州党史学习教育总结会议召开，总结全州党史学习教育工作，巩固拓展党史学习教育成果。省党史学习教育第六巡回指导组到会指导。

13日 全州深入优化营商环境大会召开，宣恩县、州法院、州市场监督管理局的代表作交流发言。

14日 省考核组组长、省政府国资委一级巡视员陈秋中带队到恩施州调研项目建设等情况。

同日 建始县小西湖旅游度假区被省文旅厅公布为新一批省级旅游度假区。12月31日，建始花硒谷旅游度假区、巴东野三关绿葱坡旅游度假区、咸丰坪坝营旅游度假区被省文旅厅公布为新一批省级旅游度假区。

同日 建恩北高速建始至奉节段开工仪式举行。建恩北高速全长10.039千米，是《国家公路网规划》G6911安康至来凤高速公路的重要组成部分，是湖北省规划九纵五横三环高速公路网中重要一纵。主线设计桥梁7座，设计隧道4座，其中渝鄂省界特长隧道12366.5米，主线采用设计速度80千米/小时双向四车道高速公路标准建设，整体式路基宽25.5米，分流式路基宽12.75米，项目总投资约18.23亿元，项目建设工期48个月。

15日 恩施州2022年1月重大项目集中开工仪式在恩施市高旗大道湖北交投恩施康硒城（一期）项目建设现场举行，全州8个县市有51个重大项目集中开工建设，总投资156亿元，其中产业项目35个、总投资102亿元。

16日 恩施州1月招商项目集中签约仪式举行，共有36个招商项目签约，计划总投资401亿元。州政府与中国光大环境（集团）有限公司签订投资协议。

17日 第八届全国大众冰雪季系列活动“酷滑湖北·百万人参与冰雪运动”赛事活动暨湖北·首届“梦之蓝”大众山水运动季“中国银行”酷滑湖北滑雪比赛（巴东站）开赛。

18日 2022年湖北省交通运输工作会在武汉市召开。会上宣布2020年度全省“四好农村路”示范县、示范乡镇名单，建始县入选全省“四好农村路”示范县，恩施市白杨坪镇、巴东县东瀼口镇、宣恩县珠山镇、鹤峰县燕子镇入选全省“四好农村路”示范乡镇。

20日 全国人力资源社会保障工作会议暨优质服务窗口和先进个人表彰大会以视频方式召开，鹤峰县劳动保障监察局被表彰为“全国人力资源社会保障系统优质服务窗口”。

同日 国家商标局核准通过将“恩施硒茶”“恩施玉露”“利川红”3个地理标志证明商标转让到州茶产业协会，商品生产地域范围扩大至全州8个县市的91个乡镇、街道、开发区（风景区），至此“恩施硒茶”“恩施玉露”“恩施土豆”“利川红”4个地理标志证明商标成为州域公共品牌。

25日 州工商联（总商会）第七次会员代表大会召开，听取并审议州工商联（总商会）第六届执行委员会工作报告，通过州工商业联合会第七次会员代表大会决议，选举产生州工商联（总商会）新一届领导班子，王继刚当选州工商联（总商会）主席。

同日 恩施—广州直飞航线实现首航。

同日 中国恩施高山药材集散中心开市活动在宣恩县椿木营乡举办，全州首个药材集散中心投入使用。

同日 第七批州级非物质文化遗产项目代表性传承人名单公布，共89名，涉及传统音乐、传统舞蹈、传统戏剧、曲艺、传统体育游艺与杂技、传统美术、传统技艺、传统医药八大类州级非物质文化遗产名录。3月，补充传统舞蹈（滚龙连厢）代表性传承人1名。

同月 “荆楚楷模”2021年11月至12月上榜人物名单揭晓，利川市柏杨坝镇友好村党支部书记陈孟秋上榜。

同月 恩施州女儿城步行街纳入全省2021年度繁荣夜间经济集聚区项目。

2月

8日 全州“比抓强争促”工作会召开，会议通报全州2021年“比抓强促”工作考核情况。

同日 恩施州2022年2月重大项目集中开工仪式在恩施高新区华新（恩施）绿色新材料产业园项目建设工地举行。全州共28个项目集中开工，总投资104.9亿元。

9日 州政府决定命名恩施市田若兰（女，土家族，西兰卡普），鹤峰县江正元（鹤峰傩愿戏）、吴秀珍（女，土家族，山民歌），利川市张之文（木雕）、陈立高（土家族，山民歌）、沈强（土家族，利川柏杨豆干制作）、彭茂相（土家族，恩施灯戏），宣恩县隋金玉（女，恩施灯戏）、建始县彭清慧（女，闹灵歌）为恩施州第七批民间艺术大师。

10日 全省信访局长会议通报2021年“全国信访工作示范县”创建情况，巴东县成功创建首批全国信访工作示范县，在会上作典型发言。

11日 巴东县野三关镇被省政府通报命名为“湖北旅游名镇”，恩施市白杨坪镇洞下槽村被命名为“湖北旅游名村”，恩施市土家女儿城被命名为“湖北旅游名街”。

15日 由州机关事务服务中心建成的全州第一家公共机构餐厨垃圾就地资源化处理试点项目投入使用。

23日 鄂渝湘三省市边区乡镇合作与发展联席会在来凤县百福司镇召开。来凤县百福司镇、重庆市酉阳土家族苗族自治县大溪镇、湖南省龙山县桂塘镇共同签署《三省市边区乡镇协同发展合作协议》。

24日 农业农村部公布2021年全国农业绿色发展典型案例，《咸丰县：“减提治循”管源头 绿色发展见真功》入选。

同日 建始县花坪镇财政所所长黄美清被省人社厅、省妇联表彰为2021年度“湖北省三八红旗手标兵”，宣恩县珠山镇上湖塘社区居委会党委书记汪明菊、利川市勤隆中药材专业合作社理事长龙祥云、湖北省天然植物萃取技术研发中心副主任何琴、鹤峰县金阳特色农产品有限责任公司新型职业农民朱永翠、利川市凉源生态农业发展有限公司总经理赵冬妮6名个人被表彰为2021年度“湖北省三八红旗手”，来凤县第二实验小学曾志梅名师工作室、恩施市非物质文化遗产保护传承展演中心、鹤峰县人社局3个集体被表彰为2021年度“湖北省三八红旗集体”。

25日 恩施市花枝山生态农业股份有限公司董事长刘小英被全国妇联表彰为2021年度“全国三八红旗手”。

同日 州总工会六届八次全委（扩大）会议召开，会议选举田金培为州总工会六届委员会主席。

同月 水利部公布第二届“最美家乡河”名单，全国11条河流入选，湖北清江名列其中。

同月 咸丰县小村乡大村村、活龙坪乡活龙坪村、黄金洞乡金洞司村、高乐山镇白果坝村、朝阳寺镇曾沟村、鹤峰县下坪乡留驾村被纳入中央第三批红色美丽村庄建设试点，建设周期1年。

3月

1日 州委农村工作会议召开，总结2021年全州农业农村工作，表彰先进集体和个人，部署2022年重点工作。会议以视频形式召开，各县市、乡镇（街道办事处）设分会场。恩施市、宣恩县、建始县、州农业农村局、州人社局的代表作交流或工作发言。

2日 恩施市财政局通过全国代理记账机构管理系统为恩施州博信诚财税服务有限公司颁发代理记账许可电子证照，属全州首例。

3日 来凤县翔凤镇花园堡社区、国网宣恩县供电公司“电妈妈”爱心团队被省委宣传部命名为“第七批湖北省学雷锋活动示范点”，恩施锦鑫建筑安装工程有限公司经理龚涛被命名为“第七批湖北省岗位学雷锋标兵”。

同日 全州优化营商环境先进经验复制推广工作专题会召开，研究部署中国（湖北）自由贸易试验区第六批改革试点经验、第六批实践案例复制推广工作，听取全州第一批优化营商环境先行试点改革经验复制推广情况汇报，安排第二批先行试点改革经验复制推广工作。

4日 省民宗委发文命名2021年度全省民族团结进步示范区示范单位，利川市、建始县、利川市毛坝镇、建始县高坪镇、巴东县大支坪镇、恩施市司法局、宣恩县文化和旅游局、恩施市舞阳坝街道桂花园社区、建始县业州镇草子坝社区、宣恩县珠山镇上湖塘社区、巴东县官渡口镇晴帆园社区、鹤峰县容美镇中坝路社区、咸丰县大路坝区工委蛇盘溪村、来凤县三胡乡黄柏园村、恩施市龙凤镇民族初级中学、利川市第一中学、利川市馨艺幼儿园、咸丰县曲江镇中小学、来凤县民族小学、鹤峰县走马镇民族中心学校、恩施市润邦国际富硒茶业有限公司、湖北龙船调服饰有限公司、国网湖北省电力有限公司建始县供电公司、国网湖北省电力有限公司宣恩县供电公司、湖北正山堂巴东红茶业有限责任公司25个地区和单位名列其中。

6—10日 州委副书记、州长夏锡璠率队到重庆市涪陵区、贵州省仁怀市和江苏省昆山市，考察页岩气勘探开发、酒业及电子信息产业，看望部分恩施商会企业家代表。

7日 “巾帼心向党 喜迎二十大”2021年度恩施州“最美家庭”揭晓仪式举行。汪定红、陈加华、胡凤、廖红华家庭获评科学教子类“最美家庭”，张玉林、赵俪、毛春梅、田祚刚、刘荣、李超群、余坤平、谭元洲、解磊家庭获评弘扬传统美德类“最美家庭”，王凤祥、秦娥、刘芳、郑芙蓉、向田、李元龙、张军家庭获评爱党爱国类“最美家庭”，李忠香、张勇、唐立军、罗燕妮、李曲家庭获评志愿服务类“最美家庭”，易满成、周盛亮、喻红平、部先瑞、刘鑫家庭获评清正廉洁类“最美家庭”。

9日 省科技厅公布2021年度湖北省高新技术企业认定管理工作中作出突出贡献的集体和个人，州科技局被表扬为“突出贡献集体”，州生产力促进中心吴宇、建始县科学技术和经济信息化局关德晶被表扬为“突出贡献个人”。

13—14日 荆州市委书记吴锦，市委副书记、市长周志红率党政代表团到恩施州考察，深化两地交流合作，推动“宜荆荆恩”城市群绿色联动发展。

14日 州九届人民政府第一次全体（扩大）会议暨州政府廉政工作会议召开。

同日 省农业农村厅办公室公布2021年湖北省茶叶主产区名单，恩施州被确定为全省茶叶主产州，恩施市、利川市、建始县、巴东县、宣恩县、咸丰县、来凤县、鹤峰县被确定为全省茶叶主产县市。

16日 全州推进新型城镇化工作会议召开。恩施市、利川市、宣恩县、巴东县的代表作交流发言。会议以视频形式开至各乡镇。

16—17日 省优化营商环境调研组到恩施州，了解优化营商环境工作情况，查找和剖析营商环境堵点难点问题，听取基层对优化营商环境立法的意见建议。

18日 恩施市屯堡乡峡谷梯田油菜花海、建始县诗画景阳油菜花海、巴东县牛洞坪悬崖梯田油菜花海入选省农业农村厅、省文旅厅、省粮食局、湖北日报传媒集团、湖北广播电视台联合推介的“2022湖北特色油菜花海”名单。

19日 国家富硒农产品加工技术研发专业中心(武汉轻工大学）与宣恩县湖北贡易德茶业有限公司签订院士专家工作站框架协议。

20日 省政府办公厅通报2021年度全省固定资产投资及重点项目建设目标完成情况，恩施市名列“全省投资和重点项目建设突出贡献地方”，恩施州、宣恩县、利川市名列“全省投资和重点项目建设贡献地方”。

22日 省发改委印发《2022年度全省服务业“五个一百工程”重点项目建设计划》，菜大师硒都农贸产业园项目、恩施大峡谷景区 AAAAA+建设项目、利川齐岳山生态旅游度假区建设项目、花坪云溪康养综合体4个项目入选。

23—24日 省政协党组副书记、副主席李兵到恩施州，调研新时代加强和改进人民政协工作。

24日 “宜荆荆恩”城市群红十字会首次联席会议在宜昌召开。会上讨论审议《“宜荆荆恩”城市群红十字会联席会议工作规则》《“宜荆荆恩”城市群红十字事业协同发展倡议》《“宜荆荆恩”城市群红十字会第一次联席会议纪要》，四地红十字会共同签订《“宜荆荆恩”城市群协同发展红十字会合作框架协议》。

24—25日 生态环境部部长黄润秋到恩施州，调研深入打好农业农村污染治理攻坚战相关工作情况。

25日 州委文明办、团州委、州民政局举办的恩施州第二届新时代文明实践志愿服务暨青年志愿服务项目大赛决赛举行，中南财经政法大学研究生支教团的“七彩‘支’梦，相伴成长助学”支教项目获得金奖。

28日 恩施州2022年3月重大项目集中开工仪式和招商项目集中签约活动在建始县举行，全州共35个亿元以上重大项目集中开工，总投资80.8亿元，其中重大产业项目30个，总投资63.6亿元；共有37个招商项目签约，计划总投资175亿元，其中工业项目23个，投资10亿元以上产业项目4个。

同日 州委副书记、州长夏锡璠会见香港特别行政区政府驻武汉经济贸易办事处主任郭伟勋一行，双方围绕深化两地合作、实现互利共赢进行深入交流。

28—29日 州委书记胡超文率队到重庆市万州区考察城市建设管理、新区发展规划和产业发展等情况，开展招商引资工作。重庆市委常委、万州区委书记莫恭明出席考察活动。

28—30日 李时珍医药集团董事长林朝辉到恩施州考察，深化合作交流，推动产业项目落地。

30日 由武汉市委统战部和恩施州委统战部联合举办的全州千村（企）万名好主播第一期州级骨干培训班开班。

同日 省政府新闻办举行“省市县三级联动优化营商环境”系列新闻发布会首场新闻发布会，会上通报2021年度全省营商环境评价结果，恩施州获评2021年度全省优化营商环境标杆城市，为连续2年获此荣誉；利川市、恩施市、鹤峰县获优异等次。

同日 中国科协公布2021—2025年第一批全国科普教育基地名单，湖北巴东地质灾害国家野外科学观测研究站名列其中。

30日至4月1日 州委副书记、州长夏锡璠率队到北京考察，在华润生命科学园、华谊兄弟启明东方文化有限公司考察座谈，召开恩施州驻京津冀地区招商座谈会。州人民政府与北京百普赛斯生物科技股份有限公司战略合作协议签约。

31日 南京—恩施—海口航线首航仪式在恩施许家坪机场举行。

3月 利川市退休职工任邦珍获公安部、全国妇联通报表扬为“爱警母亲”。

同月 省总工会通报表扬2019—2021年湖北省女职工建功立业先进集体和个人，州税务局办公室、宣恩县珠山镇上湖塘社区居民委员会、中国邮政集团有限公司湖北省恩施市分公司红庙支局被表扬为“湖北省女职工建功立业标兵岗”，恩施市公安局出入境管理大队副大队长杨婷、恩施州渡帮家政服务有限公司经理牟晓红被表扬为“湖北省女职工建功立业标兵”。

4月

2日 接到省新冠疫情防控指挥部通知，恩施州33名医护人员组成援沪核酸检测医疗队到上海市支援。医疗队圆满完成抗疫任务，5月21日，恩施州举行仪式欢迎援沪医疗队回到恩施。

6日 2022年全州工业经济工作会议召开，恩施市政府、宣恩县政府，达翔技术（恩施）有限公司、建始县泰丰水泥有限责任公司作交流发言。会上，对获得2021年度省级专精特新“小巨人”、省级“两化”融合试点示范、省级创新创业示范基地等称号的32家企业兑现奖励。

同日 省政府办公厅通报2021年全省政务公开工作考评情况，恩施州被评为考核成绩优秀的（市）州，位居第五名，恩施州政务公开工作连续2年获评优秀。

7日 州委召开全面依法治州工作会议，推进法治恩施、平安恩施建设。

8日 湖北省园艺学会组织开展全省晚熟柑橘鉴评活动，恩施州选送的柑橘样品获2金1银。

同日 农业农村部长江禁捕退捕工作专班发布对2021年度长江禁渔执法监管先进集体和先进个人给予表扬的通报，州市场监管局执法稽查科科长刘湘平、恩施市农业农村局副局长廖华获评“全国长江禁渔执法监管先进个人”。

9日 州博物馆被省政府命名为“第五批湖北省爱国主义教育基地”。

11日 “荆楚楷模”2022年1月至2月上榜人物名单发布，恩施市芭蕉侗族乡退休教师郑从本上榜。

13日 湖北民族大学附属民大医院团委被共青团中央授予“全国五四红旗团委”称号，恩施市凤凰山幼儿园团支部被授予“全国五四红旗团支部”称号。

同日 巴东县野三关镇政府、国网湖北省电力有限公司恩施供电公司、利川市应急管理局被省政府表彰为“湖北省安全生产红旗单位”，州应急管理局张清、恩施市应急管理局王家玉、建始县应急管理局杜鸿被表彰为“湖北省安全生产优秀工作者”。

16日 州政府与国开青旅集团有限公司签订战略合作协议。此前13—15日，由国开青旅集团、江苏金刚科技集团组成的考察团到恩施市、建始县、宣恩县、巴东县等地实地考察。

19日 恩施市公安局、利川市检察院未成年人检察工作办公室、巴东县司法局信陵司法所被省人社厅、省妇联表彰为“湖北省维护妇女儿童权益先进集体”，恩施市法院常唯一、建始县法院刘丛艳、利川市司法局蒲琴、宣恩县法院徐玺被表彰为“全省维护妇女儿童权益先进个人”。

20日 省委、省政府召开第二轮中央生态环境保护督察整改动员部署会后，恩施州召开全州第二轮中央生态环境保护督察整改动员部署会。

同日 教育部办公厅公布义务教育优质均衡先行

创建县（市、区、旗）名单，鹤峰县被确定为义务教育优质均衡先行创建县。

20—22日 全州一季度“比抓强争促”现场拉练暨县域经济工作推进会召开，会议通报全州2021年县域经济考核情况等。

24日 全州涉案企业合规改革试点工作领导小组第一次会议举行，部署启动全州涉案企业合规改革试点工作，会议讨论全州涉案企业合规改革试点工作有关文件。

25日 全州党建引领加强基层社会治理表彰大会暨民政工作会议召开。会上宣读州委、州政府表彰全州2021年“党建引领加强基层社会治理”先进集体和先进个人的决定，州委直属机关工委、咸丰县唐崖镇彭家沟村党支部、恩施市的代表作交流发言。

26日 中共恩施州委八届四次全体会议举行，投票确定恩施州出席湖北省第十二次党代表大会代表候选人预备人选。会议就恩施州推荐提名出席湖北省第十二次党代表大会代表候选人有关情况作说明。全会表决通过《中共恩施州第八届委员会第四次全体会议确定恩施州出席湖北省第十二次党代表大会代表候选人预备人选表决办法》，投票确定47名恩施州出席湖北省第十二次党代表大会代表候选人预备人选，表决通过《关于召开中国共产党恩施州代表会议的决议》。

同日 教育部职业教育与成人教育司公布社区教育“能者为师”实践创新项目首批启动名单，恩施职业技术学院“土苗民间工艺”入选“能者为师”实践创新项目的“非遗传承”主题示范类项目，“滚龙连厢非遗技艺传承”“土家族吊脚楼营造技艺与文化传承”入选“非遗传承”主题特色类项目。

28日 全国总工会表彰2022年全国五一劳动奖和全国工人先锋号获得者，利川星斗山红茶有限责任公司被授予“全国五一劳动奖状”，恩施州亚麦食品有限责任公司研发总监江世华被授予“全国五一劳动奖章”。

同日 建始县法院涉企案件专业法庭揭牌，为全州首个涉企案件专业法庭。

同日 湖北省庆祝“五一”国际劳动节座谈会召开，会上宣读表彰2022年湖北五一劳动奖和湖北省工人先锋号的决定，湖北创偲诺电气科技股份有限公司被省人社厅、省总工会授予“湖北五一劳动奖状”，湖北博宇科技有限公司研发部、湖北中烟工业有限责任公司恩施卷烟厂制丝车间乙班、国网恩施供电公司互联网部（信息通信分公司、数据中心）通信运检一班被授予“湖北省工人先锋号”，中交第四公路工程局有限公司宣鹤高速第四合同段项目经理部项目经理刘旭斌、利川飞强职业学校有限公司校长潘晓辉被授予“湖北五一劳动奖章”。

29日 湖北恩施机场迁建场址获得中国民用航空局正式批复。经对二龙寺、李家坪、杨家湾3个预选场址比选论证，中国民用航空局同意将场址条件相对较优的二龙寺作为恩施机场迁建推荐场址。恩施机场迁建项目2021年12月正式纳入中国民用航空局、国家发改委、交通运输部联合发布的《“十四五”民航发展规划》，同时纳入中国民用航空局《“十四五”民用运输机场建设专项规划》。4月，项目取得国家发改委投资项目赋码。

同日 2022年全国科协系统创建中国农技协“科技小院”工作推进视频会议在北京召开，会上宣读2022年8个省96家中国农技协“科技小院”的成立批复，“湖北恩施冷水鱼科技小院”“湖北建始甜柿科技小院”“湖北宣恩茶叶科技小院”入选，有效期3年。

5月

5日 自然资源部办公厅《关于湖北姚家平水利枢纽工程建设用地预审意见的函》印发，明确湖北姚家平水利枢纽工程项目建设对完善防洪体系、促进当地经济社会发展具有重要意义，项目用地符合规定，原则同意通过用地预审。

8—12日 州委副书记、州长夏锡璠率团到甘肃省兰州新区、白银市、临夏州、定西市，福建省厦门市、泉州市交流考察。

9日 全州《幺妹儿带你慢慢儿耍》职工工间操颁奖暨五一劳动奖颁奖、职工劳动和技能竞赛启动仪式举行。为“全国五一劳动奖状”获得者利川星斗山红茶有限责任公司、“全国五一劳动奖章”获得者江世华及获得职工工间操特别奖的州援沪医疗队颁奖，宣布2022年恩施州职工劳动和技能竞赛启动。

10日 恩施州召开2022年“察民情、聚民智、惠民生”代表行动视频推进会，贯彻落实全省人大深化“察民情、聚民智、惠民生”代表行动视频推进会精神，推进代表行动工作。

同日 恩施州召开平安恩施建设系列专项行动推进会，贯彻全国打击整治养老诈骗专项行动部署会议精神，落实平安湖北建设系列专项行动推进会工作要求，督办前一阶段系列专项行动进展情况，分析当前形势、部署下阶段重点工作和任务。

同日 “闪亮的名字——最美基层高校毕业生”发布仪式播出，中宣部、人社部联合发布20名2021年“最美基层高校毕业生”先进事迹，建始县支教教师袁辉名列其中。

10—11日 省委常委、省委政法委书记王艳玲到利川市、鹤峰县调研平安建设和基层社会治理工作。

11日 中国共产党恩施州代表会议召开。会议按照党内选举有关规定，以无记名投票方式选举产生恩施州出席中国共产党湖北省第十二次代表大会的41名代表。省第十二次党代表大会换届风气第四巡察督导组到会指导。

12日 州委书记胡超文与中国一冶党委书记、董事长宋占江一行座谈，探讨科学谋划推进重点项目建设，赋能恩施高质量发展，推动企地合作共赢。

15日 全国妇联表彰第十三届全国五好家庭暨家庭工作先进集体、先进个人和2022年全国最美家庭，州妇联被表彰为“全国家庭工作先进集体”，周安秀家庭、王光国家庭被表彰为“全国五好家庭”，李贤付家庭、向成桂家庭被表彰为“全国最美家庭”。

17日 恩施州举行湖北省硒重点实验室筹建工作启动会，由湖北民族大学牵头，与州中心医院、州农科院联合共建的湖北省硒重点实验室正式启动筹建工作。

同日 州政府办公室印发《恩施州硒产业发展“十四五”规划》。

18—20日 省政府办公厅副主任何丽君率双碳战略实施路径研究课题调研组到恩施州，调研双碳战略工作；调研恩施州乡村振兴工作，其间邀请省交投集团、永业行咨询评估集团与恩施市屯堡乡马者村签订帮扶合作协议并举行授牌仪式。

19日 州委全面深化改革委员会第八次会议举行，全面落实中央、省委深改委会议精神，回顾总结2021年工作，部署2022年工作。会议审议《中共恩施州委全面深化改革委员会2022年工作要点》《中共恩施州委2022年重大改革调研课题实施方案》。

同日 州委书记胡超文与湖北联投党委委员、副总经理李建峰座谈，增进了解、深化合作，共同推动恩施数字经济高质量发展。

21日 2022年国际茶日暨全州茶产业发展大会召开，会议通报《中共恩施州委 恩施州人民政府关于加快建设茶业强州的意见》贯彻落实情况。为庆祝第三个国际茶日，恩施州开展“恩施硒茶斗茶赛”“茶文化进校园、进社区”和品茗会等系列活动。品茗会上举行产销对接签约仪式；为恩施硒茶斗茶赛茶王、金奖获得者代表颁奖；中国农业技术推广协会为咸丰县政府授予“中国富硒白茶县”牌匾。全州茶产业发展大会上，鹤峰县、利川市毛坝镇人民政府，利川星斗山红茶有限责任公司、宣恩县伍台昌臣茶业有限公司的代表作交流发言。

23日 州委副书记、州长夏锡璠与华谊启明东方城市文化产业集群战略委员会主席马克举行视频连线会谈，双方就深化文旅合作项目进行交流。

同日 共青团恩施州委“喜迎二十大，永远跟党走，奋进新征程”庆祝中国共产主义青年团成立100周年主题团日活动举行，为获得2022年恩施州青年五四奖章的集体和个人颁奖。

24—26日 韩国驻武汉总领事馆总领事姜承锡一行到州博物馆、州城市规划馆，恩施市、利川市参观考察。26日，州委书记胡超文会见姜承锡一行，双方就促进友好交往、多领域开展全方位合作进行深入交流，韩国旅游发展局武汉办事处首席代表罗圣勋介绍相关情况。

25日 恩施州首次面向全国高校、科研院所公开发榜12个“揭榜制”科技项目，同时正式启动“科惠网”恩施州分平台运营。

同日 全国公安系统英雄模范立功集体表彰大会在北京召开，恩施市公安局行政审批大队被表彰为“全国优秀公安基层单位”，巴东县公安局绿葱坡派出所被表彰为“全国公安机关爱民模范集体”，利川市公安局杨蓥被表彰为“全国优秀人民警察”，利川市公安局都亭派出所所长刘运洪被表彰为“全国公安机关爱民模范”。

25—26日 第九次全国信访工作会议在北京召开，巴东县信访局副局长张泽青被表彰为“全国信访系统先进个人”。

26日 全州党员干部“下基层、察民情、解民忧、暖民心”实践活动动员部署大会召开。

同日 省文旅厅公布第六批省级非物质文化遗产代表性传承人名单，恩施州12人入选。至此全州被命名的省级非物质文化遗产代表性传承人总计98人。

27日 湖北省企业上市工作领导小组办公室召开全省2022—2023年度上市后备“金种子”企业发布会，湖北省鄂旅投旅游发展股份有限公司、恩施京植咿呀雅口腔医院有限公司、湖北和诺生物工程股份有限公司、恩施德源健康科技发展有限公司、湖北来凤腾升香料化工有限公司、湖北兴龙工具有限公司6家企业入选省级上市后备“金种子”企业。

同日 2022“湖北十佳政务新媒体”评选结果揭晓，由恩施日报社负责运维的州委、州政府权威发布平台“恩施发布”获评“湖北十佳政务新媒体（市州微信）”。

同日 州委副书记、州长夏锡璠与武汉生态环境投资发展集团总经理吕善功一行座谈，双方围绕深化拓展合作空间、实现企地共赢发展等深入交流。

同日 深圳大学物理与光电工程学院与恩施高新区、华芯科技战略合作签约暨产学研基地授牌仪式在恩施高新区电子信息产业园举行。

30日 中央文明办发布2022年第一季度“中国好人榜”，吕诗雨上榜。

31日 恩施州举行2022年5月招商引资项目集中签约仪式，集中签约30个项目，计划投资总额486亿元，涉及生态文化旅游、清洁能源、硒产品精深加工、生物医药、电子信息等多个行业领域，其中10亿元以上项目9个，50亿元以上项目2个，100亿元以上项目1个；工业项目27个，占比90%；外向型项目9个，占比30%。

同日 恩施龙麟宫景区开业典礼举行。该景区2015年8月停业；2017年8月，景区资产交给州国投公司接管，由其全资子公司恩施土司城旅游管理有限公司负责运营；2019年，景区启动提档升级项目。

31日至6月2日 州委书记胡超文率队到四川省成都市招商考察。

同月 省卫健委与州政府签订共建协议，恩施州被确定为第一批省级区域医疗中心共建市（州），州中心医院、湖北民族大学附属民大医院、州优抚医院被纳入共建医院。

6月

6日 州政府与湖北民族大学共建恩施州教师教育综合改革试验区合作协议签字仪式举行。

6—8日 为落实省委开展党员干部下基层、察民情、解民忧、暖民心实践活动的要求，省政协副主席彭军率队到恩施州走访调研包保企业，开展“解难题、稳增长、促发展”企业帮扶活动并举行座谈会。

7日 国家发展改革委印发《革命老区重点城市对口合作工作方案》，按照国务院批准的《“十四五”特殊类型地区振兴发展规划》，推动革命老区重点城市立足特色资源和产业基础，结合与东部城市间既有协作、合作、交流等情况，恩施州（湘鄂渝黔革命老区）与杭州市建立对口合作关系，对口合作工作期限为2022—2030年，在传承弘扬红色文化、衔接推进乡村振兴和新型城镇化等5个方面开展合作。

同日 水利部向国家发改委报送《关于湖北姚家平水利枢纽工程可行性研究报告审查意见的函》，基本同意水利部水利水电规划设计总院对该工程可行性研究报告的技术审查意见。水利部明确，湖北姚家平水利枢纽工程是《长江流域防洪规划》确定的清江流域防洪控制性枢纽工程，已列为2020年及后续150项重大水利项目之一。该工程建成后，通过已建成的大龙潭水库联合运行，可将恩施市城区防洪标准提高到50年一遇，还可利用水能资源提供清洁能源。工程建设任务为防洪和发电，并为巩固拓展少数民族地区脱贫攻坚成果创造条件。

8日 州委书记胡超文与阿里巴巴集团副总裁、阿里云中国区总裁黄海清一行座谈，深化战略合作，以数字赋能助力恩施绿色崛起高质量发展。6月27日，州委副书记、州长夏锡璠会见阿里巴巴集团战略发展部华中区总经理李鸣一行，双方就深化数字经济发展、数字政府建设等领域务实合作沟通交流，达成共识。

8—11日 中国中医科学院首席研究员边宝林率生态中医药健康产业国家创新联盟成员等到恩施州考察，深化合作交流，推动产业项目落地。

10日 “荆楚楷模”2022年3月至4月上榜人物名单发布，恩施市检察院第四检察室主任童文上榜。

11日 新一轮全国民族团结进步示范州创建暨全州宗教工作会议召开，宣讲中央、省委少数民族工作会议和全国、全省宗教工作会议精神，会议以视频形式开到各县市、乡镇（街道）、村（社区）。

11—12日 以“加强少数民族体育研究，铸牢中华民族共同体意识”为主题的2022年全国少数民族体育学术会议在湖北民族大学召开，来自全国高校、科研机构、体育协会的专家学者，通过“线上+线下”形式共话少数民族体育发展。会上，授予湖北民族大学“全国普通高校中华优秀传统文化传承基地（武术·土家族武术）”称号。

12日 中国石灰协会到恩施州考察，考察团成员对钙基新材料及下游产业链情况进行推介。

13日 中国坝漆毛坝非遗传承保护中心对外开放。

14日 恩施州举行首届中等职业学校学生创新创业比赛暨省赛选拔赛，同时举办创新创业教育研讨会。

15日 巴东县司法局官渡口司法所所长陈娟被司法部、人社部表彰为“全国司法行政系统先进工作者”。

17日 湖北民族大学电网节能改造及空调安装项目竣工投运。国网恩施供电公司与该校签订“双碳示范校园”合作框架协议，恩施州首个“双碳示范校园”建设项目取得阶段性进展。

20日 巴东县举办郑渝铁路巴东段开通仪式暨“情漫三峡　感恩北京”第十届中国长江三峡（巴东）纤夫文化旅游节。上午8时，G1158次列车从巴东站驶往广州南站，标志着郑渝高铁巴东段正式开通运营。

21日 恩施、荆州两地不动产登记中心签署不动产登记“跨域通办”合作协议，恩施、荆州结成“跨域通办”登记联盟，依托信息互通、资源互享的技术保障，推进两地不动产登记“跨域通办”。

24日 州委书记胡超文会见参加“对接鄂港澳 服务双循环——港澳资源走进‘宜荆荆恩’”鄂西南片区专题推介会嘉宾。25日，该专题推介会在恩施州召开，宜昌市、荆州市、荆门市、恩施州四地共同签署《“宜荆荆恩”城市群外事港澳工作一体化协议》。

同日 州委副书记、州长夏锡璠会见中南建筑设计院股份有限公司总经理杨剑华一行，双方就深化业务拓展、实现合作共赢进行交流。

26—28日 民革中央调研组到恩施州开展长江生态环境保护民主监督调研。

27日 省委第二督查组到恩施州，实地督查优化营商环境暨稳增长政策落实情况。

同日 《湖北姚家平水利枢纽工程环境影响报告书》获得生态环境部批复。

28日 省科技厅、州政府主办的2022年“联百校转千果”科惠行动“宜荆荆恩”恩施专场暨恩施州“揭榜制”项目现场路演活动举行。

30日 由州委组织部、州委直属机关工委联合主办，州广播电视台承办的2022年恩施州基层党建“大比武”知识竞赛举行总决赛。

同月 中国邮政太空邮局发行中国空间站神舟十四号载人飞行纪念封和明信片，州老促会于德海在恩施市太阳河拍摄的“革命老区——湖北省恩施到重庆市万州的高等级公路，被称为‘十道拐’”照片入选。

7月

6日 2022年三季度湖北省高速公路项目集中开工活动举行，恩施州设立分会场，会上宣布由湖北交投投资建设的利川至咸丰高速公路（利咸高速）正式开工。利咸高速是湖北省“九纵五横四环”高速公路网的重要组成部分，是湖北省高速公路网在最西端形成闭环的最后一段。利咸高速主线全长约84.6千米，起于利川城西天鹅池，向南经利川市忠路镇、沙溪乡，咸丰县小村乡、唐崖镇，止于咸丰县高乐山镇小模村，对接在建的宣咸高速公路。项目同步建设忠路、沙溪连接线，全线设置互通式立交8处、匝道收费站6处、服务区2处、养护工区1处、监控中心1处。项目总概算投资194.5亿元，计划2025年基本建成通车。

同日 省政府发布表彰第三届全省“百佳村民委员会”“百佳社区居民委员会”和“社区建设先进工作者”的决定，恩施市盛家坝镇二官寨村村民委员会、屯堡乡花枝山村村民委员会，利川市东城街道白鹊山村村民委员会、忠路镇凤凰村村民委员会，建始县长梁镇旋龙村村民委员会，巴东县东瀼口镇牛洞坪村村民委员会，咸丰县唐崖镇彭家沟村村民委员会，鹤峰县燕子镇新行村村民委员会被表彰为“全省百佳村民委员会”。恩施市舞阳坝街道官坡社区居民委员会、金子坝街道黄泥坝社区居民委员会，利川市都亭街道南湖社区居民委员会，宣恩县沙道沟镇西水情社区居民委员会被表彰为“全省百佳社区居民委员会”。恩施市小渡船街道机场路社区党总支书记、居委会主任张晓丹，利川市都亭街道党工委委员、组织委员谢芬，建始县业州镇朝阳社区党委书记刘修平，巴东县信陵镇白土坡社区党委书记、主任谭东华，宣恩县珠山镇白鹤井社区党委书记、居委会主任许应三，咸丰县高乐山镇城东社区党委书记、主任田新光，来凤县翔凤镇精神堡社区居民委员会委员雷凤洋，鹤峰县容美镇中坝路社区党总支副书记、居委会委员刘英被表彰为“全省社区建设先进工作者”。

同日 州推动长江经济带发展和生态保护领导小组召开第一次全体会议，观看2021年长江经济带生态环境警示片，听取2021年恩施州推动长江经济带发展和生态环境保护工作情况汇报、2022年工作安排。

11日 萧山·利川高科技农业示范园被全国妇联办公厅命名为2022年度“全国巾帼现代农业科技示范基地”。

12日 荆州市政协副主席、民建荆州市委主委孙玉秋率队到恩施州调研交流。

13日 州委书记胡超文与华谊启明东方城市文化产业集群战略委员会主席马克一行座谈，加快推动文旅项目实质性运作，不断满足人民群众对美好生活的需要。

同日 恩施州“12345”智慧热线信息系统（包含全媒体接入系统、热线融合业务系统、智能知识库系统、统一督办问责系统、社情民意大数据分析及可视化系统、智能化系统等模块，具备在线应答机器人、智能外呼回访等功能）上线投入使用。

同日 湖北首届“梦之蓝”大众山水运动季——“五个湖北”系列赛事年度颁奖盛典颁发12个奖项，州文旅局获得年度优秀组织奖，骑遍湖北（恩施站）获得最具规模奖，酷滑湖北（巴东站）获得最佳时尚奖。

15日 武汉市委常委、武汉东湖新技术开发区党工委书记刘洁到恩施州调研，召开对口帮扶工作联席会。

同日 省政府新闻办召开新闻发布会，公布湖北“十大楚药”道地药材评选结果，恩施州申报的黄连、紫油厚朴、大黄成功入选。

同日 省科技厅、省教育厅发出认定第一批省级大学科技园的通知，湖北民族大学科技园被认定为第一批省级大学科技园。

20—21日 省人大常委会党组副书记、副主任梁伟年率调研组到恩施州，调研《湖北省慈善条例》实施情况。

20—21日 州委书记胡超文率队到浙江省杭州市、湖州市招商考察，并对接革命老区重点城市对口合作工作。浙江省委常委、杭州市委书记刘捷会见考察团，就推进合作进行座谈交流。

20—23日 国务院参事室党组成员、副主任张彦通率调研组到恩施州，调研县域经济发展、县城建设和乡村振兴等工作。

27日 恩施州举办“喜迎二十大·双拥向未来”庆祝建军95周年暨致敬一等功臣双拥文化活动。7月至8月，州退役军人事务局、州退役军人服务中心、州关爱退役军人协会在全州开展“寻找英雄·施州关爱行”活动，活动通过恩施电视台在恩施新闻综合频道《恩施新闻联播》栏目开设《寻找英雄·施州关爱行》专栏，联合《恩施日报》对张富清、徐胜富、黄红兵、郭海清、田新民、廖其华、高文清7名曾荣立一等功的退役军人分别进行专题宣传报道。

28—31日 湖北省青少年皮划艇（静水、激流回旋）锦标赛暨全国U系列赛在宣恩县开赛，来自武汉、襄阳、荆州等地的13个代表队117名选手参赛。

30—31日 由中国气象服务协会主办、江苏省东台市人民政府承办的第三届氧吧产业发展大会暨“中国天然氧吧”媒体推介会举办，恩施市、咸丰县、建始县获授“中国天然氧吧”。

31日至8月3日 国家卫健委食品安全标准与监测评估司副司长田建新率队到恩施州调研食品安全与营养健康综合试验区建设工作。

8月

3日 由中国少数民族体育协会、州政府主办，宣恩县政府、州文旅局、州总工会、州民宗委承办的2022年中国民族民间龙舟公开赛（湖北宣恩站）暨第十四届贡水河水上运动会开幕式在宣恩县举行。

4日 州委人才工作会议召开，部署全州人才工作。会上宣读州委人才工作领导小组认定尹应睿等37人为恩施州第一批“硒谷英才”的决定，观看恩施州人才工作专题片，10名人才代表及中共利川市委、州科技局党组作交流发言。

5日 由国家药品监督管理局指导，中国健康传媒集团和国家药监局执业药师资格认证中心共同举办的第三届“寻找身边最美药师”活动表彰大会线上召开，州中心医院药剂师徐元翠被表彰为“身边最美药师”，在会上作为代表发言。

同日 湖北机场集团党委副书记、总经理李忠禄到恩施州，调研恩施机场迁建工作。

8日 恩施州少工委二届二次全体会议召开。

9日 省财政厅公布2020年度美丽乡村建设验收结果，全省170个村被确定为美丽乡村典型示范村，恩施市芭蕉侗族乡高拱桥村、太阳河乡白果树村，鹤峰县五里乡南村村等19个村上榜，恩施州美丽乡村典型示范村获评率位居全省市（州）第3位。

9—10日 州委副书记、州长夏锡璠率团到安徽省合肥市、安庆市考察学习，调研数字经济、招商引资等工作。

11日 全国创建青年文明号活动组委会发布认定一星级全国青年文明号集体的通报，恩施新闻网编辑部、州住房公积金中心直属营业部、来凤县消防救援大队、恩施市税务局小渡船税务分局、州城市规划展览馆、宣恩县税务局第一税务分局6个集体被认定为“一星级全国青年文明号”。

12日 在恩施高新区电子信息产业园建设项目现场，2022年三季度全省重大项目集中开工活动恩施州分会场活动举行，全州共58个亿元以上重大项目集中开工，包含产业项目、基础设施项目、生态环保项目、民生改善项目等，总投资282.2亿元，2022年计划投资39.9亿元。

同日 国家林业和草原局调研组到宣恩县晓关侗族乡开展天然林资源保护工程调研检查。

12—13日 省委副书记李荣灿到恩施市、来凤县、宣恩县调研，了解乡村产业和村集体经济发展、村党组织建设等情况和茶叶、硒食品深加工、良种繁育及企业联农带农等情况。

13—16日 中央和国家机关工委《旗帜》杂志社社长侯永峰到恩施州，开展基层党建调研交流活动。

15—16日 武汉市委常委、市委统战部部长、市总工会主席杨玲率队到恩施州，调研考察推进乡村振兴结对帮扶工作并召开座谈会。

16日 全州科技创新大会暨州推进科技创新领导小组第一次全体（扩大）会议在州城恩施举行，恩施市、湖北民族大学、湖北和诺生物工程股份有限公司、恩施硒圣植物科技有限公司作交流发言。

17日 来凤县与中国戏曲学院精心打造的南剧《本色》首次在北京梅兰芳大剧院上演。

同日 省统计局来凤经济社会调查队工作人员王一东被国家统计局表彰为“全国统计系统先进个人”。

18日 全国绿化委员会、人社部、国家林业和草原局联合公布全国绿化先进集体、劳动模范和先进工作者表彰名单，恩施市林业局被表彰为“全国绿化先进集体”，宣恩县林业局沙道沟林业管理站站长熊泽友被表彰为“全国绿化劳动模范”

24日 省教育厅公布2022年湖北省大学生创业示范基地名单，恩施职业技术学院大学生创新创业基地上榜。

25—26日 省人大常委会执法检查组到恩施州，就恩施州贯彻实施《中华人民共和国长江保护法》情况开展执法检查。

30日 全国“人民满意的公务员”和“人民满意的公务员集体”表彰大会在北京举行，利川市司法局柏杨坝司法所所长雷红兵被表彰为全国“人民满意的公务员”，州应急管理局被表彰为全国“人民满意的公务员集体”。

31日 省稳住经济大盘督导和服务工作组到恩施州开展督导。

9月

1日 省政府通报第四届“楚天园丁奖”获奖者、湖北省农村先进教师和先进教育工作者名单，恩施市硒都民族实验小学教师李琼、建始县官店镇初级中学教师谌令慧、巴东县第一高级中学教师向启红、恩施高中教师吴光明、恩施职业技术学院教师龚云登5人获评第四届“楚天园丁奖”，宣恩县长潭河侗族乡中心小学教师高云凤、来凤县翔凤镇沙坨小学教师万胜德、鹤峰县邬阳乡民族中心学校教师周胜全、巴东县东瀼口镇初级中学教师吴祖军4人获评“湖北省农村先进教师”，利川市建南镇中心学校校长覃富灵获评“湖北省农村先进教育工作者”。

同日 全州城市建设现场会在来凤县召开，会议观看来凤县城市建设专题宣传片，来凤县汇报城市建设工作，州住建局通报近年来城市管理考评情况及存在的问题。

2日 省委第十巡视组在恩施州召开巡视工作动员会。省委第十巡视组组长张国秀作动员讲话，州委书记胡超文主持会议并作表态发言。

5日 恩施州“工创杯”第三届职工创业创新大赛决赛暨湖北省“工友杯”第五届职工创业创新大赛恩施州选拔赛举行。

同日 “2022中国品牌价值评价信息”在北京市发布，其中区域品牌（地理标志）百强榜单中，共有24个茶叶类目（地理标志）入选，“利川红”上榜，位列第45名。

6日 全省农商银行2022年“小微金融‘店小二’、乡村振兴主办行”现场会在宣恩县召开，恩施农商银行建设“三大银行”服务乡村振兴工作经验在会上推广。

7日 省文化和旅游厅发布确定10家旅游景区为国家AAAA级旅游景区的公告，鹤峰县屏山旅游景区、巴东县无源洞景区名列其中。

8日 巴东县政府投资改建的土家族撒叶儿嗬清太坪传习所和土家族撒叶儿嗬国家级传承人大师工作室在巴东县清太坪镇建成。

14日 国家机关事务管理局印发开展第二批公务用车管理专项领域建设工作的通知，州机关事务服务中心名列第二批公务用车管理标准化信息化融合发展领域建设单位名单。

16日 第四届湖北省“人民满意的公务员”和“人民满意的公务员集体”表彰大会在武汉举行。州委直属机关工委办公室主任、一级主任科员王晓磊，宣恩县市场监管局高罗镇市场监管所所长谭剑，州乡村振兴局二级主任科员熊琰3人被授予第四届湖北省“人民满意的公务员”称号；恩施市乡村振兴局、鹤峰县劳动保障监察局、州检察院第七检察部3个集体被授予第四届湖北省“人民满意的公务员集体”称号；恩施高新技术产业园区党工委委员、管委会副主任邓鹏飞，恩施市三岔镇党委书记、四级调研员谭海鹰，利川市公安局都亭派出所所长、一级警长刘运洪3人获记一等功奖励；咸丰县信访局获记一等功奖励。

同日 国网湖北省电力有限公司恩施供电公司被人社部、全国总工会、中国企业联合会/中国企业家协会、全国工商联联合表彰为“全国和谐劳动关系创建示范企业”。

17日 恩施城市生活垃圾焚烧发电项目并网发电投入运营，标志着恩施市生活垃圾处理方式实现由传统卫生填埋到焚烧发电的历史性转变。该项目由恩施绿色动力再生能源有限公司投资、建设及运营，总投资6.9亿元，占地面积10公顷。

19日 联合国环境署GEF湖北大神农架项目沿渡河镇堆子场社区共建共管委员会成立。

23日 2022年中国农民丰收节湖北主会场活动在麻城市启动，利川市勤隆中药材专业合作社理事长龙祥云获评2021—2022年度“湖北省十佳农民”。

27日 由省妇联主办的“最美巾帼奋斗者”致敬礼活动在武汉举行，鹤峰县人民医院副院长、妇产科主任、主任医师丁学慧，利川市第一民族实验小学副校长吴晓玲，建始县食达好农产品工贸有限公司副总经理吴苑，巴东县肢体残疾人协会会长杨旭东，湖北恒贸茶油有限公司总经理彭静，利川市凉源生态农业发展有限公司总经理赵冬妮6人获评湖北省“最美巾帼奋斗者”。

29日 全州法治政府建设推进会召开。会议印发

《关于进一步加强法治政府建设的八条措施》，巴东县政府、州人社局作交流发言。

同日 省卫健委、省文明办、省人社厅等9个部门印发《关于公布第二届湖北省“健康企业”名单的通知》，中国电信股份有限公司巴东分公司、华新水泥（鹤峰）民族建材有限公司、恩施州建始茂源煤矿有限责任公司、国能长源恩施水电开发有限公司、湖北中烟工业有限责任公司恩施卷烟厂、利川市靓利建材有限公司、国能大渡河老渡口水电有限公司、恩施清江大龙潭水电开发有限公司8家企业被授予第二届湖北省“健康企业”称号。

同月 2022年“湖北省乡村振兴青年先锋”寻访宣传对象名单公布，咸丰县清坪镇龙潭司村党支部书记赵寄凯入选乡村治理类“乡村振兴青年先锋”，建始县潘启斌入选涉农创业类“乡村振兴青年先锋”。

同月 30户家庭被省妇联、省文明办授予“荆楚最美家庭”称号，恩施州易满成家庭名列其中。

10月

5日 省政府发布公布第二批湖北省文化遗址公园的通知，建始直立人遗址成为第二批湖北省文化遗址公园。

8日 全州巩固拓展脱贫攻坚成果同乡村振兴有效衔接视频调度会召开，通报全州巩固拓展脱贫攻坚成果同乡村振兴有效衔接工作中存在的问题，部署下阶段重点工作。会议以视频形式召开，各县市、乡镇和具备条件的村（社区）分别设分会场。

11日 美国巴拿马太平洋万国博览会中国区组委会向湖北利川红产业集团子公司——利川红品牌运营有限公司发来贺状：“利川红—天杉龙盏·天杉”通过2022第107届美国巴拿马太平洋万国博览会组委会评委会终审，获得“特等金奖”。

17日 全州推动房地产平稳健康发展工作推进会召开，州住建局通报全州房地产市场运行、保交楼、解决从事基本公共服务人员住房困难问题工作情况，州自然资源和规划局、人行恩施州中心支行、州国投集团、利川市政府作交流发言。

17—18日 副省长杨云彦到鹤峰县、建始县调研巩固拓展脱贫攻坚成果同乡村振兴有效衔接、美丽乡村建设和农旅融合发展等工作。

19日 国家卫健委、全国老龄办联合发布《关于命名2022年全国示范性老年友好型社区的通知》，宣恩县沙道沟镇白水河村、咸丰县唐崖镇彭家沟村、来凤县漫水乡新拱桥社区、鹤峰县容美镇杨柳湾社区被命名为“2022年全国示范性老年友好型社区”。

24日 中国地质学会公布第二批地质文化村（镇）评定结果，巴东县信陵镇黄土坡地质灾害地质文化村被评定为国家三星级地质文化村。

26日 农业农村部发布2022年农业品牌精品培育名单的通知，恩施土豆（品类马铃薯）、恩施玉露（品类绿茶）入选。

27日 省供销合作总社办公室公布2022年度全省供销社系统农民合作社示范社名单，利川市硒溪生态茶叶专业合作社、宣恩县椒园镇朴野茶叶专业合作社、咸丰县楚城农业专业合作社、鹤峰县青营富硒林药业专业合作社、恩施市黄广田白葡萄专业合作社、来凤怯道河村藤茶种植专业合作社入选。

同日 国家知识产权局发布确定2022年新一批及通过复核的国家知识产权示范企业和优势企业的通知，湖北创偲诺电气科技股份有限公司名列2022年新确定的国家知识产权优势企业名单。

28日 “荆楚楷模”2022年度7月至8月上榜人物名单揭晓，来凤县翔凤镇花园堡社区党委副书记、妇联主席、工会主席连芳上榜。

同月 恩施华龙总医院等19家医院入选第二批湖北省老年友善医疗机构，巴东县大支坪镇卫生院等33家基层医疗机构入选第二批湖北省老年友善基层医疗机构。

11月

1日 州科协推荐的湖北木林子国家级自然保护区被省科协命名为第二批“湖北省科普教育基地（2022—2026年度）”。

同日 水利部、全国总工会、全国妇联联合发文，通报第二届“寻找最美河湖卫士”主题实践活动结果，巴东县水流坪水库巡（护）河员周耀林获评“最美基层河湖卫士”。

1—4日 州委副书记、州长夏锡璠率团到杭州市对接革命老区重点城市对口合作工作，考察数字政府建设，参观部分企业并与企业负责人交流座谈，出席利川市与阿里云数字经济产业园项目签约仪式，主持召开恩施州驻长三角地区招商座谈会。

4日 2022年四季度全省重大项目集中开工活动恩施州分会场活动在宣恩县宣北产业新区建设项目现场举行，全州共集中开工亿元以上重大项目69个，总投资288亿元，包含产业项目33个、基础设施项目16个、生态环保项目1个、民生改善项目19个。

7日 省优化营商环境领导小组印发关于2022年全省优化营商环境改革先行区的通报，恩施州38项名列其中。省定先行试点改革事项包括恩施市的人力资源社会保障领域基本公共服务标准化试点、增值税留抵退税“精简达”项目、深化工业用地“标准地”出让、健全企业重整期间信用修复机制、涉案企业合规改革；利川市的推进企业年报自主公示、不动产登记“票税分离”改革、持续深化“一站式”社会矛盾纠纷调处服务、推广“整村授信”改革；建始县的开展“一照多址”改革、不动产登记“证缴分离”改革、探索涉企行政执法案件经济影响评估制度；巴东县的水电气网用能要素联动报装，拓展企业开办“一网通办”业务范围、进一步便利企业开立银行账户，开展税务行政处罚“首违不罚”智能化办理，探索公共资源交易综合监管改革，推动执行一站式办理；宣恩县的推行智能化、要素化纳税申报模式，优化破产案件简易审理程序，扩大包容审慎监管范围、建立不予实施行政强制综合负面清单；咸丰县的探索取消政府投资工程项目的质量保证金，全面探索市场准营即入制，在税务监管领域建立“信用+风险”监管体系，探索“胜诉即退费”改革，进一步扩大电子证照、电子签章等应用范围；来凤县的探索劳动争议速裁、构建优化协同高效的优化营商环境机构职能体系；鹤峰县的探索开展不动产登记信息及地籍图可视化查询、建立健全政务诚信诉讼执行协调机制、打造“无证明城市”、打造无涉企保证金县市；鹤峰县、建始县的开展“一证多址”改革；利川市、巴东县的探索缩小施工图审查范围；宣恩县、巴东县的探索对重点行业从业人员建立个人信用体系。地方自主改革事项包括建始县的建立“严重违法失信名单”机制，巴东县、鹤峰县的推动基层政务服务改革创新，咸丰县、利川市的拓展“一业一证”行业领域，鹤峰县的“整链授信”改革。

同日 湖北民族大学附属民大医院正式上线医保移动支付，成为全州首家开通医保移动支付的医院。8日，州中心医院医保移动支付上线。恩施州参保职工和省内异地就医参保职工可在医疗机构通过医保移动支付个人账户完成自助缴费。

8日 国家石油天然气基础设施重点工程川气东送管道巴东县野三关压气站建成投产，国家管网集团川气东送管道增压工程（二期）全面完成。

9日 第五届中国国际进口博览会国际文化交流论坛在上海举行，活动现场恩施德源硒材料工程科技有限公司生产的堇叶碎米荠硒肽被授予第五届进博会国际文化交流论坛指定产品。

同日 恩施州首个湖北科技特派员工作站在来凤县揭牌。

同日 恩施州召开绿色金融改革创新试点工作推进会，人民银行恩施州中心支行解读绿色金融相关政策，部分州直单位就贯彻落实恩施州推动绿色金融改革创新试点工作方案情况发言。

同日 湖北省第三次国土调查领导小组公布表彰湖北省第三次国土调查先进集体和先进个人的决定，州自然资源和规划局、咸丰县自然资源和规划局2个单位被表彰为“湖北省第三次国土调查先进集体”，张强、吴翠芬、吴涛、陈孝万、向俊、陈波、李昕燕、杨学军、贾长胜9人被表彰为“湖北省第三次国土调查先进个人”。

同日 省科技厅公布2022年度省级星创天地名单，梦巢小镇星创天地、薯芋沃特色农业星创天地、腾升星创天地、八月香星创天地、景莱农科星创天地成功备案为省级星创天地。

11日 恩施州首所“八一爱民学校”在恩施市红土乡石灰窑中学揭牌。

13日 由省政府主办，省人社厅、省总工会、省教育厅、州政府承办的以“技兴荆楚 能创未来”为主题的2022湖北省第一届职业技能大赛茶艺决赛在恩施州举办。

同日 州委书记胡超文主持召开恩施州推进数字经济发展专题会议，研究数字经济发展工作，州大数据中心、州经信局分别汇报《恩施州推进数字经济发展实施方案》《恩施州数字经济发展三年行动计划》起草情况，与会人员讨论相关工作。

同日 教育部等12个部委与重庆市人民政府共同主办的第八届中国国际“互联网+”大学生创新创业大赛结束，恩施职业技术学院学生参赛的“土家三双锦——织锦工艺传承与创新引领者项目”获铜奖。

15日 文旅部公布第四批全国乡村旅游重点村和第二批全国乡村旅游重点镇（乡）名单，2022年巴东县东瀼口镇牛洞坪村入选第四批全国乡村旅游重点村。

18日 恩施市第四水厂正式投产，恩施市总供水规模达到32万吨/日，解决恩施市龙凤新区及东片区的缺水问题。

同日 生态环境部发布公告，建始县被命名为第六批生态文明建设示范区。

18—20日 由中国商业联合会、中国农产品市场协会、中国优质农产品开发服务协会、中国营养学会、中国保健协会、中国农业国际合作促进会、省科技厅、省经信厅、省农业农村厅、州政府联合主办，以“硒业共发展·科技向未来”为主题的第七届世界硒都（恩施）硒产品博览交易会暨硒科技创新发展大会在州城恩施举行，其间举办“第三届中国硒产业（Se20）峰会年会暨硒区圆桌会议”“院士说硒论坛”“企业家高峰论坛”“招商引资签约仪式”“硒科技成果交易拍卖会”“名优硒产品授牌暨‘我的硒故事’颁奖仪式”“‘硒+X’县市推介活动”等主题活动。

19日 州委书记胡超文会见中国建筑第二工程局有限公司党委副书记、总经理魏德胜，双方就企地拓展合作空间、实现共赢发展进行交流座谈。

20日 全州厚植生态底色建设五彩恩施现场推进会在建始县长岭岗国有林场召开。

同日 省优化营商环境领导小组印发《做好优化营商环境改革先行区典型经验复制推广工作的通知》，鹤峰县打造无涉企保证金县市，“整链授信”改革；巴东县探索公共资源交易综合监管改革；宣恩县扩大包容审慎监管范围、建立不予实施行政强制综合负面清单；咸丰县在税务监管领域建立“信用+风险”监管体系5项典型经验在全省复制推广。

24日 州委书记胡超文与湖北交投集团党委书记、董事长卢军一行座谈，双方就交通项目建设和交通产业发展等进行交流，共话合作发展。

同日 竞争力智库、北京中新城市规划设计研究院等机构在北京联合发布《中国县域旅游竞争力报告2022》，恩施市入选2022中国县域旅游综合竞争力百强县市，利川市、巴东县入选2022中国县域旅游发展潜力百强县市。

同日 省科协公布2022年湖北省企业“创新达人”评选结果，恩施德源硒材料工程科技有限公司副总裁丛欣、湖北来凤腾升香料化工有限公司董事长刘华英、湖北楠柏生态农业发展有限公司董事长邓绍南、鹤峰县巨融林业有限公司董事长高融、硒多宝饮品集团股份有限公司创始人田宗仁、建始食达好农产品工贸有限公司董事长刘芳玲6人获评2022年湖北省企业“创新达人”。同时丛欣入选2022年全国、全省企业“创新达人”宣讲代表。

28日 省委书记、省委宣讲团团长王蒙徽到恩施州宣讲党的二十大精神，调研生态保护、绿色发展和乡村振兴。

28—29日 恩施州青年联合会第三届委员会全体会议召开，审议通过州青联第二届常委会工作报告、《恩施州青年联合会助力美好环境与幸福生活共同缔造行动方案》。会议选举产生州青年联合会新一届领导机构，陈潇当选恩施州第三届青联主席。

29日 联合国教科文组织保护非物质文化遗产政府间委员会第17届常会在摩洛哥首都拉巴特召开。经委员会评审，由中国15个省（自治区、直辖市）44个涉茶国家级非遗代表性项目联合提名的“中国传统制茶技艺及其相关习俗”项目列入联合国教科文组织人类非物质文化遗产代表作名录，恩施玉露制作技艺名列其中。

30日 州民政局救助科科长胡艳被民政部表彰为“全国社会救助工作先进个人”。

同月 州纪委监委信访室，利川市纪委监委，恩施市纪委监委第四纪检监察室，建始县纪委监委党风政风监督室，宣恩县纪委监委纪检监察干部监督室，巴东县野三关纪委、县监委派出野三关镇监察室被省委表彰为“湖北省纪检监察系统先进集体”；牟泽忠、赵云艳、唐其锐、宋媛媛、汪文高、李晓艳、黄宇、覃钰铭、宋海燕、陈琼、倪金鸿、夏刁联、陈佳庆被省委表彰为“湖北省纪检监察系统先进工作者”。

12月

7日 省委宣传部、省文明办公布2022年湖北新时代文明实践志愿服务项目大赛获奖名单，州委文明办获优秀组织奖，宣恩县非物质文化遗产传习所志愿服务队项目“非遗唱响鄂西南”获理论政策宣讲类金奖和人气奖，恩施市白果乡人民政府项目“白果夕阳暖心互动”获民生服务类银奖，利川市新时代文明实践指导中心项目“‘村花’有爱 互助关怀”获乡村振兴类铜奖。

8日 州城乡社区治理工作领导小组第一次全体会议召开，分析总结近年来恩施州城乡社区治理情况，研究部署下阶段重点工作。

同日 首届今古传奇文学奖颁奖典礼在湖北武汉“云上”举行，来凤籍作家赵春峰以长篇小说《金笛银箫》获特别奖，奖金10万元。

10日 世界自然保护联盟在加拿大蒙特利尔宣布，更新世界自然保护联盟绿色名录，地处武陵山余脉宣恩县境内的湖北七姊妹山国家级自然保护区入选。

13日 武汉都市圈住房公积金同城化业务服务平台线上启动仪式暨武汉都市圈住房公积金同城化发展联席会召开，审议决定将恩施州住房公积金中心接纳为武汉都市圈住房公积金同城化发展观察员城市公积金中心，与武汉都市圈九市公积金中心（武汉、黄石、鄂州、孝感、黄冈、咸宁、仙桃、天门、潜江）开展住房公积金“相互认”“自由转”“就地办”“打通用”“系统联”等同城化业务。

14日 州委书记胡超文与中铁二十五局集团有限公司党委副书记、总经理程志强一行座谈交流，共谋合作发展。

15日 中国林业产业联合会公布2022年国家级森林康养试点建设单位名单，巴东县入选国家级全域森林康养试点建设县，利川市谋道镇、建始县花坪镇入选国家级全域森林康养试点建设镇，恩施市龙赶湖森林康养人家入选中国森林康养人家，试点建设期为3年。

同日 《利川灯歌》（国家）非物质文化遗产传承基地在利川市都亭街道木栈社区挂牌。

15—16日 2022第八届中国农业品牌年度颁奖盛典暨中国农产品百强标志性品牌发布在成都举行。利川红产业集团申报的“利川红”茶叶品牌，其茶样由优质茶树品种“利川红1号”单芽制成，干茶条索紧细、金毫显露，汤色红艳明亮，香气甜醇高扬，滋味醇厚鲜爽，具有“花蜜香、玛瑙红、冷后浑”特点，经多轮专家评审，获得2022年度中国农产品百强标志性品牌。

16日 共青团恩施州第八次代表大会召开。共青团恩施州委书记陈潇代表共青团恩施州第七届委员会向大会作工作报告。大会听取、审议和通过《共青团恩施州第八次代表大会关于第七届委员会工作报告的决议》《共青团恩施州第八次代表大会关于学习宣传贯彻党的二十大精神的决议》《共青团恩施州委助力加快推进“两山”实践创新示范区建设行动方案》，选举产生共青团恩施州委新一届领导班子。

20日 2022全国政府网站绩效评估结果揭晓，恩施州政府门户网站位居全国地市政府门户网站第31位，首次入列50强，连续七年跻身全国地市政府门户网站百强榜。

同日 “共和国勋章”获得者、全国优秀共产党员、全国道德模范、“时代楷模”称号获得者、全国模范退役军人、“最美奋斗者”张富清，因病医治无效，于2022年12月20日23时15分在湖北省武汉市逝世，享年98岁。

23日 省委常委、组织部部长、清江省级河长张文兵到恩施巡查清江，调研河湖长制工作情况。

28日 中共恩施州第八届委员会第六次全体会议暨州委经济工作会议在州城恩施举行。审议通过《中共恩施州委关于认真学习宣传贯彻党的二十大精神的决定》，听取和审议《中共恩施州委常委会向州委八届六次全会的工作报告》《中共恩施州委常委会落实全面从严治党主体责任情况报告》，总结2022年全州经济工作，部署2023年全州经济工作。

30日 交通运输部办公厅、农业农村部办公厅、国家邮政局办公室、国家乡村振兴局综合司联合公布2022年度“四好农村路”全国示范县创建单位名单，巴东县名列其中。

同月 何洁创新工作室入选省总工会公布的2022年湖北省职工（劳模、工匠）创新工作室名单。

同月 “恩施发布”微信公众号、“巴东发布”微信公众号、“鹤峰之窗”微信公众号被省委网信办通报表扬为走好网上群众路线“百佳新媒体账号”，州委网信办被表扬为“优秀组织单位”。

（梁卫民 张思楚 廖兆琦）

恩施州概览

Overview of Enshi Prefectural

地理环境与自然资源

【地理位置与总面积】 恩施州地处云贵高原的东延部分，位于湖北省的西南部，东连宜昌市，南接湖南省，西邻重庆市，北靠神农架林区，地理坐标北纬29°07′10″—31°24′13″，东经108°23′12″—110°38′08″，总面积24060平方千米。

【交通位置】 恩施州地处鄂西山区，处于国家长三角至成渝双城经济圈的交通主轴上。在高速公路里程上，恩施北收费站距离武汉西收费站496千米、距离宜昌北收费站271千米，距离重庆市黔江北站119千米。宜万铁路州内有巴东站、高坪站、建始站、恩施站、利川站、凉雾站、齐岳山站，恩施火车站距离武汉站526千米、距离重庆北站339千米、距离成都站643千米。黔张常铁路州内有来凤站、咸丰站，来凤站距离张家界西站127千米、距离常德站268千米、距离黔江站71千米。巴东港水路至武汉736千米、至宜昌110千米、至重庆450千米。航空里程上恩施许家坪机场距武汉天河机场479千米，距杭州萧山机场1245千米，距成都天府机场485千米，距西安咸阳机场578千米，距北京大兴机场1428千米，距广州白云机场1304千米。

（杨　遥　杨斯然　王树珍）

【地质、地貌】 恩施州境位于新华夏系第三隆起带南段之黔东褶皱北东端，扬子江中下游东西向构造西端，北邻淮阳山字形构造西翼反射弧，西与四川盆地毗邻。处于扬子江淮地台近中部偏西，西为四川中台坳之川东梳状褶皱束，中、东部为八面山台坳之黔江隆起褶皱束和武陵坳褶皱束的北东段。州境位于多种构造体系联合、复合部位，具有多期活动的特征。中、南部的华夏系构造和八面山弧形帚状构造及纵贯中、北部的新华夏系联合式构造、新华夏系复合式结构、北部的东西向构造系州境的基本地质构造格架。武陵山脉由湖南北部伸入州境，分成数条支脉展开，占据州境中部、南部地区，约占总面积60%；巫山山脉由重庆东部顺长江南北两岸伸延入州境；大娄山余脉由重庆东部延伸入利川市境；大巴山余脉由陕西南部切入，分两支绵延于巴东县境长江以北。州境绝大部分是山地，惯称“八山半水分半田”。地貌以碳酸盐岩组成的高原型山地为主体，兼有碳酸盐岩组成的低山峡谷与溶蚀盆地，砂岩组成的低中山宽谷及山间红色盆地。海拔最高处巴东沿渡河镇大花村巴东垭3005米，最低点为巴东长江边的红庙岭66.8米（受三峡水库蓄水影响，该高程仅在三峡水库放空时出现）。全州以山地为主，平均海拔高度1000米。海拔1200米以上的地区占总面积的29.4%，海拔800—1200米的地区占总面积的43.6%，海拔800米以下的地区占总面积的27%。州域东西最宽220千米，南北最长260千米。境内地形复杂，具有多种特殊类型的地貌，大河、小溪呈树枝状展布，有“见山不走山”的丘原，有“两山咫尺行半天”的深谷，伏流、溶洞、冲、槽、漏斗、石林等各处可见。州境整个地势呈西北、东北部高，中部相对低的状态。地貌基本特征是：阶梯状地貌发育。由于受新构造运动间歇活动的影响，大面积隆起成山，局部断陷、沉积形成多级夷面与山间河谷断陷盆地。境内除东北部有海拔3000米以上小面积山地外，普遍展布着海拔2000—1700米、1500—1300米、1200—1000米、900—800米、700—500米五级面积不等的夷平面，并存在一至二级河谷阶地，呈现明显层状地貌。地表切割深，沟壑纵横，山体破碎。州境纵横河流分布于新构造运动的影响下，地表相对抬升，河流向下深切。横贯巴东的长江切穿巫山，形成巫峡。清江、酉水、溇水、唐崖河、郁江等河流及其支流，多沿断裂发育，地表切割深，形成程度不等的深切曲流。全州地表切割深度（相对高差）平均为812.8米，其中，400—800米中切割为多，占总面积的41.6%；800—1000米占总面积的14.9%；1000—1200米占总面积的12.3%；1200—1400米占总面积的10.1%；小于400米而大于1400米只占总面积的21.1%。

【土地资源】 根据2022年国土变更调查成果显示，恩施州总面积2406048.45公顷，其中湿地290.6公顷，占总面积0.01%；耕地333422.36公顷，占总面积13.86%；园地62953.47公顷，占总面积2.61%；林地1810260.73公顷，占总面积75.24%；草地6008.47公顷，占总面积0.25%；城镇村及工矿用地91198.74公顷，占总面积3.79%；交通运输用地11723.48公顷，占总面积0.49%；水域35100.84公顷，占总面积1.46%；其他土地54660.24公顷，占总面积2.27%；水工建筑用地429.52公顷，占总面积0.02%。按三大类统计，农用地2270493.37公顷，占总面积94.4%；建设用地103351.74公顷，占总面积4.3%；未利用地32203.34公顷，占总面积1.3%。

【矿产资源】 截至2022年底，全州共发现各类矿产75种（含亚种），已查明资源量的矿产38种，其中有固体燃料矿产2种、黑色金属矿产2种、有色金属矿产5种、分散元素矿产1种、冶金辅助原料非金属矿产4种、化工原料非金属矿产6种、建材及其他非金属矿产15种、水气矿产1种、天然气等。全州矿产资源中富有特色的为页岩气和矿泉水资源，其中页岩气勘探开发是鄂西页岩气勘探开发项目的重要组成部分，湘鄂西II区块石油天然气页岩气勘查、建南区块油气勘查2宗探矿权涉及利川市、恩施市、宣恩县、咸丰县等地；矿泉水以富硒为特色，全省85个已查明资源储量饮用天然矿泉水中有8个含硒饮用天然矿泉水，恩施州有6个，截至年底，有矿泉水采矿权2家（巴东县狮子垭矿泉水和建始县稀世宝矿泉水）。全州有矿区（床）338个，其中大型11个、中型30个、小型297个。全州有各类矿山企业422家（未含天然气），从业人数2700余人，其中建材及其他非金属矿山企业304家、煤矿持证矿山企业75家（含已关停退出但尚未注销采矿许可证企业）、化工原料非金属矿山28家、黑色金属矿山5家。按矿产资源利用程度统计，建筑石料用灰岩矿矿山企业191家，占矿山企业总数的45.26%，是恩施州主要开采利用矿产，其次是煤、饰面用灰岩、方解石、重晶石、水泥配料用页岩等。

（杨　颖）

【水资源】 恩施州河流众多，河长在5千米以上的河流382条，均属于长江流域，分属长江上游下段、乌江、清江、沅江、澧水5个水系。其中州境内流域面积大于1000平方千米河流9条，分别为长江巴东段，清江水系的清江干流及支流马水河、忠建河、野三河，乌江水系的唐崖河、郁江，沅江水系的西水，澧水水系的溇水。长江干流在州境内河长39千米。清江是长江一级支流，发源于利川市汪营镇清江村，在宜都市陆城镇汇入长江，全长423千米，总落差1430米，流域面积17107平方千米。清江在恩施州境内河长275千米，流域面积10860平方千米，约占恩施州总面积的45%。根据《2022年恩施州水资源公报》显示，2022年全州地表水资源量137.13亿立方米，地下水资源量51.74亿立方米，水资源总量137.13亿立方米（山丘区地下水资源量为地表水资源量的重复计算），比2021年减少39%，比常年减少36.8%。全州产水总量占降水总量的49.3%，平均每平方公里产水量为57.3万立方米。2022年全州人均水资源总量4030立方米，亩均水资源总量3325立方米。

（邓正江）

【自然保护地】 全州各类自然保护地37处，其中自然保护区6处（国家级为星斗山、七姊妹山、木林子、金丝猴、忠建河大鲵，省级为二仙岩）；风景名胜区3处（国家级为长江三峡，省级为腾龙洞、唐崖河）；自然公园28处（森林公园22处、湿地公园3处、地质公园3处），面积28.21万公顷。

【野生动植物资源】 全州有陆生脊椎野生动物30目91科579种，其中兽类8目24科98种，鸟类17目46科384种，两栖类2目10科46种，爬行类3目11科51种。有川金丝猴、林麝、豹、穿山甲等国家Ⅰ级保护野生动物18种、国家Ⅱ级保护野生动物96种、湖北省重点保护野生动物125种在恩施州繁衍生息或越冬迁徙停歇。全州有植物资源219科1038属4011种。共有木本植物117科419属约2060种，其中乔木72科196属约845种，灌木70科208属约954种，藤本28科62属约261种。全州有国家Ⅰ级保护野生植物水杉、珙桐、红豆杉、南方红豆杉、银杏、荷叶铁线蕨6种，国家Ⅱ级保护植物53种、属，珍稀濒危植物56种，约占全省列入国家重点保护树种的90%。现有100年以上古树13700株，其中500年以上的一级古树名木357株。

（游家栋）

【水生生物资源】 全州境内水生生物资源分浮游植物、浮游动物、底栖动物、鱼类、水生维管束植物和其他水生经济动物及水生经济植物。浮游植物有8门124种，在河流分布最多，有74种，池塘分布有49种，水库分布有44种。浮游动物有36种，其中河流中分布有13种，水库有10种，池塘有21种。底栖动物有4门44种，全州各水域均有分布。全州鱼类资源主要由长江上游干流、清江、乌江、澧水、酉水五大水系的鱼类资源构成，天然水体中现有鱼类9目20科147种，其中清江水系有5目12科114种。水生维管束植物分布较广，包括挺水植物、浮叶植物、沉水植物、漂浮植物。其他水产经济动物有虾、蟹、蚌、大鲵、棘蛙、龟、鳖、水獭、水禽等；水产经济植物有莼菜、葛仙米、藕、荸荠、茭白等。其中具有开发价值、富有地方特色的品种有大鲵、棘蛙、裂腹鱼、利川莼菜、走马葛仙米等。

（杨济滔）

【旅游资源】 恩施州境地形以山区为主，喀斯特地貌发育，溶洞溶洼众多。自然景观有位于恩施、利川、咸丰3个县市交界的星斗山国家级自然保护区，位于宣恩县、鹤峰县、恩施市和湖南桑植4个县市交界的七姊妹山国家级自然保护区，位于鹤峰县境内的湖北木林子国家级自然保护区，位于巴东县北部的湖北巴东金丝猴国家级自然保护区，咸丰县的坪坝营、唐崖河（黄金洞）、小南海，利川市的腾龙洞、佛宝山、玉龙洞、龙船水乡，巴东县的神农溪、巴人河、链子溪、水布垭，恩施市的恩施大峡谷、梭布垭石林、龙洞河，建始县的野三河、黄鹤桥、石门河，来凤县的仙佛寺风景区、卯洞风景区等。主要人文景观有咸丰唐崖土司城遗址（世界文化遗产），利川大水井古建筑群、鱼木寨，来凤仙佛寺摩崖石刻，恩施施州城址、土司城、连珠塔，建始直立人遗址、石柱观，宣恩彭家寨吊脚楼群，鹤峰容美土司城遗址，巴东秋风亭等。2022年年末，全州有巴东神农溪、恩施大峡谷、利川腾龙洞3个国家AAAAA级旅游景区，恩施土家女儿城、土司城、梭布垭，利川大水井、龙船水乡、玉龙洞、佛宝山，建始野三峡、恩施地心谷，巴东巴人河、巫峡口、无源洞，咸丰唐崖河、坪坝营，来凤仙佛寺、杨梅古寨，宣恩伍家台乡村休闲度假区、狮子关、仙山贡水旅游区，鹤峰满山红、屏山21个国家AAAA级旅游景区。革命历史纪念地鹤峰满山红烈士陵园安葬着红二方面军红九师师长段德昌、参谋长王炳南、湘鄂西联防司令贺英等革命先烈；恩施烈士陵园安葬着鄂西特委书记何功伟、鄂西特委妇女部部长刘惠馨，叶挺将军被囚禁于恩施的旧居保存完好。此外，还有恩施市五峰山的中共鄂西特委旧址、鹤峰五里坪的中共湘鄂边特委机关旧址、中营镇的红三军军部旧址、湘鄂西中央分局咸丰大村会议旧址等。

（魏　娜）

【气温】　2022年，恩施州气温偏高，极端最高气温、高温日数均破历史极值。区域年平均气温为16.7℃，较常年同期偏高1℃。州内各站年平均气温分别为14.4℃（利川）—18.3℃（巴东）之间。与常年同期相比，州内各站气温均偏高，各地偏高幅度分别为0.6℃（宣恩）—1.5℃（恩施）。从温度异常度来看，恩施、来凤、建始、咸丰、利川为异常偏高，巴东、鹤峰显著偏高，宣恩偏高。州内各站平均气温均创历史新高。全年恩施州各站极端最高气温均在35℃之上，且均出现在8月中旬后期。除利川、咸丰、鹤峰外其余各站极端最高气温均超40℃，其中巴东、建始、利川、咸丰、来凤创历史新高。从高温日数来看，除利川为6天、咸丰为7天外，其余各站均在35天以上，其中巴东71天最多，各站高温日数均创历史极值。冬季前暖后冷，多低温雨雪冰冻天气，2月上旬暴雪突破历史极值，平均气温为5.7℃，较常年同期偏低0.1℃，总体正常，但前期暖后期冷特征非常明显。春季气温总体偏高，冷暖变幅大，平均气温为16.2℃，较常年同期偏高0.8℃，其中3月偏高2.4℃，4月偏高0.6℃，5月偏低0.7℃。夏季气温显著偏高，刷新多项历史纪录，高温强度是1960年全州有完整气象记录以来最强。高温持续时间长、覆盖范围广、极端性强，出现极端高温气候事件，多项气温指标突破历史极值。秋季全州气温持续偏高，暖干气候特征持续，多秋高气爽好天气。区域内平均气温为19.2℃，较历史同期偏高1.7℃，其中9月气温正常，10月、11月气温明显偏高，尤其是11月偏高2.8℃。

【降水】　2022年，恩施州降水达极端最低，降水量和雨日明显偏少，建始创历史同期新低。全州平均累计降水量1026.7毫米，较常年历史同期偏少两成多。州内各地降水量为837.3毫米（巴东）—1248.6毫米（鹤峰），各站年降水量均较历史同期偏少，建始偏少三成多最为明显。其中巴东排历史倒数第5，利川历史倒数第4，咸丰、来凤历史倒数第2，建始创历史同期新低。平均雨日为141.63天，偏少21.8天，州内各地分别为114天（巴东）—158天（利川），州内各站雨日均偏少，其中咸丰偏少32.2天。其中除利川外各站均排历史后5位，其中来凤排历史同期倒数第5，宣恩历史同期倒数第4，巴东、恩施、建始历史同期倒数第3，鹤峰、咸丰创历史同期新低。州内各站暴雨日在1天（建始）—5天（鹤峰），恩施、建始、来凤、鹤峰较常年偏少。冬季降水偏多，时空分布不均匀，多低温雨雪冰冻天气，平均累计降水量106.4毫米，较常年同期偏多14.8%；时空分布不均，时间上呈现两头少中间多的特征，空间上州东北降水明显少于其余地区，鹤峰降水量为巴东的2倍左右。春季平均累计降水量447.5毫米，较常年同期偏多21.6%，州东北降水明显少于其余地区。夏季高温夏季降水显著偏少，雨日、暴雨日、大暴雨日均偏少，出现明显气象干旱。6—8月主汛期降水量平均值为337.1毫米，较历史同期偏少44.7%。秋季总降水区域均值179.7毫米，区域内较历史同期偏少50.9%，其中利川、宣恩、咸丰、来凤、鹤峰秋季总降水量排历史同期倒数第一。

【日照】　2022年，恩施州光照充足，州平均日照时数为1342.31小时，较常年同期偏多160.56小时。州内各地分别1175.8小时（咸丰）—1651.6小时（巴东），除建始与常年持平外，各地均偏多，其中以来凤偏多321.1小时最为明显。其中来凤日照时数为历史前三名，宣恩为历史第五名。冬季平均日照时数为150.5小时，较常年同期偏少3.5小时，总体正常，呈现两头多中间少的特征。春季日照充足，春季平均日照时数为342.4小时。夏季日照时数明显偏多，区域内总日照时数平均值为563.7小时，较历史同期多109.2小时。

（杨　霁）

建置　区划

【建置沿革】　州域固定形成于1932年，之前曾多次变动。春秋为巴子国地；战国为楚地；秦属黔中郡；两汉属南郡、武陵郡；三国先属蜀，后属吴建平郡、武陵郡；两晋、南朝宋、齐属建平郡、天门郡、武陵郡，梁属信陵郡；北朝北周属秭归郡、业州军屯郡、清江郡；隋属巴东郡巴东县，清江郡清江县、开夷县、建始县；唐属归州巴东县、施州清江县、建始县；五代先后为前、后蜀所据；两宋属归州巴东县、施州清江县、建始县及辰州、富州、高州、定州等许多小羁縻州；元属归州巴东县、施州建始县，南部民族地区实行土司制度，先后置散毛、唐崖、金峒、龙潭、忠建、毛岭、施南等土司，实行土司分治；元末明玉珍据蜀时，被其控制；明属夔州建始县、归州巴东县、施州卫军民指挥使司，南部地区仍施行土司制度，设有容美宣慰司，施南、散毛、忠建3个宣抚司，9个安抚司，13个长官司，5个蛮夷长官司。清初沿用明制。清雍正六年（1728）裁施州卫，设施县，辖区未变。雍正十三年（1735）改土归流，置施南府，辖恩施县、宣恩县、来凤县、咸丰县、利川县。乾隆元年（1736），夔州建始县划归施州。巴东县、鹤峰州属宜昌府。民国元年（1912）废府设道存县，民国4年（1915）设荆南道，治所恩施县，辖恩施、建始、利川、宣恩、来凤、咸丰6个县。民国15年（1926）改荆南道为施鹤道，鹤峰州改县划入施鹤道。民国17年（1928）改设鄂西行政区。民国21年（1932）改为第十行政督察区，将巴东县划入，州域始为8县之治。民国25年（1936）改为第七行政督察区，辖区未变。

中华人民共和国成立后，1949年11月6日恩施县城解放，建立湖北省恩施行政区，仍辖原8县。1979年12月19日，国务院批准建立来凤土家族自治县，撤销来凤县。1980年4月20日，国务院批准建立鹤峰土家族自治县，撤销鹤峰县。1981年11月7日，国务院批准成立恩施市，市、县分设。1983年8月19日，国务院批准撤销恩施地区，设立鄂西土家族苗族自治州，同时撤销来凤、鹤峰土家族自治县，恢复来凤县、鹤峰县，撤销恩施县，恩施县与恩施市合并为恩施市，12月1日举行自治州成立大会。全州辖恩施市、巴东县、建始县、利川县、来凤县、咸丰县、宣恩县、鹤峰县1市7县。1986年5月27日，国务院批准撤销利川县，设立利川市。全州辖恩施市、利川市、巴东县、建始县、来凤县、咸丰县、宣恩县、鹤峰县2市6县。1993年4月，经国务院批准，鄂西土家族苗族自治州更名为恩施土家族苗族自治州。2005年，将州庆日由12月1日改为8月19日。

（编辑部 供稿）

【行政区划】 2022年，恩施土家族苗族自治州辖恩施市、利川市、建始县、巴东县、宣恩县、咸丰县、来凤县、鹤峰县。全州有乡（镇、街道）90个，其中乡29个（民族乡4个），镇54个，街道7个；村1804个，社区227个（城区社区106个、乡镇社区121个）；城区社区居民小组1167个，乡镇社区居民小组1000个，乡镇村民小组20055个。完成33条州城城区道路命名。乡级行政区域界线勘定工作通过省级验收，州本级及恩施市、建始县、宣恩县、来凤县、鹤峰县被评为优秀等次。《恩施州地名录》编纂出版，收录地名5798条。州政协完成《鄂西文史资料——恩施州地名故事专辑》编纂出版工作。恩施市被民政部确定为“深化乡村地名服务·点亮美好家园”试点县市。

（徐 蛟）

2022 年恩施州行政区划情况表

表 1 单位：个

单位	乡镇、街道					社区			居民小组			村	
	合计	乡	含民族乡	镇	街道	合计	城区社区	乡镇社区	合计	城市社区居民小组	乡镇社区居民小组	村	村民小组
恩施市	18	7	1	6	5	50	33	17	504	418	86	165	1428
利川市	14	4	0	8	2	42	25	17	413	208	205	262	5120
建始县	10	3	0	7	0	43	13	30	369	166	203	362	3214
巴东县	12	2	0	10	0	29	9	20	356	68	288	294	3448
宣恩县	9	4	2	5	0	22	11	11	164	71	93	140	1947
咸丰县	10	3	0	7	0	17	6	11	144	82	62	192	1837
来凤县	8	2	0	6	0	12	5	7	137	101	36	184	1697
鹤峰县	9	4	1	5	0	12	4	8	80	53	27	205	1364
恩施州	90	29	4	54	7	227	106	121	2167	1167	1000	1804	20055

说明：2022 年，恩施市、利川市、宣恩县、鹤峰县完成行政村布局优化调整。恩施市新成立 7 个社区，利川市撤并 201 个村、1 个社区，宣恩县撤并 7 个村改建成 5 个社区，鹤峰县撤销 1 个社区并入村

人口 民族

【人口】 2022年12月，全州户籍人口400.25万人。其中男性208.28万人，占总人口的52.04%；女性191.97万人，占总人口的47.96%。年末常住人口340.24万人。全年出生人口21265人，出生率为5.04‰；二孩人数9118人，二孩率42.88%。死亡人口24832人，死亡率为5.89‰。自然增长率为−0.85‰。

（郑 正）

【民族构成与分布】 恩施州是一个多民族聚居的民族自治州。从民族成分构成看，以土家族、苗族聚居，侗族、白族、回族、蒙古族等民族散杂居；从民族人口构成看，是一个以汉族、土家族、苗族为主体民族的多民族地区。土家族遍布

全州各县市，主要分布在清江以南历史上属湖广土司域内来凤、鹤峰、咸丰、宣恩和利川5个县市，分别占总人口的61.74%、77.71%、83.99%、68.49%、62.98%，恩施市、巴东县、建始县3县市的土家族占总人口的45.42%、53.6%、36.67%（据2020年恩施州第七次全国人口普查资料）。截至2022年12月末，全州有4个民族乡（恩施市芭蕉侗族乡、宣恩县长潭河侗族乡、宣恩县晓关侗族乡、鹤峰县铁炉白族乡）、3个民族村（咸丰县黄金洞乡麻柳溪羌族村、鹤峰县中营镇三家台蒙古族村、鹤峰县走马镇曲溪白族村）。

【民族语言】 恩施州民族语言以土家族语言、苗族语言和侗族语言为主。土家语属汉藏语系藏缅族，接近彝语支，音韵简明，词汇丰富，有着独特的语言发展规律。在史籍、方志、族谱等文献资料中，有许多土家族亲属称谓、人名、地名、官职，保存有大量的土家语痕迹。恩施州苗语属汉藏语系苗瑶语族苗语东部方言，即苗语湘西方言中的西部次方言、东部土语，其语音、词汇和语法均具有湘西方言的一般特点。恩施州仍保留苗语的苗族主要操湘西方言中的花垣语，其中夹杂着少量的黔东方言词汇，并有大量的汉语借词。侗族语言属汉藏语系壮侗语族侗水语支。侗语有南、北两种方言，方言中有土语。仅在交通不便的封闭山区，个别古稀老人才会讲本民族的语言，词汇以单音词为多。

【民族风俗】 恩施州的少数民族都有本民族独特的风俗习惯。其中土家族有哭嫁、跳丧、牛王节、女儿会、摆手节、赶年等典型的民俗事象；苗族有侧门迎亲、三日不同宿、背布引葬、四月八、苗年、还牛愿、还猪愿等典型的民俗事象。此外，这里的侗族、白族、蒙古族都不同程度地保存着本民族传统的风俗习惯。这些民俗文化异彩纷呈，交相辉映，具有较大的保护开发价值。

（张思齐）

国民经济和社会发展概况

【全州地区生产总值】 2022年，全州完成地区生产总值1402.2亿元，按不变价格计算，同比增长3.3%。其中第一产业增加值253.11亿元，同比增长2.6%；第二产业增加值371.28亿元，同比增长5.8%；第三产业增加值777.8亿元，同比增长2.4%。三次产业结构比18：26.5：55.5。全州人均地区生产总值41248元。年末常住人口340.24万人，城镇化率48.38%，比2021年提高0.72个百分点。

【市场主体】 2022年年末，全州实有市场主体41.81万户，比2021年末增长12%。其中实有企业类市场主体8.26万户，比2021年末增长13.8%；实有个体工商户32.15万户，比2021年末增长12%；实有农民专业合作社1.4万户，比2021年末增长3%。全年新登记各类市场主体7.12万户，比2021年同期增长6.8%，其中新登记企业类市场主体1.54万户，比2021年同期增长9.2%。

【农业】 2022年，全州农林牧渔业实现总产值465.33亿元，扣除价格因素，增长3.2%。农林牧渔业实现增加值266.57亿元，扣除价格因素，增长3.1%。全年粮食种植面积374926.66公顷，较2021年增长0.1%，其中夏收粮食面积112073.33公顷，下降0.5%；秋收粮食面积262853.33公顷，增长0.3%。粮食总产量143.77万吨，较2021年下降2.3%。其中夏收粮食产量30.33万吨，增长0.1%；秋收粮食产量113.44万吨，下降2.9%。全年油料产量11.75万吨，增产5.5%。烟叶产量4.86万吨，增产13.9%。蔬菜产量289.34万吨，增产2.1%。茶叶产量12.3万吨，减产2.8%。园林水果产量33.33万吨，减产4.1%。全年猪牛羊禽肉产量36.5万吨，比2021年增长4.2%；其中猪肉产量32.98万吨，比2021年增长6.1%。禽蛋产量4.86万吨，比2021年增长6.3%。年末生猪存栏290.86万头，增长0.7%；累计生猪出栏424.91万头，比2021年增长5.1%。全州拥有农机123.05万台，农机总动力259.43万千瓦。

【工业、建筑业】 2022年，全州工业增加值304.25亿元，比2021年增长4.9%，其中规模以上工业增加值增长6.6%。全年规模以上工业产销率为93.6%。每百元营业收入中的成本83.39元，比2021年增加6.22元；营业收入利润率5.79%，降低5.4个百分点；每百元营业收入中的费用11.88元，减少0.12元；单位成本费用95.27元，增加6.1元；每百元资产实现年营业收入48.6元，增加1.3元；资产负债率57.6%，提高2个百分点。全年规模以上工业中，农副食品加工业增加值比2021年增长19.6%，酒、饮料和精制茶制造业增长23.3%，医药制造业增长21.3%，非金属矿物制品业下降2.4%，计算机、通信和其他电子设备制造业增长123.9%，电力、热力生产和供应业下降28.8%。全社会用电量67.99亿千瓦·时，增长7.7%。其中工业用电量17.97亿千瓦·时，增长5.7%。全州资质内建筑业企业完成总产值112.17亿元，比2021年增长6.4%。建筑业增加值68.47亿元，增长8.1%。

【固定资产投资、房地产】 2022年，全州固定资产投资比2021年增长16.3%。分产业看，第一产业投资增长34.5%；第二产业投资增长37.6%；第三产业投资增长10.7%。民间投资增长3.7%。全州商品房施工面积1502.92万平方米，比2021年下降12%；竣工面积99.8万平方米，下降16%；销售面积237.2万平方米，下降32.5%；待售面积90.09万平方米，增长13.3%。商品房销售额122.71亿元，其中住宅销售额112.17亿元。

【服务业】 2022年，全州批发和零售业增加值93.96亿元，比2021年增长4.8%；交通运输、仓储和邮政业增加值38.42亿元，下降5.9%；住宿和餐饮业增加值42.08亿元，增长0.8%；金融业增加值75.66亿元，增长8.5%；房地产业增加值116.09亿元，下降0.1%；信息传输、软件和信息技术服务业增加值31.06亿元，增长10.8%。全年运输旅客2408.51万人次，运输货物3875.87万吨。年末全州公路通车里程30800千米，其中高速公路通车里程588千米。内河航道通航里程450.31千米，其中等级航道186.41千米。铁路通车里程341千米。恩施机场全年航班起降7096架次。年末全州民用机动车拥有量103.83万辆，其中民用汽车拥有量59.18万辆。全年完成邮政行业业务总量9.72亿元，完成邮政行业寄递业务量7045.47万件。完成邮政函件业务10.05万件，包裹业务1900件，快递业务2407.54万件，快递业务收入4.47亿元。全年完成电信业务总量27.84亿元。年末全州固定电话用户14.32万户，移动电话用户373.22万户，固定宽带接入用户162.01万户，光缆线路长度21.82万千米。

【贸易】 2022年，全州实现社会消费品零售总额705.48亿元，比2021年增长2.8%。限额以上商贸企业实现消费品零售总额126.28亿元，增长14.2%。从限上企业经营所在地看，城镇市场实现零售额121.17亿元，同比增长12.7%；乡村零售额5.11亿元，同比增长69.7%。限额以上商贸企业通过公共网络实现的商品销售额增长43.8%。全年“扶贫832”平台实现销售额19.21亿元。全年限额以上单位商品零售额中，粮油、食品类零售额比2021年增长24.9%，饮料类增长31.4%，烟酒类增长18.8%，服装、鞋帽、针纺织品类增长0.7%，日用品类增长39.3%，文化办公用品类下降1.3%，家具类增长64.1%，通信器材类下降0.5%，建筑及装潢材料类增长46.5%，石油及制品类增长14.7%，汽车类增长2.4%。全州实际外商直接投资1792万美元，比2021年增长1189.2%。对外贸易进出口额20.1亿元，增长126.9%。其中出口20亿元，增长129.2%。

【财政】 2022年，全州地方财政总收入170.99亿元，比2021年增长1.3%。其中地方一般公共预算收入76.81亿元，剔除增值税留抵退税因素后增长8.7%。在地方一般公共预算收入中，税收收入54.37亿元，剔除增值税留抵退税因素后增长4.9%。全州一般公共预算支出425.05亿元，同比增长12.9%。其中教育支出76.1亿元，同比增长6.5%；卫生健康支出49.4亿元，同比增长7.6%；社会保障和就业支出64.3亿元，同比增长9.4%；灾害防治及应急管理支出4.94亿元，同比增长22.5%；农林水支出76.31亿元，同比增长12.9%。

【金融】 2022年，全州有17家银行业金融机构，金融机构网点385个。年末全州金融机构人民币存款余额1990.74亿元，比2021年末增长15.2%，其中住户存款1533.1亿元，人均储蓄存款余额45059元。金融机构人民币贷款余额1607.19亿元，增长11.2%。全州共有保险机构35家，其中财险公司18家、寿险公司17家。保险机构网点314个。保险中介机构58家。全年保险市场实现保费收入65.45亿元，比2021年增长4.7%。其中人身险市场实现保费收入43.43亿元，增长1.8%；财产险市场实现保费收入22.03亿元，增长11%。全年支付各类赔款及给付金额22.2亿元，增长7.6%。其中人身险业务赔款及给付8.85亿元，增长0.5%；财产险业务赔款13.35亿元，增长12.9%。全州6家证券公司开设的股票基金账户11.54万个，比2021年增长2.9%。全年保证金存款1.73亿元，下降18.2%。交易额605.31亿元，下降22.7%。

【科学技术】 2022年，全州高新产业实现增加值61.1亿元，占全州地区生产总值的比重为4.4%，同比提高1.3个百分点。全年登记科技成果32项，完成技术合同认定登记1406项，成交金额37.86亿元。年末州级以上创新平台230家。全年获得专利授权3462件。其中发明专利166件，实用新型专利2695件，外观设计601件。年末有效注册商标3.75万件，比2021年增长18.1%。全年新注册商标6582件。地理标志商标36件，地理标志保护产品24件，中国驰名商标5件。

【教育】 2022年，全州有幼儿园586所，学前教育在园幼儿9.45万人。小学448所，招生3.66万人，在校学生24.2万人。普通中学173所，招生7.55万人，在校学生22.26万人。中等职业学校12所，招生1.17万人，在校学生3.38万人。普通高校3所，招生1.95万人，在校生5.49万人，毕业生1.44万人。特殊教育学校8所，招生50人，在校生592人，毕业生93人。

【文化、体育】 2022年，全州有公共图书馆9个，书刊文献外借17.15万人次，图书流通35.52万册次；文化馆9个；博物馆8个，参观人数56.04万人次。年末全州文化和旅游系统有艺术表演场馆6个，艺术表演团体9个。年末广播节目综合人口覆盖率为99.94%；电视节目综合人口覆盖率为99.96%。全年规模以上文化产业企业106家，实现营业收入50.7亿元，同比增长32.8%。全州举办全国大众冰雪季恩施分会场、中国民族民间龙舟赛、湖北省滑雪比赛等大型赛事活动。完成新全民健身示范工程建设乡镇A类项目6个、村级A类项目21个。全州运动健儿在湖北省第十六届运动会中，共获2金5银。

【旅游】 2022年，巴东无源洞、鹤峰屏山创建国家AAAA级旅游景区，建始小西湖、建始花硒谷、巴东野三关绿葱坡、咸丰坪坝营创建省级旅游度假区。“山水胜景，亲近自然”“寻访红色足迹，坚守初心使命”线路入选全国乡村旅游精品线路。全州国家级A级景区38个，其中国家级AAAAA旅游景区3个，国家级AAAA旅游景区21个。全年接待游客6837.48万人次，同比增长2.3%，实现旅游综合收入438.58亿元，同比增长3.8%。

【卫生】 2022年，全州各级医疗卫生机构2898个，其中医院63个，基层医疗卫生机构2801个，专业公共卫生机构29个，其他卫生机构5个。卫生技术人员3.42万人，其中执业（助理）医师1.02万人，注册护士1.35万人。实有床位数2.85万张，其中医院1.92万张，基层医疗卫生机构8600张，专业公共卫生机构700张。

【就业】 2022年，全州城镇登记失业率3.2%。城镇新增就业3.34万人，城镇失业人员再就业1.38万人，就业困难人员再就业9000人，扶持创业1.2万人，带动就业2.96万人。全州外出农民工98.03万人，其中省内乡外就业35.9万人，省外就业62.13万人。

【居民生活】 2022年，全州农村常住居民人均可支配收入14384元，比

2021年增长8.1%；人均生活消费支出12831元，增长7.9%。城镇常住居民人均可支配收入35927元，增长5.5%；人均生活消费支出26851元，增长2.1%。全州居民消费价格比2021年上涨1.9%。分类别看，食品烟酒价格上涨1%，衣着价格上涨1%，居住价格上涨0.4%，生活用品及服务价格上涨1.5%，交通和通信价格上涨4.8%，教育文化和娱乐价格上涨4.9%，医疗保健价格上涨1.5%，其他用品和服务价格上涨0.8%。

【社会保障】 2022年，全州参加城镇职工基本养老保险人数64.42万人。其中企业职工基本养老保险参保人数51.13万人；机关事业单位基本养老保险参保人数13.29万人。参加城乡居民社会养老保险人数208.27万人，其中农村居民参保人数205.92万人。参加基本医疗保险人数363.74万人。其中城镇职工基本医疗保险参保人数35.71万人；城乡居民基本医疗保险参保人数328.03万人。参加失业保险人数20.07万人。参加工伤保险人数25.83万人，其中参加工伤保险的农民工3.69万人。参加生育保险人数26.57万人。年末有7300人享受城市最低生活保障，17.2万人享受农村最低生活保障，1.78万人享受农村特困人员救助。全年抚恤、补助退役军人和其他优抚对象2.6万人。年末全州共有各类提供住宿的民政服务机构129个，提供住宿的民政服务机构床位1.59万张，其中养老服务床位1.56万张、儿童服务床位120张。

【环境】 2022年，全州县市城区空气质量平均优良率为98%。州城恩施空气质量优良天数为351天，优良率为96.2%。县市城区可吸入颗粒物（PM_{10}）浓度均值为34微克/立方米，比2021年下降10.5%。县市城区细颗粒物（$PM_{2.5}$）浓度均值为23微克/立方米，上升4.5%。州城恩施细颗粒物（$PM_{2.5}$）浓度均值为26微克/立方米，上升8.3%。全州国家级自然保护区5个，保护区面积13.35万公顷。

【应急管理】 2022年，全州发生一般生产安全事故14起，死亡18人。其中工矿商贸企业事故3起，死亡3人；道路交通事故11起，死亡15人。全年未发生重特大生产安全事故。

（州统计局、州调查队 供稿）

中国共产党恩施州委员会

CPC Enshi Prefectural Committee

综　述

【概况】 2022年，中共恩施州委坚持以习近平新时代中国特色社会主义思想为指导，深入学习宣传贯彻党的十九大、二十大和省第十二次党代会精神，全面落实“疫情要防住、经济要稳住、发展要安全”的要求，统筹疫情防控和经济社会发展，统筹发展和安全，立足大生态、构建大交通、发展大旅游、打造大产业，彰显“土、硒、茶、凉、绿”特色优势，加快推进“两山”实践创新示范区建设，全州经济社会发展和党的建设事业不断进步。

【党的思想政治建设】 2022年，州委以党的政治建设为统领，围绕迎接宣传贯彻党的二十大主线，引导全州上下把握政治方向、站稳政治立场、严守政治纪律，提高政治判断力、政治领悟力、政治执行力。贯彻落实《中共湖北省委关于进一步加强党的政治建设坚持“两个确立”做到“两个维护”的决定》，将“两个确立”转化为坚决做到“两个维护”的自觉。深化“思想引领、学习在先”机制，将学习贯彻习近平总书记重要讲话和指示批示精神作为州委常委会会议第一议题，专题学习33次。州委理论学习中心组开展集中学习研讨14次。学习宣传贯彻党的二十大精神，第一时间召开州委常委会（扩大）会议传达学习党的二十大精神，对学习宣传贯彻工作进行专题部署。全州各级党组织通过理论学习中心组、“三会一课”、支部主题党日等方式，实现党组织和党员学习全覆盖。研究制定《学习贯彻中共二十大精神州委宣讲团工作方案》，开展大宣讲活动。州委主要领导带头宣讲党的二十大精神，开展全州县处级领导干部学习贯彻党的二十大精神集中轮训。州委八届六次全会通过《中共恩施州委关于认真学习宣传贯彻中共二十大精神的决定》，举办全州县处级领导干部专题培训班。学习贯彻省第十二次党代会精神，细化落实省第十二次党代会关于恩施发展的决策部署。召开州委八届五次全会审定《中共恩施州委、恩施州人民政府关于加快推进“两山”实践创新示范区建设的决定》。印发《恩施州贯彻落实省第十二次党代会报告重点任务工作措施和分年度任务清单》，逐项分解省第十二次党代会报告重点任务。编制《恩施州流域综合治理和统筹发展规划》，以流域综合治理为基础，推动新型工业化、信息化、城镇化、农业现代化同步发展。制定党委（党组）理论学习中心组理论学习巡听旁听实施方案，对3个县市和15家州直单位开展巡听旁听。深化政治监督，对8个县市开发区（工业园区）、24家州直单位（部门）开展政治巡察。压紧压实意识形态主体责任，将意识形态工作纳入2022年州委常委会工作要点和州委巡察工作重点内容，守牢意识形态安全防线。

【党史学习教育常态化长效化】 2022年，州委总结党史学习教育的成功经验，建立常态化、长效化制度机制，巩固拓展党史学习教育成果。召开党史学习教育总结大会，印发《关于推动党史学习教育常态化长效化的实施方案》《恩施州党员干部下基层察民情解民忧暖民心实践活动实施方案》，开展党员干部“下基层、察民情、解民忧、暖民心”实践活动，建立州级领导领衔推进机制和工作专班，带动全州党员干部下基层7.6万人次，解决问题1.1万个。开展美好环境与幸福生活共同缔造活动，66个省级试点村群众投工、投劳、投资占比达30%以上，巴东土店子村、咸丰彭家沟村、鹤峰洞长湾村等试点群众参与占比突破50%。举办恩施州基层党建“大比武”知识竞赛，推动党史学习教育常态化长效化，深化清廉机关、模范机关建设。

【全面从严治党】 2022年，州委贯彻落实新时代党的建设总要求和新时代党的组织路线，坚决扛牢管党治党政治责任，坚定不移全面从严治党，持续巩固良好政治生态。严格落实主体责任。州委常委会及时学习习近平总书记重要指示批示精神、研究部署中央和省委有关精神落实措施。州委主要领导主持召开书记专题会、党建工作领导小组会，到基层调研86次。州委常委从严抓实所联系县市、分管部门党建工作，履行“一岗双责”责任；各县市党委和州直单位党组（党委）跟学照做，担负管党治党职责，全面落实从严治党主体责任。加强党风廉政建设和反腐败斗争。始终坚持严的基调，严格执行中央八项规定精神，持之以恒正风肃纪，驰而不息纠“四风”，查处问题453个、处理处分594人。落实“三个区分开来”（把因缺乏经验先行先试出现的失误与明知故犯行为区分开来；把国家尚无明确规定时的探索性试验与国家明令禁止后的有规不依行为区分开来；把为推动改革的无意过失与为谋取私利的故意行为区分开来）要求和容错纠错办法，精准有效用好监督执纪“四种形态”，第一、第二种形态占比94.6%，常态化开展澄清正名和打击诬告陷害工作。一体推进“三不腐”，处置问题线索6416件、立案2026件、处分1962人。组织开展开发区建设、粮食购销、工程建设、招标投标等重点领域腐败问题专项整治。开展党风廉政宣传教育，推进清廉恩施建设，在全社会营造崇清尚廉氛围。抓好基层党组织和干部人才队伍建设。严密党的组织体系，落实书记抓党建“三个一”制度（做出1份公开承诺、领办1个党建重点项目、建立1个村社区党建联系点）。开展基层党建“大比武”。探索建立村级集体经济发展与村干部待遇挂钩的激励机制，开展“五好”（政治建设好、运行管理好、基础设施好、教学功能好、教育资源好）乡镇党校建设，推进“张富清红色驿站”扩面提质。开展换届后领导班子运行及领导干部履职情况专题调研，举办新时代年轻干部成长工程培训班，完成公务员考录“四级联考”，开展州直机关公务员遴选。制定《恩施州人才发展“十四五”规划》《关于加强和改进新时代人才工作的若干措施》，召开州委人才工作会议，开展人才优选行动和“专业人才智汇基层”活动。加强常委会自身建设。带头学习贯彻党的二十大精神及习近平总书记重要讲话精神，严格遵守政治纪律和政治规矩，严格执行《中国共产党廉洁自律准则》《中国共产党纪律处分条例》等党内法规，落实“三会一课”制度，严格执行民主集中制，坚决执行重大事项请示报告制度，及时向省委报告“四大家”领导班子分工调整、贯彻落实省委常委会会议决定事项等情况，加强领导班子能力建设。

【民主法治建设】 2022年，州委始终坚持党的领导、人民当家作主、依法治国有机统一，推进民主法治建设，为全方位推进恩施高质量发展营造良好法治环境。加强党对民主政治建设的领导。支持和保障州人大及其常委会依法行使职权，召开州委人大工作会议，制定《关于新时代坚持和完善人民代表大会制度进一步加强和改进人大工作的具体措施》。支持政协组织发挥政治协商民主监督参政议政作用，制定《关于加强和改进新时代全州政协工作的具体措施》。坚持和完善大统战工作格局，开展中华民族共同体意识教育，恩施州、利川市创建第十批全国民族团结进步示范区。完成群团组织换届，加强党外知识分子和新的社会阶层人士工作，加强与港澳台侨代表人士和团体的广泛联系，凝聚共襄发展的强大力量。推进法治恩施建设。健全完善法治建设领导体制和工作机制，推进重点领域立法，着手制定《恩施土家族苗族自治州齐岳山生态环境保护条例》《恩施土家族苗族自治州茶产业发展条例》。开展法治政府建设示范创建，农民工工资保障体系被命名为全国法治政府建设示范项目。推进案件繁简分流改革和人民法庭规范化建设，恩施市检察院入选全省优化营商环境改革先行区示范点。维护国家安全和社会稳定，统筹发展与安全，贯彻总体国家安全观，做好政治、经济、社会等领域国家安全工作。加强国防和后备力量建设，深化全民国防教育，巩固发展军政军民团结，在全省率先建立州、县两级征兵服务站，民兵整组、情报报送等工作排名全省第一，战备训练位列全省第一方阵。落实安全生产党政同责，推进重点行业领域专项整治，生产安全事故起数和死亡人数分别下降65%、56%。推进州域社会治理现代化试点，加强“1+4+N”（综治中心统筹协调，基层法庭、派出所、司法所、综治办主抓，其他单位共同参与）工作机制，信访总量下降25%，群众安全感、满意度稳居全省第一方阵。国家、省重大活动期间信访安全保障工作有力有效，实现“四个不发生”（不发生重大政治案件，不发生影响恶劣的群体性事件，不发生重特大治安灾害事故，不发生重特大恶性案件）工作目标，保证社会安全稳定。

【产业发展】 2022年，《湖北省富硒产业发展规划》《恩施州大产业发展规划》先后发布实施。农业全产业链加快推进，净增省级农业产业化重点龙头企业16家、规模以上农产品加工企业45家，入选第三批国家农业绿色发展先行区创建名单。工业经济新增规模以上工业企业100家、高新技术企业215家、国家级专精特新企业6家。举办第七届硒博会暨硒科技创新发展大会，硒资源研究与生物应用湖北省重点实验室挂牌成立。生态文化旅游业加快复苏，避暑旅游、冰雪经济持续发展，新增国家AAAA级旅游景区2家。

【项目建设】 2022年，410个州级重点项目完成投资500亿元，超年度计划2个百分点。郑万高铁巴东段建成通车，利咸高速、建恩北高速开工建设，恩施机场选址获得批准，沪渝蓉高铁恩施段完成可研审查，姚家平水利枢纽工程、巴张高速沪蓉沪渝连接段、新机场快速通道、恩高宣快速通道等重大项目前期工作取得实质性进展。争取中央、省预算内资金16.7亿元、专项债券资金107.17亿元、政策性金融工具投放基金18.98亿元。

【改革工作】 2022年，18名州级领导领衔推进重大改革事项18项，推动实施改革项目105项。率先在全省实现全流程电子化政府采购项目全覆盖，完成国有企业改革三年行动。43项改革入选全省优化营商环境改革先行区名单，5项典型经验在全省复制推广。政务服务事项实现办理流程、申请材料、承诺时限全州统一，新推出"掌上办"50项、"一网通办"200项、跨区通办事项170项。

【招商引资】 2022年，开展"大招商、招大商"重点突破年行动，"招大引强"实现历史性突破。组建州、县（市）驻外招商办事处和招商战队，到重点区域招引大商，深化与央企、省企合作招商。新签约、新开工、新投产亿元以上产业项目同比分别增长67.3%、42.9%、29.6%，签约项目增幅及贡献度位居全省前列。

【城乡发展】 2022年，编制《恩施州国土空间总体规划》，全州城镇化率提高1个百分点，达到48.66%。启动"三年创卫、十年创文"活动，州城文明程度提升。实施城市更新行动，改造老旧小区180个、燃气管网170千米。乡村振兴重点村建设稳步推进269个，率先实施乡村建设行动80个村，其中11个村进入第六批中国传统村落名录公示名单。

【生态环境】 2022年，持续打好蓝天、碧水、净土保卫战，整治长江入河排污口598个，实施矿山生态修复754个，营造林25413.33公顷，新建彩色森林2166.67公顷。"恩施大峡谷——腾龙洞"进入世界地质公园候选名录，清江被评为第二届全国"最美家乡河"，空气质量优良率位列全省13个国考城市首位，水环境质量全省第一，污染防治攻坚战省级考核连续3年、生态省考核连续7年获评优秀等次。恩施州成为全省唯一、全国第六个全域"中国天然氧吧"市州。

【民生事业】 2022年，全州民生支出占财政支出比重稳定在80%以上。持续巩固脱贫攻坚成果，全省精准脱贫后评估考核获"好"等次。城市、农村低保标准分别提高3.94个、9.59个百分点。推动17个楼盘"保交楼"工作。建成16个乡镇（街道）养老服务综合体，4个社区被命名为全国示范性老年友好型社区。建成恩施殡葬服务中心和17个农村公益性公墓。推动"双减"（减少义务教育阶段学生日常作业的负担和校外培训的负担）落地，义务教育入学率、初中3年巩固率均达100%。州公共卫生临床中心、湖北民族大学民大附属医院医教协同及一批县市公共卫生服务设施投入使用。

【外出学习考察】 2022年3月28—29日，州委书记胡超文一行到重庆市万州区考察城市建设管理、新区发展规划和产业发展等情况，并开展招商引资工作。5月31日至6月2日，州委书记胡超文率队到四川省成都市招商考察。7月20—21日，州委书记胡超文率队到浙江省杭州市、湖州市招商考察，并对接革命老区重点城市对口合作工作。

（徐 焘 周 鹏）

州委重要会议

【概况】 2022年，州委召开州委全体会议4次，州委常委会会议38次。召开全州党史学习教育总结会议、全州深入优化营商环境大会、全州"比抓强争促"会议、在恩全国人大代表座谈会、州委农村工作会议、中国共产党恩施州代表会议、全州党员干部下基层、察民情、解民忧、暖民心实践活动动员部署大会、恩施州传达学习党的二十大精神会议等重要工作会议。

2022年中共恩施州委常委会重要会议一览表

表2

召开时间	主要会议内容
1月14日	传达学习习近平总书记在中共中央政治局党史学习教育专题民主生活会、省部级主要领导干部学习贯彻党的十九届六中全会精神专题研讨班开班式上的重要讲话精神，传达学习省纪委通报精神，听取相关工作情况汇报，审议《中共恩施州委、恩施州人民政府关于表彰全州2021年"党建引领加强基层社会治理"先进集体和先进个人的决定》等
1月27日	传达学习十九届中央纪委六次全会等会议精神，听取相关工作情况汇报，审议《2022年"大招商、招大商"招商引资重点突破年行动方案》等
2月18日	传达学习中央及省有关文件和会议精神，听取全州统战工作、工会工作情况汇报，审议《恩施州推进落实武汉市对口帮扶2022年工作方案》等，研究姚家平水利枢纽工程项目法人组建等事宜
2月25日	传达学习习近平总书记在中共中央政治局第三十三次集体学习时的重要讲话精神，传达学习中央、省委农村工作会议和一号文件精神等，听取相关工作汇报，审议相关方案
3月4日	传达学习习近平总书记在中央党校中青年干部培训班开班式上的重要讲话精神，传达学习平安湖北建设工作会议暨平安湖北建设表彰会议精神等，听取相关工作汇报，审议相关方案
3月11日	传达学习全省深入实施区域发展布局暨县域经济发展大会精神，传达学习有关文件，听取有关情况汇报，审议《恩施土家族苗族自治州生态文化旅游"十四五"发展规划》
3月25日	传达学习中共中央政治局常委会会议和全国、全省疫情防控电视电话会议等精神，听取全州疫情防控、州直机关党建、州老促会工作等情况汇报

续表 2

召开时间	主要会议内容
4月1日	传达学习中共中央政治局常务委员会会议和全国、全省安全生产电视电话会议等精神，审议《恩施州2022年“比招商、抓项目、强产业、争资金、促进位”全力推动绿色崛起实施方案》等，听取有关情况汇报
4月8日	传达学习中央和省有关文件精神，听取十一届省委第四轮巡视恩施州反馈问题整改落实情况汇报
4月22日	传达学习习近平总书记在中央全面深化改革委员会第二十五次会议上的重要讲话精神等，审议《恩施州工业（制造业）高质量发展“十四五”规划》
4月28日	传达学习省委书记王蒙徽有关讲话要求等,听取相关工作情况汇报,审议《恩施州大生态建设实施方案(2022—2025年)》《恩施州“两山”实践创新基地建设行动方案》《恩施州2022年巩固拓展脱贫攻坚成果实施方案》
5月13日	传达学习习近平总书记在庆祝中国共产主义青年团成立100周年大会上的重要讲话精神等，听取全州一季度固定资产投资运行情况等汇报
5月20日	传达学习习近平总书记在中共中央政治局会议、中共中央政治局常委会会议研究新冠肺炎疫情防控工作时的重要讲话和全国、全省疫情防控工作电视电话会议精神，传达学习开展党员干部“下基层、察民情、解民忧、暖民心”实践活动等相关要求，听取恩施机场迁建前期工作进展情况等汇报，审议《恩施州建立健全生态产品价值实现机制实施方案》
5月27日	传达学习中共中央政治局会议和中共中央政治局第三十八次集体学习及全国、全省稳住经济大盘电视电话会议精神等，听取全州“三区三线”划定工作情况汇报，审议《恩施州党员干部下基层、察民情、解民忧、暖民心实践活动实施方案》
7月1日	传达学习习近平总书记在中共中央政治局会议和中共中央政治局第四十次集体学习时的重要讲话精神，传达学习习近平总书记考察湖北重要讲话精神及省委常委会会议、省委常委会（扩大）会议精神等，审议《中共恩施州委关于认真学习宣传贯彻省第十二次党代会精神的通知》等
7月8日	传达学习习近平总书记在庆祝香港回归祖国25周年大会暨香港特别行政区第六届政府就职典礼上的讲话精神，听取近期新冠肺炎疫情防控工作情况汇报，审议《恩施州贯彻落实国务院联防联控机制疫情防控“九不准”要求工作措施》等
7月23日	传达学习习近平总书记给中国国家博物馆老专家的回信精神、在新疆考察时的重要讲话精神，传达学习中央和省有关文件精神，审议《关于加快推进全国“两山”实践创新示范区建设的决定》等
8月25日	传达学习中央和省有关文件精神，审议《恩施州巡察整改和成果运用工作措施》等，听取涉企发展环境审计查出问题整改情况汇报
9月26日	传达学习8月30日和9月9日中共中央政治局会议精神，传达学习中央办公厅《推进领导干部能上能下规定》文件精神、全省巩固拓展脱贫攻坚成果同乡村振兴有效衔接工作推进电视电话会议精神等
10月27日	传达学习中国共产党第二十次全国代表大会、中共中央政治局会议、习近平总书记在二十届中共中央政治局常委同中外记者见面及会见出席中共二十大代表、特邀代表和列席人员时的重要讲话精神，听取相关汇报，审议有关事项
11月22日	传达学习习近平总书记在二十国集团领导人第十七次峰会、亚太经合组织第二十九次领导人非正式会议上的重要讲话精神，传达学习中央、省委农村工作领导小组相关文件精神，听取调整姚家平水利枢纽工程项目法人情况汇报等
11月30日	传达学习习近平总书记关于做好安全生产工作重要指示精神，传达学习省委书记王蒙徽调研恩施讲话要求，传达学习中央和省加快建设全国统一大市场文件精神，听取全州共同缔造活动试点推进情况汇报等，审议党员干部“下基层、察民情、解民忧、暖民心”实践活动州委领导班子“三张清单”
12月9日	传达学习党中央、全国人大常委会、国务院、全国政协、中央军委《告全党全军全国各族人民书》《江泽民伟大光辉的一生》《在江泽民同志追悼大会上的悼词》；传达学习12月6日中共中央政治局会议精神、国务院联防联控机制《关于进一步优化落实新冠肺炎疫情防控措施的通知》和省疫情防控指挥部视频会议精神，听取相关情况汇报，审议有关事项

【全州党史学习教育总结会议】
2022年1月12日，全州党史学习教育总结会议召开。会议传达学习习近平总书记关于党史学习教育重要指示精神和中央、省党史学习教育总结会议精神，全面总结恩施州党史学习教育工作，巩固拓展党史学习教育成果。

【全州深入优化营商环境大会】
2022年1月13日，全州深入优化营商环境大会召开。会议强调，要解放思想，久久为功，突破性建设一流营商环境，为恩施州奋力实现“开局企稳、复元打平、再续精彩”，加快建设美丽湖北绿色崛起重要一极提供重要支撑。

【中共恩施州委八届三次全体会议】 2022年1月16日，中国共产党恩施州委八届三次全体会议举行。会议讨论通过恩施州《推荐提名湖北省出席中共二十大代表候选人建议名单》。

【全州“比抓强争促”会议】 2022年2月8日，全州“比抓强争促”工作会举行。会议通报全州2021年“比抓强促”工作考核情况。相关县市等作经验交流或表态发言。4月20—22日，全州一季度“比抓强争促”现场拉练暨县域经济工作推进会召开，会议通报全州一季度经济运行情况、“比抓强争促”一季度考核情况及全州2021年县域经济考核情况。相关县市等作经验交流或表态发言。7月30日，全州第二季度“比抓强争促”现场拉练和半年经济形势分析会召开，会议就贯彻落实国家和省稳住经济一揽子政策作专题解读，通报“比抓强争促”综合考评情况，相关县市作经验交流或表态发言。10月29—30日，全州三季度“比抓强争促”现场拉练暨经济形势分析会召开，会议通报全州三季度经济运行情况及1—9月“比抓强争促”考核结果。

【涉粮问题专项巡视整改专题民主生活会】 2022年2月18日，州委常委会召开涉粮问题专项巡视整改专题民主生活会，学习习近平总书记关于粮食安全的重要讲话和重要指示批示精神，重点对照省委涉粮问题专项巡视反馈的问题，检视问题，剖析问题根源，制定具体整改措施，举一反三，有针对性堵塞漏洞、补齐短板、完善制度，做好本次专项巡视的“后半篇文章”，守住恩施粮食安全底线。

【州委农村工作会议】 2022年3月1日，州委农村工作会议召开。会议总结2021年全州农业农村工作，表彰先进集体和个人，部署2022年重点工作。会议强调，要牢牢守住不发生规模性返贫底线、保障国家粮食安全底线，聚焦现代农业、乡村建设、乡村治理3个重点，谱写新时代“三农”工作发展新篇章。

【中共恩施州委八届四次全体会议】 2022年4月26日，中国共产党恩施州委八届四次全体会议举行。会议投票确定恩施州出席湖北省第十二次党代表大会代表候选人预备人选，表决通过《关于召开中国共产党恩施州代表会议的决议》。

【中国共产党恩施州代表会议】 2022年5月11日，中国共产党恩施州代表会议召开。会议按照党内选举有关规定，以无记名投票方式选举产生恩施州出席中国共产党湖北省第十二次代表大会的代表。

【全州党员干部“下基层、察民情、解民忧、暖民心”实践活动动员部署大会】 2022年5月26日，全州党员干部下基层、察民情、解民忧、暖民心实践活动动员部署大会召开。会议强调，要深入贯彻习近平总书记关于以人民为中心的重要论述，落实中央、省委关于推动党史学习教育常态化长效化的部署要求，联系群众下基层、深入群众察民情、帮扶群众解民忧、关爱群众暖民心，解决实际问题，密切党群关系，以平稳健康的经济环境、国泰民安的社会环境、风清气正的政治环境，迎接党的二十大胜利召开。

【中共恩施州委八届五次全体（扩大）会议】 2022年7月30日，中共恩施州委八届五次全体（扩大）会议举行。会议听取并讨论州委书记胡超文代表州委常委会所作的报告，州委副书记、州长夏锡璠关于经济工作的讲话；审议通过《中共恩施州委、恩施州人民政府关于加快推进“两山”实践创新示范区建设的决定》《中国共产党恩施州第八届委员会第五次全体会议决议》。

【省委第十巡视组巡视恩施州委工作动员会】 2022年9月2日，省委第十巡视组巡视恩施州委工作动员会召开。省委第十巡视组组长张国秀作动员讲话，州委书记胡超文主持会议并作表态发言。会议强调，全州各级党组织和广大党员干部要提高政治站位，认识巡视的重大意义，自觉主动接受省委巡视。将省委巡视作为改进工作、推动发展的重大机遇，进一步加强党的领导，落实管党治党政治责任，转变工作作风，持续营造干事创业的良好氛围，为全州加快建设“两山”实践创新示范区提供坚强保障，以实实在在的成绩迎接党的二十大胜利召开。

【恩施州传达学习党的二十大精神会议】 2022年10月25日，恩施州传达学习党的二十大精神会议举行。会议强调，要把学习好、宣传好、贯彻好党的二十大精神作为当前和今后一个时期的首要政治任务，领会党的二十大精神的丰富内涵、核心要义和实践要求，坚持以习近平新时代中国特色社会主义思想为指引，不折不扣落实党的二十大精神，沿着中国式现代化道路砥砺前行，厚植生态底色，加快绿色崛起，奋力建设“两山”实践创新示范区，为湖北建设全国构建新发展格局先行区作出更大贡献。

【中共恩施州委八届六次全体会议暨州委经济工作会议】 2022年12月28日，中共恩施州委八届六次全会暨州委经济工作会议举行。全会审议通过《中共恩施州委关于认真学习宣传贯彻中共二十大精神的决定》，听取和审议《中共恩施州委常委会向州委八届六次全会的工作报告》《中共恩施州委常委会落实全面从严治党主体责任情况报告》，总结2022年全州经济工作，部署2023年全州经济工作。州委书记胡超文部署学习宣传贯彻党的二十大精神及2023年经济工作，州委副书记、州长夏锡璠就经济工作作具体安排。

（徐　焘　周　鹏）

州委办公室

【概况】 2022年，州委办公室弘扬“忠诚、奉献、务实、高效、争先”党办精神，按照提升“忠诚度、首位度、精准度、加速度、满意度、低八度、安全度”工作要求，履行“三服务”职能，各项工作创新开展。

【综合服务工作】 2022年，州委办公室综合运用会议、活动等方式，服务和保障州委统揽全局、协调各方。完成省委主要领导恩施州调研等重大活动的服务保障工作，做到零差错、零失误。直接承办、参与承办、协调指导办理全州各类大小会议170余次，承办州委常委会会议38次，州委中心组（扩大）学习会议14次，领导干部大会4次，州委全会4次。服务副部级及以上领导到恩施调研活动35人次，服务州委主要领导调研78次。印发实施《中共恩施州委办公室关于贯彻落实党委信息办理工作规定的通知》，形成上下贯通、左右衔接、多方印证的信息沟通机制。全年向省委办公厅上报信息1467条，向中央办公厅报送信息43条，编发《每日要情》247期、《直报信息》207期，党委信息工作位居全省前列。全年收处各级各类文电1万余件，“拟办意见”被领导采用率100%。牵头起草《恩施州贯彻〈中共中央政治局贯彻落实中央八项规定实施细则〉精神实施办法》等文件，全年向省委报备党内规范性文件44件；完成约300件向州委报备党内规范性文件的审查工作。通过公文交换发放文件381件2.3万余份，组织开展涉密文件清退报备工作。牵头或参与起草各类文稿200余篇，完成《中共恩施州委常委会向州委八届六次全会的工作报告》等综合文稿，做好为州委相关领导的文稿服务工作。《筑牢机关保密防线有“四招”》《以中共二十大精神为引领做好“三服务”工作》等9篇文章在《秘书工作》《党办工作》刊发。制定《中共恩施州委办公室2022年度调研工作计划》，先后开展冰雪经济、城市管理、房地产业运行、工业经济发展、恩施市财政运行、蜂产业发展等10项课题调研，推动、组织各县市以及州直相关部门形成调研报告10余篇，编印11期《领导参阅》。其中《看冰雪经济之火悟绿色崛起之道》等5期获州委主要领导签批。州委办公室调研工作经验在《党办工作》刊发。

【驻点帮扶工作】 2022年，州委办公室做好驻恩施市白杨坪镇洞下槽村、鹿子渡村，下沉恩施市官坡社区工作。协助鹿子渡村制定《鹿子渡村党员分类管理实施办法》；谋划乡村振兴总体规划，构建“一轴一廊一核三区”空间布局；村集体经营公司4月上旬进驻扶贫“832平台”，承接武汉大学定向采购恩施高山蔬菜项目；鹿子渡村运用共同缔造理念，打造“亲和小院”相关工作经验被州党史学习教育简报推介。洞下槽村探索乡村振兴新路径，全年旅游人流量达4万余人次，旅游收入400余万元，带动周边农户餐饮和住宿收入20余万元。官坡社区坚持将党的建设融入基层治理、保障基层治理，坚持大党委联席会议制度，召开联席会议10次，推动党建引领基层治理走深走实；协助社区完成老旧小区改造项目13个，组织驻区单位参与新时代文明实践集中示范活动暨恩施市“六边六场”清洁志愿服务活动，完成社区24个示范点创建。开展“下基层、察民情、解民忧、暖民心”实践活动，走访村组、社区、企业收集的问题全部解决。做好恩施州驻武汉市对口帮扶联络组工作，加强对接交流和推进协作。

（徐　焘　周　鹏）

组织工作

【概况】 2022年，全州有基层党组织7203个，其中党委314个，党总支492个，党支部6397个。党员171598名，其中农村党员81503名，女党员44599名，少数民族党员101642名，大专及以上学历党员73369名。全年新发展党员3059名，其中新发展35岁及以下青年党员2263名，女党员1488名，少数民族党员1753名，生产工作一线党员2099名，大专及以上学历党员1487名。全州公务员（含参公人员）18320人，其中女性5449人，少数民族13884人，党员14661人，35岁及以下6247人，研究生学历1107人。全州党政机关干部中，县处级正职149人，县处级副职523人，正科级1851人，副科级3221人。全州人才总量为36.24万人，其中党政人才1.82万人，企业经营管理人才9700人，专业技术人才、技能人才26.8万人，农村实用人才6.4万人，社会工作人才2500人。2022年，全州组织系统围绕中心、服务大局，按照“123”（突出迎接学习贯彻党的二十大一条主线，开展“党员干部能力提升年”和“组工干部素质提升年”两个活动，实施“基层党建大比武”“州管领导班子运行情况调研分析”“紧缺人才优选”三个行动）工作思路，以高质量党建引领绿色崛起、以高素质干部推动绿色崛起、以高水平人才支撑绿色崛起。恩施州在全省组织部长会议上作交流发言。

【全州基层党建“大比武”】 2022年，州委组织部制定《恩施州基层党建“大比武”行动方案》，坚持“州级设擂、县乡村摆擂”，实行“五抓五比”（抓站位比能力、抓调研比作风、抓示范比特色、抓调度比落实、抓考核比成效），开展基

2022年6月30日，恩施州举办全州基层党建“大比武”知识竞赛总决赛

（州委组织部 供稿）

层党建“大比武”，在全州范围营造“比党建、抓党建、强党建、争先进、促提升”氛围。

【基层党建工作】 2022年，全州树立大抓党建、大抓基层导向，增强党组织政治功能和组织功能。州委书记带头落实书记抓基层党建“三个一”[作出一份党建公开承诺、领办一个党建重点项目、建立一个农村（社区）党建联系点]措施，带动各县市委书记承诺践诺、领办基层党建重点项目10个，建立联系点20个，为联系点办成实事45件，乡镇（街道）党（工）委书记领办基层党建重点项目105个，建立联系点186个，为联系点办成实事245件。印发《关于实行2022年度全州基层党建工作“全周期”管理的通知》，围绕基层党建工作谋划、推进、督查、评估、考核、整改、宣传7个环节，跟踪管理、量化评分、季度通报，将基层党建考在日常、评在经常。

【乡村组织体系】 2022年6月，州委组织部制定《恩施州深化新时代党建引领乡村治理促进乡村振兴若干措施》，纵深推进乡村治理。指导和支持咸丰县抓好全省党建引领乡村治理试点建设。建立县市党委定期研究党建引领乡村治理制度，完善“乡镇党委—村党组织—村民小组（网格）党支部（党小组）—党员中心户”四级组织架构，健全组织体系。

【农村骨干队伍建设】 2022年，全州组织系统开展村（社区）“两委”换届“回头看”，做好“后半篇文章”，整顿软弱涣散基层党组织。开展村（社区）“两委”换届任职培训，州级层面培训村（社区）党组织书记1020人、“两委”成员108人、村（居）务监督委员会主任123人，县市完成对2031名村（社区）党组织书记、9521名“两委”成员的全员轮训。加强对口协作，择优选派39名村（社区）党组织书记、15名“两委”成员到武汉先进村（社区）跟班学习，63名村（社区）党组织书记、109名村（社区）“两委”成员和社区工作者到武汉、杭州参加培训。开展村（社区）党组织书记“身体健康关爱”行动，村（社区）党组织书记体检全覆盖。常态化开展“书记论坛”，培养储备村级后备干部5775人。加强驻村帮扶责任落实，向1932个村（社区）选派驻村工作队员5725人，其中驻村第一书记1910人，“尖刀班”工作模式被中组部《党建研究》和省委组织部《湖北党建》推介，入选“第四批全国乡村治理典型案例”。

【红色美丽村建设】 2022年，全州组织系统按照“四化”（标准化、规范化、便民化、内涵化）要求，统一设置红色美丽村庄标识，加强整体规划和建设，整合资金建成中共鄂西特委历史陈列馆、忠堡大捷烈士陵园等红色项目。在2021年建成咸丰县高笋塘村、鹤峰县五里村、恩施市五峰山社区、咸丰县龙潭司村4个全国试点村和建始县照京坪村、宣恩县板栗园村2个省级试点村的基础上，咸丰县大村村、咸丰县活龙坪村、咸丰县金洞司村、咸丰县白果坝村、咸丰县曾沟村、鹤峰县留驾村 6个全国试点村初步建成。

【绿色发展村建设】 2022年，全州组织系统依托“土、硒、茶、凉、绿”特色优势，以494个发展新型村级集体经济扶持村为引领，探索产业发展、股份合作、租赁经营、股权补偿、物业管理、服务创收6种村级集体经济发展路径，产生收益1500余万元。全州8个县市均建立村级集体经济发展与村干部待遇挂钩的激励机制。

【巩固党建引领城市基层治理成果】 2022年，州委组织部制定《恩施州深化城市基层党建引领基层治理重点任务清单》，深化实化细化具体任务70项，推动治理重心下移、资源要素下沉，持续巩固党建引领城市基层治理成果。健全“四联”（州县领导联系指导、州县部门联系包保、驻区单位联系共建、下沉党员联系服务）工作机制，帮助社区解决矛盾6000余个，办实事2万余件。推进城市管理网格化，构建州、县领导包社区，州县部门包网格，社区“八员”（网格员、环卫人员、执法中心人员、路灯管理员、市政设施管理员、市场监管员、交警队员、城管队员）三级包保责任制。全州划分社区网格1066个，组建网格党组织979个，组建楼栋党小组14137个，设立党员中心户9240户，4万余名党员干部下沉社区。调整州城33个社区，特别是10个新成立社区和村改社区的联系包保单位。推动资源服务平台下沉，2.5万件办事材料在州、县、乡、村实现共享。推进“张富清红色驿站”扩面提质，建成“张富清红色驿站”118个。全州937个城镇住宅小区实现物业管理全覆盖，组建业委会686个、成立自管组织213个，党员比例达到60%以上的业委会526个，党组织领导下的“三方联动”机制健全。

【分层分类指导各领域党建】 2022年，全州组织系统持续创建机关“红旗党支部”，新命名41个州直“红旗党支部”，推动机关党建走在前作表率。深化“党建入章”成果，增强国有企业党建政治功能。加强高校党建工作，全州698所中小学校（含公办幼儿园）全部规范党组织隶属关系，166所试点学校建立党组织领导的校长负责制。15家二级及以上公立医院均完成“党建入章”，临床医技科室党支部书记“双带头人”比例为92%。实施安业、乐游、暖蜂、强链、注能“五项行动”，提升“两新”（新经济组织和新社会组织）党建质量。

【宣传贯彻党的二十大精神】 2022年，全州组织系统实施“六个一”（全覆盖开展一次学习培训、高标准组织一次主题党日活动、全面开展一轮党员践诺争先活动、调研破解一批基层党建难题、全方位开展一次领导班子和干部队伍综合分析研判、统筹整合一揽子政策招才引智）措施，举办全州县处级干部党的二十大精神集中轮训班，推动党的二十大精神入脑入心、走深走实。

【干部教育培训】 2022年，全州组织系统实施“习近平新时代中国特色社会主义思想培训计划”，将党的理论教育和党性教育全面纳入教学计划和教学布局，设置独立教学单元，使党的理论和党性教育专题占比达80%，其中习近平新时代中国特色社会主义思想的课时量占总学时68%。开展干部“能力席位”大培训，举办全州县处级主要领导干部“学习贯彻十九届六中全会精神”研讨班、全州县处级领导干部“深入学习贯彻习近平总书记考察湖北重要讲话精神，推进落实省第十二次党代会决策部署”专题班等。全年举办主体班和专题班44期，培训领导干部8014人次，选派各级领导干部参加中央、省级主体班和专题班培训136人。

【乡镇（街道）党校规范化建设】 2022年，全州组织系统按照“十有”（有组织机构、有教学场地、有实训基地、有教学设备、有授课师资、有教学课程、有教育计划、有规章制度、有经费保障、有培训实效）、“五好”（政治建设好、运行管理好、基础设施好、教学功能好、教学资源好）标准，提升93所乡镇（街道）党校规范化建设水平，恩施市龙凤镇、建始县龙坪乡店子坪村、宣恩县万寨乡伍家台村、咸丰县忠堡镇高笋塘村、来凤县旧司镇新街村等5地被确定为党员教育培训省级现场教学点，全州乡镇（街道）党校培训农村党员2.1万人次，全州乡镇党校建设相关做法在全省基层党建工作重点任务推进会上进行交流推介。

【思想政治建设】 2022年，全州组织系统以换届后各级领导班子建设为契机，州委研究出台《中共恩施州委关于加强领导班子思想政治建设的若干措施》，从深化党的创新理论武装、严肃开展党内政治生活等10个方面提出47项具体要求，全面加强领导班子和领导干部思想政治建设。

【干部日常监督】 2022年，全州组织系统坚持将政治建设、政治监督和政治考察贯穿干部选拔任用、干部管理监督全过程、各方面。制定《恩施州干部选拔任用监督工作信息沟通办法（试行）》，建立完善更新干部“负面清单”台账。全年征求纪检部门意见34批、418人次，办理任前公示20批、248人次。执行领导干部个人有关事项报告制度，完成936名县处级干部报告的材料收集、信息录入、综合汇总工作。抽查核实领导干部个人有关事项报告229名，查核一致率达到96.94%。加强“12380”综合举报件受理查处，全年受理举报54件。加强对干部的日常管理监督，全年州本级共实施提醒9人次、函询12人次。

2022年6月，来凤县旧司镇新街村被确定为党员教育培训省级教学点

（州委组织部 供稿）

【公务员和选调生招录】 2022年，全州组织系统坚持依法考录、公平考录、科学考录、安全考录，计划考录公务员471名，实际录用468名。定向选拔引进生3名（清华大学1名、华中科技大学2名），定向招录10名选调生到州直单位工作，集中招录61名选调生到乡镇工作。统筹38家州直单位单列60个岗位面向全州遴选工作人员，经公示、考察、体检，60名人员于8月31日前全部到岗试用。

【优化人才生态环境】 2022年，恩施州实施人才强州战略，推动全州人才工作创新突破。坚持党对人才工作的全面领导，调整设立由州委书记为组长的人才工作领导小组，召开州委人才工作会议。州委、州政府出台《关于加强和改进新时代人才工作的若干措施》，州委人才工作领导小组印发《恩施州人才发展“十四五”规划》，打造区域性特色人才高地。设立人才引进编制“周转池”，保障紧缺人才招引需求。开展人才优选行动，组织45家用人单位走进重点高校，举办“名校招才直通车”活动，出台《恩施州支持高校毕业生就业十条措施》。开展“专业人才智汇基层”活动，选派2000余名人才到基层服务。争取武汉市对口帮扶资金1208万元，实施人才培训项目19个。新增专家工作站8家、国家级众创空间1家、省级“星创天地”5家、省级科技创新乡村振兴示范基地3家和省级创新型产业集群1家。落实党委联系服务专家制度，州委、州政府领导带头联系28名专家人才。首批认定“硒谷英才”37人，创新实施“硒谷英才卡”制度，提供12项服务。创新设立“候鸟人才日”，召开人才新闻发布会。

【“人民满意的公务员（集体）”表彰】 2022年8月，利川市司法局柏杨司法所所长雷红兵被表彰为全国“人民满意的公务员”。州应急管理局被表彰为全国“人民满意的公务员集体”。9月，州委直属机关工作委员会办公室主任、一级主任科员王晓磊，宣恩县市场监督管理局高罗镇市场监督管理所所长谭剑，州乡村振兴局二级主任科员熊琰被表彰为第四届湖北省“人民满意的公务员”；恩施市乡村振兴局、鹤峰县劳动保障监察局、州检察院第七检察部被表彰为第四届湖北省“人民满意的公务员集体”；恩施高新技术产业园区党工委委员、管委会副主任邓鹏飞，恩施市三岔镇党委书记、四级调研员谭海鹰，利川市公安局都亭派出所所长、一级警长刘运洪记一等功；咸丰县信访局记一等功。

（崔鸿升）

宣传工作

【概况】 2022年，全州宣传思想战线坚持以习近平新时代中国特色社会主义思想为指导，贯彻落实全国、全省宣传部长会议精神和省委、州委宣传思想工作领导小组会议精神，突出迎接、宣传、贯彻党的二十大这条主线，围绕全省工作大局和州委中心工作，守正创新、真抓实干，为加快推进“两山”实践创新示范区建设提供思想保证和精神力量。

【理论武装】 2022年，坚持以习近平新时代中国特色社会主义思想为指导，突出迎接党的二十大、学习宣传贯彻党的二十大精神这条主线，坚持“思想引领、学习在先”制度，组织全州党员干部群众持续跟进学习习近平总书记最新重要讲话和指示批示精神，学习领会党的二十大和省第十二次党代会精神。州委理论学习中心组带头示范，开展集体学习研讨14次。印发中心组学习提示5期、通报2期，对3个县市、15家州直单位中心组学习进行巡听旁听。召开党史学习教育总结大会，制定全州党史学习教育常态化长效化实施方案，调整充实党史学习教育工作机构，组织专家从理论角度阐释张富清老英雄的先进事迹，作为党史学习教育的生动教材。围绕学习贯彻党的二十大和省第十二次党代会精神开展主题宣讲，组织州、县两级“两团多队”（党委宣讲团、青年宣讲团和部门行业多样化宣讲队）开展“五路大军”（驻村干部下沉党员，青年骨干，专家学者，文艺工作者以及先进典型）进基层“十讲十进”［领导干部带头讲、专家学者专题讲、先进典型示范讲、青年骨干交流讲、驻村第一书记就地讲、百业能人分层讲、文艺队伍巡回讲、志愿队伍入户讲、网络名人线上讲、媒体平台互动讲，进机关、进企事业单位、进城乡社区、进校园、进各类新经济组织和新社会组织、进文明实践所（站）、进工业园区、进商圈、进景区、进网站］大宣讲活动，服务好省委宣讲团恩施州报告会，省委宣讲团成员、省生态环境厅党组书记、厅长何开文，省委宣讲团成员、省民政厅党组书记、厅长陈昌宏到恩施作宣讲报告，全州“两团多队”开展宣讲5000余场，覆盖人员55万余人次，推出常态化宣讲课程21项。用好“学习强国”学习平台，全州学员达14.51万人，“学习强国”湖北学习平台刊发恩施州稿件393篇。组织恩施州第十届社科优秀成果评选，评选优秀著作和优秀论文47部（篇）。省社科联、省广播电视台等单位联合主办的理论故事节目《是这个理》2次走进恩施，讲述建始县店子坪发展故事和“东西协作——支持助力乡村振兴”故事。

【意识形态工作】 2022年，落实意识形态工作责任制，将意识形态工作纳入州委常委会工作要点，纳入州委全会报告。州委常委会研究部署意识形态工作2次，印发意识形态工作相关文件，健全党委统一领导、党政齐抓共管、宣传部门组织协调、有关部门分工负责的工作格局。推进省委营造“三个环境”（营造平稳健康的经济环境、国泰民安的社会环境、风清气正的政治环境）专项巡视反馈的意识形态领域问题整改，根据州委巡察部署同步对24家州直单位开展意识形态工作专项检查，召开州意识形态工作联席会议2次、高校意识形态工作专题会议3次，研判处置存在的风险隐患，通报全州意识形态领域形势。落实主管主办和属地管理原则，加强对思想文化类论坛、讲座、报告会、研讨会以及影院、自媒体等阵地的管理。开展“扫黄打非”专项行动，出动执法人员3000余人次，检查相关企业1600余家次，查处案件83起。坚持“日监测、周汇总、月研判、半年会议、年报告”的意识形态工作机制，织密意识形态安全“防护网”。

【新闻宣传】 2022年，围绕乡村振兴、优化营商环境、文旅融合发展、基层社会治理、扩大改革开放、重点项目建设、特色产业发展、民生领域建设、民族团结进步、全面从严治党、法治恩施建设等重点工作30余项，加强对经济社会热点问题的引导，巩固壮大主流思想舆论。组织好中国茶业科技年会、第七届硒博会的宣传推介活动。组织州内报纸、广播、电视、新媒体发挥各自优势，在重要版面、重要时段，集中推出系列言论、消息、图片、通信等全景式展示恩施州各县市、各行业共同缔造的做法、成效。组织媒体开设专题专栏，全面报道主题实践活动、以点带面，主攻大报大台，《人民日报》、中央电视台、《湖北日报》、湖北电视台等主流媒体聚焦推介恩施州经验做法。全年在省级以上主要媒体上稿4000余条。推进新闻发布规范化建设，组织开展州直重点部门新闻发言人培训班，组织指导相关部门围绕优化营商环境、硒博会、全州人才政策等重要主题和活动组织召开新闻发布会10余场。全州在省级及以上主要媒体刊发各类稿件1.5万余条。其中《人民日报》70余条，新华社130余条，中央电视台150余条（其中《新闻联播》13条），《光明日报》20余条，《湖北日报》 1000余条，湖北电视台500余条（其中《湖北新闻》80余条）。

2022 年中央主要媒体稿件报道恩施州情况一览表（摘要）

表3

序号	媒体名称	标　题	版面/栏目	时　间
1	《人民日报》	让农民生活芝麻开花节节高（组稿，报道鹤峰县东洲村乡村振兴驻村工作队队长张康）	18 版	2022—01—14
2	《人民日报》	为大公 守大义 求大我（人民论坛）（有张富清主动选择到湖北省最偏远的来凤县工作内容）	4 版	2022—01—21

续表3

序号	媒体名称	标 题	版面/栏目	时 间
3	《人民日报》	中央广播电视总台2022春节联欢晚会节目单(《土地的歌》有恩施石工号子)	4版	2022—01—31
4	《人民日报》	让好资源发挥出大能量(一线行走)(咸丰县曲江镇湾田村)	16版	2022—02—09
5	《人民日报》	在高质量发展中促进共同富裕(奋进强国路·总书记这样引领中国式现代化)(组稿,宋庆礼在发言中提到鹤峰富硒产业发展情况)	2版	2022—03—01
6	《人民日报》	加强基层党建 凝聚发展合力(奋进新征程 建功新时代·伟大变革)(图片组稿,有凤凰山国家森林公园建设红色驿站)	7版	2022—03—28
7	《人民日报》	清明时节,各地群众参加丰富多彩活动——体验民风民俗 感受传统韵味(有恩施市龙凤镇龙马村传统美食社饭)	4版	2022—04—06
8	《人民日报》	白鹤滩—江苏特高压直流输电工程建设加速推进——电力高速路助力绿色转型(新时代画卷)(有恩施州恩施大峡谷施工现场)	12版	2022—04—14
9	《人民日报》	让乡亲们日子越过越好(奋进新征程 建功新时代·老区新貌)(有来凤县大河镇施南坡村)	1版转3版	2022—04—16
10	《人民日报》	提高理论素养 练就看家本领(深度关注·生逢伟大时代,年轻干部如何成长成才⑦)(有恩施市龙凤镇年轻干部成长)	19版	2022—04—19
11	《人民日报》	"共和国勋章"获得者张富清——"党需要我去哪里,我就去哪里"	8版	2022—05—05
12	《人民日报》	传承与创新并重、古老与现代交织,楚式漆艺展现时代魅力——漆韵苍古气象新(护文化遗产 彰时代新义)(提到工作站在巴东县启动生漆材料与色漆加工车间建设)	12版	2022—05—12
13	《人民日报》	党的十八大以来家庭家教家风建设实现高质量发——绘就家和万事兴的幸福图景(提到恩施市妇联打造"乡村文明之花"志愿服务队)	1版	2022—05—16
14	《人民日报》	湘鄂渝黔革命老区——抓住发展机遇 加快发展步伐(奋进新征程 建功新时代·老区新貌)(提到恩施市红土乡石灰窑村、图片有鹤峰县下坪乡云蒙村)	6版	2022—05—24
15	《人民日报》	湖北恩施——红色古寨茶叶飘香(喜看老区新变化)	6版	2022—05—24
16	《人民日报》	吸引各类人才在乡村振兴中建功立业 让聪明才智在田间地头涌动(倾听)(提到恩施市屯堡乡花枝山村致富带头人)	7版	2022—06—14
17	《人民日报》	共建共享,让农民生活更美好(扎实稳妥推进乡村建设②)(提到巴东县、鹤峰县)	18版	2022—06—17
18	《人民日报》	山清水秀的恩施城(我与一座城)	20版	2022—08—03
19	《人民日报》	强化政治建设,团结统一更巩固(深度关注 全面从严治党·基层观察③)(有建始县地心谷)	18版	2022—08—30
20	《人民日报》	用热爱和坚守点亮梦想(暖闻热评)(支教老师袁辉)	5版	2022—09—28
21	《人民日报》	"小院说事"解难事(一线行走)(利川市南坪乡黄田村)	11版	2022—11—14
22	《人民日报》	展示乡村文化,助力乡村振兴 村里的直播间,有看头!(有恩施市文化馆针对需求提供直播培训)	A13版	2022—12—22
23	《人民日报》	发展新型农业经营主体(全面推进乡村振兴)(有鹤峰县正茂家庭农场)	1版	2022—12—26
24	《人民日报》	《说说我们村儿》第五期开播——感受乡村旅游中的民俗魅力(咸丰县曲江镇湾田村)	8版	2022—02—11
25	《人民日报》海外版	贡水河畔彩灯亮	11版	2022—02—10

续表 3

序号	媒体名称	标 题	版面/栏目	时 间
26	《人民日报》海外版	绿色恩施多妩媚	12 版	2022—02—25
27	《人民日报》海外版	春游清江	11 版	2022—04—14
28	《人民日报》海外版	让乡亲们日子越过越好(奋进新征程 建功新时代·老区新貌)(有来凤县大河镇施南坡村)	1 版	2022—04—18
29	《人民日报》海外版	《说说我们村儿》云采访直播节目热播 电商助农民鼓起"钱袋子"(有咸丰县曲江镇湾田村)	8 版	2022—04—27
30	《人民日报》海外版	创建生态文明建设示范区——探寻绿色发展之路(组稿,有宣恩生态文明示范建设)	8 版	2022—05—03
31	《人民日报》海外版	屏山看绿	12 版	2022—06—17
32	《人民日报》海外版	乡村企业助力乡村振兴(宣恩县)	3 版	2022—07—06
33	中央电视台	安徽合肥"网格共治委员会"解决群众"关键小事"(组稿,恩施驻村工作队多措并举促乡村振兴)	CCTV-13 新闻频道《新闻直播间》	2022—01—01
34	中央电视台	天津 新冠肺炎疫情防控 湖北医疗队驰援天津核酸筛查(有恩施医疗队)	CCTV-13 新闻频道《新闻直播间》	2022—01—12
35	中央电视台	湖北恩施地区发现页岩气资源超千亿立方米	CCTV-13 新闻频道《朝闻天下》	2022—01—19
36	中央电视台		CCTV-13 新闻频道《24 小时》	2022—01—20
37	中央电视台	湖北恩施 大众冰雪季 体验冰雪运动魅力	CCTV-13 新闻频道《一起向未来》	2022—01—24
38	中央电视台	小年 小念 小欢喜 湖北 3 恩施:热气腾腾 土家小年宴开席	CCTV-2 财经频道《正点财经》	2022—01—26
39	中央电视台		CCTV-17 农业农村频道《中国三农报道》	2022—01—26
40	中央电视台		CCTV-13 新闻频道《新闻直播间》	2022—01—26
41	中央电视台	湖北咸丰:吊脚楼"电改" 辞旧迎新	CCTV-17 农业农村频道《中国三农报道》	2022—01—26
42	中央电视台	千家万户中国年·山里山外看小康(专稿,咸丰县马倌屯村过年热闹景象)	CCTV-1 综合频道《晚间新闻》	2022—01—28
43	中央电视台	今天是腊月二十七 年味渐浓"十碗八扣"扣心弦 欢欢喜喜过大年(恩施土家扣肉)	CCTV-13 新闻频道《共同关注》	2022—01—29
44	中央电视台	春节假日盘点·出游 春节假期全国国内出游 2.51 亿人次(宣恩兴隆老街)	CCTV-13 新闻频道《新闻直播间》	2022—02—07
45	中央电视台		CCTV-2 财经频道《天下财经》	2022—02—07
46	中央电视台		CCTV-13 新闻频道《共同关注》	2022—02—07
47	中央电视台	传统民宿文化让春节出游别具特色(宣恩兴隆老街)	CCTV-13 新闻频道《共同关注》	2022—02—07
48	中央电视台	湖北恩施土家族民歌《六口茶》演唱:尤国通 王相周 周彬 刘清儿	CCTV-15 音乐频道《民歌中国》	2022—02—14

续表 3

序号	媒体名称	标 题	版面/栏目	时 间
49	中央电视台	寿宴 第 5 集 田间有药白如雪(湖北利川山药)	CCTV-12 社会与法频道《夕阳红》	2022—02—14
50	中央电视台	湖北恩施民歌《柑子树》演唱:易文卉	CCTV-15 音乐频道《民歌中国》	2022—02—16
51	中央电视台	“奋进新征程 建功新时代”摆脱贫困彪炳史册 乡村振兴再启新程(提到巴东柑橘产业)	CCTV-1 综合频道《新闻联播》	2022—02—25
52	中央电视台	国内联播快讯(组稿,郑万高铁湖北段襄阳东至巴东北昨天开始联调联试)	CCTV-1 综合频道《新闻联播》	2022—03—01
53.	中央电视台	春的味道 湖北恩施:不负春日好时节 吃过“社饭”才是春	CCTV-2 财经频道《正点财经》	2022—03—03
54	中央电视台	乡村振兴路上的妇女力量(利川市柏杨坝镇永兴社区“村花”建设)	CCTV-17 农业农村频道《我的美丽乡村》	2022—03—08
55	中央电视台	“奋进新征程 建功新时代——代表委员议国是”责任在肩抓实干 协力同心勇向前(关注杨琴代表发言)	CCTV-1 综合频道《新闻联播》	2022—03—08
56	中央电视台	聚焦两会·两会同期声 促进区域协调发展 迈向共同富裕(关注杨琴代表发言)	CCTV-13 新闻频道《新闻直播间》	2022—03—08
57	中央电视台		CCTV-13 新闻频道《午夜新闻》	2022—03—09
58	中央电视台	(日播版)榜样的力量——张富清	CCTV-12 社会与法频道《道德观察》	2022—03—13
59	中央电视台	猪獾/黄喉貂(湖北巴东金丝猴国家级自然保护区有着保存完好的亚热带森林生态系统)	CCTV-1 综合频道《秘境之眼》	2022—03—23
60	中央电视台	恩施地区盛行于民间的一种传统演出形式——傩戏	CCTV-10 科教频道《地理·中国》	2022—04—04
61	中央电视台	恩施大峡谷中有两座擎天巨柱	CCTV-10 科教频道《地理·中国》	2022—04—04
62	中央电视台	万教授对“一炷香”的成因做出推测	CCTV-10 科教频道《地理·中国》	2022—04—04
63	中央电视台	乡聚春天里·春茶地图 恩施玉露:蒸青整形绿悠长	CCTV-17 农业农村频道《中国三农报道》	2022—04—12
64	中央电视台	素食大联欢(恩施豆皮)	CCTV-17 农业农村频道《我爱发明》	2022—04—14
65	中央电视台	湖北宣恩:非遗传承 让传统文化活起来	CCTV-14 少儿频道《新闻袋袋裤》	2022—04—19
66	中央电视台	特色农产品 直播收益多(恩施田凤坪村)	CCTV-2 财经频道《生财有道》	2022—04—22
67	中央电视台	恩施玉露茶	CCTV-2 财经频道《生财有道》	2022—04—22
68	中央电视台	油菜花季游客旺 周边饭店生意忙(恩施田凤坪村)	CCTV-2 财经频道《生财有道》	2022—04—22
69.	中央电视台	既美观又赚钱 多肉植物惹人爱(恩施杉木坝村)	CCTV-2 财经频道《生财有道》	2022—04—22
70	中央电视台	我们村的年轻人 青春照耀沐抚情	CCTV-17 农业农村频道《我的美丽乡村》	2022—05—05
71	中央电视台	系列节目《有你 幸福花开》(巴东县野三关镇 陈兹方)	CCTV-12 社会与法频道《夕阳红》	2022—05—06

续表 3

序号	媒体名称	标　题	版面/栏目	时　间
72	中央电视台	湖北恩施 走进老区看新貌 龙潭司:追寻红色足迹 感受时代新貌	CCTV-13 新闻频道《走进老区看新貌》	2022—05—08
73	中央电视台	湖北恩施 龙马村千亩茶园迎来采摘季	CCTV-13 新闻频道《走进老区看新貌》	2022—05—08
74	中央电视台	老区行·湖北 科技引领 红色老区变创新沃土(咸丰县清坪镇龙潭寺村)	CCTV-4 中文国际频道《中国新闻》	2022—05—08
75	中央电视台	湖北宣恩:小记者探寻绿叶变“金叶”的奥秘	CCTV-14 少儿频道《新闻袋袋裤》	2022—05—09
76	中央电视台	我们村的新能人 老产业 新活力(有恩施玉露)	CCTV-13 新闻频道《焦点访谈》	2022—05—25
77	中央电视台	湖北来凤 大美中国·端午时节 五道水村:保护传统村落 发展美丽乡村	CCTV-13 新闻频道《朝闻天下》	2022—06—04
78	中央电视台	湖北恩施:藤茶进入采摘季	CCTV-17 农业农村频道《中国三农报道》	2022—06—13
79	中央电视台	湖北恩施 藤茶采收忙 茶农腰包鼓	CCTV-13 新闻频道《新闻直播间》	2022—06—16
80	中央电视台	国内联播快讯(“大美鄂西”旅游线路串联起恩施、巴东等地)	CCTV-13 新闻频道《新闻联播》	2022—06—26
81	中央电视台	多地高温干旱持续 保民生在行动·湖北恩施 村口山洞暗河寻水缓解村民用水难题	CCTV-13 新闻频道《东方时空》	2022—08—24
82	中央电视台	村里来了大学生村医(有咸丰县清坪镇小河村卫生室村医胡飞)	CCTV-2 财经频道《经济半小时》	2022—08—11
83	中央电视台	湖北咸丰 二仙岩绿意盎然 山水草湖风景秀丽	CCTV-13 新闻频道《经济直播间》	2022—08—29
84	中央电视台	行走山水间 峻秀巫峡 绿满峡江	CCTV-4 中文国际频道《远方的家》	2022—09—13
85	中央电视台	湖北恩施:鸟界“超模”黑翅长脚鹬现身芭蕉河	CCTV-2 财经频道《正点财经》	2022—09—28
86	中央电视台	湖北恩施:鸟界“超模”黑翅长脚鹬现身芭蕉河	CCTV-4 中文国际频道《今日环球》	2022—09—28
87	中央电视台	湖北鹤峰:优雅!黑翅长脚鹬现身芭蕉河	CCTV-17 农业农村频道《中国三农报道》	2022—09—29
88	中央电视台	恩施小学生在“空中菜园”上开学第一课	CCTV-1 综合频道《晚间新闻》	2022—09—01
89	中央电视台	中秋假期·舌尖上的佳节:湖北恩施 打糍粑做月饼 感受中秋团圆味	CCTV-13 新闻频道《共同关注》	2022—09—12
90	中央电视台	湖北恩施:吃土家月饼 享团圆时刻	CCTV-17 农业农村频道《中国三农报道》	2022—09—12
91	中央电视台	绿水青山人长寿(有利川市)	CCTV-12 社会与法频道《夕阳红》	2022—10—05
92	中央电视台	“二十大时光”凝心聚力同奋斗 历史伟业启新程(提到宣恩野椒园安置点)	CCTV-1 综合频道《新闻联播》	2022—10—16
93	中央电视台	凝心聚力同奋斗 历史伟业启新程(提到宣恩野椒园安置点)	CCTV-13 新闻频道《新闻直播间》	2022—10—17
94	中央电视台	聚焦二十大 凝心聚力同奋斗 历史伟业启新程(提到宣恩野椒园安置点)	CCTV-13 新闻频道《新闻 30 分》	2022—10—17

续表 3

序号	媒体名称	标题	版面/栏目	时间
95	中央电视台	为实现第二个百年奋斗目标不懈奋斗——习近平总书记在陕西延安和河南安阳考察时的重要讲话引发广大干部群众强烈反响(有巴东县绿葱坡镇野花坪村党支部书记王祖华谈感想)	CCTV-13 新闻频道《新闻联播》	2022—10—29
96	中央电视台	守护古村落的“艳子”(恩施市芭蕉侗族乡南河村谢海艳)	CCTV-17 农业农村频道《三农群英雄汇》	2022—10—27
97	中央电视台	川气东送管道增压工程建成投产 年输气能力提升至 170 亿立方米(川气东送管道野三关压气站建成投产)	CCTV-13 新闻频道《新闻直播间》	2022—11—09
98	中央电视台	无臂儿子幸福妈/六旬儿子九旬娘(有巴东县陈兹方)	CCTV-13 社会与法频道《夕阳红》	2022—11—10
99	中央电视台	湖北恩施:宜来高速溇水河特大桥合龙	CCTV-2 财经频道《正点财经》	2022—11—29
100	中央电视台	我和兄弟有个约定(潘李华资助学生)	CCTV-12 社会与法频道《道德观察》	2022—11—20
101	中央电视台	湖北宣恩 14.6 万亩白柚进入采摘期 果农丰收忙	CCTV-13 新闻频道《朝闻天下》	2022—12—11
102	中央电视台	湖北宣恩:14.6 万亩白柚进入采摘期	CCTV-2 财经频道《第一时间》	2022—12—12
103	中央电视台	诗画鹤峰 三片“金叶子”托起致富梦	CCTV-2 财经频道《寻百强看中国》	2022—12—12
104	中央电视台	湖北鹤峰:“绿叶”变“金叶” 托起乡村致富梦	CCTV-2 财经频道《天下财经》	2022—12—18
105	中央电视台	湖北鹤峰:腊味上新 年货热卖	CCTV-2 财经频道《天下财经》	2022—12—21
106	中央电视台	今日腊八 喝腊八粥 腌腊八蒜 街头巷尾年味渐浓(有咸丰县)	CCTV-13 新闻频道《朝闻天下》	2022—12—30
107	中央电视台	今日迎来腊八(有咸丰县)	CCTV4-中文国际频道《中国新闻》	2022—12—31
108	新华每日电讯	你在村头看风景,我在网上看你——农村网红唤起乡土记忆(提到恩施许群群的返乡)	4 版	2022—01—30
109	新华每日电讯	村子美 · 民宿火 · 钱包鼓——鄂西山区乡村振兴新气象	4 版	2022—02—08
110	新华每日电讯	烈士冉绪碧:是战士亦是书生(提到利川市柏杨坝镇龙兴村)	12 版	2022—03—31
111	新华每日电讯	让乡亲们日子越过越好(提到来凤县大河镇施南坡村)	1 版	2022—04—16
112	新华每日电讯	湖北恩施:乡村振兴插上“云翅膀”	A06 版	2022—11—14
113	《光明日报》	创新实践教学方式 培养综合实践能力(提到三峡大学文学与传媒学院与恩施媒体开展合作)	3 版	2022—02—15
114	《光明日报》	绘就乡村振兴共同富裕壮美画卷(提到巴东柑橘产业)	4 版	2022—03—02
115	《光明日报》	文化惠民,把欢乐传遍土苗山乡(湖北省民族歌舞团坚持开展文化惠民活动)	9 版	2022—03—21
116	《光明日报》	让乡亲们日子越过越好(提到恩施来凤县大河镇施南坡村)	3 版	2022—04—16
117	《光明日报》	发挥制度优势 守护美好生活(提到宣恩县检察院)	5 版	2022—04—20
118	《光明日报》	湖北恩施:一颗土豆的无尽生机	3 版	2022—05—02
119	《光明日报》	湖北利川:“凉”资源引来避暑客	4 版	2022—08—23
120	《经济日报》	南方引燃“冰雪热”要烧几把火——湖北冰雪运动发展调查(组稿,恩施绿葱坡滑雪场)	9 版	2022—01—20
121	《经济日报》	湖北恩施发挥山水资源优势——冰雪游撬动文旅产业	7 版	2022—03—13
122	《经济日报》	湖北咸丰县加快政策落地见效——多措并举援企稳岗	12 版	2022—06—02

【文化事业发展】 2022年，州委宣传部、州财政局印发《恩施州支持文艺创作奖励操作细则》，全州获省级文艺奖项作品（人）22部。长篇小说《花开如海》上榜中宣部出版局“奋进新征程·建功新时代”7月推荐书单，入选湖北省2022年文艺精品扶持专项资金项目2部。开展恩施州第十四届精神文明建设“五个一工程”评选，支持出版扶贫文学作品4部（套书）。“土家汉子”组合、南剧《唐崖土司夫人》先后参加2022年央视春晚和央视新年戏曲晚会演出，南剧《本色》在北京梅兰芳大剧院首演。“土家稀奇哥”组合在中央电视台星光大道获“2022年度总冠军”。组织荆楚“红色文艺轻骑兵”小分队，到乡村（社区）、学校军营、单位企业等地，展演南戏、堂戏、灯戏、傩戏、柳子戏等地方戏种，开展“我们的中国梦·文化进万家”“戏曲进校园进乡村”“文艺点亮生活”等群众性文化活动1100余场次。推进戏曲艺术传承保护，支持湖北民族大学建设优秀传统文化传承示范基地，到乡村、校园开展戏曲辅导讲座，选送学员到黄冈艺术学校学习，与中国戏曲学院达成在2024年开办南剧本科班意向。

【文旅产业发展】 2022年，州政府印发《恩施州生态文化旅游发展“十四五”规划》；州委办、州政府办印发《恩施州贯彻落实〈湖北省“十四五”文化发展规划〉任务清单的通知》，支持州文化旅游和文化产业发展。全州99家规模以上文化及相关产业企业实现营业收入33.41亿元，同比增长23.1%；实现营业利润7294.9万元，同比增长7.5%。在第十八届深圳文博会上，全州入选《文化产业招商项目手册》项目8个，企业现场进行非遗茶叶技艺展演1家。在第二届“湖北省文化产业品牌选树”活动中，恩施州组织申报的湖北省鄂旅投旅游发展股份有限公司进入第二届“湖北省十大最具成长性文化企业”拟定名单。湖北省鄂旅投旅游发展股份有限公司入选湖北省2022—2023年“金种子”文化企业。

【电影工作】 2022年，实施农村公益电影放映工程，全州放映2.9万余场次。争取2022年中央补助地方国家电影事业发展专项资金（第二批）70万元、2022年省级国家电影事业发展专项资金100万元。支持《此山此水此地》《航拍中国（第四季）》《远走不想高飞》《红色堡垒》《大蛇4》等影视剧、纪录片到恩施拍摄，其中2部恩施原创影片在第36届大众电影百花奖展映。

【全民阅读活动】 2022年，州全民阅读工作领导小组办公室印发《关于做好2022年“书香恩施·喜迎盛会”全民读书月活动的通知》，组织全州社会各界参加省全阅办开展的全民朗诵活动，报送参赛作品907篇，获400余万投票，全省排名第五。在州新华书店举行2022年恩施全民读书月活动线上启动仪式，并在州图书馆、恩施市实验小学、黄泥坝社区设立分会场，州广播电视台进行全媒体直播，在线观看人数13.5万余人次。州委书记胡超文在全民读书月活动期间向全州党员干部群众推荐《习近平讲党史故事》《何为国之大者》《大道不孤：中国价值的跨文化传播》等优秀书目。州委宣传部联合州教育局开展“假期读一本好书”读书征文、朗诵活动，通过建立城市书房、组建“红色文艺轻骑兵小分队”，下乡开展宣传教育展览、图书捐赠、送书下乡等延伸阅读服务活动。

【群众性主题宣传教育活动】 2022年，开展“喜迎二十大·强国复兴有我”群众性主题宣传教育活动。恩施玉露茶园风光和驻村“尖刀班”入户照片入选“奋进新时代”主题成就展湖北展区。开展社会主义核心价值观公益广告征集活动，《开展“八五”普法共建法治恩施》等27件作品入选优秀作品。《和美建始乡风好》《何功伟的红色家书》宣讲作品分别获全省百姓宣讲大赛一等奖、三等奖。

【弘扬红色革命文化】 2022年，推进长征国家文化公园恩施段建设，宣恩县、咸丰县、来凤县分别编制项目规划，并通过专家评审。央视《长征之歌》《走进老区看新貌》摄制组到咸丰县、鹤峰县等地拍摄，反映革命老区新变化。挖掘何功伟烈士的感人事迹和崇高精神，撰写何功伟烈士传略，组织摄制纪实片和图片集。

【爱国主义教育】 2022年，组织“荆楚楷模”等45名先进典型，采取线上线下相结合的形式，在全州开展党的二十大精神、省第十二次党代会精神宣讲214场次，服务群众25万余人次。对全州1436处革命历史类纪念设施、遗址和爱国主义教育基地进行核查，进行规范管理。4月9日，州博物馆被省政府命名为全省第五批爱国主义教育基地。

【全民国防教育】 2022年，州委成立全民国防教育领导小组，各县市相继成立全民国防教育工作领导机构。与州退役军人局联合开展“喜迎二十大·双拥向未来”庆祝建军95周年活动，加强征兵宣传、双拥宣传，推出“贺英女子民兵连”等基层民兵典型代表。

【清廉文化建设】 2022年，将习近平总书记关于廉洁文化建设重要论述列入各级党委（党组）理论学习中心组、支部主题党日学习内容。将清廉文化建设作为培育和践行社会主义核心价值观的重要载体，弘扬清廉守正、担当实干之风。开展“榜样照亮新征程·廉洁文化润人心”主题作品展播，组织编写张富清、何功伟等10位先进典型的廉洁故事。

【思想政治工作】 2022年，弘扬以伟大建党精神为源头的中国共产党人精神谱系，加强和改进企业、农村、机关、学校、社区、网络等各个领域思想政治工作。开展“同上一堂大思政课”活动，湖北民族大学等将思想政治教育工作由学校延伸到社区村组、延伸到新冠疫情防控一线。

【宣传系统自身建设】 2022年，将学习宣传贯彻习近平新时代中国特色社会主义思想作为首要政治任务，开展中心组学习12次。推进全面从严治党在宣传思想战线落实落地，开展党风廉政建设宣传教育月活动，提升党员干部法治素养和法治意识。举办维护意识形态安全、新闻发言人、“扫黄打非”等培训30余场次，部分重点培训覆盖州、县、乡三级党员干部。培养专业人才，启动“文化名家工作室”建设，全州有4人分别进入省电影家协会、舞蹈家协会、音乐家协会、民间文艺家协会主席团。

【重要会议】 2月23日，州委宣传思想工作领导小组召开会议。州委书记、州委宣传思想工作领导小组组长胡超文主持会议并强调，要学习贯彻习近平总书记关于宣传思想工作的重要思想，突出迎接宣传贯彻党的二十大这条主线，加强理论武装、文明创建、文旅融合、综合治理，为把恩施建设成为美丽湖北绿色崛起的重要一极提供思想保证和精神力量。2月24日，全州宣传部长会议召开。会议强调，全州宣传思想工作要坚持以习近平新时代中国特色社会主义思想为指导，突出首要政治任务，建立党史学习教育常态化机制；要围绕迎接、宣传、贯彻党的二十大工作主线，加强宣传引领，营造良好舆论氛围；要聚焦中心工作做好宣传，探索媒体融合发展新模式；要弘扬社会主义核心价值观，助推文明城市创建；要推进文化传承，提升文化服务效能，加快文旅产业发展。要严管各类阵地，发扬奋斗精神，守牢意识形态安全防线；要提高政治站位，加强干部队伍建设，锤炼务实作风，展现新时代宣传思想战线新气象。

（邓　恒　瞿　静）

精神文明建设

【概况】 2022年，全州持续推进“五大创建”（创建文明城市、文明村镇、文明单位、文明校园、文明家庭）活动，宣恩县被确定为2021—2023年创建周期全国文明城市提名城市。深化拓展新时代文明实践中心建设，全州文明实践三级阵地实现全覆盖。全州线上注册志愿者超过42万人次。贯彻落实《恩施州推进乡风文明建设三年行动方案》。持续推进文明礼仪、文明交通、文明旅游、文明餐桌、爱国卫生等宣传教育。全州落实《新时代公民道德建设实施纲要》，选树典型，2人当选“中国好人”，2人当选“湖北好人”。

【文明城市创建】 2022年，宣恩县被确定为2021—2023年创建周期全国文明城市提名城市，成为全州首个全国文明城市提名城市。5月，州委文明委印发《恩施州推进文明城市创建工作指导意见》。6月，全州文明城市创建暨拓展新时代文明实践中心建设现场推进会在宣恩县召开。11月，在巴东县、建始县举办2022年文明城市创建暨深化拓展新时代文明实践中心建设现场拉练培训会。8个县市湖北县域文明指数测评综合得分均在85分以上，平均分为87.5分，其中宣恩县测评成绩排名全省第11名。

2022年6月15日，州城清洁“六边六场”志愿服务活动启动仪式举行

（州委宣传部　供稿）

【文明村镇创建】 2022年，对2021年度40个乡风文明建设试点村进行验收，州级财政拨付奖补资金400万元。5月，州委文明办、州文联联合印发《关于开展打造“乡村文艺轻骑兵”，深化拓展新时代文明实践助力乡村振兴活动的通知》，在全州乡风文明建设试点村中打造一批“乡村文艺轻骑兵”，14个州级文艺家协会结对联系15个村（社区）。来凤县和建始县大店子村的典型做法入选全省《“一约四会”优秀典型案例汇编》。

【文明单位创建】 2022年，全州创成全国文明单位11个、省级文明单位189个、州级文明单位694个，非公组织和社会组织创建积极性提升。用好湖北省文明单位实时管理系统，加大对辖区文明单位创建指导力度，印发通报督促各单位完成创建任务。各级文明单位参与辖区内精神文明建设活动，创文办对各单位落实创文包保责任情况进行考核评分。文明单位结合职能履职，全国文明单位结对县市共同推进文明实践工作，国网恩施供电公司在咸丰县开展“送文明到山乡·让乡风民风美起来”主题实践活动。

【文明校园创建】 2022年，落实《全国文明校园创建管理办法》《湖北省中小学文明校园测评细则》，对全国文明校园——恩施市实验小学进行督查。组织实施2022年“暑期集中行动”，净化未成年人健康成长的社会文化环境。全州19所省级文明校园网上展馆素材在文明湖北微信公众号上展播。对恩施高中等4所2021—2023年创建全国文明校园先进学校进行自查。加强全国文明校园动态管理，指导创建2021—2023年全国文明校园先进学校，对1所全国文明校园和4所全国文明校园先进学校进行督查。组织省级文明校园网上展播活动，19所学校参与湖北省文明校园网上展馆建设。上报青少年思想道德建设工作创新案例8个。

【文明家庭创建】 2022年，联合州妇联开展寻找恩施州“最美家庭”活动，1户家庭当选“荆楚最美家庭”，2户家庭当选“全国最美家庭”，2户家庭当选“全国五好家庭”。联合州妇联评选命名一批“家风家教实践基地”，获评省级家风家教实践基地3个。依托新时代文明实践中心阵地，开展“每周文化一小时”——“清廉恩施·非遗传承”文明实践志愿服务，开展唱清廉歌曲、创作清廉主题文艺作品培训等活动。在“万户家庭讲家风故事”音视频征集活动中，州烟草专卖局鲁琼的《良好家风宜家更宜业》作品获二等奖。

【新时代文明实践中心建设】 2022年，全州建立县级新时代文明实践中心8个、乡镇（街道）实践所93个、村（社区）实践站2031个，文明实践三级阵地实现全覆盖。5月，州委文明委印发《恩施州深化拓展新时代文明实践中心建设的实施方案》。6月29日，邀请宜昌市委宣传部高万红作文明实践业务培训。11月，在巴东县、建始县举办2022年文明城市创建暨深化拓展新时代文明实践中心建设现场拉练活动。12月8日，巴东“好人馆”在巴东县新时代文明实践中心开馆。

【志愿者服务】 2022年，全州线上注册志愿者超过42万人次。结合党史学习教育印发工作提示，开展新冠疫情防控、春运暖程、邻里守望等志愿服务活动。3月24日，邀请省志愿服务联合会专家贺茂林、华中农业大学教授王石径作志愿服务业务培训。6月15日，举办新时代文明实践集中示范活动暨州城清洁“六边六场”志愿服务活动启动式。8月5日，邀请省青年联合会副主席、省志愿者协会副会长鲁锋作志愿服务业务培训。12月8日，省委宣传部、省文明办公布2022年湖北新时代文明实践志愿服务项目大赛获奖名单，宣恩县“非遗唱响鄂西南”项目获理论政策宣讲类金奖、人气奖，恩施市“白果夕阳·暖心互助”项目获民生服务类银奖，利川市“‘村花’有爱·互助关怀”项目获乡村振兴类铜奖，州委文明办获优秀组织奖。举办恩施州第二届新时代文明实践志愿服务暨青年志愿服务项目大赛，评出金奖1个、银奖2个、铜奖3个、优秀奖4个。恩施州红十字“三献”（无偿献血、造血干细胞捐献、遗体和人体器官捐献）志愿服务队队长戴绍雄获评

2022 年 11 月，全州文明城市创建暨深化拓展新时代文明实践中心建设现场拉练活动参观巴东县信陵镇新时代文明实践所 （州委宣传部 供稿）

“湖北省最美志愿者”、宣恩县“非遗唱响鄂西南”理论宣讲获评“湖北省最佳志愿服务项目”、恩施市六角亭街道胜利街社区获评“湖北省最美志愿服务社区”。

【弘扬文明新风】 2022年，持续推进文明礼仪、文明交通、文明旅游、文明餐桌、爱国卫生等宣传教育，开展“十佳交通安全宣传志愿者”评选和“交通安全巡回宣传进百村”活动。印发网络文明建设实施方案，开展调研评估。州政府办公室出台《恩施州深入推进爱国卫生运动实施方案》，命名无烟机关449家。州商务局、州机关事务服务中心、州发改委、州文旅局印发《恩施州落实光盘行动反对食品浪费实施方案》，查处餐饮浪费案件2件。

【文明创建宣传】 2022 年，中国文明网及微信公众号采用稿件11篇，湖北文明网及微信公众号采用251篇，恩施文明网和文明恩施微信公众号发稿1465篇。《湖北精神文明建设》简报用稿4篇，其中宣恩县志愿服务激励嘉许政策在《湖北精神文明建设简报》刊发，州委书记作出批示。州委办公室《每日要情》采用1篇。

【2 人获评“中国好人”】 2022年，吕诗雨被中央文明办评为第一季度见义勇为类“中国好人”、周耀林被评为第四季度敬业奉献类“中国好人”。

【2 人获评“湖北好人”】 2022年，李贤付被省文明办评为1—2月诚实守信类“湖北好人”，潘李华被评为第四季度诚实守信类“湖北好人”。

【评选“荆楚楷模”】 2022年，郑从本被省委宣传部评为1—2月“荆楚楷模”，童被文评为3—4月“荆楚楷模”，易盛荣被评为5—6月“荆楚楷模”，连芳被评为7—8月“荆楚楷模”，刘运洪被评为9—10月“荆楚楷模”，唐生洲被评为11—12月“荆楚楷模”。胡楚星当选“荆楚楷模·最美应急人”，牟耀华当选“荆楚楷模·最美健康守护者”，向波当选“荆楚楷模·最美税务人”，苏辉当选“荆楚楷模·最美消防卫士”。4月26日，省委宣传部发布“荆楚楷模”2021年度人物名单，袁伟译入选“荆楚楷模”2021年度人物，陈孟秋入选提名人物。

【评选“恩施楷模”】 2022年，苏辉、王德琼、储震、谭大凡、谭琴琴、李俊、鹤峰县贺英女子民兵连获评一季度“恩施楷模”，贺孝贵、王芳、李贤付、江世华、吴玉香、陈若竹获评二季度“恩施楷模”，刘应刚、刘守红、覃金刚（覃德贵）、秦有余、苏玖山、谭航、潘李华、吴金林、鹤峰县太平镇“银龄宣讲团”获评三季度“恩施楷模”，刘运洪、焦宪、鑫龙工作室、罗义杰、谢正芳、李德忠、向庆华、柳茂国、王联荣、李国凤获评四季度“恩施楷模”。

【“感动恩施”人物】 2022年，向辉、李小丹、李能阳、杨蓥、宋庆礼、陈光明、郑时兵、袁伟译、黄思镇、恩施高中2021届年级组被评为2020—2021年度“感动恩施”年度人物；王德琼、田若兰、吕诗雨、李忠香、张勇、陈若竹、易吉珍、彭馥、焦宪、国网宣恩县供电公司“电妈妈”爱心团队被评为2020—2021年度“感动恩施”年度提名人物；拍摄制作年度人物事迹短片，在州广播电视台进行展播。

【荣誉】 2022年2月25日，省民族歌舞团被中宣部评为2021年全国文化科技卫生“三下乡”活动优秀团队，马铃薯田间管理科普下乡活动被评为2021年全国文化科技卫生“三下乡”活动示范项目。中宣部、人社部联合发布“最美基层高校毕业生”名单，建始县支教教师袁辉作为湖北唯一代表入选。来凤县一中任相吉被省文明办授予2022年度湖北“新时代好少年”称号。

（王　莉　唐　敏）

理论信息工作

【概况】 2022年，州委理论学习中心编印《支部主题党日学习资料》12期，收集习近平总书记重要讲话、重要论述、重要指示批示及党中央、省、州各类重要会议精神等学习内容181个，学习资料及时发布，满足州直和县市支部主题党日活动学习需求。“学习强国”学习平台得到推广利用，全州总学员数达15万余人。“学习强国”学习平台发稿393件。完成对1个县市和州直4个单位的党委（党组）理论学习中心组学习巡听工作。完成对8个县市的意识形态工作督查及24个州直单位的意识形态工作巡察。

【州委理论学习中心组学习】 2022年，全年服务州委理论学习中心组学习14次，为成员提供学习书目21种，编印《理论信息》学习资料10期，《中共恩施州委理论学习中心组学习资料汇编》4本。4月27日，华中科技大学建筑与城市规划学院院长、博士生导师黄亚平教授作《国土空间规划体系与空间治理》专题辅导报告。5月13日，省信访局副局长程辉作《信访工作条例》专题解读。6月24日，省委生态环境保护督察办公室主任李德明作《严格落实中央生态环境保护督察制度 持续推动生态环保督察反馈问题整改》专题辅导报告。7月12日，省委宣讲团成员，省生态环境厅党组书记、厅长何开文以《加快建设先行区 奋力谱写新篇章》为题作宣讲报告。8月10日，省委宣讲团成员，华中科技大学经济学院、张培刚发展研究院院长张建华以《数字赋能经济 创新领引发展》为题作宣讲报告。8月24日，中国工程院院士，武汉纺织大学党委副书记、校长徐卫林教授以《科技是推动人类文明和社会进步的重要力量——从纺织科技说起》为题作专题辅导报告。11月16日，“学习贯彻党的二十大精神”省委宣讲团成员，省民政厅党组书记、厅长陈昌宏以《全面建设社会主义现代化国家的行动指南——学习党的二十大精神》为题作宣讲报告。

【理论宣讲】 2022年，建立州级宣讲专家库，推出点单式宣讲，持续常态化围绕习近平新时代中国特色社会主义思想、党的十九届六中全会精神、“五史（党史、新中国史、改革开放史、社会主义发展史、人民政协史）”、党中央重大战略决策部署等主题开展宣讲。组建“学习宣传贯彻习近平总书记考察湖北重要讲话精神 推进落实省第十二次党代会部署”州委宣讲团，集中宣讲15场，全州以“两团多队（各级党委宣讲团、青年宣讲团和部门行业多样化宣传队）”形式开展宣讲200余场，听众31万余人；组建“学习贯彻党的二十大精神”州委宣讲团，覆盖8个县市、州直所有单位及在恩国有企业和高校，集中宣讲88场。支持并参与州级“八五”普法、“石榴籽”、青年宣讲团宣讲。聚焦提升基层理论宣讲能力，指导县市开展理论宣讲员培训。

【理论研究】 2022年，中心围绕党的二十大精神、习近平总书记在省部级主要领导干部专题研讨班上的重要讲话精神、省第十二次党代会精神、家庭家教家风建设等专题，组织湖北民大马克思主义学院、恩施职业技术学院马克思主义学院专家学者和全州理论信息中心系统撰写理论阐释文章。为《恩施日报》“理论与实践”版组稿8期，刊发理论文章35篇。围绕“理论热点面对面实践基地”建设和乡风文明建设开展专题调研，撰写课题报告2篇。

（邱勇平）

统战工作

【概况】 2022年，恩施州统一战线工作坚持以习近平新时代中国特色社会主义思想为指导，学习贯彻习近平总书记关于做好新时代党的统一战线工作的重要思想，贯彻落实《中国共产党统一战线工作条例》和中央、省委、州委统战工作会议精神，加强思想政治引领，服务中心大局，促进政党关系、民族关系、宗教关系、阶层关系、海内外同胞关系和谐，各领域工作取得新进展，统一战线重要法宝作用更加凸显，为实现“两山”实践创新示范区建设凝聚起统一战线应有力量。

【巩固大统战工作格局】 2022年，州委统战部将统战工作置于州委集中统一领导下谋划部署和推进落实，推动党中央关于统战工作决策部署和省委工作安排落实落地落细。履行统一战线工作主体责任，先后召开州委统战工作会议、全州统战工作会议、州委统一战线工作领导小组全体会议、党外代表人士暨民营企业家新春座谈会。7月，州委书记、州委统一战线工作领导小组组长胡超文在《中国民族报》发表题为《高水平创建全国民族团结进步示范州》的署名文章。13名州委常委领衔联系统战各领域代表人士13名，全州各级党委、政府领导共联系党外代表人士121名。配齐配强州、县两级统战部力量，州直单位配备党外正职5名，各县市按照规定配备正科级党外正职44名，副科级干部234名。召开州委统一战线工作领导小组全体会议2次，发挥州委统一战线工作领导小组总揽全局、协调各方作用，推动各级各方面党组织共同做好统战工作。

【思想政治引领】 2022年，州委统战部围绕学习宣传贯彻党的二十大精神开展“献礼二十大，建功新时代”专题活动，印发《关于全州统一战线学习宣传贯彻党的二十大精神的通知》。在民主党派开展“矢志不渝跟党走、携手奋进新时代”政治交接主题教育，学习习近平总书记关于做好新时代党的统一战线工作的重要思想特别是关于多党合作的重要论述，实现全州党派成员全覆盖、全参与。在民营经济领域开展理想信念教育和社会主义核心价值观教育，引导民营企业家自觉践行新发展理念，主动融入新发展格局，弘扬新时代企业家精神，做合格的中国特色社会主义事业建设者。以铸牢中华民族共同体意识为主线，开展铸牢中华民族共同体意识宣传教育。持续支持宗教界开展“爱党爱国爱社会主义”“崇俭戒奢”等主题教育实践活动。在无党派人士、党外知识分子和新的社会阶层人士中开展“凝聚新力量·筑梦新时代”主题实践活动。

【服务中心大局】 2022年，州委统战部围绕服务中心大局开展系列工作。支持乡村振兴，承办湖北省“万企兴万村”现场推进会暨助力民族地区发展光彩事业恩施行活动。支持线上经济，强力推进“千村（企）万名网络好主播培育行动”[十四五期间，在全州培训1万名左右的高素质网络直播能手，原则上每个村（工业企业）有1个直播平台]，联合武汉市委统战部、州直相关职能部门联合开展首期示范培训班，培训骨干网络主播4000余人。支持绿色崛起，围绕州第八次党代会提出的“大生态、大交通、大旅游”开展政党协商活动4次。支持生态保护，各民主党派围绕“长江生态环境大保护”开展民主监督10场次，民革中央和民盟湖北省委先后4次到恩施州开展专项民主监督。支持优化营商环境，围绕促进民营企业健康发展举办4场服务民营企业（工业企业）专题会商会，先后为114家民营企业协调解决用地、融资、品牌建设等各类难题110余件。支持招商引资，建立异地商会联络制度，全面推开异地恩施商会“一会引一企”（异地商会每年为恩施州引进1—2家规模以上工业企业）活动，异地恩施商会向全州推介引进项目17个，签约项目资金52.9亿元。

【多党合作事业】 2022年，州委统战部聚焦州委“立足大生态，构建大交通，发展大旅游，打造大产业”战略安排，围绕《政府工作报告》、长江流域生态环境保护、打造湖北向西重要交通门户、擦亮恩施旅游金字招牌等主题，召开政党协商会议5次。各党派及党员（盟员、会员）共计向省、州、市（县）各级提交人大建议、政协提案和社情民意等320余篇。开展各类主题调研36场次，参与调研320余人次。健全完善并落实民主党派班子成员民主生活会制度、民主党派基层组织管理制度等文件和制度。执行民主党派组织发展成员要求，严把入口关、政治关，6个民主党派新发展会员（盟员、党员）40人，党派成员总数1054人。开展社会服务活动，形成民革恩施州委会的毕兹卡义工服务、民盟恩施州委会的“关爱留守儿童”、民建恩施州委会的思源工程、农工党恩施州委会的同心医院、民进恩施州总支的“送温暖”走访慰问、九三学社恩施支社的“亮康行动”（九三学社中央发起并组织的一项面向全国贫困地区白内障患者免费实施复明手术的综合性社会服务活动）等一批品牌。各党派开展社会服务108场次，引进投入资金、设备、物资等超1500万元，群众受惠10万余人。

【支持民营经济发展】 2022年，州委统战部召开全州民营企业家代表和异地商会会长座谈会，州委主要领导出席。完成州、县两级工商联换届，恩施市润邦国际富硒茶业有限公司董事长张文旗当选湖北省总商会副会长。围绕“两个健康”（非公有制经济健康发展和非公有制经济人士健康成长），开展清廉民企建设行动。健全部门联络协作机制，新纳入检察和税务部门，联合开展涉案企业合规工作、减税降费工作。完善“万所联万会”（司法行政机关依法履行职责，整合公共法律服务资源，为优化营商环境、服务民营企业、加强法治保障的一项务实举措）机制，持续为民营企业开展“法治体检”，提供免费法律咨询服务。完善投诉服务中心建设，年末全州投诉服务平台共受理企业诉求34件，办结率100%；全州投诉服务平台的认证市场主体数5万余家，位列全省第五位，认证市场主体数同比增长225%；认证商会101家，位列全省第五位，认证商会数同比增长11%；认证律师216名，位列全省第三位。推动“万企兴万村”行动，总结开展“万企兴万村”模式11种。引导工商界人大代表、政协委员参与政治生活和社会事务，围绕民营企业发展、优化营商环境、乡村振兴、商会建设等方面，结合“下基层、察民情、解民忧、暖民心”实践活动，开展大走访、大调研行动，撰写提案、

2022年7月26日，全省“万企兴万村”现场推进会暨助力民族地区发展光彩事业恩施行活动举行
（州委统战部 供稿）

议案和社情民意20余篇，提交党委、政府参考决策。发挥17家异地恩施商会招商引资平台优势，为异地商会争取招商引资服务经费380万元，引导商会会员企业采购、销售恩施农特产品累计达6000余万元。9家恩施民营企业和商会组织被省工商联表彰为“万企兴万村”行动标兵。恩施州浙江商会、利川市团堡商会被评为全国“四好商会”（政治引领好、队伍建设好、服务发展好、自律规范好），恩施州温州商会、利川市建南镇商会等10家商会被评为湖北省“四好商会”。

【民族工作】 2022年，恩施州民族工作以铸牢中华民族共同体意识为主线，做到“五个坚持”（坚持和加强党的全面领导，坚持中国特色社会主义道路，坚持以人民为中心的发展思想，坚持深化改革开放，坚持发扬斗争精神），坚持高位推进、规划引领、示范推进、分类指导、宣传引导，打造民族团结进步创建恩施升级版。恩施州、利川市被命名为第10批全国民族团结进步示范区示范单位。开展“七进”（进企业、进校园、进机关、进社区、进农村、进家庭、进公共场所）行动，突出典型示范，国网恩施供电公司打造的“民族团结·党旗红”品牌得到中央统战部、国家民委推广。印发示范州创建方案和示范州创建测评指标责任清单。组织“献给自治州的声音”诵读活动，全州50余万中小学生参加。

【宗教工作】 2022年，恩施州宗教工作坚持宗教中国化方向，贯彻落实全国宗教工作会议精神。打造利川市花梨岭天主教堂和恩施市玉龙寺2个示范点，推进宗教场所“四进”（开展国旗、宪法和法律法规、社会主义核心价值观、中华优秀传统文化进宗教活动场所）活动。压实属地管理责任，制定“三个清单”（行政权力清单、监管清单、负面清单的政务公开制度），完善宗教工作三级网络和两级责任制，推动8个县市、90个乡（镇、街道）、2012个村和216个社区明确宗教工作分管领导、协管员、联络员、网格员并建立台账，对18处宗教场所实行挂牌公示。

【港澳台工作】 2022年，香港恩施联谊会向香港湖北社团总会捐款港币10万元，用于支援香港新冠疫情防控。协助省委统战部办好“长江情系香江”——庆祝香港回归祖国25周年音乐会。开展“惠台政策落实年”行动（为进一步推进中央及湖北省出台系列惠台政策落实落细，省台办在全省范围内开展“惠台政策落实年”活动），到州内台资企业调研走访，掌握台企生产经营情况，协调解决企业面临的产品开发、技术改造、创业发展等困难问题，争取省级涉台专项资金30万元。加强对台宣传，配合省台办收集恩施州自然风光和非遗文化相关视频58部，配合《大陆寻奇》台湾摄制组在恩施州进行拍摄，相关视频陆续在台湾岛内播放。加强对台联络，热情接待台胞、台商等3批次、20余人。继续承办“阳光支教·孔子行脚”（是一项由台湾师范大学发起，大陆、台湾、香港、澳门等20余所知名高校共同参与的大学生热心公益、乐于奉献的志愿活动）支教活动，百余名大学生到恩施开展暑期义务支教。

【侨务工作】 2022年，加强服务，为侨界群众提供关于新冠疫情防控、证件办理等线上线下咨询服务23人次，到侨企实地调研10余次，为侨胞侨企办实事、解难题，先后协调解决归侨侨眷身份认定、海外侨胞结婚证办理及就业就学以及侨企融资、品牌建设等问题。加强交流，走访慰问侨界代表人士70余人次，送出“侨爱心健康包”（由省侨联在新冠疫情防控期间赠送给侨胞侨眷的医疗物资，包含口罩、酒精等）30份；组织参加第22届华创会，签约项目3个，其间与加拿大湖北商会联合举办加拿大专场活动，省委统战部、省民宗委领导出席并推介恩施。

【基层统战工作】 2022年，县市知联会、新联会，乡镇商会，村级乡贤会建立健全，实现基层统战“有人谋事、有钱办事、有平台成事”。州委统战部先后在全省统战部长会议、省委统战工作会议中作交流发言，州委统战部等9个单位和个人被表彰为全省基层统战工作先进单位和个人。

【党外代表人士队伍建设】 2022年，州委常委和州人大、州政协主要领导带头广交深交党外朋友，与党外代表人士座谈交流、共迎新春，明确13名州领导、22个领导小组成员单位联系统战各领域代表人士35名。重视党外代表人士队伍建设，州直单位配备党外正职5名，各县市配备正科级党外正职44名、副科级干部234名。

【重要会议】 2022年1月15日，州委召开党外人士迎春座谈会，同日召开异地商会会长和民营企业家代表座谈会。2月21日，全州统战工作会议暨州委统一战线工作领导小组全体会议召开。4月2日，全州基层统战暨对台工作会议召开，传达学习全国、全省对台工作会议及省委对台工作领导小组会议精神。5月5日，州委书记胡超文主持召开全州“厚植生态底色，开展长江流域生态环境大保护”政党协商座谈会。6月11日，全州宗教工作会议暨新一轮全国民族团结进步示范州创建推进会召开。11月3日，州委组织部、州委统战部召开党外干部联席会议，研究分析恩施州党外干部队伍建设问题。12月13日，州委统战工作会议召开，州委书记胡超文出席会议并讲话。12月16日，州委副书记、州长夏锡璠就《政府工作报告（征求意见稿）》，向各民主党派、工商联、无党派代表人士征求意见建议。12月20日，恩施州举行第四季度政党协商座谈会，以“发展大旅游，擦亮恩施旅游金字招牌”为主题开展专题座谈。12月29日，州委书记胡超文主持召开党外人士迎春座谈会。

【重要调研】 2022年4月30日至5月2日，省委统战部副部长、省民宗委党组书记、主任沙玉山先后到建始县、恩施市、鹤峰县调研。6月24—27日，民革中央社会服务部部长边旭光到恩施州开展长江生态环境保护民主监督调研。7月18日，省侨联党组书记、主席施政到恩施州调研基层侨联工作。7月19—22日，省委统战部副部长、新疆驻湖北工作组组长杨骞带队到恩施州调研，宣讲省第十二次党代会精神，开展“下基层、察民情、解民忧、暖民心”实践活动，走访慰问在恩新疆籍务工经商人员。7月27日，省委常委、省委统战部部长、副省长宁咏到恩施市调研民族工作。8月7—9日，全国民族团结进步示范州创建调研考核组先后到来凤县、建始县、利川市、恩施市调研。8月15—16日，武汉市委常委、市委统战部部长、市总工会主席杨玲率队到恩施州，调研考察推进乡村振兴结对帮扶工作并召开座谈会。8月22—23日，省委统战部常务副部长陈亮到来凤县、宣恩县调研党建工作和统战工作。

【重要活动】 2022年2月22日，举办第一期“当好金牌店小二·服务民企双月会商”活动。7月26日，全省“万企兴万村”现场推进会暨助力民族地区发展光彩事业恩施行活动举行。11月17日，由加拿大湖北商会、恩施州政府等共同承办的第二十二届华侨华人创业发展洽谈会加拿大专场活动在武汉举行。活动通过“线上+线下”的形式，开展加拿大专场论坛及专题报告活动。

（向信任）

保密工作

【概况】 2022年，恩施州各级保密行政管理部门学习贯彻习近平总书记关于保密工作的重要指示批示精神，坚持总体国家安全观和新发展理念，落实年度省、州保密工作要点，突出宣传教育、保密监管和保密服务，提升保密法治化现代化水平，保证保密工作安全。

【保密工作责任制】 2022年，州委领导连续8次就保密工作进行批示，多次听取全州保密工作情况汇报，研究解决制约全州保密工作重大问题。各级党委将保密工作纳入党委巡察工作内容，加强对各级各部门履行保密工作责任的“政治体检”。全州各级各部门执行保密工作责任制，调整保密委员会，层层压实责任，保密工作责任制体系趋于完善。贯彻落实《关于加强地方党委保密委员会建设的意见》，加强州及县市保密委员会和保密办公室的建设，印发《中共恩施州委保密委员会工作规则》，各级保密委专职副主任全部配备到位。

【保密法制宣传教育】 2022年，州保密局组建保密讲师团，提高“全州保密大讲堂”的宣教质量，全年组织人员到县市和州直单位开展保密知识讲座50余次，在“4·15”全民国家安全教育日、“12·4”国家宪法日等节日开展主题教育活动，通过公众号、电视台、LED显示屏等循环播放保密宣传片，宣传《中华人民共和国保密法》《中华人民共和国密码法》，全年播放保密宣传警示教育片100余次。组织协调国家电网恩施公司等9个单位参加全国、全省“保密故事大家讲”活动，2部作品分别获全省主题讲述活动二等奖、三等奖，在国家保密局刊物《保密工作》发表经验交流文章1篇。

【定密、涉密人员和网络保密管理】 2022年，州保密局将定密知识纳入保密教育培训，指导机关、单位制定工作秘密事项清单，完成全州定密事项报备工作；贯彻落实《涉密人员保密管理办法》，加强涉密人员保密审查、确定、出国（境）备案审批、离职离岗脱密期保密管理；做好互联网接入口、涉密计算机违规外联和机关单位互联网门户网站保密检查监管和涉密计算机的日常检查，指导各单位加强便携电子设备使用保密管理以及微信微博和QQ等应用程序的保密管理。

【保密工作检查】 2022年，州保密局贯彻落实《机关、单位保密自查自评工作办法》《泄密案件查处办法》及《保密违法违纪处分建议办法》，整合州、县两级保密检查力量，组建保密监督检查队，编印《恩施州保密监督检查实用手册》，创新“专项检查、进驻式检查、交叉检查、联合检查”等多种模式，全年对40余家州直单位开展保密专项检查、1个县市进驻式保密检查，下发问题清单24份。查处微信泄密案件2起，党纪政纪处分6名责任人；配合教育、人社、邮政等部门对中高考、人事考试和邮政机要安全保密等工作进行针对性的保密巡查和指导；对2021年以来州内发生的保密违规行为进行通报。

【保密服务指导】 2022年，州保密系统服务涉密企业发展。贯彻落实优化营商环境要求，优化管理方式、服务流程、监管措施，先后完成2家涉密资质企业的“双随机”检查、8家涉密资质企业的调研指导、2家企业保密资质事项申请的受理及初审、8家涉密资质企业事项变更和涉密人员备案材料的初审。服务涉密会议和重要活动。投入635万元建设的保密监管综合平台完成初步验收，建成后将大大提升全州保密技术服务和监测能力。全年销毁涉密载体30余吨。为州委重要涉密会议、州内重要活动提供保密技术服务保障10余次。

（赵秀朝）

州委政策研究工作

【概况】 2022年，州委政策研究室坚持以习近平新时代中国特色社会主义思想为指导，学习贯彻党的二十大和习近平总书记考察湖北重要讲话精神，落实省委要求和州委部署，围绕恩施“两山”实践创新示范区建设目标，主持起草州委八届五次、六次全会报告，组织开展州委重大调研课题，推动实施改革项目，完成州委经济工作会、“比抓强争促”工作会等重要会议文稿。

【文稿服务】 2022年，州委政研室完成州委主要领导讲话、汇报材料、典型发言等文稿238篇、126万字。主持起草州委八届五次全会报告，阐明恩施“两山”实践创新示范区建设的重大意义、内涵要求，明确工作重点。围绕学习贯彻党的二十大精神，起草州委八届六次全会暨州委经济工作会议上的领导讲话，落实中央省委经济工作会议精神，明确2023年全州经济工作的重点任务和目标要求，推动党中央决策部署和省委工作要求在恩施落实落地。参与编制《恩施州流域综合治理和统筹发展规划》。撰写《扛牢政治责任，加快建设“两山”实践创新示范区》《努力打造生态文明样板，全力守护好绿水青山》《立足大生态，描绘现代富春山居图》等文章10余篇，分别在《人民日报》《政策》《湖北日报》等报纸刊物发表。编辑4期《今日恩施》，宣传党的路线方针政策和州委重大部署。

【调查研究】 2022年，州委政研室围绕立足大生态，构建大交通，发展大旅游，打造大产业，彰显“土、硒、茶、凉、绿”特色优势，明确全年州委18项重大改革调研课题，分别由州级领导领衔推进，形成18个方面的重大调研成果。其中州委书记领衔的《加快完善城市形态、提升城市功能、发展城市经济》、州长领衔的《深化扩权赋能强县改革》课题调研成果为全州城市经济建设、县域经济发展发挥重要推动作用。开展专题调研，《精准对接群众需求，完善为民长效机制》《恩施州县域经济发展现状分析》等调研成果得到省委、州委领导重视。《恩施州茶产业发展现状与分析》《关于保护传承红色文化资源、促进民族地区振兴发展的建议》《乡村人才振兴来凤模式探索实践》《“恩施玉露”品牌建设与保护的调查与思考》获全省优秀调研成果奖。《巩固确权成果，拓宽融资渠道，探索农村土地经营权抵押贷款破解市场主体融资难》获湖北发展研究奖。

【财经工作】 2022年，州委政研室继续完成州委财经委办公室工作任务，落实中央和省稳经济大盘政策措施，建立“1+X”稳经济政策体系，制定出台《恩施州2022年度财经工作要点》《恩施州数字经济发展三年行动方案》《加快全州县域经济发展的实施意见》。落实习近平总书记“疫情要防住、经济要稳住、发展要安全”的重要要求，坚持稳中求进工作总基调，完整准确全面贯彻新发展理念，推动高质量发展，发挥财经服务职能，围绕“比抓强争促”季度拉练，做好经济形势研判，抓好经济运行调度，全州经济社会发展实现整体好转，重大项目取得显著成效，营商环境持续优化，市场活力稳步向好。全年地区生产总值增长3.3%，规模以上工业增加值增长6.6%，固定资产投资增长16.3%，社会消费品零售总额增长2.8%。

（王　韬　谭建威　陈斯琪　刘成林　周玉龙）

深化改革工作

【概况】 2022年，州委改革办学习贯彻习近平总书记关于全面深化改革的重要论述，围绕改革主线，加强改革责任，突出改革重点，做到应承尽承与自主改革有机结合，全面深化改革工作纵深推进。全年召开深化改革委员会会议1次、州委常委会14次。州政府常务会13次，审定改革事项58项，出台改革方案38个，统筹谋划实施改革项目105项。

【金融服务乡村振兴】 2022年，督办出台《关于在全州开展农村土地经营权抵押贷款助力乡村振兴的指导意见》，建立“抵押登记机制”“价值评估机制”“风险代偿机制”“抵押处置机制”4项机制，全州有60家农村市场主体以1279.47公顷农村土地经营权（评估价值11302.87万元）为主要抵押担保物，获银行贷款4796.2万元。该项工作纳入省委党校经济与经管教研部典型案例。

【推进“高效办成一件事”】 2022年，梳理公布《恩施州县乡村三级依申请及公共服务事项清单》，在全省率先实现不同县市、不同乡镇（街道）、不同村（社区）间事项一致、材料一致、流程一致、时限一致。深化“清减降放”，全州2.5万件办事材料实现共享，3300件办事材料和1185项证明材料取消，四级事项办理环节较规定环节压减9583个。全面推行“一窗通办”“一网通办”，州县乡三级政务（便民）服务中心实现“前台综合受理、后台分类审批、统一窗口出件”全覆盖，两级政务服务事项可网办率达100%，254个高频便民服务事项实现“鄂汇办”掌上办理，90余项联办主题实现“一件事一次办”。推动“跨域通办”，与湖南、重庆、贵州等90余处重点劳务输出地实现“跨省通办”，通办事项565项。

【开展国企改革三年行动】 2022年，督办出台《中共恩施州委、恩施州人民政府关于深化国有企业改革完善国有资产管理体制的实施意见》，构建企业领导干部管理、经营业绩考核、工资总额预算管理等“1+N”政策体系。制定《恩施州属国有企业董事会规范运行工作规则》，建立董事会和董事工作台账，落实董事会和董事年度工作报告制度，董事会应建尽建，国有企业现代企业制度基本建立。建立完善市场化运行机制，出台《全面推行经理层成员任期制和契约化管理工作的指导意见》，推进国有企业分类考核和差异化考核，形成国资委考核董事长、董事会考核经理层、经理层考核员工的三级考核体系，企业活力增强。

【探索生态产品价值实现机制】 2022年，开展自然资源确权登记，5条河流完成统一确权登记验收，全州林地完成六级等级划分，通过自然资源部验收。探索多元生态保护补偿机制，出台《清江流域上下游横向生态保护补偿实施方案》，569456.67公顷国家级公益林全部纳入重点公益林生态补偿范畴。创新绿色金融，建立绿色金融发展基金，将用能权、水权、碳排放权纳入放贷范围，全州绿色信贷余额达166.51亿元。

【改革工作经验】 2022年，坚持以“小切口”改革破题，撬动营商环境“大变化”，全年43项改革入选全省优化营商环境改革先行区名单，其中5项改革典型经验在全省复制推广，连续2年获全省营商环境标杆城市称号，鹤峰打造涉企保证金无证明县市入选2022年中国年度改革案例。持续推进市域社会治理现代化试点，建立“1+4+N”工作机制和安全稳定风险防范化解工作机制，推进各级综治中心建设运行，全州矛盾纠纷调处有效率达98%，命案同比下降50%，经验在《人民日报》《法治日报》《湖北日报》等主流媒体宣传推介。推进巩固拓展脱贫攻坚成果同乡村振兴衔接，来凤县入选第三届全球减贫案例。深化恩施市农村宅基地制度改革试点，完成17个先行试点村试点任务，盘活闲置宅基地952宗，恩施市和建始县入选农村宅基地改革与管理优秀典型案例名单。深化农村集体产权制度改革，发放农村土地经营权抵押贷款4796万元，鹤峰县经管局被农业农村部表彰为全国农村集体产权制度改革工作先进集体。推进州公共资源交易“综合监管，联动执法”工作，构建“力量联席、信息联通、检查联动、执法联办、奖惩联合”的“五联”工作格局，全省公共资源交易“综合监管、联动执法”改革现场会在巴东县召开。推动新时代殡葬事业健康发展，恩施市民政局在全省城乡公益性公墓建设管理培训会上作经验交流发言。

（王　韬　谭建威　陈斯琪　刘成林　周玉龙）

州直机关党建

【概况】　2022年，州委直属机关工委落实机关党建“围绕中心、建设队伍、服务群众”核心任务，按照州委提出的“在基层党建规范化上强起来，在服务中心大局上实起来，在履职尽责上严起来”目标要求，推动州直机关基层党建“大比武”行动、清廉机关建设、基层治理、乡村振兴等重要工作，以机关党建服务恩施“两山”实践创新示范区建设。年末州委直属机关工委隶属工委管理基层党组织506个，其中党委43个、党总支26个、党支部437个；隶属工委直接管理的基层党组织92个（机关党组织58个，事业单位党组织25个，国有企业党组织9个），其中党委42个（机关党委27个，党组性质党委15个），党总支17个，党支部33个。州直基层党组织中共有党员8263名（正式党员8141名，预备党员122名），其中在职党员5865名，占比71%，离退休党员2197名，占比27%，其他党员（流动党员）201名，占比2%。

【政治思想建设】　2022年，州委直属机关工委推行党组（党委）中心组示范引领学、党支部集中经常学、讲堂讲座专题学、交流研讨深入学、运用平台自主学“五学模式（目标导学、自主探学、合作研学、展示赏学、检训评学）”，执行理论学习中心组学习“一学一报”“定期通报”制度。采取巡听方式，督促州直单位落实理论学习中心组、支部主题党日活动相关要求。办好“书香恩施·清江大讲堂”，组织州直党员干部学习党的创新理论。先后举办“学党史、促发展、见行动”“基层党建大比武”知识竞赛，全州基层党建“大比武”党建知识竞赛吸引48万余人次收看、15万余次点赞。联合《恩施日报》“我与一本书”专栏刊登学习交流文章108期。

【组织建设】　2022年，州委直属机关工委按照州委统一部署，开展基层党建“大比武”行动。以“五抓五比”（抓站位比能力、抓调研比作风、抓调度比落实、抓示范比特色、抓考核比成效）为主要内容，将92家州直单位分为三大片区、三个领域（党政机关、事业单位、国有企业）统筹推进。采取现场观摩、经验分享、研讨交流、业务评比等方式，搭建“谈体会、讲经验、找差距、互相学”学习交流平台，以领域联动带动整体水平提升。围绕组织设置、严肃党内政治生活、“三会一课（支部党员大会、支部委员会、党小组会、党课）”和支部主题党日、党员发展、党员学习教育管理、党务公开、党员档案、党建阵地建设、党建活动记录、资料收集整理归档等10个专题，采取交叉检查、闭卷测试、现场观摩、讲评“微党课”、集中评比、召开片区交流总结会等形式进行集中比武拉练，基层党组织在比“大比武”中抓标准、促规范、抓基层、打基础，机关党建标准化规范化建设得到提升。聚焦标准化规范化主题，指导州直单位总结提炼46个优秀“支部工作法”。推深做实党建优秀案例，开展“红旗党支部”、文明单位等创建评选，58个州直单位申报70个2021—2022年度“红旗党支部”。指导州直单位总结提炼71个党建业务融合创新项目，评出标准化规范化建设示范单位27个。以选编优秀案例、组织风采展播等方式，加强成果运用，发挥引领作用。州直党建工作经验在《旗帜》、湖北机关党建网、长江云、《恩施日报》、恩施电视台等媒体上推广。

【清廉机关建设】　2022年，州委直属机关工委印发《2022年清廉机关建设工作计划》《恩施州直单位清廉机关建设联席会议制度》，建立定期会商、部门协同、信息沟通机制，组织召开联席会议，形成协同联动、共同推进工作格局。对州直单位进行检查督办，组建专班到8个县市开展专题调研督导，形成问题清单下发到各县市，有针对性制定考核细则考评评价工作成效。举办恩施州清廉机关建设书法美术摄影作品展，从投稿的755件作品中甄选出113件作品在州文化馆展出，吸引州直机关2000余名党员干部观看学习。在微信公众号开设“清廉机关建设”专栏，发布64篇宣传文章，开展清廉机关建设“比学促”拉练活动，评选31个优秀工作法，宣传全州清廉机关建设经验做法。

【机关党建宣传】　2022年，州委直属机关工委持续办好“恩施州委直属机关工委”微信公众号，开设“学习贯彻党的二十大精神”“学习贯彻省第十二次党代会”“下基层、察民情、解民忧、暖民心”“清廉机关建设”“党建引领基层社会治理”“机关党建”“机关纪检”等专题专栏，发布推文406条，总阅读量9万余人次。宣传推介州直党组织先进典型，在《恩施日报》开设“党建引领促先行”“下基层、察民情、解民忧、暖民心实践活动”“清廉机关建设”等专栏，在恩施电视台开设“党建引领促发展”专题，宣传州直单位围绕州委中心工作抓发展、引领基层社会治理的经验、开展下基层实践活动、推动清廉机关建设等方面的好经验好做法，全程跟踪报道基层党建“大比武”行动。在湖北机关党建网、长江云、《恩施日报》、《恩施晚报》、恩施电视台、《恩施党建》等媒体上宣传州直机关党建工作典型经验做法，其中湖北机关党建网发稿8篇、长江云3篇、《恩施日报》11篇。

【落实“双下沉”工作】　2022年，州委直属机关工委推动资源服务平台与基层治理融合，督导州直单位党组织发挥资源优势，支持官坡社区鄂西特委片区、机场路社区邮政宿舍、书院社区光明小区、金山社区翡翠谷小区开展共同缔造试点建设。围绕实践活动、创文创卫、共同缔造等中心工作，深化党员领导干部联系服务企业、群众、党建联系点及“双报到双报告（驻区单位党组织和基层党员到所在基层党组织报到，驻区单位社会责任报告和在职党员参与社区活动报告）”和党员干部包楼包户包人工作机制。组织56家州直单位联系包保33个城市社区，选派33名党员干部担任社区“尖刀班”班长，选派57名党员干部担任社区“尖刀班”成员。按照党组织、在职党员下沉社区工作方案和常态化管理办法，加强日常监督管理，纳入年终考核。采取日常调研与年底考核相结合方式督促党员干部下沉社区参与治理。与州委组织部等部门共同组建新冠疫情防控社区工作专班，统筹调配下沉力量。调度94个州直单位党组织、33支社区“尖刀班”，组织动员州直单位5328名党员、280名干部下沉33个社区，从州直留存党费中下拨99万元，支持州城社区新冠疫情防控。牵头4家州市直单位支持恩施市六角亭街道书院社区推进基层治理，筹措80万元资金帮助光明小区建设“红色驿站·共享客厅”、停车场等8项基础设施，破解困扰居民多年的停车难、充电难、缺绿化、缺娱乐、缺安全管理等老旧小区治理难题，光明小区“共同缔造”纳入省级示范点建设。

（严姝晗）

网络安全和信息化

【概况】 2022年，全州网信系统网信工作依法管网治网，保障网络安全，提升领导能力、信息化发展支撑能力、网络统战凝聚能力。

【网络传播】 党的二十大前后，州网信系统分阶段开展网上迎接服务保障工作，州内重点新闻网站、主要移动新闻客户端开设专题专栏，共推送原创、转载稿件5900余篇次。5月19—20日，组织“利川何以红·网红来探秘——网络大V利川行”大型网宣主题活动，推出原创作品73篇。6月14日，组织“喜迎二十大·寻访最美巾帼红”主题作品征集活动。出台《恩施州网评队伍建设管理办法》。省委网信办全网推介恩施州工作的稿件63篇。

【网络管理】 2022年，组织开展“两个责任制”督查2次。健全完善网络安全检查管理协调、信息网络领域矛盾风险联防联控等工作机制11项。开展“清朗”系列专项行动65项，移交疑似“挖矿”IP地址2581个。搭建网媒管理和内容管理2个技术平台，开通“12377”举报平台专网，督促举报受理处置。

【网络安全】 2022年6月15日，围绕网络安全人才与创新基地建设重点任务，与湖北民族大学、湖北省三实科技有限公司签订校企政共建产学研合作基地协议书。6月20日至7月10日，与支撑单位协作，会同有关部门对州内关键信息基础设施进行安全监测预警和检查防护。9月5—11日，开展2022年恩施州国家网络安全宣传周活动。制定出台《恩施州“护网”行动实施方案》《恩施州网络安全自查检查工作指南》。全年共开展重点行业网络安全培训30余场次。

【网络社会工作】 2022年5月中旬，开展“下基层、察民情、解民忧、暖民心”实践活动，为网络人士办理实事15件。11月18—20日，组织部分优秀主播参加云上硒博会活动。12月9日，成立恩施州互联网行业妇联组织，开展恩施州互联网行业党委、恩施州互联网行业妇联党的二十大精神专题学习，推荐优秀企业党组织负责人参加省委网信办党建培训。依据《正能量网络媒体工作室及网络名人队伍建设实施细则》，恩施州网络媒体协会成员创建“正能量网络大V工作室”，获省级授牌2家、州级授牌36家，培育“网络大V”50名。中国好网民作品《凉城利川：眼中的灵秀山水，心中的诗和远方》和影视类作品《非道缉恶》获省委网信办重点推介。

【信息化工作】 2021年，以《恩施州网络安全和信息化专家咨询委员会管理暂行办法》为指南，扩建专家库，在库专家75人。开展数字乡村试点建设工作，建始县（数字乡村省级示范点）以高坪镇青里坝村、朝阳社区等为代表的试点村（社区）建成智慧乡村云平台。出台《恩施州数字乡村试点实施方案》《关于探索运用数字化乡村治理工作实施方案》，参与《恩施州深化省流域综合治理和统筹发展规划纲要实施方案》编制。

【重要会议】 2022年3月11日，州委常委会会议专题研究网信工作，审议通过《2022年全州网信工作要点》等有关文件。4月1日，州委网信委第四次会议召开。6月30日，全州网信干部专题培训班在州城举行。8月24—26日，全省网络意识形态工作培训班暨指挥中心规范化建设推进会在恩施州举行，14个地市州、8个省直单位、10所重点高校共123人参会。11月18日，全州网络意识形态和网络安全工作暨网评员专题培训在州城恩施举行。

（于经纬）

机构编制管理

【概况】 2022年，州委编办坚持稳中求进工作总基调，统筹推进完善机构职能体系，与时俱进深化机构改革，优化机构编制资源配置，持续推动新时代机构编制工作发展，在全省2022年度市县机构编制工作综合考核中，被评为二等奖。开展事业单位登记管理事项39项，完成统一社会信用代码证书事项变更43项，州直正常登记的事业单位209家。

【机构改革】 2022年，按照省相关精神，完成县（市）开发区管理机构设置方案的备案和县（市）开发区副科级及以上管理机构的批复。根据《中共湖北省委全面依法治省委员会关于印发〈湖北省行政复议体制改革实施方案〉的通知》文件精神和州委常委会决议，将州政府各相关部门行政复议职责全部划入州司法局，调整增加州司法局内设科室、领导职数和事业单位。根据省委编办部署，整合州级有关危险化学品、烟花爆竹、矿山、工贸等行业领域安全生产监管，以及地质灾害、水旱灾害、森林草原火灾等有关应急抢险和灾害救助、防震救灾等方面的行政处罚、行政强制职能，组建完成州应急管理综合行政执法机构，以州应急管理局名义统一执法按照重塑职能体系、优化布局结构的要求，加强对自然资源规划、文旅、住建、交通运输等系统的调查研究。根据州委常委会会议精神，经省委编办批复，撤销州督查考评办公室，设立州政府研究室，完成涉改单位职责划转、编制核定、人员转隶等工作。指导有关州直部门和县（市）按照应接尽接的要求，承接省下放给县（市）的126项经济社会管理权限，会同州政务局做好权力清单的调整，推动资源、力量向县级下沉。

【加强基层社会治理】 2022年，开展街道管理体制改革“回头看”和经济发达镇赋权事项综合评估工作，根据运行情况提出调整建议。支持恩施市完成舞阳坝街道区划调整改革，结合街道改革相关精神，指导恩施市完成《恩施市舞阳坝街道区划调整改革机构编制方案》。

【规范县市部分机构设置】 2022年，统一在县市交通运输综合执法大队加挂邮政监管执法大队牌子、统一将县市委政法委所属事业单位更名为社会治安综合治理中心、统一将县市网络应急指挥中心调整为县市委宣传部所属事业单位、统一规范设置县市开发区机构设置。

【中小学教职工编制达国标】 2022年5月，按照“以县为主、市域调剂、省级统筹、动态调整”的原则，加大督导工作力度，指导各县（市）通过深化改革、内部挖潜统筹调剂编制资源，完成达标任务。

【服务人才强州战略】 2022年，根据《中共湖北省委编委关于服务科教兴省人才强省战略的若干机构编制保障措施》《湖北省高层次人才专项事业编制管理办法》规定，围绕州委、州政府人才强州战略，建立用编“绿色通道”，在州直事业编制总体规模不突破的前提下，优化编制资源配置，统筹事业编制50名，在州直建立高层次人才专项事业编制“周转池”，进行专项管理。专项事业编制将主要用于保障教育、卫生、科技、文化、金融、规划等重点领域事业单位全职引进高层次人才，为恩施州引才聚才留才提供坚强有力的机构编制保障。

【探索事业编制统筹使用】 2022年，根据《湖北省事业编制“周转池”管理办法（试行）》要求和州委编委部署，按照“严控总量、统筹使用、有减有增、动态平衡、保证重点、服务发展”的总体思路，对州直待分配事业编制、空余自收自支事业编制、核定到单位长期未使用的事业编制进行摸底。以待下一步结合州直事业单位改革，核定与事业单位职能体系相对应的事业编制规模，提高事业编制使用效率。

【年度用人指标】 2022年，在空编范围内，科学审批单位年度用编计划，坚持编制向经济发展、民生服务、教育卫生等重点领域倾斜的导向，下达州、县、乡公务员招考指标550名，州直公务员遴选指标62名，州、县事业单位公开招考（聘）指标1796名，保障各级各部门正常工作运转。

【对基层医疗卫生专业技术人员政策倾斜】 2022年，联合卫健、人社、教育部门下发《关于进一步推进“万名大学生乡村医生配备”项目工作的通知》文件，完善大学生乡村医生培养培训激励政策，打造一支引得进、留得住、用得好的乡村医生队伍。

【县级公立医院调研】 2022年，对全州36家县级公立医院的人员岗位、年龄、学历、职称、薪资结构和工作年限等进行调研，梳理公立医院现行存在的困难和问题，形成《关于恩施州公立医院机构编制及相关情况的调研报告》，向上级提出探索公立医院“员额制”管理的建议。

【机构编制信息化建设】 2022年，在依托机构编制管理大数据平台推进全州机构编制日常业务“网上办”的同时，利用平台开展州级副县级、县（市）副科级以上机构核查，盘清底数，规范管理。完成大数据平台4.0内测工作，为下一步全省大数据平台4.0试点推广工作奠定基础。全年撰写信息宣传稿件20余篇，多篇稿件在湖北机构编制网发表。

【副县级以上机构设置变化】 2022年，恩施职业技术学院列为州政府直属事业单位，不计入机构限额。撤销州政府驻红花套办事处。明确州委巡察工作领导小组办公室为州委工作部门，设在州纪委。州委巡察工作领导小组办公室干部统一归口州纪委管理。撤销州督查考评办公室，督查类、考评类相关职责按党委、政府系统分解至州委办公室、州政府办公室承担。设立州政府研究室，为州政府工作部门，机构规格为正县级。州委政研室不再加挂“州政府研究室”牌子，不再承担“负责起草或参与起草州政府主要领导有关重要讲话、州政府重要文件等文稿；对州政府主要领导布置的专题进行调查研究，为州政府领导科学决策服务”等职责。调整州农业农村局所属事业单位，设立州农业发展服务中心、州农村事业发展服务中心，为州农业农村局所属公益一类事业单位，机构规格为副县级。设立州应急管理综合执法支队，为州应急管理局所属公益一类事业单位，机构规格为副县级。

（王进荣）

信访工作

【概况】 2022年，全州登记办理信访事项11905件，同比下降22.11%，信访事项及时受理率、按期办结率100%，一次性化解率、群众满意率达95%以上，重复信访3521件，同比下降25.35%。争取中央、省级资金216.2万元。其中典型经验被中央主要新闻媒体宣传推广4篇。全年州委常委会7次、州政府常务会2次专题听取信息工作汇报。州委书记胡超文、州长夏锡璠到州信访局开展调研调度，带头接访下访，包保化解疑难复杂信访事项。州、县、乡三级领导干部落实接访下访工作要求，1136名领导干部接访下访3395批4624人次。州级财政落实治重化积、信访解难资金300万元，追加《信访工作条例》宣传等经费31.99万元。全州信访工作在全省考核中名列第二，连续9年被评为优胜。

【《信访工作条例》宣传】 2022年5月1日起，中共中央、国务院印发的《信访工作条例》开始施行。州委、州政府相继召开州委常委会会议、州政府常务会会议、州信访工作联席会议（扩大）会议，传达学习和安排部署。《信访工作条例》

学习纳入各级各部门党委（党组）理论学习中心组、党校（行政学院）党性教育、支部主题党日、干部职工自学的重要内容；发动村（社区）党支部书记、“尖刀班”班长、企业工会主席、法律顾问，推动《信访工作条例》进乡村、进社区、进企业、进单位，全州掀起16.9万余名党员集中学习《信访工作条例》热潮。联合恩施日报社、州广播电视台主流媒体，借助各机关、单位宣传平台，开设专栏、张贴海报、投放宣传册，面向社会加强宣传引导。制作的宣传短视频被国家信访局的微信公众号推介。

【健全机制】 2022年，州信访系统健全联席会议机制，州、县（市）及所有乡镇（街道）建立并实体化运行信访工作联席会议机制，发挥研究部署、统筹协调、整体推进、督促落实等职能作用，会商研究突出风险隐患，协调解决疑难复杂信访问题。建立复查（复核）专家评审机制，组建州复查复核委员会专家库，对复查复核信访事项实行专家评审会商，召开评审会议4次。坚持信访信息日判断机制，深度运用信访大数据，编发《信访摘报》267期、《重要信访呈报》65期、《信访与民情》12期、《风险警示函》32份、《督办提醒函》82份、《问责建议函》2份，加强分析判断、风险处置、矛盾化解，发挥信访工作“晴雨表”作用。

【夯实基层信访】 2022年，州信访局坚持以人民为中心的发展思想，坚持和发展新时代“枫桥经验”，将创建“全国信访工作示范县（市）”写入州第八次党代会报告和州委常委会年度工作要点，建立长效奖励机制，对焦创建标准每月汇总调度、“红黄”预警，实地督办，“一对一”联系指导，形成全域共创、争先进位浓厚氛围。启动信访领域矛盾纠纷大排查、大化解、大整治专项行动，州、县、乡三级集中力量、集中时间摸排矛盾风险，梳理排查交办586件。规范推进县级矛调中心建设，制定18条规范化建设指引，明确名称和功能定位、选址要求和建设标准、入驻部门和入驻方式、组织领导和工作保障等要求，实行“一站式”调处，及时就地化解矛盾。8个县市矛盾调处中心、乡镇（街道）综治中心全部建成运行，率先实现两级全覆盖。对群众关注度高、信访量前五的领域，综合运用信访大数据，研判形势，指出问题，分析成因，提出建议，推动属地、主管部门科学决策、化解矛盾。落实“1415”（1个工作日转办到责任部门、责任部门4个工作日内决定是否受理、15个工作日办结）办理要求，研、交（转）、办、督、结闭环管理，用好用活层级调处机制，及时就地化解纠纷，实现信访事项100%及时受理、按期办结，90%以上一次性化解、群众满意。

【荣誉】 2022年，巴东县信访局副局长张泽青被人社部、国家信访局表彰为全国信访系统先进个人。咸丰县信访局被省委、省政府授予记一等功公务员集体。全州推选出10名年度“全州十佳办信能手”、10名年度“全州十佳接访好手”、10名年度“全州十佳解难高手”、10名年度“全州十佳服务强手”。

（时　星）

外事和港澳工作

【概况】 2022年，中共恩施州委外事工作委员会办公室（以下简称州委外办）新增州委4家外事委委员单位。先后邀请韩国驻武汉总领事馆总领事、法国驻武汉总领事馆总领事和中国香港地区、澳门地区驻武汉机构负责人以及商协会考察恩施州，开拓合作渠道。与国际友好城市新西兰怀马卡里里市、韩国堤川市共同策划举办系列交流活动。承办全省“对接鄂港澳服务双循环港澳资源走进‘宜荆荆恩［宜（昌）荆（州）荆（门）恩（施）］’推介会”。

【恩施州委外事工作委员会第一次全体会议】 2022年3月22日，州委外事工作委员会第一次会议召开，会议传达学习湖北省委外事工作委员会第五次全体会议精神以及全省外办主任电视电话会议精神，总结2021年全州外事工作，审议通过《中共恩施州委外事工作委员会2022年工作要点》，研究部署恩施州外事重点工作。

【郭伟勋访问恩施州】 2022年3月28—31日，香港特别行政区政府驻武汉经贸办事处主任郭伟勋访问恩施州。州委副书记、州长夏锡璠会见郭伟勋一行，双方围绕深化两地合作、实现互利共赢进行交流。访问期间，郭伟勋到宣恩县彭家寨、伍家台、贡水河湿地和恩施市恩施大峡谷、土家女儿城、润邦国际富硒茶业有限公司实地考察。

【魏彬考察恩施州】 2022年3月30日至4月1日，湖北省香港商会副会长魏彬到恩施州考察。考察团到宣恩县伍家台村、双龙湖、黄坪村和恩施市白果乡茅坝槽、土家女儿城了解乡村旅游综合开发项目及招商项目推介。

【姜承锡访问恩施州】 2022年5月24—26日，韩国驻武汉总领事馆总领事姜承锡访问恩施州。州委书记胡超文会见姜承锡一行，双方就促进友好交往、多领域开展全方位合作进行交流。访问期间，姜承锡到州博物馆、州城市规划馆、恩施市、利川市实地参观考察。

【“对接鄂港澳服务双循环港澳资源走进‘宜荆荆恩’”鄂西南片区专题推介会在恩施州召开】 2022年6月24—26日，“对接鄂港澳·服务双循环”港澳资源走进‘宜荆荆恩’”鄂西南片区专题推介会在恩施州召开。省政府港澳办、香港特区政府驻武汉经济贸易办事处、香港贸发局华中代表处、澳门贸促局武汉代表处、湖北省香港商会以及40家港澳企业到恩施州考察投资项目、对接投资需求。州委书记胡超文会见参加“对接鄂港澳服务双循环港澳资源走进‘宜荆荆恩’”鄂西南片区专题推介会嘉宾，与参会嘉宾就推动恩施州深度参与鄂港澳合作，深化拓展在金融、科技、商贸、文化、旅游、青少年发展等领域合作进行交流。恩施州腾龙洞大峡谷国家地质公园入选为湖北省首批“港澳青少年教育交流基地”，成为港澳青少年了解湖北和恩施发展的窗口。参会嘉宾到恩施德源健康科技发展有限公司、恩施高新区产业园、华芯科技（恩施）有限公司和立讯精密工业（恩施）有限公司实地参观考察。

【恩施硒产品宣传活动】 2022年7月22日，在武汉市举办的“庆祝中日邦交正常化五十周年湖北省系列活动启动仪式暨日本嘉年华武汉站”活动中，恩施州利川红产业集团作为参展商在嘉年华活动现场展示主要产品，“利川红”红茶被指定为宴会用茶。10月6—11日，恩施州国际友好城市韩国忠清北道堤川市举办“2022韩方生物产业博览会”，恩施州精选恩施硒茶“恩施玉露”“利川红”、西兰卡普织锦等特色产品参展。

【“恩施元素”亮相2022基督城文化节】 2022年9月2日，由新西兰湖北经贸文化协会主办的2022基督城文化节在怀马卡里里地区图书馆开幕，共同庆祝中新建交50周年暨恩施州与怀马卡里里地区建立友好交往7周年。州委副书记、州长夏锡璠向活动组委会致贺信。活动通过中国、新西兰诗歌朗诵和情景小品以及恩施州摄影作品展览文化交流形式，增进两国人民的相互了解和传统友谊。恩施州为参会嘉宾赠送“一红一绿”（“利川红”“恩施玉露”）恩施硒茶伴手礼。

【中国恩施州·韩国堤川市青少年绘画作品交流展】 2022年11月15日，中国恩施州·韩国堤川市青少年绘画作品交流展在恩施州文化馆开展，甄选100幅恩施州和堤川市两地青少年画作，通过“云上恩施”线上鉴赏、线下展览方式，促进两地青少年间相互理解、增进友谊。本次活动是恩施州与国际友好城市韩国堤川市为纪念中韩建交30周年策划的一系列文化交流活动之一。此前，在韩国忠清北道堤川市举办“我与韩国堤川·世明大学”视觉作品展，恩施州选送25幅作品参赛，其中1幅作品获特等奖，3幅作品获优秀奖。

（付绍华）

2022年11月15日，中国恩施州·韩国堤川市青少年绘画作品交流展在州文化馆开展
（付绍华 供稿）

老干部工作

【概况】 截至2022年年末，全州有离退休干部40439人（其中离休干部120人，退休干部40319人）、退休职工6389人。州直单位有离退休干部3320人（其中离休干部39人，退休干部3281人）、退休职工826人。全州有厅级离退休干部49人，其中享受正厅级待遇11人，副厅级待遇38人。有县级离退休干部2067人，其中享受正县级待遇532人，副县级待遇1535人。州直单位有县级离退休干部1037人，其中享受正县级待遇437人，副县级待遇600人。全州离退休干部职工中有党员20639名，有离退休干部党支部339个，支部内党员12311名。州直单位离退休干部职工有党员2272名，单独设立离退休干部党支部62个，支部内党员1903名。全州有专职老干部工作人员75人，兼职老干部工作人员1244人。

【离退休干部思想政治建设】 2022年，州老干局通过理论中心组学习、支部主题党日等学习宣传党的二十大精神。落实离退休干部阅读文件、参观学习、情况通报、红色教育等政治待遇。用好《当代老年》《党支部学习参考》等资料，抓好老干部的政治理论学习。

【离退休干部党组织建设】 2022年，州老干局组织全州离退休干部党支部专题学习中共中央办公厅《关于加强新时代离退休干部党的建设工作的意见》文件精神。开展“六好”（班子建设好、组织设置好、服务队伍好、服务能力好、服务机制好、服务业绩好）离退休干部示范党支部创建活动，新创建州级离退休干部“示范党支部”16个，累计为45个，新创建省级离退休干部“示范党支部”4个，累计为26个。

【离退休干部服务管理】 2022年，州老干局开展“敲门行动”，落实走访慰问制度。春节、老年节，组织全州各地各单位对老干部走访慰问全覆盖；走访慰问易地安置老干部6人；帮扶困难老干部681人，发放资金77.9万元。在州直离休干部和厅级退休干部中探索开展家庭医生结对服务，85名副主任医师职称以上医生与85名离退休老干部“一对一”结对，解决老干部就医不便问题。指导各单位做好离退休干部荣誉退休、健康体检、逝世老干部丧事办理等，体现组织关怀。

【离退休干部文化生活】 2022年，州老干局举办“喜迎二十大永远跟党走”全州离退休干部书画摄影比赛，共有116件作品参赛，评选优秀作品18件。举办“喜迎二十大红心永向党”诗书画影展，展出作品400余幅。5月17—19日，州老干局组织全州22名厅级离退休干部到巴东县参观考察市政建设、巴东高铁站、博物馆、大面山旅游产业开发建设等经济社会发展情况。

【老年教育】 2022年，州老年大学坚持突出民族特色，将摆手舞、西兰卡普纺织等民族文化课程引进校园。全年开设46个专业、111个班级，有学员2664人。全州新挂牌成立26个乡镇老年学校。

【关心下一代工作】 2022年，全州挂牌命名“恩施州关心下一代红色教育示范基地”30个。组织开展“关爱明天，普法先行”法治教育，宣讲场次607场，受教育青少年38万人次。开展“老少同声颂党恩、携手喜迎二十大”主题教育实践活动，受教育青少年人数36万人次。开展全州青少年“中华魂”（中华好家风）主题教育活动，青少年参加活动33万人次。

（杨　宸）

督查考评

【概况】 2022年，州督查考评办公室统筹推进全州督查考评工作，保证州委重点工作落地见效。开展贯彻落实习近平总书记关于湖北工作的重要指示批示精神落实情况“回头看”，并及时更新台账；定期报送省委省政府重点工作进展情况，统筹做好省委第三督查组实地督查工作；紧盯督办落实州委重点工作，制定年度督查检查考核计划清单，保证州委重点工作落地见效。科学制定考核体系，改进考核办法，对县市和州直单位进行差异化政绩目标考核。持续巩固为基层减负行动成果，文件会议均达“只减不增”的目标要求。当年调整机构设置，州督查考评办公室撤销，督查类、考评类相关职责按党委、政府系统分解至州委办公室、州政府办公室承担。

【重点工作督办落实】 2022年，州督查考评办公室2次组织开展习近平总书记重要指示批示贯彻落实情况“回头看”，3次组织更新贯彻落实习近平总书记重要指示批示精神台账，健全台账148件。做好省委第三督查组关于落实习近平总书记重要指示精神情况、营造“三个环境”（括注）实地督查反馈问题整改工作。加强生态环境问题整改工作督办，督促推进中央生态环保督查、自然资源审计反馈问题整改工作。贯彻落实省第十二次党代会精神，制定印发《恩施州贯彻落实省第十二次党代会报告重点任务工作措施和分年任务目标清单》。交办督办省委书记在省委常委会会议上交办事18期。推进落实2022年省委、省政府重点工作，先后督办省重点农业产业链建设、加快构建新发展格局等省委重点工作落实情况12项。办理省委书记、州委书记批示29件。督办州第八次党代会、州两会、州委常委会会议和专题会议精神等落实情况。对州委、州政府双月重点工作跟踪督办，印发《中共恩施州委、恩施州人民政府重点工作完成情况通报》6期。组织开展贯彻执行中央八项规定精神情况督查，向省委呈报《关于贯彻落实中央八项规定精神情况的报告》2次。

【政务督查】 2022年，政务督查健全督查工作机制，形成州长临时交办事项周报、州长调研专题会和批示件月报、州政府专项工作专报、州政府常务会议议定事项会议报告的工作机制，做到交办快、督办快、办结快、反馈快。督办上级决策部署落实，牵头办理省委书记交办事项7件并反馈办理情况；对省长2021年12月26日到恩施州调研明确支持事项，每月督办通报，印发专报12期，向州委常委会会议专题汇报1次，督办工作获得州委书记批示肯定；承接省政府涉企环境审计查出问题整改等督查4次，向省政府办公厅报送省政府专题会议议定事项落实措施和进展情况5次。督办全州重点工作，围绕州政府常务会议议定事项抓督办，交办督办议定事项236件，向州政府常务会议专题汇报议定事项落实情况9次；围绕州长调研和专题会安排事项抓督办，交办督办事项387件，编报《政务工作交办督办情况》13期、《督查督办工作周报》12期；围绕新冠疫情防控、项目开复工、房地产领域风险隐患排查化解、农村乱占耕地建房新增问题整改、森林防灭火等工作，持续抓督办，印发督查通报10期，督办报告《政府工作报告》重点工作完成情况3次。

【建议、提案办理】 2022年，州督查考评办公室办理州委书记批示信访件、人民网州委书记留言板网民留言和党群组承办人大代表建议、政协提案的交办、督办工作。交办州委书记批示信访件203件、人民网州委书记留言板网民留言51条，办结件满意率为100%；交办州人大代表建议154件、州政协提案209件，均办结并向人大代表、政协委员进行答复，代表、委员满意率和基本满意率为100%。

【为基层减负】 2022年，州督查考评办公室推进整治形式主义为基层减负各项工作。组织开展中共十九大以来整治形式主义为基层减负工作情况督查，加强问题整治。严把文件、会议、督查检查考核等各个关口，做好督促评估、推动落实、检验成效等工作。规范管理移动互联网应用程序和网络工作群，开展微信公众号备案、App风险排查、各类政务新媒体僵尸账号清理。清理涉及中小学校的督查检查评比考核和社会事务进校园活动事项，减轻教育教学负担。

【考评工作】 2022年，州督查考评办公室首次对县市和州直单位进行差异化政绩目标考核。省对州、州对县市及州直单位均下发相关考核通知，明确考核时间、考核方式、考核流程、结果运用，系统性安排部署。各县市、各州直单位考核指标根据工作实际设定考核项目，量化工作指标，压实考核责任单位、牵头单位的责任，发挥考核“指挥棒”的作用。细化州对县市、州直单位考核方案，做到项项有细则、项项有分值；细致筹备省对州考核，下发任务清单，厘清重点难点，落实考核责任，实事求是开展工作。

（谷锦辉）

党校教育

【概况】 2022年，全州党校（含行政学院、社会主义学院，下同）举办干部培训班（含主体班、专题班）225期，培训各级干部3.29万人。其中9所州县级党校举办干部培训班162期，培训干部2.47万人；行政学院（行政学校）举办干部培训班45期，培训干部6693人；社会主义学院举办干部培训班18期，培训干部1557人。州委党校举办培训班61期，培训干部6545人；恩施市委党校举办培训班23期，培训干部4318人；利川市委党校举办培训班25期，培训干部5855人；建始县委党校举办培训班16期，培训干部1720人；巴东县委党校举办培训班23期，培训干部3538人；宣恩县委党校举办培训班22期，培训干部2241人；咸丰县委党校举办培训班30期，培训干部6371人；来凤县委党校举办培训班17期，培训干部1568人；鹤峰县委党校举办培训班8期，培训干部765人。

【教学管理】 2022年，全州党校将习近平新时代中国特色社会主义思想、习近平总书记视察湖北重要讲话精神和党的二十大精神作为教学重点和主线贯穿于教学活动全过程。总体按照3个单元、“7+*N*”模块实施教学。党的理论教育单元，按马克思主义基础理论、习近平新时代中国特色社会主义思想2个模块教学。党性教育单元，按党章党规和法律法规、党史国史、政治文化3个模块教学。省情州情和知识能力教育单元，按省情州情、知识能力教育2个模块教学。“*N*”模块，根据班次需要设置，动态调整，将党的二十大精神宣讲列入“*N*”模块集中研学。州委党校开设教学专题160个，党的理论课程占总课时的比例为80%以上（其中习近平新时代中国特色社会主义思想课程占68%），党性教育课程占总课时的比例约为20%，此两类主课合计占总课时的85%以上。创新运用案例式、辩论式教学方法，坚持“校内教学+现场教学+异地教学”相结合，“自学阅读+集体听课+课题研究”相结合，打造互动课堂、领导专家讲座课堂、讨论交流课堂、影视教育课堂、拓展培训课堂等5个课堂。

【教学质量】 2022年，全州党校系统教师切磋技艺，提升专业技能。5月23—27日，州委党校（行政学院）系统举办教学能力提升培训班，其间开展“乡村振兴”精品课比赛，全州党校系统共20名教师参赛。8月23日，州委党校承办湘鄂渝黔边区党校（行政学院）系统第二届教学比赛，州委党校2名教师获得大赛一等奖。

【科研咨政】 2022年，全州党校完成地厅以上课题63项，在各级各类刊物上发表论文56篇。立足于恩施州乃至武陵山区，开展相关社会科学研究，并促成相关成果转化，先后向州委、州政府、州人大、州政协委呈报各类研究报告5期，其中《依托绿色资源，挖掘红色文化，红绿辉映打造恩施州大旅游发展新篇章》获得州委书记批示。州委党校对《清江论坛》期刊进行全新改版，秉持“宣传马列主义、研究社会现实、提供决策咨询、服务教学实践”办刊宗旨，全年出版4期，开设18个栏目，刊发稿件60余篇，约10万字。组织广大教师参加省委党校“全省党校系统庆祝二十大召开理论研讨会”“渝东南片区党校行政学院系统第十二届理论研讨会”等学术研讨会，其中《“两个确立”：中华民族凝聚力的再升华》获湖南省西部综合开发研究会2022年年会优秀论文一等奖，《关于我州乡风文明建设的调研报告》获恩施州第十届社会科学优秀成果（论文类）一等奖。

【党校宣讲】 2022年，全州党校系统优化宣讲制度、宣讲队伍、宣讲方式。在宣讲制度上，严格纪律要求，宣讲前走审批程序，宣讲后看反馈效果；在宣讲队伍上，通过全面发动、精心打磨、大员上阵等方式，挑选宣讲人员。在党的二十大精神宣讲中，州委党校8名教师成为州委宣讲团成员；在宣讲方式上，发挥党校教师理论功底深厚、教学经验丰富的优势，在全州开展“两进一讲”活动（党校教师进社区，进农村，讲党课），通过教室课堂、线上课堂、广场课堂、院坝课堂，用群众喜闻乐见的语言和方式，讲清党的创新理论，推动马克思主义理论大众化，开启习近平新时代中国特色社会主义思想宣讲“直通车”，促进党的创新理论的普及和深入。全州党校系统开展宣讲活动150余场，受众逾1万人次。

【服务社会】 2022年，全州9所党校驻村工作队在帮扶村打造“四个课堂”（教室课堂、院坝课堂、现场课堂、广场课堂），宣讲党的惠农政策、法律法规知识，开展实用技术培训、文明新风培训，推动村民共建共治共享。贯彻落实州委“双报到”（括注）要求，选派教职工脱产到社区“尖刀班”任职，组织教职工到包保社区开展“创文创卫”、文明劝导等志愿服务活动。争取州财政资金5万元建设金马社区瀚澜园“张富清红色驿站”。

【“下基层、察民情、解民忧、暖民心”实践活动】 2022年，州委党校将宣恩县硒茶博物馆和巴东县绿葱坡滑雪场打造成为现场教学基地，实现校企合作；通过工会经费采购和推荐，为鹤峰县五里乡五里村香润茶叶厂拓展销路；协助恩施市金马社区开展廉政文化建设，理清建设思路和方向；为建始县店子坪现场教学基地完成基地授牌；选派优秀教师到鹤峰县委党校开展传帮带，支持精品课打造。

【新校区项目建设】 2022年1月，州委党校整体搬迁至恩施市城区金子坝街道青树林新校区试运行，在保障办学办公功能的基础上，推进文体设施设备建设、智能信息化系统安全运维及技术服务采购、路标指引牌和党建文化墙制作安装等工作。推进项目结算工作，全年报送项目21个，完成审计项目15个，完成初步审计项目6个。支付建设资金2696.95万元，累计完成项目资金支付2.86亿元。

（殷昱萌）

机关事务服务

【概况】 2022年，州机关事务中心落实过“紧日子”的总体要求，统筹机关事务管理保障服务工作。实现办公用房信息系统“以图管房”新模式，公务用车信息化、标准化融合发展纳入国家机关事务管理局专项领域建设示范点，“公车管理规范化标准建设”纳入省机关事务管理局标准化建设示范点。州机关服务中心被确定为2022年湖北省公共机构生活垃圾分类示范点。

【办公用房】 2022年，州机关事务中心推动出台《恩施州党政机关办公用房管理办法》，编印《恩施州关于规范党政机关办公用房管理使用有关问题的解释》；启动全州党政机关办公用房权属统一登记工作，完成州直29家单位办公用房权属统一登记，办理不动产权证18本，登记房屋46幢，宗地面积14.34万平方米，房屋建筑面积6.89万平方米；按照“合规使用、集中利用、统一管理”的原则，清理华家湾集中办公区超标闲置办公用房3900平方米，牵头整修近800平方米，调剂州红十字会和州国资委入驻办公；盘活闲置办公用房资源，将州农业农村局（原农机局办公楼）跨层级调剂恩施市舞阳大街社区使用，完成州直60个办公楼（区）党政机关办公用房测绘图形成果植入办公用房信息平台系统。

【公务用车】 2022年，州机关事务中心推动出台《恩施州党政机关公务用车管理办法》《恩施州州直单位公务加油卡管理办法（试行）》《恩施州州直单位公务租车管理办法（试行）》以及智慧公车平台使用管理制度。恩施州智慧公车信息平台全面运行，州中心通过全州公务用车管理“一张网”加强全州公务用车使用管理过程监督。州中心通过“云服务+公物仓”调剂28台公车，节约财政资金300余万元。全州更新配置审批公务用车327台，办理定编证419台（含补证），上报省局越野车3批次共申报32台越野车配置。

【公务接待】 2022年，州机关事务中心印发《关于支持恩施茶业发展和提升茶业品牌知名度的通知》支持茶企发展，建立恩施州特色菜品、产品、原材料库和精选调研考察点库。开展“光盘行动”，减少公务接待“舌尖上的浪费”。州中心参与保障“对接鄂港澳，服务双循环”港澳资源进“宜荆荆恩”、第七届硒博会、茶业科技年会、央企国企恩施行等活动的接待服务工作，做好省委第十巡视组巡视恩施期间后勤服务保障和党政代表团到浙江杭州考察的后勤服务。全年接待客人190余批次、2100余人次，出动考斯特车辆320余台次。

【公共机构节能】 2022年，州机关事务中心印发《2022年恩施州公共机构能源资源节约和生态环境保护工作要点》《关于对公共机构水电气消耗费用实行目标管理的通知》，全年创建党政机关节约型机关148家和垃圾分类示范单位7家，州机关事务中心、省民族歌舞团节约示范案例入选全国公共机构能源资源节约示范案例，州机关事务中心被省机关事务管理局评为“优秀组织奖”。州机关事务中心开展“你好，绿色恩施”公共机构节能知识问答和垃圾分类活动，设计“恩恩、施施”环保袋获评国管局全国低碳日最美环保袋。完成5家公共机构绿色低碳合同能源项目“1+2+*N*”模式（张富清勤俭节俭理念+恩施州“两山”实践创新示范区+县市合同能源托管项目）进行前期调研和项目能源审计。

【后勤保障】 2022年1月，州机关事务中心接管华家湾办公区食堂、物业管理，保障办公区530人就餐、13家单位正常运转，关停住建局等7家自办食堂，每年节约财政资金43万元。华家湾集中办公区加强能源资源管理，用水量下降3000吨、用电量下降9万千瓦·时、用气量下降7000方，节约财政资金10万元。为干部职工提供用餐服务106万人次；推进优质农副产品进机关食堂，帮助企业增收80万元。建成餐厨垃圾处理系统，在管辖食堂配置4套餐厨垃圾终端处理设备，降低垃圾处理成本，减少环境污染，实现餐厨垃圾集中收运、无害化处理、资源化利用，获评“2021—2022年度湖北省公共机构能源资源节约优秀示范案例”。州中心接受70家单位用车申请4855次，调度车辆3781次，出车7443天次，安全行驶124.37万千米，综合保障率77.8%。

（刘龙凤）

恩施州人民代表大会

Enshi Prefectural People’s Congress

综　述

【概况】　2022年，恩施州人民代表大会（简称州人大）及其常委会坚持以习近平新时代中国特色社会主义思想为指引，弘扬伟大建党精神，坚持党的领导、人民当家作主、依法治国有机统一，履行宪法和法律赋予的各项职责，开展各项工作。全年召开人民代表大会1次、常委会会议7次，听取和审议19件专项工作报告，作出决议决定8件；开展17部（件）法律法规执法检查；任免地方国家机关工作人员87人次，完成州九届人民代表大会第一次会议确定的各项目标任务。

【坚持党对人大工作的全面领导】　2022年，州人大及其常委会坚持将党的领导贯穿人大工作全过程、各方面，确保人大工作正确政治方向。领悟“两个确立”的决定性意义，增强“四个意识”、坚定“四个自信”、做到“两个维护”。学习贯彻党的十九大、十九届历次全会和党的二十大精神，学习领会习近平法治思想、习近平总书记关于坚持和完善人民代表大会制度的重要思想，贯彻落实省第十二次党代会和州第八次党代会精神，用党的创新理论武装头脑、指导实践、推动工作。遵守政治纪律和政治规矩，落实请示报告制度。全年向州委请示报告工作20余次，做到重要会议、重要立法、重大事项均向州委请示报告。州委先后9次听取人大工作汇报，并召开州委人大工作会议，就加强和改进党对人大工作的领导，出台《关于加强和改进新时代全州人大工作的具体措施》。发挥常委会党组“把方向、管大局、保落实”作用，修订常委会党组、机关党组工作规则，确保围绕州委工作重心开展人大工作，汇聚力量，发挥作用。

【代表履职服务保障】　2022年，州人大及其常委会坚持代表主体地位，加强服务代表意识，依法保障和支持代表履职行权。加强能力建设，将提升代表政治素质和履职能力作为重中之重，开展代表培训。采取线上与线下、综合与专题、请进来与走出去相结合的方式，组织开展党校集中轮训、“传承红色基因，做好人大工作”专题培训、县市人大常委会班子成员网上培训、代表行动业务培训等1000余人次，实现州九届人大代表初任培训全覆盖。巩固提升代表履职平台，规范化建设“代表之家”92个、代表联络站498个，全州8600余名五级人大代表“进站入家”，使之成为代表依法履职的“工作室”、了解和掌握群众急难愁盼的“民意窗”。推进代表行动与“下基层、察民情、解民忧、暖民心”实践活动、美好环境和幸福生活共同缔造活动紧密结合，常态化开展代表小组活动，研究和处理代表行动过程中的重点难点问题，收集建议1958件，办结1845件，解决一批人民群众关心关注的难点、堵点问题。探索跨行政区域组织人大代表开展活动途径，改进和完善“双联”（人大常委会组成人员联系代表、代表联系人民群众）制度，加强常委会组成人员与代表、代表与人民群众的联系。推动建议办理，落实“州委常委和政府班子成员领办、人大常委会组成人员督办、各承办单位‘一把手’主办、政府督查部门同人大常委会有关工作机构联合督查”的代表建议办理工作机制。创新各专门委员会督办建议工作方式方法，将代表建议办理列入州委对县市综合目标考核内容。州九届人大一次会议以来，代表所提158件意见建议全部办理完毕，与代表见面率、代表建议办结率均为100%，代表满意率99%以上。协助省人大常委会和省直有关厅局做好代表议案、建议办理工作，为代表参加全国人大、省人大有关会议、参加培训、调研视察等做好服务保障工作。

【人大常委会自身建设】　2022年，常委会党组坚持以政治建设为统领，将政治建设摆在首位，加强理论武装。常委会党组和理论学习中心组坚持将学习贯彻习近平总书记重要讲话精神作为首要内容，落实第一议题制度，先学一步、学深一层，发挥示范引领作用。开展集中学习，使政治理论学习教育融入日常、进入经常，做到知行合一，以实际行动捍卫“两个确立”、践行“两个维护”。围绕提升议事决策能力，修订完善常委会议事规则3项；围绕加强机关管理，建立和修订机关工作制度 28 项，做到以制度管人管事。开展“下基层、察民情、解民忧、暖民心”实践活动，常委会领导班子率先垂范，联系县市、乡镇（街道）和村（社区），走访企业59次、村组（社区）72次、其他服务对象86次，领办实事项目21件，为群众解决饮水难、用电难、行路难等实际问题，办结率和群众满意率均为100%。落实社区“双报告、双报到”制度，组织机关党员干部投身新冠疫情防控和“双创”工作，领导带头、全体参与，下沉社区、走上街头，加强与人民群众的密切联系。落实意识形态工作责任制，宣传人民代表大会制度和民主法治建设，讲好人大故事，加强总结宣传，推进人大工作发展。

【州九届人大常委会机构设置】 2022年，州九届人大常委会设办公室、法规研究室（规范性文件备案审查室）、代表选举人事任免工作委员会3个办事机构和常委会法制、监察和司法、财政经济、教育科学文化卫生、民族宗教侨务外事、农村、环境资源保护、社会建设、预算9个工作委员会。其中法制、监察和司法、财政经济、教育科学文化卫生、民族宗教侨务外事、农村、环境资源保护、社会建设8个工作委员会与州人大相应的专门委员会合署办公。

（刘　浏）

重要会议

【概况】 2022年，州人大及其常委会共召开人民代表大会会议1次、常委会会议7次、主任会议9次，听取和审议相关工作报告19项，形成审议意见11项，依法任免国家机关工作人员87人次。

【州第九届人民代表大会第一次会议】 2022年 1月6—9日，恩施州第九届人民代表大会第一次会议在州城恩施召开。会议听取和审议州人民政府州长夏锡璠关于政府工作的报告、州人大常委会主任柯东海关于州人大常委会工作的报告、州中级人民法院代理院长雷超关于州中级人民法院工作的报告、州人民检察院代理检察长王宏关于州人民检察院工作的报告；审议州人民政府《关于恩施州2021年国民经济和社会发展计划执行情况与2022年计划草案的报告》《关于恩施州2021年预算执行情况和2022年预算草案的报告》。会议作出关于政府工作报告的决议、关于恩施州2021年国民经济和社会发展计划执行情况与2022年计划的决议、关于恩施州2021年预算执行情况和2022年预算的决议、关于州人大常委会工作报告的决议、关于州中级人民法院工作报告的决议、关于州人民检察院工作报告的决议。大会选举产生州第九届人民代表大会常务委员会主任柯东海，副主任涂元玲（女，土家族）、邓正平（土家族）、高敬佩（女，苗族）、张在勇、邢祖训、黄敏（侗族），秘书长杨天龙（苗族）及委员33名；选举产生恩施土家族苗族自治州人民政府州长夏锡璠（土家族），副州长张远梅（女）、曾凡胜（土家族）、宋涛、田军、杨盛僚（苗族）、许强（土家族）；选举产生恩施土家族苗族自治州监察委员会主任吕星，恩施土家族苗族自治州中级人民法院院长雷超，恩施土家族苗族自治州人民检察院检察长王宏（须报经湖北省人民检察院检察长提请湖北省人民代表大会常务委员会批准）。大会期间，收到代表10人以上联名提出的议事原案21件，其中财政经济方面7件、农业农村方面4件、城乡建设方面4件、环境资源保护方面2件、教科文卫方面2件、法制建设方面1件、社会建设方面1件。会议通过大会议案审查委员会《关于代表联名提出的议案处理意见的报告》，决定将21件代表联名提出的议案作为代表建议，连同大会期间收到的代表建议、批评和意见134件，共155件，由州人大常委会有关工作机构在本次会议闭会后交有关机关和组织研究办理，并负责答复代表。

【州九届人大常委会第一次会议】 2022年3月3日，州九届人大常委会第一次会议召开。会议审议通过《恩施州人大常委会2022年度工作要点》，表决通过州九届人大常委会代表资格审查委员会组成人员名单；审议通过有关人事任免议案。

【州九届人大常委会第二次会议】 2022年4月8日，州九届人大常委会第二次会议召开。会议听取和审议州九届人大常委会代表资格审查委员会关于代表变动情况的报告、州

2022 年 1 月 6—9 日，恩施州第九届人民代表大会第一次会议在州城恩施召开

（曾　伟 摄）

人大常委会法制工委关于2021年度规范性文件备案审查工作情况的报告，审议《关于废止〈关于在全州实施“单独”两孩政策的决定〉〈关于在全州实施全面两孩政策的决定〉的决定（草案）》《州齐岳山生态环境保护条例（草案）》（二审）；表决通过《关于废止〈关于在全州实施“单独”两孩政策的决定〉〈关于在全州实施全面两孩政策的决定〉的决定》。

【州九届人大常委会第三次会议】 2022年6月8日，州九届人大常委会第三次会议召开。会议听取和审议州人民政府关于2020年度州级预算执行和其他财政收支审计查出问题整改情况的报告、州监察委员会关于开展巩固拓展脱贫攻坚成果同乡村振兴有效衔接专项监督工作情况的报告；审议《恩施土家族苗族自治州人大常委会关于加强生物多样性保护的决定（草案）》《恩施土家族苗族自治州齐岳山生态环境保护条例（草案）》（三审）《恩施土家族苗族自治州茶产业发展条例（草案）》（二审）；审议通过有关人事任免议案。

【州九届人大常委会第四次会议】 2022年8月16日，州九届人大常委会第四次会议召开。会议听取和审议州人民政府关于2022年上半年全州国民经济和社会发展计划执行情况的报告、州人民政府关于2022年上半年财政预算执行情况的报告、州人民政府关于全州民族团结进步创建工作情况的报告、州人民政府关于贯彻实施《中华人民共和国长江保护法》工作情况的报告；表决通过《恩施土家族苗族自治州齐岳山生态环境保护条例》；审议通过《恩施州人大常委会议事规则》《恩施州人大常委会组成人员守则》《恩施州人大常委会关于许可对个别州九届人大代表采取刑事强制措施的决定》；审议通过有关人事任免议案。

【州九届人大常委会第五次会议】 2022年10月28日，州九届人大常委会第五次会议召开。会议听取和审议州人民政府关于2021年州级财政决算（草案）的报告、关于2021年度州级预算执行和其他财政收支的审计工作报告；作出州人大常委会关于批准2021年州级财政决算的决议、关于对2021年度州级预算执行和其他财政收支审计查出问题进行整改的决议；听取和审议州人民政府关于2021年度国有自然资源资产管理情况的专项报告、关于茶叶产业链建设推进情况的报告、关于减轻义务教育阶段学生作业负担和校外培训负担工作情况的报告、关于《湖北省人力资源市场条例》实施情况的报告；州人民政府书面报告2021年度国有资产管理情况；表决通过《恩施土家族苗族自治州人大常委会关于加强生物多样性保护的决定》；审议通过有关人事任免议案。

【州九届人大常委会第六次会议】 2022年12月13日，州九届人大常委会第六次会议召开。会议听取和审议州人民政府关于2022年州级财政预算调整方案的报告，作出州人大常委会关于批准2022年州级财政预算调整方案的决议（草案）；听取和审议州人民政府关于2022年度全州生态环境状况和生态环境保护目标完成情况暨长江大保护工作情况的报告、关于州九届人大一次会议以来代表建议办理情况的报告；审议《恩施州国土空间总体规划（2021—2035年）（草案）》《恩施土家族苗族自治州茶产业发展条例（草案）（三审）》；书面报告2022年度“代表行动”开展情况；审议通过《恩施州人大常委会关于许可对个别州九届人大代表采取刑事强制措施的决定》；审议通过有关人事任免议案。

【州九届人大常委会第七次会议】 2022年12月26日，州九届人大常委会第七次会议召开。会议作出关于召开州九届人大二次会议的决定；审议通过州九届人大二次会议议程（草案）、日程（草案）、主席团和秘书长名单（草案）、主席团常务主席名单（草案）、大会执行主席分组名单（草案）、副秘书长名单（草案）；决定州九届人大二次会议列席人员名单、邀请在主席台就座人员名单；审议州人大常委会工作报告（草案）及2023年度工作要点（草案）；审议《恩施州流域综合治理和统筹发展规划（草案）》，作出《州人大常委会关于批准恩施州流域综合治理和统筹发展规划的决议》；审议通过州人大常委会关于接受州人大常委会主任柯东海辞职请求的决定、关于州九届人大代表变动情况的报告；审议通过有关人事任免议案。

（刘　浏）

监督工作

【概况】 2022年，州人大常委会围绕州委中心工作，紧扣全州改革发展稳定大局，坚持正确监督、有效监督、依法监督，统筹运用听取和审议工作报告、执法检查、专题调研等方式，加大监督力度，推动中央、省委决策部署和州委工作安排落实落地，支持全州经济社会发展。

【围绕实施宪法和法律法规加强常态化监督】 2022年，州人大常委会加强对“一府一委两院”（“一府”即人民政府，“一委”即监察委员会，“两院”即人民法院、人民检察院）的工作实施监督，促进依法行政、依法监察、公正司法。加强全过程预算审查监督，分别听取和审议州人民政府半年计划、财政预算执行情况报告，持续开展重点保障、重大民生、政府债务等专项资金审查，发挥人大监督对全州经济社会发展的保障作用，促进财政资金使用绩效提升；加强国有资产管理监督，推动全州各类国有资产集体接受监督；首次听取和审议州监察委员会专项工作报告，促使全州各级监察机关持续加强巩固拓展脱贫攻坚成果与乡村振兴有效衔接的监督检查；以2021年行政败诉案件、行政复议案件为切口，对全州近年来行政争议案件调研分析、提出意见建议；对全州检察机关社会治理类检察建议落实情况开展专项监督，督促少数不重视、不按期反馈检察建议办理情况的部门落实整改，通过“再监督”促进再落实，增强行政机关依法履职的主动性和积极性。

【围绕贯彻重大决策部署加强重点监督】 2022年，州人大常委会围绕州委《关于加快推进“两山”实践创新示范区建设的决定》落实落地，听取和审议2022年度全州环境状况和环境保护目标完成情况暨长江大保护工作情况报告、国有自然资源资产管理情况的专项报告；开展《恩施土家族苗族自治州酉水河保护条例》贯彻实施视察调研，推动州人民政府制定出台酉水河保护条例实施细则；根据全州“比抓强争促”工作要求，加强“省预算内固定资产投资监督平台”反馈问题整改落实情况监督，促使问题得到及时全面的整改落实；开展省级制造业高质量发展和支持中小企业专精特新发展、科技创新、省级农业产业化龙头企业高质量发展、全州茶叶产业链建设推进及中蜂产业发展、黄连产业发展与利用、民族乡村特色产业发展、民族团结进步创建等专项视察调研。

【围绕人民群众关切加强跟踪监督】 2022年，州人大常委会坚持“民有所呼、我有所应”，推动人民群众急难愁盼问题解决。聚焦全州“双减”（即全面压减作业总量和时长）工作、医疗废物处置、物业管理、燃气管理、健康饮水等问题开展明察暗访，提出意见建议并提交政府有关部门整改落实；围绕全州养老服务体系建设开展专项监督，为恩施州应对人口老龄化，做好养老服务工作建言献策；针对少数乡村存在的婚姻登记历史遗留问题，及时协调州法院、州检察院、州公安局与州民政局建立联系机制，制定联动操作指南，搭建高效化解平台。

（刘　浏）

专门委员会工作

【概况】 2022年，州人大各专门委员会立足自身职能，协助常委会开展立法、执法检查和审议专项工作报告等工作，对“一府一委两院”提出加强和改进工作的意见建议，跟踪督办相关审议意见落实落地。

【法制委员会】 2022年，法制委员会完成《恩施土家族苗族自治州齐岳山生态环境保护条例》《恩施土家族苗族自治州人民代表大会常务委员会关于加强生物多样性协同保护的决定》审议、表决、报批工作；完成《恩施土家族苗族自治州茶产业发展条例》二审、三审工作；参与《恩施土家族苗族自治州乡村民宿发展条例》立法调研、论证评估等工作；调研论证《恩施土家族苗族自治州爱国卫生工作条例》立法项目，编制2023年度立法计划；配合全国人大、省人大常委会完成14部法律法规的立法调研、征求意见等工作。

【监察和司法委员会】 2022年，监察和司法委员会协助州人大常委会首次听取和审议州监委开展巩固拓展脱贫攻坚成果同乡村振兴有效衔接专项监督工作报告；对全州近年产生的行政争议案件梳理、分析，形成专题报告；协调州法院、州检察院、州公安局、州民政局搭建婚姻登记历史遗留问题化解平台，建立联系协作机制；对全州检察机关2021年出具的37份行政检察建议落实情况专项监督；配合省人大监司委开展基层法庭参与社会治理调研；向省人大监司委报送恩施州贯彻实施《湖北省公共法律服务条例》情况；参加长江保护法实施情况检查，撰写《深入贯彻长江保护法，全力筑牢长江重要生态屏障》的课题报告。

【财政经济委员会】 2022年，财政经济委员会加强全过程预算审查监督，协助州人大及其常委会依法审查批准年度州级财政预决算、经济社会发展计划；协助州人大常委会听取和审议州人民政府关于州本级预算执行和其他财政收支的审计工作报告、关于审计查出问题整改落实情况的报告，作出对审计查出问题整改的决议，对2016—2019年度审计工作报告的问题整改情况开展“回头看”；协助州人大常委会听取和审议州人民政府《关于2021年度国有自然资源资产管理情况的专项报告》和《关于2021年度国有资产管理情况的综合报告》，推动实现国有资产监督全覆盖；加强预算绩效审查监督，督促州直预算单位项目资金100%编制绩效目标；配合省人大常委会执法检查组对恩施州贯彻落实《中华人民共和国外商投资法》情况开展执法检查；对全州2019—2021年度“三支一扶”政策落实情况开展专题调研，形成专题调研报告。

【教育科学文化卫生委员会】 2022年，教育科学文化卫生委员会做好《恩施土家族苗族自治州爱国卫生工作条例》《恩施土家族苗族自治州乡村民宿发展条例》立法相关工作，组织开展一审前立法调研，指导形成条例草案文本，召开立法工作会议和专门委员会对文本草案审议，提出审议意见。开展全州竞技体育发展情况视察，组织视察组到县市开展调研，协助州九届人大常委会听取和审议州人民政府有关工作报告，研究提出审议意见。开展全州爱国卫生情况调研，支持州城“双创”工作开展，助推全州卫生环境改善。开展全州高新技术企业培育情况调研，了解科技支持企业发展、产业兴旺、社会进步的有关情况，推动形成全社会重视科技、支持科技发展的氛围。

【民族宗教侨务外事委员会】 2022年，民族宗教侨务外事委员会协助常委会听取和审议州人民政府《关于全州民族团结进步创建工作情况的报告》，组织开展全州民族团结进步创建工作情况视察，推动创建工作，恩施州及利川市被再度命名为“全国民族团结进步示范区”。围绕州委“打造大产业”工作要求，对恩施州民族乡村特色产业发展情况专题调研，形成专题调研报告提交常委会领导审阅参考。按照省人大常委会要求，开展“三非”（非法入境、非法居留、非法就业）人员治理情况专题调研、“一法两办法两条例”（即《中华人民共和国归侨侨眷权益保护法》《中华人民共和国归侨侨眷权益保护法实施办法》《湖北省实施〈中华人民共和国归侨侨眷权益保护法〉办法》《湖北省侨属企业条例》《湖北省华侨权益保护条例》）等归侨侨眷权益保护法律法规实施情况调研、《湖北省实施〈中华人民共和国民族区域自治法〉的若干规定》《湖北省散居少数民族工作条例》修订工作调研，就调研发现的问题总结分析并提出相关意见建议，形成报告报省人大民宗侨外委。

【农村委员会】 2022年，农村委员会会同法制委员会接续做好《恩施土家族苗族自治州茶产业发展条例》立法的有关工作。组织开展全州茶产业链建设推进情况专项视察，开展《中华人民共和国乡村振兴促进法》《湖北省乡村振兴促进条例》《湖北省气象灾害防御条例》《恩施土家族苗族自治州星斗山国家级自然保护区管理条例》等法律法规贯彻实施情况的执法检查。围绕年度州委农业农村工作重点，聚焦中蜂产业发展与利用、马铃薯种质资源保护与利用、华中药用植物园建设与发展、“恩施玉露”公用品牌利用与管理、宣恩县白柚产业发展、利川市黄连产业发展与利用、咸丰县沼气池建设与管理等内容开展调查研究，提出针对性的意见建议，督促各级政府和有关部门落实职能职责，将政策优势、岗位职责转化为推动工作发展的动力。

【环境资源保护委员会】 2022年，环境资源保护委员会开展《中华人民共和国长江保护法》《中华人民共和国环境保护法》执法检查，对《恩施土家族苗族自治州清江保护条例》《恩施土家族苗族自治州西水河保护条例》贯彻实施情况开展调研，以法治力量守护绿水青山。协助州人大常委会审议州国土空间规划，提出审议意见；审议州流域综合治理和统筹发展规划，作出《关于批准恩施州流域综合治理和统筹发展规划的决议》；听取和审议《恩施州人民政府关于全州环境状况和环境目标完成情况暨长江大保护工作开展情况的报告》，提出审议意见。开展全州物业管理和服务、传统村落连片保护利用、“擦亮小城镇”建设、自建房管理等工作调研，对州城燃气管理、州城健康饮水、农业绿色发展及碳汇交易等课题调查研究，完成调研报告。

【社会建设委员会】 2022年，社会建设委员会开展《湖北省志愿服务条例》《湖北省慈善条例》修订立法和实施情况调研。组织开展《湖北省人力资源市场条例》、婚姻家庭纠纷化解、重要时期安保维稳、州城居民住宅小区消防安全、企业纾困解难和以“实施积极应对人口老龄化国家战略、推动老龄事业高质量发展”为主题的专题调研。组织实施殡葬改革、清明节文明祭扫工作专项监督。

（刘 浏）

上级视察调研

【概况】 2022年，加强与全国各地人大的联络与交流，全年累计接待上级人大视察、调研和执法检查8批次。

【省人大常委会领导到恩施州视察调研】 2022年5月16—18日，省人大常委会副主任胡志强率调研组到恩施州，走访调研特色种植业、养殖业发展情况，实地察看美丽乡村建设、乡村治理和对口帮扶工作情况，开展“人大代表在行动”活动。7月20—21日，省人大常委会党组副书记、副主任梁伟年率调研组到恩施州，就《湖北省慈善条例》实施情况开展调研。

【省人大调研组到恩施州开展立法工作等调研】 2022年5月9—11日，省人大调研组到恩施州，对传统村落连片保护利用、“擦亮小城镇”建设和自建房管理工作开展调研。5月30日至6月1日，省人大调研组到恩施州，就《湖北省志愿服务条例》（修订）开展立法调研。7月6—8日，省人大相关领导到恩施州，走访联系人大代表，了解代表履职情况，听取关于人大立法工作、代表工作的意见建议。7月7—8日，省人大调研组到恩施州，就科技创新情况开展专题调研。8月7—9日，省人大调研组到恩施州，就贯彻实施《湖北省人民代表大会常务委员会关于充分发挥人民法庭作用，促进基层社会治理的决定》情况开展专题调研。8月9—12日，省人大调研组到恩施州，就《湖北省中医药条例》实施情况开展调研。8月25—26日，省人大执法检查组到恩施州，就《中华人民共和国长江保护法》贯彻实施情况开展执法检查。

（刘 浏）

恩施州人民政府

Enshi Prefectural People's Government

综　述

【概况】 2022年，恩施州地区生产总值1402.2亿元，同比增长3.3%；规模以上工业增加值同比增长6.6%；固定资产投资总额增长16.3%；社会消费品零售总额增长2.8%；地方一般公共预算收入同比增长8.7%；城镇和农村常住居民人均可支配收入分别增长5.5%、8.1%。12月27日，恩施土家族苗族自治州被国家民委命名为第十批全国民族团结进步示范区示范单位。

【产业发展】 2022年，恩施州产业投资公司、恩施州文化旅游投资公司、恩施州数字产业公司、恩施硒茶集团、利川红产业集团等挂牌成立，举办第七届硒博会暨硒科技创新发展大会。恩施州入选第三批国家农业绿色发展先行区创建名单，“恩施玉露”“恩施土豆”纳入国家农业品牌精品培育计划，“利川红”获巴拿马万国博览会特等金奖。页岩气累计产气量突破6000万立方米。新增“规模以上”工业企业108家、高新技术企业243家、国家级专精特新“小巨人”企业6家，恩施高新区规模以上工业总产值41亿元。和诺生物、腾升香料获得全国首批电子烟用烟碱生产许可，立讯电子科技获得电子烟代加工生产许可。鹤峰屏山、巴东无源洞创建国家AAAA级旅游景区，全州接待游客6837万人次，实现旅游综合收入439亿元，分别增长2.3%、3.8%。

【项目建设】 2022年，恩施州实施重点项目410个，郑万高铁巴东段建成通车，利咸高速、建恩北高速、姚家平水利枢纽工程开工建设，恩施机场迁建选址获批，沪渝蓉高铁恩施段完成可研审查，巴张高速沪蓉沪渝连接段、新机场快速通道、恩高宣快速通道等重大项目前期工作取得实质性进展。招商引资新签约、新开工、新投产亿元以上产业项目分别为437个、201个、124个，分别增长78.4%、43.6%、53.1%。争取专项债券107.17亿元，居全省第五位；争取基金18.98亿元，居全省第二位；争取“保交楼”资金5.74亿元。

【乡村振兴】 2022年，恩施州持续巩固脱贫攻坚成果，紧盯“三类对象”（即脱贫不稳定户、边缘易致贫户、突发严重困难户），常态化做好防止返贫动态监测和精准帮扶，守住不发生规模性返贫底线。宣恩县“奋力书写易地扶贫搬迁后半篇文章”入选国家乡村振兴局2022年全国巩固脱贫攻坚成果同乡村振兴有效衔接优秀案例。抓好269个乡村振兴重点村建设，100个乡村振兴重点村实施乡村建设行动，全州新改建农村公路1322千米，建成美丽农村路515千米。

【营商环境】 2022年，全州“清减降放”政务服务事项申请材料、办理流程、承诺时限全州统一，新推出“掌上办”事项50项、“一网通办”事项200项、“跨区通办”事项170项。43项改革入选全省优化营商环境改革先行区名单，5项典型经验在全省复制推广。建立“惠民利企一点通”平台，设置营商环境曝光台，开展“新官不理旧账”专项治理，规范涉企行政执法，整治招投标乱象。减税降费18.15亿元，投放中小微企业贷款162亿元。新增市场主体7.1万户，市场活跃度位居全省第二。

【生态保护】 2022年，州政府编制《恩施州国土空间规划》《恩施州流域综合治理和统筹发展规划》。全州空气质量优良率99.1%，州城细颗粒物（$PM_{2.5}$）、臭氧（O_3）浓度均值和平均优良率均居全省13个国考城市首位。25个国考省考地表水断面水质均值优良率100%，13个县级及以上集中式饮用水水源地水质达标率100%，清江被评为第二届全国“最美家乡河”。新建彩色森林2173.33公顷，恩施州成为全省唯一、全国第六个全域“中国天然氧吧”市州。

【民生保障】 2022年，全州民生支出占财政支出比重稳定在80%以上。新增城镇就业3.56万人，扶持创业1.1万人。城市、农村低保标准分别提高4个、9.6个百分点。推动17个楼盘“保交楼”工作，解决从事基本公共服务人员住房2713套。新改扩建学校34所，新增学位1万个。高考再创佳绩，高中教育质量稳居全省第一方阵。州公共卫生临床中心、民大医院医教协同及一批县市公共卫生服务设施投入使用，应对多轮疫情、罕见旱情，全面排查、化解、防范各类安全风险，社会大局平安稳定。

（周 沧 蔡 明 陈薇薇 吴 瑞 陈欣兰 曹晶晶）

重要会议

【概况】 2022年，州政府相继召开第一次全体（扩大）会议暨州政府廉政工作会议、工作务虚会等，召开州政府常务会议20次、讨论议题155项，召开系列重要专题会议研究重大事项。

2022年恩施州政府重要常务会议一览表

表4

召开时间	主要会议内容
1月11日	研究一季度经济“开门红”有关工作，审议《恩施州中小学生心理健康护航工程实施方案（2022—2023年）》《恩施州住房和城乡建设“十四五”规划》《恩施州生态环境保护“十四五”规划》《恩施州服务业发展“十四五”规划》《关于突破性建设一流营商环境的实施方案》《2022年“大招商、招大商”招商引资重点突破年行动方案》
2月14日	审议《中共恩施州委、恩施州人民政府关于做好2022年全面推进乡村振兴重点工作的实施意见》《恩施州综合交通运输发展“十四五”规划》《恩施州工业（制造业）高质量发展“十四五”规划》《恩施州生态文化旅游“十四五”发展规划》《恩施州硒产业发展“十四五”规划》《恩施州卫生健康事业“十四五”发展规划》《恩施州农业农村现代化“十四五”规划》《恩施州驻外招商管理办法（试行）》《恩施州推进落实武汉市对口帮扶2022年工作方案》，研究全州2022年消费帮扶工作相关事宜
3月1日	听取关于组建全州重大项目、重点工作推进工作专班有关情况汇报，审议《恩施州加大争取国务院督查激励工作方案》《关于支持实体经济发展有关奖补措施》《关于支持经济社会发展有关激励措施》《恩施州教育事业发展“十四五”规划》《恩施州产业发展投资有限公司组建方案》《恩施州大数据服务有限公司组建方案》《恩施州文化旅游投资开发股份有限公司组建方案》
3月23日	审议《关于落实国务院和省政府新时代支持革命老区振兴发展的实施方案》《恩施土家族苗族自治州城乡居民大病保险实施办法》《恩施州2022年“比招商、抓项目、强产业、争资金、促进位”全力推动绿色崛起实施方案》《关于推动新时代全州红十字事业高质量发展的实施意见》《恩施州贯彻落实第二轮中央生态环境保护督察报告整改方案》
4月11日	听取2022年人大代表建议和政协提案交办工作等情况汇报，审议《恩施土家族苗族自治州建州40周年庆祝活动建议方案》《恩施州人民政府2022年立法工作计划》
4月24日	审议《恩施州“大生态”建设实施方案（2022—2025年）》《恩施州“两山”实践创新基地建设行动方案》《恩施州建立健全生态产品价值实现机制实施方案》《关于进一步促进房地产业良性循环和健康发展的政策措施》《恩施州2022年巩固拓展脱贫攻坚成果实施方案》
5月16日	听取2022年度州直政府部门主要业务工作考核指标和县市差异化考核指标设置情况汇报，审议《恩施州支持高校毕业生就业创业十条措施》《全州城镇燃气安全管理提升行动实施方案》《恩施州居民自建房安全隐患专项排查整治行动工作方案》《恩施州突破性发展工业经济实施办法》，研究部署全州防汛抗旱工作
5月31日	审议《恩施州深入推进爱国卫生运动实施方案》
6月23日	审议构建州城“大城管”格局创建国家卫生城市和全国文明城市系列方案、《恩施州人民政府决策咨询委员会管理办法（试行）》《恩施州妇女发展规划（2021—2030年）》《恩施州儿童发展规划（2021—2030年）》《恩施州残疾人事业发展“十四五”规划（送审稿）》《恩施州突破性发展县域经济攻坚行动方案（2022—2026年）》，研究部署降雨集中期防汛救灾工作、粮食安全有关工作
7月15日	审议《关于规范避暑康养项目建设的通知》《加快恩施州对外开放通道发展的行动方案》《恩施州人民政府投资管理办法》《恩施州州级政府投资项目代建制管理办法（试行）》《关于进一步改进高标准农田建设管理体制的意见》，分析上半年经济发展形势、安排部署下半年工作
7月22日	审议《关于加快推进全国“两山”实践创新示范区建设的决定》

续表 4

召开时间	主要会议内容
8月1日	审议《恩施州深入打好污染防治攻坚战实施方案》《恩施州落实光盘行动反对食品浪费实施方案》《恩施州贯彻实施〈湖北省慈善条例〉工作方案》《关于加强全州失能半失能人员照护服务的具体措施》
8月22日	审议《恩施州法治政府建设重点任务清单》《恩施州加快解决从事基本公共服务人员住房困难问题试点工作实施方案》，研究部署全州抗旱工作
9月5日	听取恩施州建州40周年大庆项目立项申报、恩施高新区重点项目及青树林片区开发工作情况汇报，审定《恩施州危险自建房分类处置指导意见》《关于进一步加强法治政府建设的八条措施》，研究部署全州招商引资工作
9月26日	审议《恩施州全民科学素质行动规划纲要实施方案（2021—2025年）》《恩施州建立健全职工基本医疗保险门诊共济保障机制实施细则》
10月14日	审议《恩施州人民政府关于进一步促进房地产业平稳健康发展的若干措施》《恩施州人民政府办公室关于引导和鼓励农民进城购房的指导意见》《恩施州人民政府关于实施“亩产论英雄”推进土地集约高效可持续利用的工作方案》《关于2021年度州级预算执行和其他财政收支的审计工作报告》《恩施土家族苗族自治州特困人员供养实施办法》《恩施州改革完善社会救助制度的工作举措》《恩施州融资担保平台组建方案》《恩施州产业资本控股有限公司设立方案》
10月28日	听取省委涉粮问题专项巡视反馈意见整改、全州粮食安全责任制考核情况、全州疫情防控工作情况汇报，审议《恩施土家族苗族自治州西水河保护条例实施细则》《恩施州人民政府重大行政决策程序规范》《恩施州创建“无证明地区”十条措施》，研究全州行政复议体制改革工作
11月30日	听取全州天然气市场整合工作情况汇报，审议《恩施州国土空间总体规划（2021—2035年）（草案）》《关于工业企业“退城进园”的实施意见》《恩施州重特大疾病医疗保险和救助制度实施办法》《恩施州基本医疗保险州级统筹实施办法》《恩施州乡村建设行动实施方案（2022—2025年）》《恩施州贯彻落实〈省委省政府关于加快推进知识产权强省建设的实施意见〉的十条措施》《关于新时代推进品牌建设的实施意见》
12月16日	审议《恩施州贯彻落实〈关于建立健全领导干部自然资源资产离任审计评价指标体系的意见〉的实施方案》《政府工作报告》《关于恩施州2022年国民经济和社会发展计划执行情况与2023年计划草案的报告》《关于恩施州2022年财政预算执行情况和2023年财政预算草案的报告》《宜荆荆都市圈发展规划纲要》《宜荆荆都市圈发展三年行动方案及十大标志性工程》《宜荆荆都市圈发展2023年工作清单》《恩施州流域综合治理和统筹发展规划》《恩施州2022年度县市及州直部门推进乡村振兴战略实绩综合考核办法》，研究部署全州民族宗教工作
12月27日	审议《恩施州推动公立医院高质量发展实施方案》《恩施州推进数字经济发展实施方案》《恩施州数字经济发展三年行动计划》《恩施州属企业主业和投资管理办法（试行）》《恩施州属企业融资担保与资金管理办法（试行）》《关于持续深化供销合作社综合改革推进供销合作事业高质量发展的行动方案》

【州九届人民政府第一次全体（扩大）会议暨州政府廉政工作会议】 2022年3月14日，州九届人民政府第一次全体（扩大）会议暨州政府廉政工作会议召开。会议指出，要坚持以经济建设为中心、以加快发展为根本任务，突破性抓县域经济、项目建设、招商引资、营商环境等工作，推动恩施绿色崛起、加快崛起、全面崛起。全州各级政府领导干部要全面提升抓经济工作的能力，提升思想变革、学习研究、运用平台、运用法治、防范化解风险等12种具体能力，成为抓经济工作的行家里手。政府系统要把廉政建设和反腐败工作作为一项重要政治任务，担负起党风廉政建设主体责任，做到信念过硬、政治过硬、责任过硬、能力过硬、作风过硬，营造风清气正的政治生态。

【州人民政府决策咨询委员会第一次会议】 2022年11月18日，州人民政府决策咨询委员会第一次会议召开。会议强调，要发挥专家的领军作用，围绕恩施州的发展大局建言献策，围绕恩施经济社会发展研究根本问题、重大问题和关键问题；要加强理论武装，创新体制机制，加快建成全州核心智库和全省一流新型智库。

【州政府工作务虚会】 2022年12月8日，州政府工作务虚会召开。会议要求，要全面分析全州发展面临的新形势、新任务、新挑战，研究谋划明年重点工作，理清思路，科学制定明年工作目标、任务和措施，保证开好局、起好步；要全面推进基础设施建设，构建现代产业体系，加快推进新型城镇化，持续打造一流营商环境，刻不容缓提升科技创新能力，为加快建设“两山”实践创新示范区奠定坚实基础。

【州政府重要专题会议】 2022年2月15日，州政府专题研究州国投公司、州高新投公司、州农发担保公司、恩施市城投公司工作和州大数据公司、州文旅投公司、州产投公司组建工作。2月22日，专题研究利咸高速项目；专题研究《恩施土家族苗族自治州建州40周年庆祝活动方案》。3月4日，专题研究恩施市入河排污口整治工作。4月18日，专题研究巴张高速沪蓉沪渝连接段项目。4月19日，专题研究促进房地产业良性循环和健康发展有关工作。5月21日，专题研究全州“三区三线”划定工作。5月31日，专题研究支持恩施高中发展工作。6月6日，专题研究华谊兄弟星剧场美好生活综合体建设、恩施民族体育运动中心建设、世界旅游组织开展恩施旅游策划工作。7月2日，专题研究恩施大峡谷周边环境综合治理规划有关工作。7月21日，专题研究清江带状公园姊妹桥至彩虹桥段绿化美化提档升级和旗峰坝体育运动公园设计有关工作。9月9日，专题研究恩施州保交楼专项借款工作。10月9日，专题研究促进房地产平稳健康发展有关工作。10月20日，专题研究州国投集团片区开发工作。10月31日，专题研究州城智慧停车场项目建设工作。11月25日，专题研究流域综合治理和统筹发展规划编制工作。

（周　沧　蔡　明　陈薇薇　吴　瑞　陈欣兰　曹晶晶）

重要活动

【与国开青旅集团有限公司签订战略合作协议】 2022年4月16日，州政府与国开青旅集团有限公司签订战略合作协议。州委副书记、州长夏锡璠，国开青旅集团董事局主席、CEO陈诚见证签约并讲话。4月13—15日，由国开青旅集团、江苏金刚科技集团组成的考察团到恩施市、建始县、宣恩县、巴东县等县市进行实地考察。

【签订共建省级区域医疗中心合作协议】 2022年4月24日，州政府与省卫健委签订共建省级区域医疗中心合作协议，恩施州被确定为第一批省级区域医疗中心共建市（州），恩施州中心医院、湖北民族大学附属民大医院、恩施州优抚医院被纳入共建医院。

【举办央企、省企恩施行招商签约活动】 2022年7月12日，州委、州政府举办央企、省企恩施行招商签约活动。恩施州政府与中国建筑第二工程局有限公司、中建三局集团有限公司等16家企业签订战略合作框架协议。

【与中国农业发展银行湖北省分行签订合作协议】 2022年7月27日，州政府与中国农业发展银行湖北省分行签订合作协议。州委副书记、州长夏锡璠主持签约仪式并讲话，农发行湖北省分行党委书记、行长陈志猛见证签约并讲话。

【签订页岩气勘探开发合作协议】 2022年8月9日，州政府与中国石油化工股份有限公司江汉油田分公司签订页岩气勘探开发合作协议，在页岩气开发利用、加油加气站建设、LNG加工销售等方面开展合作。

【签订共建“硒科学与工程现代产业学院”框架协议】 2022年10月28日，州政府与武汉轻工大学签订共建“硒科学与工程现代产业学院”框架协议。

（周　沧　蔡　明　陈薇薇　吴　瑞　陈欣兰　曹晶晶）

调研督办

【中央有关部委到恩施州调研】 2022年2月24—25日，国家乡村振兴局督查专员王光才到建始县调研乡村振兴工作。3月24—25日，生态环境部部长黄润秋到恩施州调研生态农业、清江流域水资源及水生态保护有关工作。5月26—27日，武汉大学校长、中国科学院院士窦贤康到恩施市调研定点帮扶工作。7月5—8日，原农业部党组成员、中国农产品市场协会会长、国务院参事室特邀研究员张玉香到恩施州参加中国茶业科技年会相关活动。7月6—7日，农业农村部畜牧兽医局局长杨振海到咸丰县调研乡村建设和环境治理工作。7月18—20日，中国铁塔党委书记、董事长张志勇到宣恩县调研乡村振兴工作。7月19—24日，国务院参事室副主任张彦通到恩施州调研生态文化旅游、乡村振兴等工作。7月21—28日，中央法治督察组副组长、生态环境部法规与标准司司长别涛到恩施州开展法治建设督察。7月25—26日，最高人民检察院巡视组组长，内蒙古自治区检察院党组副书记、副检察长简小文到利川市开展调研。9月15—17日，国家卫生健康委党组成员、国家中医药局党组书记余艳红到恩施市调研督导疫情防控工作。12月12—23日，巩固拓展脱贫攻坚成果同乡村振兴有效衔接实地考核评估工作综合核查组副组长、国务院国资委社会责任局副局长柳长森到恩施州开展2022年度巩固拓展脱贫攻坚成果同乡村振兴有效衔接实地考核评估工作综合核查。

【省相关领导到恩施州调研】 2022年1月11—12日，副省长、省公安厅厅长徐文海到巴东县调研岁末年初安全稳定工作，走访慰问一线民辅警。3月24日，副省长赵海山到恩施州调研生态农业、清江流域水资源及水生态保护有关工作。6月8日，省政府秘书长蔚盛斌到恩施州开展乡村振兴调研工作。7月24—25日，省委常委、武汉市委书记郭元强到恩施州调研巩固拓展脱贫攻坚成果同乡村振兴有效衔接、培育特色优势产业、武汉市—恩施州结对帮扶等工作。9月15—17日，副省长杨云彦到恩施市调研督导疫情防控工作。10月17—18日，副省长杨云彦到恩施州调研巩固拓展脱贫攻坚成果同乡村振兴有效衔接、美丽乡村建设和农旅融合发展工作。11月17—18日，副省长杨云彦到恩施州参加第七届世界硒都（恩施）硒产品博览交易会暨硒科技创新发展大会。12月6—7日，副省长、省公安厅厅长徐文海到恩施州调研乡村振兴基层治理工作。12月11日，省委常委、常务副省长董卫民到宣恩县宣讲党的二十大精神，开展乡村振兴帮扶调研。12月11日，副省长邵新宇到巴东县调研乡村振兴工作。

【建议提案办理】 2022年，州政府交办督办州人大代表建议143件、州政协提案192件，对所有办理单位和部门进行督办，对10个州直部门和2个县市政府开展专项督查，督促承办单位办好每一件代表建议、政协提案，见面率、答复率、满意率均为100%。

【网络问政及信访件办理】 2022年，州政府办理省长阅批信访件5件、州长阅批信访件103件、国务院“互联网+督查”平台留言6条、网民给省长留言9条、网民给州长留言28条，保证群众急难愁盼问题解决。跟踪督办优化营商环境专题电视问政曝光问题整改情况，6个问题均整改到位。开办《党风政风热线》栏目，6个县市政府、44家州直单位、59家县市直单位和10家企业上线，线上接听热线电话683个，网络互动5万条，对老百姓反映的问题线上解答2330件，线下答复208件，平均满意度98%。

（周 沧 蔡 明 陈薇薇 吴 瑞 陈欣兰 曹晶晶）

政府政策研究工作

【概况】 2022年5月，州委编委批准设立州政府研究室，为州政府工作部门，正县级机构，开展调查研究，注重成果转化，为州委、州政府科学决策提供参谋服务。

【文稿服务】 2022年，州政府研究室围绕州委、州政府中心工作，提高文稿质量，全年完成各类文稿297篇100余万字。做好政府工作报告、经济工作会议、政府全会等大型会议材料的筹备工作，牵头拟定州委、州政府关于加快推进“两山”实践创新示范区建设的决定，抓好向国家、省有关汇报材料、发言材料、交流材料、推介材料的起草工作，统筹兼顾各类述职材料、辅导报告、采访稿、主持词、致辞等。做好《政府公报》《亮点推介》《政府工作综述》编发工作，编发《政府公报》6期，《亮点推介》12期，《政府工作综述》8期。

【调查研究】 2022年，州政府研究室围绕州委、州政府重点工作和人民群众关心关注的热点、难点问题，开展调查研究，形成一批优质的调研报告。《恩施州县域经济发展现状分析》等调研成果得到省、州相关领导肯定性签批，《恩施州农村土地经营权抵押贷款破解市场主体融资难的探索》获得2020—2021年度湖北发展研究奖；编发《调查研究》4期，刊登《陕西省安康市产业发展学习考察报告》《美丽乡村建设的“振兴密码”》等调研报告，在乡村振兴、县域经济发展、市场主体融资、铁路货运、农业产业发展等方面提出意见建议，得到州相关领导肯定性签批。

【决策咨询】 2022年，州政府研究室筹备成立州政府决策咨询委员会，组织召开州政府决策咨询委员会第一次会议，聘请中国工程院院士、知名高校教授等各领域专家9人，针对恩施州经济社会发展的根本问题、重大问题和关键问题建言献策、提供咨询。

（吴 琦）

州驻外地机构

【州政府驻北京联络处】 2022年，州政府驻北京联络处加强措施保稳定、拓展思路抓发展，利用现有资源建成“一厅一馆”（“恩施玉露”品牌展示厅和恩施农特产品展销馆）。支持北京恩施企业商会迁址恩施州北京办事处，推动全州在京政商资源的整合利用。加强与农业部、生态环境部、财政部、自然资源部、国管局、北京市对口支援办、北京市政务局等单位的对接，完成州主要领导在京政商活动的服务保障工作。配合相关单位争取推动重大项目建设，与恩施籍在京成长型企业、北京本地优秀企业建立常态化联络机制，推动相关企业到恩施投资兴业。完成党的二十大等重点时段和常态化信访安全保障工作，全年党建工作和驻京群众工作分别被省驻京办评选为优秀单位。

【州政府驻武汉办事处】 2022年，州政府驻武汉办事处加强与省委、省政府及省直有关部门的政务联络，收集和传送涉及全州经济社会发展的政策、经验等信息，搭建政务联络与信息沟通快捷通道。宣传推介恩施农副产品，围绕全州招商引资工作任务开展外出招商6次，举办招商引资座谈会6次。整合各县（市）驻汉群工办力量，做到全州驻汉群众工作一盘棋，组织《信访工作条例》宣讲，全年编发《每日信息》200余条，实现信访维稳工作“三零”（零伤害、零事故、零损失）目标。异常信访连续3年为“零”，全省唯一。

（周 沧 蔡 明 陈薇薇 吴 瑞 陈欣兰 曹晶晶）

州政府办公室

【概况】 2022年，州政府办公室围绕州委、州政府工作大局，做好统筹、参谋、服务、督办等工作，发挥全州政府系统运转中枢作用。州政府办公室联系村利川市汪营镇齐跃桥村获评“全国民主法治示范村”“湖北省森林乡村”。

【简约政务】 2022年，州政府办公室优化公文办理流程，严格本级发文减环节、减篇幅、减数量，执行“一文不二签”；落实各级来文马上办、限时办、紧急办，做到来文即收即办、运转24小时不断档。优化会议服务，制订州政府主要领导各类会议活动方案模板，建立会议活动服务标准。抓好会议统筹，能整合的整合，该精简的精简；坚持开短会、讲短话，一般不安排交流发言，严控参会人数，杜绝无关人员陪会，提高会议效率；严肃会风会纪，严格请假程序。

【统筹调度】 2022年，州政府办公室出台《关于进一步明确州政府有关工作运行机制的通知》，服务州政府领导每周到基层调研1次，每两周召开1次政府常务会议，每月召开1次经济工作调度会，每两月调度1次招商引资、项目建设和优化营商环境工作，每天报告州政府领导工作动态，汇总领导外出报备和到恩施调研考察人员情况，保障政府系统规范运行。

【参谋服务】 2022年，州政府办公室加强会议活动统筹服务，全年服务保障州政府主要领导调研考察69次，组织承办州政府常务会议20次，州政府专题会议、电视电话会议和互联网在线会议180余次，州政府常务会议纪要实现“当场出稿、当日送审、三天印发”。组织接待国家级、省级领导到恩施调研会议活动10余次。加强信息服务，全年报送政务信息709篇，政务信息工作在全省17个市州排名第四。第一时间报告重要紧急信息，支持政府科学应急处突。开展调查研究，提升全州政府系统干部抓经济工作的能力。全年形成有数据、有分析、有措施、有建议的调研报告10余篇。组织开展“周末经济课堂”专家辅导9次。

（周　沧　蔡　明　陈薇薇　吴　瑞　陈欣兰　曹晶晶）

人力资源管理

【概况】 2022年，全州事业单位招聘2014人，其中统一公开招聘278人，专项公开招聘1736人［含中小学教师448人、小学全科教师及公办幼儿园教师定向委培毕业生483人、考核聘用2020年服务期满“三支一扶”（支农、支教、支医和扶贫）人员143人］；招募“三支一扶”工作人员271名。新增持证技能人才4283人，高技能人才507人，新增技师、高级技师62人。完成14项人事考试任务，服务考生8.67万人次。9月13日，鹤峰县劳动保障监察局被省委、省政府表彰为第四届湖北省“人民满意的公务员集体”。

【完成县以下事业单位管理岗位职员等级晋升】 2022年3月，完成首批县以下事业单位管理岗位职员等级晋升，实现制度入轨。年末全州8个县市共2645家事业单位，县以下事业单位共设管理岗位10382个，聘用管理人员总数8457人，符合职员等级晋升条件的2329人，完成职员等级晋升1556人，其中十级晋升九级职员107人，九级晋升八级职员1301人，八级晋升七级职员124人，七级晋升六级职员24人；晋升职级人均月增资578.26元。

【二级岗位推荐与三级岗位评选】 2022年，根据省委组织部、省人社厅关于全省二级岗位人员选聘工作要求，按程序推荐申报2名人选，经省政府核准，批复恩施州专业技术二级岗位人员1名。制定专业技术三级岗位拟聘人选聘用资格量化评审办法，确定评分标准，规范评审程序，选聘专业技术三级岗位人员10人。

【规范事业单位工作人员和机关工人津贴补贴】 2022年，规范事业单位工作人员和机关在职工人津贴补贴，将向事业单位工作人员发放原奖励性补贴规范为单列核定绩效工资，将向机关工人发放的原奖励性补贴规范为绩效奖金；将向离休人员发放的原奖励性补贴规范为离休补贴，将向机关事业单位退休人员发放的原奖励性补贴规范为统筹待遇。年末州直方案经多次比选优化，报州委、州政府研究同意后印发实施，各县市在州人社局的指导下完成津贴补贴规范工作。

2022年“春风行动”·恩施高新区企业现场招聘会在州城举行

（申丽萍　摄）

【深化公立医院薪酬制度改革】 2022年，按照《湖北省人社厅、省财政厅、省卫生健康委、省医疗保障局关于深化公立医院薪酬制度改革实施意见》精神，起草并报州医改领导小组办公室印发《恩施州深化公立医院薪酬制度改革工作方案》，推进公立医院薪酬制度改革。

【首次认定“硒谷英才”】 2022年，根据州委、州政府要求，配合州委人才办首次开展“硒谷英才”认定工作，认定恩施州第一批“硒谷英才”37人，制作入选证书、宣传折页、硒谷英才卡等，推动人才服务政策落实落地事项12项。

【首次通过全省职称评审信息管理系统进行全系列、全级别职称申报】 2022年，根据省人社厅要求，指导县市和州内自主评审单位熟悉省职称评审管理信息系统操作流程，推进职称评审网上申报，完成年度职称评审。全年评定专业技术人员高级职称934人、专业技术人员中级职称1420人，为53家非公企业评定专业技术人员中初级职称117人。

【首次下放全州中小学和中等职校教师中级职称管理权限】 2022年，按照属地管理原则，将全州中小学（含民办）和中等职校教师中级职称评审工作下放到各县市进行综合管理。州教育局所属学校（单位）、州人社局局管民办学校及州直有关单位中小学教师中初级职称评审暂纳入恩施州中小学教师高级职务任职资格评审委员会进行评审。

【首次面向全国重点高校开展“校园招聘”】 2022年，州人社局征集全州事业单位28个岗位、33人招聘计划。4月，组织招聘单位到武汉大学、华中科技大学、华中农业大学开展“校园招聘”，按程序免笔试招聘高层次、紧缺人才8名。

【北京乡村振兴博士后科技服务团巴东行】 2022年7月25—29日，组织协调北京市人社局选派农业、硒食品、医疗、教育、城建、金融等领域专家16人到巴东县，开展北京乡村振兴博士后科技服务活动，为26个项目提供相关服务。专家通过一线讲学、专题培训、现场指导、手术带教等形式，解决一批技术难题。

【《恩施州开展“比招商、抓项目、强产业、争资金、促进位”工作及时奖励的实施方案》出台】 2022年，聚焦“比抓强争促”工作，州委办、州政府办出台《恩施州开展“比招商、抓项目、强产业、争资金、促进位”工作及时奖励的实施方案》，对在招商引资、项目建设、产业培育、资金争取和争先进位等专项工作中表现突出、有显著成绩和贡献的集体和个人给予奖励。

【公务员录用和事业人员招聘考试】 2022年5月21日，全州事业单位统一公开招聘考试笔试在州城恩施举行。全州175家事业单位推出251个岗位，招聘工作人员278名，设置考点8个、考场660个，有14757名考生参加考试。7月9—10日，湖北省2022年度省市县乡考试录用公务员恩施考点笔试在州城恩施举行，在8个学校设置考点9个、标准化考场462个，有15369名考生参加考试。

（朱峻苇）

民族宗教事务

【概况】 2022年，全州民族宗教事务工作呈现出民族团结、宗教和顺、社会和谐的局面。恩施州全域创建工作经验在全省相关工作会议上交流发言，州电力系统创建的“民族团结·党旗红”品牌获省委常委、统战部部长宁咏肯定批示。编制《恩施州铸牢中华民族共同体意识规划》。向省申报“三项计划”（各族青少年交流计划、各族群众互嵌式发展计划、旅游促进各民族交往交流交融计划）创新项目95个、中华民族共同体体验馆（园）项目10个，打造文化传承基地34个，命名民间艺术大师9名，备战省运会和全省少数民族传统体育运动会，宣恩县申请成为省第十一届少数民族传统体育运动会举办地。争取到位中央、省级民族发展资金1.35亿元，同比增长7.1%；民

2022年6月10日，恩施职业技术学院举办铸牢中华民族共同体意识文艺会演

（州民宗委 供稿）

贸民品贴息引导资金4284万元，增长11.2%；新认定民贸企业419家，增加32家。

【铸牢中华民族共同体意识宣传教育】 2022年，抓好铸牢中华民族共同体意识宣传教育。构建大宣传格局，将铸牢中华民族共同体意识宣传教育融入社会主义核心价值观培育践行、党史学习教育和“双创”活动中。加强理论研究阐释，完成《鄂西南地区各民族交往交流交融历史》《中国土家族源流》组稿。线上线下开展社会宣传教育，州内外媒体推出铸牢中华民族共同体意识宣传教育文章，“村村响”广播将铸牢中华民族共同体意识宣传教育覆盖全州乡村，州广播电视台将“五个认同”（对伟大祖国、中华民族、中华文化、中国共产党、中国特色社会主义的认同）等内容作为开机页面，开通“恩施民宗”微信公众号，办好《鄂西民族》和门户网站，发布文章、信息、短视频等600余篇条，在城乡公共区域设置或更新醒目景观标语5000余条块，开展“民族团结文艺轻骑兵”文化惠民活动200余场，主题征文和网络竞赛活动吸引全国10余个省和自治区网民参与。

【民族团结进步创建】 2022年，恩施州持续推进“五个100”［100所学校、100家景区、100家民宿、100个乡村（社区）、100个基地］示范创建工程。25个地区和单位被命名为2021年度全省民族团结进步示范区示范单位。

【宗教工作】 2022年，州民宗委坚持宗教中国化方向，建设利川市花梨岭天主教堂和恩施市玉龙寺2个示范点，组织宗教界开展相关征文、崇俭戒奢、“四史”（党史、新中国史、改革开放史和社会主义发展史）、“三爱”（爱国、爱党和爱社会主义）主题教育活动，推进宗教场所“四进”（开展国旗、宪法和法律法规、社会主义核心价值观、中华优秀传统文化进宗教活动场所）活动。

【落实民贸民品贷款贴息政策】 2022年，州民宗委以民贸民品工作为抓手，减轻市场主体负担。开展“下基层、察民情、解民忧、暖民心”实践活动，按照领导班子对口联系工作安排，开展民贸民品企业大走访大调研近40家次（占总数的1/10），宣传国家稳企、惠企政策，详解民贸民品贴息政策，解答企业申办过程中的各类问题。年度民贸企业动态调整工作启动后，组织各县市到辖区企业，摸清企业用工、生产、营收、税收等基本情况，将动态调整政策相关要求传达到每个企业，进行“一对一”上门服务，指导符合条件的企业申报新一轮民贸企业，组织企业开展民族团结进步创建。全州419家企业通过2022

年度全省民贸企业认定，占全省总量的84.5%。推动服务下沉，配合相关部门落实贷款贴息相关政策，履行督促、监测、检查职责，指导企业建立健全基础档案制度、落实第三方审计制度，支持企业规范管理、健康发展。

【武汉市民宗委对口帮扶】 2022年6月16日，恩施州民宗委到武汉市民宗委沟通对接2022年度重点结对帮扶事项，确定《2022年武汉市民宗委对口帮扶恩施州民族宗教工作实施方案》，坚持“尽力而为、主动帮扶、突出重点、打造亮点、优势互动、合作共赢、完善机制、创新方式”原则，统筹汉恩资源，聚焦铸牢中华民族共同体意识，建设项目惠及恩施地区少数民族群众，开展形式多样活动，加强两地交往交流。全年武汉市民宗委支持40万元资金，用以铸牢中华民族共同体意识教育实践基地建设。

【州庆活动筹备】 2022年，由州民委牵头，组织筹备2023年建州40周年庆祝活动，组建工作专班，建立每月调度机制。制订州庆总体方案和4个配套方案，督促各县市、州直相关单位制订初步方案。开展节庆申报工作，国家民委、民政部批复同意举办州庆活动，向全国清理和规范庆典研讨会论坛活动工作领导小组办公室进行申报。制订民族团结进步表彰、恩施州各民族建设中华民族共同体的历史贡献与现实路径研讨会等活动方案。做好州委、州政府向省委、省政府请示事项的沟通衔接工作，争取项目、资金和政策支持。

【民族宗教工作培训】 2022年2月21日，全州民宗系统业务培训会在州城恩施举行。会上，以《坚持以铸牢中华民族共同体意识为主线，推进新时代党的民族工作高质量发展》为题，对中央和省委、州委民族工作会议精神进行专题辅导授课，对全国民族团结进步示范州测评指标进行专题讲解答疑。4月24—27日，州民宗委在州委党校举办铸牢中华民族共同体意识专题培训班，重点学习党的十九届六中全会精神，中央、省委民族工作会议精神和全国、全省宗教工作会议精神，围绕如何高水平推进民族团结和进步，做好意识形态、信息宣传、公文写作、保密等工作，邀请相关领导和专家授课。11月15日，州民宗委举行全州宗教界代表人士培训会议，传达学习党的二十大及中央、省委民族工作和全国、全省宗教工作会议等精神。12月8—9日，全省坚持宗教中国化方向理论研讨暨“四进”“平安创建”活动交流培训在武汉市举行，全州通过线上方式组织州、县两级统战部门、民宗部门干部职工，宗教工作领导小组成员单位分管领导和联络员，宗教工作“四员”（督导员、联络员、信息员、协管员），宗教界代表人士，恩施3所高校宗教工作负责人，全州“石榴籽”宣讲员成员共5000余人，收看《坚持我国宗教中国化方向“湖北实践”路径》线上专题辅导授课等，参加总结交流会。

【民族宗教工作宣讲】 2022年7—8月，州民宗委牵头组建成立“石榴籽”宣讲团，面向全州各级机关企事业单位、各乡镇、村（社区）党员干部和各族群众开展民族宗教重要会议精神宣讲30余场次。7月13日，州民宗委主要领导到州委党校开展民族宗教工作专题培训讲座，全州统战系统及州直有关单位干部职工130余人参加。

【州第七批民间艺术大师认定】 2022年2月9日，州政府发文命名恩施州第七批民间艺术大师，认定田若兰（女）、江正元、张之文、陈立高、吴秀珍（女）、沈强、隋金玉（女）、彭茂相、彭清慧（女）等9人为州级民间艺术大师。该行动自2003年启动以来，州政府共命名7批、67名民间艺术大师（其中29人已去世）。

【全省民族团结进步示范区示范单位】 2022年3月4日，利川市、建始县、利川市毛坝镇、建始县高坪镇、巴东县大支坪镇、恩施市司法局、宣恩县文旅局、恩施市舞阳坝街道桂花园社区、建始县业州镇草子坝社区、宣恩县珠山镇上湖塘社区、巴东县官渡口镇晴帆园社区、鹤峰县容美镇中坝路社区、咸丰县大路坝区工委蛇盘溪村、来凤县三胡乡黄柏园村、恩施市龙凤镇民族初级中学、利川市第一中学、利川市馨艺幼儿园、咸丰县曲江镇中小学、来凤县民族小学、鹤峰县走马镇民族中心学校、恩施市润邦国际富硒茶业有限公司、湖北龙船调服饰有限公司、国网湖北省电力有限公司建始县供电公司、国网湖北省电力有限公司宣恩县供电公司、湖北正山堂巴东红茶业有限责任公司等25个地区和单位名列省民宗委2021年度全省民族团结进步示范区示范单位。

【州新一轮“全国民族团结进步示范州”创建工作接受省第三方评估】 2022年3月27—30日，省民宗委评估组在恩施州开展新一轮“全国民族团结进步示范州”创建第三方评估

2022年2月春节期间，民族团结进步创建活动进社区（图为利川市柏杨坝镇永兴社区传承国家级非物质文化遗产利川灯歌） （州民宗委 供稿）

工作，先后到建始县高坪镇青里坝村、草子坝社区，利川市第二民族实验小学等地，通过实地查看、座谈交流、查阅资料等方式进行评估检查。

【上级领导调研】 2022年4月30日至5月2日，省委统战部副部长，省民宗委党组书记、主任沙玉山到建始县业州镇草子坝社区，恩施市龙凤初中，鹤峰县青翠源茶业公司、八峰药化公司、东狮茶业公司、百顺农业开发公司，鹤峰县下坪乡堰坪村、岩门村周家院子、燕子镇石龙洞村三组现代农业产业园就平安建设、民族宗教、乡村振兴和区域协作等工作开展调研。

【重要会议】 2022年2月21日，全州民宗系统工作会议召开。总结2021年工作，部署2022年任务，会议通报2021年度全州民族宗教工作信息宣传和理论创新、实践创新工作情况。6月11日，新一轮全国民族团结进步示范州创建暨全州宗教工作会议召开，州委书记胡超文出席会议并讲话，会议以视频形式开到各县（市）、乡镇（街道）、村（社区）。

（张思齐）

政务服务

【概况】 2022年，州政务服务和大数据管理局（简称州政务局）深化“放管服”改革，拓展政务服务“清减降放”改革，再造审批服务模式，政务服务标准化、规范化、便利化水平提升，政务服务质效提升。负责牵头政务服务营商环境评价指标排名位居全省第六名，较2021年营商环境评价排名上升一位。坚持“以公开为常态、不公开为例外”，围绕“主动公开提质效、依申请公开促规范、基础保障强支撑、思想破冰出经验”的思路，加强政务公开标准化规范化建设。2021年、2022年连续2年被国办《政务公开工作交流》推介，连续3年被评为全省政务公开工作成绩优秀的市（州）。

【“清减降放”工作】 2022年，拓展“清减降放”改革。梳理公布《恩施州县乡村三级依申请及公共服务事项清单》，在全省率先实现不同县市、不同乡镇（街道）、不同村（社区）之间事项一致、材料一致、流程一致、时限一致，实行政务服务事项标准化管理、无差别办理。深化申请材料“免提交”改革，全州25461项办事材料在州、县、乡、村实现共享。推行“审批科长负责制”，州、县、乡、村事项办理环节较省规定环节压减9583个工作日，事项办理承诺时限压减73049个工作日。

【“一窗通办”工作】 2022年，按照州、县（市）级“1+3”（综窗+公安、税务、不动产3个主题综合专区）、乡镇级“1+1”（综窗+公安户籍专窗）模式，实现“前台综合受理、后台分类审批、统一窗口出件”全覆盖。州县无差别全科受理一窗平均承载34个部门1474个事项，占比81.48%，乡镇无差别全科受理一窗平均承载20个部门162个事项，占比53.4%。

【“互联网+监管”工作】 2022年，对照国家、省级监管事项清单，组织各级监管职能部门同步梳理检查实施清单，规范监管对象、检查类别、检查方式、检查内容，建立监管事项清单管理制度，实现监管方式标准化。协调州人社局、州医保等部门监管系统等对接至省“互联网+监管”系统，实现数据互通互享；协调州生态环境局污染源在线监控系统、各县市水库监控系统等数据通过数据库交互导入方式，实现数据实时录入。全年计录入各类监管行为数据318.38万条，监管行为数据归集量位居全省前列。

【政务服务队伍建设】 2022年，开展政务服务事项办理体验活动，州、县（市）2级316个部门“一把手”、分管领导通过走流程、陪同办业务体验办事便捷度，摸排办事堵点、难点，体验事项1200余项。健全业务技能、政务礼仪投诉处理等标准，将政务服务窗口及队伍管理标准清单化、制度化，推进“县乡村政务服务体系建设”创建湖北省地方标准。建立“岗前15分钟”常态化培训机制。

【基层政务服务】 2022年，全州92个乡镇（街道）实现便民服务中心规范化建设。整合人社、医保、市场监管基层站所人员及设施设备，所有基层站所事项全部进驻便民服务中心。依托党员群众服务中心，规范便民服务站建设2223个村（社区），实现村级服务“四有”（有规范标识、有固定人员、有管理机制、有高频事项）。推进“三下沉”（资源下沉、服务下沉、平台下沉）事项落实落地，组织8个县市承接省级明确的38个下放至乡镇（街道）、13个下放至村（社区）事项，办理下沉事项40万余件。探索“群众办事不出户”新机制，聚焦村（社区）办事小切口，通过数据归集、证照调用、表单合并、智能填报等措施，在恩施市、咸丰县、来凤县部分乡镇实现40余项微信申请、智能填表，足不出户即可办成。推行依申请事项主动审批，聚焦老年人优待证办理、城乡居民养老保险待遇申领、高龄津贴等高频事项和特殊群体，利用大数据筛选比对功能自动生成结果，变群众申请办理为数据自主比对、部门联动协调、补贴主动核发、证件快递送达。

【联动公开】 2022年，梳理政务公开政策和政务服务网上办事指南，同步至“12345”热线知识库，促进政务公开政策和办事咨询与“12345”政务服务便民热线联动，实现政务公开政策、政务服务网上办事指南与“12345”热线知识库同步。

【依申请公开办理】 2022年，按照《中华人民共和国政府信息公开条例》依申请公开办理要求，督办各级各部门按照时限和规范文本做好依申请公开答复，做好州政府依申请公开工作。全年办理州政府依申请公开事项37个，答复及时率和满意率均为100%。

【政务公开培训】 2022年，邀请政务公开领域的专家对全州政务公开工作人员进行业务培训，参训人员100余人次。专家们从2021年度恩施州政务公开检查出现的问题切入，剖析恩施州政务公开工作的短板，解析2022年度政务公开重点任务，提升各级政务公开工作人员业务能力。

【州“12345”热线平台建设】 2022年7月13日，恩施州“12345”智慧热线信息系统建成上线，实现州与恩施市“12345”热线平台的分离及与省级“12345”热线平台的对接联通。年末累计受理群众诉求93005件（其中直接答复88448件，转办工单4557件）。总办结率100%，直接答复率95.10%，群众满意率99.99%。在新冠疫情防控工作中启动应急预案，采取“现场+远程”坐席方式统筹调集80余名应急话务人员，保障热线畅通。接听群众来电11091件，即时转办解决640余条紧急求助。工单办结率100%，市民满意率95.21%。全年州政务局以周报、月报、专报形式将社情民意呈报州政府领导和各部门负责人，为州政府科学决策提供依据。报送周报30期，月报7期，新冠疫情防控专报17期。

【热线整合情况】 2022年，完成17个部门17条服务热线的归并整合，其中自然资源违法举报热线“12336”、商务领域举报投诉热线“12312”等7条使用率较低的热线号码取消整体并入“12345”热线；人力资源和社会保障服务热线“12333”、环境保护投诉热线“12369”、公积金服务热线“12329”、交通运输服务监督热线“12328”、公共法律服务热线“12348”、公共卫生公益服务热线“12320”、市场监督投诉举报热线“12315”、城管服务热线“12319”、农业系统公共服务热线“12316”、安全生产投诉举报热线“12350”等10条使用率高、专业性强的热线号码暂时保留，与“12345”热线实行双号并行，热线采用非工作时间自动转接至“12345”热线接听的方式，实现一号对外、7×24小时全天候服务。

【开办营商环境曝光台】 2022年5月5日，州政务局与州优化营商环境办公室联合组建工作专班，通过“12345”热线征集营商环境领域问题线索，在《恩施日报》、恩施电视台开设“营商环境曝光台”专栏。全年刊播稿件29期，曝光一批损害恩施州营商环境的典型案例。

（王　敏　胡光燚　黄　俊　田　芳）

数字政府建设

【概况】 2022年，州政务局通过招选专业咨询设计公司，对未来3～5年恩施州数字政府建设发展内容进行规划设计，完成建设框架设计，计划采取“1163”模式进行建设，建设1个数字底座，建成1个城市运行指挥中心，打造“一网通办”“一网统管”“城市生命线”“智慧旅游”“城市App”“智慧交通”6个场景应用，构建运维运营、安全保障、标准规范3套体系。

【数据共享应用】 2022年年末，财政、发改、政务服务、公积金等30余家州、县相关单位共70个信息系统联入“智慧恩施”政务云平台。州政务信息共享平台汇集政务数据5.17亿条，州人社局、州公安局、州地方金融工作局等部门调用州政务信息共享平台数据服务366.1万次，交换数据2.77亿条。

【数据应用成效】 2022年，恩施州行政审批“超时默认、自动用印”改革获湖北省改革奖，“一事联办”等改革典型案例被全省复制推广。完成州、县（市）、乡（镇、街道）、村（社区）四级统一受理平台对接，实现电子政务外网全覆盖。完成“全程网办”事项669个，“掌上办”事项254个，“跨省通办”事项565个，“宜荆荆恩”城市群跨域通办事项200个，“全州通办”事项358个，“自助办”事项340个。

【市场化运营】 2022年7月12日，恩施州数字产业发展有限公司完成注册，注册资本5亿元，开展数字政府及智慧城市建设、信息技术服务、大数据产业发展及运营等业务。

（王　敏　胡光燚　黄　俊　田　芳）

【恩施州数字产业发展有限公司】 2022年7月12日，恩施州数字产业发展有限公司注册成立，为恩施州国有资本投资运营集团有限公司全资子公司，属于州政府国资委监管的Ⅰ类B企业，建设“数字政务投资运营平台”“智慧城市投资建设运营服务平台”“数字产业投资运营平台”。公司投资建成“恩施城市停车”管理平台、手机App和微信小程序，利用大数据、物联网、云计算等技术，统一管理全州的停车场，实现找停车场、无感支付、先离后付、信用支付等功能，上线生活缴费、电子发票、车生活（测算保险、找修理厂、优惠洗车）等小应用，接入8个县市239个停车场21382个停车泊位。州城接入31个停车场，其中恩施市民之家、恩施州文化中心、恩施州工人文化宫、恩施日报社、七里坪景观公园、舞阳生活超市等15个停车场实现“无感支付”和“先离后付”。巴东县接入17个国有停车场2084个停车泊位，并全部实现“无感支

2022年6月，恩施市民之家停车场一角　（州民政局　供稿）

付”。拓展“全城一个停车场”写入《恩施州人民政府2023年工作报告》。

（罗佳轩）

优化营商环境

【**概况**】 2022年，恩施州坚持以控制成本为核心，以市场主体需求为导向，以深化改革为动力，突破性推进一流营商环境建设，推动稳住经济一揽子政策落地见效，服务重大项目和招商引资企业，促进市场活力，加快建设“两山”实践创新示范区建设。3月，恩施州获评“2021年度全省优化营商环境标杆城市”称号。全州市场活跃度位居全省第二，市场主体满意度位居全省第五，“群众评”系统满意率99.85%。43项改革被命名为“全省优化营商环境改革先行区”，5项改革经验全省复制推广，4个案例参评“全省优化营商环境十大改革先行区典型案例”，数量居全省前列。鹤峰县“无涉企保证金县市”改革经验获国家发改委官网推介，咸丰县招标投标领域“四减两公开”改革经验被全国优化营商环境工作简报刊发。

【**建强机制**】 2022年，州委将优化营商环境纳入全面深化改革重点任务，州政府将其作为三大突破性举措之一来抓，召开全州深入优化营商环境大会，出台突破性建设一流营商环境26条措施，明确120项重点任务。州营商办出台制度，加强工作调度、办事体验、情况通报、考核评分、激励约束机制，对重要工作每周碰头，每月印发任务清单、通报工作进展，组织专项督查2次，办理州政协提案6件。州纪委监委出台优化营商环境专项监督方案，州委政法委统筹推进优化法治化营商环境建设等。

【**全州优化营商环境工作会议**】 2022年1月13日，州委书记胡超文主持召开全州深入优化营商环境大会，强调增强思想破冰的动力，坚持市场思维、思想革命、改革创新，通过政务服务简易化实现营商环境再优化，开展“一企一策”精准帮扶；增强重点突破的措施，保证政策红利真落实、降成本减负担见实效；增强合力攻坚的效果，高位推动，部门联动，典型带动，抓好优化营商环境各项举措落实见效。5月27日，全州优化营商环境工作调度会召开。8月25日，全州优化营商环境暨提升公共服务质量工作推进会召开。

【**营造经商环境**】 2022年，恩施州持续紧盯“全国一流、全省领先”目标不动摇，学习借鉴国内前沿城市改革创新最优做法，与最优者“对标”、最强者“比拼”、最快者“赛跑”。实施营商环境评价指标加强提升专项行动，落实具体措施144项，聘请第三方专业团队进行三轮调研指导，开展复制推广营商环境改革创新举措专项行动，复制推广国家50项、省（含湖北自贸区）64项、州5项改革创新举措。申领省级改革试点，“小切口、精准化”攻坚破题，43项改革被命名为“全省优化营商环境改革先行区”，数量居全省第三；5项改革举措在全省复制推广，数量居全省第四。一批试点改革在全省领先破题，鹤峰县率先创建“无涉企保证金”县市，咸丰县发出全省首张“承诺即入”行业综合许可证，利川市办理全省首个“歇业备案”登记，宣恩县颁发全省首张“一证多址”药品经营许可证等。制定出台恩施州稳经济一揽子政策90条、接续措施108条以及激发市场主体活力18条等系列配套措施，支持旅游业重振、商贸消费复苏、科技创新，帮助企业渡过难关。为市场主体减税降费18.15亿元，兑现各类奖励资金3.35亿元，减免租金4735万元，投放中小微企业贷款162亿元。开展营商环境堵点难点集中攻坚专项行动，督办整改问题60余个。实行“一企一策”精准帮扶，包保联系473家制造业企业，帮助解决企业生产经营困难问题357个。

【**树立正反面典型**】 2022年，推广恩施高新区“保姆式”服务华新水泥项目落地等经验做法5期，举办优化营商环境新闻发布会5场，组织局长电视访谈6期，新华社、人民网、《半月谈》等省级以上主流媒体刊播恩施州营商环境信息3700余条。举办优化营商环境专题电视问政，在《恩施日报》、恩施电视台设立《营商环境曝光台》专栏，每周曝光1期损害营商环境的突出问题，刊（播）29期。加强优化营商环境专项监督，查处损害营商环境问题331个，追责问责444人，其中党纪政务处分246人。

【**深化商事制度改革**】 2022年，简化企业准入手续，实施开办企业“10250”（即10个事项，2个环节，0.5天办结，0成本）新模式，推行“水电气网”报装立户与企业开办“一事联办”。全州新增市场主体7.1万户，增长8%，市场活跃度位居全省第二。优化公用设施接入服务，设立“水电气”业务专窗，实现获得用水“110”(受理通水1个工作日，1个环节，0材料)、用气“100”(报装受理和接驳通气1个环节，0材料，0跑腿）报装服务。实行规划区红线外供水供气接入工程费用“零收费”。清理规范转供电不合理加价行为，检查转供电主体209家次，立案查处3家。规范招标投标管理。出台公共资源交易改革工作措施，拓展“评定分离”改革领域，完成评定分离项目557个。优化政府采购服务。2022年，全州政府采购规模52.76亿元，其中授予中小企业的合同金额占比83.78%。提升金融服务水平。建成“恩融通”平台，实现“整村授信”全覆盖，政采贷线上业务实现“零的突破”。全州银行机构累计为企业减费让利近1亿元。加强知识产权培育和保护运用。商标注册数量稳定增长，“伍家台贡茶”地理标志保护产品入选“中欧地理标志保护协定中英文技术规范”。

【**优化政务服务功能**】 2022年，加快政务服务一体化建设。开展“清减降放”改革“回头看”，完成州县两级政务服务事项流程再造、审核定标。实施“标准地+土地清单制”，开展“五多合一”（多规合一、多测合一、多审合一、多验合一、多证合一）改革，实现“五证同发”（用地规划许可、工程规划许可、设计方案批复、施工许可证、不动产登记证）、“验登合一”。提升财产登记水平。落实企业间不动产转移登记“160”办结标准（1个环节、60分钟），实现49个登记事项“零”材料收件和37个登记事项即来即办。推进全业务类型不动产登记“一网通办”，在全省率先实现存量房转移登记涉税“全程网办”。优化纳税服务。纳税人年均纳税次数降到4次以内，“非接触式”办税比例为94.9%。推行惠企政策“免申即享”。建成“惠民利企政策一点通”平台。全州纳入“免申即享”的惠企政策284条，可办理事项378项，为2815家企业直接兑付财政奖补资金6258.8万元。

【规范涉企执法司法行为】 2022年，完善州公共信用平台，并与省信用信息平台完成对接，“双公示”（行政处罚公示和行政审批公示）数据入库量和报送及时率居全省前三。开展跨部门联合抽查353起，上报联合奖惩典型案例7600余个，指导577家市场主体完成信用修复。出台加强法治政府建设的八条措施。推进“新官不理旧账”专项治理，清理发现问题37个，解决问题30个。开展涉企违规收费专项整治，清理发现问题8个，清退资金2352万元。组织对行政处罚事项再清理再规范，制定市场监督管理领域首次轻微违法行为免罚清单、从轻行政处罚事项清单、减轻行政处罚事项清单和轻微违法行为不予实施行政强制措施事项清单。全州市场监管系统适用省州两级《免罚清单》作出不予处罚案件853起。加大司法保护和服务力度。组织280名律师开展一对一“法治体检”，化解纠纷782件。提升民商事司法审判质效。年末全州法院诉前调解案件总数23361件，结案率99.58%；速裁案件13512件，结案率91.54%，平均审理时长24.29天。诉讼案件法定审限内结案率为99.88%，同比上升0.63%；执行案件法定审限内结案率为92.54%，同比上升5.46%。优化破产重整机制。开展“执转破”专项活动，资不抵债的“执行不能”企业执转破审查率为90%。发布全州法院5个典型破产案例。

【鹤峰县打造“无涉企保证金县市”】 2022年，鹤峰县在全国率先打造“无涉企保证金县市”。在2021年“涉企保证金最优县市”基础上，围绕仅保留的农民工工资和工程质量两项保证金进行改革。6月，率先实现涉企保证金“清零”，入选湖北省优化营商环境先行区改革10个典型案例。

【巴东县探索公共资源交易综合监管改革】 2022年，巴东县“探索公共资源交易综合监管改革”被纳入全省优化营商环境复制推广典型经验。首创“五统五联”公共资源交易综合监管模式，实现监管机构、队伍、平台、流程、执法的“五统一”。全省公共资源交易综合监管改革现场会在巴东召开。全年共交易项目300个，交易金额23.637亿元，同比增长45.74%。

【咸丰县在税务监管领域建立“信用+风险”监管体系】 2022年，咸丰县“在税务监管领域建立‘信用+风险’监管体系”改革被纳入全省优化营商环境复制推广典型经验。建立税务监管中心，对数据进行整合归档，实行“疑点数据”线上传输、网上解决；建立等级评价制度，将纳税人分为A、B、C、D四个等级，按季进行调整；搭建协税护税平台，制定县域涉税信息共享实施方案，建立部门考核制度；加强评价结果运用，对A、B级纳税人优化服务、静音服务，对C、D级纳税人重点管控、源头预防；建立基本税负预警，确定预警值和合理税负区间，对异常指标亮灯提醒。实现全年税收执法“零”差错，行政处罚“零”复议、“零”诉讼。

（向本雨）

应急管理

应急管理能力建设

【概况】 2022年，恩施州在全省率先挂牌成立航空应急救援恩施基地，率先建成370兆应急指挥窄带无线通信网。8月30日，州应急管理局被党中央、国务院表彰为全国“人民满意的公务员集体”，局党委书记、局长周兴发作为全国“人民满意的公务员集体”代表参加表彰大会。

【应急指挥能力】 2022年，开展“智慧应急试点”建设，投入资金570余万元，建成应急指挥基础支撑系统项目，集成视频会议、远程监控、图像传输等应用功能，具备即时、交互的调度模式，保证视频会商及网络设备安全运行，打造智慧应急指挥决策一体化平台。健全应急指挥新系统持续维护气象、文旅、自规、水文、水利、林业等部门监测预警系统以及12家非煤矿山企业、17家烟花爆竹企业、25家景区视频监控。联合州政府办督导县市政府和州直重点单位统一指挥调度系统建设，建立联调机制，保证横向水利、气象、自然资源等32家州直单位，纵向县市、乡镇、村（社区）等964家单位数据共享、监测预警、指挥调度高效运转和监管方式创新。挖掘社会资源投入资金150万元，建成370兆应急指挥窄带无线通信网络，并在全州8个县市城区部署8套PDT数字集群同频同播信道机，在州局建设1套系统PDT交换中心、1套3载波4/5G移动车基站，配备50部手持台。

【应急联动能力】 2022年，深化信息互通机制，与州委信息室、政府总值班室、公安、交通、自然资源、气象、消防等部门应急信息和敏感信息互通机制，保持适时会商研判，保证应急信息快速获取、及时处置。深化应急储备共享机制，定期开展全州应急救援力量、装备、物资调查摸底，指导各县市和州应急委有关成员单位做好应急资源储备，制定设备借用制度和安全承诺书，规范应急资源共建共享共用。全州各类应急救援队伍91支，5706人（其中重点应急救援队伍61支、3763人），各类装备2万余件套。深化救援协调机制，制定事故灾害应急救援联动机制，加强军地、消地和社会力量协调联动，推进训练基地建设、民兵应急营训练，联合开展军地、消地应急救援联训联演，提升协同应急救援处置能力。

【应急救援能力】 2022年，加强通信保障队伍建设，优化调整通信保障队组成，定期或不定期组织局机关通信保障队开展野外实地拉练，定期与县市局开展联合训练。加强矿山专业救援队伍建设，出台《恩施州矿山综合应急救援队管理规定》。开展为期5个月的作风纪律教育活动，整改问题29个。组织矿山综合救援队开展矿山救援和山岳救护、水域救援技能培训，学习事故救援基础知识180课时，进行抛绳救援、舟艇驾驶等科目训练200课时。参与恩施、咸丰、宣恩、来凤共5次山火救援任务，50余次城市火灾救援，10余次大型综合演练。在2022年全省第三届森林消防职业技能竞赛中，1名队员获个人一等奖。制定《湖北省应急救援队伍建设管理办法（试行）》贯彻实施意见，明确部门职责，细化队伍建设标准，规范应急救援队伍管理。组织8个州直单位、12支专业救援队伍召开重点救援队伍建设座谈会，协调各方，推进社会应急力量建设。组织恩施市蓝天救援队等7支社会应急救援力量代表参加2022年湖北省社会应急力量参与重特大灾害抢险救援行动现场协调机制培训和比武，州代表队以100分满分成绩获第一。开展“应急服务进社区，安全知识入人心”活动，宣传培训应急安全知识、冬季防火注意事项，现场指导群众操作应急救援装备器材，提升居民自救互救能力。争取省厅为恩施市蓝天救援队支持10万元社会力量建设补助资金，鼓励社会力量发展。

【应急实战能力】 2022年，修编《恩施州突发事件总体应急预案》《恩施州生产安全事故应急预案》《恩施州森林防灭火应急预案》。督导县市和重点部门加快修编安全生产、气象灾害、防汛抗旱、自然灾害等专项应急预案，指导修订预案72部。将预案修编和备案纳入执法检查重要内容，全州抽查企业预案690余家。指导各级各部门开展综合、专项应急演练，共组织各类实战应急演练360场次，参演“5·31”国家防总湖北防指长江防汛抢险演练、恩施州“5·13”军地联合山地搜救演练、“3·30”高速公路隧道事故应急演练、“6·25”天然气管道受损事故演练、“10·12”高层建筑火灾演练等8场大型演练。发挥救援协调作用，时收集分析现场态势，调度救援队伍和直升机参与抢险救援。快速处置“5·17”鹤峰邬阳岩石垮塌事件、“7·29”建始较大道路运输事故、“8·24”咸丰唐崖镇森林火灾、“9·5”宣恩高罗镇山火、“9·5”来凤漫水枣乡森林火灾、“9·6”来凤三胡乡森林火灾等突发事件。参与应急救援35场次，出动专业应急救援队伍9支、社会应急力量11支1279人次，各类装备1779件套。

【应急响应能力】 2022年，执行领导干部带班、值班人员24小时值班、矿山救援队备勤制度。启动应急响应时段，州领导坐镇指挥。节假日、重要时段，实行“三三制（全体工作人员三分之一值班，三分之一监督检查，三分之一轮休）”应急值守。州应急办制定下发《新应急值守工作机制》，应急系统节假日和灾害天气预警实行“主要领导带班、分管领导值班”。坚持每周五、重点时段和节假日收集全州安全生产和应急管理工作重要信息，每晚9时编辑并向州领导报送应急管理信息直报，编报181期。开展事故统计工作，督促县市根据“快报事实、慎报原因”的原则按时上报，提高两个“事故直报率”，定期分析研判全州安全生产形势，提出安全防控措施。做好日常、节假日和重点时段会商保障工作。保障各类视频会议和指挥调度270余次，其中参加应急部、省厅视频调度170余次，调度县市120余次。督促系统登录使用应急指挥调度平台，保证在线率。

2022年，恩施州应急管理局调派救援直升机恩施机组参加救援行动

（州应急管理局 供稿）

【应急保障能力】 2022年，下发《关于做好〈恩施州应急体系建设“十四五”规划〉宣贯工作的通知》，制作规划图解，通过门户网站、微信公众号和手机短信等平台推送；制定《恩施州应急体系建设“十四五”规划任务分工方案》，明确分工、责任和时间节点，细化实化工作任务。组织全州应急管理系统重点建设项目摸底，形成项目清单，对接州自然资源和规划局、州发改委做好项目选址、矢量数据采集、报送等工作。先后3次到省厅争取政策和资金支持，将恩施市应急救援物资储备中心等8个重点建设项目列入省重点建设项目库。推进航空应急救援体系改革，在全省率先成立航空应急救援基地。向省厅争取将恩施州纳入省航空应急救援建设方案，规划2个驻防站和建设12个直升机临时起降点，并派驻1架直升机和备勤组。建立《恩施州航空应急救援直升机运行管理机制》，加强直升机运行管理，全年巡护和救援飞行226小时，参与恩施、咸丰、宣恩、来凤5次山火补救任务。

【应急管理法治化建设】 2022年，州应急管理局党委专题研究法治建设工作3次、听取法治建设专题工作汇报2次。制发《2022年州应急管理局法治建设工作落实责任清单》《2022年普法依法治理重点任务清单》和重点普法项目，明确各科室法治建设工作任务。加强执法监督，常态化自查自纠，建立并落实法律顾问制度、重大执法决定法制审核和重大行政处罚集体讨论制度，制发《恩施州应急管理局案件审理委员会工作规则》，明确案审会的参会对象、会议流程等内容，细化责任分工，保证依法规范行使职权。邀请法律顾问参与重大、疑难案件法制审查，做到所有规范性文件、重大行政执法决定和重大行政决策“一案一卷一审”，出具法制审核意见书12份。注重以案促改，印发《关于进一步规范全州应急部门安全监管执法办案工作的通知》，对省优化办通报的个别县市执法案例组织开展执法办案“回头看”活动。组织开展全州应急系统行政执法案卷评查，迎接省司法厅、省应急厅、州司法局组织的行政执法案卷评查3次。组织局机关11名同志参加第二次州直单位行政执法资格考试并全部通过。举办全州应急管理系统“以案释法”专题执法培训，邀请州检察院、州法院两位专家为全州应急系统近300名干部讲授《中华人民共和国刑法》《中华人民共和国刑法修正案（十一）》及行政执法典型案例，推进行政执法与刑事司法衔接工作机制落实落地。组织开展窗口人员“晨学晨练”和全州应急系统审批业务培训。

【推进综合行政执法改革】 2022年，加强与州编办、组织部等部门会商研讨，确定利川市应急管理局为改革试点单位，推进综合执法改革工作。12月，州编委印发《关于组建州应急管理综合行政执法机构的通知》，设立恩施州应急管理综合执法支队，为州应急局所属副县级公益一类事业单位。州编办下发《关于整合组建县市应急管理综合行政执法机构的通知》，明确县市应急管理综合执法机构为副科级。同时明确执法管理权限、机构名称等内容，推动全州综合执法改革工作进度。

（陈发志）

安全生产监督管理

【概况】 2022年，全州发生一般生产安全事故14起，死亡18人，事故起数、死亡人数同比减少20起、19人，分别下降58.8%和51.4%，连续2年保持矿山领域“零事故”，安全生产形势总体稳定。

【安全责任落实】 2022年，州安委会组织召开全体会议4次、一般会议13次，研究部署全州安全生产工作；州委常委会4次、州政府常务会3次研究安全生产工作，解决重点工作。贯彻落实《地方党政领导干部安全生产责任制规定》，州委办、州政府办印发《中共恩施州委、恩施州人民政府领导班子成员安全生产责任清单》。重新调整州安委会及专委会成员，增设民爆专委会和林业专委会。印发《贯彻落实省安委会20条措施重点工作责任分解表》，推动国务院安委会15条、省安委会20条落实落地。组织开展全州首次安全生产综合巡查，对县市政府近5年安全生产工作进行检查。对发生意外事故造成不良影响的3个县市进行通报批评并黄牌警示。

【安全专项整治】 2022年，加强安全生产大检查，组织开展为期1年的全州安全生产大检查专项行动，针对重点部位、重点环节，开展多层次、全方位、拉网式的排查。全年排查安全隐患28667项，整改完成28480项，行政处罚186次，责令停产整顿43家。加强重点领域专项整治。督促指导相关专委会和行业部门开展城镇燃气安全整治“百日行动”、自建房安全专项整治、高层建筑火灾隐患专项整治、危化品安全风险集中治理等工作，加强重点领域安全整治。巩固专项整治三年行动成效，完成燃气管道全部完成新一轮检测1807千米，重点占压燃气管线隐患整改62处；重大危险源和危险化学品（化工）生产企业建成“两个清单”；排查整治公路桥梁安全风险，实现公路桥梁基础资料数字化、危桥改造科学化、桥梁养护规范化，推动全州公路危桥改造由应急状态转入常态管理。

【安全督查督办】 2022年，联合州督查考评办开展安全生产暗访督查，抽查企业和单位46个，发现问题81个。州安委会组织工作专班8个，到各县市开展“四不两直”暗访督查，抽查乡镇29个、县直部门32个、企业和现场164个，发现问题隐患471条，针对检查发现的问题隐患，提出处理意见并分类分级交办。州安委会挂牌督办2家，责令立案查处2家，县市挂牌督办3家，责令约谈9家。加强重点时段管控，元旦、春节、“五一”、国庆等重要节假日和全国“两会”、省第十二次党代会、党的二十大等重点时段，派出52个专班到一线查风险除隐患。

【安全宣传教育】 2022年，指导各级各部门开展重点行业领域安全知识宣传教育。农业农村部门通过村村响、宣传车宣传覆盖18.5万余户，通过微信等媒体宣传覆盖17万余户，通过入户宣传排查20万余户，发放宣传资料8.67万份。水利部门在全州所有水库、重要河段、堰塘等溺水易发地设置防溺水安全警示牌6300余块，固定标语、横幅430余条，各县市印发宣传单93.5万余份。

【安全生产服务】 2022年，深化“一网通办”，通过执法检查、窗口咨询、面对面辅导等方式向企业群众推广网上审批，受理办件354件，网办率99%。推行“三项岗位人员”办成一件事，全州所有建设银行网点实行免费查询、打印“三项岗位”人员证书。推进“一窗通办”，推动落实政务服务“清减降放”改革“回头看”，组织编制县、乡、村三级事项清单和规范流程，配合落实州市政务中心综窗改革，实现同一事项同标准受理、无差别办理。建立实行企业换证预警提醒机制，在许可证有效期到期3个月前通过短信、电话或者官方网站向企业发出换证预警提醒，督促企业及时换证。响应企业需求，窗口办结后许可证或许可文书实行邮寄送达，实现在“家”申请、在“家”取证。推动“一事联办”，按照《“危化品销售一件事”业务流程再造优化方案》要求，联合州市场监管局编制“危化品销售一件事”办事指南、材料清单等规范流程及申请材料，组织参加全省“危化品销售一件事”视频培训。将危险化学品、非煤矿山延期办证的现场核查、复查环节按照“一事一委托”的原则委托给县市应急管理局办理，缩短企业办证时间。

【企业本质安全水平】 2022年，推进实施安责险，提升企业抗风险能力。组织开展全州高危行业企业底数摸排和保险机构事故预防服务评估检查，上报高危企业信息表1106家，定期调度安全生产责任保险机构承保信息，做到安全生产责任保险“家底清”。组织全系统干部及133名高危企业负责人、承保机构负责人参加全省安全生产责任保险视频培训会，宣传安全生产责任保险政策要点等相关知识。制作《投保“安责险”为安全生产保驾护航》公益宣传短片在恩施电视台新闻综合频道和“云上恩施”滚动播出。恩施日报刊发一期《安责险——为安全生产保驾护航》图文专版，印发2.5万份安责险宣传手册发放给企业群众。推进安全生产中介监管和企业安全生产标准化创建。落实《恩施州行政审批中介机构管理办法（试行）》，对在州内执业的安全评价机构、工程建设设计单位等9家中介机构进行诚信执业谈话提醒，加强中介服务监管。宣传湖北省行政审批中介服务网，在局网站公开安全生产中介技术服务机构投诉、举报热线规范行政审批中介服务。引导申请单位填报《中介服务“一事一评”反馈表》，全年收集反馈信息120份，其中纸质反馈表35份，电话回访反馈85份。通过政府采购确定安全生产标准化创建组织单位和评审单位，推进标准化创建工作。推荐安全生产责任险奖补企业时将企业安全生产标准化创建情况参考指标。

【“八号检察建议”促规范】 2022年3月，最高人民检察院向应急管理部制发《八号检察建议》后，州应急管理局组织学习，剖析通报的案例，并与州检察院对接工作，共商落实措施。会同检察院等部门修订《恩施州安全生产行政执法与刑事司法衔接工作联系会议制度》，实现行政执法和司法无缝衔接。联合州检察院组成工作专班，到县市开展非煤矿山安全生产隐患排查活动，检查非煤矿山13家，发现并督导整改隐患和问题39个，立案查处1起。举办执法专题讲座，邀请法官、检察官为执法人员授课。

【荣誉】 2022年4月，巴东县野三关镇人民政府、国网湖北省电力有限公司恩施供电公司、利川市应急管理局被省政府表彰为“湖北省安全生产红旗单位”。州应急管理局张清，恩施市应急管理局王家玉，建始县应急管理局杜鸿被省政府表彰为“湖北省安全生产优秀工作者”。

（陈发志）

防灾减灾救灾

【概况】 2022年，恩施州先后遭受暴雨洪涝、风雹、干旱、山体崩塌等较大自然灾害侵袭14起，特别是遭受有完整气象记录以来最严重的干旱灾害，31座水库在死水位以下，56条以上河流干涸断流。各类灾害累计造成135.42万人次受灾，紧急转移分散受灾群众413人，需紧急生活救助286人；倒塌房屋48户162间，严重损坏房屋426户925间，一般性损坏房屋1464户2692间；农作物受灾面积115245.13公顷，成灾70630.46公顷，绝收24852.15公顷；因灾造成各种直接经济损失20.48亿元，其中农业损失1.72亿元。针对自然灾害多发频发、损失严重态势，各级各部门坚持“未灾先防、闻灾先动、有灾先救”的防减救相结合的应急机制，做实做细防汛抗旱和减灾救灾工作，汛期未发生洪涝灾害亡人事件，争取1210万元省级抗旱资金和4335万元中央及省级冬春救助资金，救助23万余人。未发生规模性、系统性饮水安全问题。

【加大防灾力度】 2022年，组织森林防灭火会商13次、防汛抗旱会商15次。围绕森林防火、灾害天气防范、灾害救助等，下发工作提示28次、紧急通知9次，督导责任上肩、措施落细。通过短信、电视信息展播、微信群、公众号等平台发布预警信息1742期，共394万余条。根据老弱病残孕等群体，采取敲锣打鼓、上门入户等方式，保证预警到村到户、不漏一人。

【拓展减灾深度】 2022年，建立灾害风险月度分析机制，统筹推进自然灾害综合风险普查。组织汛前安全检查，发现防汛隐患303个，均督导整改完成。组织全州山洪泥石流隐患检查，整改突出问题20处。开展森林火灾隐患排查整治和查处违法用火行为专项行动，整改森林火灾隐患1033处。面对全年极端干旱少雨带来的森林防火挑战，派出10个督查组全天候巡查，查处、制止违法用火行为1039起，行政处罚147人，刑事处罚6人。

【做实救灾工作】 2022年，应对暴雨洪涝、风雹、干旱、山体崩塌等14起较大自然灾害侵袭。应对有完整气象记录以来最严重的干旱灾害，启动抗旱、灾害救助应急响应，组织每日线上滚动会商，制发《抗旱减灾简报》60期，统筹解决54万人饮水困难。到一线指导核灾救灾，完善灾情台账，全州因灾倒损住房重建106户348间，修缮1076户2132间。救灾工作得到应急管理部工作组肯定。

【防灾减灾宣传教育】 2022年，利用“5·12”全国防灾减灾日和“10·13”国际减灾日两个载体，围绕“减轻灾害风险，守护美好家园”“早预警、早行动”两个主题，督导各县市和州减灾委各成员单位增强做好防灾减灾宣传教育工作责任感；开展广场集中宣传17场、专题讲座90场，开办宣传专栏296个，开放场馆5个，接待群众1056人次，发放宣传资料1.37万份，受益群众11.38万人。

【自然灾害综合风险普查】 2022年，督导住建系统调查房屋建筑156.19万栋，市政道路366条，桥梁144座，供水厂（站）87座，供水管网509条，掌握灾害风险信息第一手资料；对照省厅下发自然灾害评估报告问题，研究、标注、修正，做好查漏补缺、整改落实工作，保证数据准确无误；组织成立风险普查评估与区划专家组，对承载体和减灾能力进行评估打分，提前撰写恩施州评估与区划工作方案，做好普查成果上报各项工作。

【综合减灾示范社区创建】 2022年，推进综合减灾示范社区创建工作，通过县市申报，省减灾办验收。咸丰县活龙坪乡茶树堡村、建始县高坪镇大堰塘村、利川市南坪乡南坪村、巴东县清太坪镇八字岩村、宣恩县万寨乡白果坝村、鹤峰县走马镇走马社区等6个村（社区）被省减灾委、省应急管理厅命名为“湖北省综合减灾示范社区（村）”。

（陈发志）

消防救援

【概况】 2022年，全州发生火灾858起、死亡1人，为历史性最低，消防安全形势持续平稳。全州消防救援队伍24小时待命，投身疫情防控气膜实验室搭建、来凤山火救援、抗旱送水等任务，处置灾害事故2442起，营救遇险群众325人，保卫财产价值4.1亿余元。

【落实消防安全责任】 2022年，州相关领导专题调研检查消防工作12次，督办重点领域消防安全问题。州委常委会会议、州政府常务会议专题听取消防工作汇报5次。州政府印发《湖北省消防安全责任制》落实清单，召开消安委联席会5次。州消安委联合州政府督查室、州安办督导县市消防工作4次，下发情况通报5份、督办通知3份，督促整改各类问题126处。州消防救援支队每月研判全州消防警情，向8个行业部门函告预警，联合加强高风险领域消防管理。

【整治火灾隐患】 2022年，对8个县市逐一开展消防安全大排查，检查单位654家、发现隐患5107处，州政府督办交办103家隐患突出单位，年内完成整改80%。开展经营性村(居)民自建房、高层建筑消防安全排查整治，检查建筑2.9万栋，发现火灾隐患1.1万余处，督促整改7513处，跟踪督办3639处。推进老旧小区消防改造，抓实冬春火灾防控，开展劳动密集型企业、涉疫场所、电气焊违规作业等专项整治，排查用火用电用气安全隐患。各县市成立消防通道治理专班，划设1126处消防车道标线、标识，劝离、脱离违停车辆5800余台、600余台。

【加强宣传服务】 2022年，贯彻优化消防营商环境十二条措施，推进高效办成“一件事”“证照分离”改革，实施公众聚集场所告知承诺制，加强消防技术服务机构专项检查，依法打击冒牌消防培训和制售假冒伪劣消防产品行为，净化消防市场环境。深化全民消防素质提升“敲门、春暖、网宣、亮屏、滴灌、实训”六大行动，举办消防安全“明白人”培训班，加强“人走关火、出门断电”八字箴言宣传，做强“重返现场、以案说法、隐患曝光”三个品牌，为173万农村手机用户设置消防安全提醒彩铃，上门入户培训演练920余次。

【提升救援能力】 2022年，坚持实战实训，深化典型场所火灾研究，加强门店火灾扑救和纵深灭火救人操法训练，举办激流、绳索、坍塌等6期专业化培训班，204人通过考核，55人取得中级以上证书。对站级指挥员、分队长骨干进行全覆盖轮训，利用实战训练设施和待拆迁建筑开展120小时真烟真火淬炼，从严考核评估。实行周测试、月考核、季度普考、年度比武，建立训练档案、张榜尖兵记录，年度考评达标率83%、上升10个百分点。在全省率先建成投用智能接处警系统，加强灭火救援调查研究和熟悉演练，采集基础数据，服务救援实战。

2022年9月7日，州消防救援支队在来凤县漫水乡枣木桠村对起火点进行火灾扑救
(王光辉 摄)

【重要会议和活动】 2022年3月11日，州政府组织召开第一次安委会全会暨消防工作会议，总结工作，部署任务。4月11日，州政府常务会专题听取利川市、建始县消防安全风险情况汇报，审定全州2021年安全生产、消防和防灾减灾救灾考核结果。7月15日，州政府常务会专题听取巴东等5个县消防安全大检查情况汇报，研究部署全州消防工作。8月24日，省消防救援总队党委委员、总工程师朱惠军到恩施州调研指导消防车通道整治、基层消防安全治理、消防安全宣传等工作。10月13日，恩施州高层建筑灭火救援应急演练在利川市天纵城小区举行。11月9日，州政府组织召开冬春火灾防控暨消防宣传月启动会议。11月30日，州委常委会听取消防工作汇报，安排部署全州消防工作。

(陈鑫鑫 杨长华)

中国人民政治协商会议恩施州委员会

CPPCC Enshi Prefectural Committee

综　述

【概况】 2022年，政协恩施州委员会（简称州政协）研究制定学习贯彻党的二十大精神工作方案，召开宣传思想工作座谈会，推进党史学习教育常态化长效化，开展“传承红色文化、锤炼委员作风”井冈山红色主题培训。配合州委出台加强和改进新时代全州政协工作有关文件，推动解决“两个薄弱”（市县政协基础工作薄弱、人员力量薄弱）问题。根据彰显“土、硒、茶、凉、绿”特色优势，立足大生态、构建大交通、发展大旅游、打造大产业，全年开展大型调研视察7次，召开议政性常委会会议和专题协商会议3次，呈报协商成果6件，助推“两山”实践创新示范区建设。围绕急难愁盼问题，开展基层社会治理、提升网络游戏管理水平、残疾人事业发展、民俗文化发展利用等专题调研，推进“下基层、察民情、解民忧、暖民心”实践活动。持续深化“院坝协商”，就近就地开展协商活动，解决实际困难，促进情感共鸣。加强政协协商和政党协商的相互衔接，支持州各民主党派、工商联、无党派人士参与政协履职活动，拓展同非公有制经济人士和新的社会阶层人士联系渠道。开展新任委员集中培训、红色主题教育培训、专题调研和读书活动，深化“书香政协·文化大讲堂”学习品牌。出台《强化政协委员责任担当的实施办法》，修订州政协《政协恩施州委员会常务委员会工作规则》《政协恩施州委员会专门委员会通则》《政协恩施州委员会秘书长会议工作规则》等制度。

【政治建设】 2022年，州政协贯彻落实习近平总书记对湖北工作的重要指示批示精神，围绕省第十二次党代会和州第八次党代会确定的奋斗目标，做好调研、协商、监督等工作，为高质量创建“两山”实践创新示范区凝聚智慧和力量。组织开展贯彻落实中央、省委、州委政协工作会议精神“回头看”，配合州委出台加强和改进新时代全州政协工作的有关文件，推进政协制度更加成熟定型、政协工作持续创新发展。落实党对政协工作全面领导的制度，发挥政协党组、机关党委、功能型党支部的政治功能和组织功能，政协系统党的建设“两个全覆盖”（即实现党的组织对党员委员的全覆盖、党的工作对政协委员的全覆盖）水平得到提升。坚持在州委领导下协调一致地开展工作，做到年度协商计划报州委批准，重大事项、重要工作、重点履职活动向州委报告，推动党中央决策部署和省委、州委工作要求贯彻执行。

【开展实践活动】 2022年，州政协开展“下基层、察民情、解民忧、暖民心”实践活动，投身“美好环境与幸福生活共同缔造”活动。州政协主席会议成员联系24个村（社区）、27家企业，帮助群众和市场主体协调解决问题46个。

【履职能力建设】 2022年，州政协建立主席会议成员领衔调研重点课题制度，加强主席会议成员联系专委会、专委会联系界别、专委会与政府部门对口联系制度，完善界别活动召集人制度。建立专委会联合履职机制，支持各界别工作组单独或联合开展协商活动，推进“界委融合”“跨界融合”。出台《政协恩施州第九届委员会关于加强政协委员（干部）学习培训的实施办法》，900余名政协委员和政协工作者分别参加新任委员集中培训、红色主题教育培训及专题调研等各类学习培训活动。开展委员读书活动，深化“书香政协·文化大讲堂”学习品牌，围绕“履职能力建设”“大健康”两大主题开展讲座，600余人次参加学习。出台《政协恩施州委员会关于强化政协委员责任担当的实施办法》，坚持和完善政协常委述职制度，落实“委员作业”

年度管理和情况通报制度，完善委员补充、退出机制。

【统一战线工作】 2022年，州政协学习贯彻中共中央《中国共产党政治协商工作条例》，落实中央统战工作会议和党外人士座谈会议精神。州政协主席会议成员走访调研州各民主党派、工商联机关，听取意见建议。州各民主党派、工商联、无党派人士在政协舞台履职尽责，提交采用的政协大会发言、集体提案和社情民意信息占总量的50%以上。

【文史编研工作】 2022年，州政协启动湘鄂西、湘鄂川（渝）黔革命根据地历史文化课题研究，组织调研组到湘鄂渝黔革命老区学习考察红色旅游发展，形成《依托绿色资源，挖掘红色文化，红绿辉映谱写恩施"大旅游"发展新篇章》的考察报告，助推红色文化资源挖掘利用。《恩施州传统村落历史文化丛书》获全州第十四届精神文明建设"五个一工程"奖。编辑出版文史资料2辑，收集恩施地名故事93个。

【州委印发《关于加强和改进新时代全州政协工作的具体措施》】 2022年12月21日，中共恩施州委印发《关于加强和改进新时代全州政协工作的具体措施》，共4个部分20条。第一部分加强凝聚共识工作，立足"人民政协的第一属性是政治属性"，着眼"必须旗帜鲜明讲政治"这一要求，强调加强思想政治引领，深化党的创新理论武装。第二部分"加强协商主责主业"。把握人民政协作为专门协商机构的性质定位和工作定位，从明确协商内容、丰富协商形式、完善协商规则、提升协商效能、注重成果转化等方面，阐述人民政协如何更好发挥专门协商机构作用，提升建言资政水平，发挥政协在发展全过程人民民主中的重要作用。第三部分"加强基层基础工作"。针对习近平总书记在中央政协工作会议上提出的"重点解决市县政协基础工作薄弱、人员力量薄弱的问题"，从科学设置机构、充实机关人员、建强委员队伍、加强基层协商、加强联系指导、建设模范机关、健全工作机制等方面布局。第四部分"加强党的全面领导"。结合新时代党的建设总要求和"健全落实党对人民政协全面领导的工作体制机制"的重要要求，明确、传导各级党委的领导责任、政协党组的政协责任、相关部门的协同责任，共同营造良好的政协工作环境。

（潘　阳）

重要会议

【概况】 2022年，州政协召开各类重要会议9次，其中全体会议1次，常委会会议4次，协商座谈会2次，现场推进会1次，宣传思想工作座谈会1次。

【政协恩施州第九届委员会第一次会议】 2022年1月5—8日，政协恩施州第九届委员会第一次会议在州城恩施举行。会议听取并讨论中共恩施州委书记胡超文的讲话，听取、讨论并赞同州委副书记、州长夏锡璠所作的《政府工作报告》。会议听取并审议吴建清代表政协恩施州第八届委员会常务委员会所作的工作报告，听取并审议何义发代表政协恩施州第八届委员会常务委员会所作的提案工作情况报告。会议通报表扬2021年度优秀提案、提案办理先进单位及先进个人。大会选举产生政协恩施州第九届委员会主席吴建清（土家族），副主席王继刚、刘晓冰（女，土家族）、张全榜（土家族）、何义发、戴清堂（土家族）、张紫阳（土家族）、周辉军、万雪峰（土家族），秘书长杨皓（苗族）及常务委员65名。会议审议通过州政协九届一次会议建议案，审议通过州政协九届一次会议关于八届州政协常务委员会工作报告的决议，审议通过州政协九届一次会议提案审查委员会关于提案审查情况的报告，审议通过州政协九届一次会议政治决议。会议期间，州政协各参加单位、专门委员会和委员共提交提案243件，审查立案207件。

【政协恩施州九届一次常委会会议】 2022年1月8日，政协恩施州第九届常委会第一次会议召开。会议由州政协主席吴建清主持。会议审议通过九届州政协委员会常务委员会关于设置专门（工作）委员会的决定。根据《中国人民政治协商会议章程》有关规定和工作需要，九届州政协委员会设提案委员会、经济委员会、教科卫体委员会、人口资源环境委员会、民族宗教委员会、社会法制港澳台侨外事委员会、文化文史和学习委员会、委员工作委员会、农业和农村委员会9个专门（工作）委员会。审议通过九届州政协委员会常务委员会关于任命各专门（工作）委员会主任、副主任的决定和关于任命州政协副秘书长的决定。

2022年1月5日，政协恩施州第九届委员会第一次会议在州文化中心恩施大剧院开幕　（政协办公室　供稿）

【政协恩施州九届二次常委会会议】 2022年3月15日，政协恩施州第九届常委会第二次会议召开。审议通过《中国人民政治协商会议湖北省恩施土家族苗族自治州委员会常务委员会工作规则》《中国人民政治协商会议湖北省恩施土家族苗族自治州委员会专门委员会通则》《政协恩施州委员会关于强化政协委员责任担当的实施办法》，表决通过相关人事事项。

【政协恩施州九届三次常委会会议】 2022年8月3日，政协恩施州第九届常委会第三次会议召开。会议围绕“恩高宣”（即恩施高新区谭家坝、高铁新区、宣恩椒园）一体化协商议政，审议通过建议案。会议传达学习习近平总书记考察湖北重要讲话精神，传达学习省第十二次党代会精神、州委八届五次全会精神，听取上半年全州经济社会发展情况的通报，围绕州委八届五次全会精神，州委常委、常务副州长张远梅在本次会议上的讲话及建议案（草案）分组讨论，审议通过《政协恩施州第九届委员会关于加强政协委员（干部）学习培训的实施办法》，审议通过有关人事事项。邀请湖北民族大学教授谭世明以《“两山”理论指导下的恩施绿色崛起之路》为题开展讲座。

【政协恩施州九届四次常委会会议】 2022年12月26日，政协恩施州第九届常委会第四次会议召开。会议听取州政府关于州政协九届一次会议以来提案办理情况的通报、州纪委监委关于2022年党风廉政建设情况的通报、部分州政协常委2022年度述职报告，州政协各专门委员会2022年工作报告，书面通报州政协九届一次会议以来党群及法检两院等部门提案办理情况，协商通过有关人事事项。会议审议通过州政协九届二次会议议程、日程等相关文件草案，并审议通过《中国人民政治协商会议湖北省恩施土家族苗族自治州第九届委员会常务委员会工作报告（草案）》以及《中国人民政治协商会议湖北省恩施土家族苗族自治州第九届委员会常务委员会关于九届一次会议以来提案工作情况的报告（草案）》等，分别协商推举报告人。会议决定州政协九届二次会议于2023年1月1—3日在州城恩施召开。

【体旅融合发展专题协商座谈会】 2022年4月，州政协成立专题调研组，聚焦“实施体育+行动，促进体旅融合发展”课题，先后到恩施市、巴东县、宣恩县等地实地调研，到神农架学习考察，了解全州体旅融合发展现状，研究体旅融合对发展大旅游的作用。5月7日，州政协召开体旅融合发展专题协商座谈会，会议听取《做好体旅融合文章，助推大旅游高质量发展》专题调研报告。

【全州“协商在一线·院坝协商”现场推进会】 2022年5月26—28日，全州政协“协商在一线·院坝协商”现场推进会在来凤县，鹤峰县召开。与会人员先后到来凤县喳西泰红色教育基地、翔凤镇精神堡社区、山青珍食品开发有限责任公司，鹤峰县太平镇洞长湾村贺英烈士殉难处遗址、五里乡南村万里茶道等协商现场，了解“院坝协商”工作情况。8个县市政协作交流发言，扩大“院坝协商”品牌影响和价值认同，构建共商共建共治共享社会治理格局。

【少数民族特色村寨保护与发展专题协商座谈会】 2022年，州政协组织调研组到利川市、建始县、咸丰县、来凤县等地开展专题调研，实地察看柏杨坝镇水井村、茅田乡太和村、大路坝区蛇盘溪村、大河镇五道水村（徐家寨）等10余个少数民族特色村寨，召开县市政协民族宗教委员会主任和有关部门参加的座谈会听取意见。7月6日，召开专题协商座谈会，形成《乡村振兴背景下恩施州少数民族特色村寨的保护与发展调研报告》，提出5个方面可操作性强的建议，供州委、州政府有关领导及有关部门决策参考，调研报告得到州委书记胡超文的批示和肯定。

【全州政协宣传思想工作座谈会】 2022年12月26日，全州政协宣传思想工作座谈会召开，总结、部署全州政协宣传思想工作。会议对全州政协系统学习宣传贯彻党的二十大精神作出安排部署，通报县市和州各民主党派2022年宣传工作情况，各县市和州各民主党派在会上作工作交流。全年全州政协系统在省级及以上媒体发表报道200多篇。

（潘　阳）

参政议政

【概况】 2022年，全州各级政协组织、州政协参加单位和政协委员聚焦“彰显‘土、硒、茶、凉、绿’特色优势，立足大生态、构建大交通、发展大旅游、打造大产业，建设‘两山’实践创新示范区”的部署要求，围绕产业发展、乡村振兴、创文创卫、优化营商环境等人民群众关心关注的重点热点问题，反映社情民意信息，撰写提案为各级党委政府决策提供参考。

【议政建言】 2022年，州政协围绕推进“恩高宣”一体化决策献智献力，召开议政性常委会会议，向州委、州政府报送《关于推进“恩高宣”一体化的建议案》。围绕“生态产业化、产业生态化”发展路径，协商通过“厚植生态底色，建设五彩恩施”全会建议案，州政府主要领导领衔办理，全州建成彩色森林2173.33公顷。围绕“州城景城一体化”“茶产业建设”“马铃薯产业发展”“残疾人事业发展”“非遗活态传承和活化利用”等开展调研视察。围绕“体旅融合发展”“乡村振兴背景下少数民族特色村寨的保护与发展”开展专题协商。围绕安恩张铁路、沪蓉高铁宜昌至涪陵段、页岩气开发等事关恩施发展的重大问题，委托住恩省政协委员提交提案11件，委托住鄂全国政协委员提交提案6件。围绕“加强基础教育服务均等化”“加强流域系统保护与治理”等主题，在省政协建言，呼吁加强基层导向。

【社情民意信息】 2022年，州政协围绕“323”攻坚行动、校园周边安全、公共卫生体系和应急能力建设、小区物业管理、停车难等社会治理中的热点焦点、城市建设管理中的痛点难点，收集社情民意信息126篇，采用63篇次。其中州政协《社情民意》专报采用44篇次，报送省政协信息19篇次，州领导批示或有关部门反馈意见19篇次，发挥社情民意信息“直通车”作用。

【提案办理】 2022年，州政协发挥提案民生重要渠道作用，完善提案征集、审查、交办、办理机制，坚持主席会议成员督办重点提案、提案办理“一线协商”等制度。州政协九届一次会议以来共收到提案245件，经审查立案209件，并案30件，不予立案6件。审查立案提案中，民生领域占比43%，“家庭教育”“老旧小区消防安全”等提案的建议内容被政府部门采纳。

2022 年恩施州政协优秀提案一览表

表5

编 号	提案编号	提案标题	提案者
1	20220004	关于城市老旧小区消防安全隐患亟待重视的提案	州政协经济委员会
2	20220007	关于加强华中药用植物园建设的提案	州政协农业农村委员会、州政协农业和无党派界别
3	20220042	关于强化矿山生态环境修复，保护恩施绿水青山的提案	民革恩施州委员会
4	20220044	关于优化抽水蓄能电站布局，促进清洁能源发展的提案	民革恩施州委员会
5	20220088	关于加大粮食生产支持力度的提案	民进恩施州总支
6	20220061（65、82并入）	关于全力推进全州儿童青少年近视防控攻坚行动的提案	农工党恩施州委员会，朱时举、肖锋等
7	20220131	关于加快推进优化法治化营商环境的提案	民建恩施州委员会
8	20220165	关于加强儿童心理行为发育异常早期筛查工作的提案	民盟恩施州委员会
9	20220176	关于贯彻落实家庭教育促进法提升家庭教育整体水平的提案	教育界
10	20220006	关于党政机关带头“泡一泡好茶”待客，引领全民传播品饮恩施硒茶习惯的提案	章开普委员
11	20220008（127、230并入）	关于“继续擦亮”恩施州富硒品牌的提案	董兴来、刘泉江、李车书等
12	20220011（160、184并入）	关于坚持绿色发展推进茶叶生产全域绿色化的提案	胡云彪、熊金玲、何洁等
13	20220014	关于厚植红色文化底色，打造恩施红色文化教育线路的提案	张献宏
14	20220081	关于加强规模化以下养猪场监管，保护饮用水水源的提案	王卓等
15	20220112	关于用好网络媒体引领电商发展、助力乡村振兴的提案	肖 锋
16	20220141	关于加强摩托车、电瓶车、老年代步车管理的提案	谭 晋
17	20220173	关于将“利川红”全产业链打造成为州域红茶联合体的提案	邓永宝等
18	20220202	关于进一步加强家庭家教家风建设促进未成年人健康成长的提案	唐启玉等
19	20220211	关于建立健全涉稳风险防范化解机制的提案	鲁诚等
20	20220217（123并入）	关于加强心理健康服务工作的提案	张娟、唐红珍等
21	20220244	关于推进全州行政机关负责人出庭应诉工作的提案	曾小玉

2022年恩施州委常委领办州政协重点提案一览表

表6

领办领导	编号	标题	提案人	主分类	承办单位		备注
					主办	会办	
胡超文	20220088	关于加大粮食生产支持力度的提案	民进恩施州总支	产业发展类	州农业农村局	州发改委	
夏锡璠	无编号	政协恩施州九届一次会议关于厚植生态底色建设五彩恩施的建议案			州林业局	州直有关单位各县市人民政府	大会建议案
尹达	20220211	关于建立健全涉稳风险防范化解机制的提案	鲁诚等3人	政治和社会治理类	州委政法委	州公安局、州司法局、州信访局	
张远梅	20220220	关于"精准招商"与完善产业链的提案	王丰华	产业发展类	州商务局	恩施高新区管委会	
张淼	20220163	关于强化基层人才队伍建设 服务乡村振兴的提案	民盟恩施州委员会，廖平江、刘小英	人力资源与社会保障类	州委组织部	州委统战部、州乡村振兴局、州农业农村局	126号、200号并入
田金培	20220169	关于加强全州新的社会阶层人士统战工作的提案	黄鹊等7人	政治和社会治理类	州委统战部		
向红林	20220180	关于强化文化人才队伍建设，提升"土"字文章工作能力的提案	周爱华等16人	人力资源与社会保障类	州委宣传部	州委组织部、州委编办、州人社局、州文旅局	
单艳平	20220006	关于党政机关带头"泡一泡好茶"待客 引领全民传播品饮恩施硒茶习惯的提案	章开普	科教文卫体类	州机关事务服务中心	州总工会、州农业农村局	
刘智勇	20220232	关于建设利咸高速—黔石高速连接线（利川段）的提案	罗永健等5人	交通通信类	州交通运输局	利川市人民政府	

2022年恩施州政协领导督办重点提案一览表

表7

督办领导	编号	标题	提案人	主分类	承办单位		备注
					主办	会办	
吴建清	20220011	关于坚持绿色发展推进茶叶生产全域绿色化的提案	胡云彪、熊金玲、何洁等	产业发展类	州农业农村局	州商务局、州经信局、州科协	160号、184号并入
张全榜	20220119	关于将我州打造成为国家天然烟碱生产基地的提案	民进恩施州总支	产业发展类	州烟草公司	州商务局、州经信局	
王继刚	20220112	关于用好网络媒体、引领电商发展、助力乡村振兴的提案	肖锋	产业发展类	州商务局	州乡村振兴局、州交通运输局、州经信局	
刘晓冰	20220176	关于贯彻落实家庭教育促进法提升家庭教育整体水平的提案	教育界	教科文卫体类	州妇联	州教育局	
何义发	20220165	关于加强儿童心理行为发育异常早期筛查工作的提案	民盟恩施州委员会	教科文卫体类	州卫健委	州妇联、州教育局	
戴清堂	20220044	关于优化抽水蓄能电站布局，促进清洁能源发展的提案	民革恩施州委员会	资源环境类	州发改委	州水利湖泊局、恩施市人民政府、巴东县人民政府、建始县人民政府、国网恩施供电公司	
张紫阳	20220089	关于加强对传统村寨保护性建设的提案	民进恩施州总支	教科文卫体类	州民宗委	州发改委、州住建局、州自然资源规划局、州乡村振兴局、州文旅局	

续表 7

督办领导	编 号	标 题	提案人	主分类	承办单位		备 注
					主 办	会 办	
周辉军	20220042	关于强化矿山生态环境修复,保护恩施绿水青山的提案	民革恩施州委员会	资源环境类	州自然资源规划局	州林业局、州生态环境局、州经信局、州财政局	
万雪峰	20220014	关于厚植红色文化底色,打造恩施红色文化教育线路的提案	张献宏	教科文卫体类	州文旅局	州委组织部、州委宣传部、州退役军人局、州教育局,恩施市、利川市、建始县、巴东县、宣恩县、咸丰县、来凤县、鹤峰县政府	

（潘　阳）

重要调研

【概况】 2022年，州政协坚持围绕中心、服务大局协商建言，州政协主要领导领衔开展推进茶叶产业链建设专题调研；结合“恩施土豆”农业品牌精品培育，开展马铃薯产业发展界别协商；开展残疾人事业发展、民俗文化发展利用等专题调研；做好省政协相关专题调研的服务协调工作。州政协借助湘鄂渝黔政协助推红色文化旅游联席会、“宜荆荆恩”城市群政协主席联席会等平台，聚焦红色旅游、流域治理等主题，呼吁国家政策支持。配合全国政协、省政协完成“少数民族优秀文化艺术保护传承”“春茶加工与销售”“古城镇保护利用”等11个课题调研。探索建立州、县政协协同履职机制，围绕重大协商课题开展联动调研协商。加强与各地政协联谊交往，全年州外政协考察团到恩施州考察调研40批次。

【茶叶产业链建设专题调研】 2022年4月，由州政协党组书记、主席吴建清带队，到恩施市、鹤峰县、宣恩县、咸丰县等地茶叶基地，走访茶农和座谈茶企，了解茶叶产业链建设中面临的困难问题，倾听基层政府、茶叶企业和茶农的意见建议，形成专题调研报告，撰写社情民意《关于加强农业种质资源保护的建议》，报州政府及政府相关部门决策参考。

【马铃薯产业发展情况专题调研】 2022年5月16日，州政协党组成员、副主席戴清堂带领州政协农业界和无党派人士界别工作组委员及部分马铃薯专家到恩施市崔家坝镇、三岔镇，开展马铃薯产业发展情况专题调研。围绕党政关注、企业反映、薯农期盼的马铃薯产业发展问题提建议拟写提案和反映社情民意，推进全州马铃薯产业发展。

【残疾人事业发展的困难与对策专题调研】 2022年8月1—8日，州政协副主席万雪峰率社会法制港澳台侨外事委员会部分委员组成“恩施州残疾人事业发展的困难与对策”课题调研组，先后到湖北省襄阳市、十堰市和本州利川市、宣恩县残疾人康复服务机构、就业创业基地、乡镇残联、村（社区）残协及“残疾人之家”，采取实地查看、查阅资料、座谈交流等方式开展专题调研，向州委、州政府报送参阅件，州委、州政府主要领导签署意见，责成相关部门研究提出意见后报州政府办公室，并提交至州委常委会。

【民俗文化开发利用专题调研】 2022年10月，文化文史和学习委员会根据州政协党组年初工作安排，组织专委会部分委员和民俗文化专家对恩施州的民俗文化开发利用进行专题调研，撰写并提交《加快民俗文化开发利用，助推恩施高质量发展》的调研报告。

【上级视察调研】 2022年1月11—12日，省政协党组书记孙伟到恩施州，调研“协商在一线”工作。3月3—4日，省政协常委、省政协理论研究会会长翟天山到恩施州，调研乡村振兴、“协商在一线”等工作。3月23—24日，省政协党组副书记、副主席李兵到恩施州，调研新时代加强和改进人民政协工作。6月6—8日，省政协副主席彭军到恩施州，走访调研包保联系企业。

（潘　阳）

纪检监察

Discipline Inspection and Supervision

综　　述

【概况】 2022年，全州纪检监察机关以学习贯彻党的二十大精神为主线，学习贯彻习近平新时代中国特色社会主义思想，坚持“两个确立”，增强“四个意识”、坚定“四个自信”、做到“两个维护”，推进党风廉政建设和反腐败斗争，发挥监督保障执行、促进完善发展作用，为全州经济社会发展提供坚强保障。州纪委监委先后7次在省纪委监委召开的相关工作会议上作交流发言，被省纪委监委评为年度工作考核优胜单位，1人获中央纪委、国家监委嘉奖；6个集体、13名个人获省部级表彰。

【自身建设】 2022年，全州纪检监察机关持续跟进学习领会习近平总书记重要讲话和重要指示批示精神，学习宣传贯彻党的二十大精神，州纪委常委会39次集中学习研讨，做到“学思用贯通、知信行统一”。落实民主集中制和请示报告制度，重点线索处置、重大案件查办、重要措施使用等事项按程序向州委、省纪委监委请示报告。落实党建工作责任，严肃党内政治生活，常态化推进党史学习教育。加强干部能力建设，举办专题培训25期，培训8000余人次，55人入选省纪委监委办案人才库，抽调126人次参与中央纪委国家监委、省纪委监委工作。向州人大常委会报告专项工作，向“两代表一委员”和特约监察员通报工作，自觉接受各方面监督。制定纪检监察干部监督具体措施，处理31人，处分4人。

【体制改革】 2022年，州纪委监委制定信访举报闭环管理办法、问题线索管理和处置工作指引、与审计监督贯通协同工作指引等9项制度。加大对州直事业单位落实《关于进一步加强和改进州直事业单位纪检工作的意见》指导督促工作，全州27个州直事业单位配备纪检干部73名。加强基层纪检系统力量配备，2028个村（社区）实现纪检委员（监察信息员）配备全覆盖。

（陈　艾　邓仕彦　李平连）

重要会议

【中共恩施州第八届纪律检查委员会第二次全体会议】 2022年1月28日，中共恩施州第八届纪律检查委员会第二次全体会议举行。会议

2022 年 2 月 16—18 日，恩施州纪检监察系统举行 2022 年春季整训

（州委办公室　供稿）

学习贯彻习近平总书记关于党的自我革命的战略思想、十九届中央纪委六次全会、省纪委十一届六次全会和州第八次党代会精神，总结2021年工作，部署2022年党风廉政建设和反腐败工作任务，审议通过吕星代表州纪委常委会所作的《深刻把握新时代党的自我革命宝贵经验，以高质量监督为恩施绿色崛起提供坚强保障》工作报告。

（陈　艾 邓仕彦 李平连）

监督保障

【概况】 2022年，全州纪检监察机关将政治监督作为首要职责，对138项习近平总书记指示批示落实落地情况开展“回头看”活动。制定《2022年恩施州纪委监委深化政治监督工作指引》，明确任务清单28项、专项监督18项，开展5轮贯彻落实落地情况“回头看”情况，配合省委巡视完成112件转交办信访件办结，以强有力政治监督保证习近平总书记重要指示批示、党中央重大决策部署落实落地。

【实施“一把手”监督】 2022年，州纪委监委与州委党建办会商，组织全州20名重要部门单位“一把手”在州委常委（扩大）会上述责述廉，现场指出并跟踪督改问题52个。制定政治生态分析研判实施方案，建立联席会议机制，对20个党委（党组）开展集中分析研判。举办全州新任县处级领导干部、年轻领导干部廉政培训班，组织2次主体责任落实情况专项检查。落实纪委监委负责人同下级“一把手”谈话要求，完成谈话663人，发现并整改问题2122个。督促各派驻（出）机构负责人完成对监督单位的科股长、二级单位负责人谈话“全覆盖”。

【优化营商环境】 2022年，全州纪检监察系统持续深化优化营商环境“十个一”（开展一轮市场主体走访调研、组织一次惠企政策大检查、实施一批重大项目建设“护航行动”、开展一轮解“五难”专项整治、开展一次问题线索“大起底”、用好一个在线监督举报平台、组织一次涉企问题整改“回头看”、持续办好一档电视问政栏目、用好一份纪检监察建议书、通报一批典型案例）监督举措，督促职能部门开展涉企政策落实专项检查、乡镇（街道）便民服务“群众评”、“新官不理旧账”专项整治、涉企案件专项评查等工作，推动开展“五难”（惠企政策获取难、“红顶中介”整治难、中小企业融资难、招投标事项办理难、工程建设项目审批难）专项整治和营商环境堵点难点集中攻坚行动，推动解决问题667个，查处损害营商环境问题线索503件，处理处分671人，其中党纪政务处分446人，公开通报典型案例31起63人，制发纪检监察建议书127份，推动建章立制54项。

【开发区建设腐败问题专项整治】 2022年，全州纪检监察机关严肃开展开发区专项整治，对涉开发区专项整治案件建立案件主办、交办、督办机制，由州纪委分管副书记指挥调度，对6件反映州管干部重点案件由州本级主办，对可查性较强的76件提级督办，对确定初核的98件由州、县分管领导挂牌领办。运用指定管辖、“室组地”[在州纪委常委会统一领导下，委机关相关部室采取牵头抓总、室室联合等方式，整合各派驻（出）机构（统称“组”），各县市纪委监委力量（统称“地”），实现人员互动、措施互补、信息互通、成果共享，推动工作有力有序、协同高效运行]联合办案措施，做到信息共享、尺度统一，重点攻坚、快查快结。全年起底问题线索150条，立案104人，其中留置18人、移送司法13人，整改问题215个，整改率96.84%。

【农村乱占耕地建房和“大棚房”问题专项整治】 2022年，全州纪检监察机关共会同相关部门联合开展农村乱占耕地建房和“大棚房”监督检查91次，通报典型案例10起。处置涉乱占耕地建房问题线索78件，立案25人，党纪政务处分20人，组织处理43人，移送司法1人。全州制发纪检监察建议书16件，督办提示函21件，完善监督检查制度14项。

【招投标领域违法犯罪和腐败问题专项整治】 2022年，全州纪检监察机关联合公安机关，开展招投标领域违法犯罪和腐败问题专项整治，查处涉嫌串通招投标项目84个，公安机关、政务管理等职能部门处罚违法人员234人，纪检监察机关立案195人，采取留置措施30人。

【粮食购销领域腐败问题专项整治】 2022年，全州纪检监察机关督促涉粮职能部门出台、修订、完善各类制度153项，要求8个县市成立粮食事务服务中心，调整州内9家粮储企业负责人由党员公职人员担任，对省委巡视交办52个问题、州委巡察反馈442个问题和自查自纠发现156个问题全部完成整改。全年立案186人、党纪政务处分173人，全州粮食异地存储率由68.29%下降至零。

（陈　艾 邓仕彦 李平连）

执纪执法

【概况】 2022年，全州纪检监察机关坚持严的主基调不动摇，坚持正风肃纪反腐运用监督执纪“四种形态”，落实《湖北省容错纠错工作办法（试行）》，全州运用“四种形态”处理处分6519人，其中第一种形态4495人、第二种形态1671人、第三种形态209人、第四种形态144人，运用第一、第二种形态占比94.6%，全年回复党风廉政意见847人次，其中暂缓21人、否决4人，全州1.4万余名领导干部廉政档案更新完善。

【信访举报】 2022年，州纪委监委在全省率先开展“信访举报件全闭环管理”，对检举控告件实行分类标记。组织全州纪检监察干部下沉一线、遍访群众、收集问题，接收信访举报3175件次，接收群众信访问题1.3万余个，督促解决群众合理合法诉求4176个。定期开展常态化信访分析和重点领域专题分析，形成常规分析30篇、专题分析25篇、对比分析1篇，其中1篇得到省纪委相关领导批示，3篇得到州委相关领导签批肯定。落实省、州澄清打诬工作部署，全年为1494名党员干部澄清正名，依法打击诬告陷害51人次，开展信访业务宣传1637篇次。

【整治“四风”问题】 2022年，全州纪检监察系统健全风腐同查机制，共查处享乐主义、奢靡之风问题277个，处理处分333人。重点整治形式主义、官僚主义，查处问题176个，处理处分261人。举办州直单位党风廉政建设培训班，开展内设科室、基层站所作风建设集中评议，推动干部作风建设。

【解决群众身边腐败和作风问题】 2022年，州纪委监委制定《全州开展群众身边腐败和作风问题专项整治工作清单》，明确27项工作任务，先后11次召开会议听取牵头部门工作推进情况，向重要职能部门下达纪检监察建议书102份，督促建立健全制度113项。依托主流媒体多轮次集中公布专项整治投诉举报方式，印制海报3500余份，受理信访件562件。全年查处漠视和侵害群众利益问题3292个，处理处分3372人，印发案例通报175期、2516人。

【审查调查】 2022年，全州纪检监察机关处置问题线索6416件、立案2026件、处分1962人，留置72人，移送司法机关72人，严肃查处严重违纪违法典型案件，332人主动投案或说明问题。深化“室组”联合监督、“室组地”联合办案等机制，州本级派驻（出）机构立案同比增长113%。深化“乡案县审、重案州核、季案评查”，审核县市案件298件，抽查评审303件，法院审结案件有罪判决率100%。

（陈　艾 邓仕彦 李平连）

宣传教育

【概况】 2022年，州纪委监委准确把握新时代纪检监察宣传工作特点，坚持以习近平新时代中国特色社会主义思想为指引，始终将廉洁文化建设作为一体推进不敢腐、不能腐、不想腐的基础性工程抓实做强，打造富有特色的“清风恩施”廉洁文化品牌，做实案件查办“后半篇文章”。全年纪检监察系统在主流媒体发稿国家级321篇、省部级404篇。

【清廉建设】 2022年，州纪委监委先后召开清廉建设工作调度会3次，组织县市专题督导3次，要求7个清廉载体牵头单位按照“有形、有势、有神、有趣、有效”要求压茬推进。督促各县市根据实际，打造一批独具特色的文化阵地。推动建立健全村级服务组织“红白理事会”机制，成立红白理事会机构，制定红白理事会章程。开展送戏下乡、“大篷车”放映清廉主题电影等活动，举办清廉主题文艺作品演出920场次，放映清廉主题公益电影1170场次。督促各单位在系统、行业、条线找准清廉建设切入点、结合点，发现整改教育系统问题889个、医疗系统问题1231个。联合妇联、教育局、文明办等单位打造湖北省家风家教实践基地8个、恩施州家风家教实践基地22个。

【党风廉政建设宣传教育】 2022年，全州纪检监察系统以“大力弘扬清廉守正、担当实干之风”为主题开展党风廉政建设宣教月活动，拍摄清廉MV《我用青春铸清廉》，组织开展全州党纪法规知识测试，参与答题单位829家、58万余人次。举办多次清廉文艺展览，参与清廉文艺作品征集干部群众2万余人。将廉洁文化与传统文化、民族文化相结合，州、县同步加大微视频，VLOG创作力度，63部廉政微视频，VLOG被中央纪委国家监委网站和省纪委监委网站采用。

【荣誉】 2022年9月，鹤峰县纪委监委信访室主任、一级主任科员王永红受到中央纪委、国家监委嘉奖。11月，州纪委监委信访室，利川市纪委监委，恩施市纪委监委第四纪检监察室，建始县纪委监委党风政风监督室，宣恩县纪委监委纪检监察干部监督室，巴东县野三关纪委、县监委派出野三关镇监察室被省委表彰为“湖北省纪检监察系统先进集体”；州纪委常委、监委委员、三级调研员牟泽忠，州纪委监委第二监督检查室副主任赵云艳，巴东县委常委、县纪委书记、监委主任、三级调研员唐其锐，恩施市纪委副书记、监委副主任宋媛媛，利川市纪委副书记、监委副主任、市委巡察办主任、一级主任科员汪文高，建始县纪委监委派出第三纪检监察组组长、三级主任科员李晓艳，宣恩县监委委员、三级主任科员黄宇，咸丰县纪委常委、监委委员覃钰铭，咸丰县纪委监委宣传部部长宋海燕，来凤县纪委监委案件审理室主任、三级主任科员陈琼，来凤县翔凤镇党委委员、纪委书记、县监委派出翔凤镇监察室主任倪金鸿，鹤峰县纪委常委、监委委员夏习联，鹤峰县委巡察办副主任、一级主任科员陈佳庆被省委表彰为“湖北省纪检监察系统先进工作者”。

（陈　艾 邓仕彦 李平连）

巡察工作

【概况】 2022年，州委巡察机构坚持以习近平新时代中国特色社会主义思想为指导，贯彻中央巡视工作方针，落实政治巡察要求，围绕八届州委全覆盖目标和党委中心工作加强统筹部署，制定巡察工作5年规划，深化州、县上下联动，完善与审计、政法等部门贯通协作，围绕开发区（工业园区）、教育、卫生等重点领域、重点单位加强政治监督，完成3轮常规巡察任务，共发现面上问题926个，问题线索47件。8个县市共开展21轮巡察，发现面上问题2605个，问题线索200件。

【州委履行主体责任】 2022年，州委将巡察工作作为落实全面从严治党主体责任的重要抓手，纳入年度工作要点，列入重要议事日程。州委常委会和书记专题会7次研究部署巡察工作、听取巡察情况汇报，传达学习全国巡视工作会议暨十九届中央第九轮巡视工作动员部署会精神、全省巡视巡察工作会议暨十二届省委第一轮巡视集中反馈会议精神以及《关于加强巡视整改和成果运用的意见》《党的十九大以来中央巡视工作总结报告》《湖北省巡视整改和成果运用办法》《十二届湖北省委巡视工作规划（2022—2027年）》等文件精神。州委书记履行第一责任人责任，对巡察重点工作进行部署、督办，听取3轮巡察汇报时点人点事14件；州委班子成员结合分管领域和部门职能职责履行“一岗双责”，全过程领导、检查、督促分管或联系单位巡察整改情况。州委巡察工作领导小组4

次召开领导小组会议研究部署巡察工作、听取巡察情况汇报。2月24日，全州巡察工作动员部署会召开，传达学习党中央、省委巡视巡察新精神、新要求，推动全州巡察务实开展。

【政治巡察】 2022年，州委巡察工作领导小组按照全覆盖目标和党委中心工作统筹部署，制定《八届州委巡察工作规划（试行）》，推进年度巡察计划，落实“两个维护”根本任务，组织开展3轮常规巡察，将党的二十大精神和省第十二次党代会、州第八次党代会精神学习宣传贯彻情况纳入巡察监督内容，发现面上问题926个，问题线索47件。全年根据巡察移交问题线索立案20人，给予党纪政务处分9人，留置并移送司法机关1人，组织处理14人。

【开发区（工业园区）巡察】 2022年，州委巡察工作领导小组将8个县市开发区（工业园区）纳入八届州委首轮巡察对象，紧盯项目审批、征地拆迁、土地出让、工程建设、国有资本管理使用、“三资”监管等重点领域，围绕开发区党组织贯彻新发展理念、落实党中央关于开发区建设的重大决策部署和省委工作要求、引进重点企业和项目、构建现代化产业体系、优化创新创业环境、加强基层党组织建设和干部队伍作风建设等6个方面开展监督，发现面上问题259个，问题线索24件。

【上下联动巡察】 2022年，州委巡察工作领导小组按照统一领导、分级负责的原则，聚焦教育、卫生领域，以上下联动“推磨式”巡察的方式，对全州教育、卫健系统46个部门开展监督。州委巡察组主动下沉8个县市，对县市交叉巡察工作进行现场指导，及时了解、掌握县市工作推进情况，发现面上问题1729个，问题线索127件。加强对县市巡察工作指导督导，1月18日，组织召开全州巡察工作会议暨巡视巡察信息系统培训会议，对8个县市新任职巡察办主任开展集体谈话，就“金纪三期”巡察单机系统和网络工作平台使用进行培训指导，实现全州巡察信息系统培训、使用全覆盖。

【完善协同机制】 2022年，州委巡察工作领导小组完善与纪检监察机关、审计、政法等部门的协同配合机制，与州纪委监委、州审计局联合印发《关于推进纪检监察监督巡察监督与审计监督贯通协同高效的工作指引》，与州委政法委联合印发《关于建立对州直政法单位统筹开展综合政治督察和巡察工作机制的通知》。3轮巡察中，协调纪检、组织、审计、财政、信访等单位提供监督检查报告73份、问题线索98条、信访举报材料104份。

【巡视反馈问题整改】 2022年，州委巡察工作领导小组配合推动涉粮问题专项巡视反馈问题及营造“三个环境”（营造平稳健康的经济环境，国泰民安的社会环境，风清气正的政治环境）专项巡视反馈问题整改工作，抽调专人参与集中整改，涉粮问题专项巡视反馈的52个面上问题全部整改完成，营造“三个环境”专项巡视反馈的53个问题完成整改23个，达到序时整改目标。州委巡察工作领导小组巩固落实《州级领导干部履行“一岗双责”推进巡察整改工作暂行办法》，向5位分管或联系州领导呈送24份督办责任告知书，通报巡察发现的面上问题334个。对七届州委巡察未完成整改的5个单位开展督促检查，形成七届州委巡察发现问题整改情况报告向州委汇报。截至年末，七届州委巡察发现面上问题整改率99.9%，八届州委首轮巡察反馈面上问题自查整改率98%。

【巡察成果运用】 2022年，州委巡察工作领导小组健全巡察整改和成果运用机制，协助州委印发《恩施州巡察整改和成果运用工作措施》，对巡察整改和成果运用操作层面进行调整、补充、完善、细化。综合运用涉粮问题专项巡视巡察成果，推动全州修订完善涉粮制度133个，给予党纪政务处分122人。州委组织部结合八届州委第二轮巡察，对12家州直单位选人用人专项检查情况进行通报。

【规范化建设】 2022年，州委推进纪委班子成员担任巡察办主任，在全省范围内率先完成配备。调整后，州委巡察办主任由州纪委常委担任，2个县市委巡察办主任由纪委副书记担任，6个县市委巡察办主任由纪委常委担任，平均年龄44岁。制定《州委巡察机构信访件处理暂行办法》《州委巡察机构巡察经费支出报销管理规定（试行）》。坚持落实巡后纪律作风评估制度，对抽调的40名巡察人员的政治表现、工作业绩、作风和执行纪律等情况出具鉴定意见，评出12名优秀巡察干部。

（黄　涛）

中国国民党革命委员会恩施州委员会

【概况】 2022年，中国国民党革命委员会恩施州委员会（简称民革恩施州委）下设州直综合第一支部、州直综合第二支部、州中心医院支部、湖北民族大学支部和恩施市支部5个支部，设有参政议政工作委员会、民主监督工作委员会、社会服务工作委员会、宣传与教育工作委员会、促进祖国和平统一工作委员会、女党员和老党员工作委员会、内部监督工作委员会7个专委会。年末民革恩施州委会有党员127人，其中交叉党员1人。任副州长1人，任恩施市人大常委会副主任1人、恩施市政协副主席1人。1人担任湖北省第十四届人大代表，1人担任湖北省第十三届政协委员；6人担任恩施州第九届人大代表（常委1人），14人担任恩施州第九届政协委员（副秘书长1人、常委6人）；1人担任恩施市第十一届人大代表，10人担任恩施市第十届政协委员（常委2人）。

【学习贯彻中共二十大精神】 2022年，民革恩施州委会将学习贯彻中共二十大精神作为首要任务。11月10日，召开学习中共二十大精神专题会议，主委许强作专题宣讲。组织响应民革湖北省委会“喜迎二十大”系列活动，面向党员征集系列作品，摄影作品《古城新境》在“喜迎二十大·共筑同心圆”美术作品展中展出；理论文章《同行铸辉煌》获“喜迎二十大·同心铸辉煌”主题征文比赛二等奖表彰；5名党员个人事迹入选“喜迎二十大·湖北民革党员先进事迹展播”。在微信公众号开设“中共二十大精神应知应会百题”专栏，以答题形式加强广大民革党员对中共二十大精神的学习领会。

【政治交接主题教育】 2022年，制定《民革恩施州委会关于开展“矢志不渝跟党走、携手奋进新时代”政治交接主题教育工作方案》，5月27日，召开主题教育动员部署会，明确具体工作要求，党员代表作交流发言，领悟“两个确立”的决定性意义，增强“四个意识”，坚定“四个自信”，做到“两个维护”，奠定共同团结奋斗的思想政治基础。

【自身建设】 2022年，民革恩施州委将加强理论武装摆在突出位置，通过专题宣讲、集体研学和个人自学等方式实现“全员覆盖”“全面落实”。落实理论中心组学习制度，统筹制定学习计划，开展中心组学习4次，跟进学习民革十四大、中共湖北省第十二次代表大会等各级会议精神和重大决策部署。组织开展“提升履职能力，锤炼过硬本领”团建活动。发展新党员5名。推进“示范支部创建”“党员之家建设”，促成民革湖北民族大学支部与民革清远市基层委员会清新区支部缔结友好支部。通过州委委员会议、中心组学习会议传达学习中共第十九届中央纪律检查委员会第六次全体会议公报、《各民主党派湖北省委会关于加强全省民主党派成员思想行为规范的纪要》等纪律要求，加强纪律意识和规矩意识。

【参政议政】 2022年，民革恩施州委围绕中共恩施州委重大发展战略安排和决策部署开展调查研究，进行“坚持保护与发展协同，持续推进长江大保护”等课题调研，全年开展专题调研4次。在年初召开的省、州两会上，提交人大建议5件，集体提案9件，大会发言5件，个人提案20余件。全年提交社情民意信息30余件。《关于保护恩施唐崖土司城世界文化遗产的建议》《关于加强法治政府建设，优化营商环境的建议》被民革湖北省委会采用，由省政协转报转送省委、省政府；《关于提高事业单位工作人员死亡后一次性抚恤金标准的建议》报送省政协；《关于加强全州新的社会阶层人士统战工作的提案》被列为州委常委领办提案；《关于强化矿山生态环境修复，保护恩施绿水青山的提案》《关于优化抽水蓄能电站布局，促进清洁能源发展的提案》《关于厚植红色文化底色，打造恩施红色文化教育线路的提案》被列为州政协领导督办提案并被评为2022年度优秀提案；《关于启动“春天第一杯硒茶”的宣传造势的建议》等4篇社情民意获州相关领导签批并被州政协专报采用，党员胡光燚被州政协表彰为“提案办理工作成绩突出个人”。

2022年6月12日，民革恩施州委在恩施市红土乡石灰窑小学开展“博爱·牵手”关爱未成年人活动 （张　珍　供稿）

【社会服务】 2022年，聚焦巩固脱贫攻坚成果与乡村振兴衔接，发挥在“三农”、法律等方面的资源优势，谋划社会服务工作，擦亮“支持乡村振兴，共建美好家园”社会服务品牌。重点打造“‘博爱·牵手’关爱未成年人”特色活动项目，呵护未成年人健康成长。在恩施市六角亭街道胜利街社区和城乡街社区、湖北民族大学附属小学、红土乡石灰窑小学等地开展“暖冬行动”，法律宣讲进校园、进社区、进单位，护幼行动等社会服务活动11次，组织发起捐款2次，累计捐款款物15万余元。

【促进祖国和平统一工作】 2022年，以促进祖国和平统一为工作重点，贯彻落实习近平总书记关于对台工作的重要论述，关注局势发展，学习《台湾问题与新时代中国统一事业》白皮书、习近平总书记在庆祝香港回归祖国25周年大会暨香港特别行政区第六届政府就职典礼上的讲话精神、“九二共识”30周年座谈会精神。

【宣传工作】 2022年，发挥“恩施民革”微信公众号的宣传阵地作用，开设“关注”“党员风采”“博爱·牵手”等宣传专栏，发布中央、省、州会议等的专题学习内容和工作动态，全年发布宣传报道230余篇。主动向民革中央、湖北民革、州政协等报送信息。

【调研活动】 2022年4月14—15日，承担中共恩施州委政党协商工作安排，到巴东县开展长江流域生态环境保护暨长江生态环境保护民主监督工作。6月26—28日，民革中央调研组到恩施州开展长江生态环境保护民主监督调研。8月1—4日，民革恩施州委开展“构建大交通，打造湖北向西重要交通门户”政党协商课题调研，到恩施市、利川市、建始县、巴东县、咸丰县了解恩施州多式联运货运物流体系建设情况。11月，民革恩施州委到建始县、巴东县开展民主监督调研，完成第五监督调研组交办的任务，提出“要进一步坚持依法治理，充分利用好民族区域自治法和自治州立法权，用法治思维推进长江生态环境保护工作走深走实”“要发挥硒资源优势，建强产业链，将资源优势转化为经济效能”等意见建议，得到民革中央采纳。

【荣誉】 2022年，民革恩施州委会被民革湖北省委表彰为2022年度“参政议政工作先进集体三等奖”、2022年度“反映社情民意信息工作先进集体三等奖”、“民革全省‘博爱·牵手’社会服务工作先进集体”。民革恩施市支部被民革湖北省委表彰为“2017—2021年度先进集体”。秦群燕被民革中央表彰为“民革全国祖统工作先进个人”、张娅琴被表彰为“民革全国宣传思想工作先进个人”，李玮玮被民革湖北省委表彰为2022年度“反映社情民意信息工作先进个人三等奖”，肖雪琴、李绍贵、吴全省、秦为民、刘启兴被民革湖北省委表彰为“2017—2021年度优秀党员”，廖祖蜻、谭国被民革湖北省委表彰为“民革全省‘博爱·牵手’社会服务工作先进个人”。

（李　会）

中国民主同盟恩施州委员会

【概况】 2022年，中国民主同盟恩施州委员会（简称民盟恩施州委）有盟员293人，女盟员111人，交叉党员（中共党员）7人，平均年龄54.37岁。有中高级职称229人。有本科及以上学历218人，其中硕士32人，博士14人。发展新盟员8人。下设州委直属一支部、州委直属二支部、州教育支部、湖北民族大学支部、恩施职业技术学院支部、恩施市支部、恩施高中支部7个支部。盟员中1人担任湖北省第十三届人民代表大会代表，1人担任政协湖北省第十二届委员会委员，1人担任州人大常委；5人担任恩施州第九届人民代表大会代表，24人担任政协恩施州第九届委员会委员，其中1人担任州政协副主席、8人担任州政协常委；15人担任政协恩施市第十届委员会委员。民盟恩施州委被民盟湖北省委表彰为2022年度“盟务工作先进单位”、2017—2022年度“参政议政杰出贡献单位”和“反映社情民意信息工作突出贡献单位”。盟员胡友胜、傅浩被民盟湖北省委表彰为“反映社情民意信息工作突出贡献个人”。

【思想建设】 2022年，坚持抓思想政治工作，引导盟员领悟“两个确立”的决定性意义，增强“四个意识”、坚定“四个自信”、做到“两个维护”，夯实多党合作基础。修订《民盟恩施州委员会理论学习中心组学习制度》，全年组织中心组学习8次，学习内容涉及中共二十大会议，全国和省、州两会，中共湖北省第二十次代表大会精神及《中国共产党政治协商工作条例》等。领导班子成员及盟员参与各级统战部门、上级盟组织举办的线上线下中共二十大精神宣讲学习。开展政治交接主题教育活动，全年开展“矢志不渝跟党走、携手奋进新时代”政治交接主题教育活动22次，带领基层组织和盟员加强学习。发放相关学习资料、书籍600余册。开展纪念张澜先生150周年诞辰系列活动，以“重温民盟历史，讲述先贤故事”为题，组织盟员学习多党合作史，召开纪念座谈会。盟员50人次参加省、州各级学习培训活动。在“恩施民盟”微信公众号开创盟员学习和思想教育新领域，开设“学习贯彻中共二十大精神”“政治交接主题教育”“学党史、跟党走”“纪念张澜先生150周年诞辰”等学习专栏，推送65篇学习内容。筹建湖北民族大学支部、恩施高中支部2个“盟员之家”，为盟员提供学习交流平台。

【组织建设】 2022年，民盟恩施州委加强自身建设，机关配备专职副主委1名，完成恩施高中支部换届工作，筹建民盟恩施州委直属第三支部。开展基层组织建设专题调研，了解恩施民盟基层组织建设情况。走访恩施高中、州中心医院等盟员集中的单位、骨干盟员单位和中共利川市委统战部，了解盟员们思想和工作情况，争取盟员单位和统战部门的支持，共同促进基层组织建设和盟员成长。

【政党协商】 2022年，重视政党协商工作，发挥主委会作用，集中力量提高政党协商建言水平。按照中共恩施州委政党协商工作安排，由主委会及其成员负责2022年《政府工作报告》征求意见建言和3个政党协商课题调研工作。在征求意见座谈会和政党协商座谈会上发言，围绕政府工作报告、长江流域生态环境大保护、打造大交通构造湖北向西重要门户、构建大旅游擦亮恩施金字招牌，提出具有科学依据、针对性和可操作性的意见和建议。

【参政议政】 2022年，在省、州“两会”期间，建诤言、献良策，促进恩施州经济社会发展。提交人大建议2件、政协提案21件（含集体提案7件），内容涉及城乡建设、乡村振兴、教育事业发展、科技创新等方面。《发挥优势、协作共赢，全面融入“宜荆荆恩”城市群》《把“凉资源”做成“热产业”》入选州政协九届一次会议大会口头发言，集体提案《关于加强儿童心理行为发育异常早期筛查工作的提案》被表彰为州政协2022年度优秀提案。围绕湖北省建设全国构建新发展格局先行区、恩施建设“两山”实践创新示范区等，汇集全盟力量开展调查研究，完成盟省委招标课题、盟州委重点课题和招标课题15个，形成《发挥统战独特优势，创新基层社会治理》《推动湖北旅游创新发展》等15篇调研报告，组织参政议政委员会成员转化调研成果，形成政协大会发言、集体提案予以提交。以参政议政委员会成员为基础，动员全体盟员加入社情民意信息员队伍，撰写社情民意信息，向州政协提交社情民意信息28篇，被采用8篇；向民盟湖北省委提交社情民意信息8篇，均被采用。其中《关于加快我州装配式建筑发展的建议》《关于充分发挥地域资源优势推进坝漆产业发展的建议》《关于解决恩施高中校门口交通安全隐患的建议》《关于启动施州古城更新改造彰显恩施历史文化名城魅力的建议》4篇获州领导批示。《关于抚养残疾人家庭减免个人所得税的建议》报送省政协。

【社会服务】 2022年，民盟恩施州委组织支部和盟员8次到恩施市新塘乡下塘坝村和下坝村两个民盟“支持乡村振兴实践基地”调查研究，开展社会服务活动。开展“下基层、察民情、解民忧、暖民心”实践活动，发扬民盟“奔走国是、关注民生”传统，为群众办实事、办好事。主委会成员联系盟内外企业14家，开展联系走访50次，宣传政策，支持企业解决困难。坚持做好社会服务品牌“关爱留守儿童”活动，跟踪调研利川市汪营镇童星留守儿童中心，走访慰问留守儿童3次；联合大学生志愿者在建始县三里坝乡和恩施市新塘乡开展留守儿童暑期陪伴辅导活动2期；联合州妇联、团州委、州教育局等单位在巴东县野三关镇康乐美体育文化中心开展“爱心暖童心、欢乐庆‘六一’”大型关爱留守儿童联欢活动，为野三关镇广博文化艺术学校和子曰教育中心95名孩子送去微心愿礼物，捐赠图书、文具、体育用品和各式玩具，总价值2.6万元。发挥盟员专业优势，组织志愿者服务队活动，教育志愿者服务队长期联系新塘乡下塘坝海信希望小学，全年线上线下指导教育教学工作22次；组织医疗志愿者服务队到恩施市白果坝乡桑树坝村开展义诊活动，为村民200余人提供健康咨询、测量血压、彩超检查等服务，免费发放近5000元药品；法律志愿者服务队走进湖北同广和新材料有限公司，开展“送法进企业”活动。

【民主监督】 2022年，参与民盟湖北省委在恩施州的长江生态环境保护民主监督调研工作，做好相关联络协调工作。参加在恩施市、利川市和巴东县开展的“推进风光水储一体化清洁能源建设高质量发展”主题调研活动。开展民盟恩施州委2022年长江生态环境保护民主监督工作，组建民主监督工作小组到利川市、建始县开展调研，围绕“城乡污水处理”主题召开座谈会、听取汇报、现场察看了解两个县市城乡污水处理情况，就老城区污水管网建设、雨污分离、农村集中居住地污水处理等问题与当地政府部门沟通交流，提出促进问题解决的意见建议。

【宣传工作】 2022年，用好“恩施民盟”微信公众号和《恩施民盟》杂志，宣传民盟工作、展示盟员风采。开辟自媒体搭建盟员学习新平台，结合民盟阶段性学习任务、主题教育活动、国家重大政治事件发布学习内容60余条。全年为民盟中央网站、《湖北盟讯》、民盟省委网站、省政协网站、中共恩施州委办公室、州政协办公室和中共恩施州委统战部报送稿件60余篇。加强宣传信息员队伍建设，构建以民盟恩施州委机关为依托、每个支部都是宣传部、每位盟员都是宣传员的大宣传格局，将支部宣传工作纳入年度考核内容。

（张　珍）

中国民主建国会恩施州委员会

【概况】 2022年，中国民主建国会恩施州委员会（简称民建恩施州委）有会员344人，女会员111人，中共交叉会员15人，平均年龄51.7岁。有大专以上文化程度会员287人，有中高级职称会员165人。下设1个基层委员会、2个总支、13个基层支部，即恩施市基层委员会及所属的4个支部，州直总支及所属的5个支部，湖北民族大学总支及所属的3个支部，恩施职院支部。会员中有省人大代表1人，省政协委员1人；州人大代表9人（其中常委2人），州政协委员24人（其中常委8人）；县（市）人大代表4人（其中常委1人），县（市）政协委员26人（其中副主席1人、常委7人）。

【组织建设】 2022年，民建恩施州委加强后备队伍建设培养，选派骨干会员参加各级各类学习培训班7人次，推荐10名会员任民建湖北省委专委会成员。组织8名会员代表参加民建湖北省第九次代表大会，民建恩施州委主委参加民建全国十二次代表大会，参与民建中央、省委会政治交接全过程。改善优化基层支部领导班子的年龄和人才结构，指导民建恩施州直一支部、民建恩施州直三支部、民建恩施州直四支部增补支部委员，完成届中班子成员调整。

【政治交接主题教育】 2022年，民建恩施州委将政治交接主题教育作为第一要务，成立主题教育领导小组，印发主题教育方案。5月，召开动员部署会议，对主题教育各项工作任务实行量化，明确时间节点，明确人员责任，同时加强对基层组织开展主题教育的指导。7月，召开主题教育中期推进会，安排班子成员作心得体会交流，推荐基层支部作交流发言，部署下阶段工作。在民建湖北省政治交接主题教育推进会上作题为《薪火相传跟党走，奋楫扬帆启新程》的交流发言。

【民建恩施州委五届十三次全体会议】 2022年8月9日，民建恩施州委五届十三次全体委员会议召开。会议表决通过选举办法，根据会章和相关规定，届中补选谭晋为民建恩施州委副主委。

【民建“会员之家”建设】 2022年，民建恩施州委新建成3个“会员之家”。按照“五有”（有固定场所、有规范制度、有定期活动、有宣传展示、有档案资料）规范化建设标准，截至12月末，建成基层组织“会员之家”12个，覆盖15个基层组织（湖北民大总支及辖属3个支部联建），1个州委会“会员之家”暨民建经济文化交流中心。

【调查研究】 2022年，民建恩施州委结合政党协商议题，开展“碳汇交易和生态价值实现”“交通物流发展”“全域旅游建设”专题调研，形成调研成果，在政党协商会上协商建言。各基层组织聚焦乡村振兴、“双碳”经济、硒茶产业、科技创新、文化教育、法治化营商环境等重点课题开展调研，提交调研成果17篇。

【参政议政】 2022年，民建会员杨琴在十三届全国人大五次会议上提交建议6件，所提《支持革命老区建设，促进特殊类型地区振兴发展》的意见被确定为22项重点督办建议之一。民建会员在省两会上，提交建议5件，提案2件，会员张伟在省人代会上所提《关于进一步支持恩施州申报创建国家高新区以推动民族地区高质量发展的建议》相关内容连续2年被写入省政府工作报告。在州两会上，提交建议10件，提案28件，立案28件，4件提案由州领导领办，其中1件集体提案(《关于加快推进优化法治化营商环境的提案》)及9件个人提案被州政协评为优秀提案。在州政协九届一次会议上，转化集体提案11篇，大会发言3篇，其中口头发言1篇。会员杨琴撰写社情民意信息《加强电子烟管理净化青少年成长环境的建议》被民建中央采用。全年向民建省委提交社情民意信息94条，采用74条，转报省政协采用12条；向州政协提交社情民意信息29条，采用10条，州领导签批4条。

【长江生态环境保护民主监督】 2022年，州委会组建调研组到恩施市、宣恩县，围绕水生态保护修复及湿地生态保护等方面开展现场调研，并与当地党委政府及职能部门座谈，对开展长江生态环境保护工作提出针对性意见和建议，形成书面材料《民建恩施州委2022年长江生态环境保护民主监督工作调研报告》报送中共恩施州委统战部。

【宣传工作】 2022年，全年编印2期《恩施民讯》，民建恩施州委网站、微信公众号转载民建中央、省委会主题教育方面的学习内容和文章30余篇，发布各基层组织主题教育新闻动态50余篇，刊载会员学习心得体会文章40余篇。举办“民建清江讲坛”2期。加强网络安全管理，将恩施民建网站迁移至恩施新闻网。会员毛东山创作书法作品《沧桑巨变》代表民建恩施州委参与湖北省民主党派无党派人士“喜迎二十大，共筑同心圆”美术作品展。

【成立乡村振兴实践基地】 2022年，民建恩施州委与中共恩施州委政研室在恩施市三岔镇燕子坝村挂牌共建民建“乡村振兴实践基地”，围绕实践基地开展系列社会服务工作，先后联系中国供销集团、天津湖北商会、中共海宁市委统战部、民建武汉市委等现场参观考察、对接资源，进行招商引资，利用实践基地开展现场教学，组织民建会员及代表、委员现场调研，撰写建议提案。携手爱心企业实施“点亮工程”，捐赠12万元用于该村路灯设施改造。

【“民建清江思源同心公益基金”】 2022年，民建恩施州委依托湖北省慈善总会成立专项冠名基金——“民建清江思源同心公益基金”，该基金面向社会公开募捐，所筹款物用于民建恩施州委开展乡村振兴、扶贫济困、生命健康、生态环保、文化传承、灾害救助等符合法律法规的慈善公益活动。6月，州委会班子成员带头发起捐赠活动，首批募集善款5万余元，募集物资折合价值621万元。基金会首个公益项目支持开展“直肠癌”筛查活动，项目第一期实施完成，惠及恩施市民2000余人。

【“民建海宁·恩施思源班”】2022年秋季学期，“民建海宁·恩施思源班”完成70名学生招生计划。民建恩施州委与民建海宁市基层委员会协商，在前期捐赠资金150万元的基础上，追加捐赠48万元，共捐赠198万元用于在咸丰县高乐山镇民族中学实施2022—2025年“民建海宁·恩施思源班”项目。该项目自2022年秋季学期起扩招，每年开设2个思源班，每班招收35名学生，每年1个班资助7万元，共资助330名偏远地区乡镇德、智、体、美、劳全面发展的家庭经济困难小学毕业生到城区中学寄宿就读，完成初中学业。

【社会服务】2022年，民建恩施州委及各基层组织继续集中资源，围绕“民建海宁·恩施思源班”开展捐款捐物、看望慰问等活动。争取思源·华谊兄弟公益基金向恩施市教育局捐赠价值350万元的45所“零钱电影院”；争取思源·佑华公益基金“一圆行”公益项目试点，资助恩施高中、恩施市一中、咸丰一中3所学校45名品学兼优的学生；为巴东县人民医院、利川市人民医院、来凤县中医医院向中华思源工程基金会·中国医院服务能力建设资金扶助项目申请价值120万元的ICU设备。恩施市旱灾发生后，组织会员捐款、捐物合计近20万元；新冠疫情防控期间，先后有66名会员下沉社区参与疫情防控工作，捐赠物资及善款合计128万余元。组织基层支部和会员开展“下基层、察民情、解民忧、暖民心”实践活动，为孤儿打造爱心“梦想小屋”，为留守儿童及困难学生捐款捐物，为困难户捐赠爱心羽绒服等，累计投入帮扶资金924万余元。组织湖北民大总支、职院支部及会内农林、中药材、医疗专家等发挥智力优势，开展“支农”“支医”活动，支持乡村振兴。

2022年9月5日，2022级“民建海宁·恩施思源班”捐赠暨开班仪式在咸丰县高乐山镇民族中学举行
（吕　檬　供稿）

2022年5月19日，民建恩施州委“乡村振兴实践基地”在恩施市三岔镇燕子坝村揭牌
（吕　檬　供稿）

【跨区域交流】2022年7月，民建荆州市委到恩施州考察交流，参观州规划馆和州博物馆，调研民建恩施州直二支部“会员之家”，走访民建会员企业。8月，民建武汉市委到恩施州考察交流，调研民建“乡村振兴实践基地”建设工作。9月，中共海宁市委统战部、民建海宁市基层委员会到恩施州考察交流，调研民建“乡村振兴实践基地”建设工作。11月，民建恩施州委与民建武汉市委会签订“乡村振兴战略合作框架协议”。

【荣誉】2022年，民建恩施州委被民建湖北省委表彰为2021年度“新闻宣传工作先进单位二等奖”和2021年度“反映社情民意信息工作先进单位二等奖”，会员杨琴、康银蔓被表彰为全省“反映社情民意信息工作先进个人”。

（吕　檬）

中国民主促进会恩施州总支部委员会

【概况】2022年，中国民主促进会恩施州总支部委员会（简称民进恩施州总支）下设民进恩施州直一支部、州直二支部、州直三支部、恩施市支部4个支部，有会员48名。会员中湖北省第十三届政协委员1人，州第九届人大代表2人、州第九届政协委员12人，恩施市第十届政协委员6人。民进恩施州总支提交的《关于加大粮食生产支持力度的提案》被州政协表彰为2022年度优秀提案。

【思想建设】 2022年，民进恩施州总支下发12次政治理论学习资料，组织召开4次理论中心组（扩大）学习会议，学习全国两会精神、《中国共产党政治协商工作条例》、习近平总书记视察湖北的讲话精神以及中共湖北省第十二次代表大会精神等。按照民进湖北省委和中共恩施州委统战部关于开展“矢志不渝跟党走、携手奋进新时代”政治交接主题教育的相关要求，组织学习、制定实施方案、细化工作任务，保证政治交接主题教育落到实处。

【组织建设】 2022年，在民进主界别教育和文化行业发展新会员5名。安排3名会员到省社会主义学院参加新会员培训班学习，1名会员到省社会主义学院参加信息工作骨干培训班学习，1名会员到州社会主义学院参加党外干部培训学习，1名机关干部到中共恩施州委党校参加科级干部进修班学习。各支部相继建立“会员之家”。开展基层组织建设专题调研活动。

【参政议政】 2022年，民进恩施州总支围绕中共恩施州委、州政府中心工作和人民群众关心的热点、难点问题，加强调查研究，参加中共恩施州委政党协商会议，在“加强垃圾分类资源化利用，支持长江生态大保护”“加快恩施机场迁建项目建设，构建武陵山大交通格局”“发挥非遗文化价值作用，推动全州文旅产业大发展”等方面提出建议；提交民进总支集体提案13件，其中3件提案被州政协纳入重点提案，分别由中共恩施州委、州政协领导领办督办；提交社情民意信息9件，其中4件信息被州政协《社情民意》专报采用。

【社会服务】 2022年，民进恩施州总支对接武汉市民进资源，向建始县捐赠电脑36台，婴儿奶粉价值13.8万元。9月，州城恩施新冠疫情防控期间，会员企业及会员个人捐赠抗疫物资62.7万元。组织会员开展慰问留守儿童、孤寡老人、困难群众及社区建设、心理辅导、无偿献血等社会公益活动，送慰问物资和慰问资金总计12万元。

（宋兴月）

中国农工民主党恩施州委员会

【概况】 2022年，中国农工民主党恩施州委员会（简称农工党恩施州委）下设湖北民族大学基层委员会和州直综合支部、恩施市支部、州中心医院西医支部、中医支部4个直属支部。年度新发展党员15人，全州农工党员总数为231人。新建和完善7个专门委员会、建成“农工党党员之家”4个。4名党员当选州人大代表、17名党员当选州政协委员，主委向仕莲当选州九届人大民族宗教侨务外事委员会副主任委员，副主委王克全、张凤分别当选州九届政协提案委员会副主任委员、经济委员会副主任委员，7名党员当选州政协常委。副主委张凤被农工党中央表彰为“2018—2022年中国农工党优秀个人”，委员王军被中共湖北省委宣传部、省司法厅、省普法工作办公室表彰为“2016—2020年全省普法工作表现突出个人”，州中心医院中医支部党员李小丹被中共恩施州委、州政府表彰为2020—2021年度“感动恩施”人物。

【思想建设】 2022年，农工党恩施州委召开主委会6次、理论中心组集中学8次、专题学习5次，学习习近平总书记在中共二十大上所作的报告，中央统战工作会议、中共湖北省第十二次代表大会和省委统战工作会议等会议精神，学习贯彻《中国农工民主党关于新时代加强思想政治建设的意见》《中共恩施州委关于学习贯彻中共十九届六中全会精神，坚持“两个确立”做到“两个维护”的决定》文件精神。学习宣传贯彻中共二十大精神，农工党恩施州委和各支部组织集中收看中共二十大开幕会，组织召开中共二十大精神专题学习会议，领导参加中共恩施州委二十大精神宣讲会、座谈会和集中轮训。5月13日，召开“矢志不渝跟党走、携手奋进新时代”政治交接主题教育动员大会。7月22日，农工党恩施州委、恩施市支部组织党员到鄂西特委旧址参观学习并召开主题教育专题学习会议。8月5日，农工党恩施州委会召开三届九次（扩大）会议暨“矢志不渝跟党走、携手奋进新时代”政治交接主题教育中期推进会。加强思想政治宣传工作，全年累计宣传报道115篇次稿件，其中“中国农工民主党”微信公众号采用1篇，农工党十七大召开期间，在该微信公众号阅读量排行榜上排名20位；在省级媒体刊发61篇，州级电视新闻播发4条，州级报刊发稿2篇，电子报刊发稿2篇，其他州级媒体发稿46篇。

【组织建设】 2022年，农工党恩施州委新成立参政议政、医药卫生、经济法律、妇女工作、宣传思想、内部监督、老年工作7个专门工作委员会，71名党员进入专委会。制定《农工党恩施州委会专门工作委员会工作规则》。恩施市支部、州直综合支部、州中心医院西医支部、湖北民族大学基层委员会相继建成挂牌“农工党党员之家”。组织骨干党员60余人次参加农工党中央市级组织领导班子成员能力提升培训、党史理论骨干培训和长江生态环境保护民主监督培训等线上学习班学习，选派毛红梅参加中共湖北省委统战部举办的2022年全省民主党派中青年骨干培训班学习并在“讲述英雄故事·赓续英雄精神”红色故事会比赛中获一等奖。2月24日，州委会组织召开2022年度领导班子民主生活会。

【参政议政】 2022年，农工党恩施州委围绕中共恩施州委统战部政党协商中心课题，分别就乡村污水治理、农村公路建设与管护、红色文化传承与红色旅游发展等课题开展调研，形成调研报告3篇。在第二季度政党协商会上，农工党恩施州委作关于《统筹推进全州乡村污水治理，支持长江生态环境大保护》发言。到鹤峰县开展长江生态环境保护民主监督，在走马镇就农业面源污染防治进行现场调研，召开专题民主监督座谈会，形成综合性调研报告1篇，并向有关部门提出加大环保理念宣传力度、健全完善监督管控机制、保障农业面源污染防治投入、加强基层执法队伍建设等监督建议。通过社情民意、建议提案、调研报告等方式建言献策共47篇，其中省级社情民意12篇、州级社情民意11篇、人大建议4件、政协提案12件、政党协商建议3件，被同级及以上党委、政府采纳46件，提交的《关于将癫痫疾病纳入国家慢性病统一管理的建议》被农工党中央采用。首次以“直通车”方式向中共恩施州委呈报的《关于将癫痫疾病纳入全州慢性疾病统一管理的建议》，获得州委书记胡超文2次批示和州人民政府采纳，提交的《关于全力推进全州儿童青少年近视防控攻坚行动的提案》获评州两会优秀提案，毛红梅、向天泉等党员提交的3篇社情民意分别获州相关领导批示。

【社会服务】 2022年，农工党恩施州委开展“下基层、察民情、解民忧、暖民心”实践活动，先后走访调研恩施爱尔眼科、利川爱尔眼科、国药控股恩施有限公司、湖北恩硒红农业科技、湖北德林沃药业、湖北施南律师事务所、恩施时代家居摩尔商业管理有限公司、恩施鑫硒电子商务有限公司和恩施市金盾保安服务集团等多家党员所在企业，帮助解决实际困难。主委向仕莲以省人大代表的身份向省人民检察院反映关于企业的社情民意，获省人民检察院党组书记、检察长王守安批示，帮助1家党员所在企业走出困境。围绕新冠疫情防控、乡村振兴等，开展社会服务活动28场次，共募集到捐赠物资和资金总计600万元。持续打造“同心助医”品牌，新挂牌恩施爱尔眼科医院、恩施东方医院等2家恩施州农工党同心医院，全州农工党同心医院增至5家。开展送医、送教、送法活动，州中心医院中医支部、西医支部和湖北民族大学基层委员会、恩施市支部分别在恩施市、咸丰县、宣恩县、建始县等开展健康服务8场次，接待群众3000余人次，免费发放药品价值3.5万元。农工党员发起的恩施州助学扶贫促进会持续开展“希望伴飞”等多项公益活动，取得州民政局颁发的慈善组织公开募捐证书，成为全州第三家具有公开募捐资格的慈善组织，争取到中国乡村发展协会近360万元的资金支持，在恩施市白杨坪镇、屯堡乡，利川市汪营镇，宣恩县椿木营乡等乡镇开展医疗互助试点。6月5日，联合州生态环境局等部门在宣恩县举办“六五”环境日主题宣传活动。8月21日，妇女工作专门委员会联合女企业家协会举办“中小企业法律风险防控主题沙龙”。举办癫痫病公益救助和“送医到基层·健康进万家”等大型公益活动。8月21—30日，农工党中央科技委和中国初级卫生保健基金会在恩施州开展连续8天持续9场的现场义诊活动，累计接诊癫痫疾病患者451人，免费赠送药物价值60余万元，并同步搭建远程诊疗平台。12月15日，中国初级卫生保健基金会向恩施市、咸丰县、鹤峰县捐赠价值110万元的宣医通缺血预适应训练仪，建起200个村（社区）健康驿站。新冠疫情防控期间，在农工党杭州市委会、北京市昌平区总支、武汉市委会和恩施爱尔眼科医院、恩施人福药业、国药恩施公司、南京医药恩施公司等党员所在企业的支持下，共募集价值69万元防疫物资捐赠至恩施市部分社区、医院和学校。

（王克全）

2022年8月21日，农工党中央科技委和中国初级卫生保健基金会健康与教育基金主办的癫痫病救助公益活动在恩施市启动 （王克全 供稿）

九三学社湖北省委直属恩施支社委员会

【概况】 2022年九三学社湖北省委直属恩施支社委员会（简称恩施支社）进一步加强组织建设，积极参政议政，开展社会服务活动。11月，主委杨方列被九三学社中央委员会表彰为“2021—2022年社会服务先进个人”。

【组织建设】 2022年，九三学社湖北省委直属恩施支社有社员11人（年度新增社员4名）。7月9日，九三学社湖北省委副主委付文芳率领九三学社湖北省委相关处室负责人、九三学社武昌片区社员到恩施支社开展组织建设专题调研及片区活动。7月23日，九三学社呼和浩特市委与恩施支社进行组织建设交流。

【参政议政】 2022年1月，在政协恩施州第九届一次会议上，主委杨方列以《优化营商环境，畅通服务“最后一公里”》为题作大会发言。按照长江大保护工作的部署安排，制定《九三学社湖北省委直属恩施支社大长江保护之“来凤酉水河”五年保护行动方案》。围绕“立足大生态”以《推进“双碳”工作落实精准施策，促进“碳交易”经济腾飞》《关爱中小微企业发展，支持“两山”实践创新示范区建设》，围绕“构建大交通”以《关于构建恩施大交通的几点思考》，围绕“发展大旅游”以《深耕乡村民宿品质为擦亮恩施旅游金字招牌贡献力量》，围绕“打造大产业”以《加强土家药研究与应用推进我省少数民族医药协调发展》为题建言献策。8月30日，九三学社湖北省委直属恩施支社与民革恩施州委、民盟恩施州委、民建恩施州委、农工党恩施州委、民进恩施州总支到鹤峰县开展“党风廉政建设宣传教育月”活动。

【社会服务】 2022年，恩施支社发挥社内优质医疗专家资源，开展医疗服务、教育培训、兴教助学、捐资救灾、扶危济困等公益事业。7月，“九三学社湖北省名医工作站”落户巴东县第二人民医院。恩施支社联合九三学社中央“亮康行动”湖北推广基地——恩施慧宜眼科医院为巴东县第二人民医院捐赠白内障折叠人工晶体480枚，价值48万元，用于对困难白内障患者的手术救助，救助病人104例。配合九三学社中央“亮康行动”湖北推广基地——恩施慧宜眼科医院做好“亮康行动”工作，全年义诊956场，覆盖恩施州8个县市、39个乡镇、811个村，共计筛查21.67万人次，救助困难白内障3461例，投入救助资金680余万元。组织社内医疗专家先后到利川市、来凤县、宣恩县开展“下基层、察民情、解民忧、暖民心”义诊活动6场次；联合恩施州风湿免疫病学会、恩施州医学会脑心同治分会等医疗专家走进社区、企事业单位及老年大学看病问诊、送医送药、宣讲科普健康知识10余场次。9月，恩施支社联合湖北慧宜医疗集团为恩施城区部分高校送去2万个医用口罩、6000支免洗手消等，为来凤县送去医用消毒液3000千克、免洗手消2000支及医用口罩、手套等，支持新冠疫情防控工作。

（黄雪苹）

2022年6月18日，九三学社湖北省委直属恩施支社组织医疗专家开展科普义诊下基层活动 （郑 剑 摄）

群众团体

Mass Organizations

恩施州总工会

【概况】 2022年，恩施州总工会下辖8个县市总工会，全州建立基层工会3047个，涵盖法人单位3844个，会员230526人。召开全州工会学习贯彻党的二十大精神视频会议，组建恩施州劳模工匠宣讲报告团，推动党的二十大精神在全州各基层工会贯彻落实。制作《劳模代言创文创卫》短视频。州总工会官网全年发布信息623条，微信公众号发布推文470篇，在省级及以上新闻媒体平台发稿400篇。州总工会开设“我的劳动最光荣”专栏，举办“中国梦·劳动美——喜迎二十大奋进新征程”全州职工宣讲比赛，被省总工会授予“优秀组织奖”。9月，省总工会下拨100万元新冠疫情防控专项资金到州总工会，用于恩施州城防疫物资采购。

【服务阵地建设】 2022年，全州建成户外职工爱心驿站51个，骑手之家8个，司机之家8个。华硒物流园司机之家被评为“全国模范司机之家”。机场路社区爱心驿站被评为“全国最美工会户外劳动者服务站点”。

【基层工会建设】 2022年，州总工会印发《恩施州总工会“县级工会加强年”专项工作方案》。指导4个县市完成换届选举、3个县市完成届中选举、47个州直基层工会完成选举工作。全州现有基层工会3047个，工会会员23万余人。

【新就业形态群体工会建设】 2022年，《恩施州工会新就业形态建会入会集中攻坚行动方案》印发，年末全州新就业形态群体建立工会组织227个，会员人数27294人。2月18日，全州首个“骑手之家”在利川市运营。2月24日，州总工会在县市工会工作座谈会上，就新就业形态劳动者权益维护工作安排部署。6月8日，邀请铁塔公司、饿了么、美团公司的负责人和员工代表，在州工人文化宫召开新就业形态劳动者权益维护座谈会，了解技能提升、维权服务、工作和生活中的实际困难等，对提出的相关问题与相关部门衔接沟通。到中通、圆通、韵达、极兔等企业，调研新就业形态的从业人员数量、薪酬待遇、劳动时间、生活保障、劳动关系状况等情况，宣传相关帮扶救助政策。7月29日，州总工会送清凉慰问快递员200人，与恩施市联合开展新就业形态劳动者千人慰问活动。12月18日，联合恩施市总工会在州工人文化宫举办新就业形态劳动者集中入会暨关心关爱活动，现场慰问新就业形态劳动者160人。

【维权帮扶】 2022年，州总工会加大《中华人民共和国工会法》《中华人民共和国法律援助法》的学习宣传贯彻力度，依托法律援助服务团，开展“尊法守法·携手筑梦”公益普法活动，进行学习宣传。开展“5·18”职工维权日活动，州总工会及恩施市总工会负责人带领职工维权律师和州邮政公司相关负责人等，到圆通快递公司，召集中通、申通、韵达、顺丰、京东等快递公司企业负责人和职工代表，现场宣讲《中华人民共和国工会法》，并就企业运转和职工遇到的法律问题进行现场解答。举办州直机关工会业务培训班，邀请律师对《中华人民共和国工会法》进行解读和讲解。“法院+工会”工作多次进行安排部署，补助资金划拨到位，州总工会相关领导到州中级人民法院进行对接，受理人民法院推送的涉劳动争议案件102件，调解结案89件，调解案件涉及金额2723万元。

【为企业纾困解难】 2022年，全额返还小微企业工会经费，助推企业加快改革发展与转型升级。为企业纾困解难，州总工会制定12条措施，支持全州企业稳增长。落实《湖北省困难职工专项帮扶资金使用管理实施细则》，根据致困原因和困难程度，实行“一户一档”、分级管理、梯度帮扶、实名制发放，做到应帮尽帮、识别精准、程序严格、帮扶有效。

【创新职工服务体系】 2022年，州总工会创新开展送清凉、送温暖、送培训、送安全、送健康、送法律、送困难职工子女学费“7+N”工会服务和“三建”（建平台、建机制、建工会组织）活动，为新就业形态劳动者提供“送清凉、送保险、送帮扶、送培训、送安全、送法律、送健康”“建平台、建机制、建组织”服务，开展“你点我送”职工心理健康讲座57场次。服务新就业形态劳动者，联合铁塔公司建设服务外卖骑手“爱心驿站”，建设新就业形态劳动者的温馨“歇脚地”。

2022年“双11”期间，开展“工会进万家·新就业形态劳动者温暖行动”
（州总工会 供稿）

【工会文体活动】 2022年，州总工会举办“中国梦·劳动美——喜迎二十大奋进新征程”全州职工宣讲比赛。举办全州《幺妹儿带你慢慢儿耍》职工工间操比赛，覆盖职工20余万人；举办第四届“庆五一”州直职工运动会，4500余人参加。

【弘扬劳模精神】 2022年，州总工会推荐评选“全国五一劳动奖状”1个、“全国五一劳动奖章”1个、“湖北五一劳动奖状”1个、“湖北五一劳动奖章”2个、“湖北省工人先锋号”3个、“湖北最美物业人”提名人1个、“湖北产业工匠人才”1个、“荆楚工匠”5个。评选表彰“恩施州五一劳动奖状”8个、“恩施州五一劳动奖章”20个、“恩施州工人先锋号”37个。全州命名州级及以上产业工人培训示范基地10个，职工（劳模、工匠）创新工作室45个，推荐何洁创新工作室为湖北省职工（劳模、工匠）创新工作室。遴选旅行社承接劳模和职工疗休养活动，命名挂牌一批职工（劳模）疗休养基地，推进劳模、职工、技术工人疗休养。3月18日，州总工会和恩施市总工会联合林业部门组织部分劳动模范、先进工作者代表30余人到恩施市白杨坪镇洞下槽村种植“劳模林”美国红枫80株。7月5日，恩施州职工（劳模）疗休养基地授牌仪式在州工人文化宫举行，为首批恩施州21家职工（劳模）疗休养基地授牌。

【消费帮扶和旅游帮扶】 2022年，州总工会将省总工会爱心消费资金704万元全部用于补助困难企业工会购买农副产品，各基层工会通过“扶贫832平台”购买农产品15202.19万元。其中恩施春茶2906万元，其他农产品12296.19万元。组织7万余名职工开展“秋游恩施”活动，实现景区消费1286万元。

【劳动和技能竞赛】 2022年，州总工会在经信、农业、医疗、教育、交通、电力、金融、制造等行业，开展劳动竞赛和技能比武活动，开展竞赛活动80余场次，覆盖职工近15万人。组织全州29名职工参加湖北省“工友杯”首届“e有绝活”高技能人才技能大赛，谭艳华的土家织锦西兰卡普编织技艺入选“十佳绝活”，黄俊的土家吊脚楼结构模型入选“优秀绝活”。9月，全州77个项目参加恩施州第三届“工创杯”职工创业创新大赛暨湖北省第五届“工友杯”职工创业创新大赛选拔赛，2个项目入围全省决赛，其中1个项目获全省职工双创大赛创业组前十佳项目。

【“两节”送温暖活动】 2022年1月21日，州总工会和恩施市总工会开展“工会进万家·寒冬送温暖”活动，到中石化加油站、恩施机场、州中心医院等地，了解职工所需所盼，送上生活物资。全州各级工会筹集资金142万元，开展走访慰问家庭临时困难职工、新就业形态职工、春运坚守岗位职工、重点项目一线职工，新冠疫情防控一线医务人员（含偏远乡镇）、公安交警一线执勤人员、保障民生工作岗位一线职工等3800余人次。

【对口帮扶与协作】 2022年3月3日，恩施州总工会与武汉市总工会签订《对口帮扶协议》。武汉市总工会通过各种渠道和形式，动员各级工会和工会会员通过“扶贫832平台”或其他方式采购恩施特色农副产品，宣传推介恩施州旅游资源和职工疗休养基地建设情况，支持恩施州打造全国优质休闲康养基地。3月25日，武汉市和恩施州统战、工会系统对接座谈会在武汉市民主党派大楼举行。11月17日，恩施州总工会与杭州市总工会签订《对口合作协议书》，持续推进杭恩两地工会交流合作。

【省总工会领导调研】 2022年5月26日，省总工会党组书记、常务副主席陈惠霞到恩施州，就更好发挥工会职能作用助企纾困、做实党员干部下基层察民情解民忧暖民心实践活动进行调研座谈交流。7月19—20日，陈惠霞带队到恩施州，调研了解市县工会基层组织建设、支持乡村振兴、参与推进基层治理、职工劳模疗休养等工作情况。

【职工工间操比赛】 2022年4月22日，《幺妹儿带你慢慢儿耍》州直职工工间操比赛在州工人文化宫举行，有45支队伍、1575名职工参加。5月9日，全州《幺妹儿带你慢慢儿耍》职工工间操颁奖暨五一劳动奖颁奖、职工劳动和技能竞赛启动仪式举行。现场为职工工间操决赛获奖队伍及获得2022年全国、省、州五一劳动奖和工人先锋号表彰的代表颁奖。州总工会、州委宣传部、团州委、州文旅局自3月开展《幺妹儿带你慢慢儿耍》职工工间操活动以来，覆盖职工20余万人，州直、各县市举办工间操初赛，20支队伍进入州决赛，7支队伍进行工间操展演。

2022 年 5 月 1 日，恩施州五一劳动奖和工人先锋号颁奖仪式

（州总工会 供稿）

【职工劳动和技能竞赛委员会工作】 2022年，恩施州成立职工劳动和技能竞赛委员会，开展恩施工匠培育选树活动，命名恩施工匠30名，命名职工（劳模、工匠）创新工作室10家，覆盖职工30万人以上。

【幸福生活共同缔造行动】 2022年，州总工会发挥工会组织的优势，坚持党建带工建，当好党联系职工群众的桥梁和纽带，主动融入美好环境与幸福生活共同缔造活动。州、县两级总工会确定12个美好环境与幸福生活共同缔造试点，在职工聚集的社区打造示范点，培育建设一批共同缔造典范社区。

【州总工会六届八次全委（扩大）会议】 2022年2月25日，州总工会六届八次全委（扩大）会议召开，传达学习州委常委会会议精神、省总工会十三届七次全委会会议精神，总结2021年工作，部署2022年工作。会议根据《中国工会章程》履行有关人事事项民主程序，选举田金培为州总工会六届委员会主席。州总工会党组书记、常务副主席张蓉作工作报告。

【女职工建功立业先进集体和个人表彰】 2022年4月，国家税务总局恩施州税务局办公室、宣恩县珠山镇上湖塘社区居民委员会、中国邮政集团有限公司湖北省恩施市分公司红庙支局被省总工会表彰为“2019—2021年度湖北省女职工建工立业标兵岗”，恩施市公安局出入境管理大队副队长杨婷、恩施州渡帮家政服务有限公司经理牟晓红被省总工会表彰为“2019—2021年度湖北省女职工建功立业标兵”。

【第四届“平安杯”庆“五一”州直职工运动会】 2022年4月29日，由州总工会、州委宣传部、州委政法委等6家单位联合举办的第四届“平安杯”庆“五一”州直职工运动会在州工人文化宫举行，共118支队伍、4500余名职工运动员参加田径类、球类、趣味类3个类别9个项目的比赛。比赛产生一等奖12个，二等奖30个，三等奖45个，优秀组织奖和体育道德风尚奖各20个。

【恩施州职工（劳模）疗休养推介会在武汉举行】 2022年8月2日，恩施州职工（劳模）疗休养推介会在武汉举行。会议现场与会领导嘉宾观看恩施旅游形象片和《幺妹儿带你慢慢儿耍》恩施州职工工间操表演；全国劳模、金牌导游谭桂英代表恩施州职工（劳模）疗休养基地——恩施大峡谷景区作宣传推介；中国长江三峡集团有限公司、中国建筑第三工程局有限公司、湖北交通投资集团有限公司代表作交流发言。在鄂央企、省属国企、在汉高校、省直相关产业（厅局）工会、省直机关工会、省总工会及相关新闻媒体单位应邀参加推介会。

【恩施州“工创杯”职工创业创新大赛决赛暨省“工友杯”职工创业创新大赛恩施州选拔赛】 2022年9月5日，恩施州“工创杯”第三届职工创业创新大赛决赛暨湖北省“工友杯”第五届职工创业创新大赛恩施州选拔赛举行。州委常委、州委统战部部长、州总工会主席田金培为获奖项目颁奖。经过初赛、复赛、决赛，《集约养牛绿色循环经济项目》《打造茶店黄牛产业链发展生态体系》《利川巧姐——非遗赋能乡村振兴》分别获得创业组一、二、三等奖，《一种水扩散逆流蒸馏技术》《土家三双锦》《生物酶法生产L-蛋氨酸创新技术》分别获得创新组一、二、三等奖，鹤峰县总工会、州中心医院被评为“优秀组织单位”。

【州总工会第七次代表大会】 2022年12月10日，恩施州工会第七次代表大会在州城恩施召开。大会选举产生田金培、张蓉、李俊、曾志林、俞兰、钱伟、何再兴、罗承昊、童军为新一届州总工会领导班子成员。

（雷　蓉）

共青团恩施州委

【概况】 2022年，中国共产主义青年团恩施州委员会（简称团州委）共有下级组织8174个，其中团的领导机关8个，团委223个，团工委17个，团总支148个，团支部6300个，毕业生团组织1478个，团员137426人。

【青年思想政治引领】 2022年，团州委学习贯彻党的二十大精神和习近平总书记在庆祝中国共产主义青年团成立100周年大会上重要讲话精神，印发《关于深入学习宣传贯彻习近平总书记在庆祝中国共产主义青年团成立100周年大会上重要讲话精神的实施方案》，开展青年座谈会2场。开展党的二十大精神等宣讲5000余场，覆盖青少年20余万人。团中央“青年大学习”网上主题团课参学率100%。举行庆祝建团100周年主题团日活动，举办“喜迎二十大、永远跟党走、奋进新征程”等各类教育实践活动7000余场次。上线“恩施州少先队实践教育地图”，15.1万名少先队员学习打卡。举行中国共产主义青年团成立100周年庆祝活动。开展“百人百课讲团史、唱团歌”系列活动。《青年的姿态》入选共青团中央“五四”主题网络直播，《青春为家乡代言》系列视频上榜中青报TOP排行榜。制作原创视听产品《青年的姿态》《朵朵花儿红》《百年青春心向党、矢志奋进新征程》等，被国家、省级媒体推介。

【基层组织建设】 2022年，团州委开展“清廉机关、勤廉团干、青春风貌”三项建设，履行协管职能，对县市团委班子成员、各级团组织实行作风提醒。加强团干部教育培训，举办全州团干部培训班。2022年村（社区）团组织换届工作完成。规范发展团员6557人。全州8056个团组织、6722个少先队中队和5665个社会领域、非公企业团组织每月常态化开展主题团(队)日。联合共青团武汉市委举办“喜迎二十大、永远跟党走、奋进新征程”2022年团（队）干部培训班，恩施州选派40名基层团干部到武汉参加培训。

【少先队工作】 2022年，全州有569所学校建立学校少工委，大队辅导员配备率100%，全部规范实行分批入队。州少工委联合州教育局对1015名少先队员，85个少先队集体评定并颁发“红领巾奖章”。组织全国、省级红领巾巡讲团成员推荐工作，组建省、州两级红领巾巡讲团共14人，围绕“讲好习近平总书记对少年儿童的希望和要求”“讲好党史、新中国史、改革开放史、社会主义发展史的故事”“讲好团的百年故事”“讲好国情和形势政策”“讲好身边的青年榜样故事”“学习宣传二十大”等专题到学校、社区、少先队校外实践教育基地等开展巡讲140场，覆盖2.19万余名少先队员、460余名辅导员。发挥国家级名师工作室“满天星名师工作室”带头作用，派遣工作室成员培训各地、各级辅导员队伍。成立恩施州少先队工作学会并召开第一次会员代表大会。

【青少年成长帮扶】 2022年，团州委召开州青年工作联席会议第三次全体会议暨青年发展型城市建设试点工作推进会。举办2022年恩施州第三届关爱困境未成年人“希望伴飞计划”公益项目大赛，评选6个公益项目给予扶持资金5.5万元。组织社会组织申报湖北省“希望伴飞计划”项目，利川市梦之舟社会工作服务中心、宣恩县永嘉社会工作服务中心获得省级扶持资金7万元。开展“共青团与人大代表、政协委员面对面”活动，邀请返乡创业青年代表、相关职能部门以及人大代表和政协委员以“加强数字乡村建设创新创业型青年人才培养”为主题交流讨论。推进恩施州未成年人司法社会服务中心建设，为涉罪或受害未成年人开展心理援助30次。持续开展“12355”热线咨询服务和“轻松备考·‘12355’与你同行”心理减压、中高考减压等活动。实施“Young时代·遇见”系列青年婚恋交友主题活动4场，为650名单身青年搭建婚恋交友平台。

【青年创新创业创优】 2022年，团州委联合人社、财政、人行、农商行等部门在全州实施“青创贷”项目，累计向符合条件的创业青年、小微企业发放“青创贷”2.61亿元，惠及1463名返乡创业农民工、高校毕业生、复退军人、创业青年、网络商户等。动员州、县（市）两级团委举办乡村振兴青年创业先锋训练营，1129名创业青年参加培训。2家孵化器纳入湖北青创园首批试点单位并通过验收。举办电商主播培训1场，州、县两级团组织开展“青春为家乡代言”直播带货8场，销售金额248万元。筹集100万元资金支持大学生创新创业项目。举办州第四届青年创新创业大赛，发放扶持资金10万元。12个项目获“湖北省大学生创业扶持”项目资金共60万元，5个项目获团中央“大学生乡村创业帮扶计划”项目资金10万元。1个项目获湖北省青创赛铜奖，1个项目在省第十二届“挑战杯·中国银行”大学生创业计划竞赛中获赛道“金奖”。赵继凯、潘启斌2人入选“2022年湖北省乡村振兴青年先锋”。

【志愿服务】 2022年，团州委建立健全各级团属志愿者协会，实现县级志愿者协会全覆盖。“志愿汇”App共注册志愿者15.7万人。防汛救灾志愿者223名、春运“暖冬行动”志愿者3481名、关爱留守儿童志愿者800余名开展各类志愿服务活动。招募168名大学生西部计划志愿者、64名研究生支教团成员，在基础教育、服务三农、医疗卫生、基层青年工作、基层社会管理等领域开展服务。

【服务乡村振兴】 2022年，团州委举办乡村振兴青年创业先锋训练营，60余名农村创业青年参加培训。州、县两级团组织共开展“青春为家乡代言”直播带货8场，为青年企业带货销售，完成网络订单21945个，销售金额247.91万元。招录602人参与返家乡社会实践，联系10名省派博士服务团成员服务恩施。组织高校参加湖北省高校微公益环保大赛，开展“喜迎二十大，共植青年林”植树活动。

【希望工程】 2022年，团州委争取社会各界爱心资金255.3万元，资助大、中、小学困难学生1801人。启动“希望梦想小屋”关爱项目，筹款105万元，为困境儿童改造100间希望梦想小屋。筹集公益资金104.5万元，新立项建设“希望小学”2所，援建“希望操场”2个、“希望书屋”2间，开办“希望合唱团”5个。

【“三联五助”行动】 2022年6月2日，召开全州团组织在“下基层、察民情、解民忧、暖民心实践活动”中开展“三联五助（联系基层单位，联系创业企业，联系帮扶困难青少年，全力帮助大学生就业，精准帮助青年创新创业，多措助力青年投身乡村振兴战略，深化助力服务“双减”工作，倾力帮助困难青少年成长发展）行动动员部署会，印发《团州委党员干部下基层察民情解民忧暖民心实践活动实施方案》《恩施州共青团在下基层察民情解民忧暖民心实践活动中开展“三联五助”行动实施方案》。在“青春恩施州”微信公众号开设青年信箱，浏览量超7000人次，收集数据251条。统筹省内青年力量900余人，在全州8个县市68个乡镇（街道）设立“希望家园”教学点94个，招募在校大学生、研究生支教团、社会组织志愿者及社会各界爱心人士等900余名志愿者，实施留守儿童关爱扶助。

【恩施州第二届志愿服务项目大赛暨新时代文明实践展示活动】 2022年3月5日，团州委举办恩施州第二届志愿服务项目大赛暨新时代文明实践展示活动，来自全州各志愿服务组织志愿服务团队65个项目报名，10个项目进入决赛进行路演答辩。咸丰县“七彩‘支’梦，相伴成长”助学支教项目获大赛金奖，宣恩县“贡乡连箱·圆梦校园”——非遗传承进校园文化志愿服务活动和巴东县“童享阳光”困境儿童助养计划获大赛银奖，恩施市“互助养老·共护夕阳”等3个项目获大赛铜奖，共获扶持资金6.7万元。推荐6个项目参加第六届湖北省青年志愿服务项目大赛，获1金2银3铜。

【恩施州第二届青年志愿服务“社区计划”工作竞赛】 2022年10月26日，团州委线上举办恩施州第二届青年志愿服务“社区计划”工作竞赛。竞赛评选出恩施市小渡船街道机场路社区、恩施高新区六角亭街道胜利街社区、利川市都亭街道大塘社区、巴东县野三关镇谭家村社区、宣恩县高罗镇歌乐城社区、宣恩县珠山镇工农街社区、咸丰县高乐山镇城东社区、鹤峰县容美镇杨柳湾社区8个单位参加省级竞赛。

【恩施州青联第三届委员会全体会议】 2022年11月28日，恩施州青联第三届委员会全体会议在州城恩施召开。会议审议通过《恩施州青联第二届常委会工作报告》《恩施州青年联合会助力美好环境与幸福生活共同缔造行动方案》。会议选举产生恩施州青年联合会新一届领导机构，陈潇当选恩施州第三届青联主席，向乐、姚俊、袁辉、黄鹄当选副主席。会议选举于浩然等25人为恩施州青联第三届常务委员会委员。

【恩施州青年工作联席会议第三次全体会议】 2022年12月7日，恩施州青年工作联席会议第三次全体会议暨青年发展型城市建设试点工作推进会召开。会议传达学习《湖北省中长期青年发展规划（2017—2025年）》实施工作厅际联席会议第四次全体会议精神，听取团州委关于《恩施州中长期青年发展规划（2016—2025年）》和《湖北省中长期青年发展规划（2017—2025年）》实施情况和团恩施市委关于恩施市建设青年发展型城市试点工作情况汇报，审议通过《恩施州12355心理咨询热线情况分析报告（送审稿）》。

【共青团恩施州第八次代表大会全体会议】 2022年12月16日，共青团恩施州第八次代表大会全体会议在州城恩施召开。团州委书记陈潇代表共青团恩施州第七届委员会向大会作工作报告。大会听取、审议和通过《共青团恩施州第八次代表大会关于第七届委员会工作报告的决议》《共青团恩施州第八次代表大会关于学习宣传贯彻党的二十大精神的决议》《团州委助力加快推进“两山”实践创新示范区建设行动方案》，会议选举产生于浩然等33人为共青团恩施州第八届委员会委员，冯鹏等12人为共青团恩施州第八届委员会候补委员。全会选举陈潇为共青团恩施州第八届委员会书记，邓正旭、郜平川、牟雍（挂职）、吴珊（兼职）、吴金林（兼职）为副书记。

【第三届“希望伴飞”项目大赛】 2022年11月29，团州委启动恩施州第三届关爱困境未成年人“希望伴飞计划”公益项目大赛。全州16个社会组织进入决赛，其中恩施市义工协会的“关爱精神障碍人员未成年子女项目”获大赛金奖，恩施市毕兹卡社会工作服务中心的“‘未爱空间·守护花开’恩施市和谐家园困境未成年人成长关爱项目”等2个项目获大赛银奖，恩施州五彩社会工作服务中心的“‘转转帮帮团·自治伴成长’来凤县石桥村‘转转工’助力儿童关爱社会工作服务项目”等3个项目获大赛铜奖。

【恩施州青年五四奖章】 2022年5月6日，团州委、州青联授予朱欢、吴艳锋、方永腾、胡磊、程建平、陈娟、李文猛、焦易、杨锐、龙艳平“恩施州青年五四奖章”，授予国网恩施供电公司检修分公司青年突击队、恩施州农科院茶叶研究所

2022年12月16日，共青团恩施州第八次代表大会在州城恩施召开

（团州委 供稿）

茶叶创新团队、恩施州疾病预防控制中心卫生检验检测所、恩施旅游集团有限公司青年突击队、国能长源恩施水电检修运营分公司机修班、中铁大桥局集团第六工程有限公司宜来高速鹤峰东段土建二标项目青年突击队、恩施德源健康科技发展有限公司研发质量中心、恩施市非物质文化遗产保护传承展演中心、恩施市公共法律服务中心、咸丰县公安局反恐特警大队“恩施州青年五四奖章集体”。

【荣誉】 2022年4月，湖北民族大学附属民大医院团委、恩施市凤凰山幼儿园团支部被共青团中央授予“全国五四红旗团支部”称号。5月，利川市沙溪乡高源村党支部书记杨先然、鹤峰县铁炉乡马家希望小学副校长陈若竹被省人社厅、团省委、省青联授予“湖北青年五四奖章”。

（徐　旺）

恩施州妇女联合会

【概况】 截至2022年年末，全州有女性人口192万人。建有妇女组织3148个，妇联执委26729名，其中州、县（市）、高新区妇联执委464名，乡镇（街道）妇联执委1475名，村（社区）妇联执委24790名。10月25日至12月3日，州委第三巡察组对州妇联党组开展常规巡察，同步开展选人用人、基层党组织建设、意识形态工作责任制落实、保密工作4个专项检查。州妇联被全国妇联表彰为全国家庭工作先进集体，被州委、州政府表彰为2021年党建引领加强基层社会治理工作先进集体。

【加强思想政治建设】 2022年，以迎接学习宣传贯彻党的二十大精神为主线开展各类群众性主题宣教活动1000余场。联合州教育局开展寻找最美女校长（园长）、最美女班主任、最美女教师等活动，网络视频阅览量20万余人次。联合州文化馆举办“每周文化一小时——清廉恩施·非遗传承”文明实践志愿服务活动962场、23万余人次参加，72部清廉主题短视频浏览量39.1万人次。发布“最美巾帼红”等视频42部，浏览量16.9万人次。推荐19人、9个集体获得省级及以上表彰。在“学习强国”学习平台、《中国妇女报》、《湖北日报》等媒体宣传妇女工作经验130余篇。

2022年8月2日，中国妇女发展基金会到恩施州开展“妇女‘两癌’筛查和救助”捐赠活动
（州妇联　供稿）

【助推经济社会发展】 2022年，举办恩施州残疾妇女民间手工艺、巾帼创业致富带头人培训，开展“春风行动”，支持708名女性就近就地就业。争取中国妇女发展基金会“天才妈妈·梦想工坊”项目3年共计40万元给予西兰卡普手工产业发展支持。开展“巾帼力量 科技助农”活动，萧山·利川高科技农业示范园被全国妇联办公厅命名为2022年度“全国巾帼现代农业科技示范基地”。帮助20余家“妇字号”企业40余款产品上架武汉市电商平台。完成招商引资项目1个。

【维护妇女合法权益】 2022年，颁布实施《恩施州妇女儿童发展规划（2021—2030年）》。与相关部门联合开展“平安护万家”“百日攻坚”“打击拐卖妇女儿童犯罪”等专项行动，排查化解婚姻家庭矛盾纠纷425件，关注重点人群6987名、重点家庭2452户。制定《恩施州妇联组织信访工作规则》，编印发放《妇女儿童维权工作应知应会手册》《妇女儿童维权典型案例》。畅通妇女维权热线，搭建“8206326”妇女儿童心理援助服务热线，创新“妇联+”工作模式，打造“百合花”“钟大姐”等家事调解品牌。

【服务妇女儿童民生】 2022年，打造恩施州“姐妹共建·幸福家园”活动示范点30个，组织7000余名巾帼志愿者参加“创文创卫”等志愿服务。完成15万名城乡妇女宫颈癌及2000名低收入妇女乳腺癌免费筛查，帮助131名患癌妇女获救助金共计121万元；举办“巾帼健康科普大讲堂”活动94期，3978人参加。实施“金凤工程”“春蕾计划”“女生不简单”等项目，帮助230余名留守儿童、困难女生争取捐款捐物25.6万元，各级妇联组织开展“把爱带回家”“彩虹行动”等儿童关爱活动170余场。慰问驰援外省医护人员家庭30余户。筹集“99公益日”恩施州妇儿关爱基金善款37万元。

【家庭文明建设】 2022年，全州获评“全国五好家庭”2户，“全国最美家庭”和“荆楚最美家庭”3户。开展“送法进万家·家教伴成长”家庭教育主题活动300余场次，推送“每周同上一堂家庭教育课”课程37期。投入实施“家爱驿站”公益项目23万元，开展各类活动200余场、3.3万余人受益。牵头推进清廉家庭建设，夯实党员干部廉洁从政家庭根基，打造省、州家风家教实践基地30个，推出清廉家风宣教路线“云地图”，在全省率先将清廉家庭建设纳入支部主题党日主题活动，各级各部门开展家风体验等活动2000批次。恩施州2件案例入选省《清廉家庭建设工作创新案例》，国内主流媒体报道清廉家庭建设工作70余篇（次）。

【妇联队伍建设】 2022年，全州首个互联网行业妇联成立，在安保、医美领域建立妇联组织2个，在12个村（社区）实施“助力妇女儿童之家”建设项目，开展活动60场次。实施“基层妇联领头雁培训计划”，州及各县市妇联共培训14期、1600余人，组织外训116人。寻找恩施州“最美妇联人”19名，获省相关表扬2名。开展妇联执委大走访、大调研、大排查、大化解活动，实施州民族妇女儿童发展与服务中心大楼改造项目。

【上级考察调研】 2022年6月14—16日，省妇联党组成员、副主席张莉君先后到恩施市小渡船街道机场路社区、恩施州布衣织绣有限公司、恩施花枝山生态农业股份有限公司、利川市佛宝山生态综合开发区莼菜产业基地、湖北龙船调服饰有限公司、利川市凉源生态农业发展有限公司、宣恩县椒园镇黄坪村、国网宣恩县供电公司等地走访调研。12月7—9日，省妇联党组成员、副主席李燕到恩施州开展党的二十大精神宣讲，调研妇女儿童工作。

【“巾帼心向党·喜迎二十大”2021年度恩施州“最美家庭”揭晓仪式】 2022年3月7日，“巾帼心向党·喜迎二十大”2021年度恩施州“最美家庭”揭晓仪式举行，有30户获恩施州“最美家庭”称号。宜昌市、荆州市、荆门市妇联相关负责人，2021年度恩施州“最美家庭”代表、州直相关单位主要负责人及妇女组织负责人、各县市妇联负责人等参加。

【州妇联召开七届四次执委会】 2022年8月10日，州妇联召开七届四次执委会，会议表决通过州妇联七届四次执委替补人选16名，选举产生七届四次常委6名、副主席1名、主席1名。刘俐萍当选州妇联主席。同时，州妇联邀请华中师范大学教育学专家及基层巾帼典型分别开展《中华人民共和国家庭教育促进法》讲座及“我奋斗·家国美”巾帼红大宣讲。

【州民族妇女儿童发展与服务中心大楼改造项目】 2022年2月，州民族妇女儿童发展与服务中心大楼改造项目经《恩施州发改委关于恩施州民族妇女儿童发展和服务中心大楼改造项目实施方案的批复》批准建设，概算763.43万元。7月28日，州财政局下达首批改造项目资金（一般债券项目资金）488万元。12月15日，中标公司取得“建筑工程施工许可证”并开工建设。

【荣誉】 2022年，恩施市非物质文化遗产保护传承展演中心、来凤县第二实验小学曾志梅工作室和鹤峰县人社局被省人社厅、省妇联表彰为“湖北省三八红旗集体”。恩施市润邦国际富硒茶业有限公司副总经理谭书玲、湖北龙船调服饰有限公司总经理陈红平、利川市团堡镇鸿发山药专业合作社理事长余芙蓉被省妇联、省工商联、省经信厅通报为“湖北省百名优秀创业女性人才”。恩施市公安局、利川市人民检察院未成年人检察工作办公室、巴东县司法局信陵司法所被省人社厅、省妇联表彰为“湖北省维护妇女儿童权益先进集体”。鹤峰县周安秀家庭，建始县王光国家庭获评“全国五好家庭”，咸丰县李贤付家庭、恩施市向成桂家庭获评“全国最美家庭”。恩施市小渡船街道机场路社区被省委宣传部、省文明办等部门表彰为2021年度湖北省“最美志愿服务社区”。鹤峰县易满成家庭获评2022年“荆楚最美家庭”。

（李　琼　陈昱菡）

恩施州科学技术协会

【概况】 截至2022年年末，恩施州科学技术协会（简称州科协）有所属学会（协会、研究会）53个、高校科协2个、科研院所科协2所、企业科协42个、园区科协3家、专家工作站24家。建成国家级科普教育基地3个，建成省级科普教育基地8个、特色产业科普基地14个、科普惠民社区20个、科普教育学校21个、农村中学科技馆8个，建成州级科普教育基地52个、科普惠民村（社区）18个、科普教育学校8个。

【“科技工作者之家”建设】 2022年，州科协联合《恩施日报》、恩施电视台开设“礼赞·科技工作者”宣传专栏，对10名优秀科技工作者进行全媒体宣传。科技人才龙祥云、向家亮获评中国农技协“百强乡土人才”，6人获评2022年湖北省企业创新达人（其中1人代表湖北省参加全国评选），5名科技工作者获得批准成为2022年度“科创湖北”联络员。

【“科创筑梦”助力“双减”】 2022年4月，恩施市龙凤镇民族初级中学、恩施市高旗实验小学、恩施市金子坝街道江城希望小学、建始县长梁镇长梁初级中学、巴东县科技馆、巴东明德外国语学校、巴东县神农中小学、巴东县信陵镇民族实验小学、巴东县信陵镇光明小学、宣恩县第二民族实验中学、宣恩县沙道沟镇中心小学共11家单位入选为中国科协青少年科技中心、中国青少年科技辅导员协会全国“‘科创筑梦’助力‘双减’科普行动”试点单位。州科协依托“‘科创筑梦’助力‘双减’”（减少义务教育阶段学生过重作业和校外培训负担）科普行动，资助建设4个州级科普教育学校，带动一批中小学校实验室、科普教室、科普网等校园科普基础设施建设。全年开展系列活动29场，参与专家48人，参与学生数量2.8万余人。

【“科技小院”建设】 2022年5月，中国农村专业技术协会批复同意建始绮丽果业、恩施州国硒冷水渔业、宣恩县伍台昌臣茶业3家企业设立“科技小院”并授牌。“科技小院”搭建政产学研用平台，组织高校研究生团队进驻农村，通过零距离对接、零时差指导、零门槛服务、零费用培训等方式，带动和支撑农技协组织建设，打通科技成果转化和技术服务、技术推广的“最后一公里”。

【科普活动】 2022年，发布《恩施州全民科学素质行动规划纲要实施方案（2021—2025年）》，对各县市2022年《全民科学素质行动规划纲要》落实情况开展督查。提升青少年、农民、产业工人、老年人、领导干部和公务员五类重点人群科学素质，组织开展“每周同上一堂家庭教育课”、科学补硒科普宣传讲座等系列科普活动。州科协被中国科协表彰为青少年科学调查体验活动优秀组织单位、“筑梦·流动十年”中国流动科技馆项目优秀单位。恩施市创建全国科普示范县市通过国家验收。5月30日，举办“全国科技工作者日”系列活动。

【全国科普日活动】 2022年，全国科普日活动围绕“喜迎二十大，科普向未来——助力‘两山’实践创新示范区建设”主题，开展系列线上科普活动。州科协开展“喜迎二十大·科普向未来——助力‘两山’实践创新示范区建设”线上科普知识竞赛；与州妇女联合会、州总工会、州红十字会、州心理咨询师协会、州精神卫生中心共同开展恩施州新冠疫情防控心理援助服务联合行动。全州科协系统开展系列科普活动和科技志愿服务活动50余场次，惠及群众2万余人。州科协、巴东县科协获评“2022年湖北省全国科普日活动优秀组织单位”，邹松、周其冬、胡瑞兰、罗森、潘中举获评“2022年湖北省全国科普日活动先进个人”。

【州科协第五次代表大会】 2022年12月14日，恩施州科学技术协会第五次代表大会召开。大会审议和通过《恩施州科协第五次代表大会关于第四届委员会工作报告的决议》《恩施州科协实施〈中国科协章程〉细则的决议》，选举产生恩施州科协新一届领导班子。

【第十七届恩施州青少年科技创新大赛】 2022年，州科协联合州教育局举办第十七届恩施州青少年科技创新大赛，共评出科幻绘画项目307项，科技创新成果项目266项，科技实践活动项目73项，科普征文项目355项，科技辅导员创新成果项目52项；评选出优秀科技教师46名、优秀组织工作者6名、优秀组织单位21个，优秀组织奖8个。

【科技馆体系建设】 2022年，州科协免费开放州微型科技馆、县市科技馆、农村中学科技馆，动员100余所各类科普教育基地对外免费开放，累计参观20万人次。开展第三轮“中国流动科技馆”巡展，与县市联合开展科普大篷车巡展活动6次，惠及青少年3万余人。在恩施市机场路社区、航空路社区、书院社区等4个社区打造科普知识宣传廊、科普书屋、科普文化广场。

【新增科普阵地】 2022年，恩施州新增国家级科普教育基地2个，新增省级特色产业基地7个、省级科普教育基地3个、省级科普惠民社区4个、省级科普教育学校3所、科技馆免费开放4个，新增州级科普惠民社区（村）8个、州级科普教育学校4个、州特色产业科普示范基地1个、州企业应急科普宣传阵地1个、州级科普教育基地35个。

【科技志愿服务】 2022年，州科协开展“创新争先，自立自强”科技志愿服务活动，参加乡村振兴、基层社会治理工作。省科协科技支持乡村振兴专家志愿团队服务点落地鹤峰县。支持州级学会先后开展心血管疾病防治科普及义诊、加强科技转化服务乡村振兴等20余个重点科技志愿服务项目，为3000余名群众在家门口提供健康义诊、技术培训、应急科普等服务。编写《茶叶栽培及管理技术手册》《藤茶种植技术手册》《马铃薯高产栽培技术及晚疫病防治手册》等11类科技农业实用技术丛书，在志愿服务等活动中发放5万余册。

【助力乡村振兴】 2022年，组建恩施州专家人才服务团71人，搭建科技创新、技术推广、人才服务平台，推动科技资源助力乡村振兴，州科协“科技助力乡村振兴”项目经验被中国科协《科技改革交流》刊登，被省科协简报推介。举办武汉市对口帮扶恩施州项目——科技应用、科技创新创业普及培训，为全州180余名农业技术人员送去科技创新支持乡村振兴、就业创业政策和知识产权保护、标准化建设、农产品安全、电商运营等知识。

【服务创新驱动发展】 2022年，州科协为企业申报“专精特新”工作提供智力支撑，帮助企业和专家人才牵线搭桥，指导湖北和诺生物、恩施长源轴承制造、巴东将军山农牧开发有限公司等8家企业建立专家工作站。鼓励高等院校、科研院所申报产学研合作项目，实施“富硒无抗养殖技术示范推广”等7个产学研合作项目。征集科技创新智库研究课题选题，恩施州林业碳汇开发的实现路径研究等10个科技创新智库研究课题选题通过专家评审。

（聂　丹）

恩施州工商业联合会

【概况】 2022年，全州工商联系统按照“政治建会、团结立会、服务兴会、改革强会”要求，握“两个健康”（非公有制经济健康发展、非公有制经济人士健康成长）工作主题，围绕中心、服务大局。1月，召开州工商联（总商会）第七次会员代表大会，选举产生州工商联（总商会）新一届领导班子。指导、推荐14家符合条件的商会申报2021—2022年度“四好”（政治引领好、队伍建设好、服务发展好、自律规范好）商会，其中2家被全国工商联授予全国“四好”商会，10家被省工商联授予湖北省“四好”商会。

【组织建设】 2022年1月25日，州工商联（总商会）第七次会员代表大会召开，选举产生州工商联（总商会）新一届领导班子。成立4个工作组，加强对县市工商联换届工作的指导。配合做好省工商联第十三次代表大会的筹备工作，全州有20人当选省工商联新一届执委。巩固拓展“五好”（政治引领好、队伍建设好、商会发展好、作用发挥好、工作保障好）县级工商联创建成果，落实领导联系县市工商联制度，加强对直属商会的联系指导。召开全州基层商会建设推进会，指导、推荐14家符合条件的商会申报2021—2022年度“四好”商会，指导全州乡镇、街道商会完成民政部门注册登记，建立健全内部法人治理结构，年末全州共有90家乡镇、街道商会完成注册登记，登记率98.9%。

【理想信念教育实践活动】 2022年，坚持组织开展理想信念教育和社会主义核心价值观教育，引导民营企业家自觉践行新发展理念，主动融入新发展格局，弘扬新时代企业家精神，做合格的中国特色社会主义事业建设者。宣传解读党中央的大政方针和各级出台的纾困惠企政策，增强民营企业发展定力和信心。联合直属商会开展2次红色教育活动，实地感悟初心使命。加强正面宣传，在恩施电视台、《恩施日报》开设专栏20期，对民营企业涌现的先进典型进行宣传。

【意识形态】 2022年，将意识形态工作纳入单位党组重要议事日程和党建工作责任制内容，加强非公有制经济领域意识形态工作，唱响主旋律、弘扬正能量。落实党组意识形态工作责任制，履行州意识形态联席会议成员单位职责，坚持每月分析报送非公有制经济领域意识形态分析研判情况，防范意识形态领域重大风险。州工商联（总商会）副主席、副会长企业以及恩施州的省工商联执常委企业，均建立舆情员、宣传员、网评员、意识形态联络员队伍，加强非公有制经济领域的舆论阵地建设。组织州内主流媒体对“万企兴万村”行动中涌现的先进典型进行宣传。

【政治协商、参政议政与民主监督】 2022年，做好州九届人大代表候选人和政协恩施州第九届委员会委员人选的推荐工作，将“爱国、敬业、创新、诚信、守法、贡献”，有一定影响的优秀非公有制经济代表人士推荐到人大代表、政协委员的队伍中。组织州政协工商联界别政协委员到建始县开展考察调研活动，通过实地走访龙头企业、召开委员代表座谈会，组织引导工商界人大代表、政协委员参与政治生活和社会事务，围绕民营企业发展、优化营商环境、乡村振兴、商会建设等方面，结合“下基层、察民情、解民忧、暖民心”实践活动，开展大走访、大调研行动，围绕调研中发现的难点、堵点，撰写提案、议案和社情民意，提交党委、政府参考决策。

【“下基层、察民情、解民忧、暖民心”实践活动】 2022年，结合自身职能职责和民营经济发展实际，以“助力纾困解难，助推民企发展”为主题，开展“下基层、察民情、解民忧、暖民心”实践活动，召开党员干部职工大会对实践活动进行动员部署，研究制定《全州工商联系统下基层、察民情、解民忧、暖民心实践活动实施方案》。对实践活动中形成的“问题清单”“任务清单”“效果清单”动态更新，及时在单位网站进行公示，主动接受企业和群众的监督。截至12月末，州工商联党员干部下基层502人次，走访63家民营企业、36家商会，下沉村组社区403次，听取意见建议48条，发现问题13个，解决问题13个；结对36家民营企业、19家商会、6户农村特困户，帮助解决企业具体问题9个，解决商会发展难题2个，解决联系村问题1个，解决群众问题1个。《州工商联：“四个同步”当好民企“娘家人”》信息在全州党员干部“下基层、察民情、解民忧、暖民心”实践活动简报刊发。

【开展“万企兴万村”行动】 2022年，开展“万企兴万村”行动，推动全州269个乡村振兴重点村实现村企结对全覆盖。承办全省“万企兴万村”现场推进会暨助力民族地区发展“光彩事业恩施行”活动，全州民营企业家、商会现场捐款110万元，9家民营企业和商会组织被省工商联表彰为“万企兴万村”行动标兵，3名民营企业家获评全省“光彩之星”。恩施异地商会会员企业采购、销售恩施农特产品累计3000余万元，组织武汉市民营企业家到恩施州开展“帮困献爱心”活动，捐款130万元，在“光彩事业恩施行”主体活动现场捐赠公益帮扶资金550万元。

【招商联络】 2022年，履行恩施州“大招商、招大商、抓落实”行动第一分队牵头单位职责，组织外出开展招商活动47次，对接考察100余家企业，签约7个亿元以上产业项目。推进异地商会建设，指导成立浙江金华恩施商会。异地商会经济联络制度获2022年全省工商联系统实践创新成果二等奖。与17家异地商会共同开展“一会引一企”活动，组织知名企业到恩施考察洽谈20余次，对接招商考察80余次，推介引进项目25个。

【优化营商环境】 2022年，搭建政企沟通平台，推动构建“亲”“清”政商关系。召开2022年恩施州民营企业家代表和异地商会会长座谈会。组建4个调研组分别到8个县市开展调研，走访35家民营企业，重点了解茶叶企业、规模以上工业企业存在的突出问题和困难。与州委统战部共同举办2期“当好金牌店小二，服务企业专题会商会”，解决企业困难。联合州营商办及相关单位对2021年以来受理的涉营商环境诉求全面回访、跟踪问效。加强惠企政策宣传，组织州、县市两级工商联执委企业和所属商会会员企业观看税收惠企政策视频宣讲会，聆听省税务局专家讲解有关民营经济发展的税收惠企政策。

【非公有制企业投诉服务】 2022年，将非公有制企业投诉服务中心作为工商联提升服务能力、助推“两个健康”的重要手段，规范、完善中心建设，畅通企业诉求渠道。分别召开全州非公有制企业投诉服务中心暨基层商会建设推进会和全州非公有制企业投诉服务中心建设推进会，开展投诉服务中心平台业务培训，推进平台注册和诉求办理工作。联合州市场监管局、州个体私营劳动者协会印发《关于优化营商环境，服务“两个健康”发挥非公有制企业投诉服务平台作用的通知》，联合州营商办印发《关于加快推进非公有制企业投诉服务平台注册和诉求办理工作的通知》。投诉服务平台受理企业诉求34件均办结。截至12月12日，恩施州在全省投诉服务平台的认证市场主体数为50019家，位列全省第五位，认证市场主体数较2021年同比增长225%；认证商会101家，位列全省第五位，认证商会数较2021年同比增长11%；认证律师216名，位列全省第三位。

【就业服务】 2022年，发挥民营企业在促进就业和再就业工作中的作用，组织商会负责人及企业家代表参加全省万家民企助就业——大学生专场招聘活动工作部署视频会和“民企高校携手促就业行动”启动大会视频会。动员全州民营企业依托非公有制企业投诉服务平台发布招工需求。联合州人社局发布招工就业信息，向企业输送就业人员200余人。与州人社局、州教育局等9个部门联合印发《关于实施就业见习岗位募集计划的通知》，从建立一批见习基地、募集一批见习岗位、落实一系列支持政策、开展就业见习供需对接等方面，落实稳就业保就业工作。

【清廉民企建设】 2022年，以清廉民企建设为契机，引导民营企业家走清正廉洁、诚信守法的健康发展之道。向全州工商联系统广大会员、所属商会组织、广大民营企业发出《关于“创清廉民企·促健康发展”的倡议书》，并在州工商联（总商会）第七次会员代表大会上，与200余名非公有制经济代表人士现场签订“清廉民企责任状”。以利川市团堡镇商会、恩施市长源轴承制造公司等5家商会和民企作为恩施州清廉民企建设试点，实施指导，边建设、边试点、边评估、边总结、边推广，为清廉民企建设推进提供经验的同时，发挥先进典型的示范引领作用。与州检察院、州税务局等多个部门建立健全联络协作机制，并与州司法局、州律协建立“万所联万会”机制，搭建律师服务民营企业新平台。

【商会捐赠活动】 2022年9月，州工商联倡议动员广大商会、民企驰援新冠疫情防控一线，广东恩施商会捐赠价值20万元、宁波恩施商会捐赠价值16.8万元、武汉巴东商会捐赠10万元的新冠疫情防控物资，利川市团堡镇商会为恩施市12个小区捐赠蔬菜6万吨。旱灾发生后，动员组织全州各级工商联、民营企业及商会抗灾救灾，指导帮助农业企业开展生产自救，贵州恩施商会为恩施市板桥镇捐赠20吨、1100件饮用水。

（刘田甜）

恩施州文学艺术界联合会

【概况】 2022年，恩施州文学艺术界联合会（简称州文联）有16个协会。22部作品获省级重要文艺奖项，25人进入全省全国优秀文艺人才队伍。举办“喜迎二十大·礼赞新时代”主题文艺活动568场（次），培育“乡村文艺轻骑兵”村级文艺队伍9支。8月17—18日，南剧《本色》在北京梅兰芳大剧院上演。

【文艺创作】 2022年，湖北民族歌舞团的音乐剧《太阳照进山窝窝》、咸丰县南剧传承保护中心的南剧《宗规家训》、谈焱焱和杨军的歌曲创作《幺妹儿带你慢慢儿耍》、金晖的民间文艺著作《木工技艺传承人口述史研究》、田天和田苹的报告文学《父亲原本是英雄》、周良彪的散文集《野阔月涌》、高本宣的诗集《越过》7部作品获省第十一届屈原文艺奖；湖北民族大学的《冗阿可》、湖北恩施学院的《茶园春色》2部作品获第六届湖北舞蹈“金凤奖”；咸丰融媒体中心的“文明之光润荆南”咸丰县2022迎新春暨“咸丰最美”颁奖仪式、州广播电视台的“仙山邀明月·贡水聚乡情”2021湖北宣恩迎国庆·中秋赏月活动实景秀晚会（节目类）、利川市融媒体中心《一颗土豆的旅行》3部作品获全省电视文艺奖。赵春峰的长篇小说《金笛银箫》、谭成举的短篇小说《怪镖》2部作品分别获《今古传奇》年度文学特等奖、一等奖。歌曲《四季》被评为2022年湖北省“村村有歌”乡村振兴主题原创歌曲征集评选“网络人气奖”。胡飞扬的长篇小说《纵横武陵》获湖北省红色传奇文学大赛一等奖。4人作品入展“喜迎二十大·礼赞新时代”湖北摄影作品展。长篇小说《花开如海》上榜中宣部出版局“奋进新征程·建功新时代”7月推荐书单。“土家汉子”组合、南剧《唐崖土司夫人》亮相2022年央视春晚和2022年央视新年戏曲晚会。恩施扬琴《蜡炬成灰泪始干》作为湖北省唯一节目参加“喜迎二十大·说唱新时代”第八届全国少数民族曲艺展演。组织州内外知名画家创作《恩施山水好风光》系列美术作品10幅。

【文艺扶持】 2022年，州政府制定实施《关于支持实体经济发展的政策措施》，明确“支持文艺创作”，对获得国家级文艺奖的作品奖励10万元，获得省级文艺奖的奖励5万元，9部作品获得奖励，落实奖励资金45万元。广播剧《抬起双脚》、歌曲《山里的日子好快活》、文艺评论《报告文学的“陌生化”写作——以“骏马奖”获奖作品〈父亲原本是英雄〉为例》列入2022年湖北省签约制文学艺术创作扶持项目。出版扶贫文学作品4部（套书）、扶持出版州文联第三届签约作家项目作品7部，7部作品列入州文联第四届签约作家扶持出版项目。

【人才培养】 2022年，州理协主席李莉当选中国小说学会理事，田苹、杨军、杨芳、刘刈4人进入省级文艺家协会主席团；州舞协主席王松、副主席焦娜入编《中国舞蹈美育家大辞典》并获“中国舞蹈美育家”称号；杨军、江汉获评湖北省新文艺群体副高职称；龚敏、兰天天、李敏、刘媛、朱祖旭、徐信6人入选省文联中青年优秀文艺人才库；李莉、杨军、伍丹3人获评“第七届湖北省优秀文艺志愿者”。全年新增国家级文艺家协会（学会）会员9人。

【州作家协会活动】 2022年，州作家协会开展各种文学活动10余次。与省作协、恩施市、宣恩县联办“喜迎二十大·礼赞新时代”采风活动，作品相继在《湖北日报》《长江文艺》《长江日报》《清江》等刊发；联合宣恩县图书馆等在“4·23”世界读书日开展荆楚“红色文艺轻骑兵”州作协小分队进校园活动。新增中国作协会员3人、省作协会员5人。50余位作家在省级以上刊物发表作品70余篇（首），30余位作家在国家级刊物上发表作品30余篇（首），州内刊物刊载小说、报告文学、散文、诗歌等文学作品2000余篇（首）。

【州文艺理论家协会活动】 2022年，州文艺理论家协会围绕湖北省屈原文艺奖获奖作品开展专题研究，3篇代表性作品在《临沂大学学报》《长江丛刊》等杂志发表。邓斌、李莉2人加入中国文艺评论家协会，向吉贤、李莉、李御娇3人当选湖北省文艺评论家协会理事。

【州美术家协会活动】 2022年，州美术家协会挂牌成立“恩施画院”。举办“喜迎二十大·礼赞新时代”

恩施州美术作品展，在微信公众号展示4期；组织协办郑州、游程文、李长城3人画展，“我的父亲谢明祥”画展，石庆秘、袁洪、周琼、张涛、倪霓中国画5人作品展，“我心中的红十字”手抄报大赛，“清风恩施廉政书画展”，“宜荆荆恩版画作品交流展”；开展“喜迎二十大·画说恩施”美术家支持乡村振兴写生采风活动。

【州摄影家协会活动】 2022年，州摄影家协会举办首届“醉美清坪”摄影大赛、“悠然山居·天空之镜”摄影大赛；举办“大交通·看变化”摄影作品征集、恩施州清廉机关摄影作品展、柏锐“绿水青山·百鸣欢歌”摄影展、毛大钧《学而时习之》摄影展和“东岸蜕变”和润城主题摄影展。在龙凤镇杉木—古场片区举办“情系桃源·魅力杉木”摄影培训，在建始县茅田乡太和街村建设“恩施州摄影家协会摄影创作基地”。8人入选“喜迎二十大·礼赞新时代”湖北省摄影作品展，江汉、杨顺丕、黄波分别获得一、二、三等奖。

【州书法家协会活动】 2022年，州书法家协会举办“嘤其鸣矣——宜荆荆恩城市群书法学术提名展”暨恩施州“清江清——绿色崛起”书法展等5次，展出书法作品近500件；举办“同心同书祖国新春好”写春联送万福书法惠民活动20余场。举办首届刻字创作班，组织9名会员参加全省书法培训班。谢春华刻字作品《丝路千年》入展第七届丝绸之路国际艺术节现代刻字艺术展，1副书法作品参加湖北省书法界学习贯彻省第十二次党代会精神主题书法篆刻创作展。朱思虎论文《宋代“尚意”书风与世俗化关系刍议》被评为“尚意千载·宋代书学研讨会”优秀论文。

【州舞蹈家协会活动】 2022年，州舞蹈家协会创编恩施州代表性非遗舞蹈《恩施新版土家族摆手舞》教材，组织舞蹈志愿者骨干培训，举办摆手舞现场教学及推广，举办新版摆手舞大赛，网络点击量近20万人次。3部作品分别获得第六届湖北舞蹈“金凤奖”（非职业类）二、三等奖和展演奖，州舞协获最佳组织单位奖。王松、焦娜入编《中国舞蹈美育家大辞典》并获“中国舞蹈美育家”称号。王松专著《恩施土家族民间舞蹈》由民族出版社出版。

【州音乐家协会活动】 2022年，州音乐家协会开展民歌采风2次，收集42首民歌资料并录制视频音频；创作《利川红》《永远要听党的话》《世界苗乡胜天堂》《高拱桥，香飘飘》《莫松劲》《土家幺妹儿把你留》《一声号子向天喊》《我的惹巴拉》等歌曲，在《歌曲》杂志发表歌曲4首，并收录入“学习强国”平台。龙玲莉、冯小娟、蒋旋飞、田芳庆等参加庆祝香港回归祖国25周年“琴台音乐会”，演唱歌曲《摘朵栀子花》《云里土家》，线上线下近14万人次观看。张玉、龙玲莉等参加武陵山区原生民歌会，演唱原生态歌曲《哥妹上山采花果》获三等奖。组织湖北省2022“金蕾杯”少儿才艺大赛恩施市声乐比赛，指导恩施市赛区少儿组独唱声乐作品《甜甜的中国梦》以州赛第一名入选省赛。参与编写湖北省中职教材《声乐基础》。杨军当选省音乐家协会副主席。

【州戏剧家协会活动】 2022年，州戏剧家协会举办“喜迎二十大·礼赞新时代”恩施州京剧票友展演活动暨宣恩椒园镇黄坪村黄金梨采摘活动，参演演员170余人，演出持续2天。开展“荆楚红色文艺轻骑兵”活动，分别走进恩施市柏杨坪镇鹿子渡村、三岔镇莲花池村；开展戏剧业务辅导，将宣恩县非遗传习所定为州剧协辅导单位。

【州民间文艺家协会活动】 2022年，州民间文艺家协会开展“乡村文艺轻骑兵”建设，为5个乡村举办现场培训班5期，培训学员827人，交流耍耍、山民歌、民间吹打乐、草把龙、板凳龙、撒叶儿嗬等民间艺术门类，排练节目39个，打造乡村文艺轻骑兵队伍5支，工作经验被湖北省文联关注推介。建立县级民间文艺家协会组织6个、乡镇分会8个。

【州曲艺家协会活动】 2022年，州曲艺家协会举办“喜迎二十大·双拥向未来”恩施州庆祝建军95周年暨致敬一等功臣文化活动。开展“曲艺进校园”活动23场，文化惠民进乡村、进景区演出10余场，编排创作曲艺《龙的传人中国娃》、恩施渔鼓《喜迎二十大》等作品。恩施扬琴《蜡炬成灰泪始干》作为湖北省唯一节目参加第八届全国少数民族曲艺展演。

【州影视艺术家协会活动】 2022年，州影视艺术家协会创作推进电影《沉睡者》、电视剧《零度狙击》完成备案，电视剧《人民法官》完成签约，电视剧《光阴过客》《江那边是海》完成融资。首部土家族歌舞电影《无漏则舞》完成后期制作。电视连续剧《此山此水此地》获发行许可证。2部恩施原创影片在第36届大众电影百花奖展映。田苹当选省电影家协会副主席。

【州民族民间文化保护与发展促进会活动】 2022年，州民族民间文化保护与发展促进会组织开展“民歌献给党·我们唱家乡”民歌“五进”（进乡村、进景区、进机关、进社区、进学校）活动，先后走进来凤县舍米湖村、巴东县高阳寨等地教唱普及本土民歌，协办“灵秀湖北·四季村晚”来凤仙佛寺专场演出。开通“文促恩施”抖音号，打造民族民间文化短视频发布阵地。开展“典藏+工程”土家健身摆手舞、滚龙连厢乐翻天教学，系列视频线上观看总浏览量近100万人次。

【州巴文化研究会活动】 2022年，巴文化研究会编印会刊《巴文化》4期；举办“清江流域深度开发研讨会”，开展文化采风活动2次，参加“第十届巴人文化艺术节”研讨活动。

【州诗词楹联学会活动】 2022年，州诗词楹联学会编印会刊《清江诗词》4期，编辑《恩施百年诗词》8卷，开辟微信公众号散曲专栏，设立中华诗词学会官网恩施州分站。1人获第四届“中国·白帝城”国际诗词大赛金奖，1人获“诗词中国”第五届传统诗词创作大赛三等奖，1人获“印象靖远”全国诗词大赛优秀奖及第六届“三秦杯”女诗人诗词写作大赛优秀奖，1人获省楹联学会“喜迎二十大·迈步新征程”全国诗联大赛三等奖。

【州民族轻音乐团活动】 2022年，州民族轻音乐团开展乡村文艺轻骑兵管乐辅导，在恩施市三岔镇梨子坝村开展文艺演出活动。

【州民族器乐团活动】 2022年，州民族器乐团开展乡村文艺轻骑兵培训活动，组织二胡教员到沙地乡开展培训15天，培训学员20余人。组织乐团演员集中排练21次，重点排练本土特色曲目《西米务》《土家盆鼓》《美丽的清江》。

【“乡村文艺轻骑兵”建设活动】

2022年5月18日，州文联与州委文明办联合印发通知，在全州文联系统组织开展“乡村文艺轻骑兵”建设活动，拓展新时代文明实践支持乡村振兴，工作经验得到省文联推广。各协会组织下乡文艺培训34次，培育村级文艺队伍9支，举办“村晚”和传统礼仪文化文艺活动6场。

【湖北省知名作家采风创作活动走进恩施】 2022年7月8—11日，省作协党组成员、副主席耿瑞华带领全省20余名知名作家走进恩施州，开展“喜迎二十大·礼赞新时代”采风创作及创作交流活动。采风团先后到宣恩县椒园镇黄坪村，恩施市龙凤镇青堡村、杉木坝村、白杨坪镇鹿子渡村等地采风创作，作品相继在《湖北日报》《长江日报》《长江文艺》等发表。

【“荆楚红色文艺轻骑兵”走进利川】 2022年6月1日，省文联在利川市清江外国语学校举办童心向未来——湖北省文联荆楚“红色文艺轻骑兵”走进利川暨庆六一“杨娟奖学金”颁奖仪式。活动中杨娟为82名品学兼优的学子颁发“杨娟奖学金”，向利川市毛坝镇新华小学等45所学校捐赠图书10425册，湖北世纪英才、湖北省书法家协会、崇文书店捐赠教材、书法专刊、课外图书10555册。

（周良彪）

恩施州残疾人联合会

【概况】 2022年，恩施州残疾人联合会（简称州残联）推动残疾人康复救助工作，提升残疾人受教育水平，加大残疾人就业创业扶持力度，深化“下乡评残上门办证”制度，推进各项惠残助残政策落地落实，完成全州各级残联换届工作，健全完善残联组织建设。州政府出台《关于印发恩施州残疾儿童康复救助实施办法的通知》，将残疾儿童康复救助年龄从0～10周岁扩大到1～15周岁。州政府办公室出台《关于印发恩施州残疾人事业发展“十四五”规划的通知》。5月29—31日，州残联在州委党校举办全州残联干部能力提升培训班，各县市残联新任理事长、副理事长及新进残联工作者42人参加培训。

【残疾人证核发管理】 2022年，全州持续推进“下乡评残上门办证”工作，畅通便民服务绿色通道，完善办理流程，残疾人办事“少跑路”。通过组织医院专家到乡镇开展集中评残、对行动不便的重度残疾人邀请专家上门评残等方式，全年下乡评残1842人，集中就近就便评残506人。推进落实政务平台残疾人证办理“清减降放”改革和办理残疾人证资源服务平台下沉工作，为全州90个乡（镇、街道）和恩施大峡谷风景区管理处、利川市佛宝山生态综合开发区、咸丰县大路坝区开通平台账号、赋权、签订保密协议、开展业务培训。全州残疾人证首次申领、换领、补领、变更、迁移、注销6项行政确认事项，其申请材料、办理环节、承诺时限等实现全州统一、规范一致。

【康复服务】 2022年，州残联持续开展残疾儿童康复救助定点机构审核确认工作，确定9家残疾儿童康复训练定点机构和1家手术定点机构报省残联备案，较2021年新增3家。加强对辖区定点康复机构监管，按月开展“一问二看三查”常态化督导检查，对全州9家残疾儿童定点康复机构实地开展监督检查21次，保证残疾儿童安全和康复训练效果。全年为全州821名残疾儿童提供康复救助，落实康复资金506.98万元；为518名残疾儿童家庭发放生活补贴138.52万元。为1117名精神残疾人提供免费服药救助，对45014名残疾人开展家庭医生签约服务，落实资金56.68万元。开展康复技术培训，支持成立“恩施脊髓损伤患者希望之家”，为75名患者提供康复训练服务。

【残疾预防】 2022年，州残联联合恩施晚报社，开展“普及残疾预防知识，建设健康中国”有奖线上答题活动。组织州政府残工委成员单位工作人员参加出生缺陷和残疾预防知识专题讲座。联合报社、电视台等部门，通过宣传海报、宣传手册、二维码专题宣传、微信公众号、州残联官网等渠道，宣传残疾预防知识，提升宣传覆盖面。

【辅具适配服务】 2022年，全州辅具规范化建设达标8个（州本级1个、县级7个），达标率88.9%。开展常规性辅具适配和个性化辅具适配工作，做好辅具的采购、管理、适配和数据录入工作，为全州2621名残疾人适配辅具2798件。

【残疾人社会保障】 2022年，全州启动“残疾人之家”试点社区创建16家，经申报验收，评定出州级“示范残疾人之家”8个。推进“阳光家园计划”，健全医、养一体的残疾人托养模式，全年为1180名残疾人提供集中照护、日间照料、居家服务、邻里照护等多种形式的照料服务，争取到补助资金264万元。配合民政部门做好残疾人的类别和等级认定，规范落实恩施州“两项补贴”工作，做到应补尽补，共发放生活补贴51896人次、4658.49万元，发放护理补贴61425人次7421.87万元。

【残疾人信访维权】 2022年，州残联持续推进家庭无障碍改造项目。通过改门、改坡、改厨、改厕、改水电等方式，为全州3758户困难重度残疾人家庭解决生活不便问题。做好信访接待工作，全年接待残疾人来访来电20次，办理湖北省阳光信访平台信访件1件，残疾人满意率100%。为全州205名符合领取燃油补贴的肢体残疾人发放补贴5.33万元。

【残疾人就业创业】 2022年，州残联系统通过举办小型化、专业化线下招聘活动，在“湖北公共招聘网”、恩施州残疾人联合会微信公众号、人社部门的微信公众号等平台上进行线上直播招聘，线上、线下开展就业援助月活动。组织开展线上线下残疾人专场招聘会19场，为454名有就业意愿的残疾人提供就业岗位283个。联系用工单位，开展走访帮扶，辖区走访登记失业残疾人家庭38户，帮扶失业残疾人就业50人，推动全州543家机关企事业单位安置残疾人就业1054人。与圆通速递恩施分公司对接，推进“圆梦家园”快递驿站创建，开创“快递助残”就业创业新模式。联合州人社局举办“蒲公英培训计划培训班”，对38名残疾人进行职业技能培训，结业后持续加强跟踪管理，就业率100%。组织开展残疾人实用技术培训，为2020名残疾人落实电商助残培训补助资金55万元。州本级发放36万元专项资金对全州16名残疾人进行自强创业扶持。申报残疾人创业示范基地4家，残疾人文创基地1家，申报“双百工程”项目51个，培育残疾人技术能手123人。完成安残就业年审工作，全州征收残保金7852万元。

【巩固残疾人脱贫攻坚成果】 2022年，印发《关于做好巩固拓展残疾人脱贫攻坚成果后评估反馈问题整改工作的通知》，推动健全易返贫致贫和困难残疾人动态监测和帮扶机制，年末约4000名防止返贫监测对象消除返贫致贫风险。

【残疾人教育工作】 2022年，州残联配合省残联做好残疾学生高考录取相关工作，为残疾考生普通高考提供平等机会、申请合理便利。落实残疾大学毕业生“一生一策”就业服务，帮助78名残疾人实现就业，服务率100%。发放2020年全州考入高校的残疾大学生61人、贫困残疾家庭大学生222人的奖励资金69万元。残疾儿童少年义务教育入学率100%，对义务教育阶段不能入校就读的重度和多重残疾儿童少年实施送教上门，督促全州义务教育学校做到零拒绝、全覆盖。支持特殊教育，争取特校残疾贫困学生助学扶助资金和特校职业教育、培训教学扶助资金20万元。

【残疾人文化工作】 2022年，州残联联合恩施市六角亭街道胜利街社区，推进残疾人文化进社区项目，开展“文体惠残传雅韵，和谐二街聚知音”等文化活动，残疾人及亲友对所享受文化服务满意率100%。组织开展文化进残疾人家庭“五个一”活动（读一本书、看一场电影、游一次园、参观一次展览、参加一次文化活动），全州661名重度残疾人走出家门享受文化服务。邀请省残疾人艺术团走进恩施州开展“喜迎二十大·礼赞新时代”公益文艺巡演，鹤峰县、利川市、来凤县、巴县东的残疾人观看文艺演出。

【残疾人体育工作】 2022年，州残联组织开展省第十一届残运会赛前集训并组队参赛，取得4金2银、4个第四名、1个第六名、1个第七名、2个第八名的成绩，并获团体道德风尚奖和个人道德风尚奖各1个。全州向省残联选报5名8—20岁视力、听力、肢体残疾人运动员人才，推选3名羽毛球及游泳运动员到省队试训，建立文化体育人才台账。

【残疾人事业宣传工作】 2022年，州残联持续推进“节日集善”宣传模式，围绕残疾人重要节日、残疾人典型代表和重要工作节点开展残疾人事业宣传。与州委文明办、恩施日报社、湖北省民族歌舞团联合开展“寻找恩施州最强追梦人”活动，完成人员推荐、初评及前期采访工作。完成恩施州残疾人事业志编撰工作。

【助残及慰问活动】 2022年，州残联巩固完善残疾人关爱走访慰问机制，围绕“爱耳日”、全国助残日、世界孤独症关注日、世界读书日、“六一”儿童节等节庆时点，组织开展助残关爱和走访慰问活动。春节之际，州残联开展“敲门行动·聆听你的愿望”走访慰问活动，对州直单位困难残疾职工及残疾人家属、综治联系点、帮扶村、包保社区、2个集中安残残疾人企业、县市部分困难残疾人等共487人开展春节慰问，发放慰问金22.8万元。

【重要会议】 2022年2月22日，州残联第六届主席团第四次全体会议暨2022年全州残联工作会议召开，杨盛僚当选州残联第六届主席团主席。12月13日，州残联第七次代表大会召开，会议选举产生州残联第七次代表大会主席团委员41名、第七届执行理事会成员7名、出席省残联第八次代表大会代表23名、省残联第八届主席团委员候选人4名。

（刘安武）

恩施州红十字会

【概况】 2022年，恩施州有社区红十字服务站51个、博爱家园8个、博爱村卫生室8个、学校红十字会61个、红十字冠名医疗机构3家、红十字景区救护站5个、应急救护培训阵地3个、红十字备灾救灾仓库1个，投放AED设备47台。州政府常务会议、州委常委会会议专题听取工作情况汇报，制定印发《中共恩施州委、恩施州人民政府关于推动新时代全州红十字事业高质量发展的工作措施》。加强工作保障，解决州红十字会办公场所，解决应急救护培训经费。各县市红十字会均核定5名及以上编制，配备专职副监事长、专职领导3名及以上。州本级及8个县市均召开会员代表大会，完成换届选举，构建理事会决策、执委会执行、监事会监督的新型治理结构。建立健全内部监督机制，制定《恩施州红十字会监事会工作规则（试行）》。州红十字会在省红十字会2021年度各市州目标考核中获一等奖，冠名医疗机构州红十字中心医院获“全国红十字模范单位”称号，红十字会员刘勇被中国红十字会总会表彰为“会员之星”。

【推进“三救”工作】 2022年，州红十字会推进“三救”（应急救援、应急救护、人道救助）工作，提升备灾救灾能力。州本级和8个县市建立健全应急救援服务队伍18支，新增救灾库房550平方米。推进应急救护工作，全年新培养救护师资95人，持证救护员（含初级）

7639人，普及培训8.5万人次。完成省级重点实事项目清单。推进“救在身边”品牌建设，开设应急救护“云课堂”。新增AED设备10台。实施“红十字博爱送万家”活动，慰问困难群众500户，协助实施万人帮扶救助计划活动。继续实施“博爱之希”项目，救助癌症患者220人次。开展“小天使”和“天使阳光”大病救助，救助慰问群众24人次。

【推进“三献”工作】 2022年，州红十字会推进“三献”（无偿献血、造血干细胞捐献、遗体与人体器官捐献工作）工作。组织开展“三献”志愿服务活动72场次，普及“三献”知识2.5万余人。新增造血干细胞捐献入库登记371人份，新增遗体与人体器官捐献登记2862人。2名造血干细胞捐献者获“无偿捐献造血干细胞奉献奖”，3名造血干细胞捐献者获“无偿捐献造血干细胞特别奖”。

【募捐筹资工作】 2022年，全州募捐款物（折合）合计2903万元，其中资金1684万元、物资（折合）1219万元。州本级捐赠收入426万元，其中资金301万元，物资（折合）125万元。参与“首届湖北数字公益节”，筹集资金216万元，捐款人次和线上筹资额均位列全省第一，受到省红十字会通报表扬。咸丰县委、县政府出台《关于印发〈咸丰县开展“博爱一日捐”暨“首届湖北数字公益节”筹资活动实施方案〉的通知》，宣恩县县长录制相关视频为县红十字会筹资项目助力。

【基层组织建设】 2022年，州红十字会加强基层组织建设，新建红十字基层组织249个、新吸收团体会员223个、新吸收个人会员4820人。全年新建具有专业特色的红十字志愿服务队46支，新发展志愿者2651名。新建博爱家园2个，博爱校医室4个，红十字青少年示范基地3个。宣恩县创建全省红十字县域基层组织试点县。

【宣传工作】 2022年，全州各级红十字会发布各类新闻宣传信息1228篇，其中在《中国红十字报》刊发经验交流材料2篇、宣传信息15条，《博爱》杂志刊发封面2期，在“博爱荆楚”“学习强国”平台发布信息86篇。结合重大节日和纪念日开展主题活动，组织参与省红十字会第六届“爱的灯火·红十字故事汇”活动，讲述恩施州1名受助者故事，表彰1名志愿者，爱心企业现场捐赠100万元。《中国红十字报》以“履行监督职能，完善治理体系”为题刊发州红十字会监事会工作经验做法。

【州红十字会第二次会员代表大会】 2022年12月11日，州红十字会第二次会员代表大会召开。会议宣读国际红十字与红新月运动七项基本原则，审议通过《恩施州红十字会第一届理事会工作报告》《恩施州红十字会2021年度捐赠账户收支情况报告》，选举产生恩施州红十字会第二届理事会和监事会。

【新冠疫情防控专项捐赠】 2022年，州红十字会开展新冠疫情防控专项捐赠工作，其间向天津市捐赠55.8万元防疫物资，向恩施市、来凤县拨款53万元支持防控工作。宜昌人福药业捐赠布洛芬片600万片（折合价值160万元），保障恩施州2106个村、280万农村人口急需用药。

【荣誉】 2022年，州红十字会在省红十字会2021年度各市州目标考核中获一等奖。恩施州冬泳红十字水上救援志愿服务队被省红十字会表彰为“2021年度先进红十字志愿服务组织”。州红十字中心医院被中国红十字会总会授予“全国红十字模范单位”称号。红十字会员刘勇被中国红十字会总会表彰为“会员之星”。

（张　森）

法 治

Rule of Law

立法工作

【概况】 2022年，州人大常委会坚持科学立法、民主立法、依法立法，完善党委领导、人大主导、政府依托、各方参与的立法工作格局，丰富形式，突出质效，优化制度供给的立法引领和推动作用，提高立法质量和效率。全年完成法规性决定1件，组织起草法规草案3部，组织编制州人大及其常委会年度立法计划，配合全国人大、省人大常委会完成14部法律法规的立法调研、征求意见等工作。

【完善立法工作机制】 2022年，州人大常委会坚持立法工作“双组长”（州人大常委会副主任和州人民政府分管副州长任组长的双组长）制，发挥立法协调工作专班作用，建立常态化联系和督导协调、立法工作上下联动工作机制。落实省、州立法联动机制，寻求指导支持，形成立法工作整体合力。加强基层立法联系点建设，打造“立法民意直通车”。通过网络平台、现场会、座谈会、论证会、文件信函等方式公开征求社会各界立法意见建议。共建“立法基地”，吸纳专家参与立法，提供智力支持。注重开门立法，全年召开立法座谈会52次、专家论证会4次，通过线上线下征求意见1000余条，绝大部分被采纳吸收，使每一项立法、每一款条文体现时代特征、反映人民意愿、适应发展要求。

【加强重点领域立法】 2022年，州人大常委会聚焦生态环境保护，制定《恩施土家族苗族自治州齐岳山生态环境保护条例》，加强规划引领和统筹协调，保障清江源头生态安全。聚焦产业发展，制定《恩施土家族苗族自治州茶产业发展条例》，发挥恩施州茶产业特色优势，推进茶产业链建设。聚焦区域协调发展，与宜昌市、荆州市、荆门市、神农架林区人大常委会协同，作出关于加强生物多样性保护的决定，推进生物多样性治理体系和治理能力建设。聚焦州域治理，组织开展爱国卫生工作、社会矛盾纠纷预防化解和乡村民宿发展等立法前期调研工作。

【备案审查工作】 2022年，州人大常委会加强规范性文件备案审查，严格政治关、政策关、法律关，全年审查规范性文件14件，其中州人民政府规范性文件11件，县市人大常委会规范性文件3件。坚持和完善规范性文件备案审查工作报告制度，将备案审查工作纳入县市领导班子法治建设绩效考核，首次实现县市人大常委会听取审议备案审查工作报告全覆盖。

【推动法律法规实施】 2022年，州人大常委会坚持立法和法律法规实施并重，做好立法“后半篇文章”，推动《恩施土家族苗族自治州清江保护条例》《恩施土家族苗族自治州西水河保护条例》《恩施土家族苗族自治州硒资源保护与利用条例》《恩施土家族苗族自治州旅游条例》等本级法规进入执法、融入司法、列入普法。健全人大对“一府一委两院”法律法规实施情况监督检查制度，组织开展《中华人民共和国长江保护法》《中华人民共和国乡村振兴促进法》和《湖北省人力资源市场条例》等17部法律法规实施情况的执法检查、视察调研，推动各项法律法规在全州实施。

【颁布实施本级法规】 《恩施土家族苗族自治州人民代表大会常务委员会关于加强生物多样性协同保护的决定》于2022年10月28日州第九届人民代表大会常务委员会第五次会议通过，2022年12月28日省第十三届人民代表大会常务委员会第35次会议批准，将于2023年1月10日公布施行。

（刘　浏）

政法委及综治

【概况】 2022年，全州政法系统落实州委提出的“党政牵头、政法统筹、分工明确、责任到位、案结事了”的要求，推进全州平安稳定工作。先后在中央政法委举办的第二期、第五期市域社会治理现代化试点创新研讨班和全省常态化扫黑除恶推进会、平安湖北建设研讨班上交流发言，建始县“评理说事”、利川市“小院说事”等一批基层社会治理创新做法在全国、全省推介，恩施市、巴东县、宣恩县获评“2021—2022年度平安湖北建设示范县市”。恩施州平安建设年度考评位列全省第九，比2021年提升7个位次。

【落实平安稳定第一责任】 2022年，全州政法系统将为党的二十大召开和省第十二次党代会胜利召开创造安全稳定的政治社会环境贯穿平安稳定工作各个方面，保证政治安全，未发生重大案（事）件。平安稳定第一责任在一线压紧压实，风险防控、节点安保等落到实处，保证社会安定。恩施市、来凤县、巴东县、咸丰县、利川市、宣恩县先后纳入全国第二期市域社会治理现代化试点城市。推进平安建设系列专项行动，防漏洞、补短板、强弱项，排查化解矛盾纠纷1.84万余件，群众安全感、公正执法满意度、矛盾纠纷有效调解率、扫黑除恶评价率第三方测评位居全省第四位。

【基层社会治理】 2022年，加强基层社会治理工作平台建设，推进县、乡、村三级综治中心规范化建设、实体化运行全覆盖，列入“下基层、察民情、解民忧、暖民心”实践活动“三张清单”（任务清单、责任清单、效果清单）动态管理、结账销号，年末全州90个乡镇、2031个行政村综治中心建成运行，8个县市综治中心投入使用。联合州委组织部、州委党校对全州90名乡镇政法委员进行专题培训，配齐配强“一村一辅警”，保障乡镇综治中心、司法所人员力量，在全州推广村（社区）治调主任兼任辅警的做法。完善坚持安全稳定风险防范化解、“1+4+*N*”（乡镇综治中心+派出所、人民法庭、司法所、信访办+所涉部门）矛盾风险研判处置等机制，全州95%以上的矛盾纠纷在村一级调处化解。

【督导督办】 2022年，州委政法委围绕捍卫政治安全、化解风险隐患、夯实基层基础、优化法治环境4个方面的重要任务，抓实保障国家安全、维护大局稳定、平安恩施建设、服务高质量发展、队伍建设5个方面的重点工作，督促各级各部门结合实际制定任务清单、责任清单、时限清单，项目化安排、清单式管理、跟踪式推动，全州政治社会大局持续平安稳定。5月、9月，州委平安办组建8个督查专班驻县市包保督查，覆盖全州90个乡镇和50%以上的行政村，发现交办、督促整改问题500余个。坚持调度在经常、考核在日常，做到问题不办结不放过、矛盾不化解不放过、困难不解决不放过，对年度平安建设考核排名末位、发生重大案事件造成重大影响的单位通报曝光，严肃追责问责，先后对恩施市、宣恩县、咸丰县、来凤县和恩施职院予以综治约谈。

【政法干部队伍建设】 2022年，全州政法系统领导班子交流任职58人。开展干部学习教育，在全州政法系统举行警示教育大会，组织政治轮训，指导各岗位练兵。巩固政法队伍教育整顿成果，教育引导干警廉洁奉公，争取纪检监察、组织部门支持，建立干部协管协查机制，州委常委会会议审议通过全面从严管党治警责任清单。

【弘扬见义勇为精神】 2022年，继续落实困难见义勇为人员关心关爱政策，州级慰问14名先进个人，发放慰问金2.8万元。争取省级救助慰问，向省级申报见义勇为“爱心账户”3名，争取受助资金6万元。持续完善“见义勇为救助责任险”，在全社会营造见义勇为氛围，通报表扬3名州级见义勇为先进个人、4个先进集体，发放奖金7万元。

（刘卫华）

公　安

【概况】 2022年，恩施州公安机关坚持一体化实战化警务运行模式，处置系列重大风险隐患，打赢系列重大安保攻坚战。常态化开展党史学习教育，加强基层党组织建设，分层级、全覆盖开展政治轮训。做好一线单位、基层民警典型事迹宣传，发布基层单位、民警先进事迹稿件3500余条次。聚焦主责主业，分层按季全员正向考核，加强结果运用。在全州平安建设（综治工作）考评中，州公安局被评为2022年度平安建设（综治工作）优胜单位。

【打击刑事犯罪】 2022年，破获八大类案件233起，同比上升50.32%，

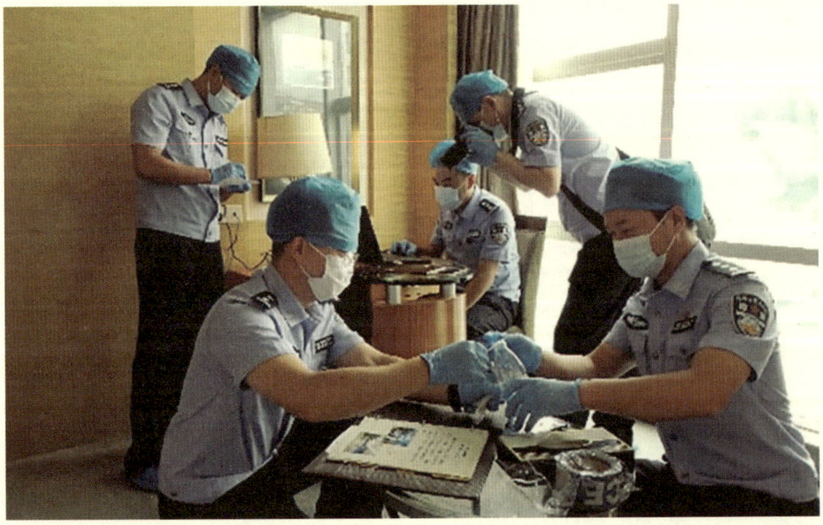

2022年7月26日，恩施州公安局举办第一届刑事技术职业技能大赛

（州公安局 供稿）

破案率同比上升25.78%。刑事破案5929起，同比上升88.76%，破案率同比上升33个百分点。抓获犯罪嫌疑人7807人，同比上升68.8%。破命案1起，连续11年实现现行命案全破。

【打击电信网络诈骗犯罪】 2022年，发动群众安装国家反诈中心App 110万人次、预警劝阻被骗70万余次、挽损1.2亿余元，立电信网络诈骗案件2014起、同比下降31.89%，破涉电诈关联犯罪案件1289起、同比上升138%，抓获涉电诈关联犯罪嫌疑人2679人、同比上升96%，损失金额1.5亿余元、同比下降12%。

【打击经济犯罪】 2022年，破获经济犯罪案件206起、同比上升58.46%，抓获犯罪嫌疑人360人、同比上升157%，核处资金100余亿元、同比上升48.7%。主侦发起“4·8”贷款诈骗案全国集群战役，收网立案40起、抓获48人，公安部致电祝贺，得到副省长、省公安厅厅长徐文海批示肯定。落实州委、州政府部署要求，协同纪委监委部门开展“招投标”领域专项治理，得到省委常委、省纪委书记、监委主任侯淅珉批示肯定。

【出入境管理】 2022年，审批签发出入境证件3170本（含签注），为复工复产、学术交流、就学就医等有特殊紧急事由需出入国（境）的申请人开通“绿色通道”，提供加急办证500余人次。开展打击治理跨境赌博、“獴猎”[打击各类妨害国（边）境管理犯罪活动]、“三非”（非法入境、非法居留、非法就业）治理等专项行动，办理跨境赌博案件及关联案件355起、抓获违法犯罪嫌疑人644人，办理妨害国（边）境管理刑事案件171起、抓获犯罪嫌疑人417人，查获偷渡人员439人，办理“三非”案件22起、同比上升100%。

【禁毒工作】 2022年，办理涉毒案件671起，其中破获毒品刑事案件113起、抓获175人，缴获毒品4.5千克，查扣毒资1164余万元，铲除罂粟4.7万余株。开展大型广场禁毒宣传活动8场次，播放禁毒题材影片160场次，发放禁毒宣传资料7.8万份，发送禁毒公益短信30万条，主流媒体刊登禁毒新闻稿件146篇，其中省级以上媒体刊发61篇。

【公共安全】 2022年，加强交通安全整治，查处各类交通违法66万余起，亡人交通事故起数、死亡人数同比分别下降11.82%、8.61%。全州23条隐患路段和430处平交路口整改全部验收销号。加强校园安全防范，督导加强校园“人防物防技防”，未发生重大涉校案事件。严格治安要素管控，加强行业场所管理，督促整改隐患3957处，查办违反旅馆业管理类案件2414起。加强单位内部安全防范，查处不严格落实内部安全防范措施、制度等行政案件421起。

【涉黄涉赌整治】 2022年，坚持以打促防，净化社会风气。办理黄赌案件2279起，抓获违法犯罪人员3534人，无群众反映黄赌突出问题。开展跨境赌博人员链治理。

【助力生态环境保护】 2022年，围绕建设“两山”实践创新示范区发展战略，推进长江大保护，落实长江、清江“十年禁渔”行动，立案侦办生产销售伪劣商品和涉环（破坏环境资源保护）领域刑事案件383起、同比上升140.71%，立案侦办涉环案件总数进入全省第一方阵。侦破部督全国最大兰草案、收缴野生兰草21万余株、抓获犯罪嫌疑人26名，公安部致电祝贺。

【信访办理】 2022年，持续推进信访重复问题治理和积案化解专项行动，对每日涉恩信访情况实行“一日一通报”，化解情况“一月一排名，一月一督办”。推动“局长信箱”实体运行，局领导带头接访。办结来信来访1153件次、办结率98%，上级交办的354件信访积案全部办结“清零”。

【基层基础防范】 2022年，全州社区、行政村实现“一社（区）一警、一村一辅警”全覆盖，摸排调处各类矛盾纠纷9万余起，调处有效率90%以上。建成21支特警快反小组、13支特警快骑，投入巡逻车辆1.49万车次、警力5.97万人次，现场抓获违法犯罪人员33人。建立基层派出所、县市局、州局三级巡查预警机制。完成执法办案管理中心建设。

【便民服务】 2022年，州公安局深化“清减降放”（清事项、减材料、降成本、放权限）改革，公安行政审批和服务事项所需提交材料数、时限分别减少35%、83%。推出的“我要开旅店”“新生儿上户”“新能源车上户”等“一事联办”事项，让群众减少提交材料33份、少跑部门9个。开展“万警访联万企”活动，下基层2975人次，走访企业1024家、帮助解决问题535个。

【荣誉】 2022年，4个集体、9名个人获公安部相关表彰表扬，7个集体被省公安厅记集体二等功，12名个人被省公安厅记个人二等功，6名个人被省公安厅嘉奖。州公安局警察训练学校万方祥被司法部表彰为“全国普法先进个人”；利川市公安局刘运洪被公安部表彰为“全国公安机关爱民模范”，被省委、省政府记一等功；利川市公安局杨鎏被公安部表彰为“全国优秀人民警察”、覃春雁被公安部记个人二等功；巴东县公安局韦忠伟被公安部记个人嘉奖；恩施市公安局向念、利川市公安局赵薛被省人社厅、省委平安湖北建设领导小组表彰为“平安湖北建设先进个人”。

（谭 欢）

检 察

【概况】 2022年，全州检察机关落实习近平总书记法治思想和《中共中央关于加强新时代检察机关法律监督工作的意见》，两级院检察长走进同级党校授课11次，邀请人民监督员参与案件审查204件次，依法公开案件信息3800余条。11个集体、10名干警受到省部级以上表彰，8名干警入选最高人民检察院、省检察院人才库，45起案件入选全国、全省检察机关典型案例，在州级以上媒体发稿1900余篇，20部作品在“湖北检察好新闻”“新媒体作品大赛”等活动中获奖。

【刑事侦查监督】 2022年，推动侦查监督与协作配合办公室实质化运行，退回补充侦查率、延长审查起诉期限率同比下降3.6和16.7个百分点，刑事“案一件比”下降至1：1.04，办案质效提升。加大对该立案不立案、不该立案而立案监督力度，监督立案123件、撤案80件。监督纠正漏捕59人、漏诉90人。开展重大案件侦查终结前讯问合法性审查，纠正侦查活动违法情形378件次，从源头防控冤假错案。

【刑事审判监督】 2022年，综合运用纠正意见、检察建议、抗诉等不同层次监督方式，纠正审判活动违法、定罪量刑明显不当等问题。发出检察建议和纠正违法43件，提出抗诉33件。争取法院支持，共同落实检察长列席同级法院审判委员会工作，两级院检察长列席同级法院审判委员会24次。

【刑罚执行监督】 2022年，加强刑罚变更执行监督，审查减刑、假释、暂予监外执行案件197件，提出纠正意见17件。加强监管场所巡回检察，对恩施监狱开展新冠疫情防控专项巡回检察，完成对宜昌监狱的交叉巡回检察。探索开展社区矫正机构巡回检察，对监外执行不当和社区矫正监管活动违法提出纠正意见72件次。加强财产刑执行监督，对财产刑执行不当提出纠正意见39件次。

【民事诉讼监督】 2022年，贯彻《中华人民共和国民法典》，开展民事裁判结果监督，受理案件110件，对确有错误的民事裁判，提出抗诉和再审检察建议17件。推进民事审判、民事执行活动监督，提出检察建议82件。落实最高人民检察院“五号检察建议”办理虚假诉讼案件12件，维护社会诚信。

【行政检察监督】 2022年，发挥行政检察“一手托两家”作用，对认为确有错误的行政裁判提出抗诉、再审检察建议3件，对行政审判、行政执行、行政非诉执行活动中的违法情形提出检察建议61件，采纳率均为100%。深化行政争议实质性化解，通过监督纠正、公开听证等方式化解争议27起。

【公益诉讼检察监督】 2022年，立案办理公益诉讼案件522件，依法提起行政公益诉讼6件，民事公益诉讼以及刑事附带民事公益诉讼16件，96%的公益侵害问题在诉前即得到解决。深化“公益诉讼守护美好生活”专项监督，办理食品药品安全领域公益诉讼案件74件，探索开展食品安全民事公益诉讼惩罚性赔偿。加强公民个人信息保护，立案23件，督促删除非法获取的公民个人信息4300余条。开展红色资源保护专项行动，立案27件，督促修缮英烈纪念设施、革命文物62处。对国有土地出让、国有财产流失问题立案24件，督促收回国有财产权益价值2900余万元。

【未成年人检察监督】 2022年，起诉侵害未成年人犯罪128人，推动出台《恩施州防范打击性侵害未成年人违法犯罪十项机制》，严惩性侵害未成年人犯罪110人。开展教职工入职查询3827人次，针对严重监护失职发出督促监护令87份。最大限度教育感化挽救涉罪未成年人，依法不起诉142人、不诉率为82.7%，同步做好帮教工作。开展守护未成年人安心畅游、校园周边环境净化专项活动，推动对全州7个游泳场所、65个校园周边彩票站点开展治理。

【服务优化营商环境】 2022年，起诉破坏市场经济秩序犯罪140人。落实逮捕、起诉企业“四类人员”（涉案犯罪嫌疑人为企业投资者、经营者、管理者、关键岗位工作人员，实施的犯罪一般应当是与企业经营活动相关的犯罪）备案机制，依法不捕49人，不诉127人，不捕率、不诉率分别高出总体刑事犯罪16.08和25.29个百分点。抓实涉市场主体案件专项检察监督，监督立案31件、撤案29件，督促清理久办不结“挂案”6件，督促纠正查封、扣押、冻结市场主体财产不当案件17件。回应涉市场主体社区矫正对象需求，商请司法行政部门批准95人次外出生产经营。

【推动企业合规改革】 2022年，与州工商联等单位成立第三方监督评估管理委员会，推动出台《恩施州开展企业合规改革试点工作实施方案》。办理企业合规案件25件，促使25家企业合规经营，企业营收超过6.7亿元，解决就业岗位800余个。宣恩县检察院依法对涉嫌犯罪的某生物科技公司适用合规整改，该公司经考察验收合格后，带动周边1000余户茶农持续增收。恩施市检察院探索开展生态环境领域涉案企业合规改革，入选全省优化营商环境改革先行区示范点。

【助力实现绿色崛起】 2022年，坚持精准化打击，起诉污染环境、盗伐滥伐、非法采矿、非法占用农用地、非法捕捞等犯罪122人。突出恢复性司法，办理生态环境和资源保护领域公益诉讼案件151件，督促恢复生态公益林20公顷、清理被污染水域3.33公顷、清除固体垃圾100余吨。推进协同化治理，与水利、林业等部门共建“河长+检察长”“林长+检察长”协作机制，加强保护合力。

【维护经济金融安全】 2022年，起诉非法集资、非法吸收公众存款、传销等涉众型经济犯罪399人。持续加大对电信网络诈骗犯罪的打击力度，批捕相关犯罪82人，起诉345人。开展打击治理洗钱违法犯罪行动，批捕洗钱犯罪6人、起诉5人。坚持惩治犯罪与追赃挽损并重，帮助挽回经济损失530余万元。

【推进“清廉恩施”建设】 2022年，加强与监委的沟通衔接、配合制约，提前介入职务犯罪案件调查63件，受理监委移送审查起诉75人，决定逮捕41人，起诉53人，依法对省检察院交办的2名厅局级干部提起公诉。制发职务犯罪领域检察建议3件，其中1份检察建议被最高人民检察院评为优秀检察建议。

【惩治严重刑事犯罪】 2022年，依法从严惩治严重危害国家安全、社会安定、人民安宁的犯罪，批捕各类犯罪嫌疑人969人，起诉3401人。突出惩治严重影响人民群众安全感的犯罪，起诉故意杀人、抢劫、强奸等严重暴力犯罪365人、“黄赌毒”等犯罪429人。贯彻《中华人民共和国反有组织犯罪法》，常态化推进扫黑除恶斗争，起诉涉黑恶犯罪24人。

【促进源头风险防治】 2022年，同步推进案件办理与社会治理，围绕社会治安、安全生产等领域开展类案分析，制发社会治理类检察建议72件。巴东县检察院针对燃气安全隐患向主管部门发出检察建议，督促开展专项整治，避免现实风险。落实“谁执法谁普法”责任制，开展法治宣传，引领社会法治意识，州检察院拍摄的《金光“诈”现》反诈宣传片被《人民日报》转发。

【抓好矛盾纠纷化解】 2022年，开展矛盾纠纷大排查大化解专项行动，排查化解各类矛盾52个。通过办好“小信件”，促进社会“大治理”，受理群众信访842件次，全部做到7日内程序性回复、3个月内办理过程或结果答复。领导干部带头办理疑难复杂信访案件，包案化解率95.3%。坚持以公开促公信，对841件案件开展公开听证。加强重点环节释法说理，促成231件案件当事人理解接受检察机关不捕、不诉、不支持监督等处理决定，促成13件案件当事人息诉罢访。

【保护特殊群体权益】 2022年，参与根治欠薪专项活动，帮助追回欠薪550余万元。落实《中华人民共和国妇女权益保障法》，加大对妇女权益保护力度，起诉强奸、拐卖、家庭暴力等罪犯152人。开展打击养老诈骗专项行动，起诉侵害老年人合法权益的各类诈骗犯罪68人。开展无障碍环境建设专项监督，督促解决无障碍设施规划不到位、被侵占等问题15个，让残障人士放心出行。坚持应救尽救，向111名生活困难的刑事被害人及其家属发放司法救助金143万元。

（刘草芽）

法　院

【概况】 2022年，恩施州中级人民法院（简称州中院）辖8个县市法院和46个中心人民法庭。两级法院有中央政法专项编制951名，实有在编干警904人，员额法官325人。其中州中院专项编制124名，实有在编干警118人，员额法官43人。全年受理各类案件85021件，结案83157件，均居全省第三位；结案率97.81%，居全省第二位，法官人均结案255.84件。州中院受理案件7825件，结案7620件，结案率97.38%。

【刑事审判】 2022年，贯彻总体国家安全观，依法惩治各类刑事犯罪，审结刑事案件2409件3847人，判处10年以上有期徒刑75人。加大对危害公共安全、严重暴力、黑恶势力以及毒品等犯罪的打击力度，集中打击非法集资、电信网络诈骗、食品药品、养老诈骗等犯罪，增强社会安全感，保护人民生命健康。审结贪污贿赂案件45件，完成省法院指定管辖3起专案审判任务，保持高压反腐态势。加强人权司法保障，对3名被告人依法宣告无罪。设立8个少年审判庭，为未成年人实行司法保护。

【民事审判】 2022年，依法快审快结民商事案件51820件，其中审结合同纠纷案件32909件；审结婚姻家庭、邻里纠纷案件8137件；审结劳动争议和追索劳动报酬案件2049件；审结建设工程合同、商品房买卖等房地产纠纷案件6824件。与恩施军分区建立常态化沟通协调机制，维护军人军属合法权益。1起案件入选全省法院妇女儿童权益司法保护10个典型案例。

【行政审判】 2022年，围绕转变政府职能、优化政务服务，审执结行政案件1103件、行政非诉执行案件338件；推动行政争议诉前实质性化解，化解案件161件。常态化发布行政审判白皮书，受邀为行政机关授课15次，发出司法建议10份，行政机关负责人出庭应诉率99.13%。

【执行工作】 2022年，加强执行联动机制建设，融入综合治理执行难大格局，共同推动解决执行难题。受理执行案件35428件，结案34140件，结案率96.36%，执行到位金额65.31亿元。完善失信惩戒和信用修复制度，实时动态调整，纳入黑名单10524人次、移出3186人次。开展“集中执行百日攻坚”等专项执行行动，限制高消费14725人次。打击拒不执行法院判决、裁定犯罪，对59人采取拘留措施，有罪判决41案、45人，严惩失信被执行人，维护胜诉当事人权益。巴东县法院在全省“规范执行提质增效”执行活动动员部署会上交流打击拒执犯罪工作经验，咸丰县法院在全省执行工作会上作交流发言。

【法治化营商环境建设】 2022年，服务保障“六稳”“六保”，审结涉企案件25504件，标的额86.01亿元，为企业减免诉讼费122.95万元。制定《恩施州中级人民法院服务中小微企业发展十项举措》，包括维护中小微企业交易安全、加强中小微企业民事司法保障、加强中小微企业刑事司法保障、破解中小微企业融资难融资贵、妥善处理中小微企业劳动争议、最大限度挽救中小微企业、准确把握宽严相济等刑事政策、营造公平竞争的法治环境、全力兑现中小微企业的胜诉权益、健全中小微企业诉讼服务机制10个方面的内容。向社会各界公开作出全面落实涉企案件经济影响评估制度，降低对企业生产经营负面影响；执行立案登记制度，完善涉企案件诉讼绿色通道；建立重大项目和重点企业联系制度，当好司法“店小二”；细化打击“拒执”犯罪制度，保障胜诉当事人合法权益；完善民商事案件繁简分流机制，提升审判效率；建立滥用司法强制措施整治机制，树立善意、文明执行理念；深化破产审判机制，提升破产案件办理质效；建立考评机制，持续整治影响营商环境突出问题等“八项承诺”。开展“百名法官进百企送千方献百计”（全州法院院领导、法官100人与全州100家中小微企业结对联络、定向服务，帮助企业化解矛盾纠纷、防范法律风险，促进企业健康持续发展）活动，全年两级法院包括院领导在内的163名法官结对184家企业，走访306次，为企业解决困难161个。集中攻坚涉民营企业积案，加强产权司法保护，慎用查封、扣押、冻结等司法强制措施，依法平等保护民营企业和企业家合法权益。首次发布恩施破产审判白皮书，深化破产案件府院联动机制，创新“预重整+司法确认”等司法处置方式，审结破产案件69件，盘活资产近20亿元，化解债务近70亿元，安置职工400余人，帮助4家企业或项目重获新生，长友农业破产重整案获评全省法院发挥破产审判职能优化营商环境典型案例，华清电力破产案在2022年全省优化营商环境大会上得到省委相关领导肯定。州中院与“宜荆荆”三地中院签署司法协作协议，共建社会诚信体系。恩施市法院“破产重整企业信用修复”、巴东县法院“执行事务一站通办”、宣恩县法院“优化破产案件简易程序”、咸丰县法院“胜诉即退费”、鹤峰县法院“政务诚信诉讼执行协调机制”5项改革入列全省优化营商环境改革先行区，数量居全省第二。法治化营商环境建设及优化营商环境执行工作考评均居全省第二。

【法庭规范化建设】 2022年，围绕“三个便于”（便于当事人诉讼、便于人民法院依法独立公正高效行使审判权、便于人民群众及时感受到公平正义）和“三个服务”（积极服务全面推进乡村振兴、积极服务基层社会治理、积极服务人民群众高品质生活需要），坚持“一庭一策、一庭一品”，因地制宜完善全州法庭功能布局49个，建立巡回审判庭（点）42个和法官工作室17个，融入基层社会治理。利川建成全州首个“共享法庭”（设置在镇街、村社、行业的司法服务站，标准配置为“一屏、一线、一终端”，依托现有硬件设施，架设一块显示屏、一条数据连接线和一台电脑终端，集成人民法院调解平台、移动微法院等功能模块，打通基层司法服务的“最后一公里”），恩施大峡谷旅游法庭，巴东野三关、建始红岩寺等一批特色法庭陆续建成。全州法庭结案17570件，占全州法院结案总数21.13%;其中调撤结案12165件，调撤率69.24%。以“云课堂”“法治夜校”“小院说事”等形式开展202场普法活动。咸丰坪坝营法庭与31个村（社区）签订“无讼村（社区）共建协议”。宣恩李家河法庭获评全国法院先进集体，探索锻造的新时代山区“岗哨法庭”（在较为偏远、人口较多的聚集村落设立“流动法庭工作站”，为人民群众提供“家门口”服务，让人民法庭成为人民群众的“法律顾问”，为人民群众在法律方面“站岗放哨”）入选全省法院“三个服务”典型案例。

【司法改革】 2022年，组建专业化审判团队，做优做强速裁团队，明确员额法官、法官助理、书记员职责，推广审判辅助事务集约化管理，实现简案快审、繁案精审。推进科学分案，合理确定月度、季度进展目标，保证审判执行运行态势良性循环。严格审限管理，加快办案节奏，用最短时间、最小成本化解矛盾纠纷。案件平均审理天数50.06天，同比缩短3.03天；65名员额法官办案超过300件，38名超过400件。推进院庭长办案常态化，院领导办案4949件，同比增长18.34%。州中院在全省法院审判执行工作推进会上交流繁简分流改革经验。健全法官遴选、员额退出、绩效考核奖惩制度，落实“让审理者裁判、由裁判者负责”。印发《审判权力责任清单》，明确院庭长、合议庭、独任法官依法行使职权的边界和责任。健全类型案件专业化审理和类案指导机制，规范审判委员会和专业法官会议运行，“类案检索初步过滤、专业法官会议研究咨询、审判委员会讨论决定”的制度框架完善，裁判标准统一，杜绝“同案不同判”。突出重点案件评查，两级法院院长带头评查案件307件，发现纠正问题68件。加强业务指导，完善案件发回重审和改判双向同步沟通、法官办案责任终身追究等制度。州中院在全省深化政法改革推进会上交流发言。

【审判管理】 2022年，加强流程管控，对全部案件实行全链条在线监管、进度管控，“四类案件”（《最高人民法院关于完善人民法院司法责任制的若干意见》规定的具有下列情形的4类案件：涉及群体性纠纷、可能影响社会稳定的案件，疑难、复杂且在社会上有重大影响的案件，与本院或者上级法院的类案判决可能发生冲突的案件，有关单位或者个人反映法官有违法审判行为的案件）由系统自动识别标注、跟踪预警。完善员额法官、合议庭行使审判权与院庭长行使监督权的全程留痕、监督制约机制。加强院庭长监督管理职能，定期通报“四类案件”监管情况。加强二审、再审的监督、纠错功能，审结二审案件5464件、再审案件 120 件。推进未结案件攻坚，清理一年以上未结案件580件。组织开展全州法院精品案件、优秀裁判文书推报、评选，推报各类案例214篇，组织撰写审判管理论文8篇，9篇案例入选《中国法院2022年度案例》，1篇案例入选《全国法院系统2022年度优秀案例》。

2022 年 10 月 18 日，利川市团堡人民法庭巡回法庭庭审现场

（州中院 供稿）

【诉讼服务】 2022年，适应常态化新冠疫情防控需求，开展无接触式诉讼服务。深化便民服务“一站式”建设，“一站式”诉讼服务质效评估得分稳居全省首位。打造网上立案、司法公开、案件信息查询、“12368”诉讼服务热线便民服务平台，网上立案8475件，网上开庭1781次，在线调解26886件，会同看守所、监狱开展远程视频提审、开庭等900余次，网上交退回

33179件，跨域立案391件，电子送达36554件。

【助力生态文明建设】 2022年，保护生态环境，审结环境资源案件102件、环境公益诉讼案件7件。创新环保审判体制机制，实行环境资源审判“三审合一”（指对环境资源民事、刑事、行政案件统一集中审理的审判机制，通过集中司法资源和推进专业化审判，提高环境资源审判工作水平），州中院与宜昌中院、重庆二中院搭建机制共同守护长江三峡生态走廊；联合州直8家行政机关建立多元共治协作机制，凝聚长江大保护法治合力；利川市法院在清江源头设立“清源法庭”、来凤县法院在酉水河畔设立环资法庭，共护绿水青山，共建生态文明。支持行政机关依法开展大气污染、水污染、山川治理等环保执法活动。

【接受监督】 2022年，接受人大及其常委会监督，及时报告法院审判执行、优化营商环境、法庭规范化建设等工作动态。主动接受政协民主监督、监察监督、检察监督和社会监督，邀请代表委员监督指导法院工作263人次，邀请检察长列席审委会25件次，邀请律师到审委会陈述意见7件次，举办线上线下代表委员联络活动49场。上网公开裁判文书22551份，直播庭审5326场，发布典型案例80个。

【荣誉】 2022年1月，宣恩县法院李家河法庭被最高人民法院表彰为“全国法院先进集体”。2月，巴东县法院陈世敏被省委宣传部、省司法厅、省普法工作办公室表彰为“2016—2020年全省普法工作先进个人”。3月，恩施市法院被省人社厅、省委平安湖北建设领导小组表彰为“平安湖北建设先进集体”；巴东县法院贾鹏程被表彰为“平安湖北建设先进个人”。4月，恩施市法院常唯一、建始县法院刘丛艳、宣恩县法院徐玺被省人社厅、省妇联表彰为“全省维护妇女儿童权益先进个人”。9月28日，咸丰县法院喻涛被最高人民法院表彰为“人民法院政治工作先进个人”。

（向　璐）

司法行政

【概况】 2022年，全州有律师事务所56家、基层法律服务所31家、司法鉴定机构5家、公证处8家，现有执业律师846人、公证员32人、基层法律服务工作者139人、司法鉴定人员63人。

【全面依法治州】 2022年，全州司法行政系统坚持将习近平法治思想纳入党委（党组）中心组学习、党校教育培训、法治督察、领导干部年度述法、法治建设绩效考核，推动习近平法治思想学习走深走实。州委常委会、州政府常务会议带头落实学法制度，示范带动各级各部门学习《中华人民共和国宪法》《中华人民共和国民法典》等法律法规。4月7日，州委召开全面依法治州工作会议，安排部署法治恩施、法治政府建设，明确“十四五”法治建设重点任务和工作举措。7月22日，州委召开全面依法治州委员会第四次会议，研究年度法治建设重点工作，开展领导干部述法。9月，州政府召开全州法治政府建设推进会，出台《关于进一步加强法治政府建设的八条措施》。会同州人社局组织申报、推荐“恩施州创新农民工工资支付法治保障机制”创建第二批全国法治政府建设示范项目，通过中央全面依法治国委员会办公室组织的第三方评估。7月21—29日，中央依法治国办第六督察组对湖北省委、省政府开展市、县法治建设专项法治督察，到恩施州开展督察，先后到州信访局、州委网信办、州政务局、恩施市民之家、利川市、来凤县开展实地督察，查阅相关资料和卷宗，对州内部分企业负责人进行电话查访，与州委、州政府相关领导和部分州直单位主要负责人开展座谈，恩施州创新推进“律师三进”工作经验得到中央法治督察组关注并肯定。

【行政立法】 2022年，州司法局聘请恩施州第一届行政立法专家库成员29名，拟订《恩施州人民政府2022年立法工作计划》，完成《恩施州硒资源保护与利用条例实施细则》立法及备案、《恩施土家族苗族自治州茶产业发展条例》报批，完成《湖北省安全生产条例》等19件立法征求意见。拟订《恩施州人民政府重大行政决策程序规范》及解读方案，开展州政府2023年重大行政决策事项征集。依法审查州政府行政规范性文件26件、一般性文件29件，回复州直部门征求意见70件，依法备案县市政府和州直部门行政规范性文件26件。开展行政规范性文件管理实务培训及监督检查。组织州政府规章、州政府行政规范性文件清理，清理州政府规章4部，决定保留2部、修改2部；清理州政府行政规范性文件107件，决定保留64件、修改7件、废止36件。

【行政执法监督】 2022年，坚持规范公正文明执法，开展行政执法监督。全州收集行政执法问题线索72条，立案39件，发出整改建议书36份，移交纪委监委13件。审核汇总州级行政执法检查计划358项，各行政执法单位按照清单开展执法检查，对同一家企业现场执法检查每年不超过1次。推进包容审慎监管执法，督促指导行政执法单位建立健全不予执行行政强制措施清单、轻微免罚清单、行政裁决事项清单，细化、量化自由裁量权基准，探索开展涉企行政执法经济影响评估。组织开展全州行政执法队伍素质提升年活动，组织召开执法协调小组第二次会议暨行政执法培训会，邀请省司法厅、州中院专家对执法人员进行执法培训，州直各行政执法单位及县市执法协调小组共108人参加会议。对州公安局、州生态环境局等7家单位25卷案卷进行案卷评比，评出优秀案卷5卷，合格案卷16卷，不合格案卷4卷，通报83个案卷执法问题，均限期整改。组织24家单位24名业务骨干现场闭卷考试；组织8家行政执法单位在州中院参加恩施行政诉讼案件旁听。推进无证明地区创建，提请州政府印发《恩施州人民政府办公室关于开展创建“无证明地区”创建工作的通知》。审查法律事务，对州政府29件法律事务进行合法性审查。

【行政复议】 2022年，全州各级行政复议机关收到行政复议申请

322件，上期结转9件，受理300件。全州行政复议机关共审结247件。从审理结果看，维持144件，占案件总数的58.29%；驳回复议申请36件，占案件总数的14.57%；撤销43件，占案件总数的17.41%；确认违法7件，占案件总数的2.8%；责令履行2件，占案件总数的0.1%；经调解终止15件，占案件总数的6%。

【行政应诉】 2022年，全州各级行政机关共发生行政应诉一审案件431件，上期结转20件。其中原行政行为机关单独应诉283件，占案件总数65.7%；复议机关单独应诉9件，占案件总数的2%；共同应诉139件，占案件总数的32.3%。全州开庭审理的案件中，行政机关负责人出庭应诉率为99.13%。

【公共法律服务】 2022年，州司法局推动公共法律服务体系实体、热线、网络三大平台深度融合，在全州推广使用恩施州公共法律服务网络智能平台，提升平台群众知晓率使用率。围绕州委提出的“立足大生态、构建大交通、发展大旅游、打造大产业”战略，推出公共法律服务产品30个，落实法律援助补贴免征增值税和个人所得税优惠政策，加强公共法律服务供给。

【人民调解】 2022年，全州有人民调解委员会2203个，其中村（社区）调解委员会2030个，乡镇（街道）调解委员会95个，行业性专业性调解组织78个，建成运行的县级综合调解中心3个，实现行政区域调解组织全覆盖。加强行业性、专业性人民调解组织和调解队伍建设，推动在矛盾纠纷突出的行业领域成立专业调解组织，相继成立恩施州银行纠纷人民调解委员会、恩施州鄂东商会人民调解委员会。按照分级负责的原则，加强人民调解员培训，对全州92个司法所长开展政治轮训和人民调解工作能力培训。印发《全州“调解促稳定，喜迎二十大”矛盾纠纷排查化解专项行动方案》，召开全州专项行动动员会，开展矛盾纠纷排查化解专项行动。开辟“调解促稳定，喜迎二十大”人民调解案例专栏，集中推广各地在人民调解工作中的好经验、好做法，以案释法，各县市司法局共报送80篇案例，全年在微信公众号上推送典型案例26篇。全年受理矛盾纠纷18260起，调处17615起，调处成功率96.5%，涉及标的11.8亿元。

【安置帮教】 2022年，州委办公室、州政府办公室印发《关于进一步规范和加强安置帮教工作的通知》，建立州级安置帮教工作联席会议制度。部署刑满释放人员安置帮教对象“大排查、大走访”专项行动，州司法局印发《刑满释放人员“大排查、大走访”专项行动实施方案》，8个县市司法局细化工作措施，做到任务逐级分解，层层抓落实，推动专项行动落实落地。建立“两类人员”（社区矫正对象、安置帮教对象）管理动态分析机制，通过每季度召开安全形势动态分析会，发现工作中存在的问题，补齐工作短板。

【普法依法治理】 2022年，州委全面依法治州委员会办公室印发《2022年恩施州守法普法工作要点》，明确普法重点内容、对象、活动，制定州级普法联动事项35项，全州制定普法责任清单5000个，将普法工作任务实行清单化管理、项目化推进、责任化落实。制定《恩施州国家机关“谁执法谁普法”责任单位年度履职报告评议办法》，以普法评议工作为抓手促进普法工作见成效。组织全州3万余名学员参与2022年度全州国家工作人员学法用法学习。全州新建法治文化阵地26个，征集法治宣传标语80条，制作法治短视频25个。恩施市白杨坪镇麂子渡村、利川市汪营镇齐跃桥村、建始县高坪镇青里坝村、咸丰县唐崖镇彭家沟村4个村被命名为“全国民主法治示范村（社区）”。年末全州“全国民主法治示范村（社区）”总数为17个。

【法律援助】 2022年，全州接收法律援助申请案件2842件，其中刑事1050件，民事1776件，行政16件；受理2771件，结案2121件，挽回利益3306.1万元。接受法律援助人数5402人，其中妇女776人，残疾人151人，农民工1041人，未成年人348人，老年人340人，军人军属10人。累计接待群众现场咨询19693次，“12348”热线平台接听3041次，为接收法律援助群众代写法律文书547份。向省法律援助中心报送法律援助案例24篇。

【律师工作】 截至2022年年末，全州有56家律师事务所，其中国资所2家，合伙所43家，个人所11家。共有846名执业律师，其中专职律师618名，兼职律师22名，公职律师88人，公司律师11人，法律援助律师45人。另有在册实习律师88人。全年完成律师、律所行政许可132件，其中办理律师事务所行政许可28件，办理专兼职律师行政许可104件，完成公司、公职律师和机构行政许可132件。

【隔离戒毒】 2022年，州强制隔离戒毒所开展“双百行动”（赢百天决战、保百分安全）、“严强清保”（严执法、强管理、清隐患、保安全）、“两违品清查”（违禁品、违规品）等专项行动，落实安全研判、现场管理等各项安全管理制度。全年收治戒毒人员5人，解除106人，转捕3人。推进统一戒毒模式实体化、一体化、整体化运行，推行“四期四区”（生理脱毒期、教育适应期、康复巩固期和回归指导期，生理脱毒区、教育适应区、康复巩固区和回归指导区）教育戒治模式，全年期区流转129人次，诊断评估321人次。上报省戒毒局教育类案例3篇，《土家摆手舞改善运动康复机能戒治案例》《扩大矫治成果 服务社会大众 全面开展禁毒宣传教育案例》入选中国法网案例，1篇被司法部戒毒局评为精选案例。戒治“两率”（操守保持率和复吸率）实现一升一降，场所连续18年实现“六无”（无毒品流入场所、无戒毒人员脱逃、无戒毒人员非正常死亡、无所内案件发生、无安全生产事故、无重大疫情和食品安全事件）目标。

【国家统一法律职业资格考试】 2022年，州司法局组织实施2022年度国家法律职业资格考试。全州1323人报名参加2022年度国家统一法律职业资格考试客观题考试，获主观题考试资格人数为441人。为454名2021年国家统一法律职业资格考试成绩合格人员发放法律职业资格证书。

【公证工作】 2022年，全州有8个公证处，在册公证员32人，其中事业编制公证员20人、公务员编制公证员12人。共办理公证2884件，收费104.04万元。其中涉外公证604件，涉港澳台48件，合同96件，继承1165件（其中小额继承231件），委托535件，声明182件，赠与6件，遗嘱5件，保全证据10件，其他类公证233件。

【荣誉】 2022年，利川市司法局柏杨坝司法所所长雷红兵被中共中央、国务院表彰为全国“人民满意的公务员”。州司法局被司法部表彰为“2021年国家统一法律职业资格考试工作表现突出单位”，州司法局法律职业资格考试科科长谭萍被表彰为突出个人。巴东县司法局官渡口司法所所长陈娟被司法部、人社部表彰为“全国司法行政系统先进工作者”。利川市司法局公共法律服务管理股副股长蒲琴被省人社厅、省妇联表彰为“全省维护妇女儿童权益先进个人”。

（邢忠良）

监狱管理

【概况】 2022年，恩施监狱以“比贡献、抓规范、强能力、争进位”目标为引领，实现“五安全一稳定”（生产安全、道路交通安全、消防安全、学校安全、食品卫生安全，信访维稳）工作目标。完成“十三五”改扩建工程，新建车间、物流中心、会见大楼、民警备勤楼等单体建筑投入使用。1人获评全省监狱系统“五事型”领导干部，1人获“五事型”领导干部提名奖，3人获评全省监狱系统“三牛型”民警，1人获“三牛型”民警提名奖，2人被表彰为全省监狱系统“教育改造能手”，1人被表彰为全省监狱系统“最美女警”，乡村振兴工作队队长刘和照先进事迹先后被《恩施日报》、省司法厅、省委政法委、“学习强国”学习平台等报道。恩施监狱被省监狱管理局命名为全省监狱系统第二批“清廉监狱”称号。开展“下基层、察民情、解民忧、暖民心”主题实践与“共同缔造”活动，深化“爱在警营、情暖民警”工作，筹资50余万元常态化送温暖，筹资8万余元慰问封闭执勤民警职工，筹资13万元改善封闭执勤隔离备勤条件。

【监管安全】 2022年，恩施监狱开展“忠诚保平安，护航二十大”专项活动，围绕“五个重点”（重点罪犯严格管控、重点设施严格管理、重点环节严格监控、重点时段不留死角、重点部位严格排查），落实监管安全核心制度，开展交叉清监、“两违品”（违规品、违禁品）整治、扫黑除恶等工作。完成智慧安防系统、监管硬件设施、指挥调度系统提档升级，提升人防、技防、物防能力；加强狱情信息收集、研判和预警工作机制，完善应急预案，建立动态情报搜集网络，预防狱内重大事件发生。监狱实现连续32年中转押解无事故，连续26年无罪犯自杀，连续17年无安全生产事故、无罪犯脱逃。

【刑罚执行】 2022年，恩施监狱完成新入监罪犯信息核查，录入安置帮教系统等工作。全年释放罪犯600人，均按要求落实释放安置，未出现脱管、漏管情况。全年依法转递罪犯申诉材料6件，控告材料3件，检举材料5件。

【教育工作】 2022年，恩施监狱开展入监教育10期、出监教育21期，出入监罪犯接受教育率99%以上，罪犯出监评估率100%，在押罪犯政治教育覆盖率100%，心理健康教育普及率100%。编发《巴山润雨》小报10期，《新生周刊》刊稿34篇，罪犯文化活动参与率100%。在罪犯中开展“强规肃纪，争做改造标兵，献礼二十大”专项整顿教育活动和队列会操行为规范暨歌咏竞赛活动，“三项竞赛”获全省监狱系统二等奖，监狱罪犯违纪率同比下降54%，评选3名省级和47名监狱级改造积极分子。组织200余名罪犯参加职业技能培训。通过上门走访、云视频沟通，开展亲情帮教20余人次，为困难罪犯家属争取社会力量落实助学金等6000余元。

【廉政建设】 2022年，恩施监狱细化创建“清廉监狱”工作清单，开展36项专项监督。重视省监狱局党委第四巡察组反馈意见整改工作，51个反馈整改问题全部销号。开展支部专题党课教育19次，民警签订执法承诺书200余份，19个党支部围绕35个执法风险问题进行排查整改，200余名民警围绕50个执法风险问题进行自查自纠。结合“下基层、察民情、解民忧、暖民心”活动，加强民警8小时外的管理监督，开展“廉洁爱家”民警家庭大走访活动，监狱党委成员带头走访民警家庭33户，各党支部走访民警职工家庭200余户，印发助廉手册、慰问信260份。开展执法业务专项监督8次，下发监督整改建议书3份，整改问题34个，党纪政纪处分5人，第一种形态处理14人次。

【检查调研】 3月15日，省监狱局相关领导先后到恩施监狱调研督导新冠疫情防控工作、对监狱党委进行政治巡察、调研领导班子和干部队伍建设、反馈巡察问题等。

（赵　慧）

仲　裁

【概况】 2022年，全州仲裁机构处理劳动人事争议案件2138件，立案受理1933件，不予受理205件；当期结案1944件，仲裁结案率99.18%，调解成功率85.45%。推进“互联网+调解”工作模式，劳动者和用人单位通过全国劳动人事争议在线调解服务平台申请调解，年末全州通过平台共处理调解申请207件。州人社局下发《关于在全州劳动人事争议仲裁机构全面推行要素式办案改革的通知》。

【劳动人事争议速调快裁模式】 2022年，全州仲裁机构探索速裁模式办理劳动争议案件，对存在舆情风险的争议“快立、快审、快调、快结”。指导来凤县人社局创建优化营商环境劳动争议速裁先行区，推出“1315”模式，采取速裁模式办理劳动争议案件，最快可1个工作日结案，最长不超过15个工作日。11月，省人社厅对来凤县优化营商环境劳动争议速裁先行区创建工作予以通报表扬。

【培育劳动争议金牌调解组织】 2022年，州人社局联合州平安办、州总工会下发《关于进一步加强专业性劳动人事争议调解工作的通知》，在规范化开展基层工会建设的同时，同步建立健全劳动争议调解组织。恩施市长源轴承制造有限公司劳动争议调解委员会被人社部办公厅、中华全国总工会办公厅、中华全国工商业联合会办公厅、中国企业联合会办公室表扬为2022年度“工作突出基层劳动人事争议调解组织”。

【“千名仲裁员服务万企”活动】 2022年，州人社局下发《关于开展2022年度“千名仲裁员服务万企”活动的通知》，持续推进“千名仲裁员服务万企活动”，建立服务企业长效机制。组织全州37名专职仲裁员服务381家企业，排查矛盾隐患，指导企业规范用工。年末全州仲裁机构到企业宣讲273次，发放宣传资料2966份，组织专项培训16次，邀请企业庭审观摩44次，指导帮扶企业建立调解组织53家，开展流动仲裁庭17次，协助企业解决劳动争议294件。

（朱峻苇）

【司法仲裁】 2022年，恩施仲裁委员会受理各类民商事案件126件；受案标的额1.09亿元。涉及类型包括建设工程类、买卖租赁类、物业服务类、公司股权类、金融类等。全年受理案件平均标的额为86.65万元，以裁决方式结案占比30%；和解调解结案占比70%。案件除涉及州内各县市外，还涉及省内宜昌、武汉、十堰、荆门、襄阳等，涉及省外江苏、贵州、重庆、福建、浙江、云南、西安、广州、上海等。

（邢忠良）

中国人民解放军湖北省恩施军分区

【概况】 2022年，中国人民解放军湖北省恩施军分区（简称恩施军分区）贯彻中共中央、习近平主席指示要求和上级决策部署，学习贯彻党的二十大精神和习近平主席最新重要讲话精神，坚持全区统筹，合力抓建，协同共进，全面建设稳中有进，战备训练、安全管理等，"六项考评"综合排名全省第二。创新开展思想政治教育协作，打造"小讲堂大练兵"教育品牌，深化"忠诚维护核心、矢志奋斗强军""奋斗观""英雄观"教育活动，开展"四个不能辜负"（不能辜负时代、不能辜负组织、不能辜负事业、不能辜负家庭）专题教育。先后涌现"矢志强军梦·最美国动人"、"荆楚楷模"鹤峰县贺英女子民兵连等先进典型。推进一体化国防动员体系建设。出台《恩施土家族苗族自治州民兵建设"十四五"发展计划》，优化民兵分队和类型结构，民兵整组排名全省第一。推进新时代基层民兵建设试点，初步探索出基层民兵与基层党建一体抓建的方法。备战全省新任职基层武装部部长集训，综合成绩排名鄂西北片区第一。在全省率先完成州、县两级征兵服务站建设。开展党建法规集中培训，落实组织生活制度，按程序选举出席军地各类会议代表。加强后勤重点行业领域整肃治理，组织行业领域综合性检查，规范社会化保障项目管理。完成民兵装备仓库和兵器室正规化达标试点任务，建设经验在全省交流推广。深化"四个秩序"（战备、训练、工作、生活）规范化建设成效，开展"讲政治、强责任、正作风"教育整顿，提升机关担当尽责、严谨务实的工作作风。制定落实党的二十大前后部队安全管理"双十条"措施，开展"百日安全活动"。

【中共恩施军分区第十二届五次全体（扩大）会议】 2022年1月17日，恩施军分区党委十二届五次全体（扩大）会议召开。会议学习贯彻习近平强军思想，总结2021年工作，安排2022年任务。州委书记、恩施军分区党委第一书记胡超文出席会议并讲话。

【基层民兵建设试点】 2022年3月开始，恩施军分区依托恩施市选定9个村（社区）开展新时代基层民兵建设试点，从规范制度落实、阵地建设、开展活动、常态保障等方面，探索基层民兵和基层党建一体抓建的方法。

【援建"八一爱民学校"】 2022年3月，恩施市红土乡石灰窑初级中学入选为教育部、中央军委政治工作部、全国双拥工作领导小组办公室联合命名的"八一爱民学校"，恩施军分区为部队帮扶单位。恩施军分区自2017年联系帮扶恩施市红土乡石灰窑村以来，一直关注贫困村孩子的教育问题，与石灰窑初级中学建立共建机制，在学校设置奖（助）学金，并定期组织"校外辅导员"到学校开展国防教育和军训活动。

【"传承红色基因、争取更大光荣——清明祭英烈"活动】 2022年4月1日，恩施军分区机关和部分县市人武部组织现役官兵、文职人员和职工到咸丰忠堡大捷纪念园开展"传承红色基因、争取更大光荣——清明祭英烈"活动，现场组织主题教育专题授课辅导。

【"中部盾牌·应急救援—2022"军地联合山地搜救研究性演练】 2022年5月13日，恩施军分区牵头联合恩施州公安、消防、应急、卫生、救援等部门，组织"中部盾牌·应急救援—2022"军地联合山地搜救演练。演练针对山区应急救援侦搜难、通信难、施救难等问题，动员、整合军地各方力量，按照“低风险场景有人操作、高风险场景无人操作、现场有效应急救援”的原则，围绕“侦、控、救、评、保”闭合回路，探索军地联合组织山地搜救的新方法、新手段，形成“快速、智能、精准、高效”的体系救援能力，实现应急救援“零伤亡”目标。

【兵器室正规化建设试点】 2022年2月至5月，恩施军分区开展人武部兵器室正规化建设试点工作。升级改造基础设施和安防系统，统一账表卡册，规范各场所设施设备设置，制定人武部兵器室建设管理规范和达标细则，明晰兵器室建设管理标准，规范管理秩序，促进管理安全。

【“守护戎装”专项行动】 2021年10月至2022年10月，恩施军分区牵头10个单位（部门）查纠打击销售仿制军服等违法行为，纠治学生军训、团队旅游、野战游戏、影视演艺等活动中违规使用现行军服及其仿制品等行为。

【党的二十大精神宣讲活动】 2022年11月10日，恩施军分区“党的二十大精神宣讲小分队”到恩施市红土乡石灰窑村开展宣讲活动。宣讲员为村民解读党的二十大报告精神，围绕保护山区生态、发挥产业优势、大病医疗救助和设置公益岗位等进行交流。

【州委常委议军会议】 2022年12月15日，州委书记、恩施军分区党委第一书记胡超文主持召开州委常委会议军会议，传达学习党的二十大报告关于国防和军队建设内容、习近平总书记关于国防和军队建设重要论述摘编和省委常委会议军会议精神，听取2022年恩施军分区建设有关情况汇报，安排部署有关工作。

（杨　驹）

中国人民武装警察部队恩施支队

【概况】 2022年，中国人民武装警察部队湖北省总队恩施支队（简称恩施支队）坚持以习近平强军思想为引领，学习宣传贯彻党的二十大精神，政治生态更加纯正，提升打赢能力，加强基层建设和综合保障，全面建设稳步发展。恩施支队全面建设等次连续2年被总队评定为“好”等次。

【政治思想建设】 2022年，恩施支队围绕学习宣传贯彻习近平强军思想和党的二十大精神，坚持用好“四个抓手”（党委理论中心组学习、党团活动、“学习强军”APP、官兵能力素质培训），抓实“四个环节”（理论学习、讨论交流、是非辨析、笔记展评），统筹推进开年教育、主题教育、基础教育和党史学习常态化长效化落实，结合军史场馆、书香军营体系建设和强军风采系列文化活动凝神聚气，开展“晒学习、晒肌肉、晒存款、晒孝心”活动，组织“执勤安保使命价值大讨论”，持续掀起向“见义勇为勇士”李林雨学习热潮，坚定官兵“扎根偏远深山、建功强军事业”信念。王阳东被总队表彰为践行强军目标“精武胜战标兵”，胡进辉被总队表彰为“优秀政治教员”。微电影《荣誉》被总队推荐参加武警部队评比，支队援建帮扶经验做法录像片在总队播放推广。全年在《解放军报》《人民武警报》等媒体刊稿100余篇。

【练兵备战】 2022年，恩施支队学习贯彻开训动员令，落实党委议训、机关查训、干部跟训，组织分批轮训、新兵训练、“魔鬼周”集训和“庙算”指挥员比武考核，发挥训练馆功能效果，创新探索基础体能分组分训新模式，支队被总队表彰为“指挥员‘周期过关制’比武考核优胜单位”，连续3年支队年终军事训练考评为“优秀”。做好新时代执勤安保规范化集训“下篇文章”，常态开展“修、学、推”方案活动和“学、查、补、保”执勤安全教育整顿，组织规范化执勤等级评定和执勤人员资格认证，持续贯彻“精细管控十步法”和2小时督导管勤机制，协调州公安局对相关看守目标加装门禁、人脸识别和红外对射报警系统，实现执勤“硬”隐患清仓归零。完成党的二十大期间执勤安保、武装巡逻以及武装押解等相关临时勤务。执勤二中队被总队表彰为“执勤先进单位”，邓良崇、杨悦被总队表彰为“执勤先进个人”。

【基层建设】 2022年，恩施支队坚持“三会一线”（常委会、首长办公会、周交班会、一线指挥部）抓建基层，细化制定“好、中、一般”3个层级帮建措施，先后下沉到一线加强基层基础建设，执勤二大队被总队表彰为“四铁”（铁一般信仰、铁一般信念、铁一般纪律、铁一般担当）先进大队。持续抓好利军惠兵政策贯彻执行，每季常态开展“五个服务到一线”（理论服务、法律服务、心理服务、医

2022年5月13日，恩施军分区牵头举办“中部盾牌·应急救援—2022”军地联合山地搜救研究性演练行动　（张　梨　摄）

疗服务、文化服务到一线）活动，科学统筹安排官兵探亲休假，看望慰问生活困难官兵和生病住院家属，为官兵解决家属就业安置、子女入学入园、看病就医等急难愁盼问题。围绕安全行车、手机网络、在外人员、内部关系等重难点问题开展防范治理，推进涉网涉密整治、倾向性问题纠治，推进“聚力迎盛会、扎实保稳定”建安创安活动，多次组织“抓促强”专项活动自查自纠。全年规避一起地震灾害风险，基层单位均实现安全工作“六无”目标，巴东中队被总队表彰为“‘六无’先进中队”。

（王　军）

2022年9月7日，武警官兵在来凤县漫水乡开展山林火灾救援工作

（武警恩施支队 供稿）

人民防空

【概况】 2022年，恩施州人防工作抓重点、补短板、强弱项、固底板，加强人防工程建设管理、人防指挥通信建设、人防宣传教育，促进全州人防事业发展。12月29日，州国防动员办公室、州人民防空办公室在州发改委在州发改委挂牌，相关职能由州住建局转隶州发改委。

【人防工程建设管理】 2022年，州人防工作加强人防工程结建审批管理和人防重点项目建设，专业队工程建设，优化营商环境。全州应建防空地下室的民用建筑项目报建审批按照“三个规范性文件”（《湖北省人民防空工程管理规定》《湖北省防空地下室易地建设费收缴使用和监督管理办法》《省物价局省财政厅省人民防空办公室关于印发人防工程易地建设费标准及有关问题的通知》）和“恩施州工程建设项目审批管理系统”标准程序执行。按照“清减降放”要求，减少审批材料和办理流程，优化营商环境取得实效。

【人防宣传教育】 2022年，全州开展人防宣传“五进”（进学校、进机关、进媒体、进社区、进企业）活动，重点开展以“人防就在身边”为主题的人防宣传月活动，发放人防宣传手册4000余份。加强人防宣传稿件投稿工作，向省人防办网站和《湖北人防》《中国人民防空》杂志投稿。

【人防指挥通信建设】 2022年，恩施州加强“两所一基地”（人防地面指挥中心、机动指挥所和疏散基地）建设，坚持信息系统与人防土建工程同步立项、同步建设、同步竣工验收。启动人民防空方案滚动编修，加快预警报知系统建设，完成二次报警和防误鸣改造年度目标。制订2022年人防警报器二次报警和重要经济目标防护工作计划，试点的重要经济目标防护完成方案编制和评审。

【城市防空防灾警报试鸣】 2022年9月18日，全州7个县市（除恩施市外）统一进行“9·18”防空警报试鸣，鸣响率达到100%。12月6日，全州各县市开展江泽民同志追悼默哀警报器鸣响活动，鸣响率98.11%。试鸣和鸣响活动均做好提前公告。

（唐　义）

经济管理

Economic Management

发展和改革

【概况】 2022年，恩施州全年实现地区生产总值1402.2亿元，增长3.3%；固定资产投资同比增长16.3%，高于全省1.3个百分点，增幅居全省第10位。州发改委在全省发改工作会上作典型交流发言。12月19日，州发改委加挂恩施州国防动员办公室、恩施州人民防空办公室牌子。

【项目建设】 2022年，410个州重点项目完成投资468亿元。19个省级重点项目完成年度投资68.8亿元，完成年度投资计划的113.98%。高新区华新绿色建材、利川智创轻工纺织产业园、巴东中能建装配式建材、咸丰皇恩烨锂电池负极材料等一批10亿元以上重大产业项目开工建设。全州审批、核准、备案项目3867个，总投资4880亿元，办件量居全省第10位。储备库转建设库项目累计转化率57.3%，建设库转达效库项目累计转化率56.6%，分别高于省考核目标27.3个百分点、26.6个百分点。全州争取到位中省预算内资金16.72亿元，同比增长25.34%。一批重大项目前期工作取得突破；利咸高速开工；恩施机场迁建获得选址批复，民航局召开预可研报告行业审查会；沪渝蓉高铁宜昌至涪陵段完成可研审查；姚家平水利枢纽工程可研报告即将获批；巴张高速沪蓉沪渝连接段投资人招标文件报审；恩高宣快速通道完成工可研审查和高新区段施工图设计。恩施州、恩施市、利川市被省发改委评选为2022年度全省投资和重点项目建设贡献单位；宣恩县被省发改委评选为2022年度全省投资和重点项目建设突出贡献单位。

【规划编制】 2022年，州发改委完成《恩施州大产业发展规划》《恩施州流域综合治理和统筹发展规划》编制。统筹协调州级21个“十四五”重点专项规划的编制和发布工作。组织相关部门拟定《恩施州“十四五”储备事业发展方案》并印发实施。

【区域融合】 2022年，恩施州新一轮龙凤示范区中长期发展规划纳入省级战略，龙凤示范区建设首次得到省发改委区域协作专项资金支持。利川市、鹤峰县进入全省第二批示范区名目。配合宜昌市完成《宜荆荆都市圈发展规划纲要（讨论稿）》《宜荆荆都市圈发展三年行动方案（讨论稿）》《宜荆荆都市圈发展2023年重点工作清单（讨论稿）》文件起草。完成《恩施州关于落实国务院和省政府新时代支持革命老区振兴发展的实施方案》起草，与杭州市共同起草《推进革命老区建设杭州市与恩施州对口合作方案（初稿）》。推动建立恩施市、恩施高新区、宣恩县国土空间规划衔接机制，恩高宣空间规划编制加快推进。

【改革工作】 2022年，全州聚焦行政审批中介机构服务不够规范、竞争不够充分、监管不够到位等问题，动态调整州县两级行政审批中介服务事项、审查标准、机构资质和服务条件四张清单，对未纳入清单事项一律不得作为行政审批的受理条件。组织引导中介机构入驻湖北省行政审批中介服务网，鼓励项目业主在网遴选中介机构，组织中介机构592家入驻中介服务网，在网办理项目1343个，均位列全省第一。出台中介机构管理办法，常态化开展中介机构考评，发布全州中介机构考评结果4期。

【物价工作】 2022年，州发改委对重要民生商品实行月调度、季分析、年总结，建立“稳定外采、对口支援、应急内采”相结合的物资储备保供体系，加强蔬菜联保联供和部门对接联络和市场巡查。加强重要资源、重要服务价格监测分析，及时预警苗头性、倾向性、潜在性问题。发放价格临时补贴

3573.24万元，惠及困难群众83.2万人。推进农业水价综合改革，完成农业水价综合改革面积41773.33公顷。开展涉企违规收费专项整治工作，发现问题8起，均整改完毕，共清退2352.37万元。全州CPI较2021年同期上涨1.9%，涨幅比全省平均水平低0.1个百分点。

【"1+8"园区建设】 2022年，恩施州持续推进"1+8"园区建设（恩施高新区以核心区为龙头、8个县市园区联动发展）。全州有恩施高新技术产业园区、利川经济开发区、建始工业园区、巴东经济开发区、宣恩工业园区、咸丰工业园区、来凤经济开发区、鹤峰经济开发区8个省级开发区，核准批复面积1886.45公顷。实现地区生产总值318.15亿元，完成固定资产投资262.85亿元；规模以上工业企业263个，高新技术企业233个，年度规模以上工业总产值199.73亿元。8月10日，鹤峰经济开发区调区扩区获省人民政府批复，核准面积由12.17公顷调整为124.66公顷。恩施高新区获批省级承接现代中药产业转移示范区、利川经济开发区获批省级承接道地中药材"两黄"（大黄、黄连）加工产业转移示范区、鹤峰经济开发区获批省级承接出口有机茶产业转移示范区。

【《恩施州大产业发展规划（2022—2035年）》】 2022年，州政府按照省政府主要领导调研恩施指示精神，由省发改委组织专家团队编制《恩施州大产业发展规划（2022—2035年）》，9月19日，经省政府批准，省发改委印发，是全省唯一一个由省政府批准省发改委印发的地市州级产业规划。《恩施州大产业发展规划（2022—2035年）》由正文和附件构成。正文分4个部分，第一章为发展基础与机遇，主要分析恩施州发展大产业的资源优势、产业现状、现实瓶颈和发展机遇；第二章为总体要求，主要包括指导思想、基本原则、目标定位、空间布局；第三章至第七章为重点任务；第八章至第九章为工程保障；附件为恩施州大产业项目策划清单。

（唐　义）

2022年4月，利川轻工产业园建设项目开工建设

（利川市发改局 供稿）

县域经济发展

【概况】 2022年，恩施州在全省县域经济第三类县（市、区）综合评价中，恩施市第九位、利川市第18位、建始县第30位、巴东县第29位、宣恩县第24位、咸丰县第28位、来凤县第27位、鹤峰县第23位。

【健全工作机制】 2022年，恩施州建立州、县两级县域经济工作联络机制，月调度机制。坚持日常调度，每月调度各县市本月完成情况以及下一月预测情况，对发现的问题及时分析，及时处理，保证全州县域经济稳步推进。制定县域经济考核奖励方案，按照"两年进一位，坚决不退位"的原则，待省下发2022年县域经济考核结果后，按照每年各县市进位情况对优秀县市给予奖励。

【加强县市指导】 2022年，州发改委指导恩施市确定"三百工程"（百强进位、百强冲刺、百强储备），对照2022年全国百强县省内外相关县市对比研究，推动恩施市冲刺全国百强。同时，指导各县市加强与省直有关部门对接，谋划在2022年县域经济指标排名中争先进位目标。

【扩权赋能强县改革】 2022年，州发改委开展深化扩权赋能强县改革年中评估，形成评估报告报省发改委，完成2022年全州扩权赋能强县改革调研报告。

（唐　义）

国有资产监督管理

综合监管

【概况】 2022年年末，全州地方国有企业资产总额1219.27亿元，负债总额600.85亿元，所有者权益618.42亿元，营业收入38.27亿元，利润总额1.01亿元，上缴税费1.96亿元。其中10家州直企业资产总额108.69亿元，负债总额45.37亿元，所有者权益63.32亿元，营业收入6.48亿元，利润总额7800万元，上缴税费8100万元；州国资委直接监管的6家企业资产总额75.4亿元，负债总额30.79亿元，所有者权益44.61亿元，营业收入2.75亿元，利润总额0.83亿元，上缴税费5000万元，全州地方国有经济发展总体平稳向好。根据州政府授权，州国有资产监督管理委员会（简称州政府国资委）对恩施州国有资本投资运营有限公司、恩施州农发信用融资担保股份有限公司、恩施州平安押运有限公司、恩施州硒康牧业发展有限公司、恩施州粮油储备有限公司、恩施州城乡规划设计院有限公司6家地方国有企业履行出资人职责。

【攻坚国企改革三年行动】 2022年，制定《恩施州国企改革三年行动2022年攻坚方案》，召开督办推进会3次，到县市、有关职能部门及企业开展督办检查2次。开展“百日攻坚提升行动”，完善《董事会规范运行工作规则》《法定审批事项及权利事项清单（2022版）》等管理制度10余项，深化外部董事制度和经理层任期制、契约化管理，国有企业现代企业制度基本建立，法人治理结构逐步完善，国有企业改革三年行动重点任务完成。

【服务全州工作大局】 2022年，加强重点项目投资。州国投集团、州高新投公司加快电子信息产业园、硒产业园等重点项目建设，累计完成投资20亿元以上，同比增长150%。深化平台建设赋能产业发展。组建州文旅投公司、州数字产业公司、州产业投资公司三家产业支持平台，为全州产业发展注入国企动力。落实稳经济一揽子政策措施，全州国有企业为2159户服务业小微企业和个体工商户减免租金3104.05万元。围绕“两山”实践创新示范区建设，推动湖北碳排放权交易中心在恩施市、来凤县试点开展林业碳汇开发，加快制定恩施州数字产业发展规划、推进数字政府建设。

【深化央企国企合作】 2022年，州委书记胡超文、州长夏锡璠先后拜访和会见中国一冶、葛洲坝集团、湖北宏泰、武汉交投等央企、国企；州政府国资委跟进对接央企和大型国企，就页岩气开发、抽水蓄能、生态治理、数字政府建设、碳汇交易等方面的项目进行推介洽谈。举办2022年央企省企恩施行洽谈签约活动，签订战略框架协议19个、拟投资规模800亿元。组织参加第七届湖北省与中央企业项目对接洽谈会，签约项目2个，投资规模270亿元。

【盘活存量国有资产】 2022年，推进州级经营性国有资产集中统一监管，盘活存量资产，做大做强州国投集团、州高新投公司。5月，州政府专题研究资产划转工作，印发《盘活州直行政事业单位存量国有资产的实施方案》。通过梳理、清理出可划转经营性国有资产33宗（正在办理资产划转手续）。

【加强国有资产监管】 2022年，加强财务和产权监督管理，规范年报编制和月度快报编制，规范企业内部财务预算管理，组织第三方机构对州出资企业进行专项审计。规范企业国有产权交易行为，实现评估项目核准备案率、资产处置审批率、进场项目转让信息发布率和进场交易率4个100%。实行工资总额预算管理，引导企业树立工资总额与企业经济效益同向增减的意识。推进在线监管平台建设，实现“网络通”“视频通”“数据通”。推进以管资本为主的监管方式转变，修订权责清单（2022版），明确监管权责边界。推进出资人监督和纪检监察监督、巡视巡察监督、审计监督、社会监督等统筹衔接，形成监管合力。加强县市国资监管机构的指导和工作协调，构建全州国资监管大格局。

【防范和化解风险】 2022年，加强州、县两级投融资平台监管，州政府出台《恩施州属企业主业和投资管理办法（试行）》《恩施州属企业融资担保与资金管理办法（试行）》。化解州农发担保公司债务风险，解决州平安押运公司从州国投集团划出后有关债权债务问题，处理国企改制历史遗留问题。加强国资国企领域安全隐患排查检查。

【加强党的建设】 2022年，州政府国资委坚持党建工作与国资国企改革发展工作同谋划、同部署、同检查、同考核，全年专题研究党建工作9次，6家出资企业党组织书记向国资委党委述职。巩固“党建入章”成果，印发《恩施州属国有企业党组织前置研究讨论事项清单指导文本》《党建工作要求写入公司章程修订指引》。探索“一心两抓三促”（括注）机关党建工作法；深化基层党组织标准化、规范化建设，开展州国投公司、州押运公司示范点建设，选树国企“红旗党支部”先进典型4个。深化“红旗车组”“红旗班组”建设，探索推进“党日+小微服务”“党日+安全押运”等特色实践。开展“下基层、察民情、解民忧、暖民心”实践活动，完成领办的10件实事。

【建设清廉国资国企】 2022年，州政府国资委履行清廉国企建设牵头责任，明确“四好四线”清廉国企建设标准，制定重点工作任务清单，细化30项重点任务。开展投融资平台、粮食购销领域突出问题专项整治，实施“强监管、防风险、提质量”百日专项行动，牵头完成省委涉粮问题专项巡视反馈问题整改13个。

（乔　阳）

恩施州国有资本投资运营集团有限公司

【概况】 2022年，恩施州国有资本投资运营集团有限公司（以下简称公司）实现主营业务收入2.75亿元，利润总额9644万元，上缴税费4900万元，上缴国有资本收益1800万元，完成固定资产投资12.37亿元，国有资本保值增值率102.21%，资产总额75亿元、净资产44亿元，同比增长44.43%、39.51%。

【资产管理】 2022年，公司管理经营性资产501宗，实现收入2879万元，完成原州农校、州商校、州艺校、州住房公积金中心恩施市办事处等资产等29宗资产的移交及过户登记手续。通过恩施土司城提档升级、龙麟宫对外开放，推动旅游产业复苏，全年接待游客43.78万人，实现综合收入1454.11万元。

【项目建设】 2022年，公司统筹协调，推进项目建设工作。搭建并运营“恩施城市停车”平台暨“全州一个停车场”，接入停车泊位5640个，加快推动停车有位、停车有序，破解市民停车难问题。结合全省推进房地产平稳健康发展和支持保障性租赁住房政策，推进“保交楼、稳民生”工作，完成5.74亿元专项贷款，并全部拨付到各县市；完成“保租房”首期200套房源收购，完成房源分配和装修工程采购工作。完成青树林25.6公顷土地竞买，重点推进片区开发，助推城市更新进程。新开工建设恩施州中心医院新区医疗中心（二期）门急诊医技楼及紧急救援救治基地、恩施土司城提档升级项目（一期）项目，总投资9.22亿元。完成恩施国投·高新区电子信息产业园标准厂房24万平方米全部建设内容，总投资6.48亿元，并陆续交付招商引资企业入驻装修生产。推进恩施国投·湖北银行金融综合体、恩施国投·高新区西区民心家园（之子溪安置小区）项目，主体结构全部封顶。

【投资融资】 2022年，公司开展投融资工作，完成宣恩白酒生产经营项目1200万元股权投资。完成项目融资15.44亿元，保障项目建设资金。推进AA评级工作，公司核心财务指标基本达到评级要求。

【践行国企担当】 2022年，公司在乡村振兴、租金减免、基层治理等方面模范履行社会责任，为符合条件的355户服务业小微企业及个体工商户共计减免租金1117.77万元。按照“领导带动、部门归口、全员行动”的要求，开展党员干部“下基层、察民情、解民忧、暖民心”实践活动，协调解决群众急难愁盼问题40余个；依托党员干部双报到双服务工作机制，组建志愿服务队，累计出动党员干部职工260余人次参与志愿服务。

（谭　柳）

财　政

收支与管理

【概况】 2022年，全州财政部门加强预算管理，深化财政改革，财政运行稳中向好，财政管理质效提升。全州地方一般公共预算收入完成76.8亿元，剔除增值税留抵退税因素后增长8.7%；全州地方一般公共预算支出完成425.05亿元，同比增长12.9%。其中教育支出76.1亿元，同比增长6.5%；卫生健康支出49.4亿元，同比增长7.6%；社会保障和就业支出64.3亿元，同比增长9.4%；灾害防治及应急管理支出4.94亿元，同比增长22.5%；农林水支出76.31亿元，同比增长12.9%。

【财政收支管理】 2022年，全州财政收入完成预期目标。加强财政收入综合分析和组织调度，多次召开部门协调会、形势分析会和组织调度会，对财政收入工作进行专题部署。加强财源建设，建立健全财源建设综合协调机制，推动形成齐抓共管的工作格局。全州地方一般公共预算收入全年完成76.8亿元，扣除增值税留抵退税因素后，可比完成84.2亿元、增长8.7%，增速在13个市州中并列第10位。全州地方税收收入完成54.37亿元，剔除增值税留抵退税因素后增长4.9%，占地方一般公共预算收入的70.8%。财政支出坚持“三保”（保障基本民生、工资发放和机构运转）支出优先，保证“三保”底线，做到有保有压。全州民生支出343.6亿元，同比增长10.1%，占一般公共预算支出的80.8%。全州共投入11.5亿元支持疫情防控和公共卫生补短板建设。落实党政机关过“紧日子”要求，全州财政部门压减非急需、非刚性支出，从严控制一般性支出，全年压减州直部门一般性支出2667.3万元。

【规范预算管理】 2022年，预算管理严格规范，落实“零基预算、精细管理”要求，提早谋划、尽早启动2023年州直部门预算编制工作，从严从紧审核部门项目支出预算，压减比例超过30%，保证有限的财政资金更好用于“三保”等重点支出。硬化预算约束，严控预算调整，严格预算级次管理。加强转移支付资金管理，盘活存量资金，对执行进度较慢或年内不再执行的项目资金，按规定收回财政统筹安排使用，开展部门往来款项和专户管理资金清理工作，加强部门结转结余资金管理。依法批复预决算，严格预决算信息公开，全州部门所属单位2022年预算、2021年决算公开实现全覆盖。

【服务高质量发展】 2022年，全州落实稳经济一揽子政策措施，减免缓降退等各项减税降费政策18.15亿元，其中为1422户增值税纳税人办理留抵退税11.73亿元。为承租国有资产的小微企业和个体工商户减免租金4700万元。推进政府性融资担保机构建设，全州落实政府性融资担保机构担保费降费补贴资金804.43万元。全州乡村振兴筹措衔接推进乡村振兴资金19.7亿元，争取对口帮扶资金2.8亿元，通过国家、省对市县财政衔接资金绩效评价考核。统筹安排农田建设补助资金5.8亿元和耕地地力保护补贴资金4.9亿元，夯实粮食安全基础。应对历史罕见旱情，统筹抗旱资金1.82亿元，做好抗旱救灾、秋粮防灾稳产和群众饮水安全等工作。开展美丽乡村建设，全州申报全省美丽乡村建设试点村31个（含红色美丽乡村6个），累计投入财政资金1.24亿元；申报全省新型村级集体经济扶持村104个，全州投入资金5200万元。支持高质量发展，贯彻落实州人民政府《支持实体经济发展有关奖励政策》《支持经济社会发展有关激励措施》，全州兑现专精特新“小巨人”、企业上市、旅游、科技发展等奖补资金3.99亿元。发挥专项债促投资、稳增长重要作用，全州申报发行新增专项债券项目174个，落实转贷资金107.17亿元，是2021年的3.28倍。

【优化财政营商环境】 2022年，深化涉企服务事项改革，让数据多跑腿、企业少跑路。推进惠企政策免申即享改革，全州惠民利企“一点通”平台上线运行。年末全州注册企业168家，上线惠企政策284条，可办理事项378项，为2815家企业直接兑付财政奖补资金6258.8万元。

【财政专项改革】 2022年，推进预算管理一体化改革，全州完成预算编制和预算执行、单位会计核算、非税收缴、政府采购等模块上线使用。推进财政事权和支出责任划分改革，出台《恩施州交通运输领域州县财政事权和支出责任划分改革实施方案》。推进《财政总会计制度》改革，州本级和建始县作为全省首批试点地区，以试点推进为基础，力争形成一套完整可复制、可推广的经验。深化财政部门“清减降放”改革成效，规范统一县、乡、村三级事项及要素，优化办事流程，缩短办事时间。

【推进财政管理】 2022年，持续推进财政法治建设，出台《恩施州法治宣传教育第八个五年规划》，制定《2022年恩施州财政局普法责任清单》，推动“谁执法谁普法”责任制落实。加强政府债务管理，遏制新增政府隐性债务，逐步消化存量政府隐性债务，全州政府债务余额516.7亿元，占省下达债务限额的94.6%，风险总体可控。持续推进预算绩效管理，实现预算绩效目标编制全覆盖。统筹做好规范公务员工资津补贴工作，加强经费保障，落实绩效奖金清算发放。发挥财政监督职能，统筹开展会计评估监督检查、"一卡通"专项治理"回头看"、省级重点项目（资金）专项监督、预决算公开专项检查、乡镇财政所规范化管理专项检查、抗旱救灾资金拨付使用情况专项督查、2021年度资产管理监督检查，推动各项财税政策落地落实。严肃财经纪律，组织开展全州财经秩序专项整治行动，规范财经秩序。

【加强非税收入征管】 2022年，非税收入征管组织收入，规范执行《政府非税收入管理办法》，落实湖北省行政事业性收费和政府性基金目录清单管理制度，做到依法征收、应收尽收、应缴尽缴。全州一般公共预算非税收入完成22.4亿元。其中专项收入7.4亿元，行政事业性收费3.1亿元，罚没收入3.8亿元，国有资本经营收入1000万元，国有资源（资产）有偿使用收入5.6亿元，政府住房基金收入2亿元，其他收入4000万元。开展非税收入"三乱"问题自查自纠，组织召开县市财政局和州直执收执罚部门"三乱"问题清理自查工作会，统一口径、明确重点、分级负责、细化责任，对非税收入征收、财政票据使用、收费目录清单管理、收支两条线管理及非税收入监督检查等方面情况进行梳理排查。加强监督管理，对2019—2022年全州罚没收入情况进行统计分析，自查清理是否存在乱罚款现象。

【加强财政票据管理】 2022年，财政票据管理组织票据供给，坚持"凭证领取、分次限量、核旧领新"原则，严把财政票据领用、使用和核销关，保证执收（罚）工作有序进行。持续推进财政电子票据管理改革，州本级新增电子票据用票单位10家，财政票据基本实现电子化。

（温　艺）

政府采购

【概况】 2022年，恩施州推行工程建设招投标政府采购远程异地评标，加强招投标、政府采购、规划审批、工程建设等重点领域廉政风险治理。全州采购规模41.53亿元，其中货物类8.57亿元，工程类26.94亿元，服务类6.02万元。

【微小企业采购】 2022年，在全省率先按高出基准线10个百分点的标准，为中小企业预留政府采购市场份额。给予小微企业价格评审优惠的上限，支持小微企业获得政府采购合同。全州授予中小企业合同金额35.45亿元，占总采购规模的85.36%。

【采购电子交易平台建设】 2022年，加强政府集采项目采购全流程电子化平台建设。在原有的基础上，搭建完成全州分散采购电子交易平台建设，在全省率先实现全流程电子化政府采购项目全覆盖，实现"让数据多跑路，供应商不跑腿，全程不见面"。实现并推广跨市（州）"宜荆荆恩四地"政府采购远程异地评标，同时，在全省率先实现政府采购项目跨省远程异地评标。在全省首创集在线培训、在线学习、在线考试、专家讲堂等多种功能于一体的恩施州政府采购培训平台——采虹学苑，定期更新学习课程、考试题库，以学促进，以考促改，实现培训常态化，提升政府采购质效。搭建恩施州政府采购短信平台，实现向政府采购活动参与各方的点对点政策推送。开展政府采购四方信用评价，并将评价指标嵌入恩施州公共资源电子交易平台。

【推进政府采购衔接】 2022年，通过组织引导平台消费、推动春茶销售、订单闭环跟踪管理等措施，推进政府采购巩固脱贫攻坚同乡村产业振兴有效衔接。全州在"832平台"完结交易总额6.91亿元，预留份额2.5亿元，超额完成采购任务，在市州级中采购额、销售额及供应商数量均排名全国第一，预留份额全省第一。全国脱贫地区农副产品销售额前五和采购额前三均由恩施州下辖县包揽，全省预留份额、采购额、销售额前八名均为恩施州下辖县（市）。

【加强政府采购管理】 2022年，印发《恩施州财政局关于加强政府采购合同管理的通知》，在文件中列明合同签订所含的全部内容、要素、时限要求、验收和支付要求、禁止性条款、延期付款约束措施以及公告、备案等，具有极强的操作指导性。印发《恩施州财政局关于加强政府采购履约验收管理的通知》，制定政府采购履约验收书参考模板，打通政府采购"最后一公里"。

（袁　媛）

会计事务管理

【概况】 2022年，组织学习宣传贯彻会计法规制度。开展州直行政事业单位就政府会计准则制度及预算管理一体化会计核算平台等运用进行专题授课培训学习，州直140余家行政事业单位300余名会计人员参训。推进行政事业单位内控制度建设。做好2021年度行政事业单位内部控制报告编报工作，以编报促内控、以内控促规范。全州2015家单位按时完成内部控制报告编报工作。

【加强行业监管】 2022年，会计行业监管加强注册会计师行业监管力度，组织全州会计师事务所按时完成2021年年度财务报备工作，全州12家会计师事务所实现业务总收入2431万元，审计户数1755家，验资户数69家，上缴税金85万余元；加强事务所违法违规行为整治力度，开展会计师事务所"无证经营"、注册会计师挂名执业、网络售卖审计报告、超出胜任能力执业、低价竞争等违法违规行为专项整治。规范管理代理记账机构，开展代理记账机构年度报备审查，全州186家代理记账机构按期完成2021年度备案工作，全年业务总收入4405.6万元，服务客户数9560家，相关从业人员近600人；开展代理记账行业违法违规行为专项整治，联合州市场监管局和8县市组建工作专班开展为期4个月的专项整治工作,共核查150余家代理记账机构，对代理记账机构存在的"有照无证"经营、虚假告知承诺、个人违规从事代理记账业务等突出问题进行重点核查整治。深化会计领域"放管服"改革。指导各县市财政局推进告知承诺改革，持续优化营商环境，做好代理记账业务审批服务工作；推进电子证照改革工作，开展代理记账执业许可电子证照推广实施工作，实现电子证照跨地区、跨部门共享和全国范围内互信互认，全州代理记账机构基本完成电子证照换发工作。推进企业会计准则落地实施，按照党中央、国务院、省财政厅统一部署，全州各级财政部门对州域内企业开展调研，调查国有及民营企业449家，其中使用企业会计准则的174家，使用小企业会计准则的275家。

【加强会计队伍建设】 2022年，会计队伍建设推进会计人员信息采集和继续教育工作。年末全州6803名会计人员在系统平台上完成信息采集登记工作。通过完善考试制度、细化考试流程、落实疫情防控举措、加强多部门协调管理等举措，选拔储备专业技术人才力量。全州报名参加全国会计专业技术初、中、高级资格考试的人数共5721人，分别为初级4215人、中级1465人、高级41人，报名参加全国注册会计师统一考试1311人。开展高端会计人才培养工作，落实省财政厅“十四五”高端会计人才培养方案，建立完善全州会计人员信用信息管理制度，全年先后组织发动选送17名优秀会计人员分3批次参加财政部、省财政厅组织举办的高层次财会人才素质提升班。

【坚持党建引领】 2022年，会计师事务所建立健全党建指导员制度，实现全所“党建入章”全覆盖。加强行业统战群团建设，以行业党建工作为引领，以代表人士队伍建设为重点，将行业统战群团工作纳入行业党建工作总体布局，为注会行业代表人士搭建畅通学习平台和沟通交流平台。

（许辉燕）

公共资源交易监督管理

综合监管

【概况】 2022年，恩施州深化公共资源交易监管体制机制改革创新，实施“综合监管、联动执法”“评定分离”、远程异地评标常态化等改革工作，加强对评标专家、招标代理机构的监管，加大招投标领域违法犯罪行为打击力度，提升公共资源交易监管质量与效益。全省优化营商环境第三方评价，恩施州公共资源交易营商环境位列全省第六位，比2021年提前二位。州公共资源交易创新工作、“综合监管联动执法”“评定分离”、远程异地评标常态化、深化平台整合共享等6项工作先后被省局通报表扬，“综合监管联动执法”改革经验在全省复制推广。恩施州被省公共资源交易监督管理局纳入全省“综合监管联动执法”改革先行创建示范地区。

【“综合监管、联动执法”改革】 2022年，继续做实牵头抓总、统筹协调职能，建立“力量联席、信息联通、检查联动、执法联办、奖惩联合”工作机制，先后印发《恩施州工程建设项目招投标“综合监管、联动执法”工作意见》《恩施州工程建设项目招投标“综合监管、联动执法”实施办法》，建立联合监管责任清单。全省“综合监管、联动执法”改革现场会在巴东县举行，总结推广恩施州经验。宣恩县、巴东县试点工作被纳入《湖北省公共资源交易监督管理局2022年工作要点》，作为先进经验进行总结推广。巴东县被列入年度全省优化营商环境“综合监管、联动执法”改革工作试点县。

【深化“评定分离”改革】 2022年，恩施州全域推进房屋市政领域“评定分离”改革，宣恩县、鹤峰县在交通、水利等其他领域推行“评定分离”。结合全州试点工作开展情况及省公共资源交易监督管理局工作指导意见，州政务局出台《关于进一步规范房屋建筑和市政基础设施工程招投标“评定分离”定标工作的措施》，对定标工作中的重要环节和注意事项进行明确。全州有619个项目采用“评定分离”方式进行评标定标。

【招投标领域违法犯罪和腐败问题专项整治】 2022年，全州公共资源交易监管系统配合纪委监委、公安系统开展专项整治工作，查处打击系列违法犯罪行为。综合监管部门和行业主管部门排查项目349个，通过“双随机、一公开”、投诉举报处理、专项整治等方式，发现问题19个，受理州公安局、州监委移交及督办问题线索197个，行政处罚评标专家48人，永久取消评标专家资格30人，处罚招标代理机构2家，处罚投标企业3家，约谈招标代理机构24家，公开通报2期典型案例。

【加强评标专家管理】 2022年，州政务局印发《关于进一步加强恩施州评标专家库及专家抽取系统管理的措施》，实行评标专家抽取“四方一责监督”制度，同级政务局、行业主管部门、交易中心、招标人派员监督专家抽取全过程，处理相关违法违规行为和突发情况。对全州综合评标专家库清零重建，严把评标专家入库关，完成湖北省综合评标（评审）专家库恩施区域库评标专家入库工作，经复审并考试筛选，第一轮入库专家人数由原来的1684人缩减至512人。

【加强招标代理机构管理】 2022年，州政务局印发《关于加强工程建设项目招标代理机构监管的措施》，对招标代理机构进行实名制登记和信息公开，将在恩施州执业的159家招标代理机构列入B类，4家招标代理机构列入C类，1家招标代理机构列入E类，实行信用差异化管理。执行《恩施州工程建设招标代理机构进场执业评价办法（试行）》，实行招标代理机构执业“一项目、一评价”。组织新增执业代理机构人员考试155人，合格率62.5%。

【实行远程异地评标】 2022年，实行远程异地评标，共享评标专家资源，全州792个项目实行远程异地评标。除省内远程异地评标外，恩施州与重庆市、四川（绵阳、达州）、山东淄博、湖南张家界等地开展远程异地评标10余次。

（王　敏　胡光燚　黄　俊　田　芳）

州公共资源交易中心

【概况】 2022年，全州公共资源进场交易项目4726个（州本级3560个）；累计交易额351.01亿元（州本级14.84亿元）。其中建设工程交易项目772个（州本级41个），交易额312.69亿元（州本级13.46亿元）；政府采购交易项目3623个（州本级3371个），交易额8.37亿元（州本级1.22亿元）；其他公共资源交易项目331个（州本级154个）（包含土地使用权出让、矿业权出让、国有产权交易），交易额29.95亿元（州本级0.16亿元）。11月3日，在赛迪网主办的2022行业信息化技术创新发展峰会上，恩施州电子交易平台获赛迪网和《数字经济》杂志社颁发的“2022年智慧交易创新应用”奖。全年在各级各类媒体发表新闻稿件59篇。

【完善公共资源交易体制机制】 2022年，对接国土部门，完成交易系统整合测试和接口改造工作，推进全州国有土地使用权、矿业权出让交易环节纳入公共资源交易平台工作。全年举办5场国有建设用地使用权现场拍卖会，成交14宗国有土地共53.08万平方米，成交总价13.09亿元，溢价金额960万元。借力“宜荆荆恩”城市群公共资源交易一体化高质量发展合作联盟，宜昌市、荆门市、荆州市和恩施州公共资源交易中心共同印发并实施联盟7项合作建设实施方案。借助“标证通”和“易彩虹”平台，包括恩施州在内的4个省的26个市州公共资源交易中心达成友好关系，跨区域交易联盟建立。

【完善电子交易系统功能】 2022年，完善电子交易系统功能。落实交易项目计划公开，与州发改委联合印发《关于开展工程建设项目招标计划提前发布工作的通知》，依法必须招标的工程建设项目，招标人应在项目招标公告发布之前不少于30日发布招标计划。支持政策编入采购文件、嵌入管理系统，优化电子交易平台功能。工程建设项目示范文本中，增加落实政府采购促进中小企业发展政策需满足的资格要求、价格评审优惠、政府采购合同融资内容在线审批监管平台网站嵌入州电子交易平台。对接州发改委，将投资项目在线审批监管平台网站嵌入州电子交易平台，加强“投资项目统一代码”等重要数据核查功能，实时将数据推送到在线监管平台。遏制低价中标。对依法必须招标的房屋建筑和市政工程项目，由电子交易系统对各个投标价格和影响投标价格合理性的因素，逐一分析研判，及时预警并由评标委员会列入评审范围，遏制低价中标。全域推进“评定分离”改革。恩施州作为全省“评定分离”改革重点地区，全域推进房屋建筑和市政基础设施工程项目招投标“评定分离”改革，实现招标人权责统一和项目择优汰劣。年末全州完成评定分离项目619个。

【降低投标成本及技术难度】 2022年，优化电子保函服务平台，通过“互联网+公共资源交易+融资服务”模式，开通“中标贷”功能，解决新冠病毒肺炎疫情防控背景下企业融资难、银行（担保公司）获取中标信息不畅等困难，创新企业融资方式。推进科技公司开发上线市场化投标工具，落实利企举措，向市场主体发布交易平台交互标准，并开放平台接口，支持市场主体开发上线投标工具。巩固招投标、政府采购网上办事100%、全流程电子化100%、无纸化100%和不见面开标100%的成果。推进免收投标保证金和履约保证金主体全覆盖。8月9日，中心印发《关于进一步在工程建设领域推行免收投标保证金和履约保证金改革经验的通知》，全年免收“两金”项目1051个标段，免收投标保证金25.96亿元，免收履约保证金33.66亿元。持续推行远程异地评标常态化。3月29日，中心印发《恩施州公共资源交易远程异地评标实施细则》。年末全州实现州内远程异地评标438场次，州外（含省外）远程异地评标689场次。推进政府采购服务标准化。州交易采购中心与州财政局协作，针对政府采购分散采购项目搭建电子交易平台，通过互联网手段使社会代理政府采购项目，同步实现投标“不出门”、开标“不见面”、办事“零跑腿”。巩固推进湖北省政府采购网上商城建设一张网。上线新版网上商城，完成恩施州网上商城改造，对接湖北省政府采购网上商城，入驻商家890家。

【推行公共资源交易稳住经济一揽子政策措施】 2022年，全州公共资源交易工作落实政府采购政策指引功能，提高中小企业在政府采购中的预留份额。对适宜由中小企业提供200万元以上的货物、服务项目和400万元以上的工程采购项目，预留预算总额的40%以上，专门面向中小企业采购，其中预留给小微企业的比例不低于60%。非专门面向中小企业的货物、服务采购项目或采购包，对符合条件的报价给予上限20%的扣除。拓展政府采购网上商城功能，向省中心争取，增设恩施园区特色馆，将招商落地恩施高新园区企业的产品上架展示，支持地方经济发展。清退投标保证金存量资金账户，根据省政府关于减轻企业负担的工作要求，中心不再代收代管投标保证金，对托管的现金保证金做到应退尽退，6月30日，完成对投标保证金专户注销工作，

2022年4月28日，“宜荆荆恩”城市群合作发展联盟宜昌恩施工作座谈会在州城恩施召开 （周晓菲 摄）

共清理子账户3252个，注销子账户8313个。

【招商引资】 2022年，州公共资源交易中心负责联系对接的浙江华悦汽车零部件股份有限公司的汽车零部件（紧固件）制造项目，落地恩施高新区电子信息产业园6号标准厂房，投资建设汽车零部件制造项目。

（许唐亮）

税　务

【概况】 2022年，全州税务系统打好“战疫情、保稳定、促发展”三场硬仗，克服经济下行、疫情严重等不利因素，加强日常征管、欠税管理、风险应对、税务稽查等，组织税务收入306.3亿元，同比增长3.36%。其中税收收入154.2亿元，社保费收入87.02亿元，非税收入64.29亿元，其他收入7900万元，扣除留抵退税11.73亿元后为165.93亿元，同比增长3.8%；地方一般公共预算收入62.98亿元，扣除留抵退税因素后，完成68.84亿元，其中地方级税收55.96亿元，扣除留抵退税因素后61.82亿元；地方级非税收入7.02亿元。

【党建引领】 2022年，全州税务系统开展党委理论中心组学习86次，党委班子成员交流发言115次，举办读书研讨班48批次。将“下基层、察民情、解民忧、暖民心”实践活动和党员“双报到”、创文创卫、优化营商环境等工作有机结合，入户走访1.2万户次，收集意见建议739个，为群众办实事、解难题546个。推进“纵合横通强党建”体制机制建设，开展党建工作共性问题专项整治、党建暨全面从严治党工作调研10项，探索一体化综合监督模式。

【减税降费】 2022年，州税务局围绕“建设美丽湖北实现绿色崛起的重要一级”目标，保证各项税费优惠政策落实，新增减税降费18.15亿元。

【依法治税】 2022年，州税务局推进精确执法试点，开展说理式执法862户次，落实“首违不罚”1.26万户次。推行非强制性执法方式试点，汇集运用数据近100万条，准确识别违法企业19户。办理告知承诺事项45930件次，组建涉税争议咨询调解中心9个。办理重大税务案件8件，行政复议案件4件。税务行政处罚数量为2035户次，不予税务行政处罚数量为14667户次，首违不罚数量为9844户次。

【税收征管】 2022年，州税务局加强有税面管理（有税面即个体登记纳税人有税申报率），全州个体有税面为12.56%，居全省第一位。加强欠税清理，对欠税10万元以上纳税人落实三级包保责任，共清理欠税8.07亿元。土地增值税“四化”（团队化、规范化、一体化、智能化）管理试点经验和施工扬尘环保税管理经验在全省推广。加强与财政、自然资源、公安、住建等部门深度协作和大数据共享应用，风控入库税费款及滞纳金5.47亿元，风险防控贡献率4.51%；稽查立案检查62户，自查约谈82户，入库税款1.13亿元。

【纳税服务】 2022年，州税务局开展营商环境评价和纳税人满意度调查，推出5大类20项102条便民办税缴费措施，建成11个“24小时自助办税厅”，投放135台自助办税终端，“非接触式”办税比例为94.9%，政务服务“好差评”好评率为100%，在全省率先实现不动产交易网上办，存量房网办业务量居全省第一。推进“银税互动”，帮助2042户纳税人获得纳税信用贷11.45亿元。开展“一把手走流程”950次，邀请114名税务体验师现场体验办税服务，组织纳税人座谈会126场，答疑解决问题289条。

【优化营商环境】 2022年，恩施市增值税留抵退税“精简达”，利川市不动产转移登记“票税分离”，建始县不动产转移登记“证缴分离”，巴东县“首违不罚”智能化办理，咸丰县“信用+风险”监管体系建设，宣恩县智能化要素化申报等6个试点改革项目被省优化营商环境领导小组通报表扬，项目数量居全省第二位、全州第一位，其中咸丰县税务局被确定为“在税务监管领域建立信用+风险监管体系改革”标杆单位，其经验在全省复制推广。

【队伍建设】 2022年，州税务局加强教育培训，举办各类脱产培训16场次，培训人员600余人次。州税务局被国家机关事务管理局、中共中央直属机关事务管理局、国家发展和改革委员会、财政部联合表彰为全国“节约型机关”，恩施市税务局小渡船税务分局、宣恩县税务局第一税务分局被全国创建青年文明号活动组委会授予一星级全国青年文明号，州税务局办公室被省工会评选为2019—2021年度湖北省女职工“建功立业标兵岗”。州税务局老干部科罗宪昌被国家税务总局表彰为税务系统离退休干部工作表现突出的个人。州税务局向波被省委宣传部、省总工会、省税务局表彰为2022年荆楚楷模·最美税务人。州税务局在全州《幺妹儿带你慢慢儿耍》职工工间操比赛中获州直一等奖、全州决赛二等奖。

【支持乡村振兴】 2022年，州税务局做好脱贫攻坚与乡村振兴有效衔接，全系统向32个村派驻96名驻村干部，投入帮扶资金125万元，用于完善基础设施、发展特色产业、整治人居环境等。

（王姗露）

审　计

【概况】 2022年，全州审计机关完成审计项目139个，其中审计130个、专项审计调查9个。查出主要问题金额1330740万元，其中违规金额300022万元、损失浪费金额37万元、管理不规范金额1030681万元；审计发现非金额计量问题546个；损益（收支）不实金额220703万元；审计发现侵害人民群众利益2577万元；出具审计报告和专项审计调查报告185篇，被批示、采用185篇次。审计处理处罚金额748147万元，其中应上缴财政116323万元、应减少财政拨款或补贴2062万元、应归还原渠道资金130822万元、应缴纳其他资金36037万元、应调账处理金额462903万元；移送司法机关、纪检监察机关和有关部门处理事项32件，移送处理人员4人，移送处理金额14899万元。审计期间整改金额20659万元，审计促进整改落实有关问题资金204962万元；审计促进拨付资金到位3256万元；审计后挽回（避免）损失247万元；核减投资额3357万元。审计提出建议462条，被采纳455条；推动被审计单位制定整改措施205项；促进被审计单位建立、健全规章制度25项；提交审计信息478篇，被批示、采用361篇次。向社会公告审计结果9篇。全州共7个审计项目被评为湖北省优秀审计项目。

【州委审计委员会办公室工作】 2022年，州审计委员会办公室及时向州委审计委员会报告相关会议及文件精神，州委审计委员会领导对审计办报送的材料文件第一时间签批具体落实意见，通过召开州委常委会会议、州委审计委员会会议、州政府常务会等集中学习并研究审计工作5次，听取工作汇报10余次，对审计办报送的相关材料书面签批意见20余件。召开八届州委审计委员会第一次会议，审议通过《恩施州2022年度审计项目计划》《2022年州本级经济责任审计及自然资源资产离任审计计划》等。执行重大事项请示报告制度，向省委审计委员会报送重大审计事项请示报告20件，收办县市重大事项请示报告45件，组织8个县市就请示报告制度执行情况、国有企业监事会机构职责划转改革问题等进行全覆盖检查督办。联合印发《关于推进纪检监察监督巡察监督与审计监督贯通协同高效的工作指引》，推动审计监督与纪检监察监督、巡察监督贯通协作。探索将大数据技术方法拓展运用到审计整改工作中，《恩施州“三个聚力”重塑审计整改流程》被省委审计办印发推广。

【本级预算执行和其他财政收支审计】 2022年4月6日至6月17日，对州财政局2021年度组织实施的州本级预算执行和财政决算草案情况进行就地审计。审计结果表明，2021年州政府各部门落实州八届人大五次会议批准的财政预算草案，推进财政改革，兜紧“三保”底线，搞好疫后经济社会恢复发展。财政部门加大财政资金统筹力度，保障重点领域和重大民生项目支出，深化财政体制改革，预算执行总体情况较好。推动疫后经济重振，促进财政收入恢复增长。州本级投入工业经济发展资金5000万元、旅游发展资金4000万元、航空航线补贴资金2.08亿元，激发市场活力，提升地区吸引力，促进经济恢复重振。加强税收和非税收入征收管理，收入呈现恢复性增长，税收收入和非税收入较2019年分别增长2.61%和13.9%。加强资源统筹使用，加大重点领域保障力度。统筹各类资金，持续保持对乡村振兴、社保、教育、交通、生态环保等重点领域的资金投入和争取力度不减。州本级投入乡村振兴相关支出3.1亿元，社保支出3.33亿元，教育支出4.12亿元。争取对口帮扶和上级补助资金，保障重点领域和重大民生项目支出，全州争取武汉对口帮扶资金2.56亿元，上级生态林业保护资金12亿元、交通建设资金24.8亿元。推进财政改革，提升财政管理能力。推进预算一体化信息系统建设，规范预算编制。持续推进预算绩效改革，2021年对“智慧恩施”政务云平台等12个项目和利用财政资金激励金融资本支持工业经济加快发展政策开展绩效评价，涉及资金1.72亿元。加快推进财政电子票据改革，11家州直单位实现票据电子化，财政票据管理规范。审计发现的主要问题为预算编制不精准、不科学；个别项目未按年初预算使用项目资金，预算约束性不强；少数单位政府购买服务项目未编制年初预算；少数单位预算项目未按要求在年初设置绩效目标等。

【州直部门及所属单位预算执行情况审计】 2022年4月6日至6月17日，结合本级预算执行和决算草案审计对州直部门及所属单位预算执行情况同步进行审计。审计结果表明，2021年，州本级一级预算部门及所属二级单位一般公共预算、政府性基金预算、国有资本经营预算总指标370061万元，支出336060万元，预算执行率90.81%。其中一般公共预算指标执行率91.11%；政府性基金预算指标执行率82.18%；国有资本经营预算指标执行率100%。审计发现的主要问题为部分项目年初预算欠科学、预算执行率低；部分政府购买服务项目资金使用绩效不高；个别建设项目进度缓慢等。

【全州生态环保相关财政专项资金专题审计】 2022年4—6月，对全州生态环保相关财政专项资金管理使用情况进行审计。2021年度全州生态环保相关财政专项资金共计投入20.43亿元，年末使用8.38亿元，审计共抽查生态环保项目70个、涉及资金6.86亿元。审计发现的主要问题为3个县市欠拨项目资金；2个县市改变专项资金用途；部分项目实施进展缓慢；部分县市生态环保项目绩效目标未实现等。

【全州重点旅游资源开发利用情况专项审计调查】 2022年4—6月，对全州重点旅游资源开发利用情况进行专项审计调查。2021年，全州财政旅游专项资金投入40095.65万元，年末使用34377.63万元。审计发现的主要问题：1个县市欠拨旅游专项资金；1个县市扩大范围使用旅游融资贷款；4个景区欠缴地方政府资源管理费；3个景区未按规划和协议开发旅游资源等。

【恩施州城乡规划设计研究院有限公司财务收支审计】 2022年3—4月，对恩施州城乡规划设计研究院有限公司2020—2021年财务收支情况进行审计。审计结果表明，2020—2021年，营业收入和利润情况不理想，州政府国资委下达的经营业绩考核目标均未完成。审计发现的主要问题为库存现金未及时进行会计核算；会计核算不规范；内控制度不健全；应收账款清理不及时；印章管理不规范等。

【恩施州粮油储备有限公司财务收支审计】 2022年4—6月，对恩施州粮油储备有限公司2018—2021年财务收支情况进行审计。审计结果表明，2018—2021年，州粮油公司开展政策性粮食收储轮换工作，维护恩施州粮油市场的安全稳定。审计发现的主要问题为违规动用轮换风险准备金；违规出借政策性资金；财务核算不规范等。

【县市政府投融资平台公司审计】 2022年4—7月，组织州本级及4个县市审计局对利川市、鹤峰县、恩施市、建始县、巴东县、来凤县6个政府投融资平台公司经营管理情况进行专项审计，审计采取“上审下”和“同级审”相结合的方式。审计结果表明，全州政府投融资平台公司在服务本地经济社会发展、完善城市功能、推动项目建设等方面发挥筹集资金、引导投资、推动发展的积极作用，弥补地方财政建设资金的不足，服务城市建设发展。审计发现的主要问题为少数公司法人治理结构不完善、重大经济事项未经集体决策；个别公司市场化改革不到位、主业不突出、违规向民营企业出借资金、改变专项债券资金用途、未对参股企业实施监管等。

【恩施州高新投资开发有限责任公司资产负债损益审计】 2022年11—12月，对恩施州高新投资开发有限责任公司2018—2022年10月的资产负债损益情况进行审计。审计结果表明，2018年以来，州高新投公司发挥政府投融资平台作用，在筹集资金、实施重点建设项目中起到积极的作用。审计发现的主要问题为法人治理结构不健全；内控制度执行不严；未按章程约定按期足额缴纳注册资本金；财务核算不规范；资产管理不规范；工程管理不规范等。

【农村义务教育学生营养改善计划专项资金审计】 2022年3—6月，组织8个县市审计局开展2020—2021年农村义务教育学生营养改善计划专项资金审计。重点审计各县（市）财政局、教育局及其所属的146所农村中小学，延伸审计相关供货企业。审计结果表明，全州实施营养改善计划以来，各县（市）成立营养餐工作领导小组，建立部门联席工作制度，落实管理责任，教育部门、市场监管部门、卫健部门不定期对学校进行监督检查和食堂卫生安全培训，形成监督合力，营养餐专项资金管理使用取得一定成效。审计发现的主要问题为4个县市营养餐政策制度落实不够到位；部分学校缺乏专职财务人员、会计核算不规范，3个县市采购程序不合规；4个县市未按照采购合同约定的条款执行等。

【恩施州2021年武汉市对口帮扶资金审计】 2022年6—7月，对武汉市·恩施州对口帮扶工作领导小组办公室及州民政局、州人社局、州农业农村局、州教育局、州商务局、州卫健委、州供销合作社联合社等州直单位2021年度武汉市对口帮扶恩施州项目资金管理使用及绩效情况进行审计。审计结果表明，武汉市对口帮扶工作在加强产品推介注入发展动力，改善基础设施条件，夯实发展根基，加强人才技能培训提供智力支持等方面发挥积极作用。审计发现的主要问题为帮扶项目结余资金待安排使用；个别项目采购违规设定最低限价、磋商小组成员未独立进行评价打分、采购未按规定的程序选择供应商、参展供应商数量存在不实等。

【209绕城线（张家坪至金山大道段）道路工程建设审计】 2022年8—12月，对209绕城线（张家坪至金山大道段）道路工程建设项目进行审计。审计结果表明，209绕城线（张家坪至金山大道段）道路工程地处恩施高新技术产业园松树坪片区，该项目的建成对完善路网结构、改善交通环境和园区投资环境发挥积极作用。审计发现的主要问题为地勘设计招标评审因素设置不合规、评分标准不量化；未派业主评委且评标委员会履职不到位；多计工程价款；部分项目计价不准确等。

【县市就业补助资金和失业保险基金专项审计】 2022年9—11月，组织对州本级和8个县市2021年至2022年9月就业补助资金和失业保险基金的分配管理使用及有关政策落实情况开展专项审计。审计结果表明，全州人力资源和社会保障部门坚持就业优先导向，贯彻国家、省、州稳住经济一揽子政策措施，做好援企稳岗促就业工作，开展补贴性职业技能培训，抓好大学毕业生、就业困难人员就业创业工作，全州就业形势总体稳定。审计发现的主要问题为部分就业补助资金使用进度缓慢；个别就业补助资金和失业保险基金发放对象不够精准；少数培训补贴资金使用绩效不够高等。

【城镇职工基本医疗保险基金专项审计调查】 2022年12月，组织对州本级及8个县市2021年至2022年9月城镇职工基本医疗保险基金筹集管理使用情况及有关政策落实情况开展专项审计调查。重点审计调查医保部门、财政部门、税务部门，延伸调查相关医药机构。审计发现的主要问题为部分县市基本医疗保险基金征缴不及时；个别县市基本医疗保险基金保险费收入转入专户不及时；部分县市未按规定计息；往来款项清理不及时；基金账目管理不规范等。

【党政领导干部经济责任审计】 2022年，全州审计机关共对46名领导干部进行经济责任审计，其中任中审计17人，离任审计29人。州审计局组织完成州统计局原主要负责人、州商务局（招商局）原主要负责人、州商务局（招商局）主要负责人、州林业局原主要负责人、州中心医院主要负责人（书记、院长）、州民宗委原主要负责人、州国资委原主要负责人、州人社局原主要负责、州水利局原主要负责人、湖北木林子自然保护区管理局原主要负责人、恩施高中主要负责人经济责任审计。全州查出主要问题金额9490万元，其中违规金额5069万元，管理不规范金额4421万元。审计提出建议117条，被采纳的审计建议117条，提交审计报告和审计结果报告72篇，被批示采用72篇次。

【领导干部自然资源资产离任审计】 2022年，全州审计机关完成领导干部自然资源资产离任（任中）审计8个，被审计领导干部10人。审计共揭示问题63个，移送案件线索3条，推动整改问题资金2357万元，促进完善管理制度机制18个。

（王　凌）

统　计

统计实施与管理

【概况】 2022年，州统计局贯彻落实“大统计”工作机制，发挥部门联动作用，组织召开5次州直部门统计联席会议，规范统计数据资源，夯实统计工作基础，促进部门数据共享，提升数据质量，加强分析服务，为恩施州建设“两山”实践创新示范区提供统计保障。州统计局连续14年被评定为州直单位综合目标考核优秀等次，统计业务工作考核位列全省17个市州第二名。来凤经济社会调查队王一东被表彰为“全国统计系统先进个人”。

【研判数据动态】 2022年，州统计局坚持“一天一汇总、一天一审核、一天一研判”的策略，全天候对重要指标在线实时监测，实行即报即审制度，责任科室第一时间反馈督办，分管领导第一时间牵头研判数据动态情况，主要领导每天召集分管领导对数据的准确性、及时性、一致性进行研判，力求全面真实反映全州经济社会发展情况。

【加强分析服务】 2022年，围绕全州经济工作重点，加强经济运行中苗头性、倾向性问题的分析研判，加强对重点行业的监测预警，服务发展大局。印发《关于加强统计分析工作的通知》，要求各业务科室做到“一月一分析、一月一报告、一季一评选”。全年局内参评统计分析报告80余篇，印发统计资料25期，州领导签批5篇，国家局刊发2篇，中央统战部、州委《领导参阅》、《恩施日报》各刊发1篇。全年开展社情民意调查项目13个，发挥民意调查“轻骑兵”作用，6篇调查报告被州领导签批。《“数”说恩施故事，再续发展新篇》在国家统计局内网、中国统一战线微信公众号、《民族大家庭》《鄂西民族》《今日恩施》等平台刊载。全州统计系统在省局内网发布统计信息418篇，居全省前三位。印发《恩施州经济数据白皮书》《2022年恩施州领导干部手册》《恩施州统计调查单位手册》《统计知识手册》等统计新产品1200余册。

【提升数据质量】 2022年，州统计局出台《恩施州统计数据质量核查工作方案（试行）》，修订《恩施州统计数据质量管控手册》，建立健全常态化开展统计数据质量核查工作机制，做到“一月一核查、一月一评估、一月一整改”。以完成国家统计督察反馈意见整改和统计造假不收手不收敛问题专项纠治工作为契机，发挥统计执法检查的震慑作用，加大对统计违纪违法案件的查处力度，对100家统计调查单位开展“双随机”统计执法检查，与各县市开展统计数据质量核查统计调查单位328家，核查发现的问题全部整改落实。加强数据评审制度，每月15日省统计局反馈数据后，召开数据评审会，综合运用相关因素科学评估各项统计数据，集体评审反馈县市的数据。

【夯实基层基础】 2022年，州统计局形成“1+1+N”培训模式，组织业务骨干每季度开展1次全州统计业务培训，分行业分专业针对性开展部门、县市、乡镇、企业4级全覆盖业务培训，专题开展县市核算业务培训班、固定资产投资统计业务培训班等13次、参训3904人次。形成“政府领导、统计协调、部门主抓、企业主责、齐抓共管”的大统计工作格局，加强部门统计工作。通过“进规入统”一月一指导、一月一通报、一月一清理，名录库调查单位通过率由54.3%提高到61.1%，投资法人申报通过率由50%提高到71%。推进电子台账建设工作落实落地。夯实乡镇统计基础，督促所有乡镇规范设置统计办公场所、科学配置统计工作人员、保障统计工作经费，采取以奖代补、购买服务等形式解决乡镇统计力量薄弱问题。

【深化依法治统】 2022年7月，州委、州政府相继召开州政府专题会、常务会和州委常委会，讨论研究贯彻落实国家统计督察反馈意见整改工作。8月中旬，涉及全州4个方面9类具体问题整改并逐一销号。落实全省统计造假不收手不收敛问题专项纠治工作动员部署会要求，开展自查，对自查发现的将统计部门作为完成地方经济社会发展目标责任单位、固定资产投资项目虚增规模和“虚假入退库”等问题，于9月30日前整改完成。州委常委会、州政府常务会集中学习《关于更加有效发挥统计监督职能作用的意见》；发放137册《防范和惩治统计造假、弄虚作假重要文件汇编》，累计学习853人次。《中华人民共和国统计法》进党校学习常态化开展，2次为州委党校主体班学员讲授统计法律法规知识，累计受训学员260人次。

【推进工作创新】 2022年，州统计局围绕统计工作难点、重点和亮点提出创新工作内容，编制《恩施州统计局2022年创新工作清单》，明确具体时限和措施，抓好创新工作落实。与省统计局、武汉大学联合开展恩施州发展专题研究，剖析全州经济社会发展历程的历史脉络、文化底蕴、发展优势和短板不足，为恩施州绿色崛起和建设“两山”实践创新示范区形成理论成果。

（郑　正）

国家统计局恩施州调查队

【概况】 2022年，国家统计局恩施州调查队（以下简称“恩施州调查队”）组织实施农作物播种面积、主要农产品产量、居民收支、居民消费价格指数（CPI）、工业生产者价格指数、采购经理指数、城镇低收入居民基本生活费用指数、劳动力等调查以及畜禽、脱贫县农村住户、小微企业跟踪、农民工等监测调查，同时，参与全国文明城市测评等工作。先后开展各类专题调研50余个，编撰各类信息分析150余条，其中被国家局内网采编38篇，被《中国信息报》采用8篇，13篇被州委、州政府领导签批；2篇课题分别被总队评为二等奖、三等奖；1篇统计调查信息被总队评为经济社会好信息；1篇调研报告被总队评为一等奖，1篇被州政府评为优秀课题；1人被评为湖北调查队系统“分析研究之星”和经济社会类“优秀信息工作者”。

【住户调查】 2022年，州调查队完成住户调查大样本工作，新样本电子记账率超过90%；持续推进“党建共建”，探索建立驻村（社区）党员干部“包保”制度，提升住户调查数据质量；加强住户调查宣传工作，拍摄的视频《人民账目人民记，记好账目为人民》获全省调查系统“喜迎二十大、奋进新征程、建功新时代”主题宣传二等奖。

【农业农村调查】 2022年，州调查队农作物对地抽样调查样本轮换工作走在全省前列；全州“大统计”机制落地落细；抽样调查三级台账完善，“3+4”台账体系建设完成并逐步夯实，农业农村统计服务工作质效提升。

【劳动力与专项调查】 2022年，州调查队劳动力调查推进“红黄绿”三色管理模式，加强数据核查和管控力度，提高数据质量；完善“结队互助”机制，推动各县市业务工作齐头并进；贯彻落实《湖北调查总队基础工作记录管理办法》，规范建立“四表两册一综述”，实现劳动力调查规范化、法治化。

【价格调查】 2022年，州调查队开展电子扫描数据试点，推进星级企业评定制度，落实电子照片上传制度，启动价格补贴联运机制，做好新基期规格品描述。

（王廷徽）

市场监督管理

【概况】 2022年，恩施州市场监督管理局（简称州市场监管局）严守“四大”安全稳定底线，持续优化营商环境，推进质量基础建设，加强市场综合监管，较好完成年度目标任务。其中恩施州药品安全工作年度考评全省第一，药品安全满意度87.23%，连续4年排名全省前三。食品安全考核获全省优秀等次，食品安全公众满意度88.94%，位居全省第四。食品安全“守查保”等14项工作经验做法在全省系统进行交流发言，全州市场监管系统7个优化营商环境改革先行区改革项目获通报表扬。

【市场主体发展】 2022年，州市场监管局将深化“放管服”改革作为市场监管部门突破性建设一流营商环境的重要抓手，通过开展市场主体“壮苗”行动，设立“恩施州金融综合服务中心”和“开办企业上门服务日”，推动市场主体“个转企”及推进个体私营企业融资服务等举措，服务市场主体。全州实有市场主体总量41.81万户，较2021年同比增长12%；实有企业类市场主体总量82551户，同比增长13.76%；新登记市场主体71240户，同比增长6.76%；其中新登记企业类市场主体15376户，同比增长9.2%。全州企业市场主体活跃度位居全省第二位。

【优化营商环境】 2022年，实行主要领导“双牵头”制和工作月调度和督导工作机制，出台恩施州市场监管局《持续优化营商环境赋能高质量发展工作方案》和工作任务清单。州县两级市场监管、政务部门先后与重庆、浙江、福建等7省（直辖市）25个地区建立合作机制，实现市场主体登记注册等高频事项跨省、跨区通办。7个县市在推进全面探索市场准营即入制、“一照多址”“一证多址”等8个省级优化营商环境先行区试点创建上，先行先试，恩施州承接的6项省级先行区改革项目7个县市（全州43项）获省优化营商环境领导小组通报表扬。推进企业开办、变更（备案）登记、注销登记“一网通办”“一窗通办”，全程网办率92.92%。联合多部门推行企业开办“10250”新模式（即10个事项，2个环节，0.5天办结，0成本），实现“水电气网”报装立户等高频事项与企业开办并联办理，持续降低市场主体创业制度性成本。开展市场主体“壮苗”行动，联合州税务局等6部门设立“开办企业上门服务日”。推进个体私营企业融资服务，联合出台服务措施，自推行融资政策以来，新增投放个体私营企业贷款30525万元，惠及市场主体1364户。

【食品安全监管】 2022年，州委、州政府主要领导多次检查调研食品安全工作，并作出批示指示。州委常委会研究食品安全“两个责任”，明确由州四大家的32位领导包保41家A级食品生产经营企业，推进“两个责任”落实到位。州政府常务会研究《恩施州反对食品浪费实施光盘行动方案》，推进反对食品浪费工作。食品安全监管以“守查保”为主线，开展校园食品、农村集体聚餐、临期食品及回收食品、小作坊及小餐饮等12个专项行动。对全州1196所学校划定公布食品摊贩禁售区域范围，指导995所学校制定实施食品安全宣传教育方案。全州学校食堂互联网+明厨亮灶建成率97%，位列全省第二，校外集体用餐配送单位100%接入鄂食安平台，429家社会餐饮在鄂食安平台上保持在线。848家食品生产企业进入恩施州食品安全追溯系统并赋码运行，入网赋码率84.6%。3644家食品小作坊实行风险分级管理，检查覆盖率100%。建立过期食品回收食品安全监管长效机制，明确回收食品范围，鼓励食品生产经营者建立临近保质期食品管理制度，合理合法处理临近保质期食品。加大对过期食品回收食品的监督检查力度，督促农村市场经营主体建立过期食品、回收食品登记处置制度及报告制度，及时处置相关食品，

2022年6月6日，省市场监管局对恩施州保健食品生产企业开展体系检查

（州市场监管局 供稿）

防范超保质期食品、回收食品再次流入市场，夯实农村食品安全基础。检查发现风险隐患68896个，处置完成68894个，处置完成率99.997%。

【特种设备安全监管】 2022年，州市场监管局持续推进全州电梯质量安全提升行动、“黑气瓶”整治巩固提升行动以及超期未检特种设备整治，督促企业落实安全生产主体责任，加强应急救援能力建设。电梯一次检验合格率95.4%，同比增长3%。查处充装超期未检气瓶企业5家，查处充装“黑气瓶”报废气瓶企业1家，督促整改违法违规行为企业3家，查处翻新“黑气瓶”报废气瓶76个，取缔非法燃气气瓶充装单位1家。全州95万个气瓶实现信息化管理，液化石油气充装单位信息化充装率100%。特种设备超期未检率控制在1%以下。全州压力管道检验率达到99%以上，位居全省前列。

【产品质量安全监管】 2022年，州市场监管局制发《恩施州市场监督管理局关于印发2022年恩施州重点产品质量安全监管目录及重点工业产品质量专项监督抽查计划的通知》和《恩施州市场监管局关于印发2022年全州工业产品质量安全排查治理专项行动工作实施方案的通知》，明确重点产品、重点企业、重点问题，开展节日期间产品质量安全监管工作、贵金属饰品和防疫用品质量专项检查。加强产品质量监督抽查，州本级抽检16类301批次产品，对国家、省、州三级产品质量抽查不合格的39批次产品进行后处理，移交案件线索2条。推进“湖北省产品质量监督管理信息系统”的应用，全州市场监管系统通过“智慧监管一张网”，开展日常检查752家次、工品查专项404家次、产品质量监督抽查233批次。

【质量标准管理】 2022年，围绕恩施州特色产业，州市场监管局推动《中药材·湖北贝母生态种植技术规程》等3个省级地方标准发布。发布《恩施州秋作马铃薯生产技术规程》等11项恩施州地方标准（其中5项涉硒），首次发布《喀斯特地貌智慧景区建设规范》等2项喀斯特地貌旅游类标准。指导80家企业对81项标准开展对标达标质量提升。全州设立“一站式”服务窗口（站所）89个，围绕计量、检验检测、认证认可、商标、知识产权等领域，为225家企业和组织提供供需对接、咨询服务。州政府召开全州优化营商环境暨公共服务质量工作推进会，剖析问题，总结经验。联合多部门，针对性制定《恩施州公共服务质量提升方案》，召开公共服务质量监测培训会，紧盯重点难点发力，推进公共服务质量工作查漏补缺。

【药品安全监管】 2022年，贯彻落实州政府出台的《全面加强药品监管能力建设若干措施》，统筹推进全州药品监管能力。以鹤峰县为试点探索开展的药品零售企业智慧监管方式，破解基层药品监管力量薄弱、执法成本高等问题，其经验做法得到国家药监局认可推广。全州系统药品监管内外联动机制得到加强。与相关职能部门在药品执法、不良反应监测、行刑衔接、工作会商等方面均建立高效的联合工作机制。州市场监管局会同相关部门，自2019年起，连续4年开展基层医疗机构药械质量安全专项整治，促进基层医疗机构药械管理水平提升。全州药械妆不良反应监测工作辖区内监测机构单位上报率100%。

【品牌专利建设】 2022年，州市场监管局牵头建立全州知识产权战略实施工作联席会议和州推进品牌强州建设联席会议2个非常设机构，统筹推进全州知识产权工作。州政府出台《关于推进新时代品牌建设的实施意见》《关于加强地理标志促进“两山”实践创新示范区建设的指导意见》《恩施州专利商标培育与转化运用补助操作细则》《湖北省专利转化专项计划资金补助实施细则》等文件，就恩施特色产业品牌、区域品牌和地理标志品牌的培育和建设进行部署。对市场主体在品牌创建、发明专利授权、专利转化运用、专利商标质押融资、高价值专利培育、知识产权公共服务等给予奖补。州市场监管局联合恩施银保监分局印发实施《关于加强全州专利商标质押融资工作的通知》，鼓励商业银行开展专利、商标质押贷款业务，截至10月末，全州8个县市实现知识产权质押融资全覆盖，其中全州商标质押融资8件，质押登记金额1090万元；专利质押2件，质押登记金额2550万元。“恩施玉露”“恩施大峡谷”在第二届《我喜爱的湖北品牌》电视大赛上获金奖。鹤峰茶、来凤藤茶在第四届湖北省地理标志大会暨地理标志展示品鉴活动中获金奖。“利川红”在中国品牌建设促进会组织开展的2022年品牌价值评价中，品牌价值为70.74亿元，跻身区域品牌（地理标志）组全国百强。全州专利授权3462件，同比增长81%，其中发明专利授权166件，同比增长95%。全年全州申请商标 8622件，注册商标 6582件，注册商标总量37541件。地理标志专用标志核准使用人508

2022年7月22日，州市场监管局开展医疗器械安全宣传周活动

（州市场监管局 供稿）

家，全省排名第一。

【质量技术保障】 2022年，聚焦电动汽车充电桩强检计量标准建设、M1等级砝码标准建设、商品净含量检验项目建设以及医疗卫生领域计量检定项目建设等民生领域重点，州市场监管局制定恩施州社会公用计量标准建设计划，点对点进行部署，落实州、县2级计量检定机构责任。全州新建设社会公用计量标准6项。对全州73267台件在用强制计量器具进行免费检定，帮助企业校准非强检计量器具2188台件。加强检验检测机构能力建设。协调国家富硒产品质量检验检测中心完成换证及扩项评审，指导各县市公检中心申请CMA资质认证，其中3家公检中心新取（换）得CMA资质证书，全州共5个县市公检中心取得CMA资质认定证书。

【公平竞争监管】 2022年，州市场监管局会同州发改委印发《贯彻落实中央和省建设全国统一大市场任务清单及具体措施》。持续优化公平竞争政策实施工作机制、工作规则，规范审查流程，加强监督约束，提高审查质量，实现州县两级政府公平竞争审查制度落实全覆盖。州市场监管局组织开展妨碍统一市场和公平竞争政策措施清理“回头看”，对州直各单位2021年前制定的161份规范性文件和其他政策措施进行存量清理，对州、县两级政府2022年新出台的143件政策措施进行审查。

【价格监管】 2022年，州市场监管局加强重点时段和重点领域价格监管。在元旦、春节等重要节假日以及疫情防控等特殊期间，通过州政府微信公众号、部门官网以及新闻媒体等多种方式宣传价格政策，发放《价格提醒告诫函》。在新冠疫情期间，州、市两级市场监管部门选派114名党员干部下沉恩施市“一镇五街道”市场监管所以及华硒批发市场，充实基层防控力量。对米面油肉蛋奶和13类蔬菜等生活保障物资价格每日行跟踪监测、分析和研判。持续开展涉企违规收费专项整治和教育收费专项检查，检查各类涉企收费单位354家（含转供电主体），为企业减负总金额59.22万元。检查教育机构130家，督促相关学校主动清违规收费金额131.78万元。

【广告监管】 2022年，州市场监管局持续加强校外培训广告管控和金融广告监管。清理、拆除学校周边、居民小区、门店门头广告牌、外墙户外广告、走道通道等公共区域悬挂张贴的校外广告及网络平台广告100余条（块），清除涉嫌违法金融小广告20余份。运用建议、提示、约谈等手段，督促指导广告主、广告媒体建立健全广告管理机制，履行广告发布前真实性、合法性审查责任。聚焦民生保障，对人民群众反映强烈、社会关注度高、影响面广的药品、涉老食品、保健食品、硒食品、医疗、医疗美容、金融理财、教育培训、房地产等重点领域，开展“铁拳”行动，进行重拳整治。查办广告违法案件29件，其中医疗药品广告8件、食品广告16件、首饰饰品 1件。

【网监及合同综合监管】 2022年，州市场监管局采取电话提醒、微信推送、开会约谈等方式，对电商经营者、网络餐饮第三方平台开展行政指导，引导督促经营者落实主体责任，做到合法经营。联合州网信办、州商务局等11部门组织开展2022网络市场监管专项行动，查处刷单炒信案1起。联合州消费帮扶工作专班办公室、州公检中心开展“脱贫地区农副产品网络销售平台”在售食品专项监督抽检工作，加强网络平台产品质量监管。在全州组织开展第十六届（2020—2021年）守合同重信用企业信息公布活动，认定湖北省鄂旅投旅游发展股份有限公司等186家企业为恩施州2020—2021年度“守合同重信用”公示企业。通过合同备案、开通征集热线、汇集消费者投诉和整理“双随机、一公开”抽查中的线索、回头排查整治行业等方式，发现、收集校外培训服务、汽车买卖、房屋买卖、房屋租赁、电子商务等合同47份，经专家评审发现存在有免除自身责任、加重消费者责任和排除消费者权益的不公平格式条款60条，针对问题条款责令企业及时整改，对拒不整改的立案查处。

【信用联合监管】 2022年，州市场监管局围绕“六个一”（一个文件抓部署、一场高密度宣传、一轮方法创新、一个行业带一片、一个部门串一线、一套机制促落实），推进企业年报工作上台阶。全州2021年度应年报企业69904户，实年报企业67980户，企业年报公示率为97.25%，再次位居全省第三位。全州个体平均年报率为97.75%、农专平均年报率为97.3%，均高于全省平均年报率，实现预期目标。市场监管总局第22期《恩施州市场监管信息交流》对“恩施州局加强与银保监会、电力、银行、烟草等相关部门协作，逐月督办全州所属单位落实年报工作”的做法在全国范围内予以交流。深化州、县2级“双随机、一公开”监管联席会议制度，分级分层安排部署市场监管领域部门联合监管工作。动态维护“一单两库”，235个部门通过省级“双随机、一公开”监管平台创建抽查任务1273起，实现抽查事项全覆盖。推行跨部门联合抽查，用力推进“进一次门、查多项事”，全州共开展跨部门联合抽查352起，较2021年增长28%。

【消费者权益保护】 2022年，恩施州4家单位获湖北省放心消费示范单位称号。利川市、建始县、巴东县、鹤峰县4地探索推进线下实体店无理由退货，全州56家实体店参与7天无理由退货，退货金额187.35万元，提高商户公信力。“12315”指挥中心完成“12315”“12345”并轨运行集中办公，受理范围明晰、业务交互顺畅，诉求信息数据归集实时全量，诉求受理、分流、办理、督办、评价等流程闭环、高效。“12315”平台接收消费者诉求27196件，其中投诉8130件，办结8085件，举报2694件，办结2652件，咨询16370件，均现场答复，为消费者挽回经济损失357.53万元。

【市场综合监管】 2022年，州市场监管局组织开展“一红一绿”铁拳行动，民生领域案件查办“铁拳”行动、养老诈骗整治行动等，打击涉老“食品”“保健品”及“一红一绿”等州域公共品牌商标侵权、非法印制以及食用油掺杂掺假、成品油质量违法和加油站计量作弊、

“神医”“神药”等虚假违法广告等违法行为。全州立案查处各类违法案件1935件，较2021年同比增长30.12%；其中食品案件1264件，同比增长68.8%；药品案件186件，同比增长72.22%。

【先行区试点改革】 2022年11月7日，省优化营商环境领导小组印发《湖北省优化营商环境领导小组关于2022年全省优化营商环境改革先行区的通报》，州市场监管系统7个改革项目获通报表扬。全州市场监管系统7个县市申请创建12个先行区试点项目，试点项目通过减材料、优流程、降成本、提效能加大市场准入准营的便利，提升市场主体获得感和满意度。州市场监管局整理《恩施州市场监管系统2022优化营商环境先行区创建试点资料汇编》报省局和州营商办。

【反餐饮浪费】 2022年8月，经州政府12次常务会议讨论，由州市场监管局、州机关事务服务中心、州商务局、州发改委、州文旅局5部门联合印发《关于印发〈恩施州落实光盘行动反对食品浪费实施方案〉的通知》，在全州开展制止餐饮浪费专项整治行动。全州检查餐饮服务经营者1654家，开展“随机查餐厅”行动33次，发现并整改问题19个，责令整改并予以警告案件4件。

【白酒小作坊整治】 2022年，恩施州建档食品小作坊3647家，其规模全国少有、湖北仅有。针对全州小作坊数量不“小”、问题不“小”、监管难度不“小”的特点，州市场监管部门以食品安全“守查保”为主线，探索“大证管小证、一证管多坊”的新型监管模式。依托白酒小作坊“六有”优势（有渊源、有环境、有政策、有规模、有品牌、有基础），在逐步完善“七个一”监管模式的基础上（1套完整的监管档案、1块实用的监督公示牌、1套标准的工作服、1套规范的标签标识、1家白酒行业协会、1个白酒小作坊检验中心、1个视频对接平台），推动白酒产业提档升级。培育建成白酒、茶叶等特色食品小作坊集中加工区8个，覆盖490余家小作坊。

【药械化专项整治】 截至2022年年末，恩施州连续4年开展基层医疗机构部门联合整治，全州2900余个乡村卫生机构用药环境改善，药械管理水平提升。关注药化械重点品种、重点环节和重点区域，开展药品安全专项整治，检查各类市场主体11656家次，开展药品、化妆品专项抽检540批次，督促601家市场主体及时整改，约谈67家，办理药化械案件186件，责令停业4家。

【“恩施玉露”品牌建设】 截至2022年年末，恩施州连续5年贯彻落实茶业强州战略，政府高位谋划，协会规范管理，龙头企业带动，社会多方参与，聚力打造“恩施玉露”公共品牌，将恩施玉露的商品生产地域范围扩大至全州8个县市使用，有国家级龙头茶企2家，省级龙头茶企24家，规模以上茶企76家，全年茶叶农业产值60.34亿元，综合产值224.4亿元。

【重要会议】 2022年2月28日，州市场监管局以视频形式召开食品安全“守底线、查隐患、保安全”专项行动动员会。3月14日，召开全州知识产权工作暨“一红一绿”等重点商标保护“铁拳”行动培训会议。3月31日，组织“市场监管业务大培训大比武大提升”开班仪式，动员全州市场监督管理系统开展“市场监管业务大培训大比武大提升”活动。4月1日，恩施州特种设备安全生产专业委员会在州市场监管局召开年度第一次工作视频会议。4月2日，召开全州市场监管系统优化营商环境工作视频会议。5月6日，恩施州食品药品安全工作会议召开。5月13日，恩施州部门“双随机、一公开”联席会议暨业务培训会召开。6月6日，全州知识产权战略实施工作暨品牌强州建设工作联席会议召开。7月5日，恩施州打击侵犯知识产权和制售假冒伪劣商品工作会议召开。9月7日，全州公平竞争审查工作联席视频会议暨专题培训会召开。11月4日，全州市场监管系统先行区创建试点改革工作经验交流会召开。

【上级督导调研】 2022年7月25—29日，省市场监督管理局党组成员、副局长顾栋材到恩施开展广告产业助推乡村振兴实地走访调研。11月23日，省市场监管局“作风建设年”活动督查组到州市场监管局检查指导工作。

（陈必伟　向　静）

恩施海关

【概况】 2022年，恩施海关监管进出境货物及包装586批次，货值1258.7万美元。出具检验检疫证单707份。审核签发原产地证书353份，签证金额6393.2万美元。受理报关55单，其中出口报关49单，进口报关6单，征收关税及进口环节增值税、消费税共计60.6万元。新增进出口货物收发货人备案136家；出口食品生产企业备案14家；出口食品原料种植场基地备案12家；进口食品收货人备案2家。驻村“尖刀班”干部李建成被省委组织部等四部门评为“工作突出驻村工作队员”。

【维护国门生物安全】 2022年，恩施海关修订非洲猪瘟防控应急预案，加强对辖区出口猪鬃企业的监督管理。开展“国门绿盾2022”行动，开展外来入侵物种普查6次，到出口茶叶种植基地和供港蔬菜基地布置实蝇监测点23处。在恩施许家坪机场开展每月病媒生物监测，进行鼠类、蚊蝇等病媒生物监测40余次。

【开展专项行动】 2022年，恩施海关联合州市场监管局、州税务局等部门开展茶叶质量专项检查，针对全州输非茶叶贸易情况开展摸底调查，抽取样品进行专项风险监测，与企业签署诚信倡议书，督促企业落实食品安全主体责任。恩施海关加强与恩施州打私办等其他16个成员单位的沟通协作，配合“国门利剑2022”专项行动，提升打击走私综合治理效能。

【优化营商环境】 2022年，恩施州进出口总值首次超过20亿元，增速排名全省第一，其中茶叶出口报检总值3115万美元，比2021年增长12%；中药材出口“破零”，出口报检总值103万美元。通过“企呼关应”机制，收集并解决企业提出的问题和难点124个。开展送“服务包”活动，为辖区24家企业提供“专员”服务91次。组织辖区企业参与RCEP及经核准出口商、税收优惠政策解读等线上宣讲会，共计38家次企业参加。加大企业信用培育力度，湖北和诺生物工程股份有限公司成为恩施州首家通过AEO高级认证的企业。优化查检模式，新增远程查检登记备案企业10家，指导企业人员使用远程支撑平台，提升查检监管效能，受益企业的平均查验用时减少近4小时；发挥“店小二”精神，为辖区供港蔬菜种植基地制定查检“绿色通道”工作方案，安排专人与该基地“一对一”对接，主动公开预约电话，解决企业遇到的问题。深入调研，撰写外贸发展情况调研报告供州政府参考。

【支持对外开放平台搭建】 2022年，恩施海关就恩施铁路监管作业场所建设与建设方、设计方交流10余次，提出27条改进意见。配合开展恩施机场迁建准备工作，提前就新机场国际区域联检设施设置提出3方面12条建议。参加巴东长江水运港口建设专题调研，就该项目选址、前期规划、预留设计提供专业建议。

【领导调研】 2022年6月8—9日，武汉海关副关长、党委委员廖华东一行到恩施海关开展党员干部下基层察民情解民忧暖民心实践活动和课题调研；6月25日，武汉海关政治部主任、党委委员刘武斌到恩施海关开展党员干部下基层察民情解民忧暖民心实践活动；12月17日，武汉海关关长、党委书记刘世远和政治部主任、党委委员刘武斌一行到乡村振兴定点帮扶村利川市元堡乡红椿村调研。

（胡晓颖）

公共检验检测

【概况】 州公共检验检测中心对外加挂国家富硒产品质量监督检验中心牌子，是州人民政府直属正县级公益一类财政全额拨款事业单位。2022年，资产总值2.05亿元，房屋总面积1.84万平方米。拥有检验检测仪器设备844台套，设备总值8883.7万元。年检测能力约1万批次，检测能力覆盖食品、食用农产品、粮油产品、药品、化妆品、工业产品等。全年组织招商10次，其中主要领导外出招商5次、接待客商来访3次，重点跟踪交办项目1个、洽谈非交办项目1个，签约1亿元项目《茶叶三产融合示范园项目》。打造“‘硒检测+’技术服务新模式，促进硒产业高质量发展”品牌，被评为全省检验检测促进产业化升级行动典型案例，受省市场监管局通报表彰。12月8日，中国合格评定国家认可委员会（CNAS）授予中心CNAS认可证书（认可编号CNAS L17451），具备在认可范围内按国际认可准则开展检验检测的技术能力。在全省药品监管能力建设推进会上，省药品监督管理局将州公共检验检测中心药品化妆品检测能力建设工作取得的成绩作为亮点工作予以推介。

2022年11月18日，第七届世界硒都（恩施）硒产品博览交易会暨硒科技创新发展大会在恩施召开
（州公共检验检测中心　供稿）

【检测能力建设】 2022年，新增检测设备35台套，价值89.08万元。开展量值溯源工作，对691台套仪器设备进行检定/校准，在易制毒易制爆存储室加装防盗网和热感应摄像头，增加试剂瓶存储间和废液存储间。参加能力验证11项，其中国家级8项，省级3项；参加测量审核3项，类别为饲料2个、食品1个，均为满意结果。开展资质扩项工作，通过国家级资质复评审，取得产品164个、参数759项的检测能力，检测参数增长1.36倍；通过省市场监管局省级资质认定复评审，取得产品1030个、参数11058项的检测能力，检测参数增长3.15倍；通过CNAS认可，认可范围包括食品、植物源食品、动物源食品3类产品的38项参数以及3名授权签字人资格。组织标准查新及新项目审核，对2147项标准进行7次查新，对138个产品标准变更以及食品、药品、化妆品、产品766个参数进行新项目审核，保证标准有效、检验检测报告合法。

【检验检测工作】 2022年，受理检验检测业务8883批次。政府监督抽检计划数5129批次，实际完成5176批次，检验完成率100.91%（其中完成省转移食品、药品化妆品、工业产品抽检任务1346批次；完成州级食品、工业产品抽检任务2207批次；完成农产品质量安全监测任务412批次；完成农作物种子质量监督抽检任务162批次；完成恩施市食品安全监督抽检989批次。检出不合格食品95批次，不合格率2.25%；药品4批次，不合格率1%；种子5批次，不合格率3%；工业产品3批次，不合格率1.1%）。完成市场监管部门行政办案、受理消费者投诉等食品安全应急检验任务60批次。全年向行政监管部门提供不合格抽检报告107份，提供各类政府监督抽检质量分析报告50份，统计报表220份。开展社会委托检测服务，全年受理社会委托检测业务3707批次，为1900余家企业提供免费检测，其中涉硒产品2041批次。承担第七届硒博会参展、参评产品的检测工作，共受理硒产品1150批次。

【质量建设】 2022年，开展体系文件培训，组织体系文件知识全员测试，增强全员质量意识、程序意识、规范意识。执行内部质量控制36次，实施人员监督42人次；组织内审1次，接受外审3次，开展管理评审1次，评审输出改进计划6项，并通过跟踪验证。全年收到检测报告异议及投诉7批次，复检的7批次结果均与初检结果一致。发出报告合格率、报告无故延误率、内外审整改及时率、客户投诉处理率均达要求。

【产品标准及检验方法标准科研】 2022年，开展硒蛋白提取及检测方法研究，召开硒蛋白提取及检测方法交流研讨会，与相关高校、科研机构共同开展实验室间方法比对，探索优化检测方法条件，参与食品安全国家标准《硒蛋白提取及检测方法》的修订工作，标准已在国家卫健委立项。牵头申报的《基于国家食品安全标准〈食品营养加强剂/硒蛋白〉的优化研究》完成项目结题，并在网上完成科技成果登记；《改进硒食品精深加工硒产品检验检测质控能力的研究》获立项；参与国家标准《食品中总砷及无机砷的测定》标准检验方法验证工作，完成测定报告。主持、参与制修订国家标准1项、湖北省地方标准3项、恩施州地方标准11项，其中省级标准《富有机硒食品硒含量要求》、地方标准《水稻品种硒富集能力筛选技术规程》《小麦品种硒富集性能筛选技术规程》《玉米品种硒富集性能筛选技术规程》等涉硒标准相继发布。签订“宜荆荆恩”公检机构一体化发展技术服务联盟战略合作框架协议，共同打造一批专业权威、优质高效的检测服务品牌。中心参与硒资源研究与生物应用湖北省重点实验室的建设，为项目申报提供研究方向、研究基础等资料。11月，该实验室通过省科技厅组织的评审并获授牌。

【创新工作方式】 2022年，首次开展网络抽样工作，在“832网络销售平台”专项抽检中，通过网上下单、网上付款、商家自行送货流程完成取样工作102批次，省市场监督局通报。药品检验检测所实验室6S管理模式试点，全年药品（487批次）全检率94.2%。州市场监管局与检验检测中心联合建立抽样工作回访机制，对抽样工作的工作程序、抽样规范性、抽样纪律等方面情况向被抽样方进行电话回访，反向促进抽样工作规范化。举办“实验室开放日”科普活动，邀请扶贫联系点咸丰县坪坝营镇杨洞中心学校的40名中小学生参观实验室，开展《食品安全我知道》科普知识讲座。

（罗文雪）

农业和农村经济

Agriculture and Rural Economy

综　述

【概况】 2022年，全州农林牧渔业总产值465.33亿元，实现农林牧渔业增加值266.57亿元。全州农村常住居民人均可支配收入为14384元，增长8.09%，比全国平均水平（6.3%）高出1.8个百分点，比全省平均水平（7.9%）高出0.2个百分点。州农业农村局被省农业农村厅评为2021年度全省农业农村工作单项工作先进单位。

【粮油生产】 2022年，全州粮食种植总面积374926.67公顷，较2021年增加0.06%，粮食总产量143.77万吨，较2021年下降2.29%。油菜种植面积4.84公顷、产量9.69万吨，面积和产量分别较2021年增长3.67%、7.8%。

【蔬菜水果生产】 2022年，全州蔬菜播种面积146606.67公顷，同比增长2.11%；蔬菜产量289.34万吨，增产2.12%。其中高山蔬菜播种面积11234.33公顷，同比下降0.55%，产量275万吨，超计划指标270万吨的1.85%。水果面积6233.33公顷，同比增长0.6%，产量32.4万吨，同比下降2.3%。

【农业产业化】 2022年，全州药材面积93000公顷，与2021年基本持平，药材产量11.91万吨，同比增长1.8%。州政府制定印发《2022年全州农业主导产业全产业链建设工作要点》，制印《农业产业化半年情况通报》。主动谋划争取省十大产业链建设项目，建立项目库，入库项目295个。加强全产业链建设（农业产业化）联席会议制度，加强日常工作调度，落实落地主导产业链项目，打造好“茶、烟、蔬、药、果、畜、粮、蜂”八大主导产业全产业链。新增国家级龙头企业2家，共为5家；新增省级农业产业化龙头企业16家。全州规模以上农产品加工企业217家，产值87.3亿元，同比增长24.9%；其中产值过2亿元的企业2家，过1亿元的15家，过8000万元的24家。会同金融部门巩固金融方舱成果，全年累计为960家茶企提供贷款9.1亿元，同比增长18.4%。组织省级农业产业化龙头企业申报2022年省级龙头企业贷款贴息项目，全州共25家省级龙头企业获得贷款贴息，合计补贴417万元。

【农业品牌建设】 2022年，恩施州举办东湖茶叙周年纪念、中国茶业科技年会、2022年国际茶日暨全州茶产业发展大会等活动，恩施玉露纳入中央广播电视总台“品牌强国工程”进行宣传，恩施硒茶（恩施玉露、利川红）在武汉站、天河机场广告牌宣传，来凤藤茶、咸丰唐崖茶纳入省级媒体宣传。“恩施硒茶”（恩施玉露、利川红）、“恩施土豆”等品牌价值提升，全州茶叶公用品牌总价值超70亿元，恩施玉露品牌发展力值跃居全国第一位。“恩施土豆”成为中国农业品牌创新大会唯一推介品牌，并入选国家农业品牌精品培育计划，《恩施土豆：一张靓丽的地标名片》纳入《中国农业年鉴（2022年）》。恩施玉露、恩施土豆、唐崖茶入选农业农村部2022年农业品牌创新发展典型案例。“恩施玉露”入列农业农村部农业品牌精品培育计划，为全国8个茶叶品牌之一、全省唯一茶叶品牌。7月6—9日，中国茶业科技年会在恩施州举办，经过前期项目考察、推介、洽谈达成合作协议28个，其中投资协议9个，签约金额37.66亿；茶叶采购协议19对，签约金额2.85亿元。

【农产品流通】 2022年，恩施州全年“832平台”（脱贫地区农副产品网络销售平台）实现销售额19.21亿元，占全国销售额的17.36%，占湖北省销售额的74.91%。全州线上销售完成任务目标的113%，超额2.21亿元。恩施腊肉、恩施大米、恩施玉露、利川红、恩施藤茶、恩施土豆、恩施魔芋、恩施菜籽油、来凤黄精等特色产品畅销。主动对接支持农产品销售，组织35家企业

65件地标产品参加楚商“助力恩施茶·见证楚商情”直播专场活动，全州农副产品销售额410万元。组织18家企业71件商品纳入湖北长江垄上传媒集团优质农产品选品，推荐20家企业53件产品纳入东方甄选直播带货选品，在天猫、京东、拼多多等平台开展农产品销售。

【农产品质量安全】 2022年，州农业农村局对照《国家农产品质量安全县验收办法》，细化措施，统筹推进，对县市创建工作实行一季度一调度；4月下旬至6月中旬，以国家农产品质量安全县“回头看”活动为契机，组建专班到全州8个县市31个乡镇开展创建工作调研，发现问题245个并分别反馈各县市政府。修订《恩施州农产品质量安全突发事件应急预案》，健全农产品质量安全突发事件应急机制。建立健全村级协管员考核机制，探索建立农产品质量安全村级协管员“五个一”（出台一套制度，梳理一批清单，共建一个平台，磨炼一支队伍，落实一个责任）制度，并在全省推广。全州产品认证位居全省第一位。年末全州经农业农村部认证的绿色有机地理标志农产品企业229家，面积225812.67公顷，产品673个。认证国家级、省级绿色食品有机农产品基地和有机农业一、二、三产业融合发展园区19个，面积93842公顷；申报创建全国绿色食品原料基地1个6666.67公顷（10万亩建始油菜）。对国家农产品地理标志保护工程项目“利川红”“唐崖茶”开展验收；“鹤峰茶”“恩施青钱柳”“利川大黄”入围2022年度地标保护工程项目。州农业农村局与州畜牧兽医服务中心联合印发《恩施州2022年农产品质量安全监测方案》，要求各县市按总人口的1.5‰核定定量监测数量。全州开展定量检测样品6850批次，合格率为99.94%，完成任务的132.11%；速测样品62.27万批次，合格率为99.99%。同时，不合格样品全部完成溯源调查处理。推广和使用监管App开展产地巡查，全州注册监管员产地巡查账号245个，开展产地巡查3334家次，覆盖率98.5%，发现安全隐患200余个，基本整改完毕。宣传贯彻新修订《中华人民共和国农产品质量安全法》，组织开展国家农产品质量安全州创建培训班11期，共培训县乡监管员150人次、村级协管员120人次、农产品生产经营主体负责人500人次。

【农业面源污染防治】 2022年，全州推进秸秆饲料化、肥料化、能源化综合利用，秸秆综合利用率91.58%，连续5年在90%以上。推进农用残膜回收利用，农用残膜回收率84.38%。推进化肥农药减量，化肥农药使用量连续5年实现负增长。推进生态农场建设，恩施市凯迪克富硒茶叶有限公司被评为省级生态农场。咸丰县“‘减提治循’管源头、绿色发展见真功”入选全国农业绿色发展典型案例。

【农业信息化建设】 2022年，推进农业农村部试点县咸丰县、鹤峰县“互联网+”农产品出村进城工程建设工作，配合做好数字经济发展计划中数字农业版块的构建。依托农村益农信息社等寄递资源扩大农产品销售。组织各县市参加2022年农民手机应用技能培训。

【农业行政审批】 2022年，州农业农村局梳理系统内县、乡、村三级政务服务事项，使全州124项政务服务事项的申请材料、办理环节、承诺时限等要素更加精简与便捷，实现办理流程优化再造。为保证全州系统内政务工作人员业务咨询“一口清”，事项办理“快、精、准”，组织召开座谈会和腾讯视频会议对办理、运转流程以及相关要素进行培训学习。

【农业行政执法】 2022年，全州立案查处各类农业综合行政违法案件167件，结案99件，罚没款108.93万元。州支队办理案件3件（其中2件移送公安机关），在立案调查案件1件，向县市交办案件13件。印发《2022年恩施州农业综合行政执法农资打假专项行动实施方案》，全州开展农资打假专项治理行动，全年出动执法人员2235人次，检查农资门店2318家。与市场监管、公安联合印发《全州依法打击生猪私屠滥宰“百日整治”专项行动工作方案》，全州出动执法人员3436人次，完成生猪运输车辆备案1207辆，申报养殖环节无害化处理病死生猪33281头；打击非法调运、非法屠宰等涉牧违法违规行为，全州立案查处涉牧案件51件，罚款51.9万元。6件案卷获评省优秀案卷（其中1件推荐部里参评），2件案件被省厅公布为全省农产品质量安全十大典型案例、3件案件被省厅公布为全省农资打假典型案例

【农业机械化】 2022年，全州农机总动力为258万千瓦，主要农作物耕种收综合机械化率42.7%，农机装备总量为159.7万台套。农机系统共投入资金89.98万元、机具9482台（套），累计浇灌面积83426.67公顷。使用中央补贴资金1588.244万元，补贴机具14322台，惠及农户和经营合作组织11588个，带动购机投入7626万元，州农业农村局组织县市对148个省际联动补贴产品进行核查，对2019—2021年农机购置补贴实施情况开展自查，省第三方评估组对2022年恩施州总体情况予以肯定。全州8个县市安装北斗卫星传输设备53台，其中含2套自动驾驶设备；通过在拖拉机、收割机、植保无人机等农机上安装北斗终端，提升智能化、信息化水平。组织开展“三夏”“三秋”农机生产信息服务，协同省中心农机作业服务处到部分县市开展“三夏”期间农机生产现场指导；全州35500公顷，玉米18613.33公顷实现机械收割。指导宣恩县申报“平安农机”国家级示范县，通过农业农村部初审。

【农业项目建设】 2022年，州农业农村局举办全州农业项目专题培训班，编制中央、省农业投资政策清单。谋划更新重大项目库，新入库项目106个。争取中央、省财政项目到位资金超过15亿元，比2021年增长9%。结合“三区三线”划定开展“两区”补划，完成补划30000公顷，补划成果通过省农业农村厅的核验。争取中央、省财政项目到位资金14.83亿元（不含耕地地力保护补贴），比2021年增长9%。组织县市申报中央基础设施重大项目储备，共申报高标准农田、现代设施农业等重大项目27个，常态化储备谋划项目36个。《恩施州推进农业农村现代化“十四五”规划》经州政府常务会议审定，以州政府

名义发布。

【农业招商】 2022年，恩施州以“茶、烟、菜、药、果、畜、粮、蜂”八大产业链为重点招商方向，聚焦八大产业链薄弱环节，谋划、收集整理茶叶、畜牧、蔬菜、农产品加工等各类项目114个，建立农业招商项目库。多次到北京、宜昌、南京、武汉、广州等地开展招商考察。州农业农村局以2021中国茶业科技年会为契机，举办恩施硒茶品茗会暨招商引资签约活动，邀请全国各地128家企业现场参加活动，其中28对企业达成合作，现场签订投资协议9个，茶叶采购协议19个，签约金额超40亿元。州农业农村局与州畜牧兽医服务中心、州委直属机关工委、州乡村振兴局、团州委相互联动、协同配合，共同签约推进“标准化种养循环示范基地建设项目”“硒都特色产业数字化示范基地项目”“5万头肉牛产业链建设项目”“樱桃李产业链建设项目”4个项目。

【武汉市对口帮扶】 2022年，州农业农村局与武汉市农业农村局开展2次交流沟通，推动两地在“茶、烟、菜、药、果、畜、粮、蜂”等特色产业领域的优势互补和发展合作。推进恩施硒茶深耕武汉市场，新建约100个恩施硒茶（一红一绿）品牌形象（体验店）。争取武汉市农业农村局指导、支持恩施州申报国家现代农业产业园，宣恩县国家级现代农业产业园进入省级后备名单，争取到武汉对口帮扶项目3个共525万元。

【农业灾害防治】 2022年，州农业农村局抓好主要农作物病虫害田间观测和数字预警，发布农作物病虫发生预测预报90余期。全州水稻种植面积45960公顷，主要病虫发生面积100040公顷次，防治面积132866.67公顷次，挽回损失29760.45吨，实际损失3826.87吨，其中病害发生面积24206.67公顷次，虫害发生面积75833.33公顷次，较2021年分别减少44.06%、44.12%。油菜主要病虫总体呈中等偏轻发生，总发生面积43026.67公顷次，总防治面积38100公顷次，统防统治面积16646.67公顷次，占防治面积的43.69%，挽回损失约3512.8吨。

（杨济滔）

茶产业

【概况】 2022年，全州茶园面积120380公顷，产量12.30万吨，农业产值60.34亿元，综合产值224.4亿元，基地规模稳居全省第一、全国第四；其中投产茶园面积100800公顷，较2021年扩大4993.33公顷，同比增长5.21%。全州干毛茶产值93.5亿元，同比增长3.9%。恩施、巴东、宣恩、咸丰、鹤峰5个县市被评为“2022年度茶业百强县”。全州有州级以上茶叶龙头企业88家，其中省级龙头企业新增12家，共为36家，通过ISO质量体系认证企业38家。印发《恩施州茶园应对高温干旱技术指导意见》，组织8个专家组、6600多人次技术人员到田间地头开展抗灾救灾技术指导，修剪茶叶面积80000公顷。

【茶叶基地建设】 2022年，全州新增国家级绿色食品、有机食品（茶叶）原料标准化生产基地53720公顷，总面积51900公顷，占茶园面积的43%。建成全域绿色化示范乡镇26个（新增4个），示范村185个（新增54个），全州创建国家农产品质量安全县（市）2个、省级农产品质量安全县（市）3个，鹤峰县获“全国茶叶全域有机示范县”称号。

【茶叶市场营销】 2022年，恩施州承办“2021中国茶业科技年会”，线下参会人数突破800人，线上15个渠道同步直播观看680余万人次。活动期间签订合作协议28个、采购协议19个，签约金额超40亿元。全年茶叶销售额93.5亿元，茶叶出口额4851.75万美元。

【茶品牌创建】 2022年，州农业农村局推动“茶叶+科技”融合，加强茶树良种繁育体系建设，先后从地方茶树种质资源中选育“鄂茶10号”“鄂茶14号”2个通过省级评审的品种，“一红一绿”品牌专用品种“玉露1号”“利川红1号”在农业农村部备案，全州茶树良种化率为78%。“恩施玉露”入列农业农村部农业品牌精品培育计划。《恩施玉露：品牌保护，助力中国茶谷建设》和《咸丰唐崖茶：世遗点亮营销，茗香“硒”引天下》入选农业农村部2022年农业品牌创新发展典型案例。恩施硒茶15秒广告片同时在央视播出；6月24日起，恩施硒茶60秒品牌故事在央视纪录频道每日播出。9月24日至10月30日，恩施硒茶广告亮相天安门广场地下通道。支持品牌形象店建设，新增品牌形象店99家。恩施玉露制作技艺作为“中国传统制茶技艺及其相关习俗”申遗的重要组成部分，入选联合国教科文组织人类非物质文化遗产代表作名录。

【茶产业宣传推介】 2022年，恩施州先后举办和参加“湖北省第一届职业技能竞赛茶艺决赛”“2022年国际茶日暨全州茶产业发展大会”“恩施硒茶·感恩有您——东湖茶叙四周年活动”“恩施硒茶斗茶赛”“武汉茶博会”“厦门茶博会”等系列品牌宣传推介活动，“恩施玉露”“利川红”等品牌知名度和市场影响力提高。

【茶旅融合】 2022年，恩施州推动“茶叶+文化”融合，推进以茶产业基地、茶文化体验园、精品茶旅线路、民宿体验区以及民族民俗文化村寨为载体的茶旅一体化建设，打造27条茶旅线路，创建39个茶旅融合点，吸纳10万农民就业，全州共建成与茶有关的国家级休闲农业示范点4个，省级休闲农业示范点9个。发布《恩施玉露》《饮茶起源及茶树栽培起源地研究》等著作。将每年的4月28日确定为恩施州“全民饮茶日”。

（杨济滔）

渔业渔政

【概况】 2022年，全州水产养殖淡水产品产量2753.6吨，较2021年同期增长8.91%。年产量为3555吨，较2021年增长7.83%。

【水生生物保护】 2022年，恩施州《清江流域恩施段水生生物栖息地保护规划和鱼类增殖放流工作方案》编制工作启动，正收集调查鱼种类、分布、生态习性、资源状况、主要栖息地及其保护现状和主要三场分布等数据，预计2023年12月前完成。同时，完成《湖北省恩施州池塘标准化改造和尾水治理建设专项规划（2021—2035年）》编制工作。利用省下达州直2022年渔业增殖放流资金30万元，在恩施市、利川市等相关县市组织放流鲢、鳙、草、鳊鱼苗共777万尾。新办水生野生动物人工繁育许可证6本，经营利用许可证6本，按要求在网上公示，并录入社会信用管理平台；年度审验26本，同时协助办理国家二级重点保护水生野生动物证件4本。

【渔政执法能力建设】 2022年，州农业农村局印发《"恩施州渔政亮剑2022"系列执法行动方案》，签订"宜荆荆恩"农业综合执法合作框架协议，组织开展重庆黔江和咸丰、利川和重庆奉节、巴东和巫山、州内恩施宣恩和咸丰等交界水域联合执法行动；开展打击非法捕捞巡河检查和系列专项整治行动，组织对低水位库区残存网具进行清理，处置涉渔举报线索，联合市场监管、交通运输、水利湖泊和公安部门对全州禁捕退捕工作开展督办检查。全年开展联合行动240次，共出动执法人员6642人次、清理违规网具2557张，清理非法钓具数量856个，查办违法违规案件54件，移送司法机关案件2件。

（杨济滔）

畜牧业

【概况】 2022年，恩施州猪牛羊禽肉产量36.50万吨，较2021年增长4.2%，其中猪肉产量32.98万吨，较2021年增长6.1%；禽蛋产量4.86万吨，较2021年增长6.3%。年末生猪存栏290.86万头，增长0.7%，其中能繁母猪存栏26.10万头，稳定在产能调控合理区间；累计生猪出栏424.91万头，较2021年增长5.1%，总量居全省第四位，增幅居全省第三位。

【畜禽遗传资源保护】 2022年，完成恩施黑猪、恩施黄牛、恩施山地水牛、恩施麻鸭、硒都黑猪、利川马、景阳鸡等7个品种遗传资源系统调查工作，新发现资源"来凤西水鸡"通过省级新发现畜禽遗传资源初审，新建成3家省级畜禽遗传资源保护单位（恩施海福农业发展股份有限公司、利川马保种养殖专业合作社、建始县翱特农牧有限公司）。年末全州省级畜禽品种资源保护单位4家，品种资源涉及恩施黑猪、恩施黄牛、利川马、景阳鸡等，同时围绕地方特色畜禽品种开发出"恩施黑猪肉""恩施黄牛肉"等一系列特色产品。

【畜牧产业链建设】 2022年，恩施州以补链为突破，以延链、强链为重点，畜牧产业链协同发展。完善良种繁育体系，新增3家省级畜禽遗传资源保护单位，新启动建设3个保种场，培育出的新品种"硒都黑猪"示范推广形成产能10万头以上。推进适度规模养殖，新增畜禽规模养殖场394家，同比增长42%，其中新增大型生猪养殖场10家，同比增长71.4%。新建成年产12万吨饲料加工厂1个、生猪定点屠宰厂3个，饲料年生产能力为24万吨，生猪年屠宰能力突破200万头。新建成6个无害化处理收集点、新启动建设2个无害化处理厂。

【中蜂产业发展】 2022年，全州新建成2个州级中蜂保种示范场，中蜂养殖量23.2万群，恩施山花蜜产量1423吨。作为恩施州著名土特产之一，恩施山花蜜先后参展恩施州农副产品（厦门）品尝推介会、中国兰州投资贸易洽谈会、"感恩有你·清凉一夏"恩施州"凉交会"、世界大健康博览会、华侨华人创业发展洽谈会、第七届世界硒都（恩施）硒产品博览交易会等，因其花香浓郁、余味悠长，口感色泽俱佳受到喜爱。巴东、咸丰等县市先后举办中蜂养殖技术培训会、高素质农民培训中蜂养殖班等，推动中蜂养殖改传统定点饲养为转地追蜜源饲养，并采用方箱活框饲养，蜂蜜品质、产量提升。

【畜牧绿色发展】 2022年，全州新推广"生猪健康养殖+种养结合"技术、发酵床养牛技术、蛋鸡"124"绿色健康养殖技术（即1栋全封闭蛋鸡舍，层叠式笼养蛋鸡2万只以上，采用喂料机、传送带清粪机、湿帘风机、集蛋机4机配套的蛋鸡绿色健康养殖技术）、规模化高效生态养鸡"553"模式（即一群鸡规模不大于500只，一亩地放养量不大于50只，兼顾产蛋，鸡群更新日龄300天左右的规模化高效生态养鸡模式）4项主推技术。宣恩县推进项目完工、来凤县推进项目完成实施方案，新发展粪污全量收集生产有机肥模式、黑膜沼气模式、管道灌溉茶园就近还田模式等高技术价值的综合利用模式，全州畜禽粪污综合利用率到95.95%。州政府办公室印发《关于加强全州畜禽非规模养殖监管工作的通知》，将畜禽非规模养殖户纳入监管范围，并将畜禽非规模养殖监管工作纳入州对县市乡村振兴实绩考核指标。

【重大动物疫病防控】 2022年，恩施州调整州防治重大动物疫病指挥部成员单位及职责，组织开展春防工作督查。落实"集中免疫"和"月月补针"，应免畜禽春秋集中免疫率100%，常年免疫率保持在90%以上。开展动物疫病监测与流行病学调查，共检测抗体10282份、病原2550份、抗原37878份，免疫抗体合格率93.67%。组织全系统2000余人到一线宣传防疫知识，发放各类防疫资料50余万份。加强非洲猪瘟等重大动物疫病联防联控措施，日均排查重点场所2万余场次、排查生猪20万头次。

【畜产品质量安全】 2022年，州畜牧中心严格质量安全监测，全州完成抽检、监测1157批次，快速检测100490批次，其中省、州抽检合格率100%。严格兽药监督管理，85家兽药经营企业全部纳入国家兽药追溯系统，建立全覆盖的重点品种监管名录，76家养殖场实施兽用抗菌药使用减量化行动，其兽药使用量同比下降13.2%。严格养殖档案管理，开展养殖档案专项检查，出动检查人员969人次，检查养殖场1396家次，对养殖档案不规范的养殖场进行现场指导。严格定点屠宰管理，开展"强监管保安全"行动，出动监管人员524人次，实现全覆盖监督检查。交办问题全部整改完成。

【涉牧安全生产】 2022年，州畜牧中心根据安全生产形势，汛期、极端天气等突发情况，及时下发通知提示，落实安全生产责任制。组织开展全州安全生产隐患大排查，排查规模养殖场1000余家和养殖专业户2万余家，开展州级安全生产日常检查80余次，检查出的问题隐患全部整改完成。推送安全知识、天气预警20余期信息，对40余万散养户开展涉牧安全知识入户宣传。组织全系统2000余人到养殖企业、养殖户，指导"抗旱保畜"，帮助3000余个养殖场渡过"旱关"。未出现因缺水导致畜禽死亡的情况。

【畜牧技术培训】 2022年，州畜牧中心争取武汉市对口帮扶资金90万元，启动实施全州畜牧兽医技术培训，对全州畜牧中心工作人员、村级防疫员、蛋鸡规模场主、兽药经营户开展全覆盖技术培训，共培训6县市990人；开展新修订涉牧法律法规专题培训2期，将新修订的8部涉牧法律法规汇编成《新修（制）订畜牧兽医行业相关法律法规汇编》，印发3000册。各县市畜牧中心针对畜产品安全监管，组织培训165次、1547人次；针对重点品种安全用药，组织培训128次，共3948人次；针对重大动物疫病防控，培训防疫人员7000余人次。

【落实涉牧政策】 2022年，州畜牧中心落实州政府《积极开展农业保险助力乡村振兴八条措施》，制定出台肉牛、中蜂保险实施细则，6县市组织实施，参保肉牛3000余头，能繁母牛500余头。落实优化营商环境各项措施，当好"金牌店小二"，落实财政贴息、产业奖补等各项政策，州级兑现奖补资金203万元。全年累积为企业开展各类上门服务100余次，针对涉牧惠民惠农财政补贴资金开展"一卡通"突出问题专项治理"回头看"，对各县市发放情况进行重点抽查、督办和指导。

【招商引资和项目建设】 2022年，落实招商引资"一号工程""一把手工程"，组建招商引资工作专班，与四川特驱集团、四川绿倍龙草农业发展有限公司签订产业项目2个，计划总投资53亿元，其中项目落地1个。全州签订生猪产业链建设、牧草种植、中蜂养殖、屠宰加工等涉牧重点招商项目4个。建立2022—2025年产业链项目库，谋划入库项目31个，涵盖种质资源保护利用、疫病防控能力提升、加工及流通等环节，总投资90亿元，谋划2023年重大项目5个，总投资33.56亿元。争取部、省到位项目资金5640万元，全州新建设、新投产各类产业项目300个以上，总投资6.8亿元，完成投资3.4亿元以上。

【恩施腊肉产品销售】 2022年11月17日，新华网刊发《湖北恩施：土家腊肉香飘各地》，介绍恩施腊肉的生产销售情况，相继被光明网、《长江日报》等网站和媒体转发。恩施腊肉作为恩施州著名美食之一，先后亮相恩施州农副产品（厦门）品尝推介会、中国兰州投资贸易洽谈会、"感恩有你·清凉一夏"恩施州"凉交会"、世界大健康博览会、华侨华人创业发展洽谈会、第七届世界硒都（恩施）硒产品博览交易会等展会，因其色泽莹润、肉质里软外硬，瘦肉红亮紧实、肥肉纯白如银，熏香醇厚、香而不腻，以及丰富的含硒量（大于或等于7.5微克/100克），在展会上成为焦点。借助推介展会、互联网电商平台、"832平台"等渠道，恩施腊肉热销武汉、重庆、湖南、广东、浙江等地。

【首届恩施非遗腊肉文化节】 2022年8月20日，第一届恩施非遗腊肉文化节在建始县茅田乡举办，土家腊肉食品制作技艺第五代传承人姚万贵和90余名网络直播达人，通过文化展示、土家民俗文艺会演、以肉食会友等方式向全国消费者推介恩施腊肉，近15个小时的直播活动，吸引近150万人次在线观看，浏览量上千万人次。

【参加职业技能竞赛】 8月14—15日，在2022年"湖北工匠杯"全省动物疫病防治职业技能大赛中，恩施州代表队程方圆、周祖林分获个人一等奖（全省唯一）、个人优秀奖。8月24—25日，在2022年"湖北工匠杯"技能大赛家畜繁殖员职业技能竞赛中，恩施州代表队康光高获全省个人综合排名第六，邓艳军获优秀选手奖。9月24—25日，在第五届全国农业行业职业技能大赛（动物疫病防治）中，恩施州选手程方圆代表湖北省参赛，获个人二等奖，获授"全国农业技术能手"称号（全国共15名）。实现国家一类职业竞赛新的突破。

【新增部级畜禽养殖标准化示范场】 11月23日，农业农村部公示2022年农业农村部畜禽养殖标准化示范场名单，明康汇（建始）生态农业有限公司名列其中。明康汇（建始）生态农业有限公司是国家东西部扶贫协作企业，2018年开始在建始县建设蛋鸡产业园，三期全部建成投

2022年3月28日，恩施市白杨坪镇举办大北农（恩施）科技园开业庆典

（赵映雪 摄）

产，存笼蛋鸡100万羽，可实现年产值2.2亿元。

（胡伦祥）

农业科技

【概况】 2022年，恩施州主持研究推广的薯玉豆复合种植模式和马铃薯+大豆玉米带状种植分别入选全省九大绿色吨粮模式，《马铃薯玉米大豆复合种植模式技术规程》通过省级规程立项和评审；“推动技术和品牌创新服务粮油产业高质量发展”案例，入选全国种植业技术推广典型案例（全国共19个，全省唯一）。品牌方面“恩施土豆”入选农业农村部首批农业品牌精品培育名单和全国农业品牌创新发展典型案例。

【种子产业发展】 2022年，恩施州争取咸丰县国家级茶树育繁推一体化、马铃薯育种创新平台等部省现代种业项目6个。主持完成国家武陵山区水稻及湖北省恩施州水稻玉米8组73个试点66个新品种区试、番茄、红薯、芋头等特色农作物3组14个新品种筛选试验、3组5个试点100个次品种展示示范、2个试点91个品种抗性跟踪鉴定；引进示范西兰薹新品种5个；推荐国省审定农作物新品种12个；“硒都黑猪”作为全省首个自主选育生猪新品种通过国家审定。完成春秋播种子质量监督抽检166份，发芽合格率超99%；送检转基因、DNA等样品91份；开展马铃薯、水稻和玉米种子生产基地检查730公顷，合格率99%；启动实施3年农业种质资源普查行动，落实国家普查需补充调查征集农作物种质资源54份，完成中药材种质资源搜集入库保存150份；实现畜禽遗传种质资源面上普查100%，完成434家水产养殖种质资源数据系统录入。

【农业技术推广】 2022年，全州推广农业主推技术104项，建立试验示范基地47个、示范样板43个。整合全州范围内农业技术人才力量，组建州级104人、县市级174人、乡镇级939人，农业科技服务队1217人，建立“专家+农技人员+示范基地+示范主体+辐射带动户”的链式推广服务模式，推进农技服务“下沉到村、直接到田”。实施农技推广服务特聘计划，全州从新毕业大学生、农业乡土专家、新型农业经营主体技术骨干等人员中，通过政府购买服务的形式，聘用91人作为特聘农技员，帮助农民群众科学选择特色产业、提供生产技术指导、组织人员培训、宣传脱贫攻坚政策。

2022年6月，在利川市谋道镇四合村创建的共同缔造示范点

（州农科院 供稿）

【农业农村人才培养】 2022年，全州共采集5798人、2385人分别纳入农村实用人才及“头雁”培育对象库。组织全州1400余人参加省、州两级春季田管在线培训以及学农识助农事春耕春管开门红大培训。开展高素质农民教育培训，培训高素质农民3094人。按照恩施州“一村多名大学生计划”实施方案，招录296人。组织5期175人参加全国农村实用人才带头人培训。向全州遴选推荐80人参加湖北省乡村振兴带头人培育“头雁”项目培训，遴选推荐16人参加全省农业产业化领军人才培训。全州组织500名调训人员参加全省农业经理人培训。

（杨济滔）

农村经济管理

【概况】 2022年，恩施州加强农村土地纠纷调解仲裁体系建设，完善农村土地基本经营制度，稳定土地承包关系，化解村级债务上8个县市均出台控债制度加强长效管理，持续投入资金扶持农村新型经营主体发展壮大，建立健全农村宅基地管理制度，乡村治理持续深化。

【农村土地管理】 2022年，州农业农村局开展农村土地确权颁证“回头看”，指导县市做好承包确权“回头看”数据更新汇交，做好土地承包、转让、互换、流转等日常业务的办理。按时上报涉农信访月报表，做好涉农土地信访件处置，全年接访、核查、复核30余件次。完成年度农村土地矛盾纠纷调解仲裁考评资料上传待省级审核。推进农村土地“三权分置”改革，指导县市开展农村土地经营权抵押贷款，汇总全州新型农业经营主体655家向涉农银行机构靶向推送，全州累计发放农村土地经营权抵押贷款60笔4796.2万元。

【农村集体产权制度改革】 2022年，全州农村集体经济组织（指完成农村集体产权制度改革，成立集体经济组织并登记赋码纳入农村经营管理年报统计的村、社区）由原来2431个减少到2019个，完成2021年度清产核资并录入全国清产核资系统，清查核实资产总额149.54亿元，较2020年增加42.81亿元；其中核实经营性资产总额18.17亿元，非经营性资产总额131.37亿元。开展集体经济组织成员认定“回头看”，根据部、省厅相关要求，下发《关于做好农村集体经济组织信息核对和成员信息填报工作的通知》，持续开展农村集体经济组织换届登记赋码系统信息核对、更新及组织成员信息核对、填报工作，接收州外信息核对1万余人次，州内向州外发出协查材料1万余人次，核实查重信息4万余条。年末“全国农村集体产权管理系统”有集体经济组织成员339.1万人。

【新型村级集体经济发展】 2022年，全州2019个农村集体经济组织总收入10.1亿元。经营收益5万元以下村801个占比34.84%，5万～10万元539个占比23.44%，10万元以上959个占比41.71%（其中10万～50万元933个、50万～100万元17个、100万元以上9个）。集体经济“空壳村”持续破零。

【村级债务化解】 截至2022年7月，全州录入“湖北省化解村级债务工作进度系统”的村级债务全部化解，提前完成村级债务化解工作任务，全州累计化解村级债务17712.9万元，完成债务清零村（社区）1463个。

【农村新型经营主体】 截至2022年年末，全州注册农民合作社13794家，较2021年增加181家，从事产业包括养殖、蔬菜、药材、茶叶、果品、林业等各个方面，涵盖全州特色优势主导产业。联合相关科室组织合作社负责人培训5期、300人次，支持合作社发展；组织申报2022年度合作社贷款贴息项目，共有34家享受贴息额98万元；开展省级、国家级示范社监测工作，完成50家州级示范社认定颁证工作；全州有4个合作社获省级奖补资金80万元。推进农民专业合作社提质增效，累计创建州级以上示范社367家（国家级41家、省级56家、州级270家）。开展“六有”（有合法登记注册、有适度经营规模、有规范财务管理、有先进生产技术、有稳定主导产业、有良好经营效益）、示范家庭农场创建工作，创建“六有”家庭农场466家（累计2563家）、省级示范家庭农场11家（累计95家）、州级示范家庭农场无新增（累计54家）。全州开展农业生产社会化服务的各类组织2385家，农业生产托管服务组织托管服务面积49053.33公顷。

【农村宅基地管理和改革】 2022年，州农业农村局加强对全州宅基地审批日常监管，坚持实行双月一调度机制，组织人员到县市开展专题调研督导2次，全州完成宅基地审批6679宗，审批面积112.13公顷，其中农用地转用19.06公顷。对恩施市宅改国家级试点进行指导，建立健全规范审批、巡查监管、抵押贷款和有偿使用、合理退出、信息平台建设、宅基地指标基数总量控制等工作制度。

【乡村治理体系建设】 2022年，《恩施州全面推进清廉村（社区）建设的通知》印发。全年组织召开全州清廉村（社区）建设联席会、调度会2次，督导检查3次。遴选推荐16个村进入“清廉村（社区）省级典型村”行列，省级典型村获省厅项目资金145万元。培育省级、州级、县市级清廉村（社区）典型村，全州培育省级、州级、县市级清廉村（社区）典型村137个。

（杨济滔）

乡村振兴

Rural Revitalization

综　述

【概况】 2022年，恩施州坚决落实“四个不摘”（摘帽不摘责任、摘帽不摘政策、摘帽不摘帮扶、摘帽不摘监管）要求，巩固拓展“两不愁三保障”（不愁吃、不愁穿，义务教育、基本医疗、住房安全有保障）成果，推进乡村振兴重点工作，巩固拓展脱贫攻坚成果同乡村振兴有效衔接工作措施，守住不发生规模性返贫底线，宜居宜业和美乡村建设取得新进展。在全省市县巩固脱贫成果后评估工作中获综合评价“好”的等次。

【落实政治责任】 2022年，恩施州巩固拓展脱贫攻坚成果同乡村振兴有效衔接，发挥驻村“尖刀班”作用，通过院坝会、屋场会、小组会开展党的二十大精神学习宣讲，推动党的创新理论深入田间地头，凝聚干部群众共同推进乡村振兴的信心和力量。坚持“五级书记”（省、市、县、乡四级党委书记和村党支部书记）抓巩固成果和乡村振兴，落实州领导包县、县领导包乡镇、乡镇领导包村、“尖刀班”干部包组包户、州、县领导带头驻点抓落实的责任机制。完善农村工作领导小组全体会议、调度会议、工作报告、督查通报等工作制度，构建主要领导亲自抓、分管领导直接抓、其他领导协同抓的工作体系。州委常委会会议、州政府常务会议全年研究部署巩固拓展脱贫攻坚成果同乡村振兴有效衔接重点工作69项，州委办公室、州政府办公室印发《恩施州2022年巩固拓展脱贫攻坚成果实施方案》，明确全年目标任务和主要工作内容。落实行业主管部门工作责任，建立工作责任到单位到人、年度任务到月到项目的责任体系，保证“三农”（农业、农村、农民）领域责任清、任务明、落地顺、节奏紧。

【“两不愁、三保障”】 2022年，完善优化“双线”[县（区）—镇（街道）—村（社区），教育局—学校—班级] 控辍保学长效机制，义务教育阶段入学率100%，初中三年巩固率100%，发放教育资助资金5.18亿元，实现“应助尽助”。医保政策调整为基本医保、大病保险、医疗救助三重制度，农村低收入人口住院及门诊慢性病就医政策范围内报销比例90.31%，实现“应报尽报”。实施农村低收入群体农村危房改造1823户，实现“应改尽改”。城市低保、农村低保标准较2021年分别提高3.94个百分点、9.59个百分点，累计发放社会救助资金10.39亿元。

【饮水安全保障】 2022年，投入2146万元用于农村供水工程维修养护，开工建设利川市汪营水厂、恩施市大峡谷水厂等饮水安全巩固提升工程，农村供水服务能力持续提升。

【防止返贫动态监测和帮扶】 2022年，常态化跟踪了解脱贫群众的收入变化、“两不愁三保障”和饮水安全巩固情况，定期开展核查，及时发现、及时预警、及时干预，巩固脱贫攻坚成果。加强基层干部全覆盖入户走访摸排，及时监测，简化识别认定程序，保证“应纳尽纳”。按照“一户一策一专班”要求，为风险未消除对象落实教育、医疗、产业、就业、综合保障等帮扶措施。

【产业帮扶】 2022年，依托“茶烟菜药果畜粮蜂”全产业链建设，持续巩固壮大支撑脱贫的特色优势产业，坚持将中央衔接资金55%以上用于产业发展，激励市场主体建立完善联农带农利益联结机制，鼓励脱贫人口通过基地务工、土地租赁、入股分红等方式参与产业发展，带动近70万名农村居民增收。全州扶贫“832平台”线上销售总额19.21亿元，占全国销售额的

17.36%，占全省销售额的74.91%，“832平台”销售额连续3年蝉联全国地市州第一名。全年农村居民人均可支配收入14384元、同比增长8.1%；脱贫人口年人均纯收入13697元，同比增长11.8%。

【就业帮扶】 2022年，常态化开展脱贫人口和边缘易致贫人口务工信息动态监测，加强定期调度，保证外出务工信息准确。多渠道促进脱贫劳动力就近就地就业，主动与杭州、武汉、宜昌等地对接，加大劳务输出。脱贫户和边缘易致贫户劳动力外出务工41万余人；脱贫人口从事公益性岗位2.42万个；192个就业帮扶车间吸纳脱贫人口4065人就业；15家省级扶贫龙头企业吸纳脱贫人口812人就业；全州新增返乡创业5921人，带动就业16998人。州乡村振兴局、州教育局、州人社局联合印发《恩施州“雨露计划+”就业促进行动实施方案》，围绕脱贫家庭中（含防止返贫监测对象家庭）新成长劳动力（初中毕业未升入高中、高中毕业未升入普通高校的学生）、有劳动能力和就业培训意愿的存量劳动力，接受雨露计划中短期技能培训，实现就业。落实在校学生补助，加大申报对象资格认定，锁定目标对象。春季认定34745人，发放补助资金5211.75万元；秋季认定35798人，发放补助资金5369.7万元。

【易迁后续扶持】 2022年，州发改委、州乡村振兴局联合印发《2022年易地扶贫搬迁后续扶持工作要点恩施州责任清单的通知》，累计在安置区配套建设产业园区10个、农牧产业基地274个、物流园区和仓储基地6个、旅游项目42个。累计为安置区配套建设中小学66所、幼儿园16所、医院卫生室170个、文化广场927个、养老设施30个，安置区基础设施完善，公共服务水平大幅提升，搬迁群众幸福感增强。全省易地搬迁“三个最美”（最美易迁安置区、最美奋进帮扶干部、最美励志搬迁群众）启动会在宣恩县召开，宣恩县《奋力书写易地扶贫搬迁后半篇文章》入选国家乡村振兴局2022年全国巩固脱贫攻坚成果同乡村振兴有效衔接优秀案例。

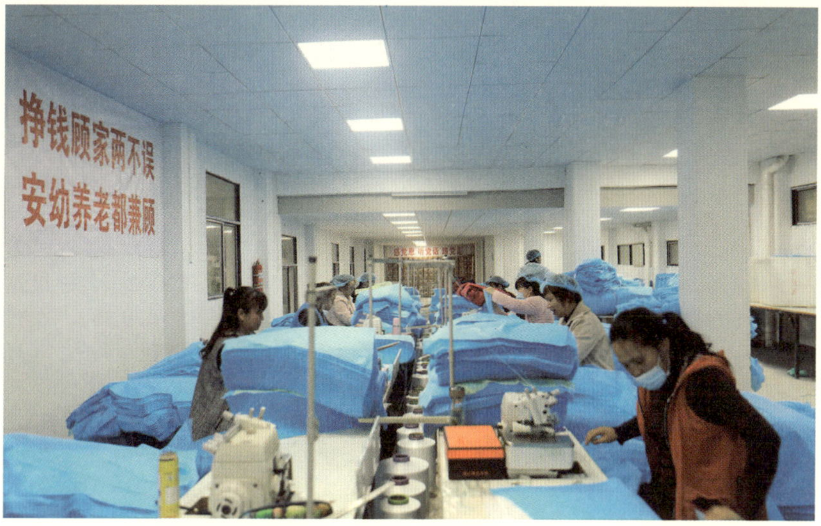

巴东县沿渡河镇罗溪坝扶贫工厂一角 （段 勇 摄）

【衔接资金使用管理】 2022年，加大资金争取投入力度，执行中央和省级衔接资金使用管理各项规定，加强监督管理，加强工作调度，推进项目实施，加快支出进度，提升资金使用效益。全年中央和省级财政衔接推进乡村振兴补助资金投入恩施州165652万元，比2021年增加1.78%；全州巩固拓展脱贫攻坚成果和衔接乡村振兴项目库储备项目4713个，项目总投资85.9亿元，纳入年度计划实施项目3059个，资金60.72亿元。

【扶贫资产后续管理】 2022年，围绕中共十八大以来扶贫项目资产，围绕摸底是否全面、是否按规定移交并入账、是否已确权并纳入相关管理体系、是否存在闲置或低效、是否发挥联农带农作用、是否存在违纪违规问题等重点内容开展“回头看”，对排查出等问题项目资产建立台账，逐项研究解决，明确措施，限期整改。通过开展扶贫项目资产“回头看”，截至12月末，全州摸排历年扶贫投入共计551.93亿元，项目资金总规模372.46亿元，形成项目资产总规模367.3亿元，已确权资产规模367.3亿元，确权进度100%。

【干部培训】 2022年，围绕抓好乡村发展、乡村建设、乡村治理等重点工作，州实施乡村振兴战略指挥部办公室印发《关于做好2022年乡村振兴干部培训的通知》，明确全年培训重点。用好武汉帮扶资源，安排对口帮扶资金1143万元实施人才培训类项目20个，对企业管理、创业就业、教师医生等进行培训3000人次。结合国家、省后评估考核要点，召开视频培训，对州直行业部门、县乡分管领导及业务骨干进行培训。全州培训各级乡村振兴干部4.6万人次。4月28日，全州2022年防止返贫监测和帮扶暨集中排查工作业务培训会召开，对8个县市及所有乡镇相关业务骨干109人开展防止返贫监测和帮扶政策业务培训。10月14日，通过视频培训方式举办全州巩固拓展脱贫攻坚成果暨州直驻村第一书记培训班，围绕《2022年度全省巩固脱贫成果后评估工作方案》《2022年度全省巩固脱贫成果后评估评分细则》，结合当前暗访督查发现问题，就做好巩固脱贫成果同乡村振兴有效衔接进行授课。

【问题整改和治理】 2022年，州委农村工作领导小组办公室印发《恩施州统筹推进巩固拓展脱贫攻坚成果各类问题整改工作方案》，成立整改工作专班，省反馈的5个方面、21项、75种问题表现形式，全州摸排4类、13项、22类问题，均完成整改。推进2021年度国家、省巩固拓展脱贫攻坚成果同乡村振兴有效衔接考核评估反馈问题整改，对照国家考核评估反馈的2个方面、10个问题，省巩固脱贫成果后评估反馈的4个方面、15个问题，落实整改责任，均完成整改。针对省暗访反馈问题，对照巩固成效、责任落实、政策落实、工作落实4个方面、20项、45个重点工作，逐条逐项落实整改措施，保证问题全面整改和工作目标完成。持续运用大数据手段开展乡村振兴和民生领域政策落实监督检查，核查问题线索35417条，涉及30个具体项目，追责问责1146人。

【上级督查检查和评估】 2022年3月11—14日，中央彩票专项公益金乡村振兴示范区项目国家第三方评估对恩施市开展评估检查，评估结果为B等次。10月8日，全州巩固脱贫攻坚成果同乡村振兴有效衔接视频调度会召开，对2022年度省后评估考核进行安排部署。11月7—16日，省乡村振兴局委托华中农业大学对恩施州8个县市巩固拓展脱贫攻坚成果责任落实、政策落实、工作落实和巩固成效4类、20个指标进行实地评估。11月28日至12月16日，全州8个县市先后迎接2022年度湖北省衔接推进乡村振兴补助资金绩效评价第三方评估工作。12月12—23日，国资委社会责任局副局长柳长森带队的国家综合核查组到恩施市开展国家巩固脱贫成果后评估综合核查。12月27日至2023年1月3日，国家对巴东县开展为期8天的国家财政衔接资金考评。

（付　晴）

乡村建设

【概况】 2022年，州委办公室、州政府办公室联合印发《恩施州乡村建设行动实施方案》。遴选确定16个州级乡村振兴示范村和80个乡村建设重点村，实行重点示范引领。实施农业全产业链建设行动，“茶、烟、菜、药、果、畜、粮、蜂”八大主导产业全产业链总产值突破850亿元。加快构建自治、法治、德治融合的乡村治理体系，健全县、乡、村三级治理体系，推动治理重心下移、资源下沉，加强县级党委抓乡促村职责，探索健全“乡镇党委—村党组织—网格党支部—村民小组党小组—党员中心户”五级组织架构。

【乡村建设行动】 2022年，全州投入资金5.82亿元实施项目386个。新改建农村公路1323千米，完成美丽农村路515千米。新建、改造10千伏及以下配电线路639千米。新建4G补盲基站220个、5G基站1654个，5G网络逐步向乡镇、重点村覆盖延伸。县、乡、村三级寄递服务企业和网点达到2092个，村级站点行政村覆盖率达到80.1%，农村寄递物流服务网络初步形成。常态化开展“五清一改”（清理村内塘沟、畜禽养殖粪污等农业生产废弃物、清理乱搭乱建乱堆乱放、废旧广告牌、无功能建筑，改变影响农村人居环境的不良习惯）村庄清洁行动，新建厕所9995户，建成厕所粪污与生活污水一体化治理和资源化利用试点10个，农村生活垃圾收运处置体系全覆盖，无害化处理率95%以上，农村生活污水治理率22.88%。

（付　晴）

【美丽乡村建设】 2022年，恩施州在咸丰县组织召开全州美丽乡村建设现场会，对美丽乡村建设工作进行调度。在全州范围内组织开展高价彩礼、大操大办等农村移风易俗重点领域突出问题专项治理和“门墙亭廊栏”专项摸底调查。对全州16个乡村振兴示范村建设进行现场调研督导。鹤峰县《鹤峰乡村变奏曲》入选“喜迎二十大、奋进新时代，晒晒家乡新变化视频展播和征文优秀作品”活动全省一等奖视频展，恩施市获优秀组织奖，3件作品分别获一、二、三等奖。来凤县《推动移风易俗，建设和美乡村》、建始县大店子村《一约四会乡村劲吹文明风》入选全省“一约四会”典型案例。

【农村人居环境整治】 2022年，组织申报宣恩县农村人居环境整治项目，申请中央奖补资金2000万元，编制项目实施方案。组织申报3个美好环境与幸福生活共同缔造活动试点项目，每个项目省级财政奖补30万元。实施2021—2022年厕所粪污与生活污水一体化治理和资源化利用试点项目，截至12月末，10个项目建成。

（杨济滔）

对口帮扶

【武汉市对口帮扶】 2022年，武汉市·恩施州对口帮扶工作领导小组印发《恩施州推进落实武汉市对口帮扶2022年工作方案》，明确全年重点任务，压实行业部门职责，下达帮扶项目127个，项目资金2.75亿元。恩施州做好武汉市党政主要领导到恩施州调研的筹备工作，跟踪督办议定事项落实到位。每月印发《帮扶要情》，通报对口帮扶推进情况，协调配合审计部门做好2021年项目审计整改，保证资金绩效。7月24日，省委常委、武汉市委书记郭元强，武汉市委副书记、市长程用文率队到恩施州，开展结对帮扶工作并召开座谈会。

【中央、省直定点帮扶】 2022年，农业农村部、国家电网公司、中国国新控股有限责任公司、中国铁塔股份有限公司、武汉大学、华中农业大学6个中央单位共投入帮扶资金2.5亿元实施帮扶项目110个，帮助引进资金12.57亿元，选派21名挂职干部到恩施州结对开展驻点帮扶，采购或帮助消费恩施州农副产品7000余万元。81个省直单位先后有主要领导110人次、分管领导264人次到县市调研指导，共选派255名干部驻点开展结对帮扶工作。全年投入3.97亿元帮扶资金实施324个帮扶项目，引进帮扶资金4.03亿元、项目145个，采购或帮助消费当地农副产品9000余万元。

【驻村帮扶】 2022年，州乡村振兴局每月印发“尖刀班”重点工作任务，指导做好驻村帮扶各项工作。加强对驻村工作队的管理和激励，全州1932个“尖刀班”持续推动巩固拓展脱贫攻坚成果同乡村振兴有效衔接各项工作落地落细。分层组织“尖刀班”业务培训，全年培训3.7万人次。组织开展巩固拓展脱贫攻坚成果同乡村振兴有效衔接工作督查7轮次，走访所有乡镇、303个村、3791户农户，下发督查通报7期，促进各级责任到位、人员到位、作风到位、纪律到位、工作到位。恩施州《驻村“尖刀班”

联动发力，激活乡村治理新动能》被农业农村部、国家乡村振兴局列为典型案例向全国推广。

（付　晴）

重要调研

【国家乡村振兴局到恩施州调研】 2022年3月20—26日，国家乡村振兴局相关领导到恩施州，围绕防范化解政策风险、产业风险、就业风险、易地扶贫搬迁风险、自然灾害风险和舆情风险六类风险开展调研，先后到宣恩县、建始县采取召开州、县、乡级座谈会，个别访谈，走访农户等方式了解情况。6月25—27日，国家乡村振兴局政策法规司相关领导率中央农办第三调研组到建始县，实地调研落实习近平总书记在《人民日报内参》第374期《推进乡村振兴八个方面值得关注》上的重要批示精神相关工作。7月27日，国家乡村振兴局中国扶贫发展中心调研团队到巴东县开展中央定点单位帮扶调研工作。

【省乡村振兴局到恩施州调研】 2022年4月1—2日，省乡村振兴局相关领导到鹤峰县，调研财政衔接资金使用管理情况，参加全国加强衔接资金使用管理工作视频会议。10月19日，省委农办主任，省农业农村厅党组书记、厅长，省乡村振兴局党组书记吴祖云到宣恩县，调研巩固拓展脱贫攻坚成果同乡村振兴有效衔接等工作。11月17—18日，省乡村振兴局局长蒋星华到巴东县，调研综治平安及巩固脱贫攻坚成果同乡村振兴有效衔接工作。11月27—30日，省乡村振兴局相关领导到恩施州，调研迎接国家后评估数据信息有关工作。

【相关高校到恩施州调研】 2022年3月16—17日，华中农业大学校长李召虎到建始县调研推进定点帮扶工作，先后到明康汇（建始）生态农业有限公司、良繁中心、罗家坝小学、安乐井社区、海大项目现场调研华中农业大学服务乡村振兴示范点建设情况，检查学校驻村工作队工作，到长梁镇双河村，参加油菜产业现场会开幕仪式。5月27日，武汉大学校长窦贤康到恩施市调研定点帮扶工作，看望武汉大学驻村工作队队员、支教教师和学生，开展捐赠活动。8月11—14日，北京大学习近平新时代中国特色社会主义思想研究院课题组到恩施州，开展“高质量发展下的共同富裕路径及案例研究”专题调研。围绕恩施州在乡村振兴、共同富裕、投资营商环境及各项事业发展情况召开座谈会。8月12—14日，中国人民大学相关人员到巴东县，开展“中华人民共和国脱贫攻坚史研究”专题调研。

【人民日报社内参部到恩施州调研】 2022年2月13—15日，人民日报社内参部主编杨倩到恩施州，调研脱贫地区产业培育和支持、易地扶贫搬迁群众就业、社会管理，驻村第一书记和工作队、东西部协作、对口支援、社会帮扶等制度接续和稳定等工作情况，到宣恩万寨乡伍家台村、沙道沟镇松坪易迁安置点等地现场调研，召开州、县调研座谈会。

【省政府办公厅到恩施州调研】 2022年5月18—19日，省政府办公厅调研组到恩施市，开展“党建引领乡村治理，促进乡村振兴”工作调研，到白杨坪镇、白果乡进行现场调研。5月18—20日，省政府办公厅相关领导到恩施市，调研乡村振兴工作，其间召开乡村振兴专题培训会，到屯堡乡马者村现场调研。

【上级领导调研】 2022年7月20—21日，国务院参事室党组成员、副主任张彦通率调研组到宣恩县，调研乡村振兴、企业发展等工作。8月12日，省委副书记李荣灿到恩施州调研指导工作，先后到恩施市白杨坪镇洞下槽村、来凤县金祈藤茶公司，对防止返贫致贫动态监测帮扶、产业发展、稳岗就业等开展调研指导。10月17—18日，副省长杨云彦到鹤峰县、建始县，调研巩固拓展脱贫攻坚成果同乡村振兴有效衔接、美丽乡村建设等工作，召开巩固拓展脱贫攻坚成果同乡村振兴有效衔接工作座谈会。12月7日，副省长、省公安厅厅长徐文海到利川市汪营镇红鹤坝村，调研乡村振兴工作和“共同缔造”活动开展情况、基层社会治理工作。

（付　晴）

重要会议

【全州扶贫领域“两拖欠”排查整改专题会议】 2022年1月5日，州委常委、副州长张远梅主持召开全州扶贫领域“两拖欠”（拖欠农民工工资、拖欠工程款）排查整改专题会议，落实省“两拖欠”排查整改专题会议精神，按要求推进落实清零兑现工作。

【中央单位驻鄂定点帮扶工作座谈会】 2022年3月30日，中央单位驻鄂定点帮扶工作座谈会在来凤县召开。省乡村振兴局和住建部、农业农村部等17家中央驻鄂定点帮扶单位选派到25个脱贫县挂职领导组成考察组，现场参观考察并进行座谈。考察组先后到全国民主法治示范村、省美丽乡村示范村绿水镇老寨村，省级农业产业化龙头企业金祈藤茶生物有限公司，武陵山国家农民培训基地旧司农园，宏蚨祥现代循环农业产业园，张富清先进事迹展览馆参观考察，并在武陵山国家农民培训基地旧司农园进行座谈交流。

【州委农村工作领导小组暨州实施乡村振兴战略指挥部重要会议】 2022年4月12日，州委农村工作领导小组暨州实施乡村振兴战略指挥部全体会议召开，集中学习习近平总书记2022年关于巩固拓展脱贫攻坚成果、推进乡村振兴的重要讲话和指示批示精神、有关会议和文件精神。讨论《恩施州2022年巩固拓展脱贫攻坚成果实施方案》《恩施州乡村建设行动实施方案（2022—2025年）》，研究2021年全州乡村振兴考核情况、巩固脱贫成果交叉检查情况，安排部署2022年巩固拓展脱贫攻坚成果同乡村振兴有效衔接工作。6月13日，州委农村工作领导小组暨州实施乡村振兴战略指挥部调度会召开，通报2021年度省对州、县，州对县市及州直部门乡村振兴战略实绩考核及巩固脱贫成果后评估考核情况。11月21日，州委农村工作领导小组办公室视频调度会召开，学习党的二十大精神及习近平总书记关于巩固拓展脱贫攻坚成果有效衔接乡村振兴重要讲话精神，总结2022年度省巩固成果后评估情况，压实各级各部门责任，以更加务实的措施查漏补缺，迎接国家2022年度巩固拓展脱贫攻坚成果同乡村振兴有效衔接考核评估。

【恩施州2022年中央定点帮扶工作座谈会】 4月24日，恩施州召开2022年中央定点帮扶工作座谈会，学习贯彻习近平总书记对深化东西部协作和定点帮扶工作的重要指示精神，总结帮扶工作，交流经验做法，全方位做好对接服务。中央定点帮扶单位派驻8个县市挂职副县（市）长作交流发言。

【巩固拓展脱贫攻坚成果同乡村振兴有效衔接重要会议】 2022年8月17日，全州巩固拓展脱贫攻坚成果同乡村振兴有效衔接调度会召开，学习贯彻习近平总书记关于"三农"工作的重要论述，贯彻落实中央决策部署和省、州工作要求，对当前和今后一个时期巩固拓展脱贫攻坚成果、全面推进乡村振兴工作进行再安排再部署。会议通报第二季度巩固拓展脱贫攻坚成果重点工作县市交叉检查和暗访发现问题情况。9月8日，恩施州巩固拓展脱贫攻坚成果同乡村振兴有效衔接暨大数据比对发现问题核查整改工作视频会议召开，学习贯彻习近平总书记关于"三农"工作的重要论述，特别是关于巩固拓展脱贫攻坚成果同乡村振兴有效衔接工作重要讲话精神，落实省委、省政府工作要求及省委农村工作领导小组会议精神，推进恩施州巩固拓展脱贫攻坚成果同乡村振兴有效衔接暨大数据比对发现问题核查整改工作。10月8日，全州巩固拓展脱贫攻坚成果同乡村振兴有效衔接视频调度会召开，学习习近平总书记关于巩固拓展脱贫攻坚成果同乡村振兴有效衔接重要指示批示精神，贯彻9月9日全省巩固拓展脱贫攻坚成果同乡村振兴有效衔接工作推进电视电话会议精神，分析恩施州该项工作中存在的问题，部署下阶段重点工作。会议通报全州巩固拓展脱贫攻坚成果同乡村振兴有效衔接工作中存在的问题。

（付　晴）

老区建设促进工作

【概况】 2022年，州老促会开展促进全州老区建设相关工作，宣传红色文化，弘扬老区精神，实施"思源回报工程"，争取国家出台老区振兴发展规划开展相关工作，被省老促会评为先进单位。

【持续实施"思源回报工程"】 2022年，州老促会继续在恩施市屯堡花枝山生态茶叶基地、建始县红岩寺富硒甜柿基地、咸丰县曲江镇高山羊村金丝楠珍惜苗木基地等处实施乡村振兴产业扶持点，募集支持资金100余万元，实施11个项目。屯堡花枝山茶叶基地培植生态富硒茶园，茶叶品质498项指标达到欧盟标准，全村年人均纯收入超过1万元。建始县红岩寺镇"甜柿基地"建成黄木垭村、蒿坝村等千亩甜柿产业长廊，甜柿基地达735公顷。全年募集资金799.4万元，支持县市老促会进行15个项目建设。巴东县老促会先后3次到金果坪乡调研，与当地党委、政府专题研究，共同行动，争取到国家福利彩票公积金1000万元，硬化长冲、金果坪、泗井水和五龙溪4个村的道路11.4千米，直接受益农户2960人。利川老促会安排基金增值资金45万元，帮扶10个村的产业发展和修复项目建设。

【恩施州（湘鄂渝黔革命老区）与杭州市对口合作】 2022年6月7日 国家发展改革委印发《革命老区重点城市对口合作工作方案》，按照国务院批准的《"十四五"特殊类型地区振兴发展规划》，推动革命老区重点城市立足特色资源和产业基础，结合与东部城市间既有协作、合作、交流等情况，恩施州（湘鄂渝黔革命老区）与杭州市建立对口合作关系，对口合作工作期限为2022—2030年，在传承弘扬红色文化、衔接推进乡村振兴和新型城镇化等5个方面开展合作。

【红色文化研究】 2022年，州老促会组织开展湘鄂川黔革命根据地历史学术研讨会论文征稿活动，收集论文30多篇，有21篇入选湘鄂川黔革命根据地历史学术研讨会论文集，其中于德海撰写的《浅谈鄂川边革命根据地在湘鄂川黔革命根据地的历史地位和作用》、吴建辉撰写的《恩施革命老区和二六军团对中国革命的重大历史贡献》被评为优秀论文。6月9日，组织召开鄂川边革命根据地——二方面军红十八师研讨会，来自湖南龙山，重庆黔江、石柱、酉阳、秀山、彭水以及恩施州8个县市、州政协、湖北民族大学、恩施职业技术学院、州委党校、州博物馆等单位80多位学者和代表参加，提交论文20篇，形成12万多字的《红十八师鏖战湘鄂川边突围长征资料汇编》。

【弘扬红色文化】 2022年，州老促会与州委宣传部、州文旅局、州教育局、州市场监管局、州委党校等单位联系配合，注册成立"湖北湘鄂西老区文化教育中心"，为红色旅游、红色培训搭建平台。开展"弘扬老区精神，传承红色基因示范基地"创建活动，全州共创建12个基地。参与建设"红色美丽村庄"，州老促会、州委组织部实地调研督导中央组织部、省委组织部在恩施州实施的12个"红色美丽村庄"，每个村庄获得2万元补助。

【重点革命遗址遗迹保护建设】 2022年，州老促会和鹤峰县老促会支持20余万元建立红四军纪念园。利川市老促会通过州烟草公司支持投资200余万元修缮中共湘鄂西中央分局十字路会议旧址。咸丰县长征文化公园暨红色文旅融合整体规划总投资5亿元，包括咸丰县红色文旅结合环形旅游线，忠堡镇忠堡大捷纪念园、清坪镇施鹤临时特委龙潭司起义纪念园、黄金洞乡贺龙收编神兵纪念广场、小村乡大村会议旧址、活龙坪乡鄂川边根据地中心区纪念广场、朝阳寺镇红十八师长征匽沟战斗纪念广场构成"一线六景"，其中忠堡大捷纪念园已投资5250万元，获国家红色经典景区建设项目资金1250万元，修建忠堡大捷纪念碑，湘鄂西、湘鄂川黔革命根据地（咸丰）纪念馆，忠堡大捷旅游接待中心、停车场，整修忠堡大捷红二、六军团指挥部，建主战场、红军井、功勋炮台等景点，并将所在村高笋塘村建成"红色美丽村庄”。宣恩县长征文化公园建设李家河镇总体规划计划投资4.38亿元，板栗园大捷红色革命遗址保护利用项目总投资2.2亿元。来凤县漫水乡长征文化公园总投资2607余万元，正在开展前期工作。

【“十道拐”入选神舟十四号载人飞船搭载照片】 2022年6月，神舟十四号载人飞船搭载了革命老区乡村振兴发展照片和老区产业振兴种子，于德海2021年拍摄的“革命老区——湖北恩施到重庆万州的等级公路，被称为‘十道拐’”图片入选，中国邮政太空邮局发行纪念封和明信片。

（吴建辉）

2022年初，宣恩县长征文化公园——板栗园大捷红色遗址保护利用项目投资竣工 （州老区建设促进会 供稿）

工 业

Industries

综 述

【概况】 2022年，全州工业经济和信息化工作以党建引领促发展，以发展新型工业为主方向，壮大工业总量，提升发展质量，全州工业经济逆势而上，呈现出“快速恢复、企稳向好”的总体特点。全州新增规模以上工业企业99家，规模以上工业企业总数达到448家；规模以上工业企业总产值同比增长15.7%；规模以上工业增加值同比增长6.6%，居全省第10位，剔除水电后增长20%；全州工业投资同比增长35.5%，工业技改投资同比增长30%，均居全省第四位；全州开（复）工业项目458个（含工业技改206个），全州新投产工业项目271个（含工业技改项目141个）。新增15家产值首次过亿工业企业、11家产值首次过2亿工业企业，特别是立讯精密全年实现产值17亿元，成为恩施州首家产值过10亿元的制造业企业。民爆、电力、煤炭等监管行业实现年度零亡人事故。

【工业经济运行调度】 2022年，全州工业经济发展紧盯重大增长点、重点行业、重点企业，州经信局印发《恩施州2022年工业稳增长行动方案》，对立讯精密工业（恩施）有限公司、湖北华涛显示科技有限公司、恩施大北农饲料科技有限公司等重大增长点，实行重点关注、重点服务，实现75个增长点如期投产达效。实行“一月一统计，一月一调度，一月一分析，一月一督办”运行调度机制，保证以月保季、以季保年，完成全年目标任务。紧盯重点企业，保证总体产销两旺，全州规模以上工业企业产销率保持在93.6%以上，全年有318家企业保持正增长，其中94家产值增速达50%以上。

【规划和技术改造】 2022 年，州经信局印发《恩施州2022年工业投资工业技改投资工作方案》，对工业投资和工业技改项目实行计划管理、清单管理和动态管理。全州开（复）工业项目458个（含工业技改206个），全州新投产工业项目271个（含工业技改项目141个）；全州工业投资同比增长35.5%，增速位居全省第四位，工业投资占固定资产投资比重为21.5%，较2021年末提高3.1个百分点；全州工业技改投资同比增长30%，增速位居全省第四位，工业技改投资占工业投资比重为22.6%，

2022 年，恩施市润邦国际富硒茶业有限公司现场一角

（润邦国际富硒茶业有限公司 供稿）

较2021年末降低1.3个百分点。

【规模以上工业企业培育】 2022年，全州新增规模以上工业企业99家，总数达到448家；新增产值首次过亿元企业15家，亿元以上企业总数达62家，立讯精密实现产值17亿元，成为全州首家产值过10亿元的制造业企业。

【“专精特新”企业培育】 2022年，全州新增恩施德源硒材料工程科技有限公司、达翔技术（恩施）有限公司、恩施市长源轴承制造有限公司、湖北兴龙工具有限公司、湖北和诺生物工程股份有限公司、湖北同广和新材料有限公司国家专精特新“小巨人”企业6家，有效期为2022年7月1日至2025年6月30日。新增立讯精密工业（恩施）有限公司，湖北省思乐牧业集团恩施市法希饲料有限公司，恩施五洲牧业有限公司，利川星斗山红茶有限责任公司，咸丰中侨精密铸造科技有限责任公司，咸丰县堰塘食品有限责任公司，湖北省鄂龙工贸有限公司，湖北龙豪茶叶有限公司，湖北鹤峰阳光农业发展有限责任公司，宣恩县璟泰电子有限公司，湖北创偲诺电气科技股份有限公司，湖北仙芝堂生物科技有限公司，恩施九信中药有限公司（持正堂药业恩施有限公司）省级专精特新“小巨人”企业13家，有效期为2022年5月1日至2025年4月30日。

【中小企业服务】 2022年5月17日，举办恩施州企业营销人才培训班邀请湖北民族大学、恩施职业技术学院的教授专家授课。11月13—19日，恩施州规模以上制造业企业负责人培训班在浙江杭州浙大城市学院举办。组织开展恩施州2022年中小企业创新创业比赛，全州8个县市共有64个项目参加比赛，其中5个项目进入第七届“创客中国”湖北省中小企业创新创业大赛半决赛，恩施德源硒材料工程科技有限公司获优秀奖，州经信局被表彰为最佳组织单位。建强公共服务队伍，全州4名专家和2个机构通过第三批中小企业志愿服务专家和工作站认定（全省25名专家、16个机构），在2022年湖北省中小企业公共服务严选服务机构及特聘服务专家推选工作中，恩施州新增机构1个和专家入选湖北省中小企业公共服务严选服务机构和特聘服务专家1名。

【试点示范建设】 2022年，湖北省重点成长型产业集群名单中，恩施州富硒茶产业、生物医药产业、恩施高新区电子信息产业、（恩施、利川、建始）富硒绿色食品产业4个产业集群入选。全州各地各部门依托资源禀赋和产业基础差异化发展，围绕特色主导产业，因地制宜打造“一县一品”“一业一品”，一批特色鲜明的块状产业集群逐步形成。截至12月末，全州国家级专精特新“小巨人”企业数6家，省级专精特新中小企业36家；新增创新型中小企业125家，总数为250家。

【重点产业发展】 2022年，州经信局对接全省“光电子信息、新能源和智能网联汽车、生命健康、高端装备、北斗”五大优势产业，拟定《恩施州突破性发展特色产业专项工作机制》，围绕五大特色产业（生态旅游康养大产业、清洁能源大产业、富硒大产业、生物医药大产业、绿色新兴大产业），建立七个一推进体系（一个特色产业、一名州级领导、一个牵头部门、一支专家团队、一个行动方案、一套支持政策、一个工作专班），打造绿色现代产业体系。围绕数字经济、电子信息、新型建材与新材料、现代烟草、枢纽经济、碳汇经济等重点细分产业，拟定《恩施州绿色新兴大产业四年行动方案（2023—2026年）》。组织县市对照全州8条工业（制造业）重点产业链，将产值过亿元企业、专精特新“小巨人”企业、高新技术企业及他发展前景好、成长性好的企业纳入调查对象，向省经信厅推荐产业链骨干企业38家，其中食品产业链14家、纺织产业链3家、集成电路产业链3家、绿色建材产业链6家、汽车产业链2家、生物医药产业链8家、现代化工产业链2家。

【优化营商环境】 2022年，州经信局联合州广播电视台开展工业产品推介活动，以咸丰县为试点，开展微直播2场。鹤峰县“无涉企保证金县市”改革经验得到国家发改委推介，实现“零欠薪、零缴存、零风险、零预留”目标；11月，鹤峰县“无涉企保证金县市”被命名为2022年全省优化营商环境改革先行区。紧抓企业清欠，集中攻坚化解，落实应偿尽偿。截至12月末，全州化解（签订还款协议）282笔9683.62万元，化解率达100%；清偿271笔7156.96万元，清偿率达73.91%；签订还款协议11笔2526.66万元。聚焦行业新冠疫情防控，开展工业企业疫情防控专项调研4次，开展全州工业企业疫情防控业务培训2次，组织召开全州工业企业疫情防控相关培训，保证工业企业常态化疫情防控下正常生产。

【参与乡村振兴行动】 2022年，州经信局乡村振兴工作队发挥所联系村红石垭村六月雪梨等特色产业优势，立足现有13.33公顷六月雪梨产业基础，实施“一村一品+”行动，用好“六月雪梨”区域公用品牌。同时，投入9万元，将6.67公顷选种不合适的红心猕猴桃重新嫁接为建香猕猴桃，全村产业带动农户近300户发展。编制红石垭村乡村振兴动态项目库，入库项目12个。投资60万元的红石垭村新时代文明实践站项目建成使用；投资320万元的产业路项目开工建设，在没有征地补偿的前提下，州经信局驻村工作队及村支“两委”践行“共同缔造”理念，发动老百姓自筹20万元资金用于征地补偿，推动项目进程。州经信局党组抢抓武汉对口帮扶恩施州机遇，向武汉市经信局争取到20万元帮扶资金，用于红石垭村办公设备采购等。衔接新一轮“万企兴万村”行动，与帮扶红石垭村的泰丰水泥公司对接，公司捐献30万元资金用于新时代文明实践站项目建设。每年争取协调州乡村振兴财政专项资金30万元，用于补齐红石垭村各项短板。向省经信厅为村工业园两家企业争取技改资金62万元。

【电子信息产业】 2022年，持续加强对各通信公司的统筹协调，合力推进5G等新新型信息基础设施建设工作。全年累计投资超过13亿元，建成开通5G基站1672个，5G网络覆盖城镇、重点行政村；新建光纤宽带杆路2万余千米，新增光纤宽带端口45万个，提升光纤宽带网络供给能力。截至12月末，全州固定宽带用户数达到149.19万户，移动互联网用户数达到316.94万户，其中5G用户190万户。

【领导检查调研】 2022年3月3—5日，省经信厅厅长刘海军一行到恩施调研工业经济工作；5月31日至6月1日，省经信厅二级巡视员许顺本到恩施开展“下基层、察民情、解民忧、暖民心”实践活动及安全生产工作检查；6月17—18日，工信部中小企业局二级巡视员廉莉一行到恩施州、利川市调研化解拖欠中小企业账款工作；8月27日，省经信厅副厅长郭涛到恩施州来凤县开展化工园区建设工作现场调研；10月20—21日，省经信厅厅长刘海军一行到恩施调研工业经济工作。

【重要会议】 2022年2月22日，召开年度第一次通信企业联席会议，安排部署2022年全州信息基础设施建设相关工作；3月18日，召开全州工业经济及信息化工作会议，总结2021年工作，分析当前形势，安排部署2022年重点工作；5月25日，召开恩施州电子信息行业协会发起单位会议，加快推进电子信息产业发展；6月15日，召开全州专精特新“小巨人”企业培育工作座谈会，做好国家级第三批专精特新“小巨人”企业培育申报工作；7月29日，召开省级制造业高质量发展专项资金项目申报及监管工作专题会议，落实《湖北省经信厅关于印发〈2022年度省级制造业高质量发展专项资金申报工作指南〉的通知》《湖北省经信厅关于加强省级制造业高质量发展专项资金项目监督管理工作的通知》《湖北省经信厅办公室关于开展2022年度省级制造业高质量发展专项第二批项目资金申请和专项项目管理政策调整工作的通知》等通知要求。9月26日，召开全州工业经济及安全生产工作调度会，为推动全州工业稳增长及工业企业复工复产工作。

（洪伽金）

支柱产业

【概况】 2022年，全州31个工业大类中，25个工业大类呈正增长。能源行业、建材行业、医药行业、食品行业、电子行业五大主导行业实现产值211.3亿元，同比增长11%，占全州总产值比重77.4%。其中电子信息行业持续引领增长，同比增长99%；食品和医药行业保持两位增长，同比分别增长23.4%和26.3%。其中能源行业、食品行业、建材行业、医药行业和电子行业累计分别实现产值39.1亿元、80亿元、45.1亿元、18.5亿元和28.7亿元，同比分别增长−19.2%、23.4%、−6.4%、26.3%、99%，五大主导行业累计产值占全州规模以上工业总产值的比重为77.4%，较2021年下降3.9个百分点。

【能源行业】 2022年，全州规模以上能源企业38家，占规模以上企业总数比重为8.5%。其中水电20家、风电4家、光伏发电1家、天然气13家。能源行业累计完成产值39.1亿元，同比增长−19.2%，占全州总产值比重为14.3%，较2021年下降7.4个百分点，直接拉低全州规模以上工业增加值增速8.9个百分点。20家水电企业累计发电量67.4亿千瓦·时，同比增长−28.4%，完成产值22.4亿元，同比增长−29.5%。4家风电企业累计发电量9.9亿千瓦·时，同比增长−6.8%，完成产值5.9亿元，同比增长−6.8%；1家光伏企业累计发电量3566.7万千瓦·时，累计完成产值3852万元，同比增长5.3%；13家天然气企业累计完成产值10亿元，同比增长1%。重点能源企业有湖北清江水电开发有限责任公司水布垭发电厂、湖北能源集团溇水水电有限公司、国能长源恩施水电开发有限公司和恩施州民生天然气(集团)有限公司等。

【建材行业】 2022年，全州规模以上建材企业72家，占规模以上企业总数比重为16.1%。建材行业累计完成产值45.1亿元，同比增长−6.4%，占全州总产值的比重为16.5%，较2021年下降4.5个百分点，直接拉低全州规模以上工业增加值增速0.4个百分点。其中5家水泥企业累计实现产值16.4亿元，同比增长−7.1%。重点建材企业有恩施州腾龙水泥有限责任公司、建始县泰丰水泥有限责任公司、来凤县金凤建材工业有限责任公司、华新水泥（恩施）有限公司等。

【医药行业】 2022年，全州规模以上医药企业18家，占规模以上企业总量比重为4%。医药行业累计完成产值18.5亿元，同比增长26.3%，占全州总产值的比重6.8%，较2021年提高0.2个百分点，直接拉动全州规模以上工业增加值增速约1.1个百分点。其中13家中药饮片加工企业累计完成产值11.9亿元，同比增长21.7%。重点医药企业有时珍堂巴东药业有限公司、湖北一正药业股份有限公司、恩施市襄恩农业科技有限公司和湖北省八峰药化股份有限公司等。

【食品行业】 2022年，全州规模以上食品企业180家，占全州规模以上工业企业数的40.2%。其中农副食品加工业71家，食品制造业9家，酒、饮料和精制茶制造业100家。食品行业累计完成产值80亿元，同比增长23.4%，占全州总产值的比重为29.3%，较2021年提高3.7个百分点，直接拉动全州规模以上工业增加值增速4.2个百分点。农副食品加工业本期累计完成产值34.9亿元，同比增长20.9%；食品制造业本期累计完成产值5.7亿元，同比增29.3%；酒、饮料和精制茶制造业本期累计完成产值39.5元，同比增长24.8%，其中92家茶叶企业累计完成产值37亿元，同比增长27.9%。重点食品企业有湖北省乐牧业集团有限公司、鹤峰县凯荣实业发展有限公司、湖北省利川市土家牧业有限公司、湖北大派食品集团有限公司等。

【电子行业】 2022年，全州有电子信息制造业企业65家（其中规模以上电子制造业企业23家），主要集中在恩施高新区、恩施市、利川市、宣恩县。企业生产的主要产品为电子元器件、新型显示、智能终端、锂电新材料等。全年电子信息制造业企业累计产值为33.6亿元，同比增长97.3%。其中23家规模以上电子信息企业完成产值29.1亿元，同比增长93.1%，行业发展保持较高速度，成为助推工业经济发展的重要行业。重点医药企业有立讯精密工业（恩施）有限公司、达翔技术（恩施）有限公司、湖北林锂新能源有限公司等。

【其他行业】 2022年，全州规模以上其他行业企业 117 家，占规模以上企业总数比重为 26.1%。其他行业累计完成产值 61.8 亿元，同比增长35.6%。重点企业有湖北准者体育用品有限公司、湖北烟草金叶复烤有限责任公司等。

（洪伽金）

行业管理

【工业行业管理】 2022年，州经信局召开全州工业、民爆安全生产工作会议，布置2022年全州工业、民爆行业安全监管工作。对民爆企业开展“三违”（违章指挥、违章作业、违反劳动纪律）“四超”（超员、超量、超时、超生产能力）行为现场管理；对粉尘涉爆、涉氨制冷、有限空间作业企业以抽查检查和专项整治相结合的方式，排查治理问题隐患，保证不发生生产安全事故。在开展民爆销售企业销售许可证年检时，依照有关法规、规章的规定把握企业安全生产条件的初审上报质量关，促进民爆销售企业加强安全基础工作。各县市工业行业主管部门每月开展1次以上对所辖民爆企业的安全生产监管检查，对面上工业企业每月开展1次安全生产抽查检查，每半年对规模以上工业企业安全生产检查全覆盖；州工业行业主管部门每季度开展1次对全州民爆企业的安全生产监督检查，每季度对规模以上工业企业进行安全生产抽查检查。对检查发现的问题和隐患下达整改指令，要求企业限期整改落实到位，形成闭环管理。州工业安全生产专业委员会办公室在全州工业及民爆行业领域共检查企业346家，排查发现一般隐患374条，已全部整改完成，整改合格率100%。抓好安全生产宣传教育，开展“安全生产月”“防灾减灾知识问答”“安全宣教培训”等活动，安全生产基层基础工作加强，全民安全意识增强，安全生产氛围浓厚。加强应急救援建设，制定并修订完善安全生产应急预案，配备应急救援人员和物资，开展应急救援演练，加强应急响应，保证应急处置组织有力、处置科学。2022年，全州民爆企业均开展安全救援应急演练两次以上。

【煤炭行业管理】 2022年，州经信局加强煤矿生产建设秩序管理。执行“图纸交换”制度，审查煤矿企业年度、月度采掘计划，督促调整不合理的采掘部署，杜绝滥采乱挖行为。加强煤矿建设项目管理，督促煤矿按照批准的初步设计，保质保量完成建设任务。督促指导煤矿监测监控升级改造，加快煤矿“电子封条”建设，截至12月末，9处煤矿安全监测监控系统完成升级改造与国家矿山局联网，7处煤矿完成“电子封条”建设与国家矿山局联网。结合“安全生产月”活动，督促煤矿企业学法用法守法，张贴安全生产宣传标语84幅，宣传横幅25幅，进行全员安全教育培训871人次。对重点区域、重点企业、重点环节、重点时段等排查分析，辨识安全风险，逐矿建立隐患管控清单，有针对性地制定防控措施，形成《煤矿安全风险分析研判报告》，根据清单内容对煤矿实行分级分类管理。对建始县鄂渝煤矿关停情况进行巡查，对建始县宝塔岩煤矿监测监控系统运行、采掘计划执行、“一通三防”（通风、防治瓦斯、防粉尘、防灭火）管理、顶（底）板管理、机电运输管理等情况进行专项检查。全年查处各类隐患655条，均已全部整改到位。先后检查、巡查煤矿28矿次，其中行政检查16矿次，巡查12矿次，下达执法文书16份，排查安全隐患166条。

【电力行业管理】 2022年，州经信局印发《关于加强全州电力设施安全隐患问题排查整改销号工作的通知》《关于做好电力行业安全生产专项整治三年行动评估工作的通知》等文件，组织开展电力行业领域安全隐患大排查大整治行动，持续推进“打防清”（打外破、防外损、清障碍）专项行动，专项整治三年行动计划重点任务清单。2020年至2022年，电网、水电、风电、集中式光伏电站等新能源方面共排查整治问题隐患共1317处。先后完成全国两会、“金湖线”施工跨越、荆门—潇湘特高压、“白浙线”工程跨越施工期间的电力安全保供工作，做好抗冰防汛等恶劣天气、电网安全风险预警期间电力安全工作，开展防山火、林区输配电设施火灾隐患排查治理，保障全州电力设施和电网安全，协调国网、各县市共同完成恩施电网六级及以上电网风险应对39次。完成迎峰度夏、度冬、党的二十大召开、春节等重要节点期间的电力保供，应对2022年持续高温，保证关系国家安全和社会秩序的用户、停电将导致重大人身伤害或设备严重损坏企业的保安负荷和关系群众生命财产安全的用户、基础设施用户、农业生产用电企业等“六保”用户电力可靠供应，全省需求侧响应期间（7月14日至8月23日），先后组织国网恩施供电公司、各县市配合全省开展18轮次需求侧响应，累计响应压减负荷40.9万千瓦，累计参与响应州内用户企业共计155户，国网恩施供电公司向响应用户兑现响应补贴资金700余万元，参与电力保供服务5200余人次，完成需求响应阶段性目标任务，缓解全省迎峰度夏期间电力供需紧张局面，保障全州居民、农业等“六保”用户电力可靠供应。优化“获得电力”营商环境，推进转供电改革，组织国网恩施供电公司落实对用电报装容量160千瓦及以下的中小微企业用电报装“零投资”，降低企业办电成本，激活市场主体活力，助企纾困解难。全年实施“零费用”项目2.07万户，实施“零费用”电网配套项目1805个，为客户节约办电成本1.2亿元。推进工商业用户电力市场化交易降成本，1563户选择“入市”直购电，累计购电量7.5亿千瓦·时，资金合计6.16亿元，19.56万户选择电网代理购电，全年累计购电量23.19亿千瓦·时，电费资金合计18.05亿元。完成恩施电网超计划用电和事故紧急限电序位表、恩施电网事故紧急限电序位表批准，联合成立恩施州电力负荷管理中心，完成恩施市青龙水电站生态流量电站项目、宣恩县金滩生态流量电站项目、建始县旺润电力有限公司所属孔子山电站、恩施城市生活垃圾焚烧发电项目、恩施州车坝河水库引水工程消能减压电站、利川市长阡河水电站工程项目、巴东县水浒河四级水电站项目、咸丰朝阳寺水电站生态流量电站项目、恩施州腾龙水泥关于纯低温余热发电增效扩容改造工程（由4.5兆瓦增至6兆瓦）项目等9家项目并网确认工作。

（洪伽金）

企业联合会（企业家协会）

【概况】 2022年，恩施州企业联合会（企业家协会）（以下简称恩施州企联）推动对口帮扶，服务会员企业。参与劳动关系“三方协商”（政府、职工、企业和企业家）工作，落实雇主组织职责。举行春、夏两季企业家沙龙，打造企联品牌活动。筹备组建恩施州电子信息行业协会，实现企联工作创新。参加湖北省企联第16次市州企联会长会议。

【开展对口帮扶】 2022年，恩施州企联下发《关于明确武汉市·恩施州企联系统首批对口帮扶工作重点对象的通知》，明确恩施自治州翔宇建设工程有限公司等11家会员单位作为武汉市·恩施州企联系统首批对口帮扶工作重点对象。协调推荐相关企业产品进驻武汉和美乡供应链管理有限公司线下展示平台；协调推荐湖北创偲诺电气科技股份有限公司董事长邓小青、鄂西卷烟材料厂厂长陈忠华、宣恩县伍台昌臣茶业有限公司副总经理贯体恩、湖北欧士德户外用品有限公司董事长谭黎敏4位企业家参加武汉企业家浙江大学第25期培训班。

【参与劳动关系“三方协商”】 2022年6月8日，恩施州企联通过视频直播收听收看民政部、国家乡村振兴局召开的社会组织支持乡村振兴工作推进会。6月28—29日，安排专人参加在襄阳市举办的全省构建和谐劳动关系政策业务培训班；参与2022年全国和谐劳动关系创建活动，与州劳动关系“三方四家”（“三方”即政府、职工、企业和企业家；“四家”即人社局、总工会、工商联、企业联合会/企业家协会）共同推荐的国网湖北省电力有限公司恩施供电公司被命名全国和谐劳动关系创建示范企业；推荐的副会长单位恩施自治州翔宇建设工程有限公司入围2022湖北服务业企业100强；推荐副会长单位来凤天宇环保建材有限公司申报并入选中国企业联合会组织评选的2022年绿色低碳发展优秀案例。

【开展春夏两季企业家沙龙】 2022年，恩施州企联分别在宣恩县伍台昌臣茶业有限公司、咸丰春晖学校举行春季和夏季企业家沙龙活动。通过两季沙龙活动的举办，达到“举办一次活动，宣传一个企业（单位），结交一批朋友，提升企联组织凝聚力”的目的，促进恩施州企联各项工作的开展。由企联组织、一个会员单位承办、一个或几个会员单位协办、多个会员单位参与的企业家沙龙组织模式趋于完善，逐步成为恩施州企联品牌活动之一。

2022年7月2—3日，恩施州企业联合会（企业家协会）在咸丰春晖学校举办夏季企业家沙龙活动 （周妮娜 摄）

【筹备组建恩施州电子信息行业协会】 2022年，恩施州专门组建州电子信息产业工作专班，由州人大常委会主任柯东海任组长，州经信局为牵头单位。4月13日，柯东海主持召开全州电子信息产业发展座谈会，提出组建恩施州电子信息行业协会的要求。5月7日，恩施州电子信息行业协会组建筹备会召开。会议明确协会组织架构，恩施州企联秘书处负责恩施州电子信息行业协会秘书处工作。恩施州电子信息行业协会在州民政局完成预先核准。

【企业信息宣传】 2022年，恩施州企联全年编印《恩施企业与企业家》4期；微信公众号发布信息51条，总点击10367次；官网发布各类信息745条，总点击63686次。其中对武汉市·恩施州企联系统对口帮扶、2022年伍家台贡茶文化节暨贡茶开市启动仪式、恩施州企业家首次参加武汉企业家浙大培训班等内容的宣传报道有较高关注度。

（周妮娜）

高新区建设

恩施高新技术产业园区

【概况】 2022年，恩施高新区全年新增市场主体1447户，总数达6741家，其中新增企业主体431户，总数达3370户。完成固定资产投资47.2亿元；实现规模以上工业总产值41.8亿元，同比增长25.9%；规模以上工业增加值9.74亿元，同比增长17.5%。实现财政总收入3.26亿元；完成地方一般公共预算收入2.43亿元。

【发展规划】 2022年，高新区编制完成《恩施高新技术产业园区发展战略规划（2021—2025年）》《恩施高新技术产业园区产业发展规划

（2021—2025年）》。完成恩施高新区头道水片区控制性详细规划初步成果，取得恩施高新区头道水片区规划环评批复。启动恩施高新区核心区5.77平方千米规划环评编制工作。完成恩施高新区生态空间、农业空间、城镇空间，永久基本农田控制线、生态保护红线、城镇开发边界“三区三线”划定工作。推进国土空间规划、恩高宣一体化、拓展区市政专项规划编制工作。

【项目建设】 2022年，高新区推进重点项目72个，续建项目40个，建成14个。分别为恩施国投·高新区电子信息产业园标准厂房项目、洲际硒食品精深加工项目、国药控股国康卫生材料生产项目、响水坝工业污水处理厂项目、四个“一”硒主题综合体产业项目、龙麟宫提档升级项目、西区规划9号路项目、恒大御澜庭项目、首府壹品（二期）项目、钱塘新城项目、飞洋紫郡项目、广银翡翠城西园项目、恩施毕兹卡文创园建设项目、施州华府项目；32个新建项目开工21个，建成3个，分别是恩创科技智能家居生产项目、华芯科技显示模组全产业链生产制造项目、规划9号路（恩施菜大师硒都产业园段）。谋划省级重点项目3个，分别是华新（恩施）绿色生态产业园项目、恩施国投·高新区电子信息产业园标准厂房项目、恩高宣快速通道项目。湖北事丰医疗科技有限公司、华芯科技（恩施）有限公司、恩施硒谷科技股份有限公司、湖北太楚科技有限公司、湖北期颐生物科技有限责任公司5个项目中长期贷款申报通过国家发改委审核。发行专项债券项目2个，分别是恩施国投·高新区电子信息产业园标准厂房、高新区12.5公顷工业厂房项目，获专项债券资金5.6亿元，争取新增一般债券7904万元。

【工业经济】 2022年，高新区纳入重点进规培育企业25家，新增进规企业5家，产值过亿元企业9家。分别为立讯精密工业（恩施）有限公司、达翔技术（恩施）有限公司、华芯科技（恩施）有限公司、湖北省思乐牧业集团有限公司、湖北省思乐牧业集团恩施市法希饲料有限公司、华新水泥（恩施）有限公司、恩施州民生天然气（集团）有限公司、国能长源恩施水电开发有限公司、恩施中石油昆仑燃气有限公司；新增产值首次过亿元企业1家，为华芯科技（恩施）有限公司；立讯精密工业（恩施）有限公司全年实现产值17亿元；新增省级两化融合示范试点企业2家，分别为恩施州恒泰水泥制品有限责任公司、湖北米迪智能家具有限公司。实施技改项目20个，湖北米迪智能家具有限公司、恩施市硒友生物科技有限公司、华阳（恩施）药业有限公司为入统企业，入统工业技改投资4090万元，同比增长322.1%。全年申报第四批省级专精特新中小企业3家，认定立讯精密工业（恩施）有限公司、湖北省思乐牧业集团恩施市法希饲料有限公司2家，总数达5家；认定国家级专精特新“小巨人”企业2家，分别是达翔技术（恩施）有限公司、恩施长源轴承制造有限公司。

【招商引资】 2022年，高新区印发《恩施高新区深化产业项目建设服务协同工作机制改革实施方案》《恩施高新区招商引资兑现工作管理办法》。全年新签约亿元以上项目36个，引进深圳市宝明科技股份有限公司、华新水泥股份有限公司两家上市公司入园投资，单个项目总投资分别是20亿元、30亿元；引进恩施州数字农业总部经济项目、智能手机显示模组制造及智慧校园项目、无患子恩施生物医药科技产业园项目、恩施预制菜生产基地建设项目总投资5亿～10亿元项目4个，占比11%；引进恩施州现代烟草产业基地项目、ALC新型建材产业基地项目、华新（恩施）绿色建材生态产业园项目、湖北天恩地施中药生产加工项目、光学材料及LED背光产业链项目、FTO导电玻璃与第三代光伏材料钙钛矿产业项目、5G通信新基建项目、恩施央厨产业园及城市保供项目总投资超过10亿元项目8个，占比22%。新开工亿元以上项目12个，分别是华芯科技显示模组全产业链生产制造项目、恩创科技智能家居生产项目、恩施高新区伟星阀门制造生产项目、恩施市西片区保障性安居工程配套供水厂项目、恩施国投湖北银行金融综合体项目、龙麟宫提档升级建设项目、恩施土司城提档升级建设项目、汽车零部件（紧固件）产品制造项目、恩施传化公路港物流项目、12.5公顷标准厂房项目、维冠视界恩施智慧显示终端制造项目、雅森智能家居产品生产项目。新投产亿元以上项目10个，分别是立讯精密（恩施）电子信息项目、AI智能终端及部件产业基地项目、湖北妍浩智能终端制造项目、联信置业有限公司松树坪工业厂区建设项目、恩施州恩高芳华中学项目、大沙坝污水处理工程项目、恩施土司城提档升级项目、恩施传化公路港物流项目、恩施州财源科技孵化园项目、华芯科技显示模组全产业链生产制造项目。

【优化营商环境】 2022年，高新区深化政务服务，引进恩施锦绣州城规划服务中心，制定《恩施高新区政务服务代理委托书》，提供咨询服务450次，完成代办229项，其中企业名称核准36件，登记类84件，公章刻制及备案类57件，规划许可证3件，施工许可10件，其他工程类审批事项39件。推进项目秘书制，拟订招商引资、项目建设、企业培育责任清单，实行领导联系企业制和企业服务“秘书制”“干部驻厂服务制”，推行产业项目“先建后验”“承诺审批”，审批办证“零跑腿”。推进园区“三纵两横”主干道前期工作，出让工业用地“标准地”73公顷。恩施高新区外贸综合服务中心与98家企业签订楚贸通服务协议，完成各项业务430次，恩施高新区实现进出口总额约1100万美元，协助企业完成出口退税700万元。出台《恩施高新区支持工业经济发展的实施办法》，明确“免申即享”范畴，按照“免申即享”模式兑付惠企政策659.5万元。保障园区企业用工需求，协调顶岗实习生1200余人、招工5500余人。推进投融资平台建设，恩施州高新投资开发有限责任公司完成融资10亿元，恩施州政信融资担保有限责任公司新增担保金额10052万元、在保余额12436万元。

【“双创”平台建设】 2022年，恩施高新区硒产业获批湖北省创新型产业集群，恩施高新区省级承接现代中药产业转移示范区被认定全省首批省级承接产业转移示范区。科技部火炬中心公布国家级科技企业孵化器2021年度评价结果，恩施高新区硒源科技创业服务中心（州科技孵化器）被评为优秀（A类）。湖北民族大学科技园、湖北青创园·恩施入围第一批省级大学科技园、“青创园”首批试点单位。国创科技孵化器有限公司在湖北省2021年省级以上孵化机构绩效评价中获评优秀众创空间。

【科技创新】 2022年，高新区推进创新主体培育工作，完成28家高新技术企业申报，新认定已报备25家，复认定3家；纳入高新技术重点培育库企业56家，全年新认定高新技术企业25家、复认定3家，高新技术企业累计达43家。企业完成专利授权145件，达翔技术（恩施）有限公司、恩施硒圣植物科技有限公司入库湖北省瞪羚企业名单。2021年度创新驱动评价在全省20家省级高新区中排名第四，2018—2020年全省开发区综合评价考核在全省第三类31家开发区中排名第二。

（高　航）

恩施州高新投资开发有限责任公司

【概况】 2018年8月，恩施州高新投资开发有限责任公司（简称公司）由恩施州经济开发公司改组更名，注册资本金10亿元，是经州政府批准组建的州级国有独资公司，主要服务全州重点项目建设、重大产业投资、州高新区创建国家级高新区建设。2022年，公司资产总额14.99亿元，较2021年增加5.58亿元，增长59.3%；净资产总额8.9亿元，较2021年增加0.35亿元，增长4.09%；全年实现营业收入总额9753.09万元，较2021年增加4914.55万元，增长101.57%。

【投融资工作】 2022年，公司启动总投资8.2亿元的恩施高新区12.5公顷工业厂房项目时，采用F+EPC方式，在招投标阶段向施工单位融资1.2亿元。5月中旬，争取4.2亿元专项债。与农业发展银行签订150亿元授信协议，获湖北银行2.5亿元贷款审批，获农发行恩施州分行6.5亿元贷款支持。

【项目建设】 2022年，恩施高新区12.5公顷工业厂房项目2号、3号、7号厂房主体结构封顶，完成投资2亿元。恩施高新区产业园建设项目工程总承包（EPC）项目完成投资6849万元，其中规划9号路达到通车条件，规划15号路基本具备通车条件。高新区重点建设项目包二工程总承包（EPC）项目完成投资8718万元，其中规划18号路、规划20号路基本具备通车条件。生物医药产业园14.7公顷场平项目完成场地平整等工作，完成投资2466万元。传化公路港7公顷场平项目竣工验收合格并移交用地企业。财源科技孵化园项目完成主体结构加固、主体二次结构、斜屋面改造等工程，完成投资4500万元。

【片区开发】 2022年，公司围绕州委“打造产业型华中药谷”战略部署，谋划全州首个投资超百亿元的产业项目——华中药谷·月亮湾生物城。生物城项目集研发、孵化、生产、物流、医疗、生活于一体，计划总投资108亿元，规划面积1000公顷，拟入驻企业200家，预计年产值400亿元。2022年10月17日，生物城项目通过州委常委会审议，确定为全州重点片区开发项目。

【资产管理】 2022年，公司资产总额达14.99亿元，较2021年增加5.58亿元，增长59.3%。自筹资金完成高新区5宗价值8881万元土地资产注入，完成价值2000万元州直行政事业单位闲置低效资产划转工作。完成无法办理过户手续的1000万元资产的置换工作，置换进4宗等值证照齐全可利用的有效资产。成立资产管理公司集中运行管理国有资产。

【民生服务】 2022年，恩施州城疫情防控期间，公司支援西湖社区10万余元防疫物资，36名员工参与西湖社区核酸采样等疫情防控工作。开展党员干部“下基层、察民情、解民忧、暖民心”实践活动，解决影响企业和群众发展的30个急难愁盼问题，其中为中小微企业减免租金350余万元。

（陈　勇）

清洁能源工业

国网湖北省电力有限公司恩施供电公司

【概况】 国网恩施供电公司供电区域覆盖恩施全州，供电区域面积2.41万平方千米。2022年年末，供电服务人口（常住人口）400.25万人，供电营业厅90个、供电所82个、供电服务站12个。用电客户171.71万户，其中低压客户170.76万户（居民客户148.8万户）。全年全社会用电量67.99亿千瓦·时，其中国网恩施供电公司售电量61.52亿千瓦·时。国网恩施供电公司用工总量4538人。全年发电装机容量244.33万千瓦（不含水布垭、江坪河），较2021年增加4.68万千瓦。其中水电占比69.82%，风电占比24.44%，光伏发电占比2.69%。全年地方电厂发电量53.18亿千瓦·时（不含水布垭），同比下降21.15%。其中水电占比77.4%，风电占比18.67%，光伏发电占比1.09%。

【电网结构及负荷特点】 恩施电网西联重庆、东接宜昌，担负着恩施州水电外送的重任，±800千伏锦苏线、±800千伏复奉线、±800千伏酒湖线3条特高压直流穿境而过，是“西电东输”的重要通道。2022年，全州以500千伏为支撑、220千伏为枢纽、110千伏为骨架、35千伏为基础的供电网络体系基本形成。恩施州负荷、电量受气温影响，电网用电负荷呈现夏季、冬季两个高峰，主要受夏季持续高温和冬季持续低温天气影响，一般情况下冬季负荷略高于夏季负荷。2022年最高气温41℃，最高温度达到41℃、40℃、39℃的天数分别为6天、15天、21天，7月、8月出现持续高温天气，高温温度及高温天数同比大幅增加，导致负荷及日电量同比大幅增高。

【供电能力】 2022年，恩施电网有500千伏变电站2座、变电容量225万千伏安；35～220千伏变电站（开关站）212座，较2021年增加1座；变电容量664.34万千伏安，同比增加18万千伏安。恩施城乡配电网络完善，网架结构及转供能力得到加强，基本消除存量低电压，10千伏配网中，架空线路2.47万千米，电缆线路438千米，电缆化率2.28%。10千伏配变单体容量143.5千伏安/台，开闭所68座，环网柜398座，柱上开关2102台。其中10千伏城市配电线路配变单体容量435.5千伏安/台，开闭所32座，环网柜261座，柱上开关755台。10千伏县域配电线路配变单体容量130.3千伏安/台，开闭所36座，环网柜137座，柱上开关1347台。

2018—2022 年恩施电网 35 ~ 220 千伏公用变电站规模一览表

表 8

年度	220 千伏			110 千伏			35 千伏		
	变电站（座）	变压器（台）	容量（万千伏安）	变电站（座）	变压器（台）	容量（万千伏安）	变电站（座）	变压器（台）	容量（万千伏安）
2018	12	19	268	39	56	176	129	169	95
2019	12	20	285.6	41	58	189.6	134	171	98
2020	12	20	285.6	42	60	196.6	152	191	115.77
2021	13	21	306.6	44	63	213.75	154	203	125.61
2022	13	21	306.6	46	66	226.9	153	215	130.84

说明：2022 年 35 千伏土桥坝变电站退出

2018—2022 年恩施电网 35 ~ 220 千伏公用输电线路规模一览表

表 9

年份	220 千伏		110 千伏		35 千伏	
	条数（条）	长度（千米）	条数（条）	长度（千米）	条数（条）	长度（千米）
2018	30	847	91	1616	192	2177
2019	36	1079	101	1792	203	2201
2020	40	1247	106	1871	221	2385
2021	43	1279	107	1780	223	2440
2022	44	1295	111	1837	208	2389

2018—2022 年恩施配网配电设备规模一览表

表 10

年份	配电变压器		配电开关		开关站（座）	环网箱（座）	配电室（座）	箱式变电站（座）
	台数（台）	容量（万千伏安）	台数（台）	其中柱上开关（台）				
2018	21114	280.8	1765	1297	43	198	286	640
2019	22632	302.9	1946	1449	50	233	306	733
2020	24707	343.3	2308	1605	55	256	329	800
2021	27185	358.1	2710	1902	61	354	354	1032
2022	27854	372.2	2951	2102	68	398	375	1108

【用电结构及用电水平】 2022年，全州全社会用电量67.99亿千瓦时，同比增长7.7%，居全省第七位。全州第一、第二、第三产业及城乡居民生活用电占全社会用电比重分别为1.48%、30.6%、28.83%、39.63%。与2021年同期相比，城乡居民生活用电比重上升1.81个百分点，第三产业用电比重下降0.03个百分点，第二产业用电比重下降1.96个百分点，第一产业用电比重提升0.18个百分点。截至12月末，全州人均用电量1698千瓦·时，人均生活用电量731千瓦·时，同比分别增长7.91%和13.14%。

【电网建设】 2022年，恩施供电公司完成±800千伏白江、白浙特高压直流输电工程属地工作，±800千伏金湖、宁湘特高压前期工作进展顺利，公司被省公司表彰为“特高压工程建设突出贡献单位”。在全省率先启动电力设施布局规划“三区三线”调整工作，电力设施布局规划项目纳入国土空间“一张图”。续建及新开工项目19个，线路201.54千米、变电容量54.15万千伏安，投产110千伏瓦店子、猫儿槽等重点工程9项，线路58.43千米、变电容量23.15万千伏安。完成配网投资5.47亿元，配电自动化有效覆盖率增长41.54%，FA故障处置参与率提升63.97%。配合完成大龙潭、石家湾、桃李溪共400万千瓦抽水蓄能电站项目预可研。利川旗杆桥110千伏输变电工程、郑万铁路巴东北牵引站220千伏外部供电工程均获省公司“五好”示范工地，公司被省公司表彰为基建“安全管理先进单位”。

【经营管理】 2022年，实现160千瓦及以下小微企业“三零”服务城乡全覆盖，实施“零费用”电网配套项目投资1.02亿元，累计完成“零费用”接入1.64万户。采取“三精三全”（精心组织，全方位协调；精准调度，全过程管控；精细分析，全社会参与）举措，加强专业配合，保证需求响应工作平稳推进，实现“零舆情、零差错”目标。服务电网“双峰”和新型电力系统建设，开展湖北民大“智慧空调”、中国铁塔5G基站、和润城中央空调CPS等负荷聚合试点，全年完成负荷聚合4000千瓦。推广巴东“野三关”电动汽车小镇建设经验，基本实现过境高速公路、旅游景区、各县城城区国网充电桩全覆盖，充电网络骨架基本形成，累计建成电动汽车充电站（点）89处，装设充电桩558台，全年完成充换电量1320.75万千瓦·时，服务费收入528.56万元。全年售电量61.52亿千瓦·时，较2021年增幅8.29%。售电收入完成34.26亿元，同比增加4.46亿元，增幅14.96%。电费回收率达98.38%。

【深化改革】 2022年，恩施州建成州县两级供指中心，在全省率先出台供电服务网格化管理实施办法，在省公司现场评估中，供指体系建设全省排名第六。推进省管产业改革，成立新兴产业分公司，组建8个县级供电服务分公司。

【安全生产】 2022年，恩施供电公司规范州县两级安全督查中心运作，加强现场安全管控，作业计划整体执行率提升至98.11%，有效管控六级及以上电网风险52项，三级及以上作业风险3900项。各级管理人员到岗到位率99%，查处违章1782起，同比提升99.8%。修订安全奖惩办法，安全生产考核工资总额由2%提升到3%。开展作业票实效化、严肃性专项治理，作业票违章占比压降18.3%，临时计划和抢修计划压降50.4%。开展面对面全覆盖安全约谈63次。推动“源网荷储”协同发力，经受迎峰度夏“四最”考验，实现“不拉闸限电”目标。开展设备专项治理，完成主网设备隐患整改165项、五防系统隐患治理280项、配网隐患整改466项。加装防外破视频监控装置227处，组织通道清理4.6万余处。公司获评省政府“安全生产红旗单位”。完成党的二十大、川渝电力保供、特高压工程跨越施工等重大保电任务27次，公司被省公司表彰为“迎峰度夏保供电突出贡献单位”。

【行业扶贫】 2022年，公司持续推进乡村振兴三年行动、供电所管理提升三年行动，以及赋能乡村振兴·电网绿色行动，编制巴东县乡村振兴“十四五”规划，支持2022年15个国网定点帮扶巴东项目按期完成。参加国网“兴农周”等活动，完成消费帮扶180.34万元。4家“电力爱心超市”通过“中国品牌日”“农民丰收节”“电靓美好生活·国家电网在你身边”等主题，累计举办各类活动65次，兑换积分13823分。全州300座光伏电站自投运累计发电上网2.03亿千瓦时，结算电费及补贴1.74亿元。

2022年1月16日，恩施供电服务人员利用无人机对屯堡乡田凤坪村安装在绝壁的变压器及线路开展巡视 （国网恩施供电公司 供稿）

【党建活动】 2022年，恩施供电公司推进“作风建设年”活动，对照“六治”表象及负面清单，查摆问题377个，制定整改措施150条，持续解决“中梗阻”问题。推进11个专业领域“党建+”工程，“党建+优质服务”入选省公司示范工程创建项目。“民族团结党旗红”主题实践活动有效，典型经验获省委常委、统战部部长宁咏等领导签批肯定，典型做法在中央统战部、国家民委官网及《半月谈》刊发。加大主题传播，中央主流媒体发稿量名列省公司第二。2个班组分获国网公司和湖北省“工人先锋号”，1件作品获国网公司首届职工文创大赛金奖，1人获评省公司季度“最美鄂电人”。

（罗　萍　唐红涛）

国能长源恩施水电开发有限公司

【概况】 国能长源恩施水电开发有限公司（以下简称公司）管理水电站39座，分布在恩施州8个县市清江、郁江、唐崖河等8条主要流域，中大型水库电站10座。装机104台，总装机容量60.69万千瓦，多年平均发电量20.1亿千瓦·时。公司（含代管的老渡口和小河公司，不含相对控股的朝阳寺和桃花山公司）。2022年，有职工1038人，其中中层管理人员51人（其中领导班子7人，正科级28人，副科级23人）。公司资产总额29.95亿元，所有者权益14.01亿元，资产负债率53.23%。2010年成立至2022年12月，公司实现利润10.39亿元，累计上缴税费14.77亿元。

【经营情况】 2022年，恩施区域遭遇60年一遇高温干旱天气，加之受白浙线、太利线施工外送严重卡口影响，水库电站年累计来水量66亿立方米，同比减少45.5%，较多年同期减少39.63%；完成发电量10.99亿千瓦·时，实现售电收入3.39亿元；实现利润总额−0.58亿元；实现税费0.61亿元。

【安全环保】　2022年，未发生人身伤亡事件及二类障碍以上事件，未发生受地方通报的环保、职业健康事件，被集团公司评为2022年度安全环保一级单位。建立健全公司安全生产体系，在龙桥、老渡口、野三河等电站推广应用，通过长源公司安全生产标准化二级验评、本质安全型企业三级查评。朝阳寺大坝通过国家能源局大坝监察中心评定，由乙级升级评为甲级。开展绿色小水电和"健康企业"创建，车坝三级获评2022年度绿色小水电示范电站，公司及老渡口电站被湖北省卫生健康委授予省级"健康企业"称号。全年未发生网络安全事件。完成白泉河、新峡两站机组及综合自动化改造，完成长顺、小河、云龙河、塘口电站自动化改造，汛前完成长源公司重点关注的长顺、云口等站涉汛项目。

（董　珺）

湖北能源集团齐岳山风电有限公司

【概况】　湖北能源集团齐岳山风电有限公司（简称齐岳山风电公司）是湖北能源集团新能源发展有限公司的全资子公司，主要负责利川市区域风电资源的开发、建设、运营和管理。齐岳山风电公司自2008年4月8日成立以来，先后建成投产齐岳山风电场一期、齐岳山风电场二期、齐岳山风电场三期（双鹿）、齐岳山中槽风电场、利川汪营风电场、利川天上坪风电场、利川安家坝风电场共7个风电项目，总装机台数207台，总装机容量32.63万千瓦。齐岳山风电公司是恩施州内规模最大的风力发电企业，自2010年首批机组投产发电至2022年12月，累计发电503173.17万千瓦·时，实现产值306614.27万元。2022年，齐岳山风电公司在编在职员工48人，完成发电量60421.21万千瓦·时，实现产值36535.58万元。

【安全生产】　齐岳山风电公司自首个风电项目开工建设以来，截至2022年12月末，未发生安全一票否决事故或事件，未发生安全生产控制指标内的事件，未发生职业病病例、未发生火灾事故和集体食物中毒事件，未发生政府、行业或上级单位在质量安全方面的通报批评事件，实现百日安全生产周期53个，累计实现安全生产4490天。

（何　刚）

烟草制造业

湖北烟草金叶复烤有限责任公司

【概况】　湖北烟草金叶复烤有限责任公司下设恩施复烤厂、襄阳复烤厂2个非独立法单位，拥有2条打叶复烤生产线，年设计加工能力105万担。2022年，公司累计加工烟叶119.65万担，产出片烟3.85万吨，实现营业收入29618.24万元，实现税利4198.52万元，其中恩施复烤厂累计加工烟叶75.2万担，产出片烟23935.69吨，实现营业收入18870.68万元，实现税利3030.24万元。

【技术创新】　2022年，公司重大项目《武陵秦巴生态区醇甜香型烟叶原料打叶复烤特性及模块化配方技术研究》获湖北省局（公司）2021年度科技进步二等奖；《基于"黄鹤楼"细支卷烟加工需求的模块化配方打叶复烤技术研究》经湖北省局（公司）鉴定，关键技术达到"国内领先"水平。QC课题荣获湖北省局（公司）一等奖1项，三等奖1项。制定《晾晒烟 打叶复烤工艺规程》。

【区域加工中心建设】　2022年，公司挂牌四川中烟"宽窄"品牌润甜香原料拓展型区域加工中心，建立"宽窄"品牌原料加工技术联合研究室""宽窄·襄阳"党员服务点。公司与湖北中烟签订"黄鹤楼"品牌原料区域加工中心建设战略合作协议，确定在恩施、襄阳复烤厂分别建立"黄鹤楼"品牌原料区域加工中心，同时建立党建与业务融合发展示范点、黄鹤楼打叶复烤联合试验站，湖北襄阳（黄鹤楼）被中国烟叶公司确定为重点品牌原料区域加工中心标准化对标建设名单。公司与浙江中烟签订"利群"原料区域加工中心建设协议，明确恩施复烤厂为"利群"品牌原料区域加工中心。

（黄　倩）

湖北中烟工业有限责任公司恩施卷烟厂

【概况】　2022年，湖北中烟工业有限责任公司恩施卷烟厂生产卷烟33.81万箱，主要以"峡谷情""峡谷柔情"为代表的"黄鹤楼"中高档品规卷烟为主，实现含税产值121.2亿元，划转及上缴恩施州税收总额79.6亿元。制丝车间乙班获评湖北省"工人先锋号"称号。

【设备技改】　2022年，恩施卷烟厂推进高速机组引进消化吸收，第一台卷烟机（ZJ119）进入技术验证阶段，第一台包装机（ZB416A）完成组装。完成动力车间1台制冷机、5台冷却塔、3台真空泵的改造升级；完成制丝车间2400kg/h生产线和烟丝贮柜的升级改造和验收；完成废烟支处理机安装调试。

【社会责任】　2022年，恩施卷烟厂通过乡村振兴及社区共建，投入项目资金220万元。解决烟叶灾害专项救助资金210万元，实行消费扶贫210万元。支持产业链供应链建设"中棵烟+高油分"核心示范区超过3066.67公顷，收购高油分烟叶近9万担。

（徐　明）

商　贸

Commerce and Trade

商　务

【概况】 2022年，全州商务（招商）系统按照"经济要稳住、疫情要防住、发展要安全"的要求，立足大生态、构建大交通、发展大旅游、打造大产业，统筹商务经济领域发展与安全，稳步发展商务经济。全州新签约、新开工、新投产亿元以上产业项目分别为437个、201个、124个，同比分别增长78.4%、42.9%、53.1%；外商直接投资（FDI）1792万美元，同比增长1189.2%；外贸进出口总额2.98亿美元，同比增长116.8%；社会消费品零售总额705.48亿元，同比增长2.8%。

【招商引资】 2022年，开展"大招商、招大商"招商引资重点突破年行动，州、县2级主要领导外出招商202次，州直部门主要负责人外出招商311次，招商引资"一号工程""一把手工程"落实落地。组建州"四大家"领导牵头、86个州直部门参与的8个州直招商战队，抽调230名干部组建45个驻外招商办事处，围绕"京津冀""长三角""大湾区""闽南""武汉成渝"等经济发达地区和产业转移地区，收集有效投资信息1300余条，新签约10亿元以上项目60个。建立健全驻外招商工作日报、招商信息周报、招商项目交办、招商工作月通报、招商项目"双集中"等工作调度机制，"一对一"抓土地供给、水电路气网建设、金融支持、企业用工组织等要素保障，全州新签约项目落地转化率75%，引进省外资金120亿元，同比增长60%。

【社会消费】 2022年，州商务局制定《2022年全州商务系统消费促进行动方案》，落实促消费活动30项，参加企业500余家，拉动消费17亿元。争取省、州财政资金3565万元，发放9批次"惠购湖北"消费券，12800户零售、餐饮等行业企业入驻支付宝、抖音、云闪付等6大线上平台，拉动社会消费金额5.88亿元，撬动消费杠杆4.2倍。开展汽车"以旧换新"专项行动，为974辆车辆申请补贴资金280.4万元。州政府配套250万元对批发、零售行业限上企业培育进行奖补。恩施土家女儿城步行街、宣恩县沿河路步行街、利川市龙船天街评为湖北省特色商业街和湖北省夜间消费集聚区，恩施土家女儿城步行街获得国家夜经济文化旅游示范集聚区和湖北省夜间消费集聚示范区项目。

【电商发展】 2022年，开展"千村万名主播培训""荆楚e品线上商城""恩施产品进盒马"等活动，依托抖音等平台开展直播带货，恩施州首个"盒马村"授牌落地建始县高坪镇大堰塘村。全州电商交易额105.65亿元，同比增长12.3%，其中农产品上行交易额24.29亿元，同比增长13.2%。建始食好农产品工贸有限公司、湖北云上施南供应链管理有限公司、湖北东狮茶叶有限公司、湖北省鹤峰鑫农茶叶有限公司4家企业评为湖北省2022—2023年度省级电子商务示范企业。

【商业体系建设】 2022年，实施商业体系建设项目21个，完成改造或新增县城综合商贸服务中心11个、县级物流配送中心4个、乡镇商贸中心21个。星汇广场、和润城商业综合体、恩施不夜城、星光里"好吃街"、舞阳坝生活超市相继开业。

【供应链建设】 2022年，开展"百企千品进万店"等产销对接活动，通过徕福硒业、中石化等渠道整合产品，实现销售1500余万元。深化武汉对口帮扶恩施工作，西红柿、土豆、杨梅等全州优质产品进驻盒马武汉门店，销售额突破2000万元。引导企业通过"832平台"、跨境电商、异地商会、对口帮扶地区和单位等载体拓宽销售渠道。湖北大耀农业发展有限公司、湖北长友生态农业有限责任公司、来凤西商农产品冷链物流园有限公司3家企业获得农产品供应链项目资金399万元。湖北钱汤圆饮食文化有限公司被认定为第四批“湖北老字号”企业。

【外贸进出口】 2022年，全州新增出口实绩企业35家，出口额超100万美元企业43家、超千万美元企业15家。全州组织100余家企业参加广交会、杭博会、兰洽会、西博会、进博会、“荆楚云展”等系列展会，签订意向订单近5000万美元，全州出口市场为110个国家或地区。建强贸易平台，恩施高新区外综服中心与130家企业签订服务协议，促成145家企业通过“楚贸通”开展贸易出口业务，出口金额2500万余美元。鹤峰县外综服中心通过省商务厅认定。全年跨境电商交易额1514万美元。兑现27家企业“开口破零”和“三项工程”奖补资金370万元，发挥“恩融通”平台作用，帮助企业解决融资需求近2000万元。组织50余家企业开展RCEP、楚贸通数字化服务功能、跨境电商新业态等专题培训10余次。

【外资外经工作】 2022年，恩施州开展县域利用外资破零攻坚行动，6个县市FDI“破零”，新招引外资企业19家，同比增长26.7%；合同外资金额62607万美元，同比增长93.7%。制定《恩施州重点外资企业和项目“一企一策”跟踪服务方案》，对全州16家重点外资企业和项目开展“一企一策”跟踪服务。加强事中、事后监管，推进外商投资信息报告制度实施，联合市场监管、人社、税务部门对3家外资企业进行信息报告监督检查。贯彻落实《中华人民共和国外商投资法》及其实施条例，保证外商投资企业准入前国民待遇，提升外商投资便利化。

【优化营商环境】 2022年，深化“证照分离”改革，完成州级商务部门4项改革事项；推进政务服务“清减降放”，依申请服务事项减少流程36项，减少率32.14%，精减材料42项，减少率44.21%；持续推动扩权赋能强县改革，形成《恩施州商务局下放管理权限事项落实明细表》。开展对州域内新车销售企业、二手车销售企业、报废机动车回收拆解企业、单用途商业预付卡发卡企业、外商投资企业、拍卖企业跨部门联合抽查，出动执法人员22人次，抽查企业12家，实现“进一家门，查多项事”，降低企业行政成本，提高监管效能。

【行业安全生产】 2022年，落实安全生产“一岗双责”制度，制定《恩施州商务局领导安全生产责任清单》，调整《恩施州商贸（成品油）安全生产专业委员会成员单位职责分工》。开展安全生产大检查、商贸行业燃气安全整治“百日行动”和安全管理提升、餐饮单位醇基燃料安全隐患专项整治、成品油市场“打非治违”专项整治、报废机动车回收拆解行业“打非治违”专项整治等行动，全年开展安全生产检查30次，检查市场主体320户，排查安全隐患615处。

【服务乡村振兴】 2022年，开展防返贫监测集中排查、低保核查，完成省“后评估”、国家乡村振兴实绩考核。开展“村净”“明亮”“暖心”“院美”行动，干部包村组、组长包院落、村民包家门，形成常态化村庄清洁机制；争取项目资金30万元，安装太阳能路灯185盏；争取省红十字基金会公益计划资助1万元，解决2位癌症患者医疗费用；完成筒车坝村7处危险路段减速带和交通警示标志的设置，争取资金12万元为大河寨滑坡点修建挡土墙一座；利用财政涉农资金30万元撬动农户投入150余万元硬化入户路、场坝，更换瓦面，修建花坛等。开展“共同缔造”活动，引导青龙岭院落村民自筹资金18万元，按照“支部主导、党员主动、群众主体”思路，打造坪坝营镇首个共同缔造示范院落。推进基础设施建设提档升级，争取项目资金100万元、利用省财政厅美丽乡村建设奖金50万元对2.9千米产业路进行硬化；争取项目资金291.13万元对筒车坝村煤矿沉陷区进行综合治理。

【服务外贸发展】 2022年，服务全州外贸发展，配合州商务部门组织100余家企业参加广交会、杭博会、兰洽会、西博会、进博会、“荆楚云展”等系列展会，扩大国内国际市场。开展党员干部“下基层、察民情、暖民心、解民忧”实践活动，帮助企业解决融资需求近2000万元。服务全州招商引资，抽调精兵强将参与招商服务专班工作，服务州领导外出招商13次，推动引进一批大项目和头部企业。服务优化商务营商环境，组织企业参加湖北省营商环境线上调研活动，协助商务部门抓行业管理。

【2022年恩施州农副产品（厦门）品尝推介活动】 2022年6月9日，州政府主办的2022年恩施州农副产品（厦门）品尝推介活动举行，是厦门市、恩施州两地举行的首次农副产品品尝推介活动，来自全州8个县市的30余家企业携400余种特色农副产品参加推介活动，恩施硒茶、恩施小土豆、土家腊肉、恩施山花蜜等恩施地方特色优势农副特产品参展，现场达成意向采购金额1280万元。厦门市供销社和恩施州供销社、夏商集团和恩施州农产品流通协会等两地部分企业现场签订合作协议。

【参加第二十八届中国兰州投资贸易洽谈会】 2022年7月7日，第二十八届中国兰州投资贸易洽谈会在兰州举行，湖北省组团参加，主要展出硒茶、硒粮油、硒特产、硒饮品4类恩施富硒产品、25家优质企业、200余个单品参展，包括“恩施玉露”、“利川红”、老树红茶、龙马小叶、来凤藤茶、鹤峰茶等茶产品，软糯香甜的恩施小土豆，原始自然的土家蜂蜜，粒粒饱满的富硒大米，腊味醇厚的硒腊肉，清洌甘甜的山泉水，生态健康的硒果酒等多个品类。展会期间现场签约订单2023.5万元，达成意向签约订单36笔，金额2322.3万元。湖北恩施州展团获第二十八届中国兰州投资贸易洽谈会“优秀组织奖”和“绿色布展奖”。

【参加2022年中国国际消费品博览会】 2022年7月25—26日，恩施州到海南省海口市参加2022年中国国际消费品博览会，利川市政府与中国农集控股有限公司合作的农特产品交易物流中心项目在国际品牌湖北对接会暨湖北自贸试验区推介会活动中成功签约，计划投资总额1.1亿元。活动期间恩施州组织专题招商活动。

（邓　军）

【第七届世界硒都（恩施）硒产品博览交易会暨硒科技创新发展大会】 2022年11月18—20日 由中国商业联合会、中国农产品市场协会、中国优质农产品开发服务协会、中国营养学会、中国保健协会、中国农业国际合作促进会、湖北省科技厅、湖北省经信厅、湖北省农业农村厅、恩施州人民政府联合主办，以“硒业共发展·科技向未来”为主题的第七届世界硒都（恩施）硒产品博览交易会暨硒科技创新发展大会（以下简称第七届硒博会）在州城恩施举行。副省长、民盟中央常委、民盟湖北省委主委杨云彦出席并宣布开幕，州委书记胡超文致辞，州委副书记、州长夏锡璠主持开幕式，州委常委、副州长王磊与国家富硒农产品加工技术研发专业中心主任、恩施州硒产业发展顾问程水源共同发布《中国硒产业发展指数（SeⅠ）研究报告2021》，州政府与省科技厅举行硒资源研究与生物应用湖北省重点实验室授牌仪式。《人民日报》、新华社、中央广播电视总台、《经济日报》、中新社、《农民日报》《中国商报》《中国经济导报》《人民法治》杂志、《香港商报》《湖北日报》、湖北广播电视台、《楚天都市报》《农村新报》、荆楚网等新闻媒体参加开幕式。硒博会期间，举办“第三届中国硒产业（Se20）峰会年会暨硒区圆桌会议”“院士说硒论坛”“企业家高峰论坛”“招商引资签约仪式”“硒科技成果交易拍卖会”“名优硒产品授牌暨‘我的硒故事’颁奖仪式”“‘硒+X’县市推介活动”等主题活动。为保证常态化新冠疫情防控形势下的展会活动效果，同步开展“云上硒博会”。展馆设世界硒都（恩施）特色产品展区、特色硒产品展区、特色硒康养展区、生物医药展区、科技创新高新展区、国内硒区展区、企业展区、直播区9个展区，首次设智能机器人互动区。硒博会得到国际国内业界和商界关注，特邀线上嘉宾发来祝贺视频。国家有关部委相关负责人，国内外科研机构及高等院校专家代表，国内硒产业发展地区代表，协会、商会代表，省直有关部门负责人，对口帮扶恩施州的武汉市有关部门负责人，宜昌市、荆州市、荆门市代表参加开幕式。全国400余家硒产业企业、近2000件硒产品参展；近100家行业协会、商会、检验认证机构、100余家投资商，200余家采购商参会。

【第三届中国硒产业（Se20）峰会年会暨硒区圆桌会议】 2022年11月18日，第七届硒博会期间，第三届中国硒产业（Se20）峰会年会暨硒区圆桌会议举行。湖北省、江西省、广西壮族自治区、湖南省4省区农业农村厅联合发布《关于携手推进硒产业发展壮大的四省（自治区）倡议》，副州长杨盛僚介绍恩施州硒产业发展情况，农业农村部信息中心原总工程师、中国农业国际合作促进会功能农产品分会副会长刘桂才就数字技术如何促进硒产业（富硒农业）高质量发展作交流，中国农业技术推广协会会长、研究员陈生斗针对推进富硒产业发展作报告，国际硒研究学会荣誉主席盖瑞分享硒领域前沿的研究观点，国家富硒农产品加工技术研发专业中心骨干成员、武汉轻工大学硒产业学院特聘教授、中国农业国际合作促进会功能农产品专家委员会富硒工作专家组成员金卫斌解读全国硒产业发展指数的编制与应用，农业农村部食物与营养发展研究所研究员朱大洲介绍国家农产品营养标准体系及富硒农业相关标准情况。来自陕西安康、江西赣州、湖南桃源、广西贵港、福建连城、安徽石台及广西土肥站等硒区代表作交流发言。

【院士说硒论坛】 2022年11月18日，第七届硒博会院士说硒论坛举行，3位院士、3位国内知名专家就硒与人类健康等展开学术交流。省科技厅一级巡视员葛琳致辞，中国工程院院士陈焕春作《富硒畜禽产品与人类健康》的报告，中国科学院、发展中国家科学院院士桂建芳作《富硒水产品研发及其产业发展》的报告，中国工程院院士李培武、中国科学院上海营养与健康研究所研究员蔡澎、武汉轻工大学党委副书记程水源教授、国际硒研究学会副主席尹雪斌研究员等分别进行现场或视频发言。

【企业家高峰论坛】 2022年11月18日，第七届硒博会“企业家高峰论坛”举行，是硒博会新增的一项活动。省经信厅党组成员、副厅长周开斌，副州长杨盛僚出席论坛并致辞。安琪酵母股份有限公司、劲牌有限公司、湖北周黑鸭企业发展有限公司、陕西安康龙王泉富硒矿泉水有限公司代表分别作主题演讲，与恩施州企业家代表围绕聚焦市场、数字化、合作等关键词探讨硒产业的高质量发展。

【招商引资签约仪式】 2022年11月19日，第七届硒博会招商引资签约仪式举行。州委书记胡超文出席仪式并致辞，州委副书记、州长夏锡璠主持仪式。此次签约仪式共签约招商项目28个，包含新能源汽车线束及连接器研发生产、电子电器智能开关生产、中医药产业基地建设、风力发电、田园综合体建设、油气田开发综合配套、高山民宿建设、再生资源生产等项目，计划投资总额307.9亿元；签订采购协议54份，包含桃片糕、腊肉、茶店牛肉、茶叶、老葛根饮料等农特产品及富硒产品，协议金额16.12亿元。客商代表在签约仪式上作交流发言。

【科技成果交易拍卖会】 2022年11月19日，由省科技厅、州政府主办，湖北技术交易所、州科技局承办，国家技术转移中部中心、科惠网恩施分中心、恩施安贝森科技服务股份有限公司、湖北云山海科技服务有限公司协办的第七届硒博会科技成果交易拍卖会举行。武汉轻工大学“富有机硒植物培育与加工利用关键技术及应用”、湖北工业大学“富硒发芽糙米杂粮粥关键技术及应用”、恩施州农科院“一种从魔芋飞粉中制备神经酰胺的方法”3项硒科技成果成功拍出，总成交额350万元。包括上述3项在内的16项科技成果举行电子签约仪式，签约总金额2420万元。

【名优硒产品授牌暨“我的硒故事”颁奖仪式】 2022年11月19日，第七届硒博会名优硒产品授牌暨“我的硒故事”颁奖仪式举行，副州长杨盛僚出席并讲话。克劳斯·施瓦兹国际奖获得者、西安交通大学环境与疾病相关基因教育部重点实验室专职副主任王治伦，国家富硒农产品加工技术研发专业中心主任、武汉轻工大学党委副书记程水源，武汉轻工大学食品科学与工程学院院长丁文平，长江大学教授邢丹英，湖南省富硒生物产业协会会长杨俊，湖北省硒产业协会秘书长姜俊等参加仪式。会上宣读名优硒产品和“我的硒故事”比赛获奖名单并颁奖。硒博会期间，共评选“立早国尊”等33个最具市场影响力名优硒产品、“甘味绞股蓝”等33个最具发展潜力名优硒产品、“富硒黄精五融汤”等33个最具创新力名优硒产品。《那年山水》《世界硒都——恩施》《山里“硒师”》《硒茶飘香》等37篇作品分获“我的硒故事”比赛一等奖、二等奖、三等奖、荣誉奖。

（编辑部 供稿）

粮 食

【概况】 2022年，全州粮食行政管理部门推进粮食储备体制机制改革，加强粮食储备管理和粮食流通监管，落实粮食应急保供。执行国家粮食收购政策，取消粮食收购许可，组织粮食企业备案管理，备案企业61家。协调农发行发放落实收购贷款2亿余元，保障中晚籼稻收购价格在国家最低收购价以上，社会粮食累计收购5万余吨。掌握粮食轮换节奏，2022年累计轮换粮食储备3.4万吨。制定《关于建立粮食加工企业社会责任储备的实施意见》，在全省率先建立企业社会责任储备1198吨（成品）、食用油63吨，形成政府储备与企业储备互为补充基本条件。

【粮食储备管理】 2022年，州发改委印发《恩施州州级储备粮管理办法（修订稿）》《恩施州州级储备粮财务管理办法（征求意见稿）》《恩施州州级储备粮轮换风险准备金管理办法》等管理制度，明晰企业储备粮管理主体责任和政策执行主体责任、粮食储备安全责任部门主管监管责任，形成用制度管权、管粮、管库、管人的长效机制，构建更高层次、更高质量、更高效率、更可持续的粮储备安全保障和监管体系。制定《关于从严加强地方粮食储备管理严格责任追究严防严控管理风险的实施意见》《关于切实加强粮食储备仓储规范化管理和质量安全管理的意见》等风险防控制度，实行储备监管的核心关口前移。超额完成省政府下达的政府粮食储备任务，成品粮储备1200吨、成品油储备410吨。全州异地储备全部调回州内储存，推进地方粮食储备向中心粮库集中管理。

【粮食质量】 2022年，全州完成检验检测样品254个，超计划5.8%。完成库存粮油检测样品119批次，其中原粮101批次、成品粮油18 批次。开展粮食科技宣传周、世界粮食日和全国粮食安全宣传周系列宣传活动。发放粮油食品安全科普宣传资料3600余份（册）、文明餐桌行动倡议书1200余份，接受市民咨询2500余人次。

【粮食产业】 2022年，全州粮油加工（转化）产值10.02亿元，较2021年增加3.47亿元，增幅52.97%。向省申报菜籽油产业链补助资金项目2个、补助资金100万元。加强品牌建设，湖北恒茂茶油有限责任公司“茂森缘”牌山茶油获得“荆楚好粮油”称号。全州国有粮食储备企业9个（各县市和州直各1个）。全部完成政策性职能与经营性职能彻底分离工作，专门负责地方政府储备粮油经营管理。

【粮食应急】 2022年，全州选定粮食应急供应保障主体203家（调整确认州级粮食应急保障企业16家），其中应急供应网点162家、应急加工企业13家、应急配送中心10家、应急储运企业9家，应急保障中心10家，实现城区每3万人和乡镇（街道）全覆盖。加强节假日期间的市场监测，组织好粮油调运和市场投放，全州市场供应及价格保持稳定。新冠疫情防控期间启动全社会粮食库存日报告制度，掌握辖区粮食库存情况。恩施市、来凤县在新冠疫情防控期间经受住粮油保供稳价压力测试。

【军粮供应】 2022年，全州军粮供应“一站四点布局”（恩施市军粮供应站，利川市、巴东县、咸丰县、鹤峰县军粮供应点）完成。落实军粮质量、检验、筹措、加工、运输管理，主动对接保障部队军粮供应。开展军粮质量抽检，军粮质量合格率100%、部队满意率100%。

【粮食执法督查】 2022年，全州推进粮食购销领域腐败问题专项整治，省委涉粮专项巡视和州委巡察反馈问题全部整改完成，坚持查纠建治并举，着眼根治系统性腐败，全州出台或修订各类涉粮文件制度173件，靠制度管权、管粮、管人的长效机制初步建立。开展日常执法督查，检查粮食储备企业9家、生产企业60家、经营单位100余家，保证粮食市场有序平稳。创新监管形式，推行信用监管，完成72家企业信用评价，对信用评价较差的企业提升监管频次、实行重点监管。

（唐　义）

供　销

【概况】 截至2022年年末，全州供销系统通过恢复重建、改造升级等措施，累计建成乡镇基层社92个，村级基层社43个，创办领办农民专业合作社1090个，牵头成立恩施州农产品流通行业协会。坚持“党建带社建、村社共建”，融合村党组织的政治优势和供销合作社的经营服务优势，以党组织领导合作经济形式推进村集体经济发展，在恩施市屯堡乡花枝山村、咸丰县唐崖镇何家沟村、鹤峰县容美镇麻旺村等试点，实行村社共建。以宣传贯彻党的二十大精神为主线，聚焦“两山”实践创新示范区建设实践，撰写相关宣传报道10篇。在“下基层、察民情、解民忧、暖民心”实践活动中，州供销合作社联合社（简称州供销社）党员干部走访企业，村、社区，服务基层专业合作社和市场主体，为其解决在销售、融资、物流运输等方面存在的问题和困难24个。州供销社获得2022年度全省供销系统“832平台”消费帮扶特别奖、获2022年度全省供销系统综合业绩考核市级优胜单位二等奖。

【消费帮扶】 2022年，全州“832平台”线上销售总额19.21亿元，占全国17.36%，占全省74.91%，连续

3年蝉联全国地市州第一位，全州有7个县市排名居全国前10位。全州激活2027个预算单位管理账号、2733个采购人交易账号，完成政府采购总额6.78亿元，完成年初预留份额270.12%。8个县市均超额完成年初预留份额采购任务，超额4.27亿元。继续实施消费帮扶企业奖励政策，对“832平台”供应商企业综合排名前15名共奖励300万元。加大产销对接力度，抓住武汉市对口帮扶机遇，开展春茶纾困行动，武汉市场春茶销售额2618.27万元。举办2022年消费帮扶·恩施州农副产品（厦门）品尝推介会、“助力恩施茶，见证楚商情”楚商助农直播、“助力恩施茶，见证楚商情”楚商助农直播等产销对接活动，线上线下促销2000余万元。

【培育壮大社有企业】 2022年，《恩施州供销社持续深化社资社企改革实施方案（2022—2024年）》印发，《恩施州供销社合作发展基金管理办法》印发，将本级社有企业上年度社有资产的收益，按不低于20%的比例注入本级合作发展基金，引导基金使用向社有企业控股、保供稳价、农业社会化服务等方向倾斜，构建社有资产和社有资本为农服务的长效机制。州供销社资产经营管理有限公司(直属社有企业)出资注册组建恩施硒茶茶业集团有限责任公司(简称恩施硒茶集团)，完成部门组建和人员招聘前期工作，联合茶叶生产、流通企业，开展社会化服务，运营恩施硒茶品牌，根据全省打造供销“九大商”［大茶商、大粮商、大棉商、大渔商、大虾商、大果商、大菜商、大药商、大农资（肥）商］工作部署，打造恩施“大茶商”；增资控股恩施鑫硒电商公司，打造农村电商骨干企业，在各县市开展“832平台”电商业务培训1000余人，全年恩施鑫硒电商公司实现销售收入3708万元。

【流通体系建设】 2022年，全州供销系统商贸流通体系建设健全，各县市建立生产生活应急物资储备中心，恩施市、鹤峰县建立县域集采集配中心，经营服务网点向农村和城乡社区“两端”发展，60%的行政村基本建有快递物流综合服务网点，初步形成县有综合集配中心、乡镇有综合超市、村（社区）有综合服务社的商贸流通体系。推进农贸市场标准化改造和数字化升级，改造重建来凤县城北大市场，数字化升级鹤峰县海通农产品批发市场，上线微信小程序，带动商户198户，实现销售总额1800万元。与北京香哈网络股份有限公司签订《恩施州农特产品供应链数字平台招商引资合同》，推动恩施州农产品供应链体系建设。建设冷链仓储物流设施，建成“832平台”武汉销地仓、宣恩产地仓、恩施产地仓各1家。布局社区供销保供超市，州城开设13家，计划开设50家。

【农业社会化服务】 截至2022年年末，全州供销系统共托管土地48226.67公顷，农业社会化服务规模为166253.33公顷次，累计帮助企业获得银行贷款1500余万元，拓展农业社会化服务功能。按照“共谋、共建、共管、共治、共享”要求，争取项目资金，申报美好环境与幸福生活共同缔造试点村41个。州供销社资产公司列支乡村振兴为农服务资金97.29万元，较2021年增加38.44万元，主要用于支持驻村产业发展、人居环境改善、基层社奖补等。州供销社资产经营管理有限公司2022年对承租社有资产的中小微企业、个体工商户减免租金268.47万元，优化营商环境。

【推广“两网融合”】 2022年，州供销社在恩施市太阳河乡、舞阳坝街道，咸丰县活龙坪乡等地持续推进供销合作社“两网融合”（再生资源回收利用网络与农村环卫清运网络融合）试点创建。探索校企合作，先后与湖北民族大学、湖北恩施学院签订战略合作协议，让垃圾分类进校园。加强社企合作，州供销社参股企业湖北汇嘉庭再生科技有限公司开展废钢和有色金属回收3000吨，营业额600万元，经营网点60余个，基本覆盖恩施市所有乡镇。参与住建等部门农村生活垃圾收运处置体系建设管理提质增效工作，促进农村生活垃圾减量化、资源化、无害化，提升农村垃圾分类处理和资源化利用水平。

【恩施州供销合作社第三次代表大会】 2022年12月16日，恩施州供销合作社第三次代表大会召开（1989年3月第二次代表大会召开后，因多种原因中断33年），80名代表参会。此次会议听取和审议州供销合作社理事会工作报告；审议州供销合作社监事会工作报告；修订《恩施州供销合作社联合社章程》；选举产生新一届理事会、监事会并在新一届理事会、监事会第一次全体会议上选举产生第三届理事会主任、副主任及监事会主任，审议通过《恩施州供销社合作发展基金管理办法》。

（向　妮）

2022年7月24日，恩施市首家24小时云值守供销保供超市在金子坝街道金龙社区盛和景园小区开业　（州供销社 供稿）

烟草专卖

【概况】 2022年，州烟草商业系统落实“疫情要防住、经济要稳住、发展要安全”要求，围绕“强基础、利长远、抓规范、谋跨越”工作思路和“高质量发展深化年”主线开展工作，经济运行总体稳中有进、稳中提质。全年实现销售收入、利润、税收分别为59.14亿元、14.62亿元、11.24亿元，增幅分别为7.35%、3.96%、4.17%。

【烟叶生产】 2022年，全州收购烟叶83.91万担，烟农实现现金收入13.57亿元，同比增加1.48亿元，多元增收4.07亿元，实现烟叶税收2.97亿元，同比增加2800万元。通过推进高油分+高可用性上部烟叶定向开发，将上部烟叶带茎采烤作为提高上部烟叶质量关键措施推广，烤烟收购上等烟比例68.16%，同比增加1.94个百分点，上部烟比例31.68%，同比增加6.54个百分点，下低等烟比例2.34%，雪茄烟茄衣在国内率先实现批量调拨、扭亏为盈。全州建成万担乡31个、千亩村119个。

【卷烟营销】 2022年，坚持“总量控制、稍紧平衡、增速合理、贵在持续”工作方针，做好营销策略、终端建设、品牌培育、基础管理等结合文章。销售卷烟10.17万箱，同比增加1980箱，增幅1.99%；单箱均价38547元，同比增加1779元，增幅4.84%。实现销售收入39.2亿元，同比增加2.5亿元，增幅6.9%，实现毛利11.78亿元，同比增加8600万元，同比提升7.92个百分点。

【专卖管理】 2022年，突出抓节点、抓重点、抓难点、抓亮点，实施专卖、营销、物流“三方协同”互动，加强重点区域、重点对象、重点环节专项整治，全年查处涉烟案件659起，查获非法卷烟1864.3万支，烟叶等原辅材料114.65吨，案标值1969.67万元，申报国标、省标重大案件13起。构筑烟叶全过程闭环监管体系，深化电子烟产业法治化规范化发展，实现全州电子烟生产“四个第一”，即现场实地核查全国第一家、颁发企业生产许可证全国第一批、烟碱企业数量和产能全国第一位、烟碱原料和烟碱实现全国交易第一单。

2022年4月22日，恩施市烟草专卖局（营销部）举行揭牌仪式

（吴琼辉 供稿）

【服务乡村振兴】 2022年，全系统投入资金587万元，抽调66人组建22个乡村振兴工作队，以“七个一工程”和“一县一品牌”工程为着力点，通过巩固脱贫攻坚成果省级后评估，实现由集中资源脱贫攻坚向全面推进乡村振兴的平稳过渡。

【基础设施建设】 2022年，全州投入“烟基”项目建设资金3590.66万元，建设“烟基”项目2600件。烟基建设年度任务完成，农机农艺融合，1个水源工程竣工验收，土壤保育和绿色防控技术落实，烟区生态环境和生产条件改善。

【企业文化】 2022年，以省烟草专卖局“知行”文化为引领，加强恩施烟草“山文化”建设，将企业文化建设与精神文明创建、法治建设、基层创优等相结合。1人获评湖北省第六届“荆楚工匠”称号，2人获行业第三届烟草栽培技能比武一等奖、5人获二等奖，1人获评行业“最美科技工作者”称号，1人获评行业“最美物流人”称号。

（吴琼辉）

盐业经营

【概况】 2022年，湖北盐业集团有限公司恩施分公司购进各类盐13398.57吨，其中购进小袋盐11527.55吨，购进食品加工用盐（含海湖盐）1638.05吨，购进工业盐（含饲料添加剂）232.95吨。购进商品糖1416吨；全年销售各类盐13867.60吨，其中销售各类小袋盐11342.95吨、销售食品加工用盐2325.65吨（含海湖盐）、销售工业用盐199吨。销售商品糖1234吨。

【市场营销】 2022年，面对新冠疫情多轮冲击和经济下行压力，公司围绕精细化管理和效益提升，系统谋划经营管理、提质增效等各项工作，通过全渠道、全品类推广使用网上订货系统，加强过程营销管理，加大终端市场维护，推进盐糖互促模式等，持续优化产品销售结构，提升企业盈利能力，为消费者提供优质、健康、安全的盐糖产品，保障群众“舌尖上的安全”。

【国资管理】 2022年，公司推进资产运营管理，规范资产管理，保证资产保值增值。资产租赁坚持公开竞价招租为主，以协议谈判为辅，综合事先资产评估、委托第三方机构网络挂牌、招商、竞价竞争等方式，保证租赁收益最大化。为防范化解风险隐患，对系统内部分老旧仓库、办公室及院坝进行维修改造。为落实新冠疫情防控期间国有资产出租租金减免政策，支持社会经济发展，公司全年向全州盐业资产租户减免租金171万元。

【企业管理】 2022年，公司制定差错管理、信息管理、车辆管理、安全管理等方面的规范性文件，修订费用报销领域的纪律规定。还与各县市公司、机关各部门、房屋承租方、其他关联人员层层签订安全生产责任书，建立安全生产工作台账，落实月度巡视自查制度，定期组织检查，消除安全隐患。

（张　霞）

石油销售

中国石油天然气股份有限公司湖北恩施销售分公司

【概况】 2022年，中国石油天然气股份有限公司湖北恩施销售分公司累计实现成品油销售12.95万吨，实现非油销售4562万元，油品质量抽检合格率100%，安全环保责任事故为零。年末分公司在岗员工286人，属于湖北公司二类A档地市分公司。分公司获评湖北销售公司2022年度安全生产先进集体。

【油品营销】 2022年，公司根据市场需求，推进复工复产，坚持量效并举，发展质量持续向好。在油品销售上，加强资源协调，实行统一配送，保障恩施地区成品油供应。在客户开发上，依据重大工程项目，加大机构客户开发与维护，通过优化服务环节，打造“会员日”品牌。分公司红庙开发区加油站获评“中国石油天然气集团有限公司2022年度巾帼建功先进集体”。

【非油销售】 2022年，公司按照非油年度目标，加强专业线管理，发挥全员销售能动性，非油业务快速发展。结合恩施市场消费特点，突出旅游品牌特色，拓展非油业务空间。围绕农业、农村、旅游方向，开展化肥销售，与各大景区联合开展“旅游惠民”活动，新增美团、分销、直播“三大线上业务”，提升单店销售能力。年销售超过百万元的便利店25座。

【职工队伍建设】 2022年，公司坚持以人为本的管理理念，关注青年员工价值追求和发展诉求，主动解决基层反映的热点难点问题，属地化用工在95%以上。落实国有企业社会责任，全年招收恩施本地员工30名，为本地青年劳动力提供家门口的就业岗位。

【安全环保】 2022年，公司严守“三条红线”，推进质量管理和HSE体系建设，落实直线责任和安全管理“一岗双责”，加强全员安全意识，保障分公司安全平稳运行。围绕“大安全格局”建设，推进健康企业创建，落实疫情防控常态化机制，保证员工及家属零感染。12月22日，分公司建始高坪加油站29秒扑灭进站货车大火，在8个县市商贸（成品油）领域分享高坪站应急处置安全经验。

2022年4月，恩施石油分公司在州、县2级组建服务提升示范队，在全州系统内对一线员工进行新标准、新要求、新流程培训

（中石油恩施分公司　供稿）

【现场管理】 2022年，公司加强油品、非油销售合规管理，细化加油站员工二次考核，提升现场服务水平，保障客户消费权益。推进加油站绿化建设，创造更加优质的消费环境。加强现场环境卫生管理，保持微笑服务、跑动服务和“三声服务”，城区加油站提供免费热水、充电、休息室等增值服务，丰富客户消费体验，树立品牌形象。

（张如燎）

中国石化销售股份公司有限公司湖北恩施石油分公司

【概况】 2022年，中国石化销售股份有限公司湖北恩施石油分公司实现成品油供应总量42.4万吨，实现销售收入39.47亿元，上缴税收2597.8万元。公司客户评价满意率排名全省第一。州公司、铁路油库及宣恩莲花、恩施新塘站分别被省公司授予年度HSE管理先进，铁路油库主任罗维林被省政府表彰为“全省社会消防工作先进工作者”。成立恩施州第一座加油站党支部——中国石化恩施七里高速加油站党支部，开展基层党建创新实践探索。

【提升服务】 2022年，公司发挥成品油销售市场的主渠道作用，利用遍布于城乡119座加油站的网点优势，主动融入地方旅游产业发展，开展“加油站服务提升百日竞赛”活动。对现场停车线、引导标识、禁停线刷漆翻新；对罩棚立柱、墙面污垢进行清理；对厕所进行维修，布置绿植，对外开放为接待游客厕所。各加油站持续开展定制化管理和绿化、清洁、翻新小改造，坚持“周五设备保养日”活动。实施夜间亮化工程，所有加油站在夜间实行罩棚、便利店灯具全开，增强加油站在夜间的辨识度和视觉效果，增设22座24小时营业站。对非24小时营业站实行“三个一”（即晚上12点以后罩棚开1排灯，便利店外安装1个门铃、公布1个联系电话），保证客户随到随加油。州、县两级机关组建9支服务提升示范队，历时21天对全州118座加油站的500余名一线员工进行“加油服务六步法”“室内收银五步法”、交接班仪式等标准化教学培训。

【安全管理】 2022年，公司持续加强“依法合规、优中提档”意识，完善巡站督导、督查监控等日常监督工作机制，推动各项基础工作规范执行到位。坚持问题导向，管控好关键环节和关键问题，各线条人员走出办公室，落实“发现问题在一线、解决问题在一线”要求，建立“发现问题—督促整改—复查验收—考核问责”的闭环管理。分类制定责任清单、工作清单、整改清单，加大督办力度。加强“承包商、承运商、供应商”管理，构建全方位、多角度的风险防控体系。

【公司改革发展】 2022年，公司制定《基层管理人员综合考核评价办法》，高于省公司3%的标准，执行6%的末位不胜任退出；定编精简州、县两级机关人员，梳理岗位职责，按责定岗。出台《站长履职管理办法》，实行末位淘汰制，先后调整9名站长。新建投营综合加能站1座（恩施金桂加油站）、新建充电桩和光伏发电站1座、形象改造8座站、取得加油站建设用地3宗、升级改造铁路油库7个项目，总投资2.3亿元。

【履行社会责任】 2022年，公司面对恩施铁路油库超负荷运行压力，协调周边油库，加大万州出库量，并实现张家界跨库提油，保证油品供应。优先保障救护车、医护车、物资保供车辆在新冠疫情防控工作中的交通运输用油。开展油品升级行动，完成119座在营加油站汽油油品从国VIA至国VIB置换升级工作和30座加油站“爱跑98”汽油置换工作，推广高于国家和地方标准的经济型、环保型、动能性更强的“爱跑98”汽油，提高能源清洁利用效率，改善空气环境质量。开展社会公益行动。在州城及7个县市中心城区打造“司机之家”4座、爱心驿站5座，免费为长途货车司机、广大户外劳动者提供住宿、洗澡、洗衣、开水、寄存物品、加热食物、读书看报、手机充电、药箱等服务，解决新就业形态劳动者们吃饭难、歇脚难、如厕难等问题。组建救援小分队，参与鹤峰县消防救援大队开展的“社会加油站油罐车侧翻事故”应急抢险。

（李 梦）

金　融

Finance

地方金融

【概况】　2022年，恩施州地方金融工作局围绕服务实体经济、防范金融风险、深化金融改革等重点任务，根据服务恩施创建“两山”实践创新示范区建设，坚持新发展理念，落实高质量发展要求，统筹推进金融稳定、发展、改革各项工作。全州银行机构17家，其中地市级分行8家，包括政策性银行1家（农发行）、国有大型银行5家（工行、农行、中行、建行、邮储银行）、城商行2家（湖北银行、汉口银行）；有地方法人银行机构9家，包括县市农商行8家和村镇银行1家，有银行业机构网点388个，从业人员5039人。全州有保险机构35家，其中财险公司18家，寿险公司17家，保险机构网点数314个，保险从业人员1.5万人。全州有证券公司2家分支机构（华泰证券、长江证券），开设的股票基金账户11.62万个。

【服务实体经济】　2022年，州地方金融工作局协调加强信贷投放，组织开展2022年金融早春行，常态化推进金融助工业、助茶叶、助外贸、助科技融资对接，全州举办银企对接活动超100场次。坚持按月分析调度，按季度“一行一策”考核银行机构支持地方经济发展成效（考核结果作为财政资金竞争性存放依据）；按月考核县市争取信贷资金投放情况。全年全州各项贷款余额1607.14亿元，贷款净新增161.91亿元，加上当年核销的不良贷款14.82亿元，实际新增贷款173.25亿元。

【保障重点领域融资需求】　2022年，州地方金融工作局协调落实国家、省、州出台的稳增长政策措施，推出60项措施和金融支持房地产健康发展6条措施，协调引导做好企业融资接续支持。全州普惠型小微企业贷款余额296.47亿元，较年初增长18.74%，累计为市场主体减费让利近1亿元。州政府与农发行湖北省分行签订战略合作协议，协调银行机构加强对重点项目、新增政府债券项目和政府基金项目融资支持。全州新增支持重点项目101个，金额80.17亿元；争取国家基金支持项目15个，金额18.98亿元。

【推进金融改革创新】　2022年，根据州政府《关于积极开展农业保险助力乡村振兴八条措施》，支持县市发展蔬菜、茶叶、肉牛、中蜂、中药材等地方优势特色农产品保险。全州地方优势特色农产品保险实现保费收入5561万元，同比增长40.1%；累计支付赔款2353万元，同比增长88.6%。其中茶叶、蔬菜和中药材等保险实现保费收入1470万元，累计提供风险保障超过4亿元。根据州金融领导小组办公室《恩施州“农保贷”业务试点方案》，探索开展农业保单质押贷款，投放保单质押贷款1676万元。推广运用农村土地经营权抵押贷款，从聚焦支持农村土地规模经营主体、解决流转经营权证办证难题、加强政策协同等方面发力。全州投放农村土地经营权抵押贷款5341.2万元。该项工作获省相关领导批示，要求在全省复制推广。

【资本市场建设】　2022年，州地方金融工作局优化奖补政策，实行企业上市奖励无申请兑付，兑现2021年“四板”挂牌奖补资金141万元。精选10家新三板创新层后备企业、7家新三板挂牌与北京证券交易所上市后备企业进行培育。全州有在证监会在审企业1家，新三板挂牌企业1家，“金种子”企业6家，“银种子”企业10家，州级尖子企业50家，“四板”挂牌企业278家。

【地方金融监管】　2022年10—11月，州地方金融工作局对类金融机构开展“双随机、一公开”现场检查和非现场检查。结合地方金融组织监管实际，开展融资担保公司的

"双随机、一公开"检查，共检查4家融资担保公司、2家小额贷款公司、1家典当行。融资担保公司9家，小额贷款公司2家，典当行1家。

【防范化解金融风险】 2022年，州地方金融工作局推进非法集资风险稳控工作，严控非法集资案件增量，全年新增非法集资案件2起，低于2021年33.33%，未出现涉及金额1亿元且涉及参与人2000人以上的非法集资大案、要案。推动陈案化解，当年销号4起，销号占比57.14%。年度获全省防范化解金融风险考核前三位。

（向敬轩）

银行保险监督管理

【概况】 2022年，恩施州有银行机构17家，包括法人机构9家，城市商业银行一级分行2家，政策性银行1家及5家大型银行二级分行，银行业机构网点388个，其中8个县市城区网点192个，农村乡镇网点196个，银行从业人员（在岗）5039人。有保险公司35家，包括财产险公司18家，人身险公司17家，保险业机构网点314个，保险从业人员1.7万人。全州银行业机构资产总计（本外币合计，下同）2377.31亿元，较年初增加267.28亿元，增幅12.67%；负债总额2320.96亿元，较年初增加262.41亿元，增幅12.75%。全州银行业各项存款余额1959亿元，较年初增加252.94亿元，增幅14.83%；各项贷款余额1607.2亿元，较年初增加161.92亿元，增幅11.2%；不良贷款余额27.53亿元，较年初上升3.99亿元，不良贷款占比1.71%，较年初上升0.08个百分点。全州银行业实现盈利15.18亿元，同比增盈6600万元。全州保险市场累计实现保费收入65.5亿元，同比增长4.72%，各项赔款及给付22.2亿元，承保利润1.17亿元。2022年，恩施银保监分局获湖北银保监局系统先进基层党组织、攻坚克难先进党组织、新闻舆情工作先进单位、湖北金融系统五四红旗团委以及恩施州政绩目标考核优秀单位、恩施州平安建设优胜单位、全州共青团工作先进单位等多项荣誉，分局职工文治成当选党的二十大代表。湖北银保监局到分局调研指导4次。分局金融支持稳增长、防范法人机构风险、全州农业保险发展等相关工作获州委、州政府领导批示肯定8次。

【防范化解信用风险】 2022年，分局强研判、重处置，防范化解信用风险。分局召开审慎监管会议13次，下发监管通报36份、风险提示书10份。定期对不良贷款余额、逾期贷款率等资产质量指标进行监测分析，形成资产质量分析报告5期，动态掌握风险底数。通过资产质量核查、现场检查等方式，督促银行做实五级分类，提足拨备。每半年集中研究一次辖内银行涉及的地方政府债务风险，通过召开专题座谈会、审慎监管工作会、监管走访等方式，督导辖内银行机构不新增隐性债务、不违规化解隐性债务。全年全州银行业累计处置不良债务23.91亿元。

【监测重点机构风险】 2022年，分局抓重点、盯苗头，监测重点机构风险。加强法人银行经营行为监管、信用风险和流动性风险防范，督促补充资本。对法人银行开展资产质量真实性核查，督促相关银行迅速整改省委巡视组反馈的关于农商行隐性不良贷款的问题。按月开展流动性风险监测，指导法人银行制定完善流动性应急预案并定期开展演练。调研法人机构风险情况，向州委、州政府专题汇报法人银行真实风险情况。

【处置重点领域风险】 2022年，分局重源头保稳定，处置重点领域风险。促进房地产市场平稳健康发展。加强与金融局、人行、住建局等职能部门的协同，做好监管账户监控。对辖内部分房地产项目的预售资金监管账户银行管理情况开展核查，对存在问题的银行开展监管约谈并问责。对辖内重点房地产企业进行摸排，并定期监测重点楼盘风险。年末全州房地产贷款不良率1.34%，低于各项贷款不良率0.37个百分点。开展保险中介机构"多散乱"问题整治，辖内专业中介机构较年初减少6家，另外6家"三无"机构办理相关注销手续。组织全州银行机构开展涉企收费专项自查，督导3家银行机构清退不合理收费1.17万元。开展惠民惠农财政补贴资金"一卡通"专项治理"回头看"，向2万余户客户清退短信服务费73.8万元。开展整治"代理退保"黑产乱象专项行动，通过《恩施日报》宣传"代理退保"的危害，向公众征集相关线索。成立安全生产工作委员会，分别召开银行机构和保险机构主要负责人座谈会，制定重点领域风险化解清单，对辖内银行保险机构风险点进行排查。开展多轮安全生产、新冠疫情防控的检查督查，开展防范处置非法校园贷、打击整治养老诈骗等专项行动和防范非法集资宣传月、金融知识进万家等活动，提高金融消费者的防范意识。

【提升服务经济发展水平】 2022年，分局服务实体经济，提升服务经济发展水平，加强金融支持政策落地。联合开展"恩施州金融服务实体经济暨金融信用县市行"活动，推动银企对接融资75.35亿元。引导银行机构通过恩施州"恩融通"平台向64家企业提供贷款10.88亿元。年末全州各项贷款余额1607.2亿元，较年初增长11.2%，高于全省平均水平0.94个百分点。加大对"保交楼"金融支持，配合州直相关部门出台支持房地产健康平稳发展的有关文件，在贷款首付比例和利率方面对首套房购房者予以支持，全州个人住房贷款超95%用于支持首套房。推动农发行争取"保交楼"专项贷款5.74亿元，推动湖北银行发放7000万元贷款用于恒大项目后续建设。年末全州房地产贷款余额539.02亿元，其中个人住房贷款余额392.65亿元。推动银行对接保障性租赁住房贷款8笔15.58亿元。加强对新市民（即原籍不在当地，因工作或上学等各种原因来到一个城市的各种群体的集合统称）金融支持，印发"新市民"金融服务工作方案，召开专题推进会，开展"新市民金融服务宣传月"活动。引导银行创新"新市民"信贷产品125个，引导保险公司推出支持"新市民"保险产品96个。在"恩融通"平台设置"新市民"金融服务专栏，联合团州委等部门持续推广"青创贷"。年末"青创贷"贷款余额2.63亿元，居全省第四位。

【提升服务小微企业质效】 2022年，分局提升服务小微企业质效，引导银行保险机构持续落实国家、省、州稳住经济一揽子政策。年末全州普惠型小微企业贷款余额296.24亿元，较年初增长18.65%，高于各项贷款增速7.45个百分点，有贷款余额的户数8.9万户，较年初增加1.8万户，完成“两增”目标。发放专利商标质押融资贷款10笔4575万元，贷款金额同比增长286.83%。小微企业“银税互动”贷款余额15.25亿元，较年初增长32.72%。发放“专精特新”企业贷款68笔4.47亿元。为10770户小微企业首贷户发放贷款29.06亿元。小微企业信用贷款余额108.19亿元，较年初增长34.15%。小微企业中长期贷款余额437.51亿元，占小微企业贷款的65.76%。督促银行机构落实支持政策，将红利及时让渡给市场主体。年末为中小微企业等市场主体办理延期还本4458笔74.09亿元，为3095户中小微企业办理延期付息10.2亿元。普惠型小微企业贷款平均利率5.93%，较年初下降0.5个百分点，处于历史低位。为2.9万户小微企业减免贷款质押评估费、保险费、抵押登记费等1641.95万元。在实施延期还本付息的基础上，对部分受疫情冲击较大的小微企业实施利息减免2437户1.02亿元。

【支持乡村振兴发展】 2022年，分局提升服务乡村振兴能力，支持乡村创新发展。将恩施市作为省级金融服务乡村振兴创新示范区进行重点建设，恩施市建立“普惠金融工作站”78个。持续推广“整村授信”试点，全州实现行政村全覆盖，累计建档评级农户69.26万户，授信187.56亿元。在全省率先开展“农保贷”业务试点，探索运用农险保单增信，发放6笔580.9万元。激活农村土地经营权融资潜能，引导银行对60家农村市场主体发放农村土地经营权抵押贷款4796万元。引导银行机构推出“抗旱抗疫助农贷”，全年发放209笔5161万元。全州脱贫人口小额信贷余额7.7亿元，逾期率控制在0.35%。金融支持乡村协调发展，督导保险机构落实“农八条”，全州农险保费收入首次超亿元，为46.8万余户农业生产经营主体提供风险保障73.2亿元，服务对象较开办初期翻5倍。其中地方特色优势农险收入6327万元，较2021年同期增加近60%，累计支付赔款4005万元，较2021年同期增长超220%。中央政策性农险保费收入5285万元，同比增长近40%。“防贫保”业务累计提供风险保障217.87亿元。统筹推进银行保险机构绿色金融改革创新试点工作，建立统计监测机制，引导银行保险机构结合“两山”实践创新示范区建设，重点支持生态文化旅游、清洁能源等绿色企业发展和绿色项目建设。年末全州绿色信贷较年初增长31.95%，高于各项贷款增速20.75个百分点。森林保险县域覆盖率达到100%，提供风险保障46亿元。环境污染责任保险提供风险保障500万元。

【推动法人银行公司治理】 2022年，公司聚焦守正创新，促进行业改革发展，推动法人银行公司治理，股东股权和关联交易常态化专项整治工作已实现机构全覆盖。推动机构补齐独立董事等人员缺位短板，将党的领导、服务“三农”和小微企业写入公司章程。持续开展农商行“经营定位与金融服务能力提升”三年行动，8家农商行15项指标全部达标，5家农商行实现监管评级级次上升。恩施农商行作为全省唯一一家农商行被纳入银保监会重点监管信息报告机构。支持银行机构设立乡镇支行2个，保险公司设立县级支公司3个，完善乡镇金融服务网格。加强县域存贷比提升措施，全州存贷比82.04%，排名全省第五，8个县市存贷比均超过60%。

【推动保险领域改革】 2022年，公司推动保险领域改革，专属商业养老保险试点取得突破。6家试点公司承保169件，实现保费收入近200万元。大病保险扩容提质，94%以上城乡居民享受大病保险保障，实现保费收入2.4亿元。车险综合改革成果持续巩固，辖内车险承保利润率8.3%，全省排名第二。联合市场监管部门推进食品安全责任保险，提升区域食品安全保障水平。为6家出口企业提供出口信用风险保障近5000万元。

【增强监督管理能力】 2022年，公司增强监督管理能力，加强法治宣传教育，开展国家安全教育日、宪法宣传周、旁听庭审等活动，加强干部职工的法律素养。规范行政处罚权力运行，开展行政处罚不规范行为专项清理问题整改，对“应立未立”案件进行立案调查。对2家银行、4名责任人实施行政处罚。成立恩施州银行业保险业消费者权益保护中心，联合州直部门成立恩施州农业保险理赔纠纷调解委员会，与州法院建立诉调对接工作机制，联合州司法局建立涉及保险理赔司法鉴定工作机制，构建多元联动的矛盾纠纷解决方案。年末累计办理投诉328件，办理举报171件，分别较2021年同期增加85件、56件。落实湖北银保监局关于地方中小法人银行机构“清零行动”部署和农险经办机构三年全覆盖的要求，对3家法人银行机构及3家农险经办机构实施现场检查。创新开展现场检查“领头雁计划”，编制《主查人工作指南》，开展主查人技能培训、优秀主查人评选等工作，从年轻干部中培养一批负责任、敢担当、能力强的主查人。

【提升非现场监管水平】 2022年，分局修订非现场监管分析制度，按季度召开非现场监管委员会联席会议，集体分析研判辖内风险形势。组织开展数据安全监督检查和监管数据安全风险排查工作。定期通报辖内银行保险机构数据质量情况。组织开展EAST培训和劳动竞赛，派员参加湖北银保监局智能检查室轮训，提升监管干部的智能检查水平。分局在全省非现场监管后评价中被评定为优秀，在全省EAST系统技能竞赛中获推广应用先进单位二等奖，脱贫人口小额信贷用途监测模型获银行类模型创新一等奖。

【落实从严治党责任】 2022年，公司聚焦主体责任，全面从严治党。开展“下基层、察民情、解民忧、暖民心”实践活动，组织党员干部走访群众70余次，走访调研乡村振兴联系点4次、银行保险机构33家次、小微企业17家。参加党风政风热线直播节目6人次，解决群众急难愁盼的问题。分局党史学习教育工作在湖北银保监局系统进行经验交流。分局职工、党的二十大代表文治成在局机关、辖内部分银行保险机构、乡村振兴联系点等开展宣讲活动10余次，银保监会官微、《金融时报》《中国银行保险报》、中国金融新闻网等媒体宣传报道21次。联合《恩施日报》组织开展全州银行业保险业《奋进新征程，建功新时代·非凡十年》特刊宣传活动。落实发展党员工作，梳理细化发展党员、支部选举的工作流程，按规定程序吸纳5名入党积极分子，确定3名发展对象，接收3名预备党员，另有3名预备党员转正。选用重用年轻干部提拔7名年轻干部，分局青年中层干部占比近80%。深化党建监管融合，分局党委班子落实“一岗双责”，推动形成“党建搭台、监管唱戏”的工作格局。拓展“党建+整村授信”项目，实现行政村全覆盖。开展监管干部以权谋私专项检查、个人投融资排查、领导干部近亲属禁业排查、公款购买礼品专项排查清理等专项工作，开展落实中央八项规定精神情况开展专项监督检查，督促责任部门抓实问题整改。建立分局纪检部门与机构监管部门、银行保险机构纪检部门三方联动机制，加强与法人银行机构纪检部门的衔接协作，互相共享违规违纪违法信息、监管监督工作动态等20余条，共建共守“亲”“清”监管关系。对7家银行保险机构开展廉政回访，督导银行保险机构培育清廉金融文化建设示范点23个。分局纪检工作在湖北银保监局系统2022年考核中被评为优秀。

（熊　珺）

银行业

中国人民银行恩施州中心支行

【概况】 恩施州银行机构17家，其中政策性银行1家、国有商业银行5家、城市商业银行2家、地方法人机构9家，各级分支机构（营业网点）385个，从业人员5135人。截至2022年12月末，全州银行机构存款余额1990.74亿元，比年初增加262.49亿元，同比增长15.19%；贷款余额1607.19亿元，较年初增加161.92亿元，同比增长11.2%。信贷结构持续优化，普惠小微、科创金融、绿色金融等领域金融支持力度加大，年末恩施州小微企业贷款余额436.32亿元、同比增长8.16%，普惠小微、科技、绿色、信用贷款增幅分别达到17.86%、42.53%、31.95%、63.59%。恩施州保费收入65.46亿元、比2021年增长4.74%，其中，产险22.03亿元、增长11.04%，寿险43.43亿元、增长1.8%；理赔金额21.91亿元、增长6.2%。恩施州证券交易户数10.67万个，同比减少5.24%；证券交易额52.3亿元，同比减少4.12%。

【落实货币政策】 2022年，人行恩施州支行运用各类货币政策，为实体经济恢复发展营造良好的货币金融环境。4月、12月各降准0.25个百分点，累计释放长期流动性6.75亿元，发挥结构性货币政策工具的精准滴灌作用。用好再贷款再贴现货币政策，年末全州再贷款余额36亿元，其中全州支农再贷款余额28.3亿元、支小再贷款余额7.7亿元，再贴现余额0.78亿元；普惠小微贷款支持工具落地650万元，撬动约3亿元普惠小微贷款增量。促进实际贷款利率下降，年末普惠小微贷款平均利率较年初下降0.49个百分点，处于历史低位；地方法人银行运用再贷款发放的贷款平均利率不超过5.5%。年末全州金融机构人民币各项贷款余额1607.19亿元，同比增长11.2%，较年初增加161.92亿元，同比多增14.37亿元。

【金融纾困政策措施】 2022年，人行恩施州支行推动构建“1+*N*”的金融纾困政策体系，出台金融措施10条（即恩施“金十条”），印发《关于进一步改进恩施城区金融服务工作的通知》《恩施州重大项目银企对接工作方案》等多项政策方案，帮助市场主体纾困。深化银企对接，先后举办80余场线上线下银企对接活动，牵头开展“金融信用县市行”，签订 147笔、75.35亿元的银企合作协议。加强受新冠疫情影响行业企业政策支持，加大对交通运输、批零住餐、文旅等重点领域和困难行业的金融支持力度，对接52家重点名单企业合理融资需求。加大对小微企业贷款延期还本付息支持力度，累计为中小微企业办理延期还本4371笔，涉及贷款金额68.24亿元；为3095户中小微企业办理延期付息10.19亿元。加大对创新创业支持力度，累计发放创业担保贷款18.3亿元，贷款余额28.96亿元；针对青年创新创业群体，累计投放“青创贷”2.63亿元，位居全省前列。

【重点领域金融支持】 2022年，人行恩施州支行发挥政策性开发性金融作用促进有效投资，投放农发基金15笔18.97亿元，占全省23.38%、居全省第二。支持国民经济重点领域，推动碳减排贷款落地，已授信5亿元、投放近1亿元；抢抓设备更新改造再贷款额度，全州9个项目超4亿元贷款完成审批；推动交通物流再贷款发放，全州33家市场主体获授信4500万元。提升专精特新、小微、科创、绿色发展等领域服务质效，省级专精特新企业年内获贷3.2亿元，普惠小微、科技、绿色、信用贷款增幅分别达到17.86%、42.53%、31.95%、63.59%。普惠小微贷款年内新增45亿元、贷款户数新增1.4万户。保障项目建设融资，截至12月末，为154个重大项目投放150.63亿元。推动创新金融服务模式和产品，首创“见贷即保”融资增信服务模式，破除中小微企业融资增信瓶颈；探索“再贷款+商标权质押贷+担保”模式为“利川红”投放商标质押贷款；引导推出“跨境贷”“电e贷”“农地贷”“抗旱抗疫助农贷”等信贷产品；推广政采贷信用融资模式，实现政采贷线上业务“零的突破”。

【金融支持乡村振兴领域】 2022年，人行恩施州支行挖掘金融服务乡村振兴深度，引导金融资源持续流向“三农”领域。年末涉农贷款余额974.53亿元，同比增长117.02亿元、增幅13.65%。推进“整村授信”，全州“整村授信”累计授信农户及新型农业主体户数40.08万户，授信金额238.33亿元，用信113.21亿元。利川“整村授信”、鹤峰茶产业“整链授信”纳入全省优化营商环境先行示范区试点。其中鹤峰茶产业“整链授信”作为典型经验在全省推广。落实过渡期内脱贫人口小额信贷政策，年末全州脱贫人口小额信贷贷款余额7.81亿元，贷款户数1.79万户。推动农村土地承包经营权抵押贷款增点扩面，推动出台

《关于在全州开展农村土地经营权抵押贷款助力乡村振兴的指导意见》，盘活农村存量资产，年末全州农村土地承包经营权抵押贷款55笔、余额9316万元。加强农村信用体系建设，推动地方政府将涉农信用信息归集应用纳入全州乡村振兴总体规划；指导宣恩县新型经营主体信用信息数据库启动。

【防范化解金融风险】 2022年，人行恩施州支行通过压力测试、金融稳定评估、资产质量真实性核查和央行金融机构评级等，开展常态化风险动态监测。制定地方法人银行机构风险处置化解二级措施清单，对不良贷款化解、资本补充、成本压降等进行清单式管理，推动地方法人银行风险化解。做好金融支持“保交楼”工作，牵头出台《恩施州“保交楼、稳民生”专项借款资金使用管理方案》，拨付专项借款资金5.74亿元用于支持辖内15个符合条件的楼盘项目，居全省前列。加强金融生态环境建设，打击逃废债行为以及非法集资和非法金融活动，维护金融债权，改善优化辖内金融生态环境。恩施州连续15年成功创建“湖北省金融信用市州县”。

【金融服务和管理】 2022年，人行恩施州支行建立“恩施州金融综合服务中心”，持续推广“楚天贷款码”、账户开立、征信查询等“一站式”服务，相关工作获州政府领导肯定性批示。优化支付服务，推广简易账户服务，压减企业开户时长；深化农民工工资跨行代发服务，作为全国首批4个试点城市，率先上线运行全国一体化农民工工资监管平台，加强农民工工资资金源头监管。加大反洗钱打击力度，坚持“打防并重”，建立“三三三”反洗钱协作机制，推动辖内洗钱案件审理；加大反洗钱知识宣传力度，将反洗钱知识融入恩施民歌，改编完成《反洗钱六口茶》。累计播放21万次，受众人数超100万人。加强现金管理，指导巴东以惠农金融服务站、助农取款点等便民小站点为主要阵地，打造边远农村地区现金服务新机制；探索构建整治拒收人民币现金网格化管理体系，建立“银行网点+周边商户”对口服务模式。优化国库服务，支持大规模增值税留抵退税工作，年末辖区各级国库办理增值税留抵退税业务金额达11.33亿元；探索建立“乡镇国债服务站”，提升农民群众线下购债体验。持续整治征信市场，实现涉“征信”诈骗案件清零，涉“征信”违规企业完成清理。提升外汇服务质效，加强银行外汇业务监管，通过准入、监管、考核三个环节的把控，促进银行外汇业务规范办理；推进“一主四化三公开”工作思路，促进贸易投资便利化。开展金融消费者权益保护，累计受理消费者投诉42件，办结42件，办结率100%，评价满意度95.24%，维护金融消费者的合法权益。

（佘　倩）

2022年5月18日，人民银行恩施州中心支行联合有关部门设立的恩施州金融综合服务中心投入运行

（佘　倩　供稿）

中国工商银行股份有限公司恩施分行

【概况】 2022年，工行恩施分行全方位服务恩施州经济社会发展，参与乡村振兴，开展普惠金融，关注民生，各项工作达到州委督查考评办2022年度州直单位目标考核工作评价要求。

【支持乡村振兴】 2022年，工行恩施分行加快涉农贷款投放，成立服务乡村振兴团队，通过投放贷款、展期续贷、创新拓贷等措施，推动涉农贷款快速发展。加快推进“整村授信”工作，在省分行乡村振兴驻点村来凤檀木湾村开展“整村授信”试点工作。实现9个行政村、村民信息录入全覆盖，录入信息2302条。实现融资授信3户，授信额度26万元。加快推进“兴农通”信贷直通车的融资授信，通过“信贷直通车”进行贷款申报，申报10户、申报金额1270万元，实现投放7户、金额1151万元；楚农直通车开通20户，融资3098万元。

【支持发展】 2022年，工行恩施分行围绕全州“大交通、大旅游、大产业、大项目”发展战略，支持“两山”建设，主动对接基础设施、清洁能源、医疗卫生、科技创新、重点制造业等领域的相关项目，持续拓展金融服务覆盖面，加大信贷投放力度。按州委、州政府关键领域、重点项目推进要求，分别为利咸高速、宣恩湘建水务、利川夷水水务、巴东沿渡河水电等项目进行贷款支持，已申报5笔，分别涉及医药、燃气、水利水电、建筑工程、商业贸易等各行业。年末全行制造业贷款余额23464万元，较年初净增9605万元，绿色贷款余额319716万元，较年初净增49716万元。

【着力“双创”】 2022年，工行恩施分行协助机场路社区和胜利街社区开展“双创”工作，组织志愿服务者下沉社区、落实包保责任、打造文明窗口、优化软硬环境，全方位融入恩施州“创卫创文”工作。首批入驻恩施州金融综合服务中心，首例实现电子营业执照开立对公账户；组织开展“3·15”银行业消费者权益保护教育宣传周活动、“普及金融知识万里行”、“普及金融知识进万家” 等活动。

【关注民生】 2022年，工行恩施分行推进数字化转型，围绕上级行“科技驱动、价值创造”战略思路，构建服务新格局，持续加大智能设备投入，丰富线上金融服务渠道，在疫情常态化背景下发挥线上金融服务优势，提升金融服务便利化水平。以解决客户痛点和难点为切入口，实施“第一个人金融银行战略”通过“云网点”促进线上线下渠道贯通，满足客户非接触服务需求，增强移动金融服务。推出综合金融服务方案，围绕就业、创业、住房、教育、医疗、养老等各项需求，提供全方位、专门化的金融服务体验，建设“工行驿站”惠民服务点，形成公益服务体系，为社会提供多种免费便民惠民服务。

【风险管控】 2022年，工行恩施分行落实金融监管工作要求，执行存款准备金制度、存款保险制度，加强资金风险管控和反洗钱工作，防范打击新型电信网络诈骗、加强涉案账户治理，服务于客户资金安全及金融市场稳定有序。完善信贷制度建设。制定并出台信贷领域风险防控10项机制文件，内容涵盖贷款“入口”“闸口”“出口”等“三道口”管理的全过程，指导全行信贷业务健康发展。开展业务检查及日常监测。组织专人先后进行线上经营快贷、押品管理、法人不良贷款管理等专项检查。围绕大户和重点领域开展信贷监测检查，全年召开12次大户风险联防联控分析会。

（汤祥松）

中国建设银行股份有限公司恩施分行

【概况】 2022年，建行恩施分行支持恩施疫后重振和发展，党的建设和各项业务发展取得新进展、新突破。5月10日，中国建设银行恩施分行共青团员胡可心被湖北金融团工委授予“湖北金融系统优秀共青团员”。

【经营效益】 2022年，建行恩施分行实现中间业务毛收入1.16亿元，中间业务净收入8546万元；实现账面利润3.11亿元；2022年为地方贡献税收3113.03万元。

【负债业务】 2022年，建行恩施分行一般性存款余额186.67亿元，较年初新增21.66亿元，日均余额173.63亿元，较年初新增17.56亿元。

【资产业务】 2022年，建行恩施分行各项贷款余额161.64亿元，较年初新增8.06亿元。全年累计实现信贷投放55.5亿元，其中发放对公贷款29.4亿元，包括发放全州首笔保障性租赁住房贷款2000万元、首笔大中型科技创业贷款2500万元；发放个人类贷款（含信用卡）26.1亿元。普惠金融贷款新增3.75亿元，普惠客户新增1717户，建行系统内全省排名第一。

【服务乡村振兴】 2022年，建行恩施分行推进金融服务乡村振兴。加大涉农贷款投放力度，全行涉农贷款余额48.47亿元，其中农户贷款余额11.62亿元，较年初新增4.86亿元。通过建行裕农通服务点（指建设银行在乡镇、村通过布放银行卡受理终端设备或裕农通App，向持卡人提供助农取款、转账汇款和余额业务查询、代理缴费等业务服务的指定合作商户点）打通农村金融服务的“最后一公里”。全年全州裕农通服务点2051个，乡村覆盖率91%，全量活跃服务点1999个，活跃率97.5%，农户签18277户，较年初新增7154户，村服务点229个，较年初新增89户。做好全州8个乡村振兴驻村工作队管理，调整驻村工作队员8人次，行领导到各定点帮扶村开展调研指导14次，向上级行申请乡村振兴定点帮扶捐赠资金10万元，用于巴东县周家坪村产业升级项目；组织发动全员开展消费帮扶，帮助销售宣恩高罗白柚、猕猴桃、巴东伦晚脐橙等农副产品，通过“832平台”购买茶叶，累计帮扶金额超过135万元。

【社会责任】 2022年，建行恩施分行践行带上员工做公益、带着客户做公益、带动机构做公益、融合业务做公益的“三带一融合”（带上员工做公益、带着客户做公益、带动机构做公益、融合业务做公益）理念，开展志愿公益活动，履行社会责任。联合恩施银保监分局、恩施金融团工委开展公益植树活动、组织全行员工开展“学雷锋行动月”衣物捐赠活动、“爱心献血”活动、“智慧助老”进社区志愿服务活动、“关爱留守儿童，助力乡村振兴”捐赠活动，募集爱心大礼包503份。

（苏 霜）

中国农业银行股份有限公司恩施分行

【概况】 2022年，农行恩施分行各项存款时点余额228.61亿元，同行排名第一，较年初上升0.68%；日均余额209.34亿元，份额31.1%，同业排名第一。各项贷款余额192.3亿元，比年初净增19.9亿元，余额市场份额28.21%，比年初提升0.78%，增量份额37.33%，同业第一。实现中收7178万元，账面净利润2.11亿元，实现账面营收7.24亿元，同比增加5100万元。

【担当社会责任】 2022年，农行恩施分行获批项目贷款7笔9.27亿元，储备项目贷款54.3亿元。普惠贷款围绕巩固拓展脱贫攻坚成果，推动乡村振兴，全年累计投放普惠贷款26.61亿元，较年初净增6.12亿元，同业排名第一，实现普惠专项考评、监管考核双达标。发放辖内金融机构首笔供应链融资、首笔政采e贷和首笔中期e贷，办理全省首笔票据池融资业务。个人贷款加大惠农e贷和个人住房按揭投放，全年惠农e贷净增2.34亿元，超额完成全年计划，投放个人住房按揭贷款8.81亿元，净增额全省第五，增量市场份额41%。

【守护平安稳定】 2022年，全行账面不良贷款余额1.66亿元，比年初增加0.68亿元；不良率0.86%，比年初上升0.28%，部分化解风险包袱。表内不良清收处置2.03亿元，同比增加4446万元，其中不良贷款现金清收5665万元，同比多收533万元。

【加强基础管理】 2022年，农行恩施分行规范操作流程，加强合规案防管理和员工行为管理，加大重点领域安全排查力度，全年未发生重大案件、重大风险事件、重大责任事故，实现全年平安发展。

（袁竣珂）

中国银行股份有限公司恩施分行

【概况】 2022年，中国银行恩施分行辖属经营性机构5个，县行网点6个，本级部门9个，年末在职员工234人。年末本外币各项存款余额108.6亿元，较年初新增17.15亿元，增幅18.75%。本外币各项贷款余额119.52亿元，较年初新增5.47亿元，增幅5.98%。连续4年获评反洗钱A类机构的银行。

【信贷投放】 2022年，分行推动资产业务发展，关注全州经济建设方向，按照州委、州政府关于“大交通、大旅游、大产业、大项目”的发展导向，加强对重点区域、重点产业和重大项目的信贷投放，加大对文化旅游、清洁能源、基础设施、教育行业、医疗卫生等重点行业的金融支持力度，累计投放贷款10.09亿元。

【普惠金融】 2022年，分行履行社会责任，做好“六保”（保居民就业、保基本民生、保市场主体、保粮食能源安全、保产业链供应链稳定、保基层运转）“六稳”（稳就业、稳金融、稳外贸、稳外资、稳投资、稳预期）工作，巩固和培育小微企业发展，建立小微企业“四张清单”金融服务机制，普惠金融贷款余额8.72亿元，较年初新增2.97亿元，计划完成率达108%，贷款客户数增长率达30%。

【优化网点渠道布局】 2022年，公司持续将网点改造升级、县域网点增设、自助设备投放导入固化工作，利川支行完成原址升级装修，为客户提供特色化、差异化、多元化的金融服务；立足优质便捷的服务要旨，持续加强厅堂服务，提升现有自助渠道和网上银行业务办理率，推进智能化、专业化转型及电子渠道建设工作，以智能化设备延伸金融服务的广度和深度，保证7×24小时金融对外服务。

（胡　姮）

中国农业发展银行恩施州分行

【概况】 截至2022年年末，中国农业发展银行恩施州分行贷款余额267.93亿元，位居全州银行业金融机构第二位。对公存款余额46.19亿元，存款日均余额36.28亿元。

【信贷支农】 2022年，农发行恩施州分行聚焦国家战略和“三农”发展，围绕“大生态、大交通、大旅游、大产业”战略和“两山”实践创新示范区建设，加大金融支持力度，服务恩施经济社会发展，累计发放贷款80.73亿元，发挥政策性金融“当先导、补短板、逆周期”职能作用。发放粮油贷款1.8亿元，支持粮油市场化业务，实现8个县市全覆盖，审批贷款1.2亿元支持粮食仓储物流设施建设。持续做好易地扶贫搬迁后续金融服务，重点推进“大搬快聚”以及村级基础设施补短板工程，投放提升基础设施建设贷款34.03亿元。申报投放基金项目18.97亿元，落实国家“保交楼”政策，审批投放5.74亿元，支持稳经济保民生。围绕生态修复、环境保护和绿色发展“三篇文章”，累计投放长江大保护贷款9.53亿元。对接全州特色产业发展规划，发放农业产业贷款4.64亿元，支持交通物流体系建设、产业园区发展以及特色民营小微企业发展。

（秦国文）

中国邮政储蓄银行股份有限公司恩施州分行

【概况】 截至2022年年末，中国邮政储蓄银行股份有限公司恩施州分行（以下简称邮储银行恩施分行）总资产411.92亿元，同比增长10.97%，资产规模居恩施同业第二位。其中个人储蓄存款余额362.4亿元，较2022年年初增长37.93亿元，市场占有率23.65%；公司存款余额22.07亿元，较2022年年初7500万元，市场占有率5.19%；各项贷款余额84.14亿元，较2022年年初净增长7.47亿元，市场占有率5.24%。年末邮储银行恩施分行不良贷款金额1.65亿元，较年初减少1450万元；不良率1.96%，较年初减少0.37%。

【支持地方经济】 2022年，邮储银行恩施分行对接地方产业集群建设，全年发放实体贷款26918笔，金额44.25亿元，净增5.6亿元；向宣鹤高速段项目授信5亿元，支用3.8亿元；向九州通恩施医药公司授信5000万元；向利川市人民医院授信1亿元；向利咸高速项目授信11亿元。主动对接支持辖内特色支柱产业发展，加大“箬叶贷”“硒茶贷”等特色信贷投放，全年累计发放“硒茶贷”6148万元、“烟农贷”3393万元、“箬叶贷”520万元，年末普惠型小微企业贷款结余为29.86亿元，较年初净增3.33亿元，增速达12.57%；年末普惠型小微企业有贷款余额户数达到10283户，较年初净增2976户，增速达40.72%。在恩施州金融领导小组办公室对各银行机构2022年支持地方经济发展考核中，邮储银行恩施分行在辖内全部银行机构中排名第二。

【普惠金融】 2022年，邮储银行恩施分行创新金融服务。落实行动不方便老、弱、病、残人群开展“延伸”服务，“上门”为商户兑换零钱和残损币，制作产品“明白卡”，普及金融知识。落实贷款延期政策。采用延长还款期限、续贷等措施支持受困小微企业，全年对116笔，11556万元小微企业贷款执行延期。落实为民、便民、利民服务举措，通过移动展业授信贷款3133笔，金额5.9亿元；加快政贷通、商贷通、农贷通非抵押类线上业务推广，全年发放线上贷款13.89亿元，净增达到6亿元。落实普惠金融服务，满足老百姓支付结算金融服务需求。年末邮储银行恩施分行银行卡结余393万张，全年代发249万笔，金额31.2亿元，其中民政低保98万笔，金额2.4亿元；代发财政涉农类补贴32万笔，金额3.7亿元；代发养老保险类资金83万笔，金额6.2亿元，其他代发36万笔，金额18.9亿元。落实合理让利政策要求，贷款平均利率在2021年基础上下降50BP，全行“三农”贷款执行利率较2021年下降59BP，履行普惠服务承诺，降低融资成本。

【风险管理】 2022年，邮储银行恩施分行巩固落实风险管理治理工程、风险管理“排雷”工程、风险管理“通电”工程、风险管理考评工程、风险管理引领工程、风险管理专项工程、风险管理协同工程、风险管理文化工程，制定出台2022年风险管理“八大工程”行动计划，建立实时提示机制，通报“八大工程”行动计划落实情况，细化严控风险管理51条行动计划和108项分解措施，105项分解措施均已完成，其余3项持续落实中。完善风险与内控管理委员会运行。优化风险与内控委员会岗位职能，开展风委会议专题培训，制定并下发议题72个，累计召开风委会会议13次，上会议题88个、其中审议类议题38个，通过风委会化解风险贷款13笔、3690万元。出台资产质量管控方案及行动计划，开展“大战百天”“强基固本”以及“固堤清淤”等专项活动，针对重点客群和行业开展专项清收活动，累计清收10281万元，加快核销处置进程，累计核销入账10294万元。发挥案防责任部门监督检查作用，全年统筹安排28个检查项目，检查发现问题518个，完成整改518个，整改率100%，累计问责164人次，经济处罚4.77万元，全州合规管理系统自营机构风险预警229次，较2021年同期下降22.9%。对全州所有营运用房及网点进行两轮安全评估巡检，针对隐患进行排查和整改。实现全年不发生重大案件、不发生大额监管处罚、不发生重大风险事件、不发生重大败诉案件等目标。

【反电诈工作】 2022年，邮储银行恩施分行按照《中国邮政储蓄银行恩施州分行打击治理跨境赌博和电信网络诈骗犯罪专项工作实施方案》，在邮储银行恩施分行全州范围内持续组织开展打击治理跨境赌博和电信网络诈骗犯罪专项工作。网点通过初步摸排，通过警银联动，累计向反诈中心推送线索91个，协助警方抓捕核查涉案嫌疑人1名，网点劝阻疑似网络诈骗1起，挽回经济损失20万元。反洗钱系统涉电信诈骗可疑账户经电话联系和系统排查等方式核实，认定为可疑的为195户。向人民银行恩施州中心支行反洗钱中心上报疑似诈骗、赌博等重点可疑交易情况报告1篇。其中涉及疑似赌博的1篇。

【服务“新市民”】 2022年，邮储银行恩施分行为方便网点附近的“新市民”工作者，在城区多家网点建立“邮爱驿站”，为环卫工人、交警、快递员等户外劳动者及残障人士提供临时歇脚休息、饮水、饭菜加热、应急药品、手机充电、普惠金融知识普及等服务，打造让户外劳动者获得尊重、获得关爱的“歇脚点”“加油站”“暖心屋”。创新金融服务，推出具有针对性的创新产品和服务，“新市民”纳入湖北“青创贷”和“再就业”扶持范围。同时，将房贷额度向新市民倾斜的同时，降低“新市民”住房按揭贷款付息成本，对“新市民”按揭首套房和二手房利率在2021年的基础上分别降低150BP、120BP。发行“新市民”专属借记“U+卡”。免跨行手续费、短信服务费、跨行取现手续费用，在全州邮政营业网点寄递包裹享受8折优惠。全年支持“新市民”累计授信2385万元，累计放款142笔1933万元，其中经营性贷款1145万元，占比59%（其中信用类贷款932万元，占经营性贷款投放的81%）。

【支持乡村振兴】 2022年，邮储银行恩施分行推进金融支持乡村振兴，开展全州信用村整村推进暨农村信用体系建设工作。全州新建信用村1236个，评定信用户43203户，线上信用户贷款本年净增3.47亿元，占分行三农贷款本年净增的82%。截至12月末，全州“三农”贷款结余27.12亿元，本年净增4.23亿元。

（张　俊）

湖北恩施农村商业银行股份有限公司

【概况】 2022年，湖北恩施农村商业银行股份有限公司（简称恩施农村商业银行或农商行）以责任银行、合规银行、智慧银行“三大银行”建设为主线，坚持党建引领，在全行范围内开展“小微金融店小二，乡村振兴主办行”系列劳动竞赛活动，加强风险管控，各项业务稳步健康发展。截至12月末，全州有8家经营性法人机构，营业网点135个，在岗员工1713人。9月，恩施农村商业银行承办全省农商行“小微金融店小二，乡村振兴主办行”现场会，恩施农村商业银行、宣恩农村商业银行分别作典型经验交流，会议号召全省农商行学习恩施、宣恩经验。

【存款业务发展】 2022年，全州农商银行各项存款余额567.92亿元，比年初净增76.69亿元，增幅15.61%。贷款余额395.41亿元，比年初净增49.97亿元，增幅14.47%，其中微贷余额160.34亿元，较年初增长52.8亿元。

【信贷业务发展】 2022年，农商行开展党员干部“下基层、察民情、解民忧、暖民心”实践活动，创新发放“抗旱抗疫助农贷”5107万元，落实延期还本付息贷款4394笔57亿元，为各类市场主体减费让利1.74亿元。结合全州269个乡村振兴重点村，派驻“金融村官”341人，让金融力量下沉村组，重拾“挎包银行”精神，推进全员管户，坚持人人有户管、户户有人管，推进“863”（即辖内农户建档率达到80%以上、预授信率达到60%以上、签约授信率达到30%以上）整村授信，建档34.15万户，预授信27.1万户，预授信金额91.14亿元，用信余额14.71亿元。

【支持乡村振兴】 2022年，农商行加强省联社与州政府共同推进乡村振兴战略协议落地落实落细，与7个县市政府分别签订合作协议，落实信贷计划500亿元。制定“十四五”期间乡村振兴信贷投放880亿元的信贷投放目标，自2021年7月省联社与州政府签订共同推进乡村振兴战略协议以来，全州农商银行累计投放相关贷款310亿元。全年茶叶产业贷款净增1.39亿元、烟叶产业贷款净增2.41亿元，养殖产业贷款净增0.87亿元，文旅产业贷款净增1.79亿元。在省级及以上期刊宣传全州农商行打造乡村振兴主办行14次。

【加强风险防控】 2022年，农商行结合党员干部“下基层、察民情、解民忧、暖民心”实践活动，第三季度在全行范围内开展全员清收下沉遍访活动，300多名干部职工到每个行政村组及社区，了解客户经营现状，分析困难原因，送达纾困政策，做好纾困解难工作。通过员工认领清收、专班清收等方式，加大表外不良清收，化解处置表内不良贷款11.29亿元。对无效扫码商户进行清理，对有交易商户进行回访，做好个体工商户金融服务工作，年末扫码商户达18.71万户，比年初净增26262户。建立多层次、多维度监管评级协调机制，主动向人行、银保监部门汇报沟通，持续提升监管评级工作的精细化水平，保证监管评级、央行评级只升不降。

【荣誉】 4月14日，恩施农村商业银行在省联社2022年“春天行动”综合考核中获第一成绩，全州8家县市行包揽全省农商行系统市县行考核前八名。12月15日，在全省农商行系统“三大劳动竞赛”考核中，全州农商行共有6家县市行获奖，排名居全省市州行第一。

（李银平）

2022年3月27日，恩施农村商业银行为恩施市芭蕉侗族乡朱砂溪村茶叶专业合作社发放300万元信贷资金。图为银行负责人参观现场 （刘宗庆 摄）

保险业

恩施州保险行业协会

【概况】 恩施州保险行业协会成立于2004年6月，接受业务主管单位恩施银保监分局和登记管理机关恩施州民政局的业务指导和监督管理。2022年，州保险行业协会会员单位37家，其中财产保险公司18家、人寿保险公司17家、保险中介公司2家。

【防范化解经营风险】 2022年，州保险行业协会新修订《恩施州车险市场合规经营自律公约》和《恩施州保险行业协会会员公司规范经营人身保险自律公约》。召开车委会部分成员单位座谈会6次、车险自律工作会议4次、车险自律执行情况检视会2次、寿险自律工作会1次。在“双11”等重要节点通过巡查、走访、约谈等形式推进自律工作。其中巡查会员公司8家，走访会员公司6次，约谈会员公司3次。

【保险宣传】 2022年，州保险行业协会组织37家会员公司从上到下开展多形式、多场次的宣传活动，包括“3·15”消费者权益保护教育宣传周、“防范非法集资宣传教育月”、“7·8”全国保险公众宣传日、恩施州保险业2021年度“十大典型理赔案例”征集等活动，印发各类宣传资料2万余份，参与宣传活动的保险从业人员3000余人次，受众8000余人次。通过《恩施发布》《恩施日报》等平台对宣传活动进行专版报道，编印《恩施保险信息》11期，发布行业业务数据12期，刊登行业信息简讯38篇。

（吴素素）

2022年，“7·8”全国保险公众宣传日暨防范非法集资宣传月启动仪式在利川市举办 （州保险行协会 供稿）

中国人民财产保险股份有限公司恩施州分公司

【概况】 2022年，中国人民财产保险股份有限公司恩施州分公司（简称财保恩施分公司）实现签单保费104616万元，其中车险51627万元，非车险52989万元，市场份额46.87%；处理各类赔案75203笔，支付赔款66487万元；上缴各项税款合计8826.51万元（含代收代缴车船使用税），解决就业123人。

【农业风险保障】 2022年，财保恩施分公司对接乡村振兴战略实施，建成覆盖粮食安全、主要畜禽和“菜篮子”等领域的农业风险保障体系，共为“三农”提供风险保障22.6亿元，累计支付赔款7193万元。

【机动车辆风险保障】 2022年，财保恩施分公司支持警保联动，共为全州32万台机动车辆提供风险保障。对接交管部门“放管服”便民举措，建成“车驾管”便民服务站2个，农村交通安全劝导站7个。

【生态环境风险保障】 2022年，财保恩施分公司支持恩施州大生态发展和环境保护，为建始县、咸丰县46740公顷森林提供风险保障5.26亿元。

【民生类保险】 2022年，财保恩施分公司对接健康建设，开办大病保险、医疗救助、补充医疗和特殊群体意外伤害等民生类保险。承办各类社保项目10个，累计服务人数388万人次。

【社会治理类保险】 2022年，财保恩施分公司在治安管理、安全生产、食品安全、建筑质量等领域有效拓宽保障范围，开展社会治安综合保险、“尖刀班”保险和见义勇为补偿险等社会治理类保险。全州治安保险覆盖全州所有行政村，提供保险保障276亿元，支付赔款976万元，为全州23700余名“尖刀班”工作人员提供意外保险保障237亿元。

（朱琳源）

中国人民人寿保险股份有限公司恩施中心支公司

【概况】 2022年，中国人民人寿保险股份有限公司恩施中心支公司（简称人保恩施中支）完成规模保费34418.04万元，同增长28.6%，期交保费5628.88万元；赔给付9424.06万元，同比增长44.3%，其中赔款1730.29万元，同比增长14%。退保金额11734.41万元，同比增长79.7%。

【合规管理与风险控制】 2022年，人保恩施中支将规范销售经营行为、防控舆情风险和声誉风险、防范化解风险摆在突出位置，守住不发生系统性风险的底线。抓好内控体系建设，梳理完善内控制度建设，做好风险排查，推进合规管理与风险控制文化用语推广工作，加强重点机构督导。加强合规管理与风险控制文化建设，夯实内控体系建设，推进合规管理与风险控制工作提档升级。

【“新市民”服务工作】 2022年，人保恩施中支做好金融知识普及和宣传，提升风险防范意识和防骗反诈能力，履行金融义务。面向老年人、残障人士等特殊群体开展保险智能软件功能及技术平台运用知识普及活动，宣传推广“人保寿险E服务平台”适老化（简爱）版各项功能及使用方法，减轻老年人使用智能平台的不便，增强老年人对智能技术的了解和信任，促进老年人融入智能时代。优化保全理赔等线上业务，让客户足不出户，在手机上就能做到理赔、资料变更、保单贷款还款、满期领取等业务，为新市民提供保险服务。加大发展转型力度，坚持以人民为中心的发展思想，按照人保集团卓越保险战略要求，以高质量的转型成绩奠定发挥保险服务国家大局保障作用的基础。优化业务结构，加大对健康、养老、医疗、意外等保障型保险业务的开拓力度，开拓保障型保险业务。

（张冬敏）

中国太平洋财产保险股份有限公司恩施中心支公司

【概况】 中国太平洋财产保险股份有限公司恩施中心支公司（简称“太保产险恩施中支”）缴纳税款4377.59万元，其中车船税3330.72万元，个税76.47万元。保费收入保持行业第二地位。处理各类赔案47419件，累计支付赔款21215万元。加强对案件管控，开通3G移动视频定损，实现事故现场、事故定损和后台监控中心的实时连接和数据传输，提高理赔时效。恩施中心支公司与恩施市林业局签订的全市野生动物肇事补偿责任保险生效，为恩施市野生动物肇事补偿责任保险赔付300余户，赔付金额10万余元。

【拓展“三农”保险】 2022年，太保产险恩施中支为服务“三农”量身定做新推出的“e农保”农村保险，包括“农庄保”“农安保”和“农家保”等，推广养殖、种植等适合农村发展的各类险种和服务，以能繁母猪保险为突破口，包括育肥猪养殖保险、林木综合保险、防贫保“3+2”等农业保险业务有序推进。与恩施市、建始县、宣恩县开展能繁母猪养殖保险，与恩施市、咸丰县、巴东县开展育肥猪保险，来凤县防贫保“3+2”为当地5000户农户提供1亿风险保障。由太保产险恩施中支竞标成为恩施市森林保险唯一承保机构，为恩施市135933公顷公益林及10533公顷商品林提供保险服务，保障金额21.97亿元。

【太保服务】 2022年，太保产险恩施中支开展“3·15”消费者权益保护教育宣传周、“7·8”全国保险宣传日、“9月金融普及月”、“爱心送考”志愿者活动、“公路侠”志愿服务活动；3月18日，在恩施州电视台举办的“国际消费者权益保护日电视公益晚会”上，太保产险恩施中支获“2022年放心消费创建单位”称号。

【宣传活动】 3月15日，一年一度的“国际消费者权益日”，2022年金融行业的活动主题为“共促消费公平，共享数字金融”。太保产险恩施中支走进大山深处的恩施市芭蕉侗族乡戽口村，为村民发放讲解宣传折页，传播公司适老服务、防诈骗、防非法集资等知识，提升村民的风险防范意识。3月17日，太保产险恩施中支作客恩施交通音乐广播FM94，参加“安心消费周——‘3·15’特别节目”，就公司在反电诈管理举措、保障金融消费者八大权利给消费者的一些建议、投诉处理方式等方面普及消费者风险防范意识。太保产险恩施中支联合恩施市红庙派出所、枫香坪社区开展“远离非法集资、共建美好家园”的宣传活动。开展面向快递小哥、外卖骑手、保安保洁、进城务工人员等“新市民”的保险知识宣传活动，以及开展“以案说险”宣传等。

（向 炜）

中国太平洋人寿保险股份有限公司恩施中心支公司

【概况】 2022年，中国太平洋人寿保险股份有限公司恩施中心支公司实现总体保费收入51828.39万元，同比上升0.76%，在恩施市场占比14.94%，保费规模市场排名第三位。

【承办城乡居民大病保险】 2022年，公司围绕“民生为本，服务公众”的宗旨，凭借优质的服务、良好的信誉承办城乡居民大病保险。承办2020—2022年恩施州城乡居民大病保险A片区的恩施、巴东、来凤、咸丰4县市大病保险服务业务。2022年A片区城乡居民参保人数为1624443人，合同总保费1.38亿元。截至12月末，应赔付金额1.43亿元，客户获赔付率100%。

【客户服务】 2022年，公司累计服务客户数306395人次，其中个险销售车险服务24604人，AI管家（保险保障检视）服务14140人次，个销团（团险）服务14032人次，e锦囊（免费赠险）服务9058人次，重症疾病绿通（专家预约，专家手术，专家病房，120急救）“三专一急”4项服务2461人次，视频医生（线上问诊）服务25人次。

【推出“企业保”保障计划】 2022年，公司推出“企业保”保障计划，服务广大中小微企业复工复产，为198家小微企业、个体工商户等提供意外保险保障和服务。承保总件数213件，实收保费63.6万元。保险费在原费率的基础上优惠70%，为企业节约100万元的保险费成本支出。提供的高额意外伤害和意外医疗保障，稳住小微企业和个体户的经济“底盘”。

【开展“长航行动”】 2022年，公司以“长航行动”为引领，聚集体验提升和服务赋能，推行“芯”双录，以AI技术做支撑，支持远程双录、本机双录、二维码双录，通过录音录像记录销售关键环节，帮助消费者了解所购买的保险产品功能，拥有更全面的自主选择权。公司致力于打造“责任、智慧、温度”的高效理赔服务，选拔并组建“理赔服务大使”队伍，为客户提供上门理赔协助指导。

（尹　恒）

交通 邮政 通信

Transportation, Postal Services and Telecommunication

交 通

交通运输管理

【概况】 2022年，全州统计在册公路总里程30649千米。其中高速公路588千米，普通国省道3440千米，农村公路26621千米，在册公路网密度（含高速公路）为128千米/百平方千米。高速公路有沪渝、沪蓉、恩来、恩黔、利万、宣鹤、建恩7条高速公路，通车里程588千米，实现“县县通高速”目标。在建鹤峰东、宣咸、建恩北、利咸4条高速公路171千米，总投资336亿元。规划巴张高速沪蓉沪渝连接段、新机场高速2条高速公路88千米，总投资239亿元。国省干线有7条国道、1509千米，达到二级公路及以上标准的1111千米；现有省道26条、1931千米，达到二级公路以上标准的1253千米。国省道二级公路以上里程占比68%。全州90个乡镇中77个通达国省道二级公路，24个国家AAAA级及以上旅游景区中20个通达二级公路，13个国际AAA级旅游景区均通达双车道。农村公路有县道2560千米、乡道11755千米、村道12306千米。所有行政村和聚居20户以上自然村通沥青水泥路，所有行政村通客运班车。有长江巴东港、清江恩施港2个省级港口，溇水鹤峰港、酉水来凤港、唐崖河咸丰港3个省级一般港口，各类港口泊位39个。有通航航道25条、628.5千米。其中长江主航道38.5千米，长江支流航道5条55千米，清江主航道110千米，清江支流航道7条、235千米，鹤峰溇水航道58千米，其他内河航道10条、132千米。客运站场在建和规划7个。在营77个，其中一级站2个、二级站4个、三级站5个、四级及以下站点66个（含乡镇综合运输服务站）。交通物流园区在营4个，在建和规划6个，全部建成后可实现年货物吞吐量3250万吨。

【重点项目建设】 2022年，全州累计完成公路水路固定资产投资121.3亿元（高速公路56.6亿元，普通公路54.7亿元，站场水运10亿元），同比增长17%。争取部省补助投资17亿元。开工建设建恩北、利咸高速公路等11个重点交通项目，鹤峰东和宣咸高速公路加快建设；推进实施59个1375千米国省干线公路项目，打造彩色旅游公路150千米；10个区域交通“硬联通”项目全部开工、建成1个。巴东综合客运枢纽开工建设，咸丰综合客运枢纽主体基本建成。宣恩忠建河航道整治等水运项目有序推进。截至12月末，新改建农村公路1323千米，打造美丽农村路515千米。推动“四好农村路”（建好、管好、护好、运营好）示范创建，巴东县获评全国示范县，宣恩县创建省级示范县、建始县业州镇等4个乡镇创建省级示范乡镇均完成省级验收。州交通运输局编制完成《恩施州乡村振兴特色示范路实施方案（2022—2025年）》。

【运输服务保障】 2022年，全州客运量累计完成1928.84万人次，旅客周转量110820.18万人千米，同比分别下降8.1%、14.2%；全年完成货运量3736.46万吨，货物周转量559401.77万吨千米，同比分别下降8.1%、4.8%。完成港口货物吞吐量244万吨，较2021年同期上升71.8%。全州更换新增新能源公交车113辆，新能源公交车达到676辆，占公交车总数743辆的91.0%，位居全省第二，新增和更换新能源出租车190辆。成立由州委书记、州长任组长的物流保通保畅工作领导小组，落实新冠疫情防控各项政策，保证产业链供应链安全稳定，实现疫情防控、通行保畅、交通安全“三不误”。联合10家州直部门出台《恩施州物流快递行业提质增效十二条措施》。与人行恩施州中心支行联合推动交通物流专项再贷款，为52家企业发放物流再贷款5770万元。加快城乡客运公共服务均等化发展，巩固“村村通客车”成果。促进巡游出租汽车转型升级，加强网络预约出租车规范经营，持续改善公共交通条件。完成春运等关键节点及重点时段交通运输组织保障任务。

【项目前期工作】 2022年，全州完成项目立项批复2个，工程可行性研究批复3个，初步设计批复4个，施工图设计批复8个。通过向上争取政策、州内统筹合力、优化审批流程、并联平行推进，全速推动项目“快落地”。新机场快速通道工程可行性研究报告完成并通过专家预审，机场施工便道获批复，正在施工招标；巴张高速沪蓉沪渝连接段工程可行性研究报告编制完成，相关专题同步推进，正在开展投资人招标等工作；利云高速正在开展路线方案研究，争取省交通运输厅支持纳入省级相关规划，正启动工程可行性研究相关工作；恩高宣快速通道工程可行性研究报告完成并通过专家审查会，高新区段征地红线图已提交，开展施工图设计，其余路段开展初步设计。272个重点交通项目纳入国土空间规划“一张图”。在全省率先争取耕地占补平衡指标由省级统筹并纳入项目概算，为利咸高速弥补地方资金缺口约2亿元。与周边省市建立沟通协作机制，共同争取三峡翻坝高速西延线、来秀高速等重大交通项目纳入部省规划。

【交通运输行业治理】 2022年，推进“放管服”改革，州交通运输局出台《关于抓好全州交通运输系统营商环境堵点难点集中清理整治工作的通知》《关于规范恩施州道路运输行政审批相关工作的批复》，在全州交通运输系统开展营商环境堵点难点问题清理整治专项行动。组织推进行政审批“清减降放”，交通运输行政审批所需材料数由378份降为239份，审批环节由354个降为221个。依法行政，全州立案737件，结案率92.54%，处罚款349.12万元，执行到位率80.64%，行政诉讼、行政复议案件为零。维护行业安全，突出“人、车、路、运”4个重点要素，开展“二十个严格、护航二十大”等安全生产专项行动，全州交通运输安全形势持续稳定。开展交通运输行业污染防治攻坚战，推进汽车排放检验与维护制度，全州汽车维修站27家，实现8个县市全覆盖。落实巡河巡林工作责任，完成年度巡河巡林任务。州交通运输局印发《关于进一步加强交通建设领域保障农民工工资支付工作的通知》《关于开展保障农民工工资支付工作夏季专项行动的通知》，牵头协调州人社局、州财政局对来凤县、咸丰县开展农民工工资支付保障制度全覆盖夏季专项行动联合检查和保障农民工工资支付工作综合督查。

【“四好农村路”建设】 2022年，全州实施新改建农村公路1323千米，为年度计划的132.3%。推进“四好农村路”示范创建，巴东县被交通运输部、农业农村部、国家邮政局、国家乡村振兴局确定为2022年度“四好农村路”全国示范县创建单位，完成宣恩县2021年全省“四好农村路”示范县省级验收，建始县业州镇等4个乡镇2021年全省“四好农村路”示范乡镇省级验收，宣恩县黄傅线循环路入围全国“十大最美农村路”年度总决选。加强农村公路路域环境整治，开展美丽农村路示范创建活动，完成美丽农村路515千米（含省交通运输厅审核通过的共同缔造活动“美丽农村路创建”项目145千米）。持续巩固拓展“村村通客车”成果，推进农村客运公交化改造，新开通鹤峰县城至太平、沙道沟至来凤等公交线路，行政村通客车巩固率100%，开展全州农村客运发展调研。

【交通安全生产】 2022年，检查交通运输企业及项目1088个，累计排查安全风险隐患2072处，已整改1875处，整改率90.5%，对5处重大隐患进行挂牌督办。开展普通公路安全设施精细化提升，累计完成国省道标志标线等安全附属设施精细化提升451千米、农村公路安防工程546千米，联合交警部门完成平交道口治理425处；推进“三年消危”行动，完成危桥改造364座，在建73座；排查在册普通公路桥梁2169座，完成3座独柱墩桥梁稳定性验算。州交通运输局修编印发《恩施州防汛抗旱交通运输保障工作预案》，组建防汛抗旱应急队伍，落实防汛车船及抢险救灾设备。州交通运输局印发《恩施州交通运输行业冬季低温雨雪冰冻天气防范应对工作方案》，落实交通运输行业冬季低温雨雪冰冻天气防范应对各项措施。组织开展水上救援、道路交通安全、隧道坍塌、滑坡等各类应急演练6次，提升应急处置能力和水平。汛期共投入抢险机械设备279台班、人工896人次、资金566.08万余元，抢通公路119处/40条；2022年冬季，投入应急保畅人员10029人次、巡查里程40122千米，投入融雪剂768.08吨、机械设备608台次、资金299.49万元，设置警示牌2006块、锥桶247个，除雪除冰里程3341千米。推进公路承灾体普查，普通国省道公路累计入库数据1201条，其中高边坡174条，一级风险点24条，二级风险点364条，三、四级风险点639条，实现自然灾害风险普查全覆盖。加强值班值守。执行重点时段24小时应急值守和领导带班制度，保证交通运输政令畅通，处置各类突发事件。

【春运工作】 2022年春运期间，全州公路、铁路、水路、航空共完成旅客运输168.32万人次，较2021年相比下降8.13%（其中道路运输105.31万人次，下降17%；铁路运输56.3万人次，增长33.22%；水路运输9100人次，下降50.72%；民航运输6.71万人次，下降45.06%），未发生旅客运输伤亡事故、重大服务质量事件和旅客长时间滞留现象，秩序平稳。

【省道巴鹤线长岭至泗淌段改建工程水布垭清江大桥获“平安工程”冠名】 2022年3月17日，交通运输部、应急管理部、中华全国总工会联合公布2018—2020年度公路水运建设“平安工程”冠名项目名单，恩施州省道巴鹤线长岭至泗淌段改建工程水布垭清江大桥获2018—2020年度公路水运建设“平安工程”冠名，是湖北省市州级监管项目中唯一获得冠名的项目。

【印发《恩施州物流快递行业提质增效十二条措施》】 2022年7月22日，州交通运输局联合州发改委、州公安局、州自然资源和规划局、州商务局、州住建局、州人社局、州税务局、州国资委、州邮政管理局、人民银行恩施州中心支行印发《恩施州物流快递行业提质增效十二条措施》，推动中央、省、州稳住经济一揽子政策落地见效，促进恩施州物流快递行业持续健康发展，保持产业链、供应链稳定，激发市场活力、提振市场信心。

【汽车维修工职业技能竞赛】 8月23—24日，州交通运输局、州总工会、州人社局联合主办，州道路运输管理处、恩施市中等职业技术学校承办的2022年恩施州汽车维修工职业技能竞赛举办。大赛评议出一等奖1名、二等奖2名、三等奖3名，优胜奖9名，恩施市、宣恩县、鹤峰县代表队获“优秀组织奖”。

【“构建大交通”政党协商座谈会】 8月31日，恩施州举行2022年三季度“构建大交通，打造湖北向西重要门户”政党协商座谈会，州交通运输局通报全州“构建大交通，打造湖北向西重要门户”工作情况，各民主党派、州工商联、无党派代表人士结合协商主题发言，提出意见建议。

【巴东长江公路大桥“船舶碰撞桥梁隐患治理三年行动”验收】 2022年11月1日，巴东长江公路大桥通航安全风险及抗撞性能综合整治项目验收工作在巴东县举行，标志巴东长江公路大桥“船舶碰撞桥梁隐患治理三年行动”各项工作完成，健全巴东大桥安全管理责任体系，规范桥区水域船舶通航秩序，保障巴东大桥水域通航安全。

【咸丰唐崖至朝阳旅游公路及朝阳大桥建成通车】 2022年11月25日，咸丰县唐朝旅游公路控制性工程——朝阳大桥正式通车。唐朝旅游公路起于唐崖镇接463省道，止于朝阳寺镇接353国道，全长19.72千米，总投资2.7亿元，其控制性工程朝阳大桥全长271米，主跨195米，距常年水位最大跨高99米，是唐崖河上迄今为止跨径较长、凌空最高的大桥，是咸丰县“两山”实践创新示范工程，咸丰县长达80千米的旅游自驾环线路自此贯通。

（杨 瑶）

高速公路

【概况】 2022年，全州高速公路建设完成年度投资56.61亿元，超额完成既定任务。鹤峰东段完成年度投资14.21亿元（占年度投资计划的102%），宣咸高速完成年度投资18.28亿元（占年度投资计划的114%），建恩北高速完成年度投资1.81亿元（占年度投资计划的60.3%），利咸高速完成年度投资22.31亿元（占年度投资计划的124%），规划、谋划项目得到推进。全州高速公路通车里程588千米，在全省市州排名第六。

【在建高速征迁协调服务】 2022年，针对各县市在房屋拆迁方面补偿政策、安置方式不同实际，与建设单位创新实行“全面评估价值，货币补偿到县市，县市统筹安置到户”的高速公路项目房屋拆迁安置补偿工作机制，宣咸项目房屋拆迁实现“清零”、建恩北房屋拆迁基本完成。坚持“现场法则”，与建设单位共同组建协调工作专班不定期下沉项目一线共同处置、解决发现的各类问题，4条在建高速公路征迁矛盾调处率达90%以上；宣咸项目咸丰段青蛙养殖场、周化国有土地征收等制约项目建设个案均得到解决。鹤峰东、宣咸实现全线交地、建恩北征迁进入“收尾”阶段、利咸征迁启动并进入建设阶段。

【拟建项目前期工作】 2022年，利咸项目申请报告、初步设计、施工图设计、防洪评价报告、项目穿越唐崖河风景名胜区选址调整方案、项目使用林地、水保、环评等均获行业主管部门批复，建设用地通过自然资源部审批，前期工作全部完成。巴张高速沪蓉沪渝连接段路线方案专家咨询会召开，工程可行性研究报告编制完成，地灾、稳评完成，航评、压矿、涉三峡风景名胜区、涉秭归升坪自然保护小区、用地预审等专题推进；省政府同意项目采取特许经营方式建设，投资人招标工作启动。利云高速启动工程可行性研究相关工作。沪渝高速恩施西收费站扩建项目工可研报省交通运输厅审查。沪渝高速利川东互通按原方案完成施工图设计，湖北交投提出新方案后，重新开展相关设计工作。沪渝高速白果坝互通项目由湖北交投安排设计单位开展方案研究。

【谋划项目推进情况】 2022年，在“三区三线”划定时，沪渝高速公路恩施西收费站改扩建、沪渝高速利川东互通、恩来高速覃家坪互通及连接线、沪渝高速崔坝互通4个项目作为“十四五”项目纳入，巴张高速沪渝至鄂湘界段、利川至云阳高速公路、武汉至重庆高速公路房五至鄂渝界段（即三峡翻坝高速西延线，已纳入国家公路网规划）、来凤至秀山高速公路4个项目作为中长期谋划高速纳入，利川至黔江、恩施至常德2个项目暂以普通一级公路纳入。

（姚 慧）

国省干线公路建设管护

【概况】 2022年，全州有国省干线公路33条、3439千米，其中国道7条、1509千米，省道26条、1930千米，国省干线公路总里程位列全省第一，国省干线公路网密度14.3千米/百平方千米。按技术等级分，一级公路63千米，二级公路2300千米，三级及以下公路1076千米，二级以上公路占比68.7%。国省干线公路桥梁649座，其中特大桥5座、大桥107座、中桥147座、小桥390座；隧道31座，其中长隧道15座、中隧道6座、短隧道10座。

【公路项目建设】 2022年，建立全州国省道工程建设项目督办调度工作机制，通过季度目标制定、细化清单式管理、每月督办检查、定期调度通报等方式，研究解决项目推进中存在的困难和问题，保证项目建设安全、质量、进度高效协同。“十四五”规划国省干线公路建设项目50个，累计完成工程可行性研究、初步设计批复38个，施工图批复31个，工程可行性研究、初步设计批复率76%，居全省第二。全年推进国省干线公路建设项目59个1375千米，完成固定资产投资31.3亿元。

【干线公路养护】 2022年，全州完成路面大中修、灾毁恢复及路面预防性养护工程142千米，建成150千米“七彩旅游公路”。全州国省道桥梁纳入“三年消危”项目库137座，完工132座、正在施工5座。全州规划养护站48个，其中下达改造计划39个，完成37个、正在施工2个。地灾治理工程3个，正在施工

2个、完成评审1个。开展小修保养和日常管养，累计完成清理水沟2.25万千米，修补坑槽3.5万平方米，路面灌缝950余千米，疏通整修涵洞1977道，修复安防设施3728米，更新和维护标牌2900余块。开展排水设施保畅、标牌整顿提升等专项行动，针对次差路段，加强以灌缝、坑槽修补、沿线设施修复为重点的常态化预防性养护，路况水平持续提升，全州在营国省干线路面使用性能指数为90.09。

【公路安全生产】 2022年，全州发生公路交通中断20处，路基损毁2196立方米、路面损毁1550立方米、挡墙3.04万立方米、坍塌方1.92万立方米，造成公路直接经济损失1256万元，灾情发生后各级公路部门及时行动，累计投入机械47台班、人工289人次、资金14.46万元，人民群众出行安全性、便捷性得到有效保障。开展国省干线公路安全生产大检查，整改隐患99处，完成4处州级挂牌隐患整改销号。开展国省干线公路承灾体普查，核对普查数据，分析分级结果，查漏补缺，做到高边坡和灾害点“应入尽入”，分类分级精准。全州普通国省道公路累计入库数据1201条，其中高边坡174条，一级风险点162条，二级风险点350条，三、四级风险点515条。组织较大规模应急演练3次，包括351国道咸丰县李子溪至龙井段高处坠落和触电事故应急救援演练、中塘村公路边坡垮塌应急抢险演练、巴东长江公路大桥桥区水域安全排险和消防安全应急演练。

【公路法治建设】 2022年，细化优化营商环境系列工作举措，稳步推进“清减降放”工作。按照“精简、便捷、高效”原则，在减事项、减流程、减时限、减材料等多方面完成事项梳理、流程再造、办事指南修订等各项工作。全州完成跨省大件运输许可审查上报910件。

【公路科技运用】 2022年，加强应用基础研究，科技项目《生态自密实混凝土的研制及工程应用研究》完成验收鉴定，科研成果在宣恩县鸦来公路、鹤峰县南潼公路等工程中应用推广。加强公路“四新”技术应用，在危桥改造项目中引进碳纤维板加固技术，在公路大修工程中使用天然重交沥青NNB新材料。运用高科技手段，351国道利川市龙井至核桃坝新建工程在设计阶段运用激光雷达扫描技术，提升测量速度、精度，339省道建始县红岩寺至城区段在设计过程中使用奥维地图，采用GIS+BIM建模技术，形象展示路线设计方案。

【荣誉】 2022年，恩施州进入全省普通干线公路桥梁养护管理规范化“四强”，利川市位列全省抽检县市第二名。巴东县公路管理局进入全省普通国省道养护评价前20名。鹤峰县公路管理局被省公路事业发展中心评为全省普通公路养护“十佳”单位、文明创建“十佳”单位。州公路管理局计划科工作人员代婷被省交通运输厅评为2021年度交通运输统计工作成绩突出的统计人员。州公路管理局计划科工程师姚林孟被省交通运输厅评为2022年度全省交通运输系统先进个人。

（曾雅君）

2022年2月8日，G318 K1592+900米处养护职工清理路面一角　（汪长辉 摄）

农村公路建设管护

【概况】 2022年，全州农村公路在册总里程26620.6千米，其中县道2559.9千米，乡道11754.9千米，村道12305.8千米。

【农村公路项目建设】 2022年，全州农村公路建设完成投资22.8亿元，新改建农村公路1134千米。宣恩县创建2021年度“四好农村路”省级示范县。建始县业州镇、巴东县野三关镇、咸丰县坪坝营镇创建2021年度省级示范乡镇。宣恩县黄傅公路入选交通运输部2022年“我家门前那条路”11月主题“共同富裕路”评选。创建州级示范公路8条。

【农村公路管理养护】 2022年，全州推进农村公路“路长制”，8个县市均出台路长制实施方案（办法）。全州养护总里程25852千米，共投入养护资金2.2亿元。完成排水改善工程454.43千米。实施安防工程203.1千米。“三年消危”农村公路危桥改造完成139座。应急保畅应对有力。汛期抢险累计投入机械设备646台班、人工3649人次、资金2439.5万余元，农村公路中断266处/153条全部抢通；防范应对低温冰冻天气投入融雪剂（工业盐）445.58吨、砂石料等1417.5立方米、机械设备476台次、资金234.72万元、人员4442人次，设置警示牌1585块。线路编号清理排查5584条线路、25236.475千米。

【农村公路安全生产】 2022年，州公路系统落实部门监管责任，细化安全生产责任清单，压紧压实县市、乡镇和企业安全生产主体责任。推进专项行动，推进安全生产专项整治三年行动、安全生产大检查专项行动及“安全生产月”活动，推进交通安全设施精细化提升行动，挂牌督办3处重大隐患全部整改完毕。维护行业稳定，应对行业重大舆情，做好矛盾纠纷排查化解和源头防范，开展拖欠农民工工资专项治理，做好多轮疫情下行业信访维稳，常态化开展扫黑除恶斗争，持续做好春运、“两会”、汛期、冰凌期、党的二十大等重要时段和节假日应急值守和安全保畅。全年未发生重特大安全责任事故。

（张仕斌）

道路运输管理

【概况】 2022年，全州客运量累计完成1928.84万人次，旅客周转量110820.18万人千米，同比分别下降8.1%、14.2%；全年完成货运量3736.46万吨，货物周转量559401.77万吨千米，同比分别下降8.1%、4.8%。5月1日起，根据修订后的《中华人民共和国道路运输条例》，州运管处道路运输行业行政审批权移交至州交通运输局。

【道路运输】 2022年，州运管处围绕“人便于行、货畅其流”，推进公交优先发展和道路运输转型升级，运输服务能力提升。全州有道路旅客运输企业135家，车辆4600辆（不含144辆停运车辆）；道路危险货物运输企业26家，车辆453辆（不含9辆停运车辆）；普通货物运输业户7047户（企业564家、个体经营者6483户），车辆9130辆（不含13辆停运车辆），其中重型载货汽车4815辆（不含挂车）。新开通鹤峰县城至太平、沙道沟至来凤等公交线路，新增巴东至宜昌、来凤至长沙等3条客运班线转为定制客运，定制客运企业达到5家29辆车，行政村通客车巩固率100%。全州建立应急运输保障车队9个，9月、10月新冠疫情防控期间调运客车1617车次、货车363车次；完成春运、新兵运输、中高考、硒博会等重点时段和节假日运输组织保障任务。

【站场建设】 2022年，全州道路客运站场建设完成投资2.78亿元，占年度计划2.19亿元的126.84%。8月8—9日，交通运输部规划研究院在咸丰县召开咸丰火车站综合客运枢纽项目资金申请报告咨询评估审查会。黔张常铁路咸丰综合客运枢纽基本建成，郑万高铁巴东综合客运枢纽开工建设，完成3个乡镇客运站（利川市汪营镇汽车客运站改造，建始县长梁镇汽车客运站、宣恩县万寨乡汽车客运站新建）和667个农村候车亭新建改造项目验收工作，向省厅拟争取项目投资补助资金3725万元。全州有汽车客运站84家（含巴东2家、建始1家、咸丰1家在建站）。

【城市客运】 2022年，全州公交车企业15家，其中国营6家，民营9家，公交车总数743台。出租车企业20家，其中国营3家，民营企业17家；出租车总数2020台（公车运营964辆、挂靠运营1006辆、个体户运营50辆）。网约车平台公司16家，其中恩施15家、建始1家。网约车运输证的车辆总数303台。宣恩县政府投资5000万元于9月将民营公交企业收购为国有企业——宣恩仙山贡水公交服务有限公司经营。恩施市、咸丰县着手推广城市公交电子站牌。

【新能源车推广】 2022年，通过宣讲政策、上门服务、争取财政补贴等方式，加大新能源车推广力度，新增和更换新能源公交车113辆，新能源公交车累计达到676台，占公交车总数的90.9%，位居全省第二。新增和更换新能源出租车190辆，新能源出租车累计达454台，占出租车总数的22.51%，居全省前列。新能源网约车达到219台，占网约车总数的72.28%。12月29日，宣恩仙山贡水公交服务有限公司上线27台新能源公交车，覆盖全县11条公交线路，全县新能源公交车总数68台，新能源公交车占比94.4%。

【维修检测】 2022年，全州维修企业共980户（其中一类维修企业56户、二类维修企业245户、三类维修企业685户），汽车维修尾气治理（M站）27家，其中可开展大型柴油车汽车尾气治理5家。加强维修企业有害气体排放日常监管，“检验—维修—复检”闭环管理得到加强。推进维修企业电子档案管理，维修记录和出厂合格证上传率同比提高8.6%、7.5%。

【从业资格培训和考试】 2022年，全州有驾驶培训机构28家（不含3家单独的摩托车驾驶培训机构）；备案教练车、教练员分别为2170辆、2186人，全年驾校报名学员有8.42万人，取得驾驶证人员8.25万人。组织客运、出租车驾驶员、危货剧毒运输驾驶员、押运员等考试126场4678人参考，合格3163人，合格率67.7%，收取从业资格考试费30.55万元。首次举办全州机动车维修职业技能竞赛。

【安全管理】 2022年，州运管处开展安全生产专项整治三年行动巩固提升年和安全生产月活动，落实季度安全隐患排查，指导督促第三方监测机构推送问题核查处理，实行领导带队包县检查督办安全工作责任制，全年组织检查督导62次，出动人员218人次，到企业161家次，排查问题407个，整改交账407个。修订实施《恩施州800千米以上省际道路客运班线安全风险评估实施细则》，完成全州800千米以上省际道路客运班线企业管理、线路状况、车辆运行安全风险企业自查、县市核查、州级抽查，摸清147辆车安全风险底细；制定《“两客一危”安全隐患排查指南》发放到县市和企业，机关干部全员上阵，对38家重点企业进行隐患排查，查出问题173个，已全部整改。全年道路运输行业发生道路客运行车事故5起，全州道路运输安全生产形势保持总体稳定。

【行政审批】 2022年，州运管处持续推进“清减降放”。4月，全州道路危险货物运输车辆年度审验实现全程网办。全州办理“跨省通办”业务6799件，是2021年办理业务量的9.6倍。撤销3家公司经营许可。办结业务12519件，录入恩施州社会信用信息平台信息5054条。12月，恩施州首张道路运输电子证照颁发，标志着道路运输电子证照在全州启用。

【企业党建活动】 2022年，州运管处32名干部职工（含聘用人员）下沉社区（村）参与疫情防控和“双创”工作，党员在“一下三民”活动中帮助企业和群众解决困难40个、“微心愿”23个；稳步推进企业党建，6月8日，全州首家网约车平台党支部——中共万顺叫车恩施分公司支部委员会成立。货运企业辉铭等2家公司获得批准成立党支部。选树先进典型，推选巴东锦瑞出租车公司党支部书记、总经理姚红成为首届湖北省“最美交通运输人”前20强。

【春运工作】 截至2022年2月25日，历时40天的2022年春运工作结束。春运期间全州累计投放客运车辆11.23万辆次（不含城市公交和出租），共发送旅客105.3万人次，未发生较大以上事故。

【职业技能竞赛】 2022年8月23—24日，2022年恩施州汽车维修工职业技能竞赛在恩施市职中举行。竞赛由理论考试和技能实操比赛组成，技能实操分汽车发动机拆装与测量、汽车故障诊断与排除2个模块，其中包括整车发动机故障诊断与排除和车身电气故障诊断与排除2个作业任务，全州8个县市30名汽车维修工参加竞赛。

（田　理）

港航管理

【概况】 2022年，全州内河航道通航里程450.31千米。有港口5个、汽车渡口1处、人行渡口 145处。巴东港水路至重庆450 千米，至宜昌110 千米，至武汉736 千米。全年完成水路运输客运量30.51万人次，比2021年同期下降42.8%；完成水路运输货运量135.71万吨，比2021年同期下降8.6%。完成港口货物吞吐量244万吨，比2021年同期上升71.8%。水上安全形势稳定，未发生水上交通事故，港口生产、水运工程持续保持“零”事故。州地方海事局被省河道采砂管理工作领导小组表彰为“全省河道采砂管理成绩突出集体”。

【航道】 2022年，全州有通航航道24条、628.5千米（包含长江主航道38.5千米），其他航道10条、132千米（航道等级分别为四级至七级）。全州管养的高等级航道里程137.9千米（三级），其中清江水布垭至恩施段110千米，三峡库区支流沿渡河23.9千米、小溪河4千米。

【港口、渡口】 2022年，全州有港口企业9家，其中长江水域4家，清江水域4家，酉水水域1家。有长江巴东港、清江恩施港2个省级港口和溇水鹤峰港、酉水来凤港、唐崖河咸丰港3个省级一般港口。有船舶停靠泊位22个（其中千吨级泊位以上7个）。全州涉水乡镇63个，渡口191处，渡船179艘。有汽车渡口1家（巴东清江库区桃符口）。

2022 年 6 月 18 日，中共万顺叫车恩施分公司党支部委员会、退役军人服务车队工会委员会揭牌
（州道路运输管理处 供稿）

【水路运输企业】 2022年，全州有水路运输企业14家，其中客运企业9家（旅游企业6家，普通客运企业3家），货运企业5家（省际货运4家，清江流域1家）。有营运性运输船舶74艘，其中客运船舶41艘、货运船舶33艘。

【水上交通安全管理】 2022年，航运系统推进“长期逃避海事监管船舶专项整治行动”“水上无线电秩序管理专项整治”“水上交通安全专项整治三年行动工作”等专项行动，保证全州水上交通持续安全稳定。对辖区水上应急救援队伍和应急救援队伍物资装备情况进行普查，恩施大峡谷旅游公司、建始清江旅游公司各组织开展“消防、救生”演练1次。加强重点时段安全监管，加强汛期、“五一”、国庆等重点时段安全监管，加强水上交通服务。举办全州涉水乡镇水路交通安全专题培训，72个涉水乡镇领导，州、县交通运输部门相关负责人共133人参加培训。

【港航建设】 2022年，全州完成港航建设投资3.25亿元（含社会投资）。2月，清江支流忠建河洞坪库区航道整治工程获水上水下施工许可并开工建设；鹤峰县溇水航道整治工程完成收尾施工；恩施港云坛口港区旅游码头一期工程、景阳港区老集镇综合码头工程货运泊位完成水下收尾工程。围绕“2022年要按照不低于50%的‘十四五’项目完成前期工作”目标，加快以“两江三河五港”（长江、清江，溇水、酉水、唐崖河，巴东港、恩施港、鹤峰港、来凤港、咸丰港）为重点的港航基础设施建设工作，重点推进咸丰县唐崖河旅游航道整治、巴东港主城港区西壤坡旅游客运码头、巴东港宝塔河港区东瀼溪作业区物流码头、恩施港景阳港区船舶污染物接收转运码头等水运建设项目前期工作。《巴东港（恩施港）口史》编纂工作初稿编纂进度完成50%。推进清江恩施段110千米航道、长江三峡库区支流27.9千米高等级航道市场化养护，综合评定清江航道社会化养护绩效良好。巴东长江公路大桥通航安全风险及抗撞性能综合整治项目按计划完成，11月通过验收。

【溇水（鹤峰城区至江坪河段）航道整治工程】 截至2022年年末，鹤峰县完成溇水（鹤峰城区至江坪河段）航道整治工程项目航道整治疏浚工程，炸礁工程，护岸工程，航标工程，长岭、江坪河航道管理站建设，长岭及南渡江AIS基站建设，2艘海巡艇、一艘航标工作艇建造，总体进度95%。尾留工程为信息化工程，起于鹤峰县城区一级拦河匝坝，经长岭、茶园坪、老村河、南渡江，止于江坪河坝址，航道全长57.8千米。该工程系鹤峰十大民生工程之一，于2020年3月开工。

【清江支流忠建河洞坪库区航道工程】 清江支流忠建河洞坪库区航道工程项目工纳入全省“十四五”首批111个集中开工的重点项目，2021年1月由省交通运输厅宣布开工。2022年2月，该项目工程开工，年末完成01标段疏浚工程、护岸工程，筹备狮子关挡水闸工程、航道维护码头及抛泥区防护工程施工，02标趸船设计、03标信息化在施工招标阶段。该项目的工程河段为忠建河洞坪大坝至三河沟27.8千米河段和支流花塌河河口至新四河6.9千米河段，航道建设标准为天然Ⅴ（3）级，通航100客位客船。项目总概算投资12579.76万元，建设总工期24个月。

2022年3月，位于长江干线巴东港宝塔河港区的巴东港泓宇物流综合码头投入使用
（岑仲阳　摄）

【长江大保护】 2022年，坚持“共抓大保护、不搞大开发”，突出生态优先、绿色发展，完成中央环保督察整改“回头看”和污染防治攻坚战各项目标任务。州港航海事船检局联合州交通运输综合执法支队制定下发《关于印发2022年度安全生产和船舶与港口防污染监督检查计划》文件，落实安全生产及污染防治监管责任，遏制水上交通安全事故及环境污染事故的发生，推动新能源船舶发展，保障全州水路交通运输安全生产及环境保护形势持续稳定。加强隐患排查并督促整改落实。结合水上涉客运输、水上交通安全、企业经营资质核查、航运公司安全与防污染监督检查等工作，继续加大对县市督查检查力度，累计检查企业30家次，抽查客运船舶21艘次，渡口渡船28个，发现问题隐患193个。重点时段及时下发工作提示，督促各县市加强隐患整改，推动安全风险分级管控和隐患排查治理双重预防机制在水路交通领域落实落地，累计完成整改161个隐患。在已完成船舶污染防治攻坚战目标任务的基础上，通过检验，对生活污水、油污水存储柜符合有效、且经宜昌巴东海事处检查铅封的船舶进行《内河船舶安全与环保证书》的签注，巩固长江巴东段船舶污染防治的联合治理和监管成效。加强对清江库区的船舶污染防治力度，引进1家企业自筹资金率先在清江设计建造一艘多功能船舶污染物接收转运船舶，提升船舶污染防治工作。

【交通环保整改销号】 2022年，巴东港规划建设砂石集并中心码头1个，宝塔河港区泓宇物流3个5000吨级货运泊位取得港口经营许可证并投产运营，临时砂石集并中心如期退出。中央长江保护与湖泊开发专项督察反馈意见（序号4）“码头再清查再整治”涉及全州4个项目，主城港区西瀼坡作业区神农溪旅游客运码头岸线已报审，加快手续完善；宝塔河港区无源洞作业区36#、37#、17#散货码头完成老旧码头拆除后，按照新建码头程序开展无源洞作业区散货码头前期工作，11月10日，完成州级验收并上报省交通运输厅销号。对环保部门反馈的14个排污口实施整治，已全部完成并督促销号。恩施州船舶和港口污染物转运能力与接收量匹配性评估报告8月24日经州人民政府批复后报省交通运输厅备案。由州交通运输局承办的第二轮中央生态环境保护督察反馈问题（省序号42），由恩施州委军民融合办牵头完成州级验收。第二轮中央生态环境保护督察报告反馈问题（省序号42）整改工作于10月10日通过州级自行验收，12月8日通过省级验收，该整改事项涉及的巴东县鑫盛船务有限公司无牺装码头。长江经济带船舶受电改造已完成23艘改造任务，另4艘以报废拆解的方式完成年度任务。建始通发环保服务有限公司投资300万元的36.8米清江船舶污染物接收船于6月2日开工建造，12月完工进行下水前检验。

【港航行业管理】 2022年，州港航海事船检局持续推进全州水路运输结构调整，港口数字经济及“智慧水运”协调发展，完成巴东港主城港区西瀼坡作业区旅游客运码头、宝塔河港区无源洞作业区36#、37#、17#散货码头清理再整治工作。6月，完成岸线批复等相关手续，完成“两拆一卸”（拆溜槽、顶棚，卸存货），新建码头完成立项、土地、环评、航道、海事、水行政许可、安全、消防、初设、施设，正在办理岸线利用许可。持续优化营商环境，推进下放管理权限工作。根据省、州相关部署，完成7个港航海事事项下放管理权限至县级工作，对各县市交通部门开展业务培训。推进高效便捷政务服务，落实减证便民举措，精简办事申报材料，逐步实现“两个免提交”（凡本级核发的证照原则上免提交，凡能提供电子证照的原则上免提交）要求，对部门间数据实现共享，将增量及存量证照进行归集录入州级电子证照库，完成全量1800本证照录入工作。发展绿色船舶，长江干线23艘货运船舶完成船舶岸电受电设施改造；全州第一艘纯电动力清漂船经检验合格后，在恩施市喻家河水库下水，实现全州绿色船舶

“零”的突破；来凤县龙凤旅游开发有限公司投资近600万元采购2艘60客位纯电动力观光游览船；鹤峰县容阳文化旅投开发有限公司投资5500万元采购一批新能源船舶，开展水上旅游活动。

【鹤峰港溇水港口建设工程备案项目】 2022年，鹤峰港溇水港口建设工程纳入湖北省一般港口名录，《鹤峰港总体规划(2015—2030年)》及《鹤峰县溇水航道技术等级论证》已获批复。随着溇水江坪河水电站的建成蓄水，鹤峰县水运条件得到改善。拟新建6个港区（江坪河库区内5个，江垭库区内1个)，泊位数总计31个，其中货运泊位3个，客运泊位25个，工作船泊位3个。估算投资32361.75万元，资金来源为按相关投资政策申请省补助资金，其余资金由鹤峰县政府进行招商，采用PPP模式，由PPP中标单位自筹解决。该项目第一期工程（长岭港区、坝上工作船码头）中，南渡江、江坪河旅游码头2021年11月完成“南渡江和江坪河旅游码头及附属设施”设计服务采购，4月完成鹤峰港江坪河旅游码头和南渡江旅游码头工程可行性研究、临河建筑物航道通航条件影响评价、岸线使用合理性评估服务采购。6月15日初步设计通过评审，7月9日确定船舶设计单位，8月1日完成鹤峰县溇水河山水世界建设项目南渡江码头及配套工程、江坪河码头工程及配套工程总承包（EPC）招标。

【巴东港货运综合码头工程备案项目】 巴东港货运综合码头工程项目于2017年11月取得工可批复，与巴东砂石集并中心码头合并进行。该项目分为临时中心和长期中心。临时砂石中心2019年4月开工，12月30日通过阶段性验收。长期砂石集并中心港口岸线于2021年12月8日获交通运输部批复，12月27日通过交工验收，2022年1月24日通过竣工验收。3月2日取得竣工验收证书，3月7日取得港口经营许可证。

【恩施港云坛口港区旅游码头一期工程备案项目】 恩施港云坛口港区旅游码头一期工程新建500客位客运泊位2个、20客位游艇泊位10个，年设计通过能力75万人次。概算投资6500万元。该项目于2019年6月开工建设，建成高程375米以上码头实体斜坡道主体工程、护岸锚杆格构混凝土工程。水工护岸工程于2023年1月通过交工验收。

【恩施港景阳港区老集镇综合码头工程备案项目】 恩施港景阳港区老集镇综合码头工程，新建500客位客运泊位1个，新建500顿及货运泊位1个，估算投资为4476.04万元，资金来源为企业自筹与政府投资补助相结合。该项目业主为建始县景江生态农业开发有限责任公司。项目客运泊位于2020年8月组织竣工验收，9月取得竣工验收证书。货运泊位抢抓2022年夏季返枯水位，完成实体斜坡道水下工程及附属工程。

【巴东港主城港区船舶污染物接收转运码头备案项目】 巴东港主城港区船舶污染物接收转运码头项目，拟建船舶污染物接收转运码头1个，布置泊位2个，配置船舶生活污水、生活垃圾、含油污水的接收、预处理及转运设施。项目业主为巴东交通环保发展有限公司，总投资3329.37万元。项目于2020年9月完成备案，施工图设计2020年11月获批复，环评、防洪已获批复。疏港道路已完成，污水收集泊位和固体垃圾收集泊位主体工程完工，45米污油水接收趸船船体于2021年10月10日完成安装定位，船舶生活污水输送管道已铺设完毕（码头前沿至陆域沉淀池），沉淀池施工完成，抢抓2022年夏季返枯水位，完成实体斜坡道水下尾留工程及附属工程完工。

【恩施港浑水港区水上加油站码头工程备案项目】 恩施港浑水港区水上加油站码头工程项目新建水上加油站1个，设计年吞吐量为3000吨。采用顺岸布置形式，码头为斜坡道结构。工程总预算为1393.71万元。项目施工图设计于2020年8月获恩施市交通运输局批复，2021年6月1日开工建设。主要建设内容包括土石方开挖、回填，墙漆片石挡土墙，桩基，横梁、踏步，加油趸船、移动加油船及配套工程。12月完成场地平整及斜坡道路基施工及收尾施工。

（王树珍）

铁　路

【概况】 2022年，恩施州铁路建设委员会办公室（以下简称州铁路办）围绕全州铁路发展规划，建成运营郑万高铁巴东段，加快推进沪渝蓉高铁宜昌至涪陵段，新谋划利川至万州高铁连接线（以下简称利万高铁连接线）、鹤峰至张家界高铁连接线（以下简称鹤张高铁连接线），优化安恩张、恩黔遵铁路线路走向，完善铁路交通运输体系，加快构建“三纵四横、外畅内联”铁路网（“三纵”即鹤张高铁连接线、安恩张+恩黔遵铁路、利万高铁连接线；“四横”即郑万高铁、宜万铁路+渝利铁路、沪渝蓉高铁宜昌至涪陵段、黔张常铁路）。全州8个火车站旅客年发送量为390.53万人，恢复至新冠疫情前2019年同期727.99万人的53.64%；旅客到达量为410.33万人；货物发送量为3.65万吨，恢复至疫情前2019年7.02万吨的51.99%；货物到达量为184.96万吨，与2019年同期174.09万吨相比增长6.24%。

【铁路车站更名】 2022年4月1日，宜万铁路“巴东站”更名为“野三关站”，郑万高铁“巴东北站”更名为“巴东站”。

【郑万高铁】 郑万高铁即河南郑州至重庆万州高铁，设计为时速350千米的高速客运专线，途经恩施州巴东县并在平阳坝设站，线路全长818.1千米，总投资1195亿元，巴东县境内长约34千米，投资约47亿元。项目于2016年12月开工，2022年6月20日建成运营，经停巴东站列车共11趟。

【沪渝蓉高铁宜昌至涪陵段】 沪渝蓉高铁宜昌至涪陵段即湖北宜昌经恩施至重庆涪陵高速铁路，是中国“八纵八横”沿江高铁通道的重要组成部分。2022年，州铁路办协调、配合业主单位、设计单位多次到鹤峰县、恩施市、利川市开展项目线站踏勘，表达恩施州关于线站设置的意见建议，并做好跟踪对接服务工作。该项目于2022年4月开展岩溶水文专项勘察，7月在重庆市开展可行性研究审查，9月在北京市开展可行性研究鉴修审查，12

月完成可行性研究鉴修。州铁路办配合设计单位开展并基本完成土地综合开发协议签订、用地预审与选址、社会稳定风险评估、征地拆迁包干协议签订等前置要件办理工作。

【安恩张铁路、恩黔遵铁路】安恩张、恩黔遵铁路是恩施州进入国家中长期铁路网规划（2016—2030年）的铁路项目，两项目均已纳入湖北省中长期铁路网规划及湖北省“十四五”铁路发展规划。恩施州以开展全州铁路网规划优化工作为契机，对安恩张、恩黔遵铁路项目进行优化研究，采用部分共线的方式，优化两项目的线路方案。优化后的方案既保证国家铁路网的通道功能，又加强宣恩、来凤、咸丰与州城的联系，同时缩短新建线路里程，能有效节约铁路投资。2022年，州铁路办多次到国铁集团、中国铁路经济规划院及省发改委进行专题汇报争取，推动安恩张、恩黔遵铁路优化方案纳入国家新一轮中长期铁路规划修编。

【利万、鹤张高铁连接线】利万高铁连接线即湖北利川至重庆万州高速铁路，线路东起沪渝蓉高铁宜昌至涪陵段利川西站，西至西渝高铁樊哙至万州连接线，设计时速350千米，新建线路长约100千米。鹤张高铁连接线即湖北鹤峰至湖南张家界高速铁路，线路北起沪渝蓉高铁宜昌至涪陵段鹤峰站，南至张吉怀高铁张家界西站，设计时速350千米，新建线路长约119千米。两项目自北向南连接西渝高铁、成达万高铁、沪渝蓉高铁宜昌至涪陵段、张吉怀高铁等多条高速铁路，将实现高速铁路间的有机衔接，构建西部地区连接关中城市群、长江中游城市群、长株潭城市群、北部湾等地区的纵向高速客运通道。2022年，州铁路办多次到国铁集团、中国铁路经济规划院及省发改委进行专题汇报，争取省级层面的重视和支持，并加强与张家界市桑植县、重庆市万州区的沟通对接，共同推动争取项目纳入新一轮中长期铁路网规划修编。

【铁路货运】 2022年，恩施州政府争取中铁武汉局集团有限公司宜昌车务段支持，协调恩施火车站开行7趟货物列车运输300吨茶叶，经宜万线、焦柳线、襄渝线、西康线抵达西安国际港，再搭乘中欧班列，经由阿拉山口驶往哈萨克斯坦、乌兹别克斯坦等中亚国家，支持恩施州特色农产品走出国门。

2022年6月20日，恩施巴东神农溪高铁冠名列车首发仪式举行
（巴东县融媒体中心 供稿）

【黔张常铁路遗留问题处理】2022年，州铁路办为做好黔张常铁路湖北段征地拆迁验工计价结算工作，到黔张常公司就征地拆迁等相关工作进行对接，全年累计拨付验工计价资金2275.12万元；组织黔张常公司、矿业权人及咸丰县相关人员商议鑫磊矿业矿产压覆问题；按照国家专项审计相关要求，认领黔张常铁路涉及恩施问题，并按要求进行整改。

【开展铁路运输系统常态化疫情防控】 2022年，州铁路办组建疫情防控督导工作专班，多次到全州8个火车站和恩施州铁路有限公司开展督导检查，实地查看疫情防控措施及便民服务措施落实情况，督促各火车站补齐漏洞短板，抓好常态化疫情防控工作。春运期间，将春运组织与疫情防控工作有机结合，制定《2022年春运安全生产、疫情防控工作专项督导方案》，加强监督检查，保证节假日期间铁路运输系统安全有序。

【铁路安全生产】 2022年，州铁路办开展铁路沿线环境整治，按照州委政法委（护路办）工作要求，调研督办包保恩施市14个涉及铁路沿线安全隐患问题，并完成整治工作。协调完成郑万高铁巴东段安全评估工作。多次对州内各火车站、恩施州铁路有限公司安全生产情况进行现场督查，保证各项安全生产工作要求落实落细。协助州铁路公司妥善处理受强降雨和排水管道破裂影响物资铁路专用线货场塌陷事故，及时报告州政府并协调职能部门消除安全隐患。协调恩施州铁路有限公司与恩施火车站开展业务合作，将粮食、食盐、化肥等货物转入州铁路物资专用线办理，铁路货场专门办理集装箱货物，保障运输安全。

【解决信访问题】 2022年，州铁路办根据州委书记胡超文接访郑万高铁巴东段农民工信访问题的解决要求，及时予以落实。会同州信访局到县市研判重点信访案件，紧紧围绕解决群众合理合法诉求，开展涉铁信访矛盾纠纷化解。督促巴东县铁路办履行行业主管部门监管职责，配合相关部门妥善处理欠薪问题；函请建设单位武九公司督促施工单位及时筹集资金，保障农民工工资支付。

【交通站点位置】 宜万铁路州内有野三关站（原巴东站）、高坪站、建始站、恩施站、利川站、凉雾站、齐岳山站，恩施火车站距离武汉站526千米、距离重庆北站339千米、距离成都站643千米。黔张常铁路州内有来凤站、咸丰站，来凤站距离张家界西站127千米、距离常德站268千米、距离黔江站71千米。郑万高铁在州内设巴东站，距离郑州东站620千米、距离襄阳东站231千米、距离重庆北站448千米。

（朱韦思）

民用航空

【概况】 恩施许家坪机场位于恩施市城区，恩施至北京航线距离1428千米，至深圳航线距离1372千米，至广州航线距离940千米，至上海航线距离1175千米，至武汉航线距离490千米。2022年，公司完成总收入4706万元。运输起降7097架次、旅客吞吐量58.6万人次、货邮吞吐量529吨，同比分别增长−42.1%、−54.9%、−62.1%，恢复至2019年的63.4%、41%、32.5%。全年安全生产形势平稳，未发生各类责任事故、事故征候，未发生等级以上不安全事件，连续实现第29个安全年。航班放行正常率95.28%，旅客满意度4.4。完成党的二十大、北京冬奥会及恩施硒博会等系列重大运输保障任务。安全检查站被评为“恩施州工人先锋号”，安检团支部被评为“恩施州五四红旗团支部”，4月，湖北机场集团恩施机场团总支组织委员、地服团支部书记秦明姝被民航中南局团委评为2021年度“优秀共青团干部”。12月，恩施机场地面服务部“恩施机场航班延误服务补救七步法”获评中国民用机场协会“中国民用机场服务优秀案例”。

【新冠疫情防控】 2022年，公司坚持“人民至上、生命至上”，落实国务院联防联控机制“二十条”和“新十条”，科学动态调整优化防控措施，成立防控指挥部办公室，保护旅客及员工生命安全和身体健康，保证机场全年保持畅通运行。

【安全态势持续稳定】 2022年，“3·21”东航客机事故发生后，公司党委召开专题会4次，带队开展大检查5次，督促整改安全问题49项。持续完善SMS体系建设，开展SMS、SeMS内审，修订完善《危险品运输管理手册》等核心管理制度13项，坚持发挥“十九个一清单”管理工具效能，联合各单位开展应急实战演练10次。推进“专项整治三年行动”收官，开展供电安全、自建房、危险品等专项排查整治。协同公安机关加大机场治安、反恐双环管控，获恩施州“反恐先进单位”称号。开展“强三基、练技能、铸匠心”活动。年安全保障能力综合评估99.7分，位列辖区运输机场第一。

【提升服务品质】 2022年，加强民航服务质量治理能力建设，完善《服务投诉管理办法》，全年受理投诉同比下降54.5%。加强航延处置工作，地面服务部“航延服务补救七步法”服务案例入选民航机场协会优秀案例，为湖北辖区支线唯一入选案例，全年航班放行正常率同比上升1.55%。完成航站楼广告升级、航显大屏改造，开展“春运送吉祥”等特色服务活动，推出特殊旅客“一对一”“门对门”服务，推行乘机“无纸化”、行李“可视化”，做实“经汉飞·乐易转”中转服务，联合恩施广播电台持续开展航班信息播报，开通官方抖音号，“巴韵情”扩大服务品牌知名度。

【恢复生产经营】 2022年，开通航线20条，通航城市25个。州政府修订《恩施州航空航线专项资金管理暂行办法》。新增广州—恩施—兰州、南京—恩施—海口、恩施—济南—沈阳、恩施—温州航线，春运加班恩施—深圳、恩施—广州航线，优化上海、武汉、成都、大连航班时刻。新增贵阳、广州、温州三地货运业务，开通海航货运业务，增加机场货运量。配合机场集团市场部、航空公司、恩施州景区景点，推广航空旅游直播“秒杀”活动。启动航站楼商铺和市内门面“无缝隙”招商工作。增加贵宾厅服务内容、茶艺表演。与国网恩施供电公司签订综合能源服务合作项目协议，加快推进APU替代设施、场内外充电站等项目落地，采购新能源特种车辆，推进节能减排，实现降本增效。

【加强内部管理】 2022年，公司落实机场集团改革工作部署，推动三项制度改革落地，管理人员全员聘任，经理层任期契约化。安检操机员、运行指挥员、地服配载等关键岗位年度考核“末位淘汰”。优化全员绩效考核管理，逐步拉大绩效工资差距，实现员工收入能多能少。完善“三重一大”决策事项清单，优化各级审批流程。加强增收、节支、清欠工作，争取航线、政策资金补贴，航站楼及市内门店租户纾困减免333万元。建立合同管理和审查平台，运用大数据加强合同主体审查和风险防控。

【推进基础建设】 完成安全设施设备更新改造项目行业验收，落实安防系统建设项目相关整改工作，开展飞行区北段围界改造项目竣工验收，完成站坪改扩建项目消防、场道等主要工程建设。实现全流程“无纸化”出行，建成“旅客遗失物品查询平台”，完成中小机场运行数据共享系统验收，依托“智慧中转平台”，提升中转服务效率及品质。配合推进机场迁建，4月29日迁建场址获民航局批复，完成预可研编制、空域协调及航务审查，预可研报告上报民航局。

（陈明浩　关林子）

交通物流

【概况】 2022年，恩施州交通物流系统围绕交通运输“增密、互通、提质”要求，服务乡村振兴，推动交通物流融合发展。全州交通物流基础设施建设完成投资4.41亿元。

【物流设施建设】 2022年，建始县电商冷链物流扶贫产业园一期工程完工，恩施传化公路港施工，莱大师硒都产业园完成农产品交易、仓储入驻园区招商。完成《恩施州流域综合治理和统筹发展规划》“完善现代物流体系”规划编审，省委办公厅省政府办公厅已印发《恩施州流域综合治理和统筹发展规划》。

【交通物流发展】 2022年，全州农村物流融合发展。7月，州交通运输局联合州发改委、州公安局、州自然资源和规划局、州商务局、州住建局、州人社局、州税务局、州国资委、州邮政管理局、人民银行恩施州中心支行联合印发《恩施州物流快递行业提质增效十二条措施》。全州3家重点物流园区、12家重点物流企业获国家稳住经济一揽子政策红利，缓解企业经营压力，缩短复工复产时间。咸丰农村交通物流补助项目完成审计。开展邮政快递物流运行情况调研。

（张仕斌）

邮　政

邮政管理

【概况】　2022年，全州邮政业业务收入11.17亿元，同比增长7.51%；快递企业业务量2407.54万件，同比增长13.09%；投递量15123.6万件，同比增长2.41%；快递业务收入4.47亿元，同比增长5.68%。3月，州邮政管理局被省人社厅、省“扫黄打非”工作小组办公室评为全省“扫黄打非”先进集体。

【行业新冠疫情防控】　2022年，州邮政管理局结合行业发展实际，落实“疫情要防住、经济要稳住、发展要安全”的要求，多措并举，克服新冠疫情影响，做好行业疫情防控。修订《全州邮政快递企业疫情防控生产操作规范建议》，做好常态化疫情防控工作。加强预案管理和物资储备，督促行业企业更新疫情防控应急预案，做好防疫物资储备等应急工作。

【城乡快递末端服务体系建设】　2022年，州政府办公室印发《恩施州加快农村寄递物流体系建设若干措施》，在农村寄递物流基础设施短板、寄递物流与关联领域融合发展、寄递领域“放管服”改革、农村寄递物流体系建设保障等提出16条具体措施，发展全州末端服务站点，建成城区末端服务站点357个，乡镇快递服务网点371个，主要快递品牌实现乡镇全覆盖，1784个行政村建有寄递服务站点，行政村建点覆盖率、快递服务进村率均为98.89%。支持各物业小区智能快件箱建设，鼓励老旧小区、行政机关、企事业单位升级改造信报箱，智能投递设施建设运营企业1家，建成智能快件箱21组2817个格口。

【分拣转运中心建设】　2022年，全州新建县级分拣转运中心1个、乡镇分拣转运中心1个，拟建州级分拨转运中心1个。宣恩县作为省级打通农村寄递“最初一公里”和“最后一公里”试点县，统筹资金170余万元，改造场地，采购全自动分拣设备，建成县级寄递公共配送中心并投入使用。建始县投资20余万元，建成建始县农村交通寄递物流高坪镇综合服务站，满足高坪镇及周边乡镇快递服务站点的集中分拣作业并辐射进村，巴东县江北物流园、建始县电商冷链物流扶贫产业园（产品集散中心）基本建成。实现8个县市公共配送中心或快递物流园区全覆盖，全年处理邮件快件17531.14万件。

【服务经济推动发展】　2022年，州邮政管理局发挥行业优势，邮政、顺丰、中通等企业推动农特产品销售和流通一体化平台建设，培育柑橘、茶叶、富硒土豆、恩施糍粑等4个快递服务现代农业典型项目，全年发运茶叶、土豆、柑橘、糍粑等农产品711.9万件。恩施顺丰速运为恩施立讯精密公司年均发运产品2万余件，宣恩邮政公司为宣恩土家爱食品、准者体育等企业年均发运产品50.8万余件，建始德邦快递为恩施晨龙精密制造公司等企业年均发运产品1.5万余件。

【巩固脱贫攻坚成果】　2022年，州邮政管理局与州邮政分公司组成驻村工作队派驻宣恩县沙道沟镇咸池村，巩固拓展脱贫攻坚成果。加大扶贫力度，争取资源帮助农产品销售，获取邮乐、中国邮政官网等首页广告位资源，发布恩施硒茶、山药等农产品广告，利川红、润邦玉露、藤茶等58个农产品品牌入驻“832”消费扶贫平台，将恩施扶贫农产品推荐引入为外省邮政公司本地平台运营，销售额超过800万元。在全州开展惠农合作项目，对接农民合作社780家，挂牌建设邮政惠农合作基地8个，提供寄递物流等“一揽子”服务，解决农民合作社运输难题。

【寄递渠道安全监管】　2022年，州邮政管理局联合州委政法委员会主持召开全州寄递渠道安全管理工作领导小组会议，安排部署年度寄递渠道安全重点检查工作，加强与州公安局、州国安局等部门开展国庆、两会等活动期间寄递渠道安保工作专项检查、寄递渠道禁毒“百日攻坚”专项行动、寄递渠道扫黄打非专项检查、寄递渠道打击涉烟违法行为专项行动。组织实施《快递业务经营许可管理办法》，开展快递业务经营资质清理和快递市场秩序整顿专项行动，形成依法严管的高压态势。加强消费者申诉处理，落实省邮政业申诉处理权限下放承接工作，依托“12345”政务服务热线，对申诉中心接到的损害消费者利益行为，依法查处。全年受理用户申诉1363件，办结率100%，群众满意率100%。

【落实企业主体责任】　2022年，州邮政管理局督促邮政企业加强内部管理和自查自纠，实施全方位的安全防范和隐患排查治理，建立健全各项安全管理和定期检查制度。组织县市邮政分公司开展乡镇普遍服务网点自查全覆盖活动，各县市邮政分公司对所辖乡镇支局自查全覆盖，州邮政分公司对8个县市邮政分公司进行抽查。利用安易递在线学习平台，组织开展安全学习，实现行业从业人员在线学习全覆盖。

【“绿盾”工程建设】　2022年，州邮政管理局运用视频巡查系统和安检机联网系统作用，加强线上监管，提升数据监测、综合研判和协同监管能力。通过“绿盾”工程视频巡查监管系统视频检查10处。

【执法检查】　2022年，州邮政管理局执行“双随机、一公开”制度，开展“双随机”检查，全年累计出动检查人员94人次，检查普遍服务营业场所47个次，其中乡镇局所14个次，下达《限期整改通知书》4份。

【邮政普遍服务】　2022年，州邮政管理局指导邮政企业开展邮件处理培训，组织开展专用信箱、邮政服务质量检查，开展乡镇局所专项整治行动，巩固建制村直接通邮成果，开展进村服务。全年发行31套邮票，其中纪念特种邮票27套，个性化邮票2套，贺年邮票2套，累计销售128591枚邮票，销售额54.16万元。

开展社会监督，8名邮政行业特邀监督员共出动检查人次384人次，检查邮政普遍服务营业场所288个次，快递营业场所96个次，走访用户480人次，反馈社会监督报告12份。

【机要通信监管】 2022年，州邮政管理局联合国家保密局开展机要通信安全专项检查，检查机要网点16个，检查接发转运场所14个，检查覆盖率均达100%，共发现问题隐患7个，下发整改通知书6份，完成整改7个，全年无邮政机要通信失泄密事件、保密安全突发事件。

【“扫黄打非”检查】 2022年，州邮政管理局联合州文化和旅游市场综合执法支队，开展春节、“两会”期间寄递渠道“扫黄打非”联合检查。督促邮政快递企业与下属网点、员工层层签订“扫黄打非”工作责任状，做好大批量交寄出版物协议客户台账更新。新增“扫黄打非”工作站13个。

【依法治邮】 2022年，州邮政管理局加强《中华人民共和国宪法》《中华人民共和国民法典》和新修订的《邮政行政执法监督办法》等法律法规的宣传学习。落实行政执法三项制度和重大执法决定法制审核制度，开展行政执法不规范专项整治活动，规范执法行为。落实全州普法依法治理工作要求，贯彻习近平法治思想，利用“12·4”国家宪法日等系列宣传教育活动，加强行业普法宣传教育，组织全局干部职工参加法宣在线考试，考试合格率为100%。

【加强考核督办】 2022年，农村寄递物流体系建设工作纳入恩施州2022年督查检查考核计划清单，将“村村通快递”工作纳入乡村振兴考核体系。在8个县市组建县市邮政监管执法大队，与县市交通运输综合执法大队合署办公。与商务、交通、发改等部门组成督查组，对各县市邮政业发展和管理工作开展专项督查，通报督查情况并对督查发现的问题限期整改完成，落实行业发展和寄递渠道安全管理属地责任。

【优化营商环境】 2022年，州邮政管理局以“下基层、察民情、解民忧、暖民心”实践活动为契机，深化邮政快递业“放管服”改革，在减时限、减材料、降成本、减税费、落实“一网通办”等方面，解决企业成本高、用地用工等难题6项，减免税费154.58万元，恩施州邮政邮件处理及物流仓配与战略物资储备中心、圆通武陵山区电商快递物流中心等6个建设项目纳入全省农村寄递物流体系重点项目建设清单。

【整顿快递市场秩序】 2022年，州邮政管理局督促企业执行《快递服务》国家标准，组织开展农村服务标准执行专项治理活动，打击农村地区不按点投递、违规收费等违法行为，落实乡村快件按址投递制度，提升农村快递服务质量，为用户提供方便、安全、高效、快捷的快递服务。联合州烟草专卖局成立打击寄递渠道涉烟违法活动专项执法工作队，依法打击利用寄递渠道实施的涉烟违法犯罪活动，查处恩施市邮政分公司火车站营业部违规收寄卷烟制品的案件，航空路营业部违反有关禁限寄规定收寄邮件的案件。

【快递包装绿色治理综合试点】 2022年，州邮政管理局加快推进快递包装绿色转型，开展邮件快件过度包装和随意包装专项治理，推广应用“瘦身胶带”和免胶带纸箱，使用包装废弃物回收装置698个、循环中转袋2.63万条、箱（盒）2.4万个，推动包装标准化、减量化、绿色化、循环化。

【关爱快递小哥】 2022年，州邮政管理局开展夏送清凉、冬送温暖等“暖蜂”行动，全年走访慰问快递员230余名。州总工会将“快递小哥”纳入困难职工帮扶救助范畴，并提供救助金1.2万元。坚持邮政快递从业人员职业技能等级认定，4名快递员获职业技能等级认定，其中助理工程师1名，技术员3名。组织开展职业技能培训624人次，争取财政补贴资金31.1万元、保障性住房4套，建成“爱心驿站”9个，协调相关单位开放“红色驿站”“硒都蜂巢”等阵地50余处，督促企业落实派费上调承诺。

（王　森）

中国邮政集团有限公司恩施州分公司

【概况】 2022年，全州邮政共有邮政服务网点103个，邮路单程总长6741千米，农村投递线路22671.17千米。州邮政分公司围绕“管理提升年”主线，推动发展迈入新阶段，全年实现业务收入6.93亿元，居全省第六位，进度102.89%，增幅10.35%。

【普遍服务强能达标】 2022年，恩施州邮政分公司推进客户体验三年提升工程，普遍服务邮件全程时限、建制村投递频次、给据邮件信息断点率、党报党刊当日见报率等重点监管指标达标。机要通信安全质量持续稳定，保证“万无一失”。建设三星级以上服务窗口3个，评选四星级以上服务明星2名（其中五星级1名）。购置网点1处，改造网点13处、机要通信场所8处，更新店招31处。

【代理金融转型提质】 2022年，全州邮政系统实现代理金融收入5.25亿元，增幅10.98%。坚持做生态金融，发展中间业务，加大信用卡、社保卡、军人优待证发放及第三方支付绑定、商户收单、手机银行开办业务，新增信用卡5289户、第三方支付绑卡6.61万张、手机银行有效户3.68万户、收单商户11888户，新增及转换社保卡9.62万张，电子交易替代率96.3%，居全省第一位。落实五大客群“价值提升”工程和“五星权益”体系，提升客户数量及价值，新增万元以上客户3167户、VIP客户11457户、财富客户1481户、私行客户8户。

【寄递业务增量增效】 2022年，全州邮政系统寄递业务实现收入7606万元，规模居全省第九位，同比增幅13.9%，收入市场占有率16.99%，高于全省平均7.99个百分点；完成业务量855.7万件，件量市场占有率34.79%。特快业务实现收入3047万元，增幅36.23%，居全省第五位；快递包裹实现收入3263万元；物流业务实现收入1211万元，居全省第四位；国际业务实现收入73万元，增幅93.99%，居全省第一位。加强客户资费管理，特快件均单价16.31元，居全省第一位，快包件均单价4.71元，居全省第二位；特快收入占比达到40%，同比提升6个百分点，快包2公斤内轻小件占比53.2%，快包边际贡献率同比提升25个百分点。加强收入稽核管理，欠费年化率9.8%。新建揽投部5个；建设营销团队18个，配置客户经理23人，营销团队收入占比26.64%；开展“政企、业管、专业、支局”大协同营销，创新拓展“五大硒+”（即硒茶速递、硒乡邮礼、硒土豆、硒游寄、硒都快件）特色项目，实现收入2750万元；打造省级示范站点1个、州级标杆站点13个、榜样站点1个，站点转型实现全覆盖。

【构建农村电商生态】 2022年，全州电商分销实现收入4360万元，其中分销收入4243万元，增值收入117万元。聚焦地方特色，以邮政农品基地为抓手，加强直播、分享、活动引流，推进农产品上行，建设全国农产品基地1个、省级区域农产品基地6个，实现农产品交易额4548万元，居全省第二位；紧抓“抱团营销”“四节营销”（即春茶节、端午节、中秋节、年货节）等项目，加强巡店地推，培育大单品，实现批销额5158万元，居全省第三位。渠道建设运营优化。深化州、县乡村振兴馆建设，推动社区团购、邮乐小店分享，日均活跃邮乐小店747个，居全省第一位，社区团购交易额420万元。站点淘汰替换拓新318个，打造优质站点1175个，活跃站点2601个，新增掌柜会员8.1万个。

【打造三级物流体系示范】 2022年，州邮政系统分层分级推进县、乡、村三级物流体系建设，打造宣恩示范。宣恩县分公司落实集团公司服务乡村振兴战略，按照省分公司三网融合改革要求，通过探索“政府赋能+合作共享”模式，推进三级物流体系建设，“宣恩模式”被省分公司作为样板复制推广。

【数字邮政建设】 2022年，州邮政系统加强线上营销场景建设，建设企业微信客户群950个，添加企业微信客户数27.15万户，组织直播活动4场。加强邮政会员服务，累计发展“中国邮政会员”38.72万户、“邮生活用户”20.61万户、“积分会员”37.55万户。加强数据库营销，累计使用数据25.28万条，营销优质潜在客户6587户，新增综合资产2.71亿元。

【推进寄递革新】 2022年，州邮政分公司落实“三网融合”（即投递网、市趟网、同城网）改革，新增自有自提点139个，进度超100%，自提点累计达到1415个（日均自提量30件以上的184个）；优化揽投部布局4个，新增轻型揽投部2个；重新确定大客户数量43个；新增大客户、自提点甩点直投线路15条；规划设置普邮+特安段道49条。全州快递包裹自提率86.7%，自有自提点自提率18.3%，自提点卸载率37%。深化“六大改革”，关键指标、关键环节时限水平同比提升，部分超过竞品，市趟改革压降成本近30万元。处理中心新场地投产运行，更新和新增一批网运设备设施，各环节能力提升，累计处理3120万件，同比增长38%。

【人力资源改革】 2022年，州邮政分公司推行任期制和契约化管理，签约率100%。培育员工队伍，组织多层级多频次多对象教育培训，累计培训3289人次；银行从业资格证持证率达到54.25%，基金从业资格持证率20.85%，提高1.8个百分点；招聘大学生员工54人，金融岗位劳务工占比压降至26.3%。创新薪酬分配，完善薪酬分配办法，统一分配政策、模式、项目、标准，突出业绩导向；变革本部薪酬考核，突出个人岗位履职考核；深化寄递薪酬分配改革，推进薪酬分配市场化。

【“幸福工程”建设】 2022年，州邮政系统规范召开州、县两级职代会。建设省级模范职工小家3个、示范职工小家2个，职工书屋2个。帮扶困难职工83人。组织开展形式多样文体活动，举办十三届职工篮球赛暨工间操比赛，参与全州“五一平安杯”和全省邮政羽毛球比赛等“幸福工程”建设。

【荣誉】 2022年，州邮政分公司工会财务会计工作获“全国工会财务会计工作先进单位”称号。宣恩县分公司和穆有为、刘权等6人被评为2019—2021年度全省邮政系统先进集体、先进个人，姚家炳、汪美分别获全省最美投递员、最美营业员，工会干事梁永明荣获湖北邮政十佳道德模范。

（牟　澎）

通　信

中国电信恩施分公司

【概况】 2022年，全州电信主营业务收入同比增长8.18%，产业数字化收入完成率同比增长47.9%，DICT项目收入同比增长71.05%，天翼云电脑完成率排名全省第一，天翼高清净增完成排名全省第一，客户服务本地投诉率压降排名全省第二，集团第三方满意度测评排名本地行业第一，完成冬奥、国庆、二十大等重要活动通信保障。先后获中国电信集团最佳地市分公司，中国电信湖北公司经营优秀单位，省级文明单位和全国模范职工之家等称号。

【基础通信进入全国先进行列】 2022年，电信恩施分公司累计投入44亿元，用于全州通信基础设施建设，全州建成4G基站4219个，5G基站1572个，在网移动用户规模超过100万户，5G用户规模突破80万户，总出口带宽达到1300G，光纤宽带端口达到100万个，全州行政村通光率达100%，超过2.1万个自然村通光纤，宽带普及率超过50%，高于全省平均5个百分点，全州乡镇以上所有家庭具备100M接入能力，家庭宽带规模达到65万户，镇区以上60%家庭客户具备千兆宽带接入能力。建成覆盖全州的5G网络和千兆光网基础设施，光网端口建设进度和新增基站建设完成率均排名全省前三位，实现移动和固定网络普遍具备“千兆到户”能力，以泛在网络支撑数字恩施万物智联。

【“天翼云”实现属地化能力布局】 2022年，电信恩施分公司推进“云改数转”战略实施，以“天翼云”核心自主技术推进“3+17+X”能力布局，即3个集团集约池+17个属地资源地+X个边缘云，在恩施建成“天翼云”资源池，实现1万核，内存2.2万G，760T存储，恩施州“一城一池、一县一DC”及本地数据中心建设启动，在“数字经济、数字社会、数字政府、数字生态”四大领域，为建设全州智能化综合性数字信息基础设施提供技术保障。

【云+新应用助力“数智恩施”建设】 2022年，电信恩施分公司打造数字政府综合信息服务标杆，围绕“高效办成一件事”，完善“互联网+”政务服务体系，完成全州“12345”政务服务便民热线平台承建任务，全媒体接入系统、热线融合业务系统、智能知识库系统、统一督办问责系统、社情民意大数据分析及可视化系统、智能化系统等模块全面服务民生应用。推进智慧社区和智慧城市工程，在政务云、电子政务网等基础底座升级改造论证的基础上，推进OTN网络的全面替代，预警分析、科学决策和协同指挥能力得到持续提升。加强智慧应急系统建设，构建快速反应、精确指挥、科学决策的数字应急管理体系，在疫情防控、安全生产、应急事件中加强数智协同治理体系。打造完善城市大脑系统，对接公安、消防、住建、民政等城市大脑系统，建设智慧社区标准化应用平台，打通全域社会治理“最后一公里。”

【“三化”工程支持乡村振兴】 2022年，电信恩施分公司坚持“信息化赋能乡村振兴”帮扶思路，以“乡村治理数字化、农业生产智能化、农民生活智慧化”加快推进新一代信息技术在农业农村的创新应用。以“示范打造、规模复制”推进辐射所有行政村和居民社区的视频监控平台建设，全州2526个行政村及社区使用该平台，累计接入超过10万户，全省排名第一，全国排名第二。依托SAAS信息化管理云平台和IOT智能化生产子系统，在智慧种植、智慧养殖、农村电商、5G慢直播等方面创新推出场景应用，并在全省“三农”大数据平台一期建设项目基础上，实现全州“三农”数据资源开放共享和业务决策分析，打造“三农”大数据基座，聚焦生物育种领域的种业大数据中心，从种植到加工，全流程数字化管控。结合“三个课堂”数字化资源平台建设和“千县工程”标杆医院打造，向帮扶地区提供云教育、云电脑、云医疗、云旅游产品和服务。

（张　艳）

中国移动通信集团湖北有限公司恩施分公司

【概况】 2022年，中国移动通信集团湖北有限公司恩施分公司（简称“恩施移动”）移动总资产为13.4亿元。组建州、县、乡、村立体多层次服务网络，开通热线电话、互联网、微信、码店等线上服务平台。

【新基建工程】 2022年，湖北移动加大对恩施地区投资力度，各项重点工程项目规模均居全省前列。传输线路项目规模全省第一，同比增幅203%；有线宽带设计批复规模全省第三，千兆宽带小区建设项目规模全省第二，同比增幅283%；5G 700M基站建设项目规模全省第六。4G基站规模达到8807个。累计投入7.5亿元建设5G网络，5G基站规模达到2125个（其中2022年新建979个），实现州城覆盖、县城和乡镇连续覆盖，行政村重点覆盖，交通枢纽、典型标志性建筑、三甲及以上医院、国家AAA级以上旅游景区重点区域覆盖。投资9200万元，新增宽带端口20万个，光纤宽带通村达户基本实现。传输光缆长度达4.7万皮长千米。恩施第二数据中心机房楼项目设计规模扩大，预计投资金额达3.5亿元，设计机架数达到2250个，项目有序推进。

【数字化发展】 2022年，恩施移动加快培育5G、大数据、物联网、云业务本地化应用，促进5G融入各个行业，推动数字经济发展。州公安局合作警务通项目，推动提高公安系统信息化水平；与巴东大数据中心合作巴东智慧城管项目，支持提升城市管理精细化、规范化、科学化水平；与咸丰水利局合作咸丰县农村饮水安全水质提升工程（一期）设计采购施工总承包项目，推动改善农村居民生活条件、促进农村经济发展、推进城乡一体化；与湖北和诺生物工程有限公司合作5G+智慧园区项目，搭建企业端“工业互联网+危化安全生产”平台，采用5G+工业互联网的技术优势，支持工业企业提质增效、消患固本。

【助力创文创卫】 2022年，公司投入专项资金2365万元，整治光交86个、光缆835千米、杆路388千米、管道33管孔千米，创文创卫小区整治148个、老旧小区弱电改造21个共1210户。履行桂花园社区包保责任，选优82名党员干部认领包保，投入资金支持社区建设便民公示栏和户外宣传广告等工作。

【实施乡村振兴】 2022年，公司选派驻村队员26人接续帮扶12个行政村，牵头负责7个村，投入帮扶资金255万元，购买贫困地区农产品210余万元，援建扶贫项目9个，引进扶贫资金30万元，帮助贫困人口实现转移就业人数215人。专项扶贫优惠资费覆盖脱贫用户、孤寡和留守老年人、留守儿童、困境儿童、残障人士等专项群体共20万户，惠及率53%。恩施移动公司拍摄的宣传片《白茶托起小康梦》参加农业农村部、国家乡村振兴局、国家机关事务局等组织的全国“乡村振兴——听老乡说小康”短视频征集大赛活动评选，获最佳人气奖。恩施市盛家坝镇大集场村被中国移动集团公司评为数智乡村优秀示范村。宣恩县沙道沟镇松坪村《农旅结合：小山村有大文章》项目被中国移动集团公司评为数智乡村优秀案例。

【网络服务保障】 2022年，公司按要求完成党的二十大等通信服务保障。参与各项重大活动通信保障21次，开启应急通信车19辆次，扩容97个小区。

【落实惠企降费政策】 2022年，恩施移动互联网专线资费年同比综合降幅达11.8%，企业宽带年资费同比综合降幅达16.9%，惠及1171家企业。对全州中小微企业客户在用的企业宽带、互联网专线给予10%优惠。减免返还2家小微企业、9家个体工商户房屋租金65万元。开展根治拖欠中小企业账款专项行动，对账期内的款项做到应结尽结。降低采购门槛，为中小企业纾困解难。

【网络信息安全】 2022年，公司加强防范治理电信诈骗，落实“断卡行动”，打击治理黑灰产业，涉案号码连续3年下降，与2021年同比下降37%。开展安全风险隐患大起底大排查大整治，全年无重大安全事故发生。

（邓淑华）

中国联合网络通信有限公司恩施州分公司

【概况】 2022年，中国联合网络通信有限公司恩施州分公司（简称恩施联通）完成主营业务收入7.6亿元，总资产7.88亿元，资产收益率（ROA）达10.48%，投资占收比14.3%，年度实缴税款918万元。恩施联通紧盯“国家队、主力军、排头兵”的发展定位，主动对接《恩施州国民经济和社会发展第十四个五年规划和2035年远景目标纲要》，基于大联接、大计算、大数据、大应用、大安全等能力优势，构建“基座全自研、应用聚生态、服务全链条、安全端到端”的能力体系，打造“数据智脑引擎+场景应用”新型智慧城市产品体系，融入恩施州“一核支撑、两翼并进、全域协同”的区域发展布局，注入恩施地方经济发展新动能，支持千行百业数字化转型。中国联通恩施州分公司获中国联通“插旗行动最佳团队——优秀市分班子”称号，获湖北联通“2022年度安全生产先进单位”“2022年度新闻信息宣传先进单位”表彰。

【通信基础设施建设】 2022年，恩施联通基站总量为11681个，同比增长25%；5G基站1583个（竞合电信）；4G基站5848个，竞合电信1485个；3G基站2498个；4G在市区、县城、乡镇覆盖率达99%，行政村、主要交通干线覆盖率达98%，5G网络中心城区覆盖率达97%；恩施联通宽带端口总量为100.21万线，其中城区千兆端口为42.09万线，城区千兆覆盖达96%；政企专线电路4023条，建设线路24885千米。交付州分公司办公大楼二楼数据中心120个机架，建成骨干云池服务器41台。

【新战略推进落地】 2022年，恩施联通将“1+9+3”（1个战略规划、9个行动计划、3个指导意见）战略规划体系作为公司治企兴企，管总定向的总纲和方略，在人才强企、纵深激发基层单元生产活力、科技创新方面全面部署引领方向，落实“5G引领与应用发展”“宽带与智慧家庭建设”“算网融合”“大数据创新应用”“高品质服务”“新型数字基础设施建设”“坚强网络安全产品发展”等9个行动计划，统筹推进公司战略落地。以效率提升为核心，按照专业人才引育、人才培养要求，分类施策，推进人才强企落地执行，筑牢全面数字化转型的人才基础。落实考核评价，细化34项重点工作任务、64项重点目标、106项行动举措，按月滚动迭代。

【网络客户服务】 2022年，恩施联通坚持以高品质服务行动计划为引领，纵深推进服务专项攻坚行动，以“钉钉子”的精神，更体系、更精准、更协同做实客户问题解决，提升客户满意度；以“解难题办实事”“服务标兵争创”“科技助老”等主题活动为抓手，实现服务文化和口碑传播突破，打造“近悦远来”服务新口碑。工信部TCSI测评得分排名湖北联通系统第二名，年度有效申诉率22.01件/百万户。

【精神文明创建】 2022年，恩施联通各志愿服务队全年累计组织开展志愿服务活动60余件次，志愿服务参与人数达500余人。贯穿全年开展“党旗在一线高高飘扬”系列主题实践活动，组织号召公司广大党员、志愿者开展创文创卫、科技助老、校园迎新帮扶等志愿服务活动100余场。聚焦荣誉激励、创先争优、员工关爱，持续加强企业文化体系建设。制作公司荣誉展厅，开展形式多样的员工关心关爱活动，实现企业文化入脑入心。以“恩施联通20年”为题，选拔一批优秀员工代表讲述恩施联通发展创业故事，传播恩施联通精神文化，提振士气、凝聚人心。

（黎永君）

中国铁塔股份有限公司恩施州分公司

【概况】 2022年，中国铁塔股份有限公司恩施州分公司（简称恩施铁塔公司）铁塔站址为7500余座，资产原值13.49亿元，铁塔租赁户11170户。完成营业收入2.58亿元，收入增长率为3.58%。州分公司下设8个县市办事处，主要资源为铁塔站址，已共享至移动、联通、电信、广电、公安、电视台等单位，推进恩施州通信网络覆盖、数字恩施、双碳减排等方面。

【数字基础设施建设】 2022年，恩施铁塔公司投资1810万元，建设3374个5G基站、359个4G基站，实现县城及所有乡镇的5G全覆盖，弥补农村区域的4G覆盖短板，支持解决乡村振兴工作中“通信难”等问题。按照“政府主导、铁塔统筹、开放共享、服务社会”的原则，合力推进 5G基站铁塔及楼顶天面、

2022 年 9 月，恩施联通新大楼二楼数据中心建成 （恩施移动公司 供稿）

室内分布系统、微站、管道及光交、局机房等通信设施的共建共享。

【通信保障】 2022年,恩施铁塔公司运营商“1+5”指标(1指标为平均站址断电退服时长,5指标为超长退服率、平均站址断电退服率、超频故障率、维护配套解决率、站址流失率)得到持续改善,“1”指标达标率为97.22%,较2021年的91.67%提升5.55个百分点;“5”指标综合达标率为94.44%,较2021年90.13%提升4.31个百分点。全年维护投资总额1047万元,其中电池整治项目投资金额706.99万元,占比达到67.54%。5月、6月连续与移动、联通、电信等公司组织联合防汛应急演练。完成2月冰雪天气、7月雷雨天气、新冠疫情防控重要保障、重要时间节点应急响应保障等。

【5G信息化运用】 2022年,恩施铁塔公司拓展服务行业专网客户,为各类垂直行业、政企客户提供信息通信基础设施服务。挖掘5G行业应用特别是5G专网建设的商机,支撑、协同运营商深化共享发展,打造标杆案例,培育新的业务增长点。全年行业应用投资金额778万元,其中农业、林业、环保、城管行业总投资663.5万元。

【智能换电服务】 2022年,恩施铁塔公司在全州开展5G+恩施州绿色低碳出行智能换电业务。建设智能换电站100余个,投放电池4800余组,累计服务5000余用户,为骑手解决就业成本高、充电难和充电不安全问题。配合州总工会,成立恩施州骑手工会,联合恩施市、利川市、宣恩县、咸丰县、来凤县政府相关部门联建蜂巢、骑手之家、爱心驿站,为外卖员、快递员提供休息、喝水、热饭等贴心服务。

【共享电单车投放】 2022年,恩施铁塔公司为深化资源共享,践行国家“双碳”战略(碳达峰碳中和)。在全州14个乡镇投放330辆共享电单车,注册用户1.3万户。

【助力乡村振兴】 2022年,中国铁塔股份有限公司在恩施州定点帮扶宣恩县高罗镇麻阳寨村和鹤峰县容美镇麻旺村,帮扶资金和消费帮扶2个指标双超千万元,得到国务院国资委社会责任局肯定。

(吴 辉 卢义留宇)

湖北广电网络恩施分公司

【概况】 2022年,湖北广电网络恩施分公司(湖北省原楚天视讯恩施分公司)有有线数字电视注册用户68.5万户,广电宽带用户26.2万户,传输数字电视节目189套。6月,恩施分公司实施利川市应急广播体系建设,拉开全州应急广播体系和“村村响”平台融合贯通序幕。

【广电5G】 2022年6月6日,中国广电品牌升级暨广电5G和融合业务品牌发布会在北京举办,“中国广电”“广电5G”“广电慧家”三大品牌标识及广告语同时亮相。同时,恩施分公司启动广电5G试商用,截至12月末,累计发放5G号卡33289张,实现试水即喜获成功的目标。

【安全播出】 2022年,恩施分公司贯彻落实意识形态责任制和安全播出有关要求,以“每天都是安播日”的要求,制定各项应急预案,重点抓住关键环节、关键岗位、关键部位,加强值班值守,做到严防死守、守土有责、履职尽责,提高安全播出保障能力,为元旦春节国庆等重要节假日、各级“两会”、北京冬奥会、冬残奥会、党的二十大胜利召开等重大安全播出提供保障。

(姚希蒙)

住房和城乡建设

Housing and Urban and Rural Construction

综　　述

【概况】 2022年，全州住建系统以推进新型城镇化建设为主线，以稳住经济基本盘为重点，以创新城市管理服务方式为驱动，稳步提升城镇建管质量。州委、州政府成立以州长任主任的恩施州城管理委员会，州政府出台《关于完善“大城管”格局加强城市精细化管理的实施意见》，各县市政府相应建立“大城管”工作机制，并制定相应的城市精细化管理三年行动方案，形成监督考核评价体系。深化“放管服”改革，优化营商环境，开展全州住建系统县、乡、村三级依申请及公共服务事项“清减降放”工作，全州住建、城管系统共128项业务实现规范审批流程，落实“证照分离”工作。优化改革工程建设项目审批制度，全州创建省级营商环境先行试点区4个。加强燃气安全专项整治，燃气行业安全生产形势基本稳定。加强城市供排水管网运行监测、城市道桥涵隧安全检测，常态化排查整改市政基础设施隐患，抓好城市运行安全。截至12月末，全州住建行业领域保持安全稳定，累计排查自建房117.17万栋，初判存在安全隐患3.72万栋，全部完成安全鉴定并落实管控措施。履行河长制住建部门职责，完成年度对鹤峰县溇水河4次的巡河任务，均移交至鹤峰县河长制工作办公室，督促完成整改。2月16日，州委办公室、州政府办公室印发《恩施州住房和城乡建设局职能配置、内设机构和人员编制规定的通知》，实行大科室制改革，将州住建局内设机构由原来的16个调整为12个，分别是办公室（政策法规科、党办）、人事科（离退休干部科）、住房保障科、房地产和物业管理科、建筑业发展科、城市建设科、村镇建设科、城市管理科、燃气管理办公室、勘察设计与消防审验科、行政审批科、州人防办综合管理科。

【住房和城市建设主要指标】 2022年，全州城镇完成老旧小区改造计划180个，惠及居民3.35万户。全州建成棚户区改造安置住房3228套；为1187户住房困难家庭发放住房租赁补贴179.21万元；政府投资公租房分配入住24894套。年度完成农村低收入群体危房改造任务1823户。年末8个县市城市规划建设用地面积181.65平方千米，比2021年增加2.17平方千米，增长率1.21%；建成区面积125.13平方千米，比2021年增加2.93平方千米，增长率2.4%。城区人口85.68万人，比2021年减少6.44万人，增长率−6.99%；暂住人口10.88万人，比2021年增加1100人，增长率1.02%。建成区绿化覆盖面积5278.46公顷，比2021年增加21.15公顷，增长率0.4%；建成区绿地面积4723.55公顷，比2021年增加22.41公顷，增长率0.48%；建成区公共绿地（公园绿地）面积1637.5公顷，比2021年增加19.68公顷，增长率1.22%；全州各类公园86个，公园面积1020.78公顷，绿道长度68.97千米。城市建成区道路长度778.88千米，面积1242.98万平方米，其中人行道面积274.1万平方米；公共停车场车位35282个，配建停车场车位30331个，路内停车位6151个；城市道路安装路灯64326盏，照明道路长度779.33千米，城市照明总用电量3757.61万千瓦，装灯总功率9601.24千瓦。城市各类桥梁178座，其中大桥及特大桥25座、立交桥10座。城市供水管道长度2171.15千米，供水水厂19座，综合生产能力57.79万立方米/日，年供水总量12129.23万吨；用水人口96.19万人，用水户数472027户，其中家庭用户413915户，配置市政消火栓2503具。天然气供气管道长4045.62千米，全年天然气供气总量18866.73万立方米，销售气量18435.58万立方米，总用气户数399627户，其中居民家庭用户389850户，用气人口76.53万人，天然气汽车加气站8座。液化石油气储气能力1869.65吨，供气总量10185.96吨；用气户数88385户，其中家庭用户54740户，用气人口19.27万人。道路清扫保洁面积1781万平方米，其中机械化清扫面积1255万平方米。各类公共厕所357

座，其中三类以上356座。环卫专用车辆设备423辆，其中道路清扫保洁专用168辆、生活垃圾运输专用247辆。生活垃圾转运站40座，转运能力1460吨/日。城市生活垃圾无害化处理场16个（全州卫生填埋场9个，焚烧处理场2个，其他餐厨垃圾处理站5个），无害化处理能力1325吨/日，年生活垃圾清运及无害化处理量43.46万吨。建筑垃圾清运量569.29万吨，其中资源化利用69.55万吨。有污水处理厂12座（均为二、三级处理标准），污水处理能力38.15万立方米/日。城市排水管道长度2598.24千米，其中污水管道1224.05千米、雨水管道843.75千米、雨污水合流管道530.44千米；污水排放总量10711.7万立方米，污水处理量10517.2万立方米；干污泥处理能力176.8吨/日，年干污泥产生量及处置量10702.84吨，其中填埋7127.94吨，土地利用4284吨。全州有历史文化街区3处，面积23公顷，建筑数量49座（处、间），比2021年减少2座（处、间）。

2022 年 12 月，恩施州城龙洞河南路沿河绿地公园一角　　（谭　华　摄）

【“清减降放”改革回头看】 2022年，州住建系统开展为期3个月（6—8月）的政务服务“清减降放”改革“回头看”专项行动，梳理全州住建系统依申请及公共服务事项，通过对实施清单和流程修改5次，编制《恩施州住建系统县、乡、村三级依申请及公共服务事项规范实施清单》《恩施州住建系统县、乡、村三级依申请及公共服务事项规范流程》《其他事项清单（全程网办事项清单、全州通办事项清单、县级下放乡级事项清单、县级办理环节前移事项清单）》等，实现事项清单、申请材料、办理环节、承诺时限等全州统一和规范一致，所有事项申请材料、办理环节、承诺时限均有所压减。

【依申请及公共服务事项梳理】 2022年，全州统一规范县级住建系统依申请及公共服务事项64项（业务办理项103项），不含新下放事项，业务办理项中55项在县（市）住建局，28项在县（市）城管执法局，20项根据实际职能在县（市）住建局、城管执法局或其他职能部门；乡级住建系统依申请及公共服务事项6项；村级住建系统依申请及公共服务事项4项。

【优化办理流程】 2022年，全州通过优化事项办理流程，县级事项清理前原需466项材料，清理后需提供材料298项，材料减少168项，减少率36.05%；乡级事项清理前原需12项材料，清理后需提供材料6项，材料减少6项，减少率50%；村级事项清理前原需14项材料，清理后需提供材料6项，材料减少8项，减少率57.14%。县级事项清理前原需504个环节，清理后需环节304个，环节减少200个，减少率39.68%；乡级事项清理前原需27个环节，清理后需环节15个，环节减少12个，减少率44.44%；村级事项清理前原需19个环节，清理后需环节10个，环节减少9个，减少率47.37%，县、乡、村三级所有事项办理时限均在法定时限基础上大幅压减，县级事项除6个特殊事项外，办理时限均达到县市公示最小值，1个工作日办结事项97项（含即来即办事项），所占比例为93.2%；乡级1个工作日办结事项6项，所占比例为100%；村级1个工作日办结事项4项，所占比例为100%。

【深化“证照分离”改革】 2022年，按照住建部办公厅关于深化“证照分离”改革要求，通过直接取消、审批改备案、告知承诺制及优化审批流程等方式，对建筑业企业资质改革。自2021年7月1日起，建筑业企业总承包三级、专业承包三级资质首次、延续、增项、变更和重新核定的审批直接取消；建筑业企业施工劳务资质由审批制改为备案制，相关企业资质及安全生产许可证自动延期至新资质标准出台。全年办理二级注册建筑师初审12项，二级注册结构师初审14项；办理建筑业企业资质申报事项90件，简单变更（含劳务、注销）224件，吸收合并、分立1件，施工劳务资质备案407件；办理工程勘察企业资质申报事项1件，勘察、设计、监理变更10件；办理质量检测延续7件，变更3件；办理安全生产许可证新申请事项188件，延续66件，变更90件；开展申报预拌混凝土专业承包资质商砼站现场核查6次，告知承诺制审批事后核查15次，协助省住建厅核查申报资质业绩情况15次。根据《湖北省住房和城乡建设厅关于进一步优化二级建造师注册管理的通知》，自2月8日起，二级建造师注册实行承诺制，取消二级建造师注册市州审核环节，由省住建厅直接审批决定，全省各级主管部门事后对申请人和聘用单位的承诺情况进行核查。州住建局落实注册告知承诺制，对其进行事后核查，重点核查与企业签订劳动合同及社保缴纳情况，全年核查602名二级建造师注册人员。根据《湖北省人民政府关于向79个县（市、区）下放经济社会管理权限的决定》和省住建厅《关于下放部分行政许可和公共服务事项的通知》，涉及州住建局建筑业企业资质简单变更、房地产企业开发资质二级、估价机构备案三级等6个事项下放县市住建部门办理。4月，恩施州完成县市住建局印章印模及相关负责人等信息的收集，并按时上报省住建厅；7月，组织协助各县市在湖北省政务服务事项管理系统进行下放事项认领，并编制发布办事指南，开展下放事项培训，各县市住建局正常开展受理审批工作。根据《住房和城乡建设部办公厅关于建设工程企业资质有关事宜的通知》和省住建厅《关于延长建设工程企业资质有效期的通知》，按照统一延期、直接申请、灵活申报的要求，州住建局下发《关于恩施州建筑业企业资质有关事宜的通知》，更新办事指南和一次性告知等内容，落实惠企政策。

【“工程审批”再优化】 2022年，持续深化工程建设项目审批制度“753”（即政府投资项目审批时限压缩至70个工作日，社会一般投资项目审批时限压缩至50个工作日，带方案出让土地项目审批时限压缩至30个工作日以内）改革，围绕“高效办成一件事”工作目标，在工程建设项目审批制度改革及用水用气等方面，制定实施方案，倒排责任工期。完成全州工程建设1444个项目、3925个事项审批工作，项目数及事项数位列全省前列。持续优化营商环境，围绕营商环境评价办理建筑许可反馈问题清单，以“五证同发”（审核备批复文件、建设用地规划许可证、建设工程规划许可证、建筑工程施工许可证、不动产权证书）和“单体提前验收”等先行试点经验为核心，完善开发区区域性统一评价，补齐“多规合一”的“一张蓝图”短板，实行“多测合一”，加强“多审合一”应用，保证工程项目“联合验收”全覆盖。实行用水用气集中联办，企业、项目“零见面”报装，在全州推行用水报装“320”（报装受理3个工作日、接驳通水2个环节、零材料）和用气报装“200”（报装受理和接驳通气2个环节、零材料、零跑腿）服务。

【完成上级环保督察任务】 2022年，州住建局印发《全州住建系统深入打好污染防治攻坚战细化实施方案》，统筹协调推进全州本系统的污染防治攻坚战任务，落实中央、省环保督察反馈交办问题整改各项工作。完成年度州政府交办的对咸丰县环境保护问题的督导督察。

（郑新民）

住房保障

【概况】 2022年，全州住房保障体系健全，完成年度工作目标。将年度计划任务分解到各县市，开展保障性安居工程财政资金绩效评价，建设保障性租赁住房，收购筹集周转房房源，实行目标责任管理。推进公租房“补缺口、强管理”行动，加强调度，推进棚户区改造项目建设进度。持续推进城市低收入家庭住房保障，加快解决新市民、青年人，特别是从事基本公共服务人员住房困难问题，加强农村低收入人群住房安全保障。按照住建部住房保障司和省住建厅工作部署，全州纳入全国公租房系统App端2022年推广上线城市，9月完成系统测试和上线，实现通过手机App申请公租房。

【保障性租赁住房】 2022年，全州计划新开工保障性租赁住房360套。截至12月末，新开工374套，占计划的103.9%。全州收购筹集周转房房源2376套（商品房1608套、其他存量房屋768套），其中州直收购商品住房200套、恩施市收购商品房416套、利川市收购周转房768套、建始县收购商品房筹集305套，巴东县收购筹集247套、宣恩县收购筹集71套、咸丰县收购商品房筹集100套、来凤县收购筹集189套、鹤峰县收购商品房在建项目80套。全州通过存量房改造，筹集保障性租赁住房房源337套，其中宣恩县97套，咸丰县124套，来凤县116套。全州分配保租房房源2224套（先租后售1084套，只租不售1140套），其中州直200套、恩施市416套、利川市508套、建始县305套、巴东县247套、宣恩县153套、咸丰县224套、来凤县91套、鹤峰县80套。

【棚户区改造】 2022年，全州基本建成棚户区改造（其中包含以往年度开工在2022年基本建成的项目）计划任务3175套。截至12月末，基本建成棚改安置住房3228套，占年度计划的101.7%。

【公租房分配入住】 截至2022年年末，全州公租房分配入住公租房24894套，分配入住率93.6%，高出目标任务3.6个百分点。其中州本级分配入住332套，分配入住率100%；恩施市分配入住6418套，分配入住率94.5%；利川市分配入住3449套，分配入住率95.9%；建始县分配入住2915套，分配入住率90%；巴东县分配入住4796套，分配入住率90.6%；宣恩县分配入住1919套，分配入住率91.3%；咸丰县分配入住1922套，分配入住率100%；来凤县分配入住1360套，分配入住率94.8%；鹤峰县分配入住1783套，分配入住率94.5%。符合纳入国家计划公租房（不含已盘活处置项目）分配率90%以上的要求。

【租赁补贴发放】 2022年，全州计划发放城镇低收入住房困难家庭租赁补贴1016户。截至12月末，为1187户住房困难家庭发放住房租赁补贴179.21万元，占年度计划发放户数的116.8%。其中恩施市为441户，发放租赁补贴39.11万元，计划完成率103.5%；利川市发放40户，租赁补贴5.65万元，计划完成率133.3%；建始县发放292户，租赁补贴73.16万元，计划完成率116.8%；巴东县发放31户，租赁补贴7.47万元，计划完成率103.3%；宣恩县发放30户，租赁补贴2.87万元，计划完成率100%；咸丰县发放171户，全租赁补贴30.38万元，计划完成率171%；来凤县发放68户，租赁补贴2.47万元，计划完成率136%；鹤峰县发放114户，租赁补贴18.1万元，计划完成率114%。

【农村低收入群体危房改造】 2022年，省住建厅确定全州完成年度农村低收入群体危房改造任务1790户，实际完成1823户。其中恩施市480户、利川市113户、建始县171户、巴东县293户、宣恩县147户、咸丰县135户、来凤县115户、鹤峰县369户，保障农村低收入群体住房安全。

【农村房屋安全隐患排查整治】 自2020年起，全州开展农房安全隐患排查，截至2022年年末，全州共排查出农村房屋820078户，其中存在安全隐患6746户，鉴定为C级D级的5712户，全部录入系统并整改完毕。同时，各县市督促各乡镇，将在建房屋录入农房排查整治信息系统中，加快推进农房安全隐患整治销号。

（郑新民）

房地产业

【概况】 2022年，全州落实中央、省、州房地产工作会议精神，按照高质量发展要求，以供给侧结构性改革为主线，落实“稳地价、稳房价、稳预期”的长效管理调控机制，促进房地产业平稳健康发展。4月，州政府出台《关于进一步促进全州房地产业良性循环和健康发展的若干措施》，在金融、税务支持、土地、优化住宅品质、规范预售许可、落实调整住房公积金政策、实施“带押过户”、放宽首套住房商业性个人住房贷款利率下限、落实商品房促进农村人口有序向城镇转移等方面，实施一揽子利好政策，房地产市场逐步回暖。10月，州委副书记、州长夏锡璠主持召开州政府常务会专题会议，主持召开全州推动房地产平稳健康发展工作会议。州政府出台《关于进一步促进全州房地产业平稳健康发展的若干措施》《关于引导和鼓励农民进城购房的指导意见》，指导各县市制定土地出让“一城一策”、保交楼“一楼一策”和解决从事基本公共服务人员住房困难问题“一城一策”等工作方案。全州房地产业增加值116.09亿元，下降0.1%。全年完成房地产开发投资194.1亿元，同比下降2.6%，降幅环比收窄4.6个百分点。全州销售商品房237.19万平方米，同比下降32.5%，其中销售商品住宅21421套、非住宅3812宗。全州库存商品房558.39万平方米，其中住宅库存329.06万平方米、非住宅库存229.33万平方米，住宅小区消化周期保持在17个月合理区间，州城恩施市普通住宅销售均价5761元/平方米，同比下降1.71%。

【建立推动房地产市场平稳健康发展联席会议制度】 2022年11月，州政府印发《关于建立恩施州推动房地产市场平稳健康发展联席会议制度的通知》，定期采集整理房地产土地出让、规划、建设、销售等环节的数据信息，加强内在关联性研究，预测和分析研判，发挥统筹协调作用，加强对全州房地产市场的监督管理。

【推进“保交楼”项目建设】 2022年，恩施州保交楼工作专班印发《恩施州保交楼、稳民生”工作实施方案》，成立工作推进专班，对全州已售逾期难交付的17个楼盘（5739套房屋）逐一梳理研究，督导县市制定“一楼一策”方案，建立“保交楼”工作周报制度，倒排工期，压茬推进。科学合理分配“保交楼”专项借款资金，加强监管，提高资金使用质效。全州17个保交楼项目全部复工复产，完成住宅交付2906套，占计划的50.64%。

【去化库存】 2022年8月，出台《恩施州人民政府关于规范避暑康养项目建设的通知》，立足恩施气候优势，做“凉”字文章，以高品质康养项目吸引外地人到恩施购房。各县市以“凉交会”、城市推介、“跟我去恩施”“房地产交易展示会”等形式推动文旅康养房地产项目建设，稳住市场预期。鼓励房地产开发企业将未开发房地产用地，转型用于国家支持的项目开发建设，盘活固定资产，去化库存，增加现金流动和综合税收；落实“带押过户”等政策，降低二套房购入时间和成本，促进改善型住房消费。

【加强监管化解风险】 2022年，州住建局印发《恩施州商品房销售方案备案管理办法》《关于加强和规范房地产经纪机构经营行为监管的通知》等规范性文件，对相关楼盘存在的问题，组织州银保监分局、州公积金中心、州人行等单位印发《关于进一步加强预售资金监管的通知》，州政府出台《恩施州房地产领域突出矛盾风险排查化解实施方案》，州委、州政府出台《恩施州房地产开发经营突出问题自查自纠和检查整改工作方案》等文件，对全州2016年以来新建、续建项目矛盾风险进行摸排，建立问题台账清单，实行分类处置。全州47个房地产领域重大矛盾风险项目化解32个，房地产领域矛盾风险基本可控，未发生一起“抱团停贷”现象。恩施恒大项目在全省率先实现实质性复工复产，和润城等一批项目完成破产重整。

【物业管理专项整治】 2022年，州住建局联合州发改委等6部门制定《恩施州物业收费信息不透明专项整治工作方案》。编制完成群众关心关注度高的物业管理常识50问、发放专业化物业收费信息不透明专项整治海报3000余份。州住建局印发《关于规范恩施州物业服务相关收费公示的通知》，州级建立投诉举报“周交办”制度，对群众来访来电按属地原则实行周交办、月办结。对物业管理不到位、收费不透明等问题，核实约谈企业，限期整改。全州共受理各类线上线下投诉举报424件次，办结423件，办结率99%。清退加收水电价款3.49万元，对34家物业企业进行公开曝光，对3家物业企业给予7万元行政处罚，并计入年度信用评价扣分。

【2022恩施首届线上房地产交易会】 2022年11月30日至12月29日，由恩施市政府、恩施高新技术产业园区管委会、州住建局主办，恩施市住建局、恩施房地产业协会协办的2022恩施首届线上房地产交易会举行，进行政府为购房者代缴维修资金的创新尝试。

【州直房产管理】 截至2022年12月末，州直住房资金管理中心专项维修资金账户余额6314.53万元，售房款余额4446.77万元，保证金余额31434.02元。住宅专项维修资金账户共6285个，其中单位账户510个，个人账户5775个。全年新增归集住宅专项维修资金61笔、450834.54元；拨付使用资金45笔、854280.94元；账户年度结息6285笔、184093.54元；售房款结息155笔、134852.94元，拨付2笔、17918.36元；房改租赁保证金结息42笔、99.48元，退租赁保证金1376.59元。房产交易窗口受理办结各类房屋交易过户备案630宗、备案面积8.26万平方米，交易备案金额11206万元。其中二手房合同备案241宗、面积26876.57平方米，合同备案价11206.23万元；经适房合同备案389宗、面积55705.13平方米。交易窗口开通合同备案证明业务，帮助经适房小区住户解决子女就学问题。开展13个小区合同备案，解决州直属单位经适房小区办证遗留问题，完成怡宁苑、怡康苑小区合同备案。受理单位、个人查询申请并出具房屋信息证明共计1324宗，完成上报其他委托单位各项信息查核任务共1903宗。

（郑新民）

城乡建设管理

【概况】 2022年，全州住建领域计划实施城乡建设项目235个（新建项目114个，续建项目121个），完成投资109.84亿元。截至12月末，开复工170个，完成固定资产投资70.44亿元，完成州政府下达年度目标任务（50亿元）的140.88%。先后3次组织全州住建系统开展上级政策、项目谋划、争取资金学习培训，指导各县市获得上级各类资金55.57亿元，其中债券资金40.05亿元，中央、省预算内资金6.38亿元，中央财政补助资金1.51亿元，政策性金融基金7.63亿元。完成住建领域城建项目“三区三线”（根据城镇空间、农业空间、生态空间三种类型的区域空间，分别对应划定城镇开发边界、永久基本农田保护红线、生态保护红线三条控制线）划定工作；编制完成住建系统《恩施州“十四五”城乡人居环境建设项目库》，并纳入省级项目库；编制完成住建系统《县城品质提升工程项目库》；参与完成《恩施州流域综合治理和统筹发展规划》编制。在湖北省第三届（荆门）园林博览会中，恩施园获得“最美园中园奖（综合奖）”。推进全州村镇建设管理工作，以乡镇生活污水治理和乡镇生活垃圾无害化处理工作为载体，持续开展“擦亮小城镇”行动，加强实施农村危房改造项目，加快农村房屋安全隐患排查整治。

【全州城市（县城）市政公用设施水平】 2022年，全州城市（县城）市政公用设施水平（含暂住人口）：建成区人口密度2202人/平方千米。建成区绿化覆盖率42.18%，绿地率37.7%。人均公园绿地（公共绿地）面积18.37平方米；人均城市道路面积12.87平方米，建成区道路面积率9.79%，建成区路网密度6.07千米/平方千米；建成区供水管道密度16.69千米/平方千米，排水管道密度19.7千米/平方千米；供水普及率99.62%，人均日生活用水量187.19升；燃气普及率99.21%；污水处理率98.18%，污水处理厂集中处理率98.18%；生活垃圾处理率100%，无害化处理率100%。

【“大城管”格局推动城市精细化管理】 2022年，州、市二级政府成立以主要领导为主任、副主任的恩施州城管理委员会（另外还有指导全州工作的“恩施州城市管理委员会”），下设办公室与州创卫创文办公室合署办公，从州直宣传、卫健、住建等部门，恩施市市直各有关部门抽调30余人组成工作专班，与原单位脱钩常年开展相应工作。8月，州委、州政府出台《关于完善“大城管”格局加强城市精细化管理的实施意见》等文件。州委书记、州长等主要领导调研城市建设管理工作10余次，召开重要会议4次，推进城市精细化管理。发挥州城管理委员会（创文创卫）办公室协调、指挥、考评作用，通过巡查指导和第三方暗访相结合的方式，压实工作责任。将“大城管”工作纳入县市政绩目标考核的重要内容，提高“大城管”工作保障、违建拆除等“硬指标”权重。全州城管系统提高队伍综合素质，推进城市管理执法队伍“强基础、转作风、树形象”；以“大城管”体系理顺城市规划建设，用垃圾围城、交通拥堵、乱停乱放等“城市病例”逆向指导规划建设工作，开展“城市体检”，推进城市建设管理“查漏补缺”。坚持建管同步，以“大城管”工作统筹城市燃气、供排水、电力、通信等项目建设，避免道路反复开挖、设施重复建设等问题；以“大城管”工作方法推动人居环境提升，落实深度保洁措施，实行“机械洗扫+人工精洗”作业模式。恩施城区道路机扫率为90%，其他县市均为80%以上。加强道路扬尘管控，落实“六不开工、五不上路”要求，严肃查处露天焚烧、餐饮油烟扰民等。全年处置城区露天焚烧垃圾现象380余起，8个县市城区空气质量平均优良率为98%，州城恩施空气质量优良天数为351天，优良率96.2%。开展市容秩序整治“雷霆行动”，推进“攻坚式”的综合执法。通过专项整治，全州清除架空凌乱弱电线420千米，拆除和整理光纤信息盒1000余个，完成恩施市滨江花园小区等30个区域的弱电整治；拆除违章户外广告3.3万平方米；劝导出点占道经营3.7万余起；处置机动车违停行为2.9万起；清理乱搭乱建、乱拉乱挂、乱倾乱倒等城市乱象3000余处。推进城市绿化美化，整合打造清江城区段沿线山体、广场、楼宇、街道、桥梁的夜景亮化景观，提升旅游城市品位。开展“增绿提质”专项行动，1—10月，全州改造升级公园绿地面积13万平方米，完成口袋公园建设9处。州城恩施以网格为城市管理基本单元，细化为376个网格，实行州、市领导包社区，州、市党政机关和企事业单位包网格，社区“八员”（网格员、环卫人员、执法中心人员、路灯管理员、市政设施管理员、市场监管员、交警队员和城管队员）具体负责的三级包保责任制。

【城镇老旧小区改造】 2022年，全州180个老旧小区纳入改造计划，按照“化零为整、组团连片”思路推进工作，截至12月末，老旧小区改造全部完工，惠及居民3.35万户。来凤县、鹤峰县老旧小区改造“拉动居民装修投资、促进消费”做法，被列入全省可复制政策清单；利川市、宣恩县、鹤峰县老旧小区改造获批政府专项债券支持，列入住建部可复制的经验清单，向全国推广。按照老旧管道更新改造项目清单及《城市老旧管道更新改造工作方案》，开展城市老旧管网更新三年行动，主要是完善城市公共供水、排（雨污）水、天然气三种老旧管网，补齐城市建设短板弱项，逐步解决城市马路拉链式反复开挖、内涝看海等问题，改造城区老旧供水管网60千米，新建改造污水管网65千米，燃气管道老化更新改造项目开工4个。全州有城市供水管道长度2171.15千米，城市排水管道长度2598.24千米，天然气供气管道长4045.62千米。

【“海绵城市”建设】 2022年，以各县市建成区因暴雨积水导致的城市内涝问题为重点，统筹兼顾削减雨水径流污染，在旧城区对180个老旧小区，进行雨污分流改造，提高雨水收集和利用水平。实施恩施市城市公园提档升级、恩施市紫薇公园、城区内涝点整治、清江河元堡河三道河沿线治理项目等重点项目，新增“海绵城市”（即下雨时吸水、蓄水、渗水、净水，需要时将蓄存的水“释放”并加以利用，也称之为“水弹性城市”）面积1.8平方千米，改善城市生态和居住环境。

【城市地下综合管沟建设】 2022年，省住建厅下达全州年度地下综合管沟建设任务3千米，项目为巴东县营沱老旧小区地下综合管沟改造，总投资2375万元。截至12月末，已改造完成。

【城市污水处理提质增效】 2022年，全州每季度开展管网排查现场督导，完成全州城市污水处理设施系统排查。完成污水处理厂“一厂一策”、黑臭水体治理“一水一策”方案编制工作。谋划、储备、申报实施一批污水处理设施补短板项目，申报获取上级资金2.88亿元，新建改造污水管网65千米。加强排水许可管理，发放排水许可证25个。持续推进长江流域入河排污口溯源整治，完成生活污水入河排污口整治45处。

【城市供水管理】 2022年，全州各供水企业按要求完成每月42项水质检测指标并向社会公布。新建城区公共供水管网120千米，改造城区老旧供水管网60千米。推动、指导县市加快应急备用水源建设，恩施市、建始县、巴东县、宣恩县、来凤县实现双水源及多水源运行，推进利川市、咸丰县、鹤峰县应急备用水源建设项目。

【“厕位摊位车位”增量提质】 2022年，全州8个县市城区新增（改造）公共停车场30个，总计增加停车泊位35809个。新建（改造）城市公厕21座，增加厕位203个；机关企事业单位向社会开放公厕860座，厕位4300个。新建农贸市场6个，新增摊位共计1514个。整治背街小巷17条。

【数字化城管平台建设】 2022年，恩施州城完成数字城管向智慧城管升级，实现城市事件、部件问题上报、处置、反馈、监管的闭环管理。恩施市数字城管中心采集、受理城市管理问题20483个，立案派遣并处理案件20074个，结案18800个，结案率为93.6%，一批城市管理的“陈年旧账”得到集中解决。截至12月末，恩施市、利川市、建始县、来凤县数字化城管平台建成运行，巴东县、鹤峰县基本建成，宣恩县、咸丰县正在建设中。开展“全城一个停车场”建设，开发“恩施城市停车”微信小程序，可实现停车资源实时查询、大数据智能引导、无感支付等功能，接入恩施城区6个停车场、5640个停车泊位。

【城市生活垃圾治理】 2022年，结合中央、省环保督察反馈问题整改，加快推进垃圾处理终端设施建设进度。9月17日，恩施市生活垃圾焚烧发电厂点火运行，实现恩施州生活垃圾焚烧发电“零”的突破，推进利川市生活垃圾焚烧发电项目建设，来凤县生活垃圾焚烧发电项目开展前期工作。全州8个县市餐厨垃圾实现规范化处理。加强垃圾填埋场规范管理，对各县市垃圾填埋场进行排查，摸清剩余库容，指导有关县市通过改造扩容、规范作业、新建应急处置场所等方式提升垃圾处理能力。加强垃圾填埋场渗滤液处理设施监管，杜绝环境污染。对乡镇垃圾填埋场开展“回头看”，简易填埋场一律关停。持续提高垃圾分类成效，推进垃圾分类与资源回收利用“两网融合”，通过微信小程序，实现居民预约回收功能。全州建成垃圾分类示范街道2个、垃圾分类示范社区18个，全州党政机关、公共机构垃圾分类设施覆盖率98%以上。

【“创文创卫”活动】 2022年6月27日，州委、州政府召开州城建设管理暨创卫创文动员大会（“创卫创文”即创建全国文明城市、创建国家卫生城市），按照“脚步丈量城市”要求，落实“三个一”责任（每月至少开展1次调研、召开1次调度会、解决1个重难点问题），做好“三个统筹”（统筹工作任务、统筹人力资源、统筹执法力量），做到“两个加强”（加强领导责任，加强要素保障）、“两个牵头”（牵头开展业务指导，牵头开展督促检查），形成“各负其责、齐抓共管”的责任体系，实现点位包保无盲区、问题整改全覆盖、志愿服务常态化。全年对责任社区网格开展巡查调研600余次，召开调度会600余次，解决群众关心的热点难点问题800余个。以“创文创卫”为载体，以项目建设为龙头，实施市政设施、园林绿化、环境卫生、道路交通等项目86个，完成57个。在州、县市政府门户网站开设城市管理、“创文创卫”宣传专栏，开通“恩施城事”“恩施创文创卫”微信公

2022年，恩施城区大沙坝污水处理厂一角 （州住建局 供稿）

众号等。举办“作风大家评”专场电视问政，结合开展“下基层、察民情、解民忧、暖民心”实践活动，召开屋场会、群众会、院坝会470场次，收集意见建议400余条，提高“共同缔造”工作群众知晓度。全州各级机关干部组建群众志愿服务队，引导市民群众从“袖手看”到“动手干”，截至12月末，全州共组建志愿服务队伍856支，志愿者注册人数10万余人，志愿者参加各类志愿服务活动累计服务时长5万余小时。

【乡镇生活污水治理】 2022年，全州77个乡镇建成的生活污水治理项目运行正常，处理规模78600吨/天，出水达到一级A标准，所有项目均接入湖北省乡镇污水治理信息系统，8个县市的乡镇均正常收取污水处理费用，标准0.6元/立方米，当年收费1192.76万元。所有乡镇均制定绩效考评方案，以绩效考核督促运行方加强项目管理。

【农村生活垃圾治理】 2022年，继续推进农村生活垃圾治理，采取明察暗访与督办方式，对全州各乡镇压缩式垃圾中转站运行情况进行检查，督促县市、乡镇加强管理规范运行。全州农村生活垃圾收运处置体系覆盖100%的行政村和100%的自然村组，无害化处理率95%以上。全州农村配备保洁员10659人，人口占比为2‰以上。每个乡镇均建有生活垃圾中转站，覆盖率100%。开展农村生活分类工作，申报并获批省级垃圾分类示范村70个。

【“擦亮小城镇”工作】 自2020年起，开展“擦亮小城镇”三年行动，到2022年实施完毕，州级建立“擦亮小城镇”建设美丽城镇部门联席会议制度，定期召开全州“擦亮小城镇”建设美丽城镇工作部署会。三年行动期间，开展乡镇集镇环境卫生和公共秩序整治，提升管理建设水平，保证全州乡镇集镇环境整洁、干净、有序、规范，成功创建省级示范乡镇11个。

【传统村落保护】 自2014年国家开展传统村落保护以来，截至2022年末，全州累计完成81个国家传统村落挂牌保护，完成中国传统村落数字博物馆信息采集，成功申报恩施州为全国首批传统村落集中连片保护利用示范市，并完成《湖北省恩施土家族苗族自治州传统村落集中连片保护利用整体规划》编制，6个片区建设项目结项，完成国家投资1.5亿元。

【农房建设图集推广应用】 2022年，全州为提升农房设计水平、加强建筑风貌管控，持续推进农村建房图集的普及，印发有关资料99820套、覆盖1888个行政村，有3235套新建房屋采用图集设计施工。推进全州农村建房图集汇编，截至12月末，全州汇编农房图集136套，其中恩施市19套、利川市15套、建始县12套、巴东县15套、宣恩县26套、咸丰县20套、来凤县14套、鹤峰县15套。

【乡村建设工匠培训】 2022年，为提升全州农村建设质量和安全管理水平，组织开展农村建筑工匠培训。8个县市共组织农村建筑工匠培训班32次，培训人数2493人次。

（郑新民）

城乡燃气管理

【概况】 2022年，全州持续开展燃气安全专项整治、城（乡）燃气安全整治“百日行动”，统筹开展多轮次检查督办，推进燃气管道更新改造，城乡燃气安全总体平稳，未发生安全生产责任事故。

【燃气安全专项整治】 2022年，州政府印发《恩施州城镇燃气安全管理提升行动实施方案》，州燃气安全生产委员会（办公室设在州住建局）印发《恩施州城镇燃气安全排查整治工作方案》《恩施州城镇燃气安全大排查大整治工作方案》《2022年州人大课题调研组反馈州城燃气管理问题整改方案》等，开展系列排查整治行动，消除燃气管线、场站、用户端等重点安全隐患。

【燃气管道等老化更新改造】 2022年，根据住建部《关于印发城市燃气管道等老化更新改造实施方案（2022—2025年）的通知》及《城市燃气管道老化评估工作指南》，组织开展项目谋划培训，全州谋划申报更新改造燃气项目23个，全州17个项目获中央预算内补助资金4.58亿元。批复项目17个，已开工4个，完工1个。

【天然气企业安全现场评价】 2022年，州住建局制定《恩施州城镇燃气安全现场评价工作方案》，委托第三方安全现状评价机构湖北景深安全技术有限公司，完成对全州24家天然气企业进行安全现状评价，并将评价成果下发各县市运用。

【城乡天然气安全整治“百日行动”】 2022年8—10月，州住建局制订实施方案，召开视频调度会2次，到县市实地督导3次。州燃气安全生产委员会办公室（设在州住建局）加强督办指导，建立各县市与州燃安委成员单位会商机制，定期沟通情况、共享信息措施，实行周调度、月通报，推动排查发现的经营环节隐患541个、输配送环节隐患132个、使用环节隐患1823个隐患问题立行立改。对省住建厅、省安委会工作组到恩施州检查督办反馈交办问题、省级市州交叉暗访检查问题，督促指导燃气企业整改，落实闭环管理要求。

【天然气市场整合工作】 2022年，推进天然气安全生产和市场整合，召开专题会议3次，考察大型天然气企业4家，接待和洽谈天然气企业5家。组织完成对全州天然气企业安全现场评价，组织专班到8个县市进行督促指导，天然气市场整合工作取得初步进展。根据州政府第13次和第18次政府常务会议要求，对《恩施州天然气市场整合工作方案》多次修改和完善，待审定通过。

【检查督办】 2022年1月，州住建局会同州商务、应急救援等部门组成3个督查组对各县市开展督导。抽查各县市党政机关、学校、医院、酒店、临街商铺等餐饮用气公共场所、液化气站97处，交办隐患问题209个，督促立行立改问题22个，其余187个隐患问题整改完成。5月，对全州城镇燃气安全排查整治工作开展情况进行督办，督查问题隐患

33处，立行立改4个，其余29个问题已整改完成。8月，开始开展“百日行动”，州住建局组派3个工作组先后开展二轮检查，发现并交办各类隐患问题69个。先后开展多轮暗访检查与专项督办，形成常态化督办落实机制。

【天然气险情处置综合演练】 2022年6月25日，由州住建局、利川市政府主办，恩施人和燃气企业等承办的恩施州2022年天然气管道受损险情处置综合演练在利川市元堡乡进行。全州燃气企业管理部门、燃气企业、房屋建筑领域施工企业、市政施工企业、公众代表等300余人现场观摩。为多部门联动综合演练，探索形成燃气泄漏事件高效联动处置模式。

（郑新民）

建筑建材业与市场管理

【概况】 2022年，全年资质内建筑业企业完成总产值112.17亿元，比2021年增长6.4%。建筑业增加值68.47亿元，增长8.1%。全州房屋建筑和市政基础设施工程新开工533项，总投资210.35亿元，投资额同比增加2.75%。州内建筑业企业承建项目数300个，占新开工项目个数56.29%；投资额为83.33亿元，占新开工项目总投资39.61%，投资额同比增加40.1%。州外建筑业企业承建项目数233个，占新开工项目个数43.71%；投资额为127.02亿元，占新开工项目总投资60.39%，投资额同比减少12.54%。全州建筑业资质企业共521家，包括施工总承包一级企业15家（其中新增7家），二级企业122家，三级企业265家；专业承包企业74家；勘察设计企业15家；劳务企业23家；工程监理企业7家。深化招标投标“评定分离”，修改完善招标文件示范文本等，本地建筑企业中标率从35%提升到近60%。

【重点企业培育】 2022年，经企业申请、县市主管部门推荐，确定年度恩施州建筑业重点培育企业26家，纳入全省建筑业重点培育企业6家。通过培育帮扶，施工总承包一级企业从8家增加到15家，建筑企业资质能力提升。通过主动对接省住建厅审批部门，争取“头雁计划”政策支持，有7家施工总承包二级企业升级为一级企业，1家正在评审中，5家建筑企业待向省住建厅申报。

【建材行业与建筑节能】 2022年，全州推进建筑节能和绿色建筑发展，提高新建建筑中绿色建筑面积的比重，可再生能源应用面积得到提高。绿色建材在全州得到普遍应用，在全省68家绿色建材企业中，获得绿色建材星级标识认证建材企业20家，推广应用全省领先。引导预拌混凝土企业调控产能、转型升级，发展钢结构、混凝土PC构件、木结构装配式建筑。新建建筑绿色建材应用比例为60%；全年城镇新建建筑中绿色建筑面积占新建建筑比重为80%。推进建筑节能标准，全部执行率65%以上，设计阶段和竣工验收阶段执行建筑节能设计标准为100%；新增绿色建筑面积515.48万平方米，既有建筑节能改造面积比2021年有所下降。累计生产新型墙体材料3.77亿块标准砖，按挖土3米深计算（黏土砖）节约土地18公顷，节约能源2.35万吨标准煤，减少废气排放600吨，建材生产利用废渣2.79万吨。由于星级绿色建筑面积持续增加，可再生能源应用面积稳步提升，获得湖北省建筑节能以奖代补资金89万元。全年预拌混凝土新型墙材生产下降，产量404.4万立方米，销售收入164233万元，税收8805.3万元。

【“三包一挂”专项整治】 2022年，持续开展“三包一挂”（即建设工程违法发包、违法分包、违法转包，企业资质违法挂靠）专项整治，维护建筑市场秩序。全州检查项目521项，查处违法分包案件4项，违法转包案件2项，肢解发包1项。处罚金额23.27万元，仍在办理案件1起。查处未依法办理施工许可的违法行为7起，共处罚金14.56万元，在办案件1起，

【建筑工人实名制管理】 2022年，持续推进建筑工人实名制管理，接入省建筑工人实名制平台管理在建项目219个。州住建局印发《关于严格落实建设单位工程质量首要责任的通知》，建设单位组建项目管理专班，进驻施工现场实行专班监督；落实对施工企业和监理企业关键岗位管理人员的考勤管理，实施双向报告制度。截至12月1日，全州纳入平台实名制管理的在建项目219个，有考勤项目数142个，工人实名制总数6144人，实名制更新率64.84%，项目经理平均到岗率与总监理工程师平均到岗率分别为10.38%、10%，在全省排名靠后。州住建局分别于5月20日、12月6日通报全州建筑工人实名制和关键岗位人员到岗履职情况，印发《关于建筑工人实名制和关键岗位人员到岗履职情况的通报》2期，将通报中涉及的施工、监理单位及从业人员作为恩施州建筑企业信用扣分的依据，纳入信用管理。

【建筑业市场主体信用管理体系建设】 2022年11月15日，州住建局印发《〈恩施州建筑市场信用管理办法〉修改意见的通知》。12月28日，结合各有关单位反馈的修改意见，修改形成征求意见稿，并挂网公开向社会征求意见，待定稿印发。12月12日，州住建局对智慧建管云平台5项子系统、15项系统功能进行验收。

【助企纾困】 2022年，州委办公室、州政府办公室印发《恩施州“解难题、稳增长、促发展”企业帮扶活动工作方案》，组织对100家重点建筑企业，实行调度机制，加强经济运行调度。继续开展助企纾困帮扶活动，通过召开企业座谈会、企业调研等形式，传达建筑企业资质改革和建筑业发展政策，收集企业问题和意见，处理相关问题。拟定《恩施州促进建筑业健康稳定发展的措施》，征求相关部门意见送审。

【农民工工资支付保障】 2022年，按照省住建厅《关于配合做好保障农民工工资支付工作第三方评估的通知》要求，10月27—28日，州住建局开展问卷调查，调查对象为恩施市5个在建工程项目的工人、建设单位、总包单位员工共115人，问卷结果反馈农民工对保障工资支付各项工作满意率等均在97%以上。

清理拖欠农民工工资在建工程项目345个，累计拖欠金额4090.36万元，解决金额2790万元。10月17日，州治理拖欠农民工工资办公室印发《关于开展保障农民工工资支付工作联合督查检查的通知》。11月18日，州住建局协同州劳动监察局到恩施市、利川市、宣恩县、鹤峰县，对抽取的20个在建工程项目，对农民工工资支付保障制度落实、人工费拨付及工资发放等情况，开展联合督查检查。

【勘察设计审查】 2022年，完善施工图线上审图工作机制，保证审图工作的全面性和客观性，提高审图质效。建立和完善工程质量过程监管的工作机制，完善质量监督机构现场检查内容，形成监管闭环。完善现场评定标准及工作流程、机制，规范人员组成、评定方式和资料。推行数字化联合审查。全州通过数字化联合审查系统受理单体项目总数1572项，办结出证1009项，审查合格率64.2%；使用湖北省施工图数字化联合审查系统，采取施工图数字化联合图审，建设、勘察、设计单位及图审机构统一网上申报、网上传图、网上审查，全州房屋建筑和市政基础设施工程一律取消线下图审。做好建筑抗震和防灾减灾工作，突出监管重点，加强抽查检查。加强对大型场馆建设、旧城改造、老旧院落改造等重点领域施工图审查、现场评定等重点环节的“双随机”抽查力度。对房屋建筑和市政基础设施工程建设项目进行勘察设计、施工图审查质量抽查检查，重点检查国家规范强制性条文，以及带有“严禁”“必须”“应”“不应”“不得”要求的非强制性条文的执行情况，对在检查中发现的普遍问题进行梳理总结，将问题、隐患解决在整改难度较小的审图环节。加大处罚力度，明确建设工程各方主体责任人及其监管责任，压实各方主体责任。建立评估机构信息台账，纳入信用管理，规范从业行为。对在建设工程设计、审图、施工、验收等环节中不能正确履职履责、违反技术规范要求和行政管理规定的单位和个人从严处理。抓好业务培训，根据审图工作质量抽查检查中发现的突出问题，组织相关工作人员开展技能培训、经验交流和技术研讨，提升行政管理能力和专业技术能力。

【消防设计审验】 2022年，建立和完善执行层面上的管理制度和工作机制，推动消防审验工作标准化、制度化、规范化。办理消防审验679项（含历史项目补录），其中特殊建设工程的消防设计审查事项办结370项、特殊建设工程的消防验收事项办结167项、其他建设工程的消防验收备案与抽查事项办结133项。按年初制定的年度抽查工作计划，随机抽取消防审验项目20个。

【工程造价管理】 2022年，履行建设工程造价管理职能职责，做好工程材料信息价发布工作。通过市场询价、现场调研、规范信息采集上报等方式，严把工程材料市场信息价审核关，发布《恩施州工程材料市场信息价》月刊12期；重新构架恩施州材料信息价发布系统，年末按照方便实用的原则发布相关信息数据。开展工程造价计价依据咨询服务，对造价计价咨询做到来函必复、有问必答，做好工程定额疑难问题回复与释惑答疑。针对工程造价技术咨询争议的问题，书面回复意见6份，电话咨询回复100余次，三方主体协调会4次，较好解决施工合同履约过程中计价争议。开展工程材料数据监测，每周采取线上加线下的方式，跟进建筑工程中常用材料价格，形成相关数据上报。开展恩施州工程造价咨询企业专项检查，共涉及7家造价咨询企业，实际检查6家（重庆天鸿工程造价咨询有限责任公司恩施分公司已办理工商注销手续），均为外地咨询企业在恩施设立的分公司，检查结果合格。

（郑新民）

工程质量安全监管

【概况】 2022年，州城市管理综合执法支队负责全州建设工程质量安全监管，持续开展专项整治行动，加强行政监督执法，全州年度内未发生质量安全事故，质量安全整体平稳。全州共有在建工程835个，含建筑工程670个、建筑面积2011万平方米，在建市政道路工程165条，工程总投资38.6亿元。其中新开工工程558个，总建筑面积796万平方米；竣工建筑工程483个，竣工面积619万平方米。质量安全监督覆盖率保持100%，一次性验收合格率100%。全州受理工程质量信访件125件，办结121件，办结率96.8%。其中州直受理省信访平台质量投诉案件8件，受理“12345”平台质量信访件20件，按照《信访工作条例》相关规定受理办结。

【落实工程质量安全责任】 2022年4月，州住建局先后印发《关于进一步落实建设单位工程质量首要责任的通知》《关于进一步贯彻落实工程质量安全手册制度的通知》《关于进一步落实住宅工程“一证两书”制度的通知》《关于进一步落实住宅工程质量信息公示制度的通知》，全州发放“一证两书”（住宅质量合格证、住宅质量保证书、住宅使用说明书）2.5万份，实现住宅工程“一证两书”全覆盖。6月，州住建局印发《关于实行商品住宅和保障性住宅工程质量潜在缺陷保险的通知》，在全州开展保险工作试点。8月15日，州政府印发《恩施州房屋建筑和市政基础设施工程联合验收实施方案》，在全州产业项目推广“验登合一”改革试点。

【工程质量安全考核与评价】 2022年，按照省住建厅《关于开展2022年全省建设工程质量安全监督机构和人员考核工作的通知》要求，州住建局印发《恩施州建筑工程质量评价工作实施方案》，在县市自评考核基础上，开展全州质量安全监督机构考核。推广运用质量监督系统，全州在建工程已完成监督任务分配项目780个，占比86.6%；采用监督系统完成质量监督交底项目302个，占比33.5%。11月，接受省住建厅组织的全省建筑工程质量评价。12月5日，州住建局印发《关于进一步做好建筑工程质量评价试点工作的通知》。

【工程质量安全隐患排查整治】 2022年10月17—18日，开展全州房屋市政工程质量专项检查，检查15个在建工程项目，对11家检测机构进行“回头看”，发现各类问题和隐患118项，对县市各项工作开展情况进行指导督办。年初，州住建局印发《关于开展2022年恩施州工程质量检测专项整治工作的通知》，对专项整治进行部署。5月5日至6月25日，对全州8个县市检测机构开展专项检查，检查检测机构38家，发现问题269条，下发问题交办单38份。7月18日，组织召开全州检测机构专项整治情况通报视频会议，通报检查情况，安排部署行业发展工作。11月，开展检测机构"回头看"监督检查，保证检测机构问题整改到位；对州内装配式建筑开展抽查检查。筹建巴东县装配式建筑产业园等2个生产厂家，对筹建情况实地调研，并上报湖北省建设工程质量安全监督总站。

【安全生产监管】 2022年，印发《恩施州建设安全生产专业委员会成员单位工作职责》，调整专委会领导和成员单位职责，完善工作机制。州住建局下发《关于印发恩施州房屋市政工程"坚决遏制亡人事故十条硬措施"的实施意见（试行）的通知》，完善事故惩戒机制。州住建局编制完成《恩施州房屋市政工程防汛抗旱减灾应急处置预案》、编制实施《恩施州超过一定规模危险性较大分部分项工程专家论证工作流程》。继续开展专项整治三年行动。3月，州住建局印发《恩施州建设工程安全生产专项整治"巩固提升年"实施方案》，按照省、州工作部署，4—12月同步推进大排查大整治。4月，州住建局印发《恩施州建设工程安全生产专项治理行动工作实施方案》，围绕5个重点任务细化11项任务清单；印发《恩施州房屋市政工程扬尘污染防治工作方案》。12月，州住建局印发《恩施州房屋市政工程今冬明春安全生产隐患排查整治专项行动工作方案》，宣传贯彻落实有限空间"七"字（辨、通、核、警、审、训、救）工作法和预防高坠"七不准"要求，开展专项整治。6月，组织全州住建安全培训班1期，督促县市落实教育培训8期。编写并发放《恩施州建筑安全文明施工现场标准化手册》1000余册，开展宣贯培训活动10余期。

（郑新民）

州城"创文创卫"工作

【概况】 2022年1月，在州九届人大一次会议上的《政府工作报告》首次提出"启动州城'三年创卫、十年创文'行动"。6月，州委办公室、州政府办公室相继印发关于《恩施州城构建"大城管"格局创建国家卫生城市和全国文明城市实施方案》《完善"大城管"格局加强州城精细化管理实施方案》《恩施州创建国家卫生城市工作实施方案（2022—2024年）》。围绕"三年创卫（国家卫生城市）、十年创文（全国文明城市）"（简称"创文创卫"）工作目标，按照"统筹于州、让利于市、州市一体、共同发展"思路，构建"大城管"格局，实施"十大"行动（路网建设、管网更新、景观提升、功能补强、拆迁攻坚、乱象整治、消费升级、城市畅通、老区改造、文明提升），形成"四级联动"（州、市、街道、社区）"三级包保"（领导包社区、单位包网格、干部包点位）制度，州城恩施的文明气质和城市品质提升。

【组织保障】 2022年，成立由州委副书记、州长夏锡璠任主任（组长）的恩施州城管理委员会（"创文创卫"工作领导小组），从州委宣传部、州卫健委、州住建局，恩施市抽调35人组建创文创卫工作专班，设立办公室，下设5个工作组（综合文秘组、宣传引导组、现场工作组、督查指导组、工作保障组），明确工作职责。州创文创卫办公室印发《恩施州构建"大城管"格局创建国家卫生城市和全国文明城市工作责任清单》《恩施州构建"大城管"格局创建国家卫生城市和全国文明城市包保责任表》《恩施州2022年度构建"大城管"格局创文创卫重点任务清单》等，将州城划分为376个网格，建立67名州市领导包社区、183家州市直党政机关和企事业单位包网格、744名社区"八员"（社区网格员、环卫人员、执法中心人员、路灯管理员、市政设施管理员、市场监管员、交警队员、城管队员）和1.5万余名州市直单位干部职工包点位的"三级"包保责任制，推动形成州市联动、部门协同、街道为主、专班推进、全民参与的工作格局。6月27日，州委书记胡超文主持召开恩施州城建设管理暨创文创卫动员大会，全面启动"创文创卫"工作。7月4日，恩施市委书记苏勇主持召开创卫创文暨拓展新时代文明实践中心建设推进会。7月，州城各单位相继召开动员会，掀起州城"创文创卫"工作热潮。

【宣传引导】 2022年，扩大社会宣传覆盖面，在城区主次干道、交通要道、公交车、出租车、网约车等多点位设置宣传标语，发送相关宣传信息70万余条，"恩施创文创卫"微信公众号发布推文98篇，总点击量突破10万人次，宣传片《恩施文明之歌》点击量突破200万人次。在"云上恩施"、中国硒都网等全媒体开设《创文创卫、共建共享》《我为创文创卫献一策》专栏，播放"创文创卫"新闻982条、电视曝光节目18期，联合交警部门开展市民不文明行为在线微直播，引导市民告别陋习，提升素养；探索独具特色新媒介，采用改造修补，手绘喷绘等形式，对清江桥附近主次干道破旧、空白墙体进行打造，形成具有观赏性、宣传性和教育性的"创文创卫"主题宣传"网红墙"。

【志愿服务】 2022年，探索志愿服务新机制，州创文创卫办公室印发《关于进一步明确州城各党政机关和企事业创文创卫职责的通知》《恩施市深化拓展新时代文明实践中心建设实施方案》等文件，创新推行志愿服务"点派单"模式，常态化开展志愿服务活动，累计注册志愿者10.35万名，成立志愿服务组织1211个，开展志愿活动4000余场次，服务时长近10万余个小时。打造志愿服务新品牌，统筹资源，打造"文明硒都·与爱同行"志愿服务主品牌，依托文明实践所（站），打造"动感机场路·爱在清和园""小棉袄""蓝背心""七彩玫瑰"等15个志愿服务子品牌，构建志愿服务品牌体系。引领志愿服务新风尚，举办恩施市新时代文明实践志愿服务项目公益创投大赛，推出"白果夕阳·暖心互助"、老兵宣讲、"六边六场"（路边、田边、山边、林边、河边、沟边，屋场、广场、运动场、垃圾收纳场所、城镇菜市场、农村集贸市场）等一批有影响力的志愿服务项目，精心组织“暖冬行动”、“众志成城抗疫情”、向“硒都榜样”致敬礼等志愿服务活动，累计捐资捐款200余万元，解决民生事项2100余件。

【示范点建设】 2022年，按照全国文明城市、国家卫生城市创建标准，围绕小区、背街小巷、主次干道、农贸市场、银行网点、营业厅等类型，集中力量重点打造251个示范点位和1条示范路，以点连线成片，充分发挥示范点位的带动、辐射、示范引领作用。

【专项整治】 2022年，开展农贸市场、户外广告、交通秩序、弱电设施、人行道等专项整治行动，有效纠治城市“顽疾”。推进农贸市场整治，以火车站枫香坪农贸市场和舞阳坝生活超市为试点，整治成效基本达到“创文创卫”要求。推进户外广告整治，拆除大型钢架广告牌340处、破旧宣传栏196处、违规广告牌580处、横幅760处、道旗广告640处，规范设置门店招牌190处。推进交通秩序整治，8月起开展专项行动，共计录入违法停车信息1.8万余条，向违停车主发送提示短信30万余条。推进弱点整治，拆除和整修光缆、光皮420千米，新布放光缆、光皮290千米，拆除和整理分纤盒350个，完成滨江花园等30个区域弱电整治工作。推进人行道秩序整治，清理人行道占道经营、乱堆乱放1.4万余处，拖离违停车辆3132台，整治沿街建筑物墙体2225处。

2022年7月14日，州图书馆联合相关单位在恩施市金子坝街道凤凰路社区开展“红领巾心向党·创文创卫勇担当”志愿服务活动 （州图书馆 供稿）

【“拆围除障”和“两违”整治】 2022年，启动州城“拆围除障”行动，推动开放式街区建设，将州市场监督管理局、清江水岸小区、恩施市审计局等13个区域的围墙纳入第一批次“拆围除障”试点，组织实施拆除13处。推进“两违”（违法用地、违法建设）整治，制定恩施州城“两违”管控实施细则，建立常态化查处、监督、联动、宣传等工作机制，持续加大“两违”整治力度，共查处“两违”案件250宗，占地面积2.66万平方米、建筑面积3.79万平方米。

【推进“提质增绿”行动】 2022年，持续推进“提质增绿”行动，新建1000平方米风雨桥头（东岸）口袋公园，完成喜福汇广场、硒都广场、凤凰山公园大门入口处凌霄园提档升级工程，建设红江桥至金山大桥上游东岸段边坡绿化、纵一路绿化、州委党校新址（青树林）门前及周边山体绿化等项目，新增城市绿地面积1.86公顷，州城建成区绿化覆盖率达到41.93%，人均公园绿地面积达到16.98平方米。

【“州城一个停车场”建设】 2022年，开发“恩施城市停车”微信小程序，建设“州城一个停车场”，首批接入6个停车场，停车泊位5640个，城市运行效率和公共服务水平有效提升。

（余文霞）

生态环境

Ecological Environment

自然资源管理

【概况】 2022年，全州自然资源规划工作坚持以规划引领为前提，以服务发展为核心，以资源保护为己任，投身"两山"实践创新示范区建设，"三区三线"划定为未来留足发展空间，建设用地报批创新高，州规划展览馆获"一星级全国青年文明号"，州局机关被表彰为全省第三次国土调查先进集体，多项工作在全省系统作典型交流发言。利川东城、宣恩椒园全域国土综合整治试点项目稳步实施，宣恩县椒园镇黄坪村被纳入助推美好环境和幸福生活共同缔造试点项目。实施"亩产论英雄"，消化处置批而未供土地356.4公顷、闲置土地225.6公顷，超额完成目标任务。储备工业用地"标准地"395.2公顷，完成全年目标任务的169%，出让"标准地"149.86公顷，实施"五证同发"14宗。开展卫星图片执法检查，核查违法图斑883个。加强防震减灾，投入资金1.03亿元，实施地灾工程治理项目和避让搬迁项目12个，新建地灾专业监测预警点340处，累计投入使用专业监测点962处，处置地灾险情168起。省、州、县三级联动地灾信息技术支撑应急演练在恩施州举行，保证2430处地灾隐患点的安全。利用"4·22"地球日、"5·12"防灾减灾日，在突发地质灾害较多和易发地区的集镇、村（社区）开展地质灾害防治知识的系列宣传和培训活动，提高基层群众防灾避灾的意识和能力。全省自然资源系统7项改革入选改革先行区试点，恩施州4项改革位列其中。二手房转移登记纳税在全省率先实现"全程网办"并获《半月谈》刊载。

【国土空间用途管制】 2022年，全州报批建设用地183批次1166.66公顷，同比增长154%，其中基础设施用地720公顷，同比增长340%。持续推进"金牌店小二"工作机制落细落实，以项目开工时间倒排用地工作清单；梳理稳经济政策工具箱，出台8条措施。利（川）咸（丰）高速等5个项目用地获国家批复、姚家平水利枢纽等4个项目获部预审。争取省级统筹解决利咸高速、宣咸高速、建恩北高速等项目耕地占补指标220.9公顷。出台土地征收成片开发方案，保证审批权限下放后平稳落地，全年批复实施方案15个并全部获省备案。增减挂钩立项2批次，产生周转指标37.77公顷；验收8批次，产生节余指标216.98公顷；省内交易46.93公顷，成交金额2.11亿元。

【耕地保护监督】 2022年，恩施州严守粮食安全，持续落地最严格耕地保护制度，加强耕地用途管制，首次将耕地占补指标储备情况纳入州对县市考核。出台《关于规范耕地"进出平衡"管理工作的通知》，对一般耕地转为林地、园地、草地等其他农用地及农业设施建设用地的，应当补足同等数量、质量的可以长期稳定利用的耕地，实行年度"进出平衡"。完成38个耕地占补项目备案入库，形成耕地指标388.39公顷，水田规模13.44公顷，粮食产能388.82万千克。落实耕地占补平衡，建设项目用地审批实行"占一补一、占优补优、占水田补水田"原则，审查建设用地项目183个批次，占用耕地面积395.4公顷，全部落实补充相同数量和质量的耕地。

【国土空间生态修复】 2022年，恩施州严守生态安全，项目落地选址避让生态保护红线，打击违法占用生态保护红线行为，提前完成中央环保督察反馈问题整改，完成10家饰面用石材矿山的关闭注销任务，进展100%。持续推进全州矿山生态修复，实施生态修复矿山754个，其中煤矿94家，非煤矿山660家；正在修复64家，其中煤矿4家，非煤矿山60家，完成修复治理面积约1200公顷，投入治理资金近1亿元。完成自然资源部下发历史遗留矿山核查图斑3082个、增补图斑121个，核查历史遗留矿山图斑3203个。

【自然资源开发利用】 2022年，全州供应建设用地1313.67公顷，同比增长33.49%，其中出让面积450公顷，同比增长8.42%，出让价款46.74亿元，同比下降6.34%。州政府出台关于实施“亩产论英雄”推进土地集约高效可持续利用工作方案，实施土地资源“总量锁定、增量递减、流量增效、存量优化、质量提高”。规范过渡期间临时用地管理，出台《关于规范过渡期间临时用地管理的通知》，受理并审批姚家平水利枢纽工程、利咸高速、建恩北高速等重点项目，以及恩施市贺家榜棚户区改造项目、恩施市第二实验小学邻接道路工程项目等涉及占耕地项目的临时用地审批。推进城镇低效用地再开发专项规划，认定低效用地235宗，总面积357.19公顷，计划开发184宗，总面积331.06公顷；实际开发23宗，总面积63.45公顷，开发率19.16%。在林地分等定级成果的基础上完成林地基准地价制订国家级试点工作，为后期全国自然资源资产价值评估工作提供经验借鉴。

【不动产登记】 2022年，全州不动产登记缩减登记财产环节至1个环节，持续优化不动产登记办理时效，实现49个登记事项“零”材料收件和37个登记事项即来即办。出台推广《恩施州不动产登记办事指南（2022版）》，推进全州不动产登记标准化、规范化。设立企业服务绿色专窗，企业办理不动产登记实现专人对接、急来急办、特事特办，实现企业不动产登记申请、受理、发证业务全流程“一个环节”，60分钟办结。二手房转移登记纳税在全省率先实现“全程网办”。不动产登记5个跨省州地区、州内8个县市实现“跨域通办”。清理房地产开发项目欠缴土地出让金，区别化落实“一地一策”征缴政策，推进房地产平稳健康发展。

【自然资源确权登记】 2022年，州自然资源和规划局推进2022年度国土变更调查工作，对国家下发的134664个遥感监测图斑以及地方自主提取的8822个图斑开展外业核实调查取证，均完成调查核实举证，并根据国家、省级核查反馈意见修改完善。联合州林业局印发《恩施州2022年森林、草原、湿地调查监测工作方案》，启动全州森林、草原、湿地调查监测工作。配合省自然资源厅完成鹤峰县屏山董家河地质公园统一确权登记项目，完成纳入州级河长5条河流统一确权登记项目；启动清江（恩施州段）、来凤县百福司地质公园、古架山和老板沟野生动植物州级自然保护区统一确权登记项目。

【矿产资源管理】 2022年，恩施州投放采矿权14宗，其中方解石2宗，水泥用灰岩矿1宗，建筑石料矿业权11宗，总设计年生产规模1630万吨，合计出让收益32643.38万元。全州砂石料累计产量约847万吨。编制《恩施州矿产资源总体规划（2021—2025年）》并发布实施。推动页岩气矿权出让，咸丰县页岩气区块出让意见报自然资源部审查。主动公开矿业权人勘查开采信息，对全州163家采矿权和1家探矿权予以公示，公示率100%。

【测绘地理信息】 2022年，州自然资源和规划局对全州测绘资质单位开展测绘资质和测绘成果质量“双随机、一公开”监督检查，对州内测绘行业安全生产开展检查督导。全年开展三期“多测合一”业务培训，助推全州“多测合一”业务快速启动。推广复制“多规合一”策划生成经验，完成恩施州“多规合一”项目策划生成系统二期建设，针对策划生成“531”机制启动定制化升级。

【行政复议与诉讼】 2022年，州自然资源和规划局新接收行政复议案件2件，受理2件，转结2021年度行政复议案件6件，其中办结6件，中止审理1件，申请人申请撤回1件。全年新收行政应诉案件4件，结转自2021年度行政应诉案件2件，其中4件裁定驳回起诉，1件撤回起诉，1件正在审理中。围绕自然资源领域中的热点、难点、焦点问题，制定印发《2022年领导干部“下访解难题、上门暖人心”工作方案》，办理信访件39件，化解39件。

【督察问题整改】 2022年，国家自然资源督察局武汉局下发恩施州2021年耕地保护督察问题213个，整改完成图斑191个，整改率90%。恩施州历年耕地保护（例行）督察限期问题总数188个，整改到位经督察武汉局审核销号88个，遗留问题为100个，其中省厅认可问题38个，纳入农房问题14个，未整改到位问题48个（阶段性整改到位问题38个、省厅不认可问题10个），全州整改率74%。恩施州历年耕地保护（例行）督察持续问题总数为146个，整改到位经督察局审核销号15个，遗留问题131个，其中省自然资源厅认可问题28个，纳入农村乱占耕地建房问题整治76个，未整改到位问题27个（均为阶段性整改到位27个），全州整改率82%。

【农村乱占耕地建房清查】 2022年，全州核查农村乱占耕地建房项目303709个，属于乱占耕地建房图斑64190个。全州整改到位图斑32318个，面积955.57公顷，整治比例为50.34%，农村乱占耕地建房典型案例19件全部整改到位并销号，新增乱占耕地建房问题28件整改到位并销号22件，还有6件未整改到位（其中恩施市1件、利川市5件）。

【荣誉】 2022年，州自然资源和规划局被省第三次国土调查领导小组评选为湖北省第三次国土调查先进集体。恩施州城市规划展览馆被评选为一星级全国青年文明号。

（杨　颖）

国土空间管理

【概况】 2022年，州自然资源和规划局持续推进国土空间规划工作，构建州、县市、乡镇国土空间规划体系，完成“三区三线”划定工作（三区即城镇空间、农业空间、生态空间，三线即永久基本农田、城镇开发边界、生态保护红线），推进详细性规划及专项规划编制。

【国土空间规划编制】 2022年，州自然资源和规划局完成《恩施州国土空间总体规划（2021—2035年）》《恩施州流域综合治理和统筹发展规划》编制。5月23日，全州“三区三线”划定工作视频会议召开。统筹划定“三区三线”，全州划定耕地保护面积33.16万公顷、永久基本农田2.35万公顷，划定生态保护红线9870.84平方千米，划定城镇开发边界223平方千米，统筹谋划州城、县城和重点镇的发展布局，为恩施未来发展留足空间。完成126个批次（项目）落地规划实施方案论证审查和5个项目及临时用地生态保护红线不可避让论证申报。

【专项规划编制】 2022年，州自然资源和规划局编制完成《恩施州避暑康养产业发展规划》《恩施州国土空间生态修复规划（2021—2035年）》《恩施州矿产资源总体规划（2021—2025年）》。编制完成恩施市中心城区新一轮山体保护、给排水专项规划，完成恩施高新区拓展区、青树林片区控规编制及修改。

【村庄规划编制】 2022年，推进恩施高新区、高铁新区、青树林片区等重点区域控制性详细编制及修改。指导8个县市完成269个州级乡村振兴重点村村庄规划编制，全州累计完成"多规合一"实用性村庄规划578个。

（杨　颖）

水　文

【概况】 2022年，州水文局发送水雨情信息576万条，20分钟到报率95%以上，缺报率在2.31%以内，错报率小于0.1‰；发布洪水预报154份，合格率在95%以上，达到起报标准无缺报。参与全省2021年度水资源简报、公报、水资源监测评价年鉴的编制；完成2021年度恩施州及8个县市水资源公报编制；完成2021年度恩施州水资源质量年报编制；开展2022年度州内重要河流及水库站点水质监测、清江上游水生态监测调查工作。完成2021年度全州水文资料整编工作，包括水位资料57站年、流量资料34站年、泥沙资料1站年、水温资料1站年、降水资料196站年、蒸发量资料4站年。

【水文情报预报】 2022年，州水文局向恩施州、恩施市防汛办及有关服务单位报送水情日报372期、月报24期、旬报56期、发布水情简报2期、水情专报10份（含清明节，劳动节、端午节、中秋节、国庆等法定节假日发布水文信息专报），发布洪水预报154份（含水情趋势预测41份），发布日常化预报90份，发送水情E信186期、水文信息播报186期、水情短信1.2万条，发布恩施重要水情提示1期、枯水黄色预警（利川城区1次）、编写水情会商材料5份。全年汛期防洪减灾效益为5688万元，防洪减灾经济效益明显。满意率100%，完成年度情报预报任务。4月15日起，向州、恩施市防汛办、恩施电视台、州人民广播电台、《恩施日报》、《恩施晚报》、恩施市门户网站等提供水文信息播报，社会公众可以通过恩施新闻联播、恩施硒都网、恩施周刊、乡村广播"村村响"、云上恩施、恩施水文门户网站及微信公众号等多种方式了解水文信息。

【水雨情监测】 2022年，恩施州平均年降水量为1108.0毫米，较多年平均偏少3成，属枯水年份。各县市年平均降水量在1017.4毫米（巴东）—1249.4毫米（鹤峰）之间，与多年均值相比，年平均降水量与历史同期相比均偏少2—3成。受西太平洋副高加强西伸影响，恩施州出现最强极端高温气候事件，较常年同期降水量异常偏少。7月末后，随着气温逐渐升高，全州有效降水严重偏少，致使江河来水偏少、水位持续走低、蒸发量偏高。其中7月30日至8月28日近1个月无有效降水发生，特别是8月份全州降水量为1956年有降水量实测记录以来历史同期最少，排倒数第一位。除建始、鹤峰历史排位倒数第二外，其他6个县市均排倒数第一，创下历史最低纪录。江河水位"汛期反枯"，其中部分河流来水量均创下有水文资料记录以来历史新低，局部区域出现特大水文干旱。汛期（4月15日至10月15日），全州平均降水量713毫米，较常年同期偏少36.1%，较2021年同期偏少41.1%；各县市平均降水量为622.0—792.5毫米，较常年同期偏少3—4成。恩施州自6月12日入梅(较常年6月16日略偏早)，至7月7日出梅，梅雨期25天，接近常年平均梅雨期长度，全州累计平均降水量145.4毫米，较常年梅雨期均值偏少近5成。各县市累计平均降水量较常年同期相比，各县市累计平均降水量较常年同期相比偏少2—6成。降水特点：入梅时间较接近常年、梅雨期长度接近常年、梅雨量小、强度相对较弱。7月以来，降水显著偏少。7—9月全州累积平均降水量250.6毫米，较常年同期偏少6成。各县市降水量与历史同期相比均偏少5—6成；各流域降水量与历史同期相比偏少5—7成。全州境内发生不同程度的干旱，部分区域为严重干旱或特大干旱。特别是8月份全州降水量为1956年有降水量实测资料以来的历史同期最少，排倒数第一。8个县市除建始、鹤峰历史排位倒数第二外，其他6个县市均排倒数第一，创下历史最低纪录。其中7月30日至8月28日近1个月时间无有效降水发生，按全州逐日平均降水量统计，近90%的站点连续30天无有效降水发生，从连续无有效降水天数分析，近1个月全州长期处于特大干旱。全年全州境内清江、沅江、澧水、乌江、长江上游下段五大水系河流水情总体较平稳，均未出现超警戒水位的洪水。但3月大部分河流均发生历年同期最大涨水过程。其中3月16日鹤峰水文站出现最高洪峰水位482.83米，相应洪峰流量657立方米/秒，流量为1960年以来3月份历史极值；石板坪水文站出现建站以来3月份第二大洪水，洪峰水位179.87米，相应流量334立方米/秒。全州主要河流年径流量均较常年同期偏少。其中清江恩施水文站河段径流量为16.87亿立方米，较常年同期偏少3成；清江利川水文站河段径流量为2.615亿立方米，较常年同期偏少4成；广润河建始水文站河段径流量为1.01亿立方米，较常年同期偏少5成；沿渡河石板坪水文站河段径流量为2.6亿立方米，较常年同期偏少4成；忠建河宣恩水文站河段径流量为4.7亿立方米，较常年同期偏少3成；西水来凤水文站河段径流量为11亿立方米，较常年同期偏少4成；溇水鹤峰水文站河段径流量为4.38亿立方米，较常年同期偏少2成；唐岩河大河边水文站河段径流量为8.27亿立方米，较常年同期偏少2成。

【水资源监测评价】 2022年，州水文局完成州内9个国家基本水文站单站还原计算，州内县套四级区单元供水量、用水量、耗水量的分析计算。全年编制完成恩施州及各县市水资源公报、节约用水“十四五”规划、水资源论证、入污排污口论证、马水河生态流量保障方案等各类报告20余个，主要有《恩施州2021年度水资源公报》《恩施州节约用水“十四五”规划》《利川市峡口塘水电项目水资源论证报告》《利川市经济开发区污水处理厂入河排污口设置论证报告》《马水河生态流量保障实施方案》等。开展恩施州用水量统计调查工作、恩施州直机关节水创建等工作。全年开展州内主要河流和水库29个水质监测站、2个水库藻类监测站的水质监测工作，每月按时向省水环境监测中心提供水质检测成果，质控合格率100%。开展清江流域10个站点的常规水生态监测，全年完成3次水生态调查。通过水利部组织的实验室复查换证评审及湖北省水环境监测中心组织的质量管理体系内部审核。

2022 年，恩施州水文局水文勘测现场一角　　（州水文局 供稿）

【水文资料整编】 2022年，州水文局完成年度全州水文资料整编工作，包括水位资料57站年、流量资料34站年、泥沙资料1站年、水温资料1站年、降水资料196站年、蒸发量资料4站年。修订完善《恩施州超标洪水水文应急测报预案》，开展水文测验质量管理和水文资料即时整编，完成2021年度水文资料归档入库工作。

【水文应急监测】 2022年，州水文局开展水文应急监测2次，出动应急监测人员近10人次，为抗旱应急工作提供技术保障。9月6日，应建始县水利局委托，建始水文站出动技术人员为红岩寺镇杜浪沟水库寻找应急补充水源并施测流量。受旱情影响，来凤县百福司镇捏车村水源地流量急剧减小，12月13日，州水文局收到州医保局（驻村单位）协助开展水源地流量测验的求助后，派来凤水文站开展流量测验工作，为该村招商引资项目“生态冷水鱼养殖基地”落地，提供技术支撑。

【水文水政监察】 2022年，州水文局坚持汛前水文水政监察执法检查，分月分季度上报水政监察月报和季报。联合县市水行政主管部门开展“世界水日”“中国水周”宣传纪念活动，加大水法律法规的宣传力度，营造依法保护水文监测环境和监测设施氛围。全州各基层水文站点定期对管辖范围内的水文测报设施设备和水文监测环境开展巡检巡查活动。恩施市清江上游环境治理保护项目——清江带水河主河整治工程建设，恩施龙凤坝水文站测验河段水文测验设施设备及水文监测环境受到影响，自计水位计已不能正常记录水位数据、低水水尺被毁无法进行人工观测水位、测验断面开挖导致原水位流量关系发生改变。经与恩施市水利局水旱灾害防御科、恩施市亚行项目建设指挥部等单位多次进行协商，恩施龙凤坝水文站测验功能和监测环境得到恢复。

【水文信息化建设】 2022年，州水文局完成信息系统安全等级保护《恩施州水雨情信息系统》测评，获二级等保备案证书，开展楚天云平台后续管理维护工作。完成水利部网络安全攻防演练、中秋国庆和党的二十大、第五届进博会期间的网络安全保障工作安全保障工作，开展网络安全应急演练1次。换代升级西流水等3站通信信道为卫星和4G双信道，新建利川等3处墒情自动测报站。加强对全州山洪灾害防治项目水雨情自动监测站的运维管理，交还建始、利川、咸丰、来凤、宣恩5县市山洪运维管理权，其他县市信息畅通率95%以上。改建、迁建黄泥塘、绿葱坡2处三峡水雨情遥测站点提高三峡水雨情遥测站信息畅通率均至99.98%。

【河湖长制工作】 2022年，州水文局协助和服务忠建河州级河长履职尽责，促进河湖长制工作提档升级，落实《湖北省河湖管护指南（试行）》和《湖北省河湖长巡查工作指南（试行）》要求，全年巡查忠建河4次；承办全州河湖长制工作培训会议；完成8个县市年度河湖长制相关工作第三方评估；继续编制完善新一轮“一河一策”方案98条，并建立“一河一档”；编制修订州级河流忠建河、马水河岸线保护利用规划；为水利、自规部门开展河流划界确权提供重要业务支撑；协助利川市处理河湖“清四乱”中长江委暗访检查发现的问题，复核调整郁江河道管理范围；加入《恩施州流域综合治理和统筹发展规划》编制专班，拟定三级、四级流域片区划分，参与收集资料、文本起草、方案研究等。

（何　倩）

气　　象

【概况】 2022年，恩施州政府在全省气象高质量发展推进电视电话会上作典型交流发言，全域建成“中国天然氧吧”。州气象局获评全省气象部门综合目标考核优秀单位，“构建‘1+3+8+*N*’生态气候品牌矩阵，赋能地方经济社会高质量发展”工作获评省气象局优秀管理创新工作。牵头组织8个县市共28家企业参加中国国际服务贸易交易会，恩施州获“最佳组织奖”。利川、巴东、宣恩、来凤、鹤峰等5个县市创建为“中国天然氧吧”，恩施州成为全省第一个、全国第六个全域创建“中国天然氧吧”的地市。咸丰县坪坝营获全国首批“避暑旅游目的地”称号（全省唯一）。

【气象特点】 2022年，全州温度明显偏高，夏季极端最高气温、炎热日、高温日等多项指标突破历史极值，高温强度是1960年有完整气象记录以来最强；降水明显偏少，早春强降水多发早发，5—12月降水持续偏少，刷新历史纪录；日照充足，尤其在夏秋季节高温叠加影响下，森林火险、农业干旱等次生灾害多发。主要灾害天气为：冬季阶段性雨雪冰冻天气，春季强降水、倒春寒和阶段性连阴雨，夏季高温和局地强对流，夏秋冬持续干旱。多极端气候事件，气候条件对民生、工农业生产及人们的正常生产生活等影响弊大于利。

【主要灾害气候事件】 2022年11月29日至12月2日，全州范围有一次寒潮天气过程，其中12月1日72小时最低气温下降13—17℃，最低气温降至−2—1℃。冬季全州出现多轮低温雨雪冰冻天气，其中有2次影响较为明显，2次过程持续时间长、影响范围广、雨雪量大、积雪严重，给农业、电力设施、交通安全等带来不利影响。1月 20—29日受冷空气影响，全州出现持续低温雨雪冰冻天气，降水强度中等，低山出现雨、雨夹雪、雪等复杂相态的频繁转换，二高山及以上地区大雪、局部暴雪，同时高山出现明显的积雪及道路结冰。2月6—9日出现入冬以来量级最大雨雪过程，部分高山地区相对城区降雪更强，由于多轮降雪叠加影响，高山积雪厚34厘米—50厘米不等。秋冬季节为恩施大雾多发的时段，2022年主要有2次较为明显的大雾天气过程，1月上旬、3月上旬，全州出现阶段性的大雾低能见度天气，大雾日变化明显，主要出现在夜间到上午。同时受地形影响，山区出现局地团雾天气。春季由于前期回暖非常明显，全州出现2次比较明显的“倒春寒”天气，分别为3月20—22日、4月15—17日，2次过程均伴随长期阴雨天气，降水强度中等，对于春耕春播、作物生长有明显的影响。春季全州共出现4次连阴雨过程，分别为3月 19—22日、4月12—17日、4月24—5月1日、5月25—28日；秋季下旬出现1次连阴雨天气，为9月20—25日。全州有2次比较明显的强对流天气发生，分别为3月16日和7月25—27日。其中3月16日出现暴雨，部分乡镇出现大暴雨或冰雹。7月25—27日，州内部分区域雷雨大风天气多发，特别是在27日白天到午后（08时—15时），州内自西向东出现大范围雷雨大风，多站出现8—9级灾害性大风，最强巴东东壤口极大风速23.4米/秒。全州主要有10轮中等偏强降水天气，分别为3月16日、3月20—21日、4月12日、4月24日、4月2—28日、6月4—5日、6月27日、7月17日、7月19—21日、7月27日。其中以3月16日最为极端，大部中到大雨，利川—恩施—宣恩—鹤峰一带出现暴雨，鹤峰北部、利川南部出现大暴雨。恩施州有23站大暴雨、116站暴雨、95站大雨、74站中雨、29站小雨。小时雨强最大为47.4毫米（鹤峰县湖坪，16日18时）。有3个县城区达到暴雨量级，无论从出现时间、降水强度还是覆盖范围，此次强降雨均具有极端性。全州气温异常偏高，刷新多项历史纪录，高温强度为1960年以来全州有完整气象记录以来最强。截至9月30日，6个低山地区国家站（咸丰、利川除外）高温日数（≥35℃，下同）平均50.8天，炎热日数（≥37℃）平均26天。夏季全州平均气温、平均最高气温，≥35℃高温日和≥37℃炎热日数等多个要素刷新历史纪录。全州≥35℃高温日、≥37℃炎热日均刷新历史极值，排位第一。在州内400米左右及以下低海拔地区，多站高温42℃—46℃。8月15—16日、19—20日州内国家站日极端高温刷新历史纪录，巴东、建始、利川、咸丰、来凤5站突破历史极值，巴东站8月15日42.8℃，突破1981年8月6日创下的41.6℃历史极值，为国家站最强高温，19日恩施市沪渝K1351高速站46.0℃，为区域站最强高温。冬季全州东北部降水偏少，出现阶段性轻度气象干旱。夏季降水明显偏少，7月30日至8月28日高温少雨，导致全州持续干旱，8月，气象干旱逐步发展，州内大部中旱，建始、恩施等地重旱。8月27日干旱持续升级，建始、恩施和鹤峰达特旱级别，巴东、利川、咸丰、来凤西部、宣恩东部达重旱级别，28日后降水逐渐缓解鹤峰大部、宣恩大部、建始南部和巴东南部的气象干旱。继伏旱后，全州秋季降水继续偏少，出现持续气象干旱，部分时段恩施州南部、建始、恩施等出现特旱。9月，全州整体降水显著偏少，月初恩施北部、建始西部、利川东北部为特旱，剩余区域除宣恩

2022年7月30日，国家气候中心为2021年度“中国天然氧吧”创建地区咸丰县授牌 （向晓琴 摄）

南部和鹤峰为中旱外、其他区域均为重旱；之后特、重旱范围逐渐扩大，至9月19 日除鹤峰中部外，全州均维持重旱到特旱，建始西部、恩施大部及来凤大部为重旱；10月上旬和下旬，恩施、建始、鹤峰分别达到特旱，11月上旬州内多晴好天气，州内气象干旱逐渐加重，主要为重到特旱；中旬多阴雨寡照天气，气象干旱缓慢减轻，州北部中到重旱、南部特旱。

【重点项目建设】 2022年，州气象局完成对恩施国家基准气候站雷达信息处理中心、恩施国家高空气象观测站维修升级改造和利川国家基本气象站观测场新建工作3个项目。12月31日，利川国家基本气象站观测场（新址）投入运行。指导利川市气象局编制《利川国家基本气象站（新址）探测环境专项保护规划（2021—2035年）》，并经利川市人民政府批复同意。全州“强基工程”建设达标率100%，其中咸丰局、宣恩局获评全省气象部门“强基工程”示范单位、建始局获评优秀单位。

【人工影响天气】 2022年5月前，全州8个县市完成人影作业人员技能及安全培训210人次。人影作业期间，州公安局、气象局继续联合县市、乡镇三级同步开展人影安全工作检查。对全州所有人影作业安全射界图进行更新，完成绘制上墙120幅。筹建恩施州人影弹药仓库和人影实训基地。迁建完成固定人影工作站1个，新建完成固定人影工作站1个。人影作业期前，分别向武汉（中部战区）、成都（西部战区）、邵东（南部战区）空管部门申报全州人影作业点72个，每次作业开始前按区域划分向相关空管部门现场电话申请空域作业许可。受特大旱情影响，8月向武汉（中部战区）和成都（西部战区）空管部门新增申报18个临时人影作业点。全年开展人工影响天气作业659次，共使用高炮弹9786发、火箭弹522枚。其中增雨作业313次，使用高炮弹3101发、火箭弹233枚，防雹作业346次，使用高炮弹6685发、火箭弹289枚，减损超2亿元。推进恩施州本级及8个县市气象灾害风险普查，组织召开气象风险普查成果验收会，9个风险普查报告通过专家评审验收。配合州人大常委会开展《湖北省气象灾害防御条例》执法专项检查。州政府组织召开气象灾害应急工作会，州领导部署主汛期气象灾害应急工作。修订印发《恩施州气象灾害应急预案》，指挥部启动气象灾害应急响应5次。宣恩万寨乡获气象防灾减灾示范乡镇。

【气象宣传】 2022年，人民网、《气象报》等国家级媒体发稿48篇次，省级媒体发稿119篇。重点信息有《气象服务助“冷资源”变“热经济”各地冰雪旅游季持续火热》《恩施：坚守抗旱抗“疫”一线的气象人》《建始：人工增雨见效，建始全境解渴》等。参加全省气象部门摄影比赛，全州获一等奖1个，二等奖4个，三等奖7个，州气象局获组织奖，获奖率占全省40%。州县联动、部门联动开展“10+3”气象科普20余场，发放气象科普作品1000余件。加强科普队伍建设，组织开展全州气象科普讲解大赛，配合省局选派1人参加全国气象科普讲解大赛。宣恩、咸丰、鹤峰气象科普基地获州科协认定为恩施州科普教育基地。

【气象行政许可与行业监管】 2022年，1人取得公职律师资格，系全省气象部门市（州）局唯一。开展清、减、降、放“回头看”，统一全州气象部门依申请及公共服务事项规范办理流程，压减申请材料3项、办理环节28个。对8个县市局开展行政执法卷宗评查全覆盖，检查全州易燃易爆单位100余家。持续开展州级公益性防雷检测，每月例行开展升放气球巡查。州局获州直单位“双随机、一公开”监管工作优秀单位、1人获优秀个人。

【荣誉】 2022年，张英获中国气象局2022年南方抗旱人工增雨服务贡献突出个人通报表扬；郑翔天获中国气象局2022年全国保秋粮丰收气象服务通报表扬。

（杨　霁）

地质资源勘测和保护利用

【概况】 2022年，湖北省地质局第二地质大队承担各类项目416项，其中财政资金类项目276项，社会资金类项目140项，为全州矿产资源保障、资源合理保护和开发利用、地质灾害应急、地质环境保护等提供技术支撑。

【地质找矿】 2022年，省地质局第二地质大队承担地质找矿项目20项，投入勘查经费2430.7万元，其中2022年度完成地质找矿项目13项，涉及经费1186.5万元。通过地质勘查，为恩施州新增查明固体矿产资源量17576.38万立方米（47557.9万吨），其中制灰用石灰岩矿7460.91万立方米（20065万吨）、建筑石料用灰岩矿9872.98万立方米（26841万吨）、建筑用砂岩矿89.9万立方米(222.1万吨)、辉绿岩矿152.59万立方米（429.8万吨）；湖北省综合性地质区划（鄂西南片）项目，通过优选成矿远景区及找矿靶区前期勘查，完善恩施市铁厂坝锂矿和恩施市新塘—红土地区铌矿、稀土矿2处五级成矿远景区，谋划落地项目5个，引导带动项目资金投入867.1万元。

【清洁能源勘查】 2022年，为促进清洁能源开发利用和旅游产业提档升级，州政府和省地质局合作开展地热资源调查评价工作，由省地质局第二地质大队牵头，在来凤县城区启动地热资源专项调查项目。经过综合调查工作，查明项目区地热地质条件，优选出调查井位，并带动谋划“来凤县城及周边地区地热资源勘查”项目，勘查资金投入559.39万元。省地质局第二地质大队承担的咸丰县坪坝营矿区地热资源预可行性勘查项目结题。该项目新增查明坪坝营地区深部推断地热能储量 9.06×10^{12} 千焦耳（215714×107千卡），地热流体可开采量1000立方米/天(试验推断法)，地热资源年可开采热量5.98×10^{12}焦耳，折合标准煤为184.71吨/年，折合电（热）能0.01753兆瓦。

【环境地质】 2022年，开展地质灾害调（勘）查、设计，全州1：5万地质灾害风险调查评价及风险普查项目完成，摸清全州地质灾害风险隐患底数，查明重点地区防灾减灾救灾能力，为地方政府的地质灾害风险管理提供参考。2018—2022年度综防体系建设监测预警项目及恩施州精细化气象风险预警项目于2022年全部建设完成。根据监测情况将存在明显变形的29处隐患点纳入重点监测对象，实施精准预警预报，预警鹤峰县中营镇茶园村7组滑坡等4起地质灾害隐患，并向州自然资源和规划局提交预警说明，指导地质灾害防范；气象风险预警，在当年发生应急的地质灾害中，共有22处地质灾害发生在气象风险预警信息发布7日内，为地方政府应对地质灾害防范提供指导与借鉴。省地质局第二地质大队自筹资金建立的地质灾害监测预警暨会商平台升级，提升平台的实操性，集成全州地灾隐患点及专业监测点数据，充实监测预警平台信息，服务于全州地质灾害监测预警工作及重大地质灾害应急会商，提升全州地质灾害科技防范能力。依托日常监测预警科研项目—基于北斗虚拟基站的普适性变形监测系统研究，节省监测项目建设经费，并将继续在项目的后期运行维护中发挥作用。基本查清全州地下水资源环境现状。省地质局第二地质大队通过地下水监测成果为利川市川气东送川二线齐岳山隧道施工提供相关建议，并向州政府报送《地下水资源环境调查与监测成果的函》及《地下水资源环境监测简报》，为后续地质环境保护、流域治理规划等提供可靠的基础地质资料。省地质局第二地质大队通过开展恩施州域内矿山地质环境监测，查明全州矿山地质环境“新老”问题、现状及其危害，分析、评价采矿活动对区域地质环境的影响，提出矿山地质环境保护与治理对策和建议，将调查监测数据录入湖北省矿山地质环境数据库和信息系统平台（网络版），为矿山地质环境恢复与综合治理规划提供基础资料，为矿产资源的合理开发利用、全州矿山地质环境监督管理提供决策依据。

【地质灾害应急技术】 2022年，省地质局第二地质大队对全州地质灾害隐患点及主要景区进行巡排查工作，排查灾害点1210处，发现103处灾害点存在一定变形，其中7处进行应急排险、5处进行易迁安置、65处申报治理搬迁、3处进行临时避险，其他隐患点函告责任单位加强防范；开展100处遥感疑似隐患点的核查工作、239处地质灾害隐患核销工作及46处灾害点的新增，免费为恩施州民政服务机构提供地质灾害排查工作，共开展15个福利院的地质灾害排查，并提交排查报告和处置建议。省地质局第二地质大队利用汛前、“4·22”世界地球日、“5·12”全国防灾减灾日及安全生产月开展地质灾害宣传教育培训及应急演练。开展地质灾害管理人员的地质灾害防治工作培训，对广大人民群众开展地质灾害防灾、避灾、识灾等知识宣传，现场对受威胁居民进行地质灾害防灾知识讲解，协助参与地质灾害应急演练，全年协助开展地灾宣传、培训及演练90次，受教育群众3.24万余人。省地质局第二地质大队参与194起突发地质灾害的应急处置工作，出具应急调查报告、简报166份，现场提出紧急避险、监测居住、工程治理、应急监测等处置措施。对来凤县庆凤山滑坡展开应急调查、应急监测、应急勘查、应急设计一条龙服务工作，并在应急监测过程中发现变形加剧，告知责任部门进行覆膜、构筑排水沟等应急处置措施，遏制滑坡进一步变形。省地质局第二地质大队在应急处置的166起灾险情中，建议对100户422人受地质灾害严重威胁的群众实施紧急避让，对320户1172人采取监测居住建议，同时对急需处置的突发地质灾害，开展12个灾害点应急排险设计工作、2个灾害点的施工工作、1个灾害点的应急专业监测工作。同时对存在较大隐患的地质灾害点纳入2023年度治理搬迁及专业监测项目申报。

【健康地质】 2022年，省地质局第二地质大队承担的恩施州不同硒镉背景区硒镉等元素生态效应评价项目结束。该项目开展高硒高镉、适硒低镉背景区健康地质调查，并从地质与健康方面查明背景区岩、土、水、农产品、人体（血液、尿液）健康元素的分布特征。项目同时也开展土壤—稻米—人体（血液、尿液）硒与重金属迁移规律研究，研究显示硒与镉、钼、铅、铬在迁移过程中具有一定的相关性，研究区硒、镉、钼、铜元素的高内暴露量并未对研究区居民肝脏健康造成显著损伤。为全州地方病预防与控制提供科学依据。

【旅游地质】 2022年，省地质局第二地质大队承担的湖北省巴东县地质文化旅游资源文创开发示范项目完成。该项目查明示范区行政村人口、经济、生态环境、地质安全、基础设施建设、旅游规划等方面的基本情况；查明示范区内地质文化旅游资源类型、分布特点及价值；提出示范区地质文化旅游资源开发利用建议；设计制作三维模型、科普手册、科普活动、纪念品、展品6项文创产品。协助巴东县茶园岭地质文化村申报和宣传推介，提升巴东县地质文化旅游影响力。

【地质科研】 2022年，省地质局第二地质大队围绕地热特征及机制研究、大地构造活动、成岩成矿作用、找矿技术应用、分析测试技术、测绘技术应用等开展科学研究，发表学术论文10余篇，其中中文核心期刊收录1篇，美国《科学引文索引》收录2篇，获湖北省2022年度地学学术优秀论文评选一等奖1项，获湖北省地质局李四光地质科技成果奖二等奖1项。省地质局第二地质大队承担的恩施地区中二叠统—下三叠统火山沉积岩系及其资源与环境意义研究项目结题。该项目以恩施地区中二叠统—下三叠统火山沉积岩系为研究对象，通过野外剖面地质调查，查明火山灰在研究剖面的主要分布层位；通过火山灰锆石铀—铅年代学研究，为研究区中上二叠统地层建立年代框架；借助全岩主微量元素地球化学研究、锆石微量元素和铪同位素等研究，示踪火山灰源岩属性和物质来源，探讨火山灰与峨眉山大火成岩火山活动的关系，限峨眉山大火成岩省火山活动持续时间，探讨峨眉山大火成岩省火山活动与生物灭绝事件、鄂西海槽演化、鄂西富硒地层之间的联系；通过全岩元素地球化学研究，对恩施地区中—上二叠统界线黏土岩成因及其铌—稀土含矿性进行探讨。

（方喜林）

水利和湖泊

【概况】 2022年，省级下达恩施州中央水利发展资金2.84亿元，年末完成年度目标任务，全州落实水利项目地方政府专项债券3.18亿元，推进宣恩县等城乡供水一体化PPP项目，撬动社会资本投资4.29亿元。重大水利项目和在建水利工程推进迅速，国家发改委正式受理姚家平水利枢纽工程项目可研审批资料，各项施工准备工作完成，待国家发改委正式批复后即可开工建设；建始金滩坪水库完工，巴东田家坪水库完成下闸蓄水验收，蛇皮洞水库主体工程完工，宣恩县石马水库、咸丰县黑山水库、鹤峰县洞长湾水库推进。全年对全州14个在建项目开展质量飞检，包括4座新建水库、2座新建电站、4个河道治理工程、2个防洪排涝工程、1座水厂和1个引水工程；主要检测混凝土强度、外观尺寸、现场压水试验、原材料及中间产品等，共飞检401点，合格383点，总体合格率为95.5%。11月，巴东县水流坪水库巡（护）河员周耀林被水利部、全国总工会、全国妇联通报为第二届“寻找最美河湖卫士”。

【饮水安全】 2022年，《恩施州“十四五”水安全保障规划》编制完成，并由州政府发布，全州“十四五”期间谋划项目555个，估算投资461.92亿元。“三区三线”水利划定更为合理，全州上报的水利重点项目4类127个项目占用生态保护红线和永久基本农田全部调出，《恩施州流域综合治理和统筹发展规划纲要》编制启动，明确负面清单，细化流域片区。农村供水项目提标升级，全州开工建设建始县舒家湾水厂及配套管网工程、宣恩县城乡供水一体化项目、鹤峰县红鱼溪水厂、利川市汪营水厂，恩施市大峡谷水厂等一批巩固提升工程，改善农村供水人口48.3万人，开工建设鹤峰县洞长湾、咸丰县黑山、宣恩石马等水源水库。农村供水工程建后管护加强，州水利和湖泊局印发《恩施州农村供水工程运行管护暂行实施方案》，按照“农村供水，一管到底”的工作目标，根据“谁投资、谁所有，谁受益、谁管理”和“以水养水、节约用水，有偿使用、适当补助”的原则，对农村供水工程运行管护实行分级指导、分级承担维修管护费用补贴、分级监督管理，保证工程正常运营，全州到位农村供水工程维修养护资金2146万元。

【推进“河湖长制”】 2022年，全州5千米以上382条河流（河段）实现河长设置全覆盖，共有州级河长9名、县级河长86名、乡级河长604名、村级河长1547名、河流警长112名、民间河长527名、河流管理员893名、信息员1389名、保洁员1735名，261座注册水库均落实库长。9名州级河长巡查河流53次，督导解决233个问题，86名县级河长巡查河流571次，督导解决1063个问题。州下达中央水利发展资金的太阳河、马水河等5个中小河流治理项目完工，完成投资4220万元，治理河长34.91千米。水利部反馈恩施州859处卫星遥感疑似问题图斑进行排查和复核，排查出新增的3处妨碍河道行洪问题并完成整改，开展2次全州河道非法采砂专项整治联合执法行动，办理非法采砂举报交办案件7起。全州纳入省级清单管理的河流“四乱”问题33个，全部完成整改销号。全州自动清漂船22艘、人工清漂船95只，建立清漂保洁常态化管理机制，落实保洁员、水库专管员责任，定期特别是在大雨涨水后组织清漂，开展河湖健康评价，每县市有2个以上河流或水库完成健康评估。

【河流水质】 2022年，全州25个国控、省控地表水考核断面水质均值优良率100%，17个跨界考核断面水质均值优良率100%，13个县级及以上集中式饮用水水源地水质达标率100%，长江、清江出州境断面稳定保持Ⅱ类水质及以上。在全国337个地级及以上城市中，恩施州国家地表水考核断面水环境质量位列第30位，是全省唯一进入全国前30位的地级城市。

【水资源环境保护】 2022年，全州用水总量控制在6.6亿立方米以内，对全州781家取用水单位落实计划用水管理，通过用水直报系统和现场监督等方式对取用水单位进行日常监管，对498家用水单位开展用水统计分析工作，开展取用水监测计量体系建设42处。坚持节水优先，2021年万元GDP用水量和万元工业增加值用水量，较2015年分别下降52%和59%。先后创建州级以上节水型公共节水机构104家、节水企业24家。编制《恩施州十四五节约用水规划》。利川市和宣恩县完成县域节水型社会年度创建任务。全面防控水土流失，组织开展全州生产建设项目水土保持图斑核查，梳理排查疑似未批先建、未验先投、不依法履行水土保持义务项目222个，对发现的违法项目进行督办整改。实施生态清洁小流域、封禁治理、石漠化等治理工程建设，全年治理水土流失面积290平方千米。

【防汛备汛】 2022年，全州修编完成超标洪水防御预案、水库调度规程、汛期调度运用计划、应急抢险预案、山洪灾害防御预案、水利工程反恐怖应急预案等各类水旱灾害防御预案、方案967个；落实全州261座水库安全管理“四大责任人”并在《恩施日报》上公示；全州落实438个山洪灾害重点村防御责任人和监测预警员，争取中央资金762万元开展各县市山洪灾害防治项目建设，明确山洪灾害监测预警设施设备运维单位及运维人员，加强山洪灾害自动监测站运行维护，全州山洪灾害监测预警平台平均在线率100%，山洪监测站点到报率稳定在98%以上。全州水利部门集中组织开展5次防汛检查和安全隐患排查，对发现的问题立行立改。

【应对特大干旱】 2022年，恩施州遭遇1961年以来最严重的旱情，汛期平均降水量713.0毫米，较常年同期偏少36.1%，7—9月降雨量较常年同期偏少6成，全州8个县市均出现不同程度的旱情，尤以巴东县、利川市、恩施市为重。8月14日，州防汛抗旱指挥部启动抗旱Ⅳ级应急响应。8月21日，州水利和湖泊局召开抗旱工作紧急会议。8月22日，召开全州抗旱工作紧急会议。8月下旬，州水利和湖泊局派出4个督导组到8个县市指导督导抗旱工作，要求“旱不解除人不归”，保证州委、州政府抗旱工作部署和措施落到实处。全州累计派出3.1万人次党员干部、8643人次技术人员参与抗旱救灾工作，向受灾乡镇派出8115台次送水车，启动425个应急水源。全州8个县市136处规模以上水厂、546个乡镇、村提前编制应急供水预案。加强科学统筹，加强水利工程调度，采取调水、找水、节水、蓄水、送水等多种措施，保障人畜饮水。全州新辟水源623处，新建加压站62个，打井87口，延伸供水管网963千米，筑拦河坝、引水堰28个；30座水库水电站停止发电，最大限度蓄水保水；32座水库开闸放水，累计为下游补水9600万立方米；对水库、塘堰、千人以上供水工程周密制定供水计划，实行“一库一策、一厂一策”，精准配水；引用新技术，对特殊地区开展“横钻取水”解决饮水难题。旱情最严重时期，86.1万人供水受影响，其中对75.3万人实行分时分片供水，对10.8万人送水，应急送水车最高942台，日送水量4710吨。恩施市拨付450万元抗旱专项资金，用时12天紧急修建一条5.8千米长的输水管线，从城区供水管网中输水进村，缓解5个村1.2万余人的水荒问题。巴东县为缓解野三关集镇保供水难题，投资1700万元实施重大民生工程——鱼泉河应急提水工程，解决野三关集镇的水源补充问题。咸丰县清坪镇农村饮水提升工程用时20天，投资400余万元，采用三级抽水的方式，将大鱼泉水源通过泵站提升，对排峰坝、柏杨坪、清水塘3个片区进行应急补水，解决8个村2万余人的生活用水问题。恩施市龙凤坝镇应急调水、咸丰县黄金洞乡五谷坪村应急取水、巴东县水布垭镇组织村民进山洞探阴河架水管引出清水暖民心等抗旱典型事例先后被中央和省级新闻媒体宣传报道。

【移民工作】 2022年，恩施州大中型水库移民后期扶持人口核定完成，兑现原迁移民直补资金2903.06万元，实施后期扶持项目106个，总投资11774.94万元，6个移民美丽家园示范村创建完成，5个村通过省级验收，获得省级“以奖代补”1500万元。开展移民搬迁安置，恩施市青龙水电站移民终验工作、罗坡坝水电站竣工移民初（自）验收工作、利川市长阡河水电站工程通水阶段征地移民安置验收工作、鹤峰县江坪河水电站库区影响区重大安全隐患点搬迁工作等全部完成。运用“阳光信访”综合服务平台，保证移民群体稳定。

【三峡后续项目工作】 2022年，省水利厅下达三峡后续项目资金39197万元，实施项目13个，其中续建项目7个，新建项目6个。年末完工项目1个，拨付专项资金26860万元。水利部累计下达资金计划项目166个，完工项目144个，其余22个项目均在建。拨付使用专项资金32.04亿元，暂存在建、待结算资金1.91亿元，资金拨付率96%。编制巴东县2023—2025年三峡后续工作项目库，申报入库项目13个，总投资12.74亿元。其中2023年申请专项资金1.24亿元（计划2024年申请专项资金1.84亿元，2025年申请专项资金1.28亿元，获水利部批准入库）。

2022年8月14日起，芭蕉侗族乡水利管理站及硒泉芭蕉分公司开始对二凤岩村、白岩村送水
（恩施市水利局 供稿）

【北京对口支援】 2022年，北京市、房山区2级安排援助资金5113万元，其中北京市援助资金4513万元，房山区援助资金600万元。援建项目11个（北京市8个，房山区3个），项目开工率100%，其中完工项目4个，拨付资金5047.15万元，拨付率为98.7%。省水利厅下达2022年省内对口支援三峡库区及移民安置区项目资金计划，省内12个支援地区和单位援助项目18个，计划投资金830万元，到位资金727.5万元。年末完工项目15个（正在实施项目3个）。

【水库管理】 2022年，恩施州完成上一轮中型水库除险加固竣工验收1座，26座小型水库除险加固工程全部竣工，10座小型水库除险加固工程主体工程完工。全州落实小型水库运行管护资金830万元，其中中央补助资金703万元，地方财政资金127万元；落实水库大坝定期体检机制。完成利川市高渡河，建始县红瓦屋、庙湾、大堰塘、烂池湾、水洞湾，宣恩县狮子关等7座水库的安全鉴定工作，全州水库周期内安全鉴定率100%，每季度收集8个县市88座水源水库水质检测结果在州水利湖泊局网站上予以公示，水质检测结果均达标，建始四十二坝、利川福宝山水库制定大中型水库标准化管理工作方案，恩施市、利川市、巴东县、宣恩县、咸丰县、鹤峰县启动小型水库管理体制改革省级样板县创建工作，对全州263座水库开展白蚁危害普查及防治工作。

【农村水电站】 2022年，长江经济带小水电清理整改工作完成，前后共257座电站整改销号，28座电站彻底退出，清理整改后全州共有电站280座，装机398万千瓦。年末全州共15座水电站创建成为全国绿色电站示范电站、236座水电站通过安全生产标准化达标创建评审；所有已（在）建水电站落实安全生产双责任主体并公示，接受社会监督。全年开展3轮水电站安全隐患排查，整改安全隐患638个。

【水利安全】 2022年，全州备案招投标项目35个，中标金额3.15亿元，组织修订招标文件示范文本，形成涵盖勘察设计、施工、监理、设备采购、总承包等全专业的水利水电工程系列招标文件示范文本；完善监管机制，实行远程异地评标、落实信息公开制度、压实项目法人首要责任，严格政府投资水利水电工程建设项目标后跟踪管理、遏制工程非法转包、违法分包、借资挂靠、保证工程质量和安全生产，推动《恩施州水利水电在建工程现场关键岗位人员GPS人脸识别考勤制度》。6月“安全生产月”活动全州水利系统共发放宣传资料4500余份，制作展牌20余块，现场咨询互动350余次。针对所有水库和重要河段（渡口、码头、人流多、方便游泳等重点区域）救援设备，对学校周边易发溺水事故水域均设置防护栏。有闸门的水库、电站在泄洪和大流量发电放水前，按照既定方案、程序进行预警预报。

【荣誉】 2022年，周耀林被评选为全国“最美基层河湖卫士”；清江被水利部评选为第二届全国“最美家乡河”，系湖北省唯一入选河流（全国11条）。

（邓正江）

硒资源保护与开发

【概况】 2022年，州硒资源保护与开发中心推进全州恩施硒物硒食品精深加工产业高质量发展。规模以上企业147家，涉硒高新技术企业81家，全州恩施硒物富硒产业综合产值突破820亿元，位列全国硒产业发展地市（州）第一。成功举办第七届世界硒都（恩施）硒产品博览交易会暨硒科技创新发展大会。2月，州政府令第5号公布《恩施州硒资源保护与利用条例实施细则》，自2022年4月1日起施行。5月，州政府办公室印发《恩施州硒产业发展“十四五”规划》。协助省发改委、省地质局编制印发《湖北省富硒产业发展规划（2021—2025年）》，配合省发改委编制印发《恩施州大产业发展规划（2022—2035年）》。

【企业培育】 2022年，新增23家涉硒高新技术企业，恩施德源硒材料工程科技有限公司入选国家级专精特新“小巨人”名单，涉硒企业首次实现“零”的突破。恩施州富硒茶叶集群、恩施州（恩施、利川、建始）富硒绿色食品产业集群入选2022年全省重点成长型产业集群。宣恩县成功入选省级承接硒食品产业转移示范区，咸丰县获得“中国富硒白茶县”称号。

【科研合作】 2022年，聘请中国工程院院士李培武担任恩施州硒产业发展首席顾问。全国唯一一个由科技部门授牌的硒基础研究省级重点实验室（硒资源研究与生物应用湖北省重点实验室挂牌）在恩施挂牌。持续深化校地合作，依托“国字号”科研机构和院士专家工作站，与武汉轻工大学等联合开展富硒产品研发和核心技术攻关。完成硒、铅、镉快速检测设备设计及电子元件筛选，建立快速提取硒、铅、镉的前处理方法。建设恩施市新塘双河和三岔汾水、天池山等高海拔区域硒蛋白原料试验示范及种子生产基地。

【硒科普和宣传】 2022年，新增州级硒科普教育基地5家、湖北省科普教育基地1家。开展“5·17”科学补硒宣传月活动，制作硒科普宣传短视频《聆听恩施》，发放科普手册1.9万册。《恩施州着力将生态富硒资源优势转化为发展优势，加快建设“两山”实践创新示范区》被省委办公厅《工作简报》采用。在恩施机场投放“世界硒都·中国硒谷”形象宣传广告，在新华社、《半月谈》、央视农业农村频道宣传恩施硒产业发展。编印《我的硒故事》等科普书籍。

【参展交流】 2022年，组织恩施硒物产品参加各类展会，组织州内50余家涉硒企业参加第三届端午安康全国硒水鉴茶大赛、世界大健康博览会等展会；硒蛋白产品亮相第五届中国国际进口博览会2022国际文化交流论坛，被授予指定产品称号；协助开展“楚商公益助农直播——恩施专场”活动。组织2次国内主要硒区考察活动，撰写《陕西省安康市富硒产业发展学习考察报告》被州政府办公室《调查研究》采用。

【硒资源保护与利用条例实施细则出台】 2022年4月，州政府出台《恩施土家族苗族自治州硒资源保护与利用条例实施细则》（恩施州人民政府令第5号），通过细化部门职责、硒资源保护区的设置、硒资源利用基础科学研究、硒资源保护与利用的具体可行性措施等明确目标任务，推动《恩施土家族苗族自治州硒资源保护与利用条例》的贯彻落实，推进和保障硒产业发展。

【硒人才队伍建设】 恩施州政府继续与武汉轻工大学（国家富硒农产品加工技术研发专业中心）共同实施“恩施州硒产业高层次人才特聘计划校地合作”项目，16名全国硒领域知名专家学者在战略咨询、人才培养、标准制修订、品牌推广等方面为恩施州提供指导服务和合作，有效推动恩施州硒产业发展上升至省级战略。借助“西部之光”，首设硒科研领域研修团组，从州重点科研机构和高新技术企业中优选3名学员到中国农业科学院访学，推动硒全产业链转化及应用。组织举办国硒中心·院士专家工作站恩施建始企业行活动。

【硒标准修订】 2022年，完成硒蛋白国家标准修订立项，标准修订内容和修订范围向全国硒产业发展地区征集意见建议。全年全州发布5项涉硒州级地方标准和2项涉硒团体标准，12项州级涉硒标准正式立项。17个硒产品通过富有机产品认证，恩施市屯堡乡被认定为全国第二批天然富硒土地地块（面积508.67公顷）。推进堇叶碎米荠标准化示范基地建设，打造全国最大的高聚硒植物原料种植基地，基地面积突破千亩。建设三岔—新塘—沙地—红土硒康养恩施市示范带。

【招商引资】 2022年，州硒资源中心作为硒精深加工产业招商战队（第二分队）队长单位，组建招商工作专班，制定硒精深加工产业招商引资实施方案，定期召开碰头会和分析会。建立硒精深加工产业招商项目库，谋划产业项目63个，其中5亿元以上项目21个，涉及恩施硒物农副食品加工业、食品制造业、富硒水等。编制《招商引资税收支持政策指南》《州硒精深加工产业招商宣传册》，推进硒精深加工产业招商。成功签约项目9个，其中州硒资源中心签约3个。

【硒品牌建设】 2022年，擦亮“世界硒都”的金字招牌，定位“世界硒都·中国硒谷”的战略品牌，持续打造“硒博会”会展品牌，建设营销“恩施硒物”特色硒产品公用品牌。持续开展恩施硒物名优硒产品评选活动，全州有25个硒产品被评为最具市场影响力名优硒产品、26个硒产品被评为最具发展潜力名优硒产品、25个硒产品被评为最具创新力名优硒产品。

【全州硒产业发展工作会议】 2022年5月5日，全州硒产业发展工作会议召开，进一步总结经验、理清思路、加强措施，推动全州硒产业高质量发展。州委副书记、州长夏锡璠出席会议并讲话。会议强调，各级各部门要利用国家、省搭建的相关政策支撑体系，做好硒产业发展文章，把“世界硒都”这一金字招牌变成产业品牌和发展王牌，巩固、扩大恩施硒产业在全国的领先地位。要认准目标、全面提升，打造全国硒产业发展的资源高地、科研高地、标准高地、检测高地、产业高地、会展高地。会上中科院上海营养与健康研究所、州农科院介绍硒科研工作开展情况，恩施市、宣恩县作交流发言，企业代表作经验交流。

【第七届世界硒都（恩施）硒产品博览交易会暨硒科技创新发展大会】 2022年11月，第七届世界硒都（恩施）硒产品博览交易会暨硒科技创新发展大会举办，同步举行第三届中国硒产业峰会年会暨圆桌会议、硒科技成果交易拍卖会、院士说硒论坛、企业家高峰论坛等11项活动，湖北、江西、广西、湖南四省（自治区）联合发布《关于携手推进硒产业发展壮大的四省（自治区）倡议》。州内外近400家企业、2000款硒产品参展，近500位各界嘉宾线上线下参会，约100家行业协会、商会、检验认证机构，100余家投资商、200余家采购商参会。恩施硒物等产品现场销售金额1084万元，现场签约招商项目28个、签约金额307.9亿元。编制《中国硒产业发布指数（SeⅠ）研究报告2021》、会刊、画册，发布各类宣传报道近500篇（条）。

（罗　琼　谈春林）

能源工作

【概况】 2022年，恩施州新增发电装机4.25万千瓦，退出自然保护区内电站4座，清洁能源总装机471.53万千瓦，清洁能源产业发展稳步推进。页岩气累计产气量超6000万立方米。

【能源产业建设】 2022年，页岩气利川区新增投产钻井4口（红页2井、红页1试验井组1－2HF井、1－3HF井、红页3井）。咸丰区块已满足探矿权设置条件，省政府报送至自然资源部，纳入国家页岩气区块备选库。建始及周缘区块地质资料包编制完成，初步圈定各类有利区勘探范围。全州累计投产（试采）钻井6口（利川5口、咸丰1口），在建（新建）钻井9口，红星区块发现预测储量1051亿立方米，控制储量621亿立方米。可再生能源恩施垃圾焚烧发电项目建成投产。宣恩整县推进分布式光伏试点、建始县高坪镇农光互补项目开工建设，恩施大龙潭、建始石家湾、巴东桃李溪抽水蓄能项目预可研编制完成。储气能力建设方面，来凤县城乡天然气管网提标升级及储气站项目开工建设，恩施市白杨坪应急储气设施及天然气利用项目管网建设完成。

【能源生产】 2022年，全州发电装机总规模471.53万千瓦，其中水电397.79万千瓦，风电59.71万千瓦，光伏6.57万千瓦，余热余压电站及其他7.46万千瓦。全州地区发电量（含水布垭）85亿千瓦·时（水布垭31.81亿千瓦·时），其中水电73.59亿千瓦·时、风电9.55亿千瓦·时、自备电厂发电1.26亿千瓦·时、光伏发电5761万千瓦·时。页岩气累计产气量超6000万立方米，全州清洁能源产业实现综合产值76.65亿元。

【能源通道】 2022年，全州能源通道建设加快推进。电网方面，500千伏恩施东—朝阳线路、鹤峰220千伏输变电工程开工建设，将恩施松树坪、恩施长堰、恩施向家村等220千伏输变电工程纳入《湖北省电力发展“十四五”规划》。燃气方面，川气东送管道巴东野三关压气站建成投产，川气东送二线巴东支线获国家核准批复。

【能源安全】 2022年，全州能源安全风险可控，天然气、成品油、电力等主要能源供应稳定。落实天然气管道防护措施，沿线张贴发放宣传画册4000余张、发放宣传品3600余件、开展有奖举报20余次。加强管线安全隐患治理，整改管道外部隐患26处。

（唐　义）

2022年11月18日，第七届世界硒都（恩施）硒产品博览交易会开幕式上，省科技厅为硒资源研究与生物应用湖北省重点实验室授牌　（朱　超　摄）

林　业

【概况】 2022年，全州林业系统深化“林长制”力促“林长治”，推动林业治理体系和能力现代化。根据最新计算口径（国家对森林覆盖率计算标准进行调整，将“国家规定特别灌木林”不再纳入覆盖率计算范围，导致全省各地森林覆盖率较往年均大幅下降），年末全州森林面积161.96万公顷。森林覆盖率67.31%，位居全省第二。森林蓄积量1.45亿立方米，位居全省第一。全州建立州、县、乡、村四级林长体系，3262名林长上岗履职。恩施州林长制工作在全省考核中为优秀等次，鹤峰县获省政府林长制督查表彰。

【造林绿化】 2022年，全州完成营造林任务25480公顷，巩固长江、清江流域生态安全。组织200万人次义务植树900余万株。实施林相改造，丰富森林色彩，扮靓青山“颜值”，提升森林价值，全州建成彩色森林2170公顷、262千米、97处。建始长岭岗、咸丰坪坝营、恩施大山顶等地彩色森林成为网红打卡点。开展“创森”（创建森林城市）工作，来凤县创建省级森林城市，全州实现省级以上森林城市全覆盖。创建省级森林城镇3个、森林乡村24个，全州累计创建森林城镇20个、森林乡村110个。

【森林资源管护】 2022年，审核发放林木采伐许可证2.94万份，核发采伐林木蓄积26.05万立方米（含不占限额部分），占省政府下达年森林采伐限额15.8%。开展森林督查和打击毁林专项行动，2021年森林督查问题图斑完成整改销号。落实执法责任制，加大普法、学法、用法力度，随机抽取县市行政执法卷宗35件，开展案件评查和讲评，规范执法行为、维护执法公正。开展野生动植物保护宣教活动，央视《秘境之眼》多次展播州内野生动物红外影像。开展“2022清风行动”，查办案件58起，打击处理涉案人员77人。回应群众期盼，依法开展猎捕野猪行动，减少群众庄稼损失。加强古树名木保护，实施“天下第一杉”抢救性保护措施。

【自然保护地管理】 2022年，全州推进以国家公园为主体的自然保护地体系建设，结合“三区三线”划定，优化整合自然保护地体系，自然保护地在国土面积中的占比由12.09%降至11.75%。支持巴东金丝猴自然保护区融入神农架国家公园。恩施大峡谷—腾龙洞地质公园成为2023年度全国唯一世界地质公园候选单位。七姊妹山自然保护区入选世界自然保护联盟绿色名录。抓好中央、省涉自然保护地环保督察和《长江大保护警示片》反馈问题整改，2018年以来138个涉及民生“绿盾”问题完成销号。

【林业要素保障】 2022年，全州林业部门为州内重点项目建设做好要素服务，保障使用林地579宗1117.88公顷。优化营商环境，清理精简审批事项、流程、时限，县级林业部门政务服务事项减材料率57%、减环节率34%、减时限率88%。落实生态补偿政策，完成1.73万名生态护林员选聘、续聘工作，兑现补偿补助资金3.8亿元。

【林业产业发展】 2022年，州林业局坚持“生态产业化、产业生态化”发展理念，培育支柱产业、扶持市场主体、打造拳头产品，探索“两山”转化路径。组织专班对油茶、箬叶、碳汇、国家储备林、森林覆盖率横向补偿等课题开展调研，一批调研成果逐步转化。全州稳步推进油茶产业扩面提质增效行动，完成规划方案编制、落地上图，做好油茶油情预报测产及种苗保供，编印《恩施州油茶高质量发展技术指导意见》助推油茶产业发展。从资源整合、科研攻关、品牌提升等方面为企业发展纾困解难，加大林业产业化重点龙头企业培育力度，新增省级林业产业化龙头企业14家，森林食品质量安全示范企业5家。推进森林康养试点建设，国家级森林康养试点建设单位21个，位居全省前列。贡水白柚认证为国家地理标志保护产品，获有机产品认证证书；恩施藤茶、藤茶龙须、天木藤茶获绿色食品标志，“恩施玉露”获地理标志认证。“亿来健富硒龙珠黑茶”“恩润550mL礼盒装野山油茶”“仙芝星天子藤茶龙须”“亿来健富硒天尖（黑茶）”“仙芝星恩施藤茶”5类林特产品在义乌森博会获奖。

【森林防火】 2022年，全州林业系统加强森林防火工作，落实“林长+尖刀班+护林员”包保责任，对特殊重点人员落实村干部、护林员、监护人“三个一”监管。通过电信、移动网络营运平台发送森林防火警示短信3100万余条，发布预警信息8期。8月中旬，州政府主要领导签发1号林长令，向全州各级林长下达“关于做好高温天气森林防火的命令”，全州3262名林长开展森林防火专项巡林。9月初，州林业局组建8个森林防火专项督查组驻县督导，围绕包片责任落实、禁火令执行、野外用火管控、火灾隐患排查、灭火物资储备、应急值守等重点内容，对各地森林防火工作进行不间断明察暗访，第一时间发现问题，第一时间督导整改，以点带面推动森林防火工作做细做实，维护全州森林资源安全，保证大旱之年没有大的森林火灾发生。

【安全生产】 2022年，州林业局成立林业安全生产专业委员会，印发《恩施州林业安全生产专业委员会成员单位职能职责》及《安全生产工作提示》15期，发放《林业安全宣传手册》《防灾减灾宣传册》等宣传资料25万余份，组织“防灾减灾宣传周”“安全生产月”等宣教活动48场，参与人数9336人次，在重点时段、重要节点开展检查督导12次，检查督导483批次，发现整改问题674个。打好松材线虫病防治攻坚战，除治清理枯死松树11.6万株，全州疫情发生面积和疫木数量“双下降”。推进食用林产品质量安全监管，完成食用林产品及其产地土壤省级抽检任务65批次及自检任务120批次。组织野生菌调查和科普工作，发布《恩施毒蘑菇蓝皮书》，《人民日报》、新华社等主流媒体宣传报道，新闻点击量120万次以上。实现政策性森林保险全覆盖，纳入政策性森林保险范围林地1148006.66公顷，其中公益林面积569193.33公顷，商品林面积578813.33公顷。政策性森林保险的全覆盖，完善林业风险保障体系，增强森林资源抵御和应对自然灾害的能力。

（游家栋）

自然资源保护区

湖北星斗山国家级自然保护区

【概况】 湖北星斗山国家级自然保护区位于利川市、恩施市和咸丰县境内，辖9个乡镇、38个自然村（合村后），分为东部星斗山片和西部小河片，总面积68339公顷（其中核心区面积21165公顷、缓冲区面积14932公顷、实验区面积32242公顷），属“森林生态系统和野生植物类型”自然保护区，是第三纪植物的“避难所”、华中天然植物园和种质基因库，是世界上水杉原生种群的唯一分布区，主要保护对象为典型的中亚热带森林生态系统、种类繁多的古老孑遗珍稀濒危野生植物及其生境、世界唯一现存的水杉原生种群及其模式产地、全国罕见的台湾杉原生群落、全国稀有的莼菜野生湖沼植物和种群数量丰富的珍稀野生动物。区内有维管束植物200科843属2033种，其中有国家I级重点保护植物水杉、银杏、红豆杉、南方红豆杉、珙桐等5种，有国家II级重点保护植物台湾杉、黄杉、峨眉含笑、莼菜等48种；有陆生脊椎动物378种，其中有国家I级重点保护动物金钱豹、云豹、金雕、林麝等12种，有国家II级重点保护动物猕猴、红腹锦鸡等47种。

【资源管护】 2022年，星斗山保护区长效推进资源管护。加强与三县市政府协同共管。根据星斗山管理局分别与恩施市、利川市、咸丰县签订的《关于加强保护区管理的意见》，共同推动星斗山保护区建设管理的领导、指挥、督办、协调等工作，构建联防共管、良性互动的大管理格局。加强巡护管理。护林员按要求开展巡护，保证问题及时发现、尽早处理。开展环保疑似问题核查整改。开展2018年“绿盾行动”民生问题整改销号132个、2021年遥感监测疑似问题核查23个、开展2019年“绿盾行动”环保突出问题的实地核查1个、开展2022年保护区疑似问题点位核查60个。开展极小种群保护。通过砌堡坎、修建排水沟、牵引扶正、清除水泥硬块等方式对水杉母树进行保护。通过降低地下水位，引根复壮，更换有害土壤，对0001号水杉开展救护性保护。对1000株水杉母树进行重新挂牌、1000株水杉母树开展无性繁殖基因保存扦插育苗工作。探索“两山”转换路径，规划打造中国水杉植物园。邀请北京林业大学和国家林勘院专家现场调研，开展项目规划设计，州政府副州长杨盛僚陪同指导。加强执法监管。依托县市林业和公安部门，开展“清风”“非法采集兰草”等专项整治行动，查处保护区内林业“四乱”（乱占、乱采、乱堆、乱建）行为和各种违法违规行为。

2022年7月，在湖北星斗山国家级自然保护区内拍摄到的国家二级保护野生动物毛冠鹿

（湖北星斗山国家级自然保护区管理局 供稿）

【森林防火】 2022年，星斗山管理局贯彻执行“预防为主、积极消灭”的森林防灭火工作方针，以管理站、护林员为基础，组建2支义务扑火队。面对持续干旱少雨、植被大量干枯形势，全体干部职工下沉巡护，实行排查管控，巡护宣传，加强防火线和护林防火道路维修，实行联防共管，落实森林防火属地责任。管理局与东片核心区7个村委会联合建立灭火物资储备库，建立7支灭火应急队伍，筹集配备30余万元灭火物资。召开森林防火专题联席会议和资源管理座谈会，加强与地方政府、林业部门及村委会联系沟通，形成齐抓共管森林防火良好格局。加大森林防火宣传力度。在重点地区、重点地段实行监控，重要时段宣传车巡护宣传。实现宣传车、宣传标识、宣传册入户3个全覆盖，管理局班子成员带队到保护区检查督办，发现问题妥善处理，保证不留死角、不留隐患。全年发放宣传册1000余份。

【科研监测】 2022年，星斗山保护区加强红外线照相机的使用管理和成果应用，配备新型红外相机60台，优化红外相机布设点位，全年收集读取视频和图片资料4次，获得清晰有效视频和图片资料3000余份（张）。落实野生动物疫源疫病监测防控，执行零报告制度。开展外来入侵物种普查和野生动植物疫源疫病监测。确定林业外来入侵物种的点位204个，建立调查样地15个、观测样方75个。经普查确认林业外来入侵物种7种（入侵植物6种、入侵病原物1种）。开展林麝、猕猴、红白鼯鼠、野猪、小麂等野生动物监测，研究动物生活习性，优化保护措施。11月16日《小麂》在中央电视台《秘境之眼》播出。开展保护区野生动物普查，更新动物资源底数。

【项目建设】 2022年，星斗山保护区编制《星斗山管理局关于“十四五”规划方案（草案）》《星斗山保护区2022年能力建设项目的实施方案》，涉及资源保护、科研监测、社区宣教等方面，共计资金300万元，主要用于生态保护与恢复资金

42.96万元，特种救护资金123.12万元（古水杉母树的保护和古大珍稀古树保护），森林资源保护设施设备购置与维护资金54.97万元，专项调查与监测52.16万元，宣传教育资金26.8万元。

【社区宣教】 2022年，星斗山保护区在“爱鸟周”“野生动物保护法宣传月”“植树节”“生物多样性日”等特殊时间节点，在保护区内周边集市、学校通过发放宣传资料和政策宣讲、联合开展主体活动等形式，宣传野生动植物保护、护林防火、生物多样性保护以及与保护区相关的法律法规，普及法律知识。利用暑假给辖区内的中小学生集中宣讲，发放各种宣传资料，动员孩子们争当小小宣传员。管理局联合深圳市一个地球自然基金会谋划实施水杉保护与宣教项目——“三顿半物种保护计划·野生动植物保护小额物种项目”，开展水杉的宣传与保护利用，守护现存唯一集中分布的水杉原生种群及其栖息地生境。

（阳　沁）

湖北七姊妹山国家级自然保护区

【概况】 七姊妹山自然保护区位于宣恩县境内，北与恩施市河溪村交界，东北属宣恩县椿木营乡管辖，东与鹤峰县太平镇接壤，南与湖南八大公山国家级自然保护区核心区毗连，西与宣恩县长潭乡和沙道沟镇相连，地处北纬29°39′30″—30°05′15″，东经109°38′30″—109°47′00″。属森林生态系统类型自然保护区，主要保护以珙桐、林麝等珍稀动植物为主的森林生态系统和以泥炭藓沼泽湿地为主的湿地生态系统。总面积34550公顷，其中核心区11560公顷，缓冲区11700公顷，实验区11290公顷，森林覆盖率88.89%，林木绿化率93.2%。保护区分布有维管束植物175科762属2086种，其中蕨类植物35科78属281种；裸子植物8科17属23种；被子植物132科667属1782种。列入2021年公布的《国家重点保护野生植物名录》有54种，国家Ⅰ级保护植物有珙桐、红豆杉、南方红豆杉、银杏、水杉、苏铁共6种，国家Ⅱ级保护植物有钟萼木、黄杉、连香树、水青树、台湾水青冈和香果树等48种；宣恩牛奶菜和宣恩盆距兰是保护区内有特有植物。苔藓植物34科58属80种。保护区分布有脊椎动物28目97科399种，其中兽类8目25科73种，鸟类16目52科255种，两栖类2目10科32种，爬行类2目10科39种。国家Ⅰ级保护野生动物有林麝、金雕等13种；国家Ⅱ级保护野生动物有黑熊、猕猴、鬣羚、红腹锦鸡等60种；中国濒危动物25种；中国特有物种13种。入选世界自然保护联盟（IUCN）绿色名录，获“湖北省‘爱鸟周’活动先进集体”、第六届最美地球印记优秀作品奖、“湖北省保护野生动物宣传月活动突出贡献奖”，被命名为“恩施州科普教育基地（2022—2026年）”，《党政干部论坛》刊发的《深入践行“两山”论——推动新时代人与自然和谐共生》署名文章受到省州领导签批。

【资源管护】 2022年，七姊妹山保护区推进林长制，落实州、县、乡、村四级林长21名，实现保护区林长全域覆盖，州级林长、县级林长到保护区率先垂范、常态巡林。制作安装林长制公示牌49块。加强护林员队伍建设、监督和管理，聘用31名兼职护林员，落实“两防三护一报告”制度，推进生态治安巡护规范化。完成环保督查“回头看”和人类活动变化情况的动态监控和问题整改；配合宣恩县做好鱼泉、双溪2座水电站的退出工作。开展外来入侵物种普查，制作图片资料2000份，标本30份，发现并除治加拿大一枝黄花、喜旱莲子草、落葵薯、土荆芥等入侵植物4种和猕猴桃细菌性溃疡病菌入侵病原微生物1种；清除松材线虫病疫木50株。严厉打击涉林违法行为，推进依法治林。制止毁林开荒行为2起，责令当事人补种树木；查处野外违规用火行政案件3起，处罚金1000元；移交公安部门查处盗伐林木刑事案件2起。

【森林防火】 2022年，七姊妹山保护区加强森林防灭火工作。围绕重点部位、关键区域和重要时段，加强源头治理，抓好宣传教育、整治风险隐患、管控野外火源和储备防火物资。签订承诺书3000余份，张贴禁火令2500余份，出动宣传车400余台次，推送提醒短信9万余条，发放宣传年画3000余份，储备36万元防火物资。大旱之年无火灾事故发生。

【科研监测】 2022年，七姊妹山保护区开展森林资源监测调查。加强生物多样性监测省级试点建设，按千米网布设120台红外监测相机，监测拍摄到林麝、白颈长尾雉、鬣羚等国家重点保护野生动物，白颈长尾雉属鄂西南地区首次发现。4个气象监测点稳定运行，完成2021年气象监测数据分析报告；申报省级生态综合监测站。申报林麝、珙桐资源专项调查，启动重点保护野生动物和昆虫资源专项调查。完成湖北省自然保护地数字化管理系统基础数据对接；启动数字标本建设，制作动植物数字标本1000余份；建设超短波传输试点，实施红外监测相机自组网项目，实时监测野外动植物情况。

【自然教育】 2022年，七姊妹山保护区举办“爱鸟周”系列活动和湖北省暨宣恩县保护野生动物宣传月活动；针对中小学生开展“走进七姊妹山、共享美好生态”自然教育活动，提升群众保护自然意识和科普知识普及。科研宣教科获宣恩县“2017—2022年全民科学素质工作先进单位”。招募自然教育导师、科普志愿者32人，并开展线上培训；制作2期青少年进森林研学教育活动课程，获湖北省自然教育精品课程优胜奖；建设后河生态小径，配种珙桐大苗240株；完成长潭河自然教育馆布展工作，全年接待参观500人次。

【社区管理】 2022年，七姊妹山保护区建立三联机制，深化共管建设，机关党员干部下沉联系保护区16个行政村，引领群众管好资源、发展产业、建好家园，引导辖区群众新发展竹节参、重楼、黄精等林药产业50公顷。推行野生动物致害责任保险，解决野生动物“肇事”救助和补偿；完成新一轮“七姊妹山”商标使用评估；兑现生态公益林补偿资金640.64万元，兑现率100%。指导两溪河村创建“湖北省森林乡村”。

【项目建设】 2022年，七姊妹保护区主动对接国家、省林草局“十四五”和“双重”规划，谋划申报生态保护和修复、森林防灭火和基础设施建设等项目。通过与发改、林草等部门沟通，争取2023年度中央林业草原生态保护恢复、林业改革发展、省级生态文明建设等项目资金1866万元。围绕“两山”实践创新、生态保护和修复、自然教育等内容，完成年度300万元能力建设项目。

（刘峻城）

湖北木林子国家级自然保护区

【概况】 湖北木林子国家级自然保护区位于鹤峰县北部，地处北纬29°55′59″—30°10′47″，东经109°59′30″—110°17′58″。辖5个乡镇27个行政村，总面积为20838公顷，其中核心区面积 7634公顷（占37%）、缓冲区面积5621公顷（占27%）、实验区面积7583公顷（占36%）。木林子自然保护区全境地势由西北和东南向中间逐渐倾斜，牛池为保护区最高峰，也是武陵山在湖北恩施州的最高峰，海拔2098.1米。境内喀斯特地貌十分发育，地貌类型丰富。木林子自然保护区处于中国地势第二阶梯向第三级阶梯的过渡地带，中亚热带气候，受冰川的影响较小，成陆时间早，由于没有受到第四纪冰川运动袭击，是第三纪植物区系重要的保存地，是第四纪冰川运动孑遗植物的避难所，是温带向亚热带过渡地域植物区系的摇篮，蕴藏着丰富的动植物资源，属森林生态系统类型自然保护区。主要保护对象为中亚热带森林生态系统，伯乐树等30种国家重点保护野生植物及其群落，山顶山脊阔叶矮曲林带，云豹等55种国家重点保护野生动物及其栖息地，独花兰、天麻等62种野生兰科植物及其生态环境。木林子自然保护区共有维管植物2797种，隶属于206科943属，其中列入国际公约或国家保护的珍稀濒危植物共153种；国家重点保护野生植物有30种，占湖北省总数51种的58.82%。木林子自然保护区有陆生野生脊椎动物302种，隶属26目75科190属，其中国家重点保护种类共有55种。

【资源保护】 2022年，木林子保护区加强森林资源管护力度，与木林子森林警察大队、鹤峰县林业局等相关部门开展“2022清风行动”“清网、清套、清夹”等联合执法行动，未发生重特大毁林案件。持续开展“绿盾行动”，完成多批次卫片核查点的实地核查工作，未发现破坏保护区环境的重大案件。落实森林防火责任，通过社区宣传、日常巡护、教育培训、隐患排查等一系列强有力的措施，实现森林防火零火灾目标。推进村级应急物资储备库建设，提升应急救援保障能力。年末完成外来入侵物种普查外业调查工作。

【科研监测】 2022年，木林子保护区加强科研监测，通过200余台红外线相机“蹲守”保护区，监测到多种珍稀动物。黑熊、豹猫、毛冠鹿等影像资料先后在中央广播电视台《秘境之眼》展播，《黑熊恋爱前奏：喜欢默默注视你》监测视频作品，获中央广播电视台《秘境之眼——你记忆中的美丽影像》点赞活动优胜奖。开展对保护区野生植物标本采集工作，整理完成植物数字标本1000余份。持续开展野生动植物资源调查，建立和完善保护区野生动植物名录，完成出版《木林子保护区苔藓植物图鉴》《木林子保护区红外相机植物图鉴》。借助“互联网+”，打造集防火监控、林区管理、野外巡护、宣传教育、生态监测、地理信息于一体的智慧管理系统，发挥智慧监测“千里眼”作用，提升管护能力。

【公众教育】 2022年，木林子保护区加强公众教育，开展爱鸟周、国际生物多样日等一系列主题宣传活动，通过讲授公开课、发放纪念品和宣传资料、组织签名承诺、展示珍稀自然资源图片、播放宣传视频等多种形式，加强生态文明宣传教育。先后被省林业局和省科协授予“湖北省自然教育科普基地”称号和“湖北省科普教育基地”称号。新建胜利、下坪、三家台等3处自然教育点，扩大自然教育覆盖面。

【项目建设】 2022年，木林子保护区加强项目建设，完成保护区卡口警戒和语音播报、高山防火监控综合系统项目建设，实现对保护区重点路口监控全覆盖。持续推进中央财政林业草原生态保护恢复资金项目建设，加强保护区生态修复、应急救援能力保障、专项调查与监测能力提升等。完成基础设施建设项目建议书、2023年中央财政林业改革发展管理资金项目、2023年重点野生动植物保护项目、生物多样性保护公益项目——兰科植物调查等项目申报工作。与四川汇源光通信有限公司签订合作投资协议，拟

2022年，木林子保护区东洲村火寨头一角 （田八树 摄）

投资1.1亿元，在恩施州区域内开展智能监测设备的研发、生产和销售业务。

【支持乡村振兴】 2022年，木林子保护区帮助驻村发展有机茶园29.27公顷、药材3.33公顷，养殖中蜂65群、生猪524头，带动全村172户增收。实行以“以奖代补”形式投入资金26万元硬化入户路2160米，投资1.6万元维修组级出行路3.8千米，道路入户率99%；农村生活污水治理率98%；通信基站宽带入户率80%；争取资金10万元完善村级文化广场建设，建成村级农家书屋1间、村级文化活动室1个、“村村响”村级终端10个。投资16.5万元新修水池3口。

（陈绍林 郭 琼）

湖北巴东金丝猴国家级自然保护区

【概况】 湖北巴东金丝猴国家级自然保护区位于巴东县北部，大巴山东缘，处于中国西部高山向东部低山的过渡区域，北连神农架林区，东与兴山县接壤，南抵平阳坝河谷。地处北纬31°11′50″—31°24′40″，东经110°15′51″—110°29′59″。保护区西距重庆巫山10千米，南距长江15千米，区内最高海拔3005米，最低海拔240米，森林覆盖率82.73%。属于野生生物类中的野生动物类型自然保护区，主要保护对象是以川金丝猴、金钱豹、金雕等为代表的野生动物及其栖息地，以珙桐、光叶珙桐、红豆杉等为代表的珍稀野生植物资源，以及保存完好的亚热带森林生态系统。保护区内共2个乡镇、12个行政村，1387户、3694人，其中核心区28户75人、缓冲区常住户133户328人、实验区常住户373户988人。保护区总面积20909.99公顷，其中核心区9580.38公顷（占比45.8%），缓冲区3009.17公顷（占比14.4%），实验区8320.44公顷（占比39.8%）。其中林地面积18925.86公顷，占90.51%；非林地面积1984.13公顷，占9.49%。保护区是全国川金丝猴的重要栖息地之一，长期在保护区活动的金丝猴有800余只。初步查明保护区有陆生野生脊椎动物348种，其中国家重点保护野生动物，有国家Ⅰ级重点保护野生动物川金丝猴、林麝、金钱豹、金雕，有国家Ⅱ级重点保护野生动物猕猴、黑熊、鬣羚、大鲵、红腹锦鸡等。保护区内有维管束植物183科827属2308种，其中国家重点保护野生植物34种，有国家Ⅰ级重点保护野生植物红豆杉、珙桐、光叶珙桐等，国家Ⅱ级重点保护野生植物篦子三尖杉、连香树、鹅掌楸、水青树、香果树、巴山榧树等。保护区围绕“五个加强”（加强火源管控、隐患整改、宣传引导、责任落实、检查督办），实现森林火灾零发生。

【资源管护】 2022年，金丝猴保护区重要位置安装红外相机400余部，加强对资源的保护监管，监测到川金丝猴、黑熊、凤头鹰等野生动物约300余种。加强设卡检查和巡护巡管力度。杜绝外人进入保护区从事穿越、探险等户外活动，防止资源破坏。重点防火期内，通过设卡等方式，拦截准备穿越保护区人员6批次、40余人。加强对水电站生态流量泄放、养猪场排放物排放监管，完成对中央环保督查的5个点位的排查整改销号。向县公安局提交刑事案件线索2条、刑事处罚2人次。出台破坏野生动植物资源违法犯罪线索实行有奖举报制度。

【外来物种入侵调查】 2022年，金丝猴保护区依托中南民族大学相关科研团队，开展外来入侵物种调查App使用、物种鉴定、数据记录、标本制作。35名调查人员开展3轮踏查，踏查总里程数221.5千米，踏查覆盖面积约4430平方米，占总面积的21.19%；总样线数25条，开展详细调查1轮，详查总里程72.66千米，详查面积1453.2平方米。在保护区外围1千米范围内发现外来入侵物种落葵薯和土荆芥。完成湖北巴东金丝猴国家级自然保护区外来入侵物种普查工作报告和技术报告，引导保护区护林员认识植物50余种，制作标本300余种，1000余份。

【自然生态科普宣传教育】 2022年4月1—7日，金丝猴保护区开展爱鸟周活动，到野三关中心学校、福娃娃幼儿园开展自然生态科普教育培训；保护区管理局、沿渡河镇政府、巴东县铁路建设委员会办公室共同开展“湖北巴东·圆梦高铁·金丝猴杯”男子篮球赛——“5·22”国际生物多样性日暨生态环保科普知识进校园（社区）活动。保护区被省科协命名为第二批“湖北省科普教育基地（2022—2026年度）”。5月21日、11月28日2次开展保护区野生动植物照片、视频评比活动，发放彩色宣传折页8000余份。选送的“猪獾、黄喉貂《这个树桩有“味道”》在《秘境之眼》2022年“你记忆中的美丽影像”点赞活动中获“优胜奖”。选送保护区风景照《穿仙洞全景》《轿顶寨秋韵》等风景、动植物照片获2022年第六届“最美地球印记”第三名。组织职工参加“喜迎二十大‘天勤杯’”湖北省珍稀濒危野生动植物生态摄影大赛。

【川金丝猴种群调查】 2022年，金丝猴保护区开展川金丝猴种群调查，摸清保护区金丝猴种群与个体数量、迁徙路径、栖息地生态以及食物来源等，通过分析，汇编成川金丝猴分布及种群数量研究报告及其迁徙图，实现资源共享。

【国家一级重点保护野生植物专项调查】 2022年，金丝猴保护区聘请护林员22人，以每人3条路线展开调查，调查里程总计约200千米。发现红豆杉、珙桐等一级重点保护野生植物3000余棵。

（保护区管理局）

咸丰忠建河大鲵国家级自然保护区

【概况】 咸丰忠建河大鲵国家级自然保护区位于咸丰县高乐山镇、忠堡镇境内，地处北纬29°19′28″—30°02′54″，东经108°37′08″—109°20′08″。保护区范围以忠建河干流源头至草坪（咸丰县与宣恩县交界处）39千米河段和沿河两岸所有支流58.74千米河段的历史最高水位线向外扩展50米为界。所属流域水系为长江流域清江支流的忠建河流域，忠建河发源于县内赵家山，在高乐山镇龙坪村黄草坪段流入宣恩县，后注入清江。2022年，保护区总面积1043.3公顷，其中核心区面积359.5公顷、缓冲区531.8公顷、实验区152.0公顷，保护区主要保护对象为大鲵（国家二级保护动物）及其生境。依据《咸丰忠建河大鲵国家级自然保护区实行全面禁捕的通告》和长流流域十年禁捕政策等规定，保护区管理局加强监管，全年保护区范围内无违规建筑和渔业活动。保护区鄂西南山区为云贵高原延伸部的武陵山余脉，海拔高程在617—875米之间。流域内气候温和，冬无严寒、夏无酷暑，雨量充沛。河床多处于山间峡谷地带，河谷为“U”形或“V”形，河床多石灰岩和卵石块，岩穴、暗河和溶洞较多，水质清新、无污染，每年4—11月水温变化范围是9℃—23℃，水体的酸碱度值在8左右。地质地貌特征为石灰岩区峰丛槽谷发育，碎屑岩区山坡较缓，构造剥蚀现象明显。境内植被资源大多属于北、中亚热带落叶阔叶、常绿阔叶、落叶阔叶混交林和温性针叶林植被，具有明显的垂直梯度格局，主要分布的用材林树种有松、杉、柏、枫、杨、椿、栎、刺槐、桐、楠树等。保护区内已发现记录高低植物423种，森林覆盖率80%，反映出溪流河谷生态系统的物种特征。保护区内有鱼类5目9科40种、浮游植物8门60属、浮游动物有3门4纲，两栖动物2目8科26种，甲壳类主要有青虾、溪蟹等，爬行动物37种、常见鸟类20余种、兽类67种、昆虫1317种。

【监管保护】 2022年，大鲵保护区管理局进行日常巡查133次，突出问题专项巡护18次。立案违法捕捞活动2起。由咸丰县野生动物保护站牵头，开展外来入侵物种普查工作。协助咸丰县农业农村局渔政执法大队、长江大学到大鲵自然保护区开展长江流域水生生物监测工作。并委托沿河村民委员会和群众参与大鲵保护工作，聘请沿河3位农民为协管员。

【信息化建设】 2022年8月，大鲵保护区管理局配合咸丰县政法委、咸丰县公安局完成展马河视频监控接入雪亮工程平台工作。筹备生物多样性管理平台专网建设的前期工作。

【生态修复】 2022年，大鲵保护区管理局配合高乐山镇政府、县自规局、县农业农村局，对位于高乐山镇青山坡村委会后面的1个个体养牛场进行多次政策宣传，劝导养殖户拆除养牛场。2月，该养牛场拆除完毕；5月，保护区管理局协商青山坡村实施生态复绿。

【勘界立标】 2022年5月，大鲵保护区管理局启动勘界立标外业定点工作，年末完成自然保护区范围内业矢量数据核实认定工作和完成保护区勘界立标190个点位图的确定工作。

【社区（村）共建】 2022年11月，大鲵保护区管理局完成九眼泉应急取水点建设工作，帮助解决高乐山镇老寨村300余户村民缺水问题和展马河大鲵科普基地水源不足的问题；配合咸丰县水利局、忠堡镇人民政府完成庙梁子村9组人蓄用水管网维修工程，协调化解忠堡镇庙梁子村9组53户村民不通饮用水源矛盾。

【宣传工作】 2022年，大鲵保护区管理局开展政策法规集中宣传2次，悬挂横幅18条。会同县农业农村局执法大队对保护区忠建河干流及支流沿河白水坝村、新田沟村、青山坡村、老寨村、马河村、杨柳沟村、麻谷溪村、沙坝村、官田坝村、芭蕉溪村、沙坝村、龙坪村和官坝村13个村开展12次禁捕宣传活动，发放约800份宣传资料。

（陈李溶）

环境保护

环境质量和保护

【概况】 2022年，全州生态环境保护工作以改善生态环境质量为核心，以“减污降碳协同增效”为总抓手，以维护生态安全为底线，按照“巩固、攻坚、转化”的工作思路，巩固生态文明建设成果，打好污染防治攻坚战，探索“两山”转化路径，加强生态修复与治理，推进中央和省生态环境保护督察反馈问题整改，加快推动绿色低碳发展，推进生态环境治理体系和治理能力现代化，为恩施加快建设“两山”实践创新示范区奠定坚实的生态环境基础。州城恩施市空气质量在全省13个国考城市中连续4年稳居第一位；全州地表水国家考核断面水质连续3年进入全国地级及以上城市前30位。全省唯一。

【大气环境质量】 2022年，全州8个县市城区空气质量平均优良率为98%；可吸入颗粒物（PM_{10}）浓度均值为34微克/立方米，较2021年同期（38微克/立方米）下降10.5%；细颗粒物（$PM_{2.5}$）浓度均值为23微克/立方米，较2021年同期（22微克/立方米）上升4.5%；臭氧（O_3）日最大8小时第90百分位平均浓度为115微克/立方米，较2021年同期（93微克/立方米）上升17.3%。恩施市、利川市、建始县、巴东县、宣恩县、咸丰县、来凤县、鹤峰县优良天数分别为351天、365天、351天、356天、353天、358天、348天、364天，优良天数达标率分别为96.2%、100%、97%、97.8%、96.7%、99.2%、96.1%、99.7%，较2021年相比，恩施市、建始县、宣恩县、来凤县分别上升0.3个百分点、0.7个百分点、0.5个百分点、1.4个百分点，巴东县、咸丰县分别下降1.1个百分点、0.8个百分点，利川市、鹤峰县持平；可吸入颗粒物（PM_{10}）年均值依次分别为43微克/立方米、27微克/立方米、33微克/立方米、37微克/立方米、31微克/立方米、32微克/立方米、34微克/立方米、33微克/立方米，较2021年相比分别下降10.4%、10%、13.2%、2.6%、11.4%、5.9%、22.7%、5.7%；细颗粒物（$PM_{2.5}$）年均值分别为26微克/立方米、15微克/立方米、20微克/立方米、26微克/立方米、25微克/立方米、20微克/立方米、28微克/立方米、21微克/立方米，较2021年相比，恩施市、巴东县、咸丰县分别上升8.3%、36.8%、5.3%，利川市、建始县、宣恩县、来凤县分别下降11.8%、20%、3.8%、3.4%，鹤峰县持平。按照城市环境空气质量综合指数评价，空气质量监测结果按好差程度县市城区依次为利川市、鹤峰县、咸丰县、宣恩县、建始县、来凤县、恩施市、巴东县。

【水环境质量】 2022年，全州13个县级及以上城市集中式饮用水水源地水质达标率均为100%。18个国控、7个省控地表水断面水质优良率均为100%。国控断面中，桅杆坪、周家坝、洞坪、江口村为Ⅰ类，黄蜡石等13个断面为Ⅱ类，大沙坝为Ⅲ类；省控断面中，长沙河等6个断面为Ⅱ类，清江七要口断面水质为Ⅲ类。17个跨境断面水质达标率为100%。

【声环境质量】 2022年，全州8个县市区域环境噪声昼间平均等效声级范围为49.4—56.1分贝，平均值为52.5分贝，昼间区域声环境质量"较好"，较2021年相比降低0.4分贝，区域声环境质量保持稳定。与2021年相比，8个县市中昼间区域环境噪声质量等级变好的县市有建始县、咸丰县，昼间区域环境噪声质量等级变差的县市有巴东县、来凤县，其他县市昼间区域环境噪声质量等级保持稳定。经对全州8个县市各类功能区监测点位达标率进行分析，居住区（1类区）昼间达标率为98.2%，夜间达标率为91.1%；混合区（2类区）昼间达标率为100%，夜间达标率为98.8%；工业区（3类区）昼间达标率为100%，夜间达标率为100%；交通干线两侧区域（4a类区）昼间达标率为100%，夜间达标率为95.5%；铁路干线两侧区域（4b类区）昼间达标率为100%，夜间达标率为100%。全州8个县市道路交通噪声昼间平均等效声级范围为63.8—70.8分贝，平均值为66.4分贝，道路交通噪声强度"好"，较2021年相比增高0.2分贝，基本保持稳定。

【酸雨】 2022年，州生态环境局对恩施市、利川市和咸丰县进行降水监测，3个县市设置4个降水监测点位，采集降水样品数115个，酸雨检出率为0。

【总量减排】 2022年，州生态环境局落实减排任务目标责任制，推进工程减排、管理减排和结构减排。"十四五"规划实施以来，全州累计减排氮氧化物1044吨、挥发性有机物263吨、化学需氧量5166吨、氨氮769吨、总磷82.81吨。

【蓝天保卫战】 2022年，全州开展大气污染防治攻坚行动和蓝天保卫战百日攻坚行动，统筹协调经信、住建、城管、公安、交通运输、市场监管等行业主管部门聚焦工业污染源治理、扬尘管控、餐饮油烟治理、机动车尾气排放等开展专项整治。实施州机动车排气污染监管平台联网项目，加强机动车排放检验机构监管，全州实施排放检验的机动车26.1万辆，其中不合格1.1万辆。落实汽车排放检验与维护制度，督促检验不合格机动车进行维修治理，实现汽车排放检验—维修—复检的闭环管理。会同公安交管部门开展机动车遥感监测、柴油车路检路查和非道路移动机械监督性抽测工作，遥测机动车18150辆、路检路查机动车180辆、抽测非道路移动机械641台，其中公安交管部门实施超标车处罚29辆。加强挥发性有机物管控，实施挥发性有机物（VOCs）帮扶执法监测项目，抽测企业（含加油站）82家，向县市交办具体整改问题156个。协调州气象台、州生态环境监测中心建立冬防期污染天气监测预警机制，每周发布《环境气象公报》。完成《恩施州重污染天气应急预案》、大气污染源排放清单、重污染天气应急减排清单修订工作，加强重污染天气应对。启动全州消耗臭氧层物质（ODS）企业备案登记工作，完成10家企业基本信息录入。联合州商务局抽取11家涉消耗臭氧层物质（ODS）企业进行"双随机"检查，督促整改问题8个。开展碳排放履约工作，5家水泥企业按期完成履约任务。州环委会办公室印发《关于宣传和贯彻实施〈中华人民共和国噪声污染防治法〉的通知》《关于进一步做好噪声污染防治工作的提示函》，加强噪声污染防治。2022年高考、中考期间，全州公安、城管、生态环境等部门出动执法人员1200余人次，加大对学校、居民区、考场等噪声敏感区的巡查密度，查处和制止噪声违法违规行为。

【碧水保卫战】 2022年，州生态环境局加强地表水环境质量监管，持续开展水环境质量测管联动，落实监测预警和联合会商机制，下发监测预警通报25期，对断面水质异常情况开展现场帮扶督导。完成19个州控断面划定，其中河流监测断面12个，水库监测断面7个。开展酉水河流域入河排污口清查工作，排查发现入河排污口238个。推进长江高水平保护十大攻坚提升行动，推进长江入河排污口溯源整治攻坚，整治长江入河排污口299个。开展长江经济带工业园区水污染整治专项行动，排查发现6个工业园区12个问题，整改完成3个。持续推进饮用水水源地保护，完成全州149个"百吨千人"集中式饮用水水源地保护区、232个农村分散式饮用水水源地保护范围划定。对全州13个县级及以上集中式饮用水水源地环境状况开展评估，编制评估报告。开展"百吨千人"集中式饮用水水源地环境问题排查整治工作，排查发现问题69个，整改完成22个。加强常态化新冠疫情防控工作，加强医疗机构涉疫废水监测监管，累计检查医疗机构1073家次，开展医疗废水监测840家次。

【净土保卫战】 2022年，州生态环境局加强建设用地风险管控，发布《恩施州2022年土壤污染重点监管单位名录》，3个单位纳入名录管理。加强污染地块环境管理，督促3个疑似污染地块完成土壤污染状况初步调查。开展农用地土壤镉等重金属污染源头防治行动，完成157座历史关闭矿山环境风险初查。加强地下水国控点位水质目标管理，督促利川市开展地下水国控点位水质调查，分析水质状况，采取管控措施，避免人为因素影响水质。

【固体废物管理】 2022年，州生态环境局加强危险废物日常监管，督促1758个产废单位在湖北省危险废物监管物联网系统完成申报登记任务；执行危险废物转移电子联单管理制度，全年安全处置危险废物6630.09吨。加强医疗废物环境监管，按日调度医疗废物处置情况，全年处置医疗废物4311.61吨（含涉及新冠疫情防控医疗废物641.7吨），安全处置率100%。开展危险废物规范化环境评估考核、危险废物环境风险隐患排查整治行动，全年无涉危险废物环境安全事故。

【农村环境污染防治】 2022年，州生态环境局完成州及各县市畜禽养殖污染防治"十四五"规划编制工作。推进农村生活污水治理，指导县市以农村生活污水治理为重点，争取中央及省资金，申报农村环境整治和共同缔造“以奖代补”试点项目，全州完成135个村的生活污水治理、101个村的农村环境整治。

【生态文明建设示范创建】 2022年，州政府印发《恩施州生态环境保护“十四五”规划》，出台《恩施州“大生态”建设实施方案（2022—2025年）》，推进“大生态”建设重点任务。配合州纪委监委组织开展全州“大生态”督查，促进工作落实。深化生态文明建设示范创建，11月，建始县被生态环境部命名为第六批生态文明建设示范区，全州新增省级生态乡镇3个、省级生态村23个。全州累计创建“两山”实践创新基地1个、国家生态文明建设示范市县（示范区）7个（恩施州、鹤峰县、恩施市、咸丰县、巴东县、宣恩县、建始县），省级生态文明建设示范区8个，省级及以上生态乡镇86个、生态村757个。

【“绿盾”行动】 2022年，州生态环境局开展“绿盾”专项行动，加强自然保护地监管。对木林子国家级自然保护区原住民农业附属设施问题整改情况进行督办。开展国家级、省级自然保护区人类活动变化遥感监测问题线索核查整改，对咸丰忠建河大鲵国家级自然保护区人类疑似重点问题线索进行现场核查，对发现的问题线索移送执法部门开展调查。

【突出环境问题整改】 2022年，州生态环境局统筹推进中央、省生态环境保护督察反馈问题整改，落实定期盯办、季度督导机制，开展督察交办信访件“清仓见底”行动，对全州未办结信访件，分别向属地县市和州直主管部门双交办，每月跟进调度督办。年末第一轮中央生态环境保护督察涉及恩施州35项整改任务，全部完成整改；第一轮中央生态环境保护督察“回头看”及长江保护与湖泊开发专项督察涉及恩施州19项整改任务，完成整改17项；省生态环境保护督察涉及恩施州59项整改意见，全部完成整改；省生态环境保护督察“回头看”涉及恩施州28项整改意见，完成整改25项；第二轮中央生态环境保护督察涉及恩施州18项整改任务，完成整改8项。第一轮中央生态环境保护督察及“回头看”、省生态环境保护督察及“回头看”、第二轮中央生态环境保护督察交办的696件信访件，全部办结。

【环境监管执法】 2022年，州生态环境局落实“双随机、一公开”制度，联合州住建局、州市场监管局等单位，开展污水处理厂、加油站等“双随机”抽查检查。加强重点领域环境监管，持续开展打击危险废物环境违法犯罪等9个专项执法行动，全州出动执法人员7920人次，检查污染源2206家次，立案73件，实施行政处罚65件，处罚金额226.9万元；实施《中华人民共和国环境保护法》配套办法案件15件，其中查封扣押12件、移送行政拘留2件、涉嫌污染犯罪1件。加强执法规范化建设，对利川市、宣恩县、来凤县分局开展生态环境执法稽查，组织开展全州生态环境执法案卷评查。完成生态环境部门执法事项清理，清理行政处罚事项180项、行政强制23项。州生态环境局在全省2022年度上半年环境执法案卷评查中，平均分排名全省第一；在2022年全省生态环境系统技能比武活动中，获团体三等奖。州生态环境保护综合执法支队办理的某公司未验先投案被湖北省行政执法监督局评选为涉企行政执法优秀典型案例。

【环境安全管理】 2022年，州生态环境局印发《关于扎实开展全州生态环境领域隐患排查整治工作的通知》《恩施州生态环境风险隐患排查整治实施方案》，常态化开展生态环境领域矛盾风险隐患排查化解，全州生态环境系统出动3997人次，现场排查核实点位1620余处，发现并督办整改生态环境风险隐患135处。加强群众环境信访投诉办理，全州受理办理生态环境信访件686件。健全环境应急体系，完成7条河流“一河一策一图”编制工作。召开全州生态环境系统监测应急工作现场观摩与培训会，与恩施市政府联合举办大龙潭集中式饮用水水源地突发环境事件应急演练，提高环境应急能力。全州未发生较大及以上环境污染事件和生态破坏事件。

【环境监测】 2022年，州生态环境局推进监测网络体系建设，新建3个省控空气自动站，更换5个国控、省控空气自动站仪器设备，完成州非甲烷总烃自动监测站验收、交通污染专项监测站点建设。加强全州生态环境监测能力建设，开展全州生态环境监测技术人员业务培训，恩施市环境监测站通过检验检测机构资质认定复评审。加强生态环境监测质量监督管理，联合州市场监督管理局、州生态环境监测中心，对生态环境监测机构开展“双随机、一公开”现场监督检查，严厉打击篡改、伪造监测数据行为。做好重点排污企业自行监测数据填报与联网工作，全州72个重点排污单位，自行监测完成率93.01%、联网率100%。

【核与辐射管理】 2022年，州生态环境局加强核技术利用安全监管，全州放射源与射线装置安全受控，纳入许可证管理的179个核技术利用单位监管检查100%全覆盖，督导1家停产企业安全送贮2枚废旧放射源，清理核查辐射监管系统数据问题166个，组织55人参加省辐射安全与防护考核，督导348人参加辐射安全自行培训与考核。加强电磁辐射环境管理，对输变电建设项目环境保护“三同时”（环境保护设施与主体工程同步设计、同时施工、同时投产使用）及竣工环境保护自主验收情况进行现场检查，联合州市场监管局开展通信基站电磁辐射环境监测情况核实工作。优化服务，依法审批，办理辐射安全许可65项，审批辐射类建设项目8个。全州辐射环境质量良好，保持辐射安全零事故，辐射环境安全和公众健康得到保障。

【优化营商环境】 2022年，州生态环境局建立重点项目环评服务台账，成立专班跟踪服务重大项目，姚家平水利枢纽工程、利咸高速获环评批复。为7个项目提供排污权交易服务，交易总额272.39万元，保障恩施市垃圾焚烧发电等重点项目实施。开展生态环保项目谋划，8个生态环保项目获中央生态环境资金支持，到位资金1.25亿元。优化政务服务，制定优化建设项目环评审批服务8条措施，开展“清减降放回头看”，将8县市分局依申请及公共服务事项统一为14项，所有事项减少流程58个，减少率65.1%；减少材料60项，减少率78.9%，全州生态环境部门全年审批建设项目环评报告书（表）236个，同比增长24.2%。落实包容审慎监管，实施轻微生态环境违法行为不予处罚23件，将30家企业纳入执法“正面清单”管理，做到“有呼必应、无事不扰”。

【生态环境宣传】 2022年，州生态环境局开展“4·15”全民国家安全教育日、“六五”世界环境日、节能周和低碳日等系列宣教活动，组织17个环保设施单位面向公众开放，联合共青团开展“美丽长江，青春行动”“美丽清江，你我同行”等系列志愿服务活动，开展“送法入企”“普法进校”活动，提升公众环保意识、参与意识。5月20日，湖北省国际生物多样性日宣传活动在建始县举行。开展在线访谈活动，制作拍摄环保公益宣传短片，在《中国环境》《湖北日报》等媒体发稿210篇，展示生态环境保护工作成果。

【生态文明体制改革】 2022年，州生态环境局印发《恩施州深入打好污染防治攻坚战实施方案》，巩固污染防治攻坚成果。推进实施环境信息依法披露，公开发布恩施州2022年度环境信息依法披露企业名单，督促46家企业完成环境信息依法披露。开展林地分等定级改革试点，恩施州林地基准地价制订国家试点通过省级验收。建立健全生态产品价值实现机制，州内河流自然资源确权登记工作基本完成。健全流域生态补偿机制，宣恩县与来凤县、咸丰县分别签订酉水河、忠建河流域上下游横向生态补偿协议，恩施州与宜昌市签订长江、清江流域生态保护补偿协议，推进流域上下游协同共治。

【重要会议】 2022年4月20日，全州第二轮中央生态环境保护督察整改动员部署会召开，贯彻落实全省第二轮中央生态环境保护督察整改动员部署会议精神，推进恩施州生态环境保护督察整改工作。5月7日，全州生态环境保护督察整改、长江高水平保护攻坚提升等重点工作推进会召开。11月8日，州生态环境保护委员会全体（扩大）会议召开，州生态环境局代表州环委会办公室通报第二轮中央生态环境保护督察整改及全州污染防治攻坚战进展情况，州发改委书面通报《国家2022年长江经济带生态环境警示片》在恩施拍摄期间反馈问题整改情况，相关单位述职。

【黄润秋到恩施州调研】 2022年3月24—25日，生态环境部部长黄润秋到恩施市白杨坪镇洞下槽村、熊家岩村，龙凤镇大树拐村、杉木坝村、龙马村以及屯堡乡集镇，实地调研农户生活污水处理、农村环境整治、畜禽养殖污染防治、美丽乡村建设等工作。

（曾　伟）

生态环境监测中心

【概况】 2022年，州生态环境监测中心以服务恩施州环境质量改善、打好污染防治攻坚战为核心，履行生态环境质量监测、调查评价和考核职能，全年分析上报大气、水、土壤、噪声等有效手工监测数据20050个，审核上报自动监测数据180万个，编制各类监测报告60份。州监测中心有仪器设备130余台套，具备水（含大气降水）和废水74项、环境空气和废气14项、生物4项、噪声和振动7项、土壤7项，共5大类106项监测能力。

【能力建设】 2022年，监测中心投入170万元，更新升级监测仪器设备，定期开展多形式技术培训172人次，加强新标准新方法宣传贯彻，参与湖北省地方标准制定等学术理论研究，实验室管理水平和监测人员技术能力得到提升。州中心参加4轮次6个项目的国家实验室能力考核，被中国环境监测总站评选为2022年能力考核优秀单位；参加省中心站组织的“浮游植物监测实战演练”微比武活动取得全省第五名；参加省中心站举办的“环境空气颗粒物自动监测手工比对操作实战演练”评比获第二名。

【水环境质量监测】 2022年，监测中心对全州15条河流的26个地表水环境质量监测断面以及9个水功能区水质开展监测，掌握恩施州水环境质量状况，恩施州所有考核断面均达到Ⅲ类及以上标准。对8个县市10个城市集中式饮用水源地水质开展监测，水质达标率100%，获取有效监测数据7000余个。对8个国家级、9个长江经济带水质环境自动监测站的日常数据进行监督审核，对水质异常情况及时预警。

【空气环境质量监测】 2022年，监测中心对恩施市酸雨及降尘开展监测，共完成8份酸雨监测报告编制，获取有效监测数据300余个。对8个县市10个省控气站的监测原始数据及日报情况进行审核、上报。对空气质量开展预警预报工作，对外发布未来7天环境空气质量预报信息。加强与有关部门开展会商研判，为启动或取消恩施州城重污染天气应急预案提供决策建议。联合州气象台，每周发布环境空气质量预报，对上周的环境空气质量进行总结，对本周的环境空气质量进行预报。全年州城恩施市优良天数351天，优良率96.2%，比2021年增加0.3个百分点。

【声环境质量监测】 2022年，监测中心对恩施市城区7个功能区24小时噪声监测点位、115个区域声环境质量监测点位以及22个城市道路交通监测点位开展监测，取得4704个功能区噪声监测数据、198个道路交通噪声监测数据及805个区域声环境质量监测数据。

【应急监测】 2022年，监测中心投入资金30万元购买应急检测箱、便携式非甲烷总烃监测仪等一批应急监测设备，建立与第三方环境检测机构应急监测联络机制，提升区域性应急监测能力，为引导第三方检测机构规范化从事公共应急救援积累经验。参加“恩建高速周家湾隧道交通事故暨消防应急实战演练”，指导恩施市开展大龙潭饮用水源地突发环境事件应急监测演练。

【环境监测科研】 2022年，监测中心实施的《影响恩施市城区环境空气质量的大气污染物来源解析与研究》科技计划课题验收。参与湖北省地方标准《土壤中氨氮、亚硝酸盐氮和硝酸盐氮的测定气相分子吸收光谱法》的制定。监测中心对恩施州空气质量实时发布系统进行改版升级，全年累计访问量80余万次。

【监测质量管理】 2022年，州生态环境监测中心开展管理评审及内审工作，检验质量体系适应性。对大龙潭饮用水源地水质监测分包方湖北跃华检测有限公司开展质量监督检查，加强分包方管理。完成州中心监测人员上岗证换证。对13个环境空气、10个地表水自动站开展巡查。配合州市场监督管理局和州生态环境局，对州内的11家机动车检验机构、4家生态环境监测进行质量监督检查。

（黄光鑫）

“两山”实践创新示范区建设

【概况】 2022年，恩施州加快推进“两山”实践创新示范区建设。生态指数保持领先，生态经济稳步壮大，生态价值转化逐步推进，“两山”实践创新示范区建设初见成效。出台系列指导性文件，确定“两山”实践创新示范区建设的总体要求、重点任务和保障措施，分年度推进“两山”实践创新示范区建设。8月13日，印发《中共恩施州委、恩施州人民政府关于加快推进“两山”实践创新示范区建设的决定》；9月24日，印发《州委办公室、州政府办公室印发〈中共恩施州委、恩施州人民政府关于加快推进“两山”实践创新示范区建设的决定〉重点工作年度任务清单的通知》。

【生态指数】 2022年，恩施州各项生态指数保持领先。8个县市城区PM_{10}平均浓度较2021年下降10.5%，$PM_{2.5}$平均浓度较2021年基本持平；空气质量平均优良率97.8%，较2021年上升0.1个百分点。州城$PM_{2.5}$浓度均值、O_3（臭氧）浓度均值和平均优良率均居全省13个国考城市第一位。全州18个国控、7个省控地表水考核断面水质平均优良率为100%，13个县级及以上集中式饮用水水源地水质达标率100%，全州地表水国家考核断面水环境质量连续三年居全国地级及以上城市前30位，全省唯一。全州生态环境状况等级始终为“优”，辐射环境质量、声环境质量总体较好，土壤环境质量持续稳定，未发生突发环境事件，各类环境安全风险可控。

【生态经济】 2022年，全州生态文旅康养产业综合收入438亿元；富硒产业综合产值突破820亿元，位列全国硒产业发展地市（州）第一；清洁能源产业综合产值76.65亿元；生物医药集群综合产值196亿元；绿色新兴产业综合产值423.8亿元。

【生态价值转化】 2022年，开展生态价值转化，探索建立生态产品价值核算评估体系。开展自然资源统一确权登记工作；开展生态产品信息普查；在综合目标考核中试行GDP和GEP双考核。推进建立生态产品价值市场交易体系。融入国家、省生态权益交易市场；开展水权交易基础工作；加快推进林业碳汇工作。健全生态产品保护和开发机制。做强特色品牌；探索建立横向生态补偿机制；在全省率先建立跨市州流域横向生态保护补偿机制；向上争取提高生态公益林补偿、天然林停伐补助资金标准；协同建立绿色金融支持生态产品价值实现的体制机制。

（唐　义）

科学技术

Science and Technology

综　　述

【概况】　2022年，恩施州申报高新技术企业290家，同比增长437%，增速居全省第一位，认定高新技术企业258家；科技型中小企业评价入库578家，同比增长118%，增速居全省第5位；实现高新技术产业增加值61.1亿元，同比增长15%，增速居全省第一位；高新技术产业增加值占地区生产总值比重4.36%，同比提升1.3个百分点；完成技术合同成交额37.86亿元，同比增速200.79%，排全省第二位；科学技术财政支出5.5亿元，排名全省第11位；兑现2021年度各类科技奖补资金315万元，同比增长31.3%；121家企业享受研发费用加计扣除政策，享受政策企业数同比增长57.1%，加计扣除金额16279.3万元，同比增长198.4%。

2022 年恩施州科技局认定高新技术企业名单

表 11

序号	区域	企业名称	技术领域	高企证书颁发年份
1	恩施市（含高新区）(76家)	恩施州恒泰水泥制品有限责任公司	资源与环境	2022
2		恩施茂和食品有限公司	生物与新医药	2022
3		湖北明旭网络科技有限公司	生物与新医药	2022
4		沃卡惠(湖北)通信有限公司	电子信息	2022
5		湖北硒庄王食品有限公司	生物与新医药	2022
6		恩施州先为节能科技有限公司	新材料	2022
7		恩施市金茗香茶业有限责任公司	生物与新医药	2022
8		湖北中立家具有限责任公司	先进制造与自动化	2022
9		湖北国硒科技发展有限公司	高技术服务	2022
10		恩施自治州鑫源粮油工贸有限公司	生物与新医药	2022
11		湖北讯甲科技有限公司	电子信息	2022
12		恩施西特优生态农业开发有限公司	生物与新医药	2022
13		湖北华钦麒科技有限公司	电子信息	2022
14		湖北建州新型材料有限公司	新材料	2022
15		湖北翰宇祥建设工程有限公司	先进制造与自动化	2022
16		恩施州唯进工贸有限责任公司	新材料	2022
17		恩施佳禾节能科技有限公司	新材料	2022

续表 11

序号	区域	企业名称	技术领域	高企证书颁发年份
18		湖北灿业科技有限公司	先进制造与自动化	2022
19		恩施雨龙茶业有限公司	生物与新医药	2022
20		湖北欧士德户外用品有限公司	先进制造与自动化	2022
21		湖北星斗山泉饮品有限公司	先进制造与自动化	2022
22		湖北国恩测绘科技有限公司	高技术服务	2022
23		恩施市明尧电气设备有限公司	先进制造与自动化	2022
24		华芯科技（恩施）有限公司	电子信息	2022
25		恩施市宇鑫建材有限责任公司	新材料	2022
26		恩施环城节能科技有限责任公司	资源与环境	2022
27		恩施市创勋金属制品有限责任公司	新材料	2022
28		恩施诚恒科技有限责任公司	电子信息	2022
29		湖北润通网络技术有限公司	电子信息	2022
30		湖北诺康医讯网络技术服务有限公司	电子信息	2022
31		恩施硒谷科技股份有限公司	生物与新医药	2022
32		恩施硒禾生物科技有限公司	生物与新医药	2022
33		迎新信息技术（湖北）股份有限公司	高技术服务	2022
34		恩施州恩发节能科技有限公司	新材料	2022
35		恩施市来发塑料有限公司	先进制造与自动化	2022
36		湖北栗禾农业科技发展有限公司	生物与新医药	2022
37		湖北金玉汇种业科技有限公司	生物与新医药	2022
38		恩施市春之获茶业有限公司	生物与新医药	2022
39		恩施园和生态农业有限公司	生物与新医药	2022
40	恩施市（含高新区）（76家）	恩施硒草堂生物工程有限公司	生物与新医药	2022
41		恩施州龙马生态农业开发有限公司	生物与新医药	2022
42		湖北省思乐牧业集团恩施市法希饲料有限公司	生物与新医药	2022
43		恩施昊恒建材有限公司	新材料	2022
44		恩施州通龙燃气有限责任公司	高技术服务	2022
45		湖北仙芝堂生物科技有限公司	先进制造与自动化	2022
46		恩施十大名吃实业有限公司	生物与新医药	2022
47		恩施市润邦国际富硒茶业有限公司	生物与新医药	2022
48		恩施硒印象农业发展有限公司	生物与新医药	2022
49		湖北华涛显示科技有限公司	电子信息	2022
50		立讯精密工业（恩施）有限公司	电子信息	2022
51		硒多宝饮品集团股份有限公司	生物与新医药	2022
52		恩施杰锐电力工程有限公司	高技术服务	2022
52		湖北省三实信息系统管理有限公司	电子信息	2022
54		恩施自治州江南化工有限责任公司	新材料	2022
55		恩施市立早生态农业有限公司	生物与新医药	2022
56		湖北太楚科技有限公司	电子信息	2022
57		恩施市连升药业股份有限公司	生物与新医药	2022
58		恩施市博民铜业制造有限公司	新材料	2022
59		湖北硒龙食品有限公司	生物与新医药	2022
60		恩施市华智有机茶有限公司	生物与新医药	2022
61		恩施市宇宏木业制品有限公司	新材料	2022
62		湖北省思乐牧业集团有限公司	先进制造与自动化	2022

续表 11

序号	区域	企业名称	技术领域	高企证书颁发年份
63	恩施市(含高新区)(76 家)	湖北安规电缆实业有限公司	先进制造与自动化	2022
64		湖北惠民检测技术有限责任公司	高技术服务	2022
65		恩施市朱砂溪生态农业有限公司	生物与新医药	2022
66		恩施市芭山茶叶有限公司	生物与新医药	2022
67		湖北施州实业有限公司	生物与新医药	2022
68		恩施市施都茶业有限公司	生物与新医药	2022
69		恩施花枝山生态农业股份有限公司	生物与新医药	2022
70		恩施市硒珍源茶业股份有限公司	生物与新医药	2022
71		恩施州大冲农业科技股份有限公司	生物与新医药	2022
72		湖北施瓦茨农业集团有限公司	生物与新医药	2022
73		鄂西卷烟材料厂	生物与新医药	2022
74		恩施爰森农业有限公司	生物与新医药	2022
75		恩施州好田服饰实业有限公司	先进制造与自动化	2022
76		恩施州卿洲农业科技有限责任公司	生物与新医药	2022
77	利川市(38 家)	利川市精创光学科技有限公司	先进制造与自动化	2022
78		利川星斗山红茶有限责任公司	生物与新医药	2022
79		利川市远志中药材有限责任公司	生物与新医药	2022
80		湖北利鸿科技有限公司	生物与新医药	2022
81		利川市二毛炉子有限责任公司	新能源与节能	2022
82		利川市兴达商砼有限责任公司	资源与环境	2022
83		恩施不亦乐乎科技农业有限公司	生物与新医药	2022
84		利川市睡芙生态农业开发有限公司	生物与新医药	2022
85		湖北恩施雄鹰钢结构股份有限公司	新材料	2022
86		利川市三合不锈钢有限责任公司	先进制造与自动化	2022
87		利川市大山新型建材有限公司	先进制造与自动化	2022
88		湖北林锂新能源有限公司	新材料	2022
89		利川市祥瑞商品混凝土有限责任公司	资源与环境	2022
90		利川市中远商砼有限责任公司	资源与环境	2022
91		湖北全仲电子科技有限公司	电子信息	2022
92		利川市恒大药业有限责任公司	生物与新医药	2022
93		利川市临江茶业有限责任公司	生物与新医药	2022
94		利川市逸泉生态农业开发有限公司	生物与新医药	2022
95		利川市八月香米业有限责任公司	生物与新医药	2022
96		利川市天阿月生态农业发展有限公司	生物与新医药	2022
97		恩施思清农业有限公司	生物与新医药	2022
98		利川市宏利猪鬃有限公司	资源与环境	2022
99		湖北金玛矿业有限公司	资源与环境	2022
100		利川市九龙茶业有限责任公司	生物与新医药	2022
101		利川市纪元茶业有限责任公司	生物与新医药	2022
102		利川市齐发建材有限公司	资源与环境	2022
103		利川市一里香米业有限责任公司	生物与新医药	2022
104		利川市硒韵茶业有限公司	生物与新医药	2022
105		利川市蕊都茶业有限公司	生物与新医药	2022
106		利川市佳兴茶业有限公司	生物与新医药	2022
107		利川市巴人红茶业有限公司	生物与新医药	2022

续表 11

序号	区域	企业名称	技术领域	高企证书颁发年份
108	利川市(38家)	湖北嘉润茶业有限公司	生物与新医药	2022
109		利川市金甸钢化玻璃有限公司	新材料	2022
110		利川市德隆生漆科技有限责任公司	新材料	2022
111		利川人和天然气有限公司	高技术服务	2022
112		利川夷水水务发展有限公司	资源与环境	2022
113		湖北龙船调服饰有限公司	先进制造与自动化	2022
114		利川市焕然农业发展有限公司	生物与新医药	2022
115	建始县(23家)	建始绮丽果业有限责任公司	生物与新医药	2022
116		石天朝(恩施)生物科技有限公司	生物与新医药	2022
117		湖北福恩鞋业有限公司	先进制造与自动化	2022
118		建始县节龙工贸有限责任公司	新材料	2022
119		建始县马坡玉峰茶业有限公司	生物与新医药	2022
120		建始县高坪镇腾飞砂石料有限责任公司	资源与环境	2022
121		建始县丰惠农业发展有限公司	生物与新医药	2022
122		恩施州丰源软木制造有限公司	生物与新医药	2022
123		建始县慧民农业科技有限公司	生物与新医药	2022
124		建始县长盛砂石料有限责任公司	新能源与节能	2022
125		建始县长梁桂花建材有限公司	新材料	2022
126		恩施州安凯顺新型建材有限公司	先进制造与自动化	2022
127		建始县超强塑业有限公司	新材料	2022
128		湖北家仁太电子科技有限公司	先进制造与自动化	2022
129		恩施农禅谷生态农业发展有限公司	生物与新医药	2022
130		建始县玉熙民族工艺品制作有限公司	高技术服务	2022
131		湖北天之力优质猪育种有限公司	生物与新医药	2022
132		恩施州亿农农产品开发有限责任公司	先进制造与自动化	2022
133		长鑫建设集团有限公司	先进制造与自动化	2022
134		重庆固特(恩施)给排水设备有限公司	先进制造与自动化	2022
135		建始县马坡玉毫茶业有限公司	生物与新医药	2022
136		建始县康泰药业连锁有限公司	生物与新医药	2022
137		湖北恩施黎伯农业有限公司	生物与新医药	2022
138	巴东县(28家)	恩施硒海棠生物科技有限公司	生物与新医药	2022
139		湖北正山堂巴东红茶业有限责任公司	生物与新医药	2022
140		巴东县黄连坪农业开发股份有限公司	生物与新医药	2022
141		湖北省羽集茶业有限公司	生物与新医药	2022
142		巴东县水务公司	资源与环境	2022
143		巴东县兴发水泥制品有限公司	新材料	2022
144		湖北九端茶业有限公司	生物与新医药	2022
145		湖北永晟农业科技有限公司	先进制造与自动化	2022
146		恩施福硒康农业科技有限公司	生物与新医药	2022
147		巴东县铭远箱包股份有限公司	新材料	2022
148		巴东县三味印刷传媒有限公司	先进制造与自动化	2022
149		巴东县纤夫缘家具股份有限公司	先进制造与自动化	2022
150		巴东县兴永建材有限公司	新材料	2022
151		巴东水务建设工程有限公司	资源与环境	2022
152		湖北大野印象食品有限公司	生物与新医药	2022

续表 11

序号	区域	企业名称	技术领域	高企证书颁发年份
153	巴东县(28家)	巴东泰鑫混凝土有限公司	新材料	2022
154		湖北金果茶业股份有限公司	生物与新医药	2022
155		湖北省迈尔森科技有限公司	电子信息	2022
156		湖北新宇纺服饰有限责任公司	先进制造与自动化	2022
157		巴东县通龙燃气有限公司	新能源与节能	2022
158		巴东县金麦利食品有限公司	生物与新医药	2022
159		巴东县久诚魔芋有限公司	生物与新医药	2022
160		湖北省鄂龙工贸有限公司	先进制造与自动化	2022
161		湖北卓沃农业科技发展有限公司	生物与新医药	2022
162		湖北楠柏生态农业发展有限公司	先进制造与自动化	2022
163		湖北维洁纸业股份有限公司	资源与环境	2022
164		巴东县三毛农商开发有限公司	生物与新医药	2022
165		湖北金茗农业有限公司	生物与新医药	2022
166	宣恩县(24家)	宣恩县璟泰电子有限公司	新能源与节能	2022
167		宣恩县孔氏茶业有限公司	生物与新医药	2022
168		湖北上洋科技开发有限公司	先进制造与自动化	2022
169		宣恩县富源农业发展有限公司	生物与新医药	2022
170		宣恩县茂源玻璃制品有限公司	新材料	2022
171		宣恩县宇宏机械有限责任公司	先进制造与自动化	2022
172		宣恩县长腾茶业有限公司	生物与新医药	2022
173		湖北童话工艺礼品有限公司	新材料	2022
174		宣恩县宣桃茶叶有限公司	生物与新医药	2022
175		湖北长泓工程服务有限公司	新能源与节能	2022
176		宣恩县峰润茶业有限责任公司	生物与新医药	2022
177		恩施沈氏食品有限公司	生物与新医药	2022
178		恩施州伍家台富硒贡茶有限责任公司	生物与新医药	2022
179		湖北亿得来生物科技有限公司	生物与新医药	2022
180		湖北威尔达服饰有限公司	资源与环境	2022
181		湖北德青医疗精密电子科技有限公司	先进制造与自动化	2022
182		湖北宣恩维民实业有限公司	生物与新医药	2022
183		湖北杰跃体育用品有限责任公司	新材料	2022
184		湖北大派食品集团有限公司	生物与新医药	2022
185		恩施致盛水电有限公司	先进制造与自动化	2022
186		湖北贡易德茶业有限公司	生物与新医药	2022
187		湖北一正药业股份有限公司	生物与新医药	2022
188		宣恩县众仁服饰有限公司	资源与环境	2022
189		宣恩家盛建材有限公司	资源与环境	2022
190	咸丰县(18家)	恩施州拙恒农林科技有限公司	生物与新医药	2022
191		咸丰莳稻农业开发有限公司	生物与新医药	2022
192		湖北唐源食品有限公司	生物与新医药	2022
193		湖北华固高分子材料有限公司	新材料	2022
194		湖北圣火钙业有限公司	资源与环境	2022
195		咸丰县炬鑫矿业有限公司	资源与环境	2022
196		咸丰县陈向食品有限公司	生物与新医药	2022
197		恩施州鑫高帆玻璃工程有限公司	新材料	2022

续表 11

序号	区域	企业名称	技术领域	高企证书颁发年份
198	咸丰县(18家)	咸丰县明扬建材有限责任公司	新能源与节能	2022
199		咸丰超雪新材料有限公司	新材料	2022
200		合易新材料科技(咸丰)有限公司	资源与环境	2022
201		恩施州硒景农业科技有限公司	生物与新医药	2022
202		湖北淦速新材料科技有限公司	新材料	2022
203		咸丰县御硒源茶业有限责任公司	生物与新医药	2022
204		咸丰县长青茶叶有限公司	生物与新医药	2022
205		湖北圣浩现代农业科技发展有限公司	生物与新医药	2022
206		湖北御荣生态农业开发有限公司	生物与新医药	2022
207		恩施州克肥克魔芋科技有限公司	生物与新医药	2022
208	来凤县(23家)	来凤县金壹科技农业有限公司	生物与新医药	2022
209		湖北来凤腾升香料化工有限公司	生物与新医药	2022
210		湖北恒贸茶油有限公司	生物与新医药	2022
211		恩施州腊冬至食品有限公司	生物与新医药	2022
212		湖北明涛钙业有限公司	新材料	2022
213		湖北善风服装有限公司	先进制造与自动化	2022
214		来凤锦龙实业有限公司	先进制造与自动化	2022
215		恩施州凤鸣藤茶有限公司	生物与新医药	2022
216		来凤县森达木业有限公司	先进制造与自动化	2022
217		湖北凤头食品有限公司	生物与新医药	2022
218		来凤县三众建材有限责任公司	新能源与节能	2022
219		湖北西凤来硒生态农业科技有限公司	生物与新医药	2022
220		湖北翔速电气科技有限公司	先进制造与自动化	2022
221		来凤县宇翔钙业有限公司	资源与环境	2022
222		来凤禛灵水电有限公司	先进制造与自动化	2022
223		来凤县纳吉滩水电开发有限责任公司	先进制造与自动化	2022
224		来凤金祈藤茶农业发展有限公司	生物与新医药	2022
225		来凤县鑫顺建材有限公司	资源与环境	2022
226		恩施神州湾生态农业科技有限公司	生物与新医药	2022
227		来凤县木森木业有限公司	新材料	2022
228		来凤巴凤楚韵生态科技有限公司	生物与新医药	2022
229		来凤县璟发木业有限公司	生物与新医药	2022
230		来凤县泰成达科技有限公司	先进制造与自动化	2022
231	鹤峰县(28家)	湖北峰鹤生态农业有限公司	生物与新医药	2022
232		湖北鹤峰阳光农业发展有限责任公司	生物与新医药	2022
233		湖北省黍源农业发展有限公司	生物与新医药	2022
234		鹤峰县三农茶业有限公司	生物与新医药	2022
235		湖北华喜现代农业有限公司	生物与新医药	2022
236		湖北龙豪茶叶有限公司	生物与新医药	2022
237		湖北省长珍粽业有限公司	生物与新医药	2022
238		鹤峰县全益茶业有限公司	生物与新医药	2022
239		湖北省八峰生物科技股份有限公司	生物与新医药	2022
240		湖北季季香现代农业有限公司	生物与新医药	2022
241		湖北百顺农业开发有限公司	生物与新医药	2022
242		湖北鹤峰走马红茶业有限公司	生物与新医药	2022

续表 11

序号	区域	企业名称	技术领域	高企证书颁发年份
243	鹤峰县(28家)	湖北省齐云春茶业有限公司	生物与新医药	2022
244		鹤峰县金阳特色农产品有限责任公司	生物与新医药	2022
245		鹤峰长新畜牧发展有限公司	生物与新医药	2022
246		湖北省洪富农牧业有限公司	生物与新医药	2022
247		鹤峰钰龙农产品有限公司	生物与新医药	2022
248		湖北省鹤峰县翠泉茶业有限公司	生物与新医药	2022
249		鹤峰燕子镇咸盈河道砂石开采有限公司	资源与环境	2022
250		湖北省施福春农业有限公司	生物与新医药	2022
251		鹤峰绿之缘茶业有限公司	生物与新医药	2022
252		鹤峰县发林箬叶有限公司	生物与新医药	2022
253		鹤峰县香润茶叶有限公司	生物与新医药	2022
254		湖北忠翔现代农业有限公司	生物与新医药	2022
255		湖北惠泰丰农业开发有限公司	生物与新医药	2022
256		湖北省王万忠箬叶有限责任公司	生物与新医药	2022
257		恩施州八方野茶业有限公司	生物与新医药	2022
258		湖北汇绿林业开发有限公司	生物与新医药	2022

【“科技活动周”活动】 5月21—28日，恩施州2022年“科技活动周”活动在全州范围内展开。活动围绕“走进科技，你我同行”主题，组织开展科普宣传、科研成果展示，科技产品展示、技术服务、科技培训、免费义诊、送医送药等活动。全州共投入经费150余万元，举办各类科技科普宣传活动153项（其中州级重点活动15项），开展科技咨询服务45次，举办科普讲座68场，科普展览25场，放映科普电影30余场，制作挂图、展板、海报等宣传资料10万份（块），展品300件，参与科技人员2万余人次，参与科技企业100余家，参与群众17万余人次。其间举办科技法律政策专题研学、恩施州2022年“揭榜制”科技项目发榜会暨“科惠网”恩施州分平台启动仪式、银企对接、恩施州高新技术企业“十强”名单发布、科学普及“五进”（走进机关、农村、企业、社区、校园）、科技创新全民共享等系列活动。

【“院士说硒”论坛】 2022年11月18日，第七届世界硒都（恩施）硒产品博览交易会暨硒科技创新发展大会“院士说硒”论坛举行，论坛邀请3名院士、3名国内知名专家就硒与人类健康等展开学术交流。中国工程院院士陈焕春作《富硒畜禽产品与人类健康》的报告。中国科学院、发展中国家科学院院士桂建芳作《富硒水产品研发及其产业发展》的报告。中国工程院院士李培武，中国科学院上海营养与健康研究所研究员蔡澎，武汉轻工大学党委副书记、教授程水源，国际硒研究学会副主席、研究员尹雪斌等分别作现场发言或视频发言。全国硒产业发展地区代表，8个县市党政主要负责人，州直有关单位负责人，州内有关高校院所科研人员，州内高新技术企业、科技创新平台、科技特派员代表参加论坛。

（王子豪）

科技创新

【概况】 2022年，恩施州加大科技创新政策支持力度，将新认定高新技术企业奖补资金由10万元提高到20万元。梳理国家、省、州科技创新政策7类303项、助企纾困措施5条、制作并发布“一图读懂”政策10项，印发《2022年恩施州科技型企业享受政策清单》《恩施州科技创新助企纾困，推进优化营商环境政策清单》。

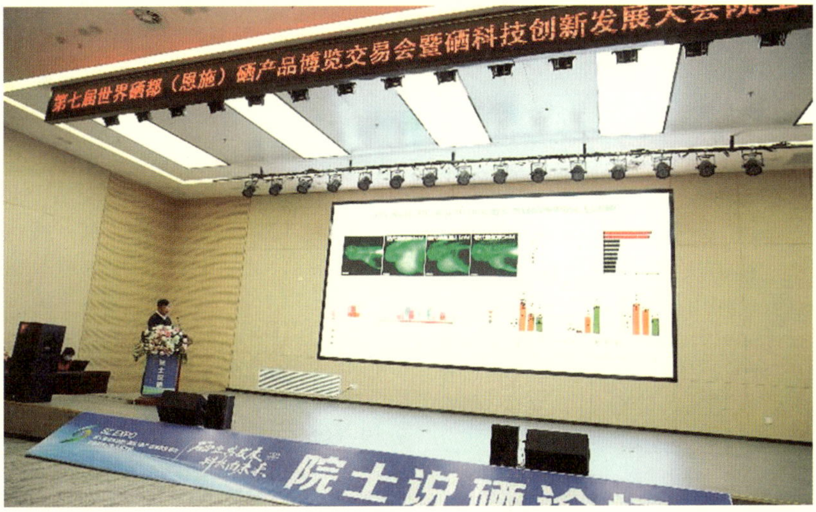

2022年11月18日，“院士说硒”论坛现场一角　　（州科技局 供稿）

【创新主体培育】 2022年，州科技局制定印发《恩施州高新技术企业和科技型中小企业攻坚行动实施方案（2022—2025年）》，开展服务高新技术企业“春晓行动”，召开高新技术企业申报培训会。全年申报高新技术企业290家，同比增长437%，认定高新技术企业258家。科技型中小企业评价入库578家，同比增长118%。实现规模以上高新技术产业增加值61.1亿元，同比增长15%。聚焦恩施州特色产业，支持6家企业成功申报国家专精特新企业、3家企业入选瞪羚企业。组织开展恩施州“十强”高新技术企业评选。推荐5家企业参加全国创新创业大赛省级复赛，1家企业成功晋级全国总决赛。组织4家企业参加中国杨凌农业高新科技成果博览会，其中2家企业分别获“后稷特别奖”“后稷奖”。

【科技金融】 2022年，恩施州建立金融服务科技创新工作机制，促进科技和金融深层次结合，在摸清全州高新技术企业、专精特新企业、科技型中小企业金融需求的基础上，实施科技金融“滴灌”行动，组织开展银企对接活动，运用科创贷、知识产权质押融资、债券融资等金融产品，拓宽企业融资渠道，助推高新技术产业高质量发展。全年组织18家高新技术企业与9家银行签署1.24亿元的融资协议，全年银行机构向科技型企业提供融资13.52亿元。

【科技支持乡村振兴】 2022年，州科技局新认定农业高新技术企业149家，农业科技型中小企业入库332家。获批立项省科技厅2022年乡村振兴科技支撑项目9个，获批立项省科技计划项目（大健康领域支持地方专项）5个。新增3个省级乡村振兴科技创新示范基地，启动州级乡村振兴科技创新示范基地建设工作，有16个州级乡村振兴示范基地获得认定。湖北思慧生物科技有限公司申报的富硒青钱柳高纯度医（食）用多糖提取关键技术研究获得2022年湖北省农业农村领域重点研发项目（竞争类）立项支持，资助金额100万元。

【科技支撑产业发展】 2022年，恩施州聚焦硒、生物医药、电子信息、清洁能源等领域，汇集州内外科技资源，研究谋划，向上争取支持，全年获省级及以上科技项目71项（其中国家自科基金、中央引导资金、国家“三区”人才项目30个），获支持资金3034万元，惠及企业40家、高校院所5个，促成35个州内外高校院所与恩施州企业产学研合作。组织实施2022年州级科技计划项目，立项技术支撑项目36个，安排资助资金703万元；立项支持青年人才项目50个，安排资金50万元；立项支持基础研究类项目39个。全年组织验收省级项目27个，申请终止执行项目2个，实现省级应验收项目“清零”。组织验收州级科技计划项目25个，销号处理4个。

（王子豪）

科技平台

【概况】 2022年，恩施市完成首批省级创新型县市、省级农业科技园区、省级可持续发展试验区评估验收；利川市申报湖北省第四批省级创新型县（市）。湖北民族大学建成省级大学科技园。依托恩施高新区硒产业，成功申报湖北省创新型产业集群，实现恩施州该领域“零”的突破。组织恩施高新区申报国家火炬特色产业基地。湖北民族大学、武汉轻工大学等单位共建共享，创建“硒资源研究与生物应用湖北省重点实验室”。争取省级乡村振兴科技创新示范基地3个（全州共7个），认定州级乡村振兴示范基地16个，备案州级企校联合创新中心31家。年末全州科技创新创业平台总数230家，其中国家级16家、省级56家。

【创新服务平台建设】 2022年，组织武陵山地区特色食品深加工湖北省中试基地、恩施安贝森科技服务股份有限公司、恩施远奕科技企业孵化器有限公司等8个科技成果转化中试研究基地及技术转移示范机构开展绩效评价。湖北民族大学、湖北中睐科技服务有限责任公司等6个单位申报省级技术转移服务机构和科技成果中试研究基地。全年新增国家级众创空间1家、省级星创天地5家、省级科技特派员工作站8家、州级星创天地8家。

【湖北省硒重点实验室】 5月17日，州科技局组织召开湖北省硒重点实验室筹建工作启动会，由湖北民族大学牵头，与州中心医院、州农科院联合共建的湖北省硒重点实验室筹建工作启动。9月3日，州科技局组织通过州级专家评审，11月8日，省科技厅组织通过省级专家评审。11月18日，在第七届世界硒都（恩施）硒产品博览交易会暨硒科技创新发展大会开幕式上，省科技厅一级巡视员葛琳为硒资源研究与生物应用湖北省重点实验室授牌，湖北民族大学作为建设单位代表接牌。该实验室为目前全国唯一一个由科技部门授牌的关于硒的基础研究省级实验室。

（王子豪）

科技成果

【概况】 2022年，恩施州科学布局科技成果产出资源站点和基层站点，建成全州技术交易网络大市场——科惠网恩施州分平台，年末该平台共发布科技成果727条、技术需求393条、金融需求50条，入库专家100人。全年全州技术合同认定登记1406项，成交总金额37.86亿元，登记科技成果29项。

【科技奖励】 2022年，恩施州3个项目获湖北省科学技术奖，其中湖北民族大学“功能性弹性体微孔材料多阶物理微发泡工艺及装备的研发”项目获技术发明奖二等奖，恩施德源硒材料工程科技有限公司、湖北来凤腾升香料化工有限公司分别获科技型中小企业创新奖。

【“揭榜制”科技项目】 5月25日，恩施州2022年“揭榜制”科技项目发榜会在州城恩施召开。发榜会为恩施州首次面向全国高校、科研院所公开发榜“揭榜制”科技项目12项。发榜的“基于形态的植物有机硒提取及稳态转化产品开发”等12个项目，涉及电子信息、生物医药、清洁能源等重点产业领域，项目发榜企业拟投入研发经费6000余万元，拟付揭榜方经费超过1000万元。

2022 年恩施州科技局科技成果登记一览表

表 12

序号	成果名称	申报单位	登记点	登记号
1	恩试 1819	州农业科学院	州科技局	EK2022D140028002197
2	恩试 118	州农业科学院	州科技局	EK2022D140030002199
3	恩青贮 171	州农业科学院	州科技局	EK2022D140029002198
4	富硒营养配方米及其制备方法	州农业科学院	州科技局	EK2022F140027002131
5	富硒优质多抗粮饲多用玉米新品种的选育、试验示范及有关产业化应用	州农业科学院	州科技局	EK2022B140026002068
6	一株防治白术根腐病的菌株 BZJN1 及其制备方法和应用	省农业科学院中药材研究所	州科技局	EK2022F140025002061
7	一种白术根腐病检测用引物及其检测方法	省农业科学院中药材研究所	州科技局	EK2022F140024001930
8	一种电磁感应蒸汽发生器的制造方法及蒸汽发生器	湖北民族大学	州科技局	EK2022F140023001896
9	林业野外调查数据采集软件 V1.0	州林业科学研究院	州科技局	EK2022G140022001882
10	川优 542	州农业科学院	州科技局	EK2022D140021001867
11	玉露一号	州农业科学院	州科技局	EK2022D140019001846
12	基于《食品安全国家标准食品营养强化剂硒蛋白》的优化研究	州公共检验检测中心	州科技局	EK2022B140020001847
13	羊粪富有机硒生物肥与粪便饲料化技术研发	州农业科学院	州科技局	EK2022B140018001792
14	欢乐玉 123 品种选育	州粒粒金种业有限公司	州科技局	EK2022D140017001167
15	生物质环保节能热水器研发及产业化	湖北新农佳科技有限公司	州科技局	EK2022B140016000728
16	富硒海棠茶创制关键技术研究	恩施硒海棠生物科技有限公司	州科技局	EK2022B140015000454
17	一种有效控制烟碱浸取物蒸汽中夹杂物的处理机构	湖北和诺生物工程股份有限公司	州科技局	EK2022F140014000443
18	一种全自动烟碱生产装置	湖北和诺生物工程股份有限公司	州科技局	EK2022F140012000436
19	一种烟碱分子印记材料的制备及应用	湖北和诺生物工程股份有限公司	州科技局	EK2022F140011000426
20	恩施州“重点创新团队&quot	湖北和诺生物工程股份有限公司	州科技局	EK2022B140010000424
21	1-甲基-2-(3-吡啶基)-吡咯烷生产加工及技术控制规范	湖北和诺生物工程股份有限公司	州科技局	EK2022E140013000439
22	天然香精香料研究与开发	湖北来凤腾升香料化工有限公司	州科技局	EK2022B140009000421
23	一种枯草芽孢杆菌 BC-198 及其富硒菌剂与应用	湖北和诺生物工程股份有限公司	州科技局	EK2022F140007000414
24	一种富硒生物有机肥及其制备方法	湖北和诺生物工程股份有限公司	州科技局	EK2022F140006000413
25	一种中间体提取装置和方法	湖北和诺生物工程股份有限公司	州科技局	EK2022F140004000371
26	一种烟碱的离心萃取装置和方法	湖北和诺生物工程股份有限公司	州科技局	EK2022F140005000372
27	楠木种植用的全自动挖坑填土装置	州林业科学研究院	州科技局	EK2022G140003000160
28	高活性富硒大麦麦芽精深加工关键技术与应用开发	恩施圣希源生物科技有限公司	州科技局	EK2022B140002000145
29	一种 EM 树木营养液	州林业科学研究院	州科技局	EK2022B140001000040

【科技成果对接服务】 2022年5月，州科技局组织开展“专家企业行”科惠宣传月行动，20余名专家到企业开展“三送”（送政策、送技术、送服务）服务，促进高校院所与科技企业“产学研”合作。6月28日，2022“联百校·转千果”科惠行动“宜荆荆恩”恩施专场活动在恩施举办，省科技厅、省技术交易所、“宜荆荆恩”科技部门及省内20余家高校院所的相关领导与专家200余人参加活动，现场企业与科研院所签约科技成果12项（州内10项），签约金额600余万元。11月19日，在第七届世界硒都（恩施）硒产品博览交易会暨硒科技创新发展大会期间首次举办硒科技成果交易拍卖会，现场拍出硒科技成果3项，成交总金额350万元，16项科技成果举行电子签约仪式，签约总金额2420万元。

（王子豪）

科技人才

【概况】 2022年，恩施州争取“三区”（边远贫困地区、边疆民族地区和革命老区）科技人才150名、省级科技特派员49人，选派州级科技特派员146人，选派县级科技特派员688人。组织开展2020年州级重点创新团队验收工作，经专家评审，10个团队评估合格。认定2022

年州级重点创新团队10个，支持补助资金100万元。首次开展全州科技工作者统计工作，全州高新、教育、卫生等领域科技工作者11.2万余人。首次以微讲堂的形式为全州科技人才开展高新技术产值统计填报、研发费加计扣除填报等线上培训，参训人数累计4600余人次，制作上传微课件20个。

【科技特派员】 2022年，州科技局制定《恩施州科技特派员管理暂行办法》和《恩施州科技特派员考核细则》，采用“同台竞技，差额遴选”的方式选派科技特派员。举办科技特派员出征仪式，为全州科技特派员颁发聘书，引导科技特派员为乡村振兴提供科技支撑。全州1088名科技特派员开展抗旱救灾减损科技服务活动，到田间地头提供技术指导服务385次，帮助群众解决实际技术难题162个。

（王子豪）

重点科研院所

恩施州农业科学院

【概况】 2022年，恩施州农业科学院加大核心关键技术攻关，支持恩施州八大产业链“强链补链”。全年科研涉及马铃薯、魔芋、硒资源、茶叶、水稻、玉米、天然产物提取、植保、畜牧、药材、土肥、甘薯、油菜、大豆、小杂粮、蔬菜、瓜果以及组织培养技术、农产品质量安全等20余个领域，实施各级科研课题103项（其中国家级13项、省级20项、州级20项、横向课题50项），到账科研经费1464万元。“菜用型马铃薯系列新品种选育与产业关键技术研究”获全国农业技术推广成果奖一等奖，“作物种质资源收集保存、鉴定评价与创新利用”获省科技进步奖一等奖，“优质抗病马铃薯种质创制和品种选育”获省科技进步奖二等奖。专利获授权26项，发表论文45篇，成果获登记13项，获省、州地方标准立项8项。

【种质资源建设】 2022年，为加快武陵山区种业科技创新中心建设，州农科院出台《恩施州农科院武陵山种业科技创新中心建设方案》。依托2个省级种质资源库，收集保存农业种质资源13442份。加大马铃薯、水稻、玉米、魔芋等新品种选育和试验示范工作。农作物新品种通过审定14个，其中州农科院作为第一申请者申请的茶树品种“玉露1号”获品种登记并授权，获农业农村部颁发的非主要农作物品种登记证书。

【科研成果转化】 2022年，州农科院出台《恩施州农科院赋予科研人员职务科技成果所有权或长期使用权改革试点方案（试行）》。通过组织参加2022年武汉种博会、州科技活动周启动仪式、“鄂来拍”活动等，推广新品种、新成果、新技术。自主选育的“鄂马铃薯16”入选国家农作物优良品种推广目录。全年签订科技成果转化合同115项，合同总金额371万元。其中技术转让及许可类7项，合同金额为130万元；技术开发类2项，合同金额60万元；技术服务合同类106项，合同金额为181万元。

【科技服务】 2022年，州农科院到8个县市开展农业技术推广系统现状调研，根据问题“对症下药”，建立科技服务联络机制。持续推进农业科技“五个十”行动（科技攻关10余项产业发展难题，集成应用10余项先进实用科技成果，服务支撑10余家农业产业化重点龙头企业，科技引领10余个乡村振兴重点示范村，培养10余支“三农”工作人才队伍），攻关“山区马铃薯小型机械化生产农机农艺融合技术攻关”等10项技术难题，示范“杂交魔芋新品种示范推广”等10项成熟技术，支撑“湖北龙豪茶叶有限公司”等10家龙头企业，服务来凤县三胡乡石桥村等10个重点乡村，培养活跃在田间地头和生产第一线的“田秀才”“土专家”1000余名。开展“科技闹春耕”活动，组织活动92次，派出专家297人次，服务对象3000余人。配合州农业农村局组建三级农业科技服务团队，选派87名科研人员“下沉到村、直接到田”，全年下沉524次，投身抗旱救灾，先后选派科技人员200余人次，对接8个县市46个乡镇，针对茶叶、玉米、水果、蔬菜、畜禽等产业开展科技服务工作，保种保苗面积1340余公顷。开展科技专家服务基层活动，选派“三区”人才25人、科技特派员16人到受援地、受援企业开展技术培训、科普宣传。

【科技人才】 2022年，州农科院公开招聘科技人才6人。全年推荐“西部之光”访问学者2人。省政协委员1人，州“硒谷英才”6人，州农机化专家人才10人，州无党派代表人士1人，州残联第七次代表大会正式代表1人。组织实施岗位晋升27人次，岗位续聘16人次，职称申报15人次。加强博士后科研工作站建设，出站博士后1人，新引进博士后2人，年末在站博士后4人。

【硒科研】 2022年，州农科院在硒科技、硒标准及服务涉硒市场主体等方面开展各类工作，在研项目12项，获国家授权发明专利1项、申请国家发明专利2项，颁布实施恩施州地方标准5项、申请制定标准6项，发表论文12篇，登记科技成果2项，服务市场主体16家。

【重点项目实施】 2022年，州农科院推进武汉市对口帮扶项目，完成硒蛋白中试生产线建设，在碎米荠中提取的硒蛋白硒含量均高于1000ppm；完成4公顷堇叶碎米荠种子种苗繁育试验示范，利用恩施本地草本资源，研发一款增强人体免疫力的富硒草本饮料——富硒植物肽饮料（该产品已转化给四川珍享优选商贸有限公司）。推进农博园项目建设，完成农业科技创新中心主体工程施工建设，累计完成投资9220万元。农业科技园区建设完成两河口基地、莲花池园区422公顷土地的征收工作和河道清淤治理工程，以及园区规划设计、选址意见书办理等工作。土壤改良工程、可行性研究报告的报审等正进行中。

（杨真杭）

湖北省农业科学院中药材研究所

【概况】 2022年，湖北省农业科学院中药材研究所在研项目42项，新上项目16项，到账科研经费817.5万元。申请专利16项；授权专利22项，其中授权发明专利5项、实用新型专利14项、外观设计专利2项、国外发明专利1项（南非）。制定省级地方标准3项，发布省级地方标准2项，评价科技成果1项。发表科技论文28篇，其中SCI9篇、中文核心12篇，核心以上期刊占比75%。出版专著1部。继续保持省级文明单位称号，1人和1科室分别获评省农科院“青年岗位能手”“青年文明号”，1人获得湘鄂赣第六届农业科研“优秀青年”称号，1人获评省农科院拔尖人才。

【平台建设】 2022年，省农科院中药材研究所获批农业农村部中药材生物学与栽培重点实验室。湖北省中药材研发中心挂牌。华中药用植物园为国家和省科普教育基地，相继投入100余万元，加强现有科研设施的更新升级改造。完成鄂州基地7公顷、20余个省大宗道地药材品种的筛选种植工作。经过4年运转，湖北省药用植物种质资源库入库药用植物种质资源3000余份，《科技日报》《湖北日报》网、新华社客户端、《人民日报》客户端、《光明日报》客户端、中国新闻网湖北频道等媒体相继报道种质库相关工作。湖北木林子国家级自然保护区列入第二批“全省科普教育基地（2022—2026年）名单”。

【科技服务】 2022年，研究所围绕农业科技“五五”工程［力争突破50项农业产业发展关键核心技术，集成示范500项农业先进实用科技成果，推广50项农业可持续发展模式，建设50个农业科技引领示范村（镇），发展壮大50家农业产业化龙头企业］和乡村振兴工作，制定《湖北省农业科学院中药材研究所2022年农业科技“五五”工程实施方案》。“杜仲繁育及生产关键技术应用示范”“道地药材黄连、黄精等主要病害防控技术研究与应用”2项技术获突破性进展，开展15项中药生态农业先进实用科技成果集成示范，突破农业产业发展关键核心技1项。重点支持恩施市新塘乡下坝村和通城县马港镇金山村乡村振兴示范村建设。与九州通九信中药集团、时珍堂巴东药业有限公司和湖北葛百岁葛业有限公司等企业开展合作。成果转化实际到账金额171.15万元。在全省推广新品种、新技术、新模式19项，推广面积4187公顷。派出湖北省科技特派员4名、省“三区”人才11名、恩施州科技特派员6名，建科技助力乡村振兴服务队1支，开展技术服务100余场次，培训人数1150余人次，发放资料1712册，对接企业申报省级科技项目1项。1人获湖北省科技特派员通报表扬。

【《湖北药用植物种子图鉴（一）》出版】 2022年，由金文、张美德、谭旭辉编著的《湖北药用植物种子图鉴（一）》专著，由湖北科学技术出版社出版。该书收录湖北省104科、348种常用药用植物的种子外形群体，以及部分种类的个体与结构解剖图，便于准确鉴定药用植物名称，确保引种、保存物种的准确性。

【白术病害生防产品创制与应用】 2022年，省农科院中药材研究所、省植物保护总站和康欣生物科技有限公司共同完成的“白术病害生防产品的创制与应用”通过科技成果评价。该成果在国家中药材产业技术体系、湖北省民族专项、湖北省自然基金等项目资助下完成，授权国家发明专利3项、登记软件著作权3项，发表论文6篇，其中SCI 2篇，开发生物菌剂新产品1个，发布省级地方标准1项。该成果在恩施州、十堰市、襄阳市和黄石市等推广示范。

【川党参连作土壤修复机制研究】 2022年，研究所使用不同土壤改良剂对川党参连作土壤处理，分析不同改良剂对连作川党参生理指标、产量、品质以及相关代谢途径中关键基因表达水平的变化。1篇研究论文在《Frontiers in Plant Science》（IF=6.627）上发表。

【厚朴—湖北贝母林药生态栽培作用机理研究】 2022年，研究所在厚朴—湖北贝母林药生态栽培作用机理方面，提出一种可能的甾体生物碱合成途径，鉴定12个与主要活性成分的高积累显著正相关的差异表达基因，相关研究成果在《Frontiers in Plant Science》（IF=6.627）上发表。

【粉葛研究】 2022年，研究所从粉葛愈伤组织中分离鉴定系列对多重耐药菌具有显著抑菌活性和对癌细胞具有显著细胞毒活性的单体化合物。该研究结果对开发药食两用资源植物的功能食品奠定理论基础，相关研究成果在国际期刊阿拉伯化学杂志《Arabian Journal of Chemistry》（IF=5.165）在线发表。

【藤茶研究】 2022年，研究所从藤茶愈伤组织中分离鉴定系列对多重耐药菌具有显著抑菌活性和对癌细胞具有显著细胞毒活性的新单体化合物。在藤茶活性成分方面的研究成果在国际权威期刊《RSC Advances》（IF=4.036）在线发表。

（罗　倩）

恩施州林业科学研究院

【概况】 恩施州林业科学研究院（州林业科技推广站）是州林业局直属公益一类事业单位，是湖北省林业科技创新示范基地和恩施州木本油料工程技术研究中心。2022年，有实验基地80公顷，产学研合作基地5个，珍稀木本植物园近4公顷，藏有木本植物标本1.2万余份，建有组织培养实验室、分析实验室及各种实验仪器设备100余套。有科技成果41项，其中获国家级科技成果奖一等奖，二等奖各1项，省科技成果奖14项，州科技进步奖11项。

【林业科学研究】 2022年，新申报州本级科研项目立项4个，入选州科协“创新争先，自立自强”科技志愿服务支持项目1项，被州科协纳入年度科技创新智库研究课题2个。申报2023年中央财政资金林业科技重点推广项目1个（被省纳入推荐名单）。完成林药复合经营模式项目20公顷示范基地建设及当年度抚育管理工作，完成北美红杉项目20公顷示范基地的抚育管理工作。野生菌项目采集标本400余份，完成分子鉴定600余份（含2021年的样本），鉴定出野生菌370余个，发布宣传信息5条。发布《恩施毒蘑菇报告（第一批）》《恩施毒蘑菇报告（第二批）》。完善油茶适宜恩施的测土配肥方案，完成长林年度品比观察品种4个和年度油茶产量样地测定3处。调研恩施州油茶产业，完成调研报告2份，编制完成《恩施州油茶产业技术指导意见》。开展楠木种质资源库年度管理、抚育工作以及枝枯病病株调查。编写《恩施州彩色森林乡土绿化树种选择指南》；协助完成“华桐1号”山桐子国家良种申报，分离培育出3个无性系种苗，完成山桐子根系发育规律测定，调查复选山桐子优株35个。通过《武陵山区亚高山油茶品种筛选与栽培技术研究应用》项目验收。立项州级地方标准2项；参与编制并发布湖北省地方标准1项；发表论文8篇，其中发表SCI论文1篇，发表中文核心期刊论文1篇；取得授权专利3个，其中国外专利1个，国内发明专利1个、实用新型专利1个；发现野生菌新种1个（正在申报认定）。

【科技推广】 2022年，组建和完善林业科研科普志愿服务队伍，推送12名专业技术人员加入恩施州专家人才服务团。开放鄂西树木园，开展义务植树节科普服务活动；参加科技活动周系列活动。开展油茶线上线下技术指导培训3次，培训相关技术人员200余人；开展有毒野生菌巡展2次，发放各类宣传资料6000余份。州林科院被表彰为“全民科学素质行动计划纲要‘十三五’实施工作表现突出单位”，1人被表彰为“全民科学素质行动计划纲要‘十三五’实施工作表现突出个人”。

（向　伟）

2022年9月，州林科院科研技术人员在天池岭实验基地开展油茶生长指标测定

（顿春垚　摄）

教　育

Education

教育管理

【概况】 2022年，全州各级各类学校1230所（不含489个小学教学点），其中幼儿园586所，义务教育学校591所（小学448所、初中143所），高中阶段学校42所（普通高中30所、中等职业学校12所），高等教育学校3所，特殊教育学校8所。在校学生648410人，其中学前教育94474人，义务教育382857人（小学242047人、初中140810人），高中阶段115595人（普通高中81810人、中等职业学校33785人），高等教育54892人，特殊教育592人。有教职工59347人，其中学前教育10558人，义务教育27525人（小学16102人、初中11423人），高中阶段教育18107人（普通高中6684人、中等职业学校11423人），高等教育3009人，特殊教育148人。

2022年恩施州各级各类学校基本情况统计表

表13

类　别	校　数（个）	毕业生数（人）	招生数（人）	在校学生数（人）	毕业班人数（人）	教职工数（人）	
						总　数	专任教师数
一、普通高校	3	14379	19545	54892	12842	3009	2307
湖北民族大学	1	7765	8761	25383	4912	1557	1145
普　通	—	4656	5679	19415	4239	—	—
成　人	—	2863	2573	4503	190	—	—
硕士研究生	—	246	509	1465	483	—	—
湖北恩施学院	1	3225	5105	15773	4284	748	596
本　科	—	2358	3097	10549	2571	—	—
专　科	—	867	2008	5224	1713	—	—
恩施职院	1	3389	5679	13736	3646	704	566
普　通	—	3357	5640	13654	3603	—	—
成　人	—	32	39	82	43	—	—
二、中等职业学校	12	11738	11667	33785	10115	1562	1426
三、普通中学	173	69231	75553	222620	71449	18107	15978
初　中	143	45674	46698	140810	45870	11423	10425
高　中	30	23557	28855	81810	25579	6684	5553
四、小　学	448	45843	36556	242047	42485	16102	14730
五、特殊教育	8	93	50	592	105	168	148
六、幼儿园	586	36060	28158	94474	39869	10558	5397
合　计	1230	177344	171529	648410	176865	49506	39986

说明：不含人社部门管理学校

【校园安全】 2022年，全州先后召开全州春、秋季学期开学新冠疫情防控暨校园安全稳定视频工作会，学校新冠疫情防控工作视频调度会，教育系统网络安全工作会，加强和推进高校意识形态工作会等，防范化解重大风险。在全省率先实施中小学生心理健康“护航”工程，开展暑期防溺水专项行动。平稳组织实施高考、中考、学业水平考试、自学考试、成人高考、教师资格考试、教师招聘考试、英语口语等级考试、研究生考试九大类教育考试，安全应考36.6万人次，实现“零事故”“零疫情”“零舆情”目标。10月28日，省安委会第七巡查组到恩施州开展相关安全生产巡查。

【困难学生资助】 2022年，州教育局修订完善《恩施州家庭经济困难学生认定工作实施细则》，印发《恩施州2022年资助工作要点》。分配州级学校资助资金5231.83万元（含州专项资金1000万元），其中义务教育阶段家庭经济困难寄宿生生活补助资金 14.51万元，州直普通高中国家助学金和免学费647.82万元（助学金438.75万元，免学费209.07万元），州直中职学校国家奖助学金和免学费3569.5万元（助学金 1244.5万元，免学费2317.8万元，奖学金7.2万元）。

【教师队伍建设】 2022年，全州招录义务教育学校、幼儿园教师442名，考核招聘定向委培教师481名。6月，州教育局与湖北民族大学共同开展推进恩施州教师教育综合改革实验区建设。实行州教育局领导班子成员包县市，县市教育局干部包学校，校领导包年级，年级包班级，班主任和教师包学生，层层包保责任，并签订承诺书。与州妇联联合评选恩施州“最美女校长（园长）”9名、“最美女班主任”12名、“最美女教师”9名。全州10名教师分别获第四届“楚天园丁奖”“湖北省农村先进教师”“湖北省农村先进教育工作者”称号。

【办学水平提升】 2022年，全州实施教育项目240个，总投资23.25亿元。推进100人以下村小和教学点撤并，整合“空、小、散、弱”教学点21个。根据群众最关心的“学位”问题，新建改扩建学校34所，新增学位11666个。

【道德教育】 2022年，州教育局发放《习近平新时代中国特色社会主义思想学生读本》《中华民族大团结》等书籍，推进习近平新时代中国特色社会主义思想进教材进课堂、进头脑，推动铸牢中华民族共同体意识教育与中小学德育紧密融合。开展2022年度评先推优实施正面激励活动，评选表彰州级优秀学生、优秀学生干部、优秀少先队员、优秀特长生800名。开展各类主题教育活动，坚持“一校一案”，落实教育部《中小学德育工作指南》。

【教育科研】 2022年，组织全州84名德育骨干教师参加全国中小学德育骨干、班主任和心理健康教育教师网络研修。开展全州中小学德育案例评审活动，开展“第二届中小学班主任基本功和思政课教师教学基本功”线上优秀作品展示暨骨干教师培训，邀请州疾控中心健康教育专家为全州中小学生作新冠疫情防控和心理健康教育专题讲座。开展线上教学成果评选活动，组织线下课例展示和学科竞赛活动。研制《2022年恩施州小学六年级部分学科质量监测命题质量评价标准》，开展义务教育阶段作业设计和课后服务优秀案例评选活动。6月2日，恩施州普通高中第二届和中等职业学校首届学科（专业）教学指导委员会成立。

【教联体建设】 2022年，州教育局拟定《恩施州推动县域教联体建设提升教育基本公共服务水平实施方案（2022—2025年）》。全州教联体建设工作按照试点建设、分期推进、全面推行3个阶段组织实施，各县市按照州级方案确定的目标任务和工作内容，分类规划、分期推进本地教联体建设。印发《州教育局关于组织申报省级教联体试点工作的通知》，指导各县市开展试点遴选及建设工作，结合实际制定本县域教联体建设方案，分别确定教联体申报试点2个，州级组织专班工作组到县市实地考察和专家评审，择优遴选确定省级教联体试点，同步开展州级教联体试点建设。

【学校后勤管理】 3月，州纪委监委、州教育局在全省率先启动中小学食堂综合治理工作。5月，全州教育系统将中小学食堂综合治理与专项整治工作统筹调度、一体推进，细化综治方案。全州组建43个工作专班、307人，开展督导检查87次，检查学校1264所，发现并整改问题869个。州教育局出台《恩施州中小学食堂管理实施细则》等管理制度5项，督促并指导各地各校配套完善各项制度和实施细则384份。全州营养改善计划覆盖学校599所（小学488所，初中111所）；受益学生262554人（小学159280人，初中103274人）。学校食堂供餐573

2022年5月12日，清廉学校建设系列展示活动在湖北民族大学附属小学举行
（州教育局 供稿）

所，企业供餐26所，食堂供餐率为95.66%。联合州市场监督管理局协调州电信公司，对全州学校食堂“互联网+明厨亮灶”智慧监管功能提质扩面，8个县市政府投入财政经费1565万元。全州学校食堂“互联网+明厨亮灶”覆盖率100%。

【语言文字工作】 2022年，州语委办组织恩施州普通话培训、测试等工作，全州组织普通话测试25场，11060名考生报名，10365名考生取得等级证书，全州普通话普及率83.5%以上。组织全州教师开展语言文字专业技能评比、观摩、交流活动。选派学校语言文字能力水平突出的管理干部及骨干教师到省、州内外参加各类语言文字类专项学习培训。3—6月，利川市“清江少年说”青少年语言艺术大赛在全市开展；4—6月，来凤县教育局、县关工委开展“‘新时代好少年·强国有我’主题教育读书活动”和“‘中华魂’主题教育征文与演讲比赛活动”；5—7月，州语委办通过州级选拔后选送《诗意中国》等9个作品参加第四届中华经典诵写讲大赛湖北省决赛。

【考试招生】 2022年，全州普通高考本科上线率高出全省平均水平9.31个百分点，重点本科上线人数较2021年增长11.55%，“宜荆荆恩”和黄石5个市州高三联考，恩施州平均分排名第二，稳居全省第一方阵。组织大型考试17场、98.3万科次，使用考点638个，考场近8000个，累计服务考生约36.6万人。

【学前教育】 2022年，恩施州推进学前教育普及普惠发展，发展公办园和扶持普惠性民办园“两轮驱动”发展思路，推进省“万个公办幼儿园学位扩充”实事项目。全州39所公办园建设开园38所，实际增加公办学位6670个，完成率97.4%，超过全省平均水平。普惠性幼儿园覆盖率85%，公办园在园幼儿占比40%。推进幼小“双向”科学衔接，坚持游戏为基本活动，加强办园行为规范管理，防止和纠正“小学化”倾向。

【义务教育】 2022年，州教育局指导县市加快推进县域义务教育优质均衡发展，审慎确定各县市通过国家督导评估认定的年度规划。坚持“扩充资源有效化解、制定政策长效化解”工作思路，推进义务教育大班额比例持续降低，破解“城镇挤、农村弱”难题，秋季学期全州义务教育大班额比例控制在5%以内。持续巩固拓展教育脱贫攻坚成果，组织开展春、秋季学期控辍保学专项行动，全州义务教育控辍保学工作呈常态化趋势，疑似辍学学生全部实现常态化动态销号清零，义务教育入学率、初中三年巩固率100%，适龄残疾儿童少年入学安置率100%。

【普通高中教育】 2022年，恩施州启动特色高中学校（恩施市二中）自主招生试点工作，促进高中教育品牌化发展。贯彻落实“县中发展提升行动”计划，实施部属高校县中托管帮扶项目，组织签订武汉大学托管帮扶恩施市三中协议、恩施高中对口帮扶利川市五中协议。推进普通高中综合改革，推进普通高中化解大班额，高中阶段毛入学率超过95%，高考成绩较2021年稳中有进。

【职业教育】 2022年，州教育局加强职业学校校长和教师专业培训，全州参加国家级省级专业培训教师200余人次。组织3000名中职学生到恩施高新区开展技能实习实践。6月，举办全州劳动技能大赛暨2022年全州中等职业学校学生技能大赛，组队参加湖北省第四届中华职业教育创新创业大赛、第八届中国国际“互联网+”大学生创新创业大赛湖北省复赛职教赛道比赛、全国职业院校技能大赛“中职组分布式光伏系统的装调与运维”赛项比赛等赛事，获奖项29人次。组建恩施职业教育集团纳入年度全州24个重大项目重点工作任务清单管理，承担全年月报和组织修改集团方案等工作。

【依法治教】 2022年，州教育局完成规范性文件合法性审查2件，行政复议答复2件。与州司法局等4部门联合印发《关于贯彻落实〈湖北省中小学法治副校长选聘工作规定〉的通知》，规范法治副校长聘任与管理，建立法治副校长人员库。按期完成年度“双随机、一公开”抽查计划，联合抽查学校27所，独立抽查学科类校外培训机构20所。制定《恩施州教育系统开展法治宣传教育的第八个五年规划（2021—2025年）》，组织全州学生参加“宪法卫士”网上学习和考试活动29万余人，比2021年增加6万余人。

【优化教育环境】 2022年，州教育局开展“清减降放”改革“回头看”专项行动，组织教育系统专题培训，县级教育部门保留依申请和公共服务事项10项（业务办理项21项）。申请材料由84项压减为42项，减少50%。办理环节由102个压减为79个，减少22.5%。承诺时限较法定时限相比，时限总长由994个工作日压减为59个工作日，减少94%。全面清理教育系统行政处罚事项清单，制定《不予行政处罚事项清单》《从轻行政处罚事项清单》《减轻行政处罚事项清单》《免予行政强制事项清单》“四张清单”，推行包容审慎监管执法，持续优化法治化教育教学环境。

【教育信息化】 2022年，恩施州优化基础建设应用环境。建成区域教育城域网，“校校通”“班班通”完成率100%，建成多媒体教室10279间、录播教室349间、计算机教室810间，学生终端数43324台，教师终端数28952台。建成数字校园试点学校129个。推动智慧教育平台应用。印发《推进智慧教育平台融创应用，助力恩施教育高质量发展实施方案》，建立教师成果电子证书库，服务1671名教师；完成各类竞赛活动54次，累计服务32509名师生；完成1271个教育机构空间建设，师生实名开通空间427609个，其中教师空间36705个、学生空间390904个，初步实现“校校用平台、班班用资源、人人用空间”。成立全州电教装备专家委员会，开展“送培送教送展”活动6期，邀请7名本土专家讲座。完成100名教师信息化领导力应用培训，完成州智慧教育平台10次、675人管理员培训，推动人工智能助推教师队伍建设试点，完成106名编程“种子”教师培训。

【教育实践基地】 2022年3月，恩施中小学劳动教育实践基地（咸丰县黄金洞乡）、利川市北纬30°生态农业实践基地（利川市汪营镇齐跃桥村）2个单位入选湖北省第一批中小学生劳动教育实践基地；唐崖土司城遗址（世界文化遗产）研学实践基地（咸丰县唐崖镇唐崖土司城址内）、恩施腾龙洞国家地质公园研学基地（利川市关东村）、湘鄂边苏区红色教育研学旅行基地（鹤峰县走马镇）、来凤青少年综合实践教育基地（来凤县漫水乡苏家坪村）、恩施梭布垭石林研学基地（恩施市太阳河乡梭布垭石林）5个单位入选湖北省第二批中小学生研学实践基地；恩施大峡谷国家地质公园研学实践营地（恩施市恩施大峡谷风景管理处）、坪坝营国家森林公园研学实践营地（咸丰县坪坝营镇）2个单位入选湖北省第二批中小学生研学实践营地。

【重要会议和活动】 1月18日，恩施州“三级四方议教兴教”巴东现场办公会召开；11月22日，州教育局联合州市场监督管理局召开全州校园食品安全暨中小学食堂服务保障不到位问题专项整治工作视频会。3月16日，全州中职学校创新创业教育竞赛辅导研讨会在恩施市中等职业技术学校举行。4月15日，武汉市结对帮扶恩施州送培送教送展活动启动。5月26—27日，全州特殊教育生活适应学科（培智）课堂教学展评活动在巴东县特殊教育学校野三关分校举行。7月25日，恩施州青少年运动会暨“硒望杯”中学生足球联赛在湖北恩施学院开幕。

【荣誉】 2022年4月，州教育局安全科被省公安厅、省教育厅表彰为“全省中小学幼儿园安全工作表现突出集体”。10月，州教育局被中国教育报刊社评为教育新闻宣传示范单位，廖军、曾怡心被评为优秀特约通讯员。11月，州教育局被中国教师报评为2022年度湖北省教育新闻宣传工作先进单位，曾怡心被评为2022年度湖北省教育新闻宣传工作先进个人。

（曾怡心）

重点院校

湖北民族大学

【概况】 湖北民族大学是经教育部批准，以本科教育为主的省属普通本科院校，是湖北省重点建设高校，是国家民委和省政府共建高校。截至2022年12月末，学校面积106.67公顷，教学科研仪器设备价值3.57亿元，馆藏纸质文献219.5万册，电子图书总量233.89万册。学校设有医学部、文学与传媒学院等16个院（部），直属附属三级甲等综合医院1所（附属民大医院），非直属附属三级甲等综合医院2所（附属恩施州中心医院、附属荆门市第一人民医院）。学校本科招生专业50个，涵盖经济学、法学、教育学、文学、理学、工学、农学、医学、管理学、艺术学10个学科门类。有民族学、数学、化学工程与技术、林学、中医学、食品科学与工程、中国语言文学、马克思主义理论8个一级学科硕士点，有应用统计、法律、体育、翻译、新闻与传播、能源动力、电子信息、临床医学、中医、会计、艺术11个专业学位硕士点。学校专任教师1145人，其中有博士学位的401人，教授、副教授135人，有国家级、省级专家50余人。学校面向全国24个省（市、自治区）招生，有全日制在校学生2万余人。深化大类招生改革，提高生源质量，毕业生就业率和就业品质提升。全年派出6批次、58名教师、1801名学生到恩施市、来凤县参加新冠疫情防控。47个巡视反馈问题按时整改销号，出台《关于巩固巡视整改成果推动高质量发展的意见》。法学院学生党支部通过第二批全国党建工作样板支部结项验收，音乐舞蹈学院党总支、附属民大医院（临床医学院）内科第六党支部基层党组织分别名列省委教育工委公布的首批全省党建工作标杆院系、样板支部培育创建单位名单。

2022年6月6日，州政府与湖北民族大学举行共建恩施州教师教育综合改革试验区合作协议签字仪式

（廖希为 摄）

【学科建设】 2022年，学校持续加强学科特色建设，明确特色研究方向。加强学科建设重大事项谋划决策和监督考评工作，成立湖北民族大学学科建设协调委员会，制订《湖北民族大学学科建设协调委员会规程》《湖北民族大学学科建设绩效考评办法（试行）》。启动学科建设项目库建设工作。开展学位点动态调整工作，撤销中国少数民族艺术、民族法学、民族体育、信息安全4个二级学科，对艺术硕士专业学位授权点“一对多”对应调整。

【专业建设】 2022年，学校持续调整优化各学科专业结构布局，组织实施《湖北民族大学2022年本科专业调整工作方案》，新增专业1个，停招专业5个，完成部分新工科专业整合，组建智能科学与工程学院，初步形成以师范教育和医学教育为基础，人文社科、理工、农林、医药、管理、艺术等学科专业相互支撑、相互促进的本科专业体系。获批国家级一流本科专业建设点5个、省级一流专业建设点4个，省级以上一流专业建设点22个。

【教研成果】 2022年，学校继续推进课程建设和课堂教学改革，获批省级一流课程10门，认定首批校级本科优质课程44门。推进专业认证工作，汉语言文学、数学与应用数学专业接受教育部认证专家组考查。启动本科教育教学审核评估工作。全校获批教育部2022年第一批产学合作协同育人项目21项，省级教学研究项目18项，在第九届湖北省高等学校教学成果奖评选中，获二等奖5项、三等奖4项。

【科技研发】 2022年，学校获批省部级以上项目54项，其中国家级科研项目30项。科研到账经费5911.9万元，其中横向科研到账经费3952万元。获省部级奖励7项，地厅级奖励21项。期刊发表学术论文463篇，其中SCI、SSCI、EI收录354篇，出版学术专著22部，获授权专利81件，其中发明专利30件。加强科研平台建设，硒资源研究与生物应用湖北省重点实验室获省科技厅正式授牌；硒科学与产业研究院挂牌成立，成为国家技术转移中部中心科技成果转化资源分站。大学科技园被省科技厅、省教育厅认定为全省第一批省级大学科技园。制订完善科研合同管理等系列科研政策文件，完善和规范科研管理体系。聚焦“硒研究与产业”“民族文化研究”“中药研究”等地方特色资源领域，探索实施校级“揭榜挂帅”项目制。新建校企合作科技创新平台21个，开展各类科技服务项目213项。选派5名专家担任湖北省中小微企业“科技副总”，选派8名专家参与“院士专家企业行”，学校50名省级“三区人才”“恩施州科技特派员”延长服务一年。学校与州政府合作共建恩施州教师教育综合改革实验区，与宣恩县长潭河侗族乡共建“两山”转化与乡村振兴研学基地。

【教师队伍】 2022年，学校新增博士45人，新增高级专业技术职务任职资格21人。完成相应专业技术岗位分级聘用63人，遴选学科骨干117人。修订完善《湖北民族大学教师师德师风考核管理办法》，对师德师风失范行为坚持“零容忍”。经济与管理学院副院长、副教授谭志喜被湖北省教科文卫工会表彰为“湖北师德先进个人”。

【学生思想政治工作】 2022年,学校修订家校联系实施办法,开展“携手共育，师访万家”主题教育。学生一站式社区投入使用,发挥学生公寓育人阵地作用。建立健全学生网络思想政治教育体制机制，网络“微思政”融入学生思想政治教育全过程。推出学工人物志系列、民大榜样系列等推文，制作拍摄《点亮梦想》主题MV，坚持“双周”政治理论学习活动。举办少数民族学生座谈会，开辟铸牢中华民族共同体意识教育新阵地。开展“多彩民族，筑梦中华”第七届民族文化节活动。深化“红石榴”思想引领品牌，“同心石榴”首次在新疆建立大学生志愿服务基地，被共青团中央、共青团湖北省委专题报道。

【校区建设】 2022年，学校加快推进校园新区建设，工程实验实训中心、医学技能实训中心投入使用，完成生物示范中心及三洼区域绿化，推进校园绿化整体升级。完成州纪委原警示教育基地、州委党校原校区和舞阳校区土地及附属实物资产交接工作。校教育发展基金会接受社会捐赠资金1700万元，推进学校建设。做好地方政府支持项目的衔接配合工作，推进附属幼儿园建设。

【学校治理】 2022年，学校启动《湖北民族大学章程》修订工作，推进依法治校、民主管理。完成“十四五”规划目标任务分解和量化分解，“十四五”任务目标实现条目化和数字化。制定《湖北民族大学项目责任人管理机制》等内控机制项目6项，建立内部控制系统项目调度管理平台。推进“学院试点”工作，围绕学校“创新推进学院治理”，以智能科学与工程学院、法学院为试点，探索推进校院两级管理体制。首次对继续教育学院、后勤保障部、中药材检测中心分别实行成本核算。加强清单管理，推进工作项目化、项目清单化、清单责任化，抓好督办考评、问责问效。创新推进考核管理，修订完善目标管理考核办法和考核指标体系。推进教职工住宅区物业管理改革。

【校园平安建设】 2022年，学校严守校园安全底线，抓好“五防”（防火、防盗、防险、防诈骗、防极端）教育，统筹做好学生思想教育、日常管理和心理健康教育与咨询服务。加强“七防”（人防、物防、技防、心防、阵地防、环境防、机制防）建设，开展安全隐患排查整治，加大资金投入，补齐消防“短板”；健全实验室安全监管责任体系和长效工作机制；加强校地联治，开展校园及周边环境综合治理；加强校内联防，统筹抓好食品卫生安全、特种设施设备安全、校内交通安全、项目建设安全等，开展防溺水、防诈骗、防自然灾害、防非法校园贷等专项治理活动。

（向光华）

湖北恩施学院

【概况】 湖北恩施学院是教育部批准设立的全日制普通本科高校，学校面向全国24个省份招生。2022年，全日制在校生15770人。学校设有7个二级学院，建有5个产业学院、3个附属医院、8个教学医院，开设30多个本、专科专业，形成以医学为重点，突出艺术、教育特色，工、经、管、文、艺、教育等多学科专业协调发展的学科专业布局。12月，学院临床技能教研室、经济与金融教研室获省教育厅“省级优秀基层教学组织”奖。

【学校党建工作】 2022年，学校发展学生党员131人，发展对象232人、预备党员22人，培训入党积极分子369人，成立学生支部6个。参加恩施州党史学习教育办公室举办的“绿色山河红色魂”党史知识竞赛获优秀奖，参加全国民办高校党史学习教育知识竞赛获三等奖和优秀组织奖。《中国教育报》先后全文刊载学校《“五个创建+”下功夫，“五个结合”显特色——湖北恩施学院民族团结进步教育的创新实践》《沉浸式高校劳动教育开放体系的创建——聚焦湖北恩施学院赋能地方生态与经济社会协调发展的“蝴蝶效应”》专版文章，被多家媒体转载。

【学科专业建设】 2022年，医学检验技术专业获批湖北省一流专业建设点立项。中级财务管理、思想道德与法治、毛泽东思想和中国特色社会主义理论体系概论3门课程获批湖北省2022年度省级一流本科课程。临床技能、经济与金融2个教研室获评“湖北省优秀基层教学组织”。

【教育教学】 2022年，学校完成基于OBE教育理念的59个人才培养方案和OBE“三纲两书”（即课程理论教学大纲、实验教学大纲、实习大纲、实验指导书、实习指导书）模板的修订工作，出版云教材5门。运用蓝墨云“云班课教学智能助手”和“大数据管理平台”，实现教学质量智能监测。与湖北民族大学签订联合培养会计学专业硕士点，完成8名硕士生导师遴选工作。教授张高胜主持的《“五维融合，五位一体”应用型数智财会人才培养模式的探索与实践》和教授马晓红主持的《民族地区高校依托产业学院的“全链条”新型应用型人才培养模式创新实践》获第九届湖北省高等学校教学成果奖三等奖。“一露向硒”获2022年国家级大学生创新创业训练计划项目立项，“颐养馆——老年人的贴心健康管家”等12个项目获2022年湖北省大学生创新创业训练计划项目立项。设立“校长天使基金”，出台《校长天使基金管理办法》，资助省级及以上创新创业和学科竞赛项目12项。

【招生与就业】 2022年，学校录取新生5105人，其中本科2086人、专升本1011人、专科录取2008人。毕业3194人，就业2913人，整体就业率91.23%，名企就业52人、考研80人、考公考编389人、专升本273人、应征入伍31人。学校就业创业工作入选全省高校就业创业工作30个典型案例。

【人才培养】 2022年，学科竞赛获省级奖项162项、国家级奖项129项，其中以建筑与艺术设计学院教师吴林淋、姜袁、刘俊娥指导的团队获第十五届“高教杯”全国大学生先进成图技术与产品信息建模创新大赛学生个人全能国家一等奖，以音乐与体育学院教师彭覃、汪子睿、陈姝琎、徐淑良指导的团队获2022年全国健身气功八段锦网络电视大赛男子C组个人第1名、国家一等奖3项。学生谭林峰被评为“中国大学生自强之星”，罗港被评为“长江学子”，吴明阳、王一名、崔玲凤等获团省委表彰。在省人社厅和省教育厅主办的2022年“才聚荆楚·勇往职前”湖北省大学生求职大赛现代农业赛道总决赛中，医学部学生汪安妮获总冠军。

2022年，湖北恩施学院教学区一角　　（湖北恩施学院 供稿）

【产教融合】 2022年，学校继续深化产教融合，坚持以学生发展为中心，以市场需求为导向，构建“企业为点、行业为线、区域为面、学校为体”网状联合的产业学院人才培养体系。与深圳讯方技术股份有限公司、北京中公教育科技股份有限公司合作成立讯方5G技术学院、中公教育学院。引入企业资金856万元，与企业共建专业11个，开设高品质订单班41个，订单班人数1392人。

【教师队伍建设】 2022年，学校持续加大教师引进、培养力度，出台《湖北恩施学院教职工招聘管理办法》《湖北恩施学院干部梯队建设与管理办法》《湖北恩施学院教职工三级培训管理办法》《湖北恩施学院新教师培养管理办法》《湖北恩施学院青年教师导师制》系列制度。1人晋升教授1人、副教授6人，获评校聘副教授1人、晋升讲师14人。引进教职工79人，引进、培养、配齐配强管理干部84人，其中校级干部4人、二级学院院长3名、学科专业带头人10名。统筹开展各类培训200场、13340人次，其中干部培训19场、“双至”（正德至善、为学至精）大讲堂12场，完成内训师课程分享13期。

【学生资助】 2022年，学校评选国家奖学金10人、8万元，评选国家励志奖学金372人、186万元，发放国家助学金437.47万元，覆盖2652人。办理生源地贷款2918人，贷款总额3157.29万元。家庭经济困难学生资助工作实现数据资金管理“零差错”，资助工作“零投诉”。发放帮扶资金，全年发放各类奖学金、助学金1150万元。

【科研成果】 2022年，学校获批省中央引导地方科技发展专项1项、省自然科学基金项目1项、教育部第一批产学合作协同育人项目3项、省教育科学规划课题3项、省教育改革发展专项课题1项、中国民办教育协会学校发展类课题4项、州科技计划项目7项。教授谭建军团队申报的“山区地质灾害监测预警智慧物联网系统关键技术研究与应用示范”项目获中央引导地方科技发展专项资金资助，资助资金50万元；博士吴昊团队申报的“基于EGFR/STAT3信号通路探索土家药大风藤干预类风湿性关节炎的机制研究”项目获省自然科学基金资助，资助资金5万元。学校获批“国家自然科学基金依托单位”，具备独立申报和承担国家自然科学基金项目资格。

【社会服务】 2022年，学校组织学生参加恩施市和来凤县志愿抗击新冠疫情。派驻工作队到宣恩县高罗镇板寮村对口开展乡村振兴帮扶工作，消费帮扶58万元。举办湖北省第二届大学生医学虚拟仿真实验技能大赛、湖北省素质教育研究会高等教育分会2022年会暨第五届大学素质教育高峰论坛。经国家卫生健康委员会、中国红十字总会、中央军委后保障部卫生局联合评选，学校获“无偿献血促进奖特别奖”。

【“我为师生办实事”活动】 2022年，学校开展“我为师生办实事”活动，完成考研自习室和智慧教室建设9间，更换多媒体教室智慧黑板54间，完成公共机房电脑的更换和网络改造项目整体施工及调优300台。新建第15栋学生公寓并投入使用，食堂一、二楼改造升级和新建运动场8300平方米。修订公寓服务中心“五心（即贴心、真心、关心、安心、热心）服务”及安全工作标准、优秀“五心”生活辅导员评选标准，启动“五心服务”工程月度考核。完成薪酬福利和制度流程优化工作和教职工“五险一金”优化调整，教师节面向全体教职工从教学、科研、管理、服务等方面设立专项奖予以表彰，开展“榜样引领”专题宣传，提升教职工体验。

【校园安全管理】 2022年，学校始终坚持总体国家安全观，坚持安全第一、生命至上的理念。在维护校园安全和谐稳定的基础上，以服务师生为抓手，践行“五心服务”标准，完善形成“五心服务”体系。持续推进平安校园“七防工程”建设，夯实校园安防基础，投入专项经费用于技防设施设备维修维护，全年学校未发生安全责任事故。学校保卫处2人被省公安厅表彰为“2022年度全省高校平安校园建设工作成绩突出个人”。

（陈加雄）

恩施职业技术学院

【概况】 恩施职业技术学院（简称恩施职院）占地40.35公顷，建筑面积34万平方米（原农校、商校移交给恩施国投建设开发有限公司，加入五峰山校区原州卫校面积）。有主校区、南校区、五峰山校区、后山湾校区、立讯校区、达翔校区6个校区。学院拥有数控技术、计算机及应用、生物技术、建筑工程技术4个国家职业教育实训基地和旅游管理、畜牧兽医、生物制药3个省级示范性实训基地。在岗教职工791人（含自费编制97人），教师中具有硕士以上学位282人，教授14人、副教授212人，湖北名师1人、全国农业职教名师1人，湖北省师德先进个人1人，“双师型”（即教师既要具备理论教学的素质，也应具备实践教学的素质）素质教师269人，省级教学团队2个。聘请中国工程院院士陈焕春等300多位知名专家、学者、企业家、能工巧匠担任客座教授或兼职教师。学校下设马克思主义学院、经济管理学院、机电工程学院、信息工程学院、生物工程学院、建筑工程学院、人文教育学院、旅游管理学院、体育学院、医学院、继续教育学院11个二级学院，公共课部、中等职业教育部2个部，开办专业37个，有中职、高职在校学生20979人。

【学校党建工作】 2022年，恩施职院推进二十大精神进教材、进课堂、进学生头脑。在学生中开展二十大精神宣讲3轮，开展党员、教职工、预备党员等集中学习5次，实现教职工学习和学生学习全覆盖。完成省委第五巡视组对学校党委落实意识形态工作责任制专项检查反馈的6大项、14个问题的集中整改。完成学校师生思想状况调研报告和学校网络思想政治工作调研报告。审查教材8本和长篇小说1部。建立网络舆情台账，形成舆情分析报告37次。完成党总支7个、党支部支委8个改选工作。完成副县级干部轮岗交流6人，正科级干部重用9人，新提拔副科级年轻干部6人。组织年轻干部培训班4期。推进党风廉政建设和“清廉学校”建设。校纪委监察专员办参与教师职称评定、校区维修工程招标、招生考试、专项招聘等重点工作现场监督40余次，提出意见建议10余个。梳理各类问题40余个，督促制定整改措施20条。建立校党委政治生态分析研判联席会议制度，召开政治生态分析研判专题会议1次，完成2022年学校党委政治生态分析研判自评问题清单和报告。全年处理处分党员干部教师职工72人次。

【巡视整改工作】 2022年3月10日，省委第五巡视组向恩施职院党委反馈巡视意见。截至12月末，38个面上问题完成集中整改25个，完成集中整改并长期坚持13个，整改销号率100%。发现问题71个，解决问题68个，省委巡视组向校党委移交信访举报件2件，办结2件；问题线索1件，正在办理。

【“双高”建设】 2022年，学校明确“双高”（即高水平高职学校和高水平专业群）建设的18个工作专班和“五个一”（即一周一碰头、一月一讨论、一季一研究、半年一研判、一年一总结）工作机制。274项建设任务明确责任人和完成时间，明确建设目标和措施。将学校“双高”建设与支持恩施州“两山”实践创新示范区建设结合，形成任务清单。完成“双高”建设中期验收报告。形成学生国赛三等奖、国家创业大赛铜奖等一批成果，报省教育厅“双高”计划建设项目完成76个小项，其中省级以上标志性成果19项。

【教学管理】 2022年，学校对全校教师课堂教学情况督查，加强线上线下混合式教学督查工作，每学期开展教学检查工作3期。落实备、教、辅、改、考等基本环节，发挥课堂育人主渠道作用。组织听课68次，督导督查60次，形成督导督查报告72份。

【专业建设】 2022年，学校对高职招生专业进行调整，设置两年制专业8个、三年制专业36个、五年制专业1个。完成26个高职招生专业、16个中职招生专业、6个“3+2”招生专业、1个五年一贯制专业人才培养方案修订。完善高职专业的技能考核标准和考核题库等相应修订工作。

【课程建设】 2022年，学校组织在线课程建设培训2次、248人次，50个“提质培优”项目中有23个项目完善在线课程建设方案，达到可以开始建设状态。对建成的13门在线课程进行推介和使用，新建和改建在线课程23门，成功申报省级精品在线开放课程《西兰卡普文化与编织技艺》。组织开展课程思政教学案例设计及教学比赛。《绘就幸福和谐"绣"出匠心本色——土苗刺绣作品的制作》入选"中国职教学会旅游职业教育课程思政案例"。组织学校教师课程思政教学能力大赛，33支代表队66名教师参加比赛。

【产教融合】 2022年，学校与立讯精密工业股份有限公司开展校企合作，成立立讯产业学院。建设完成实训室2个，在建实训室6个。与恩施高新区、达翔技术（恩施）有限公司三方合作共建恩施职院达翔产业学院。全年在立讯校区和达翔校区开展学习和实训3300余人次，在恩施玉露制作技艺传承基地开展理论教学和实训教学1000余人次。面向社会举办恩施玉露制作技艺传承培训班2期，参与学习并取得结业证书41人。与恩施花枝山生态农业股份有限公司签订校企合作协议。基地教学团队指导学生参加2022年湖北省第一届职业技能大赛"茶艺师"赛项，获茶艺个人赛优胜奖。"恩施州导游实训基地""恩施州国家金牌导游工作室"落户旅游管理学院。

【教学诊改】 2022年，开展学校、专业、课程、教师、学生5个层面诊改，各层级完成诊改目标任务书2571项，形成年度诊改报告1301份。组织学校首届"创新高质量发展"典型案例评选大赛，收集案例144篇，评选各类奖项66篇。分春、秋2个学期对教师开展测评，测评教师1316人。完成23个"1+X"（"1"为学历证书，"X"为若干职业技能等级证书）证书制度试点申报工作，建成21个"1+X"项目实训基地。开设"1+X"证书项目培训班17个，培训学生1400人，完成"湖北职业教育培训信息管理服务平台"上报。15个"1+X"证书开展考核，643人报考，平均合格率90%以上。

【教学科研】 2022年，学校有7个纵向科研项目进入恩施州科技计划立项名单。其中州科技计划项目3项、州青年科技创新项目4项。

2022年6月16日，恩施职院（技工）院校举办支持工业经济发展专场招聘会
（覃宏吉 摄）

【团学管理】 2022年，在2021级学生中完成《美与教育》课程。全年注册志愿者5681人，累计信用时数200525.3，累计荣誉时数3400.4。学生程鑫、李海龙、腾芳、殷浩云、卢丹被省环保厅聘任为"青年环境友好使者"。6月10日，国家乡村振兴局、教育部、人社部在国家乡村振兴局举办"雨露计划+"就业促进行动启动仪式，学校2022年毕业生曾莉受邀参加湖北省乡村振兴局视频分会场参会并作代表交流发言。完成高职学生8978人、中职学生4180人的学历学籍注册工作。学生程鑫被评为湖北省大学生"自强之星"。

【招生工作】 2022年，学校高职招生录取6046人，注册在籍5621人，中职招生录取2762人（含五年一贯制449人，医学院738人），缴费注册2745人。

【就业创业】 2022年，学校举办线下招聘会4场，线下宣讲19场，线上宣讲27场，累计推送招聘单位信息621个。通过招聘、宣讲、各渠道推送岗位2.3万余个。学校2022届高职毕业生3357人，毕业生去向落实率为79.42%。落实2022届毕业生求职创业补贴1260人，发放资金166万元。申报2023届毕业生求职创业补贴984人，申请资金129.89万元。学校"双创"（即支持大学生创新创业）基地参加2022年"湖北省大学生创业示范基地"评审。恩施州鸣天文化媒有限公司刘佳、湖北地势坤生态农旅发展有限公司滕杰、来凤落印潭专业合作社田森林、利川市佳峰茶叶专业合作社钟双梅所承担的4个项目分别获创业扶持资金5万元。组织参加"第八届中国国际互联网+大学生创新创业大赛"，获省级竞赛铜奖项目5个、银奖项目1个、金奖项目1个，其中《土家三双锦——织锦工艺传承与创新引领者》项目获国家级竞赛铜奖。组织参加团中央主办的"挑战杯"创业大赛，获金奖1项、银奖1项。组织参加中华职教社主办的第三届黄炎培杯中华职教社非遗创新大赛，获二等奖2项。组织参加省人社厅主办的第二届"宜荆荆恩"大学生创新创业大赛，获三等奖1项。

【师资队伍建设】 2022年，学校引进重点大学全日制博士研究生1人。首次认定校级教学名师6人、教学名师培养对象9人，名师工作室团队组建完成。教授龚云登获评省政府"楚天园丁奖"。组织教师参加信息化能力提升培训、岗前培训、入职培训、国培等各类培训人数1317人次。组织专项招聘2次、招聘考试6次，招录专任教师35名（均为硕士研究生学历）、管理人员5名、辅导员1名。完成2次职称评审135人。开展岗位竞聘工作，完成岗位晋级104人。评选树立"师德标兵"10人，获"光荣从教满30年"证书教师189人，认定"双师素质"教师56人。组织师德师风教育专题培训2期，处理通报违纪教师4人次，工作约谈2人次。

【学校审计工作】 2022年，学校完成基建修缮项目、物资和服务采购预算审计169项，审计资金3861.76万元；结算审计115项，审计资金2559.16万元，审减58.63万元。完成防洪排涝工程一期施工项目跟踪审计，聘请第三方审计公司对该项目结算审计，审核资金2366.75万元，审定金额2293.91万元，审减72.84万元。完成后山湾校区维修施工项目跟踪审计，第一次进度款审核资金404.76万元，审减100.02万元。

【读书活动】 学校组织开展和参与州级、省级阅读推广活动10余次。在第七届湖北省高职高专“共享全民阅读”活动中，获奖3项。在恩施州2022年“书香满假期·阅读伴成长”阅读活动中，获奖项4项。在2022年湖北省信息素养大赛中，获奖2项。

【后勤保障】 2022年，学校完成45个新增验收项目，总金额1102.18万元，完成质保项目验收5个，均建立资产台账。完成国有资产出租续租5处，新增2处。完成因新冠疫情政策性租金减免工作、后山湾校区资产合并工作和金子校区与商校校区移交及资产处置工作。完成使用项目资金维修改造项目16项（含后山湾校区维修660万元），总金额1008万元。完成5万元以下零星维修任务34项，总金额497677元。

【服务区域经济发展】 2022年，学校联系的恩施市双盈输电设备制造及报废汽车回收拆解项目正式落户恩施市龙凤镇三河村，项目用地1.53公顷，计划2023年8月完成投产，预计产值约1亿元、税收额约1300万元。组织全校副县级及以上干部52人，联系咸丰县高乐山镇马河村104户群众，落实帮扶资金75万元，建设“咸丰农副产品电商直播中心”，成立咸丰县高乐山镇马河坝村股份经济合作社，设立恩施职院电商实习实训基地。争取资金实施帮扶项目3个，总金额150万元。落实倾斜“一村多大（多名大学生）”招生政策，咸丰招生指标35人。职院被省委组织部、省委农办、省农业农村厅、省乡村振兴局联合表彰为2021年度工作突出派出单位。

【社会培训与实践创新】 2022年，学校选拔有创业意识和创业经验的教师进行能力提升，培训SYB讲师30名，建立SYB师资库。组织全州千村（企）万名好主播州级骨干培训、玉露制作技艺传承班和大学生SYB创业培训等各类社会培训17期、2219人次，培训时长27345天。“土苗民间工艺”“滚龙连厢非遗技艺传承”“土家族吊脚楼营造技艺与文化传承”3个项目入选教育部首批社区教育“能者为师”实践创新项目。

【上级调研检查】 2022年6月10日，省中华职教社专职副主任陈南军到校就加快推进恩施职业技术学院高质量发展召开座谈会。6月14日，省教育厅实验室安全管理交叉检查专家组成员到校检查工作。6月27日，省侨联副主席谭必恩一行到校调研侨务工作。7月22日，中绿华夏有机食品认证中心主任王华飞携市场信息部部长田岩到校调研座谈。8月24日，中国工程院院士、武汉纺织大学党委副书记、校长徐卫林教授到校参观并指导工作。

（吴江鑫）

恩施州广播电视大学

【概况】 2022年，恩施州广播电视大学开放教育招生注册1217人，在籍6838人；中职教育招生注册498人，在籍1364人。开展社区教育培训8期、550余人次。学校以“良好”等次通过国家开放大学办学评建验收考核。

【学校党建工作】 2022年，学校印发《恩施州广播电视大学2022年党建工作要点》。将支部主题党日与在校中职学生的“主题团日”活动结合起来，运用校园广播、微信、恩施州电大校园网等平台开展党建工作。学校廉政谈话38次，召开会议专题研究党风廉政建设工作4次，校纪委加强监督问责和制度建设。

【开放教育】 2022年，学校坚持“以评促建、以评促改、以评促管、评建结合、重在建设”20字方针，做好评估评建工作。学校与县市分校就招生发展、拓宽行业办学、加强教学管理提高本科学位申请率、考试管理风险防控、思想政治课教学、学生活动等现场交流或线上交流，规范开放教育工作流程和办学行为。学校为学员做好“真心全员管理”“细心全程管理”“贴心全面管理”“三心三全”服务，提升服务效能。

【中职教育】 2022年，学校坚持以“三全育人”（即全员育人、全程育人、全方位育人）、“五育并举”（即课程育人、文化育人、活动育人、实践育人、管理育人）综合改革为引导，实现中职教育内涵发展。根据全州“十四五”经济战略结构规划，结合学校专业布局和行业需求，对中职招生专业优化设置，保留旅游酒店管理、电子商务等专业8个。加强校企合作、校校合作，规范见习性教学和顶岗实习管理，加强跟踪管理服务，安排2名教师全程管理在武汉实习学生。与恩施职院、省内企业合作，以“3+2”“技能高考”“订单培养”等多种方式开展联合办学。学校注重素养教育，开展中华传统文化教育、劳动实践教育、美育教育、人文素养教育和工匠精神教育。开展心理健康教育，全年组织开展心理讲座5次、心理健康主题班会2次，累计近2000人次参加。推进“1+X”证书试点，促进课证融通，参加“1+X”证书考试学生119人。组织代表队2支参加恩施州首届中职学生创新创业职业技能大赛，分别获二等奖、三等奖。

【非学历教育】 2022年，学校先后在恩施市舞阳坝街道三孔桥社区、土桥社区针对老龄人员开展智能技术培训2期，培训近150人次。针对社区小孩假期安全，开展防溺水安全知识培训6期，参加培训400余人次。与恩施启航家庭教育联合在社区开展“以原生家庭对人生的影响”“如何跳出原生家庭的影响”“绽放自身生命体质的光彩”“终身学习，永远积累人生价值”等系列讲座，恩施电视台、《恩施日报》等多家媒体跟踪报道。

【支持乡村振兴】 2022年，学校发挥教育资源，将社区教育与乡村振兴有效结合，以乡村振兴行动和文明城镇建设为切入点，与组织人社部门联合推出“社区教育助力乡村振兴行动计划”，开展乡村各类人员学历提升服务，全州近200人参加国家开放大学学历教育。

（李先雄）

恩施州高级中学

【概况】 恩施土家族苗族自治州高级中学（简称恩施高中）位于恩施市龙凤镇三河村。校园占地面积45.33公顷，建筑面积10万平方米。2022年，恩施高中在编教职工354人，其中专任教师341人，研究生学历59人，有正高级教师10人、副高级教师153人、特级教师7人、湖北名师2人、享受省政府专项津贴3人。7月，教研处副主任谭明福、生物教科室主任郭雪峰被省政府授予“湖北省第十一批特级教师”称号。9月，教师吴光明被省政府授予湖北省“第四届楚天园丁奖”。

【教学质量】 2022年，恩施高中高考一本上线率94.6%，双一流大学录取878人，北大、清华录取22人。一本上线率从2010年27.4%上升到2022年94.6%。学校综合办学质量从省级示范高中靠后水平提前为第一方阵前列。

【教研水平】 2022年，恩施高中推荐省、州人才或表彰工作32人次；推荐州电教装备站专家委员会成员5人、第二届州教指委成员22人；推选校学术委员会成员25人、10个学科专业委员会成员合计61人。秋季学期“青蓝工程”有13对师徒结对，11位青年教师获基础教育精品课遴选省一等奖，11位青年教师获全省“教育技术理论与实践”论文活动一等奖，1位青年教师夺得全省中学“精品微团课”一等奖。从教师培训、备课、讲课、推门听课、比赛等5个方面开展常规教学。3月，湖北省刘其东政治名师工作室和湖北省王忠文政治名师工作室联合开启“课堂教学提升行动”系列活动。7月下旬，完成新高一、新高二9个高考科目学科新教材培训；8月，暑假组织231人参加暑假教师研修项目。完成2022度教师继续教育全员培训工作。依托新7校（湖北省高中名校联盟，由恩施高中、武昌实验中学、武汉外国语学校、襄阳四中、襄阳五中、宜昌市一中、夷陵中学等7所学校自愿组成）联盟，合作开展“新时代·新发展·新跨越”集体备课工作坊项目，打造集体备课样板。组织语文、数学、历史、地理、生物5科教师参加州级原创试卷活动，获州级奖项10人。

【学生活动】 2022年，恩施高中每周一通过线上线下进行升旗仪式和开展国旗下的主题演讲，举办国旗下主题演讲26次，学生竞赛获省级以上奖励569人次，获州级一等奖1人。

【合作办学】 2022年6月，恩施高中与利川市五中签订帮扶协议，双方开展整体对接跟岗培训活动，秉承共建、共享、共赢的理念，加强对利川市五中的帮扶。7月，举行“湖北民族大学与恩施州高级中学2022—2027年合作备忘录”签字仪式。安排湖北民族大学教师在恩施高中“师范教育课程学习”3人，学生到恩施高中实习25人。11月，恩施高中—华中科技大学化学学院科普知识讲座活动以腾讯会议形式举行。

【阳光助学】 2022年，恩施高中农村原建档立卡、农村低保等家庭学生637人。按照国家助学金、免学费、彩票公益金等相关要求，做到应发尽发，不错发一人，不漏发一人。全年国家助学金资助人数1295人次，资助金额194.2万元；免学费1204人次，金额108.36万元；路费资助29人次，资助金额2.3万元。引入社会资助，发放爱心助学近200万元。秋季学期，恩施高中开设有劲牌阳光班3个，思源班3个，甘霖班、厚德班各2个，励志班、自强班各1个，覆盖学生501人。

（黄　路　龙显英）

湖北清外教育科技集团

【概况】 湖北清外教育科技集团（简称清外教育集团）由董事长李瑞成出资创办，原为恩施州清江外国语学校（2006年成立），2019年10月，发展成立湖北清外教育科技集团，分设恩施许家坪校区、龙凤校区、利川校区、宣恩校区，以及来凤、利川、恩施4所清外幼儿园，形成涵盖幼儿教育、小学、初中、高中于一体的办学格局。截至2022年12月末，集团教职员工2000余人，其中专职教师1500余人，其中正高级教师2名、特级教师2名、高级教师160名，州教育教学指导专家委员会委员3名、学科教学指导委员12名，教师专业合格率100%。在籍学生2万余名。

【高考成绩】 2022年高考，恩施清外校区文化上特本人数286人，物理方向最高分627分，历史方向最高分622分，600分以上11人，物理方向上特本线168人，历史方向上特本线108人，艺术体育上特本线38人，合计314人。文化特本上线率35.03%，物理方向本科上线407人，历史方向本科上线314人，艺术体育本科上线106人，合计827人，文化本科升学率89.58%，含艺术体育本科升学率93.41%。利川清外校区参考人数312人，特殊本科上线64人，特殊本科上线率20%，物理类600分以上3人，最高分618分，历史类最高分599分；本科上线257人，本科上线率81%。宣恩清外校区全年级文化上特本线6人，艺术体育上特本线11人，特本上线人数17人，物理方向本科上线63人，历史方向上线71人，艺术体育音乐舞蹈本科上线人数89人，本科上线人数223人，本科升学率60.3%。

【中考成绩】 2022年，全州中考成绩前100名，恩施清外校区占51人。分数810分以上116人、800分以上268人、790分以上456人、780分以上607人、770分以上768人。利川清外校区参考人数747人，人均分756.76分，全州中考成绩前100名1人，利川清外校区占11人（2人并列），利川市前100名，利川清外校区占51人。宣恩清外校区参考人数392人，平均分数694.14分，宣恩县中考成绩前100名，宣恩清外校区占50人。

【地生中考成绩】 2022年，全州地生会考，恩施清外校区地生中考最高分100分，95分以上437人，90分以上1217人。利川清外校区地生中考991人参考，人均分88.45分，最高分99分，95分以上170人、90分以上566人。宣恩清外校区参考人数381人，最高分98分，95分以上73人，90分以上174人。

【荣誉】 2022年，恩施清外小学部被中国新闻文化促进会表彰为“首届青年教师教研成果研讨展示交流活动优秀组织单位”。清外课后托管服务中心被评为湖北朗诵家艺术协会第一批考级定点单位，“清朗主持表演艺术”入选湖北朗诵家艺术协会第一批考级定点单位。利川清外、宣恩清外被省教育厅、空军招飞局广州选拔中心授牌为“空军青少年航空学校生源基地”。在湖北语言文字工作委员会组织的第四届中华经典诵写讲大赛“诵读中国”经典诵读大赛湖北省决赛中教师文迪、黄滢嘉获中学生组三等奖。在教育部师德师风建设基地（西南大学），《课堂内外》杂志社联合主办的第三届“寻找中国好老师”活动中，教师许莉获评“中国好教师”。清外小学部教师郑苗被省禁毒办、省教育厅表彰为“2022年湖北省禁毒明星教师”。在中国地理学会举办的第十五届“地球小博士”全国地理科普知识大赛中，教师胡建敏、黄本涛获辅导类一等奖。在叶圣陶杯组委会举办的第十九届“叶圣陶杯”全国中学生新作文大赛全国总决赛中，教师陆玲、谭本贡获辅导类一等奖。在全国第七届“学宪法·讲宪法”总决赛中，学生颜昱菲获全国演讲比赛小学组一等奖、张奥获全国知识竞赛团体二等奖。7月，清外19名优秀选手参加全国总展演的2类大项。其中5名选手获得语言艺术项目全国金奖，6名选手获全国银奖，8名选手获全国铜奖。

（康柄梧）

文化 体育 旅游

Culture, Sports and Tourism

综 述

【概况】 2022年，州文化和旅游局（简称州文旅局）围绕“我们的中国梦·文化进万家”“荆楚红色文艺轻骑兵”惠民演出活动主题，开展线上线下文化惠民活动，推进开放城市书房、示范性文化广场、群众文艺队伍建设，开展群众文化活动，推进文化、旅游、体育事业发展。全州文化馆（站）、图书馆接待进馆人次83万余人次。全州建有非遗馆5个、非遗传承基地118个，非遗传习所66个，传统工艺振兴示范基地30个，传统工艺工作站50个，传统村落50个，特色村寨34个，特色小镇14个，民族文化示范学校90所。持续推进非物质文化遗产进校园、进社区、进企业、进机关、进军营、进景区“非遗六进”工作。印发《恩施州生态文化旅游“十四五”发展规划》，全年接待游客6837.48万人次，实现旅游综合收入438.58亿元。全州有国家AAAAA级旅游景区3个、国家AAAA级旅游景区21个。新增第四批全国乡村旅游重点村1个；新增“湖北旅游名镇”1个，“湖北旅游名村”1个，“湖北旅游名街”1个，新增省级旅游度假区4个；入选国家文旅部发布的全国乡村旅游精品线路3条。印发《恩施州体育发展“十四五”规划》《恩施州关于深化体教融合促进青少年健康发展的实施方案》。举办各类推介活动，推动文化、体育、旅游相融合。

【行政许可事项】 2022年，州文旅局受理旅行社审批设立36家，注销1家，变更备案33家。演出经纪机构到期换证1家，新设立2家。导游身份证识别卡办理及换证190张。开展文旅部门政务服务“清减降放”改革“回头看”专项行动，各县市文旅部门依申请及公共服务事项64项（业务办理项73项）。申请材料由291项压减为198项，减材料率为32%。办理环节由365个压减为242个，减环节率为33.7%。承诺时限较法定时限相比，由1627个工作日减少362个工作日，减时限率为77.6%。乡级依申请及公共服务事项共1项（业务办理项1项）。申请材料由1项压减为零项，减材料率为100%。办理环节由4个压减为2个，减环节率为50%。村级依申请及公共服务事项共1项（业务办理项1项）。申请材料由1项压减为零项，减材料率为100%。办理环节由4个压减为2个，减环节率为50%。承诺时限较法定时限相比，由1个工作日减为0.25个工作日，减时限率为75%。

【安全生产】 2022年，州文旅系统持续学习国家、省、州关于安全生产工作会议相关精神，加强旅游安全和新冠疫情防控工作，组织召开全州调度会议，分析研判旅游安全工作形势，安排部署阶段性工作重点，落实安全工作目标。印发《关于切实做好疫情防控工作的通知》《关于做好当前旅游安全工作的通知》《关于做好国庆假期及前后全州文化和旅游行业安全生产和疫情防控工作的通知》等，统一部署安全防范工作。配合国务院安委会及省文旅厅在恩施州开展的安全生产督导检查，督促文旅企业完成整改工作。加强重点实地督导，在各重点时段和节假日期间，州文旅局领导带队组织开展10余次安全生产等检查工作，明察暗访，涵盖旅游景区、星级饭店、网吧、KTV、旅行社、公共文体场馆等。加强部门联合监管，与州防指行业监管专班合作，督导检查全州文旅系统新冠疫情防控工作；与州自然资源与规划局联合，督导检查全州旅游景区地质灾害防治工作；与州交通局、州公安局、州市场监管局联合组织开展暑期旅游安全大检查工作。加强日常市场巡查，全州各级文旅部门落实行业监管责任，全年出动执法人员17055人次，检查文旅企事业单位6495家次，排查并整改相关问题隐患1960个。其中组织检查文旅企事业单位1821家次，排查并整改相关问题隐患561个。州消安委挂牌督办的重点消防隐患场所1处（巴东县巫峡口景区游客中心），通过巴东县消防部门验收销号。

【州旅安委专项检查】 2022年，州旅安委发挥综合协调职能，牵头组织开展重点时段旅游安全督导检查工作。各成员单位结合工作职责，抓好行业领域安全生产。全年组织开展安全督导检查13次，召开调度会议5次。其中州政府分管领导召集组织调度会议4次，通报全州文旅安全生产形势，安排部署安全生产重点工作。州旅安办坚持日常检查、专项行动和常态监管相结合，组织专班到各县市文旅市场一线，明察暗访，保障重点时段全州文旅市场平安稳定有序。

【荣誉】 2022年1月，省民族歌舞团音乐剧《太阳照进山窝窝》获省委、省政府授予的湖北省第十一届“屈原文艺奖”。2月，省民族歌舞团被中央宣传部表彰为全国2021年科级文化卫生“三下乡”活动优秀团队；州民族体育馆被省体育局表彰为2022年度全省体育工作表现突出的集体。恩施市文化馆馆长伍丹被省文联表彰为湖北省优秀文艺志愿者。3月，宣恩县文化旅游市场综合执法大队队长杨伟被省“扫黄打非”工作小组办公室表彰为全省“扫黄打非”工作先进个人。4月，州博物馆被省政府授予湖北省第五批爱国主义教育基地；州文化馆被文旅部全国公共文化发展中心授予全国“村晚”短视频征集活动“优秀作品”奖、“最佳故事作品”奖、“最佳制作作品”奖。州文化馆美摄部馆员李颜新年画作品《彩龙船闹新春》由中央宣传部文艺局颁发全国“新生活·新风尚·新年画”——我们的小康生活美术作品展获参展证书。6月，州图书馆被省妇联授予“童心向党·幸福成长”2022年湖北庆“六一”主题教育系列活动优秀组织奖；建始县图书馆被省图书馆授予“放飞梦想——湖北·香港少儿画展”作品征集活动优秀组织单位；利川市山茶花艺术团被省文化和旅游厅授予“新时代湖北省百佳社会文艺团队”。7月，州文化馆被省群众艺术馆、省非物质文化遗产保护中心授予“湖北省‘金蕾杯’少儿才艺（声乐类）二等奖”。建始县德溢民生态农业开发有限公司董事长秦娥、鹤峰县李桥村委委员于辉、来凤县半醉红生态农业开发有限责任公司总经理孙成纯、恩施市大耀农业有限公司董事长阳家寿被省文化和旅游厅表彰为2022年度湖北省乡村文化和旅游带头人；利川市文化和旅游局文化馆指导赵佳乐被省群众艺术馆授予湖北省“金蕾杯”十二才艺展演（声乐类《红领巾相约中国梦》）三等奖。8月，利川代表队被全国社会体育指导员协会授予2022年全国社会体育指导员交流展示大会“科学健身创新奖”“最佳画面风采奖”“最佳服装奖”。利川市文化和旅游局文化馆工作人员屈玫君被中国国家画院、湖北省文化和旅游厅、湖南省文化和旅游厅、江西省文化和旅游厅入选喜迎二十大壮美新画卷——乡村振兴·美丽乡村主题美术作品展。9月，利川市文物事业管理局被省文化和旅游厅表彰为“全省文物工作先进单位”。建始县文物管理局刘绪斌、来凤县文物管理局黄林被省文化和旅游厅表彰为全省文物工作先进个人。11月，州文化馆被省文化和旅游厅授予湖北省第三届社会文艺团队展演民间歌舞类一等奖；州文化馆被省文化和旅游厅授予“武陵山原生民歌大赛”三等奖；利川市文化和旅游局被省文化和旅游厅授予“文化力量·民间精彩”湖北省第三届社会文艺团队展演民间歌舞《灯歌醉》获三等奖。恩施绿葱坡旅游开发有限公司毛振东、宣恩县施南韵文化艺术有限责任公司经理罗义杰被文化和旅游部办公厅表彰为“2022年度乡村文化和旅游能人”；州博物馆社教部张莉被省博物馆授予“奋进新征程建功新时代”湖北省文博系统学习贯彻党的二十大精神演讲比赛二等奖；州文化馆美摄部主任副研究馆员谢春华隶书中堂《建成支点、走在前列、谱写新篇》被省文旅厅、省文联等“礼赞新时代——荆楚书画名家作品展”入展；宣恩县民族体育学校校长潘俊宏被省社会体育管理中心授予2022年度湖北省优秀社会体育指导员；宣恩县文化和旅游局安全法规股副股长胡轶被省市场监督管理局表彰为2022年度湖北省市场监管领域部门联合“双随机、一公开”监管成绩突出个人；宣恩县施南韵文化艺术有限责任公司经理罗义杰被文化和旅游部办公厅表彰为文化和旅游部2022年度乡村文化和旅游带头人。12月，州广播电视局被省广播电视局表彰为“完成党的二十大广播电视安全播出保障任务成绩突出单位”。

（魏　娜）

文化艺术

【概况】 2022年，全州建成开放城市书房25座，新建示范性文化广场16个，组建提升群众文艺队伍128支。全州公共图书馆总流通68万余人次，全州文化馆（站）累计接待进馆（站）15万余人次。开展群众文化活动3605场，累计服务662.2万人次，其中组织开展广场舞比赛1193场、群众歌咏比赛125场。组织开展“我在恩施过大年”“每周文化一小时”“灵秀湖北·四季村晚”“悦读恩施”等线上线下活动。

【艺术创作和展演】 2022年1月，咸丰南剧《唐崖土司夫人》女儿会片段，作为湖北唯一入选戏曲，参加央视新年戏曲晚会演出。2月，恩施“土家汉子”组合表演的原生态情景表演《土地的歌》参加中央广播电视总台春节联欢晚会演出，是恩施非遗节目首次登上央视春晚舞台。6月，湖北省民族歌舞团应邀参加湖北省第三届（荆门）园林博览会“恩施州主题日”演出活动；“土家稀奇哥”组合、国家一级演员张明霞参加在武汉举行的“庆祝香港回归25周年演出”活动。8月17日，来凤县南剧传习研究所以张富清为原型的南剧《本色》在梅兰芳大剧院上演。

【公共文化服务体系建设】 2022年，全州完善公共文化服务体系标准化建设，助推乡村文化振兴，制定出台《关于推动恩施州公共文化服务高质量发展的实施意见》，指导8个县市出台本地区公共文化服务实施标准，为推动全州公共文化服务标准化、均等化提供建设标准和依据。推进基础设施建设，按照州政府工作报告要求，全州建成开放城市书房25座；对接省级重点实施项目，全州有16个文化广场入选省级示范性文化广场建设项目，获得专项资金160万元；恩施市图书馆改扩建工程获省级专项资金100万元。组织开展第七次县级以上公共图书馆评估定级工作，完成省级实地评估和补充资料上报。推进示范创建，《来凤县百福司：土家摆手舞》入选"中国民间文化艺术之乡"建设典型案例，29支社会文艺团队入选新时代湖北省百佳社会文艺团队，"湖北省家庭亲子阅读体验基地"及"恩施州家风家教实践基地"落户州图书馆，宣恩县完成第四批省级公共文化服务体系示范区线上复核。

【文化惠民活动】 2022年，全州持续开展文化惠民活动。开展"我在恩施大过年"元旦春节系列文化活动，组织全州荆楚"红色文艺轻骑兵"、文旅志愿者、群文工作人员，开展送戏下乡、非遗体验、民俗展演、春联评选、亲子阅读等群众文化活动；开展"灵秀湖北 四季村晚"系列活动，其中欢乐过大年·喜迎冬奥会——"我们的美好生活"暨咸丰县坪坝营镇"灵秀湖北·四季村晚"专场活动在咸丰县举办，通过多个平台直播，观看量近30万人次。推进全民阅读，州图书馆打造"悦读恩施"读者服务品牌，联合恩施电视台完成"书香恩施·喜迎盛会"2022年恩施州全民阅读直播活动，开启"21天线上打卡"活动，有近13万人次在线收看收听；开展"我们的节日"主题阅读、"童享书香"科普阅读、"童心·童廉"城乡家庭研学、"相约乡读"等线下读者服务活动224场；开展"恩图之声""为您读书"等线上栏目82期。特色展览持续开展，先后举办"清江清"系列展览、恩施州清廉机关建设书法美术摄影作品展、中国恩施州·韩国堤川市青少年绘画作品交流展等。开展文化赛事活动，组织参加"喜迎二十大·奋进新征程"——2022年湖北省"金蕾杯"少儿才艺展演（音乐类）大赛，恩施州选送作品获器乐类一等奖1个，二等奖2个，三等奖4个，声乐类一等奖1个，二等奖3个，三等奖1个；组织开展"文化力量·民间精彩"恩施州第三届社会文艺团队展演，选送5支优秀团队参加湖北省第三届社会文艺团队展演，其中《云里土家》《哥妹上山采花果》《灯歌醉》分获全省展演民间歌舞类一等奖、二等奖、三等奖；组织开展恩施州青少年才艺大赛暨中小学生和教师美术书法作品比赛，选送优秀美术书法作品参加全省第23届中小学生美术书法比赛，85件作品获奖，其中书法类一等奖6件、二等奖8件、三等奖12件、优秀奖23件，美术类一等奖4件、二等奖6件、三等奖10件、优秀奖16件；组织参加"沿着长江读中国——读一本书·品一座城"第三届讲书人大赛，选手胡核获"铜牌讲书人"称号；组织开展"灵秀湖北欢迎您"——恩施州首届万名司机讲家乡故事大赛，并选送组织参加首届万民司机讲家乡故事宜荆荆片区赛和决赛，米承霞、黄琳分获"家乡宣传员"银牌、铜牌。全州各专业表演团体组织开展送戏下乡活动（含戏曲进校园、戏曲进乡村）1035场，观众10余万人。春节期间举办线上、线下文化活动348场次。

【群众创作】 2022年，《我在恩施过大年》新春贺岁片参加全国"村晚"优秀短视频征集活动，被推选为"优秀作品""最佳故事作品""最佳制作作品"。刻字作品《丝路千年》参加第七届丝绸之路国际艺术节现代刻字国际艺术展。新年画作品《彩龙船闹新春》参加全国"新生活·新风尚·新年画"——我们的小康生活美术作品展。女声小组唱《哥妹上山采花果》和舞蹈《连厢情》获"群芸大武陵·奋进新征程"2022武陵山原生民歌大赛三等奖和优秀奖。广场舞作品《耍出土家新风采》参加2022年"文化力量·民间精彩"湖北省群众广场舞精品展演。美术作品《秋之歌》入选"喜迎二十大·奋进新征程"——湖北省中国画学会作品展。《恩施州图书藏饶应祺稿抄本文献》完成出版。恩施市打造地方民族戏剧《土家忠魂》；利川市启动"大利之川·相约四季"本土民歌广场舞歌曲创编项目，创作完成《好久没到这方来》《采茶小调》《双手搭在妹娃肩》《唱起山歌送情郎》《对门对户对条街》《采莼菜的姑娘》等民歌；建始县围绕廉政建设创作小品《丢钱》、表演唱《勤政廉政一起来》、歌舞剧《幸福进山来》《和美建始启航新征程》等；巴东县结合乡村振兴创作小品《一墙之隔》《百姓故事》；鹤峰县编创音乐作品《花上加花土家人》《柑子树》《踏歌采茶》《高铁开到家门口》《鹤峰云·峡谷雾》，说唱音乐短剧《和谐使者易满成》。

【文化产业】 2022年，全州有恩施大峡谷旅游开发有限公司、湖北省鄂旅投旅游发展股份有限公司、恩施日报传媒集团有限责任公司、恩施州广播影视传媒集团有限责任公司、恩施市巨幕影视文化传媒有限公司等规模以上文化产业单位106家，同比增长17.78%，实现营业总收入50.72亿元。全州文化及相关产业市场主体11424户，其中企业类市场主体6223户，个体工商户5201户。

【文化志愿服务】 2022年，州文旅局组织举办每周文化一小时——"清廉恩施·非遗传承"文化志愿服务成果展暨线上清廉主题短视频大赛，围绕清廉文化和非遗传承主题，按照州级引领、县级带动、乡村参与的"1+8+N"模式，在全州组建49支文化和旅游志愿服务队开展文旅志愿服务，通过"点单、拼单、派单"等方式，每周将特色鲜明、形式多样的文旅志愿服务送进机关、校园、社区、企业、乡村。开展培训962场，1185个课时，培训23万余人次，线上清廉主题短视频大赛征集72件作品，线上作品观看总流量39.1万人次，线上作品总投票数为21万余票。来凤县《以"张富清先锋队"志愿服务提升来凤县公共文化服务体系建设水平》入选文旅部2022年文化和旅游志愿服务典型案例，宣恩县文化和旅游志愿者罗义杰荣获2021年全国"圆梦工程"优秀志愿者。"非遗唱响鄂西南"理论宣讲志愿服务项目获2022年湖北新时代文明实践志愿服务项目大赛理论政策宣讲类金奖、人气奖和2022湖北省最佳志愿服务项目。

（魏　娜）

文艺演出和文化展馆

省民族歌舞团

【概况】 2022年，湖北省民族歌舞团以“我们的中国梦”文化进万家、乡村振兴、戏曲进校园、廉政宣教、党纪法规“十进十建”“扫黑除恶”、反电信诈骗、禁毒、垃圾分类等为主题，组建荆楚“红色文艺轻骑兵”小分队，开展送戏下乡惠民演出200场次，惠及群众10多万人次。州文化中心广场管理及运营加强，为广大市民营造干净、美丽的广场环境，为入驻单位提供安全、舒适的办公环境，为全州各类重大会议的举办提供高标准的后勤服务与保障。3月，省民族歌舞团启动州文化中心国家AAA级旅游景区创建工作，6月景区国家授牌投入运营。

【文艺创作】 2022年5月，省民族歌舞团推荐选送的“土家稀奇哥”组合亮相中央电视台星光大道栏目，为备战各阶段赛事，省民族歌舞团为“土家稀奇哥”量身创作《土家敬酒歌》《门前一口堰》《四季》《一笔写东南》等多首具有浓郁土家韵味的歌曲。省民族歌舞团全年创编文艺节目76个，其中舞蹈节目67个、声乐作品6个、小品作品3个。5月23日，省民族歌舞团与三峡大学达成战略合作协议，并设立本科生、研究生两个实践教学基地，为人才培养与输送搭建平台。

【文艺产业发展】 2022年，省民族歌舞团相继组织策划参演“团州委庆祝中国共产主义青年团成立100周年演出活动”“彭家寨端午节演出活动”“巴东纤夫节演出活动”“恩施州应急局情景剧”“献给自治州的声音诵读大赛”“怒放的生命——最强追梦人”“放歌40年歌手大奖赛”等各类文艺演出活动。艺术培训中心完成营销135万元，全团实现非税收入501.61万元。

【文化交流】 2022年，省民族歌舞团相继参加湖北省第三届（荆门）园林博览会“恩施州主题日”演出、恩施州供销社厦门与恩施州首场农副产品品尝推介、庆祝“香港回归25周年”演出、庆祝“中韩建交30周年”专场演出、第六届云阳·清水土家女儿会等活动，土家特色文化演出已成为展示恩施特色、促进交流合作、邀请各地宾朋的重要媒介。

【文化宣传】 2022年，省民族歌舞团发布微信推文136篇，更新官方网站262条，湖北省民族歌舞团、土家稀奇哥、放歌40年抖音号及视频号累计更新视频动态267条，以“新兴媒介+文艺+旅游”模式创作短视频作品，支持文旅融合发展和特色产品宣传销售。

【荣誉】 1月7日，省民族歌舞团音乐剧《太阳照进山窝窝》获湖北省第十一届“屈原文艺奖”。2月24日，省民族歌舞团被中宣部表彰为全国2021年科技文化卫生“三下乡”活动优秀团队。4月，州文化中心获2021—2022年度湖北省公共机构能源资源节约“优秀示范案例奖”。

（罗耀文）

州文化馆

【概况】 2022年，恩施州文化馆从免费开放、群文活动、展览艺术、文艺创作等方面为群众提供公共文化服务，累计服务群众286万人次。女子组合“阿惹阿美”演唱的《摘朵栀子花》获“唱响黄河”山西2022年民歌邀请赛一等奖；州文化馆培训部被湖北省青年文明号组委会授予2022—2023年度“湖北省青年文明号”创建集体。

【文艺创作】 2022年，州文化馆组织拍摄《“我在恩施过大年”新春贺岁片》入选文化和旅游部全国公共文化发展中心举办的“村晚”优秀短视频征集活动中的“优秀作品榜”“最佳故事榜”“最佳制作榜”。舞蹈作品《村里那座山》入围第十三届中国艺术节暨第十九届群星奖复赛，获恩施州第十四届精神文明建设“五个一工程”优秀作品奖。音乐作品《云里土家》在湖北省第三届社会文艺团队展演中荣获民族歌舞类一等奖。编排广场舞《云里土家》在湖北省第十六届运动会群众体育类广场舞比赛中荣获第四名及“精神文明奖”；编排歌曲《哥妹上山采花

2022年6月7日，省民族歌舞团参加湖北省第三届（荆门）园林博览会“恩施州主题日”演出 （周 皓 摄）

果》在2022年武陵山原生民歌大赛中荣获三等奖。美术作品《彩龙船闹新春》参加全国"新生活·新风尚·新年画"——我们的小康生活美术作品展；刻字作品《丝路千年》参加第七届丝绸之路国际艺术节现代刻字国际艺术展。

【群众文化活动】 2022年，州文化馆举办"每周文化一小时"——"清廉恩施·非遗传承"文明实践志愿服务活动，以清廉文化和非遗主题为培训内容，派出文艺骨干、文化志愿者到66个单位开展文艺辅导，举办培训434场、服务2.5万人次。举办暑期少儿艺术培训，开展舞蹈、拉丁、钢琴、情商、合唱、书法等11个项目，组织培训330场、7800人次。开展"群文云上大课堂"6场，以广场舞《云里土家》《新摆手舞》为培训内容，线上学习观看量达160万余人次。举办全州广场舞大赛骨干培训班，来自全州8县市的50余名群文舞蹈干部、文化志愿者参训，以《云里土家》《新摆手舞》为培训内容，累计培训40场、1920人次。举办荆楚"红色文艺轻骑兵"活动，到利川市，来凤县舍米湖村、仙佛寺村，巴东县高阳村，咸丰县马家沟村，恩施市黄泥坝、小渡船、清外校园等村镇、社区、机关单位以及校园开展文艺辅导，累计开展培训340场，辅导3.3万人次。举办"文艺点亮生活"文明实践志愿服务活动，到巴东县、恩施市进行"耍耍"和"恩施民歌"等文艺项目培训，开展培训332场，培训3.3万余人次。2022年，州文化馆举办欢乐过大年·喜迎冬奥会——"我们的美好生活"暨咸丰县坪坝营镇"灵秀湖北·四季村晚"专场活动，通过国家公共文化云、湖北省文旅厅百度百家号、新浪直播间、恩施州文化馆公众号、咸丰县融媒体微信公众号等进行全程直播，观看量近40万人次。组织开展2022年恩施州"金蕾杯"少儿才艺展演活动并参加湖北省"金蕾杯"少儿才艺展演活动，恩施州共荣获12项奖，其中器乐类7件，声乐类5件。

【艺术展览】 2022年，州文化馆组织开展展览12场，线上线下参观达3.1万人次。主要有加强国际交流的——中国恩施州·韩国堤川市青

2022年1月18日，"欢乐过大年·喜迎冬奥会——我们的美好生活"咸丰县坪坝营镇"灵秀湖北·四季村晚"专场活动 （州文化馆 供稿）

少年绘画作品交流展，唱响主旋律红色主题展——恩施州清廉机关建设书法美术摄影作品展，颇具民族和地域特色的高校主题设计展——"乡村振兴"鄂西南特色村寨旅游导视文化符号的建构设计项目汇报展，极具独特魅力的个人特色展——"志于道"游成文、郑州、李长城三人书画联展等。

（余婉婷）

州博物馆

【概况】 2022年，恩施州各博物馆、纪念馆，服务恩施州公共文化服务体系建设，加强文旅融合，免费开放、文化惠民等各项工作。全州备案博物馆11家，其中国有博物馆8家、非国有博物馆3家。国家二级博物馆1家（恩施州博物馆）、国家三级博物馆2家（恩施市博物馆、鹤峰县博物馆）。州博物馆被省政府评选为湖北省爱国主义教育基地，档案目标管理达"省特级"标准，张莉、柳婷婷在"奋进新征程·建功新时代"2022年湖北省文博系统学习贯彻党的二十大精神演讲比赛中分别获二等奖和优秀奖。

【藏品管理】 2022年，恩施州所辖收藏单位收藏可移动文物总数112155件套，其中一级文物74件套；二级文物299件套；三级文物653件套；一般文物1465件套；未定级文物109664件套。其中恩施州博物馆80875件套，恩施市博物馆730件套，利川市文物局7167件套，建始县博物馆2308件套，巴东县博物馆11348件，宣恩县民族博物馆1244件，咸丰县民族博物馆2050件套，来凤县民族博物馆1395件套，鹤峰县博物馆15962件套。通过接受捐赠、购买等形式征集藏品251件套，其中恩施州博物馆46件套，建始县博物馆选定征集藏品60件套，鹤峰县博物馆145件套。

【免费开放】 2022年，恩施州各博物馆提升免费开放服务水平和能力，州博物馆免费开放222天，恩施市博物馆免费开放267天，建始县博物馆免费开放175天，巴东县博物馆免费开放124天，宣恩县民族博物馆免费开放310天，咸丰县民族博物馆免费开放317天，来凤县民族博物馆免费开放252天，鹤峰县博物馆免费开放284天。接待观众30.68万人，接待未成年人12.85万人，其中州博物馆接待观众5.82万人，完成州委、州政府重要接待52场次，恩施市博物馆接待观众4.27万人，建始县博物馆接待观众4.28万人，巴东县博物馆接待观众3.64万人，宣恩县民族博物馆接待观众1.48万人，咸丰县民族博物馆接待观众3200人，来凤县民族博物馆接待观众4.22人，鹤峰县博物馆接待观众4.45万人。

【社会教育】 2022年，州博物馆全年举办民俗及节日类活动20次，开展"我在恩施过大年·虎年寻虎"

"恩博过端午，巧手做龙舟""八一强军魂，文化进消防"等社教活动；到江城希望小学等学校开设4次"博学雅识"拓展课堂；在恩施文旅频道推出"空中博物馆"之"走进巴人青铜时代"视频10期；开展暑期志愿讲解员培训与考核，评选出32名优秀志愿者，推出"恩博新声音"志愿者风采展示2期；开展"博物馆的力量"主题征文活动，进行优秀作品评选及表彰，择优在微信公众号发布。恩施州各博物馆依托"宜荆荆恩"城市群博物馆联盟、恩施州博物馆展览联盟，配合国内外高校开展博物馆研学活动9场，开展《博物馆的力量·品传土苗史韵》观展、答题、讲座等社教活动。

【展览交流】 2022年，州博物馆引进湖北省古建筑博物馆《神工意匠——古代建筑知识展》、江苏仪征市博物馆《雨花石"韵"——仪征雨花石精品展》、云南西双版纳州博物馆《傣族民俗展》、福建漳州市博物馆《翰墨流韵·古风盎然——漳州市博物馆馆藏台北故宫博物院经典书画复本展》线下展，山西大同市博物馆《万木有灵——非洲雕塑艺术展》、河南南阳唐王府博物馆《邮票上的时代青年》线上展，推出《花铺盖——土家族西兰卡普展》到湖北明清古建筑博物馆、福建厦门市博物馆、江苏仪征市博物馆展出，联合全国百佳文博单位共同举办原创展览《虎跃龙翔——中国虎文化百馆联展》线上线下展，举办原创展览《清风正气贯古今——清廉恩施·家风家教文化图片展》线上线下展。恩施州各博物馆出借馆藏文物到宜昌博物馆参加《曾经巴楚——"宜荆荆恩"城市群博物馆联盟青铜文物特展》线下展，参加《争艳》"宜荆荆恩"城市群博物馆联盟镇馆之宝线上联展。

【学术活动】 2022年，州博物馆邀请课题特聘专家开展《土家族源流研究》课题报告评审、培训、交流，《土家族源流研究》课题报告结项，进入出版程序。完成《中国少数民族文物图谱·恩施卷》《恩施州博物馆精品文物之近代篇》编辑出版工作。州博物馆馆长董祖斌参加中国博物馆协会民族博物馆专业委员会 2022 学术研讨会暨常委会议，作《充分发挥民族类博物馆优势，铸牢中华民族共同体意识》的主题发言。在中国博物馆协会少数民族专委会馆长笔谈与线上青年论坛中，2人作为代表交流发言。董祖斌撰写的《浅论博物馆"恢复与重塑"的重点与步骤》被湖北省博物馆协会评为二等奖。

【举办国际博物馆日活动】 2022年5月18日，恩施州举办"5·18"国际博物馆日系列活动，活动主会场设在宣恩县，推出集中展览、红领巾讲解员演讲和"文博课堂进校园"等形式。宣恩县博物馆推出"最美文物我来画"线下评选活动，恩施市博物馆开展"老城寻宝"情景式体验活动，建始县博物馆举办"我爱家乡的国宝"征文，来凤县博物馆与洋县博物馆开展"张富清的故事"互动直播，咸丰县博物馆开展"大美咸丰·春润荆南"清廉主题书画影展。

（杨　欣）

2022 年 5 月 18 日，恩施州"5·18"国际博物馆日活动启动仪式在宣恩县民族实验中学举行

（州博物馆 供稿）

州图书馆

【概况】 2022年，恩施州图书馆投入购书经费68万元，新增图书1.8万册，接收捐赠图书826册，文献总藏量达89.28万册，数字资源30TB；全年到馆读者20.32万人次，服务读者30.14万人次，图书流通24.8万册次，新证办理3000人，现有效读者共1.9万人。其中4个城市书房和5个直属分馆共到馆9.4万人次，图书流通3.2万册次，服务读者11万人次。新建城市书房1个、分馆1个、图书流通服务点6个，累计开展线上、线下活动250场次，同比增长12.6%，服务读者20万人次。

【出版《恩施州图书馆藏饶应祺稿抄本文献》】 2022年，州图书馆影印出版《恩施州图书馆藏饶应祺稿抄本文献》，全书共12册，6380千字，由广西师范大学出版社出版，收录在由湖北省文旅厅指导、湖北省图书馆主持的"鄂图藏珍"文化工程项目中，标志着恩施州图书馆在特色文献开发利用上有新的突破。《恩施州图书馆藏饶应祺稿抄本文献》所收录的饶应祺稿抄本文献16部，按照内容可分为函电奏稿类，政书公文类，日记、信札、手录类，且均为原稿，填补和充实《新疆巡抚饶应祺稿本文献集成》（李德龙主编）的空缺部分，丰富和完善饶应祺的稿抄本文献资料，是研究清代后期政治、军事、经济、地理的第一手珍贵资料。饶应祺精于书法，善真、行、草书，这些文献是其存世不多的手写真迹，具有学术研究及艺术收藏价值。

【馆藏古籍入选《中国少数民族文物图录——湖北卷》】 2022年，州图书馆馆藏地方文献古籍16部入选《中国少数民族文物图录——湖北卷》，记述恩施土家族姓氏源流、风俗习惯、历史人物等方面的情况，是研究恩施土家族历史、文化的重要文献。依据《中国少数民族文物图谱编纂出版工作手册(修订版)》，对馆藏地方文献古籍（清同治七年)、《恩施县志》十二卷首一卷（清道光十年)、《施南府志》三十卷首一卷（清同治十年)、《增修施南府志》三十卷首一卷等16部图书进行条目撰写，介绍每部图书的基本信息，对该文物价值进行介绍。

【建立“恩施书房”】 2022年，州图书馆建成24小时无人值守“城市书房”——恩施书房恩施州图书馆中心馆，为读者提供精神文化平台。书房建筑面积400平方米，可同时容纳100人进行阅读。读者可通过书房外设置的身份识别设备进入。书房24小时无人值守门禁与图书管理系统和书房物联设备联动，为读者带来“8小时”外的优质阅读服务。截至12月末，州图书馆建成城市书房4个，到馆读者8万人次，图书流通1.8万册次，服务读者8.1万人次。

【推进智慧图书馆建设】 2022年，州图书馆实施智慧图书馆体系建设项目，联合州档案馆、咸丰县图书馆、巴东县图书馆，收集整理地方文献数字化2.5万页并将数据提交湖北省图书馆审核。州图书馆完善总分馆建设，全年建成直属分馆1个，安装智能化数字化设备，实现图书“通借通还”。建成馆外图书流动服务点6个，图书流通7500册次。截至12月末，建成直属分馆6个，流动服务点42个，图书流通5.33万册次，服务读者3.13万人次。

【开展第七次全国县级以上公共图书馆评估定级】 2022年，州图书馆完成第七次全国县级以上公共图书馆评估定级材料收集征集及平台上报工作。印发《关于开展县级以上公共图书馆第七次评估顶级工作的通知》，成立恩施州评估定级领导小组，在恩施州图书馆设立工作专班，具体负责评估定级各项工作。各县市局相应成立评估定级领导小组，全州公共图书馆均组建评估定级工作专班，开展全州县级以上公共图书馆评估定级专项检查。专家组通过听取汇报，了解各县市图书馆的基本情况和近几年的主要工作，从服务效能、业务能力和保障条件3方面实地查看评估资料和业务数据，提升全州图书馆管理水平。全州9个县级以上公共图书馆全部参与此次公共图书馆定级。通过自评，州图书馆申报市州级一级馆，利川市图书馆、巴东县图书馆、宣恩县图书馆、咸丰县图书馆和来凤县图书馆等5个馆申报县市级一级馆，恩施市图书馆、建始县图书馆和鹤峰县图书馆申报县市级二级馆。

【讲家乡故事大赛奖项】 2022年6月21日，由州文化和旅游局、州委文明办、州交通运输局主办，恩施各级公共图书馆实施的恩施州首届“万名司乘人员讲家乡故事”大赛启动，全州24名司机经过初选进入选拔赛，经专家评审，推选10名司机入围“宜荆荆恩”片区赛。10月7日，在首届万名司机讲家乡故事大赛云上会演中，州图书馆推送选手黄琳的作品《贺龙的马鞍》参加会演，观看量93.7万人次。12月9日，在全省“灵秀湖北欢迎您”——首届万名司机讲家乡故事大赛总决赛中，选送选手米承霞、黄琳获“家乡宣传员”银牌和铜牌奖项。

【推进“宜荆荆恩”城市群公共图书馆一体化发展】 2022年4月22—24日，“宜荆荆恩”城市群公共图书馆一体化发展座谈会在宜昌当阳市图书馆召开。州图书馆馆长谭华梅及相关县级馆馆长参加会议。6月13—14日，宜昌市图书馆馆长刘明率宜昌区县图书馆一行7人到恩施州图书馆、宣恩县图书馆联合开展馆际交流活动，了解恩施州公共图书馆的馆舍情况、馆藏结构、人员配置、业务开展等基本情况，同时，参观恩施书房恩施州图书馆书院分馆、宣恩县图书馆，了解城市书房的建设模式、管理运行、功能布局和服务情况，以馆际交流活动为契机，推动“宜荆荆恩”城市群一体化发展。8月9日，恩施州图书馆派员参加荆门图书馆新馆开馆仪式，加强“宜荆荆恩”联盟图书馆的交流与合作，共同打造具有区域特色的一体化发展模式。

【参与武汉大学“中国古农书的搜集、整理与研究”科研课题】 “中国古农书的搜集、整理与研究”科研课题责任单位为武汉大学，首席专家为吴平教授，有子课题5个。恩施州图书馆谭华梅、汪泓成作为“中国古农书的搜集、整理与研究”子课题二的成员线上参会。2022年3月12日，参加2021年国家社科基金重大招标课题“中国古农书的搜集、整理与研究”开题报告会，子课题负责人分别介绍研究进展后开展专家评议，课题组负责人对专家提出的意见和建议做简要回应并开展自由研讨。9月29日，参加“中国古农书的搜集、整理与研究”子课题二研究进度报告暨本季度（7—9月）工作汇报，汪泓成以《渔业类古农书的研究综述》为题，从研究热点和现状、学者代表性观点、研究小结、拟定的思路和方法等4个方面进行课题研究阶段性汇报。10月13日，“中国古农书的搜集、整理与研究”子课题二（古农书序跋总集的汇编与珍稀文献的选编）项目组在湖北省图书馆召开第二次工作会议，讨论《中国渔业类古农书序跋总集》和《中国渔业类古农书萃刊》底本访求与支付，研究选题报告，提出编纂出版计划。

【长江读书节讲书人大赛奖项】 2022年，“读一本书·品一座城”沿着长江读中国第三届长江读书节讲书人大赛活动由省图书馆、省新华书店及长江沿线13个省图书馆联合举办。4月，州图书馆组织征集到244位讲书人的参赛视频，其中41人入围全国前500强，5人入围全国前100强，1人入围全国前30强。8月10日，在长江读书节第三届讲书人大赛总决赛中，州图书馆获“优秀组织奖”，推送选手胡核获“铜牌讲书人”称号。

【文旅志愿服务】 2022年，州图书馆全年开展“小手牵大手，文明一起走”“幸福舞阳，贴心小棉袄”“学雷锋纪念日”等文旅志愿服务26场次，服务时长400小时，服务家庭175组，服务读者3488人次。

【开展世界读书日全民阅读系列活动】 4月23日世界读书日，州图书馆联合恩施电视台完成“书香恩施 喜迎盛会”2022年恩施州全民阅读直播活动，开启“21天线上打卡”活动，13万人在线收看收听。与省图书馆联动开展“因书而美·阅见未来”长江读书节系列活动。联合乡村、学校、直属分馆、绘本馆等，以“阅读改变命运”专题讲座、馆员讲故事、廉政文化展、经典图书展、阅读推广漫画展、古诗词大赛等形式开展主题活动，服务师生2000人次，亲子家庭25组。

【通过“互联网+”完成线上直播】 2022年9—11月，省图书馆联合州图书馆开展“喜迎二十大，强国复兴有我”中小学生文化志愿服务暨“相约乡读·悦读恩施”系列活动，州图书馆先后组织恩施市高旗实验小学等4所学校参与线上直播10场，为乡村学校流通图书5次，流通图书1500册次，图书室整理辅导3次。11月25日，长江读书节领读者田媛以恩施州图书馆开展阅读推广活动为例，从图书馆的角度为全省基层公共图书馆以及中小学校以《以活动为媒，传递图书馆之美》做经验交流，通过“互联网+”开启公共文化服务新模式，为读者提供服务。

【持续打造“悦读恩施”读者服务品牌】 “悦读恩施”是恩施州图书馆打造的阅读推广品牌，其核心理念是“诗在远方，更在故乡。悦读恩施，阅见美好”。“悦读恩施”阅读推广品牌依托施南读书会、“童心童梦”读书会，致力于全民阅读、生态文明、家庭阅读、亲子活动以及乡村阅读等领域，关爱留守儿童及特殊群体，通过“馆长领读”“家庭阅读”“相约乡读”等活动。2022年开展“我们的节日”主题阅读、“童享书香”科普阅读、“童心·童廉”城乡家庭研学等线下读者服务活动138场，服务亲子家庭840组。展播《悦读“她”力量》《书籍 春风 还有你——给读者的一封信》“恩图之声”“为您读书”等线上栏目112期。线上线下活动共250场次，同比增长12.6%，服务读者近20万人次。

【开展文化普及活动】 2022年，州图书馆开展文化普及型讲座17场，内容涉及传统文化、科学普及、健康讲座及业务知识等，服务读者2.9万人次；举办展览30次，参观人数1.7万人次；开设培训班16个，培训人数4000人次。

（李光炼）

2022年4月23日，恩施州图书馆到恩施市中等职业技术学校开展“因书而美 阅见未来”全民阅读走进校园活动

（州图书馆 供稿）

文物保护

【概况】 2022年2月9日，州委编办根据《湖北省委编办关于加强文物保护和考古工作机构编制保障的实施方案》和《湖北省委编办关于恩施州文化和旅游局加挂恩施州文物局牌子的批复》，同意在州文旅局加挂州文物局牌子。6月11日，恩施州文物局挂牌。州文物局制定全州文物工作联席会议制度，开展长江文物资源调查、少数民族文物图谱（湖北卷）编撰和第二批湖北省革命文物申报等工作。截至12月末，全州登记不可移动文物1683处，其中全国重点文物保护单位9处，省级文物保护单位89处，州级文物保护单位34处，县级文物保护单位365处。全州获得全国重点文物保护专项补助资金3109万元，省级重点文物保护专项补助资金255万元，州级文物保护专项资金200万元，文化保护传承利用工程中央预算内资金支持1600万元。利川市文物事业管理局被表彰为全省文物工作先进单位，建始县文物局局长、县博物馆馆长刘绪斌，来凤县文物局局长、县博物馆馆长黄林个人被表彰为全省文物工作先进个人。

【不可移动文物保护工程实施】 2022年，完成国保项目立项申报2个，省保项目立项11个，国保项目获得立项批复1个，省保项目获得立项批复5个。申报国保项目设计方案1个，申报省保项目设计方案8个，获得保护项目设计方案审批7个。完成鱼木寨传统村落集中连片保护工程、仙佛寺生态停车场项目、唐崖土司城文化旅游去基础设施项目3个涉建项目申报，其中鱼木寨传统村落集中连片保护工程、仙佛寺生态停车场项目获得国家文物局批复。

【重点文物资源调查】 2022年1月，恩施州启动开展长江文物资源调查，5月，摸清全州“三普”（第三次全国文物普查）发现的不可移动文物基本情况以及新发现不可移动文物情况，建立全州不可移动文物数据库。6月，在万里茶道《赤壁宣言》发表10周年座谈会暨申遗工作现场会上，鹤峰南村古茶道在9个省97个遗产点评估得分中排名第一，成为22个优选点之一。将荆楚大遗址传承发展与“三区三线”（“三区”指生态、农业、城镇三类空间；“三线”指的是根据生态空间、农业空间、城镇空间划定的生态保护红线、永久基本农田和城镇开发边界三条控制线）工作相结合，为建始直立人遗址、容美土司遗址、大寨坪遗址保护利用项目争取用地支持。全年谋划申报唐崖土司城址安防升级工程、唐崖土司城址监测预警系统（二期）工程、唐崖土司城址墓葬保护（一期）工程3个项目，其中唐崖土司城址安防升级工程、唐崖土司城址墓葬保护（一期）工程通过国家文物局立项批复。

【完成长江文物资源调查任务】 2022年1月，恩施州启动长江文物资源调查工作，5月完成恩施州第三次文物普查时发现的不可移动文物和新发现不可移动文物情况的普查，建立全州不可移动文物数据库，对1683处不可移动文物进行田野调查、报告撰写等，形成资料汇编，获省文化和旅游厅审核通过。

【支持万里茶道申遗】 2022年6月，万里茶道《赤壁宣言》发表10周年座谈会暨申遗工作现场会在赤壁市召开，鹤峰南村古茶道在9省97个遗产点评估得分中排名第一，成为22个优选点之一。12月，五里乡南村村建成茶文化陈列馆，并征集茶道相关实物、文献150件（套），推进申遗工作。配合申遗小程序开发技术团队到鹤峰进行初步踏勘，完成微信小程序信息采集，形成遗产点UR全景效果图；加强古茶园保护管理，完成坛子洞古茶园、长岭古茶园、连三坡古茶园清理和参观步道铺设，完成全县90处467公顷古茶园、古茶树普查工作；实施古驿站复建工程，主体工程于11月完成，对严重影响环境风貌的高德振房屋进行征收；编制《万里茶道鹤峰段遗址遗存大全》《万里茶道鹤峰段碑刻集》《万里茶道——宜红茶源地风光图集》。

【推进荆楚大遗址传承发展】 2022年，湖北省下达文化保护传承利用工程（第一批）中央基建投资预算资金，8个项目获项资金支持，其中建始县直立人遗址文化公园保护利用设施项目获资金1600万元，占全省资金的10%。建始直立人遗址安防工程获全国重点文物保护专项资金360万元，容美土司爵府遗址获全国重点文物保护资金600万元，咸丰大寨坪遗址文物调查前期工作获州级文物保护专项资金20万元。建始县、鹤峰县、咸丰县启动湖北省文化遗址公园创建。10月，建始直立人遗址被省政府公布为第二批湖北省遗址公园。

【国保单位涉建项目实施情况核对】 2022年，根据省文旅厅《关于核对全国重点文物保护单位涉建项目实施情况的通知》要求，全州文物系统迅速开展自核工作，对2019年1月至2022年10月国保单位的涉建项目进行自查和核对。经核查，全州国保涉建项目鱼木寨保护利用设施建设工程、来凤县仙佛寺石窟危岩体加固（二期）工程、仙佛寺石窟停车场及配套设施建设项目、五里坪革命旧址环境整治工程审批和实施程序完整合法，项目与审批方案一致，无违建行为等方面的问题。

【文物安防升级项目】 2022年，完成唐崖土司城址安防升级项目立项，范家老屋消防工程、黄金洞炼硝厂遗址安防工程、庆阳凉亭街防雷工程等17处省保单位防护项目立项。完成仙佛寺石窟消防工程、容美土司遗址安防工程2处国保单位防护工程设计方案申报，金果坪红三军旧址消防工程、毛坝会议旧址消防工程、大村会议旧址消防工程等8处省保单位防护工程设计方案申报。其中2处国保单位、6处省保单位防护工程设计方案获得省厅批复同意。完成大水井安防工程、大水井防雷、鱼木寨安防工程等国保项目预验收，完成两河口苏维埃旧址消防、庆阳凉亭街消防工程、咸丰蒋家花园消防工程、谢家老屋消防竣工验收，通过省文化和旅游厅对唐崖土司城消防项目竣工验收。五里坪革命旧址安防、张官铺侗寨消防完工。

【文物安全和消防能力提升三年行动】 2022年，落实国家文物局、省文旅厅关于文物安全和消防能力提升三年行动的总体部署。建立文物工作联席会议制度，完善文物安全四级责任体系、加强日常安全巡查、开展文物安全专项整治。争取国家、省文化保护专项资金实施文物防护项目，州、县级财政安排专项资金，实施州博物馆防护项目以及各县市“平安文物”项目；加强工程的程序安全管理、施工安全管理，工程质量管理，定期开展工程进度及安全检查，保证文物工程人员和文物安全。开展文物安全教育培训，结合国家博物馆日、文化遗产日和文化、科技、法律“三下乡”等活动，宣传文物保护知识和消防安全知识，加强日常培训，组织专职、兼职消防队和当地群众学习文物安全知识。将文物安全隐患排查纳入文旅行业安全隐患排查的范围，联合应急管理局、消防救援等单位开展文物安全隐患排查。全年州文旅局开展集中安全隐患排查3次，派出检查组18个、检查人员54人次。

【文物建筑消防安全专项检查】 2022年8月29日至9月15日，根据《湖北省文化和旅游厅湖北省消防救援总队关于开展文物建筑消防安全专项检查的通知》要求，恩施州开展文物建筑消防安全专项检查，重点排查廊桥、传统村落、寺庙宫观、木结构文物建筑、革命文物的“四有”（有保护范围、有保护标志、有记录档案、有保管机构）、消防安全管理、电气安全、用火安全、燃香烧纸安全、消防设施设备、危险物品安全管理情况。专项检查要求各县市文旅部门加强安全自查自纠，突出隐患排查整治工作，做到国保、省保单位全覆盖。州级派出由文物、消防救援、文化市场执法部门组成的检查组对州域范围的国保、省保、州保单位进行抽查。

【申报第二批湖北省革命文物】 2022年12月6日，恩施市板桥革命烈士纪念碑、利川市周念民故居、建始县苏维埃政府遗址、巴东县赵师梅墓葬等39处不可移动文物，恩施州博物馆第二次国内革命战争时期红军用的绑腿刀、咸丰县民族博物馆中华民国镶玉竹箫、来凤县民族博物馆1926年农民在板沙界起义时用的铁战刀等41件（套）可移动文物被公布为湖北省第二批革命文物。

【编撰中国少数民族文物图谱·湖北卷】 2022年4—11月，恩施州对全州符合条件的不可移动、可移动文物详细信息进行报送，经专家组现场认定、核查，完成文物照片拍摄。在恩施州召开《中国少数民族文物图谱·湖北卷》编撰推进会、专家咨询会。全州报送503件（套）少数民族可移动文物、179处少数民族不可移动文物的基础信息、简介、图片影像资料。

【文物调查勘探】 2022年，恩施州文物调查勘探队完成恩施—朝阳500千伏线路工程、来凤仙佛寺停车场及配套设施建设项目文物调查、勘探，编制报告；完成咸丰县朝阳寺镇鸡鸣坝村泗渡河墓地前期调查清理，发现明代晚期至清代道光年间墓葬7座；配合湖北省考古研究院完成金上—湖北800千伏特高压直流输电工程恩施段文物调查；配合恩施市文物局完成新塘乡下坝村王家台化石点现场调查，确定该化石点为旧石器时代早期典型的“剑齿象—大熊猫动物群”，尚未发现人类活动遗存信息。

（魏　娜　杨　欣）

2022 年 4 月 26 日，《中国少数民族文物图谱 · 湖北卷》编纂工作推进会在恩施州博物馆召开

（州文物局 供稿）

非物质文化遗产

【概况】 2022年5月，恩施土家女儿城入选全省首批非物质文化遗产特色街区。8月，2022年度长江沿线国家级非物质文化遗产代表性传承人研修班培训在恩施举办。共开展武陵山区（鄂西南）土家族苗族文化生态保护实验区建设工作业务培训40余期、2000余人次。通过新浪微博、百度、凤凰湖北、湖北省文旅厅百度百家号、恩施文旅号、恩施文旅局抖音号等平台发布《宝藏恩施——非遗》系列微纪录片5集，全网播放量突破1亿人次；州非遗中心印刷新版非遗地图1万份。建始县省级非遗项目丝弦锣鼓2022年春节期间在央视《新闻联播》播出。中央电视台《中国影像方志》节目用时30分钟介绍建始非遗。开展实验区武陵山区（鄂西南）土家族苗族文化生态保护实验区建设情况督查1次，印发督查通报1期。

【武陵山区（鄂西南）土家族苗族文化生态保护实验区建设】 2013年12月，省文化和旅游厅、恩施州、宜昌市编制完成《武陵山区（鄂西南）土家族苗族文化生态保护实验区规划纲要》，上报文化和旅游部。2014年8月，文化和旅游部批复设立“武陵山区（鄂西南）土家族苗族文化生态保护实验区”，实验区范围包含恩施州8县市和宜昌市长阳、五峰2个县。2018年3月，文旅部组织专家论证会，通过《武陵山区（鄂西南）土家族苗族文化生态保护实验区总体规划》（简称《总体规划》）；同年9月，文化和旅游部办公厅复函省文化和旅游厅同意实施《武陵山区（鄂西南）土家族苗族文化生态保护实验区总体规划》；2020年11月，恩施州人民政府办公室印发《武陵山区（鄂西南）土家族苗族文化生态保护实验区（恩施州）建设工作方案》；2021年，恩施州印发《恩施州非物质文化遗产传承基地（传习所）认定与管理暂行办法》《恩施州非物质文化遗产传承人群研修研习培训计划实施方案》《恩施州传统工艺振兴计划》。

2022年，州文化和旅游局督察组对全州8个县市的实验区建设工作进行督查，并印发督查通报。截至2022年年末，恩施市、建始县、宣恩县、来凤县、鹤峰县已建成非遗馆。全州共建成非遗传承基地118个，非遗传习所66个，传统工艺振兴示范基地30个，传统工艺工作站50个，传统村落50个，特色村寨34个，特色小镇14个，民族文化示范学校90所。

【代表性项目、传承人保护与管理】 2022年11月29日，我国申报的“中国传统制茶技艺及其相关习俗”在摩洛哥拉巴特召开的联合国教科文组织保护非物质文化遗产政府间委员会第17届常会上通过评审，列入联合国教科文组织人类非物质文化遗产代表作名录，恩施州恩施玉露制作技艺是其组成部分；完成第七批州级非遗项目代表性传承人评审、公示、公布工作，新公布州级传承人90人；完成第六批国家级、省级非物质文化遗产代表性传承人申报工作，全州新增12名省级非物质文化遗产项目代表性传承人；完成国家级传承人评估考核、省级项目保护单位自查及国家级非物质文化遗产代表性项目保护单位自查评估和调整工作；完成2021年度州级传承人考核，发放2022年度州级传承人补助经费。

【业务培训】 2022年，全州共举办实验区建设工作业务培训40期，培训人次2000余人。配合省厅完成2022年度长江沿线国家级非物质文化遗产代表性传承人研修班培训工作；建始县在长梁旋龙丝弦锣鼓传承基地开展为期3天的传承人培训，共培训传承人50人次；巴东县为县委宣传部干部进行非遗知识专题讲座；在全县开展非遗基础知识讲座，参训学员160人；宣恩县举办首届南戏传承培训班。在彭家寨中意国际研学营举办武陵山区（鄂西南）土家族苗族文化生态保护实验区（宣恩县）建设暨非遗保护工作培训班，各乡镇文体广电服务中心、局属各二级单位、局机关股室负责人，县域内四级非遗代表性传承人等120余人参加培训；咸丰县文化遗产保护中心举办2022年非遗代表性传承人及乡镇文化站长培训，县级非遗代表性传承人部分代表、州级及以上非遗传承人、各乡镇文化站站长及工作人员等90人参加培训。

【非遗“六进”工作】 2022年，全州共开展非遗“六进”宣传展示培训活动400余场，其中非遗进景区

100余场。恩施州非遗中心推出恩施州精品非遗旅游路线，集结100位“小小体验官”到宣恩彭家寨开展土家族吊脚楼研学活动。开展“每周文化一小时”——“清廉恩施 非遗传承”文明志愿系列活动，累积开展培训962场，线上线下共培训23万余人次。举办土家织锦“西兰卡普”体验活动2期、暑期特色实践水磨漆髹饰技艺体验活动13期；恩施市先后组织恩施竹编、太阳河民歌、恩施剪纸等项目走进各中小学开展非遗项目培训，共培训学生300余人。协助崔家坝镇中村小学、六角亭街道办事处逸夫小学、新塘乡河溪小学、崔家坝镇崔坝小学举办“庆元旦”“民族一家亲”“庆六一”“喜迎二十大”剪纸作品展，共展出剪纸作品170余件。组织土家女儿城非遗传承培训基地、芭蕉侗族乡民族初级中学、部分非遗代表性传承人在六角亭武圣宫、土家女儿城开展了施州古城五一文化旅游暨“跟我去恩施吧·老城寻宝活动”、2022年土家女儿会等系列活动，共演出51场；建始县开展非遗六进活动20场，其中进景区8场，丝弦锣鼓、南乡锣鼓、武丧等在农村红白事中表演近5000场；巴东县5月至9月持续开展非遗六进活动，重点推进5所中小学开展“非遗进校园工程—示范性学校建设”。

【文化和自然遗产日活动】 2022年，恩施州10家非遗企业产品亮相2022年“文化和自然遗产日”非遗宣传展示湖北主会场活动，参加“人民的非遗人民共享”湖北非遗产品优惠展销及市集；恩施州文化和旅游局、州非遗中心在恩施土家女儿城举办以“连接现代生活 绽放迷人光彩”为主题的2022年恩施州“文化和自然遗产日”主场活动；恩施市在恩施土家女儿城景区举办“文化和自然遗产日”非遗宣传展示暨女儿城端午文化节；利川市在柏杨坝镇开展2022年文化和自然遗产日暨利川市柏杨坝镇新时代文明实践集中示范性活动。在龙船调公园印象利川土家风俗馆开展利川市2022年文化和自然遗产日宣传展示、研习活动。在毛坝举办2022年文化和自然遗产日暨毛坝镇“非遗雄风促振·百年技艺富百姓”传承保护基地开馆仪式；建始县组织桃片糕、米子糖、竹编、腊肉制作等非遗类产品到建始石牌湖参与“端午节龙舟赛”“蓝莓采摘节”展示展销活动。举办《丝弦锣鼓》教材首发仪式丝弦锣鼓展演暨非遗类产品展示、展销活动，在活动现场利用非遗宣传展板进行宣传；宣恩县举办以“人民的非遗·人民共享”为主题的非遗保护暨文化生态保护实验区建设成果图片展。举办为期两天的宣恩县2022年文化和自然遗产日暨非遗购物节活动；咸丰县在唐崖土司城景区举办非遗宣传展示线下活动，以主分会场形式联动进行，主会场设在碗厂沟停车场，分会场为五号草坪院落、陈家大院、荆南雄镇牌坊；鹤峰县在鹤峰县五里乡民族中学利用宣传展板宣传展示鹤峰本地非遗项目及万里茶道文化。

【交流展示】 2022年，非遗节目《龙船调》《土家·吉么列》参加由宜昌市文旅局主办的2022年宜昌市端午节·文化和自然遗产日系列活动——恩施·宜昌非遗保护成果交流展演；恩施“土家汉子”组合表演的原生态情景表演《土地的歌》亮相2022年中央广播电视总台春节联欢晚会，恩施市土家女儿城入选全省首批非遗特色街区；咸丰南剧《唐崖土司夫人》女儿会片段，作为湖北唯一入选戏曲亮相2022年央视新年戏曲晚会。

【宣传教育】 2022年，州文化和旅游局通过新浪微博、百度、凤凰湖北、湖北省文旅厅百度百家号、恩施文旅号、恩施文旅局抖音号等平台发布《宝藏恩施——非遗》系列微纪录片5集；在文化和旅游部全国公共文化发展中心开展的“村晚”优秀短视频推优活动中，州非遗中心摄制《我在恩施过大年新春宣传片》“村晚”短视频征集活动中，获得“优秀作品”“最佳故事作品”和“最佳制作作品”；发布《非遗恩施——武陵山区（鄂西南）土家族苗族文化生态保护实验区建始纪实片》，印制发布2022年新版《恩施文旅掌中宝》；恩施市先后编印恩施市文化生态保护实验区建设动态宣传专刊7期，在恩施市文旅局微信公众号刊载；恩施市非遗中心组织拍摄的糍粑制作技艺、豆皮制作技艺、包谷麻糖制作技艺等9个非遗项目小视频，先后在恩施市文旅局微信公众号、“硒都艺苑”视频号、“恩施非遗”抖音号陆续播出。剪纸和舞狮小视频于2月14日、15日相继在文旅部官方网站“视频直播家乡年”专区播出；建始县省级非遗项目丝弦锣鼓在春节期间亮相新闻联播。中央电视台《中国影像方志》节目用时30分钟介绍了建始非遗；巴东县创建《巴东文旅事业》公众号，开办“武陵山区（鄂西南）土家族苗族文化生态保护实验区（巴东县）建设动态”专栏，已编辑发布3期动态信息。在“文旅巴东”官方公众号上开设文化生态保护实验区和非遗保护、传承及项目、传承人的宣传专栏。围绕“山歌好比长江水”“巴东故事会”“非遗传承在巴东”三大主题，共发布推文100多条。利用“长江巴东网”《巴东发布》等网络媒介，重点报道“2022年文化和自然遗产日大型宣传展示活动”“巴东县高铁首发仪式非遗展示展演大型活动”，信息登上新华网、长江云、湖北卫视等网络、电视平台。

【第七批州级非物质文化遗产项目代表性传承人】 2022年1月，恩施州公布第七批州级非物质文化遗产项目代表性传承人90名，涉及传统音乐、传统舞蹈、传统戏剧、曲艺、传统体育游艺与杂技、传统美术、传统技艺、传统医药8个大类州级非物质文化遗产名录。

【第六批省级非物质文化遗产代表性传承人名单】 2022年5月26日，全州12人入选省文旅厅公布的第六批省级非物质文化遗产代表性传承人名单，其中民间文学类为来凤县张水英（土家族哭嫁歌）、巴东县戴箕忠（寇准的故事）2人；传统音乐类为来凤县张茂明（吹打乐）；传统舞蹈类为宣恩县彭继祥草把龙灯（宣恩草把龙）、咸丰县田军辉草把龙灯（咸丰草把龙）、来凤县万建全龙舞（地龙灯）3人；传统戏剧类为恩施市雷秋胜（灯戏）、恩施市邓泽清（恩施傩戏）、巴东县谭大翠（巴东堂戏）3人；曲艺类为宣恩县张相成（三棒鼓）；传统技艺类为利川市廖伟红茶制作技艺（利川红茶制作技艺）、恩施市张文旗绿茶制作技艺（恩施玉露制作技艺）2人。全州省级非物质文化遗产代表性传承人98人。

【恩施玉露制作技艺入列联合国教科文组织人类非物质文化遗产代表作名录】 2022年11月29日，联合国教科文组织保护非物质文化遗产政府间委员会第17届常会在摩洛哥首都拉巴特召开，由中国15个省（区、市）44个涉茶国家级非遗代表性项目联合提名的“中国传统制茶技艺及其相关习俗”项目列入联合国教科文组织人类非物质文化遗产代表作名录，恩施玉露制作技艺名列其中。“中国传统制茶技艺及其相关习俗”是有关茶园管理、茶叶采摘、茶的手工制作，以及茶的饮用和分享的知识、技艺和实践。

（魏　娜）

出　版

【概况】 2022年，州“扫黄打非”工作领导小组出台《恩施州2022年“扫黄打非”行动方案》。开展“扫黄打非·正道”和“扫黄打非·新风”集中行动，对出版物市场、印刷企业和网络环境进行巡查检查。鹤峰县燕子乡岩门村获评湖北省“扫黄打非”基层示范标兵。全州自建数字“农家书屋”建设644家，利用3年时间实现全州范围内农家书屋数字化村级全覆盖。

【出版印刷管理】 2022年，全州办理包装装潢印刷品和其他印刷品印刷企业新办证10个、换证15个。全州核发“内部资料性出版物准印证”30个。完成报刊出版单位年度核验及社会效益评价3个，连续性内资的年度核验30类。完成121家印刷企业和4家出版物发行批发单位、288家出版物发行零售单位年度核检及相关数据、表格及核验报告的上报。

【文化市场整治】 2022年，在重要时间节点开展专项行动，组织执法人员开展文化市场执法检查和网络巡查。全州出动执法人员3000余人次，检查各类文化经营单位1600余家次。查办上报各类“扫黄打非”案件89起，对7家落实主体责任不力，导致所属网站出现涉黄链接的企业进行行政警告，删除各类涉黄链接、页面、网站10余（处）。

【版权管理与服务】 2022年，州使用正版软件工作领导小组办公室印发软件正版化工作方案、制定督查计划。组织开展“电影市场版权保护”“冬奥版权保护”“青少年版权保护季”“剑网2022”等系列版权保护专项行动，查处版权案件4起。开展“全面开启版权强国建设新征程”主题版权宣传周活动。联合州知识产权局参加在恩施州电台开展知识产权线上宣传活动。

（周　凯）

广播电视

【概况】 2022年，全州有广播电视制作、播出机构9家，经营、传输机构8家，民营持证机构14家；电视频道9个，广播频率6个，中短波发射台站2座，调频、电视转播发射台52座（其中42座为无人值守补点站），调频发射机28部，发射功率62.7千瓦，电视发射机153部，发射功率23.45千瓦；全州广播播出32781小时；电视播出55021小时，广播电视和网络视听总收入28114.84万元；广播综合覆盖率99.94%，电视综合覆盖率99.96%。州广播电视局被省广播电视局表彰为党的二十大安全传输保障先进集体，全年广播电视工作在全省综合考核中位列全省第二名。

【主题宣传管理】 2022年，督促指导辖区各广播电视机构围绕中心工作加强主题宣传，营造良好主流舆论氛围。全州推出“奋进新征程·建功新时代”专题专栏632期，播放主题宣传消息10354条；开展系列报道2536条，进行融媒体传播27695次。州广播电视台策划实施《感动恩施》《最美鹤峰》《硒都榜样》《光耀来凤》《致敬一等功臣》《“生命之光”恩施故事报告会》等活动；“村村响”平台制作播出本地节目约120期，播放省广播电视局安排节目近40期，落实重要转播活动4场次，全年播放时长约7200分钟，覆盖听众约250万人；围绕重要会议召开、重大活动直转播，全方位、多角度开展主题宣传，深层次、全媒体、全矩阵的开展宣传报道，全年组织召开宣传管理例会8场71人次进行重要保障期宣传管理调度。指导县市和州广播电视台申报国家总局、省局主题宣传、公益广告创作播出等项目，组织参评湖北广播电视奖参评作品77件，36件获奖，其中6件获一等奖；参评湖北新闻奖作品12件，7件获奖，其中二等奖2件；3件作品获2021年度广播电视公益广告扶持项目。

【安全播出管理】 2022年，全州广播电视系统树立底线思维，加强安全播出保障能力建设。组织全州广电部门学习《湖北省广播电视局关于印发〈湖北省广播电视局开展全省广电行业安全大检查实施方案〉的通知》文件精神，制定恩施州大检查工作方案，5—10月开展自查项目397项，完成国家总局系统填报3次。组织开展各类安全播出保障工作自查、检查会议7次，专项自查3次，开展演练2次，到各机房、台站现场43人次。罗列安全隐患共147处，并逐一销号整改到位。通过组织专人队伍对全州发射台站、前端机房、传输干线、链路等关键部门和部位的巡查巡检，加强安全隐患排查，督促指导各广播电视机构进行安全隐患整改。在重要保障期，落实领导带班，工作人员值班值守制度，实行安全保障日报告制度，按时上报。完成党的二十大、全国“两会”、冬奥会、冬残奥会等重保期广播电视安全播出保障工作，实现安全播出“零事故”。

【传媒机构管理】 2022年，按照上级有关工作要求，规范广播电视频率、频道和新媒体账号管理。全州所有播出机构、频道、频率均实现持证运行。全州9个电视频道、6个广播频率和8家网络视听持证机构，14家社会广播电视制作经营机构和167个新媒体网络账号均实现按要求履行行政审批，颁证及备案管理。全州全部电视频道完成高、标清同播，54座发射台站700兆赫设备设施迁移工作均按要求按期完成，32部调频发射机、156部电视发射机实现“三满”（满功率、满时间、满调制度）运转。

【专项整治行动】 2022年，结合“双随机、一公开”检查，组织开展卫星地面接收设施治理、广播电视行业整治、广播电视广告净化、网络视听节目监审等各类专项整治行动，推进“无小耳朵”社区创建。联合无线电管理部门及各县市广播电视局联合属地公安、市场监督管理等部门围绕工作目标，开展全面排查，出动执法车辆130余车次，执法人员260余人次，对全州88乡镇进行排查，未发现“黑广播”行为。

【行业公共服务】 2022年，利川市按期完成县级应急广播体系建设。鹤峰县、宣恩县纳入2023年建设计划。对接乡村振兴战略，持续做好美丽乡村“村村响”终端“电改”“光改”项目建设，加快推动广播电视“村村通”向“户户通”升级，推动民族地区有线电视数字高清机顶盒置换工程实施，提高有线电视网络乡村通达率，开展智慧广电服务乡村振兴专项行动，促进美丽乡村建设。全州完成102个村的“村村响”终端光电改造项目，其中恩施市8个村，利川市23个村、建始县16个村、巴东县14个村、宣恩县 13个村、 咸丰县11个村、来凤县8个村、鹤峰县9个村。推进“优化审批服务”“证照分离”等广播电视政务服务改革，推广“互联网+政务服务”，创新更多政务服务为民新举措，提升广播电视政务服务标准化、规范化、便利化水平。

（魏　娜）

文化传媒

恩施日报社

【概况】 2022年，恩施日报社贯彻落实全州宣传思想文化工作部署，加强正面宣传，加强舆论引导，围绕重大主题、中心工作、基层民生等开展系列报道，加强队伍建设，深化媒体融合。在鹤峰、建始、利川、巴东、咸丰、来凤6个县市设记者站，推进恩施日报、恩施晚报、恩施州人民政府网、恩施新闻网、恩施发布微信公众号、恩施日报微信公众号、恩施晚报微信公众号、恩施新闻网微博、知恩新闻微视频、恩施日报·知恩客户端构成的“两报两网五微一端”全媒体矩阵建设。“恩施发布”微信公众号被湖北省委网信办评为“走好网上群众路线百佳新媒体账号”，“恩施发布”微信公众号连续五年获评“湖北十佳政务新媒体（市州微信）”。恩施日报社负责运维的恩施州人民政府网在全国政府网站绩效评估中排名第31位，入列全国地市政府网站50强，连续7年入围全国地市政府网站百强，被省政府办公厅通报为优秀。恩施新闻网编辑部被团中央认定为“一星级全国青年文明号”。记者黎袁媛作品《喜见山路十八变》，在湖北省新闻战线第九届“好记者讲好故事”演讲比赛中获二等奖。

【重大主题报道】 2022年，恩施日报社以迎接宣传贯彻党的二十大为全年工作主线，持续聚焦学习宣传贯彻党的二十大精神、省第十二次党代会精神、州委八届五次全会精神，全媒体推出“奋进新征程，建功新时代”等专题专栏，报道各地各部门经济社会发展取得的辉煌成就和加快建设“两山”实践创新示范区、营造“三个环境”（平稳健康的经济环境、国泰民安的社会环境、风清气正的政治环境）的生动实践，全年发稿1000余篇。党的二十大召开前夕，采取“一篇主打通讯+记者手记+精美配图+全媒体同步刊发”的形式，谋划小康梦想成为现实、经济发展实现突破、城乡建设日新月异、改革开放迸发活力、生态环境持续改善、民生事业温暖人心、党的建设显著加强7个方面的“非凡十年”主题进行宣传；会中组建专班，精心策划，完成重要程序性图文报道，开辟“聚焦党的二十大”专刊专题专栏全面展示党的二十大召开盛况和伟大成果；会后，持续做好中央学习宣传贯彻党的二十大精神的重要时事报道，推出“深入学习贯彻党的二十大精神”专栏，对全州学习贯彻党的二十大精神最新动态特色做法进行全方位报道，组织策划进城乡社区、进机关、进企事业单位、进校园、进各类新经济组织和新社会组织、进军营“六进”宣传，集中刊发通讯报道17篇。

【中心工作报道】 2022年，恩施日报社聚焦全州上下立足大生态、构建大交通、发展大旅游、打造大产业，做实“土、硒、茶、凉、绿”特色资源文章的实践成效，策划组织“一把手访谈”“比抓强争促，跑好第一棒”“重点项目进行时”“稳增长、惠民生、促发展”等专题专栏跟踪报道。根据州优化营商环境办公室统筹安排，推出《携号转网实施两年，办理过程并不顺畅》《工程竣工已十年，监理费尚未结清》等29期《营商环境曝光台》舆论监督报道。突出宣传报道党员干部“下基层、察民情、解民忧、暖民心”实践活动等重点工作，刊发《联系群众动真情，脚沾泥土下基层》系列评论员文章，策划“六位”（岗位、学位、车位、厕位、床位、梯位）系列专刊，采写《一个英雄名，聚起万面旗》来凤张富清志愿服务队重大典型和《乡村小喇叭，传递好声音》《恩施市公安局退休干部乐当磨心》等一批全州各级各地在基层一线解决问题推进发展的鲜活稿件，联合州人大、州政协机关开办“人大代表在行动”“院坝协商在一线”专栏。推出“创文创卫·共建共享”专栏专版，刊发《城市更美好·市民更舒心》《“面子”更靓丽，“里子”更厚实》《市民动起来，各方热起来》创文创卫系列评论营造氛围，策划路网建设、管网更新、景观提升、功能补强、乱象整治、拆迁攻坚、消费升级、城市畅通、老区改造、文明提升“十大行动”系列专题报道，重点解剖宣恩、巴东、利川等县市创文创卫成功经验。以“特刊”“会刊”等形式完成第七届硒博会、州首届科技大会、巴东高铁开通等活动的策划报道。《恩施步入高铁时代》短视频和“百年圆梦·恩施迈入高铁时代”特刊两组报道被中国地市报人杂志评论为“大气磅礴，气势恢宏”。开设《中央生态环保督察》《聚焦“宜荆荆恩”城市群建设》《聚焦我州全国民族团结进步示范区建设》《乡镇头条》《美丽城市我的家》等专题专栏，对生态建设、乡村振兴、民族团结等全州其他重点工作进行统筹报道。开设“党建之窗”专版，打造“党旗在基层一线高高飘扬”“永远跟党走，建功新时代”等精品栏目和《红色书香》专栏品牌，全年发稿近1000篇。在开展常规性新冠病毒肺炎疫情防控工作宣传报道的同时，主创《致每一个为恩施重启而努力的你》《真心英雄》等点击量10万+的新媒体作品。

【基层民生报道】 2022年，恩施日报社坚持工作重心下移，将镜头笔头对准基层，将采写精力下沉一线。聚焦老旧小区改造、医疗保障、民政救助等民生热点，记者采写的《实施药械采集，患者享到实惠》《创新社会救助制度呵护民生福祉》《快递员有了护身符》《全州一个停车场来了》等报道，回应群众关切。推出“共同缔造试点行”专栏，对全州22个重点试点村蹲点采访，咸丰县唐崖镇彭家沟村基层治理创新、巴东县信陵镇土店子村移风易俗探索实践等共同缔造试点典型报道刊发后，引发全社会关注。同时，宣传“土家艳子”谢海艳、咸丰邓兴顺夫妻、开辟生命通道的咸丰县3名民警、勇救落水者的6旬老人向祥兴、凌晨救助8旬老人的李俊夫妻等一批先进典型和平民英雄。其中4篇报道的当事人通过本报推荐获阿里巴巴天天正能量奖。开设专栏专题，报道“平安恩施”建设，打击非法集资、电信网络诈骗，做好意识形态安全、国家安全、交通安全、粮食安全、野生蘑菇食用安全、气象灾害预警风险防范和各类矛盾纠纷化解等重点领域的宣传报道。策划“你好，绿色恩施”公共机构节能知识线上有奖答题活动，吸引全州3万余干群参与线上答题。组织“喜迎二十大，夏季治安打击整治行动”全州县市公安局长微访谈，全媒体阅读量突破100万人次。同时，围绕抗旱减灾、就业创业、教育“双减”（减轻义务教育阶段学生作业负担和校外培训负担）、住房保障、城乡建设、医疗保障、交通出行、生态环境等群众关心的热点难点，持续做好民生服务报道。

【典型报道】 2022年，恩施日报社组织和策划，推出鹤峰县贺英女子民兵连重大典型，全媒体推出系列报道，讲述她们赋能乡村振兴、赓续红色血脉、致力产业发展、矛盾纠纷调解、投身环境治理、暖心服务群众的感人细节和鲜活故事，刊发《红岩之上》特别报道，《红岩之上绽芳华》图片专题，《红岩坪上“巾帼红”》报告文学，《九十二年，她第二次见到“父亲”》短视频和《红色之花开遍红岩坪》《女民兵当发明家》《一门五个兵》《应急抢险“特种兵”》《女民兵打造高山“新风景”》《“编外女民兵”的深情守望》6篇经典小故事。联合州退役军人事务局策划推出“致敬一等功臣”全媒体专题宣传，对恩施州张富清、徐胜富、郭海清、高文清、廖其华、田新民、黄红兵7名曾荣立一等功的退役军人分别进行专题宣传报道。

【宣传报道】 2022年，恩施日报社落实州委部署，抽调业务骨干组建宣传工作专班，出台《恩施日报社宣传奖励办法》，完善组织策划、选题申报、采写沟通、向上对接机制，向州外推介恩施。《“共和国勋章”获得者张富清——“党需要我去哪里，我就去哪里”》《体验民风民俗，感受传统韵味》《湖北恩施以花为媒，颜值变产值》《湖北恩施：一颗土豆的无尽生机》等61件恩施日报社记者参与创作的稿件，在《人民日报》及其客户端、新华社湖北频道、《经济日报》《光明日报》及其客户端、《湖北日报》全媒体平台刊播。“学习强国”学习平台采用恩施州稿件296篇，其中采用恩施日报社推荐稿81篇。短视频《九十二年，她第二次见到“父亲”》经《湖北日报》抖音号转发后，总阅读量达4641万人次，点赞量39万人次。

【媒体融合】 2022年，恩施日报社围绕“导向为魂、移动为先、内容为王、创新为要”的要求，主动识变、应变、求变，在推进媒体融合、转型发展上开展工作。按照客户端做量、公众号做精、纸媒做正、网站做稳的工作思路，加强“两报两网五微一端”全媒体矩阵建设。“知恩”客户端下载量突破4万人次。组建恩施日报社采编策划和考评委员会，加强采编业务策划统筹和日常考核。修订完善恩施日报全媒体策采编审校流程规范，完善“统一调配、共融互通”的采编机制。制定出台恩施日报社新闻采编量化考核办法、恩施日报社优秀新闻作品评选办法，通过考核调动全社上下参与新媒体作品创作的积极性、主动性。整合网络编辑部、技术部，成立新媒体中心，优化新媒体平台维护管理的组织架构。在80%的业务力量转向移动端基础上，立足人员能力素养与媒体融合发展不相匹配的实际，实施全员能力提升工程，举办2022年度干部职工能力素质提升培训班，邀请知名记者、院校专家、州直相关部门领导，集中时间为全社干部职工讲业务、讲政策、讲州情，完成课时55个。

【意识形态工作】 2022年，恩施日报社党委定期召开意识形态工作专题会议，传达重要精神，研判风险隐患，部署整改落实。社采编策划和考评委员会坚持“一月一策划、一周一调度、一天一碰头”，提高新闻舆论时度效。按照“网下管什么，网上就要管什么”原则，加强新媒体导向管理，杜绝各类有害和虚假信息的网络传播。修订完善恩施日报社差错管理办法，明确责任界限、提高处罚标准，对落实“三审三校”不力、出现重大差错的责任人，在实施经济处罚的基础上，明确待岗学习、解聘等处罚措施。加强智能检校，更新丰富黑马校对软件词库，对全媒体稿件进行实时检测，堵塞采编环节弱项漏洞。安排资金33万元，与东软公司合作，对“知恩”客户端进行改造升级。《湖北报刊审读》2022年第11期认定《恩施日报》“舆论导向正确，出版形式规范，编校质量合格”。

【新闻奖项】 2022年7月，在第39届湖北新闻奖评选中新闻摄影（组照）《主播来了！ 乡村振兴增添“云”动力》（恩施新闻网）（作者杨顺丕、王邦寿，编辑沈祥辉、曹贤炜、邹瑜）获二等奖；通讯《从“污水靠蒸发”到“清水绕人家”》（《恩施日报》作者陈航，编辑袁辉、王邦寿、毛永丰、邹洪涛），通讯《“无臂飞鱼”的奥运梦》（《恩施晚报》）系列报道（作者彭信琼、李维君、白涛、卢发军，编辑丁琼、罗鸣、周志宏），《建设武陵山区（鄂西南）土家族苗族文化生态保护实验区（恩施市）》（《恩施晚报》作者曾维明，编辑周艳丽、曾宪宇、罗鸣、周志宏），融合创新《寻找恩施红色宝藏》(《恩施晚报》微信公众号，作者胡成冞、刘盟萌、向建伟、覃潇、张正宇，编辑胡成冞、邹瑜），副刊特写《傩面艺人汪儒斌：每一刀刻下去 都在为面具注入灵气》(《恩施日报》作者陶语，编辑周艳丽、安家友、覃佐松）获三等奖。在2022年度湖北省时事好新闻奖中，《恩施日报》选送的版面4月18日三版（编辑程芳）、标题《姆巴佩“双响炮”法国提前晋级 梅西“贴地斩”阿根廷重燃希望》(编辑丁琼），论文《地方党报如何做好重大主题报道》(作者：李晓荣、丁琼）获一等奖；版面5月5日三版（编辑李晓荣）、时事专题11月7日三版（编辑刘静）、论文《加强和改进全媒体时代党报时事报道》(作者刘慎宏、明磊）获二等奖；版面2月14日三版（编辑丁琼）、论文《论新环境下地市报编辑如何做好时事新闻版面》(作者颜晓倩、杨梦蝶）获三等奖。记者蒲丹、汤应彬、杜玉婷采写的系列报道《一条河 一部法 一方人》(《恩施日报》2021年12月30日、2021年12月31日、2022年1月1日，编辑：程芳、颜晓倩、刘静）获湖北省第29届宣传人民代表大会制度好新闻评选二等奖。

（张　慧）

州广播电视台

【概况】 2022年，恩施州广播电视台以迎接学习宣传贯彻党的二十大精神为主题主线，围绕州委州政府工作中心和大局，讲恩施好故事，传播恩施好声音，改革和事业发展等各项工作取得新突破。恩施广播电视台微信公众号入围全省“百佳新媒体账号”，州广播电视台被省广播电视局评为2021年度广播电视公益广告优秀传播机构。

【宣传二十大】 党的二十大召开之前，州广播电视台各部门全媒体开设“喜迎二十大·奋进新征程”专栏，展现十九大以来全州各行各业的喜人成就，为党的二十大胜利召开营造昂扬向上的舆论氛围。云上恩施客户端、网站分别开设“喜迎二十大·精彩向未来”“喜迎二十大·奋进新征程”“庆祝党的二十大”优秀网络视听作品展播等专栏。开设“二十大代表风采”专栏，讲述党的二十大恩施代表的故事。二十大召开之际，做好转播、转载，及时播发反响报道和恩施州二十大代表风采。频道、频率、客户端按照要求准确、及时做好转播工作；及时转发新华社、央视新闻等的权威报道；及时转发对党的二十大代表、州委书记胡超文和党的二十大代表向辉的采访报道，展示恩施州党代表的风采。全媒体连续播出全州各族人民收听收看二十大开幕会的反响报道。二十大召开后，开展持续宣传，聚焦党的二十大报告，全媒体开办《深入学习贯彻党的二十大精神》专栏，推出《党的二十大报告在我州干部群众中引起强烈反响》的系列报道，共播出9期。开办《奋进新征程·建功新时代》专栏，发稿200余条。

【新春走基层】 州广播电视台2022年新春走基层大型融媒体采访活动播发新闻34条，县市委书记、县市长专访8期，微直播9场，短视频16个，云上恩施相关节目总浏览量过200万次。

【重要专栏】 2022年，州广播电视台开设“下基层、察民情、解民忧、暖民心”专栏，在央视播出新闻15条，省台播出新闻247条。做好省第十二次党代会宣传，开设《喜迎党代会·荆楚谱新篇》《一名党代表一杆旗》《荆楚向未来·奋进新征程》等专栏，各平台播发相关报道50余条；围绕“双创”活动，开设《创文创卫·共建共享》专栏，播发新闻200条。及时跟进重大项目的宣传报道，《答好高铁时代之卷》《恩施机场迁建二龙寺》浏览量超50万次。

【短视频服务】 2022年，州广播电视台开展短视频的策划、拍摄和推广，短视频服务活动近百场，突出最美鹤峰、基层党建“大比武”知识竞赛等亮点。“致敬一等功臣”活动超100万人收看，编辑的短视频浏览量过1000万次。

【舆论监督】 2022年5月，州广播电视台开展“转作风、优环境、促发展”优化营商环境专题电视问政，六大类16个具体问题被曝光后，迅速整改或持续推进解决。从2月开始，州广播电视台会同州纪委党风室开办《一问到底》问政栏目，播出8期节目，曝光问题27个，80名相关人员被追责问责。州广播电视台FM99党风政风热线播出146期节目，109家单位上线，接听群众热线电话683个，网络互动5万条，直播网页浏览量过15万次。

【新闻宣传】 2022年，州广播电视台广播新闻宣传活动全省（地市州）排名第一；电视外宣发稿988条，省（地市级台）第一方阵，其中在央视新闻联播发稿7条，其他频道发稿100条，在湖北卫视发稿237条；新媒体在央媒、省媒发稿940条，15条点击量过百万，100多条点击量过10万。《建始县：“评理说事员”评出乡村振兴新气象》在新华社推出；央视《焦点访谈》播出《恩施玉露：老产业 新活力》。

2022年7月6日，恩施州广播电视台“下基层　察民情　解民忧　暖民心”实践活动在恩施市盛家坝镇启动
（谭也平　供稿）

【媒体融合】 2022年，州广播电视台以“云上恩施”为总平台的新媒体，涵盖“云上恩施”官网、“恩施电视台”、“恩施交通音乐广播”微信公众号、“湖北恩施电视台”抖音号、“恩施电视台”和“恩施气象”视频号等，手机客户端下载量过200万条，各平台总用户量超500万户，年度流量破100亿条。截至12月末，恩施电视台微信公众号粉丝达59万个，10万+有11条，排名全州首位，头条号半年浏览量过1000万次，抖音号在VLIGHT第一届国际短视频网红大赛中获奖。

【平台建设】 2022年，州广播电视台持续推动媒体融合向移动端转移，加快以“云上恩施”移动端为核心的媒体矩阵建设。云上恩施客户端新增多个栏目，改进“领导活动”“县市要闻”“文旅”“教育”等频道，频道定位更加精准。打造新媒体的“新闻联播”《早安》栏目，完成主图设计、栏目固定等，关注度稳步提升。云上恩施版面改进优化，将中央及省领导新闻设置成置顶模式，完成长辈版、标准版的切换，幻灯片及封面图调整。云上恩施《微直播》直播超100场。在中国茶业科技年会首次搭建全景直播平台，为光明日报等媒体提供直播流、100多个协会提供直播转载信号，全网浏览量超5000万次。

【直播活动】 2022年，州广播电视台首次独立承办第七届世界硒都（恩施）硒产品博览交易会暨硒科技创新发展大会。举办房交会、“3·15”晚会以及春、秋两季恩施广电汽车展览会。与宣恩县文旅局合作举办宣恩贡茶文化节，与巴东县文旅局合作举办郑渝高铁开通暨第十届长江三峡纤夫文化旅游节。

【新闻奖项】 2022年4月，在2021年度湖北广播电视奖评选中，州广播电视台选送的电视社教专题《探访硒的世界》（作者王晖、董宪、董来星、周兴、田冰、邓伟）、电视商业类广告《红颜知己容美红》（作者李唯滔、杨文学、吴维、吴博）、电视新闻长消息《农民“网红”田间摆擂台》（作者陈兴璐、谭双石、董宪、黄建川、曹慧）等3件作品获一等奖。《过个健康年》（作者贾可、刘恋、浩然、安苏）等11件作品获二等奖。《恩施：小土豆让30万贫困户脱贫》（作者曹毅、曹慧、吴萍、黄建川）等19件作品获三等奖。移动视频专题《六口茶》反诈MV上线！幺妹怼骗子现场很火热！（作者施锦涛、吴萍、黄建川、邓伟、曹毅）获媒体融合创新节目优秀案例。7月，第39届湖北新闻奖揭晓，州广播电视台选送的短视频专题《穿行在土苗山寨的“摩托”女村医》（作者孟涛、周兴、黄敏、孙跃、黄頔芳、陈畅、吴焰）、电视新闻长消息《农民“网红”田间摆擂台》（作者陈兴璐、谭双石、董宪、黄建川、曹慧）获二等奖。广播新闻系列报道《大路通达小康来》（作者周兴、吴萍、黄建川、刘梦竹、曹慧、黄敏）、广播短新闻《两女孩误入泥潭被困，民警奋力营救》（作者曹慧、田冰、黄建川、谭素华）、电视新闻长消息《大山之间的“空中飞人”》（作者杨涛、杨名、谭素华、吴萍、黄建川）、电视纪录片《路径》（作者王晖、王汝波、黄国晖、李唯滔、黄建川、刘昌俊、龙梅）、电视新闻系列报道《恩施州“绿色山河红色魂”寻找守护者》（作者刘洋、吕行、廖路、谭晓慧杨涛、黄建川、周兴、罗健华、钱家辉）获三等奖。

（谭也平）

社会科学

【概况】 2022年，恩施州社科联有48个学会协会研究会，从业人员63人。全年组织完成全州社会科学优秀成果奖评奖，开展专项课题调研1个，组织申报省社科联第十三届湖北省社会科学优秀成果奖，其中《历史移民与武陵民族地区社会变迁研究》获二等奖，《武陵山农村贫困的形成机理与治理研究——以恩施州为例》《鲁迅的翻译伦理思想研究》《从“女儿会”到“女儿城”：少数民族文化的产业转化研究》《民间信仰与武陵地区社会发展研究》获三等奖。

【社科课题评奖】 2022年，州社科联在恩施新闻网、恩施文明网发布《关于第十届恩施州社会科学优秀成果奖申报工作的通知》，收到著作和论文108项，评审出一等奖8项（著作类1项、论文类7项），二等奖16项（著作类2项、论文类14项），三等奖23项（著作类3项、论文类20项），州政府通报表彰。

2022 年度恩施州社会科学优秀成果奖一览表

表 14

奖 项	类 别	申报者	申报者所在单位	课题名称
一等奖（8项）	著作类	陈云豪	湖北民族大学	校雠学文献集成
	论文类	袁 坤	州委党校	关于我州乡风文明建设情况的调研报告
		廖建洲	州武陵山经济研究会	建立生态电价补偿机制 促进水电事业绿色发展
		冉红芳	湖北民族大学	民族团结进步州创建的文化机理研究——以恩施土家族苗族自治州为例
		冉艳辉	湖北民族大学	论民族自治地方自治立法权与地方性法规制定权的合理配置与规范运用
		邹太龙	湖北民族大学	公共危机事件下学校生命教育的实践反思与优化路径研究
		张明波	湖北民族大学	简论中国特色扶贫开发道路
		李金容	湖北民族大学	创新推进民族地区体育旅游产业的策略——基于恩施土家族苗族自治州的调查与思考

续表 14

奖项	类别	申报者	申报者所在单位	课题名称
二等奖（16项）	著作类	李文革	湖北民族大学	虚假诉讼研究
		袁　琳	湖北民族大学	马克思主义社会建设理论中国化研究
	论文类	欧阳祎兰	州委党校	探索生态扶贫的实现路径
		谭晓华	州委党校	浅析恩施州全面建成小康社会实施乡村振兴战略的路径探索
		蒲　武	恩施市政协	改善农村人居环境 助力乡村全面振兴
		陈梦熊	湖北民族大学	孔子之“仁”探源
		汪　燕	湖北民族大学	民族习惯司法适用的实证考察——以427件案件为分析对象
		孟　伋	湖北民族大学	中小学教师信息化能力建设的历史经验——基于1999—2019年相关政策的梳理分析与反思
		周　劲	湖北民族大学	大数据服务驱动扶贫产业创新发展实践研究——以湖北省恩施州扶贫产业发展为例
		黄泽涛	州司法局	嵌入式治理视角下驻村帮扶对基层社会治理的影响研究
		胡佑飞	恩施职业技术学院	后疫情时代恩施生态民俗文化与旅游产业融合的思考
		赖红丹	国家统计局恩施州调查队	打造千亿鄂茶产业
		丁孝武	中国移动湖北有限公司恩施分公司	有的放矢 开创党建工作新局面
		徐光华	利川市教学研究和教师培训中心	以学科核心素养为抓手 以落实立德树人为目标——新时代“创新统编三科教学增强学科育人实效”的实践与思考
		汪正玺	鹤峰县教育局	湖北鹤峰:用优质教育阻断贫困代际传递
		陈袁丁	州委党校	生态文明示范区建设路径探析——以湖北省恩施州创建工作为例
三等奖（23项）	著作类	陈文俊	湖北民族大学	明代陕西行都司建置与土官研究
		卢秋声	湖北民族大学	国有企业和谐财务及其评价指标体系研究
		陈　胜	州委党校	湖北省典型地域农民创业培训绩效研究
	论文类	穆华桂	州委党校	恩施州“律师三进”的法治实践
		谭云勤	州委党校	“找差距”要把握“四个维度”
		何　蓉	州委党校	提升基本公共卫生服务水平的对策思考——基于恩施州的实践
		杨　光	恩施市金子坝街道办事处	弘扬民族文化，推动乡村振兴——对推进恩施州传统村落文化保护与发展的思考
		张　玲	恩施市人大	完善学生资助体系 高质量推进教育扶贫
		周　威	恩施州教科院	新时代山区中小学德育“六育人”现状研究
		向　亮	湖北民族大学	土家语三种句式的类型学特征
		胡兆义	湖北民族大学	从主体性到主体间性:论我国和谐民族关系的巩固和发展
		姜　爱	湖北民族大学	乡村“过疏化”背景下传统村落乡村精英的角色
		剧成义	州委办公室	发力新基建培育新动能
		彭　弥	湖北民族大学	校园文化视域下民族院校志愿服务品牌创建问题探讨
		王泳力	湖北民族大学	探析西兰卡普图案在文创产品上的应用
		李烨鑫	湖北民族大学	生态失衡状态下的民间艺术团体发展研究——以武陵山片区为例
		景爱霞	湖北民族大学	大数据环境下地方高校图书馆精准服务模式探究——以湖北民族大学为例
		郑　恩	湖北恩施学院	武陵民族地区高等学校发展战略研究
		谭明鄂	恩施市第三高级中学	“三新(新课标、新教材、新高考)”背景下的高中地理有效教学及备考策略研究系列论文
		熊　来	恩施州教科院	推进职业教育改革，服务恩施高质量发展的路径研究
		田远佑	人行恩施州中心支行	政策性金融助力精准扶贫的路径
		彭志友	恩施州高级中学	让文学为教育插上翅膀
		吴安静	州广播电视大学	少数民族地区开放教育与农村专业人才队伍建设探析

【专项课题调研】 2022年，州社科联组织恩施州武陵山经济研究会社科专家参与调研的课题《新时代清廉文化建设必须做到“四个坚持”》被《今日恩施》、恩施文明网选用。

【社会科普活动】 2022年，州社科联在全州举办湖北省第十一届社会科学普及宣传周恩施科普周活动，组织省级社科普及教育基地湖北民族大学和来凤县博物馆开展活动。组织参加首届各省市区社科普及基地讲解员大赛，湖北民族大学教师谭博渊荣获湖北赛区三等奖。完成省级社科普及教育基地年度评级，湖北民族大学确定为先进等次。

（党国营）

档　案

档案管理

【概况】 2022年，全州各级档案馆馆藏超过320万卷（件），比"十三五"末期增长50%。加快推进档案数字化建设，全州档案数字化率超过70%。推进档案治理、资源、利用、安全体系建设。

【档案治理体系建设】 2022年，州档案馆系统将《中华人民共和国档案法》纳入全州"八五"普法规划，州档案局开展《中华人民共和国档案法》宣讲30余次。科学设置档案领域政务服务事项，完善办事指南和具体流程。运用"互联网+监管"手段，探索档案数字治理新模式，推进档案业务在线监督指导，提升档案治理网络化、智能化、精细化水平。

【档案利用体系建设】 2022年，全州各级档案系统利用"6·9"国际档案日等重要时间节点，利用红色档案资源，开展"喜迎二十大·档案颂辉煌"主题活动，全州举办档案主题展览11次，覆盖7000余人次。精简查档流程，利用现代信息技术，州档案馆档案查询利用业务接入恩施州电子政务服务平台，全州各级档案馆接入全国、全省档案查询利用平台，通过各类平台完成查档1300余次，实现民生档案"就地查询、跨馆出证"。加快数字档案馆建设，咸丰县数字档案馆于12月末接受验收考评，巴东县等4个县市档案馆成为全省第二批数字档案馆建设试点单位。

【档案安全体系建设】 2022年，全州开展档案行政执法172次。为防止档案失泄密事件发生，州档案局联合州委机要和保密局、州档案馆检查州法院、州检察院等档案重点部门，梳理在检查各部门档案工作中发现的问题，提出整改责任清单，明确整改完成时限。不定期到各部门开展档案安全检查、排查安全隐患，全年检查单位613家，排查安全隐患158个。

【深化档案事业改革】 2022年，州委常委会会议专题听取全州档案工作汇报，研究档案工作。会议决定，档案工作纳入2022年度全州政绩目标考核体系、2022年度州委党建工作考评清单以及州级层面督查检查计划。

（康　蔚）

档案馆

【概况】 2022年，全州国家综合档案馆9个，专门档案馆3个（恩施市、利川市、建始县城建档案馆）。全州档案工作持续推进档案治理、资源、利用、安全体系建设。各级各类档案馆馆藏档案全宗1463个，233.58万卷、104.9万件，馆藏资料13.11万册。全州档案数字化率超过70%，年度利用档案人数1.76万人次，举办专题展览9个，接待参观1.36万人次。截至12月末，州档案馆有馆藏档案180622卷、130999件、资料4.79万册。档案分清朝、民国和新中国成立后3个部分，共211个全宗。

【档案利用】 2022年，州档案馆接待利用875人次，协助办理异地跨馆查档402人次，查阅档案、资料125084卷（册）次、38644件次，复印档案资料5563页。配合完成全州"12345"便民热线平台知识库建设，接入全国档案查询利用平台和省档案资源共享利用平台，线上办件30人次。

【档案管理】 2022年，州档案馆完成档案数字化1087卷，扫描幅数485294页，数据容量239GB。截至12月末，州档案馆应数字化档案154327卷，累计完成数字化143688卷，数字化率93.1%，位列全省市州前五。鉴定审核1个全宗572卷档案，完成年度档案划控鉴定目标任务。

【档案接收征集】 2022年，开展脱贫攻坚档案和新冠疫情防控档案"两类档案"目录和全文数据收集、汇总上报。其中新冠疫情防控文件材料收集400件；扶贫档案接收目录和全文数据文书档案6248件、会计档案16卷、照片档案70张，数字化副本188045页，建立"两类档案"专题数据库。征集族谱、自传、纪实散文等图书资料27本，修复与仿真照片2张。接收3家州直涉改单位文书档案5817卷件、照片355张进馆。

【档案指导】 2022年，审核完成49家州直立档单位档案"三合一"制度。对72家州直单位档案工作进行实地业务指导。完成全州8个县市档案工作业务指导。对州直单位和县市档案馆开展业务"云培训"；协助利川市档案馆制定"十四五"档案事业发展规划，指导建始县档案馆现行文件在线归档管理系统建设。

【档案史志宣传】 2022年，做好州档案馆门户网站日常维护及信息发布工作，全年发布信息60余条。完成"恩施档案·史志"微信公众号前期筹备工作。在"湖北党史网"、"湖北档案信息网"、省文旅厅官网、《湖北日报》、《恩施日报》等刊载和报道新闻信息30余条。制作党史课件，为州委组织部等州直单位和高校开展党史宣讲11场次，现场受众2000余人次。

【州档案馆新馆建设】 2022年，召开馆务会和馆长办公会研究新馆建设相关事项8次，基建专班组织召开会议90余次，完成室内外抹灰、屋面瓦铺贴、室内管线预埋、屋面防水保温、消防立管环管安装、室内部分地砖铺贴、电梯安装、幕墙安装、外墙漆喷刷等工作，完成数字化档案设施、档案保护设施招标程序，支付项目资金5700余万元。

（陈　尧）

史　志

【概况】 2022年，州档案馆（史志研究中心）加强党史研究，做好地方综合年鉴编纂、地方志工作，开展党史宣讲宣教，在党史和学习教育常态化长效化中发挥职能作用。

【党史编研】 2022年，持续推进《中国共产党湖北省恩施州历史第三卷（1978—2012年）》编撰工作；编印恩施州党史学习教育读本《湘鄂川黔革命根据地历史研究述略》（内部资料）、《青年楷模——何功伟、刘惠馨》（内部资料），公开出版《功勋：恩施革命老区的永恒记忆》；组织人员到湘鄂川黔革命根据地相关市县学习考察，撰写的《传承红色好基因，助推恩施大发展——关于地方党史研究的学习考察报告》被州委办公室《领导参阅》采用；参加中央党史和文献研究院第二研究部等主办的"任弼时与党的建设"学术研讨会，《对任弼时反腐倡廉党建思想理论及实践探索的回顾研究》被评为优秀论文。收集汇总全州党史书籍和资料汇编等文献资料200余册，报送省委党史研究室。做好2023年度中央党史和文献研究宣传专项引导资金年度项目申报工作。

【地方志编修】 2022年，推进《施南府志》道光版、同治版、光绪版旧志的校注及出版点校。《光绪施南府志续编笺注》由方志出版社公开出版，《同治增修施南府志笺注》与方志出版社签订出版合同。组织召开《鹤峰县要览》评审会，指导《恩施州优抚医院院志（1957—2021年)》《柏杨坝镇志》编纂工作。完成《省情档案》中恩施州稿件编纂。

【年鉴编纂】 2022年，巩固全州地方综合年鉴"一年一卷、公开出版"成果，州及8个县市9本地方综合年鉴分别由方志出版社、长江出版社等公开出版。完成《湖北年鉴（2022）》恩施州及8个县市稿件编纂报送。组织参加中国地方志指导小组办公室组织的"精品年鉴品读季"活动启动会暨2022年中国年鉴精品工程研讨会、第七期全国年鉴主编线上培训会，开展全州年鉴业务"云培训"。《恩施土家族苗族自治州年鉴（2022）》由方志出版社公开出版，下设30个类目、190个分目、80个子分目、2000余个条目，收录190余幅图片、56个表格，成书120万余字，记录2021年恩施州庆祝中国共产党成立100周年、巩固拓展脱贫攻坚成果、全面建成小康社会、统筹新冠疫情防控和经济社会发展、实现"十四五"规划良好开局、建设"两山"实践创新基地的典型经验、重大事件等，设"年度映像""乡村振兴""生态环境"卷首专题图片，收录恩施州生态环境保护建设、"十三五"时期决胜全面建成小康社会成就、党史学习教育工作专文，设"硒资源保护与开发""非物质文化遗产""生物医药产业集群建设"等特色分目。

【《功勋：恩施革命老区的永恒记忆》出版】 2022年1月，州委书记胡超文在州委办公室《领导参阅》刊发的《关于革命斗争时期在恩施地区战斗工作过的开国将帅及党和国家领导人历史考证》文章上批示："尊重历史史实，挖掘红色文化，擦亮红色印记，推动绿色崛起。请州档案馆加强历史考证，形成研究成果，讲好红色故事"，州政府批复专项经费，由州档案馆组织开展相关工作。9月，州档案馆（史志研究中心）编著、覃章梁主编的《功勋：恩施革命老区的永恒记忆》由团结出版社公开出版，成书40余万字，收录革命斗争时期在恩施战斗、工作过的开国将帅（220位）的生平、足迹，记录其丰功伟绩。

【"湘鄂川黔根据地研究述略"课题研究】 该课题2021年由湖北省委党史研究室申报，经中央党史和文献研究院批准同意立项，属于一般项目，资助资金10万元。2022年10月，州档案馆以50余万字书稿《湘鄂川黔革命根据地历史研究述略》形式完成课题结项，印刷恩施州党史学习教育读本《湘鄂川黔革命根据地历史研究述略》（内部资料），是州档案馆（史志研究中心）首次承担向中央党史和文献研究院申请开展的课题研究，课题以湘鄂川黔革命根据地历史为研究对象，包括湘鄂川黔革命根据地概述、学术研究成果、革命将士回忆录、历史图片以及革命文献资料、大事记、组织序列表。

（陈　尧）

体　育

【概况】 2022年，全州完成省、州新全民健身示范工程项目27个（其中乡镇A类6个，村级A类21个）。州民族体育馆、恩施市、利川市、来凤县、宣恩县、咸丰县等县市公共体育场馆全年免低开放时间330天以上。开展以"冰雪"为主题的系列活动，举办第八届全国大众冰雪季湖北分会场启动仪式、"酷滑湖北"滑雪比赛、职工冰雪趣味运动会，营造全民参与冰雪运动氛围。举办2022年中国民族民间龙舟公开赛（湖北宣恩站）暨第十四届贡水河水上运动会、湖北省第十六届运动会社会俱乐部桨板资格赛、湖北省青少年桨板锦标赛、湖北省社会体育俱乐部十项百场联赛、湖北省名校男子篮球对抗赛、2022年湖北省滑翔伞冠军赛等国家级、省级重点赛事。举办2022年恩施州青少年运动会。开展"百千万"全民健身赛事活动。

【全民健身组织网络建设】 2022年，全州有各级各类社会体育指导员1.2万人，州级体育协会22个、县市体育协会124个。全年参加全民健身活动160万人次，全州体育人口占比39.2%。组织开展气排球、跆拳道、乒乓球等项目二级裁判员培训，参训人员212人。8个县市街道相继建立健身活动站点，在基层开展全民健身活动，指导群众科学健身，满足人民群众健身需求。

【全民健身活动】 2022年，举办州级冬泳、乒乓球、羽毛球、气排球、篮球、门球等项目赛事20场，县市级体育赛事100余场，参与者50万人次。《幺妹儿带你慢慢儿耍》工间操比赛全州联动。恩施市职工运动会共设篮球、羽毛球、乒乓球等5大项25个小项，3000余名职工参加比赛。利川市全民健身联赛，赛事历时近2个月，组织队伍180余支，3000余人参加。巴东县举办第十一届"神农杯"小学生乒乓球运动会、"喜迎二十大·建功新时代"职工体育运动会。宣恩县举办全民健身长跑活动，1200余人参赛。咸丰县举办群众体育赛事活动16场，相继举办首届"迎春杯"象棋邀请赛、第一届"来咸丰 庆丰年""奔向世遗·茶海奇迹"自行车骑行活动、第二届"奔跑吧·店小二"趣味运动会等。来凤县举办春节系列赛事3V3篮球比赛，"梦之蓝杯"庆元旦全民健身乒乓球、羽毛球、气排球赛、女子篮球赛。鹤峰县举办文明杯篮球联赛、足球联赛、职工气排球联赛、职工羽毛球混合团体邀请赛等活动，参赛人数4600多人，观众3万多人次。

【国民体质监测】 2022年12月，国民体质监测工作全面展开，监测对象包括城镇和农村的幼儿、成年人和老年人，监测时间为期一周，体质测试样本量800余人，提供科学健身指导2000余人次。

【体育后备人才培养】 2022年，联合恩施州教育局印发《恩施州关于深化体教融合促进青少年健康发展的实施方案》，深化体教融合发展。举办2022年恩施州青少年运动会，开展中学生（初中）足球、篮球、U系列足球、跆拳道、排球、游泳、羽毛球、乒乓球、田径9个大项229个小项的赛事活动，参与运动员1881人，产生奖牌752枚。举办“奔跑吧·少年”系列校园赛事活动100余场，近5000名运动员参加，增加田径、轮滑等参赛项目，扩大参赛范围，增设不同组别，覆盖多个年龄段。

【竞技体育】 2022年，组织开展运动员在线注册工作。熊奕熙被省水上运动管理中心聘为优秀运动员，田杰、杨海元被省重竞技运动管理中心聘为优秀运动员。全州授予27人次二级运动员称号。宣恩狮子关水上夏季训练基地持续助推湖北省水上项目运动开展。来凤县举重训练基地开展选苗子、建机制、抓集训等工作，投入建设资金300余万元。2022年竞技体育周毓雷获湖北省青少年男子田径锦标赛12～13岁组200米、60米冠军，创造恩施州田径历史最好成绩。熊奕熙、熊介凡在2022年湖北省第十六届运动会上分别获赛艇、短道速滑2个项目金牌。

【体育场地建设】 2022年，全州筹集资金2000余万元提升体育场地设施建设，新增新全民健身示范工程项目27个，新增文体小广场10个，配备健身路径等体育健身器材100套，全州所有城市社区基本建成“15分钟体育健身圈”。来凤县、咸丰县、鹤峰县、建始县编制体育中心和体育公园规划，来凤县龙凤体育公园开工建设。州民族体育馆、恩施市体育中心、利川市、宣恩县、咸丰县、来凤县等县市的大中型体育场馆和全民健身中心成功接入国家全民健身信息服务平台，完善场馆公共服务管理体系。

【体育产业】 2022年，准者体育用品公司在宣恩县上线生产，拥有生产线17条，员工 445人（其中贫困户144人），2022年产值达2亿元，纳税500万元。绿葱坡滑雪场入围“筑梦冰雪·相伴冬奥”全国冰雪旅游10条精品线路。举办全国第八届大众冰雪季湖北分会场启动仪式，开展群众冰雪赛事，雪季综合收入过亿元，带动当地300多人参与就业。发放2022“惠动湖北”恩施州体育消费券584万元。全州体彩总销量9.68亿元，排全省第四位，任务完成率排全省第二位。

（魏　娜）

旅　游

旅游管理

【概况】 2022年，全州接待游客6837.48万人次，恢复至2019年同期水平的 96.06%，实现旅游综合收入438.58亿元，恢复至2019年同期水平的82.68%。2022年竞争力智库、北京中新城市规划设计研究院等机构联合发布《中国县域旅游竞争力报告2022》，揭晓2022中国县域旅游综合竞争力百强县市、2022中国县域旅游发展潜力百强县市名单，恩施市入选2022中国县域旅游综合竞争力百强县市，利川市、巴东县入选2022中国县域旅游发展潜力百强县市。

【文化和旅游项目】 2022 年，全州文旅系统贯彻落实国家、省、州“三区三线”有关政策和国土空间规划编制的工作部署，主动对接省文旅厅、省体育局，全年申报164个文旅项目纳入省级重点项目，位居全省前列。联合州发改委向上申报2023年度文化保护传承利用工程中央预算内计划投资4个，总投资8500万元，申请中央预算内投资6400万元。全州29个重点文化和旅游项目年度计划投资30.09亿元，完成投资28.4亿元，完成全年计划投资94.4%。恩施清江红花峡峰林景区、恩施大峡谷AAAAA+建设、湖北源梦巴东文化旅游、恩施绿葱坡滑雪及高山运动度假区、湖北交投恩施欢乐栖谷、利川齐岳山生态旅游度假区、利川市万达生态旅游度假区、武陵山区巴东县中医养生、楚天野三关康养综合体等9个重点文旅项目纳入2022年省级重点建设计划。

【旅游资源开发项目】 2022年，对2019年旅游资源开发项目清理整改情况进行调度，有24个项目完成整改任务，实现销号，剩余的72个旅游开发项目继续推进整改，其中景区提升、限期达标一批30个，加强投资、建设完善一批22个，资源整合、优化重组一批12个，清理、退出转型一批8个。联合州发改委、州自然资源和规划局、州生态环境局、州林业局等部门，对建始花硒谷旅游度假区、建始百年信义生态旅游区、鹤峰溇水河山水世界旅游区、宣恩双龙湖旅游度假区进行专家评审。

【景区建设】 2022年9月7日，鹤峰县屏山旅游景区、巴东县无源洞景区创建为国家AAAA级旅游景区，全州国家AAAA级旅游景区达到21家。州文化中心创建成为国家AAA级旅游景区。截至12月末，全州A级景区37家。宣恩彭家寨、恩施鹿院坪、巴东野三关森林花海通过国家AAAA级旅游景区景观价值评审。推进来凤旧司农园、建始照京坪红色旅游区创建国家AAA级旅游景区工作。

【乡村旅游】 2022年，巴东县野三关镇被评为“湖北旅游名镇”、恩施市白杨坪镇洞下槽村被评为“湖北旅游名村”、恩施市土家女儿城被评为“旅游名街”。巴东县东瀼口镇牛洞坪村名列第四批全国乡村旅游重点村。“寻访红色足迹，坚守初心使命”“山水胜景 亲近自然”“冰雪秘境·恩施做‘冬’”3条线路相继入选全国乡村旅游精品线路。建始县小西湖旅游度假区、建始花硒谷旅游度假区、巴东野三关绿葱坡旅游度假区、咸丰坪坝营旅游度假区被省文旅厅公布为省级旅游度假区。

【红色旅游】 中央广播电视台总台制作的6集大型电视专题片《长征之歌》在央视一套播出，其中第四集播出的“一门山炮的长征”以写入解放军军史咸丰忠堡大捷为故事原型。协助省文旅厅编制完成《湖北省红色旅游专项规划（2022—2025年）》，长征国家文化公园宣恩段建设、巴东金果坪红色旅游区建设、满山红景区整体提升和湘鄂边苏区纪念馆建设等重点红色旅游项目名列其中。

【智慧旅游】 2022年，投资185万元，完成州文旅大数据分析系统一期项目建设，产业运行监测能力得到提升。《喀斯特地貌智慧景区建设规范》《喀斯特地貌智慧景区地质安全防范要求》2个智慧景区地方标准完成立项。协助编制《恩施州数字经济发展三年行动计划》等规划方案，谋划恩施州文旅大数据分析系统二期、恩施州非遗数字平台等一批重大项目，拟定“一部手机游恩施”等数字平台未来建设方向和具体内容。

【文旅招商引资】 2022年，州文旅局作为州直招商战队生态文旅分队的牵头单位，研究确定项目驱动、金融联动、资源互动、专项行动、媒体推动的招商工作思路，组织召开生态文旅招商分队工作推进会、季度工作总结汇报会，掌握工作动态，推动任务落实。先后对接中惠旅集团（上市公司）、恐龙园文化旅游集团（文化IP）等文旅企业13家，对恩施州重点文旅项目进行宣传推介。多次与湖北体育产业集团主要负责人座谈交流，向恩施州政府提交项目总投资7.6亿元的《湖北省产业集团与恩施州全域旅游一揽子投资合作协议》。

【旅行社】 2022年，恩施海外旅游有限公司、恩施州中硒国际旅行社、恩施州青年旅行社、恩施散客集散旅行社4家旅行社创建为AAA级旅行社。根据省文旅厅《湖北省旅行社等级评定和复核工作方案》要求，组织各县市局对全州20家AAA、AA级旅行社进行复核。落实《关于印发恩施州贯彻落实国家和省稳住经济一揽子政策若干措施的通知》精神，制定《恩施州2022年旅行社组织游客奖励实施细则》，动员企业组织游客到恩施旅游，对符合奖励标准排名前15的旅行社分别给予奖励。经县市初审和州文旅局复核，10家旅行社通过审核，发放550万元奖励。根据文旅部办公厅下发的《关于进一步调整暂退旅游服务质量保证金相关政策的通知》，组织各县市局开展辖区内旅行社暂退质保金工作。全年为82家旅行社及分公司落实暂退旅游服务质量保证金503万元，为政策实施以来至新设立的33家旅行社落实暂缓缴纳旅游服务质量保证金政策。

【星级饭店】 2022年，恩施瑞享国际酒店创建五星级旅游饭店，推动源龙大酒店创建四星级旅游饭店。印发《关于做好2022年度星级旅游饭店复核工作的通知》，组织实施恩施州2022年度旅游饭店星级复核工作，对不符合星级标准的6家饭店（巴东县楚韵大酒店、东方巴人大酒店、沿渡河大酒店、巴人之都大酒店、国玖大酒店、咸丰县久鑫大酒店）取消三星级旅游饭店资格。参加2022年全国星级饭店从业人员服务技能竞赛湖北赛区决赛，恩施州2名选手获个人赛项三等奖，恩施州代表队获团体三等奖。

【导游】 2022年，全州有导游1254名。组织2022年导游考试报名工作，共628名考生报名，筹备导游考试恩施考点工作事宜。培养一线“金牌”导游，9月2日，文旅部宣布2021年“金牌导游”培养项目结项，恩施州高级导游方婉婧名列榜单。3月30日，州文旅局、恩施职业技术学院及旅游企业三方联合打造的“恩施州导游实训基地”“恩施州国家金牌导游工作室”在恩施职业技术学院挂牌成立。根据《关于支持恩施州文化旅游产业恢复发展振兴的措施》，对2021年新取得高级导游资格的州内执业导游方婉婧奖励3000元，对新取得中级导游资格的州内执业导游饶金券、顾嘉、高英、刘唯4人各奖励1000元。按照州政府办公室《关于印发恩施州贯彻落实国家和省稳住经济一揽子政策若干措施的通知》，制定《恩施州导游稳岗补贴发放实施细则》，对符合标准的高级导游每人每月发放1800元，中级导游每人每月发放1200元，初级外语导游每人每月发放800元。

【新冠疫情防控】 2022年，根据国家对防控工作的阶段性优化调整，同步动态更新调整文旅行业防控策略和方针，使防控工作更加科学化、精准化。督促指导企业做好疫情防控工作，执行防疫措施，加强卫生日常管理和员工健康监测。统筹疫情防控和文旅产业恢复，从严从细从速落实文旅行业疫情防控和安全开放各项措施，全州旅游接待整体平稳有序。

【支持旅游业复苏】 2022年，根据《湖北省文化和旅游厅、湖北省公安厅、湖北省财政厅、湖北省市场监督管理局关于印发2022惠游湖北消费券发放工作实施细则的通知》，组织全州开展“惠游湖北”消费券发放工作，累计发放消费券1200万元，总核销率91.92%，排名全省第四。贯彻落实《湖北省文化和旅游厅、湖北省财政厅、中国人民银行武汉分行关于印发〈旅游企业贴息帮扶实施方案〉的通知》，稳步推进旅游企业贴息帮扶工作，为全州28家企业实际贴息3245万元。

【夜间文化和旅游消费】 2022年，恩施女儿城景区发挥夜间文化和旅游消费示范作用，构建布局合理、功能完善、业态多元、管理规范、各具特色的夜间消费新格局。2022年11月恩施不夜城开业。利川龙船天街入选2022年湖北省夜间消费集聚区。

【区域发展】 2022年，融入区域发展布局，参与制定《“宜荆荆恩”城市群文旅产业一体化发展2022年工作要点》《宜荆荆都市圈特色消费目的地建设三年行动方案（2022—2024年）》。先后推出小长假精品线路，开展“宜荆荆恩”小篮球联赛，筹备首届宜荆荆都市圈导游（讲解员）大赛。州博物馆、州文化馆、州图书馆“三馆”共办活动赛事。四地文旅执法部门共同签署《“宜荆荆恩”城市群文旅执法联动协作协议》，开展文化旅游市场执法协作。6月20日，巴东县举办郑渝铁路巴东段开通仪式暨“情漫三峡·感恩北京”第十届中国长江三峡（巴东）纤夫文化旅游节。

【龙麟宫景区开业】 2022年5月31日，恩施龙麟宫景区举行开业典礼。2015年8月，该景区停业；2017年8月，资产由州国投公司接管，由其全资子公司恩施土司城旅游管理有限公司负责运营；2019年，景区启动提档升级项目。

（魏　娜）

市场营销

【概况】 2022年，做好新冠疫情防控工作，整合全州文化旅游资源，探索特色有效路径，应对困难阻碍，开拓省内市场，推动旅游产业恢复振兴。全年举办和参加29场旅游推介活动，到昆明、重庆、武汉、襄阳、荆门、仙桃、武夷山、锡林郭勒等地开展促销推介活动。与新浪、百度、凤凰新媒体等线上媒体平台合作在国内外展播恩施文旅形象。依托恩施州特色“凉”资源，州文旅局联动全州推介避暑“凉”方，举办“凉交会”18场，全州迎来避暑度假游客超过100万人。

【首届“凉交会”】 2022年，州文旅局组织8个县市文旅局在武汉市、重庆市举办首届“凉交会”，武汉市举办17场，重庆市举办1场，覆盖武汉市13个区、重庆市主城区，用恩施清凉资源和旅游优惠措施回馈武汉市和省直部门的帮扶，吸引武汉、重庆市民、退休干部职工、高校师生暑期到恩施避暑康养、旅游采风，扩大恩施旅游“朋友圈”。7—12月，恩施迎来避暑度假游客超过100万人。恩施避暑现象引起关注，中国旅游研究院和中国科学院组织专家到恩施，开展避暑旅游样本研究。

【国内市场营销】 2022年，全州举办并参加29场旅游推介活动。参加第三届荆楚乡村文化旅游节活动、“极目楚天·畅游湖北”市州文旅局长访谈节目、“2022畅享高铁·乐游湖北”文旅宣传城市专场推介会（武汉、襄阳、巴东）、“2022万里茶道——湖北省文化旅游沿线巡回推介会”（武夷山站、锡林郭勒站）、“荆门园博园”恩施主题日文旅宣传展示推介活动、云南2022中国国际旅游交易会、2022中国武陵文旅峰会。第七届世界硒都（恩施）硒产品交易博览会上，全州42家文旅企业参加特色硒康养展区展览，展出商品46大类，发放7000余份宣传资料。在各类媒体上发布外宣稿件29篇，其中省级媒体10篇，地市级媒体11篇，直播8场。

【媒体营销】 2022年，利用传统媒体平台和新浪微博、微信公众号、视频号等新媒体平台，持续打造主题宣传矩阵。恩施州文旅局微博入选湖北十大文旅政务微博，排名第二，仅次于武汉市文旅局微博。全年发布微博1291条，粉丝量达32万人，阅读量达1600万人次，转评指数达1.33。其中“在恩施过大年”话题阅读量达290万人次，“春到恩施赏百花”话题阅读量达120万人次。州文旅局百家号获百度百家号官方“最具影响力政务新媒体”称誉。全年总体内容聚焦持续增强恩施文旅的影响力，开展系列线上营销，综合传播达1.6亿+，其中“中国好山水·天赐恩施州”恩施州文旅品牌形象矩阵宣推，传播量达450万+。全年微信公众号采集、编辑、发布图文信息640条，存量关注用户35751人，关注人数总体呈上升趋势。恩施文旅号视频号制作各类短视频181期，浏览量突破千万人次，恩施文旅号抖音号浏览量突破500万人次。“恩施文旅号”微信公众号与视频号的内容丰富、风格多样化、更新频率加快。

（魏　娜）

卫　生

Hygiene

卫生与健康

【概况】 2022年，全州各级医疗卫生机构2898个，其中医院63家，含综合医院32家（三级综合医院6家）、中医（中西医结合、民族）医院11家（三级中医院3家、三级中西医结合医院1家）、专科医院20家；专业公共卫生服务机构29个；基层医疗卫生机构2801个，含社区服务中心7家、乡镇卫生院85家、村卫生室2126个，诊所及门诊583个；其他卫生机构5个。全州卫生机构在职人员34213人，其中卫生专业技术人员27824人；执业（含助理）医师10281人，每千常住人口拥有医师3.02人(常住人口340.28万人)；注册护士13506人，每千常住人口拥有护士3.97人。全州开设病床28483张，每千常住人口拥有病床8.37张。省级重点专科109个，有国家级重点中医建设专科2个，省级中医重点专科16个，57个州级中医重点专科和7个基层中医重点专科，国医堂90个，名医堂9个、养生堂9个，知名中医工作室57个。

【医疗卫生体制改革】 2022年4月，州人民政府与省卫健委签署省级区域医疗中心共建协议，明确州中心医院、湖北民族大学附属民大医院、州优抚医院为共建医院；以州中心医院为主体，利用心血管、呼吸、儿童、骨科、癌症、传染病等专业建设省级区域医疗中心；以民大医院为主体，建设省级肾病区域医疗中心；以州优抚医院为主体，建设省级区域精神卫生中心。推动优质医疗资源扩容和均衡布局，民大医院医教协同三区项目投入使用，全州紧急救援救治基地建设项目申报为省级区域医疗中心建设项目，成为全省5个省级区域医疗中心建设项目之一。规划实施恩施州中医医院、急救中心能力提升和精神卫生中心等重大项目建设。

【医疗基础设施建设】 2020—2022年，全州公共卫生体系补短板入库项目153个，总投资81.87亿元，争取各类资金包括中央、省预算内资金1.39亿元，地方政府专项债券14.43亿元，用于“四体系、一平台”（疾控体系、医疗救治体系、基层防控体系、院前急救体系和重大疫情信息化平台）建设工作。2022年年末，项目开工152个，完工99个，在建53个，完成投资约42亿元。

【医政药政管理】 2022年，组织评审确认100个州级临床重点专科，35个专科获得省级临床重点专科。推进优质资源下沉，湖北民族大学附属民大医院和州中心医院2个医联体和12个县域医共体建设落实检查检验互认5075人次，减少医疗费用158.8万元，为基层医疗机构免费进修和培训5786人，向下级医院下派医务人员236人，支援下级医院物资77台次。

【中医药管理】 2022年3月17日，恩施州“中医中药基层行”活动启动仪式在位于鹤峰县走马镇的鹤峰县中医院举行，全州1/3行政村开展此项活动，全社会“爱中医、信中医、用中医”氛围增强。中医药参与新冠疫情医疗救治工作，发放中药汤剂5万余剂、中成药2万余盒；三级中医院设置康复科比例和乡镇卫生院、社区卫生服务中心提供中医非药物疗法比例均为100%；“治未病”服务对象扩大到“未病”“欲病”“已病”人群，运用中医药开展高血压、糖尿病、中风等慢性病患者健康管理服务。部分中医院举办“中医膏方养生节”，发挥中医药“治未病”的特殊优势。完成中医古籍和传统知识收集整理项目，建立中医药传统知识收集整理长效机制。开展以“弘扬中医中药文化、服务健康恩施建设”为主题的宣传月活动，宣传《中华人民共和国中医药法》和《湖北省中医药条例》，传播中医药养生保健知识，拍摄《恩施州生物医药产业招商宣传片》《“华中药库”宣传片》。

【基层卫生和公共卫生服务】 2022年，全州有村卫生室2126个，村医3052人，8个县市实施在岗和离岗乡村医生养老保险政策。开展家庭医生签约服务，建立居民健康档案，城乡居民规范化电子档案建档率为93.06%；辖区内65岁以上老年人健康管理率为71.5%；高血压患者规范管理率为86.91%；糖尿病患者规范管理率为86.66%；重性精神病患者应管尽管；老年人中医药健康管理率为74.01%，0～36月儿童中医药健康管理率为91.36%。开展公共场所卫生、生活饮用水、医疗卫生、放射卫生等专项督查，全州卫生监督协管信息报告率为100%，传染病及突发公共卫生事件报告和处理率均为100%。印发《恩施州基层心脑血管疾病一体化防治工作实施方案》，推动基层心脑血管疾病一体化防治工作，完成省级认证胸痛救治单元18家，省级认证基层卒中防治站17家，完成对高血压、糖尿病、高脂血症等慢病和心脑血管疾病患者筛查128万余人次。推进“万名大学生乡村医生配备”项目，全年委托湖北恩施学院定向培养大学生乡村医生100名，开展乡村医生学历提升、乡镇卫生院派驻巡诊和社会招聘大学生村医等行动，力争“十四五”期间基本实现全州“一村一名大学生村医”全覆盖。开展度基层胸痛救治单元/卒中防治站医务人员培训，共培训5期101名学员；落实湖北省基层卫生人才能力提升培训项目，培训基层医疗卫生机构骨干全科医生12名和基层医疗卫生机构骨干人员（临床医师）41名；实施基层卫生人才三年培训计划，组织全体乡村医生参加基层诊疗知识线上培训，计培训3086人次。全州优质服务基层行乡镇卫生院和社区卫生服务中心达到推荐标准6家，基本标准8家，创建社区医院1家；推进特色科室建设，恩施市崔家坝镇卫生院等8家基层医疗卫生机构开展中医康复、妇儿保健等特色科室建设，通过科室差异化发展，提高基层医疗机构的医疗服务能力。

【健康恩施】 2022年，恩施州在健康湖北考核中稳居第六名，全州居民健康素养上升至35.58%，青少年近视率下降至52.68%。老年健康服务体系逐步健全，二级以上公立综合性医院设老年医学科比例94%，三级中医医院设置康复科比例100%。州卫健委出台《“健康恩施2030”行动纲要》，推动“323+”攻坚行动，对影响群众健康突出3类重大疾病（心脑血管病/癌症/慢性呼吸系统病）、2种基础疾病（高血压/糖尿病）、3类突出公共卫生问题（出生缺陷/儿童青少年近视/精神卫生）及结核病、风湿病的专项防治行动。呼吸学科规范化认定三级医院5家、二级医院6家、基层医院22家，22家机构具备产前筛查资质，建成“生殖健康与重大出生缺陷”三级预防示范基地1家，获评湖北省2022年度PCCM规范化建设优秀区域。参加省级健康科普大赛，获一等奖3个、二等奖4个。推荐华新水泥（鹤峰）公司郑敏入选湖北省“健康达人”。

【爱国卫生】 2022年6月，出台《恩施州深入推进爱国卫生运动实施方案》，推动爱国卫生立法，启动爱卫立法前期调研。成立恩施州创文创卫工作领导小组，抽调专班33人，统筹国家卫生城市创建工作；启动利川、宣恩、咸丰国家卫生县市创建工作；完成89个省级卫生村、18个卫生社区、59个卫生先进单位复审。完成利川市、宣恩县和巴东县创建国家卫生县州级督导；完成建始县和来凤县“除四害”（灭鼠、灭蝇、灭蚊、灭蟑）先进城区州级评估验收等工作。开展第34个爱国卫生月活动，结合创建国家卫生城市的安排部署开展清洁“六边六场”（路边、田边、山边、林边、河边、沟边，屋场、广场、运动场、垃圾收纳场、城镇菜市场、农村集贸市场）活动。州政府常务会研究通过《恩施州公共场所控制吸烟规定（试行）》，将无烟党政机关建设纳入健康恩施考核内容，加强控烟宣传，开展世界无烟日“亮灯”行动和无烟宣传进校园活动。

【疾病预防控制】 2022年，全州无甲类传染病报告，报告乙类传染病12种，丙类传染病7种；甲乙类传染病报告发病数与2021年同期比下降5.47%，丙类传染病报告发病数与2021年同期比下降33.11%。新生儿建档19952人，接种免疫规划疫苗54.55万剂次；全州0～6岁儿童所有免疫规划疫苗剂次的总体接种率95.46%，以乡镇为单位均超过90%。继续实施《公共卫生任务书》制度，支持医防融合向纵深发展；继续落实二级及以上医疗机构内科类医师在晋升副高职称前，完成规定学时的公共卫生能力训练的制度。首次开展“为终结结核病·点亮城市的红”亮灯行动，循环播放宣传主题和结核病防治核心信息；落实学校结核病防控各项措施，将结核病筛查工作纳入教职工常规体检必检项目，把好入学结核病筛查关，加强学校肺结核预警及响应。推进艾滋病性病防治，全年符合治疗条件的HIV/AIDS接受抗病毒治疗的比例为92%，病毒载量检测比例95.25%；抗病毒治疗成功率97.01%，较2021年均有提升。全州73家监测医院通过食源性疾病监测系统上报病例；总体上报及时率为86.79%，哨点医院上报及时率为90.88%。

【食品安全与营养健康】 2022年，州卫健委制定出台《恩施州食品安全风险监测实施方案》，监测实验室拓宽到8个县市疾控中心，完成包括所有乡镇卫生院在内的110家医疗机构食源性疾病监测系统的部署，全省率先实现食源性疾病监测网络乡镇全覆盖。在全省率先推进医疗机构HIS系统与湖北省营养与食品卫生信息系统对接工作，先期确定23家二级以上综合医院HIS系统增加食源性疾病报告模块。推进食品安全标准服务，加快推进硒蛋白营养加强剂食品安全国家标准修订工作。州中心医院入选国家临床营养科建设试点。举办恩施州首届营养指导员培训班，培训并考核合格78人，组织80人参加省营养指导能力提升培训班，充实基层膳食营养人才队伍。启动机关单位、学校、福利院、医疗卫生机构营养健康食堂创建工作。11月17日，州疾控中心申报的“湖北省食品安全风险监测蘑菇中毒重点实验室”通过评审。加强预防野生蘑菇中毒宣传，将农村集体聚餐、野生菌中毒防控宣传纳入《恩施州深化新时代党建引领乡村治理促进乡村振兴若干措施》，通过多种形式，保证宣传全覆盖，做到乡不漏村、村不漏组、组不漏户。加强营养健康宣传，与联合国儿童基金会驻华办事处联合开展“知‘食’就是力量”公益倡导活动。恩施思源实验学校试点开展学生营养课，有1221名学生、1393名家长参与营养讲座并完成调查问卷。

【卫生应急】 2022年，采取措施迅速扑灭“恩施0907”“来凤0919”等疫情，打赢疫情防控阻击战。12月7日，国家“新十条”发布后，贯彻党中央决策部署和省委、省政府，州委、州政府工作要求，做好“保健康、防重症”工作，保障群众看病就医需求，实行平稳转段。12月20日，全州达到新冠病毒感染峰值，转段期间就医秩序井然有序，未出现住院一床难求、一医难求的情况。

【职业健康】 2022年4月8日，州政府印发《恩施州卫生健康事业发展“十四五”规划》。启动巴东县茶店子、绿葱坡、沿渡河，恩施市崔家坝镇、沙地乡、红土乡，利川市文斗乡尘肺病康复站建设。对申报的10家健康企业进行现场评估，创建湖北省健康企业8家；申报省级“健康达人”1名。启动工业企业职业危害治理专项。核查线索3921条，全州纳入危害治理工业企业有175家（暂停业4家）、开展职业病危害因素检测企业有111家、存在危害因素超标企业有99家。全年开展放射卫生监督109家；完成9家州直管医疗机构放射卫生监督检查，监督完成率100%。职业卫生国抽“双随机、一公开”任务用人单位数250家，其中建材、化工行业用人单位全覆盖抽查。完成与州人社部门对用人单位的联合“双随机”任务4家。完成州抽8家职业健康体检机构及1家职业卫生技术服务机构的监督检查，覆盖率完成率100%。省卫健委移交恩施州工业企业线索3921条，查实有职业危害因素的企业521家。对建筑工地、快递、制药、非煤矿山、建材加工、环卫、各疫情防控卡点核酸采集等室外高温作业和室内锅炉工等7个行业的作业时间、防晒降温措施、急救药品储备、降温食品饮料的落实等进行监督检查，检查用人单位315家，形成检查文书315份，其中监督意见书26份。对全州152家可能存在化学中毒隐患企业进行排查，存在化学中毒隐患企业数82家，无重大化学中毒隐患企业，针对存在隐患的企业下发整改监督意见书。职业健康常规体检人数4415人，尘肺病主动监测974名劳动者，受理职业病诊断申请166人，诊断新病例126人。开展重点人群职业健康素养调查，调查相关企事业单位15家，其中第二产业3家、第三产业12家，相关调查人员通过手机或平板电脑扫描二维码，以匿名自填形式进行作答，截至12月12日，全州15家企事业单位完成问卷调查，收集问卷1522份。

【人口监测与家庭发展】 2022年，全州三孩生育政策稳妥有序实施。加强动态监测，全州出生22768人，出生率5.33‰，其中一孩10013人，一孩率43.95%；二孩9643人，占42.33%，三孩及以上3112人，占13.66%。持续增加托育服务供给，完成健康湖北考核，3岁以下婴幼儿托位数达到目标6650个。年末全州有提供托育服务机构207家，普惠性托位占60.75%，3岁以下婴幼儿入托率5.43%。创建2家省级示范托育机构。计划生育家庭奖扶政策落实，全州确认农村部分计划生育奖励扶助对象76992人、计划生育家庭特别扶助对象4420人，确认州直企业退休职工计划生育奖励对象203人，落实奖励扶助资金。完善计划生育家庭特别扶助对象“双岗”（每户确定1名镇干部和1名村干部）联系人制度，做到应扶尽扶，将计划生育家庭特别扶助对象纳入家庭医生签约服务重点对象，优先签约、优先服务、应签尽签。

【妇幼健康服务】 2022年，全州辖区活产数22354人，孕产妇0死亡，婴儿死亡率2.55‰，5岁以下儿童死亡率3.89‰，0～6岁儿童健康管理率93.17%。开展出生缺陷防治攻坚行动，产前筛查率90.41%，较2021年上升20.74%，新生儿先天性心脏病筛查率96.90%，婚前医学目标人群覆盖率110.95%，孕前优生健康目标人群覆盖率126.74%，新生儿疾病筛查率99.39%，新生儿听力筛查率98.04%，均达到“323+”攻坚行动重要指标要求。开展湖北省贫困妇女“两癌”（乳腺癌和宫颈癌）检查项目，联合州妇联、州总工会、州财政局印发《关于做好恩施州2022—2024年城乡适龄妇女宫颈癌免费筛查工作的通知》。完成宫颈癌检查124177人，任务完成率83.99%；乳腺癌检查26980人。组织开展孕产妇和新生儿死亡评审，三级计划生育手术并发症复核和州级鉴定，指导各县市开展病残儿医学鉴定工作。加强妇幼健康工作培训指导，召开出生缺陷防治工作推进会暨妇幼保健机构绩效考核培训会，开展妇幼健康服务暨“323+”攻坚行动出生缺陷防治工作调研指导，加强妇幼保健机构绩效考核工作，提高全州出生缺陷防治质量与安全管理水平，保证妇幼健康服务项目实施。

【卫生执法监督】 2022年，完成国家、州、县市三级“双随机、一公开”任务。抽取国抽双随机任务625单，任务关闭45家，监督完成率99.52%；州抽双随机任务12家，县市抽取双随机任务500余家，任务关闭6家，监督完成率100%。开展全州医疗废物管理工作交叉督导检查工作，检查医疗机构82家，在交叉督导过程中发现整理130余条问题清单，现场交办并跟进整改。联合医保、市场监管等部门针对全州医疗机构医疗乱象开展暗访，检查医疗机构60余家，下达《卫生监督意见书》40余份，办结的案件对机构行政处罚22个。全州卫生监督执法人员排查全州范围内有证的医疗美容机构39家，排查其他生活美容机构200余家，对4家医疗美容机构进行立案查处，对3家医疗美容机构给予警告行政处罚。检查公共场所700余家，下达监督意见600余份；对20余家游泳场所进行监督检查，下达监督意见书18份，行政处罚4家；开展餐饮具消毒单位监督检查30余次，下达监督意见书20余份，餐消改造指导1家。对全州城乡生活饮用水厂100余家进行检查，城镇饮用水水质日监测日发布工作运行良好，全州城区和乡镇水质日监测结果无异常。与教育、公安联合检查学校、托幼机构400余家。

【卫生人才科教】 2022年，发布全州基层医疗卫生专业技术人员专项公开招聘岗位计划148个。组织实施全国卫生专业技术资格考试（5362人）、国家医师考试（1420人）、全国护士执业资格考试（936人）恩施州考点考务工作，组织实施全州卫生技术高级职务任职资格水平能力测试（957人）考务工作。组织恩施州卫生技术高级职务任职资格区域评审，正高级职称参评44人，通过30人；副高级职称参评230人，通过190人。申报省级科研课题11个，获批2个，无资助项目1个，州级科研课题获批21个。持续做好医学继续教育工作，全年完成国家级、省级继续教育项目54个，举办州级项目53个。住院医师规范化培训年度招录学员115人，结业165人。完成全科医生培训118名，助理全科医生培训26名，农村订单免费大学生培养招录75人。实施儿科医师转岗培训，选派3名医师到省儿童医院进行为期一年转岗培训。

【信息与宣传】 2022年，全州卫健系统通过“报台网微端”融媒体矩阵传播卫健工作情况。3月，开展“中国国医节”暨中医中药基层行主题活动；5月，举办恩施州庆祝国际护士节暨“最美护士、最美护理团队”揭晓仪式大型活动，活动累积点击量1200万余次，17万余人参与投票；8月，举办恩施州第二届健康科普大赛，累积点击量10万+人次；主要负责人到湖北日报全媒体接受《人民至上、生命至上、喜迎二十大——健康湖北纵横谈》专访，专版宣传；10月，在《恩施日报》推出专题《非凡十年：书写健康恩施精彩答卷》。在各级各类媒体刊登、播出新闻稿件2000余篇。民大医院在新华社推出的《小问题找村医——湖北民族大学附属民大医院风湿免疫科专家苏林冲的追梦路》点击量100万+人次；民大医院脊柱外科胡家美医生、田红护士见义勇为的事迹在各级别媒体点击量1000万+人次；州中心医院推出的《五一工间操，恩医幺哥幺妹带你耍》《青春百年·永跟党走》《给疫情中所有恩医人·你是那束光》等短视频，受到极大关注。线上线下政务公开全覆盖，全年在官网公开政府信息600余条、发布卫健新闻400余条、网站纠错21次。线下“12320”卫生热线与“12345”政务服务便民热线实行双号并行，与“12345”实现呼叫互转。

【行政审批】 2022年，对8个县市102项业务办理项依照法律法规，从办事环节、材料清单、承诺时限、特殊环节等进行纠正、优化，县级事项申请材料由387项减少到167项。受理各类审批事项1463件，其中医疗机构相关业务办理事项266件（医疗广告审批82件、麻醉印鉴卡相关业务办理61件、放射诊疗相关业务及放射工作人员证发放共计40件、医疗机构设置、执业登记及信息变更相关业务共计70件、母婴保健相关业务13件）、医师执业注册相关事项587件、护士执业注册相关事项610件。

【数字化建设】 2022年，推进卫生健康数字化转型。5月19日，恩施州全民健康信息化暨公共卫生应急管理平台在州发改委立项，立项总投资匡算5550万元，完成初步设计方案。开展“互联网+医疗健康”便民惠民服务，州中心医院、湖北民族大学附属民大医院等医疗机构建成HIS、LIS、移动护理、移动查房、合理用药等60余个医疗业务信息系统，基本覆盖全部医疗业务；开通微信、支付宝、App、云上恩施客户端等平台的预约挂号、缴费、检验检查结果查询等功能，享受预约挂号、在线缴费、实时报告查询等全流程就医服务；州中心医院和湖北民族大学附属民大医院作为恩施州远程医疗中心、恩施州区域病理中心，通过远程影像、远程心电、远程病理等远程会诊方式，对基层医疗机构提供会诊支持及专业培训，全年共完成远程心电9.5万例、远程影像近4.2万例、远程教学115次、远程病理诊断1.4万例。网络安全稳定运行，15家医疗机构通过国家信息安全二级以上等级保护认证。

【健康帮扶】 2022年，州卫健委协调医保工作部门在巩固脱贫攻坚成果衔接乡村振兴过渡期内，调整优化6项政策，即调整医保帮扶机制，“四位一体”（基本医保、大病保险、医疗救助、补充医疗保险）转变为基本医保、大病救治、医疗救助三重保障；调整医保帮扶对象范围；调整资助参保政策；调整基本医保政策；调整大病保险政策；调整医疗救助政策。延续3项政策：实行“先诊疗后付费”制度，对象调整为农村低保对象、特困人员和易返贫致贫人口；控制政策范围外医疗费用；执行分级诊疗。新增3项政策，即建立医疗救助倾斜机制；建立高额医疗费用患者负担监测预警机制；建立依申请救助机制。年末巩固健康扶贫成果监测三类重点对象4.5万人（脱贫不稳定2.1万人，边缘易致贫1.8万人，突发严重困难6000人），监测对象家庭医生签约服务完成率99.9%以上，无因病致贫因病返贫现象。

【荣誉】 2022年1月，鹤峰县中心医院被省委宣传部、省司法厅省普法工作办公室表彰为2016—2020年全省普法工作表现突出单位。3月，州卫健委等5个集体被省公安厅、省卫生健康委表彰为“2021年度全省创建平安医院活动先进集体”称号，恩施市卫健局医政股股长邱啸等7人被表彰为“2021年度全省创建平安医院活动先进个人”称号。

（刘德甫）

新冠疫情防控

【概况】 2022年，州委、州政府坚持将疫情防控作为重大政治任务，学习贯彻习近平总书记关于疫情防控的重要指示批示精神，贯彻落实国务院联防联控机制和省指挥部决策部署，抓实抓细“乙类乙管”常态化防控工作落实，巩固疫情防控成果。全州坚持州、县、乡三级指挥体系，坚持“平时州、县市一体，以县市为主；战时州、县市一体，以州为主”，实行疫情平急转换、无缝对接。州及相关县市“四大家”领导分别牵头负责20余个一体化应急专班，保证应急处置工作高效运转。

【疫情防控机制】 2022年，全州完善群防群控、联防联控工作机制，推送最新防疫政策。12月7日，国务院应对新型冠状病毒疫情联防联控机制综合组“新十条”发布，疫情防控从“防感染”转到“保健康、防重症”，强调健康服务与管理。恩施州优化疫情防控政策，应对“乙类乙管”政策及时进行工作调整。

（黄　杰）

生物医药产业集群建设

【概况】　2022年，全州各级生物医药产业集群领导小组立足资源优势，围绕“健康中国2030”战略部署，把握健康消费升级机遇，推进生物医药全产业集群建设。年末全州有工业规模以上生物医药企业29家（其中按分类统计医药企业18家），产值约24亿元。

【药材基地建设】　2022年，全州中药材在田面积95000公顷，全年采收面积27000公顷，产量10.9万吨，实现产值30.6亿元；全州中药材育苗基地734公顷，可生产种苗2亿余株（主要品种为大黄、黄连、党参、竹节参、独活、厚朴、虎杖、贝母、黄精、川牛膝等）。自繁自育中药材种子种苗企业25家（含销售额200万元以上种子种苗企业7家），以州内销售为主，州外销售占16.1%；全州从事中药材种养和加工企业94家（其中省级农业产业化龙头企业7家、规模以上企业16家）；中药材专业合作社640家，家庭农场约150家。年产值500万元以上的生产经营主体65家（含过亿元3家、过5000万元7家），产品涵盖原料药初加工所以产品（洗涤、挑选分级、修整切制、去皮壳、蒸煮烫、烘干工艺后的产品），带动农户种植和务工就业3.35万余户。利川市建南镇申报国家级产业强镇项目（黄连）；咸丰县神光道地药材经营小区和宣恩县高山片区中药材集散中心产地年交易额近2亿元。

【企业培育】　2022年，新增规模以上企业3家，产值过亿元生物医药企业7家；共计为13家企业建立台账，为生物医药生产经营企业在产业发展或新引进项目方面给予建设指导，在政策咨询、项目评估等方面持续跟踪服务；常态化运用“企业金融服务方舱”政银企对接机制，综合运用展期、续贷等方式为企业融资纾困，有26家生物医药企业纳入“企业金融服务方舱”，累计享受信贷支持6285万元；持续培育生物医药上市后备企业，有2家企业成为省级上市后备“金种子”企业、2家企业成为省级上市后备“银种子”企业；落实上市奖补政策，对沪深北交易所上市的企业和新增省级上市后备“金种子”的企业进行奖励。

【项目建设】　2022年，围绕医药产业和大健康产业发展，全州谋划“十四五”大健康产业项目累计721个，计划总投资累计3951亿元。其中在建类108个，计划投资789亿元；推进类144个，计划投资630亿元；策划类469个，计划投资2532亿元。向湖北省生物经济发展“十四五”规划项目库推荐生物医药项目18个，总投资275亿元。全年全州签约生物医药项目24个，投资金额98.79亿元；新开工项目13个，投资金额37.8亿元；续建项目32个，投资金额23.1亿元。

【招商引资】　2022年，州卫健委印发《2022年恩施州生物医药产业招商引资工作方案》。更新生物医药产业招商项目库，入库项目近40个，完善投资企业（客商）信息库和招商手册。签约亿元以上生物医药产业项目24个，总投资98.79亿元。

【康体养生】　2022年，依托恩施州高山气候资源、森林资源、中药材示范基地、传统民族中医文化，推出一批集旅游度假、养生保健、疗养、娱乐于一体康养旅游产品，开发提供疗养、养老、休憩等多样化康养服务。新塘乡以“紫油厚朴百里长廊”为理念打造药材景观带，投资135万元栽种3000米红叶李长廊；下坝村长岭岗药旅融合片区将逐渐成为“清江画廊”精品旅游线路的重要节点；建始县茅田乡、高坪镇投资中医药康养项目，建成大健康管理中心、膳食中心、大型商超中医馆、建始县中医医院花硒谷分院，在建中医药汤泉、药浴等；开发黄精系列保健食品、青钱柳系列功能性和保健食品、黄连花、黄连牙膏、黄连面膜、莼菜面膜等。

【中医药事业】　2022年，恩施州谋划、筹建恩施州中医医院。鹤峰县中医院、来凤县中医院独立运行，恩施市中医院设置独立机构和编制。乡镇卫生院、社区卫生服务中心均设置“国医堂”，75%村卫生室能提供中医药服务。州卫健委出台“十四五”州级中医重点专科创建系列文件，公布州级中医重点专科57个、基层中医重点专科7个，新增创建“知名中医工作室”7个，成立州中药药事管理质控中心。组织湖北民族大学申报土家医学省中医药重点学科建设项目，组织全州医疗机构申报中医药科研项目，通过青年人才项目3个、面上项目1个、指导性项目8个。

【生物医药创新】　2022年，全州向省科技厅推荐省级重点研发项目指南8项，其中“基于恩施道地药材的开发与研究”“鄂西珍稀兰科药用植物资源保护与选育”“野葛规范化种植生产和品质提升及产品研发研究”“富硒青钱柳高纯度医（食）用多糖提取关键技术研究”4项属于生物医药领域。州中心医院申报的湖北省眼遗传病临床研究中心和湖北民族大学附属民大医院申报的湖北省肾脏病临床医学研究中心获批立项建设。全州有湖北省中药材产业发展、勤隆中药材专业合作社2家省级星创天地，有涉及恩施州黄连和马蹄大黄高效加工技术、中药材开发与利用、中药发展、道地药材一体化加工领域的5家省州级企校联合创新中心。引导州内外生物医药领域人才服务恩施州医药企业，争取14名省级科技特派员（含“三区”人才）、选派20名州级科技特派员为恩施州医药企业开展技术指导和服务。

（杨　军）

重点医院

恩施州中心医院

【概况】　2022年，恩施州中心医院综合实力位居全省医疗机构第一方阵，“中国医院竞争力排行榜”全国地市级医院百强医院，在全国30个少数民族自治州中排名第一。医疗服务辐射半径覆盖毗邻的湖南、重庆、贵州等周边地区，是恩施州及周边地区第一所集医疗、科研、教学和保健于一体的三甲医院，湖北硒与人体健康研究院，武汉大学恩施临床学院，湖北民族大学附属医院，是综合医院、中医医院两个国家级住院医师规范化培训基地、湖北省住院医师规范化培训示范基地，是省三级优秀医院。医院编制床位2255张，实际开放病床2393张。全年完成医疗设备招标采购项目117项，武陵山首台手术机器人、PET/CT、回旋加速器、首个标准化甲癌防护病房、全球领先的高端直线加速器等相继投入使用。全年门（急）诊病人1514038人次，比2021年增加62603人次；入院病人102121人次，比2021年减少7350人次；开展手术26931人次，比2021年减少2273人次。

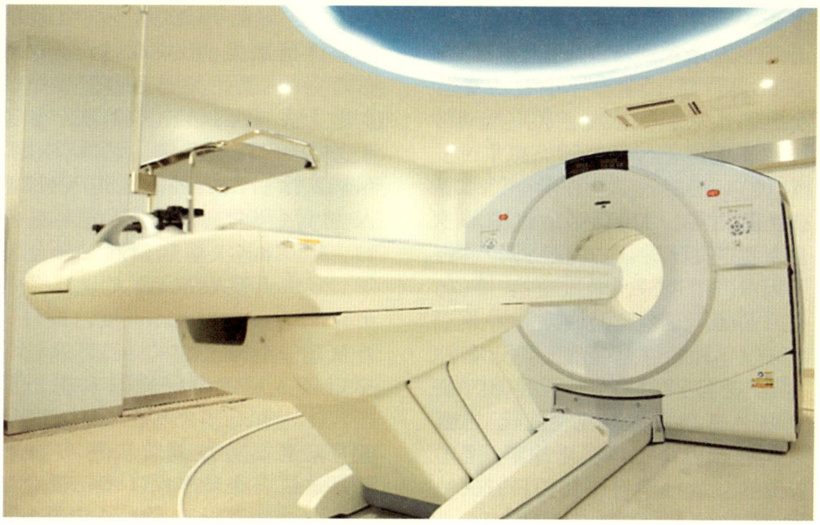

2022年8月15日，州中心医院引进的武陵山区首台全息数字超级迭代PET/CT投入使用 （州中心医院 供稿）

【武陵山区域医疗中心建设】 2022年，州中心医院抓好武陵山医疗中心建设相关工作。8月18日，2022城市医院恩施峰会暨恩施州中心医院建院120周年学术巡礼活动举办。新区医疗中心（一期）妇儿医院成为医院发展的重要“增长极”，新区医疗中心（二期）门急诊医技楼及紧急救援救治基地项目被国家发改委列为省级区域医疗中心建设项目奠基开工。PET中心、公共卫生临床中心、精准医学转化中心、生殖中心等相继投入使用。“试管婴儿”业务完成筹备。武陵山区第一个现代化核医学科启用。湖北硒与人体健康研究院搬入新址。公共卫生临床中心辅检大楼扩建工程（肿瘤放疗中心）进入验收阶段。动物实验中心进入设备安装阶段。对口支援、省直单位定点帮扶工作统筹推进，选派21名医疗专家组团式援助、帮扶县市医院，为5家卫生院及卫生室援助医疗设备、设施40余万元。

【落实医改政策】 2022年，州中心医院发挥“四合理”（合理检查、合理治疗、合理用药、合理收费）管控机制作用，控制医疗费用不合理增长。抗菌药物使用强度等国家管控指标逐步优化。基本药物金额使用占比为32.58%。推进药品带量采购和使用工作。持续加强医用耗材准入、采购等全流程管理，下调130余个医用耗材价格。骨科创伤、人工关节类料同比降低2.77%。落实医保管理规定，加强医保基金使用监管。上线医保智能提醒系统。启动DIP付费工作。新增4种自制制剂纳入医保基金报销范围。单病种结算7360余人次。双向转诊5400余人次。

【质量管理】 2022年，州中心医院加强落实住院超30天病例的管理、非计划再次手术监管、医疗安全不良事件上报、转院转诊患者追踪随访工作。提升急危重症医疗救治能力，CMI值同比上升，平均住院日下降。开展临床路径病种362个，入径率为80.2%，完成率为86.81%。卒中中心获评“湖北省高级卒中中心急救绿道优质团队”。出台《恩施州中心医院关于推进现代医院管理制度的实施方案》，修订完善《医院章程》《医院管理制度汇编》，健全医疗质量安全管理等13大类管理制度。

【医疗业务发展】 2022年，州中心医院11个专科申报2022年省级临床重点专科，开展新业务、新技术180余项，6个专业被确定为省级区域医疗中心。挂靠医院的州级质控中心增至40个，成为“首批全国消毒供应质量管理与控制平台哨点医院”“湖北省急诊专科护士、手术室专科护士培训基地”。落实护理三级质控，护理专科质量敏感指标监测项目拓展至72项。

【人才队伍建设】 2022年，州中心医院坚持“名医、名科、名院”战略，继续实施“胡萝卜”“南丁格尔”等系列人才工程和“青年人才成长工程”，培养领军人才、“硒谷英才”、“西部之光”访问学者等专业人才“博硕化”稳步推进。全年组织10次新进人员招聘工作（2次专项招聘，8次院内招聘）。完成推荐申报“国家卫生健康突出贡献中青年专家”1人、推荐申报“西部之光”访问学者3人及年度“胡萝卜”人才及南丁格尔人才评选工作。全年新业务、新技术立项167项，评定重点监管项目6项。国家自然科学基金项目结题2项，省自然科学基金项目递交结题1项，发表文章244篇。登记国家发明专利1项，实用新型专利28项，外观设计专利3项，软著1项；南非发明专利1项。

【教学、科研】 2022年，教学工作常态化推进，住院医师规范化培训（简称住培）及临床带教工作稳步发展。申报“硒资源研究与生物应用湖北省重点实验室”，组建实验室PI团队4个。获得国家自然科学基金项目1项、省自然科学基金项目3项、省科技厅大健康领域支持地方专项2项、省卫健委科研立项2项、州科技局科研项目立项22项。登记国家发明专利3项、实用新型专利41项。启动GCP项目15项，合同金额500余万元。发表SCI论文100余篇。新增研究生导师12名。住培学员结业通过率92%，超过全省平均水平。在国家中医住培基地检查中获得优秀成绩。获得国家继续医学教育项目8项、省级继教项目20余项。州护理学会被州全民科学素质工作领导小组表彰为“恩施州实施全民科学素质行动计划纲要(2016—2020年)突出单位”。

【中医发展】 2022年，州中心医院始终坚持中西医并重协调发展。执行中医部绩效分配倾斜政策。开展中医临床路径病种40种、中医适宜技术83项、中医护理操作36项、中医护理方案病种36个，7项中医药特色核心指标同比均优化。中医适宜技术及免费体验活动惠及群众8719人次。生产自制制剂179批，实现产值2694万元。与远大医药有限公司及西安碑林公司联合开展“头痛宁胶囊”前期临床试验。医院的中医健身养生功法“八段锦”在省中医养生功法大赛中获二等奖。

【硒与人体健康研究】 2022年，州中心医院新建设3200平方米的实验室投入使用，同时新增流式细胞、质谱等高端平台，发挥湖北硒与人体健康研究院及医学实验中心的大平台、大数据作用，支持开展医学临床研究和“硒与人体健康”等领域科学研究，成为硒资源研究与生物应用湖北省重点实验室。全年硒研究相关论文发表18篇，包括SCI论文8篇，其中一区论文4篇；国家级期刊论文3篇；CSCD级别论文1篇；省级期刊论文6篇。获发明专利1项。与硒研究相关的科研立项21项，其中省级重点项目有2项，普通项目4项，州级计划项目有2项，州级指导项目有13项。推进科技成果转化2项。多次参加政府组织的硒与人体健康研究汇报会，在硒博会上州中心医院代表恩施州作专题发言等。

【医疗服务】 2022年，州中心医院持开展“四合理”和医疗质量大检查，加强住院超30天病例、非计划再次手术病人管理，落实220个临床路径等，保证医疗质量。通过动态监管医疗安全不良事件，定期开展医疗纠纷专家论证会和医疗安全专项整治月活动，实现患者安全目标，保障医疗安全。开展“一院三区”（州中心医院西医部、中医部、金龙院区）病案无纸化管理、患者电子签名、病历复印在线复印“零跑腿”业务1200余份，实现病案管理信息化、数字化。开展优质医疗资源下沉服务，组织“专家返乡助力乡村振兴”工作16次，派遣医务人员330余人次。调度“120”车辆20余台次、委派医护人员200人次开展州两会及党代会等医疗保障，组织804次疾病诊断、医学鉴定、残疾人残疾鉴定，抽调医务人员完成第二剂新冠肺炎疫苗接种10万余剂、州城核酸采样31万余管等指定任务。建设PET-CT和引进第四代“达芬奇”手术机器人，拓展医疗业务。开展建院120周年庆祝活动、第五个“中国医师节”和第五届医疗护理PDCA竞赛等。

【公益服务】 2022年，州中心医院推进乡村振兴驻村帮扶工作经验做法在州和宣恩县相关会议作典型交流发言。募集医疗助困慈善基金1442万元。开展慈善救助973人次。开展“百廿恩医·专家走基层”活动，330余名医疗专家下沉16个乡镇送医送药送技术，惠及群众925人次，救助金额95.6万元。通过“向阳花”“水滴筹”等，为836名患者链接基金支持1179万余元。持续开展医疗援外工作、援疆工作。州中心医院在州红十字会对2021年度冠名红十字医疗机构考核中获评优秀，是获得批准成为湖北省老年友善医疗机构的首批单位之一。“志愿课堂·励绘生命”——医院职工子女托管志愿服务项目被第六届湖北省青年志愿服务项目大赛组委会办公室评为银奖，“苔光”志愿服务队获评2022年湖北省“本禹志愿服务队”创建团体，作品《剪纸》获“每周文化一小时”——“清廉恩施·非遗传承”文明实践志愿服务二等奖，医院医务社工部获“文明恩施志愿同行”恩施州第二届新时代文明实践志愿服务暨青年志愿服务项目大赛“优秀组织奖”。

【宣传工作】 2022年，州中心医院开展党的二十大、“百廿恩医·再创辉煌”等主题宣传报道，全年在各级主流媒体刊（播）发宣传稿件380余篇，其中省级以上媒体刊(播)发近80篇。医院“1142”新媒体平台（《武陵医苑》，电视宣传系统，微信公众号、微信订阅号、官网微博、微信短视频，医院官网电脑端、手机端）全年推送稿件600余篇；完成230万字医院院志初稿编纂，摄制反映医院120年发展历程和成果的专题片。短视频《生死时速》获2022年湖北省庆祝“5·12”国际护士节优秀短视频作品二等奖。

【新冠疫情防控】 2022年，州中心医院持续加强重点科室、重点部门、重点环节感染防控管理。移动方舱PCR实验室投入使用。累计选派近20批次、1万余人次，先后驰援天津、上海、武汉及州内部分县市新冠疫情防控工作。11月中旬，国家新冠疫情防控政策调整优化，州中心医院落实科学精准防控、医疗救治和医疗服务工作。12月，新冠疫情防控“新十条”措施出台，州中心医院应收尽收、应治尽治。

【荣誉】 2022年，州中心医院被中国妇幼保健协会命名为“婴幼儿养育照护指导中心规范化基地首批创建单位”，被中国红十字会表彰为“全国红十字模范单位”，赵剑锋被表彰为“2020—2021年度全国医院医疗保险服务规范先进个人”，徐元翠获评全国第三届“身边最美药师”。

（代文婷　何芳菲　龚　璐　金　玲　李宽桥）

湖北民族大学附属民大医院

【概况】 湖北民族大学附属民大医院（简称民大医院）是武陵山地区一所集医疗、教学、科研、急救、防保、康复、培训于一体的高校直属附属医院、国家三级甲等综合医院、湖北省卫健委直管医院。2022年，医院占地面积12.34公顷，建筑面积12.7万平方米，开放床位1400张。现有职工1300人，其中高级职称140人，博士33人，硕士310人。医院现设立35个临床科室，10个医技科室，拥有11个省级临床重点专科（风湿免疫科、儿科、中医肝病科、肾病内科、产科、病理科、护理专科、呼吸与危重症医学科、麻醉科手术室、普外科、医学检验科），33个州级重点专科，3个州级医疗中心（恩施州儿童医疗中心、恩施州风湿免疫性疾病诊疗中心、恩施州脑瘫儿童康复治疗中心），3个州级专病防治中心（恩施州风湿病防治中心、恩施州糖尿病防治中心、恩施州慢性呼吸系统疾病防治中心）、1个省级专科培训中心（血液净化）、1个省级重点实验室（风湿性疾病发生与干预湖北省重点实验室）和1个省级临床医学研究中心（湖北省肾脏病临床医学研究中心），建有微创外科、肠病科、新生儿急救科、肝脏外科4个省级医学临床研究中心恩施基地，挂牌10个湖北民族大学校级研究所。是"国家级综合住院医师规范化培训基地"及"恩施州乡村医生培训基地"。

【医疗服务】　2022年，民大医院开展新技术新业务32项，其中超声内镜引导下胰腺假性囊肿支架内引流术，覆膜支架腔内隔绝术治疗Stanford B型主动脉夹层的临床应用等新技术、新业务在州内处于领先水平。坚持加强核心制度落实和督导，加强医疗质量与安全管理。修订病历质量考核评分标准和管理工作实施方案；推进医疗不良事件的根因讨论制度建设，抓实合理用药和合理诊疗；成立药学门诊，从药物供应型向药学服务型转变。推行"互联网+护理服务"，实现全程延续式护理服务模式，将护理服务从院内扩展到院外，从病房扩展到家庭。

【学科建设】　2022年，民大医院肾病内科入选恩施州首批委州共建区域医疗中心建设学科；成立神经介入专科联盟，新增恩施州神经介入分会、恩施州医学会显微外科分会2个州级学会主委单位，加强国家标准版胸痛中心和心衰中心建设，支持高级卒中中心建设，启动创伤中心、危重孕产妇救治中心及危重新生儿及儿童救治中心建设。推进民大医院牵头的糖尿病、风湿病、慢性呼吸系统疾病三大"323+"工程（解决影响群众健康的心脑血管病、癌症、慢性呼吸系统病3类重大疾病，高血压、糖尿病2种基础疾病，出生缺陷、儿童青少年近视、精神卫生3类突出公共卫生问题，以及恩施州比较突出的结核病、风湿病问题）。

【管理效能】　2022年，民大医院完善运营管理体系，推进科室专科运营工作全覆盖；成立控耗、全成本核算项目组，推进全成本核算；推进三甲复审工作，开展第一轮数据和现场自查自评；以DRGs评价结果为导向，提升病案首页质量和CMI评价指标；细化预算编制管理，提高资金使用和资源利用效率；统筹推进节能降耗、生态环保工作；推进器械质控管理并获得"国家医疗器械不良事件监测哨点医院"称号。

【基础建设和信息化建设】　2022年，民大医院加强基础设施建设和信息化建设。州委党校原校区和纪委警示教育基地移交医院使用；三区项目全面建成投用，业务用房增加41200平方米，增加床位550张；完成中心氧站建设和急诊科、门诊一期改造，启动门诊二期改造工作。建成全院新的医疗安防平台，并纳入湖北省应急调度平台；自助服务、电子票据、移动支付等互联网医疗服务、HIS系统升级，新增49个电子病历模板；建成一体化中心机房，获恩施州第一个互联网医院牌照。

【对外交流】　2022年，民大医院依托信息化建设，发展远程医疗。完成远程心电诊断5134例、远程影像诊断2313例，远程病理诊断8195例，开展远程培训34场次。扩展医联体单位成员至14家；派遣100余名专家到医联体成员单位进行查房指导和讲座培训，免费接收医联体及各卫生院人员到院进修培训106人次。

【社会服务】　2022年，民大医院发挥"科普下基层"的品牌效应，开展"巾帼健康大讲堂"100场，受众4262人次；开展7场"博士团下基层"义诊和15场"健康半月谈"，累计受众3000余人次。

【新冠疫情防控】　2022年，民大医院发挥公立医疗机构的哨点作用及疫情救治作用，全院362人先后支援天津、武汉、来凤等地以及恩施市协助防控工作；自12月中旬新冠疫情防控"新十条"措施发布以来，科学分类救治患者，收治大量重危患者，保障人民身体健康，同时，按照"1+3"（1家三甲医院负责恩施州3个县市的新冠肺炎重症患者救治）模式，组建专家队伍，分别到巴东县、鹤峰、咸丰县分片区指导新冠肺炎患者救治工作。

【医学教学】　2022年，民大医院完善教学管理制度，优化基层教学组织构架和管理体系，开展全覆盖教学督导与评价工作，规范临床医学教学工作。举行暑期教师研修等培训活动，受训300人次；开展各类临床实践技能专题培训与考核400余次，完成2000余学时，覆盖3000余人次学员。住培生全年结业技能首考通过率100%；国家医师资格考试通过率53.2%；医院各专业基地评估工作达到要求，全年新招收临床医学专业硕士研究生15名。推进基层卫生人才培训工作，依托培训基地为恩施基层医疗单位进行人才培训，全年共接收骨干全

2022年1月16日，民大医院新修医技楼投入使用　　（何　磊　摄）

科医师培训、心脑血管病一体化培训及进修学员184人次。举办恩施州医学会医学教育分会成立大会暨第一届全体委员会会议。

【医疗科研】 2022年，民大医院科研经费到账575余万元，申报国自科、省自科等项目50余项目，立项23项；重点打造两个科研平台建设，湖北省肾脏病临床研究中心和风湿性疾病发生与干预湖北省重点实验室在省科技厅年度考核中均达到合格标准；发表SCI论文13篇，中文核心期刊以上文章7篇，发明专利3项。

【文化建设】 2022年，民大医院围绕重点科室，推介专科、专家，先后在人民网等网站发表一系列宣传作品，推出苏林冲、张长江等先进典型，提升医院的社会影响力；以有突出贡献的老专家为主题，推出15期人物宣传。4月，院团委获“全国五四红旗团委”称号，是恩施州唯一获此荣誉的单位。

（崔胜伟）

恩施州优抚医院

【概况】 2022年1月，恩施州优抚医院经州卫健委批准，附属民康医院加挂恩施州心理医院牌子。全年收治精神病人2817人，出院2198人，日均占床645.96张；门诊就诊人次34767人；新收托养人员10人，出院15人，日均占床 48张；优抚疗养6期，开展疗养232人次；司法精神病鉴定89例，医学鉴定12例，劳动能力鉴定5例，智力测定986例；州强制隔离戒毒所新收5人，日均在管98人；第一强制隔离戒毒所新收23人，日均在管104人；美沙酮重入组2人次，服药病人总数为23人，门诊1874人次，服药总量81910毫升；恩施州病残吸毒治疗中心收治11人。

【依法治院】 2022年，州优抚医院坚持依法治院、民主理院原则，落实民主集中制，细化行政议事规则，规范“三重一大”决策程序。修订管理制度，规范业务系统管理，落实公示公开制度，聘请法律顾问、审计咨询，抓实内控管理。聚焦清廉医院建设制定《恩施州优抚医院清廉医院建设实施方案》，围绕“政治生态好、廉洁状况好、医德医风好、群众评价好、发展势头好”的“五好清廉医院”要求，举行道德讲堂2期、职业礼仪展演1次、专题法制讲座1次、法规学习1次，加强职业道德教育。开展医保专项整治、医疗乱象专项整治及医疗卫生领域不正之风专项整治等活动。成立恩施州精神医学质量控制中心，出台各项质量标准和考核细则，推进恩施州精神专科服务标准化、规范化和高质化。

【优抚疗养职能】 2022年，州优抚医院共举办6期疗养，开展健康讲座12次，外出参观18次，将慢病康复理疗和中医药适用技术等有机融合。落实门诊挂号、体检、床位费等项目优待政策，组建由退役军人参与的医疗救助队，增强退役军人及其他优抚对象体验感、获得感和尊崇感。在“5·12”国际护士节，中国人民解放军66389部队到医院慰问；“八一”建军节，医院党总支及工会到66389部队慰问，为该部队提供新冠疫情防控物资和日常必要储备药品，以及提供免费体检及康复治疗等。

【精神公共卫生职能】 2022年,全州在册重性精神障碍患者18714人，报告患病率5.29‰、规范管理率93.32 %；面访率89.23%、服药率81.24 %、规律服药率64.85%，各项指标相比2021年有所提高。围绕“323+”攻坚行动，开展重性精神疾病排查及精神公共卫生宣传、培训和指导，到利川市、咸丰县、来凤县和宣恩县开展指导，排查疑似精神障碍患者800余人，确诊严重精神障碍患者230人。到恩施市、咸丰县、来凤县等中小学校及州市直单位开展科普宣传讲座11次，在世界精神卫生日、睡眠日和双向情感障碍日通过《恩施日报》、恩施电视台、医院公众号和网站宣传，推送文字类、视频类科普作品8项，参加省卫健委组织科普大赛获优秀奖。

【医养结合服务】 2022年,州优抚医院受新冠疫情影响，入住托养老人下降，日均占用床位48张。巩固完善医养结合养老服务标准、规范、流程、风险评估、评价改进与应急处置措施。全年开展健康宣教572人次，老人能力等级评估64人次，健康体检64人次，基础护理合格率96%，老人满意率96%，生活照料、医疗康养及安宁终老服务规范。外派3人参加全州养老护理员业务培训学习，2人参加省级养老护理员业务学习，6人参加社工宣传教育培训学习，2人参加“全国老年医学人才培训”网络培训班学习，老年慢病服务能力、生活照料能力、急诊急救和应急处置能力增强。

【戒毒医疗服务】 2022年，州优抚医院配齐配强队伍，保障恩施州美沙酮药物维持治疗门诊、恩施州第一强制隔离戒毒所、恩施州强制隔离戒毒所及恩施州病残吸毒人员收治中心戒毒医疗服务，按照疫情防控要求落实封闭管理，完成健康体检及戒毒人员乙肝、丙肝、梅毒等传染病筛查，保障疫情防控安全及戒毒人员生命健康安全，全院平安稳定。

【医疗改革】 2022年，州优抚医院执行国家带量采购政策，完成国家药品带量采购7批，省联盟2批，湖北省带量采购1批，所有带量采购药品合同签订率100%，任务完成率100%，部分品种超额完成任务量。全年使用带量采购品种58个，占全院药品使用金额的22.91%。落实医保改革政策，重性精神障碍患者按床日付费，开展处方点评、药师服务、医护质量改进，开展医保、不合理医疗检查等专项整治，对标“四合理”要求规范医疗行为，控制医疗费用不合理增长。

【基础建设】 2022年，恩施州精神病人福利院建设项目竣工投入使用，作为新冠疫情防控新入院患者中转隔离观察点，临时成立病区用于阳性患者隔离治疗。完成精神病人福利院内部设施改造、智慧能源项目验收及结算、恩施州优抚医院服务对象康复锻炼场所改造及设备配备项目设计、体检中心装修及心身健康管理中心装修等工程。推进电子票据系统、银医联系统及排队叫号系统建设，改善便捷服务。

【平安建设】 2022年，州优抚医院树立大安全观，落实安全责任制，将医院“五安全”（医疗、消防、食品、综治、网络信息）贯穿全院工作始终。完善应急预案，制定安全管理手册，健全管理机制。购买医疗责任保险和医疗场所公众责任险，构建和谐医患关系。落实消防安全责任制及内保工作责任制，定期开展消防演练。落实食堂卫生、餐食留样及食材渠道管理，保障饮食安全。完成公用变压器、专用变压器改造及燃气整改、特种设备检修、消防设备维修和监控维保，消除安全隐患。畅通投诉渠道，化解纠纷4起，处理阳光信访平台信访1件、12345投诉4起。开展国防、网络安全教育，加强法治宣传学习，提升安全防范能力。

【对口支援】 2022年，州优抚医院与杭州市第七人民医院、武汉市精神卫生中心、中国人民解放军中部战区总医院建立对口帮扶关系，为人才培养、学科建设、学术研究搭建平台。与来凤县精神卫生中心建立对口帮扶关系，先后派出25批专家到来凤县精神卫生中心帮扶指导，通过专家坐诊、指导、带教，提升基层精神卫生诊疗能力。

（彭贻龙）

2022 年 3 月，州优抚医院与杭州市第七人民医院建立对口帮扶关系（州优抚医院 供稿）

社会生活

Social Life

民政工作

【概况】 2022年，全州民政系统坚定“民政为民，民政爱民”理念，增进民生福祉，恩施州、恩施市和巴东县在全省民政事业高质量发展综合评估中被评定为优秀等次。年末在册社会救助对象197826人，全年实施临时救助17242人次，发放各类救助资金114178.1万元。为391名孤儿、1052名事实无人抚养儿童累计发放养育费、基本生活补贴2338.2万元。享受困难残疾人生活补贴5.2万人，发放补贴4658.5万元，享受重度残疾人护理补贴6.2万人，发放补贴7421.9万元。享受高龄津贴10.6万名老年人，发放津贴36623.1万元。新建失能半失能特困人员养护楼4个，建成乡镇（街道）养老服务综合体16个，提档升级农村老年人互助照料中心24个，完成居家适老化改造917户，4个社区被命名为全国示范性老年友好型社区。建成农村公益性公墓试点17个。办理结婚登记19410对，离婚登记6196对。销售福利彩票43912万元，筹集福彩公益金13200万元。全州行政村（社区）调整为1804个村、227个社区。完成33条州城城区道路命名。恩施市民政局被确定为民政部社会救助司的基层党建联系点，州民政局社会救助科科长胡艳被民政部表彰为“全国社会救助工作先进个人”，恩施州推进社会救助领域创新实践改革经验被“学习强国”学习平台、《光明日报》等媒体推介。

【儿童福利】 2022年，执行孤儿养育标准自然增长机制，全州集中、散居孤儿平均养育水平为2112元/人·月和1320元/人·月，为全州391名孤儿、1052名事实无人抚养儿童累计发放养育费、基本生活补贴2338.2万元。联合州财政局印发《关于进一步落实孤弃儿童集中养育的通知》，从2023年起，将恩施儿童福利院运转保障经费足额纳入州财政预算，加强孤弃儿童的集中养育水平。将未成年人保护工作纳入平安建设考评体系，年终考核中加大权重。6月，在全州开展“未成年人保护工作宣传月”主题活动，活动内容被国务院未保办采用并被《中国推介》推广。在全省率先召开市州级未保工作领导小组第二次全体会议，撰写《湖北省恩施州未保工作领导小组统筹谋划形成合力，未保专项行动有声势》在中国社会报推广。

【“三留守”人员服务】 2022年，全州留守老人31128名，留守儿童27668名，留守妇女11943人，困境儿童26338名。完善农村“三留守”人员“关爱到家、探访到家、保护到家”工作机制，包保人员每季度至少走访1次，探访覆盖率100%。将宣恩、来凤2县20个村纳入第三批“童伴妈妈”项目。

【养老服务】 2022年，建立恩施州养老服务联席会议制度，召开第一次联席会议。争取中央预算内投资7453万元，用于新建3所失能特困人员集中养护楼；争取省级资金590万元，用于6所农村福利院进行改造；争取专项债7000万元，用于来凤县康复养老服务中心、咸丰县失能半失能特困人员养护楼建设；争取省级资金1040万元、本级配套434万元建设城乡社区居家养老服务设施，建成乡镇（街道）养老服务综合体16个、农村老年人互助照料中心24个，资金争取量居全省民政系统第二。完成917户特殊困难老年人家庭居家适老化，超任务数11户。首次开展全州养老机构管理不到位问题专项整治，向纪检监察机关移交问题线索28个，立案4起，问责9人，追缴资金27.8万元，其经验在全省推广。宣恩县沙道沟镇白水河村、咸丰县唐崖镇彭家沟村、鹤峰县容美镇杨柳湾社区、来凤县漫水乡新拱桥社区被命名为“2022年全国示范性老年友好型社区”。巴东县水布垭农村福利院副院长王德琼被评为2022年“恩施楷模”。

【残疾人两项补贴】 2022年，全州享受困难残疾人生活补贴5.2万人，发放补贴4658.5万元；享受重度残疾人护理补贴6.2万人，发放补贴7421.9万元。全州推广“1122”残疾人两补发放模式（“一证办理”、一套闭环的残疾人两补对象认定流程、上门和代办两项服务、“入口关”和“信息比对关”两道关口）。5月15日，实施残疾人两补“全程网办”，实现申领补贴“一次都不跑”和“不见面审核”。联合州直7部门下发《关于做好残疾人两项补贴发放的审批服务事项下沉乡镇（街道）工作的通知》，9月，在全省率先实现残疾人两补审批权限全域下放。

【流浪乞讨救助管理】 2022年，救助生活无着流浪乞讨人员1916人次，街面救助194人次，寻亲护送返乡141人。开展“寒冬送温暖”专项救助行动，开展街面巡查3000余次，发放各类御寒物品2500余件，发放防疫物资800余份，保证冬季生活无着流浪乞讨人员得到救助服务。

【殡葬改革】 2022年，推进殡葬项目，恩施市城区殡仪馆、公墓、火化车间“三位一体”公益性殡葬服务设施主体工程完工，咸丰县建成火化车间，建成恩施市三岔镇、太阳河乡、红土乡、新塘乡、大峡谷风景管理处，建始县花坪镇、高坪镇，巴东县大支坪镇、金果坪乡、溪丘湾乡，宣恩县椒园镇、李家河镇、高罗镇，咸丰县清坪镇、忠堡镇，来凤县翔凤镇，鹤峰县容美镇农村公益性公墓试点17个。3—4月，开展“六个一”活动推进清明文明祭扫（推送1条文明祭扫短信提示、制发1封文明祭扫倡议书、列入1次主题党日活动、召开1次专题会议、开展1轮专项督导检查、组织1次坟头垃圾集中清理），清明期间鲜花祭扫49.8万人次，踏青遥祭10.3万人次，植树祭扫8.5万人次，网络祭扫4000人次，委托公墓代祭2000人次，鲜花祭扫成为主流，不易降解材质的清明祭品基本清零。8月，印发《全州殡葬领域突出问题专项整治行动方案》，启动专项整治，从源头遏制“活人墓”、豪华墓、硬化大墓等行为。

2022年7月，全省唯一一家四星级农村福利院——水布垭镇农村福利院开展“回眸党史、感恩今天”主题教育活动
（徐　蛟　供稿）

【慈善活动】 2022年，州政府印发《恩施州贯彻落实〈湖北省慈善条例〉实施方案》，构建州、县、乡、村四级慈善工作体系，加强政策资金保障，州财政每年安排不低于200万元的资金用于扶贫济困、扶老助残、赈灾救孤、助学助医等慈善项目。全年慈善救助15778人，9876.5万元，其中重点临时救助因病、因灾困难群众5956人、救助资金1444.8万元；开展“医路同行”医疗众筹救助大病患者916人、4210.7万元；救治癫痫病患者165人、412.5万元；救治耐药性结核病患者81人、81万元；救助“先心病”患者52人、105万元；中孕期母婴血清筛查救助3250人、32.5万元；开办“慈善阳光班”21个，助学救助1050人、210万元；实施“亮眼行动”救助白内障患者3645人、554万元；药品救助352人、96.9万元；困境儿童救助185人、37.1万元；走访慰问困难群众126人、12.8万元；实施“幸福家园”村社互助项目，筹集资金2679.2万元用于870个村的村级道路、困难群众饮水、村级亮化等基础设施建设。慈善工作经验在获全省推介。

【福彩事业】 2022年，全州销售福利彩票43912万元，排名全省第五位，筹集福彩公益金13200万元。组织2场即开票户外大卖场，咸丰卖场销售即开票2015万元，省福彩中心特发贺电。

【基层社会治理】 2022年，全州行政村（社区）调整为1804个村、227个社区，对调整村、社区法人实行变更登记。开展村（社区）“两委”换届工作“回头看”，调整村（社区）党组织书记59人、“两委”成员278人。完成对全州村（居）委会成员和社区专职工作人员的全员培训工作，13221人参训，其中村（社区）书记2227人、“两委”成员8767人、村（居）务监督委员会主任2227人。联合州政务局印发《恩施州基层政务公开标准化规范化工作实施方案》，深化“1+4+X”村级事务公开阳光工程，完善党务、村务、财务“三公开”制度，实施规范化村务公开。全州100余个村（社区）开展以村规民约（居民公约）和志愿服务为主要内容的积分制试点管理，起到“小积分撬动大党建”杠杆作用。恩施市核桃坝村被民政部确定为全国村级议事协商创新实验试点单位；利川市、建始县被确定为全省基层治理创新实验区；利川市“小院说事”创新基层治理被评选为2022年度湖北省城乡社区治理十佳创新案例；全州8个村民委员会、4个居民委员会、8名先进工作者获省政府“三个百佳”表彰。

【社区建设】 2022年，州城乡社区治理工作领导小组印发《恩施州城乡社区服务体系建设“十四五”

规划》，将贯彻实施城乡社区服务体系建设纳入恩施州民政事业发展“十四五”规划。恩施市核桃坝社区创新开展“乡贤夜话”活动30余场，收集群众意见建议30余条，找准乡贤能人参与社区基层治理的结合点，打造支部引领、乡贤参与的议事协商机制，核桃坝社区基层治理创新典型案例《“乡贤夜话”·汇聚乡村振兴金点子》在全省推介。利川市搭建“共享客厅”平台，开展党员服务、群众议事、睦邻活动、志愿服务等，发挥群众自治作用，调动社会组织参与社区建设。建始县开展以“思想破冰引领治理升级·社区小处方展现大能量”为主题的“一区一品”项目建设，围绕优化营商环境、激活民族文化和民族产业、推进文明城市创建、丰富群众精神文化生活等方面，打造社区治理品牌11个。巴东县罗溪坝社区探索形成以“六抓”（抓党建、居民自治、经济转型、矛盾化解、文明建设、作风建设）为主要内容的“罗溪工作法”。全州推广宣恩县安置社区“1+6”模式（一户一块菜地、1个安置社区配套、1个党群服务中心、1个就业创业空间、1个标准卫生室、1个文化活动广场、1个便民超市），解决基本生活来源和精神文化需求和“五有”工作机制（有人员专班、有制度体系、有运行机制、有办公场所、有经费来源），创新易地扶贫搬迁集中安置点社区治理。咸丰县在城东社区培育“靠近一点”社区治理品牌，在白水坝社区打造“民生茶社”社区治理品牌。

【城市社区工作者职业体系建设】 2022年，州民政系统围绕“三化”（社会化、职业化、专业化）“三统一”（市县统一招聘、街镇统一管理、社区统一使用）要求，推进社区工作者队伍建设。全州核定社区工作者员额1544名，选任招聘1392人。提高社区工作者待遇，薪酬月平均增加800元左右。邀请党校、政法、疾控等领域的专家，分2期对社区工作者开展全员培训。

【州级社会组织管理】 2022年，全州有州级社会组织234个，其中新登记成立9个（社会团体6个、民办非企业3个），注销登记6个，变更登记20个，登记合格率100%。214个州级社会组织完成年检，年检合格率100%。开展行业协会商会乱费专项整治、“僵尸型”社会组织清理整治、社会团体分支（代表）机构专项整治、社会服务机构非营利监管四大专项整治行动，对6家州直“僵尸型”社会组织进行立案。举办社会组织党建暨社会组织管理人才线上培训班，培训2000人次。全州356个社会组织支持乡村振兴，受益村844个、受益群众134707人，捐资3898.5万元，捐物折价160万元。

【婚姻登记】 2022年，全州办理结婚登记19410对，离婚登记6196对。1月1日，婚姻登记“全州通办”实施，打破户籍区域限制，解决群众“多地跑”“多次跑”等问题，全年800余对新人跨县市办理婚姻登记业务。

【社会救助】 2022年，州委办公室、州政府办公室印发《恩施州改革完善社会救助制度的工作措施》，全州困难群众基本生活保障工作协调小组印发《关于健全完善全州困难群众基本生活保障工作协调机制的通知》，完善党委领导、政府负责、民政牵头、部门协同、社会参与社会救助工作机制。

【城乡低保】 2022年，全州城市低保标准为660元/人·月，农村低保标准为400元/人·月。全州推行居住地审核确认低保工作试点，获评全省2022年社会救助领域创新实践优秀案例、2022年度全省民政改革创新优秀案例。年末全州有城市低保对象5002户7260人、农村低保对象97515户172005人。全年发放城市低保金5512.4万元，月人均补助水平614.19元，达到城市低保标准的93.06%；发放农村低保金85157.1万元，月人均补助水平386.67元，达到农村低保标准的96.67%。

【特困供养】 2022年，州政府修订完善《恩施土家族苗族自治州特困人员供养实施办法》，全州城市特困人员供养标准为1320元/人·月，其中基本生活费858元，照料护理费462元；农村特困人员供养标准为800元/人·月，其中基本生活费520元，照料护理费280元。年末全州有城市特困人员717人，其中集中供养521人、分散供养196人；农村特困人员17844人，其中集中供养3034人、分散供养14810人。全年发放城市特困人员救助供养金1259.1万元，发放农村特困人员救助供养金18270.7万元。

【临时救助】 2022年，加大临时救助工作力度，累计实施临时救助17242人次，支出临时救助资金3978.8万元，人均救助2307.61元。

【居民家庭经济状况核对】 2022年，对全州城乡低保、城乡特困供养对象进行个人所得税、工商登记、机动车登记、人社参保、人社退保、死亡情况、房产登记7项信息在线核对，比对城市低保对象13151户次、27078人次，农村低保对象291246户次、830503人次，城乡特困供养对象46135人次。经核实退出城市低保对象444户、574人，农村低保对象11402户、16426人。

（徐　蛟）

社会保障

就业创业

【概况】 2022年，全州城镇新增就业3.34万人，城镇登记失业率为3.2%，城镇失业人员再就业1.38万人，就业困难人员再就业9000人；发放创业担保贷款20.23亿元，扶持创业1.2万人，带动就业2.96万人。举办各类线上、线下招聘会634场，服务企业3243家，提供就业岗位20.7万个。为恩施高新区重点企业招工7622人，稳岗3702人，发放一次性吸纳就业、岗前培训、岗位技能培训等补贴173.19万元。全州外出农民工98.03万人，其中省内州外就业35.9万人，省外就业62.13万人。争取中央、省级就业资金3.22亿元，较2021年增加6977万元，同比增长27.61%，其中州本级争取上级就业资金2742万元，较2021年增加300万元，同比增长12.29%。创建省级返乡创业示范园2个、省级返乡创业示范项目8个，获省级奖励资金200万元；推荐湖北长夏孵化器有限公司（恩施女儿城）申报省级大学生创业孵化示范基地，获省级奖励资金80万元。

【《恩施州支持高校毕业生就业创业十条措施》】 2022年，州政府印发《恩施州支持高校毕业生就业创业的十条措施》，从创造就业创业环境、鼓励多渠道就业、鼓励基层就业、鼓励创业带动就业、加强保障措施5个方面制定10条具体措施，促进高校毕业生就业创业。

【首次承办湖北省第一届职业技能大赛茶艺决赛】 2022年11月12—14日，由省政府主办，省人社厅、省总工会、省教育厅、州政府承办，州人社局、州总工会、州农业农村局、州广播电视台协办的湖北省第一届职业技能大赛茶艺决赛在恩施州举行，以“技兴荆楚，能创未来”为主题，为茶艺师个人赛，全省31名选手参赛。恩施州选手罗杰、夏雪分别获金、银奖。

【举办创业大赛】 2022年5月14—16日，由州人社局主办，州公共就业和人才服务局、恩施远奕科技企业孵化器有限公司承办的第二届“邮储银行杯”宜荆荆恩大学生创新创业大赛暨第五届“中国创翼”“才聚荆楚·创立方”创业大赛恩施州选拔赛在州城恩施举行。大赛以“智汇荆楚·创就未来”为主题，分为主体赛、大学生初创专项赛、青年创意专项赛、劳务品牌专项赛、乡村振兴专项赛、农村创业创新示范基地专项赛6个赛道，共219个项目报名参赛，涵盖生态文化旅游、硒食品精深加工、生物医药、清洁能源、电子信息等特色产业，项目晋级选拔赛90个，获赛事奖项36个。恩施州推荐的“发展山药产业，助力乡村振兴”项目在湖北省2022年度“才聚荆楚·创立方”乡村振兴专项赛中获一等奖，并获第五届“中国创翼”创业创新大赛全国总决赛二等奖。

【“零工驿站”建设】 2022年，全州加快推进覆盖州、县、乡、村四级“零工驿站”建设，建成“零工驿站”231个，其中精品站34个，配备专职或兼职工作人员226人。发布信息2200余期，提供岗位4.78万个，服务灵活就业人员4万余人次。

【重点劳务品牌建设】 2022年，恩施“一红一绿”制茶师被评为第四批湖北省十大劳务品牌之首，被定为全国33个劳务品牌精品之一。恩施“一红一绿”制茶师、恩施茶艺师、恩施月嫂、恩施厨师、建始花坪桃片糕点师、来凤县西兰卡普织锦师、鹤峰容米土家养蜂匠7个劳务品牌入选省重点劳务品牌。

【优化创业担保贷款】 2022年，在全州范围内推广使用恩施州创业担保贷款信息系统及“恩施州创业担保贷”微信小程序，提高创业融资效率，扶持创业带动就业。全年发放创业担保贷款20.23亿元，较2021年增加13.13亿元，同比增长184.9%，位居全省第五。

【2022年“春风行动”】 2022年，州人社局推进“春风行动”系列招聘活动，全州举办招聘活动150场，其中线上招聘93场（含直播带岗30场），线下招聘会57场，参与企业数3441家，提供就业岗位38万余个，初步达成就业意向9233人。

【荣誉】 2022年2月15日，州公共就业和人才服务局、咸丰县人力资源和社会保障局、建始县长梁镇人力资源和社会保障服务中心被省政府表彰为“湖北省就业创业先进集体”；巴东县人社局局长、四级调研员卢进曼，恩施市公共就业和人才服务局副局长梁光玉被省政府表彰为“湖北省就业创业先进个人”。

（朱峻苇）

社会保险

【概况】 2022年，全州各类社会保险参保较2021年扩面新增5万人。年末城镇职工基本养老保险参保人数64.42万人，其中企业职工参保人数51.13万人，机关事业单位参保人数13.29万人。城乡居民社会养老保险参保人数208.27万人，其中农村居民参保人数205.92万人。工伤保险参保人数25.83万人，其中参加工伤保险的农民工3.69万人。失业保险参保人数20.07万人。发放80万人养老金待遇89.12亿元，为11.29万名“四类人员”（低保对象、特困人员、易返贫致贫人口、重度残疾人）代缴养老保险费1129万元，为421名退捕渔民补贴基本养老保险105.55万元。全州养老、工伤、失业三项社保基金总收入96.6亿元，总支出107.59亿元（含上解企保基金支出15.41亿元），年末滚存结余基金42.83亿元。

【企业职工养老保险全国统筹】 2022年1月10日，恩施州企业职工养老保险新系统接入省集中信息系统上线运行。7月25日，新系统接入全国集中信息系统线上运行，企业职工基本养老保险实现全国统筹。

2022年11月14日，由州人社局承办的湖北省第一届职业技能大赛茶艺决赛在州城恩施落幕

（朱峻苇 摄）

【失业保险省级统筹】 2022年，根据《湖北省人民政府办公厅印发关于加快推进失业保险省级统筹的实施意见》精神，州人社局等7个部门联合印发《恩施州推进失业保险省级统筹实施方案》，全面推进“七统一、一加强”（统一失业保险政策、统一基金收支管理、统一基金预算管理、统一责任分担机制、统一集中信息系统、统一经办服务管理、统一激励约束机制和加强基金管理监督），自2023年1月1日起，失业保险基金实行省级统一集中管理，“收支两条线”全额缴拨。

【社会保险基金管理提升年行动】 2022年，恩施州开展社会保险基金管理提升年行动，筑牢基金安全网。推进基金支出项目清理，清理并规范全州17.3万人、39.13亿元待遇项目，保证待遇发放项目全国“一盘棋”；规范提前退休审批管理，实行政策、法规、监督、退管、稽核等科室集体会商、集体审核；加强安全管理，落实电子社保卡扫码登录，取消用户名口令访问，对经办行为实行全过程记录；加强社保卡管理，实现与人社部持卡信息库对接，推进第三代卡制发工作，推动社保卡“一卡通”应用落地；取消社银人工报盘，建立社银接口系统，待遇支付数据由业务系统生成，直接通过社银接口传递，保证数据安全。

【开展专项整治】 2022年，全州人社系统共组建11个专班、抽调工作人员123人、开展侵占挪用养老保险基金骗取养老保险待遇专项检查33次，对照省、州纪委和省人社厅专项整治28项指标全面自查，接收人社部下发疑点数据7965条，核实7955条，追回140人违规领取待遇74.61万元；主动核查养老保险待遇数据29.08万条，追回资金471.27万元；向纪检监察部门移送问题线索41条，向公安部门移送问题线索3条，在全省专项整治工作评比中获“良好”等次。

【新业态从业人员工伤保险】 2022年，按照省人社厅要求，州人社局联合相关部门印发《关于做好基层快递从业人员优先参加工伤保险工作的通知》，推进快递行业从业人员优先参加工伤保险，全州2684名快递从业人员参加工伤保险。

【工伤预防】 2022年，州人社局加强工伤预防工作，全年发生工伤案件1673件，较2021年减少392件，同比下降19%。开展县市和州直集中培训9场次，开展工伤预防政策宣传进企业及社区9场次；推进实施工伤预防项目，对45家重点企业开展现场调研，发现工伤事故隐患1294条，督促企业整改1112条，整改率95%。

（朱峻苇）

劳动保障

【概况】 2022年，恩施州劳动保障部门开展最低工资标准评估工作，制定发布《关于发布恩施州2022年部分职位（工种）工资指导价位的通知》，发布86个职位（工种）工资指导价位。1月，恩施州被国务院根治拖欠农民工工资工作领导小组办公室确定为依托全国一体化在线监管平台支撑根治欠薪工作4个试点地市之一。9月，国网湖北省电力有限公司恩施供电公司被人社部、全国总工会、中国企业联合会、全国工商业联合会评为“全国和谐劳动关系创建示范企业”。

【全国法治政府建设示范项目】 2022年11月，恩施州创新农民工工资支付法治保障机制被中央依法治国办命名为“第二批全国法治政府建设示范项目”。主要做法为以“恩施州建设领域保障农民工工资支付管理系统”为依托，搭建起政府部门、市场主体、金融机构和农民工共同参与的保障农民工工资支付工作信息监管平台；加强信用监管、执法两大保障，通过事前预防、事后处置，筑牢农民工权益维护“防火墙”；建立联席会议、追责问责、联合惩戒3项机制，压实政府属地责任、职能部门监管责任和建设施工企业的主体责任；推广实施农民工工资专户、实名制信息化管理、农民工工资银行代发、农民工欠薪授信代偿4项制度，实现欠薪问题源头治理、事中监管。

【推广电子劳动合同服务平台系统】 2022年，首次在全州推广电子劳动合同服务平台系统，督促企业与新入职人员签订电子劳动合同，防范规模性裁员风险。年末全州共签订电子劳动合同9000余份。

【行政执法】 2022年，全州办理投诉举报案件169件，其中欠薪类154件、社保类4件、内部规章制度类5件、其他类6件，结案率为100%。运用“双随机、一公开”执法方式，开展清理整顿人力资源市场秩序、用人单位遵守劳动用工和社会保险法律法规情况等专项执法检查。开展全州人社系统行政处罚自查，清理出涉及人社部门的行政处罚事项78项。

【规范建设领域工资支付】 2022年，全州有649个在建工程项目纳入信息化监管，全部开设农民工工资专户，其中635个项目落实实名制信息化监管（占比97.8%），601个项目通过银行发放农民工工资（占比92.6%）。全年全州建设领域通过管理系统共为64.71万人次农民工发放工资36.67亿元。

【根治欠薪专项行动】 自2022年6月1日起，全州开展为期2个月的夏季专项行动，检查在建工程项目581个，为452名劳动者追回工资610万元。9月至春节，全州开展集中整治拖欠农民工工资问题专项行动，摸排用人单位726家，其中工程建设领域538家、制造业36家，对发现的问题，立案办理40起、协调办理工资拖欠案件646件，接访欠薪农民工205批次，为9576名劳动者追回工资1.17亿元；办结国家欠薪平台线索2182条，为585名劳动者追回工资608万元；办结州信访工作联席办通报的涉嫌欠薪问题270起，为697名劳动者追回工资934.24万元。

【劳动保障监察员业务培训班】 2022年7月15—17日，首届全州劳动保障监察员业务培训班在州委党校举办。培训邀请省、武汉市、黄冈市劳动保障监察局的4名专家和湖北民族大学2名教授，对《劳动保障监察条例》《保障农民工工资支付条例》《中华人民共和国劳动合同法》进行解读，围绕劳动保障诚信体系建设、行政执法程序及疑难案件处置策略、恩施州建设领域保障农民工工资支付管理系统运用等方面进行授课。全州80名劳动保障监察员参加培训。

【宣传工作】 2022年，州人社局联合高新区管委会、恩施市人社局等部门，对高新区辖区内在建工程项目进行劳动保障法律法规宣传培训。推广“恩施州欠薪线索反映平台”，全媒体公布县市及行业主管部门欠薪举报投诉电话，推动欠薪问题化解在属地。拍摄宣传视频《辛苦钱》，在2022年全省人社系统“惠民政策进万家”政策法规宣传“三微”作品征集展示活动中，获三等奖。

（朱峻苇）

医疗保障

【概况】 2022年，全州参加基本医保3637442人，其中参加职工医保357117人、参加居民医保3280325人，常住人口参保率107.1%。医保基金（含生育保险）总收入52.23亿元，医保基金（含生育保险）总支出46.39亿元，当期支付42.27亿元，当期结余9.96亿元，累计结余62.99亿元；其中职工医保基金收入21.11亿元（同比增长14.45%），支出14.41亿元，当期结余6.7亿元，累计结余36.35亿元（含个人账户13.04亿元）；城乡居民医保基金收入31.11亿元（同比增长3.66%），支出27.86亿元，当期结余3.25亿元，累计结余26.64亿元（含征收下年保费8.45亿元，个人账户3.11亿元）。全州基本医保居民住院政策范围内报销比例70%，职工住院政策范围内报销比例91.2%。

【医保工作成效】 2022年，恩施州异地就医工作政务信息获国务院办公厅采用，门诊慢特病管理、药械集中带量采购工作创新经验做法获国家级媒体推介，全州四级经办服务一体化建设入选全国医保经办服务规范建设典型案例推介。被确定为国家级医疗保障服务窗口、全省“十四五”医保发展规划实施联系点、省级州市“同城同窗通办”医保经办服务一体化建设、医保“点单办”网办服务改革、医保经办业务延伸到村（社区）5个试点；被推荐申报国家级落实医保待遇清单典型城市；巩固拓展医疗保障脱贫攻坚成果有效衔接乡村振兴、异地就医直接结算、基本医保参保扩面工作在全省医保系统工作会上3次作经验交流。2件执法案卷获州委全面依法治州委员会执法协调小组优秀案卷评选前两名。年度全省医保综合指数考核排名第一；全省基金监管“三假”（假病人，假病情，假票据）问题专项整治获评优秀等次；全省医保系统行风建设专项评价位列第二；参加全省医保知识竞赛获评优秀；药械招采和信息化建设工作获省医保局通报表扬。

【医保发展规划】 2022年，恩施州编制和实施恩施州医保事业发展首个5年规划，由州深化医疗保障制度改革领导小组办公室印发，明确“十四五”时期参保覆盖、保障程度、基金监管、精细管理、优质服务5个方面14项主要发展指标，提出健全多层次医疗保障制度、巩固医疗保障协同治理、夯实医疗保障管理服务支撑“三大体系”。

【医保制度改革】 2022年，州医保局制定并实施深化医保制度改革年度29项重点任务。出台《恩施州医疗保障待遇清单实施细则》，规范州、县2级医疗保障部门决策权限，明确各县（市）不得自行制定医疗保障相关政策。推进三项重点改革，出台《恩施州建立健全职工基本医疗保险门诊共济保障机制实施细则》，建立职工医保普通门诊统筹保障机制，推动全州职工医保门诊保障由个人积累保障模式转向社会互助共济保障模式，改进个人账户计入办法，规范个人账户使用范围，完善门诊慢特病制度，做好待遇政策衔接；出台《恩施州重特大疾病医疗保险和救助制度实施办法》，加强医疗救助托底保障，落实落细有关参保分类资助和医疗费用救助政策，巩固防范化解因病致贫因病返贫长效机制；出台《恩施州基本医疗保险州级统筹实施办法》，按照全州医保政策制度、待遇标准、基金管理、经办服务、定点管理、信息系统建设“六统一”，在城乡居民基本医保州级统筹基础上实施基本医保州级统筹。修订完善城乡居民医保大病保险制度，出台《恩施土家族苗族自治州城乡居民大病保险实施办法》，规范机关事业单位职工医保缴费标准，调整职工补充保险费率，规范门诊慢特病病种范围、名称。

【支持疫情防控】 2022年，全州医保系统持续做好新冠疫情防控医疗费用保障。将新冠病毒抗原检测试剂及相应检测项目、新增新冠治疗用药临时纳入基本医保支付范围。继续对医疗机构预拨医保资金，支持保障医疗机构平稳运行。

【巩固医保帮扶成果】 2022年，全州落实资助资金2.83亿元，实现农村低收入人口、脱贫人口应保尽保。规范和简化依申请救助申办流程，实现“人找政策”和“政策找人”双向并行，保证农村低收入人口、脱贫人口应救尽救。农村低收入人口住院及门诊慢性病三重制度保障累计报销8.71亿元，政策范围内报销比90%以上。开展高额医疗费用监测预警，每月定期向乡村振兴和民政部门推送因病返贫、致贫预警信息，经2部门认定为医疗救助对象的，落实医保帮扶措施，实现应助尽助。全年推送因病返贫致贫预警信息81263条，纳入监测人口1788人，跟进医保帮扶措施落实依申请救助336人。

【“三医”协同发展】 2022年，全州医保系统常态化、制度化落实药械集中带量采购。建立州级医保基金直接向药企预付结算集采资金模式，实现全州所有公立医疗机构参与率、货款结款率、药企送货率3个100%。全州减轻群众就医负担1.64亿元、节约医保基金2.02亿元。落实集采医保基金结余留用政策。拨付集采药品结余留用资金，8批次兑现公立医院集采药品结余留用资金874万元；在全省率先开展医用耗材结余留用工作，向7家公立医疗机构拨付2类集采医用耗材结余留用资金175万元。探索集采信息支撑新途径，开发并启用恩施州价格监测系统。全面启动DIP支付方式改革，印发《恩施州基本医疗保险区域点数法总额预算和按病种分值付费工作实施方案》，明确用3年左右的时间在全州提供住院服务的定点医疗机构开展DIP支付方式改革工作，至2024年12月，基本实现病种（原则上达到90%）和医保基金（原则上达到70%）全覆盖。通过开展全州业务大培训、启动数据采集治理、完善相应医保经办规程等推进改革。推进医疗服务价格改革，开展公立医疗机构医疗服务价格量化评估与动态调整，聚焦群众“床位”问题，实行定点医疗机构病房床位价格目录清单管理。

【医保基金监管】 2022年，全州医保系统开展“三假”问题和定点医疗机构使用医保基金专项整治。督促全州定点医药机构对照省州问题清单“回炉”自查，对发现的955个问题全部整改销号，退回医保基金638.95万元，自查自纠主动退回医保基金力度和金额破历年纪录，全州二级以上定点医药机构均按要求建立医保基金使用管理委员会。联合卫健、公安和市场监管部门聚焦执法重点开展联合培训，规范处置流程；建立与纪检监察、公安、卫健信息共享和案件移送机制，形成整治合力；联合卫健和公安开展“双随机”抽查复查，巩固监管成果。运用全省智能监控子系统，制订《恩施州医疗保障基金智能审核和监控暂行办法》，明确审核监控流程和责任。总结出提数据、定规则、找问题、固证据和严处理“五步走”监管法并予以运用。处理定点医药机构1914家，解除医保服务16家，暂停医保服务54家，处理个人699人，移送公安案件17件，移送纪委案件232件，移送其他行政部门案件18件，处罚和追回金额合计4355.46万元；专项检查发现问题1874个并全部整改到位。打击和遏制医保领域违法犯罪行为。利川市完善智能监控、精准甄别数据做法获国家医保局《每日医保》向全国推介。

【医保公共服务】 2022年，全州医保系统优化再造医保29个服务事项经办流程，办理总时限由449个工作日压缩到73个工作日，办理环节由128个压缩至77个，申请材料由85项压减到32项，实现17个事项即时办结。建成州、县市、乡镇、村（社区）四级经办一体化服务体系，将国家医保局发布的29项政务服务事项前移至县、28项前移至乡镇，12项高频事项前移至村（社区）。实现州城州、市医保经办服务事项全部同城同窗通办；设立医保“金牌店小二”工作室，开通服务热线和网办群“绿色通道”，将更多窗口办线下业务引导转化为线上业务。扩大异地就医直接结算面，开通2346家异地就医直接结算定点医药机构，实现高血压、糖尿病、恶性肿瘤门诊放化疗、尿毒症透析、器官移植术后抗排异治疗等5种门诊慢特病相关治疗费用跨省直接结算、25种门诊慢特病省内直接结算，实现异地就医结算网上办、随时办、跨域办。推进高效办成一件事，开发并全面推广恩施州门诊慢特病管理小程序，实现门诊慢特病全流程、“双通道”药品待遇申报移动端办理；在全省率先推出州域内生育津贴“免申即享”，推动实现医保费用报销等9个事项一事联办。

【医保信息化标准化】 2022年，州医保局制定出台全州医保信息系统数据安全管理和平台运维管理办法。推进医保编码贯标，推进全量接口改造落实落地，完成数据清理。推广医保电子凭证应用，全州3887家医药机构开通医保电子凭证结算，累计激活医保电子凭证超过200万人，医保电子凭证激活率、结算占比均居全省第一。开通个人账户动账提醒功能，推广并实现3家定点医疗机构上线医保移动支付。

【医保营商环境】 2022年，州医保局出台14条举措优化医保领域营商环境。37个州内医疗机构自制剂纳入省医保支付范围。完成湖北一正药业194个中药配方颗粒纳入湖北省医保支付范围初审并上报省医保局。协助湖北一正药业通过湖北省药品标准委员会的藤茶中药饮片生产标准审核。支持湖北事丰医疗器械公司注射器进入恩施州药械市场。抓好“解难题、稳增长、促发展”企业帮扶活动，落实好中小微企业职工医保费缓缴政策。开展招商引资，招引的国药中联集团中药全产业链投资项目签订框架协议，计划投资6.5亿元；招引的人福医药中药材加工项目签订投资协议4.5亿元。

（谭　燚）

住房公积金

【概况】 截至2022年年末，全州住房公积金缴存总额290.19亿元，较2021年增加14.7%，缴存余额129.55亿元，同比增长8.67%；提取总额160.64亿元，较2021年增加20.06%；累计发放个人住房贷款9.3万笔194.8亿元，贷款余额104.83亿元，分别较2021年增加3.58%、6.9%、0.6%。8月11日，州住房公积金中心直属营业部获评全国创建青年文明号活动组委会认定的“一星级全国青年文明号”。

【住房公积金归集】 2022年，全州住房公积金新开户单位431家，净增单位236家；新开户职工1.16万人，净增职工4200人；实缴单位3555家，实缴职工15.87万人，缴存额37.18亿元，分别同比增长7.11%、2.72%、1.77%。受委托办理住房公积金缴存业务的银行4家。

【住房公积金提取】 2022年，全州6.5万名缴存职工提取住房公积金，提取额26.84亿元，同比增长7.93%，其中住房消费类提取18.46亿元。提取额占当年缴存额的72.2%，较2021年增加4.13个百分点。

【住房公积金贷款】 2022年，全州发放个人住房贷款3200笔12.57亿元，同比分别下降45.76%、43.1%。支持职工购建房45.21万平方米，个人住房贷款市场占有率为23.27%。通过申请住房公积金个人住房贷款，可节约职工购房利息支出17344.28万元。回收个人住房贷款11.94亿元。个人住房贷款余额占缴存余额的80.92%。受委托办理住房公积金个人住房贷款业务的银行8家。

【住房公积金增值收益】 2022年，实现住房公积金增值收益20064.03万元，同比增长4.46%，增值收益率1.62%，增值收益创历史新高。

【区域一体化发展】 2022年12月13日，在武汉都市圈住房公积金同城化业务服务平台线上启动仪式暨武汉都市圈住房公积金同城化发展联席会上，恩施州住房公积金中心被接纳为武汉都市圈住房公积金同城化发展观察员城市公积金中心，与武汉都市圈九市公积金中心（武汉、黄石、鄂州、孝感、黄冈、咸宁、仙桃、天门、潜江）将开展住房公积金相互认、自由转、就地办、打通用、系统联等同城化业务，并签订《武汉恩施州住房公积金同城化发展合作协议》。

【稳经济一揽子政策】 2022年，州住房公积金中心出台《落实住房公积金阶段性支持政策的实施细则》，包括支持困难企业缓缴公积金、提高公积金租房提取额度、公积金贷款不作逾期处理等3项措施；出台公积金降比缴存的阶段性支持政策和允许公积金账户保留金额用于按月还贷政策。全年有4个困难企业申请缓缴，涉及职工698名，累计缓缴金额700.14万元；14个困难企业申请降比缴存住房公积金；1109名未正常还款的困难职工贷款不作逾期处理；1462名职工享受到提高租房提取额度，提取公积金2140.58万元；4350名职工全额使用公积金账户余额偿还贷款。

【房地产业发展】 2022年，州住房公积金中心持续推出包括调整公积金最高贷款额度、"宜荆荆恩"城市群互认互贷、加大高层次人才公积金贷款额度支持、取消公积金按揭贷款保证金制度、降低按揭项目准入工程形象进度要求、取消按揭贷款资金拨付要求楼栋封顶的限制、推进公积金与商业银行组合按揭贷款等促进房地产业良性循环和健康发展的7项措施。全州有235名双职工、414名单职工享受到提高贷款额度政策；9名"宜荆荆恩"城市群异地职工在恩施购房享受公积金贷款265.4万元；178家房地产开发企业2.97亿元历史保证金全部清退；发放877笔组合贷款，通过公积金贷款资金撬动商业银行贷款资金2.04亿元。

【信息化建设】 2022年1月20日，州住房公积金中心通过州大数据中心数据平台，业务系统对接公安、民政、税务、住建等部门数据。8月30日，业务系统对接湖北省政务服务网；11月15日，业务系统与工商银行、建设银行、农业银行、中国银行、湖北银行、邮储银行、农村商业银行完成数据对接，实现商贷提取与消费贷款数据互联互通。11月30日，业务系统对接"鄂汇办"平台。

【推进"清减降放"】 2022年，州住房公积金中心压减办理材料，将开办企业住房公积金缴存登记资料由一减到"零"，将20项提取、贷款高频业务材料由118项精减到40项，在国家标准基础上减少材料66.1%，建立业务"容缺受理"制度，次要申请材料欠缺，可先受理后补正审批。压减办理时限，对申请材料无异议和不需要履行调查环节的业务均能即时办结，贷款申请在1个工作日内完成审批。压减办理环节，将贷款申请审批环节由三级减少为两级，提取业务审批环节由两级减少为一级，将贷款提前结清、消息提醒、缴存信息查询、贷款信息查询调整为零材料、零审批，12项高频服务事项业务环节由原来的47个减少到22个。

【推进"跨区域通办"】 2022年，州住房公积金中心落实所有业务事项"全州通办"，缴存职工可在全州范围内就近选择公积金业务网点办理相关业务；利用住建部"跨省通办平台"和中心自建"单位网厅""手机公积金"App，推出恩施州缴存单位、职工在州外异地申请办理的26项高频业务事项实现"跨城通办""全省通办""跨省通办"。

【推进"网上办"和"掌上办"】 2022年，州住房公积金中心推进"网上办"和"掌上办"，畅通线上业务服务渠道，建立以自建的"单位网厅"和"手机公积金"App为主，以"恩施公积金"微信公众号、"全国住房公积金"微信小程序、"鄂汇办"App、支付宝"国家政务服务平台"等渠道平台为辅的"全程网办"综合服务体系，缴存单位和职工可通过线上渠道足不出户、安全便捷办理5大类42项公积金业务。

【缴存政策调整】 2022年，州住房公积金中心对缴存政策调整，恩施州职工住房公积金月最高缴存限额个人和单位合计不得超过5550元，每月最低缴存限额个人和单位合计不低于138元，单位和个人缴存比例为5%～12%。调整中央、省（含外省）在恩施州的单位及企业住房公积金月缴存基数和缴存额度上限标准可参照恩施州缴存职工住房公积金月缴存基数和缴存额度上限标准，也可参照武汉住房公积金管理中心公布的月缴存基数和缴存额度上限标准。

【贷款政策调整】 2022年，州住房公积金中心调整住房公积金最高贷款额度，主借款人夫妻双方均为州内正常缴存住房公积金的职工，最高贷款额度由50万提高至60万元，主借款人夫妻双方仅有一方（含单身职工）为州内正常缴存住房公积金的职工，最高贷款额度由40万提高至50万元。降低按揭项目准入工程形象进度要求，项目满足"设计为7层以下达到主体封顶、设计为7层以上达到三分之一且不少于7层"的预售许可条件并取得《商品房预售许可证》后，随即受理住房公积金按揭项目准入申请。取消按揭贷款资金拨付要求楼栋封顶的限制；允许借款人住房公积金账户保留金额用于按月还贷。

【提取政策调整】 2022年，州住房公积金中心对提取政策调整，简化缴存人死亡或被宣告死亡销户提取所需公证资料，所提资金能够转入已故缴存人银行账户的；所提资金不能够转入已故缴存人银行账户，其法定继承人或法定受遗赠人各方能协商一致的，不需公证。缴存人家庭无自有产权住房且租房自主的，年末提取限额由10000元提高至15000元。

（向建军）

退役军人事务

【概况】 2022年，全州退役军人事务工作围绕"让军人成为全社会尊崇的职业"目标，落实《中华人民共和国退役军人保障法》，服务能力持续提升、合法权益充分保障、民生福祉稳步改善、价值引领固本强基、双拥工作持续深化。恩施州退役军人工作在全省高质量发展综合绩效评价中蝉联第一，获“三连冠”。完成转业军官、政府安排工作退役士兵的安置任务及军休人员、伤病残士兵的移交任务，安置全程公开透明、公平公正、程序规范。

【思想政治教育】 2022年，全州推广实施“张富清思想政治教育工作法”，组建老兵宣讲团18个，成员110人，通过集中宣讲、网络宣讲、社会宣讲等形式宣讲82次，制作视频5个。各级退役军人服务中心（站）在军人退役返乡报到、“八一”、春节等重要时间节点，通过举办欢迎仪式、召开座谈会、设荣誉栏、重温军人誓词等方式，常态化引领永葆军人本色。7月，在全州开展持续半年的“寻找英雄·施州关爱行”活动，对全州7名曾荣立一等功的退役军人分别进行专题报道。退役军人杨蓥、宋庆礼获评2020—2021“感动恩施”年度人物，退役军人谭大凡、王凤祥、王大寿获评“恩施楷模”。

【服务体系建设】 2022年，推进星级创建，开展“强基础、强能力、强服务”提升行动。加强规范化建设，完成全州82个100名服务对象以上村（社区）示范型达标创建。全州组建“张富清老班长工作室”102个，组建以战斗英雄、模范兵支书、军创典型、乡村振兴带头人共933人等为主体的“张富清老班长工作室”顾问团，开展政策宣传、思想疏导、矛盾化解、困难帮扶等工作，搭建传承张富清精神的志愿服务阵地。完成采集建档立卡信息、优待证申请办理，掌握享受待遇的重点优抚对象等退役军人基本情况，其中优待证申领率为98.58%，报省厅备案率为93.45%，制卡率为89.72%。推广实施“军人退役一件事”，落实一窗受理、一次办结，8个县市均在本级政务服务中心（市民之家）设置综合办事窗口，窗口办件1090件。组织35次覆盖州、县市、乡镇、村（社区）四级业务培训，培训1384人次。州及各县市建成退役军人法律援助工作站，配齐便民设施及办公设备，工作站实行“11124”模式（1名工作人员每天值班，聘请1名法律顾问，每月安排1天为“法律服务日”，24小时在线提供法律咨询服务）开展法律援助工作523次，司法救助退役军人17人，涉及资金21万元，维护退役军人合法权益。

【优待抚恤】 2022年，全州优抚系统开展伤残鉴定和申报审批工作，召开伤残鉴定评审会8次，进行伤残鉴定工作。完成残疾等级评定工作10人、带病回乡退伍军人待遇审批29人、退出现役残疾军人关系转接17人，为16名伤残人员配制康复辅助器具。完成年度伤残退役军人换证、升级和带病回乡人员材料的审批工作。全年选送30人到省荣军参加短期疗养，选送4人到九宫山参加省退役军人事务厅组织的专项疗养活动，组织开展州级短期疗养活动12期、480人次。发放义务兵家庭优待金5492万元，为重点优抚对象发放8～10个月临时物价补贴460余万元。

【双拥共建】 2022年，恩施州及巴东县、来凤县通过全国、全省双拥模范城届中考评。地方政府投资2000余万元建设征兵服务站，改善部队基础设施，驻恩部队筹资500余万元支持乡村振兴，开展助学帮困活动。州委书记、州长在“八一”联名发布《致全州广大退役军人的一封信》，举办“喜迎二十大，双拥向未来——庆祝建军95周年暨致敬一等功臣”大型双拥文化活动，7名一等功臣到活动现场，直播总浏览量超700万人次。开展219场“戎耀施州·情暖老兵”八一座谈会系列活动，5000余名退役老兵参加活动。开展春节、“八一”走访慰问活动，投入资金46.3万元慰问驻恩部队官兵，投入资金223万元慰问退役军人和其他优抚对象，发放春节慰问年画8.6万张。

【退役军人就业创业】 2022年，印发《恩施土家族苗族自治州促进退役军人就业创业实施办法》，推动相关优惠政策落实落地。出台《恩施土家族苗族自治州退役军人就业岗位库管理办法（暂行）》《恩施土家族苗族自治州退役军人人力资源库管理办法（暂行）》《恩施土家族苗族自治州退役军人就业创业导师团队管理办法（暂行）》，组建退役军人就业创业导师团队，结合退役军人所办经济实体需要，提供上门指导、集中培训等服务。遴选退役军人职业技能培训承训机构38家。全州摸排590余家军创企业，实行领导班子成员包保联系制度。开展送技术下乡活动8次，解决一批退役军人所办经济实体在种养殖方面存在的困难。组织开展退役士兵适应性培训、职业技能培训，帮助900余名退役军人提升能力素质和就业竞争力。设置面向退役军人的事业单位招录岗位9个，定向招聘退役士兵15人，506名退役军人参加报考，招聘备案15人。创新开展“一车三站”（关爱直通车、就业服务站、创业服务站、优惠服务站）服务，开展招聘活动55场，发布招聘信息100余期，提供优质就业岗位5000余个，有2万余名服务对象关注使用，帮助1800余名退役士兵实现就业。首届高职扩招退役军人毕业生279人，就业率100%。

【帮扶援助】 2022年，全州落实省退役军人事务厅探索推进的“两进三谈解四难”（进家门、进组织，谈形势、谈政策、谈初心，生活困难、医疗困难、住房困难、就业困难）工作法和“手拉手·心连心·帮战友”活动，开展“下基层、察民情、解民忧、暖民心”实践活动。建立常态化调研机制，州退役军人事务局领导带队走访10家企业，实地调研烈士陵园4个和基层服务站22个，5项任务清单全部办结。各级服务中心（站）工作人员入户走访困难退役军人5000余户。建立常态化帮扶机制，全州全年投入资金2000余万元，帮助4000余名退役军人解决急难愁盼问题。联合州关爱退役军人协会为1000名退役军人提供每人1200元标准的免费体检，为退役军人和其他优抚对象发放折合价值24.7万元资金。投入慰问资金460余万元慰问退役军人。

【褒扬纪念】 2022年，全州清点烈士纪念设施1305处，其中需整修设施完工441处，校核烈士信息3692条，为385名烈士遗属建立信息化台账，实现“一烈士一档”“一设施一档”，相关信息数据实现全覆盖。9月30日，举行烈士公祭日活动。向省申报来凤县烈士陵园维修改造项目、巴东县烈士陵园烈士墓区项目争取资金支持；申请将咸丰县烈士陵园湘鄂西·湘鄂川黔革命根据地纪念馆陈列布展提质改造项目纳入2023年中央预算内投资计划。出台《恩施土家族苗族自治州烈士纪念设施申报评审工作规程》，推动全州烈士纪念设施保护管理规范化、标准化。

【落实军休干部“两个待遇”】 2022年，落实好军休干部“两个待遇”（政治待遇、经济待遇），每月组织军休干部开展支部主题党日活动，采用多种形式丰富军休干部组织生活。建立走访联系制度，对军休干部及遗属实行遍访常访，了解其生活、身体、思想情况，帮助解决生活上遇到的困难。完成军休干部的定期增资，并按月、足额发放离退休费和各项生活待遇（包括无经济收入遗属的定期生活补助）。完善保障机制，离休干部的医疗费实报实销，退休干部（师职干部享受当地同职级干部的医疗待遇）纳入地方职工医疗保障体系。建立军休干部健康档案，关注军休干部身体变化情况。改善军休干部休养环境，恩施市、咸丰县实施军休老旧小区改造；利川市军休老旧小区被住建部门列入2023年老旧小区改造计划；向省申报鹤峰县军休所建设项目。

【重要会议】 2022年2月11日，全州退役军人事务工作会议召开，学习贯彻习近平总书记关于退役军人工作重要论述，贯彻落实党的十九届六中全会、省委十一届十次全会、州第八次党代会精神和全国退役军人事务厅（局）长会议、全省市州退役军人事务局局长会议精神，总结回顾2021年工作，安排部署2022年重点工作。7月1日，州委书记、州双拥工作领导小组第一组长胡超文主持召开全州双拥工作领导小组会议，听取全州双拥工作情况汇报，审议《恩施州2022年双拥工作要点》《恩施州2022年双拥工作十件实事》，州委宣传部、州公安局主要负责人述职。7月13日，州委退役军人事务工作领导小组全体会议召开，听取全州退役军人工作情况汇报和成员单位工作述职，审议工作要点和相关工作方案。

【领导调研】 2022年7月21—22日，退役军人事务部政策法规司到利川市和州退役军人事务局调研法律服务和法治文化建设工作，对恩施州落实《中华人民共和国退役军人保障法》的工作给予肯定。6月28—29日，省退役军人事务厅调研组到咸丰县忠堡镇、鹤峰县容美镇车站路社区、鹤峰县太平镇及太平镇洞长湾村退役军人服务站，咸丰县烈士陵园、湘鄂边苏区鹤峰革命烈士陵园、贺英殉难处、州退役军人事务局机关等处调研，开展“下基层、察民情、解民忧、暖民心”实践活动，与州退役军人事务领导小组成员单位进行座谈。8月11日，省退役军人事务厅相关领导带队到咸丰县开展乡村振兴调研，看望慰问困难退役军人，组织省荣军医院在高乐山镇龙家界村开展义诊活动。12月14—15日，省退役军人事务厅相关领导带队到巴东县官渡口镇晴帆园、五里堆社区等地，听取退役军人工作开展情况汇报，查看社区退役军人服务站建设情况，在县烈士陵园参观巴东革命史迹陈列馆，了解陵园管理保护等情况。

【“寻找英雄·施州关爱行”活动】 2022年7月，为庆祝中国人民解放军建军95周年，州退役军人事务局、州退役军人服务中心、州关爱退役军人协会在全州开展持续半年的“寻找英雄·施州关爱行”活动。恩施电视台在“恩施新闻联播”栏目开设专栏，对全州7名曾荣立一等功的退役军人分别进行专题报道，同期在恩施电视台抖音号、恩施电视台视频号、“云上恩施”平台、“恩施电视台”微信公众号播发宣传。7月27日，恩施州举办“喜迎二十大·双拥向未来”庆祝建军95周年暨致敬一等功臣双拥文化活动。60余年深藏功名，坚守初心不改本色的张富清；勇毅无畏铸忠诚，爱岗敬业担使命的田新民；奋不顾身架天线，竭尽全力暖民心的郭海清；枪林弹雨中杀敌，8天四仗勇冲锋的徐胜富；勇斗歹徒救人质，扎根基层当先锋的廖其华；英勇救人显本色，平凡岗位守初心的黄红兵；涵管里刨出村民，洪流中托举生命的高文清7名曾获得一等功的退役老兵上台接受致敬。“学习强国”平台、湖北电视台、《湖北日报》、“长江云”等多家媒体相继报道此次活动。

（李　丹）

老龄工作

【概况】 2022年，州老龄办完善老年人健康服务体系，依托医疗卫生机构和家庭医生团队为老年人提供基本健康管理服务，推动全生命周期健康管理。全年办理老年优待证2279张。全州二级以上公立综合性医院设立老年医学科16家，二级以上中医院全部设置康复科。年末全州创建全国示范性老年友好型社区8

2022年7月27日，恩施州举办“喜迎二十大·双拥向未来——庆祝建军95周年暨致敬一等功臣”双拥文化活动
（州退役军人事务局　供稿）

家，湖北省老年友善医疗机构117家。

【医养养老】 2022年，全州有养老服务机构127所，其中失能养护中心1所，城市福利院8所，农村福利院90所，民办养老机构28所，含星级养老机构3家（四星级2家、三星级1家）；城市社区居家养老服务中心87个；农村老年人互助照料中心1422个。养老服务机构和居家养老服务中心共有床位27220张。全州养老服务机构入住老人4581人，有工作人员1163人，含养老护理员594人。医养结合机构10家，医疗服务人员433人，养老服务人员195人，床位总数1513张（医疗床位498张、养老床位1015张）。州优抚医院被纳入国家医养结合远程协同服务试点单位。

【百岁老人】 2022年，全州有百岁老人145人，占老年人口比重0.019%，其中恩施市27人、利川市36人、建始县17人、巴东县20人、宣恩县14人、咸丰县10人、来凤县9人、鹤峰县12人。

（朱妮亚）

居民生活

城镇居民生活

【城镇居民收入】 2022年，恩施州城镇常住居民人均可支配收入为35927元，较2021年增加1873元，名义增长5.5%，实际增长3.5%。与全国、全省及省内其他市比较，恩施州城镇常住居民人均可支配收入比全国平均水平49283元低27.1%，比全省平均水平42626元低15.7%，在全省17个市州中（含直管市和林区，下同），绝对额排第15位，增幅排第16位。与武陵山部分市（州、区）比较，在武陵山区6个市（州、区）中，绝对额排第三位，增幅排第一位。

2022年恩施州城镇常住居民人均可支配收入情况表

表15

指 标	2022年		2021年		2022年比2021年增减		
	绝对额(元)	构 成(%)	绝对额(元)	构 成(%)	增加额(元)	增 幅(%)	贡献率(%)
全年可支配收入	35927	100	34054	100	1873	5.5	100
1.工资性收入	21301	59.3	20376	59.8	925	4.5	49.4
2.经营净收入	4777	13.3	4385	12.9	392	8.9	20.9
3.财产净收入	2863	8.0	2668	7.8	195	7.3	10.4
4.转移净收入	6986	19.4	6625	19.5	361	5.4	19.3

2022年全国、全省及省内各市州城镇常住居民人均可支配收入情况表

表16

地 区	2022年		2021年		2022年	
	绝对额(元)	市州位次	绝对额(元)	市州位次	增 幅(%)	市州位次
全 国	49283	—	47412	—	3.9	—
全 省	42626	—	40278	—	5.8	—
武汉市	58449	1	55297	1	5.7	14
黄石市	44417	2	41589	2	6.8	3
十堰市	37827	12	35753	12	5.8	12
宜昌市	43943	3	41030	4	7.1	1
襄阳市	43893	4	41214	3	6.5	6
鄂州市	40654	9	38317	8	6.1	9
荆门市	41273	6	39159	5	5.4	17
孝感市	41596	5	38911	6	6.9	2
荆州市	40678	8	38231	9	6.4	7
黄冈市	36312	14	34032	15	6.7	4
咸宁市	38366	11	35990	11	6.6	5

续表 16

地 区	2022 年		2021 年		2022 年	
	绝对额(元)	市州位次	绝对额(元)	市州位次	增 幅(%)	市州位次
随州市	35923	16	33890	17	6.0	10
恩施州	35927	15	34054	14	5.5	16
仙桃市	41080	7	38681	7	6.2	8
潜江市	39167	10	36985	10	5.9	11
天门市	36404	13	34408	13	5.8	12
神农架林区	35907	17	34003	16	5.6	15

说明：表中增幅只保留 1 位小数致使部分市州数值相同，但其位次是按计算增幅数值排列的

2022 年武陵山市(州、区)城镇常住居民人均可支配收入情况表

表 17

地 区	绝对额(元)	绝对额位次	增 幅(%)	增幅位次
湖南省湘西州	31412	5	5.5	1
湖南省张家界市	31150	6	4.6	6
湖南省怀化市	34168	4	4.7	5
重庆市黔江区	42809	1	5.0	3
贵州省铜仁市	38475	2	4.9	4
湖北省恩施州	35927	3	5.5	1

【城镇居民消费】 2022年，恩施州城镇居民人均生活消费支出为26851元，较2021年增加552元，增长2.1%。城镇居民恩格尔系数为32.3%，较2021年减少0.3个百分点。

2022 年恩施州城镇常住居民人均生活消费支出情况表

表 18

指 标	2022 年		2021 年		2022 年比 2021 年增减	
	绝对额(元)	构 成(%)	绝对额(元)	构 成(%)	绝对额(元)	幅 度(%)
生活消费支出	26851	100	26299	100	552	2.1
1.食品烟酒	8663	32.3	8577	32.6	86	1.0
2.衣着	2124	7.9	2117	8.0	7	0.3
3.居住	5019	18.7	4805	18.3	214	4.5
4.生活用品及服务	1729	6.4	1692	6.4	37	2.2
5.交通通信	3283	12.2	3150	12.0	133	4.2
6.教育文化娱乐	3247	12.1	3226	12.3	21	0.7
7.医疗保健	2236	8.3	2183	8.3	53	2.4
8.其他用品和服务	550	2.1	549	2.1	1	0.2

农村居民生活

【农村居民收入】 2022年，恩施州农村常住居民人均可支配收入为14384元，较2021年增加1077元，名义增长8.1%，实际增长6.1%。与全国、全省及其他市比较，恩施州农村常住居民人均可支配收入比全国平均水平20133元低28.6%，比全省平均水平19709元低27%，在全省17个市州中，绝对额排第15位，增幅排第八位。与武陵山部分市（州、区）比较，在武陵山地区6个市（州、区）中，绝对额排第二位，增幅排第一位。

2022 年恩施州农村常住居民人均可支配收入情况表

表 19

指标	2022 年		2021 年		2022 年比 2021 年增减		
	绝对额(元)	构成(%)	绝对额(元)	构成(%)	增加额(元)	增幅(%)	贡献率(%)
全年可支配收入	14384	—	13307	—	1077	8.1	100
1.工资性收入	4045	28.1	3751	28.2	294	7.8	27.3
2.经营净收入	7021	48.8	6433	48.3	588	9.1	54.6
3.财产净收入	195	1.4	180	1.4	15	8.3	1.4
4.转移净收入	3123	21.7	2943	22.1	180	6.1	16.7

2022 年全国、全省及省内各市州农村常住居民人均可支配收入情况表

表 20

地区	2022 年		2021 年		2022 年	
	绝对额(元)	市州位次	绝对额(元)	市州位次	增幅(%)	市州位次
全　国	20133	—	18931	—	6.3	—
全　省	19709	—	18259	—	7.9	—
武汉市	29304	1	27209	1	7.7	14
黄石市	20127	12	18585	12	8.3	6
十堰市	14190	16	13115	16	8.2	7
宜昌市	22571	7	20764	7	8.7	2
襄阳市	22497	8	20715	8	8.6	3
鄂州市	23111	4	21479	4	7.6	15
荆门市	23952	3	22198	3	7.9	12
孝感市	20913	11	19346	11	8.1	8
荆州市	22904	6	21207	5	8.0	10
黄冈市	17855	14	16456	14	8.5	4
咸宁市	20017	13	18534	13	8.0	10
随州市	21297	10	19756	10	7.8	13
恩施州	14384	15	13307	15	8.1	8
仙桃市	24620	2	22608	2	8.9	1
潜江市	22922	5	21146	6	8.4	5
天门市	22099	9	20577	9	7.4	17
神农架林区	13488	17	12547	17	7.5	16

说明：表中增幅只保留 1 位小数致使部分市州数值相同，但其位次是按计算增幅数值排列的

2022 年武陵山市(州、区)农村常住居民人均可支配收入情况表

表 21

地区	绝对额(元)	绝对额位次	增幅(%)	增幅位次
湖南省湘西州	13097	6	6.2	5
湖南省张家界市	13429	4	6.0	6
湖南省怀化市	14257	3	7.1	2
重庆市黔江区	16767	1	7.0	3
贵州省铜仁市	13116	5	6.7	4
湖北省恩施州	14384	2	8.1	1

【农村居民消费】2022年，恩施州农村居民人均生活消费支出为12831元，较2021年增加939元，增长7.9%。农村居民恩格尔系数为39%，较2021年减少0.3个百分点。

2022 年恩施州农村常住居民人均生活消费支出情况表

表 22

指标	2022年		2021年		2022年比2021年增减	
	绝对额(元)	构成(%)	绝对额(元)	构成(%)	绝对额(元)	幅度(%)
生活消费支出	12831	100	11892	100	939	7.9
1.食品烟酒	5005	39.0	4673	39.3	332	7.1
2.衣着	866	6.8	801	6.7	65	8.1
3.居住	2430	18.9	2171	18.3	259	11.9
4.生活用品及服务	895	7.0	867	7.3	28	3.2
5.交通通信	990	7.7	894	7.5	96	10.7
6.教育文化娱乐	1270	9.9	1214	10.2	56	4.6
7.医疗保健	1170	9.1	1085	9.1	85	7.8
8.其他用品和服务	205	1.6	187	1.6	18	9.6

（周大开）

市场价格运行

【概况】 2022年，恩施州CPI指数12月累计平均上涨1.9%，八大类消费品累计平均价格指数全部上涨。其中猪肉价格累计平均下降6%，交通和通信类价格累计平均上涨4.8%、教育文化和娱乐类价格累计平均上涨4.9%，成为影响当年全州市场价格波动的主要因素。同比1—9月CPI指数受整体经济形势影响，物价呈阶段性上升态势，9月因疫情影响大部分时间段实行静默管理，封闭初因居民集中备购引起小部分蔬菜价格大幅上涨，其余时间段的价格均较为平稳，但因封控期间交通运输等受阻，整体涨幅依旧达到全年最高值。环比全年价格呈波浪式起伏，但整体变化幅度不大，全年指数波动不超过±1%。恩施州CPI指数低于全国2%、全省2.1%的水平，与省内其他市州相比较，处于靠前位置，仅低于武汉、襄阳、鄂州，与随州持平。

【主要食品价格】 2022年，恩施州食品烟酒类价格累计平均上涨1%，推动CPI总指数上涨0.29个百分点，对指数整体变化的影响较小。粮食、薯类、食用油、禽肉、干鲜瓜果类等价格上涨明显，但同时猪肉、鲜菜价格的低位运行抵消其他类食品价格上涨带来的影响。全州猪肉价格累计平均下降6%，影响CPI下降0.11个百分点。全年猪肉价格累计平均指数降幅逐步缩小，由年初的下降42.1%跌到12月下降6%，降幅收窄48.1个百分点。由于生猪出栏增加，加上政府为保供稳价投入储备肉，市场供应充足。11—12月因疫情影响，大部分居民因健康原因居家较多，且饮食以清淡为主，购买人数大幅减少，也一定程度上导致价格下降。鲜菜价格累计平均下降0.8%，较为平稳，但同比环比变化明显，主要原因是自恩施州因疫情原因实行静默管理，疫情防控期间部分时段价格波动明显，后期随着秋季产蔬菜大量上市，以及保供稳价措施得力、市场供应充足，价格逐步恢复正常，全年平均价格变动较小。

【服务类价格】 2022年，恩施州服务类价格均有不同程度的上涨，其中交通和通信、教育文化和娱乐类价格上涨明显。交通和通信类价格累计平均上涨4.8%，影响CPI总指数上涨0.65个百分点；教育文化和娱乐类价格累计平均上涨4.9%，推动CPI总指数上涨0.59个百分点。生活用品及服务、医疗保健类均上涨1.5%，食品烟酒、衣着类均上涨1%，其他用品和服务类上涨0.8%，居住类上涨0.4%。1—6月，国际原油价格上涨导致全州水电燃料累计平均上涨3.5%，汽油、柴油累计平均上涨21.4%、23.3%。各航空公司均从4月开始重新收取燃油费，飞机票价格累计平均上涨17.6%，水电燃料累计平均上涨3.5%，汽油、柴油累计平均上涨21.4%、23.3%。受物价上涨、成本增加等因素影响，部分私立中学学费、职业高中学杂费和幼儿园的保教费有所上涨，小学初中教育和高中中职教育累计平均上涨14.8%、6.2%。全年服务类价格累计平均上涨1.5%，推动CPI总指数上涨0.58%。

（潘　倩）

县 市

Cities and Counties

恩施市

【概况】 恩施市是恩施州首府，被称誉为“世界硒都”。位于湖北省西南部，武陵山北部，清江中上游，北纬29°50′33″—30°39′30″、东经109°4′48″—109°58′42″。东邻建始县，西接利川市，南毗鹤峰县、宣恩县、咸丰县，北连重庆奉节县。市域东西横距86.5千米，南北纵距90.2千米，总面积3967.33平方千米。全市建成“水”“陆”“空”立体交通网。省道有S232、S233、S365、S366、S462，国道有G209、G318、G242、G351，高速有沪渝高速、恩来高速、恩黔高速公路、安来高速，铁路有宜万铁路。许家坪机场开通北京、上海、广州、深圳、厦门、杭州、西安、西宁、南宁、青岛、海口、南京、武汉、贵阳、珠海、温州、郑州、天津、昆明、兰州、福州、南昌、银川、澳门等20条航线，飞抵全国24个城市；开通直飞柬埔寨暹粒、芭提雅，越南岘港、胡志明市等国际旅游包机航线。2022年，全市地区生产总值456.6亿元，扣除价格因素，同比增长3.5%。其中第一产业实现增加值46.65亿元，同比增长2.9%；第二产业实现增加值187.95亿元，同比增长6.6%；第三产业实现增加值222亿元，同比增长1.2%。三次产业结构比为10.2∶41.2∶48.6。

【区划、人口】 2022年，恩施市辖7个乡、6个镇、5个街道、1个风景区管理处，有村（社区）215个，其中村165个、社区50个。境内多民族聚居，少数民族44个，其中主体少数民族28个，少数民族人口占总人口的40.66%。以土家族居多，苗族、侗族居次。年末常住人口89.13万人，其中城镇人口54.12万人，乡村人口35.01万人，城镇化率60.72%，比2021年提高0.72个百分点。出生人口4012人，死亡人口5339人，人口出生率4.51‰，人口死亡率6‰，人口自然增长率－1.49‰。年末全市户籍总人口82.22万人，其中男性42.01万人，女性40.21万人，男女性别比为104.5∶100（女性为100）；60岁以上老年人口16.57万人，占总人口的20.2%，较2021年增加0.7个百分点。

2022年恩施市乡镇（街道、管理处）基本情况表

表23

乡镇（街道、管理处）	总面积（平方千米）	年末耕地面积（公顷）	年末总户数（户）	年末总人口（人）	村、社区（个）			村（居）民小组（个）	粮食产量（万吨）	党委书记，乡镇长、主任（12月底在职）
					小计	村	社区			
新塘乡	408.45	8108.49	15941	49289	13	10	3	124	1.86	袁铭方 刘 荆
红土乡	228.72	6019.82	14668	44920	13	11	2	97	2.89	王 祎 舒世杰
沙地乡	190.29	4521.45	12422	33828	10	9	1	97	1.69	（空缺）袁 勇
太阳河乡	247.77	2771.44	7295	20863	13	12	1	77	1.04	钟 辉 卓川军
屯堡乡	260.38	5942.72	23517	76157	14	13	1	133	0.69	雷世军 屈 鹏
白果乡	324.51	2298.95	9737	29393	12	11	1	64	1.31	彭钦钊 谭秋曦

续表 23

乡镇（街道、管理处）	总面积（平方千米）	年末耕地面积（公顷）	年末总户数（户）	年末总人口（人）	村、社区（个）			村（居）民小组（个）	粮食产量（万吨）	党委书记，乡镇长、主任（12 月底在职）
					小计	村	社区			
芭蕉侗族乡	284.78	2694.36	19749	63403	18	17	1	150	1.06	朱永恒　张　义
三岔镇	249.02	5554.37	14780	40784	13	12	1	65	1.52	谭海鹰　邢　祚
崔家坝镇	222.78	4599.85	13719	39975	12	11	1	108	1.51	马承恩　王开发
白杨坪镇	249.21	5044.61	19925	60380	13	12	1	120	1.72	陈　坦　张文刚
板桥镇	278.71	4501.60	7479	21851	5	4	1	34	0.89	赵　林　吴　荣
龙凤镇	277.05	3989.83	23597	69362	19	18	1	156	0.82	程俊毅　彭　滔
盛家坝镇	369.19	6780.86	13145	37705	11	10	1	51	1.79	徐　瑞　王安胜
六角亭街道	81.94	930.75	18882	48787	9	3	6	54	0.33	李文静　陈　竹
小渡船街道	28.25	195.97	21314	51390	10	3	7	15	0.07	熊　竹　邓永劲
舞阳坝街道	11.14	109.17	51967	134097	8	—	8	—	0.01	聂忠荣　刘　伟
金子坝街道	29.59	262.05	—	—	10	—	10	—	0.02	程　凯　田　博
七里坪街道	75.41	1746.91	—	—	6	4	2	34	0.53	陈轶丹　谭　辉
大峡谷风景区管理处	150.15	3170.61	—	—	6	5	1	49	0.88	黄　猛　曹永彬
合　计	3967.33	66073.2	288137	822184	215	165	50	1428	20.62	—

说明：1. 金子坝、七里坪街道有关数据仍包含在舞阳坝街道暂未单列。2. 大峡谷风景区管理处有关数据包含在屯堡乡内

【市场主体】 2022年，全市实有各类市场主体101472户，同比增长13.74%；资金总额1220.1亿元，同比增长15.1%。其中企业（含内资非私营、外资、私营，下同）实有29696户，同比增长13.08%；注册资本(金)1066.7亿元，同比增长14.5%。个体工商户实有69603户，同比增长14.46%；资金总额119 亿元，同比增长24.2%。农民专业合作社实有2173户，同比增长1.64%；出资总额34.4亿元，同比增长4.9%。全市新登记各类市场主体20502户，同比增长0.9%；新登记资金总额207.7亿元，同比增长33.3%。企业新登记5646户，同比下降11.24%；新增注册资本（金）175.4亿元，同比增长33.3%。个体工商户新登记14760户，同比增长6.8%；新增资金总额30.7亿元，同比增长38.8%。农民专业合作社新登记96户，同比下降34.3%；新增出资总额1.6亿元，同比下降21.8%。

【农业】 2022年，全市实现农林牧渔业总产值84.47亿元，扣除价格因素，同比增长3.3%，农林牧渔业增加值完成48.97亿元，同比增长3.1%，其中农林牧渔业服务业增加值完成2.32亿元，同比增长6.3%。全年粮食作物种植面积60540公顷，同比增长0.1%，其中夏收粮食面积20726.7公顷，增长0.3%；秋收粮食面积39813.3公顷，下降0.02%。粮食总产量13746.7公顷，同比下降1.8%。其中夏粮产量5.82万吨，比2021年增长0.9%，秋粮产量14.8万吨，比2021年下降2.8%。蔬菜（含魔芋）产量68.46万吨，增产2.6%；油菜籽产量1.7万吨，增产0.6%；烟叶产量7800吨，增产19.2%；茶叶产量2.53万吨，减产6.5%；水果产量3.7万吨，增产11.7%。全年猪牛羊禽肉产量8.25万吨，同比下降0.1%；其中猪肉产量7.53万吨，与2021年基本持平。禽蛋产量5000吨，同比下降10.7%。全年生猪出栏98.84万头，同比增长0.2%。水产品产量676吨，同比增长3%。

【工业、建筑业】 2022年，全市规模以上工业企业122家（不含恩施烟厂和州、市供电公司），实现工业总产值88.59亿元，比2021年增长18.7%。全部工业实现增加值172.39亿元（含恩施烟厂、州市供电公司），可比增长7.1%。其中规模以上工业增加值可比增长12.9%。

2022 年 3 月，恩施市屯堡乡田凤坪村油菜花海一角　　（黄春燕　摄）

规模以上工业(不含恩施烟厂和州、市供电公司)实现营业收入85.37亿元，同比增长17%。实现利润总额1.93亿元，实现利税总额2.45亿元。从业人员年平均人数8972人，同比下降3.6%。全市拥有资质等级三级及以上建筑企业59家，其中一级建筑资质3家，二级建筑资质19家，三级建筑资质20家，二级装修资质9家，三级装修资质7家，建筑业劳务企业1家。全年资质内建筑业企业完成建筑业总产值48.42亿元，同比下降2.3%。全口径建筑业增加值完成15.69亿元，同比增长1.1%。

【服务业】 2022年，全市新增18家规模以上服务业企业，总量为73家，同比增长32.7%。新增限额以上贸易企业商贸企业52家，总量134家，同比增长48.8%。

【交通、邮政、通信】 2022年，全市境内拥有四级及以上公路里程5047千米，按管理级别分国道287千米、省道359千米、县道421千米、乡道2543千米、村道1437千米。按技术等级分一级公路32千米；二级公路423千米；三级公路114千米；四级公路4478千米。年末拥有公共汽车营运车辆数256辆（321标台），营运线路35条，营运线路总长度350千米，全年客运量2536.37万人次，实现营运收入5104.98万元。市内客运出租汽车840辆。年末固定宽带用户44.83万户，移动互联网用户118.28万户。

【固定资产投资、房地产】 2022年，全社会固定资产投资完成额比2021年增长19.5%(不含农户投资)。其中5000万元以上项目投资完成81.01亿元，增长10.5%；房地产开发投资完成85.03亿元，增长11.4%。全年城镇投资施工项目364个，其中当年新开工项目316个。商品房销售面积81.8万平方米，同比下降47%，其中住宅销售74.22万平方米，同比下降46.1%。实现商品房销售额47.74亿元，同比下降45.6%。

【贸易】 2022年，全市实现社会消费品零售总额202.41亿元，同比增长3.3%。新增限额以上商贸企业52家，总数169家。有业绩外贸企业共17家，实现外贸进出口总额5379万美元，全州排名第一，增速138%。全市电子商务交易额为40.61亿元，同比增长12.7%；农产品上行销售额为5.05亿元，同比增长11.5%。

【财政】 2022年，全市实现财政总收入27.77亿元，同比下降7.9%。其中一般公共预算收入20.81亿元，同比下降0.2%。税务部门22.65亿元，下降13.7%；财政部门5.12亿元，增长31.3%。一般公共预算收入中税收收入15.69亿元，占比75.4%。公共财政预算支出68.38亿元，下降2.8%。不含高新区完成财政总收入24.5亿元，同比下降7.2%。其中一般公共预算收入18.37亿元，同比增长0.1%。税务部门19.98亿元，下降11.7%；财政部门4.52亿元，增长20%。一般公共预算收入中税收收入13.85亿元，占比75.4%。公共财政预算支出63.07亿元，下降5.1%。

【金融】 2022年，全市金融机构人民币存款余额677.14亿元，比2021年末增长13.9%，其中城乡居民储蓄存款余额425.24亿元，比2021年末增长16.6%。金融机构人民币贷款余额686.06亿元，比2021年末增长8.5%。存贷比101.32%。

【科技】 2022年，全市高新技术产业增加值29.7亿元，同比增长14.6%，占全市地区生产总值的比重为6.5%。组织完成高新技术企业申报90家，进入认定备案公示企业76家，完成科技型中小企业入库135家。完成科技成果转化15个、征集“卡脖子”技术需求23个。获国家技术转移中部中心基层站点授牌1个（总数为5个），认定省级乡村振兴科技创新示范基地1个（总数为2个）、州级乡村振兴科技创新示范基地3个；对接省、州科技人才59名，入选州级重点创新团队3个，备案州级企校联合创新中心4个、推荐申报省级企校联合中心1个；选派市级科技特派员158名，乡村振兴重点村实现全覆盖。获得专利授权1052件，其中发明专利78件。新增商标申请总量2862件，新增注册总量2385件，年末有效注册商标总量13782件。

【教育】 2022年，全市辖区有幼儿园125所，小学107所，初级中学29所（含九年一贯制学校5所），高级中学9所（含十二年一贯制学校3所）。中等职业学校3所，特殊教育学校1所，乡村教学点60个。学前教育幼儿园在园人数23991人，小学在校学生52829人，普通初中在校学生32121人，普通高中在校学生25353人，特殊教育学校在校学生91人。学前教育有教职工3109人，其中专任教师1317人。小学教育有教职工3397人，其中专任教师3072人。初级中学有教职工3560人，其中专任教师2861人；高级中学有教职工3256人，其中专任教师2605人。

【卫生健康】 2022年，全市辖区有卫生机构412个，其中医院24个，乡镇卫生院及社区卫生服务中心19个，村及城区卫生室（所）182个。全年财政直接用于卫生健康支出4.99亿元。全市辖区医疗机构年末有医疗床位8685张；有卫生技术人员9305人，其中执业（助理）医师3207人，注册护士4682人。

【文化】 2022年，全市投入公共文化服务体系建设资金919万元。新建百姓舞台1个、农村新型文化空间2个、文化广场1个；基层文化广场提档升级2个。市图书馆接待读者6万余人次，外借图书1.3万余册次；完成城市书房挂牌20家。荆楚“红色文艺轻骑兵”演出139场；文化文艺培训565.5个课时。对外文化交流8场。全市有文物保护单位45处，其中全国重点文物保护单位1处，省级12处，州级7处，县市级25处，未公布为文物保护单位的一般不可移动文物239处；文物藏品1825件，其中馆藏珍贵文物44件（套），一级8件，二级12件，三级24件。

【体育】 2022年，全市开展职工运动会、“迎春杯”篮球赛、乒乓球甲级联赛、崔家坝镇“乡村振兴”篮球邀请赛、青年足球邀请赛、城市联盟足球联赛。举行纪念毛泽东同志“发展体育运动，增强人民体质”题词70周年主题活动。以“奔跑吧·少年”系列校园联赛为抓手深化体教融合，举办足球、篮球、乒乓球、羽毛球、田径、轮滑项目赛事1000余场，约5000名运动员参与。在2022年恩施州青少年运动会上，恩施市以98金、57银、41铜成绩获第一。

【旅游】 2022年，全市统筹中央衔接资金1000万元，分别在屯堡乡、大峡谷风景区管理处、小渡船街道、龙凤镇、沙地乡5个乡镇（街道）实施7个生态文化旅游项目。全年旅游接待总人数1501.52万人次，同比下降24.9%。全年实现旅游综合收入130.17亿元，同比下降18.3%。

【居民生活】 2022年，全市城镇常住居民人均可支配收入39255元，增长5.6%，年人均生活消费总支出29338元，增长2.2%。农村常住居民年人均可支配收入15055元，增长8.6%；年人均生活消费支出13430元，增长8.4%。

【社会保障】 2022年，全市城镇新增就业人数7861人，城镇登记失业人数7124人，城镇登记失业率为3.6%。年末全市参加城镇职工基本养老保险人数16.09万人。其中企业职工基本养老保险参保人数13.95万人；机关事业单位基本养老保险参保人数2.14万人。参加城乡居民社会养老保险人数37.26万人。参加基本医疗保险人数74.08万人，其中城镇职工基本医疗保险参保人数10.34万人；城乡居民基本医疗保险参保人数63.74万人。参加失业保险人数4.75万人。全年社会救助城乡居民最低生活保障人数31958人，低保户数15427户。其中城市居民最低生活保障人数2286人，低保户数1492户；农村居民最低生活保障人数29672人，低保户数13935户。农村特困人员救助供养3431人，城市特困人员救助供养148人。临时救助2561人次。

【城市建设】 2022年，城区面积120平方千米，其中建成区面积43.35平方千米。新增城市道路7.3千米，城市道路长度228.05千米，道路面积361.1万平方米，道路照明灯18248盏，公共停车场停车位数16556个，配建停车场停车位数15314个。城区绿化覆盖面积2680公顷，其中建成区1817.95公顷。城区绿地面积2291.5公顷，其中建成区1626公顷。城区公园6个，面积198公顷。供水管道长度879.33千米，综合生产能力22.39万立方米/日，全年供水总量5294.39万立方米。用水户数199278户。城市饮用水水质综合合格率100%。天然气供气管道长度1672.82千米，储气能力47.52万立方米，全年供气总量8385.04万立方米，销售气量8219.36万立方米，用气户数163886户。液化石油气储气能力941吨，全年供气总量4856吨，销售气量4816吨，用气户数8010户。拥有市容环卫专用车辆148辆，道路清扫保洁面积497万平方米，年清运生活垃圾22.49万吨，清运建筑垃圾228.69万吨。全年污水排放总量4699万立方米，污水处理量4698.34万立方米，污水处理率100%。各类公共厕所121个。

【资源环境】 2022年，全市空气质量优良天数351天（其中优197天、良154天），优良率96.2%，同比上升0.3个百分点。城区饮用水源水质达标率100%。森林覆盖率64.22%，森林蓄积量2334.98万立方米。

【应急管理】 2022年，全市处理交通事故23592起（事故死亡46人，经济损失844.88万元）。处理火灾事故355起（事故死亡2人，直接财产损失526.76万元）。处理工矿商贸企业安全事故发生3起（事故死亡3人，损失金额390.28万元）。

【乡村振兴】 2022年，全市乡村振兴到位资金6.35亿元，其中衔接资金3.97亿元，其他财政资金2.37亿元，实施项目278个。投入产业发展3.21亿元，占比50.68%。投入农村基础设施建设2.51亿元，占比39.58%。到人到户补助3100万元，占比5%。全市脱贫户人均纯收入1.3万元，较2021年增长12.99%。全市发放农村低保对象、农村特困分散供养对象保障金1.72亿元。发放残疾人“两项补贴”资金1426.02万元。乡村振兴重点村建设47个，由省政府办公厅（省政务办）牵头、1个中直单位（武汉大学）和10个省直单位定点帮扶恩施市，筹集资金679.39万元支持各驻点村巩固脱贫成果，组织专家培训各类人员2689人次，帮助引进项目21个，引进各类帮扶资金1.69亿元。全市93座光伏电站累计收入412.88万元，设置公益岗位434个。市财政安排资金1412万元，全面巩固提升农村饮水安全。

【基层社会治理】 2022年，恩施市建立健全舞阳坝、金子坝、七里坪3个新成立街道和7个新设立社区的组织体系。7个城中村、城郊村完成“村改社区”并纳入网格管理，新划分城市网格86个。公开招录社区专职工作者174名。在新设立社区和村改社区增设10个社区治理“尖刀班”。推进社区服务阵地体系建设，累计投入资金700余万元，新建、提档升级10个社区党群服务中心；整合闲置国有资产、小区服务用房等资源，新建“红色驿站”16个。推动新就业群体融入城市治理，建成大桥路社区“硒都蜂巢”，策划举办“争当硒都蜂行骑士，共创幸福美好生活”全城总动员活动，做法在《湖北日报》头版头条刊发。完成红色美丽村庄试点建设，投入资金920万元，完成五峰山社区中共鄂西特委旧址保护性修缮、中共鄂西特委纪念馆项目建设，打造恩施党员政治生活馆，累计接待各级党员干部4600余人次。开展“1+4+X”村（居）务公开，实现村（居）务公开全覆盖。全市215个村（社区）成立治安保卫、公共卫生、人民调解、妇女和儿童工作下属委员会等基层自治组织。36个试点村（社区）开展以村规民约（居民公约）为主要内容的积分制管理。按照“五有”（有人员、有场所、有规则、有结果、有记录）要求规范议事协商程序，村（社区）全面推进议事协商。探索9种适合恩施山区的集体经济发展模式。192个村集体经济收入村均超20万元，为230名村干部兑现奖励105.9万元。

【硒都产业园区】 2022年，产业园区获批工业用地4.3公顷（属七里坪产业园区），建设标准厂房5.9万平方米，谋划化工园区扩园面积36.47公顷，清理腾退厂房1.5万平方米。

【对口帮扶（协作）】 2022年，恩施市中央定点帮扶单位武汉大学投入帮扶资金283.4万元，帮助引进资金1.6亿元，采购恩施市农副产品1390万元，帮助销售农产品910万元。省政府办公厅、中国科学院武汉分院、中国农科院油料所、武汉城市职业学院、武汉海事职业学院、武汉职业技术学院、中铁十一局集团公司、中国煤炭地质总局湖北煤炭地质局、省农村信用社联合社、省第三人民医院10家帮扶单位向恩施市投入帮扶资金395.99万元，引进帮扶资金900万元，帮助培训各类人才1225人次，通过消费帮扶采购农副产品465.36万元。武汉东湖新技术开发区与恩施市双方党政主要领导开展互访，东湖新技术开发区安排帮扶资金3200万元，实施项目20个，帮助引进资金28500万元，开展消费帮扶1920万元，投入资金1300万元，在光谷核心地段建设恩施硒产品展示展销体验馆。

【抗旱救灾】 2022年，恩施市发生自1961年有完整气象资料记录以来特大气象干旱。全市筹集资金1.14亿元，开辟新水源55处，实施水源工程66个，送水1.65万吨，人工增雨68次，缓解农田旱情2.08公顷，补种农作物1.64公顷，保障14.8万受灾群众基本生活用水。《新闻联播》《今日环球》等央视媒体给予关注。

【荣誉】 2022年1月，恩施市芭蕉侗族乡政府被省政府、省军区联合表彰为全省征兵工作先进单位，恩施市新塘乡中心卫生院、白杨坪镇中心卫生院、崔家坝镇中心卫生院被国家卫健委、国家中医药管理局授予2021年“优质服务基层行”活动中表现突出、服务优质机构；歌曲《幺妹儿带你慢慢儿耍》获湖北省第十一届“屈原文艺奖”艺术奖。3月，恩施市被省政府授予“全省投资和重点项目建设突出贡献地方”，恩施市非遗保护中心被省人社厅、省妇联表彰为“湖北省三八红旗集体”。4月，恩施市白杨坪镇中心卫生院团支部被省人社厅、团省委表彰为“全省五四红旗团支部”；向念被公安部、中华全国总工会表彰为全国公安机关成绩突出个人，王家玉、曹显冬分别被省政府表彰为省安全生产优秀工作者和省社会消防工作先进工作者。5月，湖北创偲诺电气科技股份有限公司被省人社厅、省总工会授予“湖北省五一劳动奖状”，恩施市屯堡乡团委被省人社厅、团省委授予“全省五四红旗团委”。6月，全国县域旅游研究课题组、北京华厦佰强旅游咨询中心将恩施市列入2022年全国县域旅游综合实力百强县。8月，恩施市看守所、市拘留所分别被公安部表彰为全国一级看守所和全国一级拘留所。9月，恩施市乡村振兴局被省委、省政府表彰为“湖北省人民满意的公务员集体”。11月，联合国教科文组织保护非物质文化遗产政府间委员会将恩施玉露制作技艺列入联合国教科文组织人类非物质文化遗产代表作名录，恩施市被省优化营商环境领导小组授予“2022年全省优化营商环境改革先行区”，小渡船街道航空路社区被中国科学技术协会表彰为全国科普示范社区；恩施市纪委监委第四纪检监察室和恩施市纪委副书记、监委副主任宋媛媛分别被省委表彰为全省纪检监察系统先进集体和先进工作者。12月，恩施市小渡船街道机场路社区户外职工爱心驿站被全国总工会授予“最美工会户外劳动者服务站点”；恩施市自来水公司党委书记、董事长兼总经理袁进被人社部和住建部表彰为“全国住房和城乡建设系统劳动模范”。

（姚懿予）

利川市

【概况】 利川市位于鄂西南隅，地处巫山流脉和武陵山北上余支交会部，为清江、郁江发源地。地跨北纬29°42′—30°39′，东经108°21′—109°18′。东与恩施市接壤，南与咸丰县毗连，西南与重庆黔江区、彭水县相邻，由西至北依次与重庆石柱县、万州区、云阳县、奉节县毗连。东西距宽92千米，南北长105千米，总面积4606平方千米，是恩施州面积最大的县级市。全市完成地区生产总值249.07亿元，同比增长3.3%。其中第一产业增加值53.92亿元，增长2.1%；第二产业增加值47.09亿元，增长7.2%；第三产业增加值148.06亿元，增长2.6%。三次产业结构比为21.64：18.91：59.45。按年均常住人口计算，全市人均生产总值34833元，增长10.1%。

【区划、人口】 2022年，利川市下辖2个街道、8个镇、4个乡。全市由506个村（社区）（其中463个村43个社区）调整为304个村（社区）（其中262个村42个社区），新命名村（社区）27个。年末全市户籍总人口为91.58万人，较2021年末减少1679人。全市常住人口71.57万人，较2021年末增长1300人，其中城镇常住人口33.47万人，城镇化率46.77%，较2021年提高0.8个百分点。全年人口出生率为5.47‰，人口死亡率为3.74‰，人口自然增长率为1.73‰。出生人口性别比112（以女性为100，男性对女性的比例）。

2022年利川市乡镇（街道、开发区）基本情况表

表24

乡镇（街道、开发区）	区域面积（平方千米）	总户数（户）	总人口（人）	村、社区（个）	粮食产量（吨）	书记，乡镇长、主任（12月底在职）
都亭街道	30	33064	72762	14	1277.04	周　霆　曾祥胜
东城街道	91	16854	38535	17	10525.81	向红文　向　杰
柏杨坝镇	580	26211	87577	29	29356.27	闫鹏飞　陈　祥
谋道镇	338	24738	70690	22	28703.15	黄佑东　聂广慧
忠路镇	514	29427	83487	24	25449.49	王厚军　许智亮
团堡镇	448	22831	69227	31	34404.18	张文生　杨虎熊
汪营镇	355	36681	101526	32	33415.89	熊　伟　王　章

续表 24

乡镇(街道、开发区)	区域面积（平方千米）	总户数（户）	总人口（人）	村、社区(个)	粮食产量（吨）	书记、乡镇长、主任（12月底在职）
建南镇	326	23812	71763	30	29959.2	梁凤翔 刘 倩
文斗镇	432	24297	72833	26	32605.63	李同生 杨克荣
元堡乡	266	12319	35807	14	11936.27	向 阳 吴 酬
凉雾乡	419	24547	72417	25	16643.02	覃征操 谭光云
毛坝镇	325	14647	42235	15	7443.92	谢 意 郑文皓
南坪乡	148	19753	60641	13	29223.12	何启波 靳 涛
沙溪乡	293	12758	36349	12	22741.79	陈伦锋 周 蕾
佛宝山生态综合开发区	40	—	—	—	15.22	杨仕晟
湖北利川经济开发区	—	—	—	—	—	彭必武 陈建平
合 计	4606	321939	915849	304	313700	—

说明：1. 粮食产量因四舍五入，各乡镇分项之和不一定等于合计数。2. 2022 年，利川市有 14 个乡镇（街道、开发区），304 个村、社区（其中 262 个村 42 个社区）

【市场主体】 2022年，全市有市场主体84471户，较2021年增长13%。实有企业类市场主体14171户，增长17.3%；个体工商户66562户，增长12.7%；农民专业合作社3738个，增长3.6%。全年新登记市场主体15003户，其中新登记企业类市场主体2981户。

【农业】 2022年，全市农林牧渔业总产值978392万元，扣除价格因素，较2021年增长3.3%。其中农业总产值600284万元；林业总产值48217万元；牧业总产值260840万元；渔业总产值6678万元；农林牧渔业及辅助活动总产值62374万元。农林牧渔业增加值569091万元，较2021年增长3.2%。其中农业增加值355409万元；林业增加值25067万元；牧业增加值154790万元；渔业增加值3933万元；农林牧渔业及辅助活动增加值29892万元。全年粮食种植面积7.79万公顷，较2021年增加40公顷。粮食总产量31.37万吨，较2021年减少0.61万吨，下降1.9%。油料产量1.39万吨，增长18.6%。烟叶产量0.72万吨，减少3.8%。蔬菜及食用菌产量85.75万吨，增长3.6%。茶叶产量2.16万吨，减少1.6%。园林水果产量5.18万吨，增长8.5%。全年猪牛羊禽肉产量6.53万吨，较2021年减少0.2%，其中猪肉产量5.87万吨，较2021年减少0.2%。禽蛋产量1.06万吨，较2021年减少7%。年末生猪存栏40万头，较2021年减少12.5%，生猪出栏77.11万头，较2021年增加0.2%。

2022 年 11 月，利川市女神公园一角 （张光陆 摄）

【工业、建筑业】 2022年，全部工业增加值29.15亿元，同比增长3.3%。规模以上工业企业64家，规模以上工业增加值增长7.1%，规模以上工业产销率为94.1%，每百元营业收入中成本81.01元，较2021年增加 4.78元，营业收入利润率7.8%，下降5.2个百分点；每百元营业收入中费用11.85元，增加1.31元；每百元资产实现的年营业收入78.20元，减少12.70元；资产负债率 59.5%，下降3.2个百分点。实现建筑业增加值18.18亿元，较2021年增长12.6%。全市具有资质等级建筑业企业34家，完成建筑业总产值19.97亿元。

【服务业】 2022年，全市批发和零售业增加值16.94亿元，较2021年增长7.1%；交通运输、仓储和邮政业增加值8.07亿元，下降4.2%；住宿和餐饮业增加值9.84亿元，增长1.1%；金融业增加值13.52亿元，增长7.8%；房地产业增加值26.98亿元，下降0.2%；其他服务业增加值69.49亿元，增长2.1%。

【交通、邮政、通信】 2022年，全市公路通车里程6163.44千米，其中等级公路5842.69千米，较2021年增加128.14千米。邮政业务总量1.52亿元，较2021年增长10.1%。快递业务收入996万元，增长11.8%。电信业务总量5.11亿元。年末全市固定电话用户1.85万户。移动电话用户68.83万户。固定宽带接入用户28.74万户。

【固定资产投资、房地产】 2022年，固定资产投资较2021年增长20.6%。其中民间投资增长21.6%；工业项目投资增长187.4%；工业技改项目投资增长115.5%。分产业第一产业投资增长113.7%；第二产业投资增长187.4%；第三产业投资下降0.5%。全年商品房施工面积326.8万平方米，下降28.1%；竣工面积7.03万平方米，下降70.2%；销售面积68.04万平方米，下降27%；待售面积10.89万平方米，下降26.1%。全年商品房销售额36.88亿元，下降25.8%，其中住宅销售额34.87亿元，下降27.7%。

【贸易】 2022年，社会消费品零售总额113.3亿元，较2021年增长2.5%。分消费类型批发业销售额846419万元，同比增长15.6%，零售业销售额740002万元，同比增长4.4%；住宿业营业额73058万元，同比增长5.8%，餐饮业营业额115948万元，同比增长5.6%。全年引进省外资金51.75亿元，同比增长281.9%。全年外贸进出口总额4574.01万美元，同比增长153.6%。

【财政】 2022年，地方财政总收入207102万元，较2021年增长8.4%。其中地方一般公共财政预算收入117162万元，增长15.9%。在地方一般公共预算收入中，税收收入81576万元，增长3.5%。一般公共预算支出638759万元，下降1.5%。

【金融】 2022年年末，金融机构存款余额364.95亿元，较2021年末增加52.85亿元，增长16.9%。其中住户存款307.33亿元，增长18.5%。金融机构贷款余额274.29亿元，较2021年末增加17.84亿元，增长7%。

【科技】 2022年，全市40家高新技术产业企业实现增加值7.94亿元，占全市地区生产总值比重为3.2%。获得专利授权473件，其中发明专利授权13件。年末有效注册商标6648件，新注册商标1300件。全市地理标志商标6件，地理标志保护产品4件。

【教育】 2022年，全市有幼儿园141所，在园幼儿21222人。小学109所，毕业12371人，招生8970人，在校学生62692人。初中25所，毕业11920人，招生12415人，在校学生36278人。高中5所，毕业5381人，招生6135人，在校学生17770人。

【卫生健康】 2022年，全市有卫生机构686个，其中医院9个，卫生院14个，妇幼保健院1个，疾病预防控制中心（防疫站）1个。卫生技术人员4962人，其中执业（助理）医师1928人，注册护士2432人，药师169人，技师292人。实有床位数5438张。

【文化、体育】 2022年，全市有公共图书馆1个，藏书23.5万册。文化馆1个，乡镇综合文化服务中心12个，村（社区）综合文化服务中心304个，村级文化活动广场584个，百姓舞台584个。利川市文物事业管理局获评全省文物先进单位。腾龙洞景区、汪营童话小镇申报成为湖北省中小学生研学实践基地。全市建成体育场馆2个，全民健身中心1个。

【旅游】 2022年，全市接待游客1814.26万人次，同比增长27.9%。旅游综合收入99.19亿元，同比增长36.6%。全市A级旅游景区7个。全市3星级及以上饭店5家。利川市上榜2022中国县域旅游发展潜力百强县市，获2022年“中国天然氧吧”称号。

【居民生活】 2022年，居民消费价格较2021年上涨1.9%。分类别食品烟酒价格上涨1%，衣着价格上涨1%，居住价格上涨0.4%，生活用品及服务价格上涨1.5%，交通和通信价格上涨4.8%，教育文化和娱乐价格上涨4.9%，医疗保健价格上涨1.5%，其他用品和服务价格上涨0.8%。城镇常住居民人均可支配收入36059元，增长5.5%，扣除价格因素，实际增长3.8%。农村常住居民人均可支配收入14364元，增长8.5%，扣除价格因素，实际增长6.8%。城镇常住居民人均消费支出26950元，增长2.1%，扣除价格因素，实际增长0.5%。农村常住居民人均消费支出12813元，增长8.3%，扣除价格因素，实际增长6.6%。

【社会保障】 2022年，城镇新增就业人员6747人。年末全市参加基本养老保险57.07万人，其中城镇职工基本养老保险参保人数7.78万人；城乡居民基本养老保险参保人数47.12万人。医疗保险参保人数80.9万人，其中城镇职工基本医疗保险参保人数5.22万人；城乡居民基本医疗保险参保人数75.68万人。失业保险参保人数3.65万人。工伤保险参保人数3.88万人。生育保险参保人数3.86万人。年末收养性社会福利单位18个，床位2149张。年末有1135人享受城市最低生活保障，38853人享受农村最低生活保障，全市特困供养4010人，全年临时救助1031人。

【资源环境】 2022年，全社会用电量11.09亿千瓦·时，增长5.2%。其中工业用电量3.1亿千瓦·时，同比下降1.9%。年末耕地面积81.06千公顷。全年完成人工造林933公顷，森林覆盖率68.82%。全市自然保护区3个，总面积46701公顷。全市城区空气质量优良天数365天，优良率为100%。

【应急管理】 2022年，全市处理发生各类安全生产事故2起（事故死亡人数2人，直接经济损失20万元）。处理火灾事故193起（事故直接经济损失305.91万元，无人员死亡）。

【乡村振兴】 2022年，巩固脱贫成果，完善义务教育控辍保学动态监测机制。全市义务教育入学率、巩固率均为100%，发放春季学期学生资助资金48090人次3584.59万元。落实医疗保险帮扶机制，市域内农村低收入人口住院9045人次，报销比例达到规定标准。持续开展农村住房摸排监测，摸排申报农村危房改造任务113户，全部改造完成。继续健全农村集中供水工程管护机制，全市水厂供水保障率95%以上，其他供水工程供水保障率90%以上。推动脱贫人口稳岗就业，全市务工脱贫人口7.1万人，较2021年同期就业水平增加0.2万人。延续小额信贷政策，将年度保费由220万元增加至300万元。根据全市村（社区）优化设置工作，对全市乡村振兴驻村工作队进行调整，对282个有驻村帮扶需求的村（社区）落实“一村一队”驻村全覆盖。印发《关于做好过渡期内雨露计划工作的通知》，春季学期雨露计划补助7674人次1151.1万元；秋季雨露计划（第一批）补助5616人842.7万元。做好光伏扶贫工作，全市22个光伏电站累计发电量63.2万千瓦·时，发电收益59.56万元，提供公益性岗位87个，带动脱贫户和监测对象累计增收27.05万元。

【基层社会治理】 2022年，优化村（社区）设置，全市506个村（社区）优化调整为304个，调整村（社区）“两委”成员59人次，基层治理能力持续优化提升。探索基层社会治理多元共治新模式，推行“爱心积分”“幸福存折”“红蓝榜”等模式发动群众参与自治。先后探索实践出都亭街道“双联双带”、东城街道“五务合一”、谋道镇委党校综合体、团堡镇共同缔造、沙溪乡“小院说事”等党建品牌；总结出文斗镇、毛坝镇、凉雾乡“党建+产业”推动富民强村，建南镇“三张公约”、柏杨坝镇“驿站之家”托起“幸福家园”，忠路镇“五单”惠民，元堡乡“党员帮扶+”等基层治理经验做法。“小院说事”基层治理品牌入选省民政厅2022年城乡社区治理创新十佳案例，典型经验做法在《人民日报》等国家和省、州多家主流媒体报道，其中《小院说事解难事》在《人民日报》重点推介。591个党组织1.3万名党员干部走访企业（门店）875次、村组（社区）6393次，6000余名党员干部下沉村（社区），办理“三下沉”事项4.64万件。发动群众参与共同缔造，打造14个共同缔造示范点。推进基层民主管理。建立基层自治组织法人备案制度，修订完善自治章程和村规民约（居民公约），开展以村规民约（居民公约）和志愿服务为主要内容的积分制管理试点，落实“四议两公开”和党务、村（居）务、财务公开制度，建立健全村（居）民民主议事协商制度，加强乡风文明理事会、红白理事会等群众性组织的建设和作用发挥。做好村（社区）“两委”换届后续工作，开展“回头看”，落实村（社区）两委班子成员和驻村工作队业务培训全覆盖。配合州委组织部、州民政局举办全州35岁以下村（社区）“两委”成员重点培训班。

【利川经济开发区】 2022年，开发区新开工州、市重点项目12个，其中市政基础设施项目3个，社会民生类项目1个，产业类项目8个。年末完工项目6个。项目前期方面推进“一区多园”扩区调区和产业园控制性详细规划编制工作，申报专项债项目2个、中省资金项目1个，完成轻工产业园“标准地”出让，完成利川城东片区开发项目、光伏发电项目招投标工作，完成利川生物医药产业园科研中心、标准化厂房四期、利川市公共实训基地、金开北路、忠孝大道建设项目备案、设计、地勘、土地征收等前期工作。年产1800吨精制茶项目、利川市日产50万只动力锂电池生产项目、日产平板电脑5000台、耳机8000条项目、利川乐禾食品加工及销售项目、明锋食品技改扩能项目、恒元药业生产线项目完工，轻工产业园建设项目、金开北路、公共实训基地、忠孝大道建设项目正在建设。

【对口帮扶（协作）】 2022年，武汉经开区副主任万世华、政协主席徐安先后带队2次到利川市开展调研，利川市委书记、市长、政协主席先后带队4次到武汉经开区考察学习，签订《省内区域协作协议书》，制定《利川市推进落实武汉经济技术开发区对口帮扶2022年工作方案》。帮扶资金3000万元，帮扶项目11个全部开工。选派1名党政干部到武汉经开区挂职锻炼。武汉经开区通过竞拍取得利川市9.05公顷增减挂钩交易指标，到位成交金4074万元，达成66.67公顷建设用地增减挂钩指标竞拍意向。两地签订《武汉经开区·利川市劳务协助工作协议》，利川市有167名建档立卡脱贫户在汉稳定就业。武汉经开区线上平台上架近40余个利川市农产品，线下馆70%以上铺设利川产品，武汉经开区消费扶贫馆专设利川农产品集中展示区，上架茶叶粗粮等4类52种商品，销售额340万元。完成利川红茶叶精深加工项目签约，投资主体为鼎融正和实业（武汉）有限公司，总投资额不低于5亿元，该企业入驻利川经济开发区标准化厂房正式运营。举办乡村振兴干部人才、基层中医药人员、致富带头人等相关培训，累计培训1188人次；创新帮扶机制，经开区7个街道、4所学校、3所医院分别与利川市乡镇、学校、医院建立一一结对帮扶关系。

【“利川红”茶叶获美国巴拿马太平洋万国博览会“特等金奖”】 8月中旬，湖北利川红产业集团向美国巴拿马太平洋万国博览会中国区组委会提交参评申请，通过中国区评委会的一、二审评选，进入美国巴拿马太平洋万国博览会组委会三审评选。10月11日，美国巴拿马太平洋万国博览会中国区组委会向湖北利川红品牌运营有限公司发来贺状，“利川红—天杉龙盏·天杉”通过2022第107届美国巴拿马太平洋万国博览会组委会评委会终审，获“特等金奖”。

【荣誉】 2022年2月，利川市建南镇被农业农村部表彰为全国农业产业强镇；利川市勤隆中药材专业合作社理事长龙祥云、利川市凉源生态农业发展有限公司总经理赵冬妮被省人社厅、省妇联表彰为“湖北省三八红旗手”。3月，利川市被省政府表彰为全省固定资产投资及项目建设目标完成贡献县市。4月，利川市应急管理局被省政府表彰为湖北省安全生产红旗单位；利川市司法局公共法律服务管理股副股长蒲琴被省人社厅、省妇联表彰为“湖北省维护妇女儿童权益先进个人”。5月，利川市维稳综合情报信息研判预警中心主任杨蓥被公安部表彰为“全国优秀人民警察”，利川市公安局都亭派出所所长刘运洪被公安部表彰为“全国公安机关爱民模范”；利川市忠路镇杨家坡村村民吕诗雨被中央文明办列为2022年第一季度“中国好人榜”。6月，利川市公安局政治处被公安部表彰为全国公安政治工作成绩突出集体。7月，利川市东城白雀山村、利川市忠路凤凰村被省政府表彰为全省百佳村民委员会；利川市都亭南湖里社区、被省政府表彰为百佳社区居民委员会。8月，利川市柏杨坝司法所所长雷红兵被中共中央、国务院表彰为全国“人民满意的公务员”。10月，利川市谋道镇水龙村被住建部认定为中国传统村落，利川市汪营镇齐跃桥村被司法部、民政部表彰为全国民主法治示范村；利川市纪委副书记、市监委副主任汪文高被省纪委监委表彰为“全省纪检监察系统先进工作者”。11月，利川市纪委监委被省委表彰为“全省纪检监察系统先进集体”，利川市团堡镇商会被中华全国工商联合会表彰为全国“四好”商会。12月，利川市谋道镇被中国林业产业联合会命名为国家级森林康养试点建设镇；利川市自然资源和规划局自然资源调查登记股股长喻娇艳被国务院第三次全国国土调查领导小组办公室、自然资源部表彰为“第三次全国国土调查先进个人”，利川市忠路镇民族小学学生余明岳被团中央、教育部、全国少工委表彰为“2022年度全国优秀少先队员”。

（郭娜娜）

建始县

【概况】 建始县位于鄂西南山区北部，跨北纬30°06′—30°54′，东经109°32′—110°12′，东连巴东县，西接恩施市，南邻鹤峰县，北与重庆市奉节县、巫山县接壤。县城业州镇距省政府所在地615千米，距州政府所在地59千米。县域图整体状似蘑菇云，南北长89千米，东西最宽64.5千米，最窄处12.5千米，总面积2664.94平方千米。全县最高点北部太平峰海拔2090.1米，最低点长梁镇二台子天坑包海拔270.20米，平均海拔1188.5米。2022年，全县实现生产总值144.67亿元，按可比价计算，同比增长3.4%。三次产业实现全面增长，其中第一产业增加值31.98亿元，同比增长2.4%；第二产业增加值27.59亿元，同比增长8.2%；第三产业增加值85.1亿元，同比增长2.4%。三次产业结构比为22.1∶19.1∶58.8。

【区划、人口】 2022年，全县辖7个镇、3个乡，43个社区、362个行政村，3583个村（居）民小组。年末户籍人口50.22万人，其中城镇人口12.92万人，占总人口的25.7%；男性26.02万人，占总人口的51.8%。全年出生人口2676人，出生率5.09‰。

2022年建始县乡镇基本情况表

表25

乡镇	区域面积（公顷）	年末耕地总资源（公顷）	总户数（户）	年末总人口（人）	村、社区（个）	村(居)民小组(个)	书记、乡镇长（12月底在职）
业州镇	372.84	5391.04	41783	111395	50	524	吕宗鲁 向华锋
长梁镇	398.15	5914.23	26502	78002	65	558	胡北平 余致锋
茅田乡	210.72	2518.51	7628	22460	29	232	范 妮 郑 勇
龙坪乡	228.28	3606.5	8880	26625	29	267	熊 健 奉 波
高坪镇	259.81	5519.41	17234	52633	42	345	朱翠萍 田 杰
三里乡	172.19	4285.35	14145	44176	37	343	冉云峰 汤雅成
红岩寺镇	85.13	1952.84	6393	19928	15	134	陈 伟 谭 迪
花坪镇	405.67	6768.31	17999	54238	57	539	崔显龙 董绍志
景阳镇	160.39	3603.89	13113	39150	32	261	姚代武 姜锦虎
官店镇	371.76	7052.78	16298	53584	49	380	谢小虎 刘家隆
合 计	2664.94	46612.86	169975	502191	405	3583	—

全年死亡人口4234人，死亡率8.05‰。

【市场主体】 2022年，全县实有市场主体51034户，同比增长11.9%。其中私营企业类市场主体7075户，个体工商户41769户，农民专业合作社1595户（含农民专业合作社联合社12户）。全年新登记市场主体7751户，其中私营企业1184户，个体工商户6455户。

【农业】 2022年，全县农林牧渔业及其辅助性活动实现总产值58.55亿元，扣除价格因素，增长3.3%。农林牧渔业实现增加值33.48亿元，扣除价格因素，增长3.2%。粮食全年播种面积50160公顷，增长0.04%，粮食总产量20.39万吨，下降2.2%。年生猪出栏67.6万头，增长0.4%，年末生猪存栏40.56万头，下降4.1%，能繁母猪存栏3.66万头，下降12.2%。

【工业、建筑业】 2022年，全县工业增加值20.55亿元，增长4.8%。其中规模以上工业增加值7.65亿元，增长15.2%，在16个行业大类中，有11个行业累计增加值保持增长，其中累计增速加快的行业8个，增加值占比48.4%。受极端干旱天气影响，电力、热力、燃气及水生产和供应业降低整体增速，降低整体增速2.9个百分点；采矿业拉动整体增速增长12.2个百分点；制造业拉动整体增速增长5.9个百分点。全县资质内建筑业企业完成总产值11.87亿元，增长4.1%。建筑业增加值7.91亿元，增长8.2%。

【交通、邮政、通信】 2022年，全县公路里程4004.65千米，公交车线路21条，公共汽（电）车运营车262辆，出租车116辆。重点交通项目339省道鹤峰邬阳至建始官店公路建始县官店至板板沟段大坪至殷家坪段（K39+000—K49+390.86段）完成建设，462省道建始高燎至赵家湾段改扩建工程完工。建成高坪镇农村交通寄递物流综合服务站，建成村级服务网点约50个，累计建点381个。年末邮电业务总量2.59亿元，同比增长0.9%。年末固定电话用户1.14万户，较2021年基本持平，年末移动电话用户41.81万户，同比增长10.3%。互联网宽带年末接入用户19.26万户，同比增长11.3%，固定互联网宽带接入用户普及率和移动互联网宽带接入用户普及率分别为54.5%和98.7%。

【固定资产投资、房地产】 2022年，全县固定资产投资（不含农户，下同）增长19%。工业投资类、工业技改投资类、民间投资类分别增长28.2、23.3、6.4个百分点。民间投资占固定资产投资比重为65.9%，工业投资占固定资产比重为28.3%，工业技改投资占工业投资比重为24.4%。房地产市场从三季度以来降幅持续收窄。全年房地产开发投资累计下降3.5%，降幅较1—11月收窄1个百分点、较前三季度收窄4.6个百分点；商品房销售面积累计下降9.7%，降幅较1—11月收窄3.3个百分点、较前三季度收窄16.8个百分点；商品房销售额累计下降1.8%，降幅较1—11月收窄4.1个百分点、较前三季度收窄27.4个百分点。

【贸易】 2022年，全县实现社会消费品零售总额81.31亿元，同比增长2.8%。其中限上消费品零售总额7.22亿元，增长30.9%，限额以上贸易企业商贸企业乡村市场体量小，增速加快，实现消费品零售总额1.03亿元，增长35.1%；城镇市场实现消费品零售总额6.2亿元，增长30.3%；餐饮收入、商品零售消费类型增长25.2%、31.5%。全年招商引资实际到位资金19.95亿元，增长85%。实际利用外资600万美元，下降12.9%。外贸出口总额3421.3万美元，增长1.6倍。

【财政】 2022年，全县地方财政总收入11.68亿元，可比增长7.9%。一般公共预算收入6.37亿元，可比增长9.2%，占地方财政总收入54.5%。地方税收收入4.66亿元，可比增长12.6%，占一般公共预算收入73.2%。一般公共预算支出48.24亿元，增长14.6%。

【金融】 2022年，全县有银行业金融机构11家，金融网点43个。年末全县金融机构存款余额188.49亿元，增长16.4%，余额较年初增加26.52亿元。全县金融机构贷款余额122.04亿元，增长12.4%，余额较年初增加13.43亿元。存贷比64.7%，较2021年同期少2.4个百分点。

【科技】 2022年，全县发明专利拥有量15件，较2021年增长25%；专利授权399件，较2021年增长37.6%。全年商标注册764件，有效注册商标总量3753件。推广运用保护“恩施硒茶”“恩施玉露”“利川红”“恩施土豆”4个州域农产品公共品牌，县内有4家企业获“恩施玉露”地理标志证明商标授权许可，5家企业获“利川红”地理标志证明商标授权许可，9家企业获“恩施土豆”地理标志证明商标授权许可，1家企业获“马坡茶”地理标志证明商标授权许可。

【教育】 2022年，全县有幼儿园69所，在园幼儿9875人；各类中小学162所，其中小学145所、在校小学生24387人，普通中学16所、在校中学生22445人，中等职业学校1所、在校学生3832人。全县有专职教师3563人，其中中职教师196人，中学教师1648人，小学教师1719人。学龄儿童入学率、九年义务教育完成率均100%，初中毕业生升学率97.83%，较2021年增加2.51个百分点。

【卫生健康】 2022年，全县有医疗卫生机构417家，医疗卫生机构床位3354张，有卫生工作人员3323人，其中执业（助理）医师1038人，注册护士1248人。全县可立即启用隔离点13个1308间病房。县人民医院传染病楼、妇幼保健院孕产妇和儿童专用隔离病区建成并投入使用；茅田、长梁、花坪卫生院胸痛救治单元通过验收，长梁、花坪卫生院基层卒中防治站评审认证；创建国家卫生乡镇2个，省级卫生村277个，省级卫生社区41个，省级卫生单位191个，无烟单位167个。30种大病患者救治率100%，孕产妇死亡0人，5岁以下儿童死亡率2.75‰，婴儿死亡率2.29‰，新生儿死亡率0.46‰。

【文化】 2022年，全县有非遗传承基地12个，非遗传习所12个、传统工艺振兴示范基地3个、传统工艺工作站7个、非遗进校园示范学校5个；开展文化进万家、荆楚文艺轻骑兵、戏曲进乡村、“灵秀湖北·四季村晚”“创清廉建始·树新风正气”等文化惠民送戏下乡群众活动170余场次，其中“灵秀湖北·四季村晚”示范活动5场；创作小品《丢钱》、表演唱《勤政廉政一起来》、歌舞剧《幸福进山来》《和美建始启航新征程》等文艺节目，丝弦锣鼓喊戏《击鼓催征》在《湖北新闻联播》播出。开展现行文件在线归档改革，建成县档案馆和各立档单位在线联动的“1+11+N”（“1”即县档案馆服务大厅，“11”即10个乡镇服务大厅和1个市民之家服务大厅，“N”即多种在线查档服务方式）联动格局，实现在线归档、在线移交、在线利用工作目标，建成现行文件在线归档资源总库及应用平台。该项改革在全省县市档案馆中属首创。

【旅游】 2022年，全县接待旅游总人数666.54万人次，增长35.8%，实现旅游综合收入35.21亿元，增长27.9%。小西湖旅游度假区创建成省级旅游度假区，完成蝶舞清江生态文化旅游区国家AAAAA级旅游景区创建申报工作；出台《建始县发展大旅游实施方案（2022—2025年）》，编制《建始·花硒谷旅游度假区总体规划》《百年信义生态旅游区总体规划（2022—2030年）》；12家文旅企业参与惠游湖北消费券活动，组织兑现A级旅游景区门票优惠活动奖励资金169万余元，野三峡景区和恩施地心谷景区全部接入州智慧旅游平台，分别获得奖励资金5万元。

【居民生活】 2022年，全县城镇常住居民人均可支配收入34239元，同比增长5.4%；农村常住居民人均可支配收入14291元，增长8.3%。

【社会保障】 2022年，全县城镇新增就业4353人；城镇失业人员再就业1369人；就业困难人员再就业894人；新增返乡创业726人。城镇登记失业率3.39%。享受就业创业补贴政策8634人，其中享受社会保险补贴1240人、公益性岗位补贴552

人、就业见习补贴46人、一次性创业补贴24人、一次性吸纳就业补贴17人、创业担保贷款1450笔、职业培训补贴5305人；新增高校毕业生就业创业752人；组织开展就业培训7493人，发放贷款2.33亿元。年末全县养老、工伤、失业保险参保共39.27万人次，城乡居民基本医疗保险参保44.92万人次。年末城乡低保对象25862名，发放低保金9715万元；城乡集中、分散供养特困人员2626名，发放特困资金3122万元；为110名特困人员补助丧葬费119万元；为低保、特困人员、低保边缘家庭等代缴养老保险107万元、补助电费52万元、发放临时价格补贴351万元。新增农村低保2003人、特困人员235名。为78名孤儿和141名事实无人抚养儿童发放基本生活费300余万元，为197名孤儿和事实无人抚养儿童发放春节慰问金25.63万元，为24名孤儿发放助学金27.5万元。困难残疾人生活补贴发放对象7456人、重度残疾人护理补贴发放对象7734人，发放“两补”资金1574.15万元。全年高龄津贴发放13884人次，发放金额1043万元。

【城市建设】 2022年，全县完成老旧小区改造23个150栋5636户。完成危房改造171户，拨付资金346.94万元。为从事基本公共服务人员解决住房困难305套。

【资源环境】 2022年，全县省级生态乡镇全覆盖，省级生态村83个，较2021年新增4个，生态村创建率83.7%。城区空气质量优良以上天数351天，较2021年增加9天，$PM_{2.5}$达标天数比例100%。年均气温16.7℃，极端高温天气40.8℃、极端低温天气−2.6℃；年日照1375.6小时；年总降雨量896.7毫米。全县主要河流水质总体良好，国控断面与非国控断面达标率100%；全县1个县级和18个乡镇集中式水源地水质达标率100%。年末森林面积179.86千公顷，增长0.3%；森林蓄积量1632万立方米，增长24.2%；森林覆盖率67.49%，较2021年增加0.18个百分点。完成造林绿化面积5116.7公顷。全县有44个文物保护单位。

【应急管理】 2022年，全县开展安全检查6000余家次，排查隐患8000余处，排查房屋16万余栋。组建应急救援队伍27支，开展应急演练115次，开展“安全生产月”“消防安全关爱行动”“119宣传月”等安全生产宣教活动，发放宣传资料5万余份，覆盖人数10万余人。

【乡村振兴】 2022年，全县选派1166名驻村队员下沉村（社区），同1713名村支“两委”干部组成395个乡村振兴驻村“尖刀班”。全县义务教育阶段入学率、巩固率均为100%，春季资助家庭经济困难学生18387人次，发放资助资金1364.63万元，秋季资助家庭经济困难学生17331人次，发放资助资金1317.19万元。全县脱贫人口、监测对象基本医疗参保率、补贴率均为100%。全年实施并验收危房改造171户，拨付危改资金346.94万元，实现危房动态清零。谋划实施巩固拓展脱贫攻坚成果同乡村振兴有效衔接项目337个、总投资3.93亿元，其中县级配套资金5356.93万元，较2021年增长4.8%。

【工业（产业）园区建设】 2022年，在保证园区原有的法定面积不减少的基础上，按照“一园两区”（黄土坎片区、大样榜片区）的总体发展思路，推进扩区调区各项工作，完成建始工业园区大样榜片区建设工程一期勘察规划设计工作及专项债券申报前期工作。新建标准化厂房8栋5万平方米，建成标准化厂房25栋23万平方米；完成烁达遮阳制品、德林沃药业、泽华瑞康、顾瑞半导体、百鼎机械等企业配电工程；对园区市政检查井及管道工程等完成检修；工业污水处理厂完成招标；垃圾中转站在建。黄土坎片区纳入城市管理范围，公共区域卫生保洁、绿化养护得到管理。上线园区智能安防综合管理系统，对园区内厂房及公共设施实施全覆盖监控。签约废旧资源循环利用项目、固特给排水设备生产智造项目、数字化智能制造项目、数字化气动元件生产项目、建始县云康时代锂电池PACK生产经营项目、建始县宏冠体育用品生产项目等6个项目。

【基层社会治理】 2022年8月，县委组织部列支党费44万余元用于业州镇、长梁镇、龙坪乡、景阳镇的11个村（社区）阵地提档升级建设。分2个批次对全县村（社区）“两委”干部暨驻村工作队、书记后备干部共2813人次进行全覆盖培训。全县投入资金210万余元对业州镇广润社区养老服务综合保障体及高坪镇青里坝村，三里乡扎鱼口村，长梁镇天生桥村、铜锣村，龙坪乡黄金淌村，景阳镇孙家坪村、偏坦村农村老年人互助照料活动中心进行提档升级建设。全县222家社会组织（其中社会团体70家，民办非企业单位152家）参与乡村振兴建设，发出倡议书300余份、实地走访宣传120余家，200余家社会组织参与消费扶贫、慈善帮扶、产业帮扶等资金1317余万元，发展产业66公顷，惠及全县120个村、56164人，发布“线上+线下”招聘服务活动6场次，开发高校毕业就业及见习岗位26个、吸纳50余人。组织社工人才职业资格水平考试培训150人次，考试通过率为23%。全县10个乡镇社工站建设全覆盖，组织招聘城市社区工作者17人。加快推进县、乡、村三级综治中心规范化建设实体化运行，县级联合建设综治中心、矛盾纠纷调解中心和公共法律服务中心，乡镇推进综治中心提档升级，村（社区）综治中心达标建成。以防范打击性侵害未成年人违法犯罪为切入点，一体推进校园法治宣传、结对帮教、专项排查、行业清理、重点整治“五个一”活动，开展专题讲座123场次，整治安全隐患554个。投入资金800余万元改造升级“雪亮工程”，通过省级专家组、国家检查验收。

【对口帮扶（协作）】 2022年，省生态环境厅等9家省直单位、州人大等18家州直单位共92人帮扶30个村（社区）。华中农业大学选派3人帮扶业州镇安乐井社区，派遣第11批博士服务团3人，支持资金230万元支持打造10个精品产业示范园、10个农产品生产基地。省生态环境厅协助明康汇（建始）生态农业有限公司申报奖补资金200万元。省农发行投放贷款1.8亿元支持全县4个项目建设。武汉东湖生态旅游风景区、洪山区与建始县结对帮扶，共同投资3380万元，谋划区域协作项目14个。

【荣誉】 2022年1月，建始县长梁镇龙潭村妇联主席李忠香被人社部、全国妇联授予“全国妇联系统劳动模范”称号。2月，花坪镇民族小学被教育部命名为“全国青少年校园足球特色学校”，建始县市场监管局被省委宣传部、省司法厅、省普法办表彰为“2016—2020年全省普法工作表现突出单位”；建始县红岩寺镇派出所所长张涵、建始县龙坪司法所所长王良恩被省委宣传部、省司法厅、省普法办表彰为“2016—2020年全省普法工作表现突出个人”。3月，建始县长梁镇人社服务中心被省政府表彰为“湖北省就业创业先进集体”；建始县水利局党组书记、局长魏宗华获水利部全国水利系统“七五”普法先进个人称号，建始县长梁镇党委书记胡北平被省委平安湖北建设领导小组、省人社厅表彰为“平安湖北建设先进个人”，建始县花坪镇财政所所长黄美清被省人社厅、省妇联表彰为省“三八红旗手标兵”。4月，建始县应急管理局综合股股长杜鸿被省政府表彰为“湖北省安全生产优秀工作者”，建始县人民法院茅田法庭庭长刘丛艳被省人社厅、省妇联表彰为“省维护妇女儿童权益先进个人”称号。5月，建始高坪镇望坪初级中学支教老师袁辉入选中央宣传部、人社部“2021年最美基层高校毕业生”。6月，建始县科学技术协会党组书记、主席汪奉天被省人社厅、省科协表彰为“全省科协系统先进工作者”。7月，长梁镇旋龙村村民委员会被省政府表彰为“全省百佳村民委员会”，高坪镇大店子村被省农业农村厅、省文明办、省民政厅联合推介为“全省农村‘一约四会’优秀典型案例”；建始县业州镇朝阳社区党委书记刘修平被省政府表彰为“全省社区建设先进工作者”。9月，建始县融媒体中心作品《三代人接力守坝四十余年》被中宣部授予三等奖。11月，建始县被生态环境部公布为“第六批生态文明建设示范区”和“绿水青山就是金山银山实践创新基地”；建始县官店镇初级中学教师谌令慧获省政府“楚天园丁奖”，建始天缘人家厨师长赵师飞被省政府授予“湖北省技术能手”称号。

（朱 玲）

巴东县

【概况】 巴东县位于恩施土家族苗族自治州的东北部，北纬30°13′—31°28′，东经110°04′—110°32′。东连兴山县、秭归县、长阳县，南接五峰县、鹤峰县，西临建始县、重庆市巫山县，北界神农架林区。边界线全长529千米，其中省界80千米，县界449千米。全县总面积3352平方千米。全县有国家AAAAA级旅游景区1个（神农溪纤夫文化旅游区），国家AAAA级旅游景区3个（巴人河生态旅游区、巫峡口旅游景区、无源洞旅游景区），国家AAA级旅游景区3个（野三关森林花海、巴东县民族文化公园、邓玉麟将军故里），省级工业旅游示范点1个（湖北三峡酒业工业旅游示范区），湖北巴东·野三关绿葱坡旅游度假区1个。全县省旅游名镇1个、湖北旅游名村3个。2022年，全县实现地区生产总值152.17亿元，按不变价计算，同比增长1.2%。分产业第一产业增加值32.05亿元，同比增长2.2%；第二产业增加值41.05亿元，同比下降2.2%，其中全口径工业增加值29.6亿元，增长−4.9%；第三产业增加值79.07亿元，同比增长2.4%。

【区划、人口】 2022年，巴东县辖2个乡、10个镇、1个经济开发区，294个村、29个社区，村（居）民小组3448个。年末全县户籍总户数189132户，户籍总人数47.87万人。其中男性人口24.88万人，占比52%；女性人口22.99万人，占比48%。全县出生人口2554人，出生率5.34‰，死亡人口3870人，死亡率8.08‰，人口自然增长率−2.74‰。

2022年巴东县乡镇基本情况表

表26

乡镇	总面积（平方千米）	年末耕地面积（公顷）	年末总户数（户）	年末总人口（人）	村、社区（个）			村（居）民小组（个）	地方一般公共预算收入（万元）	书记、乡镇长、主任（12月底在职）
					小计	社区	村			
东瀼口镇	10906.32	1877.18	10140	26001	16	2	14	163	554.06	黄家舜 向黎明
溪丘湾乡	26452.64	3884.83	17385	44820	33	—	33	284	1513.25	曾凡刚 周 平
沿渡河镇	48463.43	5438.63	18872	48817	39	3	36	396	1342.9	贾旺刚 刘 珊
官渡口镇	32762.43	4915.69	20922	57295	41	6	35	360	1469.8	许良才 徐 静
茶店子镇	26626.37	4602.64	13040	32841	32	—	32	311	1524	郑爱华 乐 琴
绿葱坡镇	28063.35	4257.03	8519	23191	22	1	21	264	1107.5	彭 峰 牟 哲
大支坪镇	21177.58	2488.14	7857	21010	15	0	15	221	383	谭 红 田向东
野三关镇	52914.48	8955.91	28991	69711	33	7	26	508	7321	钟迎松 谭联才
清太坪镇	27923.18	4546.96	15371	39178	32	1	31	314	553.24	肖 辉 马德铭
水布垭镇	32878.09	5476.85	18119	44954	30	2	28	374	1008.6	贺齐政 税典俊
金果坪乡	18227.71	2608.55	8469	23950	14	0	14	171	554	卢宗旺 付亚东
信陵镇	8768.92	967.17	21447	46977	16	7	9	82	8113.12	万运泰 张祖军
合 计	335164.5	50019.58	189132	478745	323	29	294	3448	—	—

【市场主体】 2022年，全县市场主体44302户，同比增长18.4%。其中企业8057户，个体33799户，农民专业合作社2446户。全年新增市场主体7078户，同比增长6.68%，其中企业1290户，同比增长22.97%，个体5712户，同比增长4.01%，农民专业合作社76户，同比下降19.15%。

【农业】 2022年末，全县常用耕地面积49900公顷，农用化肥用量（折纯）38228.61吨。全年农林牧渔业总产值59.72亿元，同比增长3.02%；实现农林牧渔业增加值33.73亿元，同比增长2.9 %。规模以上农产品加工业产值12.7亿元，较2021年增长23.2%，规模以上农产品加工业产值占农业总产值比为51.27%。全年粮食播种面积61533.33公顷，粮食产量19.96万吨，单产216千克；油菜种植面积13013.33公顷、产量2.21万吨，面积较2021年下降2.4%、产量较2021年增长2%；蔬菜面积16526.67公顷、产量33.05万吨；面积较2021年增长0.4%、产量较2021年下降0.4%；烟叶面积4000公顷、烟叶产量0.8万吨，面积及产量较2021年分别增长11.4%、23.5%；中草药材播种面积12586.67公顷（人工种植）、产量1.46万吨、面积和产量较2021年分别下降4.3%、16.6%；茶园面积10440公顷（不含补植面积）、产量3500吨，面积、产量较2021年分别下降5.2%、1.9%。全年荒山荒沙造林面积3000公顷，森林抚育面积1000公顷。全年生猪存栏40.5万头，较2021年增长0.95%，其中能繁母猪存栏3.62万头，较2021年末下降10.6%；牛、羊、活家禽存栏分别为2.59万头、16.36万只、148.69万羽，同比分别增长4.04%、下降11.07%和15.03%。全年生猪出栏70.24万头，较2021年增长0.3%；牛、羊、活家禽出栏分别为3800头、15.87万只、103.87万羽，较2021年增长12.63%、7.97%、2.63%。年末全县农村劳动力资源26.24万人，农村从业人员24.91万人，农村外出从业人员10.46万人。

【工业、建筑业】 2022年，全县规模以上工业企业40家，较2021年持平。累计实现总产值33.4亿元，同比下降0.5%；两年平均增长7.8%。其中县属企业完成产值22.8亿元，同比增长23.2%；两年平均增长37.3%。全年实现增加值12.1亿元，同比下降15.2%；两年平均下降6.1%。实现工业产品销售率96.1%。全县规模工业产值完成情况分行业涉及18个种类，其中非金属矿采选业完成2.48亿元，同比增长62.3%；农副食品加工业完成1.23亿元，同比增长39.4%；酒、饮料和精制茶制造业完成2.48亿元，同比下降1.4%；纺织业完成2.06亿元，同比增长40.4%；医药制造业完成5.95亿元，同比增长28.1%；电力生产完成11.71亿元，同比下降30.9%。全年规模以上工业企业主营业务收入28.18亿元，同比下降13%。全县资质以上建筑业企业28家，较2021年增加3家。资质以上建筑业企业累计实现12.18亿元，同比增长4.1%。

【服务业】 2022年，全县全口径建筑业增加值11.62亿元，同比增长4%。完成批发和零售业增加值10.87亿元，同比增长5.5%；交通运输、仓储和邮政业增加值5.45亿元，同比下降4.3%；住宿和餐饮业增加值3.36亿元，同比增长0.3%；金融业增加值8.55亿元，同比增长6.8%；房地产业增加值11.52亿元，同比增长2%；其他服务业增加值37.48亿元，同比增长1.5%。

【交通、邮政、通信】 2022年，全县公路里程6618千米，其中等级公路里程5295.32千米，含高速公路里程70.3千米。公路货运量和客运量分别为158.2万吨和112.7万人，水路货运量和客运量分别为135.7万吨和14.3万人，物流企业23个。全年实现移动业务营业收入12987万元，同比增长0.65%；联通业务营业收入5595.68万元，同比下降5.23%；邮电业务营业收入7390万元，同比增长0.09%；电信业务营业收入8278.69万元，同比增长4.35%。年末固定电话用户12118户，同比下降8.61%，移动电话用户421421户，增长13.68%，互联网宽带接入用户588210户，同比增长13.7%。固定宽带家庭普及率94.19%，同比增长13.74%，移动宽带用户普及率106.59%，增加13.68个百分点，互联网普及率指数为129.98%，同比增长13.72%。

【固定资产投资、房地产】 2022年，全县在库固定资产投资项目219个，累计完成投资同比增长10.3%。分产业占比持续优化，三次产业投资占比分别为5.5：23.6：70.9。分类型工业投资同比增长37.4%，占固定资产投资23.6%；工业技改投资同比增长112.7%，占工业投资21.8%。新开工亿元以上产业项目21个；新增亿元以上产业项目企业法人19个；新增亿元以上产业项目资金到位率59.5%；新投产亿元以上产业项目22个。全县房地产开发企业23家。完成房地产开发投资同比增长6.3%；两年平均增长7.2%。实现商品房销售面积12.34万平方米，同比下降21.8%。

【贸易】 2022年，全县累计实现社会消费品零售总额81.2亿元，同比增长2.6%。按经营地城镇实现消费品市场零售额66.4亿元，同比增长2.5%；乡村实现消费品市场零售额14.8亿元，同比增长3.2%。分行业批零业实现零售总额72.7亿元，同比增长2.4%；住餐业实现零售总额8.5亿元，同比增长4.8%。全县利用外资289万美元。对外贸易进出口额1541.1万美元，同比增长35.7%，其中出口额1541.1万美元，同比增长35.7%。

【财政】 2022年，全县累计完成地方财政总收入9.34亿元，同比增长5.2%，其中公共财政预算收入6.13亿元，同比增长7.7%。全年公共财政预算支出53.66亿元，同比增长6.8%，其中卫生健康支出3.78亿元，同比下降27.8%；教育支出8.75亿元，同比增长1.4%；文化旅游体育与传媒支出9200万元，同比增长56.2%。

【金融】 2022年末，全县金融机构人民币存款余额204.7亿元，同比增长9.4%，其中住户储蓄存款余额172.6亿元，同比增长17.4%。金融机构人民币贷款余额122.4亿元，同比增长14%，其中农业及支农贷款余额90.1亿元，同比增长14.7%。金融机构网点数54个。

【教育、科技】 2022年，全县拥有各类学校77所，其中中等职业学校1所，普通中学25所，小学50所，特殊教育学校1所。在校学生总数

52543人，小学在校生25428人，普通中学在校生24764人，中等职业在校生2351人。专任教师总数3866人。幼儿园73所，在园幼儿数9094人。农村义务教育专任教师本科及以上学历比例为74.58%，学前三年毛入园率为88%，小学学龄儿童净入学率、小学五年巩固率、初中阶段毛入学率、初中三年巩固率、九年义务教育巩固率均为100%，高中阶段毛入学率为94%。平均受教育年限6年，劳动人口平均受教育年限（16—65岁）10.7年，6岁及以上人口人均受教育年限8年。成人识字率为91%，青壮年文盲率（15—50岁）为零。全县拥有各类专业技术人员数5513人，其中中级专业技术人员数3815人，农业技术人员313人。

【文化、旅游、体育】 2022年，全县累计接待游客890.9万人次，同比下降23.97%。旅游综合收入55.59亿元，同比下降14.75%。国家AAA级以上旅游景区景点7个，星级饭店数2个，星级客房数599间，文物保护区122个。全县拥有公共图书馆13个，体育场馆1个，公共图书馆总藏书量80.15千册。广播覆盖率99.87%，电视覆盖率99.92%。

【卫生健康】 2022年，全县有医疗卫生机构数440个，其中医院5个、乡镇卫生院11个、疾病预防控制中心1个、妇幼保健院1个、村卫生室337个、其他个体卫生机构85个。医疗卫生机构床位数2642张，卫生工作人员3116人。医疗卫生机构技术人员2680人，其中执业（助理）医师1030人，注册护士1188人，卫生防疫人员63人。农村卫生厕所普及率100%，医院病床使用率67.1%，新生儿死亡率0.53‰，甲乙类法定报告传染病发病率322.6/10万例。每千人口卫生技术人员7人，每千人口医疗卫生机构床位数6.91张，平均预算寿命78.74岁。

【居民生活】 2022年，城镇常住居民人均可支配收入34944元，同比增长6%，农村常住居民人均可支配收入14164元，同比增长8%。全县居民消费价格同比提高1.6个百分点，八大类消费品价格同比呈现“七涨一平”，即衣着类上涨1.1%、生活用品和服务类上涨1.6%、交通和通信类上涨2.9%、教育文化和娱乐类上涨2.4%，食品烟酒类上涨1.7%、医疗保健类上涨2.1%、其他用品和服务类上涨2.1%，居住类与2021年持平。全县城镇登记失业率1.58%，同比增长0.35%。城镇登记失业人员为1639人，其中女性869人。城镇新增就业人数4548人，下岗再就业人数1562人。

【社会保障】 2022年，全县城镇职工基本养老保险参保人数45991人，较2021年增加1323人；城乡居民基本养老保险参保人数317746人，减少3817人；失业保险参保人数17819人，增加1223人；工伤保险参保人数21056，增加3272人。养老、失业、工伤保险基金当年支出额为119295.83万元，较2021年增加21309.36万元。全县提供住宿的社会工作机构15个，床位数1345个，社区服务机构总数116个，城市居民最低生活保障人数718人，农村居民最低生活保障人数21716人。

【城市建设、环境保护】 2022年，全县绿化覆盖面积362.7公顷，绿地面积321.48公顷，城市公园绿地面积146.04公顷，建成区绿化覆盖率46%。垃圾处理站13个，城市生活垃圾无害化处理率100%，处理能力200吨/日。用水人口7.3万人，城市供水总量621.9万立方米，其中居民家庭用水312.9万吨，污水处理厂数2座，城市污水处理率96.7%。城市道路长度89.46千米，城市道路面积105.04千平方米，排水管道长度78.88千米。年末森林面积221899.6公顷，森林覆盖率66.21%。全县自然保护区2个，保护区面积22665.94公顷。

【应急管理】 2022年，全县发生刑事案件832件，同比下降4.3%，破案525件，同比增长80%。交通事故发生数7174起，同比增加2%。全县未发生生产安全责任事故，实现事故起数、死亡人数、受伤人数和直接经济损失“四个同比下降”目标。全县发生2次洪涝灾害、1次风雹灾害和1次旱灾，造成12个乡镇169543人受灾，紧急转移安置43人，紧急转移避险19人，因灾造成直接经济损失约25044.34万元。

【基层社会治理】 2022年，巴东县印发《巴东县县域社会治理现代化试点工作实施方案》《巴东县县域社会治理现代化试点工作指引》，组织召开基层社会治理现场拉练会2场次。研究制定《巴东县基层党建“固基”行动方案》，推行“访、查、议、改、评”五字工作法，整顿软弱涣散基层组织，以沿渡河镇罗溪坝社区为试点推行的“罗溪工作法”在全州作为试点推广，以野三关镇柳家山社区为试点的数字乡村建设实现党务、村务、服务、商务“四务合一”。出台《巴东县激励村干部发展村集体经济指导方案》，年末全县有27个村年收益超过50万元，131个村年收益20万元以上，80%的村集体经济收益超过5万元。制定《巴东县县直党员干部常态化长效化下沉城县社区工作9条机制》。加强社区“大党委”统筹调度功能，组织县直109个党组织和4332名党员干部参加新冠疫情防控工作。激发“两新”（新经济组织和新社会组织）组织活力，建成快递外卖“蜂巢”1个，红色驿站3个，“司机之家”1个，在道路货运、外卖配送、快递物流等新就业群体中，成立快递外卖行业党支部1个、物业服务企业党支部3个。在全县12个村（社区）建立村规民约积分制管理试点，组织鑫益、博爱之光、星愿专业社工机构等指导试点村开展村规民约积分制管理线上积分兑换培训，通过县慈善总会“幸福家园”村社互助项目管理平台“志愿者积分兑换功能”开展线上积分管理，促进村民参与村级事务管理，提升村民自治水平。探索实施“214”（社区建立线上、线下2个党务、居务公开平台，社区每年召开1次民主管理工作会议，建立健全民主理财、民主议事、民主决策、民主监督4项工作制度）村（社区）民主管理工作法。完善村（居）民议事协商机制，村民代表及村民会议决定大事，屋场院子会协商村民要事，村干部调解会解决疑难琐事，实现村民共建、共治、共享。完成城市社区专职工作者招聘，制定《巴东县城市社区专职工作者招聘实施方案》《巴东县城市社区专职工作者考察方案》，20名城市社区专职工作者上岗工作。全县城市社区9个，城市社区社会组织108个；农村社区20个，农村社区社会组织224个。创新社会治理，建立“1551”（推进体制现代化、防范“五类风险”、发挥“五治”作用、打造1个特色亮点）工作模式，抓好试点各项工作。推进“雪亮工程”建设，开展智慧小区建设，通过钉钉、微信搭建社区居民组织架构和便民服务平台，开展钉钉智慧社区与楼栋门禁、安防监控、物业管理的接入，提升社区智能化服务水平。

【乡村振兴】 2022年，全县持续压实主体责任，出台《巴东县2022—2025年巩固拓展脱贫攻坚成果同乡村振兴有效衔接实施方案》《2022年巴东县推进落实硚口区、黄陂区对口帮扶工作方案》《关于进一步完善防止返贫动态监测和帮扶工作运行机制的通知》等文件，县乡村振兴局加强业务指导，指导各乡镇、村（社区）工作开展。落实“五级”书记抓乡村振兴的要求，巩固好“县领导包乡镇、乡镇领导包片包村、县直部门包行业包所驻村、驻村工作队包组包户”的包保机制。明确“县一月一调度、乡镇一月一调度、村尖刀班每周碰头”的调度机制，每月制定村“尖刀班”重点工作任务，形成一体化推进工作格局。落实防止返贫动态监测和帮扶工作，年末全县脱贫户55861户178989人，消除风险点监测对象2742户7917人，未消除风险点的监测对象509户1566人，新纳入监测对象334户1031人；出台《关于针对监测对象开展精准帮扶的实施方案》，实行针对性帮扶，制定产业奖补、就业帮扶、健康帮扶、教育帮扶等10条措施，实行“一户一策”。全县累计向脱贫户、边缘易致贫户发放贷款2986笔贷款金额13570.51万元，其中农商行贷款2882笔贷款金额13055.61万元，邮储银行贷款104笔贷款金额514.9万元；出台《巴东县2022—2023年度“防贫保”工作实施方案》，巩固拓展脱贫攻坚成果，防贫保总赔付157笔，赔付金额133.45万元。县级项目库入库项目531个总投资13.35亿元，安排到项目的衔接资金总额57482.392万元，其中中央级28155万元、省级9980万元、州级1625万元、县级17722.39万元，共拨付资金53306.48万元，资金拨付率92.73%，其中中央衔接资金拨付率92.43%。完成光伏收益分配审计，全年光伏总收益2003.99万元；支出公益性岗位工资493.69万元，支出小型公益事业865.16万元、奖励补助19.3万元，支出电站本体运维55.46万元。稳步实施“雨露计划”职业教育补助，落实2022年“雨露计划”补助资金；春季学期补助4357人次，兑现补助资金 653.55万元，补发以往学期漏报5.4万元；秋季学期第一批补助3033人次，兑现补助资金454.95万元，补发5.85万元，第二批补助1190人次，兑现补助资金178.5万元。

【工业园区建设】 湖北巴东经济开发区位于巴东县野三关镇，坚持“三园三都”（即硒产品加工园、纺织产业园、商贸物流园、华中凉都、武陵酒都、鄂西药都）功能定位，从培育和发展库区山地型生态农业、以富硒特色资源加工业为主的生态工业、生态文化旅游业等特色产业出发，重点布局硒食品精深加工、新能源汽车配件与配套设施、电子装备、纺织服装、复合材料、生物医药等产业，创造和催生新的经济增长点。建强白酒产业研发销售平台，逐步打造集白酒研发、基酒生产、成品酒灌装、仓储、配送于一体的白酒产业园区。推动实施武陵山生物医药产业园项目，支持医药企业发展。配套发展生产性服务业，逐步建立以轻工为主、重工为辅，特色产业为“核心”、服务产业为“外围”的现代复合产业体系，成为结构合理、特色鲜明、发展有序、竞争有力的综合型产业基地。2022年，全区规模以上企业11家，限上商贸14家，规模以上服务业5家，资质建筑业3家，一般建筑业7家。完成金象坪生物医药产业园、青龙桥智慧物流产业园等项目工业用地及峡州国际、玉麟金街、博盛地产等商业用地133.33公顷土地征收。谋划10亿元以上项目3个、5亿元以上项目5个，两溪坪京援扶贫硒食品产业园6300平方米厂房、鱼泉河应急提水工程、川气东送管道野三关压气站扩建工程等项目竣工投用，野三关高山硒养度假区、楚天野三关康养综合体、青龙桥扶贫产业园道路建设等28个年度重点项目持续推进。申报地方政府专项债券项目11个，争取债券资金到位1.65亿元，新谋划拟申报专项债券项目14个，资金总额68亿元。全年谋划精品项目16个，新签约亿元以上产业项目12个，新签约工业招商项目9个，新开工亿元以上产业项目8个，新投产亿元以上产业项目5个。引进外向型项目8个，资金到位率52.49%。实现规模以上工业总产值10.51亿元，同比增长22.3%；固定资产投资25.73亿元，同比增长28.6%。

【对口帮扶】 2022年，全县争取对口支援援助资金11047万元，援建项目108个。其中北京市落实对口支援资金5113万元，实施项目11个；省内三峡库区落实对口支援资金830万元，实施项目18个；中央定点帮扶单位国家电网落实定点扶贫资金900万元，实施项目15个；省直定点帮扶援助资金3704万元，实施项目62个；武汉东湖高新区援助资金500万元，实施项目2个。出台《2022年度巴东县推进落实硚口区、黄陂区对口帮扶工作方案》，印发《巴东县人民政府关于下达2022年武汉市对口帮扶巴东县项目的通知》等文件，加快推进帮扶项目建设，全年黄陂区、硚口区帮扶巴东县项目资金3180万元，共10个项目，惠及6个乡镇8个村，提供就业岗位7675个，稳岗就业57人；全县组织省内区域劳务协作就业培训6期，为1359名外出务工脱贫人员发放交通补贴27.18万元。到北京市，武汉市东湖高新区、黄陂区、硚口区，潜江市及省国网公司、江汉油田等地区和单位对接消费帮扶工作，全年各支援地区和部门通过线上、线下采购巴东县农副产品总计5369万元。

【郑渝高铁巴东段开通】 2022年6月20日上午8时整，G1158次列车驶离郑渝高铁巴东站，开往广州南站，郑渝高铁巴东段正式开通运营。这是恩施州境内驶出的第一列高铁，标志着巴东人的“高铁梦”变成现实，也标志着恩施州正式迈入高铁时代。恩施州巴东县、利川市、鹤峰县等县市以“非遗节目展演+非遗产品展示”等形式，献礼郑渝高铁巴东段开通运营暨“神农溪”高铁冠名列车首发。

【巴东县人民政府与国家能源集团湖北能源有限公司签约】 2022年7月13日，巴东县人民政府与国家能源集团湖北能源有限公司正式签订新能源战略开发协议。巴东县人民政府与国家能源集团长源电力股份有限公司签订《战略合作框架协议》；沿渡河镇政府与国家能源集团武汉青山热电有限公司签订投资合作协议书。

【首届中国野三关高山森林康养论坛在武汉举行】 2022年7月23日，首届中国野三关高山森林康养论坛在武汉举行，知名专家学者、业内人士、有关部门负责人共同探讨新常态下的康养新模式和森林康养产业的现状与未来。

【巴东儿童公园入选湖北省2022年“最美城市公园”】 2022年10月11日，湖北省2022年“最美城市公园”评选结果出炉，巴东儿童公园上榜。巴东儿童公园是三峡库区巴东县城长江干流库岸综合整治工程子项目，紧邻寇准文化公园，位于沿江大道北侧，巴东长江大桥东侧，与长江相邻。主要构筑物为儿童游乐设施、餐厅、茶吧等，园区功能设计区域约3.5万平方米，分为扬帆起航、飞泉瀑布、心湖戏水、沙滩乐园、童心筑梦、丛林探险等六大板块，公园以原地形地貌为依托，针对不同年龄阶段的儿童打造多彩建筑与游乐设施，营造色彩斑斓的童真世界。

【荣誉】 2022年1月，巴东县总工会被省总工会表彰为“2021年度全省集体协商工作先进单位”。2月，巴东县司法局被省人社厅、省司法厅、省普法办表彰为“2016—2020年全省普法工作表现突出单位”；巴东县人力资源和社会保障局党组书记、局长卢进曼被省政府表彰为“湖北省就业创业先进个人”。4月，巴东县官渡口司法所所长陈娟被省人社厅、省妇联表彰为“湖北省维护妇女儿童权益先进个人”。5月，巴东县信陵镇司法所被省人社厅、省妇联表彰为“湖北省维护妇女儿童权益先进集体”；巴东县信访局副局长张泽青被人社部、国家信访局表彰为“全国信访系统先进个人”；巴东县官渡口司法所所长陈娟被人社部、司法部表彰为“全国司法行政系统先进个人”。6月，巴东县沿渡河镇中心卫生院院长谭显龙被中国农村卫生协会表彰为“全国优秀乡镇卫生院院长”。7月，巴东县东瀼口镇牛洞坪村被省人社厅、省民政厅表彰为“全省‘百佳村民委员会’”；7月，巴东县信陵镇白土坡社区党委书记、居委会主任谭东华被省人社厅、省民政厅表彰为“全省社区建设先进工作者”。8月，巴东县易达聚杂粮蔬菜专业技术协会会长易美军被省人社厅、省科协表彰为“全省科协系统先进工作者”。9月，巴东县第一高级中学教师向启红被省政府授予“第四届‘楚天园丁奖’”，巴东县东瀼口镇初级中学教师吴祖军被表彰为“湖北省农村先进教师”。

（沈丽萍）

2022年6月20日，郑渝高铁巴东段正式开通运营　　（巴东县政府 供稿）

宣恩县

【概况】 宣恩县位于恩施州南部，地处北纬29°32′46″—30°13′36″，东经109°10′50″—109°55′52″。南北长73.9千米，东西宽71.5千米。东接鹤峰县，西南邻咸丰县、来凤县，东北、西北及北部与恩施市交界，东南与湖南省龙山县、桑植县接壤。全县总面积2737.17平方千米，分别占全省、全州土地面积的1.47%、11.39%。年末常用耕地24856公顷。县城距恩施许家坪机场53千米，距宜（昌）万（州）铁路恩施站51千米，距沪蓉西高速公路恩施西入口40.5千米，距长江巴东港234千米。县境内国道有209国道由北入至西南出，高速公路有恩来恩黔高速。2022年，全县完成地区生产总值100.46亿元，按可比价格计算，较2021年增长4.2%。其中第一产业、第二产业、第三产业增加值分别为25.68亿元、16.89亿元、57.9亿元，可比增速分别为3%、12%、2.8%，三次产业结构比25.6∶16.8∶57.6。全县人均地区生产总值36210元。

【区划、人口】 2022年，宣恩县辖5个镇、4个乡（其中民族乡2个）和1个工业园区（副县级），22个社区、140个村。全县年末户籍人口35.45万人，其中男性18.6万人，占总人口的52.5%；女性16.84万人，占比47.5%。全年出生人口1834人，人口自然增长率2.91‰。

【市场主体】 2022年，全县新登记各类市场主体5178户，较2021年增长20.9%，其中新登记企业类市场主体782户，较2021年增长7.3%。年末全县实有市场主体31116户，较2021年末增长14.6%。其中企业类市场主体5058户，较2021年末增长11.3%；个体工商户25041户，较2021年末增长15.9%；农民专业合作社1017户，较2021年年末增长2.3%。

【农业】 2022年，全县农林牧渔业实现现价总产值47.51亿元，按可比价计算增长3.3%。其中农业总产值28.84亿元，增长0.7%；林业总产

2022 年宣恩县乡镇基本情况一览表

表 27

乡镇	区域面积（平方千米）	年末常用耕地面积（公顷）	年末总户数（户）	年末总人口（人）	粮食产量（吨）	公共财政收入（万元）	村、社区（个）				书记、乡镇长（12 月底在职）
							社区	居民小组	村	村民小组	
珠山镇	163.77	1601	16804	45217	9358	6592	11	140	2	24	戴　青　瞿尚坤
椒园镇	175.97	1363	8300	25669	6266	5220	3	32	12	116	向莲花　熊国庆
沙道沟镇	649.95	4281	21677	65965	21024	8259	2	17	28	399	孟友顺　方应鹏
万寨乡	183.58	2253	9608	29734	10439	4734	1	5	13	172	张继选　李建民
晓关乡	421.38	4273	14393	41918	17678	5109	1	9	21	347	谢选胜　何海军
李家河镇	216.79	3337	14657	52110	15498	5649	1	13	18	257	熊茂平　刘　川
长潭河乡	432.71	3720	13288	36670	15477	5601	1	15	17	226	张艳丽　夏　涛
高罗镇	287.18	2707	14386	45130	16886	4947	1	4	19	241	陈　涛　徐兆海
椿木营乡	205.84	1323	4473	12039	4199	3505	1	4	10	83	吴利高　邓敢明
合　计	2737.17	24856	117586	354452	116824	49616	22	229	140	1865	—

值2.75亿元，增长14%；牧业总产值13.14亿元，增长5.2%；渔业总产值700万元，增长29.8%；农林牧渔服务业总产值2.72亿元，增长6.5%。实现农林牧渔业增加值26.96亿元，增长3.2%。粮食作物播种面积31299公顷，较2021年略有增长。粮食总产量11.68万吨，人均粮食产量421公斤，超过人均粮食产量400公斤的国际粮食安全标准线。全年油料产量6949吨，同比增产2.2%。烟叶产量5928吨，减产1.8%。蔬菜产量158051吨，增产1.1%。茶叶产量18682吨，减产2%。园林水果产量97724吨，减产10%。全年猪牛羊禽肉产量34055吨，较2021年增长16.7%，其中猪肉产量30272吨，增长19.2%。全年禽蛋产量4215吨，减少8.7%。全年生猪出栏37.1万头，年末生猪存栏38.8万头。

【工业、建筑业】 2022年，全县实现工业增加值12.06亿元，按可比价格计算，增长6.7%，其中制造业增加值8亿元，增长6.8%。全年规模以上工业增加值增长18.5%。规模以上工业21个行业大类中有14个行业产值实现增长。精制茶加工、纺织服装服饰业、制鞋业、非金属矿物制品业等支柱产业分别增长19.9%、12.9%、389.3%、37.9%。全县产值过亿元的企业6家，其中湖北准者体育用品有限公司、湖北大派食品集团有限公司产值突破2亿元。规模以上工业产品销售率92%，资产负债率51%。全年新进11家规模以上工业企业，年末有规模以上工业企业50家。新增农业产业化省级重点龙头企业1家、规模以上农产品加工企业4家。年末27家规模以上农产品加工企业，占全县规模以上工业企业总数的54%。全县实现建筑业增加值4.82亿元，按可比价格计算，增长27.3%。全县资质以上建筑业企业15家，完成总产值5.91亿元，增长45.2%。其中建筑工程5.88亿元，占比99.5%。

【交通、邮政、通信】 2022年，全县交通运输、仓储和邮政业实现增加值2.28亿元，按可比价格计算，较2021年下降4.4%；批发和零售业增加值9.84亿元，增长4.7%；住宿和餐饮业增加值2.43亿元，增长1.4%；金融业增加值5.87亿元，增长10.8%；房地产业增加值9.2亿元，增长1.1%；其他营利性服务业增加值10.45亿元，增长3%；其他非营利性服务业增加值16.54亿元，增长0.8%。年末全县公路通车里程2857千米，其中国道通车里程196千米，省道通车里程106千米，县道通车里程286千米，乡道通车里程1182千米，村道通车里程1087千米。公路铺装路面2432千米，绿化里程384千米。年末有公交车16路，公共汽（电）车营运车辆72辆，出租汽车63辆。完成邮政行业业务总量5000万元，完成邮政函件业务4.3万件，物品邮递业务128.65万件，特快专递类业务15.42万件，报刊业务320.83万份。邮路5条，单程邮路总长度1504千米，农村投递路线单程总长度2342千米。年末全县固定电话用户7880户，同比增长1.2%；移动电话用户28.87万户，同比增长3.3%；互联网宽带接入用户11.23万户。

【固定资产投资、房地产】 2022年，全县固定资产投资较2021年增长22.9%。其中500万元以上项目投资增长36.6%，5000万以上项目投资增长22.8%。第一、二、三产业投资分别增长226.9%、70.4%、7.4%。民间投资增长16.8%。商品房施工面积55.16万平方米，较2021年下降46.2%；销售面积12.21万平方米，下降30.9%；待售面积8.79万平方米，增长166.7%。商品房销售额5.29亿元，下降37.2%，其中住宅销售额3.79亿元，下降32.9%。

【贸易】 2022年，全县实现社会消费品零售总额58.5亿元，较2021年增长3.1%。限额以上商贸企业实现消费品零售总额6.94亿元，增长24%。城镇市场实现零售额5.89亿元，增长16.1%；乡村市场零售额1.05亿元，增长99.9%。餐饮销售额3100万元，增长22.2%；商品零售销售额6.63亿元，增长24%。全县批发业、零售业、住宿业和餐饮业销售额（营业额）分别完成33.09亿元、36.75亿元、5000万元、7.37亿元，分别增长12.5%、4%、9.1%、4.3%。增速较2021年同期分别下降18.6%、34.3%。对外贸易实现出口总额3539万美元，增长103%。

【财政】 2022年，全县完成地方财政总收入5.31亿元，较2021年下降

4.7%，其中地方公共财政预算收入3.63亿元，下降1.7%。还原留抵退税因素，完成财政总收入6亿元，可比增长5.7%，其中地方公共财政预算收入4.05亿元，可比增长6.8%。地方税收收入完成2.62亿元，占公共预算收入的72.1%，较2021年下降7.7%；还原留抵退税因素，全县地方税收收入完成3.03亿元，占公共预算收入的75%，可比增长3.5%。全县一般公共预算支出累计36.52亿元，较2021年增长0.6%。其中教育、科技、文化等民生支出29.91亿元，民生支出占一般公共预算支出的81.9%。

【金融】 2022年年末，全县金融机构人民币贷款余额102.82亿元，较2021年同期增加14.42亿元，同比增长16.3%。其中住户贷款余额48.06亿元，非金融企业及机关团体贷款余额54.76亿元。企业短期贷款、中长期贷款分别同比增长2.8%、26.2%。金融机构人民币存款余额126.86亿元，较2021年同期增加18.05亿元，增长16.6%。其中住户存款余额99.55亿元，非金融企业存款余额16.79亿元，广义政府存款余额10.52万元。

【科技】 2022年，全县高新技术产业实现增加值5.18亿元，占全县地区生产总值的比重为5.2%。全年获得专利授权290件，其中发明专利22件，实用新型专利227件，外观设计41件；个人专利授权51件，工矿企业专利授权239件。

【教育】 2022年，全县教育经费总投入8.18亿元。幼儿园、托儿所50所，其中城市公办幼儿园3所，农村公办幼儿园6所，小学34所，普通中学13所，中等职业教育学校1所，特殊教育学校1所。学前教育在园幼儿7376人，小学在校学生19267人，初级中学在校学生10936人，中等职业教育在校学生2332人，普通高级中学在校学生6265人，特殊教育学校在校学生46人。家长学校培训26325人次。学前三年毛入园率91%，小学适龄儿童净入学率100 %，初中阶段毛入学率100%，高中阶段毛入学率96.2%。全县小学专任教师1010人，普通中学专任教师1247人，中等职业教育学校专任教师93人。农村义务教育专任教师本科及以上学历比例为70.3%。

【卫生健康】 2022年，全县各级医疗卫生机构212所，其中医院7所，基层医疗卫生机构202所。卫生技术人员1978人，其中执业（助理）医师724人。注册护士909人。实有床位数1947张，其中医院1248张，基层医疗卫生机构674张。

【文化】 2022年，全县有公共图书馆5个（含分馆），剧场1个，电影院1个，文化馆7个（含分馆），体育场馆2个。公共图书馆图书总藏量15.15万册，较2021年增长1.1%，其中少儿文献2.99万册。全年广播电视播出时间累计6205小时，其中影视剧类、新闻资讯类、专题服务播出时间分别为4738小时、315小时、152小时，制作节目播出时间85小时，被中央台采用28条。全年规模以上文化产业企业21家，实现营业收入7.11亿元，同比增长14%。9月6日，位于椒园镇黄坪村的民俗文化展示馆开馆。

【体育】 2022年，全县体育场地面积61万平方米，人均体育场地面积2.1平方米；健身步道、登山步道50千米。162个村（社区）文体广场、健身路径全覆盖。4月26日，宣恩县第一届全民健身运动会开幕；6月11日，举办湖北省第十六届运动会社会俱乐部类桨板资格赛（宣恩赛区）；8月3—8日，举办中国民族民间龙舟公开赛（宣恩站）暨第十四届贡水河水上运动会；8月24—27日，举行湖北宣恩体育第一届名校男子篮球对抗赛，浙江大学、中南大学、华中科技大学、清华大学4支球队参加。

【旅游】 2022年，全县累计接待游客646.89万人次，较2021年增长21%；实现旅游综合收入37.16亿元，增长31.4%。全县有国家AAAA级旅游景区3个。

【居民生活】 2022年，全县城镇居民人均可支配收入33675元，较2021年增加1725元，增长5.4%；农村居民人均可支配收入14198元，较2021年增加1117元，增长8.5%。城乡收入比由2021年的2.44变为2.37，城乡收入差距缩小。城镇居民人均生活消费支出25168元，较2021年同期增加494元，增长2%；农村居民人均生活消费支出12665元，较2021年同期提高975元，增长8.3%。

【劳动就业与社会保障】 2022年，全县城镇新增就业6212人，较2021年增长12.6%；城镇失业人员再就业3125人，较2021年增长17.9%；城镇登记失业人员3478人，城乡劳动者就业培训人数2231人。参加城镇职工基本养老保险人数4.64万人，其中女性城镇职工基本养老保险参保人数2.46万人。参加城乡居民社会养老保险人数18.81万人。参加基本医疗保险人数31.84万人。其中城镇职工基本医疗保险参保人数2.16万人；城乡居民基本医疗保险参保人数29.68万人。参加失业保险人数1.27万人，参加工伤保险人数1.67万人，参加生育保险人数1.6万人。城乡居民最低生活保障人数16729人，其中城市居民最低生活保障人数425人。年末有各类提供住宿的民政服务机构9个，其中县级政府创办的养老机构8个。提供住宿的民政服务机构床位1374张。收养性社会福利单位收养人数233人。

【城市建设】 2022年，完成生态环境综合提升项目投资4.3亿元。完成惹虹桥、环水绿道水牛渡、兴隆老街游客中心地下通道（柳叶渡）、兴隆东通道（禹王楼）、党校地下通道、贡水半岛地下通道及亲水平台，基本完成花园堡绿道、芋头沟污水治理工程。推进坝坝茶、风雨渡、智慧体育体验中心、鼓琴之约、鱼跃跳台、鸽子花大桥、千石言溪、三河沟观景栈桥、风情街至老院子周边改造工程、金源国际至福利院污水治理项目、福利院至三河沟道路大修工程及贡水半岛基础管网工程等项目。被列为2022年民生实事的黄河沟生态环境综合治理项目，完成整体项目建设内容的85%。实施贡水河北岸老城区污水分流制改造工程。采取EPC总承包推进启动莲花坝、芋头沟、黄河沟沿线3个片区老旧小区改造项目。

【资源环境】 2022年年末，全县森林面积18.73万公顷，森林覆盖率68.4%，草原综合植被覆盖率76.5%。有国家级自然保护区1个（七姊妹山国家级自然保护区），保护区面积3.46万公顷。推进节能降耗工作，能源消费总量25.42万吨标准煤，其中规模以上工业等价值能耗2.12万吨标准煤。单位GDP能耗0.27吨标准煤/万元，较2021年下降3.3%；单位GDP电耗481.85千瓦时/万元，同比增长4.3%。单位工业增加值能耗下降5.3%。县城区空气质量优良天数为353天，空气质量优良率为96.7%。县城区可吸入颗粒物（PM_{10}）浓度均值为31微克/立方米，较2021年下降11.4%。县城区细颗粒物（$PM_{2.5}$）浓度均值为25微克/立方米，较2021年下降3.8%。重点城市区域环境噪声小于55分贝的比例70.3%，县级及乡镇集中式饮用水源水质达标率均为100%。全年平均气温16.5℃，较常年同期偏高0.6℃。平均累计降水量1145.5毫米，较常年同期偏少18.2%。平均日照时数1347.3小时，较常年同期偏多266.5小时。

【应急管理】 2022年，发生生产安全事故1起，死亡1人，较2021年同期相比事故数量同比下降75%，死亡人数下降80%。全年发生消防火情37起，开展抢险救援30起，实施社会救助37次，抢救被困人员39人，疏散群众112人。全年遭受冰冻灾害1次、雪灾1次、洪灾2次、旱灾1次，直接经济损失6.5亿元。未发生造成人员伤害的森林火灾、地质灾害等自然灾害事件，汛期防御到位，未发生大的灾情和险情。

【民生项目】 2021年，在县十九届人民代表大会第一次会议上，经全体代表票决确定2022年民生实事项目8个。县政府办公室印发《关于明确2022年县政府工作报告和民生实事责任分工的通知》，明确责任单位和完成时限，推进项目措施落实。年末如期完成7项，1项因规划调整未能按期完成。完成“影响群众健康突出问题‘323+’攻坚行动年度工作任务”项目，主要内容是针对影响群众健康的3类重大疾病，2种基础疾病，3类突出公共卫生问题，加上2种本地疾病，通过开展健康教育、高危人群筛查、完善信息网络构建等措施，降低人群发病率、致死率和疾病负担。完成“宣恩县疾控中心综合业务大楼改扩建”项目，主要内容是对县疾控中心综合业务大楼进行改扩建。完成“宣恩县失能半失能特困人员养护楼建设”项目，主要内容是建设建筑面积5000平方米、床位100张的失能半失能特困人员养护楼。完成“黄河沟生态治理工程”项目，主要内容是对黄河沟原仁爱医院至原畜牧局等重点地段进行环境整治和景观提升。完成“农村公路生命安全防护工程”项目，主要内容是建设农村公路生命安全防护工程100千米，完成钢护栏、标志标牌建设安装，实际建设长度104.51千米。完成“乡镇生态公墓建设”项目，主要内容是在李家河镇、高罗镇、椒园镇建设农村生态公墓。完成“宣恩县2022年农村生活污水治理”项目，主要内容是通过建设集中式人工湿地、分散式人工湿地及配套管网对60个行政村开展农村污水治理。完成“城区新建公办幼儿园1所”项目，主要内容是新建一所容纳12个班360名幼儿、建筑面积约3600平方米的公办幼儿园。

【乡村振兴】 2022年，全县实施乡村振兴战略，继续抓好各项帮扶政策的落实。建立健全义务教育控辍保学联保联控机制，定期开展控辍保学专项行动，对辖区内适龄学生及疑似失学辍学学生进行摸底并进行分类处置，全县义务教育控辍保学实现动态清零。全年资助困难学生33894人次、2679.95万元，“雨露计划”教育资助6131人次、919.65万元。落实参保资助资金1736.01万元，对脱贫人口、监测对象实现应保尽保，参保资助实现全覆盖。在坚持医保制度普惠性保障功能的同时，增强对困难群众基础性、兜底性保障，全县特困人员、低保对象、监测对象、脱贫人口在县域内住院，政策范围内费用报销比例分别为100%、90%、80%、70%以上。落实基本医疗、大病保险、医疗救助三重保障制度，全年享受医疗救助就诊人次34312次，医疗总费用10816.2万元（其中基本医疗报销6293.45万元，大病保险报销1134.03万元，医疗救助2017.32万元，倾斜救助36.13万元，医院分担101.95万元）。坚持“危房不住人，住人非危房”的原则，建立危房巡查机制，常态化开展排查，对问题户纳入重点监测，年度完成危房改造152户，直补到户资金298.17万元。出台《宣恩县农村住房提升方案》，县级财政统筹资金100万元，对现居住的唯一住房且存在安全隐患的合法建筑，以及不能享受农村低收入群体等重点对象危房改造政策的无负面清单的困难家庭，按照每户不突破5000元标准，通过“以奖代补”方式予以提升改造，保证住房安全有保障。制定实施《宣恩县2022年饮水安全巩固提升工作方案》，整合资金1520.74万元，新建蓄水池26个，开辟新水源402处，铺设水管382.26千米。农村饮水安全工程覆盖率100%，集中供水率90.51%，供水保证率95%以上，自来水普及率90.51%。出台《关于建立农村低收入人口常态化监测的工作实施方案》，对农村低收入人口实行动态管理，将符合条件的对象依规纳入保障范围，保证应纳尽纳、应兜尽兜。年末全县农村低保9588户16304人，累计发放救助资金7721.49万元；农村特困供养对象1213人，累计发放供养金1244万元；实施临时救助1605人，发放救助金460.38万元；发放残疾人“两项补贴”744.85万元。持续落实脱贫人口养老保险缴费资助政策，按最低缴费档次的标准，对低保对象、特困人员、易返贫致贫人口、重度残疾人等“四类对象”代缴养老保险费。

【对口帮扶（协作）】 2022年，帮扶宣恩县的中央定点帮扶单位为中国铁塔股份有限公司1家，省直单位定点帮扶单位为湖北省农业农村厅、国家自然资源督察武汉局、湖北省委军民融合办、华中师范大学、湖北恩施学院、湖北生物科技职业学院、湖北盐业集团有限公司、中铁大桥局集团有限公司、中国太平洋人寿保险股份有限公司湖北分公司、湖北省中西医结合医院10家，省内区域协作单位为武汉市江汉区和青山区2家。10家定点帮扶单位实施帮扶项目32个，帮扶资金20776万元，实施消费帮扶568.92万元。区域协作地区共落实帮扶项目13个，帮扶资金945万元，实施消费帮扶2278.85万元，其中青山区570.31万元，江汉区1708.54万元。

【基层社会治理】 2022年，宣恩县围绕争创全国“平安县市”工作目标，推进“一统三治五联”（党建为统领，加强自治强基、德治支撑、保治保障，实现部门联动、隐患联排、矛盾联调、治安联防、平安联创）基层社会治理，建设平安宣恩，在全省2022年“一感一率一度一评价”（群众安全感、矛盾纠纷调处有效率、公正执法满意度、扫黑除恶专项评价）测评中，宣恩县矛盾纠纷调处有效率、公正执法满意度均在全省前列。成立由县委书记任组长的平安宣恩建设领导小组，全年召开县委常委会10次，研究解决社会治理中的“堵点”“难点”问题。县“四大家”领导分别联系9个乡镇28个村，参与接访144批325人次，下访约访86批次，包案协调解决矛盾问题58件。坚持和发展新时代“枫桥经验”，推行“有理大家评”机制，探索“共同缔造”基层社会治理新模式，激活“和事佬协会”“帮理郎”等民间调解组织，主动帮助老百姓排忧解难，化解矛盾，将矛盾纠纷协商解决在一线。全县成立“有理大家评”工作室172个，实现县、乡镇、村（社区）全覆盖，组织开展“有理大家评”620余场，调处矛盾纠纷500余件。投入650万元建成县级社会治安综合治理中心，统筹10余个职能部门和调委会集中入驻办公，建成“访、调、诉、处”一站式服务平台；投入200余万元对9个乡镇综治中心进行改造升级；推进村级综治中心规范化建设，实现162个村（社区）全覆盖。每个乡镇综治中心配备5至7名工作人员，基层派出所正式民警不少于5人，乡镇司法所干部不少于2人；162个村（社区）全部落实“一村一辅警”，并按每村每年3000元标准核定绩效工资，按月考核、按季兑现。将乡镇和村综治中心实体化运行情况纳入平安建设考评内容，加大日常考核权重，日常考核占比70%。开展“1+4+N”（“1”指乡镇综治中心，“4”指乡镇派出所、信访办、司法所、法庭，“N”指矛盾风险涉及的乡镇直部门、村或社区，由乡镇综治中心牵头抓总、统筹协调，涉及矛盾纠纷的相关单位共同参与排查、研判和化解的协调联动工作机制）安全稳定风险研判，对辖区警情、访情、案情、舆情等进行研究分析，并制作《每日信息快报》，交办问题清单，督办推进落实，形成完整闭合的信息预警处置体系。县、乡、村三级建立矛盾风险联排联调、多元化解、双线交督办（县公安局交办至派出所、县安稳办交办至各乡镇综治中心，并定期督办矛盾纠纷化解办结情况）及回访评估等工作机制，加强源头治理，形成群众信访、矛盾纠纷排查化解“研—交—办—督—结”工作闭环，做到小事不出村、大事不出乡镇、难事不出县。开展矛盾纠纷大走访大排查大化解、“找堵防”等12个平安建设系列专项行动。全年开展矛盾纠纷大走访24793户，排查矛盾纠纷2080起，化解2052起，化解率98.65%，获2021—2022年度平安湖北建设示范县称号。累计投入6800余万元，建成“雪亮工程”政府（综治）共享平台，建高清探头5700余个，“平安乡村”监控探头1.6万余个，同步接入村级综治中心监控平台，实现城镇、乡村及重点部位、重点单位全域覆盖。坚持融合共享，建立“雪亮工程”与应急指挥调度中心等平台对接机制，分级分类共享至20余个部门，视频联网在线率稳定在95%以上；全县100余个学校、医院、车站等重点单位安装“一键报警”装置，与县公安局合成作战指挥中心实时联网。采集基础图片4.37亿张，基础信息105.6万条，在重点部位、重要路口安装300余个“微卡口”“人脸抓拍”等智能识别系统，推送预警信息4.6万条，协助查破治安案件130余起。

2022年4月26日，恩施州首个未成年人家庭教育指导中心在宣恩县人民检察院举行揭牌仪式　（程　灿　摄）

【宣恩工业园区】 宣恩工业园区按“一区三园”规划布局，即椒园生态产业园、和平制造产业园和宣南产业新城，规划总面积866公顷，开发面积288公顷。椒园生态产业园重点发展富硒食品精深加工、生物医药、再生资源主导产业链，和平制造产业园重点发展五金工具、节能建材主导产业链，宣南产业新城重点发展生态文旅康养及特色农产品加工，同步建设宣恩县创新创业产业园、宣北产业新区等特色产业园区，重点发展服装鞋帽、电子信息、再生资源产业集群。2022年，园区共入驻企业118家，其中高新技术企业5家，规模以上工业企业21家，产值过亿元企业3家，州级农业产业化重点龙头企业11家。园区工业企业全年累计完成工业生产总值12.21亿元，其中规模以上企业完成工业总产值14.72亿元；完成新建项目固定资产投资4.15亿元，同比增长127%。完成技改项目投资1.45万元；申报高新技术企业8家；技术合同成交额2.08亿元；新增湖北西美塑业有限公司、湖北宣益科技有限公司、湖北省立成体育用品有限公司、湖北微塑园新材料科技有限公司、湖北德恩塑业有限公司规模以上企业5家。

【仙山贡水兴隆老街开街】 2022年1月26日，位于珠山镇兴隆大道南侧的城市客厅兴隆老街开街。老街始建于乾隆年间，由安徽商帮出资建立。2017年，宣恩县启动兴隆老街“城市客厅”项目，对兴隆老街进行改造升级。城市客厅街区内主要有墨达楼、鹿鸣苑、兴隆广场、吊脚楼民宿群等建筑，主街长2085米，占地面积41806.6平方米。仙山贡水兴隆老街由"三街三桥两楼一廊"组成，三街即民族风情街、惹溪街、城市客厅兴隆老街；三桥即文澜桥、凌波桥、贡水大桥；两楼即墨达楼、钟楼；一廊即贡水走廊。9月8日，省文化和旅游厅、省发改委认定仙山贡水兴隆老街为湖北省旅游休闲街区。

【零散烈士墓集中迁葬】 2022年，宣恩县对22名零散烈士墓分两批迁至县烈士陵园集中安葬，并举办迁葬仪式。3月30日，迁入烈士陵园的有熊烈凤、熊信柱、覃海清、赵明和、刘永璋、王业成、田萬星、周纯之、王纯珍、田云亮、向方元11位烈士。7月29日，迁入烈士陵园的有单衍富、李家云、汤文彩、熊烈玉、向琪位、李红学、周和廷、陈冬汉、彭楚魁、覃彩云（女）、谢朝明11位烈士。

【"用脚步丈量城市·走出美丽街巷"步巡活动】 2022年，宣恩县开展"用脚步丈量城市·走出美丽街巷"步巡活动，采取"6个1"的方式开展，既1周1名县领导带领1个专班，丈量1个网格，交办1个问题清单，解决1个（批）问题，对县城社区的网格开展步巡，解决县城背街小巷、老旧小区、商超农贸市场、校园周边等区域存在的城市建管方面问题，推动并形成"用绣花功夫建管城市"的长效机制。4月9日，开展第一次步巡，到7月4日，完成首轮步巡。全年开展步巡15次，覆盖宣恩城区7个社区40个网格，向相关单位交办问题509个，落实整改485个，整改率95%。

【荣誉】 2022年8月，国家税务总局宣恩县税务局第一税务分局被共青团中央授予"一星级全国青年文明号"；宣恩县林业局沙道沟林业管理站站长熊泽友被全国绿化委员会、人社部、国家林业和草原局表彰为"全国绿化劳动模范"。9月，宣恩县长潭河侗族乡中心小学教师高云凤被省政府授予"湖北省先进农村教师"称号。11月，宣恩县纪委监委纪检监察干部监督室被省委表彰为"全省纪检监察系统先进集体"；宣恩县教育局被中国教育报纸编剧部表彰为"教育新闻宣传先进单位"；宣恩县监委委员黄宇被省委表彰为"全省纪检监察系统先进工作者"。12月，宣恩县科学技术协会被中国科学技术协会"宣恩县全国科普日启动仪式"入列全国科普日优秀活动名单。

（江安鸣 张兰兰）

咸丰县

【概况】 咸丰县位于恩施州西南部，云贵高原东延武陵山余脉与大巴山之间，北纬29°19′28″—30°2′54″，东经108°37′8″—109°20′8″。南北长80.38千米，东西宽68.95千米。东接宣恩县，东南临来凤县，南与重庆酉阳县接壤，西界重庆黔江区，北连利川市，东北接恩施市。全县区域面积2523.45平方千米。县政府驻地高乐山镇至州府公路里程93千米、至省府629千米。2022年，全县实现地区生产总值113.94亿元，扣除价格因素，较2021年增长3.3%。其中第一产业实现增加值24.62亿元，增长2.9%；第二产业实现增加值14.63亿元，下降0.8%，其中工业实现增加值10.7亿元，增长4.5%；第三产业实现增加值74.69亿元，增长4.2%。按年均常住人口计算，全年全县人均生产总值36896元。三次产业结构由2021年的22：11.4：66.6调整为21.6：12.8：65.6，第一产业占比下降0.4个百分点，第二产业占比上升1.4个百分点，第三产业占比下降1个百分点。

【区划、人口】 2022年，咸丰县辖3个乡、7个镇、1个区，192个村、17个社区。年末户籍总人口383729人，其中男性202198人、女性181531人，共142165户；全县常住人口30.89万人，其中城镇常住人口13.78万人，占常住人口的比重（常住人口城镇化率）为44.6%，较2021年提高0.41个百分点。全年出生人口2279人，出生率为5.65‰；死亡人口2660人，死亡率为6.59‰；自然增长率为−0.94‰。

2022年咸丰县乡镇基本情况表

表28

乡镇	总面积（平方千米）	年末耕地面积（公顷）	年末总户数（户）	年末总人口（人）	村、社区（个）小计	村	社区	村（居）民小组（个）	粮食产量（吨）	书记，乡镇长、主任（12月底在职）
高乐山镇	322.09	3867.24	33700	79577	34	28	6	391	21996	刘　进　田大平
忠堡镇	139.83	1357.21	6467	16730	11	0	1	75	16005	孙　晖　向雪莉
朝阳寺镇	63.47	1098.15	5443	14719	8	7	1	58	10405	张　影　王　锐
清坪镇	307.34	5741.15	16538	45370	27	26	1	237	21907	杨建平　朱章耀
坪坝营镇	353.61	5366.09	19733	57733	31	29	2	355	21082	罗朝远　胡道成
曲江镇	175.37	3043.47	11849	33275	15	14	1	126	18016	刘兴华　黄　涛
黄金洞乡	216.37	2596.77	9352	25599	17	16	1	155	13431	彭明舟　温一庠
小村乡	224.12	1957.37	7221	21731	12	11	1	114	16361	谈文才　黄顶昌
活龙坪乡	313.98	5876.75	13664	38593	24	23	1	363	26115	张　进　李顺治
唐崖镇	317.62	5111.81	15162	41165	23	22	1	234	24917	朱继勇　任　贵
大路坝区	89.65	1338.13	3036	9237	7	6	1	43	6313	甘　露　陈东平
合计	2523.45	37354.14	142165	383729	209	192	17	2151	196548	—

【市场主体】 2022年，全县实有市场主体32803户，较2021年增长5.9%。实有企业类市场主体4986户，较2021年增长7.5%；实有个体工商户26722户，较2021年增长5.9%；实有农民专业合作社1095户，较2021年下降1%。全年新登记各类市场主体4679户，其中新登记企业类市场主体745户。

【农业】 2022年，全县实现农林牧渔业总产值46.42亿元，扣除价格因素，较2021年增长3.4%，其中农业产值26.38亿元；林业产值3.54亿元；畜牧业产值13.41亿元；渔业产值700万元；农林牧渔及服务业产值3.02亿元。实现农林牧渔业增加值26.06亿元，扣除价格因素，较2021年增长3.2%；农林牧渔及服务业增加值1.44亿元，增长9.8%。粮食播种面积4.61万公顷，较2021年增长0.09%；粮食总产量196548吨，较2021年下降2.8%。油料播种面积7200公顷，较2021年增长3.2%；总产量1.9万吨，较2021年增长3.5%。烟叶（未加工烟草）播种面积3500公顷，较2021年下降1.9%；烟叶总产量7100吨，较2021年增长24.4%。蔬菜播种面积1.92万公顷，较2021年增长1.8%；蔬菜产量27.42万吨，较2021年增长1.9%。中草药材在地面积1.63万公顷，较2021年减少1.4%。年末实有茶园面积1.89万公顷，其中可采摘面积1.47万公顷，茶叶产量1.17万吨，较2021年增长0.4%。共有各类果园面积1.56万公顷，较2021年增长0.05%；园林水果总产量2.1万吨，较2021年增长0.02%。全年出栏生猪39.41万头，较2021年增长21.6%，猪肉总产量3.18万吨。年末生猪存栏41.91万头，较2021年增长13.8%。其中能繁母猪存栏3.67万头，较2021年下降0.5%。年末牛存栏2.3万头，羊存栏1.41万只。“三品一标”（无公害农产品、绿色食品、有机农产品和农产品地理标志）农产品基地面积18666.7公顷，“三品一标”农产品60个，高标准农田2406.7公顷。农用化肥施用量（折纯量）32047吨，较2021年减少2.8%。全县拥有农机13.35万台，农机总动力32.74万千瓦。

【工业、建筑业】 2022年，全县实现工业增加值10.7亿元，扣除价格因素，较2021年增长4.5%，在全县生产总值中的比重为9.4%。规模以上工业企业41家，实现规模以上工业总产值15.53亿元，同比增长18%；规模以上工业增加值增长12.3%。规模以上工业企业全年实现主营业务收入14亿元，实现利润总额7100万元，工业品产销率92.96%。具有资质等级以上建筑企业16家，实现建筑业总产值5.04亿元，较2021年下降42%。建筑业增加值3.93亿元，较2021年下降12%。全县批发和零售业增加值8.7亿元，较2021年增长4.2%；交通运输、仓储和邮政业增加值2.31亿元，下降4.1%；住宿和餐饮业增加值3.14亿元，增长0.4%；金融业增加值7.03亿元，增长9.8%；房地产业增加值11.22亿元，增长0.4%；营利性服务业增加值22.94亿元，增长9.1%；非营利性服务业增加值17.9亿元，增速与2021年持平。

【交通、运输、邮电】 2022年，全县通车公路里程8081千米，其中国道212千米、省道181千米、县道304千米、乡道1215千米、村道6170千米。按等级一级公路19千米、二级公路186千米、三级公路334千米、四级公路2987千米，等外级公路4556千米，列养公路4031千米。全社会客运量89万人次，旅客周转量8242万人。铁路通车里程26.34千米，全年运输旅客10.87万人次。有公交5路、36辆，出租车200辆。邮政业务总量6583.5万元，邮政业务营业收入1575.4万元，完成邮政行业寄递业务量80.82万件。完成邮政函件业务7700件，快递业务77.2万件，快递业务收入724.1万元。完成电信业务总量2.49亿元，较2021年上升8.3%。年末全县固定电话用户2.51万户；移动电话用户34.44万户，其中4G移动电话用户28.55万户。固定宽带接入用户14.2万户，光缆线路长度1.93万千米。

【固定资产、房地产】 2022年，全县实现固定资产投资较2021年增长10.9%。其中500万元以上项目投资增长8.6%；房地产开发投资增长19.1%。具有资质等级以上房地产企业14家。商品房施工面积126.06万平方米，较2021年增长4%；商品房销售面积17.59万平方米，较2021年下降15.8%，其中住宅类销售面积17.23万平方米，较2021年下降15.8%；商品房销售额8.56亿元，较2021年下降13.2%，其中住宅商品房销售额8.37亿元，较2021年下降12.9%。

【贸易】 2022年，全县实现社会消费品零售总额59.86亿元，较2021年增长2%。限额以上商贸企业实现消费品零售总额5.6亿元，增长18.3%。城镇市场实现零售额5.44亿元，同比增长18.6%；乡村零售额1600万元，同比增长9.1%。限额以上社会消费品零售额以上单位商品零售额中，粮油、食品类零售额较2021年增长35.1%，饮料类增长35.4%，烟酒类增长9.1%，服装、鞋帽、针纺织品类增长2.6%，日用品类增长14.4%，文化办公用品类下降1.3%，家用电器和音像器材类增长10.6%，建筑及装潢材料类增长3.3%，汽车类增长8.8%。年末入驻“扶贫832”平台农业企业236家，全年扶贫“832平台”实现销售额1.3亿元。实现对外贸易出口额2353万美元，较2021年增长73.6%。全年招商引资总额24.83亿元，实际利用外资201万美元。全社会用电量4.78亿千瓦·时，较2021年增长8.2%。第一产业用电量1200万千瓦·时；第二产业用电量1.39亿千瓦·时；其中工业用电1.04亿千瓦·时，较2021年增长10.3%。第三产业用电量1.26亿千瓦·时。

【文化、旅游】 2022年，咸丰县举办“来咸丰·庆丰年”采茶节、插秧节等活动，咸丰郊外休闲体验游入选2022中国美丽乡村休闲旅游行（秋季）精品景点线路，坪坝营创建省级旅游度假区。全县有国家AAAA级旅游景区2个，全年旅游接待人数637.91万人次，同比增长24.3%，实现旅游综合收入47.63亿元，同比增长7.7%。有公共图书馆1个，图书总藏量16.1万册，书刊文献外借3300人次，图书流通6500册次。有文化馆1个，文化站11个，文物保护管理机构2个；博物馆1个；影剧院1个；体育场馆4个；艺术表演团队8个，其中专业院团1个。年末广播节目综合人口覆盖率为100%；电视节目综合人口覆盖率为100%。规模以上文化产业企业3家，实现营业收入9800万元，同比增长8.2%。

【财政、金融】 2022年，全县实现地方财政总收入7.62亿元，剔除增值税留抵退税因素后增长12.3%。地方一般公共预算收入4.32亿元，剔除增值税留抵退税因素后增长9.1%，其中地方税收收入2.97亿元，剔除增值税留抵退税因素后增长8.1%，税收收入占地方一般公共预算收入的比重为68.8%。全年一般预算支出38.77亿元，同比增长29.2%。其中教育支出7.18亿元，卫生健康支出2.92亿元，社会保障和就业支出6.6亿元，灾害防治及应急管理支出4700万元，农林水支出9.5亿元。金融机构年末各项存款余额173.05亿元，比年初增加25.13亿元，其中住户存款余额142.85亿元，比年初增加20.53亿元。金融机构各项贷款余额112.74亿元，比年初增加13.01亿元，其中短期贷款余额20.75亿元，比年初增加5.33亿元，中长期贷款余额39.52亿元，比年初增加4.2亿元。有保险机构19家，其中财险公司12家、寿险公司7家。保险机构网点18个，保险中介机构1家。全年保险市场实现保费收入4.39亿元，较2021年增长7.3%。其中人身险市场实现保费收入2.54亿元，下降4.9%；财产险市场实现保费收入1.85亿元，增长30.3%。支付各类赔款及给付金额1.16亿元，下降3.3%。其中人身险业务赔款及给付3400万元，下降12.8%；财产险业务赔款8200万元，增长1.2%。

【教育、科技、卫生】 2022年，全县有各类学校49所（不含幼儿园及教学点），其中中等职业技术学校1所，普通中学17所（含九年一贯制学校5所、高中2所），小学30所，特殊教育学校1所。有普通高中专任教师407人，中等职业教育专任教师198人，普通初中专任教师1293人（含九年一贯制学校专任教师数），小学专任教师1218人，特殊教育学校专任教师7人；在校学生48592人（不含幼儿园），其中高中在校学生6353人，中等职业学校在校生3586人，普通初中在校生19462人（含九年一贯制学校在校学生），小学在校生19151人，特殊教育在校生40人。初中适龄人员入学率100%，初中三年巩固率100%。幼儿园34所，专任教师368人，在校学生9267人。年有医疗卫生机构366所（含村卫生室），拥有执业医师（含助理医师）人员994人。卫生机构床位数2541张，每千人拥有床位数（含卫生室）7.97张，每千人拥有医生（含助理）数3.11人。高新技术企业实现增加值2.25亿元，其中27家规模以上企业实现增加值2.23亿元，同比增长14.9%。全年获得专利授权343件，其中发明专利1件。举办少儿科技竞赛1次，参加人数567人次。共有科技推广服务机构5家，农民技术协会4个，县直专业协会1个；各类专业技术人员2890人。登记科技成果4项，完成技术合同认定登记97项，成交金额3.13亿元。年末州级以上创新平台23家。

【人民生活】 2022年，全县城镇常住居民人均可支配收入33928元，较2021年增长5.9%；人均生活消费性支出25357元，较2021年增长2.5%。农村常住居民人均可支配收入14313元，较2021年增长7.9%；人均生活消费性支出12768元，较2021年增长7.7%。居民消费价格较2021年上涨1.9%。食品烟酒价格上涨1%，衣着价格上涨1%，居住价格上涨0.4%，生活用品及服务价格上涨1.5%，交通和通信价格上涨4.8%，教育文化和娱乐价格上涨4.9%，医疗保健价格上涨1.5%，其他用品和服务价格上涨0.8%。

【社会保障】 2022年，全县最低生活保障人数18277人、保障支出11808万元。其中城镇居民最低生活保障人数578人、支出555万元，农村居民最低生活保障人数17699人、支出11253万元。全县基本养老保险参保人数252973人，其中城镇基本养老保险参保人数53144人，城乡居民基本养老保险参保人数199829人；基本医疗保险参保人数353989人，其中城乡居民基本医疗保险人数329535人；工伤保险参保人数18280人；失业保险参保人数14661人；生育保险参保人数16669人。全县有各类提供住宿的民政服务机构14个，床位1135张。年末城镇登记失业率为2.25%。城镇新增就业4900人，城镇失业人员再就业1600人，就业困难人员再就业800人，扶持创业900人，带动就业1400人。乡村从业人员合计18.44万人，其中农村外出从业人员9万人，较2021年增加6800人，占乡村从业人员总数的48.8%。按外出地点分，县内乡外1.6万人，省内县外1.67万人，省外5.71万人；按外出人员从事行业分，第一产业1200人，第二产业5.48万人，第三产业3.4万人；按外出从业目的分，务工7.66万人，自营8200人，其他5100人。参加职业技能培训2.57万人，持有职业技术资格证书的7300人。

【城市建设、生态环境】 2022年，城市建成区绿化覆盖率43.82%，城市人均公园绿地面积19.6平方米。有垃圾填埋场6座，垃圾中转站10个，城市生活垃圾无害化处理率100%；污水处理厂13座，污水集中处理率为93%。空气质量优良天数为358天，优良率为99.2%。城区可吸入颗粒物（PM_{10}）浓度均值为32微克/立方米，较2021年下降5.9%；城区细颗粒物（$PM_{2.5}$）浓度均值为20微克/立方米，上升5.3%。城区重点环境噪声小于55分贝的比例为81.3%。年均气温15.5℃，比常年同期偏高1.2℃。平均累计降水量1018毫米，比常年同期偏少416.9毫米。平均雨日为141天，偏少32天。平均日照时数1176小时，比常年同期偏多131小时。

【基层社会治理】 2022年，咸丰县坚持以党建引领基层治理创新，通过实施基层干部能力培养工程、红色美丽村庄建设示范工程、基层治理能力提升工程，推进共同缔造活动和精神文明创建工作，提高基层自我教育、自我管理、自我服务能力。全年分层分类举办县乡村三级干部培训29期，培训各级党员干部6295人次，其中驻村第一书记及工作队员培训2期1205人次；用好省内区域协作平台，在华中科技大学举办科级干部示范培训班和基层社会治理、工业经济专题培训班3期125人；抽调104名干部充实到乡村振兴等重点一线蹲苗锻炼，加强党员干部思想淬炼、政治历练、实践锻炼、专业训练。将7个红色美丽村庄试点村纳入州、县乡村振兴示范村、共同缔造活动试点村、党建引领乡村治理试点村，按照“统一化、标准化、便民化、红色文化内涵化”要求，确定“十个一”重点内容，即建强一个红色阵地、统一一个红村地标、修缮一批红色遗迹、建设一个政治生活馆、建设一批便民设施、缔造一批美丽庭院、壮大一个主导产业、发展一个集体经济项目、打造一条红色路线、讲好一个红色故事，统筹资金5500万元完成重点项目31个。中央电视台《走进老区看新貌》报道清坪镇龙潭司村红色美丽村庄建设。咸丰县为省委组织部确定的全省党建引领乡村治理13个试点县之一。制定党建引领乡村治理试点工作方案，出台党建引领网格化治理、抓党建促巩固拓展脱贫攻坚成果、加强乡村治理骨干队伍建设3个配套方案，形成“1+3”的试点工作框架，确定66个重点村。全县192个村设置网格党小组704个、党员联系户1989个，划分网格1994个、院落治理单元6597个，形成“支部引领、网格治理、多元共治”工作格局。完善社区“大党委”联席会议、“三方联动”等机制，片区党支部29个、党小组184个，覆盖网格85个，141个驻区单位与社区共建共治，33名社区治理“尖刀班”成员上岗履职，5578名党员干部下沉城市社区落实“两定三联四参与”，17家物业企业与社区党组织、居民委员会、业主委员会建立协调联运机制，推进“靠近一点”等社区治理品牌创建。制定印发《咸丰县美好环境与幸福生活共同缔造活动试点工作实施方案》，按照“一名县领导挂帅、一个部门包保、一个专班蹲点主抓、一套实施方案推进”的工作机制，推进17个州、县2级共同缔造试点村建设，发动群众出资出力、投工投劳、让地让利，群众自筹资金323.5万元，投工4930人次，参与93个农村基础设施项目建设，评选最美庭院20余个。发挥新时代文明实践中心作用，常态化开展政策宣讲、科技服务、文体健康、道德法治、乡风文明“五进农家”志愿服务活动；开展最美乡村、最美家庭、脱贫致富典型、星级文明户等“咸丰最美系列”评选活动。举办咸丰县2022年迎新春暨“咸丰最美”颁奖仪式，评选表扬县级“咸丰最美乡村”3个、“咸丰最美集体”5个、“咸丰最美家庭”20户、“咸丰最美个人”23人。

【乡村振兴】 2022年，咸丰县委、县政府建立健全防止返贫动态监测帮扶工作机制，制定精准帮扶防返贫监测对象实施方案，落实县乡村信息监测员218人，对9类重点监测对象建立花名册开展监测。开展年中集中大排查和第二轮大排查，新识别监测对象121户387人，消除风险14户33人，全县577户1962人监测对象全部落实针对性帮扶措施。认定扶贫车间26家，开发2910个公益性岗位，吸纳就业人数1211人，其中脱贫人口587人，脱贫人口占比48.47%。巩固“两不愁三保障”及饮水安全成果，落实国家资助政策，春季学期资助家庭经济困难学生28710人次，发放减免资助资金2164.44万元；春季学期“雨露计划”兑现6230人次934.5万元，秋季学期兑现6479人次971.85万元。开展农村房屋安全隐患排查整治，完成农村危房改造135户，拨付资金272.53万元。制定出台咸丰县水利基础设施管护办法、农村供水工程运行管理办法（试行），建立农村供水工程运行管护“三项制度”，加强农村饮水安全设施管护。年末累计新建或改造农村供水工程369个（处），惠及农村居民24.46万人，实现全县饮水安全全覆盖。结合县情实际因地制宜按照高中低海拔分区、长中短产业结合，发展茶叶、林果、中药材、蔬菜等特色产业73333.33公顷，年出栏生猪60万头，覆盖全县4.85万户、14.89万脱贫人口。累计发展茶叶18866.67公顷，是全国首个有机农业（茶叶）示范基地县，入选“中国茶业百强县”。125家茶叶企业全年生产干茶1.2万吨，创产值18.5亿元。咸丰白茶面积9666.67公顷，居全省第一位。4月，被中国农业技术推广协会授予“中国富硒白茶县”称号。出台城乡低保年度核查实施方案、城乡低保年度核查操作手册、调整全县社会救助标准的通知等配套政策文件8个。调整优化针对原建档立卡贫困户的低保“单人保”政策，加强社会救助资源统筹，全年发放各类救助资金12399万元，落实困难残疾人生活补贴5.49万人次384.59万元，重度残疾人护理补贴4.35万人次435.54万元。应对旱情对农业生产的影响，争取各级抗旱资金1230万元，启动实施应急补水工程，新辟水源168处，累计铺设输供水管道191.2千米，重点地区采取送水上门，保证受到旱情影响的群众生活用水和农业生产用水。发放受灾应急生活救助资金5.05万元，开展农作物抗旱救灾知识培训60期次。

【对口帮扶（协作）】 2022年，农业农村部结合咸丰县“十四五”规划和乡村振兴实际情况，帮助完善全县产业结构调整和后续管护，以“品种培优、品质提升、品牌打造、标准化生产”要求，推进特色产业提质增效，加快特色产业发展步伐。咸丰县农业生产案例《三品一标兴产业，白茶铸就致富路》上榜全国农业生产“三品一标”典型案例名单，在全国范围内发布推介。农业农村部为咸丰争取高标准农田建设、农业生产发展、渔业发展、发展优势特色产业、农业生产救灾资金等项目帮扶资金13872万元。佳沃集团“一场一站”助农行动定向帮扶捐赠48.6万元，定向捐赠坪坝营镇新场小学5万元。科学安全用药培训暨服务乡村振兴产业富民系列活动湖北咸丰行组织企业向咸丰捐赠价值10万元的物资，支持咸丰农业农村快速发展。4月，中国农业技术推广协会到咸丰指导中国富硒白茶县建设，为咸丰白茶产业发展提供指导帮助；6月，国家现代农业产业技术体系23名专家到咸丰，围绕咸丰县产业需要和企业技术需求开展对接服务；7月，农业农村部畜牧兽医局局长杨振海、乡村产业发展司副司长刘莉、科技发展中心主任李岩、国家茶产业技术体系研究员杨亚军等领导先后到咸丰调研特色产业发展，为咸丰农业农村发展提供智力支持。农业农村部关注和支持咸丰“唐崖”农产品区域公共品牌建设，开展公益品牌帮扶工作，提升“唐崖”公共品牌影响力、认可度。中国农村杂志社总编辑李永生一行到咸丰调研茶产业发展现状，面向企业举行品牌建设培训会，并与县主要领导就县域品牌建设方面进行座谈，指导咸丰县域公共品牌建设。“唐崖茶”作为国家农产品地理标志登记产品，参展农业农村部举办的2022年“国际茶日”云推介活动，提升“唐崖”区域公共品牌的知名度和影响力。县委主要领导3次带队到武汉市东西湖区考察，对接“山川协作”工程，出台《武汉市东西湖区·咸丰县2022年山川协作工作要点》，明确16项具体协作事项。东西湖区向咸丰县提供项目帮扶资金3000万元，主要用于基础设施、产业发展等7个项目建设。选派2名党政干部、63名专技人才、50名村（社区）书记到结对区挂职锻炼和跟班学习，选派人次数较2021年稳步增长。投入145万元打造3个培训项目，利用帮扶资源培训党政干部327名、专技人才1162名、村干部50名。开展8期“送技进村”活动，全年培训农村劳动力278人，其中脱贫人口268人，同比增长14%。举办“春风行动”现场招聘会4场、网络直播招聘会3场，劳务协作交流活动1次，高校毕业生、残疾人举办专场招聘会3场，共提供就业岗位近4200个，同比增长40%。帮助销售全县农副产品1068万元，工会，机关、学校食堂等直接采购507万元农副产品，销售春茶179万元。创新帮扶机制，明确东西湖区街道和全县11个乡镇（区）形成一对一、多对一的结对帮扶关系，支持咸丰巩固拓展脱贫攻坚成果同乡村振兴有效衔接。

【咸丰工业园区】 2022年，咸丰工业园区有企业65家，其中规模以上工业企业15家，高新技术企业9家。园区聚焦引项目、育龙头、壮产业，推进工业经济发展。全年签约亿元以上产业项目8个，其中10亿元以上项目1个，签约总资金60.14亿元。新增亿元以上产业项目法人8个，新开工亿元以上项目8个，新投产亿元以上项目5个，完成招商引资到位资金6.03亿元。通过股权重组方式盘活炳太矿业、建塬石材、宏升工贸等企业，通过招商引资“腾笼换鸟”盘活鑫磊矿业、蒙恩林业、高帆科技等企业闲置厂房3万余平方米，入驻企业5家。申报高新企业7家，创建省级专精特新“小巨人”企业1家。基本形成白水坝园区绿色建材为主，忠堡园区装备制造、硒食品精深加工为主的产业格局。以鑫磊矿业、明龙石业、建塬石材、合易新材料龙头的绿色建材加工产业集群，被纳入《湖北省绿色建材工业高质量发展“十四五”规划》石材产业集群空间布局和《恩施州工业（制造业）高质量发展“十四五”规划》大理石产业集群、方解石深加工产业集群建设；总投资51.8亿元的锂电池负极材料、碳/碳复合材料建设项目正在推进；投资1.2亿元的硒粮集团现代农业产业融合发展示范园项目投产。指导企业新建标准化厂房2.3万平方米，忠堡工业园区一、二期共8栋11.87万平方米标准化厂房投入使用，入驻企业11家，厂房利用率73.46%。总投资8200万元、建筑面积3.01万平方米的产业促进中心（综合配套服务区）建成，可容纳20余家企业入驻办公，满足1500余名职工和企业管理人员食宿。忠堡工业园区龙洞河治理工程和园区内道路扩建工程完成前期筹备工作。投资1834.37万元的110千伏输电线路工程及忠堡工业园区110千伏变电站临时接入工程开工建设。

【荣誉】 2022年1月，咸丰县南剧艺术传承保护中心被省委、省政府授予湖北省第十一届“屈原文艺奖”艺术奖（南剧《宗规家训》），咸丰县被农业农村部、国家乡村振兴局表彰为“全国村庄清洁行动先进县”。4月，咸丰县被中国农业技术推广协会确定为中国富硒白茶县，共青团咸丰县委员会被共青团中央青年发展部确定为2021年度全国大学生“返家乡”社会实践活动基地。5月，唐崖镇两河口村邀联溪组村民李贤付被全国妇联表彰为“2022年全国最美家庭”。7月，唐崖镇彭家沟村被省政府表彰为第三届全省“百佳村民委员会”。9月，咸丰县信访局被省委、省政府表彰为第四届湖北省记一等功公务员集体。10月，唐崖镇彭家沟村被国家卫健委、全国老龄办表彰为2022年全国示范性老年友好型社区，被司法部、民政部表彰为第九批“全国民主法治示范村（社区）”。11月，唐崖镇彭家沟村被农业农村部表彰为第十二批全国“一村一品”示范村镇，咸丰县被中国茶叶流通协会确定为2022年度茶业百强县；唐崖镇彭家沟村党支部书记、村民委员会主任焦宪被民政部表彰为“全国优秀城乡社区工作者”。12月，咸丰县农村经济管理局三级主任科员吴北平被农业农村部表彰为“全国农村集体产权制度改革工作先进个人”。

（王应超）

来凤县

【概况】 来凤县位于鄂西南最南端，北纬29°06′15″—29°41′05″，东经109°01′00″—109°25′45″。东南邻湖南省龙山县，西南毗重庆市酉阳县，东北与宣恩县接壤，西北与咸丰县相连，素有“一脚踏三省”之称。县城所在地翔凤镇东距省会武汉市公路640千米（直线距离440千米），北距首府恩施市公路86千米（直线距离60千米）。县境东西距长42.5千米，南北距长61.3千米。来凤县与湖南省龙山县以酉水为界，2011年10月，国务院批复《武陵山片区区域发展与扶贫攻坚规划（2011—2020年）》，并设立武陵山龙山来凤经济协作示范区。全县总面积1342.06平方千米。2022年，全县完成地区生产总值101.95亿元，可比增长3.5%。其中第一产业增加值18.93亿元，增长2.8%；第二产业增加值19.06亿元，增长9.2%；第三产业增加值63.95亿元，增长2.3%。三次产业结构由2021年的19.0：15.5：65.5 调整为18.6：18.7：62.7，第一产业占比较2021年下降0.4个百分点，第二产业占比提升3.2个百分点，第三产业下降2.8个百分点。

【区划、人口】 2022年，来凤县辖2个乡、6个镇、1个省级经济开发区，12个社区，184个行政村。年末户籍人口333058人，其中男性173189人，占总人口的52%；女性159869人，占总人口的48%。60岁及以上57044人，占总人口的17.1%。全年出生人口2293人，出生率为5.7‰，较2021年下降1.6‰；人口自然增长率为−0.5‰，较2021年下降1.7‰。出生人口男女性别比为112.7。

【市场主体】 2022年，全县新增市场主体5062户，其中企业860户、个体工商户4184户、农民专业合作社18户。全县累计在营业市场主体44090户，其中企业5033户，个体工商户38288户，农民专业合作社769户。

【农业】 2022年，全县农林牧渔业实现总产值35.16亿元，较2021年

2022 年来凤县乡镇基本情况表

表 29

乡镇	区域面积（平方千米）	年末耕地总资源（公顷）	总户数（户）	年末总人口（人）	社区、村（个）			粮食产量（吨）	一般公共预算收入（万元）	书记、乡镇长（12月底在职）
					小计	社区	村			
翔凤镇	137.78	3440.20	32511	103334	32	5	27	16833.4	15306.06	安生永 田 政
绿水镇	115.48	2102.24	7350	25443	18	1	17	11471.7	3598.71	徐 骏 黄 孜
漫水乡	133.58	1971.53	6281	23280	14	1	13	11640.3	3282.18	蒋 银 冯 婷
百福司镇	190.14	3954.47	9515	31247	24	1	23	19853.21	3756.24	刘继任 汤 超
旧司镇	198.54	3283.69	14773	48813	33	1	32	21874.52	6879.64	刘 阳 黄景能
大河镇	324.85	3541.11	15867	50795	41	1	40	21353.7	4803.4	赵 军 田 军
三胡乡	125.42	2160.96	9092	30134	16	1	15	15416.97	5784.05	向学红 杨耀武
革勒车镇	116.27	1913.44	6238	20012	18	1	17	11852	3523	宋 宇 陈鸿宇
合 计	1342.06	22367.64	101627	333058	196	12	184	130295.8	46933.28	—

增长3.5%。农林牧渔业实现增加值20.11亿元，增长3.3%。年末耕地总资源22366.67公顷。全年粮食种植面积29160公顷，总产量13.03万吨，分别增长0.02%、－2.3%；蔬菜面积6513.33公顷，蔬菜产量11.25万吨，分别增长0.9%、2.2%；油菜面积5040公顷，产量8800吨，分别增长0.1%、15.9%；茶叶面积3346.67公顷，总产量3700吨，分别增长0.1%、6%；水果面积3600公顷，产量2.9万吨，分别增长 0.5%、4.8%。全县特色产业面积26666.67公顷，建成标准化藤茶生产基地3333.33公顷。年末全县有农民专业合作社、家庭农场1219家，其中国家级合作社3家。来凤县乡村投资建设有限责任公司、农业产业发展有限公司等农业公司推动农产品“出山”。全县“三品一标”农产品基地面积3861.2公顷，农产品企业49个。

【工业、建筑业】 2022年，全县工业实现增加值15.58亿元，增长4.7%。其中规模以下工业可比增长5.6%；规模以上工业企业40家，新增10家，实现总产值19.34亿元，同比增长23.4%，增加值可比增长12.9%；规模以上制造业可比增长11.9%；规模以上农产品加工企业14家，实现产值4.93亿元，同比增长6.7%。全县规模以上工业企业实现营业收入184267万元，较2021年增长21.1%；实现营业利润1997万元，增长－60.2%；资产总计353479.9万元，增长17.7%；负债总额204647.7万元，增长38.1%。年末全县资质等级以上建筑企业14家，新增2家。资质建筑业完成总产值6.37亿元，较2021年增长239.5%；建筑业实现增加值3.49亿元，增长34.4%。

【服务业】 2022年，来凤县批发和零售业增加值8.81亿元，较2021年增长2.9%；交通运输、仓储和邮政业增加值2.81亿元，增长－4.2%；住宿和餐饮业增加值2.5亿元，增长1.4%；金融业增加值4.97亿元，增长11.9%；房地产业增加值7.93亿元，增长1.4%；其他服务业增加值35.73亿元，增长1.4%。

【交通、邮政、通信】 2022年，全县公路里程2865千米，较2021年增长0.5%，其中高等级公路2441.5千米，与2021年持平。农村通公路行政村比重为100%。全年客运量330万人，旅客周转量25045万人千米。全县有邮政局（所）8处，其中城镇1处，农村7处。邮政业务收入356万元，较2021年增长17.9%，邮政业务总量5975万元，增长12.1%。完成国内邮政函件业务5500件，国内包裹业务70万件，国内特快专递业务8.7万件。广播覆盖率86%，电视覆盖率82.8%，有线电视入户率74%，其中农村32.3%。

【固定资产投资、房地产】 2022年，全县固定资产投资同比增长19.3%。第一产业投资较2021年增长2.2%，第二产业投资增长－16.6%，第三产业投资增长41.9%。基础设施投资增长36.5%，房地产开发投资增长16.5%，工业技改投资增长16.1%，民间投资增长1%，工业及制造业投资分别下降16.6%、43.9%。年末全县一套表上报本地法人房地产开发企业16家。商品房施工面积78.75万平方米，较2021年下降25%；商品房竣工面积13.5万平方米，下降66.5%；商品房销售面积16.69万平方米，下降20%。商品房销售额62085万元，下降25.5%。

【贸易】 2022年，全县限额以上商贸企业46家，其中批发企业2家、零售企业35家、住宿企业6家、餐饮企业3家；限额以上大个体33家。新增限上商贸企业17家、大个体11家。年末全县完成社会消费品零售总额573820万元，较2021年增长2.2%。其中限额以上商贸企业完成零售总额68130万元，增长21.9%，按行业分：批发业零售额为7909万元，下降－18.6%；零售业零售额为69752万元，增长30.3%；住宿业零售额为3765万元，增长11.7%；餐饮业零售额为2894万元，增长22.8%。全年外贸出口总额2998万美元，较2021年增长886.2%。实际利用外资 303 万美元，增长－59.2%。

【财政】 2022年，全年实现财政总收入9.76亿元，较2021年增长11.5%。其中地方一般公共预算收入4.69亿元，增长14.2%。在地方一般公共预算收入中，税收收入3.27亿元，增长15%，税收收入占地方公共预算收入比重80.1%，较2021年下降0.8个百分点。一般公共预算支出29.55亿元，较2021年增长3.7%。

【金融】 2022年年末，全县金融机构各项存款余额148.93亿元，比年初增加23.17亿元，比年初增长18.4%；金融机构各项贷款余额120.09亿元，比年初增加17.56亿元，比年初增长17.1%。余额存贷比80.6%，较2021年下降0.9个百分点。

【科技】 2022年，社会保障和就业支出53033万元，占地方财政支出比重17.9%；科学技术支出2819万元，占地方财政支出比重1%；医疗卫生支出25052万元，占地方财政支出比重8.5%；教育支出58044万元，占地方财政支出比重19.6%。全年高新技术产业企业15家，其中非金属矿采选业2家，农副食品加工业2家，酒、饮料和精制茶制造业2家，教、工美、体育和娱乐用品制造业2家，非金属矿物物品业2家，化学原料和化学制品制造业2家，电气机械和器材制造业1家，计算机、通信和其他电子设备制造业1家，电力、热力生产和供应业1家，高新技术产业企业增加值占地区生产总值比重2.9%。全县专利授权数201件，同比增长103%。

【教育】 2022年，全县学校有55所，其中小学44所；普通中学10所；职业高中1所。年末全县专任教师总数2490人，较2021年增长2.7%，其中小学教师1336人、中学教师1028人、职业学校教师126人；在校学生总数45802人，其中小学在校生24415人、普通中学在校生19183人、职业学校在校生2204人。全县幼儿园51所，在园幼儿数9708人。全县学前教育入学率87%，小学适龄儿童净入学率100 %，初中学生入学率100%，初中三年巩固率100%，高中学生入学率94%，高中毕业生升学率95.5%。全县九年义务教育完成率97.2%，较2021年增长1.4%，平均受教育年限12年，较2021年增长0.8%。

【卫生健康】 2022年，全县公共卫生补短板项目加快推进，全县各级医疗卫生机构209个，其中医院9个、卫生院8个、疾病预防控制中心1个、妇幼保健院1个，其他卫生机构190个。卫生机构床位数2036张，较2021年增长3.5%，每千人口医院卫生院床位数7.68张（以常住人口为基准）。卫生技术人员2041人，较2021年下降0.1%，每千人口卫生技术人员8.05人（以常住人口为基准）。8个乡镇卫生院配备移动服务体检车，实现首个乡镇卫生院血透室开科，村卫生室标准化建设实现全覆盖。

【文化】 2022年，全县有剧场1个、影剧院2个、公共图书馆1个、图书室196个、体育场馆3个，公共图书馆图书总藏量18.3万册。新时代文明实践站、村文体广场实现全覆盖。反映“共和国勋章”获得者张富清先进事迹的南剧《本色》晋京梅兰芳大剧院演出，百福司镇入选“中国民间文化艺术之乡”。

【旅游】 2022年，全县旅游综合收入14.22亿元，较2021年增长4.5%；接待游客260.09万人次，增长－20.4%。仙佛寺、杨梅古寨2个国家AAAA级旅游景区提档升级推进，卯洞景区实现复游，张富清先进事迹展入选全国“建党百年红色旅游百条精品线路”。

【居民生活】 2022年，全县农村常住居民人均可支配收入14096元，较2021年增长8.1%，人均生活消费支出12574元，增长8.1%。城镇常住居民人均可支配收入34577元，较2021年增长5.8%，人均生活消费支出25842元，增长2.4%。

【社会保障】 2022年，全县机关事业单位养老保险参保人数11107人，较2021年增长0.3%；企业基本养老保险参保人数41169人，增长4.5%；城乡居民社会养老保险参保人数140595人，下降0.7%。城镇职工基本医疗保险参保人数21381人，较2021年增长4.4%；城乡居民基本医疗保险参保人数275091人，增长1.5%。工伤保险参保人数17173人，较2021年增长5.8%；生育保险参保人数14095人，下降0.4%；失业保险参保人数14906人，增长23.3%。全年征收各项社会保险费37035万元，较2021年增长12.6%；各项社会保险费支出67265万元，增长5.7%。年末全县社会福利收养性单位1个，收养性床位1853张；敬老院、福利院12个。全年有837人享受城镇低保，16191人享受农村低保，19341人享受农村社会救济。

【资源环境】 2022年，来凤县水功能区达标率、水质监测断面和集中式饮用水水源地水质达标率均为100%。污水处理厂9个，实现乡镇污水处理全覆盖。乡镇垃圾中转站投入运行，农村垃圾收运处置体系行政村覆盖率、自然村组覆盖率100%，城市、农村生活垃圾无害化处理率分别为100%、95%。

【应急管理】 2022年，全县有应急救援队伍19支680人，其中消防救援专业队伍1支35人、乡镇应急队伍8支252人、行业部门半专业应急救援队伍8支239人、民兵应急队伍1支120人、社会救援队伍1支34人。实行重点行业领域安全监管，开展矿山检查66矿次、烟花爆竹及危化品企业82家次。全年对全县55座中小型水库、39口重点山塘、12处农村水电站、9处饮水工程、5处在建涉水工程，31处山洪及水文监测站点，3处泵站、涵闸，8处地质灾害点，3个旅游景区开展排查、巡查、检查。全县因灾造成11户农房倒损、21户农房严重受损、63户农房一般受损，全部按时完成重建和修缮任务。全年受灾救助人口23346人，发放救灾资金440.8万元。

【乡村振兴】 2022年，建立来凤县“防返贫监测公众号”，构建起“对象及时发现、帮扶精准有效、风险动态清零”的防返贫监测网。年末累计核实预警信息4610条，新增监测对象192户662人。全县700名干部职工与388户1319人风险未消除人员结对帮扶，对因病、因意外残疾、因意外身故致贫的49户农户落实“防贫保险”100万元。清理中共十八大以来扶贫资金规模54.95亿元，项目资金总规模46.8亿元，形成资产确权4758个45.92亿元，资产确权进度100%，资产占比98.12%。全年累计为16912名低保、特困人群发放各类社会救助资金7180万元。落实教育帮扶政策54457人次4231.85万元，投资9082万元改善校园环境，雨露计划补助5227人次784.05万元。推进基本医保、大病保险、医疗救助三重制度逐步实现向常态化保障平稳过渡，全县79136名农村低收入人口和稳定脱贫人口全部参保，405名家庭医生签约服务团队107个，完成脱贫人口、监测对象家庭医生签约73578人、签约率100%。克服极端干旱天气，采取“调、找、节、蓄、送”措施，新开辟水源59处，推进大水管网延伸30.417千米，投入水泵332台，组织送水1469车次7620.9吨，解决11588人饮水困难，推进水利补短板项目12个、涉及资金1.42亿元。落实易地扶贫搬迁后续扶持，实现搬迁群众就业3346户7541人，全县94个安置点3658户13470人易迁对象后续帮扶措施全部落实，水电路信以及绿化、路灯等配套设施健全，统筹资金857万元实施易迁产业项目5个。“832平台”供应商累计入驻112家，完成线上闭环交易金额10016万元，政府采购完成采购额3200万元，同比增幅190.91%。统筹衔接资金5.4亿元（其中中央和省、州衔接资金1.8亿元），实施巩固拓展脱贫攻坚成果同乡村振兴有效衔接资金项目431个；统筹衔接资金中落实县级配套资金2.06亿元，拨付完成2.01亿元、拨付率97.57%。编制完成《来凤县县域乡村建设布局规划》、72个“多规合一”实用性村庄规划、184个行政村村庄分类布局规划，以及25个美丽乡村建设规划和25个乡村振兴重点村规划。完成农村公路新建改造工程56.63千米，创建“四好农村路”总里程66千米，完成农村公路危旧桥梁改造7座。落实“户分类、村收集、镇转运、县处理”体制机制，垃圾中转站运转有序，实现乡镇100%覆盖。各乡镇配置农村保洁员700余人，农村保洁员配比2.16‰。旧司镇、绿水镇2个乡镇开展垃圾分类试点。绿水镇四合村、老寨村，旧司镇大岩板村、革勒车镇岩板村、大河镇独石塘村5个村列入垃圾分类示范村。农村户厕计划建改345户，超额完成564户，完成问题厕所整改197户，完成百福司镇舍米湖村厕所粪污与生活污水一体化治理和资源化利用试点项目。出台农村公厕、户厕管护制度，解决管护资金40.8万元。

【基层社会治理】 2022年，来凤县有基层党组织630个，其中党委29个、党总支33个、党支部568个；有党工委4个、党组44个。党员13092名，其中农村党员6975名。全年打造绿色产业资源现场教学点22个、红色资源现场教学点17个。探索开设“红色课堂”“指尖课堂”“田园课堂”等，培训普通党员4356人次。各级党委（党组）书记领办党建重点项目79个，建立党建联系点87个，走访调研200余次。出台《进一步加强全县村（社区）“两委”干部关心关爱工作的十条措施》，落实村副职干部每人每年1000元养老保险补贴政策。出台《来凤县强村共富实施方案》，全县组建“1+8”强村集体经营公司实现实体化运营。深化村党（社区）组织书记县级备案管理和村“两委”成员县级联审机制，开展县级联审13批次181人。实施“红色头雁”引领工程，选派71名村（社区）党组织书记参加省州培训。举办村（社区）“两委”县级示范培训班3期，全覆盖培训村（社区）“两委”干部960余人次。创新“12361”驻村管理机制，做实565名驻村干部日常管理。出台《来凤县基层党组织分类管理暨三型党支部创建实施方案》，分行业领域对全县579个基层党组织实行ABC分类管理，动态评选15个有党建品牌、有工作亮点、有示范效应的红旗型党支部。优化城市社区为79个网格，按照“五有”标准打造79个网格服务站，承办12项政务服务事项。完善“社区党组织—网格党支部—楼栋（小区）党小组—党员中心户”组织体系，成立75个网格党支部和1个联合党支部，114家县直单位包保79个网格，选派64名网格第一书记（书记），组建“1+1+N”工作队伍。弘扬张富清“时代楷模”精神，在城市、社区、行业部门等打造97个张富清红色驿站，承办12项政务下沉事项并提供“10+X”服务，服务时长5万小时以上。推行“五建四讲三评”活动，推动机关企事业单位党建工作与业务工作有效融合。实施新就业群体“暖蜂”、商贸园区“注能”、产业集群“强链”三项行动，建成“蜂巢”1个，服务新就业群体500余人。出台《来凤县西商农商城商圈党建工作方案》《来凤县黔龙建材城商圈党建工作方案》，建成西商农商城商户之家，组建藤茶产业行业党委，举办“企业家沙龙”4场、“银企对接会”1场。“转转工”在全县同步实施，形成“社工+村委会+村民自治组织+志愿者”的工作机制，推进来凤县探索社工助力基层治理创新的新模式，在省委党校作为教学案例进行推广。落实“四议两公开”工作机制，修订完善村规民约，不定期公开和随时公开村务、财务，及时解决村民关心的热点焦点难点问题。全县184个村有182个村级综合服务设施面积达到500平方米以上。打造“美好环境与幸福生活共同缔造”试点工作。老寨村是来凤县唯一被省政府纳入“美好环境与幸福生活共同缔造行政村”试点村。

【来凤经济开发区】 2022年，来凤经济开发区有入园企业78家，其中规模以上工业企业14家、新三板上市企业1家。园区年末有47个企业专利授权、3家两化融合试点示范企业。实现工业总产值13.61亿元，实现税收达16900万元。当年获得省级及以上科技奖励2项，建设省级以上示范基地、示范园区2个。开发区入统（指企业达到一定规模，纳入一定层次统计）4.71亿元，入统项目8个。固定资产投资目标任务6.4亿元，完成11个项目上报，上报固定资产投资为1.58亿元；完成新开工6个，竣工5个项目。引进亿元以上产业项目8个，新开工亿元以上产业项目6个（其中10亿元以上1个），外商直接投资125万美元（凤瀚科技）。设立“来凤县四合化工产业园管理服务中心”，为隶属于县政府办公室管理公益一类事业单位，人员从县招商引资服务中心划转，由开发区管委会管理。9月8日，州政府下发《关于设立来凤县四合化工产业园的批复》，同意设立来凤县四合化工产业园。

【对口帮扶（协作）】 2022年，来凤县与省直单位定点帮扶单位省民政厅、省委外办等10家省直定点帮扶单位订帮扶责任书。帮扶单位实际投入和帮助引进资金1833.4万元，实施项目55个，其中帮扶单位实际投入帮扶资金516.6万元，实施项目31个，帮助引进资金1316.8万元，实施项目24个。采购农副产品501万元，帮助销售农副产品169万元，培训干部、技术人才876人次。9家省直单位抽调28人组建9支驻村工作队，驻村帮扶全县9个村。3月，副省长宁咏在省政府主持召开武汉市定点帮扶和区域协作帮扶来凤县联席会，来凤县与各帮扶单位商定19项帮扶事项，与汉阳、蔡甸两区签定《2022年度区域协作协议书》，到武汉市汉阳区、蔡甸区进行帮扶对接，落实对口帮扶项目22个、投入帮扶资金3180万元。汉企金祈藤茶有限公司新增投资近1200万元，吸纳脱贫劳动力就业15人，选取三胡乡黄石狮（黄柏园、石桥村、狮子桥）乡村振兴示范片，围绕藤茶、杨梅等特色农产品资源，与协作地区共建“黄石狮农业特色产业园区”；投入帮扶资金打造的革勒车镇正南梅园得到央视新闻报道。来凤8个乡镇分别与汉阳区、蔡甸区8个街道结成帮扶对子，全县10所学校与汉阳区3所、蔡甸区7所学校结对。来凤县组织10余家企业到武汉市参加“凉交会”，参展农特产品30余种，全年实现销售额1100余万元。组织45家汉企到来凤县举办劳务协作专场招聘会，提供就业岗位2206个。3月30日，中央单位驻鄂定点帮扶工作座谈会在来凤县召开。住建部、农业农村部等17家中央驻鄂定点帮扶单位选派到25个脱贫县挂职领导组成考察组现场参观考察。

【来凤龙山启动两县跨省协作“龙凤同行·文明‘酉’你”新时代文明实践活动】 3月12日，来凤县和湖南省龙山县启动两县跨省协作“龙凤同行·文明‘酉’你”新时代文明实践暨植树节活动。

【荣誉】 2022年2月，来凤县第二实验小学曾志梅名师工作室被省人社厅、省妇联表彰为省三八红旗集体，来凤县翔凤镇花园堡社区被命名为“第七批湖北省学雷锋活动示范点”。3月，来凤县公安局出入境管理大队大队长、行政审批室主任、二级警长彭馥被公安部、共青团中央授予“全国公安机关成绩突出青年民警”，革勒车镇板栗村、漫水乡社里坝村、翔凤镇老茶树、旧司镇新街村4个村被授予“省级生态村”称号。7月，来凤县翔凤镇精神堡社区雷凤洋被省政府表彰为第三届“全省社区建设先进工作者”。9月，来凤籍现役军人向跃东，被中央军委评为“全军‘四有’优秀个人标兵”，被共青团中央评为“全国青年岗位能手”。10月，来凤县翔凤镇花园堡社区党委副书记、妇联主席、工会主席连芳入选“荆楚楷模”。11月，湖北来凤篇“传扬土家摆手舞、跳出农村新生活”获评全国农村公共服务优秀成果，来凤县百福司镇土家族摆手舞入选文化和旅游部公共服务司“中国民间文化艺术之乡”建设典型案例名单。

（谢奇伶）

鹤峰县

【概况】 鹤峰县位于湖北省西南边陲，恩施州东南部，东北邻湖北省五峰县，东南与湖南省石门县、桑植县接壤，西界宣恩县、恩施市，北连建始县、巴东县。地处北纬29°38′—30°14′，东经109°45′—110°38′，县境东西最大跨度85千米，南北最大跨度67千米，面积2868平方千米。2022年，全县完成地区生产总值83.34亿元，按不变价计算，同比增长4.5%。其中：第一产业增加值19.28亿元，同比增长2.7%；第二产业增加值17.03亿元，同比增长5.6%；第三产业增加值47.03亿元，同比增长4.8%。三次产业结构由2021年的22.2∶17.9∶59.9调整为23.2∶20.4∶56.4，第一产业占比上升1个百分点，第二产业占比上升2.5个百分点，第三产业占比下降3.5个百分点。

【区划、人口】 2022年，鹤峰县辖5个镇、4个乡、1个经济开发区，205个行政村，12个社区。年末户籍总人口212205人，其中男性109995人，占总人口的51.8%；女性102210人，占总人口的48.2%，性别比为107.6（女性为100）。全年人口出生率为4.03‰，人口死亡率为7.40‰，人口自然增长率为−3.37‰。出生人口性别比为104.9（女性为100）。

【市场主体】 2022年，全县年末实有市场主体25480个，同比增长17.6%，其中实有企业类市场主体4825个，实有个体工商户19462个，农民专业合作社1193个。全年新登记各类市场主体5311个，同比增长73.9%，其中新登记企业类市场主体1570个，同比增长162.5%。全县就业人员6.2万人，城镇登记失业率3.06%。9月，鹤峰县巨融林业有限公司等4家公司被认定为湖北省农业产业化省级重点龙头企业。

【农业】 2022年年末，全县耕地总资源19346.67公顷，常用耕地面积19346.67公顷，其中水田826.67公顷，旱地18520公顷。农作物播种面积49586.67公顷，其中粮食作物种植面积18206.67公顷，经济作物种植面积16046.67公顷。茶园面积25800公顷，同比增长2.18%，其中采摘面积22373.33公顷，同比增长8.78%。农林牧渔业实现增加值20.36亿元，扣除价格因素，同比增长3.3%。农林牧渔业实现总产值35.67亿元，扣除价格因素，同比增长3.5%。其中农业产值23.5亿元，同比增长0.4%；林业产值4.32亿元，同比增长9%；牧业产值5.64亿元，同比增长5.6%；渔业产值0.02亿元，同比增长144.4%；农林牧渔服务业产值2.18亿元，同比增长14.1%。全年油料产量4829

2022年3月12日，龙（山）（来）凤开展“龙凤同行·文明‘酉’你”植树节活动

（张　杏　摄）

2022年鹤峰县乡镇基本情况一览表

表30

乡镇	区域面积（平方千米）	年末耕地总资源（公顷）	总户数（万户）	年末总人口（人）	社区、村（个）			粮食产量（吨）	一般公共预算收入（万元）	书记、乡镇长（12月末在职）
					小计	社区	村			
铁炉白族乡	227.8	768.94	0.50	14743	12	—	12	4006.66	125	龚丽娜　于治勇
走马镇	502.8	3547.59	1.74	46284	34	1	33	17221.3	3191	陈　刚　龚道柏
五里乡	375.5	2368.37	0.72	20783	22	1	21	9225.16	365	覃　飞　文方杰
燕子镇	369.9	3468.78	0.64	21480	30	1	29	7560.05	2035	蔡斌权　柳远新
下坪乡	160.7	924.05	0.52	14622	14	1	13	4174.05	288	李文广　向学辉
邬阳乡	186.1	1425.39	0.53	14854	17	1	16	4785.65	510	王浩隽　游　钊
中营镇	415.5	4075.87	0.83	22723	34	2	32	9651.86	1030	陶昌银　李孝言
太平镇	320.1	1075.94	0.61	16302	19	1	18	4818.27	1325	李勉进　张　超
容美镇	309.8	1690.25	1.69	40414	35	4	31	9097.62	10850	赵锦华　杨长江
合计	2868.3	19345.18	7.78	212205	217	12	205	70540.62	19719	—

吨，同比增长30.58%；烟叶产量5507吨，同比增产13.72%；蔬菜产量234113吨，同比增产2.5%；茶叶产量37444.23吨，同比减产3.05%；园林水果产量12810.86吨，同比增产4.34%。鹤峰县“鹤峰茶”“鹤峰红茶”“鹤峰青钱柳”“鹤峰蜂蜜”“鹤峰葛仙米”5个产品被农业农村部农产品质量安全中心公布为2022年第三批全国名特优新农产品名单，

【工业、建筑业】 2022年，全县工业增加值14.22亿元，较2021年增长3%，其中规模以上工业增加值增长6.8%。全县50家规模以上工业企业产销率为92.5%。每百元营业收入中的成本84.28元，较2021年同期上升3.8元；营业收入利润率5%，较2021年同期下降1.5个百分点；每百元资产实现的年营业收入32.11元，较2021年同期增长1.83元；资产负债率62.2%，上升0.3个百分点。全年资质建筑企业完成总产值24079万元，同比增长35.8%。建筑业增加值2.82亿元，增长20.8%，占第二产业增加值的16.6%。

【服务业】 2022年，全县批发和零售业增加值8.84亿元，同比增长2.6%；交通运输、仓储和邮政业增加值1.65亿元，同比下降4.3%；住宿和餐饮业增加值2.56亿元，同比下降0.7%；金融业增加值4.07亿元，同比增长16.3%；房地产业增加值6.92亿元，同比增长3.9%；其他服务业增加值21.91亿元，同比增长5%。

【交通、邮政、通信】 2022年，全县公路里程3412.68千米，其中高等级公路414.51千米，农村通公路行政村比重为100%；年末公交车路数13路，实有公共汽（电）车运营车26辆，实有出租汽车50辆。邮政鹤峰县分公司完成收入4482万元，完成计划的103.13%，同比增长13.43%，与2021年比在全省保位。其中代理金融板块收入3248万元，完成进度106.32%，同比增长17.02%，收入贡献率72.47%，同比增长1.91%；邮务板块收入718.09万元，完成进度92.66%，同比下降3.76%，收入贡献率16.02%，同比下降2.86；寄递板块收入509万元，完成进度100.71%，同比增长22.12%，收入贡献率11.36%，同比增长0.83%。全县广播覆盖率99.9%，电视覆盖率99.9%。全县固定电话用户6600户，移动电话用户20.67万户，固定宽带接入用户10.93万户。全社会用电量35986.9万千瓦·时，同比下降2.7%，其中工业用电量9105.7万千瓦·时，同比增长0.2%。12月20日，宜来高速鹤峰东段云南庄至城区（中坝）连接线项目开工仪式在张家村云南庄大桥桥头举行。标志着宜来高速鹤峰东段连接线项目进入施工阶段。

【固定资产投资、房地产】 2022年，全县固定资产投资额同比增长19.5%。其中工业投资同比增长3.7%；工业技改投资同比下降9.6%。房地产开发投资同比增长24.9%。商品房施工面积181156平方米，同比下降46.3%；销售面积73574平方米，同比增长36.1%；待售面积51348平方米，同比下降28.9%。商品房销售额24837万元，同比增长2.3%，其中住宅销售额21001万元，同比下降10.1%。

【贸易】 2022年，全县实现社会消费品零售总额51.57亿元，同比增长3.6%。限额以上商贸企业实现消费品零售总额2.98亿元，同比增长0.46%。城镇市场实现零售额2.63亿元，同比下降1.3%；乡村零售额3500万元，同比增长15.9%。按限上企业消费形态分，餐饮收入实现零售总额2000万元，同比下降4.1%；商品零售实现零售总额2.79亿元，同比增长0.8%。全年实现出口总额4185万美元，同比增长22.7%。

【财政】 2022年，全县完成财政总收入3.31亿元，剔除增值税留抵退税因素后增长15.6%。其中地方一般公共预算收入2.75亿元，剔除增值税留抵退税因素后增长17.7%。在地方一般公共预算收入中，税收收入2.1亿元，剔除增值税留抵退税因素后增长27%。全县一般公共预算支出27.86亿元，同比增长27.4%。

【金融】 2022年年末，全县金融机构各项存款余额106.59亿元，比年初增加16.53亿元。其中住户存款余额91.65亿元，比年初增加13.34亿元；非金融企业存款余额9.06亿元，比年初增加2.27亿元。各项贷款余额66.7亿元，比年初增加16.94

亿元。其中住户贷款28.1亿元，比年初增加4.51亿元；非金融企业及机关团体贷款38.61亿元，比年初增加12.43亿元。

【科技】 2022年，全县高新产业实现增加值4.04亿元，占全州地区生产总值的比重为4.8%，同比提高2.1个百分点。全年获得专利授权321件，其中发明专利14件，实用新型专利291件，外观设计16件。认定高新技术企业28家，新增高新技术企业27家。全县有效期内的高新技术企业33家；组织44家企业完成科技型中小企业评价入库，较2021年增长120%。鹤峰县国家级星创天地1家、州级星创天地3家、州级企校联合创新中心5家、乡村振兴科技创新示范基地2家；对2021年选派的三区科技人才的服务期延长1年，争取省级科技特派员6人，补选州级科技特派员1人。服务鹤峰县的各类科技人才计划专项人数达到58人，其中三区科技人才17人、省级科技特派6人、州级科技特派员5人、县级科技特派员30人；全年累计转化科技成果30项，其中转化发明专利29项，引进新农业品种1个；累计登记技术合同81项，实现技术合同交易额2.44亿元。鹤峰县中心医院挂职副院长蔡显义牵头申报的《基于TFFB控调脂代系统稳态探讨椎间盘退变机制及药物干预研究》课题进入省级重点研发计划立项。该课题为鹤峰县中心医院首次以牵头单位获批的省级重点研发计划项目，也是恩施州入列的唯一一家县级医院项目。

【教育】 2022年，全县有各类学校51所，其中普通中学15所，中等职校1所，小学34所，特校1所。全县专任教师1456人，在校学生16959人，其中普通中学在校学生6811人，职业高中在校学生1320人，小学在校学生8757人。幼儿园39所，在园幼儿3941人。小学适龄儿童净入学率100%，初中学生入学率100%，中、小学生辍学率0%。初中毕业生升学率99.2%；高中毕业生升学率96%。九年义务教育完成率100%。1月，鹤峰县教育局推送的《苔花如米小，也学牡丹开——鄂西南山区小县整县推进信息化破教育发展难题》入选省教育厅区域案例。

2022年10月20日，鹤峰县一中以“八十华章·动见未来”为主题的秋季田径运动会举行 （魏孝文 摄）

【卫生健康】 2022年，全县有卫生机构167个，卫生机构床位1072张，医院病床使用率47.9%；卫生技术人员1071人，其中执业医师397人，注册护士539人，卫生防疫人员59人。

【文化】 2022年，全县有剧场影剧院1个，公共图书馆9个，图书室218个，公共图书馆图书总藏量115.64千册。1月，鹤峰容美土司遗址认定为“湖北百年百大考古发现”；5月，鹤峰县土家音乐剧《清风大爱易满成》入选2022年湖北省民族文化精品项目，并获2022年省民族文化精品项目扶持经费15万元。

【体育】 2022年，全县投入170余万元，新建走马镇阳河村、走马镇梅坪村、燕子镇警苑社区、燕子东乡村、下坪乡岩门村5个新全民健身文体活动场；为30个村配发体育器械；新增体育面积5000平方米。向上争取90万元为五里乡建成全民健身活动中心1处。全县217个村（社区）有体育场地631个，占地面积34.54万平方米，人均体育场地面积1.99平方米。体育设施基本全覆盖。

【旅游】 2022年，全县旅游接待人数427.4万人次，同比增长88.4%；实现国内旅游综合收入20.05亿元，同比增长67.8%。屏山景区创建国家AAAA级旅游景区。9月7日，鹤峰屏山旅游景区获批国家AAAA级旅游景区。

【居民生活】 2022年，全县城镇常住居民人均可支配收入34101元，同比增加1845元，同比增长5.7%。全年城镇常住居民生活消费支出同比增长2.3%，增幅较2021年回落17.8个百分点。构成城镇居民消费支出的八大类商品价格涨跌幅度为食品烟酒支出上涨1.2%，衣着支出上涨0.5%，居住支出上涨4.7%，生活用品及服务支出上涨为2.4%，交通通信支出上涨4.4%，教育文化娱乐支出上涨0.9%，医疗保健支出上涨2.6%，其他用品和服务支出上涨0.4%。农村常住居民人均可支配收入15271元，同比增加1174元，同比增长8.3%。农村常住居民生活消费支出同比增长8.1%，增幅较2021年回落11.2个百分点。构成农村居民消费支出的八大类商品价格涨跌幅度为食品烟酒支出上涨7.4%，衣着支出上涨8.2%，居住支出上涨12.2%，生活用品及服务支出上涨为3.4%，交通通信支出上涨11%，教育文化娱乐支出上涨4.8%，医疗保健支出上涨8.1%，其他用品和服务支出上涨10.1%。

【社会保障】 2022年年末，全县参加城镇基本养老保险人数4.24万人，参加农村养老保险人数11.88万人；参加失业保险人数0.93万人；工伤保险人数1.15万人；参加城镇居民基本医疗保险17.38万人。全县各类提供住宿的民政服务机构11个，提供住宿的民政服务机构床位1124张，收养人数223人。有6599人享受农村居民最低生活保障，384人享受城镇居民最低生活保障，9056人接受农村社会救助。

【城乡建设】　2022年，鹤峰县城乡市政基础设施建设项目14个。其中完成鹤峰县城北线鸡公洞片区加油站至隧道口段改造工程；思源路、绕城线、中村大桥3个临时停车场建成投入使用，新增停车位226个；新建连升广场、融媒体立体停车场、人武部保障性住房和容阳公园项目，新增停车位221个；完成鹤峰县餐厨垃圾处理项目、鹤峰县县城生活垃圾分类收集转运一体化项目、鹤峰县生活垃圾处理处置提档升级项目等3个生活垃圾处理处置项目，完成城区交通组织优化项目、城区市政道路硬隔离项目及城区公交站台（牌）3个项目。全年办理施工许可证46个，涉及投资金额114352万元，其中房建投资62377万元，市政设施建设投入51975万元，新增房屋建筑面积269233平方米。竣工验收25项，其中房建项目12项，房屋建筑面积4.26万平方米，涉及金额11744.71万元，市政工程12项，涉及金额11829.9万元，装修工程1项，涉及金额261.85万元。新建商品房备案成交面积7.35平方米，同比增速36.1%，商品房销售均价为3736元/平方米。全年销售天然气约240万立方米，石油液化气约2288.5吨。完成城区胜利街片区、中坝街片区、连升路片区、九峰大道片区等老旧小区改造，涉及住户4481户。完成五里乡湄坪村、燕子镇新行村、容美镇杨柳坪村3个省级农村垃圾分类示范村创建工作。

【资源环境】　2022年年末，全县森林面积22.51万公顷，森林覆盖率78.8%。全县有国家级自然保护区1个，自然保护区面积20745公顷。城区空气质量优良天数364天，城区空气质量优良率99.7%。

【应急管理】　2022年，全县处理交通安全事故2311起（事故死亡10人，损失额611.98万元），未发生重特大生产安全事故。

【乡村振兴】　2022年，全县组建村级“尖刀班”207个，选派第一书记207人，驻村工作队员1429人，坚持岗位在村、工作在村、吃住在村，开展驻村帮扶工作。统筹捆绑资金3.3亿元，实施项目402个，其中县级财政投入1.1亿元，较2021年增加383万元、增长3.5%。落实贫困学生资助政策，发放资助资金1454.7万元，落实“雨露计划”1743人，发放补助资金261.45万元，推进义务教育学校教师“县管校聘”改革覆盖率100%；建立“双线”控辍保学长效机制，适龄儿童少年入学率100%。脱贫人口和监测对象城乡居民基本医疗保险参保率和参保缴费补贴率均为100%。农村低收入人口住院（含门诊重症）3980人次，县域内合规费用报销比例96.28%，县域外合规费用报销比例90.57%，未发生因病致贫返贫现象。县域内救治大病534人次、门诊慢特病1654人次。推进家庭医生签约服务，脱贫人口和监测对象签约服务率100%。9个乡镇卫生院和128个村卫生室均实现标准化建设。排查农村居民住房5.3万余户，实施危房改造369户（其中C级整修262户，D级翻修、新建107户），发放补助资金545.6万元。统筹捆绑资金1820万元，实施安全饮水补短板项目159个。将符合条件的195户253名对象按政策纳入兜底保障范围。按月实行救助对象动态管理，全县农村保障救助对象7.16万户次、11.93万人次，发放各类救助资金3889.47万元。争取上级因灾受损房屋恢复重建资金80万元，救助旱灾临时生活困难群众412户1111人，发放冬春救助资金400万元。将364户1038人低收入人口纳入监测。发放小额信贷资金1007户4517.37万元；通过“832平台”销售农副产品2.02亿元。实施特色产业项目71个总投资8793万元，安排到户产业奖补资金218万元。全县脱贫人口外出务工23226人，开发护林、易地扶贫搬迁、光伏发电等公益性岗位2700余个；13个就业帮扶车间吸纳群众就业587人，其中脱贫人口300人。为279家企业发放失业保险稳岗补贴147.42万元、稳岗就业3613人，为38名返乡人员发放一次性创业补贴17.5万元，“点对点”组织化劳务输出脱贫劳动力183名，兑现一次性交通补助7.81万元。开发社区管理服务公益岗位403个，实施易迁后扶项目20个，全县9个200人以上的集中安置点帮扶车间全覆盖。建设“容美—中营—下坪”城郊休闲观光农业示范带、走马三产融合发展示范园、太平美丽乡村示范区3个示范带，共同缔造走马镇李桥村、容美镇杨柳坪村、中营镇大路坪村、太平镇洞长湾村、燕子镇石龙洞村、下坪乡东洲村、五里乡瓦屋村、铁炉白族乡细杉村、走马镇阳河村、邬阳乡石龙寨村、杨柳湾社区11个试点村（社区）。打造以茶叶为主的全产业链建设以及中蜂、蔬菜、中药材、箬叶、畜禽等优势主导产业，培育农业产业化市场主体，有国家级农业龙头企业1家、省级农业龙头企业13家、“六有”合作社315家、“六有”家庭农场152家。开展农村人居环境“五清一改”专项

2022 年 5 月 18 日，鹤峰县开展城区防洪应急演练　（郭汉卿 摄）

整治行动，整治国省干线、县乡道路、集镇周边、房前屋后的“脏乱差”问题。鹤峰县申报的《提升人居环境，建设美丽乡村》案例入选拟推介的湖北省全面推进乡村振兴典型案例（第二批）。“村村通客车”保持率、农村垃圾收运处置体系行政村覆盖率均为100%，自来水普及率95.56%，农村生活污水治理率41.95%。建成村级光伏电站13个，总规模660千瓦，累计发电量约43.2万千瓦·时，总收益36.1万元。开展党员干部“下基层、察民情、解民忧、暖民心”实践活动，开展农村党员分类管理试点，推进“114”帮学提能工程，完成村（社区）“两委”干部轮训，发展农村党员106名。开展家庭文明建设积分管理和“最美”评选系列活动，推选“金牌家庭”和“最美”对象。推进美好环境与幸福生活共同缔造，申报省级试点村7个。下坪乡岩门村“景美人和入画来，善治乡村进岩门”案例入选省农业农村厅湖北省乡村治理典型案例。

【基层社会治理】 2022年，鹤峰县坚持深化党建引领城市社区基层治理，将城区120个网格与148个机关企事业单位“精准”结对，形成由1名县领导牵头统筹X个网格，1名网格长包保负责具体网格，8类人员［公安片警、消防员、城管执法人员、交警、市场监管人员、交通执法人员、公共卫生服务人员、村（社区）干部］协同配合的“1+1+8+X”网格管理模式，40名县领导、120名网格长、12名公安干警、20名城管执法人员、2名消防监督指导员、4名市场监督管理工作人员、4名交通执法人员、16名公共卫生服务人员、3050名党员干部下沉社区，成立小区党支部19个，划分楼栋党小组166个，选任党员中心户163户，推选“两长四员”1976人。

【经济开发区】 2022年，全县投入资金4.82亿元用于鹤峰经济开发园区基础设施建设和园区功能配套，水、电、路、网、气及污水处理等基础设施基本完善，新建给水管2.6千米（共有6.1千米）、污水管道9.2千米（共有17千米，即主管网6.8千米、支管网10.2千米）、雨水沟渠3.18千米（共有10.68千米），新增开闭所1处，改造升级园区道路2.3千米，新建景观路2.5千米，新增路灯263盏。开展标准化厂房、综合楼、冷链物流、仓储物流、职工宿舍等配套设施建设。8月10日，省政府同意北鹤峰经济开发区核准面积由12.17公顷调整为124.66公顷。开发区面积调整后由6个区块组成，划定相应区块面积和四至范围。

【对口帮扶（协作）】 2022年，鹤峰县与江岸区、新洲区签订省内区域协作协议书。江岸区、新洲区为鹤峰县落实帮扶资金3300万元，实施帮扶项目13个，其中产业发展项目8个、基础设施项目4个、人才培训项目1个。在江岸区、新洲区举办首届恩施州“凉交会”，推介鹤峰旅游资源及特色产品。江岸区组织385名干部职工、新洲区组织315名干部职工到鹤峰县开展疗休养活动。两区定向采购鹤峰县农副产品467.99万元，帮助销售农副产品1580.58万元。江岸区、新洲区帮助鹤峰县培训中青年干部50人次、村（社区）干部1237人次、教师37人次、医技人才45人次。鹤峰县7名合作社理事长等参加茶产业主题调训班，9名合作社、家庭农场负责人等参加脱贫村农民合作社带头人培训班。江岸区、新洲区帮助鹤峰培训月嫂、保育员、失能人员护理等6期167人次（其中脱贫人口25人次）；帮助落实2650名农村人口担任生态护林员等。江岸区、新洲区20家企业面向鹤峰提供1455个就业岗位，100余人达成就业意向。由江岸区团委联系中建三局绿色产业投资有限公司为鹤峰县青年提供就业岗位11个。鹤峰县在江岸区、新洲区挂牌成立劳务协作工作站，并签订劳务协作协议。江岸区、新洲区在鹤峰县域共计发布就业岗位信息23期，帮助组织鹤峰农村劳动力到结对区就业120人次（其中脱贫人口27人次）、到县内就近就业1855人次（其中脱贫人口543人次）、到其他地区就业205人次（其中脱贫人口205人次）。江岸区安排幼儿园2所、小学4所、初中3所、高中1所，分别与鹤峰县10所学校建立结对帮扶关系；新洲区初中1所、职中1所与鹤峰县2所学校建立结对帮扶关系。鹤峰县分别与江岸区、新洲区达成《医疗协作框架协议》，江岸区1所、新洲区4所医疗机构分别与鹤峰县5所医疗机构建立结对帮扶关系，江岸区选派2名、新洲区选派1名医疗专技人才到鹤峰挂职支援；江岸区为鹤峰县捐赠价值20万元的医疗设备，新洲区捐赠35万元支持鹤峰卫生健康事业发展，位于江岸区的武汉第八医院为鹤峰县中心医院进行直肠癌筛查点位授牌。江岸区15个街道结对帮扶鹤峰县5个乡镇，新洲区4个街道结对帮扶鹤峰县4个乡镇。新洲区相关结对街道为鹤峰县结对乡镇合计捐款130万元。鹤峰县先后4次与江岸区、新洲区自规局等有关部门沟通联系，推进补充耕地和建设用地增减挂钩指标交易事宜。新洲区与鹤峰县达成城乡建设用地增减挂钩交易指标13.33公顷，总交易价款6000余万元。省民宗委牵头，省林业局、省知识产权局、湖北经济学院、湖北财税职业学院、武汉交通职业学院、湖北交通投资集团有限公司、中国石化集团江汉石油管理局有限公司、中国邮政储蓄银行湖北省分行、华中科技大学同济医学院附属协和医院等10个单位定点帮扶鹤峰。全年累计投入帮扶资金1.14亿元，实施帮扶项目22个，引进各类帮扶资金984.58万元，引进项目14个，组织培训2513人次（其中各级党政干部60人次、专业技术人员1343人次、农村创业致富带头人11人次、农业实用技术130人次、劳务就业培训86人次、其他883人次），帮助购买销售鹤峰农副产品1470.58万元。

【颁发全省首张跨部门“一照多址”“一证多址”备案通知】 2022年8月31日，鹤峰县政务服务中心为“鹤峰玫莉寇美容服务馆”负责人陆开燕同时颁发卫生许可证“一证多址”备案通知书和营业执照“一照多址”备案通知书。在全省尚属首例。

【荣誉】 2022年1月，鹤峰县邬阳乡邬阳村入选司法部、民政部联合2021年度“全国民主法治示范村（社区）”复核名单。2月，鹤峰县劳动保障监察局被人社部表彰为2021年度优质服务窗口，鹤峰县中心医院被省委宣传部、省司法厅、省普法工作办公室“2016—2020年普法工作先进单位”，鹤峰县人力资源和社会保障局被省人社厅、省妇女联合会“湖北省三八红旗集体”。3月，鹤峰县被中国发展研究基金会表彰为2021年度阳光校餐示范县，鹤峰县被中国发展研究基金会授予2021年度阳光校餐示范县。4月，鹤峰县获教育部全国义务教育优质均衡先行创建县称号。5月，鹤峰县中交第四公路工程局有限公司宣鹤高速第四合同段项目经理部项目经理刘旭斌荣获湖北省五一劳动奖章。6月，鹤峰县人民检察院被最高人民检察院表彰为2022年度全国检察机关刑事检察优秀释法说理文书入选优秀起诉书办案单位。7月，鹤峰县燕子镇新行村民委员会被省政府授予“全省百佳村民委员会”称号，鹤峰县检察院获评2022年度全国检察机关优秀起诉书办案单位优秀起诉书办案单位；鹤峰县容美镇中坝路社区党总支副书记、居委会委员刘英被授予“全省社区建设先进工作者”称号。8月，鹤峰县老促会被中国老区建设促进会表彰为“全国老促会系统宣传工作先进单位”。9月，鹤峰县劳动保障监察局获省委、省政府第四届湖北省“人民满意的公务员集体”称号；鹤峰县纪委监委信访室主任王永红获中央纪委、国家监委嘉奖，鹤峰县邬阳乡民族中心学校教师周胜获省政府“湖北省农村先进教师”称号。10月，鹤峰县容美镇杨柳湾社区入选国家卫健委、全国老龄办2022年全国示范性老年友好型社区。11月，鹤峰县发展和改革局被国家发改委表彰为“2019—2021年度全国农产品成本调查工作先进集体”。12月，鹤峰县芭蕉河生态修复工程获中国风景园林学会科学技术奖铜奖，鹤峰县纪委监委被省委、省政府表彰为“2017—2019年度湖北省文明单位”，鹤峰县农村经济管理局被农业农村部表彰为“全国农村集体产权制度改革工作先进集体”。

（田　玲李　颜）

人 物

People

先进人物

【雷红兵】 2022年8月30日，被中共中央、国务院表彰为全国“人民满意的公务员”。其事迹材料入选《人民满意的公务员风采录》。雷红兵，畲族，1967年1月出生，中共党员，现任利川市司法局柏杨坝司法所所长，政治素养过硬，爱岗敬业，开拓创新意识较强，公道正派，对人真诚，严于律己，群众口碑好。他扎根基层35年，做到“四得”——冷言冷语要受得、倾诉唠叨要听得、反复无常要挨得、饥肠辘辘要忍得，调解化解矛盾纠纷3000余起，调解成功率达95%以上。在柏杨坝镇，干部群众亲切地称呼他“雷司法”。他带领同事走村串户，让田间地头、道路屋边随时成为普法场地，以拉家常、扯闲白等群众易于接受的方式，多形式宣传普及法律知识。凭着不知疲倦的工作热情和勇于探索的创新精神，雷红兵和他创下的“柏杨坝经验”，在行业内树起了一个个标杆。2017年，打造全州第一个功能完善、运行良好的乡镇公共法律服务工作站，延伸到柏杨坝镇所有村（社区），打通为民服务“最后一公里”。2019年，在他的倡导和努力下，全州首个旅游纠纷人民调解委员会落地柏杨坝。2021年，他推动柏杨坝镇成立全州首个乡镇社区矫正委员会，建成全州首个乡镇社区矫正及安置帮教职业培训基地。35年践行司法为民，他和他所在的柏杨坝镇司法所为保一方和谐安宁作出积极贡献。他曾被评为“全国模范司法所长”“全国‘七五’普法中期先进个人”“湖北省政法队伍先进个人”，他所在的柏杨坝镇司法所被评为“全国模范司法所”。

（崔鸿升）

【刘小英】 2022年3月4日，被全国妇联表彰为2021年度“全国三八红旗手”。刘小英，女，恩施市屯堡乡人，1971年2月出生，恩施市花枝山生态农业股份有限公司董事长。中共党员，大专学历。作为党员，她是党和政府连接群众的“连心桥”。在党和政府的帮助下，刘小英从一名临时工成长为优秀企业家，饮水思源，她借助湖北省三八红旗手刘小英工作室平台宣传党的制度优势，党委、政府的各项惠民政策，惠及群众2万余人次，举办“听党话、感党恩”宣讲培训3期，组建巾帼志愿服务队开展活动12次。作为省妇联执委、恩施市妇联兼职副主席，她是妇联组织服务群众的“好帮手”。精准脱贫期间，她聘请当地农民和下岗职工，直接扶持贫困对象118户，累计用于精准扶贫资金达200余万元。新冠疫情防控期间，企业经营受到影响，她依旧通过妇联组织向社会和医疗机构捐款捐物12.6万元。作为恩施花枝山生态农业股份有限公司董事长，她是乡村振兴带头发展的“领头雁”。她与300余户农户组成利益联合体，每年为社员带来收益500万余元，花枝山村村民年人均收入从不足2000元增长到1.5万元，花枝山村从曾经贫穷落后的普通小山村变成远近闻名的“茶叶专业村”“致富示范村”。她曾先后获评“全省双学双比先进个人”、“全国农村科技致富女能手”、湖北省首届“中国梦·建设湖北”先进典型、“湖北省三八红旗手”、“湖北省三八红旗标兵”、“荆楚楷模”、“湖北省优秀民营企业家”。

（李　琼　陈昱菡）

【江世华】 2022年4月28日，被中华全国总工会授予全国五一劳动奖章。汪世华，1980年10月出生，湖北荆州市人。恩施州亚麦食品有限责任公司研发总监。从事食品行业20多年，通过自主创业，在食品加工技艺、企业管理水平上得到历练。此后从业于恩施州亚麦食品有限责任公司，历任现场技术部长、生产经理、研发总监，组建技术研发团队，带出实用学徒、技工100人以上。2017年，恩施州亚麦食品有限责任公司创新研发的"富硒土豆烧"在全国马铃薯主食化产业联盟被授予2017年度马铃薯主食产业"十大主食"称号。2018年，他制作的"宫廷桃酥"获全国马铃薯主食化产业联盟颁发的2018年度全国马铃薯主食化产业"十大休闲食品"称号。在2018年资溪面包国际旅游文化节上，他制作的长3188米×宽8厘米×高10厘米"中华神龙"蛋糕获单组制作第一名。2019年，他带领团队参加第十二届全国焙烤职业技能竞赛"安琪酵母杯"全国面包技术比赛，获团体赛金奖；带领团队参加第十二届全国焙烤职业技能竞赛"维益杯"全国装饰蛋糕技术比赛，获团体赛2金1银的成绩。在新冠疫情防控期间，他连续55天扎根自己的工作岗位，在三八妇女节准备小蛋糕400余份送到全体女医护人员手上，积极做好相关保障工作和公司的复工复产工作。2019年，他被授予"恩施州劳动模范"称号；2021年，被省总工会授予"湖北省五一劳动奖章"。

（雷 蓉）

2022年获二等功以上奖励退役军人名录

【袁 绍】 土家族，生于1993年4月，建始县花坪镇人，中共党员。2010年12月入伍，服役于海军某部，海军上士军衔，2022年12月退伍，现就职于宜昌市凌云科技集团。他在部队服役期间政治立场坚定，组织观念强，热爱本职工作，多次圆满完成上级交办的各项任务，曾参加庆祝中华人民共和国成立70周年阅兵活动，先后获得"优秀士兵""优秀士官"嘉奖等表彰，荣立三等功1次、二等功1次。

（李 丹）

新闻人物

【吕诗雨】 2022年，被中央文明办评选为第一季度见义勇为类"中国好人"。吕诗雨，苗族，1997年9月生，恩施州利川市人，中共党员，浙江大学2020级研究生。2021年7月31日傍晚，吕诗雨到浙江省平湖市独山港码头游玩，他没曾下过海，却在危急时刻纵身一跃跳入深海，只为救起一名在海水中挣扎的孩子。救人的过程惊心动魄，但吕诗雨在救人后的一个多月内，没有人知道这位身边的"平凡英雄"，他也从未主动提起。直到2021年9月30日，平湖市公安局到校为吕诗雨送达《见义勇为行为确认书》，其见义勇为的事迹再也"藏"不住了，迅速在浙大引起热议。2021年，吕诗雨获浙江大学特殊贡献奖、见义勇为先进个人等荣誉，获评2021年7—10月"湖北好人"。

【周耀林】 2022年，被中央文明办评选为第四季度敬业奉献类"中国好人"。周耀林，1973年12月生，巴东县水流坪水库管护员。自1997年毕业到水库工作，26年来，他以水库为家，用足迹丈量着水库的每一寸土地每一个角落，年巡湖300多次、累计巡查3000多千米，年清理漂浮垃圾24.5吨，让下游3个乡镇近5万人、800公顷农田生活生产用水无忧。周耀林曾获得全国"最美基层河湖卫士""湖北省河湖长制示范人物"等荣誉。2022年11月，周耀林被水利部、全国总工会、全国妇联通报为第二届"寻找最美河湖卫士"。

（邓 恒 唐 敏）

逝世人物

【窦寿镜（1928—2022）】 窦寿镜，1928年出生，河北省大城县人，因病于2022年1月19日逝世，享年94岁。他于1944年7月参加革命工作，1944年4月加入中国共产党。历任河北省大城县审计委员会秘书，财经委员会干事，中国人民银行湖北省分行出纳和股长、恩施支行副行长、巴东支行行长，巴东县副县长，恩施专署文教科科长，建始县委副书记、县长，建始县景阳区四清分团团长，恩施县县直四清分团副团长，恩施地区交通局局长，鄂西土家族苗族自治州城乡建设环境保护局局长等职务。1989年12月离休。

【袁成厚（1927—2022）】 袁成厚，1927年出生，江苏宿迁人，因病于2022年1月21日逝世，享年95岁。他于1943年7月参加革命工作，1944年3月入党，历任新四军三师七旅通讯员、警卫员、四野六纵队警卫员班长，省财政厅供给科保管员，省委党校学员，铁道兵团第二支队供给处支部书记、副指导员、指导员，武汉陆军医院第七连指导员，浠水县巴河区政府副区长，建始县长梁区政府副区长和茅田区委副书记、书记，县税务局局长，恩施专署税务局监察科科长、副局长，粮食局副局长，商业局副局长，恩施地区驻汉办副主任、主任等职。1984年11月离休。

（杨 宸）

【张富清（1924—2022）】 张富清，1924年12月出生，陕西洋县人，因病于2022年12月20日逝世，享年98岁。他于1948年3月参加中国人民解放军，1948年8月加入中国共产党。在西北解放战争中，他出生入死，荣立西北野战军特等功次、军一等功1次、师一等功1次、师二等功1次和团一等功1次，并被授予军"战斗英雄"称号、师"战斗英雄"称号和"人民功臣"奖章。1955年1月，他转业到湖北最偏远的来凤县，先后在城关粮油所、县粮食局、县纺织公司、三胡区、卯洞公社、县外贸局、县建设银行工作，1984年12月离休。他扎根山区的60多年，刻意尘封功绩，闭口不提战功，以至连儿女都不知情。2018年底，在退役军人信息采集中，张富清的感人事迹被发现，这段英雄往事重现在人们面前。用共产党员的如磐初心感动中国的张富清，先后获得"时代楷模""全国优秀共产党员""共和国勋章"等崇高荣誉。12月21日，受湖北省委委托，省委副书记、省功勋荣誉表彰工作领导小组组长李荣灿前往悼念，并向其家属表示深切慰问。12月21日，州委、州政府、来凤县委、来凤县政府发布讣告，2022年12月23日上午10：00在来凤县殡仪馆举行张富清遗体送别仪式。

（编辑部 供稿）

附　录

Appendices

主要组织机构及负责人

（2022 年 12 月 31 日在职）

中共恩施州委员会

书　记　胡超文

副书记　夏锡璠（土家族）

　　　　尹　达

常　委　胡超文

　　　　夏锡璠（土家族）

　　　　尹　达

　　　　吕　星

　　　　张远梅（女）

　　　　张　淼（女）

　　　　龚鸿斌

　　　　王　磊（挂职）

　　　　田金培（土家族）

　　　　向红林（女，土家族）

　　　　单艳平（土家族）

　　　　刘智勇

秘书长　单艳平

副秘书长　王国玮（土家族）

　　　　杨　峻（苗族）

　　　　舒　田（土家族）

　　　　张　华（土家族）

　　　　杨　频（苗族）

　　　　朱继红

恩施州人大常委会

主　任　（空缺）

副主任　涂元玲（女，土家族）

　　　　邓正平（土家族）

　　　　高敬佩（女，苗族）

　　　　张在勇

　　　　邢祖训

　　　　黄　敏（侗族）

秘书长　杨天龙（苗族）

副秘书长　曾志敏（土家族）

　　　　朱华松（土家族）

　　　　黄光英（女，土家族）

恩施州人民政府

州　长　夏锡璠（土家族）

副州长　张远梅（女）

　　　　王　磊（挂职）

　　　　曾凡胜（土家族）

　　　　宋　涛

　　　　田　军

　　　　杨盛僚（苗族）

　　　　许　强（土家族）

秘书长　程　飞（土家族）

副秘书长　董兴培

　　　　朱先忠（土家族）

　　　　费国华（土家族）

　　　　邓　锐（土家族）

　　　　曾东兴（土家族）

　　　　姜　波

　　　　王学东（挂职）

　　　　徐建华（挂职）

政协恩施州委员会

主　席　吴建清（土家族）

副主席　张全榜（土家族）

　　　　王继刚

　　　　刘晓冰（女，土家族）

　　　　何义发

　　　　戴清堂（土家族）

　　　　张紫阳（土家族）

　　　　周辉军

　　　　万雪峰（土家族）

秘书长　杨　皓（苗族）

副秘书长　李国庆

　　　　段绪慧（女，土家族）

中共恩施州纪律检查委员会、州监察委员会

纪律检查委员会

书　记　吕　星

副书记　张敬东

　　　　蔡　倞

　　　　李　君

常　委　吕　星

　　　　张敬东

　　　　蔡　倞

　　　　李　君

周继荣
牟泽忠
颜琳华(女)
彭云峰
张应仑

州监察委员会
主 任 吕 星
副主任 张敬东
蔡 倞
李 君
委 员 牟泽忠
彭云峰
颜琳华(女)
陈启富
向学军

法 院

州中级人民法院
党组书记、院长 雷 超

检察院

州人民检察院
党组书记、检察长 王 宏

州委工作机关

州委办公室(州委国安办、州档案局)
主 任 (空缺)

州委组织部(州公务员局、州委两新工委)
部 长 张 森

州委宣传部[州文明办、州政府新闻办、州新闻出版局(州版权局)]
部 长 向红林

州委统战部(州委台办、州政府台办、州政府侨办)
部 长 田金培

州委政法委
书 记 尹 达

州委政策研究室(州委改革办、州委财经办)
主 任 舒 田

州委网络安全和信息化委员会办公室(州互联网信息办公室)
主 任 周 清

州委外事工作委员会办公室(州政府外办)
主 任 陈朝晖

州委机构编制委员会办公室
主 任 任伦杰

州委直属机关工作委员会
书 记 单艳平

州委巡察工作领导小组办公室
主 任 周继荣

州信访局
局 长 王国玮

州国家保密局
局 长 单 雷

州委老干部局
局 长 杨 华

州人大常委会工作(办事)机构

常委会办公室
机关党组书记、办公室主任
杨天龙

法制工作委员会
主 任 吴以忠

民族宗教侨务外事工作委员会
主 任 谢俊泽

监察和司法工作委员会
主 任 肖刚清

财政经济工作委员会
主 任 田 首

农村工作委员会
主 任 谭鉴锡

教育科学文化卫生工作委员会
主 任 熊坤赤

环境资源保护工作委员会
主 任 余和平

社会建设工作委员会
主 任 谭立文

预算工作委员会
主 任 朱 瑾

代表选举人事任免工作委员会
主 任 卢群林

法规研究室(规范性文件备案审查室)
主 任 吴耀先

政府工作部门

州政府办公室
机关党组书记、办公室主任
程 飞

州政务服务和大数据管理局(州公共资源交易监管局)
党组书记、局长 周后培

州民族宗教事务委员会
党组书记、主任 王兰英

州退役军人事务局(州委退役军人办)
党组书记、局长 饶章涛

州应急管理局
党委书记、局长 周兴发

州公安局
党委书记、局长 田 军

州司法局(州委依法治州办)
党组书记、局长 向定山

州经济和信息化局(州委军民融合办)
党组书记、局长 范 涌

州农业农村局(州委农办)
党组书记、局长 王 波

州商务局(招商局)
党组书记、局长 (空缺)

州乡村振兴局
局 长 向 超

州发展和改革委员会(州粮食局、州能源局、州人防办、州国动办)
党组书记、主任 侯 斌

州财政局
党组书记、局长　　杨局成

州审计局
党组书记、局长　　王新国

州统计局
党组书记、局长　　覃遵国

州人民政府国有资产监督管理委员会
党委书记、主任　　任伦杰

州市场监督管理局(州知识产权局)
党组书记　　胡会清
局　长　　张紫阳

州地方金融工作局(州金融办)
党组书记、局长　　王　牟

州交通运输局
党组书记、局长　　冉茂和

州自然资源和规划局
党组书记、局长　　王　闯

州林业局
党组书记、局长　　田爱民

州水利和湖泊局(州河湖长制办公室)
党组书记、局长　　田贵周

州生态环境局
党组书记、局长　　张远虚

州住房和城乡建设局
党组书记、局长　　谭若峰

州科学技术局(州国防动员委员会科技动员办公室)
党组书记、局长　　胡　铭

州教育局(州委教育领导小组秘书组、州委教育工委、州人民政府教育督导室)
党组书记、局长　　王　峰

州文化和旅游局(州体育局、州广播电视局)
党组书记、局长　　邵爱华

州卫生健康委员会(州中医药局)
党组书记、主任　　杨祖旺

州人力资源和社会保障局
党组书记、局长　　易善翔

州医疗保障局
党组书记　　刘　琳
局　长　　张　伟

州政府研究室
党组书记、主任　　丁志富

州民政局
党组书记、局长　　（空缺）

州政协工作(办事)机构

州政协办公室
党组书记、办公室主任
杨　皓

提案委员会
主　任　　向继华

经济委员会
主　任　　郜志中

教科卫体委员会
主　任　　黄同元

人口资源环境委员会
主　任　　陈泽刚

民族宗教委员会
主　任　　邓习猛

文化文史和学习委员会
主　任　　冉崇柳

社会法制港澳台侨外事委员会
主　任　　张祖清

委员工作委员会
主　任　　满延杰

农业和农村委员会
主　任　　陈明海

民主党派

中国国民党革命委员会恩施州委员会
主　委　　许　强

中国民主同盟恩施州委员会
主　委　　何义发

中国民主建国会恩施州委员会
主　委　　张　伟

中国民主促进会恩施州总支部委员会
主　委　　陈晓燕

中国农工民主党恩施州委员会
主　委　　向仕莲

九三学社湖北省委直属恩施支社委员会
主　委　　杨方列

群众团体

州总工会
主　席　　田金培
党组书记　　张　蓉

共青团恩施州委
书　记　　陈　潇

州妇女联合会
党组书记、主席　　刘俐萍

州工商联
主　席　　王继刚
党组书记　　刘红艳

州科学技术协会
主　席　　冯兴炼

州残疾人联合会
党组书记、理事长　严　芳

州红十字会
会　长　　曾凡胜(兼任)
党组书记　　刘咸辉

州委、州政府派出机构

州委恩施高新技术产业园区工作委员会(恩施高新技术产业园区管理委员会)
工委书记　　张远梅
主　任　　（空缺）

经济合作组织

州供销合作社联合社
党组书记 滕晓东
主 任 卓万俊

州委直属事业单位

州委党校(州行政学院、州社会主义学院、州民族干部学校)
第一校长 胡超文
校 长 张 淼
州行政学院院长 张远梅
州社会主义学院院长 田金培

恩施日报社
党委书记、社长 陈登帆

州档案馆(州史志研究中心)
馆 长 谭培忠

州机关事务服务中心
主 任 胡友清

州广播电视台
台 长 粟 勇

州政府直属事业单位

州住房公积金中心
党组书记、主任 刘国文

州公共资源交易中心(州政府采购中心)
党组书记、主任 胡明义

州公共检验检测中心(国家硒检中心)
党组书记、主任 邓 勇

州畜牧兽医服务中心
党组书记、主任 田代华

州硒资源保护与开发中心
党组书记、主任 田真明

恩施职业技术学院
党委书记 严 斌
院 长 张 捷

部门所属行政单位

州强制隔离戒毒所
所 长 冉思雄
政 委 熊 锋

部门所属事业单位

州纪委监委警示教育基地
主 任 向极怀

州委组织部党员教育中心
主 任 万 品

州委理论信息中心(州委讲师团)
主 任 向文锋

州政府驻武汉办事处
党委书记、主任 符金操

州政府驻北京联络处
主 任 谭祖沧

州农业产业化投资项目管理办公室
主 任 杨学峰

湖北鹤峰革命纪念地管理中心
主 任 汪 娟

州优抚医院
院 长 王 勇

州农业综合执法支队
支队长 赵如敏

州农业发展服务中心
主 任 (空缺)

州农村事业发展服务中心
主 任 (空缺)

州农业科学院(湖北恩施中国南方马铃薯研究中心、州硒应用技术与产品开发研究院)
党委书记 牟来举
院长、中心主任 沈艳芬

州城市管理综合执法支队
支队长 董兴来

州不动产登记中心
主 任 冯 强

湖北星斗山国家级自然保护区管理局
局 长 黄照林

湖北七姊妹山国家级自然保护区管理局
局 长 罗永生

湖北木林子国家级自然保护区管理局
局 长 伍晓锋

湖北巴东金丝猴国家级自然保护区管理局
局 长 钱才东

湖北恩施腾龙洞大峡谷国家地质公园管理局
局 长 谭志雄

州生态环境保护综合执法支队
支队长 朱熙锋

州公路管理局
党委书记、局长 张志奇

州高速公路建设管理委员会办公室
主 任 冉茂和

州道路运输管理处
主 任 陈文虎

州港航海事船检局
局 长 (空缺)

州农村公路管理局(州交通物流发展局)
局 长 陈宇峰

州铁路建设委员会办公室
主 任 刘天林

州交通运输综合执法支队
支队长 朱一进

州市场监督管理局综合执法支队
支队长 黄家甫

州发展和改革研究中心
主 任 李秀萍

州会计事务管理局
局　长　　　　陆贤忠

州非税收入管理局
局　长　　　　（空缺）

州财政监督局
局　长　　　　张　洁

州广播电视大学
党委书记　　　宋爱军
校　长　　　　田中华

州高级中学
党委书记、校长　谭　斌

州中心医院
党委书记　　　李　拓
院　长　　　　琚兆清

州药业产业化领导小组办公室
主　任　　　　张千宏

州妇幼保健计划生育服务中心
主　任　　　　石思蓉

州疾控中心
主　任　　　　向东风

州卫生计生综合监督执法局
局　长　　　　蒋　庆

州计划生育协会
专职副会长　　（空缺）

州文化和旅游市场综合执法支队
支队长　　　　罗　诚

湖北省民族歌舞团
党委书记、团长　燕　冰

湖北恩施唐崖土司城遗址管理处
党工委书记、主任　申　艳

州社会保险管理局
局　长　　　　刘言成

州公共就业和人才服务局
局　长　　　　陶文胜

州人事考试院
院　长　　　　（空缺）

州贸促会
会　长　　　　李　波

州属国有企业

州高新投资开发有限责任公司
党委书记、董事长　熊　庆

州国有资本投资运营有限公司
党委书记、董事长　范　涌

州农发融资担保股份有限公司
董事长　　　　冉茂林

州平安押运有限公司
党委书记、董事长　黄向前

州硒康牧业发展有限公司
执行董事　　　冉茂林

州文化旅游投资开发有限公司
董事长　　　　邓亚敏

州数字产业发展有限公司
董事长　　　　毛斌益

垂直(代管)单位和其他机构

州税务局
党委书记、局长　马建军

州气象局
党组书记、局长　陈　波

恩施海关
关　长　　　　李跃平

省地质局第二地质大队
党委书记、队长　杨波涌

湖北省恩施监狱
党委书记、监狱长　鲁　立

州消防救援支队
支队长　　　　彭青松
政治委员　　　胡　涛

国家统计局恩施州调查队
党组书记、队长　（空缺）

湖北省农业科学院中药材研究所
党委书记　　　谭旭辉
所　长　　　　王晴芳

州水文水资源勘测局(省水环境监测中心恩施分中心)
党委书记、局长　杨松元

州生态环境监测中心
主　任　　　　张念胜

国网恩施供电公司
总经理　　　　刘　嵩
党委书记　　　陈昌强

国能长源恩施水电开发有限公司
党委书记、董事长、总经理
　　　　　　　宫贵朝

湖北能源集团齐岳山风电有限公司
总经理　　　　陈　平

湖北广电网络恩施分公司
党委书记、总经理　赵明政

州邮政管理局
党组书记、局长　钱国栋

中国邮政集团有限公司恩施州分公司
总经理　　　　李茂山

中国电信恩施分公司
党委书记、总经理　胡玉辉

中国移动通信集团湖北有限公司恩施分公司
党委书记、总经理　谢纪鹏

中国联合网络通信有限公司恩施州分公司
党委书记、总经理　刘学锋

中国铁塔股份有限公司恩施州分公司
总经理　　　　胡　平

州烟草专卖局(公司)
党组书记、局长、经理
　　　　　　　先开远

湖北烟草金叶复烤有限责任公司
党组书记、总经理　程瑞武

湖北中烟工业有限责任公司恩施卷烟厂
党委书记　　　刘华豫
厂　长　　　　朱　华

中石化恩施石油分公司
党委书记、经理　杨祖文

中国石油湖北恩施销售分公司
执行董事、党委书记　李蒙蒙

恩施盐业分公司
党委书记、总经理　陈家乐

湖北机场集团恩施机场有限责任公司
总经理　刘　颖
党委书记　聂成志

湖北民族大学
党委书记　向前进
校　长　顿祖义

湖北民族大学附属民大医院
党委书记　谭庆丰
院　长　刘伦志

湖北恩施学院
党委书记　覃红斌
校　长　马凤余

湖北清外教育科技集团
董事长　李瑞成
总校长　徐仕全
党委书记　吴民佑

中国人民银行恩施州中心支行
党委书记、行长　常　新

恩施银保监分局
党委书记、局长　（空缺）

中国工商银行股份有限公司恩施分行
党委书记、行长　张文锋

中国建设银行股份有限公司恩施分行
党委书记、行长　薛实高

中国农业银行股份有限公司恩施分行
党委书记、行长　张海涛

中国银行股份有限公司恩施分行
党委书记、行长　周建峰

中国农业发展银行恩施州分行
党委书记、行长　熊　华

中国邮政储蓄银行股份有限公司恩施州分行
党委书记、行长　付艳林

湖北恩施农村商业银行股份有限公司
党委书记、董事长　范　伟
行　长　张巍巍

中国人民财产保险股份有限公司恩施州分公司
党委书记、总经理　幸保峰

中国人民人寿保险股份有限公司恩施中心支公司
总经理　童　智

中国太平洋财产保险股份有限公司恩施中心支公司
党委书记、总经理　钟　宇

中国太平洋人寿保险股份有限公司恩施中心支公司
总经理　刘春艳

州老区建设促进会
会　长　于德海

州保险行业协会
会　长　钟　宇

州企业联合会（企业家协会）
会　长　谭隆泽

县　市

恩施市

中共恩施市委员会
书　记　苏　勇（土家族）
副书记　向子明（土家族）
　　　　郭亚妮（女，苗族）
常　委　苏　勇（土家族）
　　　　向子明（土家族）
　　　　郭亚妮（女，苗族）
　　　　刘　涛（土家族）
　　　　任建华（土家族）
　　　　宋传富（土家族）
　　　　向旭东（土家族）
　　　　李华军
　　　　柳海龙
　　　　徐贵尧（女，土家族）
　　　　董晓明（土家族）

恩施市人大常委会
主　任　徐　卫
副主任　黎昔品（侗族）
　　　　余秋红（女）
　　　　王学渊（土家族）
　　　　万亨东（土家族）
　　　　杨　帆（土家族）
　　　　吕祖贵（土家族）

恩施市人民政府
市　长　向子明（土家族）
副市长　刘　涛（土家族）
　　　　董晓明（土家族）
　　　　张　娟（女，彝族）
　　　　黄建国
　　　　吴德敏（挂职）
　　　　吴红春（挂职）
　　　　卢　飞（土家族）
　　　　易发斌（土家族）
　　　　付定平（土家族）
　　　　高仁海

政协恩施市委员会
主　席　汪业民
副主席　吴秀忠（土家族）
　　　　李家忠
　　　　刘庆华（女，土家族）
　　　　丁　娟（女，土家族）
　　　　廖平玥（土家族）

利川市

中共利川市委员会
书　记　刘智勇
副书记　熊　翔（土家族）
　　　　谢世鸿（土家族）
常　委　刘智勇
　　　　熊　翔（土家族）
　　　　谢世鸿（土家族）
　　　　喻东来（土家族）
　　　　周　霆
　　　　彭必武（土家族）
　　　　王宇飞
　　　　周　毅（土家族）
　　　　向益猛（土家族）
　　　　刘玲芳（女，土家族）
　　　　方小兵

利川市人大常委会
主　任　何文建
副主任　王　梅（女，土家族）
　　　　周峥嵘（女）
　　　　洪　超（土家族）
　　　　肖耀俊（土家族）
　　　　熊大昌（土家族）
　　　　曾维权

利川市人民政府
市　长　　熊　翔(土家族)
副市长　　彭必武(土家族)
　　　　　向益猛(土家族)
　　　　　李学森(挂职)
　　　　　周爱华(女,土家族)
　　　　　朱廷辉(土家族,挂职)
　　　　　王镇岩(挂职)
　　　　　赵学成
　　　　　何显高(土家族)
　　　　　佘　军(土家族)
　　　　　朱定攀(土家族)
　　　　　卢　超(挂职)

政协利川市委员会
主　席　　刘　勇(女,土家族)
副主席　　向红杰(土家族)
　　　　　周德燕(女,土家族)
　　　　　张怀志(土家族)
　　　　　李中革(土家族)

建始县

中共建始县委员会
书　记　　张渊平
副书记　　李永太
　　　　　周和平(土家族)
常　委　　张渊平
　　　　　李永太
　　　　　周和平(土家族)
　　　　　张　媛(女,土家族)
　　　　　刘友权(土家族)
　　　　　李远禄(土家族)
　　　　　蒋　涛(土家族)
　　　　　龙　慧(女,侗族)
　　　　　孙玉斌(土家族)
　　　　　姚永红
　　　　　金　鑫(土家族)

建始县人大常委会
主　任　　曾凡忠(土家族)
副主任　　张　华(女)
　　　　　胡文江
　　　　　刘书华
　　　　　王家贵
　　　　　曾　健
　　　　　冯成碧(土家族)

建始县人民政府
县　长　　李永太
副县长　　孙玉斌(土家族)
　　　　　张　媛(女,土家族)
　　　　　李仁刚(挂职)
　　　　　程洪平(挂职)
　　　　　刘仕军(土家族)
　　　　　周　敏(土家族)
　　　　　谭　明(土家族)
　　　　　向　帆(土家族)
　　　　　雷宏伍(土家族)
　　　　　黄琬婷(女,挂职)

政协建始县委员会
主　席　　曾玉平
副主席　　李　丽(女)
　　　　　喻红平(女,土家族)
　　　　　姚建军(土家族)
　　　　　樊友明(土家族)
　　　　　何　平(土家族)

巴东县

中共巴东县委员会
书　记　　黄　波(土家族)
副书记　　洪家进(土家族)
　　　　　沈浩然(土家族)
常　委　　黄　波(土家族)
　　　　　洪家进(土家族)
　　　　　沈浩然(土家族)
　　　　　唐其锐
　　　　　黄　政(土家族)
　　　　　张　情
　　　　　钟迎松(土家族)
　　　　　雷玉龙(土家族)
　　　　　贺申富(土家族)
　　　　　黄祖贵(土家族)
　　　　　肖　卓

巴东县人大常委会
主　任　　贾继建
副主任　　李　闯(土家族)
　　　　　唐　耘(女)
　　　　　易开美(土家族)
　　　　　周　红
　　　　　谭文胜(土家族)
　　　　　邓秀朝(土家族)

巴东县人民政府
县　长　　洪家进(土家族)
副县长　　雷玉龙(土家族)
　　　　　黄艳妮(女,土家族)
　　　　　皮剑飞(土家族)
　　　　　宋　良(土家族)
　　　　　李前兵(土家族)
　　　　　熊学红
　　　　　汤红明(挂职)
　　　　　郑海军(挂职)
　　　　　朱德健(挂职)
　　　　　鲁　佳(挂职)

政协巴东县委员会
主　席　　肖谨诚(土家族)
副主席　　刘传谊(土家族)
　　　　　向秀忠(土家族)
　　　　　谭联才(土家族)
　　　　　田祚立(土家族)
　　　　　宋子云

宣恩县

中共宣恩县委
书　记　　习　覃(女,土家族)
副书记　　赵秀峰(土家族)
　　　　　郭玉锋(土家族)
常　委　　习　覃(女,土家族)
　　　　　赵秀峰(土家族)
　　　　　郭玉锋(土家族)
　　　　　姚元文(侗族)
　　　　　贺　彪
　　　　　张通军(土家族)
　　　　　朱俊奇
　　　　　覃正彪(土家族)
　　　　　向重臣(土家族)
　　　　　朱朝春(土家族)
　　　　　邓正军(苗族)

宣恩县人大常委会
主　任　　覃国锋(土家族)
副主任　　李　川(土家族)
　　　　　乾维德(土家族)
　　　　　陈　勇(侗族)
　　　　　黄　敏(女,土家族)
　　　　　奚泽辉(苗族)
　　　　　龚家邦(土家族)

宣恩县人民政府
县　长　　赵秀峰(土家族)
副县长　　姚元文(侗族)
　　　　　邓正军(苗族)
　　　　　陶　华(女,土家族)
　　　　　卢　军(土家族)
　　　　　孙　涛(土家族)
　　　　　唐　刚(苗族)
　　　　　袁永灿(土家族)
　　　　　吕　辉(挂职)
　　　　　张　锋(挂职)
　　　　　徐志斌

宣恩县政协委员会
主　席　　周志斌
副主席　　胡晓洪(侗族)
　　　　　李明然
　　　　　刘　军

舒　蓉（女，苗族）
黄　伟

咸丰县

中共咸丰县委员会
书　记　郭　玲（女，土家族）
副书记　覃正炜（土家族）
　　　　李　娟（女，土家族）
常　委　郭　玲（女，土家族）
　　　　覃正炜（土家族）
　　　　李　娟（女，土家族）
　　　　宋庆平
　　　　田应贵（土家族）
　　　　陈　俊
　　　　黄显昌（土家族）
　　　　曾　军（苗族）
　　　　杨　俊
　　　　赵红敏（土家族）
　　　　何　祥（土家族）

咸丰县人大常委会
主　任　欧阳开平（土家族）
副主任　杨志高（土家族）
　　　　曾永国（土家族）
　　　　邓　华（女，苗族）
　　　　谭　皓（土家族）
　　　　尹健康（土家族）
　　　　曾令军（土家族）

咸丰县人民政府
县　长　覃正炜(土家族)
副县长　宋庆平
　　　　陈世雄（挂职）
　　　　唐红珍
　　　　李品颢（土家族）
　　　　袁明江（土家族）
　　　　申金桥（朝鲜族）
　　　　金　韬
　　　　高绪辉
　　　　李　政（挂职）
　　　　田志勇（挂职）
　　　　来国红（挂职）

政协咸丰县委员会
主　席　梁爱民（土家族）
副主席　李方胜
　　　　刘玉学（土家族）
　　　　张政祥（土家族）

严克远（土家族）
蔡　玲（女，土家族）

来凤县

中共来凤县委员会
书　记　李　伟（土家族）
副书记　张作明
　　　　安生永
常　委　李　伟（土家族）
　　　　张作明
　　　　安生永
　　　　朱传杰（土家族）
　　　　刘支皇（土家族）
　　　　刘　洋
　　　　何小岚（女，土家族）
　　　　张冠华（苗族）
　　　　田　慧（女，土家族）
　　　　汪建敏
　　　　黄祥平（苗族）
　　　　杨　锚（挂职）

来凤县人大常委会
主　任　田延初（土家族）
副主任　滕建刚（苗族）
　　　　蔡　勇（苗族）
　　　　张　钧（苗族）
　　　　覃玉斌（土家族）
　　　　段光明
　　　　文和海

来凤县人民政府
县　长　张作明
副县长　刘支皇（土家族）
　　　　杨　锚（挂职）
　　　　吴兴灿（苗族）
　　　　汪玉明（土家族）
　　　　朱泽华（土家族）
　　　　向　峰（女，土家族）
　　　　向雪峰（土家族）
　　　　孙　睿（挂职）
　　　　刘　沛（挂职）

政协来凤县委员会
主　席　赵昌青（土家族）
副主席　满　涛（苗族）
　　　　舒镜峰（土家族）
　　　　彭召元（土家族）
　　　　龙显著（土家族）

鹤峰县

中共鹤峰县委员会
书　记　彭元洪（土家族）
副书记　王　兵（土家族）
　　　　赖于明
常　委　彭元洪（土家族）
　　　　王　兵（土家族）
　　　　赖于明
　　　　姚玉华（苗族）
　　　　伍晓锋（土家族）
　　　　皇甫鸿（女，土家族）
　　　　阳如海（苗族）
　　　　陈卫锋（土家族）
　　　　陈　澍
　　　　冉俊杰
　　　　危　俊（苗族）

鹤峰县人大常委会
主　任　黄凤协（土家族）
副主任　向宏安（土家族）
　　　　夏德术（苗族）
　　　　夏依忠（苗族）
　　　　王红艳（女，白族）
　　　　熊　敏（土家族）
　　　　王卫华（土家族）

鹤峰县人民政府
县　长　王　兵（土家族）
副县长　伍晓锋（土家族）
　　　　冉俊杰
　　　　郑　平（土家族）
　　　　章银华（土家族）
　　　　龚联坤（土家族）
　　　　李大江（苗族）
　　　　刘万红（土家族）
　　　　邓继强（土家族）
　　　　陈世娟（挂职）
　　　　林　曙（挂职）
　　　　李鸿雯（挂职）

政协鹤峰委员会
主　席　覃长玉（女，土家族）
副主席　张甄秀（女，土家族）
　　　　黄宏启（土家族）
　　　　覃黎明（土家族）
　　　　丁仕德（土家族）
　　　　李施甫（土家族）

中共恩施州委 恩施州人民政府关于加快推进“两山”实践创新示范区建设的决定

州发〔2022〕9号

为深入学习贯彻习近平生态文明思想和习近平总书记关于湖北工作的重要讲话和指示批示精神，全面落实省第十二次党代会决策部署，加快推进“两山”实践创新示范区建设，作出如下决定。

一、深刻认识“两山”实践创新示范区建设的重大意义

——践行习近平生态文明思想的政治担当。“两山”理念是习近平生态文明思想的科学内核和鲜明特色。恩施州是国家重要生态功能区，是长江中上游重要生态屏障，肩负着重大的生态责任。推进“两山”实践创新示范区建设，就是践行习近平生态文明思想，学深悟透“两山”理念，用实际行动筑牢生态屏障，担当生态责任。

——贯彻省委决策部署的具体行动。省第十二次党代会赋予恩施建设“两山”实践创新示范区的重大使命，为恩施描绘了崭新蓝图、作出了精准定位。推进“两山”实践创新示范区建设，就是按照省党代会的要求，抢抓机遇，加快发展，用优良的自然环境和优质的生态资源集聚产业、汇集资本、吸引人才，让绿水青山持续转化为金山银山。

——推进恩施州高质量发展的现实选择。恩施州享有“世界硒都”“华中药库”“鄂西林海”“天然氧吧”等美誉，森林覆盖率达70%以上，被授予全国“两山”实践创新基地、国家生态文明建设示范州、中国气候宜居城市，具有绿色发展、高质量发展的后发优势。推进“两山”实践创新示范区建设，就是充分发挥优势，乘势而上，在新发展阶段赢得先机，推进生态环境高水平保护和经济社会高质量发展。

二、准确把握“两山”实践创新示范区建设总体要求

1. 指导思想。以习近平新时代中国特色社会主义思想为指导，深入践行习近平生态文明思想，认真贯彻习近平总书记关于湖北工作的重要讲话和指示批示精神，全面落实党的十九大、二十大精神，立足新发展阶段，完整准确全面贯彻新发展理念，积极融入新发展格局，按照省第十二次党代会、州第八次党代会部署，坚持“生态产业化、产业生态化”发展路径，抓实“立足大生态、构建大交通、发展大旅游、打造大产业”四大举措，彰显“土、硒、茶、凉、绿”五大优势，扎实推进“三个示范、三个突破”，努力建设“两山”实践创新示范区，为湖北建设全国构建新发展格局先行区作出恩施贡献。

2. 基本原则

——坚持生态优先，绿色发展。牢固树立和践行“两山”理念，像对待生命一样对待生态环境，努力建设人与自然和谐共生的美丽家园。坚持降碳、减污、扩绿、增长协同推进，努力将生态优势转化为经济优势。

——坚持创新驱动，示范引领。把创新摆在突出位置，积极探索新的体制机制和发展模式，激发各类市场主体参与“两山”实践创新的内生动力，建设一批绿色发展示范产业园，实施一批绿色发展示范工程，推进产业转型升级。

——坚持统筹协调，全域推进。正确处理好发展与安全、理念与实践、当前与长远等关系，统筹经济社会发展和生态建设，统筹城乡协调发展，推进新型工业化、信息化、城镇化、农业现代化同步发展，实现经济效益、生态效益、社会效益相统一。

——坚持开放合作，区域协同。推动高水平开放，主动融入新发展格局和全省区域发展布局，积极参与区域协同发展，用好对口帮扶合作机制，加强资源整合、优势互补，实现合作共赢。

——坚持共建共治共享，共同缔造。坚持以人民为中心，凝聚各方共识，引领全社会共同推进“两山”实践创新示范区建设。广泛开展美好环境与幸福生活共同缔造活动，发动群众决策共谋、发展共建、建设共管、效果共评、成果共享。

3. 总体目标。到2026年，长江中上游重要生态屏障持续筑牢，宜居宜业宜养宜游“美丽恩施”金字招牌持续擦亮，世界级旅游目的地、中国富硒产业高地、华中地区清洁能源基地、华中地区生物医药产业基地、武陵山区绿色新兴产业集聚地等基本建成，生态产业化、产业生态化进程明显加快，形成一批在全国、全省有影响力的恩施“两山”转化品牌模式，顺利通过国家“两山”实践创新基地评估验收，建成“两山”实践创新示范区。

——生态指数保持领先。县市城区空气质量优良天数比例达到98%以上，境内考核断面水质优良比例保持100%，城镇生活污水处理率达到98%，城镇生活垃圾无害化处理率达到100%，生态环境质量进一步提升。

——生态经济稳步壮大。生态文旅康养、特色富硒、清洁能源、生物医药等重点产业持续壮大，产业结构不断优化，清洁、高效、低碳的产业发展特征更加明显，协调发展的生态产业体系基本建成。

——生态价值高效转化。建立一套科学合理的生态产品价值核算评估体系，探索一套行之有效的生态产品价值实现制度体系，形成一批可复制推广的生态产品价值实现模式，实现GDP和GEP（生态系统生产总值）协同增长，转化效率明显提高，绿色低碳的生产生活方式基本形成。

三、坚决扛起“两山”实践创新示范区建设历史使命

（一）奋力在生态环境保护上做示范

4. 严格管控国土空间。编制完善全州国土空间规划，严守永久基本农田、生态保护红线、城镇开发边界控制线，推进生态保护红线、环境质量底线、资源利用上线和生态环境准入清单分区管控，以铁的手腕推进规划落实。加快推进以国家公园为主体的自然保护地体系建设，推进自然保护地整合优化，严格管控自然保护地内非生态活动，恢复提升自然生态系统功能。推动湖北恩施腾龙洞·大峡谷国家地质公园创建世界地质公园，支持巴东金丝猴国家级自然保护区纳入神农架国家公园扩区范围。

5. 全面守护绿水青山。坚持共抓大保护，不搞大开发。持续深化“河湖长制”，严格落实“十年禁渔”。强化州级统筹，合理划分境内流域三级片区，确定流域综合治理“底图单元”。扎实开展长江高水平保护十大攻坚提升行动，加强清江流域综合治理，持续守护全国“最美家乡河”。加快郁江、酉水、溇水等河流系统治理，强化水安全和水环境安全，坚决守住流域安全底线。全面实施“林长制”，加强天然林保护和重要湿地生态保护修复，加快“彩色森林”建设。加强生物多样性保护，强化珍稀濒危野生动植物保护，严格外来物种防控。巩固提升国家生态文明建设示范州创建成果。到2026年，8个县市全部建成国家生态文明建设示范县。

6. 系统治理生态环境。加强山水林田湖草沙系统治理，以自然保护地、重要河库水岸、城市生态用地等为重点，谋划实施一批生态保护和修复重大工程。深入打好污染防治攻坚战，高标准打好蓝天、碧水、净土保卫战，稳步推进“碳达峰十大行动”，严密防控生态环境风险，确保生态环境质量稳居全省前列。

（二）奋力在绿色产业发展上做示范

7. 大力发展生态文旅康养产业，打造世界级旅游目的地。立足自然生态、民族文化、富硒养生、避暑气候等优势资源，制定世界级旅游目的地规划，绘制恩施旅游长远发展蓝图。改造升级景区生态链，加快恩施大峡谷、利川腾龙洞、巴东神农溪等核心景区提档升级和延伸开发，高标准开发建设新景区。大力推进以康养度假、生态观光、文化体验、运动休闲为主体，以商务会展、教育研学、科学考察等为补充的生态文旅康养大产业有序发展，建成国家全域旅游示范区。大力发展演艺、露营等旅游新业态，丰富文旅消费场景。定期举办文化旅游节，打造具有全国影响力的文旅标识。到2026年，生态文旅康养产业综合收入突破1000亿元。

8. 大力发展特色富硒产业，打造中国富硒产业高地。立足“世界唯一探明独立硒矿床”和“全球最大富硒生物圈”两大核心资源优势，发展硒产业、丰富硒产品、加强硒科研、建立硒标准，着力壮大以硒农产品种养为基础，以硒产品精深加工为重点，以硒蛋白产业化为突破，以硒康养旅游为特色的硒产业集群，持续擦亮“恩施硒茶”“恩施玉露”“利川红”“恩施土豆”等硒品牌，打造“世界硒都·中国硒谷”。到2026年，全州富硒产业综合产值突破1400亿元。

9. 大力发展清洁能源产业，打造华中地区清洁能源基地。立足“4.5万亿立方米页岩气蕴藏量”的资源优势，加大利川、咸丰、建始等区块页岩气勘探开发力度，打造页岩气全产业链，着力建设鄂西页岩气勘探开发综合示范区核心区。有序开发风、光、水、地热等清洁能源，加快推进姚家平水利枢纽工程、淋溪河水电站项目，加快启动建始石家湾、巴东桃李溪、恩施大龙潭等抽水蓄能项目，大力发展分布式风电和光伏，谋划推进新型储能项目，加快建成恩施、利川、来凤垃圾发电项目。到2026年，全州清洁能源产业综合产值达到300亿元。

10. 大力发展生物医药产业，打造华中地区生物医药产业基地。立足“2258种中药材”资源优势，推行中药材生态种植，大力开发现代中药及其衍生健康产品，不断壮大生物制药、医疗器械等产业，推进生物医药与食品、日化、康养等产业融合发展。加快武汉国家生物产业基地恩施生物产业园和恩施高新区承接现代中药产业示范区建设，构建生物医药全产业链，着力将资源型“华中药库”建成产业型“华中药谷”。到2026年，全州生物医药产业综合产值达到400亿元。

11. 大力发展绿色新兴产业，打造武陵山区绿色新兴产业集聚地。以绿色低碳循环为导向，加快传统产业迭代升级，大力发展电子信息、新型建材与新材料、现代烟草等绿色新兴产业，重点推进电子信息产业园、新能源电池研发及生产基地、现代烟草产业基地等项目的谋划和建设。加快推动恩施高新区创建国家级高新区，建成一批专业实力强、特色鲜明、配套完善的绿色新兴产业园区和生产基地。重点支持立讯精密、达翔技术等一批绿色新兴产业龙头企业扩能增效，着力打造百亿级领航企业和一批十亿级龙头企业。到2026年，绿色新兴产业综合产值达到1100亿元。

（三）奋力在建立生态产品价值实现机制上做示范

12. 建立生态产品价值核算评估体系。推进河流、自然保护地等自然资源统一确权登记，建立归属清晰、权责明确、监管有效的自然资源资产产权制度。加快推进全州林地分等定级国家试点工作，积极开展园地、草地分等定级，不断完善自然资源资产分等定级价格评估制度。开展生态产品信息普查，加快建立科学合理、统一可操作的GEP核算评估机制，推进核算成果应用。将GEP变化纳入“三重一大”决策范围，在综合目标考核中试行GDP和GEP双考核。

13. 建立生态产品价值市场交易体系。各县市每年培育2—3个乡镇层面生态产品供给主体。依托农村产权交易平台、国有资产投融资平台，构建生态资源资产开发经营服务平台和生态产品市场化交易平台，积极融入国家、省生态权益交易市场，推动生态资源变资本、变资产。探索建立生态产品与用水权、用能权、排污权、碳排放权等环境权益的兑换机制，探索开展森林覆盖率、绿化增量、清水增量等生态资源权益交易，开展全域碳汇潜力调查，加快林业碳汇政策研究和项目储备工作。

14. 健全生态产品保护和开发机制。依托“土、硒、茶、凉、绿”等特色优势，打造特色鲜明的生态产品区域公用品牌，提升生态产品溢价能力。积极争取国家和省级政策支持，进一步深化纵向生态补偿制度，探索建立基于生态产品质量和价值的横向生态补偿机制，以及资金补偿、产业扶持、技术援助、人才支持等多元化市场化补偿机制。积极探索生态环境导向开发模式，加快项目谋划实施。开展金融助推生态产品价值实现行动，创新推出与生态产品价值核算成果相挂钩的金融产品。

（四）奋力在发展数字经济上实现新突破□

15. 加快数字基础设施建设。实施区域大数据中心建设工程，推进5G网络州城深度覆盖、县域普遍覆盖，加快推进新能源汽车充电桩、物联网等新型基础设施建设。支持硒产品精深加工、清洁能源、生物医药、生态文旅康养、绿色新兴产业建设行业数据中心，建设产业云平台。推进物联网在智能制造、智慧农业、智慧旅游、智慧医疗、智慧交通、智慧物流、智能电网等领域的应用，聚力打造“数智恩施”。

16. 加快数字产业发展。按照数字产业化、产业数字化思路，积极探索经济欠发达地区发展数字经济的有效路径。重点培育大数据、云计算、物联网等数字经济核心产业，支持州级数字经济投融资平台做大做强，推动数字产业化扩能增效。推进工业、服务业、农业等产业改造提升，推动产业数字化提速加力。加快建设一批智慧科技产业园、智能制造产业园等园区平台，支持农村电商、乡村直播等新兴业态发展，推进数字经济与实体经济深度融合，抢占数字经济发展新赛道。到2026年，数字经济核心产业产值达到200亿元。

（五）奋力在夯实基础设施上实现新突破

17. 构建大交通格局。加快建成鹤峰东、建恩北、宣咸、利咸高速公路，尽早开工恩施机场迁建、沪渝蓉高铁宜昌至涪陵段、巴张高速沪蓉沪渝连接段及新机场快速通道、恩高宣快速通道、恩施大峡谷生态旅游廊道等重大交通项目，积极推进恩黔铁路、利云高速、三峡翻坝高速西延线、来秀高速等谋划项目，加快恩施、利川、来凤等县市通用机场前期工作，争取沪渝高速等增设落地互通，加快国省干线、“四好”农村路及水运基础设施建设，加快构建现代综合立体交通运输网络。

18. 完善现代流通体系。健全集疏运体系，发展多式联运，加快建设州城物流中心、县城物流园区、乡镇物流基地等商贸物流体系，推进冷链物流、仓储配送、批发交易市场等商贸物流节点建设和主体培育，深入实施“村村建邮站、村村通快递”工程，建设武陵山区综合物流中心。加快建设“核心商圈”和“中心市场”，构建“州城中心商圈—县市特色商业区—乡镇综合商业网点”三级商贸消费体系，打造武陵山区域性绿色消费中心。加大海关、航空口岸建设力度，拓展国际航线，加快发展跨境电商，推动对外贸易转型升级。

19. 补齐民生事业短板。推进城市防洪排涝、城镇备用水源、病险水库除险加固、农田水利设施等工程建设，加强骨干电网、城镇双回路配电网以及农村电网升级改造，推进天然气乡镇全覆盖。提升教育和医疗服务水平，确保教育事业发展主要指标达到全省中上等水平，医疗卫生服务公平性、可及性和满意度进一步提高。强化文化资源保护利用，推动长江国家文化公园恩施段建设和万里茶道鹤峰段申遗，加快启动恩施科技馆、青少年宫建设，广泛开展全民健身赛事活动。积极应对人口老龄化，健全养老服务体系。

（六）奋力在美好环境与幸福生活共同缔造上实现新突破

20. 实施强县工程。加快推动以县城为重要载体的就地城镇化和以县域为单元的城乡统筹发展，推进城市更新，补齐城镇基础设施和公共服务短板。大力实施“强州城”战略，推进国家卫生城市和全国文明城市创建，加快“恩高宣”一体化进程，加快建成特色型区域中心城市。坚持强化县级、做强县城、带活县域，突出功能布局和产业支撑，推进一、二、三产业融合发展，构建完善公共服务体系和治理体系，突破性发展县域经济，支持恩施市冲刺全国百强县市，支持利川市奋进全国百强储备县市，支持其他县市争先进位。加快培育区域新增长极，按照生产、生活、生态“三生融合”的要求，坚持市为主体、州级支持，高起点、高标准、高水平规划建设州城小龙潭片区，全力将小龙潭片区建设成为“两山”实践创新先行区和生态新城。

21. 建设美丽乡村。严格落实“四个不摘”要求，健全常态长效监测帮扶机制，抓好易地扶贫搬迁后续扶持，持续提升产业就业创业水平，守住不发生规模性返贫底线。用好中直、省直、武汉对口帮扶和杭州对口合作资源，推进巩固拓展脱贫攻坚成果同乡村振兴有效衔接。实施乡村建设行动，分类编制村庄规划，加强特色村寨保护，强化农村建房风貌管控，推动乡村面貌发生根本改观。推进生态文明殡葬改革和公益性殡葬设施建设，倡导绿色殡葬新风尚。加快乡村振兴重点村建设，深入实施农村人居环境整治提升五年行动，因地制宜推进农村改厕，分类推进农村生活污水治理，加强农村生活垃圾收运处置体系建设，推进废弃资源无害化处理和资源化利用，到2026年，全州农村无害化厕所覆盖率超过85%，卫生厕所普及率达95%以上，农村生活污水处理率和生活垃圾无害化处理率超过全省平均水平。

22. 推进生态惠民富民。全面落实生态公益林补偿、涉农补贴等生态惠民政策，促进农民直接增收。全面盘点各类集体资产资源，提高集体经济经营管理水平和资产收益，促进群众受益。深度挖掘恩施山水文化、森林文化、民族文化及茶文化中丰富的生态文明理念，大力发展农耕体验、民宿康养、研学科普等新产业新业态，开发推介恩施特色农产品、特色工艺品等，促进广大群众依托生态产业增收。深入开展生态文明相关创建行动，引导低碳出行，鼓励绿色消费。深入开展党员干部“下基层、察民情、解民忧、暖民心”实践活动，推进共建共治共享，共同建设美好家园，共同缔造幸福生活。

四、全面加强“两山”实践创新示范区建设工作保障

23. 加强组织保障。坚持和加强党的全面领导，建立领导责任体系，成立州委、州政府主要负责同志领衔的“两山”实践创新示范区建设领导小组，及时研究重大事项、协调解决重大问题。各县市、各部门把“两山”实践创新示范区建设作为推进高质量发展的重要任务，“一把手”亲自抓、负总责，采取有力措施，推动各项工作落实落细。

24. 强化政策支撑。建立多渠道资金投入机制，争取各类专项资金支持，有效利用地方政府债券资金，对科技创新、绿色产业体系建设、环保基础设施建设等方面给予重点支持。支持符合条件的国有企业设立“两山”实践创新专项基金和发展平台，引导撬动金融资本、社会资本广泛参与“两山”实践创新示范区建设。加强人才引进和培养，依托州内高等院校成立“两山”研究机构，聘请知名专家组建“两山”智库。开展“两山”实践创新示范区建设立法，建立健全推动美丽恩施绿色崛起的法规体系，完善生态环境保护行政执法机制。

25. 健全考评体系。建立考核评价机制，制定指标考核体系，将“两山”实践创新示范区建设纳入年度综合考评。完善督查机制，对工作推进情况进行跟踪督查。建立奖惩激励机制，严格落实领导干部自然资源资产离任审计和责任终身追究、生态环境损害赔偿等制度，对工作成效明显的单位和个人给予表扬奖励。

26. 注重宣传引导。深入学习宣传习近平生态文明思想，全方位、多渠道加大“两山”实践创新示范区建设宣传力度。搭建公众参与平台，畅通社会力量参与渠道，引导全州上下以主人翁的意识积极投身“两山”实践创新示范区建设，在全社会营造浓厚工作氛围。

2022 年 8 月 13 日

（州委办公室 供稿）

中共恩施州委、恩施州人民政府2022年重要文件目录（选登）

恩施州发

1号 中共恩施州委、恩施州人民政府关于做好2022年全面推进乡村振兴重点工作的实施意见

3号 中共恩施州委印发《关于新时代坚持和完善人民代表大会制度进一步加强和改进人大工作的具体措施》的通知

4号 中共恩施州委、恩施州人民政府印发《关于推动新时代全州红十字事业高质量发展的工作措施》的通知

6号 中共恩施州委、恩施州人民政府印发《关于加强和改进新时代人才工作的若干措施》的通知

8号 中共恩施州委印发《关于加强领导班子思想政治建设的若干措施》的通知

9号 中共恩施州委、恩施州人民政府关于加快推进“两山”实践创新示范区建设的决定

10号 中共恩施州委、恩施州人民政府关于印发《恩施州深入打好污染防治攻坚战实施方案》的通知

11号 中共恩施州委、恩施州人民政府印发《关于加快推进知识产权强州建设的十条措施》的通知

12号 中共恩施州委印发《关于加强和改进新时代全州政协工作的具体措施》的通知

13号 中共恩施州委关于认真学习宣传贯彻党的二十大精神的决定

恩施州文

40号 中共恩施州委关于认真学习宣传贯彻省第十二次党代会精神的通知

恩施州办发

1号 州委办公室、州政府办公室关于印发《恩施州大交通实施方案（2021—2025年）》的通知

2号 州委办公室、州政府办公室关于印发《恩施州发展大旅游实施方案（2021—2025年）》的通知

3号 州委办公室、州政府办公室关于印发《恩施州党政机关办公用房管理办法》《恩施州党政机关公务用车管理办法》的通知

4号 中共恩施州委办公室关于印发《八届恩施州委巡察工作规划（试行）》的通知

7号 中共恩施州委办公室印发《关于推动党史学习教育常态化长效化的实施方案》的通知

8号 州委办公室、州政府办公室关于印发《恩施州城构建“大城管”格局创建国家卫生城市和全国文明城市实施方案》的通知

10号 州委办公室、州政府办公室关于印发《恩施州大生态建设实施方案（2022—2025年）》的通知

14号 州委办公室、州政府办公室印发《中共恩施州委、恩施州人民政府关于加快推进“两山”实践创新示范区建设的决定》重点工作年度任务清单的通知

15号 州委办公室、州政府办公室印发《关于深化新时代教育督导体制机制改革的工作措施》的通知

16号 州委办公室、州政府办公室关于印发《恩施州贯彻落实省第十二次党代会报告重点任务工作措施和年度任务清单》的通知

17号 州委办公室、州政府办公室关于印发《恩施州委、州人民政府领导班子成员安全生产责任清单》的通知

18号 中共恩施州委办公室关于印发《恩施州政治生态分析研判实施办法（试行）》的通知

19号 州委办公室、州政府办公室关于印发《恩施州改革完善社会救助制度的工作措施》的通知

20号 中共恩施州委办公室印发《关于加强州直部门机关纪委建设的意见》的通知

恩施州办文

1号 州委办公室、州政府办公室关于印发《恩施州“双减”工作任务清单》的通知

20号 州委办公室、州政府办公室关于印发《恩施州开展“比招商、抓项目、强产业、争资金、促进位”工作及时奖励的实施方案》的通知

23号 州委办公室、州政府办公室关于进一步规范和加强安置帮教工作的通知

26号 州委办公室、州政府办公室关于印发《恩施州促进劳动力和人才社会性流动体制机制改革任务分解清单》的通知

35号 州委办公室、州政府办公室修订《中共恩施州委办公室、恩施州人民政府办公室印发〈关于全面推行林长制的实施方案〉的通知》的通知

48号 州委办公室、州政府办公室关于印发《恩施州城清理整治违法建设攻坚行动方案》《恩施州城党政机关、国有企事业单位违法建设专项清理整治工作方案》的通知

52号 州委办公室、州政府办公室关于印发《恩施州领导包保A级食品生产经营单位任务清单》《恩施州领导包保A级食品生产经营单位责任清单》的通知

（彭永焘）

州政府令

5号 恩施土家族苗族自治州硒资源保护与利用条例实施细则

恩施州政规

1号 印发《关于积极开展农业保险助力乡村振兴八条措施》的通知

2号 关于印发《恩施州残疾儿童康复救助实施办法》的通知

3号 关于印发《恩施州城乡居民大病保险实施办法》的通知

4号 印发《关于加强全州政府投资项目管理和完善公共资源交易工作措施》的通知

5号 印发《关于进一步促进全州房地产业良性循环和健康发展若干措施》的通知

6号 关于印发《恩施州支持高校毕业生就业创业十条措施》的通知

7号 关于印发《恩施州城镇燃气安全管理提升行动方案》的通知

8号 关于印发《恩施州州级政府投资管理办法》《恩施州州级政府投资项目代建制管理办法》的通知

9号 关于规范避暑康养项目建设的通知

10号 关于进一步改进全州高标准农田建设管理体制的意见

11号 关于印发《恩施土家族苗族自治州特困人员供养实施办法》的通知

12号 印发《关于进一步促进全州房地产业平稳健康发展若干措施》的通知

13号 关于印发《恩施土家族苗族自治州酉水河保护条例实施细则》的通知

恩施州政发

1号 关于印发《恩施州科技创新“十四五”规划》的通知

2号 关于命名田若兰等9人为恩施州第七批民间艺术大师的决定

3号 关于印发《恩施州服务业发展“十四五”规划》的通知

4号 关于印发《恩施州水安全保障“十四五”规划》的通知

5号 关于印发《恩施州教育事业发展“十四五”规划》的通知

6号 关于印发《恩施州卫生健康事业发展“十四五”规划》的通知

8号 关于落实国务院和省政府新时代支持革命老区振兴发展实施方案的通知

9号 关于印发《恩施州生态文化旅游发展“十四五”规划》的通知

10号 关于印发《恩施州推进农业农村现代化“十四五”规划》的通知

12号 关于印发《恩施州工业（制造业）高质量发展“十四五”规划》的通知

13号 关于公布行政规范性文件清理结果的通知

14号 关于印发《恩施州综合交通运输发展“十四五”规划》的通知

15号 关于印发《恩施州生态环境保护“十四五”规划》的通知

16号 关于印发《恩施州妇女发展规划（2021—2030年）》《恩施州儿童发展规划（2021—2030年）》的通知

17号 关于对武警恩施州支队和州消防救援支队的嘉奖令

18号 印发《关于进一步加强法治政府建设八条措施》的通知

19号 关于印发《恩施州住房和城乡建设“十四五”规划》的通知

20号 关于印发《恩施州人民政府重大行政决策程序规范》的通知

恩施州政办发

1号 关于印发《恩施州民政事业发展“十四五”规划》的通知

2号 印发《关于突破性建设一流营商环境的实施方案》的通知

3号 关于印发《恩施州应急体系建设“十四五”规划》的通知

4号 关于印发《恩施州长江入河排污口“一口一策”整治方案》的通知

5号 关于印发《恩施州中小学生心理健康护航工程实施方案（2022—2023年）》的通知

6号 关于印发《恩施州养老托育服务整体实施方案》的通知

7号 关于印发《〈政府工作报告〉2022年重点工作责任分解》的通知

8号 关于印发《恩施州国民经济和社会发展第十四个五年规划和2035年远景目标纲要主要目标和任务分工方案》的通知

9号 关于调整州安全生产委员会和十九个安全生产专业委员会成员的通知

10号 关于调整州安全生产委员会和十九个安全生产专业委员会成员的通知

11号 关于印发《恩施州加大争取国务院督查激励工作方案》的通知

12号 关于印发《州委经济工作会议2022年重点工作责任分解》的通知

13号 关于印发《恩施州推动绿色金融改革创新试点工作方案》的通知

14号 印发《关于支持恩施高新区重点制造业企业加快发展十条措施（试行）》的通知

15号 关于印发《恩施州商务发展“十四五”规划》的通知

16号 关于调整2022年全州社会救助标准的通知

17号 关于印发《恩施州人民政府2022年立法工作计划》的通知

18号 关于印发《恩施州硒产业发展“十四五”规划》的通知

19号 关于印发《恩施州居民自建房安全专项整治工作方案》的通知

20号 关于印发《恩施州“百吨千人”供水工程饮用水水源保护区划分方案》的通知

21号 关于印发《恩施州“三区三线”划定工作方案》的通知

22号 关于印发《恩施州加强新时代中小学体育美育劳动教育行动方案》的通知

23号 关于印发《恩施州突破性发展工业经济若干措施》的通知

24号 关于印发《恩施州长江高水平保护十大攻坚提升行动方案》的通知

25号 关于印发《恩施州深入推进爱国卫生运动实施方案》的通知

26号 关于印发《恩施州航空航线开发及专项资金管理办法》的通知

28号 关于印发《完善“大城管”格局加强州城精细化管理实施方案》的通知

29号 关于印发《恩施州创建国家卫生城市工作实施方案（2022—2024年）》的通知

30号 关于印发《恩施州科技融资担保体系建设实施方案》的通知

31号 关于印发《恩施州气象灾害应急预案（2022年修订）》的通知

33号 关于印发《恩施州残疾人事业发展“十四五”规划》的通知

34号 印发《关于加快恩施州对外开放通道发展行动方案》的通知

35号 印发《关于支持失能半失能人员照护服务机构建设若干措施》的通知

36号 关于印发《恩施州加快解决从事基本公共服务人员住房困难问题试点工作方案》的通知

37号 关于印发《恩施州自然资源“十四五”规划》的通知

38号 印发《关于完善“大城管”格局加强城市精细化管理实施意见》的通知

39号 关于印发《恩施州加快农村寄递物流体系建设若干措施》的通知

40号 印发《关于进一步激发市场活力稳住经济增长工作措施》的通知

41号 关于印发《恩施州建立健全职工基本医疗保险门诊共济保障机制实施细则》的通知

42号 关于印发《恩施州生物医药产业发展“十四五”规划》的通知

44号 关于印发《恩施州全民科学素质行动规划纲要实施方案（2021—2025年）》的通知

45号 关于印发《恩施州实施“亩产论英雄”推进土地集约高效可持续利用工作方案》的通知

46号 关于鼓励农村居民进城购房的指导意见

47号 关于开展“无证明地区”创建工作的通知

48号 关于印发《恩施州重特大疾病医疗保险和救助制度实施办法》的通知

49号 关于新时代推进品牌建设的实施意见

50号 印发《关于全面加强药品监管能力建设若干措施》的通知

51号 关于印发《恩施州基本医疗保险州级统筹实施办法》的通知

52号 关于工业企业“退城进园”的实施意见

53号 关于印发《恩施州城市更新工作方案（2022—2025年）》的通知

54号 关于印发《恩施州属企业主业和投资管理办法（试行）》《恩施州属企业融资担保与资金管理办法

（试行）》的通知

恩施州政函

12号 关于全州“比抓强促”工作考核结果的通报

34号 关于全州2021年县市质量工作考核结果的通报

45号 关于全州食品药品安全工作考核优秀等次县市（单位）的通报

48号 关于全州2021年度安全生产、消防和防灾减灾救灾工作考核结果的通报

135号 关于2021年度全州粮食安全责任制考核结果的通报

（周 沧 蔡 明 陈薇薇 吴 瑞 陈欣兰 曹晶晶）

专 文

恩施州基层社会治理工作综述

2022年，恩施州围绕健全充满活力的基层社会治理体系，充分发挥党建引领作用，完善基层社会治理“五社联动”（社区、社会组织、社会工作者、社区志愿者、社区公益慈善资源联动）机制，实施高效基层治理工程，打造治理创新培育区，基层社会治理工作取得明显成效。

一、党建引领赋能基层治理

2022年，开展村（社区）“两委”换届“回头看”，做好“后半篇文章”，持续整顿软弱涣散基层党组织，开展村（社区）“两委”换届任职培训和轮训，择优选派39名村（社区）党组织书记、15名“两委”成员到武汉先进村（社区）跟班学习，63名村（社区）党组织书记、109名村（社区）“两委”成员和社区工作者到武汉、杭州参加培训。开展村（社区）党组织书记“身体健康关爱”行动，进行全覆盖体检。常态化开展“书记论坛”，培养储备村级后备干部5775人。加强驻村帮扶责任落实，向1932个村（社区）选派驻村工作队员5725人，其中驻村第一书记1910人，“尖刀班”做法被中组部《党建研究》和省委组织部《湖北党建》推介，入选“第四批全国乡村治理典型案例”。制定《恩施州深化城市基层党建引领基层治理重点任务清单》，深化实化细化70项具体任务，推动治理重心下移、资源要素下沉，持续巩固党建引领城市基层治理成果。健全“四联”（州、县领导联系指导，州、县部门联系包保，驻区单位联系共建，下沉党员联系服务）工作机制，帮助社区解决矛盾6000余个，办实事2万余件。推进城市管理网格化，构建州、县领导包社区，州、县部门包网格，社区“八员”（网格员、环卫人员、执法中心人员、路灯管理员、市政设施管理员、市场监管员、交警队员和城管队员）包小区三级包保责任制。全州共划分社区网格1066个，组建网格党组织979个，组建楼栋党小组14137个，设立党员中心户9240户，4万余名党员干部下沉社区。优化调整州城33个社区特别是10个新成立社区和村改社区的联系包保单位。推动资源服务平台下沉，2.5万余件办事材料在州、县（市）、乡（镇、街道）、村（社区）实现共享。推进“张富清红色驿站”扩面提质，建成“张富清红色驿站”118个。全州937个城镇住宅小区实现物业管理全覆盖，组建业委会686个、成立自管组织213个，党员比例达到60%以上的业委会526个，党组织领导下的居委会、业委会和物业服务企业“三方联动”机制进一步健全。

二、健全基层群众自治制度

选优配强村（社区）“两委”班子，全年调整村（社区）党组织书记59人、“两委”成员278人，调整后干部结构更加合理。完成对全州村（居）委会成员和社区专职工作人员的全员培训工作，13221人参训，其中村（社区）书记2227人、“两委”成员8767人、村（居）务监督委员会主任2227人。实施村（社区）事务阳光工程，全面落实“四议两公开”（对村级重要决策、重大事务、重点工作和重点工程建设资金等村级重大事务由党支部会议提议、“两委”会议商议、党员大会审议、村民代表会议或村民会议决议后，将决议结果公告，办理结果公示）制度。联合州政务局印发《恩施州基层政务公开标准化规范化工作实施方案》，深化“1+4+X”（以县市为单位确定统一的综合性村务公开日，做到四季公开，在完成“规定动作”外，根据自身实际大胆创新村务公开的其他形式）村级事务公开阳光工程，完善党务、村务、财务“三公开”制度，实施规范化村务公开。优化村（社区）规模设置，稳妥有序推进村改社区工作。全州撤并行政村204个，新成立社区7个，撤并社区2个，村改社区5个，调整后行政村1804个，社区227个（其中上线运行的城区社区106个、乡镇社区121个）。对调整的村、社区进行法人变更登记、机构代码证书颁发。创新丰富城乡社区协商议事形式、内容和活动载体，开展村级议事协商创新实验试点工作，恩施市七里坪街道核桃坝社区创新开展“乡贤夜话”活动30余场，收集群众意见建议30余条，找准乡贤能人参与社区基层治理的结合点，打造支部引领、乡贤参与的议事协商机制，核桃坝社区基层治理创新典型案例《“乡贤夜话”汇聚乡村振兴金点子》获全省推介（2021年，其为舞阳坝街道

核桃坝村，被民政部确定为全国村级议事协商创新实验试点单位）。利川市、建始县被确定为全省基层治理创新实验区。利川市“小院说事”创新基层治理被评选为2022年度“湖北省城乡社区治理十佳创新案例”。

三、推动城乡社区设施提档升级

以“村改社区”、易地搬迁安置小区、新设置社区为重点，推进城乡社区综合服务设施提档升级。推进城乡社区服务标准化试点建设，优化空间布局和功能设置，打造城市社区“一刻钟生活圈”、农村社区“半小时生活圈”。统筹整合新时代文明实践站、卫生室、日间照料养老场所、社会工作站等资源，将城乡社区建成综合服务和协商自治的中心。全州村级综合服务设施覆盖率达到100%，部分村（社区）完成村综合服务设施建设提升工程。106个城市社区中，有93个综合服务设施面积达到1000平方米以上，达标率为87.7%；1804个村中有1722个村级综合服务设施面积达到500平方米以上，达标率为95.5%。

四、实现城乡社区服务提质增效

推进城乡社区治理和服务创新，打造治理创新培育区。推广公益积分兑换等做法，开展优秀社区工作法征集展示和推广活动，完善居民群众参与社区治理激励机制，全面激发基层社会治理活力。利川市搭建“共享客厅”平台，开展党员服务、群众议事、睦邻活动、志愿服务等，发挥群众自治作用，调动社会组织参与社区建设。建始县开展以“思想破冰引领治理升级·社区小处方展现大能量”为主题的“一区一品”项目建设，围绕优化营商环境、激活民族文化和民族产业、推进文明城市创建、丰富群众精神文化生活等方面，打造11个社区治理品牌。巴东县罗溪坝社区探索形成以“六抓”（抓党建、居民自治、经济转型、矛盾化解、文明建设、作风建设）为主要内容的“罗溪工作法”。咸丰县在城东社区培育“靠近一点”社区治理品牌，在白水坝社区打造“民生茶社”社区治理品牌。完善社区服务“一窗受理、一次办结”机制，做好与居民群众利益密切相关的公共服务事项。探索“智慧社区”建设，实施“互联网+社区治理”行动计划，引导社区居民运用新媒体密切日常交往、参与公共事务，开展协商协调，组织邻里互助。加强易地扶贫搬迁集中安置社区治理工作。全州推广宣恩县安置社区“1+6”模式（1个安置社区配套1个党群服务中心、1个就业创业空间、1个标准卫生室、1个文化活动广场、1个便民超市、1户1块菜地，解决基本生活来源和精神文化需求）和“五有”工作机制（有人员专班、有制度体系、有运行机制、有办公场所、有经费来源），创新易地扶贫搬迁集中安置点社区治理。

五、完善社会工作服务体系

构建以基层社会工作站为基础的社会工作服务体系，推进乡（镇、街道）、村（社区）社会工作和志愿服务站点建设。2022年，争取省级社会服务与社会组织培育引导资金819万元，同比增加47万元，谋划项目40个，涵盖社工站示范点建设、社工人才培训、志愿服务等项目。全州现有乡（镇、街道）90个，已建成社会工作服务站90个，覆盖率100%。培养一支数量充足、素质优良、结构合理的社会工作专业人才队伍，培育一批扎根基层、专业能力强的社会工作服务机构，支持社会工作者和社会工作服务机构参与社会治理和公共服务，加强社会工作岗位开发设置，扩大购买社会工作服务的范围和规模。推动民政事业单位设置社会工作岗位，配备使用社会工作专业人才。按照“三化”（社会化、职业化、专业化）“三统一”（市县统一招聘、街镇统一管理、社区统一使用）要求，推进社区工作者队伍建设，全州核定社区工作者员额1544名，2022年选任招聘1392人。提高社区工作者待遇，薪酬月平均增加800元左右。邀请党校、政法、疾控等领域的专家，分2期对社区工作者开展全员培训，提高其专业能力。协助实施社会工作者职业水平考试，推动落实社会工作者职业资格与专业技术职务评聘衔接政策。通过前期广泛宣传动员从事社会工作的人员报考，后期“线上+线下”组织专项培训，提高全州社工考试通过率，全年全州共416人通过资格考试，其中助理社会工作师383人，社会工作师33人，通过人数同比增长241%。

六、推动志愿服务常态化发展

弘扬志愿服务精神，加强志愿者登记和管理，建立志愿服务激励保障制度，加强志愿服务组织和信息平台建设。发挥志愿服务组织积极作用，建立和完善“社会工作者+志愿者”协作机制。引导志愿服务组织聚焦基层群众需求，精准开发志愿服务项目，实现志愿服务项目化运作。推动志愿服务资源下沉，深度融入基层治理，面向社区服务居民，开展邻里守望、平安建设、应急救援、心理疏导、社会融入、爱国卫生运动、全民健身等志愿服务。助力乡村振兴，贴近农村服务农民，开展扶贫济困、爱心助学、农技培训、普法宣传、垃圾分类、健康知识、生态环境保护知识普及等志愿服务。引导下沉党组织、党员干部发挥先锋模范作用，积极参与社区应急队伍建设，全州城市社区成立应急处突队伍254支，组织开展261次应急演练，切实提高社区应对突发公共事件能力和水平。3.86万名党员干部进楼入户开展防溺水、反电诈、防火防盗等安全知识宣传，惠及74.24万名群众。开展志愿服务积分兑换和志愿服务创新试点，引导社会公众积极参与志愿服务。全州100余个村（社区）开展以村规民约（居民公约）和志愿服务为主要内容的积分制试点管理，发挥村规民约等群众自治核心要素的作用，起到“小积分撬动大党建”的杠杆作用。

七、提升基层治理法治化水平

推进县、乡、村三级综治中心规范化建设、实体化运行全覆盖，将其列入“下基层、察民情、解民忧、暖民心”实践活动“三张清单”（任务清单、责任清单、效果清单）动态管理、结账销号，截至2022年12月末，全州90个乡（镇、街道）、2031个行政村综治中心建成运行。保障乡镇综治中心、司法所人员力量，州委政法委联合州委组织部、州委党校对全州90名乡（镇、街道）政法委员进行专题培训，在全州推广村（社区）治调主任兼任辅警的做法，配齐配强“一村一辅警”。全州社区、行政村实现“一社区一警、一村一辅警”全覆盖，摸排调处各类矛盾纠纷9万余起、调处有效率达90%以上。全州有村（社区）调解委员会2030个。坚持推进普法宣传进社区、进乡村，持续完善坚持安全稳定风险防范化解、“1+4+N”（乡镇综治中心+派出所、人民法庭、司法所、信访办+所涉部门）矛盾风险研判处置等机制，确保矛盾不上行、风险不外溢、隐患不冒泡，全州95%以上的矛盾纠纷在村一级调处化解。恩施市白杨坪镇鹿子渡村、利川市汪营镇齐跃桥村、建始县高坪镇青里坝村、咸丰县唐崖镇彭家沟村4个村被命名为“全国民主法治示范村（社区）”，全州“全国民主法治示范村（社区）”总数达到17个。全州法院系统开展“三个服务”（积极服务全面推进乡村振兴、基层社会治理、人民群众高品质生活需要），坚持“一庭一策、一庭一品”，因地制宜完善全州49个法庭功能布局，建立42个巡回审判庭（点）和17个法官工作室，主动融入基层社会治理。利川市建成全州首个“共享法庭”，即设置在镇街、村社、行业的司法服务站，标准配置“一屏、一线、一终端”（依托现有硬件设施，架设一块显示屏、一条数据连接线和一台电脑终端），集成人民法院调解平台、移动微法院等功能模块，致力打通基层司法服务的“最后一公里”。恩施大峡谷旅游法庭等一批特色法庭陆续建成；咸丰坪坝营法庭与31个村（社区）签订“无讼村（社区）共建协议”；宣恩李家河法庭探索锻造新时代山区“岗哨法庭”（在较为偏远、人口较多的聚集村落设立“流动法庭工作站”，为人民群众提供“家门口”服务，让人民法庭成为人民群众的“法律顾问”，为人民群众在法律方面“站岗放哨”）入选全省法院“三个服务”典型案例。

（徐　蛟　崔鸿升　邢中良　向　璐　谭　欢）

恩施州党员干部“下基层、察民情、解民忧、暖民心”实践活动工作综述

2022年5月，全省开展党员干部“下基层、察民情、解民忧、暖民心”实践活动，恩施州深入学习贯彻习近平总书记关于党史学习教育的重要论述，全面落实省委部署要求，精心谋划、周密组织、扎实推进，全州党员干部积极践行新时代党的群众路线，深入基层一线察民情、解民忧、暖民心，办成一批民生实事，解决一批难点问题，化解一批矛盾纠纷，探索一批制度成果，为营造平稳健康的经济环境、国泰民安的社会环境、风清气正的政治环境，加快建设“两山”实践创新示范区注入新活力。

一、主要做法

（一）高位推动，统筹协调抓部署

一是各级高度重视。州委主要负责人切实履行第一责任人责任，统筹安排部署，动态研判问题，全程把关定向，推动实践活动走深走实、见行见效。州委常委会专题研究实践活动9次，学习传达省委有关要求，研究出台实践活动方案、共同缔造试点方案等指导性文件，确保实践活动不跑偏、不变形、不走样。全州各级各部门党委（党组）第一时间成立实践活动领导小组、第一时间下发实施方案、第一时间成立工作专班、第一时间动员部署，不断推动实践活动走深走实。

二是推动高效运行。成立实践活动领导小组办公室，组建5个工作组（综合协调组、活动指导组、宣传报道组、材料简报组、作风监督组）推进有关工作。明确6个牵头单位统筹推进6项重点任务，建立“一周一碰头、半月一研究、一月一调度”工作机制，确保问题第一时间掌握，信息第一时间互通，指令第一时间传导。先后召开推进会1次、调度会5次，累计下发通知、提示52期，及时调度、公示“三张清单”（问题清单、任务清单、效果清单），印发巡回指导、作风监督、以奖代补等工作方案。组建8个州级巡回指导组，对全州8个县市及州直重点单位开展4轮巡回指导。紧盯重点任务，聚焦关键环节，开展作风监督检查67次，覆盖912家单位。全覆盖、无遗漏对共同缔造试点开展项目规划、培训指导、考核验收，确保试点出经验、见成效。

三是营造浓厚氛围。坚持中央、省、州三级媒体上下贯通，突出“视、网、报、端、微、屏”六位一体发力，宣传典型、推介经验、展示成果。累计在省级以上媒体发布恩施州实践活动稿件2000余条，其中在中央电视台播发新闻15条，在湖北电视台播发新闻215条，《人民日报》、新华社、中央电视台、《光明日报》、《经济日报》、《湖北日报》数次刊发恩施州实践活动动态。建始县基层治理“评理说事”、巴东县“院坝协商”的做法分别在中央电视台《新时代中国人权》栏目播放，利川市搭建“小院说事”议事平台的做法在《人民日报》刊发，恩施市《筑“巢”记》等被《湖北日报》头版头条推介。充分发挥简报指导工作、推广经验的功能，州级累计编发简报100期，省简报有16期、28处推介恩施州实践活动情况，其中《恩施州建立健全“五项机制”持续推动重点实事项目落地见效》《建始县三级联动推动资源服务平台下沉》《利川市聚集“候鸟”力量助推县域发展》3篇典型做法得到省简报专刊推介。

（二）带着深情，下沉一线察民情

一是领导干部带头下基层。州委、州政府主要负责人率先垂范，带头深入村组农户、企业车间、田间地头、项目工地等一线调研，一线剖析，一线决策。

州、县市“四大家”班子成员带头包保运营困难企业，带头“面对面”聆听群众呼声和企业期盼，“实打实”解决急难愁盼问题。实践活动中，各地积极创新“下”的方式，拓展“问”的渠道，探索出一些有效做法，如宣恩县开展“6个一”（1个星期1名县领导带领1个专班，丈量1个网格，交办1个问题清单，解决1个或一批问题）步巡活动得到省活动领导小组办公室肯定。

二是行业部门条块下基层。州直各部门紧密结合职能职责和服务能力，按照“四个精准对接”（经济主管部门精准对接重点企业项目，民生保障部门精准对接服务对象，群团组织精准对接特定服务群体，其他部门精准对接本部门基层单位）要求深入开展联系走访。全州人大系统组织各级人大代表扎实开展“察民情、聚民智、惠民生”代表行动；全州政协系统组织各级政协委员，深入开展“协商在一线”活动；教育系统聚焦校园“小食堂”建设，全力保障师生舌尖上的安全；农业农村部门组织农技人员下沉乡村一线开展农业科技服务行动；科技部门组织引导科技特派员到农业企业、专业合作社提供智力帮扶；经信部门深入企业问诊把脉，发放惠企政策“大礼包”；文旅部门多措并举，助力文旅企业复苏回暖；税务部门改进上门服务方式，全力助企惠企。

三是普通党员全员下基层。全州各级党员干部坚持“一线工作法”，按照“应下尽下、能下则下”原则，严格落实“双报到双报告”“两定三联四参与”和“六个进楼入户”要求，带着责任、带着感情、带着方法，深入走访服务对象、联系户，接受群众“点单”。全州3.1万名党员干部，累计下基层25.2万余次，收集并解决问题3.1万个。

（三）聚集问题，多措并举解民忧

一是以民生实事为载体，解决急难愁盼。坚持“小切口、点对点、能见效”，精心设计“六位建设、六边六场、六帮一保、五调五防、基层基础、关爱七类特殊对象”六大载体，推动各级各部门集中关注解决各类群众、市场主体、基层单位普遍关心的急难愁盼问题。实行重点实事项目化推进，建立领导包保、三问于民、联动办理、跟踪督导、承诺践诺推进机制，推动重点实事项目落地见效。

二是以“三张清单”为抓手，推动任务落实。以“问题清单、任务清单、效果清单”三张清单为抓手，完善问题解决闭环机制，精心梳理、分类施策，定期研判、动态调整，及时公示、接受监督。2022年年末，所有任务清单全部办结。

三是以“三个下沉”为保障，夯实基层基础。聚焦基层资源有限、力量薄弱、服务能力不足等现实问题，推动服务、平台、资源下沉。推行“群众点单、干部代办、数据跑腿”服务机制，将省明确的6个高频服务事项及对应业务平台分解成28个单项全部下沉到乡镇、村（社区）办理。全州选派6000余名在职党员下沉社区参与新冠肺炎疫情防控、“创文创卫”工作。

（四）发动群众，共同缔造暖民心

一是坚持试点先行。在深入学习借鉴红安、麻城等地共同缔造经验的基础上，深入挖掘全州4个全省首批共同缔造示范村的有效探索和典型做法，选取兼顾乡村振兴、城市更新、基层治理、产业发展等领域的66个湾组（小区）作为首批试点，实行“一名州领导指导一个县市、一名县级领导挂帅、一个部门包保、一个专班蹲点主抓、一套实施方案推进”的“五个一”推进机制，形成州、县（市）、乡（镇、街道）、村（社区）“四级书记抓试点”的格局。通过半年时间的持续推进，截至2022年12月末，经各县市成效评估，66个试点湾组（小区）全部被评为示范湾组（小区）。

二是坚持项目引擎。结合全省“1+11+3”以奖代补政策体系，推动州、县市迅速出台以奖代补管理办法，州直相关单位聚焦试点村（社区）积极向对口省直部门申报项目277个，积极争取2023年政策项目支持。各县市整合各类政策、项目、资金实施以奖代补，发动群众共同谋划一批房前屋后庭院美化、道路亮化、民居改造、广场建设、污水治理、充电桩设置等共同缔造项目。各试点累计投入1.2亿元，其中群众自愿参与共建项目筹资筹劳，折算金额占总投入达33%，个别试点群众投入超过70%。

三是坚持群众主体。各县市牢牢把握共同缔造“不先入为主、不包办代替”的工作要求，干什么，与群众共谋；怎么办，与群众共建；如何用，与群众共管；好不好，与群众共评；谁受益，与群众共享。坚持群众主体地位，有效提升群众的参与感、责任感、获得感、幸福感。

二、主要成效

（一）共同缔造开新局

一是人居环境更美了。各试点因地制宜，结合乡风民俗、地理风貌、产业格局，充分激发群众主动性、创造性，打造出各具特色的美丽庭院。恩施市芭蕉乡高拱桥村兰家河坝打造出典雅高洁的“兰香小院”；巴东县信陵镇土店子村党员带头、村民无偿自愿将80余座散葬坟墓迁入村级公墓，村域环境实现跨越式提升；建始县景阳镇大树垭村屋旁种水果蔬菜、房前建五彩花台、路边修彩色篱笆、墙上绘农耕场景、田间铺旅游步道，一幅“诗画景阳”画卷徐徐展开。

二是群众动力更足了。牢牢把握共同缔造“不先入为主、不包办代替”的工作要求，广泛搭建“民生茶社”“院坝协商”等群众议事平台，开展“我为试点献一策”活动，群众参与共同缔造的责任感、积极性和主人翁意识有效提升。宣恩县长潭河侗族乡两溪河村群众依托“中国传统村落”实施特色民居改造，古色古香的村寨焕发新貌。咸丰县清坪镇龙潭司村大坪寨院落村民打造红色村寨的相关建议得到全体村民支持。

三是干部作风更实了。各试点通过村民代表会、湾子屋场会、板凳会等方式，干部和群众一起走出去看、坐下来聊，共同谋划项目，作风更加务实。宣恩县建立“县委书记两周一走访、乡镇书记一周两下沉、村书记全天候走访”的三级联动体系。利川市汪营镇齐跃桥村驻村“尖刀班”干部、村支“两委”干部就规范农贸市场管理，包组包户与商贩、群众面对面征求意见，采取措施推动问题及时得到解决。

（二）群众难题得解决

一是民生难题不断得到化解。全州共新增各类停车泊位35931个、床位1237张、学位11666个、摊位1895个，新增城镇就业3.56万人，新增城市公共厕位299个，建改农村户厕9995户；累计调处各类矛盾纠纷8090件，调处率达96%以上；累计投入1.6亿余元，对全州51万余独、孤、残、困等特殊群体分类开展关爱帮扶。

二是小微企业逐步走出困境。开展“解难题、稳增长、促发展”企业帮扶活动，累计出台各类惠企政策措施160条，走访重点企业和减产困难企业1624家，解决各类问题1686个，协调解决融资1.7亿元、用地352.67公顷、用工2.2万人，全州国有企业为1964户服务业小微企业和个体户减免租金2545.28万元，帮助中小企业渡过难关。

三是基层服务能力不断增强。2.5万余件办事材料在州、县、乡、村实现共享，3388名村级事务办理员（代办员）可办理群众委托代办事项，204个高频便民服务事项在“鄂汇办”App 上线运行，第一批28项高频事项下沉到乡（镇、街道）或村（社区），90个乡（镇、街道）和2031个村（社区）建成综治中心并有序运转。

（三）基层治理上水平

一是建立群众为主体的决策机制。充分运用村（居）委会、业委会、理事会、评议会等群众组织，组织群众有序开展共谋协商、科学论证，推动民事民提、民事民议、民事民决，实现群众的事让群众做主，建立一批群众为主体的决策机制。利川市对“小院说事”的议定事项实行“清单化”管理，列出路线图、时间表，“销号式”解决问题。巴东县政协通过“院坝协商会”，解决营盘村悬崖挂壁公路改造难题，把群众的“伤心路”变成“顺心路”。

二是建立群众为主角的治理机制。充分发挥农村无职党员、当地乡贤能人、热心居民群众等群体作用，让群众唱主角，形成共管模式。恩施市金子坝街道金山社区翡翠谷小区成立“自管会”，由业主委员会自主运营物业管理团队。宣恩县珠山镇兴隆街社区创新推出“九长共治”模式，搭建“小区治理月月谈”平台，打造“小区家园共同体”，有效破解城市小区治理困局。

三是建立群众为主导的评价机制。按照“服务谁、谁评价”的原则，运用代表评议、网络调查、实地回访等方式，发动群众建立全过程的评价标准和评价机制，按照群众的满意度和幸福感进行改进提升，使试点工作始终在群众的监督评价下开展。组织群众开展“最美小区（湾组）”“最美庭院”“最美志愿者”等评选活动，探索“积分制”“红黑榜”管理模式，在村域和社区形成“互学共促、比学赶超、各尽其美、美美与共”的良好氛围。

四是推动体制机制创新省级试点建设。大力支持建始县运用共同缔造的理念和方法推进基层社会治理体制机制创新省级试点建设，构建基层社会治理创新体系，以整县推进示范创建为统领，谋划2023年新建的10个试点村1000万元项目，一体推进基层治理评理说事、合村并组提升基层服务能力、社会组织孵化管理、乡风文明建设、项目以工代赈、乡村便民服务等6项机制创新，共同缔造理念和方法逐步深入各领域干群心理和基层实践。

（殷　波　刘丰宇）

恩施州硒资源保护与开发综述

2020年5月24日，习近平总书记参加十三届全国人大三次会议湖北代表团审议。全国人大代表、鹤峰县金泰牧家庭农场主宋庆礼在发言中提到了当地富硒产业发展的情况。习近平总书记勉励道：“上个月我刚去过陕西，安康那一带也是富硒地带，你们这里也是富硒地带，要利用好这一宝贵资源，把它转化为富硒产业。”[2022年3月1日《人民日报》第01版《在高质量发展中促进共同富裕（奋进强国路·总书记这样引领中国式现代化）》] 天恩地施，物以“硒”为贵，恩施州牢记习近平总书记的勉励，在省委、省政府的坚强领导下，坚持以绿色动能驱动特色产业创新发展，以硒产业提质增效持续擦亮“世界硒都”金字招牌，将富硒产业作为经济增长引擎聚力发展，打造全国富硒产业高地，助推“两山”实践创新示范区建设。2022年，全州硒产业综合产业突破820亿元（硒食品精深加工企业产值203.48亿元），位列全国硒产业发展地市（州）第一。

一、聚资源优势，推动发展产业动能转换

坚持将“两山”理念融入经济发展全过程，在推动高质量发展上闯出新路子，着力将生态富硒资源优势变成实实在在的经济实力，实现绿色福利与经济红利协调发展。一是紧盯资源储量。在全国率先完成全域1：5万和重点区域1：1万大比例尺土壤硒资源普查。在资源普查基础上，建立全州硒资源分布信息库，绘制硒资源土壤分布等级图，划定天然富有益微量元素农产品生产基地建议区，建立村级土地地球化学质量档案。2块地块先后被中国地质学会认定为第一批、第二批全国天然富硒土地。硒产业资源要素保障充分，具有得天独厚的发展优势，资源转化潜力巨大。二是提升规划质量。深入实施创新驱动发展战略，加快推动“三高地两基地”建设，促进经济转型与创新发展，编制《恩施州硒产业发展“十四五”规划》，绘制硒产业现状全景图、硒产业结构布局图、硒产业发展路径图。坚定打造全国硒产业高地的发展目标，力争到2025年，基本建成以富硒农产品为特色的现代农业产业化体系，以硒蛋白产业化为核心的硒精深加工产业集群，以富硒旅游为重点的国家全域旅游示范区，全州硒产业总产值突破1000亿元。三是增强工作力量。及时调整“世界硒都·中国硒谷”建设工作领导小组，充实州级硒资源保护与开发中心专业力量，建立硒资源保护与利用联席会议制度，推动形成“党政主导、

行业主抓、部门主责、企业主体”的硒产业发展格局。颁布实施《恩施州硒资源保护与利用条例》及其实施细则，制定加快推进产业集群高质量发展、建设硒产品精深加工产业链等系列政策措施，为绿色硒产业高质量发展保驾护航。广泛吸纳国内主要硒产业发展地区的分散指标，首次提出并编制发布“中国硒产业发展指数”。

二、全要素保障，推动产业发展效能提升

打造产业软硬件平台，构建良好发展环境，加快打造硒产业全要素保障体系。一是品牌质量提升体系。持续实施“质量兴州”战略，加强名、优、特品牌创建，打造以区域品牌为引领、地方公用品牌为支撑、企业商标品牌为基础的品牌体系。全州现有“恩施土豆”“恩施硒茶”等地理标志证明商标35件，注册涉硒企业商标299件，“恩施硒茶”被国际茶叶委员会授予“世界富硒养生茶”称号，咸丰县获“中国富硒白茶县”称号。二是市场主体培育体系。围绕链主培育打造龙头企业，培育产加销贯通、贸工农一体、三产融合发展的产业龙头和企业集群。围绕链条补强抓好企业招引，深度谋划涉硒项目，大力发展硒功能食品、硒生物制品、硒高端日用品和含硒农特产品等硒产品精深加工产业，入库招商项目64个，2个10亿元项目成功签约。全州富硒产业综合产值多年保持高位增速，从2016年的382亿元增加到2022年的820亿元，年均增速13.6%。全州富硒产品精深加工企业产值突破200亿元，涉硒加工企业突破700家，规模以上企业147家，涉硒高新技术企业63家。三是宣传推介营销体系。坚持“请进来”与“走出去”双向发力促进展销提质，连续成功举办七届硒博会。尤其是第七届硒博会与硒科技创新发展大会共同举办，新增省科技厅、省经信厅、省农业农村厅为联合主办单位，同步举行第三届中国硒产业峰会年会暨圆桌会议、硒科技成果交易拍卖会、院士说硒论坛、企业家高峰论坛等11项活动。州内外近400家企业、2000款硒产品参展，近500位各界嘉宾线上线下参会，约100家行业协会、商会、检验认证机构，100余家投资商、200余家采购商参会。硒博会已成为全国硒产业项目对接、商企对接、科研对接、文化对接的重要平台。组织涉硒企业积极参加世界大健康博览会、杭州电博会等全国性会展交流合作活动，在国内多个城市开设硒产品专营店超过1000家。此外，恩施硒产品线上借助“832平台”、电子商城等网络平台，销售富硒农产品、传播“硒”味。线下结合中国民族民间龙舟赛、国际茶日等大型活动，展示“硒”品、体验“硒”游，正在逐步形成立体化、零距离、全方位的硒产品销售格局。

三、强科技支撑，推动产业发展高点突破

以科技创新为支撑，推动硒产品向高附加值延伸，硒产业向中高端迈进，努力打造硒标准制定高地、硒科技研发高地、硒人才集聚高地。一是以标准制定抢占话语权。深入实施标准化战略，积极推进各类涉硒标准制修订，恩施州共参与和验证涉硒国家标准2项、行业标准4项、省级标准5项，发布涉硒地方标准55项。建有硒红茶、硒稻谷、硒乌龙茶、硒大蒜、硒藤茶5个涉硒农业标准化种植示范区。建立硒食品质量安全溯源体系，引进第三方检测机构推动检测产业化。二是以科研基础掌握主动权。依托州内国家级硒科研检测平台（国家富硒产品质量检验检测中心、国家富硒农产品加工技术研发专业中心、富硒生物食品开发与应用国家地方联合工程研究中心）、省级硒相关研究院（湖北省富硒产业技术研究院、湖北硒与人体健康研究院等），推进科研创新、技术咨询、标准研制、检验培训等综合服务拓展服务。建立1家国家级科技孵化器、1家国家级众创空间、1家省级重点实验室（硒资源研究与生物应用湖北省重点实验室）、6家省级企校联合创新中心，取得涉硒科技成果100余项。三是以科技攻关获得引领权。加强科研交流合作，与中科院、北京中医医院、华中科技大学、新西兰奥克兰大学等国内外20余家院所机构建立长期合作与协同创新。联合华中农业大学成立恩施特色农业研究院，联合武汉轻工大学共建恩施绿色富硒特色农产品精深加工研究院，联合湖北民族大学共建恩施州“两山”实践创新学院，建设涉硒院士专家工作站和博士后科研工作站，培养优秀科研创新人才团队。组织实施富硒生物营养强化剂开发与应用研究、富硒标准化种植养殖试验示范等一批科技项目，高水平开展人才、成果“引进来”“走出去”。不断拓宽着产品赛道，从初级农产品到粗加工再到精深加工产品的生产，已开发出富硒功能性食品、硒生物肥料、硒食品原料、硒日化产品等高附加值产品，全力培植硒+康养旅游、硒+文化传播、硒+科技服务等多种业态，构建富民强农三产融合体系，让特色优势资源成为富民强州产业。

（罗 琼）

恩施州知识产权发展报告（节选）

一、知识产权创造

（一）商 标

1. 基本情况。2022年，全州申请商标8622件，注册商标6582件，申请量和注册量均居全省第六位。截至12月末，全州商标申请总量59238件，注册商标总量37541件，较2021年同比增长18.05%，其中恩施市13782件，利川市6648件，建始县3753件，巴东县3708件，宣恩县2668件，咸丰县2191件，鹤峰县1916件，来凤县1841件，全州有效注册总量居全省第七位。全州每万户市场主体拥有注册商标897.99件，现有农产品商标

11235件、茶叶商标8243件、药材商标1068件、旅游业商标1299件、服务业商标11707件、涉硒商标701件。国家知识产权局恩施州商标受理窗口2022年度受理业务637件，注册商标288件；商标专用权质押登记8件，同比增长300%，质押金额1260万元，同比减少9.68%。现有中国驰名商标5件，全省排名第14位；地理标志商标36件，在全省排名第六位；地理标志保护产品24件，在全省排名第三位。

全州商标注册稳定增长。2017—2022年，全州有效商标注册总量从9637件增长到37541件，有效商标注册总量增长27904件，是1982年至2017年全州有效商标注册总量的2.89倍，实现稳定增长，年均增长率为23.7%。

6个地理标志成为州域农产品公共品牌。"恩施硒茶""恩施玉露""利川红""恩施土豆"地理标志证明商标及"恩施黄牛肉""恩施黑猪肉"地理标志保护产品成为州域农产品公共品牌。

2019年以来，知识产权部门与商标持有人一起通过以赛育品，培育、提升和推介恩施品牌，在四届"湖北地理标志大会暨品牌培育创新大赛"和三届"我喜爱的湖北品牌"电视大赛中，恩施州共获13个金奖，占全省金奖的16.46%，超过武汉（9件）、黄冈（8件）和荆州（7件），全省排名第一。"恩施玉露产业发展案例"入选国家知识产权局公布的全国108个商标品牌建设优秀案例，全省仅入选6个案例，"恩施玉露""恩施土豆"纳入国家农业品牌精品培育计划，"恩施玉露制作技艺"入列的"中国传统制茶技艺及其相关习俗"入选联合国教科文组织人类非物质文化遗产代表作名录，"利川红"获巴拿马万国博览会特等金奖，"伍家台贡茶"入选《中欧地理标志协定》保护名录，"恩施玉露""恩施硒茶"在浙江大学 CARD 中国农业品牌研究中心中国茶叶区域公用品牌价值评估工作中分别被评27.07亿元和23亿元。

2. 每万户市场主体注册商标拥有量。截至2022年12月末，全州市场主体总数为41.81万户，商标注册量37541件，全州每万户市场主体注册商标拥有量从2017年的425.54件增长到2022年的897.99件，增幅为110.02%，有效商标注册总量增速大幅超过市场主体总量增速，市场主体的商标品牌意识明显增强，全州平均每11.14个市场主体拥有1件注册商标。

3. 注册商标产业分布。截至2022年10月8日，全州注册商标产业分布情况为第一产业（农业）11235件，占比31%；第二产业（工业）13127件，占比35%；第三产业（服务业）11704件，占比34%。

4. 州内重点行业商标注册情况。

涉硒注册商标。截至2022年12月末，全州涉硒有效注册商标701件，其中涉硒有效注册商品商标265件，涉硒有效注册服务商标434件。涉硒商品商标主要涉及商标国际分类5个类别，主要分布在茶、茶饮料、不含酒精饮料、含酒精饮料（啤酒除外）、米（包括五谷杂粮）、未加工的谷物及农产品等。

农产品注册商标。截至2022年12月末，全州农产品注册商标11235件，涉及商品国际分类3个类别，主要分布在茶、茶饮料、肉、非活的家禽、蛋品、蔬菜、食用油脂、米（包括五谷杂粮）等。

茶叶注册商标。截至2022年12月末，全州茶叶注册商标8243件，经营范围主要涵盖茶叶种植、加工、销售，茶叶收购，茶艺培训等。茶叶注册商标中有10件是地理标志商标，分别为恩施硒茶、恩施富硒茶、恩施玉露、利川红、利川工夫红茶、伍家台贡茶、来凤藤茶、巴东郡贡茶、马坡茶、鹤峰绿茶。

药材注册商标。截至2022年12月末，全州药材注册商标1068件，涉及商品国际分类1个类别，主要分布在第五类的中药材、药酒等。

旅游业注册商标。截至2022年12月末，全州旅游业注册商标1299件，涉及商品国际分类2个类别，主要分布在旅行安排、旅游服务和单一服务等。

服务业注册商标。截至2022年12月末，全州服务业注册商标11707件，涉及商品国际分类10个类别，主要分布在广告、提供食物和饮料服务、临时住宿等。

5. 商标申请及注册县市分布情况。2022年，商标注册量排名前三位的县市依次为恩施市2385件、利川市1300件、建始县764件。

2022年恩施州各县市新注册商标情况表

表31

行政区域	注册量		
	2022年注册量（件）	比2021年增长（%）	注册总量（件）
恩施市	2385	−13.40	13782
利川市	1300	−11.74	6648
建始县	764	−2.92	3753
巴东县	495	−33.47	3708
宣恩县	535	−9.93	2668
咸丰县	375	−16.11	2191
来凤县	412	−2.83	1841
鹤峰县	267	−26.04	1916
恩施州	6582	−13.21	37541

说明：数据来源于国家知识产权局商标局的中国商标网《2022年四季度全国省、市、县三级行政区域商标注册申请量、注册量统计表》

6. 注册商标在全省的排位。2022年，全省商标注册数量前八名分别为武汉市472269件、荆州市67858件、宜昌市54210件、黄冈市48792件、襄阳市48427件、孝感市43862件、恩施州37541件、咸宁市34259件。

7. 驰名商标。截至2022年12月末，全州累计认定驰名商标总量为5件，分别为“恩施玉露”“伍家台贡茶”“长友”“大派”“三峡”。其中“恩施玉露”“伍家台贡茶”既是地理标志保护产品，又是地理标志商标，也是中国驰名商标。

2022 年恩施州中国驰名商标统计表

表 32

辖 区	商标名称	注册人名称	注册时间	认定时间
巴东县	三 峡	湖北三峡酒业有限公司	1979－10－31	2012－12－31
鹤峰县	长 友	湖北长友现代农业股份有限公司	2009－05－28	2013－12－27
宣恩县	伍家台贡茶	宣恩伍家台贡茶产业协会	2010－10－21	2015－01－14
恩施州	恩施玉露	恩施州茶产业协会	2009－06－28	2015－06－05
宣恩县	大 派	湖北大派食品集团有限公司	1997－06－28	2018－10－16

（二）地理标志

地理标志俗称“土特产”，根据《中华人民共和国商标法》第16条规定，地理标志是指标示某商品来源于某地区，该商品特定质量、信誉或者其他特征，主要由该地区的自然因素或者人文因素所决定的标志。2022年3月由农业农村部认定的农产品地理标志已停止认定。知识产权部门负责地理标志商标、地理标志保护产品的申报和监管。

1. 基本情况。截至2022年12月末，全州注册地理标志商标36件，其中以集体商标注册的2件，以证明商标注册的34件。全州获批保护的地理标志产品数量24件。9月，中欧正式签署《中欧地理标志保护与合作协定》，恩施州“伍家台贡茶”地理标志保护产品入选《中欧地理标志协定》第二批保护名录，为恩施州地理标志走出国门、进入欧盟市场奠定基础。

2. 地理标志商标各县市分布情况。截至2022年12月末，全州地理标志商标共36件，全省排名第六位，其中恩施州6件，巴东县7件、来凤县6件、利川市5件、宣恩县5件、恩施市3件、咸丰县2件、建始县1件、鹤峰县1件。全州8个县市的地理标志商标平均数为3.75件。

2022 年恩施州地理标志商标统计表

表 33

辖 区	商标注册人	地理标志商标	国际分类	核定使用商品	注册时间
恩施州	州茶产业协会	恩施富硒茶	30	茶	2007－05－21
		恩施玉露	30	茶	2009－06－28
		恩施硒茶	30	茶	2019－07－28
		利川红	30	红茶	2019－11－28
		利川工夫红茶	30	茶	2016－11－07
	州农技推广中心	恩施土豆	31	新鲜土豆	2020－06－28
恩施市	恩施市黄牛产业协会	恩施黄牛	29	牛肉（肉）	2019－02－21
		恩施黄牛	31	活牛（活动物）	2019－02－21
	恩施市本草药业产业协会	板桥党参	5	党参	2012－01－28
利川市	利川市团堡镇蔬菜协会	利川山药 LICHUAN YAM（集体商标）	31	山药(食用植物根)	2011－03－21
	湖北省利川市黄连协会	利川黄连 LICHUAN COPTIS（集体商标）	5	黄连	2010－11－21
	利川市蔬菜行业协会	利川天上坪甘蓝	31	甘蓝(俗称“包菜”)	2011－03－21
		利川天上坪大白菜	31	大白菜	2011－03－21
		利川天上坪白萝卜	31	白萝卜	2011－03－21
巴东县	巴东县大蒜专业技术协会	巴东大蒜	29	大蒜(腌制蔬菜)	2013－01－28
		巴东大蒜	31	大蒜(新鲜蔬菜)	2013－01－28
	巴东县豆制品行业协会	巴东五香豆腐干	29	豆腐干	2014－07－14
	巴东县经济作物技术推广站	巴东郡贡茶	30	茶	2018－07－21

续表 33

辖区	商标注册人	地理标志商标	国际分类	核定使用商品	注册时间
巴东县	巴东县牧工商技术服务中心	巴东红三叶	31	红三叶种籽(植物种籽);红三叶鲜草(饲料);红三叶干草(饲料);红三叶草粉(饲料)	2013－07－28
	巴东县中药材行业协会	巴东独活	5	独活(药用植物根)	2013－03－21
	巴东县经济作物技术推广站	巴东椪柑	31	椪柑(新鲜水果)	2020－10－14
来凤县	来凤姜产业发展管理协会	来凤姜	29	腌制姜	2015－06－14
		来凤姜	31	生姜(新鲜蔬菜)	2015－06－14
	来凤县金丝桐油协会	来凤金丝桐油	4	桐油	2011－10－28
	来凤县优质农产品产销协会	来凤藤茶	30	藤茶	2018－10－28
		来凤松花皮蛋	29	皮蛋(松花蛋)	2018－09－14
		来凤大头菜	29	大头菜	2017－03－28
宣恩县	宣恩伍家台贡茶产业协会	伍家台贡茶	30	茶叶	2010－10－21
	宣恩县黄坪黄金梨产业协会	黄坪黄金梨	31	黄金梨(新鲜水果)	2017－12－28
	宣恩县贡水白柚协会	贡水白柚	31	白柚(新鲜水果)	2017－12－28
	宣恩县贡米产业协会	宣恩贡米	30	大米	2017－12－21
	宣恩县中药材协会	椿木营竹节参	5	竹节参	2022－11－27
咸丰县	咸丰县小村红衣米花生协会	小村红衣米花生	29	加工过的花生	2014－03－06
		小村红衣米花生	31	新鲜花生	2014－03－06
建始县	建始县三里乡农业技术服务中心	马坡茶	30	茶	2015－10－28
鹤峰县	鹤峰县茶叶产业协会	鹤峰绿茶	30	茶	2013－01－21

说明：截至 2022 年 12 月 31 日

3. 地理标志保护产品各县市分布情况。截至2022年12月末，全州地理标志保护产品共24件，在全省17个地市州排名第三位。其中恩施州2件、恩施市4件、利川市4件、来凤县4件、宣恩县4件、巴东县2件、鹤峰县2件、建始县1件、咸丰县1件。

2022 年恩施州地理标志保护产品统计表

表 34

产地范围	产品名称	认定年份
恩施州	恩施黑猪肉	2012
	恩施黄牛肉	2012
恩施市	恩施紫油厚朴	2005
	板桥党参	2006
	恩施玉露	2007
	恩施马铃薯	2017
利川市	利川黄连	2004
	利川莼菜	2004
	利川山药	2007
	利川工夫红茶	2017
宣恩县	伍家台贡茶	2008
	贡水白柚	2011
	宣恩火腿	2012
	宣恩贡米	2014
来凤县	来凤凤头姜	2007
	来凤藤茶	2013

续表 34

产地范围	产品名称	认定年份
来凤县	来凤漆筷	2008
	来凤金丝桐油	2007
巴东县	巴东玄参	2011
	巴东独活	2009
鹤峰县	鹤峰茶	2012
	鹤峰葛仙米	2014
建始县	景阳鸡	2009
咸丰县	咸丰白术	2007

说明：截至 2022 年 12 月 31 日

4. 农产品地理标志。2022年3月，由农业农村部认定的农产品地理标志停止认定。截至2022年12月末，全州农产品地理标志共14件，其中恩施州1件、恩施市2件、利川市2件、宣恩县1件、鹤峰县2件、建始县4件、咸丰县2件。

2022 年恩施州农产品地理标志统计表（农业农村部认证）一览表

表 35

申请人全称	名　称	县　市	品种类别
恩施州农业技术推广中心	恩施土豆	恩施州	马铃薯
恩施玉露茶产业协会	恩施玉露	恩施市	茶　叶
恩施市施惠青钱柳种植联合社	恩施青钱柳	恩施市	茶　叶
建始县前进林业专业合作社	建始厚朴	建始县	其　他
建始县益寿果品专业合作社联合社	关口葡萄	建始县	水　果
	建始猕猴桃	建始县	水　果
建始县马坡明珠茶业专业合作社	马坡茶	建始县	茶　叶
宣恩贡茶产业协会	伍家台贡茶	宣恩县	茶　叶
咸丰县茶产业协会	唐崖茶	咸丰县	茶　叶
小村红衣米花生专业合作社	小村红衣米花生	咸丰县	花　生
鹤峰县茶叶产业协会	鹤峰茶	鹤峰县	茶　叶
湖北省鹤峰县优质农产品协会	走马葛仙米	鹤峰县	其　他
利川市茶产业协会	利川红	利川市	茶　叶
利川市中药材协会	利川大黄	利川市	药　材

说明：截至 2022 年 12 月 31 日

5. 地标产值对比。根据2022年湖北省地理标志产品产值统计分析，全省地理标志证明商标使用企业年产值共261.89亿元，其中恩施州贡献产值22.27亿元，在全省排名第四，前三名分别为荆门市（52.08亿元）、襄阳市（43.27亿元）和潜江市（35.18亿元）。“恩施土豆”年产值5.68亿元，在全省地理标志证明商标中排名第12位，“恩施玉露”年产值5.44亿元，在全省地理标志证明商标中排名第13位，“利川红”年产值4.36亿元，在全省地理标志证明商标中排名第17位。

全省地理标志集体商标使用企业年产值共33.78亿元，其中恩施州贡献产值3100万元，为“利川黄连”贡献。“利川黄连”年产值在全省地理标志集体商标中排名第13位。

全省地理标志保护产品生产企业年产值共133.35亿元，其中恩施州贡献产值7.66亿元，在全省排名第六位，前三名分别为黄冈市（55.04亿元）、十堰市（25.71亿元）和荆门市（10.17亿元）。“伍家台贡茶”生产企业年产值3.09亿元，在全省地理标志保护产品中排名第12位，“鹤峰茶”生产企业年产值2.25亿元，在全省地理标志保护产品中排名第17位，“恩施玉露”生产企业年产值8000万元，在全省地理标志保护产品中排名第27位。

（三）恩施品牌

1. 恩施品牌影响力进一步增强。“硒多宝”和“腾龙洞”分别获得2022年“我喜爱的湖北品牌”电视大赛金奖和银奖，“鹤峰茶”“来凤藤茶”获得第四届湖北地理标志大会金奖，“利川黄连”“利川坝漆”获得第四届湖北地理标志大会银奖。

2019年以来，知识产权部门与商标持有人一道通过以赛育品，培育、提升和推介恩施品牌，在四届

"湖北地理标志大会暨品牌培育创新大赛"中,"恩施硒土豆""恩施硒茶""恩施玉露""利川红""伍家台贡茶""利川大黄""鹤峰茶""来凤藤茶"获得金奖,在三届"我喜爱的湖北品牌"电视大赛中,"恩施玉露""利川红""恩施土豆""恩施大峡谷""硒多宝"获得金奖。2个大赛决出的79个金奖中,恩施州共获得13个金奖,占全省金奖的16.46%,超过武汉(9件)、黄冈(8件)和荆州(7件),全省排名第一。

2.6个州域农产品公共品牌全州授权使用。6个州域农产品公共品牌扩大到全州使用,"恩施玉露""利川红""恩施土豆"3个州域公共品牌授权使用企业达到333家,其中"恩施玉露"授权企业101家、"利川红"授权企业156家、"恩施土豆"授权企业76家,"恩施硒茶"暂未授权。地理标志保护产品"恩施黄牛肉"合法使用人3家,地理标志保护产品"恩施黑猪肉"合法使用人3家。

3. 旅游品牌位居全省前列。国家全域旅游示范区创建并列全省第一。恩施市、利川市创建国家全域旅游示范区,与宜昌市并列全省第一。高等级景区和省级旅游度假区位居全省前三。有恩施大峡谷、利川腾龙洞、巴东神农溪3家国家AAAAA级旅游景区,仅次于宜昌,与武汉市并列全省第二。国家AAAA级以上旅游景区达到21家,总量仅次于宜昌、十堰,位居全省第三。省级旅游度假区达到5家(利川苏马荡旅游度假区、建始小西湖旅游度假区、建始花硒谷旅游度假区、野三关绿葱坡旅游度假区、咸丰坪坝营旅游度假区),总量位居全省第一。

乡村旅游品牌位居全省前三。现有7个湖北旅游名镇(利川市谋道镇、恩施市大峡谷风景区管理处、来凤县百福司镇、宣恩县珠山镇、咸丰县唐崖镇、建始县花坪镇、巴东县野三关镇)、11个湖北旅游名村(恩施市芭蕉侗族乡高拱桥村、恩施市沐抚大峡谷风景区营上村、巴东县沿渡河镇高岩村、建始县业州镇代陈沟村、咸丰县甲马池镇坪坝营村、鹤峰县走马镇升子村、巴东县野三关镇石桥坪村、建始县龙坪乡店子坪村、宣恩县万寨乡伍家台村、利川市东城街道白鹊山村、恩施市白杨坪镇洞下槽村)、1个湖北旅游名街(恩施市土家女儿城),总量仅次于宜昌、黄冈,位居全省第三。有1个全国乡村旅游重点乡(利川市南坪乡),与武汉市、宜昌市并列全省第一。

休闲度假旅游品牌位居全省第三。现有1个国家夜间文旅消费集聚区,仅次于武汉、襄阳,与荆州市并列第三。2个省级旅游休闲街区(恩施州恩施土家女儿城休闲街区、宣恩县兴隆老街),仅次于武汉、十堰,位居全省第三。

2022年恩施州国家AAA级及以上旅游景区统计表

表36

序号	景区名称	质量等级
1	恩施州神农溪纤夫文化旅游区	AAAAA
2	恩施大峡谷景区	AAAAA
3	恩施州利川腾龙洞景区	AAAAA
4	恩施州恩施土司城景区	AAAA
5	恩施州咸丰县坪坝营景区	AAAA
6	恩施州咸丰县唐崖河景区	AAAA
7	恩施州建始野三峡景区	AAAA
8	恩施州梭布垭石林景区	AAAA
9	恩施州利川龙船水乡景区	AAAA
10	恩施州巴人河生态旅游区	AAAA
11	恩施州利川大水井文化旅游区	AAAA
12	恩施州恩施市土家女儿城旅游区	AAAA
13	恩施地心谷景区	AAAA
14	恩施州来凤县仙佛寺景区	AAAA
15	恩施州巴东县巫峡口景区	AAAA
16	恩施州宣恩伍家台贡茶文化旅游区	AAAA
17	恩施州来凤杨梅古寨景区	AAAA
18	恩施州鹤峰县满山红景区	AAAA
19	恩施州利川玉龙洞旅游区	AAAA
20	恩施州宣恩县狮子关旅游区	AAAA
21	恩施州利川市佛宝山景区	AAAA
22	恩施州宣恩县仙山贡水旅游区	AAAA
23	恩施州巴东无源洞旅游景区	AAAA
24	鹤峰屏山景区	AAAA

续表 36

序 号	景区名称	质量等级
25	恩施州龙麟宫景区	AAA
26	恩施州利川市朝阳洞景区	AAA
27	恩施州巴东寇准文化公园	AAA
28	恩施州巴东邓玉麟将军故里	AAA
29	恩施州枫香坡侗族风情寨	AAA
30	恩施州建始县朝阳观旅游区	AAA
31	恩施州来凤县卯洞景区	AAA
32	恩施市二官寨景区	AAA
33	恩施州利川市丽森休闲度假村	AAA
34	湖北店子坪红色旅游区	AAA
35	恩施鹿院坪景区	AAA
36	巴东野三关森林花海景区	AAA
37	恩施州文化中心	AAA
38	咸丰忠堡大捷纪念园	AAA

说明：此表数据由州文旅局提供

（四）“湖北老字号”

根据《湖北省商务厅关于组织开展第四批“湖北老字号”认定暨前三批老字号企业动态考核工作的通知》要求，经各县市商务部门初审推荐和州商务局评审，推荐湖北钱汤圆饮食文化有限公司、建始清之源旅游发展有限公司、宣恩县伍台昌臣茶业有限公司、湖北恒贸茶油有限公司等4家企业申报第四批“湖北老字号”企业，最终湖北钱汤圆饮食文化有限公司被公示认定为第四批“湖北老字号”企业。截至2022年12月末，恩施州共6个品牌获“湖北老字号”认定。

2022 年恩施州“湖北老字号”认定名单一览表

表 37

序 号	单位名称	品牌名称	注册地址	认定时间
1	恩施州伍家台富硒贡茶有限责任公司	皇恩宠锡	宣恩	2014－12
2	恩施玉露茶产业协会	恩施玉露	恩施	2014－12
3	湖北凤头食品有限公司	凤头	来凤	2016－12
4	建始县云心食品有限责任公司	云心	建始	2016－12
5	建始永昌食品厂	吴永昌庆记	建始	2021－12
6	湖北钱汤圆饮食文化有限公司	钱汤圆	恩施	2022－09

说明：此表数据由州商务局提供。数据截至 2022 年 12 月 31 日

（五）专 利

2022年，全州专利授权3462件，比2021年增长80.59%，其中发明166件、实用新型2695件、外观设计601件。

2022年，全州有404家企业获得专利授权2464件(其中发明112件)，约占全州专利授权总量的71.17%，其中有93家企业专利授权量在10件以上。全州个人获得专利授权790件，约占全州专利授权总量的22.82%。全州大专院校获得专利授权93件，约占全州专利授权总量的2.69%。全州机关团体获得专利授权67件，约占全州专利授权总量的1.94%。全州科研机构获得专利授权48件，约占全州授权总量的1.39%。

2022 年恩施州专利授权情况统计表

表 38

县 市	专利授权数(件)	专利类型(件)			权利人类型(件)				
		发 明	实用新型	外观设计	个 人	科研机构	企 业	机关团体	大专院校
恩施市	1052	78	856	118	155	48	714	42	93
利川市	469	13	405	51	96	0	349	24	0

续表 38

县 市	专利授权数(件)	专利类型(件)			权利人类型(件)				
		发 明	实用新型	外观设计	个 人	科研机构	企 业	机关团体	大专院校
建始县	399	13	294	92	128	0	271	0	0
巴东县	363	11	243	109	136	0	227	0	0
宣恩县	290	22	227	41	51	0	239	0	0
咸丰县	343	1	225	117	132	0	210	1	0
来凤县	228	14	155	59	66	0	162	0	0
鹤峰县	318	14	290	14	26	0	292	0	0
恩施州	3462	166	2695	601	790	48	2464	67	93

2022年，全州8个县市专利授权量前三名分别为恩施市1052件、利川市469件、建始县399件。

截至2022年12月末，全州有效发明专利拥有量399件，每万人口发明专利拥有量为1.17件，同比增速18.66%。

2022 年恩施州各县市有效发明专利一览表

表 39

序 号	县 市	有效发明量(件)
1	恩施市	293
2	利川市	28
3	建始县	15
4	巴东县	14
5	宣恩县	7
6	咸丰县	18
7	来凤县	15
8	鹤峰县	9
9	恩施州	399

2022 年恩施州企业专利授权情况一览表(前 25 名)

表 40

排 列	企业名称	授权总量(件)	所属县市
并列第一	恩施市露源茶业有限公司	18	恩施市
	利川市春源农业开发有限责任公司	18	利川市
并列第三	湖北和诺生物工程股份有限公司	16	恩施市
	来凤县金凤建材工业有限责任公司	16	来凤县
并列第五	达翔技术(恩施)有限公司	15	恩施市
	地标农业科技(恩施州)有限公司	15	利川市
	恩施州安凯顺新型建材有限公司	15	建始县
	湖北省思乐牧业集团有限公司	15	恩施市
	建始县长盛砂石料有限责任公司	15	建始县
并列第十	恩施州民森木业有限公司	14	建始县
	恩施自治州鑫源粮油工贸有限公司	14	恩施市
	鹤峰县巨融林业有限公司	14	鹤峰县
	湖北峰鹤生态农业有限公司	14	鹤峰县

续表 40

排 列	企业名称	授权总量(件)	所属县市
并列第十	湖北淦速新材料科技有限公司	14	咸丰县
	湖北龙豪茶叶有限公司	14	鹤峰县
	湖北水寨茶业股份有限公司	14	咸丰县
	湖北中立家具有限责任公司	14	恩施市
	建始县丰惠农业发展有限公司	14	建始县
	利川市八月香米业有限责任公司	14	利川市
	利川市天阿月生态农业发展有限公司	14	利川市
	立讯精密工业（恩施）有限公司	14	恩施市
	石天朝（恩施）生物科技有限公司	14	建始县
	硒源山茶业（湖北）有限公司	14	咸丰县
	宣恩县峰润茶业有限责任公司	14	宣恩县
	宣恩县宣桃茶叶有限公司	14	宣恩县

说明：授权总量一样的企业排名不分先后

2022年，全州 PCT 国际专利申请2件。

（六）版　权

2022年，州版权局、州公安局、州网信办、州“扫黄打非”工作小组办公室联合开展打击网络侵权盗版“剑网2022”专项行动，州文旅局落实开展冬奥版权保护集中行动，五一、端午节、中秋节、国庆节期间文化旅游市场执法检查，恩施州暑假文化和旅游市场集中执法检查以及加强青少年版权保护工作专项行动，全州全年出动执法人员5744人次，检查经营单位2137家，查缴涉嫌侵权盗版“冰墩墩”小商品30余件，下架校园周边耽美类书籍104册，立案查处未经许可擅自从事音像制品零售经营活动2起、涉嫌发行侵权盗版出版物2起、涉嫌无证经营出版物3起，没收非法音像制品182张、非法出版物198册，约谈经营单位3家，取缔流动书摊7处。州版权局等部门开展打击网络侵权盗版“剑网2022”专项行动，州使用正版软件工作领导小组办公室印发《关于做好恩施州2022年软件使用情况年度核查工作的通知》《关于做好正版软件使用自查工作的提示》，在2022年9月至11月全面开展2022年度州直各机关、企事业单位软件正版化督促检查，全州检查正版化率62.6%，党政机关正版化率达到98.9%。

（七）植物新品种

1. 保护品种权人及用种人的合法权益。夯实新品种保护基础。邀请重庆市农科院，研究制定白术、堇叶碎米荠、独活等国家 DUS 测试指南，独活指南于2022年通过农业农村部发布，为恩施州特色产业品种申请植物新品种保护奠定基础。

严格品种管理。作为全国地市级唯一同步主持国、省品种区域试验单位，全面核实主持的国家武陵山区水稻及湖北省恩施州水稻玉米区试8组、76试点、67个品种的品种权属，均不存在侵权行为。全面落实各品种试验环节主体责任、监管责任，切实提升品种试验质量。全面实施品种“身份证”管理，做到“一品种、一名称、一标样、一指纹”，推动实现全流程可追溯管理，送检品种试验参试品种 DNA、转基因等检测样品63份且均符合要求，推荐国省审定新品种10个，协助国家登记马铃薯及“一红一绿”茶叶新品种6个，申请撤销省级审定品种25个，切实推进种业振兴并保护品种权人、合法生产经营者和农民的切身利益。

加强植物新品种保护。积极组织科研单位、企业对具有重大价值的新品种（系）申请国家植物新品种保护。2022年，先后组织提交马铃薯南中101，水稻恩1S、恩恢542，玉米尚玉18、金汇101、尚单228、尚单108、SY1854等16个新品种（系）申报国家植物新品种权保护。

2. 全方位夯实种业知识产权。加大种子质量抽检。质量监督抽检是严防假劣种子上市下田的重要举措，全面施行种子生产、销售和大田使用全程监督，全年监督抽检55家市场主体春播“两杂”、秋播油菜、蔬菜等种子179份，合格率97.8%，州农业农村局印发春播、秋冬播抽检通报，对不合格种子责成相关县市调查处理；海南鉴定“两杂”种子88份，合格率100%。加大制种基地检查。开展马铃薯、水稻和玉米种子生产基地检查4次共730公顷，合格率99%，生产基地未发现生产侵权品种。加强市场监管执法。以“种业监管执法年”“打假保春秋播”活动为契机，紧扣农时，组织开展专项检查与整治，加大案件调查与办理，加强种业知识产权保护。2022年全州办理种子违法案件5件，其中办结3件且处罚23430元，1件于11月18日立案，1件已移送公安机关立案查处，调处种子质量纠纷10起，维护种业公平竞争秩序，保障种业健康发展。

二、知识产权运用

（一）知识产权“五大工程”

2022年，省知识产权局重点实施知识产权“五大工程”——高价值专利培育工程、专利转化运用工程、企业知识产权护航工程、荆楚品牌培育工程、知识产权服务能力提升工程。恩施州获得省知识产权转化引导项目资金30万元，省专利转化专项计划项目资金70万元。申报省知识产权培育项目11项、省知识产权运用示范项目7项。全州专利转让许可大幅度增长，实现专利转让494件（次）。

（二）地理标志专用标志使用情况

1. 地理标志产品年度产值。2022年，恩施州已登记用标的地理标志产品年度产值达到30.23亿元。其中地理标志保护产品生产者年度产值7.66亿元，地理标志证明商标授权许可使用人年度产值22.27亿元，地理标志集体商标集体成员年度产值3100万元。

地理标志保护产品生产者年度产值前三名为伍家台贡茶（总产值30971万元）、恩施玉露（总产值8000万元）、来凤藤茶（总产值5000万元）。

使用地理标志商标的商品年度产值前三名为恩施土豆（总产值56791万元）、恩施玉露（总产值54430万元）、利川红（总产值43552万元）。

2. 地理标志专用标志使用。截至2022年12月末，全州共506户市场主体获准使用新版地理标志专用标志，其中地理标志产品专用标志使用人33户，地理标志商标专用标志使用人473户。

地理标志保护产品用标产品数量24件，核准用标企业33家，已用标企业30家，未用标企业3家（停止经营，未办理注销登记），实有核准用标产品13件，用标率54.17%。

地理标志商标用标商标数量36件，已用标商标15件，已用标企业473家。

2022年恩施州地理标志保护产品专用标志合法使用人信息统计表

表41

辖区	使用人名称	使用人地址	保护产品名称	核准（变更）公告号
恩施市	湖北省思乐牧业集团有限公司	恩施市后山湾111号	恩施黄牛肉	2015年第109号
恩施市	湖北犇跃农业发展有限公司	恩施市盛家坝乡龙洞河盖顶	恩施黄牛肉	2017年第76号
恩施市	湖北省思乐牧业集团有限公司	恩施市后山湾111号	恩施黑猪肉	2015年第109号
恩施市	恩施市润邦国际富硒茶业有限公司	恩施市芭蕉侗族乡芭蕉社区	恩施玉露	2007年第117号
恩施市	恩施市峰岚板桥党参有限公司	恩施市板桥镇沿河路	板桥党参	2008年第134号
利川市	湖北天佛食品有限公司	利川市经济开发区工业园内	利川莼菜	2005年第210号
利川市	利川市山野食品有限责任公司	利川市农业科技园	利川莼菜	2016年第87号
利川市	利川市睡芙生态农业开发有限公司	利川市凉雾乡铁炉寨村二组	利川莼菜	2020年第365号
利川市	利川市山野食品有限责任公司	利川市农业科技园	利川山药	2008年第93号
利川市	利川奥龙医药生化有限公司	利川市南环大道99号	利川山药	2012年第70号
建始县	建始县青龙食品有限责任公司	建始县景阳镇马鞍山村六组	景阳鸡	2013年第118号
建始县	恩施广惠农业开发有限公司	建始县长梁乡天生桥社区四组	恩施黄牛肉	2017年第21号
巴东县	巴东县将军山农牧开发有限公司	信陵镇将军山村一组	恩施黑猪肉	2015年第109号
巴东县	恩施州四渡河富硒生态农业发展有限公司	巴东县野三关镇木龙垭村	恩施黑猪肉	2015年第109号
宣恩县	宣恩县伍台昌臣茶业有限公司	宣恩县万寨乡伍家台村六组	伍家台贡茶	2009年第80号
宣恩县	宣恩县清江名流实业有限公司	宣恩县万寨乡板场村五组	伍家台贡茶	2009年第80号
宣恩县	恩施州伍家台富硒贡茶有限责任公司	宣恩县工业园莲花坝片区	伍家台贡茶	2009年第80号
宣恩县	宣恩宜红贡茶有限公司	宣恩县椒园工业园区	伍家台贡茶	2009年第80号
宣恩县	湖北康乾贡羽茶业有限公司	宣恩县珠山镇解放街11号	伍家台贡茶	2010年第67号
宣恩县	宣恩县皇贡茶业有限公司	宣恩县万寨大河坝村	伍家台贡茶	2010年第67号
宣恩县	宣恩县七姊妹山茶业专业合作社	宣恩县长潭河侗族乡中坝村十组	伍家台贡茶	2010年第67号
宣恩县	宣恩县晓关侗族乡维民茶叶专业合作社	宣恩县晓关乡桐子营村三组	伍家台贡茶	2010年第67号
宣恩县	宣恩县宣桃茶叶有限公司	宣恩县椒园工业园区	伍家台贡茶	2010年第67号
宣恩县	宣恩县椒园采花茶叶专业合作社	宣恩县椒园镇庆阳坝村一组	伍家台贡茶	2011年第157号
宣恩县	湖北绿可生态茶业有限公司	宣恩县万寨乡大河坝村八组	伍家台贡茶	2011年第157号
宣恩县	宣恩县宝泰贡茶有限公司	宣恩县珠山镇沿河北路2号	伍家台贡茶	2011年第157号
宣恩县	宣恩县珠山粮食购销公司	宣恩县珠山镇建设路18号	宣恩贡米	2019年第305号
宣恩县	宣恩县沙道粮食购销公司	宣恩县沙道集镇	宣恩贡米	2019年第305号
来凤县	来凤金祈藤茶生物有限公司	来凤县经济开发区桂花树工业园	来凤藤茶	2013年第165号

续表 41

辖 区	使用人名称	使用人地址	保护产品名称	核准(变更)公告号
来凤县	湖北宝石花工艺品有限公司	来凤县翔凤镇桂花树工业园	来凤漆筷	2008 年第 134 号
来凤县	来凤四海现代农业发展有限责任公司	来凤县桂花树工业园区	金丝桐油	2009 年第 105 号
鹤峰县	湖北省鹤峰县翠泉茶业有限公司	鹤峰县中营镇北佳集镇	鹤峰茶	2017 年第 58 号
鹤峰县	湖北省鹤峰鑫农茶业有限公司	鹤峰县走马镇花桥村五组	鹤峰茶	2017 年第 58 号

说明：截至 2022 年 12 月 31 日

（三）品牌价值评估

1. 浙江大学中国农业品牌研究中心2022中国茶叶区域公用品牌价值评估。在浙江大学中国农业品牌研究中心发布的《2022中国茶叶区域公用品牌价值评估报告》中，“恩施玉露”品牌价值27.07亿元，在全国126个茶叶区域公用品牌中，位列第46位；“恩施硒茶”品牌价值23亿元，位列第54位；“鹤峰茶”品牌价值16.14亿元，位列第71位；“利川红”品牌价值5.61亿元，位列第114位。

2. 中国品牌建设促进会2022中国品牌价值评价。2022年9月5日，中国品牌建设促进会、中国资产评估协会、新华社民族品牌工程办公室等单位在京联合发布“2022中国品牌价值评价信息”，“恩施玉露”“利川红”在2022年中国品牌价值评价工作中分别被评为20.13亿元和70.74亿元。

三、知识产权保护

（一）行政保护

1. 商标行政保护。2022年，全州各县市市场监管部门加强商标行政执法，办理案件89件，涉案产品价值35.32万元，罚没金额79.57万元，移送司法机关案件0件。

2022 年恩施州商标行政执法情况一览表

表 42

行政区划	查办案件量(件)	案值(万元)	罚没金额(万元)
州本级	9	0.12	7.9
恩施市	37	24.49	49.34
利川市	12	3.1	6.9
巴东县	3	1.37	5.51
宣恩县	0	0	0
建始县	14	0.64	4.5
来凤县	3	5.31	4.68
咸丰县	4	0.19	0.28
鹤峰县	7	0.09	0.46
合 计	89	35.32	79.57

说明：资料来源为州市场监管局执法统计年报

州市场监管局连续3年部署开展“恩施玉露”“利川红”品牌保护专项行动。一是优化工作部署。制定《2022年“恩施玉露”“利川红”等重点商标保护“铁拳”行动实施方案》，对全州“恩施玉露”“利川红”等重点商标、湖北省优势商标和中国驰名商标的行政保护工作统一部署、集中开展。二是推进社会共治。与州茶产业协会共同组成专家组，督办全州茶叶市场打假行动，分析判断商标侵权案件线索，指导办案机构案件查处；与州农业技术推广中心联合开展“恩施土豆”商标侵权异地维权。三是强化执法办案。立案查处无证生产、商标侵权、茶叶掺杂使假、茶叶标签内容虚假等各类违法案件69件，涉案案值12.47万元，罚没金额42.45万元，有力打击侵权假冒的嚣张气焰，茶叶生产者、经营者的法律意识明显增强，“三无”包装和侵权产品数量明显减少。

2. 专利行政保护。开展专利商标领域“双随机、一公开”执法检查工作及知识产权执法“铁拳”行动，着力查处假冒专利行为和商标侵权案件，处理专利侵权纠纷。切实维护专利权人的合法权益，创造全社会公平竞争的市场环境。2022年查处假冒专利64件、处理专利侵权纠纷34件（其中电商30件）。全州8个县市实现县级知识产权维权援助工作站全覆盖，受理知识产权方面的投诉与举报，有效降低权利人的维权成本。全州全年受理知识产权维权援助案件10件。

3. 知识产权代理机构监管。截至2022年12月末，全州已在国家知识产权局备案的知识产权代理机构共

30家，其中商标代理机构28家，专利代理机构2家。自2021年起，恩施州知识产权局连续2年开展知识产权代理行业专项整治“蓝天”行动，严厉打击不以使用为目的的恶意商标申请行为和不以保护创新为目的的非正常专利申请代理行为。2022年开展商标代理行业专项整治行动，严厉打击不以使用为目的的恶意商标申请行为、恶意抢注和囤积商标等主观恶意明显、严重扰乱管理秩序的11项知识产权代理行业高频易发违法行为。截至2022年12月末，全州督促整改代理机构1个，查处商标恶意注册案件1件。

（二）司法保护

2022年，全州两级法院共受理知识产权民事案件266件，结案265件，结案率99.62%，平均审理时长41.48天。在纠纷解决过程中，始终坚持审慎文明司法，注重依法调解，既维护商标权人的合法权益，又弘扬保护商标品牌的社会风气。优化管辖布局。自2022年5月1日起，根据最高院相关规定，由宣恩法院管辖恩施州范围内部分一审知识产权民事、行政案件，州法院成立专业知识产权审判庭，统一办理知识产权案件。2022年宣恩县法院受理民事知识产权各类案件186件，审结案件185件，结案率99.46%。积极完善多元解纷机制。为进一步有效化解矛盾，提升案件审判质效，节约司法资源，恩施州中院建立诉前调解机制，同时不断完善一站式诉讼服务中心及互联网调解平台建设。与州市场监察管理局联合印发《关于知识产权纠纷在线诉调对接机制》，搭建交流平台。2021年全州两级法院知识产权案件调解撤诉119件，调撤率69.2%，2022年全州两级法院知识产权案件调解撤诉237件，调撤率89.43%。

截至2022年12月末，全州侵犯知识产权移送检察机关起诉17人，检察机关共批准逮捕侵犯知识产权2件3人，起诉3件3人。

2020年至2022年，全州公安机关共受理知识权案件147起，立案132起，采取刑事强制措施64人，涉案金额4653万元，严惩违法犯罪分子，积极防范现实危害，有效威慑违法犯罪。根据公安部、省公安厅统一部署，全州公安机关积极开展“昆仑2021”“昆仑2022”“昆仑2023”等专项行动，将打击侵犯知识产权工作纳入公安绩效考核，明确各县市局工作目标和任务。2022年，全州经侦部门共立案侦办86起侵犯知识产权案件，其中涉烟犯罪案件24起，其他案件62起，涉案金额1270万元。

四、知识产权服务

2019年以来，恩施州不断建立健全知识产权服务体系，完善知识产权服务能力。

（一）健全知识产权维权援助机制

2016年4月，省知识产权局批准同意在恩施设立中国（湖北）知识产权维权援助中心恩施分中心，2021年在全州8个县市成立县级知识产权维权援助工作站，同时结合“12315”举报投诉热线，畅通投诉、举报渠道，受理知识产权方面的投诉与举报，有效降低权利人的维权成本。2022年全州知识产权维权援助机构受理知识产权维权援助案件10件，2021年以来累计受理知识产权维权援助案件15件。

（二）国家知识产权局商标局在恩施州设立商标受理窗口

为推进商标注册便利化，国家知识产权局商标局同意在恩施州设立商标受理窗口，由州市场监管局代为受理商标注册业务。2019年12月20日，恩施州商标受理窗口启动运行。2022年，国家知识产权局商标业务恩施州受理窗口业务办理情况为申请量637件，商标注册量288件，商标注册总量381件；变更名义地址、管理规则以及成员名单39件，办理商标使用许可备案203件，补发商标注册证申请7件，办理商标续展申请16件，商标转让申请19件；办理商标质押登记8件，质押登记金额1260万元。截至2022年12月末，恩施州商标受理窗口共受理商标业务申请1045件，注册商标404件，办理商标专用权质权登记11件，质押登记金额2685万元。

（三）监管服务

加强培训教育。2022年组织20余场针对市场主体、代理机构和监管人员的知识产权培训，培训人员3000余人次，提升市场主体知识产权意识；推进恩施州食品安全追溯系统使用，实现全州地理标志产品质量溯源监管；发挥省知识产权教育培训（恩施）基地作用，恩施分站2022年开班2000人；发布《2021年恩施州知识产权发展报告》；开展“一红一绿”质量提升行动，指导“一红一绿”授权生产商和销售商统一包装标签、提升产品质量、修订相关标准和提高品牌意识。

（州市场监督管理局　供稿）

统计资料

2022 年恩施州国民经济主要指标统计表

表 43

项 目	单 位	2022 年
户籍人口	万人	400.25
男	万人	208.27
女	万人	191.97
常住人口	万人	340.24
城镇人口	万人	164.61
乡村人口	万人	175.63
城镇化率	%	48.38
人口出生率	‰	5.04
人口死亡率	‰	5.89
人口自然增长率	‰	−0.85
地区生产总值	亿元	1402.20
第一产业	亿元	253.11
第二产业	亿元	371.28
第三产业	亿元	777.80
固定资产投资增速	%	16.3
制造业投资	%	33.8
基础设施投资	%	26.3
房地产开发投资	%	−2.6
地方一般公共预算收入	亿元	76.81
地方一般公共预算支出	亿元	425.05
货运量	万吨	3875.87
客运量	万人次	2408.51
邮电业务总量	亿元	37.56
邮政业务总量	亿元	9.72
电信业务总量	亿元	27.84
社会消费品零售总额	亿元	705.48
按所在地分:城镇	亿元	658.58
乡村	亿元	46.90
按行业分:批发和零售业	亿元	669.55
住宿和餐饮业	亿元	35.93
外贸进出口总额	万美元	29806.87
进口额	万美元	114.87
出口额	万美元	29692
主要产品产量:粮食	万吨	143.77
稻谷	万吨	37.26
玉米	万吨	60.31
烟叶	万吨	4.86
油料	万吨	11.75
茶叶	万吨	12.30
园林水果	万吨	33.33

续表 43

项　目	单 位	2022 年
肉类	万吨	36.50
禽蛋	万吨	4.86
精制茶	万吨	8.12
鲜冷藏肉	万吨	3.70
饮料酒	千升	8852.76
冷冻蔬菜	万吨	4.02
化学药品原药	万吨	0.16
中成药	万吨	0.08
塑料制品	万吨	1.74
硅酸盐水泥熟料	万吨	345.82
水泥	万吨	417.70
石灰	万吨	16.45
商品混凝土	万立方米	488.35
砖	万块	1873.29
电子元件	亿只	5.24
自来水生产量	万立方米	24362.56
发电量	亿千瓦·时	77.65
水电	亿千瓦·时	67.41
在岗职工人数	万人	35.54
职工年平均工资	元	68476
农村常住居民年人均可支配收入	元	14384
城镇常住居民年人均可支配收入	元	35927
各项存款年末余额	亿元	1990.74
各项贷款年末余额	亿元	1607.19

2021—2022 年恩施州地区生产总值、指数及构成统计表

表 44

指　标	单　位	2021 年	2022 年
地区生产总值	亿元	1300.76	1402.20
第一产业	亿元	223.41	253.11
第二产业	亿元	340.56	371.28
第三产业	亿元	736.79	777.80
地区生产总值指数(上年=100)	%	111.6	103.3
第一产业	%	112.1	102.6
第二产业	%	120.9	105.8
第三产业	%	107.9	102.4
地区生产总值构成	%	100.0	100.0
第一产业	%	17.2	18.0
第二产业	%	26.2	26.5
第三产业	%	56.6	55.5

说明：2021 地区生产总值为根据年度核实数据修订数据

2022 年恩施州高新技术产业增加值统计表

表 45

地 区	2022 年高新技术产业增加值	
	绝对值(亿元)	占地区生产总值比重(%)
全 州	61.09	4.36
恩施市	29.71	6.51
利川市	7.89	3.17
建始县	4.92	3.40
巴东县	4.26	2.80
宣恩县	5.16	5.14
咸丰县	2.23	1.96
来凤县	2.90	2.85
鹤峰县	4.02	4.82

2021—2022 年恩施州旅游业主要指标统计表

表 46

指 标	单 位	2021 年	2022 年
累计旅游接待人数	万人次	6681.68	6837.48
其中:国内游客	万人次	6681.68	6837.48
旅游综合收入	亿元	422.61	438.58
其中:国内旅游收入	亿元	422.61	438.58
国家 A 级旅游景区	个	35	38
恩施市	个	8	9
利川市	个	7	7
建始县	个	4	4
巴东县	个	7	7
宣恩县	个	3	3
咸丰县	个	2	3
来凤县	个	3	3
鹤峰县	个	1	2
三星级及以上饭店个数	个	35	30
恩施市	个	4	5
利川市	个	5	5
建始县	个	6	6
巴东县	个	7	2
宣恩县	个	4	4
咸丰县	个	5	4
来凤县	个	3	3
鹤峰县	个	1	1

2021—2022 年恩施州常住居民人均可支配收入构成统计表

表 47

项目	单位	2021 年	2022 年
城镇常住居民人均可支配收入	元	34054	35927
按来源分			
工资性收入	元	20376	21301
经营净收入	元	4385	4777
财产净收入	元	2668	2863
转移净收入	元	6625	6986
比重(可支配收入=100)			
工资性收入	%	59.8	59.3
经营净收入	%	12.9	13.3
财产净收入	%	7.8	8.0
转移净收入	%	19.5	19.4
农村常住居民人均可支配收入	元	13307	14384
按来源分			
工资性收入	元	3751	4045
经营净收入	元	6433	7021
财产净收入	元	180	195
转移净收入	元	2943	3123
比重(可支配收入=100)			
工资性收入	%	28.2	28.1
经营净收入	%	48.3	48.8
财产净收入	%	1.4	1.4
转移净收入	%	22.1	21.7

2021—2022 年恩施州常住居民人均消费支出情况统计表

表 48

项目	单位	2021 年	2022 年
城镇常住居民人均消费支出	元	26299	26851
1. 食品烟酒	元	8577	8663
2. 衣着	元	2117	2124
3. 居住	元	4805	5019
4. 生活用品及服务	元	1692	1729
5. 交通通信	元	3150	3283
6. 教育文化娱乐	元	3226	3247
7. 医疗保健	元	2183	2236
8. 其他用品和服务	元	549	550
农村常住居民人均消费支出	元	11892	12831
1. 食品烟酒	元	4673	5005
2. 衣着	元	801	866
3. 居住	元	2171	2430
4. 生活用品及服务	元	867	895
5. 交通通信	元	894	990
6. 教育文化娱乐	元	1214	1270
7. 医疗保健	元	1085	1170
8. 其他用品和服务	元	187	205

（州统计局 供稿）

索引

Indexes

说　明

1. 本索引采用主题分析方法，按索引名称首字的汉语拼音字母顺序排列。
2. 索引名称后的阿拉伯数字表示内容所在的页码，数字后的a、b、c 表示该页码的左、中、右栏。
3. 为方便检索，恩施州发生的事件名称和相关单位名称前的恩施州三个字，除非产生歧义，均省略。
4. 表格索引以表题为标目，标注所在页码，按照表格在全书中的先后顺序排列。

主题索引

C

F

G

H

J

K

L

P

Q

R

S

T

W

X

Y

Z

表格索引